中国老龄工作年鉴

（2012）

全国老龄工作委员会办公室
中　国　老　龄　协　会　编

华龄出版社

责任编辑 潘笑竹 秦 岭
封面设计 李未圻
责任印刷 李未圻

图书在版编目（CIP）数据

中国老龄工作年鉴．2012/全国老龄工作委员会办公室，中国老龄协会编．—北京：华龄出版社，2013.1
ISBN 978-7-5169-0229-5

Ⅰ．①中… Ⅱ．①全…②中… Ⅲ．①老年人—工作—中国—2011—年鉴 Ⅳ．①D669.6—54

中国版本图书馆 CIP 数据核字（2011）第 279356 号

书　　名：中国老龄工作年鉴（2012）
作　　者：全国老龄工作委员会办公室　中国老龄协会　编
出版发行：华龄出版社（北京西城区鼓楼西大街 41 号，邮编：100009）
印　　刷：北京卡乐富印刷有限公司
版　　次：2012 年 12 月第 1 版　　2012 年 12 月第 1 次印刷
开　　本：787×1092　1/16　　**印　张：**35
定　　价：220.00 元　　**印　数：**1～1000 册

协办单位：北京市老龄工作委员会办公室/河北省老龄工作委员会办公室/中国老龄事业发展基金会老龄文化产业专业委员会/世纪爱心国际投资集团有限公司/中益老龄事业发展中心/中国社会福利协会/诸暨市康吉服务有限公司

中国老龄工作年鉴（2012）

编 委 会

2011 年 10 月 21 日，全国老龄工作会议在北京召开。

2011 年 2 月 25 日，全国老龄办主任会议在云南省昆明市召开。

2011 年 9 月 26 日，全国“敬老月”活动启动仪式暨公益音乐会在北京中山音乐堂隆重举行。全国政协副主席张梅颖，九届全国人大常委会副委员长彭珮云，民政部副部长窦玉沛，全国老龄工作委员会办公室常务副主任陈传书，文化部党组成员、部长助理高树勋，共青团中央书记处书记周长奎，全国妇联书记处书记范继英共同按下启动球，宣告 2011 年全国“敬老月”活动正式启动。

2011 年 11 月 25 日，齐齐哈尔市“国际老年友好型城市”授牌仪式在京举行。

2011 年 2 月 26 日，民政部部长、全国老龄委副主任、全国老龄办主任李立国与参加全国老龄办主任会议的代表亲切交谈。

2011 年 12 月，民政部部长、全国老龄委副主任、全国老龄办主任李立国一行看望老龄办同志。

目　录

第一部分　特　　载

第二部分　重要讲话、报告

第三部分 法规、文件选编

第四部分　全国老龄工作

第五部分　地方老龄工作

第六部分　科研成果和调研报告

第七部分　国际交流报告

第一部分

特　　载

在全国老龄工作委员会第十三次全体会议上的讲话

中共中央政治局委员　国务院副总理
全国老龄工作委员会主任　回良玉

（2011年2月11日）

春节刚过，我们即召开全国老龄委全体会议，共同为全国的老年人谋福祉，切实为老龄事业的发展谋大计，很有意义，议题重大。当前，我国人口老龄化带来的新情况、新问题日益突出，对经济社会发展的影响日益深刻，人们的关注度日益增强，各方的关切日益广泛，各级党委政府的认识日益提高、重视程度日益加深。人口老龄化是我国经济社会发展必须认真应对的重大课题，搞好应对人口老龄化的战略研究，规划好“十二五”时期的老龄事业，安排好当前和今后一个时期的老龄工作，是关系全局的一件大事和要事。

刚才，民政部部长李立国代表全国老龄委总结了2010年老龄工作，提出了2011年工作安排意见；国家应对人口老龄化战略研究专家委员会主任蒋正华介绍了战略研究进展情况；中央组织部、发展改革委、财政部、人力资源社会保障部、住房城乡建设部、文化部、卫生部等部门的负责同志，分别回顾了本部门“十一五”期间的老龄工作，介绍了“十二五”老龄事业发展思路；大家就今年全国老龄工作安排和老龄事业发展“十二五”规划进行了热烈讨论，提出了很好的意见和建议。会后，请全国老龄委办公室认真梳理，对相关文件进一步修改完善后报批。

“十一五”时期，是我国发展史上极不平凡的五年，党和国家的各项事业都取得新的显著进展。五年来，各地区、各有关部门紧紧围绕党和国家工作中心，坚持“老有所养、老有所医、老有所教、老有所学、老有所为、老有所乐”的目标，协力抓好老龄工作，同心推进老龄事业，取得显著成绩，突出表现在以下五个方面：

一是积极应对老龄化成为社会共识。党和政府对老龄工作更加重视，社会各界对老龄事业更加关注，社会力量参与养老服务的热情更加高涨，积极老龄化、健康老龄化的理念更加深入人心。

二是老年社会保障稳步推进。各地以建立健全养老保险、医疗保险和社会救助制度为重点，坚持立足实际、分类指导、稳步推进，不断完善老年社会保障体系，探索建立新农保制度，有的地方还建立了高龄、特困老人生活补贴制度，提高了老年保障水平。

三是老龄服务体系建设开始起步。各级加大财政投入，鼓励引导社会力量参与老龄服务，兴办各类养老服务设施和服务机构，老龄服务基础条件得到明显改善。大力推动以居家养老服务为重点的养老服务社会化，积极培育和发展养老服务中介组织和志愿者队伍，老龄服务水平不断提高。国家开始着手编制《社会养老服务体系建设“十二五”规划》，基本养老服务体系建设试点工作稳步推进。

四是老年人权益维护得到重视。各地结合实际，普遍出台保障老年人权益的地方性法规，制定实施老年人优待办法，落实各项优待政策。广泛深入开展老年法律法规的普法宣传教育活动，建立健全各类老年维权组织，为老年人提供法律援助和司法救助，保障了老年人的基本权益。

五是老年人精神文化生活日益丰富。各地、各有关部门重视丰富老年人精神文化生活，开拓新思路，采取新措施，组织各种老年文体活动，兴办老年大学，老年人精神文化生活质量得到提高。

在这些年的老龄工作中，我们始终坚持把实现好、维护好、发展好广大老年人的根本利益，作为老龄工作的出发点和落脚点，切实维护老年人的合法权益，不断推动满足老年人日益增长的物质精神文化需求，让老年人共享经济社会发展的成果；我们始终坚持“党政主导、社会参与、全民关怀”的工作方针，在完善机制上求创新，在实施措施上谋突破，在督查落实上下功夫，构建齐抓共管的老龄工作格局；我们始终坚持强化制度建设，建立健全老年社会保障体系和服务体系，夯实老龄事业发展的长远基础。老龄工作中好的做法和经验，要认真总结并坚持完善。

下面，我着重就做好“十二五”期间的老龄工作讲三点意见：

第一，要充分认识未来五年人口老龄化发展的基本态势。

我国面临“未富先老”的基本国情，人口老龄化具有特殊的发展曲线。国家应对人口老龄化战略研究的阶段性成果告诉我们，“十二五”期间，我国人口老龄化将进入快速发展期，主要呈现出“三个加速”的特征：一是老龄化进一步加速。据推算，到2015年，全国60岁以上老年人口将达到2.16亿人，约占总人口的16.7%，年均净增老年人口800多万人，超过新增人口数量。二是高龄化进一步加速。到2015年，全国80岁以上高龄老人将达到2400万人，约占老年人口的11.1%，年均净增高龄老人100万人，增速超过我国人口老龄化速度。三是空巢化进一步加速。据测算，2010年全国65岁以上空巢老年人口有4150万人，约占老年人口的25%。到2015年，将超过5100万人，我国老年人口照料问题将日益突出。

总体看，我国人口老龄化、高龄化、空巢化的加速发展，与工业化、城镇化、现代化相伴随，与城乡差距、区域差距、收入差距扩大相重叠，与经济转型、社会转型、文化转型相交织，直接导致“十二五”期间我国劳动年龄人口比重下降，社会总抚养比持续上升。这种结构的转变，不仅作用于生产、流通、消费、金融等经济领域，同时也作用于社会管理、公共服务、意识形态和社会稳定等多个方面，并将伴随全面建设小康社会的全过程，影响深刻。而我们在思想上、理论上、政策上、物质上和组织上的准备还有许多不足，老龄事业发展中不平衡、不协调、不可持续等问题依然突出，与人民群众特别是广大老年人的期待还有不小差距。

党的十七届五中全会把应对人口老龄化提上了重要议程，国家“十二五”规划对老龄事业给予了高度重视，将出台一系列的重要政策和重要举措。我们要深刻领会党的十七届五中全会精神，充分认识应对人口老龄化的重要性、复杂性和长期性，充分利用各种有利条件，在发展中解决矛盾，在发展中实现转变，在发展中赢得发展，以更高的站位审视老龄问题，以更广阔的视野谋划老龄事业，以更有力的措施推进老龄工作。

这里，我着重谈谈积极老龄化的问题。积极老龄化就是要以积极的老龄观取代消极的老龄观，以积极的态度、积极的政策、积极的行动应对人口老龄化，是人类老龄观的重大变革。我们既要看到人口老龄化是社会发展的必然，又要看到随之而来的挑战；既要看到老年人既往对经济社会发展所作的贡献，又要将老年人看作经济社会可持续发展的重要资源。我理解，积极老龄化应当包括四个方面的内涵：一是全社会要积极接纳老年人，形成良好的氛围，把促进老年人“健康、参与、保障”作为老龄工作的出发点和落脚点，使老年人生活得更加充实、更加幸福、更有尊严。二是工作中要积极应对人口老龄化，立足长远，科学谋划，切实加快养老保障和服务体系建设，促进老龄事业的发展。三是老年人要积极面对老年生活，保持身心健康，积极参与社会，努力提高生活质量。四是青壮年要积极准备未来也将面对的老年生活，及早培养良好心态，练就健康体魄，为终身学习、终身发展奠定良好基础。应当说，以积极老龄化为指导，制定政策、落实措施，是顺应人口老龄化发展态势，妥善应对人口老龄化挑战的重要方略。

第二，要统筹安排“十二五”时期老龄工作的基本任务。

“十二五”时期，是全面建设小康社会的关键时期，是深化改革开放、加快转变经济发展方式的攻坚时期，也是老龄事业抓住机遇、实现快速发展的重要时期。我们要立足当前、着眼长远，实施积极老龄化，扎扎实实做好今后五年的老龄各项工作，着力推进“六个体系”建设。

（一）着力构筑老龄战略对策体系。应对人口老龄化、发展老龄事业是一项系统工程，关系到经济、政治、文化和社会生活的方方面面，需要战略谋划、长远规划、统筹计划。各地、各部门要强化战略思维，站在落实科学发展观、构建社会主义和谐社会的高度，从物质、精神、制度和体制、机制等方面做好应对人口老龄化的全方位准备。要科学论证，统筹安排，制定好老龄事业发展的政策法规，要注意各项制度之间的衔接，考虑经济的承载力、社会的承受力，避免制度之间交叉重叠，避免从制度上造成城乡失衡、结构失衡和区域失衡，尽快形成适度集中、有序组合、相互衔接的老龄战略对策体系，真正体现公平、正义、共享的价值理念。要重视制度创新、机制创新，积极探索统筹解决老龄问题的有效途径，创造性地开展工作。

（二）着力发展老龄服务体系。发展老龄服务，是积极应对人口老龄化挑战的重要举措，是转变经济增长方式、扩大内需、改善民生、增加就业的有效途径。党的十七届五中全会明确指出，要优先发展社会养老服务，培育壮大老龄服务事业和产业，为我们发展老龄服务体系指明了方向。要理清老龄服务事业和老龄服务产业的关系，区分政府、市场和社会的主体责任，按照社会主义市场经济的要求，构建职业服务、专业运作、协调发展、充满活力的长效发展机制，满足老年人多层次、多样化的服务需求。要科学分析老龄服务的内容和性质，按照福利性公共服务、非营利性公益服务、社会性互助服务和商品性市场服务等不同性质，坚持党政主导、社会参与和市场运作相结合，广泛动员各方面力量共同推进老龄服务发展。要充分发挥政策扶持的引导作用，大力发展社区服务，培育为老服务组织，鼓励连锁经营，支持规模发展，逐步建立标准化、专业化、职业化、集约化的服务系统，促进老龄服务事业和产业的健康快速发展。

（三）着力完善老年经济供养体系。保障广大老年人生命生活质量，必须加快建立和完善由国家、社会、家庭和个人相结合的多支柱的老年经济供养体系。要围绕“广覆盖、保基本、多层次、可持续”的目标，加快推进覆盖城乡居民的社会保障体系建设，推进新型农村养老保险，探索解决无收入老年人的社会保障问题，扩大覆盖范围。要着力解决养老保险制度中的结构性问题，促进不同行业之间、不同地区之间、不同人群之间的公平分配。要关注“以房养老”、“土地养老”、“信托养老”等新型养老方式，深入研究，合理引导。

（四）着力建设老年健康支持体系。提高老年人的生理和心理健康水平，是应对人口老龄化的重要措施。要大力倡导“健康老龄化”理念，采取积极措施，提高老年人生命生活质量。要发展老年医疗卫生事业，加快完善医疗保险制度和公共医疗服务体系，加快研究探索老年护理保险，加快建设老年医疗服务设施，不断提高老年疾病预防和治疗技术。要发展老年文化教育事业，丰富老年人精神文化生活，为老年人参与社会、奉献社会开辟更多途径。

（五）着力打造老年宜居环境体系。人口老龄化的发展，要求城乡居住环境与老年人生活需求相适应。要坚持以人为本，关注老年人的特殊需求，将老年人宜居环境建设纳入城市总体规划，重视无障碍设施建设，打造安全、便捷的居民生活圈。要始终坚持和强化家庭养老的基础功能，注重家庭道德建设，弘扬尊老敬老赡养老人的优良传统，缓解空巢化矛盾。要探索推进“老年友好城市”、“老年宜居社区”和“老年温馨家庭”试点，争取“十二五”期间在全国逐步推开，营造浓厚的孝亲敬老社会氛围。

（六）着力完善老龄工作体系。老龄工作涉及各个领域，是党的工作的一部分、政府工作的一部分、社会工作的一部分、群众工作的一部分，必须坚持“党政主导、社会参与、全民关怀”的工作方针。各职能部门要主动担当，有效协作，有预见性地开展工作，不断提高履职能力。要高度重视老年人社会管理工作，规范发展基层老龄工作机构和老年群众组织，探索建立新型老年社会管理体制机制。要强化全民关怀老年人的思想观念，加强老年人社会保护，维护和实现好老年人合法权益。

第三，要切实保障老龄事业发展“十二五”规划的顺利实施。

经批准后的老龄事业发展“十二五”规划是今后五年老龄事业发展的纲领性文件。各地、各有关部门要深化认识，抓住机遇，强化领导，明确措施，确保规划确定的各项任务落实到位。

一要努力提高整体推进老龄事业的战略决策能力。各地、各有关部门要牢固树立科学发展、统筹发展、和谐发展的执政理念，不断深化对人口老龄化严峻性、特殊性和紧迫性的基本认识，着眼国家经济社会发展的全局，着眼老龄事业持续发展的全局，着眼增进老年人福祉，进一步提高整体谋划水平和战略决策能力，合力推进老龄事业。国家应对人口老龄化战略研究今年上半年将结题，战略研究成果是我们制定老龄事业方针政策的重要参考，各地、各有关部门要充分利用这一研究成果，结合本地区实际和本部门职能，消化吸收创新，研究完善相关政策。

二要积极探索多元长效的老龄事业投入机制。现阶段，要逐步建立和完善以公共财政为主导的多元化老龄事业投入机制，既要坚持发挥财政投入的引领作用，也要广泛吸收民间资本和外资的参与，逐步建立与经济社会发展相适应、与老龄化形势相契合的长效投入机制。要把老龄事业作为公共服务建设的重点领域，创新投入方式，通过制定优惠措施和扶持政策，鼓励、吸引社会力量投入老龄事业。要积极研究制定金融机构支持老龄事业发展的相关政策，发挥资本市场的融资作用，拓宽老龄事业发展的资金渠道。

三要建立形成有效的老龄事业监管、激励机制。各地要明确本地区老龄事业发展的目标任务，加快探索建立评估、监管和激励机制，确保老龄事业快速规范发展。要推动养老服务业市场化进程，建立健全市场管理制度，实行有效监管。要认真分析养老服务市场需求情况，加强对老龄产业的引导和规范，为老龄产业发展提供信息服务和业务指导，促进老龄产业健康发展。

四要进一步提高老龄工作机构履职能力。各级老龄委及其办公室要坚持为党委政府决策服务、为社会各界参与发展老龄事业服务、为广大基层老年群众服务，进一步发挥好协调决策、组织指导、督促落实作用。要按照《中共中央国务院关于加强老龄工作的决定》（中发〔2000〕13号）要求，进一步健全各级老龄工作机构，特别是县级老龄工作机构。要加强老龄工作队伍建设，不断增强履职能力，提升管理和服务水平，建设一支综合素质好、业务水平高、工作能力强的老龄工作队伍。

今年是“十二五”规划的开局之年。关于今年的工作，李立国同志代表老龄委提出了安排意见，大家都表示赞成，下一步的关键是抓好落实。这里，我着重强调“两件大事”、“三个规划”。

“两件大事”，一是做好第三次全国老龄工作会议的筹备工作。这次会议是在我国老龄事业发展的关键时期召开的一次重要会议。会议将探讨今后一个时期我国老龄事业发展的方向，明确发展的目标和任务。全国老龄办要加强与各成员单位的沟通协调，扎扎实实做好会议筹备的各项工作。二是完成国家应对人口老龄化战略研究。这项研究已经取得阶段性重大成果，全国老龄办和总课题组、专家委员会做了大量工作。下一步，要集中力量，攻坚克难，把研究进一步做深、做实，确保按时完成，拿出符合我国国情、具有决策价值的成果。

“三个规划”，一是《国家老龄事业中长期发展规划纲要》，二是《中国老龄事业发展“十二五”规划》，三是《社会养老服务体系建设“十二五”规划》。这三个规划，从不同角度、不同层面对我国老龄事业发展进行安排部署，十分重要。各有关部门和单位要根据国家“十二五”发展规划纲要，结合老龄事业发展面临的新形势、新任务，进一步完善规划内容，进一步细化政策措施，切实增强规划的前瞻性、指导性和可操作性。

做好老龄工作，任重道远。新的一年，我们既面临着新的发展机遇，也面临着新的挑战。让我们紧密团结在以胡锦涛同志为总书记的党中央周围，高举中国特色社会主义伟大旗帜，抓住机遇，开拓创新，扎实工作，推动老龄事业再上新台阶、实现新发展，为和谐社会建设作出更大贡献。

在第三次全国老龄工作会议上的讲话

中共中央政治局委员　国务院副总理
全国老龄工作委员会主任　回良玉

（2011年10月21日）

在我国“十二五”开局之年、第一个老年人口增长高峰到来之际，在全球70亿人口时代来临、老年人口比例不断攀升之时，国务院召开全国老龄工作会议，主要任务是，客观回顾总结“十一五”时期老龄事业发展的成就和经验，认真分析研判老龄工作和老龄事业发展面临的新形势，切实贯彻落实《中国老龄事业发展“十二五”规划》，全面部署安排今后一个时期的老龄工作。下面，我讲几点意见：

一、充分肯定老龄事业和老龄工作取得的显著成绩，深刻认识积极应对人口老龄化的重要性和紧迫性

人口老龄化是我国经济社会发展必须认真应对的一个重大课题，是关系全局的一件大事和要事。对此，党中央、国务院高度重视。在1999年我国刚刚进入人口老龄化门槛之始，中央就为应对人口老龄化作出了一系列重要部署，并决定成立全国老龄工作委员会，2000年中共中央、国务院下发了《关于加强老龄工作的决定》（中发〔2000〕13号）、召开了第一次全国老龄工作会议，2001年国务院制定了《中国老龄事业发展“十五”计划纲要（2001—2005年）》（国发〔2001〕26号）。针对“十五”时期人口老龄化速度明显加快的情况，中央又出台了一系列加强老龄工作、推动老龄事业发展的重大举措，2006年国务院召开了第二次全国老龄工作会议、批准了《中国老龄事业发展“十一五”规划》。2011年9月，国务院印发了《中国老龄事业发展“十二五”规划》（国发〔2011〕28号）。胡锦涛总书记、温家宝总理等中央领导同志多次就应对人口老龄化、发展老龄事业作出重要指示，并深入城乡基层实地考察老龄工作。全国人大代表、全国政协委员和社会各界人士关心老龄事业发展，提出了很多好的意见和建议。各地区、各有关部门也出台了很多支持老龄事业发展的政策措施。

在党中央、国务院的正确领导下，在各地区各部门和社会各方面大力支持下，我国老龄事业快速发展，“十一五”规划提出的各项目标全面完成。五年工作最大一个亮点，就是我们在养老保障方面取得了重要的突破性进展，有些是具有里程碑意义的重大创新。在养老保障方面的重大进展和创新，主要体现在以下四点：一是新建立了几项重大制度。城镇居民医疗保险制度从2007年开始试点，目前已经实现全覆盖；新型农村养老保险制度从2009年开始试点，今年底覆盖面达到60%，明年即要实现全面覆盖；城镇居民社会养老保险今年6月开始试点；城乡居民医疗救助制度初步建立，中央财政补助资金“十一五”期末比“十五”期末增长18.3倍。二是进一步完善了已有制度体系。城镇职工基本养老保险制度实现了全覆盖，并实现了省级统筹；新型农村合作医疗制度参合率稳步提高，参合人数“十一五”期末比“十五”期末增长4.67倍，中央财政补助资金增长73.9倍；城乡最低生活保障、农村五保制度不断完善，符合低保条件的老年人实现了应保尽保，城乡低保人数已经超过了7400万，其中农村5200万，五保供养老年人全部纳入公共财政保障范围；老年社会福利和社会救助制度、城乡计划生育家庭养老保障支持政策进一步健全。三是解决了一批历史遗留问题。包括关闭破产国有企业退休人员参加医疗保险问题、老工伤待遇问题、集体企业退休人员参加养老保险问题等。四是不断提高社会保障水平。“十一五”期间，连续五年提高企业退休人员养老金，在新医改中大幅提高基本医疗保障标准等。同时，老龄服务体系扎实推进，老年教育、文化、体育事业较快发展，老年人精神文化生活更加丰富，合法权益得到有效维护。党委政府领导、老龄委综合协调、有关部门各司其职、社会力量共同参与的老龄工作格局基本形成。老龄领域的科学研究、国际交流与合作取得了新的进展。全社会老龄意识明显增强，老龄事业发展的环境进一步改善。我国老龄事业发展取得的巨大成就，不仅造福了亿万老年人，也受到国际社会的广泛赞誉。

在过去几年老龄工作实践中，我们得到很多启示，也积累了不少经验。概括起来有五点：发展老龄事业，必须坚持以人为本，把满足老年人日益增长的物质文化需求作为一切工作的根本出发点和落脚点；坚持把发展老龄事业纳入经济社会发展全局统筹规划；坚持政府主导与发挥市场机制作用相结合；坚持保障老年人权益与经济社会发展相协调；坚持解决当前问题与长远战略谋划相统一。这些启示和经验弥足珍贵，应当在今后的老龄工作中坚持和完善。

总起来看，过去的五年，是老龄工作战略地位不断提升的五年，是积极应对人口老龄化制度建设和工作体系不断完善的五年，是我国老龄事业快速发展的五年，也是改革发展成果惠及老年人最多的五年，在我国老龄事业发展史上写下了浓墨重彩的一页。我国老龄工作取得的巨大成就，是党中央、国务院高度重视、正确领导的结果，是各地区、各有关部门和社会各界大力支持、协同推进的结果，也是广大老龄工作者扎实工作、辛勤耕耘的结果。在此，我代表党中央、国务院，向各级老龄工作委员会，向所有关心支持、积极参与老龄工作和老龄事业发展的部门和同志们，表示亲切的慰问和诚挚的感谢！同时，也向受到表彰的全国老龄工作先进集体和先进个人，表示由衷的敬意和热烈的祝贺！

在充分肯定成绩的同时，我们也必须看到，今后相当长一个时期，我国人口老龄化带来的新情况、新问题、新挑战日益突出，对经济社会发展的影响日益深刻，社会各方面的关注和关切也日益增强。我们必须清醒认识我国人口老龄化形势的严峻性、老龄问题的特殊性和老龄工作的紧迫性。

我国人口老龄化形势的严峻性，突出表现在：现有老年人口规模大、发展速度快、解决难度大。从老年人口规模看，我国是世界上最多的。根据第六次全国人口普查资料，2010 年我国 60 岁以上老年人口已达 1.78 亿，是全球唯一一个老年人口超过 1 亿的国家，占全球老年人口的 23.6%。从老龄化速度看，我国是世界上最快的。在 2000—2010 年的 10 年间，我国 60 岁以上老年人口增加了 5000 万，平均每年增加 500 万。老年人口占全国总人口的比例，2000 年占 10%，2008 年占 12%，2010 年占 13.3%。“十二五”时期，我国将迎来第一个老年人口增长高峰，年均增加 860 万左右，预计到“十二五”期末全国老年人口将达到 2.21 亿，占全国总人口的 16%。2021 年到 2035 年，我国将出现第二个老年人口增长高峰，年均将增加 1100 多万。根据联合国公布的数据，2000 年我国老龄人口比重与世界平均数相同，均为 10%左右，到 2010 年我国上升 3.3 个百分点，而世界平均数只上升了 1 个百分点。预计未来 40 年，世界老龄人口比重将上升 10.8 个百分点，而我国将上升 21 个百分点，我国老龄化速度比世界平均快 1 倍多。从解决老龄问题的难度看，我国是世界上最大的。我国人口老龄化呈现“三加快”的显著特点，应对面临的困难之多是世界其他国家所没有的。一是老年人口增速加快，现在老年人口的增速超过新增人口增速，“十二五”时期老年人口增量将超过新增人口增量，并在未来几十年中呈持续升高态势，劳动力供养负担不断加重。二是高龄老人增速加快，高龄人口的增速又超过老龄人口的增速。现在 80 岁以上的老人有 1900 万，预计在“十二五”期间，80 岁以上高龄老人年均净增 100 多万，2015 年将达到 2400 万人，约占老年人口的 1/10。高龄老人往往是失能人群，照料问题也日益突出。三是空巢化加快，不仅农村青壮年劳动力外出务工、经商、上学造成大量空巢老人，城市青壮年外出上学、就业以及异城居住和同城分别居住的情况也十分普遍。2010 年全国 65 岁以上空巢老人有 4150 万人，到“十二五”期末将超过 5100 万人，占老年人口的近 1/4，对养老服务的需求不断增强。

我国老龄问题的特殊性，主要表现在三个方面。一是未富先老。我国是在经济尚不发达的情况下进入老龄化社会的，应对老龄问题的经济基础还比较薄弱。人口老龄化快速发展，一方面将导致长期以来推动我国经济平稳较快发展的“人口红利”逐步减少甚至消失，另一方面将导致社会用于养老方面的支出大幅增加，这对于社会再生产带来直接影响。如果处理不当，就会拖累我国现代化建设进程。与西方发达国家相比，短期内我们需要解决的问题更多、困难更大。二是区域不平衡。东部地区老龄化高于中部和西部。东部地区已经进入老龄社会，西部地区有的省（区）还没有进入老龄社会。三是城乡倒置。发达国家城市人口老龄化水平一般高于农村，我国的情况则相反。按常住人口计算，目前全国近 60%的老年人口生活在农村，农村人口中老龄人口占 16.3%，高于城市 5 个百分点，随着城市化进程的加快和人口的迁移流动，这种城乡人口老龄化倒置的状况还将继续发展。

我国老龄工作的紧迫性表现在，面对人口老龄化的严峻形势，我们的思想认识不够、应对准备不足、政策措施不完善、体制机制不健全、老龄产业起步晚，工作中还有一些迫切需要加强的环节，老龄事业发展与经济社会发展不平衡、不协调等问题突出，与人民群众特别是广大老年人的期待还有较大差距。同时，我国人口老龄化、高龄化、空巢化加速与工业化、城镇化、现代化建设加速推进相伴随，与城乡差距、区域差距、收入差距不断扩大相重叠，与经济转轨、社会转型、文化领域深刻变革相交织，与退休年龄低龄化相并存，直接导致“十二五”时期我国劳动年龄人口比重不断下降、老年抚养比持续上升。这种结构的转变，不仅作用于生产、流通、消费、金融等经济领域，同时也作用于社会管理、公共服务、意识形态和社会稳定等多个方面，其影响广泛、深刻而持久。人口老龄化是21世纪人类社会共同面临的重大课题，联合国大会称其为“人口革命”，西方主要发达国家的社会保障体系乃至经济增长的潜力大都受到人口老龄化的拖累和影响，一些发展中国家的人口红利、产业的市场优势也会逐步发生逆转。世界人口1974年40亿，1987年50亿，1998年60亿，2011年达到70亿，37年间增加了30亿，平均每12年就增加10亿人口。按国家统计局公布的数字，我国1981年人口是10亿，1988年达11亿，1995年突破12亿，2005年达到13亿，以此推算，2016年左右将达到14亿，35年间我国人口将增加4亿。加快发展老龄事业，既是广大老年人殷切期盼，也是经济社会发展迫切需要，这就要求我们必须在思想、理论、法规、政策、物质、社会氛围以及组织上、工作上不断进行探索、发展、完善和加强，努力走出一条中国特色的应对人口老龄化之路。

应对人口老龄化，不仅是关系广大老年人生活、健康和福祉的大事，也是关系现代化建设大局、国家长治久安和民族兴衰的大事。做好这项工作，首先，要树立积极的人口老龄观，以积极的态度、积极的政策、积极的行动应对人口老龄化。既要看到人口老龄化是社会发展的必然，又要看到随之而来的挑战；既要看到老年人既往对经济社会发展所作的贡献，又要将老年人看作经济社会可持续发展的重要资源。全社会要积极接纳老年人，形成良好氛围；各方面要积极做好老龄工作，促进老年人的“保障、健康、参与、发展”；老年人要积极面对老年生活、保持身心健康、积极参与社会、提高生活品质；青壮年也要积极为将来养老作物质和精神准备。我们的目标，是要使老年人生活得更充实、更幸福、更有尊严，创造代际和谐、不分年龄人人共享的社会。其次，要制定周密的应对方略，立足战略全局来谋划、注重顶层设计来规划、着眼协调发展来计划，构筑全方位应对人口老龄化的国家战略和行动纲领。要深刻把握人口老龄化的客观规律，充分认识我国人口老龄化的发展趋势，积极借鉴国际经验，形成适合我国国情的应对人口老龄化的战略体系。经济社会发展的各个方面都要充分考虑人口老龄化社会的特点和要求，与人口老龄化发展相适应、相协调。再次，要采取有力的行动举措，以有效的促进政策、健全的体制机制、扎实的工作作风推动老龄事业发展。要进一步增强责任感和紧迫感，抓住当前经济社会平稳较快发展和社会抚养比还比较低的有利时机，顺应广大老年群众过上更好生活的新期待，着眼于人口老龄化与经济社会协调发展，着力解决老龄工作领域的突出矛盾和问题，确保在人口老龄化快速发展条件下实现经济社会全面协调可持续发展。

二、全面贯彻落实“十二五”规划，推动老龄事业又好又快发展

国务院刚刚颁布的《中国老龄事业发展“十二五”规划》，对未来五年我国老龄事业发展进行了总体部署，明确了指导思想、发展目标、基本要求、主要任务、保障措施，我们一定要全面贯彻落实。要高举中国特色社会主义伟大旗帜，以邓小平理论和“三个代表”重要思想为指导，深入贯彻落实科学发展观，适应人口老龄化新形势，以科学发展为主题，以改革创新为动力，建立健全老龄战略规划体系、社会养老保障体系、老年健康支持体系、老龄服务体系、老年宜居环境体系和老年群众工作体系，服务经济社会改革发展大局，努力实现老有所养、老有所医、老有所教、老有所学、老有所为、老有所乐的工作目标，让广大老年人共享改革发展成果。

下面，我重点讲五个方面工作和要求。

（一）加快建设和完善社会养老保障制度体系。应对人口老龄化，首要是妥善解决“老有所养”问题。我们所说的“六个老有”，核心也是更好地实现“老有所养”。解决“老有所养”问题，必须发挥政府、个人及家庭、用人单位和社会各方面的作用，明确各方面应当承担的责任，加快和完善以社会保险、社会救助、社会福利为基础，以基本养老、基本医疗、基本住房、最低生活保障为重点，以慈善事业、商业养老保险为补充的养老社会保障制度体系。

从政府必须承担的责任看，未来五年，重点要做好以下工作：一要加快推进养老社会保险制度。当前的重点是加快推进新型农村养老保险和城镇居民社会养老保险两项制度试点。两项制度覆盖面，今年都要扩大到60%，在本届政府任期内基本实现制度全覆盖，“十二五”期间要进一步巩固和提高保障水平。二要完善基本医疗保险制度。目前我国已经构建了一个由城镇职工基本医疗保险、城镇居民基本医疗保险、新型农村合作医疗三项制度为主的基本医疗保障体系。下一步工作的重点是提高城镇居民医保、新农合人均筹资标准和保障水平，进一步减轻老年人医疗费用负担。三要建设和完善老年人基本住房保障制度。各级政府要在保障性住房建设中加快完善老年人基本住房保障制度，在保障性住房分配时应当优先保证老年人的基本住房需求。住宅建设要注意适宜老年人居住、上下楼和出行。四要加大老年人社会救助力度。进一步完善城乡低保制度和农村五保供养制度。要根据经济社会发展水平和政府财力的增长，适时提高城乡低保和农村五保供养标准。完善城乡医疗救助制度，着力解决贫困老年人的基本医疗保障问题。还要进一步完善临时救助制度，保障因灾因病等面临困难的老年人的基本生活。五要完善老年社会福利制度。发展适度普惠型的老年社会福利事业。要进一步完善老年人优待办法，积极为老年人提供各种形式的照顾和优先、优待服务，逐步提高老年人的社会福利水平。特别是高龄老人和失能老人，最需要特殊关心和照顾。要鼓励有条件的地方建立高龄老人生活补贴制度，鼓励探索根据老人生活自理能力情况建立老人分级优待办法。六要进一步完善政策和制度，充分调动各方面的积极性，共同构建以政府建制度、保基本、扶贫弱为基础，个人和家庭以及社会各方面共同发挥作用，满足不同需要的多层次养老经济供养和保障体系。

总之，我们要通过加快建设养老保障体系、完善各项养老保障制度，为所有的老年人的基本生活、基本医疗、基本住房等提供可靠保障。不管他们在城市还是农村，不论他们的个人资产、收入和身体状况，不论他们的家庭和子女能不能为其提供经济供养和照料，都要一视同仁地公平为他们提供基本养老的制度保障。

（二）大力推行居家为主的养老模式。选择什么样的养老模式，直接关系老龄事业发展的成效。我们讲的居家养老不同于传统的家庭养老，它是把传统家庭养老和养老保障服务社会化两方面优势结合起来的一种养老模式。简单地说，居家养老就是在养老保障和服务社会化的条件下，老年人居住在家里安度晚年。其基本特点和要求：一是老年人居家生活。老年人继续生活在自己熟悉的住所和社区环境里，保持自己的生活方式和人际关系，目前这一模式符合多数老年人的意愿，有利于老年人的身心健康。二是有可靠的社会保障。保证老年人的生活有稳定的经济来源，可以独立获得生活照料和各种服务，不必过多地依靠家人及子女的经济供养和生活照料。三是有完善的社会化服务。使老年人能很方便地得到诸如饮食、购物、清扫、陪伴、护理、医疗、保健、紧急救护等服务和满足文化、学习、交往、康乐等活动的需求。

居家养老是符合我国基本国情的养老模式，绝不是传统式的家庭养老，而是有社会服务作保障的养老模式，体现了时代发展的特点。其一，目前我国家庭形态和功能已经发生很大变化，家庭规模小型化、家庭功能社会化，特别是家庭养老功能弱化。但从另一方面看，家庭仍然保持其不可替代的养老功能和作用，不管时代怎么发展，任何时候、任何情况下，这种功能和作用都不会完全丧失。其二，居家养老可以把老年人自身、家庭、社会和国家的作用有机、有效地组合起来，使各方面的养老资源发挥最佳效用。其三，居家养老符合老年人的意愿和利益，符合民族文化传统、社会心理和生活习惯。其四，我国是一个发展中国家，总体上还不富裕，国家只能提供最基本的养老保障，充分发挥家庭养老的功能和作用至关重要。总起来看，居家养老可以最大限度地保持和发挥家庭的养老功能，保持和延长老年人的自立能力、发挥老年人自身的作用，可以使老年人经济供养、生活照料和精神慰藉，从家庭和社会两方面得到保障，从而使老年人的生活更为安全可靠。

（三）加快建设社会化养老服务体系。随着人口老龄化不断发展和老年人生活水平不断提高，广大老年人对养老服务的需求越来越广泛，要求也越来越高。老龄服务业将逐渐成为一个规模巨大的产业。加快发展老龄服务产业，可以实现一举多赢。不仅可以满足老年人不断增长的服务需求，改善老年人生活质量，还可以大量安置就业、促进经济结构调整和培育新的经济增长点。因此，党的十七届五中全会明确提出“优先发展社会养老服务”，老龄事业“十二五”规划对发展老龄服务也进行了具体部署。

大力发展老龄服务，要以发展居家养老服务为重点，加快社会化的老龄服务体系建设。这主要体现在六个方面：第一，要加快建立健全居家养老服务网络。“十二五”期间，要把县（市、区）、乡镇（街道）和社区（村）三级服务网络建立起来。城市街道和社区要基本实现居家养老服务网络全覆盖，80%以上的乡镇和50%以上的农村社区要建立具有老龄服务功能的社区综合服务设施和站点。第二，大力发展居家和社区照料服务。要加快发展家庭服务业，将养老服务特别是居家照料服务作为一个重点来发展。积极拓展居家服务领域，实现从基本生活照料向医疗健康、专业护理、精神慰藉、心理疏导、法律服务、紧急救护等方面延伸。各地要加快建设社区日间照料中心、托老所等养老服务设施，就地、就便开展老年人全托、日托、临托等多种形式的社区照料服务。第三，加强对失能老人和高龄老人生活照料和各项服务。失能老人和高龄老人是最弱势的群体。我们通常说养老服务，实际上最需要照顾和服务的就是这部分人，这是养老服务的重点。每个人都会有进入高龄或最后失能的阶段。为失能老人和高龄老人提供良好的照顾和服务，政府必须承担更多责任。这也是社会文明进步的重要标志。第四，大力培养居家养老服务中介组织，培育居家养老服务志愿者队伍，倡导中小学生和在校大学生、待业大学毕业生到社区参与居家养老志愿服务。发展互助式社区养老服务组织，鼓励低龄健康老人参与社区居家养老服务。第五，统筹发展机构养老服务。实行居家养老为主，必须辅之以机构养老。随着人口老龄化发展，特别是高龄老人增多后，生活不能自理或自理比较困难的老年人也会增多。我国现有的敬老院、托老所、老年公寓等集中养老设施，还远不能满足需求。“十二五”期间，全国要新增各类养老床位342万张。有关部门要根据这个要求，尽快把任务分解落实下去。第六，加快发展老年人护理康复服务。各地要建设一批具有长期医疗护理、康复促进、临终关怀等功能的养老服务机构。地市级以上城市至少要有一所专业性养老护理服务机构。同时要根据《护理院基本标准》加强对这类机构的规范管理。

（四）倡导科学、文明、健康的生活方式。让老年人有健康的身体、健康的精神、健康的情感，更健康地生活，应当成为老龄政策和老龄工作的重要目标。老龄化在某种意义上说是贯穿一个人生命发展的全部过程，人生早期的生活选择对晚年的身体、精神和情感生活会产生重要影响，甚至起关键性作用。因此，科学、文明、健康的生活方式应当从青少年开始并贯穿一生。例如，老年人的精神和情感生活状况，很大程度上取决于长期的修养。老年人的身体状况基本上取决于他们以往的健康状况，包括从青年时代就应当开始的预防性保健、营养、锻炼、避免沾染不良习惯和注意环境因素等。因此，应当在全社会倡导科学、文明、健康的生活方式，引导人们养成良好的生活习惯。老年人科学、文明、健康的生活方式不仅是老年人自身的事，更是全社会的责任。

要大力丰富老年人的精神文化生活。广大老年人对于精神文化生活具有强烈的渴求。公园里、广场上，到处可以见到唱歌跳舞的老年人，还有许多老年人进入老年大学学习，不是为了文凭，主要是为了丰富自己的精神文化生活。近些年来，我们在丰富老年人精神文化生活方面作了很多努力，取得了一些成绩，但仍然不能满足需求。各级政府要坚持把发展公益性文化事业作为保障老年人基本文化权益的主要途径，加快建设公共文化服务体系，加强城乡基层老年公共文化设施建设，办好各级各类老年大学；电视台、广播电台和出版单位，要办好老年节目，出版更多适合老年的书刊，增加老年公共文化产品供给。大力支持老年群众组织开展各类文化、教育、体育等活动，丰富老年人的精神文化生活，提升老年人的生活品质和健康素质。

（五）切实保障老年人合法权益。老年人就其自然属性来说，意味着衰老与疾病增多，因此，其社会价值常常被忽视，合法权益也容易受损害。首先，要加强老龄法制建设，为老年人权益提供更加完善的法制保障。全国老龄办和老龄委成员单位要积极配合全国人大做好《中华人民共和国老年人权益保障法》修订工作，并抓好配套法规、规章制定工作。第二，加强老年法律服务、司法援助和社会保护。特别要把高龄老人、失能老人和行为能力不健全的老人作为维权服务和社会保护的重点，禁止歧视、虐待老年人，保障老年人的生活质量，维护老年人的生命尊严。第三，保障老年人平等获得个人发展和参与社会发展的权利。创造更好的条件和环境，使老年人能够以其丰富的人生阅历、经验和智慧，继续为社会作出贡献，以体现老年人独立的人格和尊严，展示生命的潜能和价值，提高其生活品质。这对国家、社会、家庭和老年人都是有益的。总之，积极应对人口老龄化，就必须适应老龄化发展，构建中国特色的不分年龄共融、共建、共享的社会，使老年人在合乎其意愿的环境中健康地生活，得到照顾和保护。

这里我要特别强调加强农村老龄工作。我国人口老龄化的突出问题在农村，老龄事业的薄弱环节也在农村。保障和改善民生的重中之重在农村，老龄工作的重中之重也在农村。我们要格外重视农村老龄工作，按照推进城乡经济社会发展一体化的要求，把公共资源配置的重点放在农村，着力加强农村养老保障制度和老龄服务体系建设，最大限度地缓解人口老龄化对现代农业发展和新农村建设的影响，推动城乡老龄事业协调发展。

三、加强组织领导，努力开创老龄事业发展和老龄工作的新局面

“十二五”时期我国老龄事业发展的目标任务已经明确，关键是抓好落实。我们要以坚强的领导、科学的方法、有力的举措、健全的机制，确保全面完成“十二五”老龄事业发展目标，推动老龄事业迈上新台阶。

一要健全工作机制。进一步完善党政主导、老龄委协调、部门尽责、社会参与、全民关怀的大老龄工作格局。各级政府要高度重视老龄工作，把发展老龄事业纳入重要议事日程，列入经济社会发展总体规划，及时解决老龄工作遇到的困难和问题。各有关部门在制定专门规划、出台政策措施时，要把老龄事业作为一项重要内容纳入进去。主要负责同志要主动关心过问，分管负责同志要具体抓好落实。老龄工作委员会及各成员部门要认真履行职责，加强协调配合，各级老龄委及其办公室要发挥好综合协调、督促检查和参谋助手作用，确保各项工作高效顺畅有序展开。

二要加大公共投入。各级政府要根据经济社会发展情况和老龄工作实际，多渠道筹资，不断加大老龄事业投入，切实承担起“保基本”的责任。要把发展老龄事业作为基本公共服务的重点领域和重要民生工程，纳入公共财政预算，建立与人口老龄化形势和老龄事业发展要求相适应的财政投入增长机制。加大各级彩票公益金用于发展老龄事业的比例。中央财政要加大对农村和少数民族地区的扶持力度。同时要进一步完善政策，引导社会资本参与老龄事业发展，兴办各类养老服务机构。积极探索养老机构多元化、社会化的投资建设和管理模式，满足不同层次、多样化的养老服务需求。

三要夯实基层基础。老年人的生活空间主要在社区，老龄工作的落脚点也应当在社区、在基层。各级老龄委和成员单位工作重心要下移，面向基层开展工作。各级领导干部要深入基层调查研究，倾听老年人的心声，帮助他们解决实际困难。要健全基层老龄工作机构，稳定干部队伍，保障工作经费，提升管理水平。从事老龄工作的人员要培养良好的职业道德，想老年人之所想，急老年人之所急，帮老年人之所需，解老年人之所困。要加强基层老年群众组织自身建设，促进基层老年群众组织实现自我管理、自我服务、自我教育。

四要加强督导检查。加快制定推动老龄事业科学发展的绩效评价和考核体系，强化老龄事业“十二五”规划任务目标完成情况的综合评价考核。各级老龄工作委员会及其办公室要切实履行协调、督促、检查有关部门执行规划的责任。各地各部门要定期开展规划实施情况的评估分析和督促检查，确保“十二五”各项任务目标全面完成。

五要强化舆论宣传。加强应对人口老龄化的宣传教育工作，全面宣传党和政府关于发展老龄事业的方针政策和工作措施，引导全社会树立积极的老龄观，正确认识和积极应对人口老龄化。要大力弘扬中华民族敬老爱老助老的优良传统，继续开展好敬老爱老主题教育活动，把敬老爱老活动与和谐社区、文明村镇、五好家庭等活动结合起来，营造全社会敬老爱老浓厚氛围，为积极应对人口老龄化创造良好的社会环境。在弘扬传统文化中，应包含孝道文化，在全社会提倡尽孝，这是人生美德，也是社会公德。要鞭笞社会丑恶现象，广泛宣传中华民族的传统美德。

老龄工作事关党和国家事业发展全局，老龄事业发展体现社会文明进步程度。让我们在以胡锦涛同志为总书记的党中央领导下，高举中国特色社会主义伟大旗帜，以对历史、对国家、对人民高度负责精神，迎难而上，开拓进取，扎实做好老龄工作，积极推动老龄事业加快发展，为夺取全面建设小康社会新胜利、开创中国特色社会主义新局面、实现中华民族伟大复兴作出应有的贡献！

国务院关于印发中国老龄事业发展“十二五”规划的通知

国发〔2011〕28 号

国发〔2011〕28 号

各省、自治区、直辖市人民政府，国务院各部委、各直属机构：

现将《中国老龄事业发展"十二五"规划》印发给你们，请认真贯彻执行。

国务院

二〇一一年九月十七日

中国老龄事业发展“十二五”规划

为积极应对人口老龄化，加快发展老龄事业，根据《中华人民共和国国民经济和社会发展第十二个五年规划纲要》、《中华人民共和国老年人权益保障法》和《中共中央国务院关于加强老龄工作的决定》（中发〔2000〕13 号），制定本规划。

一、背景

（一）“十一五”期间取得的主要成就。

“十一五”时期是老龄事业快速发展的五年。养老保障体系逐步完善，覆盖范围进一步扩大，企业职工基本养老保险制度实现全覆盖，企业退休人员养老金水平连续五年提高，基本养老保险实现了省级统筹，新型农村社会养老保险开始试点并逐步扩大范围。职工和城镇居民基本医疗保险制度实现全覆盖，新型农村合作医疗参合率稳步提高。老年社会福利和社会救助制度逐步建立，城乡计划生育家庭养老保障支持政策逐步形成。老龄服务体系建设扎实推进，在城市深入开展并逐步向农村延伸，养老服务机构和老年活动设施建设取得较大进步。老年教育、文化、体育事业较快发展，老年精神文化生活更加丰富。全社会老龄意识明显增强，敬老爱老助老社会氛围日益浓厚，老年人权益得到较好保障。老龄领域的科学研究、国际交流与合作取得了新的进展。广大老年群众坚持老有所为，积极参与经济社会建设和公益活动，在构建社会主义和谐社会中发挥了重要作用。

（二）“十二五”时期老龄事业面临的形势。

“十二五”时期是我国全面建设小康社会的关键时期，也是老龄事业发展的重要机遇期。

长期以来，党和政府十分关心老年群众，不断采取积极措施，推动老龄事业发展进步，取得举世瞩目的成就，为老龄事业持续发展奠定了很好的基础。但是，在快速发展的老龄化进程中，老龄事业和老龄工作相对滞后的矛盾日益突出。主要表现在：社会养老保障制度尚不完善，公益性老龄服务设施、服务网络建设滞后，老龄服务市场发育不全、供给不足，老年社会管理工作相对薄弱，侵犯老年人权益的现象仍时有发生。对此，我们必须高度重视，认真解决。

“十二五”时期，随着第一个老年人口增长高峰到来，我国人口老龄化进程将进一步加快。从 2011 年到 2015 年，全国 60 岁以上老年人将由 1．78 亿增加到 2．21 亿，平均每年增加老年人 860 万；老年人口比重将由 13．3％增加到 16％，平均每年递增 0．54 个百分点。老龄化进程与家庭小型化、空巢化相伴随，与经济社会转型期的矛盾相交织，社会养老保障和养老服务的需求将急剧增加。未来 20 年，我国人口老龄化日益加重，到 2030 年全国老年人口规模将会翻一番，老龄事业发展任重道远。我们必须深刻认识发展老龄事业的重要性和紧迫性，充分利用当前经济社会平稳较快发展和社会抚养比较低的有利时机，着力解决老龄工作领域的突出矛盾和问题，从物质、精神、服务、政策、制度和体制机制等方面打好应对人口老龄化挑战的基础。

二、指导思想、发展目标和基本原则

（一）指导思想。

高举中国特色社会主义伟大旗帜，以邓小平理论和“三个代表”重要思想为指导，深入贯彻落实科学发展观，适应人口老龄化新形势，以科学发展为主题，以改革创新为动力，建立健全老龄战略规划体系、社会养老保障体系、老年健康支持体系、老龄服务体系、老年宜居环境体系和老年群众工作体系，服务经济社会改革发展大局，努力实现老有所养、老有所医、老有所教、老有所学、老有所为、老有所乐的工作目标，让广大老年人共享改革发展成果。

（二）主要发展目标。

——建立应对人口老龄化战略体系基本框架，制定实施老龄事业中长期发展规划。

——健全覆盖城乡居民的社会养老保障体系，初步实现全国老年人人人享有基本养老保障。

——健全老年人基本医疗保障体系，基层医疗卫生机构为辖区内65岁及以上老年人开展健康管理服务，普遍建立健康档案。

——建立以居家为基础、社区为依托、机构为支撑的养老服务体系，居家养老和社区养老服务网络基本健全，全国每千名老年人拥有养老床位数达到30张。

——全面推行城乡建设涉老工程技术标准规范、无障碍设施改造和新建小区老龄设施配套建设规划标准。

——增加老年文化、教育和体育健身活动设施，进一步扩大各级各类老年大学（学校）办学规模。

——加强老年社会管理工作。各地成立老龄工作委员会，80%以上退休人员纳入社区管理服务对象，基层老龄协会覆盖面达到80%以上，老年志愿者数量达到老年人口的10%以上。

（三）基本原则。

1. 老龄事业与经济社会发展相适应。紧紧围绕全面建设小康社会和构建社会主义和谐社会宏伟目标，确立老龄事业在改革发展大局中的重要地位，促进老龄事业与经济社会协调发展。

2. 立足当前与着眼长远相结合。从我国的基本国情出发，把着力解决当前的突出矛盾和应对人口老龄化长期挑战紧密联系，注重体制机制创新和法规制度建设，统筹兼顾，综合施策，实现全面、协调、可持续发展。

3. 政府引导与社会参与相结合。按照社会主义市场经济的要求，积极发展老龄服务业。加强政策指导、资金支持、市场培育和监督管理，发挥市场机制在资源配置上的基础性作用，充分调动社会各方面力量积极参与老龄事业发展。

4. 家庭养老与社会养老相结合。充分发挥家庭和社区功能，着力巩固家庭养老地位，优先发展社会养老服务，构建居家为基础、社区为依托、机构为支撑的社会养老服务体系，创建中国特色的新型养老模式。

5. 统筹协调与分类指导相结合。注重城乡、区域协调发展，加大对农村和中西部地区的政策支持力度，资源配置向基层、特别是农村和中西部地区倾斜。充分发挥各地优势和群众的创造性，因地制宜地开展老龄工作，发展老龄事业。

6. 道德规范与法律约束相结合。广泛开展孝亲敬老道德教育，加强老龄法制工作，为老龄工作和老龄事业的全面发展提供动力和保证。

三、主要任务

（一）老年社会保障。

1. 加快推进养老保险制度建设。实现新型农村社会养老保险和城镇居民养老保险制度全覆盖。完善实施城镇职工基本养老保险制度，全面落实城镇职工基本养老保险省级统筹，实现基础养老金全国统筹，做好城镇职工基本养老保险关系转移接续工作。逐步推进城乡养老保障制度有效衔接，推动机关事业单位养老保险制度改革。建立随工资增长、物价上涨等因素调整退休人员基本养老金待遇的正常机制。发展企业年金和职业年金。发挥商业保险补充性作用。

2. 完善基本医疗保险制度。进一步完善职工基本医疗保险、城镇居民基本医疗保险、新型农村合作医疗制度。逐步提高城镇居民医保和新农合人均筹资标准及保障水平，减轻老年人等参保人员的医疗费用负担。提高职工医保、城镇居民医保、新农合基金最高支付限额和政策范围内住院费用支付比例，全面推进门诊统筹。做好各项制度间的衔接，逐步提高统筹层次，加快实现医保关系转移接续和医疗费用异地就医结算。全面推进基本医疗费用即时结算，改革付费方式。积极发展商业健康保险，完善补充医疗保险制度。

3. 加大老年社会救助力度。完善城乡最低生活保障制度，将符合条件的老年人全部纳入最低生活保障范围。根据经济社会发展水平，适时调整最低生活保障和农村五保供养标准。完善城乡医疗救助制度，着力解决贫困老年人的基本医疗保障问题。完善临时救助制度，保障因灾因病等支出性生活困难老年人的基本生活。

4. 完善老年社会福利制度。积极探索中国特色社会福利的发展模式，发展适度普惠型的老年社会福利事业，研究制定政府为特殊困难老年人群购买服务的相关政策。进一步完善老年人优待办法，积极为老年人提供各种形式的照顾和优先、优待服务，逐步提高老年人的社会福利水平。有条件的地方可发放高龄老年人生活补贴和家庭经济困难的老年人养老服务补贴。

（二）老年医疗卫生保健。

1. 推进老年医疗卫生服务网点和队伍建设。将老年医疗卫生服务纳入各地卫生事业发展规划，加强老年病医院、护理院、老年康复医院和综合医院老年病科建设，有条件的三级综合医院应当设立老年病科。基层医疗卫生机构积极开展老年人医疗、护理、卫生保健、健康监测等服务，为老年人提供居家康复护理服务。基层医疗卫生机构应加强人员队伍建设，切实提高开展老年人卫生服务的能力。

2. 开展老年疾病预防工作。基层医疗卫生机构要为辖区内65岁及以上老年人开展健康管理服务，建立健康档案。组织老年人定期进行生活方式和健康状况评估，开展体格检查，及时发现健康风险因素，促进老年疾病早发现、早诊断和早治疗。开展老年疾病防控知识的宣传，做好老年人常见病、慢性病的健康指导和综合干预。

3. 发展老年保健事业。广泛开展老年健康教育，普及保健知识，增强老年人运动健身和心理健康意识。注重老年精神关怀和心理慰藉，提供疾病预防、心理健康、自我保健及伤害预防、自救等健康指导和心理健康指导服务，重点关注高龄、空巢、患病等老年人的心理健康状况。鼓励为老年人家庭成员提供专项培训和支持，充分发挥家庭成员的精神关爱和心理支持作用。老年性痴呆、抑郁等精神疾病的早期识别率达到40%。

（三）老年家庭建设。

1. 改善老年人居住条件。引导开发老年宜居住宅和代际亲情住宅，鼓励家庭成员与老年人共同生活或就近居住。推动和扶持老年人家庭无障碍改造。

2. 完善家庭养老支持政策。完善老年人口户籍迁移管理政策，为老年人随赡养人迁徙提供条件。健全家庭养老保障和照料服务扶持政策，完善农村计划生育家庭奖励扶助制度和计划生育家庭特别扶助制度，落实城镇独生子女父母年老奖励政策，建立奖励扶助金动态调整机制。

3. 弘扬孝亲敬老传统美德。强化尊老敬老道德建设，提倡亲情互助，营造温馨和谐的家庭氛围，发挥家庭养老的基础作用。努力建设老年温馨家庭，提高老年人居家养老的幸福指数。

（四）老龄服务。

1. 重点发展居家养老服务。建立健全县（市、区）、乡镇（街道）和社区（村）三级服务网络，城市街道和社区基本实现居家养老服务网络全覆盖；80%以上的乡镇和50%以上的农村社区建立包括老龄服务在内的社区综合服务设施和站点。加快居家养老服务信息系统建设，做好居家养老服务信息平台试点工作，并逐步扩大试点范围。培育发展居家养老服务中介组织，引导和支持社会力量开展居家养老服务。鼓励社会服务企业发挥自身优势，开发居家养老服务项目，创新服务模式。大力发展家庭服务业，并将养老服务特别是居家老年护理服务作为重点发展任务。积极拓展居家养老服务领域，实现从基本生活照料向医疗健康、辅具配置、精神慰藉、法律服务、紧急救援等方面延伸。

2. 大力发展社区照料服务。把日间照料中心、托老所、星光老年之家、互助式社区养老服务中心等社区养老设施，纳入小区配套建设规划。本着就近、就便和实用的原则，开展全托、日托、临托等多种形式的老年社区照料服务。

3. 统筹发展机构养老服务。按照统筹规划、合理布局的原则，加大财政投入和社会筹资力度，推进供养型、养护型、医护型养老机构建设。积极推进养老机构运营机制改革与完善，探索多元化、社会化的投资建设和管理模式。进一步完善和落实优惠政策，鼓励社会力量参与公办养老机构建设和运行管理。"十二五"期间，新增各类养老床位342万张。

4. 优先发展护理康复服务。在规划、完善医疗卫生服务体系和社会养老服务体系中，加强老年护理院和康复医疗机构建设。政府重点投资兴建和鼓励社会资本兴办具有长期医疗护理、康复促进、临终关怀等功能的养老机构。根据《护理院基本标准》加强规范管理。地（市）级以上城市至少要有一所专业性养老护理机构。研究探索老年人长期护理制度，鼓励、引导商业保险公司开展长期护理保险业务。

5. 切实加强养老服务行业监管。进一步完善养老机构行政管理的法律法规，建立养老机构准入、退出与监管制度，做好养老机构登记注册和日常检查、监督管理工作。寄宿制养老机构等关系老年人安全和健康的重要场所，要列入消防安全和卫生许可制度重点管理范围。

（五）老年人生活环境。

1. 加快老年活动场所和便利化设施建设。在城乡规划建设中，充分考虑老年人需求，加强街道、社区"老年人生活圈"配套设施建设，着力改善老年人的生活环境。通过新建和资源整合，缓解老年生活基础设施不足的矛盾。利用公园、绿地、广场等公共空间，开辟老年人运动健身场所。

2. 完善涉老工程建设技术标准体系和实施监督制度。按照适应老龄化的要求，对现行老龄设施工程建设技术标准规范进行全面梳理、审定、修订和完善，在规划、设计、施工、监理、验收等各个环节加强技术标准的实施与监督，形成有效规范的约束机制。

3. 加快推进无障碍设施建设。突出高龄和失能老年人居家养老服务设施、环境的无障碍改造，推行无障碍进社区、进家庭。加快对居住小区、园林绿地、道路、建筑物等与老年人日常生活密切相关的设施无障碍改造步伐，方便老年人出行和参与社会生活。研究制定《无障碍环境建设条例》，继续开展全国无障碍建设城市创建工作。

4. 推动建设老年友好型城市和老年宜居社区。创新老年型社会新思维，树立老年友好环境建设和家庭发展的新理念。研究编制建设老年友好型城市、老年宜居社区指南，发挥典型示范作用。

（六）老龄产业。

1. 完善老龄产业政策。把老龄产业纳入经济社会发展总体规划，列入国家扶持行业目录。研究制定、落实引导和扶持老龄产业发展的信贷、投资等支持政策。鼓励社会资本投入老龄产业。引导老年人合理消费，培育壮大老年用品消费市场。

2. 促进老年用品、用具和服务产品开发。重视康复辅具、电子呼救等老年特需产品的研究开发。拓展适合老年人多样化需求的特色护理、家庭服务、健身休养、文化娱乐、金融理财等服务项目。培育一批生产老年用品、用具和提供老年服务的龙头企业，打造一批老龄产业知名品牌。

3. 加强老年旅游服务工作。积极开发符合老年需求、适合老年人年龄特点的旅游产品。完善旅游景区、宾馆饭店、旅游道路的老年服务设施建设。完善针对老年人旅游的导游讲解、线路安排等特色服务。规范老年人旅游服务市场秩序。

4. 引导老龄产业健康发展。研究制定老年产品用品质量标准，加强老龄产业市场监督管理。发挥老龄产业行业协会和中介组织的积极作用，加强信息服务和行业自律。疏通老龄产业发展融资渠道。

（七）老年人精神文化生活。

1. 加强老年教育工作。创新老年教育体制机制，探索老年教育新模式，丰富教学内容。加大对老年大学（学校）建设的财政投入，积极支持社会力量参与发展老年教育，扩大各级各类老年大学办学规模。充分发挥党支部、基层自治组织和老年群众组织的作用，做好新形势下老年思想教育工作。

2. 加强老年文化工作。加强农村文化设施建设，完善城市社区文化设施。鼓励创作老年题材的文艺作品，增加老年公共文化产品供给。鼓励和支持各级广播电台、电视台积极开设专栏，加大老年文化传播和老龄工作宣传力度。支持老年群众组织开展各种文化娱乐活动，丰富老年人的精神文化生活。

3. 加强老年体育健身工作。在城乡建设、旧城改造和社区建设中，要安排老年体育健身活动场所。加强老年体育组织建设，积极组织老年人参加全民健身活动。经常参加体育健身的老年人达到50%以上。举办第二届全国老年人体育健身大会。

4. 扩大老年人社会参与。注重开发老年人力资源，支持老年人以适当方式参与经济发展和社会公益活动。贯彻落实《中共中央办公厅国务院办公厅转发〈中央组织部、中央宣传部、中央统战部、人事部、科技部、劳动保障部、解放军总政治部、中国科协关于进一步发挥离退休专业技术人员作用的意见〉的通知》（中办发〔2005〕9号），健全政策措施，搭建服务平台，支持广大离退休专业技术人员更好地发挥作用。重视发挥老年人在社区服务、关心教育下一代、调解邻里纠纷和家庭矛盾、维护社会治安等方面的积极作用。不断探索"老有所为"的新形式，积极做好"银龄行动"组织工作，广泛开展老年志愿服务活动，老年志愿者数量达到老年人口的10%以上。

（八）老年社会管理。

1. 加强基层老龄工作机构和老年群众组织建设。各地要建立老龄工作委员会，城乡社区（村、居）要健全老龄工作机制。加强基层老年协会规范化建设，充分发挥老年人自我管理、自我教育、自我服务的积极作用。"十二五"期间，成立老年协会的城镇社区达到95%以上，农村社区（行政村）达到80%以上。

2. 做好离退休人员管理服务工作。充分利用社区资源面向全体老年人开展服务，切实把为离退休老年人服务工作纳入社区服务范围。推进街道（乡镇）、社区劳动保障工作平台建设，为退休人员提供方便、快捷、高效、优质的服务。"十二五"期末，纳入社区管理服务的企业退休人员比例达到80%以上。

（九）老年人权益保障。

1. 加强老龄法制建设。推进老年人权益保障法制化进程，做好修订《中华人民共和国老年人权益保障法》的相关工作，开展执法检查和普法教育，提高老年人权益保障法制化水平。

2. 健全老年维权机制。弘扬孝亲敬老美德，促进家庭和睦、代际和顺。加强弱势老年人社会保护工作，把高龄、孤独、空巢、失能和行为能力不健全的老年人列为社会维权服务重点对象。加强对养老机构服务质量的检查、监督，维护老年人的生活质量与生命尊严，杜绝歧视、虐待老年人现象。

3. 做好老年人法律服务工作。拓展老年人维权法律援助渠道，扩大法律援助覆盖面。重点在涉及老年人医疗、保险、救助、赡养、住房、婚姻等方面，为老年人提供及时、便利、高效、优质的法律服务。加大对侵害老年人权益案件的处理力度，切实保障老年人的合法权益。

4. 加强青少年尊老敬老的传统美德教育。在义务教育中，增加孝亲敬老教育内容，开展形式多样的尊老敬老社会实践活动，营造良好的校园文化环境。

（十）老龄科研。

1. 抓好重点科研项目。开展应对人口老龄化战略研究，制定国家老龄事业中长期发展规划。做好老年人生活状况追踪调查，开展区域性应对人口老龄化战略研究工作，为制定老龄政策提供决策依据。

2. 加强老龄学科教育和专业人才培养。按照老龄事业发展规划和重点发展领域，统筹部署职业教育、高等教育学科专业设置，培养技能型、应用型、复合型人才，做好人力资源支撑，服务老龄事业发展。

3. 推进信息化建设。建立老龄事业信息化协同推进机制，建立老龄信息采集、分析数据平台，健全城乡老年人生活状况跟踪监测系统。

（十一）老龄国际交流与合作。

广泛开展双边、多边国际交流，增进相互了解。积极发挥我国在国际老龄领域的重要影响，深化国际合作。密切跟踪联合国大会老龄问题工作组对建构老年人权利国际保护机制的动向，积极发挥作用，引导相关进程朝有利方向发展。积极研究借鉴国外应对人口老龄化理念和经验，做好联合国人口基金第七周期老龄项目。完成《国际老龄行动计划》在中国执行情况的检查评估。

四、保障措施

（一）加强组织领导。

各级政府要高度重视老龄问题，加强老龄工作。把发展老龄事业纳入重要议事日程，列入经济社会发展总体规划，及时解决老龄工作中的矛盾和问题。健全党政主导、老龄委协调、部门尽责、社会参与、全民关怀的大老龄工作格局。

（二）加大改革创新力度。

进一步解放思想，坚持改革，在体制机制、政策制度、工作思路和发展模式等方面加大创新力度，围绕涉老社会保障制度的配套衔接、老龄事业投入机制、政府购买服务方式、老龄服务市场准入与日常监管、民办养老机构扶持政策、社区养老服务资源的综合开发利用、老龄社会组织规范化建设等比较突出的矛盾和问题，深入开展调查研究，逐步完善政策法规制度，创新体制机制。

（三）建立多元长效投入机制。

各级政府要根据经济发展状况和老龄工作实际，多渠道筹资，不断加大老龄事业投入。进一步完善实施促进老龄事业发展的税收政策，政策引导与体制创新并重，调动社会资本投入老龄事业的积极性。大力发展老龄慈善事业。

（四）加强人才队伍建设。

加强老龄工作队伍的思想建设、组织建设、作风建设和业务能力建设。加快养老服务业人才培养，特别是养老护理员、老龄产业管理人员的培养。根据国家职业标准，组织开展养老护理人员职业培训和职业资格认证工作。有条件的普通高校和职业学校，在相关专业开设老年学、老年护理学、老年心理学等课程。大力发展为老服务志愿者队伍和社会工作者队伍。

（五）建立监督检查评估机制。

本规划由全国老龄工作委员会负责协调、督促、检查有关部门执行，2015 年对规划的执行情况进行全面评估。

第二部分

重要讲话、报告

在公安部机关离退休干部 2011年春节团拜会上的致辞

国务委员　公安部部长　孟建柱

（2011年1月25日）

各位尊敬的老领导、老同志：

在我们中国人民的传统佳节春节即将来临之际，今天，我们怀着十分喜悦的心情，在具有历史意义的北京饭店举行公安部机关全体离退休老同志新春团拜会。看到在座的各位老同志身体健康、精神矍铄、神采奕奕，我们感到十分高兴，非常欣慰。我先向各位老同志介绍一下参加团拜会部党委的全体同志：刘京同志、杨焕宁同志、李东生同志、刘金国同志、蔡安季同志、陈智敏同志、黄明同志（孟宏伟、张新枫正在参加其他会议）。我代表公安部党委，向在座的各位老领导、老同志致以节日的祝贺！向全国公安战线的广大离退休老同志致以亲切的问候和崇高的敬意！祝大家：新春快乐、身体健康、幸福安康！在这里，我还要转达中共中央政治局常委、中央政法委书记、我们的老部长周永康同志，对全体离退休老同志的亲切问候。

同志们，刚刚过去的2010年，是我国经济社会发展取得巨大成就的一年，我国成功地应对国际金融危机的挑战，胜利实现了“十一五”规划确定的目标任务，我国的财政收入从2005年的3万亿元上升到了8万亿元，人均GDP从2005年的1700美金上升到4000美金。我国的经济实力和综合国力进一步增强，人民的生活水平和质量显著提高。伴随着社会主义现代化建设各项事业的发展，公安事业也取得了长足的进步。去年，我们举全国公安机关之力，圆满地完成了上海世博会、广州亚运会的安保任务。去年我们还开展了一系列专项整治行动，有力地打击了经济犯罪、刑事犯罪，维护了社会治安大局的稳定。我们还积极地推动公安信息化、执法规范化、和谐警民关系“三项建设”，扎实推进社会矛盾化解、社会管理创新、公正廉洁执法“三项重点工作”，这些为公安机关的长远发展奠定了很好的基础。我们取得的这些成绩，是党中央、国务院正确领导的结果，是全国两百万公安民警奋力拼搏的结果，同时，也离不开广大离退休老同志对我们的关心、帮助、支持。许多老同志虽然退出了工作岗位，但是他们忧国忧民之心不变，始终关心着党的事业，关注着公安事业的长远发展，积极为公安工作提出宝贵的意见、建议，不遗余力地贡献着自己的智慧和余热，为我们提供了强大的精神支撑和前进动力。

回顾历史，我们越来越深切地感受到，老同志是党和国家的宝贵财富。为了新中国的诞生，你们舍生忘死、浴血奋战；为了推进社会主义现代化建设，你们艰苦奋斗、顽强拼搏；为了开创改革开放事业的新局面，你们锐意进取、开拓前进；你们为人民公安事业的发展可以说是呕心沥血、屡建功勋。所以，我们感到，老同志丰富的人生经历，与党的历史、共和国的历史和人民公安的历史紧紧地联系在一起。老同志的历史功绩和巨大贡献不能忘，老同志的优良传统和过硬作风不能丢。尊重老同志就是尊重我们的光荣历史，关心老同志就是关注我们美好的未来，这是我们的责任所在，更是我们情感所寄。各级公安机关要把老干部工作放到重要位置，满怀敬老之心，多办尊老之事，在政治上尊重老同志，在工作上重视老同志，在生活上照顾服务好老同志，为老同志健康长寿、颐养天年创造良好的环境，让老同志既感受到家庭的温暖，更感受到组织的关怀，让他们的生活充满温馨和关爱，真正体会到幸福的味道，共享改革发展的成果。

各位老领导、老同志，送走了硕果累累的2010年，我们迎来了充满希望和富有挑战的2011年。今年是我们国家实施“十二五”规划的第一年，还将隆重纪念中国共产党诞生90周年，我们将在党中央、国务院的正确领导下，继续努力拼搏、开拓进取，为维护国家安全和社会稳定，为全面建设小康社会，贡献我们的智慧和力量。希望各位老干部一如既往地关心、支持公安工作，积极为公安事业的发展进步建言献策，帮助我们把各项工作做得更好，不负党和人民的重托。

让我们共同举杯，为伟大祖国的美好明天，为公安事业的长远发展，为各位老领导、老同志的身体健康、生活幸福，干杯！

关于2010年全国老龄工作和2011年工作安排意见的报告

民政部部长　全国老龄工作委员会副主任　李立国

（2011年2月11日）

按照会议议程，我向全体会议报告2010年全国老龄工作和2011年工作安排意见。

一、2010年全国老龄工作基本情况

2010年，是党和国家各项事业取得显著进展的一年，也是老龄工作稳步推进的一年。全国老龄委各成员单位和各地老龄委坚持“党政主导、社会参与、全民关怀”的方针，认真贯彻落实全国老龄委十二次全体会议部署，全国老龄事业呈现良好发展态势。

（一）国家应对人口老龄化战略研究取得阶段性成果

自2009年10月份战略研究部署会议以来，各有关部门和单位落实回副总理工作部署，积极行动，统筹协调，多次召开课题设计、研究论证会，确定了战略研究的课题基本框架和主要内容。共有9个部门、10多个科研院所、300多名专家，参与了23个课题的研究。目前，各课题已取得阶段成果，初步形成了8个基本判断。为了保证战略研究质量，促进研究成果转化，课题组正在对5个政策性较强的重点问题进行深入研究。对此，一会儿，蒋正华同志还要向会议进行专题报告。总的看来，战略研究进展顺利，收获较大，对于我们准确判断人口老龄化的发展态势及其影响、明确应对人口老龄化的战略方针和主要任务具有重要意义。战略研究将于今年3月份结题，6月底前完成总报告。这次战略研究，得到了发展改革委、人口计生委、民政部、财政部、人力资源社会保障部、卫生部、中央政策研究室、国务院研究室、中农办、全国妇联、中国社会科学院等部门和单位的大力支持和积极参与。另外，山西、黑龙江、上海、江苏、安徽、广东、云南、江西、湖南等省（市）也相继启动了本地应对人口老龄化战略研究。

（二）养老保障制度不断完善

截至2010年底，全国城镇企业职工基本养老保险参保人数为25673万人，比上年底增加2123万人；全国城镇职工基本医疗保险参保人数23734万人，其中退休人员5937万人，比上年底增加410万人；将原关闭破产国有企业未参保的600多万退休人员纳入职工医保，统筹解决了其他关闭破产企业近200万退休人员和困难企业职工的参保问题；全国“新农保”试点在838个县和4个直辖市的大部分地区开展，参保人数达到1.03亿人，其中，约有2863万60岁及以上农村老年人享受由国家财政提供的基础养老金，制度覆盖面达到24%。继续确保企业离退休人员基本养老金按时足额发放，连续较大幅度调整企业退休人员基本养老金水平，全国月人均基本养老金从2005年的700元提高到2010年的1300多元。人力资源社会保障部会同财政部、国资委等有关部门印发了《关于适当解决中央转制单位转制前退休人员待遇有关问题的通知》，较大幅度提高了中央转制单位转制前退休人员的待遇水平；政府对参加城镇基本医疗保险的居民给予普惠性补助，2010年提高到年人均120元。对低收入老年人等困难居民给予进一步补助，帮助困难老年人参加医疗保险。各地积极探索开展居民医保门诊统筹，将常见病、多发病纳入报销范围，老年居民就医负担不断减轻。人口计生委积极推动完善和落实计划生育家庭养老支持政策，加强农村计划生育奖励扶助制度和计划生育家庭特别扶助制度的监督检查，全年落实资金33亿元，并注意做好与“新农保”等各项普惠政策的衔接。2010年，颁布施行《解放军干休所工作条例》，推动军队干休所建设全面发展；总政治部会同有关部门规范调整了移交政府安置的军队离退休干部边远艰苦地区津贴、高山海岛补助等政策文件。北京、天津、山西、河南等地积极推进养老保险城乡一体化建设；黑龙江、陕西、湖北、湖南、云南、重庆等地积极推进老年人优待政策落实，为80岁以上高龄老人发放补贴；四川继续抓好地震灾区为老服务设施恢复重建工作，“老年人参与四川震后重建”项目进展顺利；广东、陕西、湖南、海南等地进一步落实全省统一的老年奖励政策；江西、陕西等地在林权改革中给予独生子女家庭老年奖励特别措施。

（三）老龄服务体系建设加速推进

中组部着力推行离退休干部服务工作，印发了离休干部在京就医和异地安置的有关意见，会同中央创先争优活动领导小组办公室制定下发了《关于在离退休干部党组织和党员中深入开展创先争优活动的指导意见》，会同财政部、全国老龄办等8部委制定下发了《关于利用社区资源做好离退休干部服务工作的意见》。发展改革委、民政部积极研究《社会养老服务体系建设“十二五”规划》和《关于发展社会养老服务的若干意见》，推进基本养老服务体系建设试点工作，在全国12个省（区、市）建设各类养老服务设施126个，新增养老服务床位约1.7万张，可同时为17万名居家老年人提供社区支持服务；发展改革委、人力资源社会保障部参与起草了《国务院办公厅关于发展家庭服务业的指导意见》，将养老服务作为家庭服务业发展的重点领域。民政部会同发展改革委实施《“十一五”社区服务体系发展规划》，安排中央预算内资金1.3亿元，支持基层社区服务设施建设，为发展居家养老服务创造条件；召开了全国社会养老服务体系建设推进会，部署推动以居家养老为基础、社区服务为依托、机构养老为补充的老龄服务体系建设；研究制定《失能老年人等级划分标准》和《养老机构等级划分与评定标准》。住房城乡建设部将为老服务设施纳入城市规划、建设和社区物业管理；会同全国老龄办、中国残联对“十一五”期间全国无障碍设施建设进行检查评估；进一步细化修订了老龄设施建设标准。卫生部进一步落实老年卫生服务政策，健全老年卫生服务网络，2010年为全国5714万65岁以上老年人进行免费健康检查。公安部深入开展执法规范化建设，严厉打击侵犯老年人权益的违法犯罪行为。文化部充分发挥公共文化服务设施和公益性文化服务机构的作用，积极为老年人提供优质文化服务。司法部与全国老龄办联合开展“夕阳幸福工程”法律援助行动，引导和推动律师、公证、基层法律服务机构参与老年维权工作。国家民委指导各级民族工作部门将少数民族老龄工作纳入工作规划。国家统计局细化老年人口统计指标，为分析研究人口老龄化问题提供了全面、准确的统计信息服务。全年全军共移交安置离退休干部11473人，保持了移交工作有序平稳。全国总工会积极开展困难职工帮扶工作，元旦、春节期间深入基层开展退休困难职工的走访慰问活动，共计筹集送温暖资金33.6亿元，走访困难职工571万户。团中央全面推进“金晖行动”，积极支持健康低龄老人参与志愿服务。全国妇联加强老年妇女维权工作，帮助老年妇女参与社区服务、家政服务、家庭教育等方面活动，引导农村留守妇女、失业妇女积极就业；协调卫生部等部门免费为农村妇女进行“两癌”（乳腺癌、宫颈癌）检查；联合中央文明办、民政部开展“全国关爱空巢老人志愿服务行动”。山东、安徽、河北、江苏、广东、吉林等省委省政府高度重视发展老龄事业，主要领导亲自主持专题会议部署老龄工作。北京着力落实“九养政策”，评选万名“孝星”和千家为老服务单位，社会效果显著；上海持续支援新疆的“银龄行动”取得显著的经济社会效益；吉林研究制定了《吉林省老年社会保障和服务体系建设三年推进计划（2011—2013年）》；黑龙江、山东、上海、江苏等地开展老年友好型城市和老年宜居社区试点工作，其中，黑龙江省齐齐哈尔市被世界卫生组织授予“国际老年友好型城市”称号。

（四）老年文化体育活动蓬勃开展

2010年，全国老龄委开展首个“敬老月”活动，在全社会营造了浓厚的敬老氛围。全国老龄办、全国总工会、共青团中央、全国妇联联合召开了全国尊老敬老经验交流会。司法部组织指导各地开展形式多样的老龄法制宣传教育。文化部举办第十二届中国老年合唱节和“群星奖”评奖活动。中央直属机关工委、中央国家机关工委、总政治部认真组织老干部开展文体艺术、学术交流、失足青少年帮教等活动。中央文明办举办了“全国道德模范与身边好人经验交流会暨全国敬老爱老志愿服务活动启动仪式”。中央电视台、中央人民广播电台、中国国际广播电台制作播发大量有关老龄工作的报道和专题节目。各地在“敬老月”期间，普遍组织开展丰富多彩的敬老爱老助老和老年文化体育系列活动。山西组织“敬老文明号”创建活动。吉林开展全省敬老和谐社区（村）创建活动。西藏举办了“关爱老人构建和谐”为主题的系列活动。

（五）老龄事业发展“十一五”规划实施情况检查评估顺利完成

2010年4月至12月，全国老龄委先后邀请了10名全国人大代表、全国政协委员以及25个有关部门，组成11个检查组对各地老龄事业发展“十一五”规划实施情况进行了全面的检查评估。总的看来：基本养老、基本医疗、最低生活保障和医疗救助等相结合的老年社会保障体系逐步建立，老龄服务体系建设稳步推进，老年权益保障和优待工作进一步加强，老年教育文化体育事业蓬勃开展，老龄科研和国际合作交流十分活跃，老年人积极参与社会发展，“十一五”规划确定的目标任务得到基本落实。

在充分肯定成绩的同时，我们还要清醒地认识到：面对人口老龄化快速发展形势，我国老龄事业还存在着很大差距和明显不足，主要表现为：全社会的老龄意识有待提升，老年社会保障体系、老龄服务体系建设亟待整合加强，一些体制性、机制性障碍仍较突出。对此，我们需要高度重视，认真研究，在下一步工作中不断予以解决。

二、2011年全国老龄工作安排意见

“十二五”时期是全面建设小康社会的关键时期，是深化改革开放、加快转变经济发展方式的攻坚时期，也是应对我国人口老龄化问题的重要战略机遇期。2011年是“十二五”规划的开局之年，全国老龄工作的总体思路是：深入贯彻党的十七届五中全会和中央经济工作会议精神，以邓小平理论和“三个代表”重要思想为指导，深入落实科学发展观，圆满完成《国家应对人口老龄化战略研究》，组织实施《中国老龄事业发展“十二五”规划》，加快推进养老保障制度建设，优先发展社会养老服务，切实加强基层老龄工作，加强国际交流与合作，全面推进老龄事业又好又快发展。

（一）积极做好《国家应对人口老龄化战略研究》和《中国老龄事业发展“十二五”规划》工作

高度重视人口老龄化对我国经济社会发展的全局性影响，进一步加强基础研究和政策调研，深化对我国人口老龄化发展规律的认识，准确把握我国老龄事业发展中存在的突出问题，如期高质量地完成《国家应对人口老龄化战略研究》。积极促进战略研究成果转化，推动各项涉老政策、措施的制定。进一步支持各地开展区域性应对人口老龄化战略研究。编制发布《中国老龄事业发展“十二五”规划》，落实规划任务，细化工作措施，推动老龄事业健康规范发展。同时，积极配合全国人大常委会《老年人权益保障法》执法检查。

（二）着力完善老年社会保障体系

不断提高各项社会保障水平，并逐步缩小城乡、区域、群体之间的社会保障待遇差距。建立健全社会保险研究、决策和监督的组织体系及工作机构，健全各项制度。继续调整提高企业退休人员基本养老金，做好社会保险关系转移接续工作。积极解决未参保集体企业退休人员等群体的养老保障问题。研究制定城镇居民养老保险办法，争取在年内启动试点工作。妥善解决关闭破产企业和困难企业退休人员参保问题，继续做好非就业老年人参加城镇居民基本医疗保险工作，积极研究解决退休职工医疗保险断保问题。进一步扩大新型农村社会养老保险试点覆盖面，完善基本政策，出台有关配套政策。积极推进医药卫生体制改革，重点关注老年人就医、保健工作，缓解老年人看病难、住院难、报销难等问题。继续落实并完善城镇独生子女父母年老奖励及农村计划生育家庭奖励扶助政策，提高政策统筹层次，扩大享受奖励扶助的对象范围。研究制定提高部分离休干部生活待遇和医疗待遇的有关政策，更好地保障老干部的晚年生活。深入贯彻《解放军干休所工作条例》，扎实推进军队离退休干部移交安置工作。

（三）大力推进老龄服务体系建设

编制实施《社会养老服务体系建设“十二五”规划》，加快改善养老服务设施条件。努力提高企业退休人员社会化管理的比例，积极拓展社会化服务的内容。指导各地加大中央企业和异地居住的企业退休人员按属地原则纳入居住地社区管理的力度。大力发展居家养老服务，完善社区养老服务，建设和改造一批托老所、日间照料中心、星光老年之家等社区养老服务设施。加强供养型、护理型等示范性养老机构建设。研究、制定、完善相关优惠政策，引导和扶持社会力量兴办多层次的养老服务机构，促进养老服务机构投资主体多元化、服务对象公众化、运营机制市场化、服务方式多样化，努力满足广大老年人多样化的服务需求。大力发展为老服务队伍和中介组织，加强职业教育、在职教育和岗位技能培训，推动建立社会互助制度，提高为老服务队伍的专业化水平。积极探索为老年人提供及时便利法律服务，特别要针对80岁以上高龄、生活不能自理、贫困及空巢老人等特殊群体的情况，提供更加便利贴心的法律服务。推动发展家政服务业，开展以敬老助老为主要内容的家庭志愿服务活动。推进“爱心助成长”志愿服务计划及“志愿者为老服务金晖行动”，为老年人发挥余热、参与社会生活、奉献爱心搭建平台。

（四）切实加强基层老龄工作

加强对基层老年协会的指导和规范化建设，充分发挥基层老年协会等老年群众组织的桥梁和纽带作用，使其成为凝聚老年人、推动老龄工作的一支重要力量。整合、优化老年教育资源，构建省、市、县三级老年大学为骨干，乡镇、街道、社区、村老年学校为依托的老年教育体系，提高基层老年教育覆盖面，推动基层老年教育工作健康发展。积极开发老年人才资源，为老年知识分子和具有专业技能的老年人才参与经济和社会发展搭建平台。进一步深化社区和农村警务工作，严厉打击侵害老年人的违法犯罪活动，依法保障老年人的合法权益。

（五）不断丰富老年人精神文化生活

围绕纪念建党90周年，继续组织开展“敬老月”活动，大力弘扬中华民族尊老敬老传统美德，努力营造氛围。大力开展老年文化体育事业，以老年群体的精神文化需求为出发点和落脚点，加强老年文化产品的创作与生产，拓展老年文化服务内容，满足广大老年人的精神文化需求，丰富老年人精神文化生活。继续组织、开展“群星奖”评奖、“中国老年合唱节”等重点文化活动，充分发挥重点文化活动在推动全国老年文化事业建设方面的导向性、示范性和带动作用。继续发挥文化媒介的优势，提供适合老年人需求的丰富多彩、生动活泼的节目。

此外，有三项建议需要提请全会研究决定：

一是建议今年下半年召开第三次全国老龄工作会议。2006年第二次全国老龄工作会议以来，我国老龄事业和老龄工作取得重大发展和进步，同时也面临新的形势和任务。因此，我们建议，在今年下半年，国务院召开第三次全国老龄工作会议，总结“十一五”期间我国老龄事业发展经验，部署“十二五”时期老龄工作，明确今后一个时期我国老龄工作的指导思想、工作方针、发展方向和战略部署。

二是建议会议审议并原则通过《中国老龄事业发展“十二五”规划（草案）》。按照全国老龄委十二次全体会议部署，根据《中共中央关于制定国民经济和社会发展第十二个五年规划的建议》，全国老龄办会同有关部门，在对老龄事业“十一五”规划落实情况进行检查评估的基础上，起草了《中国老龄事业发展“十二五”规划（草案）》，提交本次会议审议。这个《规划（草案）》，广泛听取了各地和各有关方面的意见，在成员单位及相关部委进行了两轮征求意见。《规划（草案）》在确立总体目标时，主要基于三方面考虑：一是注重规划的延续性。进一步加快了养老保障制度建设和老龄服务体系建设步伐。在社会保障方面，提出了“实现新型农村社会养老保险制度全覆盖”，这一指标比原计划提前了5年；在社会养老服务方面，提出了“‘十二五’期间，全国每千名老人平均拥有的养老床位达到30张”，这一指标将比现有养老床位翻一番。二是注重规划的创新性。根据新时期老龄事业发展需要，在“十一五”规划的框架基础上，突出和增加了“老年卫生保健”、“老年家庭建设”、“老年生活环境”、“老年人社会管理”等条目；提出了开展“老年友好型城市”、“老年宜居社区”、“老年温馨家庭”创建活动，等等。这些任务和举措的提出，融合了以人为本、积极老龄化、健康老龄化的理念，对于全面推动老龄事业的科学发展、提高老年人生命生活质量具有积极的意义。三是注重规划的系统性。这个《规划（草案）》紧紧围绕“六个老有”的工作目标，提出“推进老龄战略对策体系、老年经济供养体系、老年健康支持体系、老年宜居环境体系、老龄服务体系和老龄工作体系建设”。这“六个体系”，贯彻了中央对老龄工作发展的一贯要求，借鉴了国际上应对人口老龄化的成功经验，更加全面地涵盖了老龄事业的基本内容。这个《规划（草案）》，在听取本次会议意见后，还需根据国家“十二五”规划作进一步修改，如《规划（草案）》原则成立，建议原则通过。

三是建议研究编制《国家老龄事业中长期发展规划》。人口老龄化对我国经济、政治、文化、社会发展带来的影响日益深刻。当前，我国正处在应对人口老龄化挑战的准备阶段、养老保障制度建设的攻坚阶段、老龄服务体系建设的提速阶段、老龄工作体系的发展阶段，亟需对老龄事业的发展予以总体研究和长远谋划。未来十年，是我国全面建成小康社会、构建社会主义和谐社会、实现现代化的关键时期，也是我国老龄事业发展的重要战略机遇期，亟需对老龄事业的发展进行整体规划和布局。在《国家应对人口老龄化战略研究》的基础上，我们建议，研究编制《国家老龄事业中长期发展规划》，并提交第三次全国老龄工作会议审议。

以上报告，提请全会审议。

在第三次全国老龄工作会议上的总结讲话

民政部部长　全国老龄工作委员会副主任　李立国

（2011 年 10 月 21 日）

同志们：

第三次全国老龄工作会议圆满完成了各项议程就要闭幕了。这次会议是在“十二五”开局之年、我国全面建设小康社会的关键时期和应对人口老龄化的重要战略机遇期召开的一次重要会议。党中央、国务院对这次会议非常重视，中共中央政治局委员、国务院副总理、全国老龄工作委员会主任回良玉同志亲切接见了会议代表并作了重要讲话，国家发改委、人力资源和社会保障部，以及北京、河北、黑龙江、江苏、云南、甘肃等省市介绍了经验，还表彰了全国老龄工作先进集体和先进工作者。这次会议时间紧凑、内容丰富、效果很好，达到了预期目的。

回良玉副总理所作的重要讲话，充分肯定了“十一五”时期老龄事业和老龄工作取得的显著成绩，分析了我国人口老龄化形势的严峻性，阐述了我国老龄问题的特殊性和老龄工作的紧迫性，提出了应对人口老龄化的对策思路和“十二五”时期老龄工作的任务要求，具有重要的指导意义。学习领会讲话精神，联系实际研究老龄工作，与会同志一致认为要坚持以下几点：

一是要从关系国家长治久安和民族兴衰的高度认识人口老龄化问题，增强应对人口老龄化的忧患意识。回良玉副总理站在国家长治久安的高度，科学分析了我国人口老龄化的严峻形势及其挑战，使我们更加清醒地认识到，人口老龄化反映在老年人口数量增多和比重提高上，是本世纪人类社会发展共同面临的重大挑战。从我国的情况看，人口老龄化是贯穿本世纪的一项基本国情，其带来的可以预见和难以预见的风险挑战，将影响国民经济发展和社会和谐稳定。因此，全社会都要转变对人口老龄化问题的片面化、简单化认识，从关系国家长治久安和中华民族未来的高度，全面深刻认识和把握人口老龄化趋势及其影响，增强人口老龄化的忧患意识。各级党委政府要切实增强应对人口老龄化的危机感和使命感，把积极应对人口老龄化列入党委政府的重要议事日程，统筹谋划，科学决策，切实做好老龄工作。

二是要从现代化建设的大局思考人口老龄化问题，增强应对人口老龄化的战略意识。回良玉副总理的讲话立足改革开放和现代化建设大局，强调了构筑全方位应对人口老龄化的国家战略和行动纲领，形成适合我国国情的应对人口老龄化战略体系的重大任务，为我们赢得应对人口老龄化的主动权指明了方向。我们更加深刻地认识到，人口老龄化带来的不仅仅是老年人的民生问题，而是关系所有人的晚年生活和人民群众的根本利益，涉及经济、政治、文化、社会四位一体的现代化建设大局。不谋全局者不足以谋一域，不谋万世者不足以谋一时。我们不能把应对人口老龄化简单地等同于发展老龄事业，而是要从现代化建设的大局思考人口老龄化问题，增强应对人口老龄化的战略意识。各级党委政府要坚持科学发展的理念，从现代化建设四位一体总体布局的协调发展上，积极实施应对人口老龄化战略，既推进老龄事业发展，又促进人口老龄化条件下的经济社会可持续发展。

三是要从抓住用好重要战略机遇期的要求把握人口老龄化问题，增强应对人口老龄化的机遇意识。回良玉副总理在讲话中深刻指出，我们要进一步增强责任感和紧迫感，抓住当前经济社会平稳较快发展和社会抚养比较低的有利时机，积极做好妥善应对人口老龄化的战略准备。“十二五”期间，我国 60 岁以上老年人口将从 1.78 亿增长到 2.21 亿，开始进入人口老龄化快速发展阶段。2022 年以后，我国将进入老龄化急速发展阶段。全国 60 岁以上老年人口到 2035 年将达到 4.18 亿，占总人口的比重达到 28.7%，形势严峻。从“十二五”时期到 2020 年，在全面建设小康社会的进程中，以科学发展为主题，以加快转变经济发展方式为主线，推动经济社会平稳较快发展，为应对人口老龄化提供了诸多的有利条件。我国工业化、信息化、城镇化、市场化、国际化进程加快，不仅会带来经济社会结构的巨大变迁，也将为发挥老年人积极作用、改善老年宜居环境、加强老年服务体系建设创造更好的条件。各级党委政府要按照胡锦涛总书记关于“制定和实施应对人口老龄化的战略和政策体系”的总体要求，进一步增强机遇意识，抓住并用好战略机遇，从理念思路、法律政策、体制机制、方法措施等方面牢牢掌握应对人口老龄化的主动权。

四是要从落实主题主线的高度认识“十二五”时期老龄工作，增强做好老龄工作的责任意识。回良玉副总理在讲话中提出的积极应对人口老龄化的总体思路、构建六大体系的目标任务和“十二五”时期五项重点工作，顺应了老年人过上更加美好生活的新期盼，体现了科学发展的主题，融入了加快转变经济发展方式的战略选择，涵盖了积极应对人口老龄化的重要方面，必将对经济社会发展产生积极的影响。各级老龄委及其组成部门和老龄办要在党委政府的领导下，切实增强做好“十二五”时期老龄工作的使命感和责任感，积极实施老龄事业发展“十二五”规划，确保如期实现“十二五”时期老龄工作的目标任务。

五是要从重大社会系统工程建设的角度谋划老龄事业，增强应对人口老龄化的全局意识。目前，我国老龄工作涉及党、政、军、群几十个部门和多方面社会力量，在有些方面、有些地方存在工作不协调、政策不衔接、力量不集中的问题。回良玉副总理从党和政府全局工作的高度，提出了做好“十二五”时期老龄工作的五点要求。学习回良玉副总理的讲话，我们进一步认识到，应对人口老龄化不是一个或者几个部门的工作，而是一项带有全局性、综合性、系统性的任务。必须坚持党政主导、社会参与、全民关怀的方针，注重发挥社会主义制度政治优势，依靠市场机制的基础性作用，建立健全社会动员机制，整合政府、市场、社会、家庭的力量，搞好体制机制创新、资源整合和政策衔接，形成整体合力，把应对人口老龄化这项重大社会系统工程组织运行好。

第三次全国老龄工作会议在各方面共同努力下，达到了预期目的，必将在老龄事业发展史上产生重大而深远的影响。下面，我代表全国老龄委，就如何贯彻落实会议精神讲几点意见：

第一，要切实把老龄工作摆到更加突出的位置。老龄工作在各级党委政府中能不能摆上应有的位置，关键看对应对人口老龄化认识的高度、重视的程度。今年4月，胡锦涛总书记在中央政治局第二十八次集体学习时强调指出，要制定实施应对人口老龄化战略和政策体系，培育壮大老龄事业和产业，切实应对人口老龄化。这是党中央又一次作出应对人口老龄化的重大举措，对统一全党思想、形成全民共识、凝聚全社会力量积极应对人口老龄化，产生了巨大的推动作用。胡锦涛总书记在庆祝建党九十周年大会上的讲话，进一步体现了我们党更加注重以人为本、更加注重保障和改善民生的执政理念，预示着老龄事业的地位将越来越重要，发展空间将越来越大，发展环境将越来越好。在这样的背景下，国务院召开第三次全国老龄工作会议，意义十分重大。与会同志要把回良玉副总理的讲话和会议精神及时向本地党委政府和中央部门党组传达，并结合实际抓好贯彻落实。

第二，要抓紧研究制定积极应对人口老龄化战略。全面制定实施积极应对人口老龄化战略，是党中央、国务院总揽全局、审时度势作出的重大决策，要按照回良玉副总理讲话提出的要求，加强应对人口老龄化战略研究，形成适合我国国情的应对人口老龄化的战略体系。全国老龄办要切实担负起牵头组织的责任，加快制定应对人口老龄化和老龄事业中长期发展规划，构筑全方位应对人口老龄化的国家战略和行动纲领，各有关部门要积极配合做好这项工作。目前，一些省市已经开展了这项工作，其他地方也要积极行动起来，抓紧启动这项工作，尽快形成国家战略、地方战略和专项战略有机衔接的战略体系。做好这项工作，要正确认识和把握以下几个重点：一是要把保障和改善老年人的基本权益作为战略的根本立足点，把发展老年社会保障和老年社会服务放在优先位置，加快推进基本公共服务均等化，扩大老年人社会参与，使全体老年人共享改革发展成果，促进社会公平正义。二是坚持围绕主题和主线，把推进老龄事业科学发展作为战略的中心任务，注重解决老龄事业发展中不适应、不平衡、不协调、不可持续问题。三是坚持体制机制创新，把构建有中国特色老龄事业发展的体制机制作为战略的重要支撑，形成政府主导、市场推动、家庭为主、社区支持、社会参与的老龄事业发展格局。四是坚持统筹兼顾，把妥善处理老龄事业发展中的重大关系作为战略的科学方法，充分考虑我国人口老龄化先于工业化，老龄化与城乡二元结构叠加，老龄化地区差异较大的实际情况，总揽全局，因地制宜，突出重点，实现均衡发展和可持续发展。要通过战略研究，摸清老龄问题的底数，找准矛盾症结，把握规律，明确发展方向，理清工作思路。

第三，要积极推动老龄事业“十二五”规划目标任务全面实现。国务院批准实施的《中国老龄事业发展“十二五”规划》，是未来五年我国老龄事业发展的纲领性文件。要实现规划提出的目标任务，必须加强组织领导，坚持各部门分工协作、合力推进。要按照城乡一体化和基本公共服务均等化的思路，发展老龄政策，加强政策衔接，实现老龄事业地方规划与国家规划，以及与当地国民经济和社会发展总体规划的衔接。要完善党政齐抓共管、部门协调配合、社会广泛参与的老龄工作体制机制，切实加强老龄工作机构和工作队伍建设，充分发挥各级老龄委统筹规划的作用，发挥各级老龄办政策调研、综合协调、督促检查的职能，形成应对人口老龄化的整体合力。

第四，要把党和国家老龄工作方针落到实处。加强基层老龄工作，是落实党和国家老龄工作方针政策的基础，是保障老年人权益、提高老年人物质文化生活水平的根基所在，要在城乡社区建设和基层单位工作部署中，重视老龄工作，发展老龄事业。我国大多数老年人生活在农村，且有留守老人、空巢老人等突出问题，要更加重视农村老年人基本生活权益保障工作。城乡高龄、失能半失能、贫困、空巢老年人不同程度地面临着生活照料难、经济保障差、生活压力大等实际困难，要在发挥家庭养老基础性作用、落实家庭成员对老年人赡养责任的同时，加快社会养老服务体系建设，搞好居家养老服务和社区照料，满足入住养老机构需求，使困难老年人和所有老年人都实现老有所养。

同志们，人口老龄化对我国的发展既带来可以预见和难以预见的风险挑战，也带来新的大有作为的发展机遇。我们要从国家可持续发展和社会长治久安的高度，充分认识人口老龄化的重大影响和应对人口老龄化的重大意义，全面贯彻落实这次全国老龄工作会议精神，把会议精神转化为推动老龄工作发展的新思路、新措施、新办法，推动“十二五”时期老龄事业取得新的显著进步，以优异成绩迎接党的十八大，为促进经济长期平稳较快发展和社会和谐稳定，夺取全面建设小康社会新胜利作出更大贡献。

在全国公安机关离退休干部工作座谈会上的讲话

公安部党委副书记　副部长　李东生

（2011 年 10 月 25 日）

这次全国公安机关离退休干部工作座谈会的主要任务是：深入学习贯彻全国老干部工作“双先”表彰大会精神，总结交流近年来公安机关离退休干部工作的经验做法，探索研究新形势下公安机关离退休干部工作的规律特点，努力把公安机关离退休干部工作提高到新的水平。多年来，公安机关离退休干部工作在中组部、全国老龄委等职能部门的重视指导下，在地方各级党委、政府的大力支持下，在各级公安机关和广大离退休干部工作者的共同努力下，取得了显著成绩。在此，我谨代表公安部党委，向全国公安机关的离退休干部工作者致以崇高的敬意！向长期以来关心、支持公安工作和公安机关离退休干部工作的各级党委、政府和各有关部门表示衷心的感谢！下面，我就做好新时期公安机关离退休干部工作，讲三点意见。

一、牢记使命、深化认识，进一步增强新形势下做好离退休干部工作的责任感和使命感

以胡锦涛同志为总书记的党中央高度重视离退休干部工作。胡锦涛总书记在今年“七一”庆祝中国共产党成立 90 周年大会上，回顾了党的 90 年光辉历程，并向为中国革命、建设、改革，为中国共产党建设、巩固、发展作出重大贡献的老前辈们致以崇高的敬意。在 9 月 15 日召开的全国老干部工作“双先”表彰大会上，习近平同志满怀深情地指出，尊重老干部就是尊重党的光荣历史，爱护老干部就是爱护党的宝贵财富，学习老干部就是学习党的优良传统和作风，重视发挥老干部作用就是重视党的重要政治资源。长期以来，公安部党委始终高度重视离退休干部工作，孟建柱部长多次对离退休干部工作作出重要批示，并在百忙之中抽出时间看望慰问老同志，亲切接见全国公安系统老干部代表，还亲自率部党委成员参加老同志团拜会和部机关老干部金婚纪念活动。孟建柱部长曾饱含深情地指出，公安系统的老同志是同党的历史、人民公安的历史紧密联系在一起的，公安事业的发展进步和取得的成绩都是建立在老一辈打下的坚实基础之上，无一不凝聚着老同志的心血和汗水；关心老同志，是我们的责任所在，更是我们的情感所寄。我们要认真学习贯彻党中央和部党委关于做好离退休干部工作的一系列指示精神，充分认识做好离退休干部工作在推动科学发展、促进社会和谐、加强公安工作等方面的重要作用，不断增强新形势下做好离退休干部工作的责任感和使命感。

（一）充分认识离退休干部工作在推动科学发展、促进社会和谐中的重要作用。离退休干部工作是党的干部队伍建设的重要系统工程，也是和谐社会建设的一个重要方面。李源潮同志指出，老干部是支持中国共产党执政的重要政治力量，是促进社会和谐的重要群体，是教育青少年、培养下一代的重要资源。进一步做好离退休干部工作，充分发挥离退休干部在社会主义建设和改革中的参谋咨询作用、在弘扬党的优良传统宣传社会主义核心价值体系中的示范作用、在教育培养下一代中的引导作用、在和谐社会建设中的推动作用，对于加强党的执政能力建设和先进性建设、促进经济社会又好又快发展、早日实现小康社会奋斗目标，都是非常重要的。

（二）充分认识离退休干部工作对于推进我国老龄事业发展进步的重要作用。今年9月17日国务院颁布的《中国老龄事业发展“十二五”规划》指出，2010年全国60岁以上老年人口已近1.78亿，占总人口比重的13.26%；从2011年到2015年，老年人口还将增加4300万人，比重将增加到16%。积极应对人口老龄化，是摆在我们面前的一项重大战略任务。离退休干部工作是我国老龄事业的重要组成部分，公安部和全国各级公安机关是全国各级老龄工作委员会的成员单位。做好公安机关离退休干部工作，对于全国老龄事业的发展进步，具有积极的推动作用。

（三）充分认识离退休干部工作对于推动公安工作、加强公安队伍建设的重要作用。近年来，公安机关在维护国家安全和社会稳定等方面取得了可喜成绩。当前，全国公安系统的离退休干部已达26.4万人，约占现有警力的13.2%。这些老同志是我们做好公安工作的坚强后盾和智慧宝库。各级公安机关一定要充分认识离退休干部工作对于推动公安工作、加强公安队伍建设的重要作用，切实找准离退休干部工作在整个公安工作中的位置。要深刻认识到，虽然离退休干部工作不在维护社会稳定的第一线，但这项工作做得好不好，直接关系到公安机关的战斗力、关系到社会稳定，做好了这项工作，就是我们对社会稳定的最大贡献。要尊重老同志、爱护老同志，支持和鼓励老同志继续为公安事业发展进步献计献策。要通过弘扬“孝亲敬老”等中华民族传统美德，使广大在职民警继承公安战线优良传统、陶冶道德情操、热爱公安工作、牢铸警察情结，不断推进公安思想政治工作和队伍建设。

二、总结经验、开拓创新，更加奋发有为地开创离退休干部工作新局面

多年来，各级公安机关离退休干部工作取得了显著的成绩，积累了不少宝贵的经验。概括起来，主要有以下几个方面：一是始终坚持围绕中心、服务大局。把离退休干部工作作为党的干部工作的重要组成部分来认识，作为构建社会主义和谐社会的重要工作来部署，努力在服务大局、维护大局中找准定位、有所作为。二是始终坚持统一领导、齐抓共管。坚持在党委、政府的统一领导下，充分发挥离退休干部工作部门的职能作用，最大限度地整合各方面资源，着力形成齐抓共管的工作格局。三是始终坚持以人为本、共享发展。全心全意为老同志办实事、尽心竭力为老同志做好事、千方百计为老同志解难事，努力使他们的生活待遇与经济社会发展水平相适应，共享改革发展的成果。四是始终坚持深怀感情、主动服务。带着感情去做工作，把离退休干部视为我们的亲人，设身处地为老同志着想，努力为他们创造幸福、安宁、有尊严的晚年生活。五是始终坚持与时俱进、改革创新。不断推动体制创新、机制创新和方法创新，使离退休干部工作更好地体现时代性、把握规律性、富于创造性。这些重要经验是长期以来离退休干部工作实践的科学总结，我们要结合实际，不断予以丰富和完善，更好地指导做好新形势下的离退休干部工作，不断开创离退休干部工作新局面。

（一）思想上关心，进一步推进离退休干部“两项建设”。离退休干部党支部建设和思想政治建设是党的建设的重要方面，也是新时期离退休干部工作的重要任务。要把加强离退休干部党支部建设和思想政治建设列入党建工作的总体规划去考虑和部署，教育离退休干部坚定政治立场，保持清醒头脑，始终与党和国家同心同德。要大力宣扬杨善洲、乌国庆同志的先进事迹，在公安机关离退休干部中继续开展争创“五好”支部和“四好”党员活动。要深入开展创先争优活动，引导离退休干部在推动科学发展、促进社会和谐、维护社会稳定方面再立新功。

（二）生活上照顾，进一步落实离退休干部“两个待遇”。离退休干部的政治待遇和生活待遇是老同志最关心、感受最直接的两个方面。我们要按照中央的有关精神，不折不扣地抓好离退休干部政治待遇和生活待遇的落实。在落实政治待遇方面，要认真抓好政治理论学习，通过办培训班、收听收看辅导讲座、开展座谈讨论等形式，组织老同志学习；要建立公安工作大事通报制度，定期向离退休干部传达重要会议精神，通报重大情况，传阅重要文件；要建立征求意见制度，定期向离退休干部征求公安工作和公安队伍建设的意见建议。在落实生活待遇方面，要进一步抓好离休干部离休费保障机制、医药费保障机制、财政支持机制建设，确保离退休费、津补贴等按时足额发放，医疗费及时报销；在涉及离退休干部切身利益的住房、医疗、待遇等问题上，要慎重对待并切实保障好老同志的根本利益；要做好困难离退休干部帮扶工作，多提供个性化服务，特别是对那些因病致贫的离退休干部，要采取加大自费药报销比例、建立大病困难救助基金、给予特困补助等方式，尽力帮助他们解决实际困难。

（三）精神上关怀，进一步丰富离退休干部精神文化生活。要从精神上关怀老同志，不断满足离退休干部日益增长的精神文化生活需求，提高他们的生活幸福指数。要加强老干部学习、活动场所建设，加大经费投入，完善基础设施，创造良好条件。要坚持“教、学、乐、为”相统一的原则，合理设置教学科目，创新教学手段，不断提高教学水平。要结合老同志的生理、心理特点，组织他们开展内容丰富、形式多样、积极向上的精神文化活动，不断激发老同志的精神活力，促进其身心健康。

（四）政治上尊重，进一步发挥离退休干部的积极作用。要充分尊重离退休干部为公安事业再立新功的真诚愿望，鼓励和支持他们量力而行地发挥自身的政治优势和经验优势。要把老有所为工作列入重要议事日程，充分利用现代信息技术搭建服务平台，为离退休干部发挥作用提供科学的信息指导。要大力宣扬离退休干部的先进事迹，努力在公安机关形成尊重、关心、帮助老同志的良好氛围，形成学习、弘扬老同志光荣传统与崇高精神的社会风气。

三、加强领导、锤炼队伍，不断提高离退休干部工作部门自身建设水平

新形势新任务对离退休干部工作提出了新要求。做好新形势下的离退休干部工作，必须加强组织领导，着力提高离退休干部工作部门自身建设水平，推动离退休干部工作不断创新发展。

（一）讲政治、重大局，加强对离退休干部工作的领导。要继续推进和完善齐抓共管的领导体制和工作机制，通过成立离退休干部工作领导小组、建立联席会议制度等方式，努力形成党委统一领导、各方齐抓共管、全警广泛参与的工作格局。各级公安机关党委、人事政工部门要高度重视离退休干部工作部门的领导班子建设和干部队伍建设，选好配强主要领导，调整充实干部队伍，在编制、人员、经费、政策等各方面给予倾斜和保障。要关心爱护队伍，帮助工作人员解决工作、学习、生活中遇到的实际困难，充分调动他们的积极性。要不断优化离退休干部工作队伍的人员结构、知识结构、年龄结构，为做好离退休干部工作提供有力保障。

（二）抓学习、重教育，加强离退休干部工作队伍思想政治建设。各级离退休干部工作部门要坚持把思想政治建设贯穿于队伍建设始终，打牢离退休干部工作者的思想基础。要加强理想信念教育、宗旨观念教育和党性教育，引导离退休干部工作者忠诚党的事业，爱岗敬业、任劳任怨、无私奉献。要深入开展“讲党性、重品行、作表率”和创先争优活动，建设模范部门、打造过硬队伍。要深入开展向离退休干部工作先进典型学习活动。在全国老干部工作“双先”表彰会上，北京市公安局政治部老干部处、公安部离退休干部局木樨地活动站被评为先进集体，天津市公安局老干部处处长王毅、安徽省公安厅老干部处处长王玉民、云南省公安厅离退休人员办公室主任沈景龙被评为先进个人，他们是全国公安系统离退休干部工作部门和工作者的优秀代表，要大力宣传、学习和弘扬他们的先进事迹和奉献精神，进一步树立离退休干部工作队伍的良好形象。

（三）强素质、重能力，加强离退休干部工作队伍能力建设。做好离退休干部工作，能力素质是关键。要加强学习培训，通过建立健全培训机制，有计划、有步骤、分层次、多渠道地做好工作人员的培训工作。要加强实践锻炼，引导工作人员立足本职岗位，通过参与中心工作、完成重点任务、组织重要活动等，练就扎实的基本功，不断提高政治敏锐性和政治鉴别力，不断提高政策运用能力和服务管理能力。要深入开展调查研究，勤于学习、敏于思考、勇于探索，引导工作人员学会在研究状态下工作，在研究问题中解决问题。要不断开拓创新，在继承过去优良传统的同时，大胆进行思路创新、内容创新、载体创新、手段创新，真正使离退休干部工作与时代发展同步，焕发出勃勃生机与活力。

离退休干部工作是党的重要工作，关乎全局、涉及长远。做好公安机关离退休干部工作意义重大、任务艰巨、使命光荣。让我们在各级党委、政府和公安机关的坚强领导下，坚定信心、振奋精神，求真务实、勤奋工作，为全面开创公安机关离退休干部工作新局面努力奋斗！

在吉林省老龄工作会议上的讲话

全国老龄委办公室常务副主任　陈传书

（2011年03月25日）

尊敬的金振吉副省长，同志们：

在“两会”召开不久，吉林省就召开了老龄工作会议，贯彻“两会”精神，落实省政府《关于加快推进全省老龄事业发展的意见》，部署《吉林省老年社会保障和服务体系建设三年推进计划（2011—2013年）》，交流经验表彰先进，很有意义。这充分体现了吉林省委、省政府对老龄工作和老龄事业的高度重视，在全国老龄系统带了一个好头。在此我谨代表全国老龄工作委员会办公室向会议的成功召开表示热烈祝贺！向工作在老龄工作第一线的同志们表示亲切问候！向长期以来高度重视和支持老龄工作的吉林省的各级党政领导、相关部门和社会各界的同志们表示衷心感谢！

吉林省是我国的农业大省，也是一个老年人口大省。省委、省政府历来重视老龄事业和老龄工作，坚持从广大老年人的实际需求出发，把老龄工作放在经济社会发展的大局中来谋划，创新工作思路，实施有效举措，不断推动全省老龄事业实现新的进步，创造了许多好的经验，形成了自身的特色，在全国各地产生了广泛的影响，在不少方面引领和带动了全国的老龄工作。给我印象比较深的有以下几个方面：

一是老龄工作的政策体系不断健全，养老保障工作不断拓展，老年民生得到了明显的改善；二是养老服务工作扎实推进，城乡社区为老服务水平不断提高，特别是通过建立农村社会福利服务中心和农村居家养老服务大院，探索了农村养老服务的新路子；三是老年群众组织蓬勃发展，基层老龄工作基础稳固，老年教育和社会管理工作得到加强，促进了社会和谐稳定；四是老年文化体育活动丰富多彩，老年人的精神文化生活得到丰富，老年人的幸福指数不断提高。

这些成绩来之不易，得益于省委、省政府的高度重视，得益于各有关部门的大力支持，得益于老龄工作战线同志们的积极进取，得益于广大老年人的理解和积极参与。希望认真总结经验，并不断发扬光大。

稍后金振吉副省长还要做重要讲话，在这里我仅谈四点认识，供大家参考。

第一，要重视应对人口老龄化的战略研究，深刻把握老龄工作的基本任务。2010年，全国老龄委开展了应对人口老龄化的战略研究。研究的初步成果表明，我国人口老龄化的发展曲线比较特殊：老年人口增量大，老龄化势头猛，影响面比较大，牵涉的问题也比较多。老龄化挑战的严峻程度比以往估计的更为严峻。“十二五”期间，我国将迎来第一个老龄人口增长的高峰，平均每年全国增加840万老年人，特别是在2021年以后到2030年这一段时间，是我国人口增长最快的一个阶段，平均每年约增加老年人口1100多万，最高的年份将超过1500万。在这个阶段，可能是我国应对人口老龄化挑战最严峻的时间，现有的社会保障制度、养老服务体系、老年人社会管理等各个方面都将接受严峻的考验。需要注意的是，我国人口老龄化的发展很不平衡。总体来看，随着城镇化的发展，大量农村劳动力向城市迁移，农村老龄化程度较城市更为严峻。东北三省的人口年龄结构比较特殊，到二、三十年代，东北三省人口老龄化发展程度远远超过全国其他省份，其中吉林省有可能成为全国人口老龄化最严重的省份。希望吉林省要加强对人口老龄化的预测和战略研究，摸清底数，把握规律，明确任务，积极应对。

第二，要重视老龄事业发展规划和老年法规制度建设。“十二五”期间是全面建设小康社会的关键时期，是深化改革、加快经济发展的关键时期，也是我们应对人口老龄化的战略机遇期。之所以称为战略机遇期，是因为我们从1999年进入人口老龄化以来，前十年增加了4300万老年人，但同时减少了7800万人口，社会抚养比反而降低了十多个百分点，这就是常说的人口红利期。我国老龄化对经济社会发展的影响在这一阶段没有显现出来。但从2010年开始，我国的劳动人口将开始逐渐下降，“十二五”期间的老年人口将逐步增长，老龄化带来的一些矛盾将逐步显现。总体来说，2020年之前，我国人口老龄化还不是特别严峻。而相应地，我国社会养老保障制度还没有健全，养老保障体系还不够完善，到本世纪二十年代，如果我们的制度建设、机制建设、社会意识建设还没有相应的跟上，那么我们的整体工作将相当被动。所以，要积极抓住当前的有利时期，按照科学发展观的要求，以“六个老有”为工作目标，以更高的站位来审视老龄问题，以更宽的视野来谋划老龄事业，以更实的措施来推进老龄工作，力争“十二五”期间能够取得更多、更大、新的突破。

“十二五”期间，全国老龄事业将按照党的十七届三中、四中、五中全会提出的要求，实现一个比较大的跨越。《中国老龄事业发展“十二五”规划（草案)》正在各部门进一步讨论中，在养老保障、养老服务以及老年福利方面，将有一些非常实的措施，有一些较大的突破。也希望各地根据当地的实际情况，认真研究制定老龄事业“十二五”发展规划，并把它作为今年老龄工作的头等大事抓实抓好。规划是前瞻性的、统筹性的和长期性的，制度是根本性的、全局性的、本质性的。规划、制度是老龄事业向前发展的根本保证，也是促进老龄事业快速发展的重要载体。必须立足于建立一种公平合理的、可持续发展的社会养老保障制度，建立健全以社会主义市场经济为基础的养老服务保障体系，来形成“六个老有”的长效机制。

第三，要重视老年友好城市、老年宜居社区、老年温馨家庭建设，推动老龄事业全面发展。人是社会生活的主题，城乡建设要始终坚持以人为本，也就是以人为中心。人口老龄化的发展代表着人口结构的变化。随着人口结构的变化，城乡建设的思路理念、方式方法都要做相应的调整和转化，所以要把人口老龄化的理念融入到城乡事业发展的各项工作之中，来创造一个老少皆宜、人人共享的社会环境和生活条件。正因为如此，老年友好城市作为世界卫生组织在全球各国提出的一个行动倡议，我们应给予必要的思考和重视。现在许多地区在创建宜居城市，只有适合老年人居住的城市才是真正宜居城市，只有适合老年人居住的社区才是真正的宜居社区。所以，全国老龄委提出在全国开展“三个创建”活动，目的就是推进老龄事业的全面发展。要把老龄化的客观要求融入到各项建设和各项事业当中，来促进和构建代际和顺、家庭和睦、社会和谐的良好局面。

第四，要重视老年社会管理工作，促进社会和谐，维护社会稳定。到 2014 年全国老年人口数将达到 2 个亿，2025 年将达到 3 个亿，2034 年将达到 4 个亿，到本世纪中叶，将达到 4.7 亿，占全国总人口的三分之一以上。我国人口老龄化形势已经不可逆转，现在所要思考的问题是建立什么样的老龄化社会。我们要以积极的态度提倡积极老龄化实践，把更多老年人中所蕴藏的潜能充分地发挥出来，把老龄化对国家发展的冲击降低到最低点。因此，一是加强老年人社会参与。我国 60—64 岁的老年人占老年人口总数的三分之一，现在是 5800 万，将来要超过 1 亿，可见，老年群体中潜在着多么宝贵的人力资源。要提倡“老有所为”，把老年人组织起来，参加经济发展、社会建设和公益活动，把消极因素变成积极因素。二是加强老年人教育。现在许多老年人退休以后，就失去了生活发展的目标，情绪比较消极。特别是伴随着人口老龄化发展，老年需求方面的问题将日益突出。如果老年人思想政治工作做不好，那么我们的社会和谐、社会稳定的任务将极其繁重。三是加强基层老年人组织建设。目前全国老年协会已经建了一大批，吉林省是在这方面管理比较好的。要把基层老年群众组织规划好、建设好，使之成为党和政府团结带领广大老年人的有力组织和有效途径，成为维持社会稳定、促进社会和谐的一支积极力量。

总的来说，这次参加会议，我感到收获很大。特别是欣喜地看到，《吉林省老年社会保障和服务体系建设三年推进计划》，在形式上有新意，在理念上有突破，在项目上有创意，在财政投入上有力度，在保障措施上有决心。衷心希望在省委、省政府的正确领导下，通过“三年推进计划”的成功实施，吉林省的老龄事业发展再上新台阶，为吉林人民谋福祉、为全国的老龄事业提供更多的可资借鉴的先进经验。

在全国“爱心护理工程”表彰大会上的讲话

全国老龄委办公室常务副主任 陈传书

（2011年6月18日）

各位领导、各位来宾、同志们、朋友们：

大家好！

在中国共产党建党90周年纪念日即将到来之际，中国老龄事业发展基金会在北京隆重召开大会，总结“爱心护理工程”实施五周年取得的成就和经验，表彰为爱心护理事业做出突出贡献的先进个人。在这里，我谨代表全国老龄工作委员会办公室，预祝本次大会圆满成功！向荣膺“爱心护理工程示范基地”称号的单位以及荣获“敬老功臣杯”、“敬老奉献杯”、“敬老服务杯”的个人表示热烈的祝贺和衷心的感谢！

同志们、朋友们，老龄化社会的突出问题就是需要长期护理的对象急剧增加。中国是世界上老年人口最多的国家，“十二五”期间，伴随第一个老年人口增长高峰，我国将进入人口老龄化快速发展阶段。第六次全国人口普查结果显示，60岁以上老年人已达1.77亿，到2015年将增加到2.21亿，平均每年增加老人900多万。与此相对应，到2015年，我国80岁以上老年人将由2009年的1800万增加到2500万，平均每年增加100万。据专业机构测算，2009年我国60岁以上老年人口中，有668万老年痴呆患者，65岁以上人口中有334万帕金森氏病患者，到2015年，将分别增加到884万和440万左右。日益增多的、生活不能自理、需要特殊关注老年群体的长期照料问题，关系到亿万老年人的切身利益，关系到家庭和社会的稳定，关系到国计民生，应当高度重视，着力解决。

“爱心护理工程”是在国务院领导关心下，为解决生活不能自理老年人生活照料、康复医疗和临终关怀等实际困难而设立的老年服务设施建设项目，是国家积极应对人口老龄化战略的组成部分，是情系老龄、利国利民的光荣事业。五年来，在党和政府亲切关怀和社会各界的大力支持下，在中国老龄事业发展基金会的精心组织下，“爱心护理工程”从无到有，从小到大，从刚启动时的7家发展到现在的300家，覆盖了全国31个省市区100多个大中城市，提供养老床位10万余张，为生活不能自理的老年人送去了党的关怀和温暖，为许许多多家庭纾解了难以承受的压力和困难，为老龄事业发展作出了突出贡献。“爱心护理工程”已经成为带动社会力量发展老年护理服务业的一面旗帜。

“爱心护理工程”是德政工程。老年人长期照料问题是一个涉及千家万户和亿万老年人的最现实、最突出的重大民生问题，更是一个不可忽视的社会主义、人道主义问题，也是减轻家庭负担、改善民生、解放生产力的内容。我们真诚地希望各级政府充分认识发展老龄事业的重要意义，高度关注老年护理服务业，作为保障老年民生的重中之重，摆上议事日程，纳入本地区老龄工作发展规划，加强组织领导，加大资金投入，加强管理监督，大力推动，优先发展。

“爱心护理工程”是慈善工程。从人道主义角度讲，步入需要护理阶段的老年人，是一个最需要同情关爱的特殊困难群体。家家有老人，人人都会老。让年迈体衰的老年人有照料、有尊严地度过人生的最后阶段，是人类社会文明进步的一个重要标志，是全社会义不容辞的责任，是惠及千家万户的德政、善举。我们热切地期望社会上更多的人关爱生活不能自理、需要照料和帮助的老年人，关心老年服务业的发展，关注爱心护理工程的实施，热切期待着更多的社会团体、企业家、慈善家、有识之士等感恩社会，多做善事，踊跃地加入到“爱心护理工程”建设当中，为构建社会主义和谐社会奉献爱心、贡献力量。

“爱心护理工程”是朝阳工程。之所以说是朝阳工程，是因为我国有巨大的老年护理服务需求，需求催生产业，有着广阔的市场前景。老年护理服务业在我国才刚刚起步，远远滞后于日益增长的社会养老服务需求，市场严重空缺。在管理体制和运营机制等方面依然存在制约发展的瓶颈，在发展速度和发展方式等方面依然存在不尽人意的因素，在管理水平和服务质量等方面依然存在较大的提升空间。因此，我们殷切期望：

“爱心护理工程”试点单位首先要在创新服务模式上下功夫。注重学习借鉴国内外老年护理工作的先进经验，研究老年人服务需求和心理需求特点。进一步解放思想，拓宽思路，不断创新服务模式。既要搞好生活照料，也要搞好精神关爱，提供热情、周到、细致、温馨、多样化、个性化的优质服务。

要在培养专业素质过硬的服务人员队伍上下功夫。加强老年护理职业教育，重视护理技术业务培训，努力使每一个护理员成为具有爱心、耐心、细心的老年之友，成为掌握娴熟技术的护理专家。

要在探索规范化、职业化、集约化的发展道路上下功夫。借鉴国际先进的护理理念、经验和管理体制，积极探索其发展规律和科学管理方式，发扬与时俱进、开拓创新精神，以创新的思维、创新的方法，创造性地搞好爱心护理工程建设，走出一条中国特色的养老护理服务业发展之路。

同志们，“十二五”时期是我国全面建设小康社会的关键时期，也是老龄事业发展的重要机遇期，养老护理服务业也迎来了重大的发展机遇。我们要准确判断和把握我国人口老龄化的发展趋势，理清思路，合理规划，科学发展老年护理服务业。充分利用一切有利条件，加快解决制约老年护理服务业发展的突出矛盾和问题，集中优势资源，努力开创护理服务专业化、经营管理规范化、产业发展规模化的中国老年护理服务业之路，为广大生活不能自理的老年人，提供更加专业、规范、现代、人性化的优质服务，提高老年人的生活生命质量，推动我国老龄事业的快速发展，为全面实现小康、构建社会主义和谐社会做出贡献！

谢谢！

在老年健康与护理研讨会上的讲话

卫生部副部长　马晓伟

（2008 年 1 月 24 日）

尊敬的玛瑞亚·拉尔松女士，尊敬的国务院参事魏津生教授，各位来宾、各位同仁，朋友们：

大家上午好！

今天，我们在这里举行老年健康与护理研讨会，交流国内外关于老年健康服务管理政策和实践经验，讨论构建适合我国的长期护理服务体系。我谨代表卫生部向出席会议的瑞典卫生与社会事务部儿童与老年保健大臣拉尔松女士、国务院参事魏津生教授，参会的各位同仁、专家学者和新闻媒体的朋友们表示热烈的欢迎和衷心的感谢！

我国已经步入老龄化社会。根据第六次全国人口普查结果，截至 2010 年底，我国 60 岁以上的老年人口已经达到 1.78 亿，2015 年将增加到 2.21 亿，平均每年增加老年人 860 万，老年人口比重将从现在的 13.3%增加到 16%。人口老龄化日益呈现老年人口规模大、增长快、高龄化的特点，老年医疗保健需求急剧增加，发展老年医疗卫生事业势在必行。

党和政府历来十分关心老龄工作。1996 年颁布实施《老年人权益保障法》，2009 年对该法进行了修订；2000 年公布了《中共中央、国务院关于加强老龄工作的决定》；今年 9 月印发了《中国老龄事业发展“十二五”规划》。卫生部高度重视老年卫生工作。在深入推进医药卫生体制改革过程中，积极致力于建设覆盖城乡居民的基本医疗卫生制度，进一步完善医疗服务体系，不断满足老年人长期医疗护理、康复促进、健康教育等服务需求。尽管近年来长期护理服务发展取得了一定成效，但是，面对我国老龄化程度加剧、老年健康和护理需求不断增长的形势仍存在较大差距，长期护理服务在理论研究、体系建设、人才培养、经济政策等方面还处于探索阶段。同时，医疗服务体系在护理、康复等领域需要不断加强，医疗保障体系在保障水平、结构等方面需要进一步提高。随着经济社会的快速发展，老年健康和护理工作不仅代表着一个国家的医疗卫生水平，也代表着社会文明的发展与进步，这对我国护理工作的发展提出了更高的要求。为适应人口老龄化进程，满足老年人健康需求，卫生部今年初修订并印发了新的《护理院基本标准》，并提出在“十二五”医疗服务体系建设发展规划中，加快建立分级医疗、急慢分治的医疗模式，我部还委托卫生部卫生发展研究中心、卫生部医院管理研究所分别开展了护理产业发展和长期护理服务的相关课题研究，为逐步建立和完善以居家为基础、社区为依托、医院为支撑的老年护理服务体系提供依据。

目前，一些国家和地区，特别是欧美的发达国家在加强老年健康方面已经形成了相对成熟的管理政策和工作模式，国内的部分省份也经过积极探索，取得了初步经验。像今天这样的研讨会，我们今后可以多举办几次，充分交流和借鉴国家之间、省际之间的有益经验，探索和研究发展长期护理服务的思路和模式。就我国老年护理发展现状和国际发展形势来看，我想提三点建议：

第一，加强对我国老龄社会特点和长期护理服务的研究。我国是一个未富先老的国家，面临着空前的老年健康服务挑战，应当在低水平、广覆盖、可持续的总体思路下，汲取国际先进理念、服务体系建设和管理方面的经验，做好相关领域的研究工作，为建立长期护理服务模式奠定坚实的基础。

第二，把发展长期护理服务纳入重要议事日程。各级卫生行政部门要将长期护理服务纳入本省区域卫生规划，一方面在硬件建设上，大力发展护理院、康复医院等延续性医疗机构，对居家护理服务和社区护理服务给予相应的政策支持，形成急慢分治、功能互补、紧密合作的医疗服务格局；另一方面在软件建设上，加强护理人才的培养，提高老年护理水平和能力，保障老年人得到高质量的护理服务。

第三，积极组织开展试点工作，构建长期护理服务体系。我们鼓励各级卫生行政部门在深化医药卫生体制改革过程中，结合本地实际，积极组织开展长期护理服务试点工作，加强家庭、社区、医院之间的密切协作，及时总结有益经验，逐步建立和完善适合我国国情的长期护理服务体系。

同志们，今年是国民经济和社会发展“十二五”规划的第一年，卫生事业发展面临新的形势，全国卫生系统正在全力以赴落实深化医药卫生体制改革的各项重点任务，我国的护理工作要积极适应新时期的发展要求，从医院走向家庭和社区，从医疗走向预防和康复，统筹考虑、整体推进，为提高老年健康水平，构建社会主义和谐社会做出应有的贡献。

最后，预祝本次老年健康与护理研讨会取得圆满成功。

谢谢大家！

在中国老年人体育协会第六届全国会员代表大会开幕式上的讲话

国家体育总局副局长　冯建中

（2011年6月15日）

尊敬的各位领导、各位代表：

中国老年人体育协会第六届全国会员代表大会今天开幕了。受刘鹏局长委托，由我来参加会议并看望大家。首先，我代表国家体育总局，向会议的召开表示热烈的祝贺！对参加本次会议的各位委员、代表表示亲切的慰问！对关心、重视老年体育工作的四川省委、省政府和为本次会议顺利召开所付出辛勤努力的四川省体育局、省老年人体育协会表示衷心的感谢！

过去的五年是新中国体育发展史上极不平凡的五年，也是老年体育事业蓬勃发展的重要五年。根据统计，“十一五”期间，全国经常参加体育活动的老年人占老年人口总数的50%左右，沿海等经济发达地区达到60%以上；各地、各部门在健全各级老年体育组织的同时，进一步推进老年体育设施建设，国家体育总局累计投入近2000多万元体育彩票公益金建设老年体育设施。2009年，国家体育总局、全国老龄办与中国老年人体协，以庆祝建国60周年、“国际老年人年”10周年为契机，联合举办了首届全国老年人体育健身大会，累计7000多名老年人参与了开闭幕式及十个单项的交流活动，各地参加选拔和观摩活动的老年人超过百万，对我国老年体育事业的发展具有重要意义，标志着老年体育工作迈上了一个新台阶。中国老年人体协和各级老年人体协通过组织“全国老年人健身活动展示大会”、“全民健身与奥运同行·全国亿万老年人健步走向北京奥运会”等一系列有声势、有影响的老年人体育交流活动，为贯彻落实胡锦涛总书记9.29重要讲话精神和《全民健身条例》，加快由体育大国向体育强国迈进和构建社会主义和谐社会做出了积极的贡献。

同志们，2011年是“十二五”的开篇之年，适逢中国共产党成立90周年。在我们党90年的伟大奋斗历程中，广大老同志为民族独立、人民解放和国家富强、人民幸福做出了不可磨灭的巨大贡献。让老年人健康、幸福的享受晚年，是我们义不容辞的责任。当前，我国已经进入老龄化快速发展阶段，预计到2015年，我国60岁以上老年人口将达到2.16亿，约占总人口的16.7%，年均净增老年人口将超过新增人口数量，老龄化、高龄化、空巢化程度进一步加剧，人口老龄化的挑战日益严峻，所以在国务院召开老龄委工作会议时，对这个问题非常重视，专门研究和布置怎样应对。“十二五”时期将是我国应对人口老龄化最重要的战略机遇期，对老年体育事业来说，也是实现新发展新跨越的关键时期。中国老年人体协选择此时召开第六届全国会员代表大会，全面总结“十一五”老年体育事业发展现状和主要经验，科学规划“十二五”老年体育发展方向，具有特殊的历史意义。

借此机会，我也向大家报告一下总局关于群体工作的总体架构和想法。第一，国家层面的架构——《全民健身条例》和《全民健身计划（2011—2015年）》两项法律法规已经完成并颁布实施，3月1日在中南海专门召开了电视电话会议，研究怎样贯彻这两个文件，这在历史上还是第一次。“全民健身日”也已获得国务院批准，全民健身的口号、标识也已征集颁布完毕，歌曲创作也已经完成，不久就将公布，全民健身的顶层架构已经设计完成。第二，为了推进《条例》和《计划》的贯彻，我们建立了相应的机制，每年都会同民政部、财政部、教育部、发改委等部门，对《条例》和《计划》的贯彻情况，进行拉网式的检查和评估。今年的检查安排在七、八月份进行，每个被检查的省都要汇报“三纳入”的情况，然后向国务院提交一份情况报告。第三，是要建立“全民健身示范城市”。第四，是要建立全民健身评价体系，将《条例》和《计划》的各项条款和指标进行分解，逐年跟进，对省、市群众体育工作的发展情况进行全面的评价，这个方案已经下发各省、市体育局征求意见。第五，是根据评价的情况，拟在适当的时机（每年年初的全国体育局长会议上）进行表彰。第六，是在四年一次的全运会上，由总书记出面接见“群先”代表，这项工作以前也做，但是现在有一些改变，就是要推选全民健身工作做得好的省份、单位的代表来接受总书记的接见，接受表彰。

今年2月15日，《全民健身计划（2011—2015年）》正式印发。这是继《全民健身条例》之后国务院颁布的又一重要指导性文件，再次体现了党中央、国务院对全民健身事业的高度重视。《计划》对未来五年全民健身工作的指导思想、目标任务、工作措施、保障措施、组织实施等方面作了系统部署，是“十二五”时期群众体育工作的重要依据。《计划》要求“重视发展老年人体育”。中国老年人体协要以此为契机，推动政府履行公共服务职能，建立老年体育事业发展的长效机制。各级老年人体协，要认真学习领会胡锦涛同志在今年年初省部级主要领导干部社会管理及创新专题研讨班开班式上的重要讲话精神，在继承和发扬历届老领导的优良传统的基础上，进一步转变观念、开拓创新，加强实践探索和工作落实，深化认识、总结经验、把握规律，全面提高社会管理科学化水平。进一步完善协会自身建设，提高自我发展、自我管理、自我服务和自律规范的能力，为推动老年人的健康水平和幸福指数、建设体育强国和构建社会主义和谐社会发挥更大的作用！

发强主席将要作的工作报告，我看了一下，内容很丰富。这些年我们做了很多工作，活动很活跃，场地建设各地也筹集了一些资金，建起了一些场地。与这两点相比，组织化程度和从点到面的深度，还有很大的拓展空间。老年人体协和农民体协，都具有将组织建设“纵向到底”的条件，在这方面，还需要加大工作力度。另外在协会的规范化工作方面，也还可以再加强。结合各地的实际情况，创新方法、创新模式，也很有必要。科学健身也是需要加强的工作之一。体育总局科研所和清华大学的老师，已经在研究老年人科学健身的问题，目前老年人体育健身的器材还很欠缺，这些都是很好的研究课题。

各级体育行政部门，要把做好老年体育工作作为己任，关心和支持老年人体协的工作。加大对老年体育的投入力度，为组织开展老年人体育健身活动和建设老年体育健身场地设施提供政策支持、技术指导和经费保障。体育部门和老年人体协密切合作，根据总局的要求，系统部署、周密安排、上下协同，全面扎实地推进《计划》的实施，促进体育事业更好更快发展，为体育强国建设奠定坚实基础。

同志们，我们已经站在迈向“十二五”的新起点上，肩负的历史使命和社会责任也更加重大。让我们紧密团结在以胡锦涛同志为总书记的党中央周围，开拓创新，锐意进取，以坚定的决心、务实的作风和卓有成效的工作，努力开创老年体育事业科学发展的新局面！

最后，预祝本次大会取得圆满成功！祝各位代表、委员身体健康、生活幸福！祝我国的老年体育事业蒸蒸日上！

在天津市老年人权益保障执法检查座谈会上的讲话

天津市人大常委会主任　肖怀远

（2011年6月10日）

同志们：

对老年人权益保障法实施情况进行执法检查，是非常必要而又非常重要的一项工作，市人大常委会对此高度重视。今年4月下旬以来，执法检查组采取政府自查与委托检查、分组检查与集中检查相结合的方式，深入社区、农村、老年人大学等基层单位，分层次、多角度地开展执法检查活动，搞得很扎实，效果很好，为这次集中检查打下了很好的基础。今天，我们实地查看了有关单位，听取了市政府分管领导同志所作的情况汇报，既讲成绩，也提出了存在问题和下一步的工作设想。参加执法检查的人大常委会组成人员和人大代表围绕进一步做好老年人权益保障工作提出了意见建议，讲得很好，我都同意，希望有关部门认真研究落实。

市委九届十次全会要求全市上下坚持“五个结合”，认真学习贯彻胡锦涛总书记在津考察重要讲话精神，全面落实“四个注重”工作要求。优先发展社会养老服务，完善新型为老服务体系，培育壮大老龄服务事业和产业，是注重保障和改善民生工作的一项重要内容。下面，我再强调两点。

一、深刻认识老年人权益保障工作的重要性

老年人是社会的重要组成部分。我国早在1999年就开始迈入老龄社会行列，人口老龄化形势呈现出老年人口基数大，增速加快，老龄化超前于现代化，空巢老人、高龄老人、失能半失能老人大量增加等特点。依法维护老年人的合法权益，让老年人共享经济建设和社会发展成果，是党全心全意为人民服务根本宗旨的体现，是新形势下实现科学发展、加强社会管理与创新、构建社会主义和谐社会的一项重要任务。党和国家一直高度重视老年人权益保障工作，全国人大常委会于1996年颁布实施了老年人权益保障法，为我国老年人维权工作提供了法律保障。今年，全国人大常委会又组织进行老年人权益保障法执法检查，吴邦国委员长作了重要批示，指出，应对人口老龄化，是实施我国经济社会发展“十二五”规划纲要的重大课题，是人大代表和社会各界普遍关注的重要民生问题。要通过监督检查，督促有关方面高度重视老龄工作，发展完善老年社会保障体系和老龄服务体系，加强老龄工作体制机制建设，进一步营造敬老、养老、助老的良好社会氛围，切实维护老年人合法权益。

我们天津1988年就开始进入老龄化社会，是全国最早的老年型城市之一，并且老龄化呈快速发展的态势。市委、市政府高度重视老年人权益保障工作，围绕“老有所养、老有所医、老有所为、老有所学、老有所乐，老有所教”的目标，不断完善老龄工作网络，大力推进养老服务体系建设，建立健全各项配套政策措施，形成了敬老、爱老、助老的社会氛围，促进了老龄事业与经济社会协调发展。同时也应当看到，在农村老年人社会保障和养老服务体系建设、基层老龄工作等方面还存在一些亟待解决的问题。市政府及有关部门要进一步增强责任感和紧迫感，从贯彻落实科学发展观和构建和谐社会的大局出发，把老龄事业作为改善民计民生、促进经济社会发展和维护我市社会和谐稳定的大事抓紧抓好。

二、进一步推动老年人权益保障法在我市的贯彻实施

做好老年人工作是全社会的共同责任，是一项复杂的社会系统工程。各有关方面要切实履行职责、密切配合，社会各界要积极参与，进一步形成老年人权益保障工作的合力。

一是进一步加快推进养老服务体系建设。要按照“政策引导、政府扶持、社会兴办、市场推动”的原则，建立多元化的养老服务机制，积极鼓励社会力量兴办养老服务机构，加快构筑以居家养老为基础、社区服务为依托、机构养老为补充的养老服务体系。要形成政府主导，政府与企业、民间相结合的格局，提高老年服务的水准和档次。要合理规划布局养老机构，规范服务标准，拓展服务功能，提高从业人员职业素质和专业技能，提升农村现有养老院水平，使养老保障设施、保障服务满足老年人的需求。

二是进一步加快老年人社会保障体系建设。要逐步建立国家、社会、家庭和个人相结合的养老保障机制，确保老年人生活、医疗等方面的基本需求。在城镇，要建立以基本养老保险、基本医疗保险、商业保险、社会救济、社会福利和社会互助为主要内容的比较完善的养老保障体系。逐步建立独立于企事业单位之外、资金来源多渠道、管理服务社会化的基本养老保险制度。进一步完善城市居民最低生活保障制度，把实际收入低于所在城市最低生活保障线的老年人纳入最低生活保障范围，发放最低生活保障金。积极推进医疗保险制度改革，建立覆盖城镇所有用人单位及其职工的基本医疗保险制度，落实离休和退休人员的医疗保障政策，发展各种类型的补充医疗保险，满足老年人的基本医疗需求。在农村，要坚持以家庭养老为主，进一步完善社会救济和以保吃、保穿、保住、保医、保葬为内容的“五保”供养制度，倡导村民互助。有条件的地区可探索多种社会养老的路子。不断完善农村合作医疗制度，积极探索多种形式的农村医疗保障制度，完善农村基层卫生服务网络，切实解决贫困地区老年人缺医少药问题。

三是进一步加强老年人权益的司法保护力度、法律服务深度和广度。要加强法制建设，进一步完善有关法规，加大执法和监督力度，打击侵犯老年人合法权益的违法行为。依法取缔伤害老年人身心健康、宣传迷信邪说、侵害老年人合法权益的非法组织。要重视保护老年人合法权益，健全法律援助制度，使老年人能够就地、就近、及时得到优质的法律服务。各级司法行政部门要按照有关规定向需要帮助的老年人提供法律援助，给予优待。

四是加大宣传力度，营造良好社会氛围。要把老年人权益保障法等相关法律法规纳入普法规划，在全社会深入开展维护老年人合法权益的法制宣传教育和普及工作，帮助老年人学法、懂法、守法，依法维护自身的合法权益。充分发挥新闻媒体、宣传教育咨询点作用，引导广大群众增强维护老年人合法权益的法律意识，在全社会大力倡导尊老、敬老、养老、爱老的良好社会风尚。要充分发挥慈善机构的作用，积极开展走访慰问、公益性救助贫困老年人等活动，共同营造全社会关爱老年人的良好氛围。不断丰富老年人精神文化生活，广泛开展适合老年人的群众性文化、体育、娱乐活动，丰富老年图书报刊、影视、戏剧、文艺作品，更多地为老年人办实事、办好事。

市人大常委会对老年人权益保障工作一直十分重视，在国家颁布实施老年人权益保障法之后，于1998年制定了《天津市实施〈中华人民共和国老年人权益保障法〉办法》。多次组织常委会组成人员和市人大代表视察、调研老年人权益保障、养老机构建设等工作，支持和促进政府及有关方面严格依法办事。今年，市人大常委会又把《天津市养老服务促进条例》列入了本年度立法计划的调研项目，正在广泛征求各有关方面的意见。我市各级人大常委会要结合这次执法检查，督促政府及其有关部门进一步落实好老年人权益保障的法律法规和政策措施，把老龄工作提高到新的水平。

在山西省老龄工作会议上的讲话

山西省委常委　常务副省长　省老龄委主任　李小鹏

（2011 年 3 月 23 日）

同志们：

这次全省老龄工作会议是在刚刚进入“十二五”时期召开的一次重要会议，对于我们统一思想、明确任务，确保“十二五”时期老龄事业开好局、起好步，开创老龄工作新局面具有重要意义。

刚才，进龙同志总结了去年的工作，安排部署了今年的老龄工作任务，会议还表彰了全省十个类型的老龄工作先进集体和个人，会议开得很好。在这里，我代表省委、省政府对获奖的同志们表示热烈祝贺！

我们都是唯物主义者，生老病死是每个人都要经历的过程。我们都有家庭，赡养老人是我们每个家庭和每个人应尽的社会责任和义务。我们是社会主义国家，在我们的国度里，做好老龄工作是做好整个社会工作的一个不可缺少的部分，所以说这项工作非常重要。往大说，是党和国家的重要事业，往小说是我们每一个人自己应做的工作，当然还有人伦亲情、社会道德。无论从哪个层面来说，都需要我们高度重视，切实把这项工作做好。

大家知道，刚刚过去的“十一五”时期是我省发展史上极不平凡的五年。在党中央和国务院的坚强领导下，在社会各界的大力支持下，我们深入贯彻落实科学发展观，全省上下团结一致、奋力拼搏，胜利完成了“十一五”规划确定的主要目标任务，全省经济发展、社会进步、人民生活水平不断提高，各项工作都取得了新的成就。在过去的2010年，我们着力推进转型发展跨越发展，全省经济实现了平稳较快增长，主要指标达到或超过国际金融危机前的水平，全省地区生产总值达9088亿元，增长13.9%，固定资产投资达6353亿元，增长26.2%；财政总收入完成1810亿元，增长17.8%，一般预算收入完成970亿元，增长20.3%；城镇居民收入达15648元，农民人均纯收入达4736元，分别增长11.8%和11.6%。这些成绩的取得，靠的是党中央、国务院方针政策的正确指引，靠的是省委、省政府坚强有力的领导和社会各界的大力支持，其中也有全省老龄工作系统广大干部职工的辛勤奉献。“十一五”期间，全省老龄部门认真贯彻落实中央和省委、省政府的决策部署，围绕中心、服务大局，坚持“老有所养、老有所医、老有所教、老有所学、老有所为、老有所乐”的“六有”目标，扎实工作、开拓进取，全省老龄事业有了长足的进步：老年社会保障体系不断完善，老龄事业基础设施建设不断加强，为老服务体系建设不断推进，老年维权工作不断深化，老年人精神文化生活不断丰富，尊老敬老在全社会蔚然成风……总的来看，各方面的工作都取得了显著成绩，为促进全省经济社会发展作出了重要贡献。在这里，我代表省委、省政府向在座的各位同志并通过你们向奋战在老龄战线的广大干部职工表示衷心的感谢和诚挚的慰问！

现在，我们进入到“十二五”时期。“十二五”期间，我们要实施赶超战略，要实现转型跨越发展、再造一个新山西的目标。新的山西将会是什么模样？袁纯清书记在他的讲话中，王君省长在他的报告当中，都向我们作了描绘：就是要实现工业新型化、农业现代化、市域城镇化、城乡生态化，就是要实现安全发展、清洁发展、绿色发展、低碳发展，就是要建设绿化山西、气化山西、净化山西和健康山西。总之，新的山西经济转型跨越发展，社会和谐稳定进步，人民幸福安康富裕。

要想实现这个奋斗目标，就需要全省上下共同努力奋斗。去年下半年以来，中央和省里先后召开了全会、经济工作会议和“两会”等多次重要会议，对“十一五”时期和去年的工作进行了总结，对“十二五”时期和今年的工作进行了全面的安排部署。特别是刚刚结束的全国“两会”，审议并批准了政府工作报告，审查并批准了“十二五”规划纲要。在大会上，温家宝总理代表国务院系统总结了“十一五”时期我国取得的巨大成就和宝贵经验，明确提出了“十二五”时期的主要目标和任务，描绘了未来五年我国经济社会发展的崭新蓝图。这些会议和讲话都非常重要，希望我们老龄工作系统的广大干部职工，要认真学习，深刻领会，结合实际，做好贯彻落实。

下面我再讲几点意见：

一、要充分认识做好老龄工作的重要性和紧迫性

“十二五”时期将是我国人口老龄化加速发展的时期，人口老龄化的形势将会更加严峻。按照国际公认的10%这一标准，我省已于2000年进入了人口老龄化社会。与全国其他省市相比，我省的人口老龄化还具有以下几个明显的特点：一是全省老年人口的总量规模较大。目前，全省60岁以上老年人口422.25万，占总人口的12.3%。据预测，2015年全省60岁以上老年人口将突破500万，2020年突破600万，2032年突破900万，到2046年将突破1000万。老年人口数量在整个21世纪前半叶始终保持增长势头，而且老年人口比例也将持续攀升。到2025年将超过20%，2047年将超过30%的重度老龄化警戒线，2050年达到31.8%。二是老龄化呈现加速发展的趋势。2000年至2009年10年间，我省60岁以上老年人口增加了115万人，增长37.4%，远远高于发达国家的老龄化速度。据预测，从2011到2020年这10年间，我省60岁以上人口将增加约178万人，增长42.1%，比上一个十年的增长速度还要快，呈现出加速化的发展态势。三是农村老龄化问题更为突出。目前，我省60%以上的老年人生活在农村，农村人口老龄化水平高出城镇近两个百分点。随着我省城镇化的加速发展，农村青壮年劳动力将会大量迁入城镇，将会加重这一趋势的发展。可以预见，在当前和今后相当长的一个时期，农村人口老龄化速度和程度都要超过城镇，山区、老区、边区农村的老龄化、高龄化、空巢化问题将会更加突出。

与发达国家和全国其他省市相比，我省是在经济发展水平不高，尤其是社会保障体系还不健全的条件下进入人口老龄化阶段的，是典型的“未富先老”，不论是法规政策，还是工作措施，我们的应对准备都明显不足。人口老龄化对经济社会发展的影响是非常广泛而深远的，不仅作用于生产、流通、消费、金融等经济领域，同时也作用于公共服务、社会管理和社会稳定等多个方面，而且这一态势将伴随全面建设小康社会的全过程。这对我省在未来实现转型跨越发展、再造一个新山西，特别是实现工业新型化、农业现代化、市域城镇化、城乡生态化带来了严峻的挑战。所以说，这一问题关乎全省经济社会发展大局，关乎再造一个新山西目标是否能够顺利实现，是山西推进转型跨越发展进程中始终必须认真研究解决的一个重大的、全局性、战略性的问题。我们必须站在科学发展观的高度，充分认识人口老龄化形势的严峻性、复杂性，既要立足当前，解决人口老龄化对经济社会发展带来的各种突出矛盾和现实问题；更要着眼长远，从政策法规、体制机制、物质保障和组织领导等方面做好应对人口老龄化的战略准备。

二、要全面推进养老体系建设

"十二五"时期是我们实现转型跨越发展、全面建设小康社会的关键时期，也是积极应对人口老龄化的重要机遇期。我们要顺应广大老年人过上幸福晚年生活的新期盼和新要求，从我省经济社会发展的现实情况出发，从健全完善老年社会保障体系、社会养老服务体系等方面切实加大工作力度，从而实现好、维护好、发展好广大老年人的根本利益，促进我省老龄事业的又好又快发展。

我感到，下一步，推进全省养老体系建设，尤其要在以下两个方面加大工作力度。

一是要进一步加快养老保障体系建设。健全的社会保障体系，是人民生活的安全网，社会运行的稳定器，收入分配的调节器。从我省来看，经过多年的发展，社会保障体系框架虽然初步建立，但无论从保障范围还是保障层次而言，还不够完善和全面。下一步，我们要把健全完善社会保障体系纳入全省老龄事业发展"十二五"规划中来，力争建立起广覆盖、保基本、多层次、可持续发展，并与全省经济社会发展相适应、与其他保障制度相衔接的老年社会保障体系。要加快推进养老和医疗保险制度建设，努力实现全省城乡基本养老保险和基本医疗保险的全覆盖，并随经济发展不断提高统筹层次和保障水平；要进一步完善老年社会救助制度建设，把符合条件的贫困老年人纳入最低生活保障范围，切实帮助解决贫困老年人的医疗保障问题，重点解决农村特困、留守、孤残、空巢等老年人的基本生活；要加强对制度的设计，更加注重保障的公平性和合理性，解决养老保险制度中保障结构失衡的问题，努力促进不同行业、不同地区、不同人群之间的公平分配，让公共政策和公共财政能够惠及更广大的老年人群。

二是要大力推进养老服务体系建设。大力发展养老服务，是当前我们积极应对人口老龄化挑战的重要举措，也是我们转变经济发展方式、努力扩大内需、保障和改善民生的有效途径。党的十七届五中全会明确指出，要优先发展社会养老服务，培育壮大老龄服务事业和产业，这为我们发展老龄服务体系指明了方向。从目前我省的情况来看，为老服务机构、设施和人员供给还不能满足老年人的服务需求。要认真贯彻中央的政策，加快制定实施"十二五"期间全省养老服务业总体规划，积极构建与我省经济社会发展水平和人口老龄化进程相适应、覆盖城乡，以居家养老为基础、社区服务为依托、机构养老为补充的社会化养老服务体系。下一步，要重点加大以下几方面的建设：一是加快养老服务机构和设施建设。这是发展养老服务的物质基础。要加快社区居家养老服务中心、敬老院、老年福利院、老年护理院、老年公寓等服务机构和设施的建设；要制定社会化为老服务的政策和制度，发挥政策的引导作用，探索多元化、社会化投资模式，鼓励社会力量兴办养老服务机构和设施，培育为老服务组织。二是大力发展居家养老服务。要将居家养老服务建设作为今后发展养老服务的主要模式，出台鼓励居家养老服务业发展的相关政策，采取有效措施、优化整合资源，加快健全县、乡和村（社区）三级居家养老服务网络；要培育发展居家养老服务中介组织，引导和支持社会力量开展居家养老服务，坚持"党政扶持、城乡统筹、资源整合、社区组织，市场化运作、信息化管理、社会化服务、人性化关爱"的原则，建立起符合我省实际、能够惠及广大老年人群的居家养老服务模式。三是加强养老服务队伍建设。这是做好养老服务的关键因素，也是我省养老服务体系建设中最薄弱的一个环节。要加快培育和引进老年医学、护理、营养和心理等方面的专业人才，大力开展养老护理人员职业技能培训和鉴定，推行养老专业人员职业资格认证和持证上岗制度，逐步实现养老服务队伍的职业化、专业化，要加快志愿者养老服务队伍建设，开展各种养老服务的公益活动，鼓励更多的社会工作者加入养老服务队伍中来，切实加强养老服务人才队伍建设。四是大力发展老龄产业。要将老龄产业发展规划纳入本地区的经济社会发展总体规划，积极制定扶持老龄产业发展的政策和措施，鼓励和引导社会力量投资老龄产业，培育和壮大我省的老龄产业。同时，要加快制定和完善老龄产业的准入制度、行业标准和服务规范，培育行业中介组织，充分发挥行业协会的作用，加强老龄产业的行业自律和监管，推进全省老龄产业的健康快速发展。

在做好上述两个体系建设的同时，要切实做好维护和保障老年人合法权益工作，加强对老年人的维权法律援助；要进一步加强老年人社会管理工作，发挥老年人自我管理、自我教育、自我服务的积极作用，不断提高老年人社会管理的水平；要大力发展老年文化教育，开展老年体育健身活动，丰富老年人的精神文化生活；要积极开展老年宜居环境建设，继续开展以“敬老文明号”等活动为主要形式的敬老爱老活动，全面提高老年人的生活和生命质量，从而促进和谐社会建设。

我们说，“家家有老人、人人都会老”，老龄工作是涉及千家万户、关乎国计民生的大事。老龄工作既是一项民心工程，也是一项德政工程。同时，老龄工作又是一项社会工程、系统工程，需要各方面的关注和支持。要坚持“党政主导、社会参与、全民关怀”的工作方针，积极开展老龄工作。各级政府要高度重视老龄问题，要把老龄工作摆上重要位置，纳入重要议事日程，并为老龄工作解决实际问题，从机构建设、人员编制、办公条件、工作经费等方面给予切实保障。要充分发挥各级老龄工作委员会的职能作用，形成上下贯通、管理有序的老龄工作体制和格局，各职能部门要各司其职、各负其责、主动担当，积极开展各项工作，不断提高履职能力和服务水平。要加强老龄文化宣传，提高人们对人口老龄化形势的严峻性、老龄问题的特殊性和老龄工作重要性的认识，增强全社会的老龄意识和应对人口老龄化责任意识。要组织开展尊老爱老活动，为发展老龄事业营造良好的社会环境和舆论氛围。要加强对人口老龄化的战略研究，科学分析人口老龄化的发展态势，充分认识和把握人口老龄化的特点和规律，探索创新做好新形势下老龄工作的措施和办法。要结合实际，编制老龄事业发展“十二五”规划，制定有效措施，落实规划任务，促进老龄事业和经济社会协调发展。

同志们，老龄事业是党和国家的重要事业。我们中华民族历来有尊老爱幼的好品德，我们党和国家有尊老敬老的好作风，我们山西也有孝行天下的好传统。所以，我们要继承和发扬这些优秀品德、优良传统和良好作风，在前人的基础上，再接再厉、扎实工作、开拓进取，把这项关系全省400多万老年人切身利益，关系我省转型跨越和再造一个新山西的大事抓紧抓好，不断开创老龄工作的新局面，为实现全省经济社会又好又快发展作出我们应有的贡献！

在自治区老龄委全体会议上的讲话

内蒙古党委常委 组织部部长 李佳

（2011年4月29日）

同志们：

今天，我们专门召开老龄委会议，总结“十一五”期间的经验做法，研究部署“十二五”的老龄工作，并对一些政策性文件进行讨论。我们以前从来没有开过这样的会议。应该说，会议本身就十分有意义，也十分重要和必要。刚才，金亮同志代表自治区老龄办作了一个全面汇报，对以前的工作总结的很到位，对老龄工作的现状，分析的很准确，对下一步的工作，安排的也比较得当，我完全赞同。大家围绕《规划》、《意见》和《办法》，进行了热烈讨论，都提出了很好的意见和建议，会后请老龄办认真总结、梳理，对相关文件做进一步修改完善后尽快报批。

“十一五”期间，各盟市、各有关部门，紧紧围绕自治区经济社会发展大局，始终坚持“六个老有”的目标，同心协力，认真履职，推动了自治区老龄事业稳步向前，取得了明显的成绩。比如，我们确立了为老年人服务、为经济社会发展服务这样的“双服务”的老龄工作定位，保证了老龄工作的正确方向。再比如，制定出台了“星光计划”等政策措施，把城乡生活困难老人的最低保障、农村老年人新型合作医疗等都纳入了制度化轨道。还比如，投资近四个亿，加大基层基础建设力度，建了1 200多个“星光老年之家”，等等。这些成绩，大家都看得到，全区的老年人也得了实惠。在这里，我代表自治区党委，向全区老龄工作系统的同志，表示衷心的感谢。

当然，在看到成绩的同时，也要看到问题和差距。实事求是地讲，与先进地区比较，用高标准衡量，我区老龄工作还有不小的差距。比如，社会化养老服务体系还不健全，老龄产业发展相对滞后，城乡之间、地区之间老龄事业发展还不平衡，等等。这些，都需要我们采取有效措施，认真加以解决。

关于“十二五”期间的老龄工作，老龄办已经有了总体安排，我们又要出台五年规划，出台一个意见。我觉得，方向、目标、任务，都比较明确了，希望大家认真抓好落实。这里，我简要讲几点想法，概括起来讲，就是四个“进一步”。

第一，要进一步增强做好老龄工作的责任感和紧迫感

大家知道，贫困问题、艾滋病问题和老龄化问题这三大问题，被联合国列为21世纪的三大社会问题。随着科技进步和社会进步，贫困问题和艾滋病问题正在逐步缓减，唯有老龄化问题却在逐步加剧，而且已经成为不可逆转的趋势。前两天我看了一个资料，我国现在是跑步进入老龄化社会，成为世界上唯一一个老年人口超过1亿的国家。更严重的是，全国的老年人口正在以年均1 000万的速度增加，像北京、上海这些大都市，老年抚养系数接近30。这是个什么概念？就是说，每100个劳动力就要抚养30位老年人。可以说，我们国家的老龄化形势一年比一年严峻。这是全国大形势。具体到我们内蒙古，老龄工作的形势也不容乐观。我们除了与全国同步进入了老龄化社会之外，更有自己的特殊实际，主要表现在这么三个方面：

其一是，从老龄化的程度来看，我区已经进入了老龄化加速发展的阶段。刚才金亮厅长在汇报时也讲到了，到去年底，我区60岁以上老年人口已经达到306万，占到总人口的12.48%，这个比例高于国际老龄化标准2.48个百分点，与全国的平均水平相当。从全国来看，东部沿海地区的老龄化程度相对要高，西部省区低一些，像新疆、西藏和青海还没有进入老龄化社会。这样一比，我们在西部省区当中，老龄化程度应该算是高的了。更为严重的是，我区老龄化呈现出加速发展的势头，初步测算，到2020年我区老年人口要占到五分之一，而全国的情况是到2025年，才达到五分之一，所以，我们的老龄化步伐比全国更快，形势更严峻。

其二是，从解决老龄化的难度来看，我区农村牧区的养老问题十分棘手。大家清楚，相对于城市来讲，农村牧区的养老问题难度更大。而我区的实际恰恰是，农村牧区老年人口占大头。现在，已经达到186万人，占全国老龄人口的60.8%，其中纳入低保的仅有57万人。再加上我区农村牧区地广人稀，老年人口居住分散，我们的服务半径较大，这就客观上增加了服务老年人的成本和难度，给做好老龄工作带来了巨大的挑战。

其三是，从构建和谐社会的角度来看，提高老年人养老保障水平显得尤其重要。自治区党委提出富民强区的战略思想，要求各级党委政府，千方百计来改善民生，而且，要先从弱势群体、困难群众开始。这样，就要求我们把老龄人口的养老保障问题，摆到优先位置来解决。特别是企业离退休人员、农牧区老年低保户的基本生活保障，一定要落实到位。否则，就可能引发矛盾纠纷，影响到社会和谐稳定。

总之，我区老龄化问题已经成为一个看得见、摸得着、绕不开，而且必须抓紧解决的现实问题。对这件事，各级党委政府，必须有足够的重视，进一步增强责任感和紧迫感。

第二，要进一步加强对老龄事业的战略谋划

从长远来看，老龄工作必须作出战略安排、制度安排、系统安排。我想，当前主要是要抓好这样两件事。

第一件事，要尽快启动我区应对老龄化的课题研究。前年十月，全国老龄委启动了“国家应对老龄化战略研究”。这项工作我们也要往前赶，老龄办要牵起头来，未雨绸缪、力口强研究，组织有关职能部门、科研单位、社会团体进行联合攻关，把握老龄工作的一般规律；另一方面，要从我区边疆民族地区区情出发，摸清底数、掌握情况，把握我区老龄工作的特殊规律，从而因地制宜、对症下药，拿出管用措施。

第二件事，要抓紧下发老龄工作“十二五”中长期规划。这个规划，今天讨论修改后，还要再征求一下各方面意见。特别是要与自治区经济社会发展“十二五”规划衔接好，使这个规划既符合老龄事业发展规律，也符合自治区实际。总的看，这个规划不错，但我感觉，有些工作任务还是相对宏观一些，是不是可以考虑一些规划，或者配套出台一些实施办法，老龄力、可以作一些考虑。

第三，要进一步抓好老龄工作的重点和关键

应该说，老龄工作千头万绪，涉及面比较广，需要解决的问题也不少。所以，在工作中，我们要注意通过抓重点，抓难点，抓薄弱环节，来推动各项工作任务的落实，来促进整体水平的提高。我想，从当前来看，主要抓这四个重点。

第一个重点，要健全完善和认真落实养老保障制度。大家都知道，“老有所养、老有所医”是老年人最关心的问题，也是社会保障体系建设中的重中之重。这方面，我们既要不折不扣地落实好中央的相关

政策，也要结合我区实际，积极探索有效措施，不断提高我们的保障水平。主要是构筑好三条“保障线”。一条是，基本养老保险。城镇这一块要抓规范，确保机关事业单位退休费和企业退休人员基本养老金按时足额发放。农村这一块要加大探索力度，积极稳妥地抓好新型农村社会养老保障制度试点，取得经验基础上，努力扩大覆盖面。另一条是，基本医疗保险。要尽快把所有老年人，都纳入到城镇职工基本医疗保险、城镇居民医疗保险和新型农村合作医疗等保障体系，争取在较短的时间内实现全覆盖。再一条是，最低生活保障。主要是完善城乡低保制度，做到应保尽保。同时，还要建立救助机制，我们这次会议讨论的建立 80 岁以上低收入老年人生活津贴的办法，就是一个很好的举措。下一步，要摸清底数，落实好这个办法，把这件事办好、办实、办到位。

第二个重点，要积极推进养老服务业发展。实事求是讲，这是我区老龄事业的“短板”，与广大老年人的实际需求有较大差距。其中原因，主要是投入不足、资源整合不够。为此，下一步，我们要坚持“两手抓”。一方面，要引导多元投入，积极推进“机构养老”。目前，我区养老机构床位数是 5.37 万张左右，只达到全区人数的 17%，还没有达到全国老年人数 30%的标准。说实话，光靠政府投入，建养老服务机构，从目前财力来看，还办不到。所以，在这方面，我们还要多想一些办法，通过政策引导，吸引和鼓励社会力量，参与到养老服务事业上来。比如在国家政策允许的前提下，可以通过以奖代补、税费减免、土地划拨等方式，吸引和支持社会资本兴办养老服务机构。另一方面，要坚持依托社区，大力发展“居家养老”。从实际情况看，我们不可能把所有的老人都接到敬老院和老年公寓去养老，而且我们绝大多数老年人更愿意居家养老。这就要求我们，大力发展居家养老服务，这是符合我们国情的，也是破解养老服务难题的一个重要出路。下一步，我们要在这个问题上，争取有一个比较大的突破。主攻方面应该是，依托社区这个服务平台，探索建立居家养老+社区服务的模式，使老年人呆在家里，就能够得到比较周到的服务。

第三个重点，要切实加强农村牧区老龄工作。应该说，农村牧区老龄工作，既是重点，也是难点，涉及的人数多，问题也多。从当前来讲，在这方面要突出抓好两个薄弱环节。一个是，进一步解决好养老保障问题。大致可以分这么几个层次：第一个层次是被征地农民，在自愿的基础上，要纳入基本生活保障；第二个层次是独生子女家庭，要纳入基本生活补贴范围；第三个层次是特困老人，要纳入最低生活保障；第四个层次是五保户，要纳入集中供养。以上这些都是有特定对象和特定范围的，除此之外，我们要结合新型农村社会养老保障试点工作，抓紧探索和完善适应不同层次、不同保障水平的的农村养老保障和基本医疗保障制度，确保老年人都能得到保障。另一个是，进一步解决好基础设施建设问题。一方面，要把农村牧区养老服务机构和服务设施、老年文体活动设施建设，纳入到新农村建设总体规划，逐步加大经费投入力度。另一方面，要提高资源利用效率，农村闲置的校舍、集体办公用房等公共设施，要加以整合和利用，这样既可以节省资金，也方便为老年人就近搞好服务。

第四个重点，要不断丰富老年人精神文化生活。应该说，随着经济社会的发展和生活水平的提高，满足老年人精神文化生活需求，是老龄事业不可或缺的一个重要内容，这也符合马斯洛的需求理论。这方面，要针对老年人的实际，突出“三个注重”。一个是，要注重精神关爱。我们不仅要在生活上关爱老人，也要在精神上慰藉老人。刚才，我们研究的“意见”中提出了“快乐晚年精神关爱行动”，就是一个很好的形式，老龄办抓紧拿出具体实施办法。另一个是，要注重组织文体活动。一方面，要多建立一些适合老年人特点的文化体育活动组织，另一方面，要进一步抓好老年活动中心、老年活动室等活动设施建设，特别是在公共设施建设和活动设施器材配置中，要充分考虑老年人的特殊要求。现在，城市中的一些社区，这方面做的不错。农村牧区这块，还需要加大工作力度。

第四，要进一步巩固“大老龄”的工作格局

老龄工作是一项复杂的社会系统工程，涉及到诸多部门和方方面面。这就要求我们，切实加强领导，落实各方责任，形成工作合力。这方面主要是发挥好“三个作用”。

一个是，明确责任，发挥好党政主导作用。我想，各级党委、政府的主导作用，应该主要体现在三个方面：一是抓规划，把老龄事业纳入经济社会发展总体规划，列为民生建设的重要内容。二是抓政策，在养老保障、产业发展、权益维护等方面，研究出台相关政策措施。三是抓投入，建立与经济发展相适应的老龄事业的投入机制。我们这次党委政府起草的意见，有了这方面的内容。各盟市在这方面，也要拿出具体的措施。

另一个是，加强协作，发挥好部门职能作用。我想，各级老龄委作为主管老龄工作的议事协调机构，要切实履行好对综合管理、宏观指导、组织协调、督促检查的职能。各成员单位作为老龄工作的具体组织实施者，要切实增强责任意识，按照职责分工，尽职尽责，密切配合，共同做好老龄工作。老龄办作为老龄工作的日常办事机构，要加强自身建设，‘积极主动当好参谋助手。

再一个是，加大宣传，发挥好舆论引导作用。这方面，重点要抓好三件事。第一件事，要通过各类主流媒体，加大宣传力度，在全社会进一步树立敬老、爱老、助老的良好风尚。第二件事，要加强老龄工作法律法规、政策的宣传，增强群众维护保障老年人权益的法律意识，提高尊老爱老敬老的自觉性。第三件事，要大力培树和宣传关爱老人的先进典型，发动社会团体、组织和个人积极投入老龄慈善事业，努力形成全社会积极支持老龄事业的大格局。

总的来讲，老龄工作关乎社会民生，关乎千家万户。我们一定要带着责任，带着感情，齐心协力，扎扎实实做好全区老龄工作，努力为全区广大老年人创造更加幸福快乐的生活。

我的话讲完了。

顶层设计　管理创新
推动新时期老龄事业全面快速可持续发展

——在省老龄委第十次全体会议上的讲话

黑龙江省副省长　孙永波

（2011年11月25日）

（根据录音整理）

同志们：

今天的会议不会太长，但是我个人觉得会议确实比较重要。我本来想在召开这次会议前，请在座的成员单位的领导去哈尔滨市看一家养老院和一家失能老人护理院，然后我们再开这个会。为什么去看一家养老院和一家失能老人护理院呢？我想通过实地考察，真正体会到老龄工作的重要性。我们在座的许多同志可能没有去过那个地方，我来了三年半，我是经常去那个地方，我每一次去都真正感觉到老龄工作是个大事，老龄工作是全国的大事，是社会的大事，也是我们每一个人、每一个家庭可能遇到的大事。本来是想去看看，我们老了怎么生活，万一我们老了、失能了，我们将会遇到怎么样的情况？我们会得到像护理院那样的待遇，得到很好的护理，去看看后会感觉更深。刚才我在路上，我就在想，昨天早上我的腰给闪着了，我现在这个年龄状况，估计撑几天就恢复过来了，如果我七老八十了，我还能不能起得来？半年能起来吗？一年？也可能一辈子都起不来。如果我躺在床上，我的孩子能辞掉工作照顾我吗？如果他辞掉工作照顾我，他吃什么？喝什么？他没有收入，家里有两个老人，也许是四个老人，怎么办？很现实的问题，我们在座的也可能会遇到，难点就在这里，我在想社会养老、机构养老，特别是加大老龄养老院和护理院建设的重要性。只要我们大家都认识到了，老龄社会在未来，你就会觉得这项工作的重要，因为我们现在在发展的过程当中，拿出一部分资金来干这件事，这是比较迫切的事。我们看了，再来统一看法，那就意义更大了，体会会更深。如果一个孩子很孝顺，他也不专业，如果他是个大老板，有很多钱，请一个人来护理，他也不一定有专门的护理知识。但是，我们去海员总医院的爱心护理院看一看，你再到齐齐哈尔看一看，医院的一个老护士长退休以后办了一个失能老人护理院，那可要有专门的知识、专门的技术来护理老人，既有生理的关心问题，还有心理的慰藉问题。所以我觉得这项工作怎么重视都不为过，因为老年社会很快就要到来了！

我们这次会议的主要任务是，深入贯彻第三次全国老龄工作会议精神，总结省老龄委九次全体会议以来的工作情况，这里有个书面报告大家好好看一下。再一个，审议通过《黑龙江省老龄事业发展“十二五”规划》，安排部署下步任务。刚才，喜军同志传达了国家会议精神，铁生同志做了起草《规划》的说明，大家对《规划》进行了讨论和审议，这个《规划》已经征求了大家意见，如果大家还有意见，在一周之内反馈给省老龄办，老龄办吸收大家意见再进行修改，然后提交省政府印发。同时，要抓紧筹备召开省政府第三次全省老龄工作会议，对全省的老龄工作、对《规划》的落实进行全面的部署。下面，我讲几点意见。

一、立足新起点，深刻理解老龄工作社会管理创新对于发展老龄事业的重要意义

今年是“十二五”开局之年。站在新的历史起点上，省委、省政府科学谋划了一系列重大战略举措。今年年初，省委召开了十届十七次全会，专题研讨加强和创新社会管理工作。会后，以省委文件印发了《关于加强和创新社会管理的若干意见》，其中对民生工作作了重点部署。老龄工作作为民生工作的一个重要方面，也被摆上了十分重要的位置。因此，当前和今后一个时期，通过加强老龄工作社会管理创新，为老龄工作注入新的活力，推动老龄事业的持续健康发展，已经成为摆在我们面前的重大课题，具有十分重要的意义。对于老龄工作的重要意义，可以从三个方面去理解。

第一，老龄工作社会管理创新是应对老龄化严峻形势的必然选择。据预测，本世纪我省将面临两次“银发浪潮”的冲击。其中，第一次就发生在 2011 年至 2015 年，与“十二五”时期正相重合。这期间，我省 60 周岁以上老年人年均增长将达 43 万人，到 2015 年，老年人口总数将达到 671 万人，约占全省总人口的 17%。同志们，17%是一个很重要的数据，我们将步入老年社会，将有 671 万的老年人。同时，空巢老年人口将达到老年人口总数的 50%以上，呈现出老龄化、高龄化、失能化同时快速发展的局面。现在的生活太好了，患糖尿病、脑血栓、心血管疾病的人越来越多。过去我们生活简朴，这类病少一些，这是社会发展的自然规律，是躲不过去的。面对复杂严峻的形势，如果仍然满足于常规的工作手段和方法，停留在一般化的工作状态上，墨守成规，那么肯定难以适应。过去，我们形容老龄工作面临的困境有这么两句话，一句话是“未富先老”。而实际上，比“未富先老”更可怕的是另一句话“未备先老”。没有准备，老龄社会到了。没有准备，大量的老龄问题出现了，无法应对。因为“富”是经济社会发展的客观状况；而“备”则能充分体现出我们应对人口老龄化的积极态度和实际举措。我国历来是一个注重未雨绸缪、有备无患的国家，反对临时抱佛脚。当前，应对老龄化最有效的举措就是，通过加强和创新社会管理，为老年人的生存提供更有力的保障，为老龄事业的发展夯实基础。这是我们政府的职责所在，也是我们每一个部门的职责所在，我们只能积极地应对。形势所迫，没有选择。我们黑龙江还不是富裕省份，但是我们在老龄工作方面有自己的典型，也有做的好的，比如说齐齐哈尔市，齐齐哈尔市是重要的老工业基地，历史上的包袱应当说很重，困难不少，在黑龙江省排第二大城市，不是很富裕，城市收入并不是很好。但是他们勇于探索，敢为人先，在全国率先打造“孝亲敬老之城”，走在了全国的前列，通过一系列老龄工作社会管理创新举措，工作实现了质的飞跃。不仅被评为全国创建“老年友好城市”示范城，不久前，还被世界卫生组织评为“国际老年友好城市”，“国际老年友好城市”是联合国世卫组织开展的一项评级活动，联合国世卫组织是一个实实在在的国际组织，而且是我们中国第一次、第一个被评上，同时参评的有北京、上海等城市，它们那么富裕、那么好都没有被评上，结果齐齐哈尔市被评上了，是我们目前中国唯一的、第一的“国际老年友好城市”。所以我说，这就是我们做老龄工作的光荣，是齐齐哈尔市的光荣，是我们黑龙江省的光荣，也是我们国家的光荣。明天国际世卫组织将在人民大会堂为我们齐齐哈尔市颁发奖牌。而且，全国老龄委主任、回良玉副总理专门委托民政部部长、全国老龄办主任李立国同志参加这个活动，省政府也将派人参加，我和喜军同志、铁生同志也要赶过去参加活动。我们虽然经济落后，但是我们老龄工作有典型，有很多典型。我们老龄工作有很多工作亮点，我们的养老院、护理院，我希望同志们还是要去看一看。有时候，我想我老了以后，来黑龙江养老。养老院给我留一张床位，我觉得这样挺好。如果我们以后遇到了这样的问题，我们有“备”，我们建好了，那么我们老了，为了减轻儿女的负担，我们高高兴兴到养老院去，那里有那么好的条件、设施，还有那么多的老年朋友，还有那么多娱乐活动，在那里生活会比家里更幸福，甚至儿女随时都可以来看望我们，我们食堂里专门有包间，在那里吃饭。我们现在没有退休，来想这件事同样会更好。我们来想办法，老龄化社会还是能够应对的。最可怕的是没有准备，不想去准备，老年人就没有幸福感，这是形势所迫，这也是我们政府必须要做的事，我们别无选择，我们必须积极准备应对老龄化社会的到来，解决这个问题，让我们全省的老年人幸福，也让我们自己老了幸福，也让家里孩子们幸福。

第二，老龄工作社会管理创新是破解老龄事业发展难题的有效途径。虽然近年来我省老龄事业取得了长足发展。但是，仍然面临着诸多困难和问题，有的甚至是长期困扰老龄事业发展的瓶颈性问题，亟待通过社会管理创新加以解决。突出表现在三个方面：一是政策体系尚待完善。目前，保障老年人权益和推动老龄事业发展的政策框架已基本形成。但是，在养老保障、服务、医疗和文化娱乐等多个领域，却缺乏针对老年人的差别化、特殊化、具体化的政策支撑，宏观政策往往难以落实到位。二是机构养老供需矛盾突出。目前，全省有各类性质的养老机构1568所，床位总数10.8万张，仅为老年人口总数的1.8%，较之于国际通行的5%—7%的比例差距很大。然而，随着人口老龄化加速和家庭养老功能的弱化，越来越多的高龄、空巢和失能老人也热切企盼入住养老机构，使得供需矛盾更加突出。我们黑龙江的养老院和护理院，想进去的老年人很多，但是我们还满足不了老年人的需求。三是农村老年人养老困难较大。目前，新农保试点尚未全面覆盖农村老年人，仍有大量农村老年人口游离于社会保障体系之外，养老保障压力较大；老年人口因病致贫或因病返贫的现象仍然比较普遍；空巢老人增多，生活亟需照料。我们自己家里没有这种情况，体会不到，但是你到养老院里看一看，到社区的日间照料室看一看，你就会体会到空巢老年人。啥叫空巢老人？过去大家都不是很明白，家里人都出去谋生去了，只剩下老头、老太太，这就是空巢老人。空巢老人生活没有保障，有的吃不上饭，有了病没人照护，有的老人头脑不灵光了。这些问题怎么解决？我们现在每个社区都有日间照料室，有小饭厅，就可以解决这个问题。家里的孩子把老人送到社区日间照料室，老人们互相聊聊天，互相照料一下，中午老人可以在这里很便宜的吃一顿饭。我们就要做这样的事。如果这些问题不解决，子女就没法上班。如果子女在本地上班还好，在外地上班就无法弄，我们要破解这个问题。

第三，老龄工作社会管理创新是老龄事业持续健康发展的不竭动力。生老病死是自然规律，只要人类存在，就必须面对老龄问题，必须做好老龄工作。新时期，通过老龄工作社会管理创新推动老龄事业的持续健康发展，主要有三个方面。一是工作理念创新。做好老龄工作绝不能靠单枪匹马、单打独斗，而是要形成千军万马、千帆竞发的态势，打造出“大老龄”的工作格局。政府要建养老机构，但未必是能建最好的。所以要调动整个社会的力量，来做好老龄工作，就是形成在党政主导下，各有关部门各司其职、各负其责，并积极调动全社会各方面的力量参与老龄事业，形成强大合力。我们现在有公办养老院，也有公办民营的，就是公家整合的学校来办养老院，不是政府来操办，而是由民间人士来经营管理。就是说有公办民营的，有民办公助的，由社会人士来创办的，我们的政府根据他的情况，每一张床位补贴多少钱，用这种方法来引领。我在想用这样一种思路，喜军厅长在，那天李立国部长来去齐齐哈尔调研，齐齐哈尔有温泉，这地方很好，是养生度假的好地方，可以建成养老公寓城，政府可以出资建一部分，鼓励投资者建一部分，这个地方可以面向全国的，不是单纯地面向我们齐齐哈尔的。我们建起来，外地人可以买下来一室一厅或二室一厅的老年公寓，买的是使用权，人家不来你可以使用，收益给人家一部分，这样一来，我们可以建更多养老公寓。我们这里有夏天凉爽、清新空气、温泉的优势，有很好的资源，经过工作创新，来解决我们自己的问题，面向全国招商引资，形成一个养老产业和休闲度假产业紧密结合的产业。完全靠政府投入是解决不了这个问题。只有靠工作创新，用新的理念来解决这个问题，创造出老龄事业的朝阳产业。二是工作体制创新。目前，全省各地的老龄工作体制不尽相同，老龄工作力量强弱不等、分布不均的问题较为普遍，必须积极探索通过体制创新加强老龄工作力量。老龄办要很好研究，老龄工作体制如何创新？三是工作模式创新。要坚持服务优先，寓管理于服务之中。在加大财政投入力度的同时，要综合运用法律的、行政的、经济的等各种手段，发挥土地、税收、信贷、投资等政策杠杆的调节和引导作用，增强老龄产业的含金量和吸引力，优化产业发展环境，引导社会资金、社会资源流向老龄事业。

二、坚持顶层设计，引领老龄工作社会管理创新，推动老龄事业的社会化进程

党的十七届五中全会提出，要“更加重视改革顶层设计和总体规划”。国家“十二五”规划又重申了这一要求，并对深化各方面改革作了总体规划。“顶层设计”的提出，具有战略学和方法论的意义。对于中国这样一个超大型的国家来说，各方面的改革都要重视顶层设计，老龄工作的社会管理创新也是这样。因此，在老龄工作领域推进社会管理创新，必须坚持顶层设计，才能有力推动老龄事业的社会化进程。

(一) 要着眼战略重点，加快推进老龄工作研究及科研成果转化。立足“顶层设计”，就是要从一定的战略高度出发，研究事关我省老龄事业发展的根本性、全局性问题。2010年，我省启动了应对人口老龄化战略研究，旨在探求我省老龄工作的顶层设计。省老龄办要积极与各课题组沟通，及时将科研成果，特别是应对人口老龄化挑战的对策和建议进行综合整理，为领导决策提供参考。与此同时，要紧密结合实际，做好整体规划，促进科研成果转化应用工作，凸显战略研究对于工作实践的指导意义，推动各项涉老政策和措施的制定和实施。今天我们也将我省老龄化战略研究工作的部分目录向大家公布了，有的工作已取得了成果。我们要加快这项工作，通过研究制定出政策，转化成具体措施，来统筹摆布我省老龄事业发展。

（二）要统筹城乡布局，加快推进全面覆盖的养老保障体系建设。现阶段，养老保障体系建设最核心的两个问题就是养老保险和医疗保障问题。在养老保险方面，要逐步提高企业退休人员基本养老金水平，做好社会保险关系的转移接续工作；要加快推进新农保和城镇居民养老保险试点，解决无收入老年人的社会保障问题；要完善落实高龄老人津贴制度，并逐步提标、扩面；此外，还要探索失能老年人长期护理保险制度，鼓励扶持商业性老年保险产品开发。在医疗保障方面，要积极推进医药卫生体制改革，重点关注老年人就医、保健工作，缓解老年人就医、住院、报销等“三难”问题；要完善老年医疗保健服务网络，健全完善大病医疗救助制度，保障贫困老年人的基本医疗需求。

（三）要构筑立体格局，加快推进多元化、多层次的养老服务体系建设。一是坚持以居家养老为依托。要通过福彩公益金“以奖代补”等手段，推动居家养老服务扩面，确保到年底全省城市开展居家养老服务的社区比例达到60%，农村围绕中心乡镇至少建立1个居家养老服务示范点。我们明年要大踏步地推进，每年都要有一定的计划。二是积极发展养老机构。省民政厅会同财政厅已经出台了养老服务机构“民办公助”的具体办法，各部门要加大扶持力度，确保年底前全省机构养老床位达到老年人总数的2%，满足老年人日益增长的养老需求。三是建立养老服务补贴制度。对于低收入的高龄、独居、失能老年人，经过评估，采取政府补贴的形式，为他们入住养老机构或者接受社区、居家养老服务提供支持。四是强化行业监管。制定完善星级养老机构评定标准和养老服务及失能老人护理规范，建立公开、公平、规范的行业准入和运行管理制度，对社会养老服务机构实行全面监管，促进养老服务业健康发展。

三、抓住关键点，努力实现老龄工作社会管理创新与老龄事业发展的紧密结合

一是抓住组织领导关键点，确保政策制定符合实际。社会管理创新的政治性、政策性和专业性很强，涉及的领域、范围和问题也很多，加强组织领导至关重要。对待老龄工作领域的社会管理创新，决不能主观臆断，盲目决策。要对本地人口老龄化发展形势及其带来的社会问题有一个清醒的认识，对老龄事业的发展方向有一个总体的把握，对如何通过加强和创新社会管理推进老龄事业有一个清晰的思路。只有这样，才能确保各项政策符合当地经济社会发展的实际，具备进一步落实的基础。这次会议之后，《黑龙江省老龄事业发展“十二五”规划》即将印发，各地要以落实《规划》为契机，对本地老龄事业发展状况进行认真摸底，掌握实情，为制定老龄工作政策奠定基础。在这里，我总强调这样一个观点，老龄问题既是一个社会性的问题，也是一个个体性的问题。也就是说，做好老龄工作，既是为社会发展作贡献，也是为个人未来作打算。在这一点上，必须有高度的自觉性和强烈的责任感。只有这样，当我们退休养老时，回忆往事的时候，才能为我们从事老龄工作期间所作出的贡献而自豪和自得，而不是为我们所留下的遗憾而自责和自受。我们要在老人的微笑中体现我们的工作价值和成果。

二是抓住部门配合关键点，确保创新举措落到实处。实践证明，确保老龄工作各项举措落到实处的一个关键环节，就是加强部门之间的相互配合。省老龄委是省政府的议事协调机构，实权都掌握在各成员单位手中。我讲到了老龄社会到来，我们每个家庭，都可能遇到老龄问题，这个问题的重要性已经说得非常明白了，所以，以后在老龄方面的政策、制度、投入的问题上，我真诚地希望各部门都要建设性地发表意见、给予支持，要从把事情办成的角度来研究你的工作，提出你的意见，而不是七卡八卡，好像是有权不用过期作废，想不到再过十年、二十年以后，你自己进了养老院，结果是进来了没有床位，你是自己当年找的，你自己不记得，你当年支持一些，怎么会没有床位，你当年支持一些，我们老年津贴、床位补贴会高一些，养老院的床位会多一些。你会说不在乎一二百元钱，少吃一只鸡就有了。所以我说，当下要抱着一种积极的态度来支持老龄工作，老龄部门手中无权，大家不支持，这项工作就无法干下去，那么重要的事情就无法完成，所以我说，配合很重要。所以加强部门间配合，必须明确自身的定位。做好老龄工作不仅是老龄办的任务，更是政府各有关职能部门共同的责任和任务。而部门配合也不能仅仅理解为各部门对老龄办的支持与配合，更重要的是各职能部门的相互密切配合。这里所说的配合，既包括工作中的责任共担、资源共享和有效衔接，也包括出台政策的相互配套。此外，要勇于立足实践探索新路子，开辟新领域，推动工作的创新发展。今年4月份，省老龄办积极与省法院沟通，在全省基层法院首创“老年维权合议庭”，为老年人维权提供便捷服务，在全国开创了先河。这就是部门合作的好例子，也是进行社会管理创新的有益尝试。各成员单位有什么做好老龄工作的好点子、出台什么好政策有利于老龄工作，我们老龄办不知道，我们各部门都知道哪些政策有利于解决老年人的问题，如果我们各部门这样去思考，老龄问题会得到很好解决。

三是抓住宣传教育关键点，确保宣教工作取得实效。一要全面宣传。在对象上，要面向党政领导和部门、面向社会各界，力争全员覆盖；在内容上，要分析严峻形势、解读惠老政策、宣传敬老典型，力争全面丰富；在形式上，要通俗易懂，喜闻乐见，易于接受。二要全方位宣教。在宣教过程中，既要重视大报大刊，也要重视晚报、电视报这样百姓刊物；既要重视专题、专栏、专版的制作，也要重视零散内容的刊载；既要重视广播、电视、报刊等传统媒体，也要重视互联网、手机等新兴媒介；既要重视媒体宣传，也要重视依托活动的广场宣传和广泛深入的“五进”活动，形成立体式、全方位的宣教格局。三要常态化宣教。除了在重要时间节点开展宣教，同时，也要在日常生活中，从点滴入手，持续宣传，反复宣传，广泛宣传，努力实现宣传教育的常态化，努力形成长效机制。

四是抓住队伍建设关键点，确保老龄系统增强实力。随着人口老龄化形势的日趋严峻，老龄工作面临着更加艰巨而繁重的任务，对老龄队伍也提出了新的更高的要求。老龄工作者要做好三种人。一要做“好人”。要有爱心，饱含深情的为老年人服务，在为老服务当中实现自身的价值，体现人生的快乐。我讲过，要在老年人的微笑当中，体现我们老龄干部的工作价值。在老年人幸福的微笑中，体会老龄工作者的价值和快乐。以老年人的快乐而快乐，以老年人的微笑而微笑。我想这才是为老年人服务的“好人”。没有这样的感情就做不好这项工作。二要做“亲人”。要有“老吾老以及人之老”的情怀，把每一位老年人的事当成自己父母的事，责无旁贷的去做好。我们公务员、老龄工作者都要做老年人的亲人，来做老年人的孩子，没有这样的感情，就很难做到为老年人所想。我们中华民族传统美德是“百善孝为先”。三要做“能人”。要有很强的公关能力，努力成为老龄事业的社会活动家，会宣讲老龄工作重要性和政策理论，善于协调各方关系，能够充分调动社会资源，为老龄事业的发展贡献力量。我们作为老龄工作者手里无钱、无权，但是我们要成为一个社会活动家，多宣传、多鼓励、多协调，多想办法，来解决老年人的问题。所以说，我们要做老年人心目中的“好人、亲人、能人”。

同志们，老龄事业是伟大而神圣的事业，任务艰巨，使命光荣。让我们深入贯彻落实第三次全国老龄工作会议和省委十届十八次全会精神，锐意进取，开拓创新，努力推动我省老龄事业再上新台阶，为建设平安龙江、和谐龙江、幸福龙江作出新的更大的贡献！我就讲到这里，有些是有感而发。来到黑龙江三年半时间，当了三年半老龄委主任，体会和感受非常多，我觉得为老年人做事，我的心灵会得到净化。以后欢迎我们各部门的领导同志到社区看一看日间照料是怎么回事，去看一看机构养老是怎么回事，去看一看我们失能老人护理是怎么回事，去看一看我们“公办民助”是怎么回事，去看一看“民办公助”又是怎么回事，去了之后你就会有感受，你就会更加重视老龄工作，为我们现在的老年人服好务，为当代的老年人更好地生活打下基础，为我们幸福的晚年创造一个必须的条件。

在吉林省老龄工作会议上的讲话

吉林省委常委　副省长　金振吉

（2011 年 4 月 19 日）

同志们：

这次会议是经省政府批准召开的，是多年来我省老龄工作史上第一次规模最大，规格最高的重要会议。会议的主要任务是，贯彻落实省政府《关于加快推进全省老龄事业发展的意见》和《吉林省老年社会保障和服务体系建设三年推进计划（2011—2013

年)》，认真分析我省老龄工作面临的新形势，提高认识，研究对策，构建应对老龄化社会工作新格局。这次会议得到了全国老龄委的高度重视，民政部党组成员、全国老龄委副主任、老龄办常务副主任陈传书同志专程赶来参加会议，并做了非常重要、很有价值的讲话，对我们加强今后的全省老龄工作提出了指导意见，听后很受启发。借这个机会，就如何加强吉林省老龄工作问题，我讲三点意见。

一、从经济发展的战略高度，敏锐地认识和把握人口老龄化发展的基本态势，立足现实和长远，增强老龄工作的战略性、紧迫性和应对性

目前我国共有60岁以上老年人口1.74亿，到2015年，将达到2.16亿，在一定程度上已经引起了党中央、国务院的高度重视，意味着中国已经跨入了老龄化时代。人口老龄化发展迅速，有四个方面原因：一是国家实行计划生育政策的原因，二是由于生活水平提高的原因，三是和平时期的原因，四是东方人的生活方式的原因。人口的增长，特别是人口数量中老龄比例的增长，已经成为社会的重大问题，这些问题不能简单地从人口角度来看待，应该从经济、社会、文化的角度来思考。

第一，老龄化问题已经直接关系到我国、我省经济实现科学发展的一个重大问题。一方面，经济发展将承受更大压力，以创造更多的财富来满足老龄化时代的需要。另一方面，老年人不断增加带来了社会的负担，而我们需要的人力资源和人力资本缺乏，已经对经济的发展带来直接影响。

第二，老龄化问题直接关系到我国社会建设的一个重大问题。中国面临的大量问题是社会问题，经济飞速发展和社会管理滞后之间的矛盾，越来越突出。一方面经济的总量不断增加，但是公共产品的供给、基本公共服务跟不上；另一方面，社会结构、利益结构不断地在调整变化，社会管理的基本体制跟不上，加上我们社会关系的复杂化，利益需求的多样化，社会矛盾的日益凸显，老龄化问题成为关系到社会结构、社会矛盾、社会供给、社会秩序的大问题。

第三，老龄化问题关系到我国以伦理道德为重点的文化建设的重大问题。中国的传统文化包含哲学思想、政治思想、伦理思想三个方面，其核心是由儒家、道家、墨家、法家等思想构成的，在各种社会关系中均体现以家庭为重点，社会管理必须要抓好家庭这个社会的细胞。这种思想在和谐社会建设中仍然起到非常重要的作用。

老龄化的发展，在以下几个方面带来了一系列的新问题：

（一）在思想上，对我省老龄工作提出了新课题

在人们的思想当中，老龄问题没有形成概念，没有深入研究老龄问题对社会的影响。一是对老龄现状及发展趋势未能有敏锐的认识；二是对现实的老龄工作未有足够的重视；三是对可能出现的人口老龄化问题未能有充分的思想准备；四是对未来老龄工作的对策措施未能有战略性对策。

（二）在理论上，对我省老龄工作提出了新问题

老龄问题关系到社会学、人口学、伦理学、哲学、法律等问题。目前我们对老龄问题的社会化研究不够，没有形成理论，对老龄化社会结构的变化、社会的需求带来的问题重视不够，研究不够；老龄化未来可能带来的影响、冲击特别是社会秩序的冲击，理论上没有探讨；老龄化的社会保障体系、法律体系如何构建，理论上没有体现。

（三）在政策上，对我省老龄工作提出了新要求

老年人是一个重要群体，有自身的特殊要求和特点，老年人合法权益如何保障，老龄工作的社会化如何推进，老年人的社会福利如何搞好，老年人的社会保险如何完善，老年人的医疗保障和服务如何提供，老年人的文化娱乐生活如何完善等等问题，缺乏区别化的、特殊化的、具体化的政策对策。

（四）在投入上，对我省老龄工作提出了新期待

这几年我省养老保险方面，城镇居民医疗保险方面，新型农村养老保险，包括去年解决的“五七工”、“家属工”养老保险，整体作为政府财政预算的科目，来保障老龄事业的发展，保障老年人的基本生活，我们还缺乏投入上的保障。

（五）在组织上，对我省老龄工作提出了新方向

目前我省老龄工作体系，管理服务协调机制，老龄工作机制，老龄工作人员编制，人员的素质等，远远不能适应迅猛发展的老龄化时代的到来，这就为我们进一步健全各级老年工作机构，加强工作队伍建设，提出了新方向。

二、积极适应人口老龄化发展的新趋势，超前谋划，合理布局，努力构建老龄工作的新格局

（一）要切实加强老龄战略对策体系建设，促进老龄事业科学发展

吉林省应该抓住几件事：一是在推进“十二五”规划的过程中，进一步调整、补充、提高老龄工作的比重，确定发展战略。二是在贯彻落实省政府《关于加快推进全省老龄事业发展的意见》中，进一步把老龄未来的问题作为新课题进行探讨。三是政府机关要进一步把老龄问题作为一个重大的经济、社会问题进行战略性研究，研究老龄化趋势对我省经济社会的影

响、挑战以及基本特点，提出对策建议。四是进一步分析研究各地、各部门在老龄事业发展中的地位，对老龄工作每个时期出现的新情况、新问题做认真、细致地分析，并认真加以解决。

（二）要切实加强养老保障体系建设，切实保障老年人的基本生活

要突出六项工作：一是进一步完善城镇养老保险和农村新型养老保险工作。二是进一步加强城乡社会救济工作，特别在城乡低保、城乡社会医疗制度中向老年人倾斜。三是进一步强化城乡医疗保障和医疗服务的提供，并特殊考虑老年人。四是加强对困难老年人基本生活的特殊保障和解决。五是进一步落实和提高老年人的生活津贴补贴。根据各地财力的提高，适当降低年龄，提高津贴标准。六是加强老年公寓建设和居家养老保险制度的建设。

（三）要切实加强老龄服务体系建设，全方位多层次满足老年人的养老服务需求

一是要深刻认识多元化养老需求的涵义，即老有所养、老有所医、老有所教、老有所学、老有所为、老有所乐。二是明确满足多元化服务体系的内涵。即有养老服务机构，有一批职业化、社会化、专业化的为老服务人员，还要有良好的服务工作机制，进而把老龄服务推向规范化、制度化、法制化轨道。同时建立投入机制，加强志愿者队伍建设。

（四）切实加强老年健康支持体系建设，提高老年人的生理和心理健康水平

在社区建立老年心理健康指导机构，解决老年人的孤单、寂寞问题。积极开展好老年精神文化生活服务。加大老年大学、老年活动中心、社区老年活动室和老年健身活动场所等基础设施建设的投入，加强各类老年群众组织的建设和管理，积极发展老年文化体育活动组织，定期开展形式多样、内容丰富、健康有益的老年文化体育教育活动。

（五）要探索研究老年宜居环境体系建设，营造浓厚的孝亲敬老社会氛围

要有老年人宜居环境的标准化建设，认真研究老年人的特殊需求，将老年人宜居环境建设纳入城市总体规划。要围绕老年人的需要，建立呼叫系统，开展家庭式的社区服务。同时，加强养老服务机构建设，强化管理，省民政厅和省老龄办共同研究，并以省政府名义出台《加强养老服务机构建设和管理的意见》。

三、根据人口老龄化发展的需要，不断完善老年工作体系，为应对老龄化提供有力的体制机制和组织保障

（一）要健全和完善老龄工作组织工作机制

要进一步理顺老龄工作机构，加强老龄工作队伍建设。乡镇街道要成立老龄工作委员会，配齐配强老龄工作专职干部；城乡社区要设立老龄服务公益性岗位，有计划地招聘、引进具有老年学科专业知识的大学生充实老龄工作队伍，从而实现机构的常态化，队伍的制度化和工作的有序化。

（二）要健全和完善老龄工作协调机制

省里之所以要搞《三年推进计划》，请重要部门的厅局长们亲自发言，是因为老龄工作是一项综合性的社会化工作，需要一个社会化的协调机制。请各市（州）、县（市、区）参照省里的做法，强化协调。一是强调政府主导，部门配合，社会参与，老龄综合协调，特别强化各部门在政府的统一领导下，从各自的职能出发，为老龄化提供一系列政策制度、工作上的保障。二是以《三年推进计划》为工作的抓手，落实老龄工作的具体化。三是老龄工作要建立科学的决策机制、良好的互动机构，有力的执行机制、严格的督查机制和积极的奖励机制。

（三）要积极探索多元化老龄事业投入机制

一是积极推进省、地、县三级在财政预算中设定老龄事业的科目。二是积极发动社会慈善捐助。三是企业投入机制。四是社会福利机构的经营性、财产性的投入。

总之，今天的会议，主要想解决老龄工作的战略性问题，从现实和长远的角度来谋划老龄事业，为吉林省未来的老龄事业发展做充分的思想、政策、制度等方面的准备。研究好、落实好“十二五”期间老龄工作的具体目标和任务。我相信，有省委、省政府的高度重视，有国家民政部和老龄委的大力支持，有同志们的共同努力，吉林省的老龄事业一定取得更大、更实的新成果！

在辽宁省老龄委第八次全体会议上的讲话

辽宁省委常委　常务副省长　许卫国

（2011 年 7 月 14 日）

省老龄委第八次全体会议，是省政府决定召开的一次重要会议。会议主要任务是，学习贯彻全国老龄委第十三次全体会议和全国老龄办主任会议精神，回顾总结“十一五”期间全省老龄工作，讨论我省老龄事业发展“十二五”规划，研究部署当年乃至今后五年的老龄工作。刚才，陈超英同志对《辽宁省老龄事业发展“十二五”规划（草案）》做了说明，各位老领导讲了很好的意见，徐铁南同志代表省直部门作了很好的发言，老龄委办公室要重视、采纳，并对规划进行认真修改完善。

大家知道，过去的五年，是辽宁发展史上极不平凡的五年，辽宁发生了天翻地覆的变化，老工业基地全面振兴已经进入了一个新的阶段。这五年，是辽宁经济实力提升最快，城乡面貌变化最大，人民群众得到实惠最多的五年，也是我省老龄事业取得长足进步的五年。五年来，经过全省上下的共同努力，辽宁老龄工作跨入了全国领先行列。其主要标志是：

一是重视和加强老龄工作形成了新共识。各级党委、政府更加重视老龄工作，社会力量参与养老服务的热情更加高涨，积极老龄化、健康老龄化的理念更加深入人心。

二是养老保障和服务体系建设取得新进展。较好地解决了关闭破产国有企业退休人员参加医保、老工伤待遇、集体企业退休人员参加养老保险等历史遗留问题，并且实现了连续七年增加企业退休人员养老金。新型农村社会养老保险提前实现了全覆盖，新农保的实施使 103 万农村老人受益，人均年养老金收入 660 元。大力推进居家养老服务社会化进程，目前全省共有 70 万老年人享受“钟点服务”、“日间照料”、“托老所”、“家庭护养”等居家养老服务，每千名老年人拥有养老床位达 23 张，高于全国平均水平。

三是老年权益维护实现新突破。省人大重新修订了《辽宁省老年人权益保障条例》，省政府出台了贯彻落实政策和办法。通过广泛开展老年普法宣传教育活动，建立健全各类老年维权组织，为老年人提供法律援助和司法救助，保障了老年人的基本权益。

四是老龄工作队伍和经费保障得到新加强。省、市老龄工作机构进一步健全，基层县（市、区）老龄工作机构得到加强，老龄事业经费按每年每人 0.5 元至 1 元的标准保障到位。

五是老年人精神文化生活质量得到新提高。各地区、各有关部门开拓新思路，采取新措施，组织开展了以文艺演出、体育比赛和书画大赛为内容的“夕阳风采”系列老年活动，兴办老年大学 849 所，实现了老有所乐、老有所学，老年人精神文化生活日益丰富。

这些成绩的取得，是各级党委、政府高度重视的结果，是各级老龄委和成员单位共同努力、辛勤付出的结果，是社会各界广泛参与、鼎力支持的结果，同时更是各位老领导、老同志高度重视、亲切关怀的结果，在此，我代表省委、省政府，向全省老龄战线的干部职工，向关心支持老龄工作的老领导、老同志和社会各界人士，表示衷心的感谢！

“十二五”时期，是辽宁全面振兴的关键时期，也是全省老龄事业发展的重要阶段，做好今后五年全省老龄工作，就是要深化“三个认识”，明确“一个思路”，着力建设“六大体系”，强化“四项保障措施”，以此将全省老龄事业办成人民满意工程，即上级满意，我们自己满意，老百姓满意，特别是老同志满意、老年人满意。

所谓深化“三个认识”：一是要深化对全省人口老龄化形势的认识。根据第六次全国人口普查资料显示，我省 60 岁及以上老年人口已达到 675 万，占总人口数的 15.4%，65 岁及以上老年人口 450 万，占总人口数的 10.3%，占比分别高于全国平均水平 2.17 和 1.1 个百分点。全省共有空巢老人 300 多万，因疾病、伤残、衰老而需他人照料的失能、半失能老人 50 多万，分别占 60 岁及以上老年人口的 45% 和 7.5%。二是要深化老龄化对社会保障体系压力的认识。要看到，人口老龄化提高了赡养比，全省领取养老金人口与缴费人口的比例在不断上升，对我省养老金的支付带来沉重压力，全省社保基金的缺口每年都在扩大。以此同时，老年人身体较弱，患病率较高，其所需的医疗费用远高于居民平均医疗费用，医疗保障体系压力也逐年上升。三是要深化对为老服务供需矛盾突出现状的认识。全省老龄化人口年均增长4%以上，而且空巢老人、高龄老人增长较快，在生活照料、医疗保健、康复护理，特别是精神文化生活等方面的需求日益增加，还不能得到很好满足，老龄服务供需矛盾日益突出。

所谓明确"一个思路"：即以科学发展观为指导，认真贯彻"党政主导、社会参与、全民关怀"的工作方针，全面落实国家《老年法》和《辽宁省老年人权益保障条例》，加强人口老龄化战略研究，健全养老社会保障制度，加快老龄事业基础设施建设，发展老龄产业，努力满足老年人不断增长的物质、文化需求，实现老龄事业与经济社会协调发展，做到老有所养、老有所医、老有所教、老有所学、老有所乐、老有所为。

所谓着力建设"六个体系"：

（一）着力完善老年人保障体系

在老年经济供养方面，要加快建立和完善由国家、社会、家庭和个人相结合的多支柱的老年经济供养体系，按照"广覆盖、保基本、多层次、可持续"的目标，推进新农保和城镇居民社会养老保险制度实现全覆盖，建立80岁以上老年人高龄津贴制度，健全贫困老年人救助制度。同时，合理引导"以房养老"、"土地养老"、"信托养老"等新型养老方式，满足老年人对养老金的需求。在老年医疗服务方面，要将老年人全部纳入城镇职工医疗保险、城镇居民医疗保险和新型农村合作医疗等医疗保障范围，并在老年人个人缴纳费用、报销比例、保险病种等方面给予照顾。政府兴办的县级以上综合医院要设立老年门诊和老年病房。倡导"健康老龄化"理念，开展老年健康教育活动，落实每年为高龄老人免费体检一次的制度。

（二）着力发展社会养老服务体系

要建立健全以居家养老为基础、社区服务为依托、机构养老为支撑，资金保障与服务提供相匹配，无偿、低偿和有偿服务相结合，政府主导、部门协同、社会参与、公众互助的多层次的社会养老服务体系。重点抓好"6221"工程建设。所谓"六个建设"：即地市级养老服务中心建设、县级老年福利中心建设、城镇社区老年日间照料服务中心建设、市县老年人爱心护理院建设、农村困难家庭常年病人托管设施建设、养老服务从业人员队伍建设。"两个服务"：一是大力发展居家养老服务。依托和利用社区服务、卫生服务、家庭服务、各类养老服务机构以及相关服务行业的服务资源，开展为居家老人提供日间照料、临时托养、家政服务、康复护理、精神慰藉等社会化服务，实现城乡居家养老服务全覆盖。二是大力开展老年心理关爱服务。积极开展老年人心理健康教育和心理疏导、心理咨询、心理干预，重点满足病残、空巢、高龄、临终老年人的心理关爱需求。有条件的社区建立老年人心理关爱站（室），开展长期护理和心理关爱服务。"二个支撑"：一是政策支撑。制定鼓励社会力量兴办养老机构的优惠政策。对新办的非营利性养老机构在土地供应、税费减免、金融贷款、建设和服务补贴等方面给予相应的优惠政策。二是制度支撑。建立居家养老服务标准、养老护理员职业资格考核和持证上岗制度。加强机构养老服务管理，加快养老服务职业培训机构建设，大力提高从业人员职业道德、专业知识和专业技能水平。"一个平台"：即建立养老服务信息平台。做好智能社区的试点工作。

（三）着力完善老年精神文化生活体系

将改善老年人的精神文化生活纳入文化惠民工程，增加面向老年人的项目。结合新建住宅小区、旧村改造、新农村建设增加一批老年活动中心，彻底解决老年文化活动场所不足的问题。要鼓励社会力量兴办老年教育机构，基本实现"老有所教、老有所学"。要加强老年思想政治工作，研究探索老年思想政治工作新形势、新途径，加强疏导沟通，引导老年人树立健康向上的生活观念，促进社会和谐。

（四）着力打造老年宜居环境体系

要坚持以人为本，关注老年人的特殊需求，将老年人宜居环境建设纳入城市总体规划，重视无障碍设施建设，打造安全、便捷的居民生活圈。要始终坚持和强化家庭养老的基础功能，注重家庭道德建设，弘扬尊老、敬老、赡养老人的优良传统。"十二五"期间，要在全省全面开展"老年友好城市"、"老年宜居社区"和"老年温馨家庭"创建活动，营造浓厚的尊老敬老社会氛围。

（五）着力构建加快老龄产业发展体系

老年产业要靠政府主导，市场化运作方式来发展。要科学规划，加大政策扶持力度，培育一批生产老年用品的大型龙头企业和知名品牌。要优先发展养老服务业，重点发展养老护理、康复保健、生活照料等养老服务项目。满足老年人多层次、多种类的服务需求。制定相关政策和产品标准，加强生产、营销、宣传、售后服务等方面的监管，确保产品质量和使用安全。

（六）着力完善维护老年人合法权益的法律保障体系

要依法保护老年人在家庭赡养、社会保障、参与社会发展等方面的合法权益，坚决打击和制止侵犯老年人合法权益的违法犯罪行为；要广泛开展法律服务和法律援助工作，提高老年人运用法律武器维护自身合法权益的能力。

所谓强化“四项保障措施”：

（一）要强化组织领导

老龄工作涉及各个领域，是党的工作的一部分、社会工作的一部分、群众工作的一部分。各地区、各部门要牢固树立科学发展，将老龄工作纳入“十二五”经济社会发展战略和各部门工作规划，摆上重要议事日程，及时地研究解决老龄工作中存在的问题，确保老龄事业健康发展。

（二）要密切协调配合

各级老龄工作部门要充分发挥综合协调作用，为党委、政府当好参谋。各相关部门要按照职责分工，各司其职，各负其责，制定和完善老龄工作的目标任务和措施，明确责任部门和责任人，切实把本部门、本单位承担的老龄工作任务组织好、落实好。

（三）要确保资金投入

要逐步建立和完善以公共财政为主导的多元化老龄事业投入机制，创新投入方式，通过制定优惠措施和扶持政策，鼓励、吸引社会力量投入老龄事业。要积极研究制定金融机构支持老龄事业发展的相关政策，发挥资本市场的融资作用，拓宽老龄事业发展的资金渠道。

（四）要加强队伍建设

要进一步健全县、乡镇、街道（村）老龄工作机构，建立一支综合素质好、业务水平高、工作能力强的老龄工作队伍，不断增强履职能力，提升管理和服务水平。

老龄工作任务艰巨，责任重大，使命光荣。让我们按照省委、省政府的部署，以科学发展观为指导，带着感情、带着责任，扎扎实实地做好老龄工作，努力开创老龄事业发展新局面，实现“十二五”规划目标，为加快实现老工业基地全面振兴和构建和谐辽宁做出更大的贡献。

在第十次全省老龄工作会议上的讲话

山东省副省长　省老龄委主任　郭兆信

（2011年3月15日）

省政府召开这次会议，主要是深入学习贯彻全国老龄委第十三次全体会议精神特别是回良玉副总理讲话精神，总结“十一五”时期老龄工作，分析老龄化快速发展的新形势，安排部署当前和今后一个时期的工作任务。刚才，张雪燕同志作了工作报告，讲得很全面，我都同意。青岛、东营、烟台、济宁、潍坊、菏泽6个市的负责同志作了典型发言，各地要认真学习借鉴。下面，我讲几点意见。

一、认清形势，进一步增强做好老龄工作的责任感和紧迫感

“十一五”时期，在省委、省政府的正确领导下，全省各级各有关部门围绕“老有所养、老有所医、老有所教、老有所学、老有所为、老有所乐”的工作目标，完善惠老政策，创新助老机制，发展敬老文化，积极为老年人办实事、解难事，全省老龄工作进一步加强，老龄事业快速发展。一是各级领导高度重视。省委、省政府始终把老龄工作放在经济社会发展的重要位置，作为一件大事来抓。姜异康书记、姜大明省长多次听取老龄工作汇报，作出重要指示。省委、省政府每年都召开专门会议，研究部署老龄工作。各级党委、政府把老龄工作作为重要的民生工程，加大财政投入和政策扶持，老年人物质和精神文化生活水平得到了大幅度提升。二是老龄组织机构健全。经过多年的努力，我省各级都成立了老龄委及相应的工作机构，90%以上的村居和城乡社区设立了老年人工作委员会，省、市、县、乡、村五级老龄工作网络体系进一步完善，为老龄事业发展提供了有力的组织保障。三是政策法规体系完善。省委、省政府制定出台了《关于进一步加快老龄事业发展的意见》等指导性文件，颁布并修订《山东省老年人权益保障条例》、《山东省优待老年人规定》等法规、规章，老龄工作逐步走上制度化、规范化的轨道。四是工作协调推进有力。各级坚持“大老龄”的工作思路，建立健全党委政府加强领导、老龄部门组织协调、相关单位协同配合、社会力量广泛参与的老龄工作推进机制，强化全社会的老龄意识和尊老敬老观念，形成了共同推进老龄事业发展的良好局面。五是改革创新，积极为老年人办实事、办好事。以养老保险、医疗保险和社会救助为重点的老年社会保障水平不断提高，以居家养老为基础、社区服务为依托、机构养老为补充的养老服务体系建设扎实推进，老年人合法权益得到有效保护，老年文化教育体育事业全面发展，老年人参与经济社会发展取得新的成效，尊老、敬老、爱老、助老在全社会蔚然成风。这些成绩的取得，是省委、省政府正确领导的结果，是各级各有关部门扎实工作的结果。在此，我代表省政府向大家表示崇高的敬意和衷心的感谢！

在肯定成绩的同时，必须清醒地看到，我省是全国第一老年人口大省，“未富先老”已成为我们必须长期面对的重大问题。省老龄办、省统计局等单位承担的“山东省 2008—2020 年人口老龄化状况及对策研究”课题报告显示，“十二五”时期我省人口老龄化将进入快速增长期，将面临更为严峻的形势。一是老年人口急剧增加。到 2015 年，预计全省 60 岁以上老年人口将达到 1923 万人，约占总人口的 19.67%。老年人口年均增长约 80 万，超过全省新增总人口 26 万，年增长率 4.89%，高于以往任何时期。其中，到 2015 年，预计农村老年人口占农村总人口数量的 26.7%，接近城镇的 2 倍。二是高龄人口急剧增加。到 2015 年，预计全省 80 岁以上高龄老人将达到 308 万人，占老年人口的 16%，年增长率 6.39%，增速超过我省 60 岁以上老年人增长率 1.5 个百分点，高于以往任何时期。三是空巢老人急剧增加。目前，全省 65 岁以上空巢老年人口 710 多万，约占该年龄段老年人口的 72%，大大高于全国平均水平，预计 2015 年将达 1000 万人左右。

我省人口老龄化加剧，将给经济社会发展带来重大挑战。一是养老保障面临危机。预计 2014 年以后，我省劳动年龄人口逐年减少，劳动适龄人口的赡养比逐年上升。特别是随着小型化家庭增多，一对夫妇要同时赡养四位或更多老人，“老了靠子女”的传统居家养老越来越难以承受养老的全部责任，社会负担将进一步加重。随着城市化的发展和户籍制度改革，农村劳动力大量向城市转移，妇女、儿童、老年人成为农村人口的主要成份，农村养老问题会更加突出。二是医疗保障难度加大。老年人医疗费用增长远远高于 GDP 的增长速度，医疗保险缴费人口相对减少、享用人口不断增多、保费支出不断增加，实现“老有所医”困难更大。三是服务保障困难增多。我省老年服务设施比较薄弱，难以适应不断增加的老年人医疗护理、文体健身、照料慰藉等社会需求。特别是生活不能自理、需要长期照料和特殊服务的老年人口持续增长，服务保障难度大、任务重。四是代际矛盾日益凸显。子女赡养负担加重，与父母之间的关系容易发生变化，容易引发家庭纠纷，使尊老和孝文化受到严峻挑战，产生社会不和谐不稳定因素。同时，我省应对人口老龄化的工作还存在许多薄弱环节，主要表现为各级对老龄化问题的严峻性认识不足、重视不够，应对策略和心理准备不够充分，养老、医疗、服务等体系和设施不够健全，老龄产业发展、敬老文化建设有待提高，工作运行、协调配合和监督管理体制机制不够完善，等等。这些问题必须引起高度重视，并认真研究解决。

老龄工作是社会管理的重要内容，是党委、政府的一项重要职责。做好老龄工作，关系千千万万老年人的切身利益，关系改革发展稳定大局，是贯彻落实科学发展观的具体体现，是全面建设小康社会的客观需要，是构建社会主义和谐社会的重要内容，是弘扬中华民族传统美德的重要方面。党的十七届五中全会、省委九届十一次全会都将应对人口老龄化提上了重要议程，国家和省“十二五”规划都对老龄事业发展做出了安排部署，姜大明省长在今年政府工作报告中 7 次讲到老龄工作，充分体现了省委、省政府对老年民生的高度关注，体现了老龄工作的极端重要性。各级各有关部门要进一步统一思想，提高认识，充分认清人口老龄化的严峻形势，积极应对人口老龄化的挑战，进一步增强做好老龄工作的责任感和紧迫感。要着眼长远，立足当前，突出重点，从解决老年人最直接的现实利益问题入手，抓实事、解难题、求实效，努力开创全省老龄工作的新局面。

二、抓住关键，推进老龄事业加快发展

做好新形势下的老龄工作，推动老龄事业又好又快发展，当前要准确把握好三项基本原则，着力抓好六个方面的重点工作。

（一）准确把握三项基本原则

一要坚持积极老龄化的应对方略。回良玉副总理在全国第十三次老龄委会议上明确指出，要以积极的老龄观取代消极的老龄观，以积极的态度、积极的政策、积极的行动应对人口老龄化。以积极老龄化为指导，制定政策、落实措施，是顺应人口老龄化发展态势，妥善应对人口老龄化挑战的重要方略。各级各有关部门要认真落实回良玉副总理的指示要求，在制度安排、公共服务体系建设、社会道德培育等诸多方面积极应对。广大老年人要积极面对老年生活，保持身心健康，积极参与社会，努力提高生活质量。青壮年要积极准备未来也将面对的老年生活，及早培养良好心态，练就健康体魄，为终身学习、终生发展奠定良好基础。

二要坚持统筹谋划、协调发展、整体推进的战略思维。各级各有关部门要突出强化战略思维，从物质、精神、制度和体制、机制等方面做好应对人口老龄化的全方位准备。要科学论证，统筹安排，制定好老龄事业发展的政策规划，注意各项制度之间的衔接，避免从制度上造成城乡失衡、结构失衡和区域失衡，尽快形成适度集中、有序组合、相互衔接的老龄战略对策体系。要重视制度创新、机制创新，积极探索统筹解决老龄问题的有效途径，创造性地开展工作，整体推进老龄事业科学发展。

三要坚持党政主导、社会参与、全民关怀的工作方针。人口老龄化加速发展，将伴随全面建设小康社会的全过程。各级党委、政府要把老龄工作作为社会管理工作的重要内容，切实把老年人的事记在心里、抓在手上、落实到行动上。社会各界都要主动承担社会责任，积极接纳老年人，加快培育形成尊老敬老的良好社会氛围，让广大老年人共享经济社会发展成果，使老年人生活得更加充实、更加幸福、更有尊严。

（二）着力抓好六个方面的工作

第一，加快覆盖城乡的社会养老保障体系建设。养老保障是老年民生的重中之重。各级各有关部门要坚持“广覆盖、保基本、多层次、可持续”的方针，加快推进覆盖城乡老年居民的社会养老保障体系建设，加快推进新型农村养老保险和医疗保障制度改革，完善城镇职工和居民养老保险及医疗保险制度，推动事业单位养老保险制度改革，探索解决无收入老年人的社会保障问题，扩大覆盖范围，逐步提高保障标准。要坚持享受优待的原则，不断完善优待老年人的政策和办法，逐步建立政府购买养老服务制度，完善农村计划生育家庭奖励扶助和特别扶助政策，逐步提高老年人社会福利水平。要加强城乡医疗卫生服务体系建设，将所有老年人纳入医疗保障制度覆盖范围，提高老年人自我保健能力，促进健康老龄化。

第二，加快社会养老服务体系建设。发展社会养老服务，是积极应对人口老龄化的重大举措。各级各有关部门要认真贯彻党的十七届五中全会和省委九届十一次全会“优先发展社会养老服务”的要求，将社会养老服务纳入经济社会发展规划，坚持社会化、市场化、产业化、专业化的方向和政府引导、政策扶持、社会参与、市场推动的原则，以扩大规模、合理布局、强化管理、提升水平为重点，大力推进养老服务业的发展。要加大财政支持力度，大力发展居家养老服务，突出做好空巢老年人的居家养老服务，加强居家养老服务信息化建设和服务队伍建设，满足老年人多层次、多样化的服务需求。要采取土地划拨、收费减免、贷款贴息、以奖代补、开办补助、运营补贴、购买服务等方式，大力支持社会力量兴办养老服务机构。要大力加强养老服务人才队伍建设，加强养老服务职业培训和职业道德教育，逐步实现养老服务队伍专业化。要高度重视老年人心理健康，积极开展老年人心理关爱服务。

第三，加快发展老年文体事业。发展老年文化、不断丰富老年人的精神文化生活，是老龄工作的重要任务。要大力发展老年活动中心、老年活动室等设施，新建公共文体活动场所要充分考虑老年人的特殊需求，文化惠民工程要统筹安排面向老年人的项目。要加强各类老年组织的建设和管理，积极发展适合老年人特点和需求的老年文化体育活动组织。要加强老年文体活动指导，组织引导老年人开展有益于身心健康、丰富多彩的文体活动，定期举办老年文化艺术节、老年运动会等活动，促进基层老年文体活动广泛开展。加强老年教育工作，逐步建立覆盖城乡、多层次、多形式的老年教育网络，组织老年人开展多种形式的学习教育活动。

第四，加快培育壮大老龄产业。发展老龄产业、壮大“银龄经济”，是转变经济增长方式、扩大内需、改善民生、增加就业的有效途径。各级要按照中央大力促进养老消费的部署要求，抓住转方式、调结构的重要机遇，积极推动老龄产业规划布局，加大扶持力度，着力培育一批龙头企业和知名品牌，提高其经济和社会效益。要引导和鼓励企业积极开发适合老年人特殊需求的用品及文化、金融、理财、保险等产品，优先发展养老护理、康复保健、社区服务和老年特殊用品等产业，大力发展老年旅游业。引导老年人更新消费观念，积极培育发展老年消费市场和老年用品销售网点，推动扩大老年消费。

第五，引导和鼓励老年人积极参与经济社会发展。要认真落实胡锦涛总书记关于加强社会管理工作的讲话精神，大力推进基层老年群众组织的规范化建设和科学化管理，充分发挥基层老年群众组织自我教育、自我管理、自我服务的积极作用，使之成为组织带领老年人参与社会发展、维护和谐稳定的重要力量。要坚持“共建、共享、共融”理念，进一步建立健全老有所为管理服务机制，搭建老年人才与社会需求对接的服务平台，按照自愿和量力、社会需求同个人志趣相结合的原则，鼓励和支持老年人开展老有所为活动，使他们在参与社会事务、参与经济社会发展、发挥自身余热、实现自我价值的同时，充实晚年生活，增添生活乐趣，提高生活质量。要强化全民关怀老年人的思想观念，加强老年人社会保护，维护和实现好老年人合法权益。

第六，着力为全省老年人办好实事。关心重视老龄工作，说到底是为老年人多办些实事好事。一是继续加快推进新型农村社会养老保险试点工作。今年济南、青岛、淄博、枣庄、东营、烟台、潍坊、威海、日照、莱芜、滨州等11个市实现新农保全覆盖，全省覆盖面达到60%以上。全省所有县（市、区）力争2012年实现全覆盖。二是继续提高企业退休人员养老金水平。我省已连续七年提高企业退休人员养老金。今年国家确定进一步提高企业退休人员养老金，有关部门要认真抓好落实，确保及时足额发放。三是加快推进城镇非从业居民基本养老保险建设。力争年内解决未参保的集体企业职工和原“家属工”、“五七工”等部分老年群体的社会保障问题。四是积极推进社会养老服务设施建设。将养老服务设施建设纳入城乡建设发展规划，吸引和鼓励社会力量投资兴办。五是进一步健全完善高龄津贴和免费查体制度。从2011年开始，每年为65岁以上老年人进行一次免费查体。六是继续实施银龄救助工程和银龄安康工程。七是加强老年文化设施建设和老年教育工作。力争到2015年，省、市都要有综合性老年文化体育场所，县（市、区）城区和30%以上的乡镇（街道）至少有1处示范性老年人活动中心，社区、村（居）都要为老年人提供活动场所。全省各级各类老年学校在校（注册）学员不低于老年人口的10%，条件好的地区力争达到15%以上。

三、加强领导，努力开创老龄工作新局面

应对人口老龄化、发展老龄事业是一项系统工程，各级各有关部门要把这项工作摆在突出位置，抓好工作落实，务求取得实效。

（一）加强组织领导

关爱老人，做好老龄工作，不但是经济工作、社会工作，也是一项重大政治任务。各级党委、政府要高度重视老龄工作，将其列入重要议事日程，列入为民办实事项目，列入绩效考核内容，定期研究部署，定期督查指导，切实抓好工作落实。领导同志要及时听取老龄工作汇报，及时解决重大问题和工作中的实际困难，以实际行动尊重、关心老年人，支持老龄工作。各部门要根据各自职能，积极履行职责，为老龄工作多办好事实事。省老龄委专门对贯彻落实省委、省政府《关于进一步加快老龄事业发展的意见》进行部门责任分工，各部门要逐项抓好落实。各企事业单位都要把加快发展老龄事业作为义不容辞的责任和义务，积极参与和支持老龄事业发展，并带头做好本部门本单位的老龄工作。各大专院校和研究机构要加强针对人口老龄化的科学研究，为老龄事业发展提供理论和决策支持。

（二）加大资金投入

现阶段，要逐步建立和完善与经济社会发展相适应、与老龄化形势相适应、以公共财政为主导的多元化老龄事业投入机制。各级直接用于老年福利与服务设施建设以及老年教育、文体活动、人才培训、科学研究等方面的老龄事业支出和基层老龄工作机构的工作经费，要随着经济发展和财力增长逐步增加。要坚持发挥财政投入的引领作用，广泛吸引民间资本和外资的参与。要把老龄事业作为公共服务建设的重点领域，创新投入方式，通过制定优惠措施和扶持政策，鼓励、吸引社会力量投入老龄事业。

（三）健全工作机制

各级老龄委要充分发挥对老龄工作综合管理、宏观指导、组织协调、督促检查的职能作用。各级老龄工作办公室要加强工作队伍建设，不断增强履职能力，提升服务和管理水平。要主动开展工作，积极争取支持，密切沟通协调，靠上抓工作落实，推进老龄事业发展。老龄委各成员单位要着眼大局，主动担当，有预见性地开展工作，不断提高履职能力。要把老龄工作纳入本部门具体工作部署，加强组织指导，确保各项老龄工作落实。

（四）加强老龄宣传

要利用多种形式加大人口老龄化及其对策的宣传教育活动，提高全社会的老龄意识。要把老龄问题和尊老敬老列入各级各类学校德育教育、村规民约和基层文明创建条件，不断提高全社会的尊老敬老观念。要深入开展孝亲敬老教育活动，及时宣传表彰尊老、敬老、助老的先进典型，营造孝亲敬老的浓厚氛围。

积极推进养老服务体系建设 大力提升老年人群幸福指数

江苏省委常委 无锡市委书记 黄莉新

（2011年10月21日）

江苏是全国较早进入老龄化社会省份之一，现有老年人1301万，占户籍人口的17.4%。近年来，为了适应人口快速老龄化形势，省委省政府把养老服务体系建设作为改善民生的重要内容，采取了一系列举措，有效提升了老年人的生活质量和老年人群的幸福指数。今年，我省按照党的十七届五中全会“优先发展社会养老服务”的要求，先后出台的《省委省政府关于大力推进民生幸福工程的意见》和《省政府关于加快构建社会养老服务体系的实施意见》，提出坚持政府主导与社会参与、家庭养老与社会养老、公益性服务与经营性服务相结合，加快构建以居家养老为基础、社区服务为依托、机构养老为支撑、信息服务为辅助的社会养老服务体系。我省主要做法有：

一、着力构建养老服务体系，努力满足老年人服务需求

一是大力发展居家养老服务中心。目前，全省已建成标准化社区（村）居家养老服务中心8700多个，省级示范性社区居家养老服务中心152个，为老年人提供短期托养、日间照料以及助餐、助洁、助浴、助医、助行、助购等服务。同时，还兼顾老年人文化娱乐、学习教育、体育健身、精神关爱、社会参与、权益维护等多种需求。“十二五”期间，将进一步加大居家养老服务中心建设力度，到2015年，全省城市社区居家养老服务中心将实现全覆盖，农村社区居家养老服务中心建成比例达到80%以上。

二是加快推进养老服务机构建设。加大公办养老机构建设力度，全省所有省辖市和85%的县（市、区）至少建立了1所政府主办的示范性养老机构，床位数分别达到300张、150张以上。采取土地划拨等扶持政策，鼓励社会资本兴办养老服务设施，全省社会资本兴办的养老机构已发展到550多家。按照城乡统筹的要求，积极推进农村养老服务设施建设。从2005年起大力实施“关爱工程”，各级共投入23亿多元，对农村敬老院养老服务设施进行全面改造升级，并新建了一批农村敬老院。全省农村五保老人除自愿分散居住的外，全部实现了集中供养。目前，社会福利院、敬老院、老年公寓、老年康复院、托老所等各类养老机构共有床位28万多张。到2015年全省养老机构床位数达到每千名老年人30张以上，形成高、中、低档配套，养、护、助功能齐全，公办、社会投资兴办、合作经营等多种形式共同发展的养老机构体系。

三是积极搭建养老服务网络平台。充分利用现代信息技术和现有网络资源，在实践中探索了“虚拟养老院”、“一键通”、“网格式”承包服务等做法。采用发放服务券和招标社会组织承担服务的方式，为空巢、高龄、困难老年人提供上门服务。各地以信息平台为基础，连接各种涉老服务机构、社会组织和志愿者，为老年人提供高效便捷的服务。今后，将进一步加快发展养老服务信息网络平台，重点支持老年人居家呼叫服务系统建设。到“十二五”末，养老服务信息管理系统、老年人居家呼叫服务系统和应急救援服务网络将实现城乡全覆盖。

二、充分发挥政策引领作用，推动养老服务体系加快发展

一是加强规划引导。我省各级党委、政府把发展社会养老服务体系纳入经济社会发展总体规划，明确发展目标，抓好责任落实。省政府每年把养老服务设施建设列入50项重点工作和为民办实事项目，加强督促检查，确保按期完成。各地定期对养老服务体系发展情况进行考核评估，作为文明城市、文明单位等评选表彰的重要依据。

二是加大资金投入。各级政府不断加大对养老服务体系建设的投入，建立了事业经费增长机制。从2009年起，省财政每年安排专项资金1.4亿元，采取以奖代补形式，对各地居家养老服务中心、示范性养老机构和社会办养老机构建设进行补助。今年，进一步加大投入，省级用于社会养老服务体系建设资金增加到4亿元。同时，增加福利彩票公益金、体育彩票公益金对养老服务体系建设的投入，鼓励社会资本、慈善捐赠支持社会养老服务体系建设，形成多元化的投入机制。

三是建立激励机制。各地将老年服务设施建设用地纳入当地土地利用总体规划和年度计划予以优先安排，切实保障老年服务设施建设用地需求。采取税费减免、床位建设补贴、床位运营补贴、购买服务等方式，扶持社会资本投资兴办福利性、非营利性养老服务设施。认真落实税收减免政策，对符合条件的老年服务机构免征营业税、企业所得税、土地使用税、房产税等。养老服务机构使用水电气、电视电话等，按居民用户标准收取费用。

三、切实加强行业管理，着力提升养老服务水平

一是推进规范化管理。认真按照《老年人社会福利机构基本规范》和《示范性养老机构评估细则》要求，进一步完善各类养老服务机构建设标准，制定了《居家养老服务规范》和《江苏省社区居家养老服务中心评估指标体系》等地方性行业标准，明确老年人护理、康复、医疗、教育、娱乐、心理关爱等服务项目的内容和标准，推动养老服务规范发展。

二是推行专业化服务。通过发展养老服务职业教育，开展职业培训，培养老年医学、康复、护理、营养、心理等方面专业人才，推行养老服务从业人员职业资格认证和持证上岗制度，着力提升专业化、职业化水平。今后5年，将大力实施“养老护理员培训工程”，分别培训20000名初级、2000名中级、200名高级养老护理人员，全省养老护理人员持证上岗率达到60%以上。

三是推动人性化关怀。在大力提升老年人物质保障和生活服务水平的同时，高度重视老年人精神关爱。各地建立了老年心理服务组织和服务网络，培训专业人员，为老年人提供心理疏导服务。省福利彩票公益金留成中每年安排一定经费，用于“快乐晚年精神关爱行动”。大力发展老年教育，开展形式多样的老年文化体育活动，鼓励老年人参与社会，丰富老年人精神生活。

在浙江省老龄工作委员会第十次全体会议上的讲话要点

浙江省副省长　省老龄委主任　陈加元

（2011年4月13日）

一、“十一五”时期全省老龄工作取得显著成绩

“十一五”时期，是我省发展史上极不平凡的五年。五年来，全省各地各有关部门紧紧围绕“六个老有”工作目标，始终坚持“党政主导、社会参与、全民关怀”的工作方针，大力实施老龄事业发展“十一五”规划，主要目标任务圆满完成，老龄事业呈现出协调发展、整体提升、稳步推进的良好态势，为全面建设惠及全省人民小康社会作出了积极贡献。突出表现在以下五个方面：

（一）老年社会保障水平大幅提升

五年来，以基本养老保险、基本医疗保险和最低生活保障为基础，其他专项保障制度为支撑，社会互助为补充的老年社会保障体系进一步健全。大力推进社会保险扩面，不断提高保障水平。企业职工基本养老保险参保人数五年净增703万，连续五年提高企业退休人员基本养老金标准，水平居全国前列。率先制定实施城乡居民社会养老保险制度，全省578万60周岁以上符合条件的老年人按月不低于60元的基础领取养老金。全省享受企业基本养老金、机关事业单位离退休金和城乡居民基础养老金的老年人达到750多万。率先实施城镇居民基本医疗保险制度，人均筹资水平提高到270元。巩固完善新型农村合作医疗制度，所有县（市、区）人均筹资水平达到185元以上，政策范围内住院报销比例达到43.9%。全省参加城镇职工医疗保险、城镇居民医疗保险、新农合的老年人达到685万。完善落实最低生活保障制度，新型社会救助体系实现城乡全覆盖。全省老年低保对象23.2万人，占整个低保对象的三分之一。农村五保和城镇“三无”对象集中供养率分别达到96.9%和99.5%，名列全国前茅。医疗救助在实现即时救助的基础上，资助农村五保、低保老人和残疾老人等困难群众参加新农合和城镇居民医疗保险 105 万人。同时，还进一步加大老年优待政策落实力度，各级政府补贴优待资金累计达 20 多亿元，享受各类优待的老年人达到 709 万，占老年人的近 90%。在今年开始发放老年津贴同时，继续提高了百岁老人长寿补贴标准，从每人每年 2400 元提高到 3600 元以上。

（二）老年服务体系建设全面提速

五年来，以居家养老为基础、社区服务为依托、机构养老为补充，覆盖城乡的县（市、区）、乡镇、村三级一体化养老服务体系建设积极推进。全省养老机构床位达到 18.9 万张，百位老年人拥有养老床位 2.4 张，比 2005 年提高了 60%。鼓励扶持社会兴办养老机构，民办养老机构床位达到 7.7 万张，占总床位的 40%以上。全省养老服务组织平台建设不断加强，养老服务指导中心、居家养老服务中心、居家养老服务站、"星光老年之家"不断发展，居家养老服务人群覆盖面不断扩大。

（三）老年人精神文化生活日益丰富

五年来，以老年文化、老年教育、老年体育和老年人社会参与为主要内容的老年社会文化体系基本形成。经常参加文化活动的老年人占 20%以上，参加老年教育的占 13%以上，参加体育活动的达 60%以上，城乡老年人的幸福感不断提高。此外，广大老年人还积极参与社会公益、志愿者服务等活动，为社会发展继续发挥余热。

（四）老年人合法权益得到切实维护

五年来，以老年法律法规建设、老年法制宣传教育、老年法律援助服务等为重点的老年权益保护体系建设进一步加强。围绕全面贯彻落实《老年人权益保障法》和《浙江省实施〈老年人权益保障法〉办法》，不断健全完善维护老年人合法权益政策措施，老年人维权工作逐步走上法制化、规范化轨道。通过开展老年法普法宣传教育，建立执法监督检查制度，完善老年人维权网络，开辟法律服务"绿色通道"，严厉打击涉老犯罪等一系列措施的落实，老年人合法权益得到了切实维护。

（五）老龄工作组织保障不断加强

五年来，以党政主导、老龄委组织协调、部门协同配合、社会力量广泛参与为构架的老龄工作体系进一步完善。各级党委、政府认真贯彻落实中共中央、国务院《关于加强老龄工作的决定》，从战略高度定位老龄工作，把应对人口老龄化挑战、发展老龄事业作为全面建设小康社会的重要组成部分，列入基本公共服务均等化等行动计划，统筹部署，强力推进。各地健全机构，充实队伍，提高素质，管理和服务水平进一步提升。突出解决老龄事业发展重点热点难点问题，建立完善政策措施，老龄事业发展基础进一步夯实。积极探索多元化老龄事业投入机制，在加大财政投入的同时，积极引导民间资本参与老龄事业发展，公共财政投入和社会力量投资的保障机制进一步形成，为老龄工作持续发展提供了有力保障。

二、"十二五"时期老龄事业发展面临的新形势和新任务

"十二五"时期，是我省全面建成小康社会的攻坚期，也是积极应对人口老龄化、做好各方面准备的的关键时期。据预测，"十二五"期间，我省 60 岁及以上老年人口每年将增加 42 万，年均增长 4.5%，比"十一五"时期提高 0.6 个百分点，到 2015 年老年人口总量达到 991.23 万人，占总人口的 20.45%。80 岁以上高龄老年人规模持续扩大，将由 2010 年的 121 万人增加到 2015 年的 157 万人，年均增长 5.3%。与此同时，空巢化进一步加剧，2010 年我省城乡老年人家庭实际空巢率分别为 75%、60%。特别是老年人口基数大、比例高、发展快，同时又是未富先老，从总体上看，我们各方面准备都显得十分不足。人口老龄化、高龄化、空巢化加速发展，对老龄工作将带来更加严峻的挑战。人口老龄化问题是一个关系国计民生和社会长治久安的全局性、战略性重大问题，涉及到经济、政治、文化和社会生活的方方面面，直接关系到民生改善和全面小康社会建设，关系到经济结构调整和发展方式转变，关系到政府职能转变和社会公平公正，需要统筹谋划、长远规划。我们要充分认识做好老龄工作的重要性和紧迫性，在思想上、理论上、政策上、物质上和组织上做好准备，积极应对人口老龄化带来的挑战。"十二五"时期的老龄工作，要着重把握好以下三个方面：

（一）突出加强老年社会保障和社会服务体系建设，促进城乡老年居民享有均等化的基本公共服务

随着人口老龄化的加速发展，今后一个时期，老年群体社会保障和社会服务方面的问题将显得越来越突出。当前，老龄事业发展仍面临着老年人特别是农村老年人收入偏低、老年贫困人口比例较高、老年人个人支付医疗费比例过高、社会化养老服务程度较低等问题。为提高老年人生活质量，顺应老年人过上美好生活新期待，让老年人共享经济社会发展成果，要求我们在保障和改善民生、推进基本公共服务均等化过程中，突出抓好老年社会保障和社会服务体系建设。一是要健全完善养老保障体系，增加老年人收入。按照居民收入增长与经济发展同步的要求，不断

提高社会保障收入占老年人收入的比重。二是要深化完善医疗保障体系，增进老年人健康。在扩大基本医疗保障覆盖面的基础上，着力提高医疗保障待遇水平，不断降低个人支付比例，减轻老年人家庭和个人医疗费用负担。三是要建立完善老年服务体系，增加服务产品供给能力。区分政府、市场和社会的主体责任，按照福利性公共服务、非营利性公益服务、社会性互助服务和商业性市场服务等不同性质，坚持政府主导、社会参与和市场运作相结合，广泛动员各方面力量共同推进老龄服务的发展。继续坚持发展以居家养老为基础、社区服务为依托、机构养老为补充的社会养老服务，建立和完善覆盖城乡老年人的养老服务体系。四是要营建老年人宜居环境体系，提高老年人幸福指数。要关注老年人的特殊需求，将老年人宜居环境建设纳入城市总体规划，重视无障碍设施建设，推进方便老年人居家养老和家人照料的新型住宅建设，打造安全、便捷的居民生活圈。坚持和强化家庭养老的基础功能，注重家庭道德建设，弘扬尊老敬老、赡养老人的优良传统，缓解空巢化矛盾。开展“老年友好型城市”、“老年宜居社区”和“老年温馨家庭”创建活动，营造浓厚的孝亲敬老社会氛围。

（二）积极培育和壮大老龄产业，满足老年人不断增长的物质文化需求

国际上，由老年消费需求带动而形成的“银色产业”（“老龄产业”）被喻为21世纪的朝阳产业。未来一个时期，我省老龄产业具有广阔的前景和巨大的发展潜力。我省将率先建成惠及全省人民的全面小康社会，率先基本实现现代化，老年人的消费需求必将得到不断释放。特别是随着人口老龄化加速发展，“银发”消费群体迅速壮大，将形成巨大的消费市场，老年专用品、老年住宅、老年保健康复、养老服务、老年商业保险、老年休闲旅游、老年文化等都是老龄产业发展的重要领域，这必将成为扩大内需、促进消费、推动产业结构调整、拉动经济持续发展的重要因素，为转变经济发展方式注入新的活力。因此，我们要在调整产业结构、转变经济发展方式的过程中，必须加快发展老龄产业，满足老年人的多样化需求。一是要研究探索老龄产业发展规划，充分发挥规划引导作用，形成合力推进老龄产业发展的良好环境。二是要探索建立老龄产业发展政策法规体系，使老龄产业的发展走上法制化轨道，为建立现代老龄产业体系提供政策法律保障。三是要推进老龄产业发展体制机制创新，充分发挥我省市场经济比较发达、民间资金比较充裕、社会资本比较活跃等优势，发展“公办民营、民办民营”等经营业态，鼓励、引导民间资本参与老龄产业发展。四是要抓好老龄产业服务队伍建设，特别是加强老龄产业的经营管理人员和服务人员的培养。根据国家职业标准，在有条件的普通高等学校和中等职业学校探索开设相关课程，组织开展养老护理人员职业培训和鉴定工作，为老龄产业发展提供人才保障。

（三）努力推进重视老龄社会管理机制创新，切实维护老年人合法权益

人口结构是社会结构的基础结构。随着人口老龄化的加速发展，必然带来社会需求、社会利益和社会关系的调整，进而要求社会管理机制的创新。加强老龄社会管理，就是要建立完善党政主导的老龄社会管理体系，形成科学有效的利益协调机制、诉求表达机制、矛盾处理机制和权益保护机制。一是要研究探索加强基层老年群众组织建设和管理的新举措、新办法，切实加强和改进对老年群众组织的监督管理，依据社团管理有关法律法规，结合社会管理创新要求，及时修订《浙江省基层老年人协会组织通则》和《浙江省基层老年人协会规范化建设标准》，引导基层老年人协会加强自身建设，增强服务社会、服务老年人的能力。二是要进一步加强基层老年维权组织建设，建立健全服务与维权并重、调解与处理相结合的维权机制，妥善处理涉老纠纷和矛盾。三是要构建人本化老龄社会管理服务体系，完善社区服务中心、窗口单位、行政办事中心和网络信息服务平台功能，为老年人提供优先优待服务。定期开展老年人生活状况调查，及时了解和掌握老年人生活基本情况和需求。四是要加快发展老年文化、老年教育和老年体育等事业，高度重视老年人的思想道德和精神文明建设，进一步丰富老年人的精神文化生活。

三、着力抓好今年的各项工作

今年是实施老龄事业发展“十二五”规划的第一年，做好今年工作，实现“十二五”良好开局，意义十分重大。对今年工作我再提三点要求：

（一）加强组织领导，抓好规划组织实施

我省《国民经济和社会发展第十二个五年规划纲要》首次明确提出要“积极应对人口老龄化，实施应对人口老龄化战略”，并对老年人权益保障、生活困难老年人救助、社会养老服务体系建设、解决农村养老问题、培育发展养老服务产业、推动老年文教体育事业发展等提出了明确要求。这次会议讨论的省老龄事业发展“十二五”规划，充分体现了我省《规划纲要》的指导思想、基本原则和目标要求。规划出台后，各地、各部门要深化认识，强化领导，细化措施，抓紧抓好规划的实施工作。要结合规划提出的目

标任务和八项工程建设，认真研究制定新一轮为老年人办实事计划。以办实事为抓手，推进规划的贯彻实施。要抓好规划的任务分解工作，明确老龄委各成员单位的目标任务，落实工作职责，强化责任意识，齐心协力，共同推进。要建立规划实施的督查评估制度，坚持事中督查与事后评估并重，做到志在必得，务期必成，确保规划目标任务的落实。

（二）突出工作重点，统筹发展老龄事业

要加强老年社会保障工作。深化企业职工基本养老保险扩面和省级统筹，着力推进企业全覆盖迈向人群全覆盖。加快推进城乡居民社会养老保险，确保基础养老金覆盖到全省所有符合条件的老年人，并随着经济社会发展逐步提高待遇水平。建立和实施高龄老人补贴制度，稳步提高社会养老保障水平。完善低保分层分类救助制度，逐步提高救助标准，对老年低保对象给予重点照顾。进一步扩大医疗保障覆盖面，实现社会保障医保“一卡通”。完善职工医疗保险、城镇居民医疗保险统筹制度，提高城镇居民医保门诊大病报销比例。完善新型农村合作医疗制度，提高农村老年人参合率和重大疾病医疗保障支付能力。要优先发展社会养老服务。认真做好国家确定的养老服务体系建设试点工作，探索公建民营、民办公助等建设养老服务体系建设运营模式和分类管理办法。着力推进居家养老服务网络建设，为高龄老人、空巢老人、失能半失能老人提供无偿、低偿与有偿相结合的多样化服务。今年，省委、省政府已经把深化社会养老服务体系建设作为省委、省政府的重点课题。课题重点研究完善养老服务组织体制，探索建立养老服务需求评估制度和养老服务补贴制度，健全养老机构登记管理制度、大力发展民办养老机构、规划指导乡镇敬老院发展，推动养老服务标准化，加强养老服务队伍建设，等等。在深入调研的基础上，省政府将出台进一步加快社会养老服务体系建设的政策意见，并召开全省会议进行推进。要进一步丰富老年人精神文化生活。加强基层老年活动设施、老年文化设施和老年体育活动中心建设，提升公益性活动场所面向老年人的服务能力。大力发展老年教育，积极引导社会力量参与老年教育服务。

（三）创新工作载体，营造良好社会氛围

要扎实开展老龄工作示范县创建活动。省老龄委去年出台了创建办法和考评标准，今年要启动这项工作。各地和有关部门要高度重视，把创建活动与为老年人办好事、办实事紧密结合起来，与解决老龄事业发展热点、难点问题紧密结合起来，做到不流于形式，不走过场，通过创建推动老龄工作上台阶、上水平。要以《老年法》颁布实施15周年和我省《实施〈老年法〉办法》颁布实施10周年纪念活动为契机，广泛开展各种形式的老年法制宣传教育活动，增强全社会老龄意识和养老法制意识。同时，要积极配合人大、政协和政府法制部门，组织开展执法检查和调研，全面分析“两法”贯彻实施的成效和存在的薄弱环节，研究进一步贯彻实施的对策措施，把“两法”贯彻实施工作引向深入。要积极开展以“关爱老人、构建和谐”为主题的“敬老月”活动，以志愿服务为载体，鼓励社会各界开展长期结对帮扶，倡导低龄老人为高龄老人服务，努力营造帮困助老、尊老敬老、共建和谐的良好社会氛围。

在第三次全省老龄工作会议上的讲话

江西省副省长　省老龄委主任　熊盛文

（2011年12月13日）

今天，省政府召开全省老龄工作会议，主要任务是学习贯彻第三次全国老龄工作会议精神，回顾总结“十一五”时期我省老龄工作和老龄事业发展情况，研究部署“十二五”时期工作任务，进一步推动我省老龄事业发展“十二五”规划的贯彻实施。今年10月，国务院召开了第三次全国老龄工作会议，回良玉副总理出席会议并作了重要讲话，民政部部长兼全国老龄办主任李立国同志主持会议并作了总结讲话。回副总理在讲话中，充分肯定了“十一五”时期老龄事业和老龄工作取得的显著成绩，全面分析了我国人口老龄化形势的严峻性，深刻阐述了我国老龄问题的特殊性和老龄工作的紧迫性，明确提出了应对人口老龄化的对策思路和“十二五”时期老龄工作的任务要求。回副总理的讲话，是指导我们做好“十二五”时期老龄工作的重要文件，希望大家认真学习，深刻领会，结合实际，抓好贯彻落实。刚才，省发改委、省人力资源社会保障厅和南昌、赣州、吉安市政府的负责同志作了大会发言，分别从不同方面介绍了本地、本部门推动老龄事业发展的一些思路和好的经验做法，值得各地、各部门学习借鉴；19个市、县（区）人民政府提交了书面交流材料，相信也会给大家一些新的启示。下面，我讲四个问题。

一、充分肯定“十一五”时期我省老龄工作和老龄事业发展取得的显著成绩

省委、省政府高度重视老龄工作，早在2001年就下发了《关于加强老龄工作的意见》（赣发〔2001〕28号），并召开了第一次全省老龄工作会议；2006年又召开了第二次全省老龄工作会议。特别是“十一五”时期，各级党委政府把老龄工作摆到了更加突出的位置，全省老龄事业得到了较快发展。归纳起来，主要有以下四个亮点：

一是基本养老保险制度建设取得了重大突破，老年人生活开始有了稳定的经济来源。我国养老保险制度从上世纪八十年代起步，在“十五”和“十一五”时期得到加快推进，特别是在“十一五”期间，做了大量具有重要意义的工作。首先是新农保开始在全省推广。到2010年底，全省有近四分之一的农村人口纳入了社会养老保障范围，有近百万60周岁以上老年人每人每月领取了中央财政支付的55元基础养老金，使主要靠子女养老的农村老人第一次有了自己的经济来源，这是一个了不起的成绩。其次是解决了部分多年来反复反映、反复上访的城镇无养老保障的特殊老年群体的养老问题。通过财政补助和其他方式再缴费，落实了城镇大集体职工、未就业返城老知青、部分安置在困难企业的军转人员的养老保险缴费问题，解决了这部分群体的养老保障。第三是解决了农村特殊群体的养老保障问题。通过财政安排补助，使农村老村支书、老村主任和建国前老党员、计划生育纯女户人员的养老问题在制度上有了保障。今年，按照国家的统一部署，我省又在77个县（市、区）开展了城镇居民养老保险试点，实行与新农保大体一致的政策，基本养老保险从制度上已经覆盖到城乡全体居民，这是社会保障制度建设的一个重大成果，标志着我国覆盖城乡的社会保险制度的基本确立。

二是“老有所医”的制度建设继续完善，老年人看病开始有制度上的保障。从2007年开始，我省实行了城镇居民医疗保险，加上城镇职工医疗保险、公费医疗和新农合，到“十一五”期末，城乡医疗保险制度实现了全省全覆盖。有530多万城镇职工、770多万城镇居民参加了基本医疗保险，3100多万农民参加了新型农村合作医疗。城乡医疗救助制度进一步完善，有效解决了部分贫困老人的就医困难问题。在医疗保障上，省委、省政府十分重视对老年人的保障，解决了许多突出问题。“十一五”期间，通过各级财政补贴和中央转移支付等补缴医疗保险费，解决了170多万关闭、破产、改制困难企业退休人员和国有农、林、水困难企业退休人员医疗保障的问题，解决了企业离休干部看病报销超支的问题，解决了建国前老工人参照离休干部报销医疗费用的问题，解决了1953年前军队退役人员提高医疗报销比例的问题，解决了老年常见病报销比例的问题，还有特殊老年病如白内障免费复明手术等问题。这些对老年人的医疗保障起到了很大的促进作用。

三是农村敬老院建设成效显著，农村“五保”老人和城镇“三无”老人的生活状况有了较大改善。“十一五”期间，全省筹集20多亿元资金，新建和改扩建农村敬老院、光荣院、福利院1300多所。从2004年开始，我省用了七年时间，基本对所有乡镇“三院”进行了一次全面的改造，农村“三院”已经成为乡镇最好的建筑之一，充分体现了中华民族敬老优良传统。五保供养资金纳入了省财政年度预算，集中供养标准提高到每人每年2400元，分散供养标准提高到每人每年1560元，供养金增加80%多，养老水平大幅度提高，集中供养率达到80%，居全国前列。五年来，全省有90多万老年人纳入了社会救助范围，3万多上世纪60年代精减退职人员得到了救济，低保对象中无劳动能力、无生活来源、无子女赡养的老年人，全部按低保标准给予了全额补助。同时，在全国率先建立了城乡困难群众临时救助制度，使遇到突发性灾害造成较大生活困难的农村五保户、城乡低保户和农村低收入老年人、城市低保“边缘户”的老年人基本生活有了保障。

四是社会养老服务体系建设开始起步，老龄服务产业稳步发展。我省社会养老服务体系建设列入了国家试点省份。从2009年开始，全省开展了居家养老服务试点工作，并成功召开全省居家养老服务试点工作现场会，试点范围现已扩大到全省280多个城市和农村社区。各地利用服务平台，积极为老年人提供配餐送餐、居室保洁、医疗陪护等基本服务，深受老年人欢迎。为进一步促进城乡老龄服务均等化，全省连续五年开展了农村老年人协会规范化建设，为600多个农村老年人协会配发活动器材。“十一五”期间，养老服务产业也有较大发展，社会力量积极参与老龄事业发展，全省现有规模较大的民办养老机构129

家、拥有床位数 1.1 万张，为缓解养老服务供求矛盾发挥了积极作用。

以上这些成绩的取得，主要得益于以下三个方面：一是各级党政领导更加重视。各级党委、政府把老龄工作摆上了重要议事日程，把老龄事业发展列入了当地经济社会发展规划，加大了经费投入，发挥了党政主导老龄事业的作用。二是政策法规更加完善。2006 年以来，省政府、省老龄委先后制定下发了《江西省老龄事业发展“十一五”计划纲要》（赣老龄委发〔2006〕4 号）、《关于加快发展我省养老服务业的实施意见》（赣府厅发〔2006〕42 号）和《关于加快养老服务事业发展的若干意见》（赣府发〔2010〕24 号）等一系列重要文件，有力地推动了老龄事业的快速发展。市、县政府和有关部门在养老、医疗、生活照料、权益维护、教育文化体育等方面，也相继制定了较为完备的为老服务政策措施，其中包括出台老年优待政策和建立高龄津贴制度。三是工作机制更加健全。省、市、县（区）都成立了老龄工作委员会，并在民政部门设立了办事机构。全省 70％的乡镇（街道）成立了老龄工作组织，60％以上的村（居）委会成立了老年人协会，形成了上下贯通、运转有序的老龄工作运行体制和机制。这些成绩的取得，也是有关部门、社会各界大力支持和广大老龄工作者辛勤耕耘的结果。在此，我代表省政府和省老龄工作委员会，向所有关心、支持、参与老龄工作和老龄事业发展的同志们表示衷心地感谢！向受到表彰的全省老龄系统先进集体和先进工作者表示热烈地祝贺！

二、深刻认识我国和我省人口老龄化的严峻形势

“十二五”时期，我国面临的人口老龄化形势将更加严峻。人口老龄化已成为国家经济社会发展的一个重大挑战。回良玉副总理在第三次全国老龄工作会议上，讲了“三个最”：一个是从老年人口规模看，我国是世界上最多的。2010 年我国 60 岁以上老年人口达 1.78 亿，是全球唯一一个老年人口超过 1 亿的国家，占全球老年人口的 23％。第二个是从老龄化速度看，我国是世界上最快的。在 2000—2010 年 10 年间，我国 60 岁以上老年人口增加了 5000 万，平均每年增加 500 万。老年人口占全国总人口的比例，2000 年占 10％，2008 年占 12％，2010 年占 13.3％。“十二五”时期，我国将迎来第一个老年人口增长高峰，年均将增加 800 万。第三个是从解决老龄问题的难度看，我国是世界上最大的。我国人口老龄化呈现“三加快”的显著特点，面临的困难之多是世界其他国家所没有的。一是老年人口增速加快，“十一五”期间我国老年人口的增长速度首次超过了新增人口的增长速度，“十二五”时期老年人口增加数量将超过新增人口的增加数量，并在未来几十年中呈持续升高态势，劳动力供养负担不断加重。2015 年，全国 60 岁以上老年人要突破两个亿，到 2030 年，还要翻一番。二是高龄老人增速加快，高龄老人的增速超过老龄人口的增速。目前我国 80 岁以上的老人有 1900 万，预计在“十二五”期间，80 岁以上高龄老人年均净增 100 多万，2015 年将达到 2400 万，约占老年人口的 1/10。三是空巢化加快，不仅农村青壮年劳动力外出务工、经商、上学造成大量空巢老人，城市青壮年外出上学、就业以及异城居住和同城分别居住的情况也十分普遍。2010 年全国 65 岁以上空巢老人有 4150 万人，到“十二五”期末将超过 5100 万人，占老年人口的近 1/4，养老服务需求将越来越大。

我省人口老龄化形势同全国一样，也十分严峻。主要呈现以下特点：一是老年人口规模大且增长快。2010 年第六次人口普查汇总数据显示，我省 60 岁以上老年人口 510 万，占全省总人口 11.44％。预计到 2015 年，60 岁以上老年人将超过 650 万，每年净增 30 多万。65 岁及以上的老年人口为 338.8 万，占总人口的 7.61％，比 2000 年第五次人口普查上升了 1.5 个百分点；这十年间，全省 65 岁及以上老年人口净增 85.96 万人，平均每年增加 8.60 万人，年均增长 2.97％，而此期间全省总人口年均增长仅为 0.74％，老年人口的增长速度是同期总人口增长速度的 4 倍多。“十一五”期间，全省 65 岁及以上的老年人口的平均数量为 358.52 万人，而“十五”期间，为 288.66 万人，“十一五”时期全省 65 岁及以上的老年人口的平均数量比“十五”时期增长了 24.2％。二是老年人口年龄结构渐趋高龄化。我省 80 岁及以上老年人口为 58.46 万人，与 2000 年第五次人口普查相比，增加了 25.1 万人，增幅高达 75.24％，预计到 2015 年将达到 75 万人。三是“空巢”家庭老人大幅增加。2000 年第五次人口普查全省单身老人户和只有一对老年夫妇户仅有 32.25 万户，占有 65 岁及以上老年人口家庭户数的比重为 16％；2010 年第六次人口普查汇总数据显示，全省单身老人户和只有一对老年夫妇户，这两种类型的家庭户共有 54.86 万户，占有 65 岁及以上老年人口家庭户数的比重为 21.39％，比 2000 年第五次人口普查上升了 5.4 个百分点。随着第一代独生子女父母进入老年，空巢老人将进一步增多。四是地区之间人口老龄化程度不平衡。统计数据表明，除景德镇市和抚州市 65 岁及以上人口占总人口比重低于 7％外，其余 9 个设区市均高于7%，其中萍乡市和新余市高于8%。全省65岁及以上人口占总人口比重最高的是萍乡市，为8.39%，最低的是景德镇市，为6.86%，两者相差1.53个百分点。五是经济发展进程与人口老龄化进程存在“时间差”。发达国家都是在生产力高度发达基础上进入老龄化社会的，在进入老龄化社会时，人均GDP一般都在5000美元以上，而2010年江西人均GDP仅为21253元（人民币）。我省是在人均收入较低、财政实力有限、社会保障体系尚不健全、养老保障积累较少的情况下，提前进入老龄化社会的，是典型的“未富先老”。

尤其需要指出的是，我们的人口老龄化、高龄化、空巢化加速与工业化、城镇化、现代化建设相伴随，与城乡差距、区域差距、收入差距扩大相重叠，与经济转轨、社会转型、文化变革相交织，与退休年龄低龄化相并存。面对人口老龄化的严峻形势，我们的思想认识不够、应对准备不足、政策措施不完善、体制机制不健全，不下大力气进行探索、发展、完善和加强，有可能引发一些新的矛盾，成为新的重大的社会问题。对此，我们决不可掉以轻心。各地、各有关部门一定要保持清醒头脑，居安思危，进一步增强工作责任感和紧迫感，以积极的态度、积极的政策、积极的行动应对人口老龄化，制定周密的应对方略，采取有力的行动措施，做到认识到位、措施到位、落实到位，不断满足日益增长的养老服务需求，提高为老服务水平，使老年人生活得更加充实、更加幸福、更有尊严。

三、按照全省老龄事业发展“十二五”规划确定的目标任务扎扎实实开展工作

今年8月，国务院颁发了《中国老龄事业发展“十二五”规划》，11月，省政府又颁布了《江西省老龄事业发展“十二五”规划》，对未来五年我省老龄事业发展进行了总体部署，明确了指导思想、发展目标、基本原则、主要任务和保障措施，我们一定要站在服务于全省经济社会发展全局的高度，全面贯彻落实好老龄事业发展“十二五”规划。其中主要的，是要“明确一个目标”、“突出两个重点”、“抓好三项建设”。

（一）明确一个目标

要按照国家统一部署，建立应对人口老龄化战略体系基本框架，制定实施老龄事业中长期发展规划；全面落实以社会保险、社会救助、社会福利为基础，基本养老、基本医疗、基本住房、最低生活保障为重点的社会保障制度建设；初步形成以居家为基础、社区为依托、机构为支撑的养老服务体系。到2015年，基本实现“四个全覆盖”和“四个较大提高”。“四个全覆盖”，即城乡养老保险制度全覆盖，城市社区养老服务全覆盖，高龄老人生活补贴全覆盖，老龄工作队伍全覆盖。“四个较大提高”，即全社会尊老爱老敬老的氛围有较大提高，企业退休人员养老金水平有较大提高，老龄产业在整个经济中的比重有较大提高，老龄工作的经费投入有较大提高。我省规划提出的这个目标，既体现了国家规划的基本要求，又在定性和定量上有了更具体的目标，工作难度不小。希望各市县围绕“两个四”的目标，进一步细化指标，落实措施，使规划目标更好地落到实处。

（二）突出两个重点

第一个重点是：认真落实和完善社会养老保障制度。一是要扎实推进养老社会保险制度。我省新型农村养老保险和城镇居民社会养老保险已覆盖全省77%的县（市、区），明年将实现全覆盖。要重视探索建立无固定收入老年人的养老保障问题，对历史遗留和特殊老年群体的养老保障要切实采取措施予以解决。要建立健全基本养老金正常调整机制，保证老年人养老金的增长不低于城乡居民可支配收入和物价水平的增长。二是要不断完善基本医疗保险制度。按照“广覆盖、保基本、多层次、可持续”的原则，深化基本医疗保险制度改革，巩固和完善新型农村合作医疗制度，逐步提高城镇居民医保、新农合人均筹资标准和保障水平，减轻老年人医疗费用负担。要研究探索失能老年人的长期护理保障制度，进一步落实老年人医疗优待政策，更加注重和关心老年人精神和心理健康。三是要建立健全老年人社会救助和社会福利制度。根据经济社会发展水平和政府财力的增长，要适时调整提高城乡低保、农村五保供养标准和重点优抚对象、未享受离退休待遇的建国前老党员等人员的抚恤和生活补助标准。进一步完善城乡医疗救助制度，加大临时救助力度，重视解决老年人因病致贫、因病返贫、因病致残的问题。要发展适度普惠型的老年社会福利事业，不断完善老年人优待办法，促进高龄生活补贴制度在我省全覆盖。要加快完善老年人基本住房保障制度，重视无障碍设施建设，积极营造老年人宜居环境。通过构建多层次养老经济供养和保障体系，不断提高老年人的社会福利水平。第二个重点是：加快建立和完善社会化养老服务体系。一是要认真抓好居家养老服务平台建设。各地要切实把居家养老服务工作纳入当地经济社会发展规划，把居家养老服务设施建设纳入城乡建设规划。《江西省国民经济和社会发展第十二个五年规划纲要》和《江西省老龄事业发展“十二五”规划》提出，“十二五”期间全省要建设城镇社区居家养老（日间照料）服务中心1500个、农村社区居家养老（日间照料）服务中心

4500个。各地、各有关部门要切实把居家养老（日间照料）服务中心建设作为一项重大民生工程，纳入目标管理范围，逐级分解任务，落实建设责任。要认真组织实施国家养老服务体系建设试点项目，突出居家养老（日间照料）服务中心项目这个重点。2009年，我省实施国家养老服务体系建设试点，24个项目中有20个是居家养老服务中心建设。要抓好省、市、县三级示范点建设，以点带面，逐步推广。到“十二五”期末，居家养老服务网络要覆盖全省所有城市街道、社区和80%以上的乡镇、50%以上的农村社区。二是要不断拓展居家养老服务功能。可以根据老年人不同需求，逐步拓展服务内容，丰富“3+X”服务模式。“3”代表三项基本服务，即配餐送餐、居室保洁、医疗陪护。这是老年人、特别是空巢老人最需要的。“X”就是扩展的其他服务内容，包括医疗康复、精神慰藉、文体娱乐、法律援助、紧急救护等多种形式的服务。失能老人、贫困老人和高龄老人是最弱势、最需要帮助的群体，政府理应承担更多的责任。要积极制定政府购买为老服务政策，给予失能老人、贫困老人和高龄老人更多的关爱。三是要统筹发展机构养老服务。要继续加强“三院”建设，按照《江西省国民经济和社会发展第十二个五年规划纲要》的要求，努力实现“十二五”期间，全省实施100个老年养护院、老年公寓和老年综合福利院标准化建设工程，新建100所县级光荣院，新建和改造1500所农村敬老院，新增床位10万张，公办养老机构床位数达到27万张，使每千名老人拥有养老床位数40张以上的目标。公办养老机构要在充分发挥示范作用的同时，积极探索为社会老人提供养老服务的路子。四是要切实加强老年人护理康复服务。失能老人和高龄老人是最需要照顾和服务的人群。“十二五”期间，各地要积极创造条件，建设具有长期医疗护理、康复促进、临终关怀等功能的养老服务机构，以满足失能老人和高龄老人的服务需求。这要作为机构养老的重中之重，作为公办养老机构的重中之重，切实下决心、下力气抓好。到“十二五”期末，各设区市至少要建设一所专业性养老护理服务机构，并加强养老服务法制化、标准化、信息化和专业化建设。五是要积极推进老龄服务产业发展。社会养老服务体系建设，政府不能完全包办。从未来的发展趋势看，老龄服务业将成为一个规模巨大的产业。发展老龄服务产业，不仅可以满足老年人不断增长的服务需求，还可以大量安置人员就业、促进经济结构调整和培育新的经济增长点。因此，各地要按照省政府《关于加快养老服务事业发展的若干意见》的要求，加快老龄产业和家庭服务业发展。通过落实财政扶持、税费减免、用地保障等优惠政策和“公办民营”、“民办公助”等不同方式，鼓励、引导和支持社会力量兴办老年公寓、护理院、托老所等养老设施，参与养老服务事业的发展，逐步提高老龄产业在整个经济中的比重。

（三）抓好三项建设

一是老龄政策法规建设。全国人大已经启动《老年人权益保障法》修订工作，我省《实施〈老年人权益保障法〉办法》颁布实施也有9年，有些条款已不适应当前的形势，国家新修订的《老年人权益保障法》颁布后，要及时建议并积极配合省人大常委会做好我省实施办法的修订工作，为老年人提供更加完善的权益保障。要完善老年人生活、医疗、出行等方面的优待政策，加强督促检查，保证优待政策落实到位。今年，省里就70岁以上老年人免费乘坐市内公交车的问题进行研究解决，并下发了文件，就乘车证（卡）的办理、年检和扩大公交线路、财政补贴等事项作出了明确规定，各地要切实抓好落实，让老年人切身感受到党和政府的关心和温暖。二是基层老龄组织建设。近年来，我省城乡社区老年人协会建设得到不断加强，在促进当地经济发展、精神文明建设、维护社会稳定等方面发挥了积极作用。按照老龄事业发展规划要求，要在继续抓好城市社区老年人协会组织建设的基础上，按照“设施完善、制度健全、班子得力、经费落实、作用明显”五条标准，重视抓好农村老年人协会规范化建设，使“十二五”期末全省基层老年人协会数，城镇社区达到95%以上，农村社区（行政村）达到80%以上。要坚持把发展公益性文化事业作为保障老年人基本文化权益的主要途径，加快基层公共文化服务体系建设，增加基层老年公共文化产品供给，办好各类老年大学（学校），支持基层老年群众组织广泛开展各类文化、教育、体育等活动，不断丰富老年人的精神文化生活，倡导科学、文明、健康的生活方式。要重视发挥基层老龄组织的优势，及时处理各种赡养矛盾和纠纷，确保老年人“老有所养”、“老有所医”。要在乡镇、街道广泛开展“老年宜居社区”、“老年温馨家庭”创建活动和“敬老好儿女”评选活动，不断营造家庭和睦、代际和谐的良好社会环境。三是养老服务队伍建设。主要是建立好三支队伍：一支是专职的养老服务队伍。这是最缺、最难的一支队伍建设。目前各类养老机构和居家养老服务中心都非常缺乏服务人员，人保部门和民政部门要共同研究政策，鼓励人们从事这一职业，消除社会上对这一职业的偏见。要下决心加大对这支队伍的免费培训力度；制订必要的服务规范和标准；公办养老机构的服务人员应当成为养老服务队伍的样板和示范。第二支是社会工作者队伍。前不久，中央组织部、中央政法委、民政部等 18 个部委联合下发了《关于加强社会工作专业人才队伍建设的意见》，各地要结合贯彻落实文件精神，加强岗位开发设置研究，制定相应政策，鼓励和引导社会工作专业人才从事社区居家养老服务工作。第三支是志愿者队伍。要积极倡导中小学生和在校大学生、待业大学毕业生到社区参与居家养老志愿服务，鼓励社会人员和低龄健康老人参与社区居家养老服务。

四、切实加强对老龄工作和老龄事业发展的组织领导

“十二五”时期我省老龄工作和老龄事业发展的目标任务已经明确。各地、各有关部门要切实加强领导，采取有力措施抓好工作落实，扎实推动我省老龄事业发展“十二五”规划顺利实施，进一步促进我省老龄工作迈上新水平。

（一）要健全高效顺畅的老龄工作体制

各地要高度重视老龄工作，把老龄事业发展摆上重要议事日程，列入经济社会发展总体规划，及时研究解决老龄工作中遇到的突出问题和困难。要进一步完善党政主导、老龄委协调、部门尽责、社会参与、全民关怀的大老龄工作格局。各级老龄委及其办公室要充分发挥综合协调、督促检查和参谋助手作用。今年，市、县、乡政府都进行了换届选举，各地要根据人事变动情况，及时调整老龄委成员组成，重视加强老龄委办公室建设，落实人员编制和工作经费，为加快老龄事业发展提供有力组织保障。老龄委各成员单位要认真履行职责，做好老龄工作，圆满完成我省老龄事业发展“十二五”规划所赋予的各项目标任务。

（二）要建立多元化的老龄事业发展投入机制

各级政府要重视发挥公共财政的主导作用，把老龄事业发展作为基本公共服务的重点领域和重要民生工程，将老龄事业发展经费列入财政年度预算，并根据经济社会发展情况和老龄工作实际，建立起与人口老龄化形势和老龄事业发展要求相适应的财政投入增长机制，不断加大资金投入。要加大彩票公益金用于发展老龄事业的比例，进一步完善资金扶持政策和土地保障政策，积极探索养老机构多元化、社会化的投资渠道，引导社会资本兴办各类养老服务业，不断缓解养老服务供求矛盾。

（三）要强化老龄事业舆论引导和宣传教育

各级电视台、广播电台要开设老龄专题节目，充分利用广播、电视、报刊、简报等形式，积极宣传党和政府关于加强老龄工作、发展老龄事业的方针政策及工作措施，引导全社会树立积极的老龄观，正确认识和积极应对人口老龄化。要坚持开展敬老先进评比表彰和宣传教育活动，大力弘扬中华民族敬老爱老助老的优良传统。按照全国老龄委的统一部署，认真组织开展三年为一周期的“敬老文明号”创建活动，把敬老爱老活动与和谐社区、文明村镇、五好家庭等活动紧密结合起来，不断营造敬老爱老社会氛围，为积极应对人口老龄化、加快老龄事业发展创造良好的社会环境。

（四）要切实加强工作指导和督促检查

各地、各部门要结合本地、本部门实际，按照《江西省老龄事业发展“十二五”规划》提出的目标任务，加快制定推动老龄事业科学发展的绩效评价和考核体系，强化老龄事业“十二五”规划目标任务完成情况的综合评价考核。要深入基层开展调查研究，及时发现和解决问题，认真总结推广好经验、好做法。各级老龄工作委员会及其办公室要切实履行协调、督促、检查有关部门执行和落实规划情况的职责，定期开展规划实施情况的评估分析和督促检查，确保“十二五”各项目标任务全面完成，向老年人交一份满意的答卷。

在甘肃省第三次老龄工作会议暨省老龄委第九次全体会议上的讲话

甘肃省委常委　省委组织部部长　省老龄委主任　吴德刚

（2011 年 11 月 24 日）

这次全省老龄工作会议暨省老龄工作委员会第九次全体会议，是经省委、省政府同意召开的一次十分重要的会议。会议的主要任务是学习贯彻党的十七届六中全会精神和第三次全国老龄工作会议精神，总结

“十一五”以来的老龄工作，分析当前形势，安排部署今后五年的老龄工作。刚才，仲才同志就制定《甘肃省老龄事业发展“十二五”规划》作了说明，这个《规划》已经多次征求了各方面的意见，刚才大家又提了很好的建议。这次会后，省老龄办要根据这些意见建议，对规划作进一步的修改完善，报省委、省政府下发执行。下面，我讲几点意见：

一、肯定成绩，总结经验，不断增强推动老龄事业发展的信心

过去的五年，是全省老龄事业快速发展的五年，也是改革发展成果惠及老年人最多的五年。五年来，在省委、省政府的正确领导和高度重视下，在各地区各单位和社会各方面的大力支持下，我省老龄工作取得了显著成绩，较好地完成了“十一五”规划提出的各项目标任务。一是老龄事业发展的制度体系进一步完善。省委、省政府印发了《甘肃省老龄事业发展“十一五”规划》，省委办公厅、省政府办公厅下发了《关于加强基层老龄工作的意见》和《关于加强新时期老年人优待服务工作的意见》等文件，提高了老年人优待标准，扩大了优待范围，丰富了优待内容，同时把老龄工作纳入目标责任考核，进一步明确了“党政主导、社会参与、全民关怀”的老龄工作方针。特别值得一提的是，五年来养老保障制度取得重要的突破性进展，省政府先后出台了《关于贯彻落实国务院完善企业职工基本养老保险制度决定的意见》、《甘肃省农村五保供养办法》、《甘肃省农村居民最低生活保障制度试行办法》和《甘肃省新型农村社会养老保险试点试行办法》、《甘肃省城乡医疗救助试行办法》等制度，为老年社会福利和社会救助制度、养老保障提供了政策上的支持。二是养老保障水平显著提高。城市实现了养老金按时足额发放，企业退休人员养老金水平由2005年的733元提高到2010年的1400多元；全省集体企业、关停破产企业的20多万退休人员，通过特殊扶持政策全部解决了养老保险。农村低保制度比全国提前一年建立，城乡低保标准连续五年都有新的提高，基本实现了应保尽保。建立了村干部养老保险制度，全省有5.12万名村干部参加了保险；农村新型社会养老保险试点覆盖34个县557万人，今年又扩大到了65个县市区，覆盖全省1802.5万人。“五保”老人全部纳入了公共财政供养，供养标准不断提高。城镇职工和城镇居民医疗保险制度及新型农村合作医疗制度全面建立，减轻了贫困老年人的医疗负担。三是社会养老服务体系建设稳步推进。以居家养老为基础、社区服务为依托、机构养老为补充，社会养老服务体系建设有了较快发展。五年来，省上为44个县市区下拨资金3.7亿元，建成各类养老机构482家，社会办养老机构由“十五”时期的5家发展到25家。国家发改委、民政部安排我省基本养老服务体系建设试点资金1亿元，已在35个项目中实施。兰州市城关区建立的虚拟养老院，为居家养老探索出了一条新路，得到民政部和全国老龄办的充分肯定。四是老龄工作机构进一步健全。省老龄委成员单位增加到28个，议事协调能力进一步增强。省、市、县三级老龄事业经费列入财政预算，全省各级老龄事业经费由原来的不足200万元增加到1580万元，总量还是少。全省约1.6万个城乡社区中，成立老年人协会的达到1.46万个，占城乡社区总数的91.3%；建立志愿者服务队伍2558支，人数达到13万多人。五是老年人精神文化生活更加丰富。各地、各单位利用重要节日，广泛开展丰富多彩的敬老爱老助老主题教育活动，全省有220多名孝亲敬老之星受到全国表彰。组织开展形式多样、健康向上的老年群众文体活动，丰富了老年人的精神文化生活。全省老年活动中心、晨练点3000多个，经常参加活动的老年人达60多万人。

在过去几年老龄工作实践中，探索和积累了不少有益经验：一是坚持“党政主导、社会参与、全民关怀”的老龄工作方针，把老龄事业纳入全省经济社会发展全局，统筹规划，共同发展，是做好老龄工作的根本保证。老龄工作的这个方针，符合我国人口众多的实际，体现了社会主义制度的优越性，要在今后的工作中坚持好、贯彻好。二是始终把实现好、维护好、发展好广大老年人的根本利益，作为老龄工作的出发点和落脚点，不断满足老年人日益增长的物质精神文化需求，是做好老龄工作的基本要求。根据老年人的需要去做工作，把工作做到老年人的心坎上，这既是老龄工作的一个基本规律，也是我们党执政为民理念在老龄工作中的具体体现。三是注重体制机制建设，不断夯实老龄事业发展基础，保障老年人权益与经济社会发展相协调，是做好老龄工作的重要前提。我省老龄事业的体制机制建设走在全国前列，今后要继续探索完善。这些成绩和经验来之不易，凝结着历届老龄委班子和广大老龄工作者的心血和汗水。在此，我代表省委、省政府向各级老龄工作部门的同志们表示衷心的感谢！

在充分肯定成绩的同时，我们也要清醒地看到老龄工作中存在的问题和不足。一是老龄工作基础还比较薄弱，老龄事业经费近年来虽然有较大幅度的增加，但仍有个别地方经费落实不到位，影响了老龄工作的正常运行和保障。今后，随着经济的不断发展，省委、省政府将会逐步增加对老龄工作的投入，财力比较好的地方，要根据工作需要多投入一点，推动老龄工作全面发展。二是老年福利设施规模小、发展滞后，省上没有一处综合性的老年福利服务中心，有的市州也只有一所政府办的老年儿童福利院，民办的养老机构规模普遍比较小，服务设施落后，不能满足老年人的需要。今年，我在调研中看到，一些地方的老干部活动中心不错，但覆盖面太小，服务对象仅仅局限于老干部，没有面向社会，今后要进一步扩大覆盖面，方便更多的老年人参加活动。三是农村空巢老人面临的困难比较突出，对空巢老人实行帮扶救助的措施还比较缺乏。有的农村青壮年外出务工达30%—60%，留守老人的生活存在一定困难。对这些问题，我们要高度重视，采取一些有针对性的措施，认真研究解决。

二、认清形势，提高认识，切实增强做好新形势下老龄工作的责任感和紧迫感

老龄群体是为人民解放和国家建设作出过巨大贡献的一代人，是党和国家的宝贵财富。老龄工作是事关社会发展的一项十分重要的工作，特别是人口老龄化的迅速发展，对经济社会发展的影响日益深刻，社会各方面的关注和关切日益增强。各地各单位要清醒认识人口老龄化带来的新情况、新问题、新挑战，进一步增强做好老龄工作的责任感和使命感，促进老龄事业又好又快发展。

一是要准确把握当前老龄工作的发展趋势。在全国老龄工作会议上回良玉副总理指出，我们必须清醒认识我国人口老龄化形势的严峻性，老龄问题的特殊性和老龄工作的紧迫性。

我国老龄问题的严峻性突出表现在：现有规模大、发展速度快、解决难度大。从老年人口规模看，我国是世界上最大的。根据第六次人口普查资料，2010年我国60岁以上老年人口已达1.78亿，是全球唯一一个老年人口超过1亿的国家。从老龄化速度看，我国是世界上最快的。在2000—2010年的10年间，我国60岁以上老年人口增加了5000万，平均每年增加500万。老年人口占全国总人口的比例，2000年占10%，2008年占12%，2010年占13.3%。“十二五”时期，我国将迎来第一个老年人口增长高峰，年均增加860万左右，预计到“十二五”期末全国老年人口将达到2.21亿，占全国总人口的16%。2021年到2035年，我国将出现第二个老年人口增长高峰，年均将增加1100多万。根据联合国公布的数据，2000年我国老龄人口比重与世界平均数相同，均为10%左右，到2010年我国上升3.3个百分点，而世界平均数只上升了1个百分点。

从解决老龄问题的难度看，我国是世界上最大的。一是老年人口增速加快，现在老年人口的增速超过新增人口增速，“十二五”时期老年人口增量将超过新增人口增量，并在未来几十年中呈持续升高态势，劳动力供养负担不断加重。二是高龄老人增速加快，高龄人口增速又超过人口老龄化速度。现在80岁以上的老人有1900万，“十二五”期间，80岁以上高龄老人年均净增100多万，2015年将达到2400万人，约占老年人口的1/10。三是空巢化加快，不仅农村青壮年劳动力外出务工、经商、上学造成大量空巢老人，城市青壮年外出上学、就业以及异城居住和同城分别居住的情况也十分普遍。2010年全国65岁以上空巢老人有4150万人，到“十二五”期末将超过5100万人，占老年人口的近1/4，对养老服务的需求不断增强。

我国老龄问题的特殊性主要表现在三个方面。一是未富先老；二是区域不平衡；三是城乡倒置。全国近60%的老年人口生活在农村，农村人口中老龄人口占16.3%，高于城市5个百分点。从我省情况来看，截止2010年底，全省60岁以上老年人达315万人，占全省常住人口的12.3%，65岁及以上人口为210万人，占8.23%。据预测，到2015年，全省60岁以上老年人将达到365万人，占全省总人口的13.36%。从这些数据可以看出，无论是全国还是全省，人口老龄化都已经呈现出加速发展的态势。加之高龄化、空巢化加速发展，老年人在物质生活、医疗卫生、文化教育方面的需求越来越多，老年抚养比越来越高，老龄工作面临巨大挑战。我们必须准确把握老龄工作面临的严峻形势，认真制定完善应对人口老龄化挑战的政策措施，以有力的行动举措促进老龄事业发展。

二是要进一步提高对做好老龄工作重要意义的认识。“家家有老人，人人都会老”，这是一种自然规律。老年人的今天，就是我们自己的明天。尊重老年人、关爱老年人、照顾老年人是中华民族的优良传统，也是一个国家文明进步的重要标志。按照科学发展观的要求，坚持以人为本，必须维护包括老年人在内的广大人民群众的根本利益，使经济社会发展成果惠及包括老年人在内的全体人民。如果忽视了老龄群体，脱离了广大老年人的愿望，我们的发展就不能真正实现科学发展。从社会发展的角度讲，做好老龄工作，不断健全养老保障体系和社会养老服务体系，加快发展养老机构建设，维护老年人合法权益，保证老年人思想、生活稳定，既有利于化解人口老龄化带来的不利影响，推动经济社会全面协调可持续发展，也有利于促进家庭和睦与社会和谐稳定，解除在职人员的后顾之忧。同时，做好老龄工作，也有利于调动老年人参与基层社区、农村社会治安、交通维护、家庭调解等工作的积极性，继续发挥他们在服务社会、服务发展中的作用。

三是要清醒认识老龄工作面临的突出问题。经过多年来的努力，老龄工作取得了显著成绩，但也要看到，当前老龄事业发展还有很多不适应的地方。现行的养老保障体系、医疗保障体系、养老服务体系、社会管理体制尚不能适应人口老龄化的要求；一些地方对老龄问题的严重性和紧迫性还没有形成广泛的共识和引起足够的重视；道德建设和舆论宣传还不能适应进一步形成敬老养老助老社会氛围的要求；老龄工作的政策法规建设尚不完善；老龄事业投入不足的问题还没有从根本上得到解决；社会养老服务业的发展还不能满足日益增长的社会需求，特别是农村不少老年人的生活还很困难。这些问题涉及面广、情况复杂，解决起来难度很大。各有关方面都要进一步提高认识，从加大投入、完善体制机制、改进工作方法入手，下功夫解决一些实实在在的问题，努力为老龄事业发展作出积极贡献。

四是要善于把握老龄事业发展的重要机遇。老龄工作虽然存在着严峻性、紧迫性、特殊性，但也存在着发展的机遇，要善于抓住机遇，迎接挑战。去年，国务院办公厅出台了《关于进一步支持甘肃经济社会发展的若干意见》，今年中央制定了支持西部大开发的第二个十年规划。这些都为老龄工作提供了重要的发展机遇。各级党委、政府深入贯彻落实科学发展观，更加注重经济社会的全面协调可持续发展，更加注重以改善民生为重点的社会建设，更加注重加强和创新社会管理，为开创老龄事业新局面提供了新契机；经济持续稳定快速增长，综合国力显著提高，为推动老龄事业发展提供了重要保障；人口老龄化形势和老龄方针政策宣传教育深入开展，全社会老龄意识显著增强，孝亲敬老氛围日益浓厚，老龄事业发展的社会环境不断改善；多年来老龄工作坚持改革创新，积累了许多成功经验，为老龄事业发展奠定了良好基础。各地各单位要从全局和战略的高度，认清新形势，把握新机遇，应对新挑战，不断增强老龄工作的针对性和实效性，努力把老龄工作提高到一个新的水平。

三、着眼长远，突出重点，进一步落实好“十二五”时期的各项目标任务

《规划》重在落实，贵在抓好落实。刚才我们审议通过了《甘肃省老龄事业发展“十二五”规划》，下一步的主要任务是抓好贯彻落实。

第一，进一步建立和完善社会养老保障制度体系。今后五年，我们要根据国家统一部署，加快和完善以社会保险、社会救助、社会福利为基础，以基本养老、基本医疗、基本住房、最低生活保障为重点，以慈善事业、商业养老保险为补充的养老社会保障制度体系。一要加快推进社会养老保险制度。根据经济社会发展水平，适时调整提高企业退休人员基本养老金，完善管理手段，提高服务水平。认真实施新农保制度，逐步建立个人缴费、集体补助、财政补贴相结合的多元化新型农村社会养老保险筹资机制，逐步实现全覆盖。从实际情况看，这项工作在推进中难度还比较大，调研中一些大学生村官反映，有的农民不愿交，要做大量的思想政治工作。我们要进一步完善制度，让更多的群众认可和接受这项政策。要积极探索，开展城镇居民养老保险试点。二要完善基本医疗保险制度。目前，我们已经构建了一个由城镇职工基本医疗保险、城镇居民基本医疗保险、新型农村合作医疗三项制度为主的基本医疗保障体系，下一步的重点是提高城镇居民医保、新农合人均筹资标准和保障水平，进一步减轻老年人医疗费用负担。三要加大老年人社会救助力度。要根据经济社会发展水平和政府财力的增长，适时提高城乡低保和农村五保供养标准。完善城乡医疗救助制度，着力解决贫困老年人的基本医疗保障问题。要进一步完善临时救助制度，保障因灾因病等面临困难的老年人的基本生活。四要建立和完善老年人基本住房保障制度。各地要加快完善老年人基本住房保障制度，在保障性住房分配时应当优先保证老年人的基本住房需求。住宅建设要注意适宜老年人居住、出行。

第二，大力发展居家和社区照料服务。要加快发展家庭服务业，积极拓展居家服务领域，实现从基本生活照料向医疗健康、专业护理、精神慰藉、心理疏导、法律服务、紧急救护等多方面延伸。各地要根据就近快捷、小型多样、功能配套的要求，建设和改造社区养老服务设施，推动街道、乡镇和社区的各类生活服务设施、文化体育活动场所向老年人开放，开展老年人全托、日托、临托等多种形式的社区照料服务，使老年人能很方便地得到日常生活服务。兰州市城关区“虚拟养老院”的养老服务模式和七里河区的“民情流水线”信息化工程，在居家养老服务方面起到了很好的示范作用，要在全省大力推广。最近，中组部在我省进行了专门调研，要将这两种做法在全国推广。大力培养居家养老服务中介组织，培育居家养老服务志愿者队伍，发展互助式社区养老服务组织，鼓励低龄健康老人参与社区居家养老服务。要通过努力，在“十二五”期末，基本建立县（市、区）、乡镇（街道）和社区（村）三级服务网络，使90%的老年人得到居家养老服务，7%的老年人享受到社区养老服务，3%的老年人实现在机构养老。

第三，优先发展社会养老服务事业。要针对我省人口老龄化、高龄化、空巢化加剧，敬老院、托老所、老年公寓等养老服务设施严重不足的实际，将社会养老服务事业摆上重要议事日程，纳入经济社会发展规划，列入政府为民办实事的“民生工程”。按照政府投入、社会参与、政策扶持、规范管理的原则，加强公益性养老服务设施建设。要加快发展老年人护理康复服务，建设一批具有长期医疗护理、康复促进、临终关怀等功能的养老服务机构。要加强对民办养老福利机构的政策扶持，鼓励和吸引社会力量投入老龄事业，促进养老福利服务事业多元化发展。要加强对养老机构的监督管理，不断加强养老服务标准化、信息化和专业化建设，提高养老服务整体水平。

第四，高度重视农村老龄工作。我省农村老年人有220多万人，其中有76万老年人是“空巢老人”，可以说，人口老龄化的突出问题在农村，老龄事业的薄弱环节也在农村。要更加重视农村老龄工作，按照推进城乡发展一体化的要求，把公共资源配置的重点放在农村，着力加强农村养老保障制度和老龄服务体系建设，最大限度地缓解人口老龄化对社会主义新农村建设的影响，推动城乡老龄事业协调发展。要高度重视解决农村高龄、失能、贫困、空巢老年人的实际问题，这些特困老年人面临着生活照料难、经济保障差、生活压力大等实际困难，要在发挥家庭养老基础性作用的同时，采取有效措施，切实保障他们的生活和照料服务。我在农村调研中感觉到，农村老年人的问题解决得好不好，关键要看农村基层党建的成效好不好，基层组织建设好的地方，为老服务的工作也好；村级班子较弱涣散，高龄和特困老人的工作必然也做不好。因此，要进一步加强乡村组织建设，提高服务群众水平，确保农村老龄工作有人抓、有人管。

第五，认真贯彻《老年人权益保障法》，切实保障老年人合法权益。从人的生理规律上讲，老年人往往意味着衰老与疾病增多，因此其合法权益也容易受到损害。一要加强老龄法制建设，为老年人权益提供更加完善的法制保障。省老龄办和老龄委成员单位要积极配合省人大做好国家《老年人权益保障法》重新修订颁布后我省实施办法的修订和完善工作，并做好这一法律的宣传和贯彻执行。二要加强老年法律服务、司法援助和社会保护，特别要把高龄老人、失能老人和行为能力不健全的老人作为维权服务和社会保护的重点，保障老年人的生活质量，维护老年人的生命尊严。三要保障老年人平等获得个人发展和参与社会发展的权利，使老年人能够以其丰富的人生阅历、经验和智慧，继续为社会作出贡献。四要认真落实老年人的各项优待政策，逐步提高高龄老人的补贴标准，扩大补贴范围。五要加强和创新老年社会管理，推进各类老年组织建设，积极培育和发展城乡社区老年人协会，为老年人发挥余热创造平台和条件。

第六，大力推进老年文化建设。要按照十七届六中全会的部署，把老年文化建设作为推动整个文化建设的重要内容，贯穿于老龄工作始终。一要在公共文化服务体系建设中，把基层老年人活动阵地建设纳入城乡规划和设计，力争到“十二五”期末城乡社区普遍建立老年人活动室和中心。刚才，有的单位提出要在市县建立老年体协，定期举办老年人运动会，这个建议很好，老年体育也是文化建设的一个重要内容，在《规划》的修改中要注意吸纳。二要大力弘扬中华民族尊老敬老的传统美德，要把孝敬父母纳入家庭美德，纳入干部考核范围。通过宣传教育、评比表彰孝亲敬老之星，在全社会努力营造尊老爱老的浓厚氛围。三要办好各级各类老年大学，电视台、广播电台和出版单位要办好老年节目，出版更多适合老年人的书刊，增加老年公共文化产品供给。四要大力支持老年群众组织开展各类文化、教育、体育等活动，丰富老年人的精神文化生活，提升老年人的生活品质和健康素质。

四、加强领导，强化保障，确保老龄工作各项任务落到实处

老龄工作事关经济社会发展全局，体现着社会文明进步程度。各地各单位要切实加强组织领导，强化工作措施，狠抓工作落实，以高度负责的精神、求真务实的态度、真抓实干的作风做好老龄工作。

一要高度重视老龄工作。老龄事业是党和政府工作的重要组成部分。这次会后，各市州和各成员单位的同志要向一把手汇报这次会议的精神。各级党委、政府要进一步提高认识，把老龄工作切实摆上重要议事日程，纳入组织人事工作要点，从明年起开始进行督查。要把老龄工作纳入经济社会发展总体规划，纳入公共财政保障范围，纳入精神文明创建内容。主要领导和分管领导要经常听取老龄工作情况汇报，分析人口老龄化形势，研究解决老龄工作中存在的突出问题。要进一步加强老龄组织队伍和基础建设，认真落实省委、省政府有关政策要求，从人员、经费等方面保证老龄工作正常开展。要注意发挥人力资源、财力、物力、机构等方面的作用，统筹老干部部门的各类资源，通过老干部工作带动老龄工作，丰富老龄工作内容。

二要健全完善工作机制。要坚持“党政主导、社会参与、全民关怀”的工作方针，进一步理顺和完善老龄工作体制，形成党委政府高度重视、老龄工作机构协调有力、社会力量积极参与的工作机制。省老龄委各成员单位要按照《甘肃省老龄事业发展“十二五”规划》任务分工，切实发挥职能作用，认真履行自身职责，做好职能范围内的各项工作。各级老龄工作机构要充分发挥综合协调作用，协调好成员单位之间的关系，为成员单位搞好服务，为党委、政府当好参谋助手。要建立健全老龄工作责任制，做到任务分工到人，责任明确到人，形成一级抓一级，层次抓落实的机制，确保老龄工作的各项任务落到实处。

三要加大老龄工作宣传力度。老龄宣传是一项重要的基础性工作。争取党政领导的重视和支持，离不开老龄宣传；动员全社会力量构建大老龄格局，离不开老龄宣传；解决老龄工作遇到的难点问题，离不开老龄宣传。要通过各种方式，重点宣传人口老龄化形势的严峻性和对经济社会发展产生的重要影响，宣传中央和省委、省政府对老龄工作的决策部署和指示精神，宣传应对老龄化挑战的新措施和新经验，宣传中华民族尊老敬老的优良传统。要综合运用多种宣传手段，进一步创新宣传载体，丰富宣传内容，提高宣传质量。新闻、宣传部门要多宣传老龄工作，电视、报刊多见这些字眼，要上一档节目，深入开展尊老敬老宣传，开展评比表彰，增强全社会的老龄意识，营造关心、支持老龄工作的浓厚氛围。

四要抓好老龄队伍自身建设。老龄委要定期安排一些工作，形成一种制度，组织一些二线老同志下去帮助调查研究，总结经验。各级老龄工作机构要进一步加强思想、作风和业务建设，加强政策研究和宏观指导，提高社会管理和公共服务的能力和水平。广大从事老龄工作的干部要适应形势和任务的新要求，不断加强理论学习和实践锻炼，着力提高思想政治素质和做好工作的业务本领，不断改进工作作风，努力增强服务意识，切实为老年人搞好服务。

同志们，老龄工作是一项关系国计民生和国家长治久安的全局性、战略性重大问题。我们要按照省委省政府的统一部署，继续努力，扎实工作，不断开创全省老龄事业发展新局面。

在省老龄委第九次全体会议上的讲话

青海省委常委　省委组织部长　省老龄委主任　齐　玉

（2011 年 4 月 26 日）

同志们：

这次会议的主要任务是，学习贯彻全国老龄工作委员会办公室主任会议精神，分析我省老龄化发展趋势，研究部署 2011 年和今后一个时期的工作任务。刚才，更阳同志代表省老龄委作了很好的工作报告，省发展改革委等 5 家单位的负责同志作了很好的发言。希望各成员单位按照会议的部署要求，学习借鉴兄弟部门的做法经验，认真研究谋划好今年的老龄工作并切实抓好落实。

下面，我讲三点意见。

一、全面总结“十一五”时期老龄工作取得的成绩和经验，进一步把握做好新形势下老龄工作的规律性认识

“十一五”时期，是青海历史上发展速度最快、发展质量最好，城乡面貌变化最大、人民群众得到实惠最多的五年，也是老龄事业与时俱进、开拓创新、成果丰硕、不断发展的五年。五年来，各地区、各有关部门按照省委、省政府的决策部署，坚持“老有所养、老有所医、老有所教、老有所学、老有所为、老有所乐”的目标，齐心协力，扎实工作，全省老龄事业取得了新的成绩，突出表现在四个方面：一是政策体系不断完善。相继出台了《关于开展新型农村牧区社会养老保险试点工作的实施意见》、《关于建立青海省高龄补贴制度的意见》和《青海省民办养老服务机构资助管理办法》等涉老扶老文件，各州市地也制定了一系列惠老扶老政策措施。二是社会养老保险基本实现了全覆盖。企业养老保险实现了省级统筹，新型农村养老保险试点加快推进，实现了全覆盖，城镇职工和居民基本医疗制度不断完善，新型农村合作医疗制度全面推开，城乡计划生育家庭养老保障支持政策逐步形成，“五保”老人供养标准和贫困老人社会救助水平不断提高。三是养老服务体系建设取得新进展。建立老年日间照料中心的试点稳步推进，社区养老服务逐步开展，养老服务机构和床位大幅增加，老龄服务基础条件得到明显改善。四是尊老敬老氛围日益浓厚。老年人法律援助服务工作有序开展，老年人生活、财产、婚姻等方面合法权益得到有效维护；涌现出一批孝亲敬老楷模；积极开展“银龄行动”等系列活动，搭建老年人发挥余热和奉献社会平台。老年福利、救助、教育、文化、体育等事业也有了长足进步。

回顾五年来的工作实践，我们对做好老龄工作的一些规律性有了明确的认识，积累了一些经验和体会。主要是：

——始终坚持以科学发展观为指导，是老龄事业不断发展的根本保证。我们加快建立与我省人口老龄化进程相适应，与经济社会发展相协调，体现城乡不同特点的多元化、多层次、多形式的老龄工作体系和工作机制，坚持统筹兼顾的科学方法，统筹搞好家庭养老保障与社会养老保障、老年物质保障与老年精神保障，统筹发展老年福利事业与老年产业，加强敬老道德建设与老年法制建设，统筹做好城市老龄工作与农牧区老龄工作，实现了老龄事业全面协调可持续发展。

——始终坚持实现好、维护好、发展好广大老年人的利益，是老龄工作的根本目标。我们坚持全心全意为人民服务的根本宗旨，从青海实际出发，扎扎实实地解决好老年群体最关心、最直接、最现实的利益问题，努力为老年群体办实事、办好事，切实维护老年人的合法权益，不断满足老年人日益增长的物质文化需求，让广大老年人安度晚年，共享经济社会发展成果，真切感受党和政府的关怀，真正体现了社会主义制度的优越性。

——始终坚持党政主导、社会参与、全民关怀，努力形成整体合力，是老龄工作的根本方针。我们充分发挥党委和政府在制定规划、出台政策、投入资金、培育市场、营造环境等方面的主导作用，指导协调老龄委成员单位积极主动地履行职责，创造性地开展工作，积极支持社会力量参与老龄事业，弘扬尊老敬老助老的优良传统，营造全社会关心支持老龄工作的良好氛围，探索建立了符合青海实际的老龄事业发展模式和运行机制。

——始终坚持加强制度建设，是老龄事业发展的根本要求。我们把老龄事业纳入经济社会发展总体规划，以建立健全养老保险、医疗保险和社会救助制度为重点，立足当前、着眼长远，统筹考虑、突出重点，逐步健全和完善老龄工作政策法规和相关制度，加快推进养老保障和养老服务体系建设，夯实老龄事业发展的长远基础，提早应对人口老龄化高峰期的到来。

以上这些认识和体会，既是多年来老龄工作实践的经验总结，也是做好今后一个时期老龄工作必须坚持的重要原则，需要我们结合新的实践，认真继承并不断发展完善。

二、深刻认识“十二五”时期老龄工作面临的新形势、新任务，进一步增强做好老龄工作的责任感和使命感

人口老龄化是当今世界不可逆转的潮流，也是我省改革发展进程中不容回避的全局性、战略性问题。在推进“四个发展”、建设新青海过程中，必须充分认识应对人口老龄化的重要性、复杂性和长期性，以更高的站位审视老龄问题，以更广阔的视野谋划老龄事业，以更有力的措施推进老龄工作，统筹安排老龄工作的各项任务，促进我省老龄事业又好又快发展。

要准确把握老龄工作的新形势。目前，我省60岁以上人口已达到56.32万，其中65岁以上人口达到40.5万，分别占总人口的10.1%和7.2%。按照国际通行标准，我省人口年龄结构已进入老龄化社会。随着建国以来第一次人口高峰出生人群陆续进入老年，在“十二五”期间，我省人口老龄化将进入快速发展期。据预测，到2015年60岁以上人口将达到65.28万，约占总人口的11.2%，老年人所占的比重还会逐年增加。高龄化、空巢化进一步加速，老年人口照料问题将日益突出。综合起来看，我省老龄化呈现出老年人基数大，增长速度快，地区分布不平衡，经济底子薄，社会负担重等突出特点，属于典型的“未富先老”。与此同时，全省老龄事业和老龄工作的发展水平依然滞后于经济和其他社会事业，全社会对人口老龄化的严峻形势关注程度不够，应对机制和社会心理准备不足。对此，我们必须从全局的高度，保持清醒的认识。

要积极应对老龄化带来的新挑战。人口老龄化、高龄化、空巢化的加速发展，与城乡差别、区域差别、收入差距扩大相重叠，与工业化、城镇化、现代化相伴随，与经济转型、社会转型、文化转型相交织，使劳动力年龄结构、人口抚养比结构、代际利益关系发生了重大变化，对老年人养老、医疗保障和政府社会管理、公共服务职能都提出了新的更高要求。

我省人口老龄化的压力已经凸现，随着人口老龄化高峰期的到来，对全省经济社会各方面的影响还将进一步加大，老龄工作的领域也将更加广泛、要求越来越高。我们必须科学分析人口老龄化带来的深刻影响，正视困难挑战，千方百计加大老龄事业投入，促进老龄事业快速健康发展。

要高度重视老龄工作存在的薄弱环节。近年来，我省各地各部门按照中央和省委、省政府的部署要求，高度重视老龄工作，大力推进老龄事业，老龄工作取得了显著成绩。但也要看到，由于受经济发展、自然条件等多种因素的制约，我省老龄事业发展与社会老龄化趋势，与全面建设小康社会的进程，与老年群众的期盼相比还不相适应。主要表现在：社会化养老服务体系尚不健全，老龄产业发展相对滞后，对老年人的精神关爱重视不够，老龄事业投入不足等。面对老龄事业发展中存在的薄弱环节，我们必须深刻研究分析，找准矛盾症结，明确发展方向，着力加以改进和提高，不断促进老龄事业与经济社会各项事业发展相协调。

要紧紧抓住老龄事业发展的新机遇。党的十七届五中全会把应对人口老龄化提上了重要日程，全社会对老龄化问题的认识不断提高；我省经济社会发展“十二五”规划将努力促进现代服务业发展作为调整经济结构、加快转变经济发展方式的重要举措，发展养老服务业等第三产业的环境更好、条件更优；省委、省政府历来高度重视保障和改善民生，“十二五”时期又部署了包括完善社会保障体系、健全基本医疗卫生体系在内的一系列重大举措。这些都为老龄事业发展带来了难得机遇。我们要充分利用各种有利条件，真正把老龄工作摆上重要位置，立足当前，着眼长远，未雨绸缪，在发展中解决矛盾，在发展中实现提升，努力推进老龄事业在新的起点上加快发展。

三、以实施“一个规划”、建设“三个体系”为重点，全力做好“十二五”时期老龄工作

“十二五”时期，是我省推进“四个发展”、全面建设小康社会的关键时期，也是我省老龄事业抓住机遇、实现快速发展的重要时期。回良玉副总理在全国老龄委第十三次全体会议上强调，做好“十二五”时期老龄工作，要着力推进“六个体系”建设。结合我省实际，我们要在全面贯彻实施老龄事业“十二五”规划的同时，重点在完善老年经济供养体系、发展老龄服务体系和加强老龄工作体系上再下功夫。

（一）认真实施老龄事业“十二五”规划，确保各项任务落实到位

提交这次会议讨论的青海省老龄事业发展“十二五”规划，是指导今后五年我省老龄事业发展的纲领性文件。各地各有关部门要认真学习领会，切实抓好落实。当前，要重点做好三个方面的工作。一要抓紧研究贯彻规划的具体措施。省老龄办要发挥牵头职能，尽快把各项工作任务分解落实到相关职能部门。老龄委各成员单位要立足本单位实际，对规划提出的各项重要政策和举措，抓紧研究细化具体内容，找准政策创新的突破点，尽早出台具体的、可操作的政策措施。二要建立确保规划落实的经费投入机制。各级政府要根据经济发展状况和老龄工作实际，充分发挥公共财政对老龄事业投入的主渠道作用，建立健全老龄事业投入保障机制和资金增长机制，予以必要保障。通过制定优惠措施和扶持政策，鼓励、吸引社会力量投资参与，引导和支持社会资本投资兴建各种养老机构。三要建立促进规划落实的督查、评估机制。各地要根据青海省老龄事业“十二五”发展规划，建立督查和评估机制，按年度对规划落实情况进行检查和评估，总结经验，发现问题，督促整改落实。

（二）着力完善老年经济供养体系，解决好老年人生活保障问题

满足老年人最基本的生存发展需求，是各级各部门的职责。当前，必须加快建立完善由国家、社会、家庭和个人相结合的多支柱的老年经济供养体系。要进一步完善基本养老制度。努力扩大城镇非公有制经济组织、灵活就业人员的养老保险覆盖面，提高参保率。尽快研究制定《青海省被征地农民社会养老保险办法》，继续妥善解决集体企业退休人员养老金、破产企业职工社会保障等历史遗留问题。认真贯彻省政府《关于开展新型农村牧区社会养老保险试点工作的实施意见》，完善新农保制度。要进一步完善基本医疗保险制度。做好城镇居民基本医疗保险与新型农村合作医疗制度和城乡医疗救助制度之间的衔接，积极推进制度整合和城乡一体化进程。结合深化医药卫生体制改革，突出解决好贫困地区老年人缺医少药问题，推进老年医疗、保健、康复工作。要进一步完善最低生活保障制度。根据青海省城乡低保新办法，建立最低保障、社会救助与物价挂钩联动机制，对实际收入低于所在地区最低生活保障线的老年人，要及时纳入最低生活保障范围，做到应保尽保。逐步提高农牧区五保户和城镇“三无”老人的供养水平，妥善解决无社会保障老年人和高龄老年人的生活困难问题。

（三）努力发展老龄服务体系，培育壮大老龄服务产业

党的十七届五中全会强调，要积极应对人口老龄化，注重发挥家庭和社区功能，优先发展社会养老服

务，培育壮大老龄服务事业和产业。这为我们发展老龄服务体系指明了方向。要加快构建社会养老服务体系。建立健全与经济社会发展水平相结合、与人口老龄化进程相适应，以居家养老为基础、社区服务为依托、机构养老为补充，资金保障与服务提供相匹配，无偿、低偿和有偿服务相结合，政府主导、部门协同、社会参与的社会养老服务体系。西宁市要在统筹规划的前提下，继续加快老年日间照料中心建设步伐，在有条件的地方也要积极进行试点。探索建立和完善省、市、县、乡、村五级老龄工作网络体系，给予老年人更多的温暖和关爱。要积极推动老龄产业发展。加快培育和开发老龄产业市场，加强政府信息服务、政策引导、金融支持和市场监管，鼓励引导社会民间资本进入老龄产业，增加社会为老服务的有效供给，使之逐步形成一个扩大就业、吸引资金、促进经济平稳较快增长的新行业。大力发展老年旅游、老年文化和老年保健市场，丰富老年人的物质和精神文化生活。要加强为老服务队伍建设。当前，解决“空巢”家庭、高龄老人和生活完全不能自理老年人的养老服务问题十分迫切，必须采取有力措施，加快社区养老服务机构和设施建设，逐步建立起设施齐备、队伍优良、服务周到、管理严格的社区服务网络，为老年人提供优质便捷的服务。要积极研究制定完善促进为老服务的就业政策，推广家政服务，加快专业养老护理人员从业资格制度建设，加强专业人才培养和从业人员培训工作，提高服务人员专业素质和职业道德。健全社会工作者制度，鼓励和吸引社会工作者从事为老服务工作。积极发展志愿者队伍，广泛动员社会力量，开展多种形式的为老服务。

（四）切实加强老龄工作体系，构建齐抓共管的老龄工作新格局

老龄事业是社会主义现代化建设事业的重要组成部分，是党和政府的一项重要工作，也是全社会应该关心和支持的大事。要切实加强领导，理顺管理体制。各级党委政府要从我省改革发展稳定的大局出发，深刻认识发展老龄事业、做好新时期老龄工作的重大意义，切实把老龄工作纳入重要议事日程，及时解决老龄工作存在的各种突出问题。要健全各级老龄工作委员会及其办事机构，理顺工作关系，明确职责任务，配备专门人员或指定专人负责，保证必要的工作经费。要加强调查研究，搞好前瞻谋划。各成员单位要充分发挥职能作用，针对当前老龄事业发展的瓶颈问题、重点难点问题，深入调查研究，从理顺收入分配关系、促进社会公平公正、维护社会稳定的高度，深入研究应对人口老龄化的理论和政策。要加强部门协作，形成整体合力。老龄工作涉及面广，头绪繁多，做好老龄工作，仅靠老龄部门独力推进远远不够。各级老龄委的成员单位都要主动进位、相互支持，密切配合、积极作为，进一步完善老龄工作体制，形成联系顺畅、沟通有效、协调有力的工作局面。各级老龄办要切实担负起参谋助手、综合协调、督促检查的职责，搞好成员单位之间协调联络，每年至少召开一次老龄委全体会议，分析形势，谋划思路，督促各成员单位履职尽责。

同志们，做好老龄工作任务艰巨、责任重大。我们要进一步增强政治责任感和使命感，以饱满的工作热情，求真务实的工作态度，全力推动老龄事业与经济社会协调发展，不断开创老龄事业和老龄工作的新局面！

在湖北省老龄工作委员会第九次全体会议上的讲话

湖北省委常委　常务副省长　李宪生

（2011 年 5 月 13 日）

同志们：

今天召开省老龄委第九次全体会议，主要目的是：传达全国老龄委第十三次全体会议和全国老龄办主任会议精神，总结部署我省老龄工作。刚才，松保同志代表省老龄委作了工作报告；省有关部门的负责同志作了发言。会议原则通过了省老龄委的工作报告和《湖北省老龄事业发展“十二五”规划（草案）》。希望大家认真学习领会会议精神，结合实际抓好落实。下面，我就做好新形势下的老龄工作，讲三点意见。

一、认清形势，把握机遇，进一步增强做好老龄工作的责任感和使命感

“十一五”的五年，是我省改革开放和现代化建设取得新的重大成就的五年，也是我省老龄工作稳步推进、老龄事业不断取得新发展的五年。一是社会养老保障体系进一步完善。全省养老保险参保人数达到4194万人次，增加了近一倍。月人平养老金达到1221元，翻了一番。新农保试点稳步推进，已覆盖26个县市。二是城乡贫困老年人生活救助体系逐步健全。城市低保标准整体提高，农村实现从特困救助到保障的转变，“五保”标准提高近一倍。百岁老人高龄补助全面落实，并逐步向90岁、80岁年龄段延伸。三是老龄事业基础设施建设快速发展。农村福利院全面提档升级；城市养老服务机构新增床位近2万张，集中供养率达65%以上；老年人住房和生活环境明显改善，新建城市道路、公共建筑和养老机构场所无障碍率达到90%以上。四是老年精神文化生活更加丰富。老年教育事业迅速发展，老年教育网络初步形成；各类老年文艺组织快速发展，老年文化和体育活动丰富多彩。五是老年优待和权益保障不断加强。《湖北省关于老年人享受优待服务的规定》重新修订，各类公共服务设施免费或优惠面向老年人开放范围更广，幅度更大；覆盖城乡的老年维权网络初步建立，老年人权益维护工作进一步加强。

这些成绩的取得，是各级党委、政府高度重视和老龄委各成员单位协调配合、共同努力的结果。在此，我谨代表省委、省政府，向所有关心支持、积极参与老龄事业发展的同志们表示崇高的敬意！向长期辛勤工作在老龄战线上的同志们表示亲切的慰问！

在看到成绩的同时，我们要清醒地看到，当前我省人口老龄化趋势日益明显，老龄事业发展面临着严峻形势，做好老龄工作任重道远。具体体现在两个方面：一是人口老龄化加速。目前，我省已进入人口老龄化加速发展阶段。2010年底，全省60岁以上的老年人口已达797.4万，占总人口的13.93%。据预测，2015年，我省60岁以上老年人口将达994.2万，占总人口的15.5%；2050年将达到2149.2万，占总人口的37.7%，到时每3个人中就有1名老年人。人口加速老龄化，对社会保障、劳动力结构、产业结构、消费结构、社会稳定等方面，都将带来全局性、战略性的影响。日益扩大的老年群体，对物质生活、医疗卫生、社会服务等方面的需求不断扩大，加大了我们做好老龄工作的难度。二是老龄工作的基础比较薄弱。受经济发展、自然条件等多种因素的制约，我省老龄事业发展相对滞后，社会养老保障和养老服务体系还不完善，与人口老龄化趋势、与全面建设小康社会的进程、与人民群众的期盼还有较大差距。以养老机构床位数为例，全省仅有近20万张床位，平均每百名老年人仅有2.5张床位，只能满足“五保”和“三无”老人供养需求。同时，个别地方对老龄工作重视不够，落实老龄政策力度不大，老龄事业投入严重不足，老龄事业发展不平衡。这些问题应该引起我们各级党委、政府的高度重视并采取有力措施加以解决。

党中央、国务院高度重视老龄事业发展。“十二五”规划《纲要》明确提出：要积极应对人口老龄化，建立以居家为基础、社区为依托、机构为支撑的养老服务体系，加快发展社会养老服务，培育壮大老龄事业和产业，加强公益性养老服务设施建设；拓展养老服务领域。这为我们做好新形势下的老龄工作、发展老龄事业指明了方向。特别是通过“十一五”的加快发展，我国综合国力明显增强，人均GDP超过4000美元，为老龄事业的发展奠定了良好物质基础，社会保障体系不断完善、公共服务设施建设不断加强，为加快老龄事业发展提供了有力的制度保障。尤为重要的是，全社会的老龄意识进一步增强，老龄事业发展的社会环境逐步改善。这些更为我们做好老龄工作、发展老龄事业提供了机遇和条件，全省上下一定要乘势而上，奋发有为，推进我省老龄工作不断迈上新台阶。

二、突出重点，着眼长远，积极推进我省老龄事业健康快速发展

当前和今后一个时期，要围绕全面落实《湖北省老龄事业发展“十二五”规划》，细化各项工作举措，扎实推进老龄工作。当前，要突出抓好以下五个方面。

一是突出抓好农村老龄工作。这是做好老龄工作的一个重点和难点。鸿忠书记在谈到农村工作时，明确指出，要像对待父亲、母亲、爷爷奶奶那样关心农村老年人，特别是空巢老人；强调要用“统筹城乡”的办法去抓，用“孝敬父母”的感情去抓，重点抓好空巢老人生活上的照顾、身体上的医护和精神上的安慰，让他们安享晚年。这些不仅对我们做好当前和今后一个时期的老龄工作提出了明确要求，也明确了抓好农村老龄工作的目标和方法。各级各部门特别是在座的各位委员们一定要认真领会和把握，真正落到实处。要特别重视农村养老服务体制机制建设，大力发展农村老年人协会，探索居家养老服务方式，积极为农村老年人建立能够照料生活、休闲娱乐、抒发感情的场所。省直各部门，要把农村为老服务工作作为支持新农村建设，"城乡互联、结对共建"和当前正在进行的"三万"活动的重要内容之一，扎扎实实为共建村、联系村、驻点村的老年人办实事。

二是继续完善养老保障体系。要继续围绕"广覆盖、保基本、多层次、可持续"的目标，加快推进覆盖城乡的社会保障体系建设，努力实现养老保险制度全覆盖。要进一步提高城市企事业单位职工养老保障标准，全面落实离退休干部"两个"待遇。继续扩大农村低保覆盖面，实现动态管理下的应保尽保；提高农村低保补助水平和"五保"供养标准。要探索解决无收入老年人的社会保障问题，加快推进新型农村社会养老保险，"十二五"期间要覆盖全省所有老年人，切实保障老年人的生活。要加快发展老年医疗卫生事业，完善医疗保障制度和公共医疗卫生体系，不断提高老年疾病预防和治疗技术，提高老年生命生活质量。

三是加快建设社会养老服务体系。要在基本养老服务体系建设试点的基础上，研究制定全省老龄服务体系中长期规划和"十二五"规划，明确指导思想、工作目标。按照政府主导，多方参与原则，区分政府、市场和社会的主体责任，理清老龄服务事业和产业的关系，统筹不同投资主体的利益关系，逐步形成投资渠道多元化、服务队伍专业化、服务方式多样化、服务内容系列化，覆盖城乡、可持续发展的社会养老服务体系。要在进一步健全和完善城乡公办福利机构，对"三无"、"五保"老人实行集中供养的基础上，逐步建设对失能、半失能老人提供长期护理的专门服务机构，重点加强城乡居家养老服务组织的建设，加大对城市社区、农村的居家养老服务基础设施建设投入力度，努力为更多的老年人提供就近养老服务。

四是大力繁荣老年文化体育事业。要高度重视老年文化建设，把老年文化娱乐活动阵地建设放在全省和各地老龄事业发展"十二五"规划中去谋划，放在各地经济社会"十二五"规划中去统筹，放在各地城乡建设总体规划中去落实。尤其要在新区建设、旧城改造中，统一规划和布局老年活动场所建设。要特别重视加强农村老年活动设施建设，充分利用闲置校舍、房屋等公共资源，改扩建为老年人活动场地。要经常组织开展丰富多彩的适合老年人特点的文体活动，积极支持各类老年群众文体组织健康发展。要继续加强老年人精神文化产品的创作、出版、发行工作，为老年人提供更多更好的精神文化产品。要继续推进"银龄行动"，组织老年科技、医疗、文艺工作者，开展为老区、贫困地区送科技、送医送药、送文化活动。切实抓好"志愿者"队伍建设，开展形式多样的老年志愿服务活动。

五是切实维护老年人的合法权益。要广泛深入开展老年法规政策宣传教育，增强全社会依法开展老龄工作、依法维护老年人合法权益的自觉性，提高广大老年人依法维护自身合法权益的意识和能力。要认真贯彻执行省政府《关于老年优待工作的规定》，采取政府督办、人大检查、政协视察、媒体监督等多种形式，加强执法监督力度。老年优待工作需政府补贴的经费，要切实落实到位，确保老年优待政策的全面落实。"十二五"期间，对80岁以上老人要全面建立高龄补贴制度。要继续组织推广《家庭赡养协议书》签订工作，妥善化解各类赡养纠纷。要进一步建立健全老年维权工作协调机制，充分发挥相关职能部门的作用，及时纠正和惩处侵犯老年人合法权益的行为。要进一步开展老年司法救助、法律援助和法律服务活动，做好涉老纠纷调解处理和老年人信访工作，切实维护好老年人的合法权益。

三、加强领导，狠抓落实，为老龄事业全面发展提供强有力的保障

老龄工作是一项复杂而又细致的社会系统工程。各级政府和有关部门要高度重视，加强组织领导，完善工作推进机制，创造性地做好老年人工作。

一要加强对老龄工作的领导。各级党委、政府要高度重视老龄工作。要常怀敬老之心、善谋为老之策、多做助老之事，认真解决事关老年人切身利益的重要问题。要加大投入，统筹安排老龄事业发展经费，保障老龄工作必需的经费。各级老龄组织和老龄工作者要不断提高政治素质、政策水平和业务能力，始终保持强烈的责任感和事业心，始终保持开拓进取的精神状态，深入扎实地做好工作，为老龄事业发展作出更大贡献。

二要进一步完善老龄工作体制机制。各级老龄委要充分发挥组织协调、调查研究、检查指导职能，及时研究部署老龄工作任务，定期通报老龄事业发展状况，督促落实相关法规政策，认真解决有关重要问题。成员单位要认真履行部门职责，加强沟通、密切协作，努力形成推进老龄事业发展的整体合力。各级老龄工作部门要充分发挥综合协调作用，加强信息交流和调查研究，及时收集反映各地、各部门的老龄工作情况，提出有针对性的政策建议，为党委、政府当好参谋。要切实加强县市级老龄工作机构和队伍建设，建立健全乡镇、街道老龄工作领导机构，确保有人为老年人办事。

三要大力营造全社会敬老助老的浓厚氛围。要在全社会深入开展为老年人献爱心、送温暖等各种形式的敬老助老活动，真心关爱老年人。要充分利用电视、广播、报纸、网络等媒体，大力宣传尊老爱老的典型事例和模范人物。要认真总结推广基层老龄工作创造的新经验、新做法，发挥先进典型示范作用，不断提升基层老龄工作整体水平。

希望各地各部门认真贯彻落实中央、省委和省政府有关加强老龄工作的部署，努力把我省老龄事业不断推向前进。

在广东省老龄委第十一次全体会议上的讲话

广东省副省长 刘 昆

（2011 年 4 月 14 日）

同志们：

今天，我们在这里召开省老龄工作委员会第十一次全体会议，主要是回顾总结 2010 年老龄工作，分析当前面临形势，研究部署今年任务。刚才，刘洪同志代表省老龄委作了一个很全面的工作报告，讲得很好。会议还书面传达了全国老龄委第十三次全体会议精神，表彰了 2010 年度省老龄委先进成员单位和优秀联络员。希望获奖的集体和个人再接再厉、再立新功。其他单位要学习先进，争创优秀，共同努力做好全省的老龄工作。下面，我讲三点意见。

一、认清形势，提高认识，高度重视做好老龄工作

2010 年是“十一五”规划的收官之年。一年来，省老龄委各成员单位和各级老龄委在省委、省政府的领导下，紧紧围绕党委、政府的中心工作，结合全省实际，做了大量富有成效的工作，推动全省老龄事业呈现出良好态势，为“十二五”时期全省老龄事业加快发展奠定了坚实的基础。突出表现在以下几个方面：

一是社会养老保障体系日益健全。养老保险覆盖面不断扩大，城镇企业职工养老保险参保人数同比增长 14.6%。待遇水平不断提高，企业退休人员养老金水平比“十五”期末增长 86.2%。农村养老保险政策的创制工作取得较大突破，新型农村养老保险参保人数同比增长 295%，领取养老金待遇的农民同比增长 103%。

二是社会养老服务体系建设步伐加快。以居家养老为基础、社区养老为依托、机构养老为补充的社会养老服务体系加速规划建设。民办养老服务机构建设和居家养老服务示范活动扎实推进，全省养老服务机构和居家养老服务机构达 2562 所和 254 家，收养老人 7.4 万人、服务老人 292.7 万人次，“星光老年之家”5700 多个。

三是普惠性社会福利制度建设取得新进展。21 个地级以上市都已出台老年人优待政策，对老人进入公益性文化场所、公园、旅游景点和乘坐公共交通工具给与减免费用优待。全省普遍建立 100 岁以上高龄老人津贴制度，珠三角部分市已建立 90 岁或 80 岁以高龄老人津贴制度。各地用于高龄老人补贴费用达 3 亿多元，全省 30 多万高龄老人直接受惠。

四是老年人权益得到较好保障。老年人精神文化生活更加丰富多彩，老年文化体育事业快速发展，全省去年共举办老年人文体活动上万场（次）。敬老爱老的社会氛围更加浓厚，老年人参与社会发展的成效明显提高。全省共调解社老矛盾纠纷案 12 万余件。

这些成绩的取得，是省委、省政府正确领导的结果，是各涉老部门和社会各界密切配合、共同努力的结果，也是全省老龄工作者不懈努力、艰苦奋斗、忠诚奉献的结果。在此，我代表省政府、省老龄委向全省广大老龄工作者和所有关心、支持老龄工作的同志们表示衷心的感谢！

在肯定成绩的同时，我们也应清醒地看到，当前我省老龄工作还存在不少问题和薄弱环节。如全省养老保障制度有待进一步完善，养老服务机构及设施特别是农村为老服务事业发展相对滞后，基层老龄工作特别是农村老龄工作比较薄弱等。对此，我们必须高度重视，认真加以解决。我们还要清醒认识到，我省已进入快速发展的老龄社会，老龄化问题将是我们本世纪要面对的重大社会问题之一。目前，我省老年人口已达 1080 万人，超过全省人口总数的 12%，预计到2015年底，全省将有近1300万60岁以上的老年人。不仅老年人口基数增大，而且还存在着地区分布不平衡、欠发达地区人口老龄化程度高于发达地区的问题。随着经济社会的发展转型带来的家庭小型化、老龄化、高龄化、空巢化“四化叠加”，老年疾病护理、生活照料、精神慰藉等问题也将日益凸显，给我们应对人口老龄化增加了难度。更要看到，我省经济发展水平相对滞后于人口老龄化进程，区域、城乡经济发展不平衡，不仅应对老龄化的财富资源积累不足，而且相应的社会保障制度、养老服务体系和老龄工作体系建设等准备也不足。随着全省老年人口的逐年递增，社会负担将日益加重，供养系数将明显攀升，将直接影响我省经济社会的可持续发展。

老龄问题是影响经济社会可持续发展的战略性、全局性的问题。做好老龄工作，是应对人口老龄化形势的迫切需要，是贯彻落实科学发展观的客观要求，也是“加快转型升级、建设幸福广东”的重要内容，直接关系我省改革发展稳定的大局。各级、各部门要深刻认识人口老龄化形势的严峻性、老龄问题的特殊性和加强老龄工作的紧迫性，把老龄工作摆在更加突出的位置，进一步解放思想，采取更加有效的措施，推动我省老龄事业加快发展。

二、突出重点，狠抓落实，推动全省老龄事业又好又快发展

今年是“十二五”规划的开局之年，做好今年的老龄工作意义重大。省委十届八次全会提出了“加快转型升级、建设幸福广东”的核心任务，强调要让人民群众共享发展成果，过上好日子，增强幸福感，明确要求“积极应对人口老龄化，培养壮大老龄服务事业和产业”。全省各级、各涉老部门要认真学习领会、深入贯彻落实省委十届八次全会精神，切实把思想认识和行动统一到中央和省委、省政府的决策部署上来，本着对国家和民族负责的态度，扎扎实实推动我省老龄事业持续健康发展。当前和今后一个时期，各级老龄委要深入贯彻落实科学发展观，紧紧围绕回良玉副总理在全国老龄委第十三次全体会议上提出的“老龄战略对策、老龄服务、老年经济供养、老年健康支持、老年宜居环境、老龄工作”六个体系建设，努力推动我省老龄事业再上新水平。当前，要突出抓好以下几项工作：

（一）进一步完善社会养老保障体系建设

一要建立健全城乡居民养老保险体系。进一步巩固城镇职工养老保险制度，健全城镇职工养老金正常调整机制。围绕《广东省新农保三年全覆盖工作方案》，建立与我省农村经济社会发展水平相适应、与其他保障措施相配套的新农保制度，做好基本养老保险关系办法国家转移和省内转移、外来员工养老保险与城乡居民养老保险之间的衔接关系，维护好老年人的切身利益。二要健全城乡居民医疗保险体系。要把老年困难群体作为重点对象，进一步扩大医疗保障覆盖面，将他们全部纳入医保范围。逐步缩小包括老年人在内的城乡基本医疗保险制度的待遇差距，推动基本医疗保障制度向适度普惠水平建设。三要完善老年人救助体系。制定出台低收入家庭中生活不能自理的老年人和伤残老年人入住养老服务机构的补贴政策，建立老年人居家养老补贴政策和家庭成员照顾老年人的奖励扶助制度，加强对贫困老年人特别是农村困难老人的生活救济和服务援助。

（二）进一步推进社会养老服务体系建设

要进一步加大政府投入力度，广泛动员社会力量参与，建立“党政主导、社会参与、市场运作”的为老服务体系，进一步推动老年消费市场培育、带动老龄产业发展，满足老年群体对养老、医疗、保健、旅游以及日常生活和长期照料等的需求。一要推动社会养老服务总体目标和规划纳入各项规划。“十二五”期间，我省要建立完善以居家养老为基础、社区服务为依托、机构养老为补充的具有广东特色的社会养老服务体系。各地要将社会养老服务事业纳入当地经济社会发展总体规划，将养老服务设施建设纳入市政基础设施、公共服务设施、土地使用以及“三旧”改造等规划中，制订出台加快推进社会养老事业发展的工作措施和意见。力争到2015年，基本实现90%的老年人在社会保障体系和服务体系支持下通过家庭照顾养老，7%左右的老年人由社区提供日间照料和托老服务，3%的老年人入住养老服务机构养老的“9073”目标。二要着力构建适度普惠型的社会养老服务体系。要大力推进居家养老服务建设，推动城镇养老机构在重点保障城市“三无”老人、农村五保老人及低收入的高龄、独居、失能等困难老人服务的同时，面向社会为所有老年人提供养老服务。要积极引导农村敬老院向综合性老年服务中心转变，缩小城乡和地域的差异，实现社会养老服务全覆盖。三要积极推进社会养老服务事业创新发展。要加强社会养老服务体系建设的探索和实践，推进民办养老服务机构建设，支持农村基层养老服务机构升级改造，鼓励社会团体和企业参与到养老服务事业。要积极引进港澳养老服务先进工作理念和专业化运作模式，加强养老服务事业发展体制机制创新，努力走出一条适应老龄化进程、与经济社会协调发展、具有广东特色的社会养老服务事业发展的新路子。

（三）进一步推进老年人社会管理体系建设

抓住省委、省政府即将出台加强我省社会管理的决定的契机，积极制定实施老龄政策法规，管理和规范基层老年社团组织、老年社会事务。努力调整老年人与其他社会主体的利益关系，回应老年人的利益诉求、化解涉老纠纷和矛盾，培育尊老敬老爱老扶老的良好社会氛围。一是要以开展“老年友好城市”、“老年宜居社区”和“老年温馨家庭”创建活动为抓手，通过制定标准体系，加强考核评估等手段，为老龄事业发展搭建新的工作平台，把积极应对人口老龄化的理念贯穿到城市发展、社区建设和家庭生活的各个领域当中。要探索老年人思想政治工作的新形势、新途径，建立完善家庭、社区、单位和党委政府职能部门相结合的老年人社会管理服务体系。二是要建立和完善高龄老人津贴制度和老年人优待办法。要进一步扩大高龄老年津贴制度的覆盖范围，稳步提高老年人优待标准和扩大优待范围，让老年人共享社会经济发展成果。三是充分发挥老年人的作用。要加强基层老龄工作基础建设，规范老年社团组织管理，加强对老年志愿者服务和老年人才资源的开发和研究，调动和发挥老年人参与经济发展、维护社会和谐稳定的积极作用。要探索老年人思想政治工作的新形势、新途径，建立完善家庭、社区、单位和党委政府职能部门相结合的老年人社会管理服务体系。四是要加强对老龄产业的引导和规范。要加快探索建立老龄产业评估、监管和激励体系，推动老龄产业市场化进程。要认真分析老龄产业市场发展规律，为老龄产业发展提供信息服务和业务指导，促进老龄产业的健康发展。要创新老龄事业投入机制，研究制定金融机构支持老龄事业发展的相关政策和措施。

（四）进一步丰富老年人精神文化生活

一要加强老年文体活动设施的建设。要把老年精神文化建设纳入社会发展战略，列入城乡发展规划，加大老年文体活动设施建设资金投入力度。尤其是要把财力向基层文化活动设施倾斜，充分发挥财政资金“四两拨千斤”的作用，广泛动员社会力量，吸纳更多资金投入到老年文体场所和设施的建设。二要发挥老年社团组织在丰富老年人精神文化生活中的引领作用。要按照“小政府、大社会”，“小社区、大服务”的思路，赋予老年社团组织应有的职能作用。要大力发展老年文化体育事业，加强老年文体产品的创作和生产，拓展老年文体服务内容，满足广大老年人的精神文化需求。三要加强老年文体活动的管理。加强涉老管理部门之间的协作和沟通，共同推进老年文体事业的健康发展。要引导老年人树立正确的人生观和价值观，培养良好生活习惯，自觉地抵制各种迷信和低俗趣味活动。要出台政策措施鼓励老年人积极开展各种有利于身心健康的文体活动，提高生活质量。

（五）进一步做好老龄问题战略研究和全省老龄事业发展“十二五”规划的编制工作

积极应对人口老龄化必须理论先行，做好战略研究和规划编制。省老龄办组织开展的老龄问题战略研究，很有针对性，为全省老龄工作提供了很好的参考借鉴。希望进一步研究论证，使其更加完善准确，更加符合广东老龄化社会的实际。要进一步摸清底数，深入了解清楚老年人数、年龄结构、区域分布、生活状况以及老龄化发展趋势。要认真研究分析老龄化与人口发展、经济发展、社会发展的关系以及与工业化、城镇化、信息化的关系，把握好其内在联系和演变规律。要综合分析人口老龄化各个阶段、不同领域的主要问题，找准问题症结，明确解决办法。广东省老龄事业“十二五”规划是指导我省今后一个时期老龄工作的纲领性文件，要高标准、高起点做好编制工作，重点要突出以下六个方面：一是要体现“建设幸福广东”的精神，把改善老年人的生活保障和生活质量作为重点工作进行规划。二是要把积极应对老龄化的理念贯穿规划始终，把实现老年人健康、充实、有保障、有尊严地生活作为出发点和落脚点。三是要加快老年经济供养体系的建设，以“广覆盖、保基本、多层次、可持续”为目标，规划养老保障和养老服务的发展。四是要推动老年产业的健康发展，形成机构合理、门类齐全、管理规范的老龄产业发展体系。五是要规划老年人社会管理工作，要建立职能明确、协调高效的老龄社会管理体系和工作体系。六是要重视老龄科学研究，加大对老龄科学研究的投入，建立老龄工作数据库，加强国际交流与合作。省老龄办已将这个规划草案印发给各位委员，请大家尽快提出修改意见，争取年内印发。

三、加强领导，强化措施，确保各项老龄工作落到实处

老龄事业是一项庞大的系统工程，涉及到方方面面，需要各级各部门分工协作、共同努力。全省各级老龄委要切实加强组织领导，加强协调配合，强化工作措施，把老龄工作作为重要的民生工程抓紧、抓好、抓出成效，为“十二五”全省老龄事业发展开好局起好步。

（一）认真落实老龄工作责任制

省老龄委从2003年起，定期对21个地级以上市实行老龄工作目标责任考核。通过量化考核、细化考核项目，强化党政主导，较好解决了我省老龄工作中存在的一些问题，推动了“六个老有”工作目标的落实，促进了老龄工作整体水平的进一步提高。省老龄办要进一步加强老龄工作目标责任考核，不断完善考核办法，加大考核力度。各级老龄办和成员单位要认真落实老龄工作目标责任制，发挥职能作用，把老龄事业纳入本单位、本部门以及政府工作的重要议事日程，纳入国民经济和社会发展“十二五”规划，积极制定出台惠及老年人的政策和措施，推动老龄事业与国民经济和社会发展计划相衔接，促进我省老龄事业快速发展。

（二）积极营造关心支持老龄工作的社会氛围

要切实加强老龄工作的社会宣传，增强全社会应对人口老龄化的紧迫感和责任感，引导全社会共同关心和支持老龄工作。要坚持面向党政领导、面向成员单位、面向社会各界宣传，推动形成和发展党政领导、部门协同、社会参与的老龄工作格局。宣传内容要切实反映人口老龄化的严峻形势和当前热点难点问题，突出宣传老龄事业发展成就和老年人共享改革发展成果的幸福生活，突出弘扬中华民族传统孝道文化。要充分利用主流媒体、信息平台、图书音像等宣传途径，广泛宣传《中华人民共和国老年人权益保障法》、《广东省老年人权益保障条例》和老龄工作的方针政策，宣传积极维护老年人权益理念。要继续组织开展“敬老月”专题宣传和“敬老之星”、“敬老企业之星”的评比活动，宣扬他们的典型事迹，大力营造尊老、敬老的良好社会氛围。

（三）切实加强老龄工作的机构队伍建设

做好老龄工作，队伍是关键、是保证。各地各有关部门要积极支持老龄办的工作，大力加强老龄工作队伍建设。要按照《中共中央国务院关于加强老龄工作的决定》和《中共广东省委、广东省人民政府关于进一步加强老龄工作的通知》要求，进一步健全各级老龄工作机构，配齐配强专职工作人员。要加强老龄工作业务培训，不断提高老龄工作者的政策理论水平和业务技能，建设一支高素质的老龄工作队伍。各级老龄办也要增强服务意识，发挥好参谋助手、综合协调、督促检查的作用，为老龄委决策服务，为成员单位协作服务，为基层工作服务。

总之，做好老龄工作、发展老龄事业，直接关系建设幸福广东大局。希望大家牢牢抓住“十二五”发展机遇，以本次会议为契机和起点，进一步认清使命、锐意创新、扎实工作，努力推动全省老龄工作在“十二五”时期再上新台阶，为建设幸福广东、促进社会和谐作出新的更大贡献！

在云南省贯彻执行《老年人权益保障法》情况汇报会上的讲话（摘要）

云南省副省长　曹建方

（2011年6月21日）

在我省上下深入学习贯彻《国务院关于支持云南省加快建设面向西南开放重要桥头堡的意见》精神之际，李建国副委员长一行专程莅临我省检查指导《中华人民共和国老年人权益保障法》（以下简称《老年法》）的贯彻实施情况，充分体现了全国人大对云南省老龄工作的关心、重视和支持，必将对云南的经济社会尤其是老龄事业发展起到积极的推动作用。在此，受恩培书记、光荣省长的委托，我代表中共云南省委、省政府对检查组各位领导的到来表示热烈的欢迎！对各位领导长期以来给予云南的关心和支持表示衷心的感谢！下面，我简要汇报四个方面的问题。

一、云南省经济社会发展的基本情况

云南地处祖国西南，与越南、老挝、缅甸三国接壤，国境线长4061公里，是我国连接东南亚、南亚的重要陆路通道。国土面积39.4万平方公里，山区、半山区面积占全省国土面积的94%，辖16个州市129个县市区，总人口4596.6万，少数民族人口约占全省总人口的1/3，是一个集边疆、山区、民族于一体的欠发达省份。云南自然资源十分丰富，区位条件较为特殊，旅游产业繁荣发展，民族文化独具特色，经济社会各项事业发展具有较大潜力。2010年，云南省生产总值实现7220亿元，同比增长12.3%；城镇居民人均可支配收入达16065元，农民人均纯收人达3952元，分别增长8.1%和13.2%，全省财政民生投入达1570亿元，占全省财政一般预算支出的69%。第六次人口普查数据显示，到2010年底，全省60周岁以上老年人达508.7万人，占总人口的11.07%，我省老年人呈现出农村老年人口多、老年人口贫困面大、高龄和空巢老年人比例高等特点，是典型的“未富先老”省份。

二、云南省贯彻《老年法》基本情况

云南省历来高度重视老龄工作，始终坚持“党政主导、社会参与、全民关怀”的老龄工作方针，切实把老龄工作纳入保障和改善民生的重要内容，摆上政府工作的重要位置，全面深入地加以推进。

（一）认真贯彻，完善法规政策体系

我省1991年9月制定实施了《云南省老年人保护条例》；1996年《老年法》颁布后，我们在1999年4月对省条例进行了第一次修订；2006年，我们在认真开展调研并广泛征求各方面意见的基础上，对《云南省老年人权益保障条例》（以下简称《条例》）进行第二次修改完善。2007年3月30日经省十届人大常委会第二十八次会议通过，并于当年7月1日起正式施行。修订后的条例明确赋予了各级老龄工作部门履行行政执法的职责。全省市、县两级均制定出台了实施细则或贯彻意见，为全省老龄工作的健康发展提供了坚强的法制保障。

党政主导作用进一步增强。面对日益加剧的人口老龄化趋势，省委、省政府高度重视，始终坚持“党政主导、社会参与、全民关怀”的老龄工作方针，切实把老龄工作摆上重要位置，纳入保障和改善民生的重要内容，多次听取老龄工作专题汇报，作出重要批示。省政府连续多年将养老服务工作任务列入年度20项重点工作进行督促检查，将老龄工作目标管理责任制考核列入省对各州市政府的综合考评项目。2007年7月、2010年5月，省政府相继出台《关于加快发展养老服务及实施意见》和《关于加快推进养老服务事业发展的意见》，明确了促进养老服务业发展的一系列政策措施。全省各级各有关部门，紧紧围绕“六个老有”目标，完善惠老制度措施，整合为老服务资源，创新工作体制机制，积极为老年人办实事、解难事，全省老龄事业健康快速发展。

（二）重点考核，夯实工作基础

自2007年起，省政府连续5年将养老服务工作列入全省重点工作，列入州市政府目标责任制考核范围进行考核。全省各级财政不断增加投入加强基层老龄工作，形成老龄工作平台遍布全省城乡的良好局面。全省有各类涉老民间组织511个，乡镇老年学校2081所，各级老年人协会1.5万多个，入会老年人近300万人。同时，加强基层老年活动场所建设，累计投入1.7亿多元，资助全省近三分之一的基层老年协会进行活动场所建设、购置设施设备。目前，各类老年组织，已经成为老年人参与社会活动的重要平台，在维护城乡稳定、促进基层和谐发展方面发挥了不可替代的独特作用。

（三）强化教育，营造良好氛围。全省各地将《老年法》列入普法教育内容，充分利用各种新闻媒体，广泛宣传《老年法》、《条例》等涉老法规政策；深入开展孝亲敬老主题教育和敬老宣传月活动，积极开展评选表彰“云岭十大孝星”和慰问特困、长寿老人、老年文艺汇演等丰富多彩的活动，全社会的尊老敬老助老意识普遍增强。同时通过形式多样的社会活动和文体活动，积极引导老年人走出家门融入社会，参加有益身心健康的各类活动，极大地丰富了老年人的精神文化生活。

三、云南省老年人权益保障情况

近年来，我省始终将保障老年人权益作为保障和改善民生，维护边疆民族地区稳定、促进社会和谐繁荣的重要内容，着力抓实、抓好，使老年人合法权益得到有力保障。

（一）深入推进养老保障体系建设

一是深入推进社会养老保障体系建设。城镇职工养老保险不断扩大覆盖面、提高保障水平。“十一五”末，全省参加企业职工基本养老保险的人数达317.42万人，比“十一五”末增长了22.7%；全省企业退休人员月均养老保险金1432元，比“十五”末翻了一番，按时足额发放率达100%；全省有183家企业建立企业年金制度，参加人数24万人。在全国率先实行养老保险基金收支的省、州、县三级预算管理，健全了省对州（市）、州（市）对县（市、区）的两级基金调剂补助机制和“地税部门保征收，财政部门保拨付，人社部门管核定、保发放”的三方工作机制，新型农村社会养老保险试点范围逐步扩大，养老保险基金管理进一步加强。二是完善老年人医疗保障体系。统筹解决了33.2万各类关闭破产企业、国有（集体）困难企业退休人员参加职工医保的问题。职工医保制度范围内覆盖的老年人群基本实现应保尽保。到今年4月底，全省城镇职工、城镇居民医疗保险参保人数分别为415.6万人和392.3万人，其中退休人员和50岁以上城镇居民217.7万人，占参保人数的26.9%。参加新农合3456万人，参合率达到96%。退休人员本人和单位不再缴纳基本医疗保险费，大部分统筹地区还规定70岁以上老年人住院起付线减半。2010年全省政策范围内住院报销比例为60.22%，乡镇卫生院实际补偿比例达到67.44%。对于重病困难的老年人，各地还采取资助参保、医疗救助、临时救助、慈善救助等方式，加大医疗救助力度，确保他们病有所医。全省有条件的大中型医疗机构和养老服务机构先后开设了老年病专科或门诊，建立老年康复和临终关怀等服务的医疗卫生服务机构。有123个（市、区）开展了社区卫生服务工作，建有社区卫生机构878个，老年门诊和基本医疗服务体系建设进一步加强。三是深入推进老年人生活救助和专项福利制度建设。将符合条件的城乡困难老年人全部纳入保障范围，并建立了随城乡人民生活水平和物价提高而提高的低保标准自然增长机制，补差水平不断提高。目前，15.4万城市老年人和114万农村老年人纳入了最低生活保障范围，并按当地分类施保要求适当提高补助标准。健全城市“三无”、农村五保老人集中供养制度，全省2.8万名农村五保对象在农村敬老院等福利机构免费集中供养，对居家的孤老优抚对象、城乡无自我保障能力老年人群体，采取多种措施，不断提高其分散供养保障水平。四是认真落实独生子女父母养老补助政策。由省级财政统一安排经费，对符合条件的企业退休人员、农村计划生育家庭老人发放特别补助金和奖励补助金等，有效地解决了独生子女父母养老补助问题。五是高标准落实惠老优待政策。2007年新修订施行的《云南省老年人权益保障条例》创设26项对老年人的社会优待措施，一些内容至今还在全国保持领先地位。其中有：将优待年龄降到60周岁，扩大了惠及面；全面建立高龄老年人津（补）贴制度，2010年59.8万名高龄老年人享受了月均25元的80—99周岁保健补助和月均192元的百岁老人长寿补助。绝大多数地方落实了老年人凭有效证（卡）免费乘坐市内公交车、进公园、公厕、文化设施和免交就医普通挂号费、各种服务优先优惠等优待政策。近三年来，共为8万多名老年人提供法律援助。

（二）深入推进养老服务体系建设

近年来我省不断加强养老服务业发展，努力满足养老服务需求。一是健全完善政策体系。2007年7月、2010年5月，省政府相继出台《关于加快养老服务业的实施意见》和《关于加快推进养老服务事业发展的意见》，明确了促进养老服务业发展的一系列政策措施，并抓好落实。二是大力推进机构养老服务。我省近两年筹资2.06亿元，新建、改扩建了56个老年福利机构，资助和政策扶持了50个民办养老机构，养老床位达到14334张；启动实施农村敬老院建设五年规划，截止2010年底，仅中央和省两级就投入3.7亿元，资助建设农村敬老院254所，新增床位近2万张，全省五保供养床位达到了3万张。启动了23个省级爱心护理工程建设项目，资助现有养老机构购置医疗康复护理设施设备，为失能、半失能老人提供更高水平的专业化服务。三是积极推进居家养老服务。投入1400万元资助了28个省级居家养老示范点建设项目，带动各地建设了一批日间照料中心，积极为老年人提供生活照料、康复护理、家政服务、医疗保健和精神慰籍等多方面的服务。四是加快为老服务设施建设步伐。全省有老年活动中心1.1万多个，老干部活动中心203个，各种老年体育设施1.6万多套（件），老年大学148个、老年学校2267个，成立基层老年人协会1.5万多个，为广大老年人无偿提供了大量就近就便的养老服务。五是积极引导老龄产业发展、开展养老服务人员培训。分别于1999年、2004年、2008年在昆明举办了3次老龄产业或老年人用品博览会，培育成立了一批发展老龄产业和养老服务的市场中介组织和民间组织；在多所公立、民办大学设立了老年服务与管理、老年社会工作、老年护理保健等专业，正在加快培育能胜任老年服务与管理的应用型高技能人才。

（三）加强老龄工作体制机制建设

一是加强老龄工作机构建设。省政府先后出台了《关于进一步加强老龄工作的意见》、《关于加强基层老龄工作的意见》等政策文件，要求加强各级老龄工作机构和队伍建设。目前，全省共有专职老龄工作人员618人，乡、村级老龄干部主要是兼职人员。二是加强机关事业单位退休人员管理服务。全省共成立老干部局、处、科1238个，专职工作人员4202人，兼职人员8037人。遍布各级各单位的老干部工作部门，负责落实国家和省关于退休人员的工作福利政策，组织协调本单位所属退休人员的具体管理服务工作。三是加强企业退休职工管理服务。省里成立了由18个省级部门组成的企业退休人员社会化管理服务工作领导小组，统筹全省企业退休人员工作，全省企业退休人员直接纳入街道和社区，全省企业退休人员社区管理服务率达到67%。

（四）积极推动老年人参与社会发展

2006年，省委办公厅、省政府办公厅印发了《关于进一步发挥离退休专业技术人员作用的实施意见》，建立健全了全省离退休专业技术人员发挥作用联席会议制度，省人力资源和社会保障厅牵头17个部门研究制订了近两年的工作计划，积极探索新形势下离退休专业技术人才资源开发的新思路、新机制，支持老年人才为全面建设小康社会贡献经验、才智和力量。各级政府所属的人才交流机构和各类老年服务机构将老年人才纳入了管理服务范围，逐步建立了老年人才信息库，开展老年人才交流活动。各级各系统成立的关心下一代工作委员会、老科技工作者协会、老教授（教师）协会、老专家协会、老龄事业发展促进（基金）会等组织机构，努力为老有所为、发挥余热搭平台、建载体，帮助老年人才参与社会管理和经济建设。活跃在城乡基层的1.5万个多个老年协会，大多由退休回乡人员、老乡村干部担任协会领导，组织广大老年人参与关心教育下一代、基层社会事务管理、组织公益自愿服务、生产经营、科技指导、养老服务等活动，为全省经济社会发展做出了积极贡献，各级也通过评选“老有所为奉献奖”等多种形式对老年人的积极贡献给予表彰和宣传。

四、下一步工作打算及建议

（一）下一步工作打算

一是认真贯彻落实老年法律法规。按照《老年法》和《条例》有关内容，进一步推动各项惠老政策措施的落实，推动我省老年维权工作持续健康发展。二是科学编制“十二五”规划。通过规划的编制和实施，大力推进老龄事业法制建设、养老服务体系建设、老龄工作机制建设。三是推进养老服务业发展。紧紧围绕《国务院关于支持云南省加快建设面向西南开放重要桥头堡的意见》中关于“加快推进养老服务设施建设，构建社会化的养老服务体系”工作要求，积极争取中央支持，制定出台推动养老服务业发展的相关配套政策，不断推动我省养老服务事业加快发展。四是积极开展应对人口老龄化战略研究。围绕当前我省人口老龄化和老龄工作中的突出问题，以加快完善老年人养老服务服务为重点，积极开展我省应对人口老龄化战略研究。

（二）两点建议

一是出台优惠政策支持老龄事业发展。建议在修订《老年法》过程中，更加关注贫困、失能、高龄等老年人群体；督促国家相关部委进一步规范养老服务机构（企业）的设置、管理、服务和退出机制；及时细化出台养老服务机构床位建设补贴和运营补贴、土地供应等优惠政策。由国家相关部委统一制发全国通用的老年人优待证，在一定范围内建立全国统一的老年人优待制度。二是从经费投入上加大支持力度。由国家层面出台政策，保障高龄老年人津（补）贴发放；加大对中西部经济欠发达省份中央财政转移支付力度，增加对农村养老设施建设和城市社区居家养老服务的投入。另外，也恳请国家在支持云南桥头堡建设和实施“十二五”规划过程中，进一步加大对我省养老服务设施的投入倾斜力度，加快我省养老服务体系建设。

在贵州省老龄委第十一次全体会议上的讲话

贵州省委常委　省委副书记　省老龄委主任　王富玉

（2011年3月18日）

同志们：

这次省老龄委全体会议的主要任务是：传达贯彻全国老龄委第十三次全体会议和全国老龄办主任会议精神，总结“十一五”时期老龄工作，审议我省老龄事业发展“十二五”规划，安排部署今后五年的老龄工作。刚才，维光同志通报了2010年度省老龄委成员单位目标考核情况。治学同志代表省老龄委作了《我省老龄事业发展“十一五”规划实施情况和2011年工作安排意见》的工作报告。映祥同志就制定《贵州省老龄事业发展“十二五”规划（纲要）》作了说明，发改、建设、财政部门的同志对报告和“十二五”规划发表了很好的意见，没有发表意见的同志可以提出书面意见送老龄办修改。会后请省老龄办根据大家的意见对报告和规划草案作进一步修改完善后按程序送审下发。

过去五年，是我省基础设施显著改善、综合实力大幅提升，城乡面貌迅速变化、社会事业全面进步、全面建设小康社会进程加快、人民群众得到更多实惠的五年，也是我省老龄事业取得显著成绩的五年。五年来，各地、各有关部门坚持“党政主导、社会参与、全民关怀”的工作方针，围绕“老有所养、老有所医、老有所教、老有所学、老有所为、老有所乐”

的工作目标，解放思想，开拓创新，求真务实，扎实工作，基本完成了老龄事业发展“十一五”规划确定的主要目标任务，有力地推动了老龄事业发展。一是养老保障体系不断完善，保障标准逐年提高，新型农村社会养老保险试点进展顺利，试点范围扩大；二是城镇职工和城镇居民医疗保险覆盖面不断扩大，新型农村合作医疗制度实现全覆盖；三是社会养老服务体系建设稳步推进，服务水平进一步提升；四是老年法制建设进一步加强，老年人合法权益得到保障；五是老年教育文体活动广泛开展，老年人精神文化生活更加丰富；六是基层老龄工作得到加强，敬老爱老助老氛围日益浓厚；七是全社会老龄意识明显提高，齐抓共管大老龄格局基本形成。这些成绩的取得，是省委、省政府高度重视，各级党委政府、各有关部门共同努力的结果，是老龄委各成员单位密切配合、齐抓共管的结果，是全社会共同关心的结果，也是老龄战线广大干部职工辛勤工作的结果。

“十二五”时期是我省实现经济社会发展历史性跨越、全面建设小康社会的关键时期，也是老龄事业抓住机遇、实现快速发展的重要时期。今年是“十二五”规划的开局之年，做好开局之年的工作，对于推动“十二五”时期的老龄事业发展至关重要。为进一步做好“十二五”及当前的老龄工作，我讲三点意见：

一、充分认识“十二五”时期老龄工作面临的新形势、新任务，进一步增强做好老龄工作的责任感和紧迫感

“十二五”时期是我省人口老龄化的快速发展期，根据省老龄办和省统计局联合发布的《贵州省人口老龄化进程及前瞻性研究》报告，2010 年我省 60 岁以上老年人已达到 534 万，占全省总人口 13.81%，预计 2015 年达到 635 万人，占总人口 15.89%，其中 80 岁以上高龄老人会快速增长，届时将达到 60 万人，约占老年人口 9.4%，是典型的“未富先老”省份。受家庭小型化和青壮年劳务输出等因素影响，城市空巢老人和农村留守老人急剧增加。老龄化、高龄化、空巢化带来的各种问题，将会深刻影响经济社会发展，给老龄工作带来了新课题、新任务。

当前，国际金融危机的影响还在继续，日本强震引发的经济问题难以预料，严峻复杂的国际国内经济形势，势必对老龄工作带来新的压力和挑战。从我省的情况看，人民群众特别是老年人对老龄工作的要求越来越高，我们的老龄工作基础薄弱，老年人社会保障水平低、老龄服务资金扶持有限、老龄产业发育滞后、老龄服务基础设施不足、农村老龄工作薄弱等问题非常突出，老有所“养”和老有所“医”仍然是最突出的老龄问题。面对当前的复杂形势，我们必须保持清醒头脑，进一步增强工作的针对性和主动性，善于应对各种困难和挑战。

在正视困难的同时，也要正确把握老龄事业发展的新机遇。党中央、国务院高度重视老龄事业，党的十七大提出了“老有所养”的明确目标，党的十七届五中全会明确提出要“积极应对人口老龄化”的具体要求，“十二五”规划纲要提出：“要注重发挥家庭和社区功能，优先发展社会养老服务，培育壮大老龄服务事业和产业。”这些重大战略决策，给我省老龄事业发展带来了难得的机遇。随着各级党政的高度重视、经济的快速发展、财政收入的大幅增长、城乡居民收入的持续增加，为做好老龄工作和应对人口老龄化提供了坚强保证和雄厚的物质基础。大家要充分认识到，发展老龄事业，满足老年人需求，是改善民生、构建和谐社会的重要内容。我们要切实增强做好老龄工作的主动性、责任感和紧迫感，把握新机遇，应对新挑战，努力开创老龄工作的新局面。

二、全面把握工作重点，推进“十二五”时期老龄事业又好又快发展

我们要立足当前，着眼长远，根据全国老龄委第十三次全体会议安排，紧紧围绕“加速发展、加快转型、推动跨越”的主基调，扎实有效地做好今后五年的各项工作。

（一）加快完善社会保障体系

目前，社会保障体系框架基本形成，关键是要抓好落实。要围绕“广覆盖、保基本、多层次、可持续”的目标，进一步完善新型农村养老保险制度，扩大社会养老保险覆盖面，推进城镇居民基本医疗保险制度和新型农村合作医疗制度，健全城乡居民最低生活保障制度，完善农民工养老保险办法，规范社会养老保险关系转移接续工作，落实好离休干部生活待遇和医疗待遇有关政策，落实好农村计划生育家庭奖励扶助制度，规范农村“五保”供养，关注“以房养老”、“土地养老”等新型养老方式。一方面要加大力度，切实把养老保障各项工作做好、做到位。另一方面要特别注重提高孤寡老人、失能老人、病残老人生活保障水平，使老年人共享经济社会发展成果。

（二）加快推进养老服务体系建设

当前，解决老年人特别是空巢老人、高龄老人、失能老人的养老问题十分迫切，供需矛盾十分突出。据统计，2010 年底我省有各类养老机构 931 个，床位 25453 张，每千名老年人平均拥有床位 5 张，远远低于全国每千名老年人拥有床位 19 张的水平。根据全国老龄事业发展“十二五”规划，“十二五”期末，全国每千名老年人平均拥有床位30张。我省按每千名老年人拥有20张来规划，5年须增加10万张。加强养老服务体系建设，一方面要大力发展敬老院等公益性、福利性养老机构，解决农村“五保”和城市“三无”老人养老问题。另一方面要创新养老服务体制机制，通过政府扶持和社会兴办，发展社会性互助养老服务和商品性市场养老服务，培育为老服务组织，鼓励连锁经营，支持规模发展，促进老龄事业健康发展。记得我在去年讲过这个事情，美国的太阳城吸引全世界的老年人去养老，比政府的老年公寓搞得好。我赞成维光同志的看法，发展老龄产业，要搞社会化服务，实行有偿经营。要研究建立一套机制，把老年度假搞起来，在土地、收费、建设指标、税收等方面制定优惠政策，凡是为老年人服务的，什么政策都不为过。

（三）积极构建老龄产业体系

根据不同层次老年人的需求和社会消费结构的变化，围绕基本需求，兼顾高层次消费，以养老设施、生活照料、健康管理、疾病护理、文化教育、体育健身、旅游观光等为突破口，构建老龄产业体系基本框架，努力形成具有良好经济效益和社会效益的老龄产业板块。特别是要大力发展老年旅游，推出适合老年人特点的精品旅游线路和服务产品。要发挥我省气候宜人，自然风光绮丽，历史文化厚重，民族风情多彩的优势，大力发展养老休闲产业。抓住国家探索推进“老年友好城市”、“老年宜居社区”等工作试点的机遇，推进老年人休闲度假基地建设。

（四）加强老年教育、文化、体育等工作

去年3月我在省老龄委全体会议上讲过，要动员全社会为老年人营造“乐”字当头、健康幸福的环境。据统计，40岁到60岁患癌死亡的，大约有70%的患者长期心理郁闷不舒，所以我们要把老年人健康幸福放在第一位。现在世界各国都在倡导积极老龄化，我理解，积极老龄化就是要用积极的态度和乐观的精神应对人口老龄化，用发展的观念、创新的思维和务实的举措来破解老龄化带来的困难和问题，在全社会形成尊重老年人、关爱老年人、帮助老年人的敬老爱老良好氛围，使老年人生活得更好、更幸福、更充实、更有尊严。为此，一方面要大力加强老年教育、文化、体育基础设施建设，为老年人继续教育和开展文体活动创造良好条件，努力提高老年人生活生命质量。另一方面要积极推进“银龄行动”，搭建好平台，发挥老领导、老专家、老教师、老医生、老模范、老标兵见多识广、经验丰富的作用，让他们用知识和学术为社会作贡献，为民解难，为国分忧。在城镇建设中，要把让老年人有活动场所作为硬指标，另外我建议文化部门一年为老年人送几场戏，广电部门为老年人免费送几场电影，有些体育设施能免费为老年人开放，所有的旅游景区对60岁以上老年人凭身份证免门票，体育局每年要给老年人搞几场体育比赛，让老年人健康、幸福、快乐。

（五）加强农村老龄工作

我省农业户口的老年人占老年人总数的83%。不少符合条件的农村老年人没有纳入社会养老保险、合作医疗、低保和社会救济的范围，养老和缺医少药问题十分突出。再加上我省是劳务输出大省，每年外出务工的农民工500多万人，差不多平均每户农户有一人外出务工。大量农村劳动力涌向城市，引发农村出现老龄化、少儿化、女性化“三化”并存的现象。一些以劳务输出为主的边远贫困山区形成“流动多—老化快—发展慢—照料难”的恶性循环。大量农村留守老人有的既无经济来源，又得不到子女赡养，生活困难；有的年老多病，无自理能力，还要照顾子女留下来的孙儿孙女，担负隔代抚育的责任。各级各部门要把农村老龄工作作为老龄事业发展的“重中之重”，高度重视农村老年人生活保障和生活照料问题，深入研究这一特殊群体面临的困难，提出有针对性的解决措施和办法。一是要是做好农村养老保险工作，二是要切实兑现独生子女和双女户的奖励扶助政策，三是要重视农村敬老院的建设。把这三件事解决好了，我看就行了。

（六）加强基层社会管理工作

前段时间，中央举办了省部级主要领导干部社会管理及其创新专题研讨班，研究加强和创新社会管理，做好新形势下群众工作的思路和举措。加强对老年人的服务，是实施社会管理的重要内容。要创新基层社会管理机制，积极培育和发展基层老年群众组织，为基层老年群众开展活动创造有利条件，帮助解决实际问题。最近，省委常委分别对社会管理问题进行了调研。我到遵义，发现红花岗区府后山社区开办了社区老年人食堂，专门给老年人解决就餐问题，吸引了很多老年人就餐，值得推广。我觉得有几个事情值得研究，一个是社区管理的对象是群众，服务的对象也是群众，特别是社区老年人，更是社区管理服务的重点。二是要不断完善配套服务手段和服务功能，落实养老服务场地。三是要建立老龄社会化服务体系，鼓励大学生和志愿者服务老年人。四是要建立服务型党组织和服务型党员队伍。五是各级司法部门要为老年人免费提供司法服务。要充分发挥老年群众组织在反映老年人诉求、协调邻里纠纷、维护老年人合法权益、协助村（居）委会参与社会管理、做好老年人工作、开展老年文体活动等方面的积极作用。

三、完善老龄工作体系，确保老龄事业发展“十二五”规划顺利实施

老龄问题涉及政治、经济、文化和社会生活等诸多领域，是关系国计民生和国家长治久安的一个重大社会问题。老龄工作涉及方方面面，具有群众性、社会性、综合性等特点，要始终坚持“党政主导、社会参与、全民关怀”的工作方针开展老龄工作。一是要加强领导。要将老龄工作列入党政工作议事日程，经常听取老龄工作汇报，全省各级一年至少要研究一次老龄工作，研究、切实解决老龄工作中存在的困难和问题。进一步巩固党委政府主导、老龄委组织协调、相关部门协同配合、社会力量广泛参与、人人关心支持的大老龄工作格局。二是要加强协调配合。各级老龄委成员单位要齐抓共管，通力合作，根据本级老龄委确定的工作目标和任务，结合本部门实际，研究制定具体政策措施并抓好落实，共同推进老龄事业的整体发展。特别是发改、民政、建设、财政、国土、工青妇等部门，要研究出台一些加快老龄事业发展的政策支撑。三是要加强机构建设和经费投入。要进一步建立健全老龄工作机构，特别是基层老龄工作机构，在乡镇（街道）一级老龄办要设立专职工作人员（可设在社会事务办），确保老龄工作正常开展。要加快建立多元长效的老龄事业投入机制，不断提高老龄事业发展经费投入。今年老龄事业发展经费明确了200万，往后每年要增长5%。四是要加强作风建设。做好老龄工作要紧紧围绕老年人所思所想，求真务实，不搞形式主义。各级领导干部要结合“三个建设年”、“四帮四促”等工作，重心下移，深入基层老年群体，加强调查研究，倾听老年人的心声，为他们解决实际问题。各级老龄委办公室要不断加强自身建设，增强服务意识，提高履职能力，发挥好参谋助手作用。五是要凝聚社会力量。发挥企业、中介组织、家庭等方面的作用，引导社会各方力量积极参与老龄事业。要努力提高全民老龄意识，弘扬中华民族尊老敬老助老优良传统，夯实老龄事业发展的社会基础。六是要抓好老龄宣传工作。老龄办搞一个宣传方案送给省委宣传部，研究怎么形成全社会重视、关心老龄工作的氛围，对好的志愿者、好的团体、好的敬老院等典型进行报道，做到电视有画面、广播有声音、报纸有版面，形成全社会关心支持老龄失业发展的良好氛围。

在海南省老龄工作委员会第四次全体会议上的讲话

海南省省长　蒋定之

（2011年4月28日）

同志们：

这次省老龄委第四次全体会议，主要内容是审议通过《海南省老龄事业发展“十二五”规划（审议稿）》。在“十二五”的五年时间，老龄工作要有所进取必须有一个科学的发展规划，这是一项很重要的工作。这段时间，我也争取到一些市县做调查研究，在主要了解经济社会发展情况的同时，也访看了一些老人生活情况。海南长寿老年人比较多，百岁以上长寿老年人，每10万人当中有近16位，大大超过国际通行的每10万人当中有7位的长寿乡标准，“健康岛”、“长寿岛”名副其实。省委、省政府安排我联系老龄工作，在此基础上，能与大家一起，共同为全省113万的老年人做服务、谋福祉，我感到很高兴，很光荣，也感到肩上很有责任。刚才建中同志就《海南省老龄事业发展“十二五”规划（审议稿）》编制的情况作了说明，规划的目标、指导思想很明确。省老龄委各成员单位的负责同志对《规划（审议稿）》提出了修改见。我赞成跃兰副省长的意见，原则通过《海南省老龄事业发展“十二五”规划（审议稿）》。下面，我再讲三点意见。

一、全省老龄工作取得的成绩，值得充分肯定

“十一五”期间，全省老龄系统在省委、省政府的正确领导下，坚持“党政主导、社会参与、全民关怀”的工作方针，围绕“六个老有”的工作目标，开拓创新，真抓实干，深入贯彻执行《海南省实施〈中华人民共和国老年人权益保障法〉若干规定》，全省老龄事业呈现出持续健康发展的良好局面。一是老龄工作政策法规体系基本形成。近年来，省委、省人大、省政府都先后颁布了一批社会养老保障政策法规，各市县、各部门加强对老龄工作政策法规建设和贯彻落实力度，老年人的医疗保健、生活服务、维护权益等都有了制度性的保证。二是老年社会保障稳步推进。全省养老保险实现省级统筹，45.39万离退休参保人员的养老金实现了按时足额发放。全省新型农村社会养老保险比国家规定时间提前4年实现全覆盖，近55万60岁以上农民从中受益。近10万老年人纳入城乡居民最低生活保障制度，另外城市“三无”老人和农村五保老人实现应保尽保。在海南这样一个在经济欠发达省份，能做到全省养老保险实现省级统筹，我认为很不简单，是付出了努力。三是老龄服务体系建设开始起步。省和市县财政加大财力投入，鼓励引导社会力量参与老龄服务工作。各类养老服务机构达到253所，养老服务床位4637张，新建、扩建、改建148个乡村敬老院，城市社区为老年人服务范围进一步扩大。四是老年人精神文化生活日益丰富。社区老年文化体育网络初步形成，老年文体活动蓬勃发展。老年协会、老年体协、老科技工作者协会等老年社团组织积极参与多种形式的社会公益活动，受到了社会广泛赞誉。五是老龄工作齐抓共管的格局正在逐步形成。省老龄委各成员单位各尽其职，积极履行各自的工作职能，认真落实优待老年人的各项政策规定，非常重视老龄工作，全社会关心、关爱老年人的社会氛围正在逐步形成，这些成绩值得充分肯定。

当然我们也要清醒地认识到，我省是在“未富先老”、城乡二元结构依然存在的省情下进入人口老龄化社会的，人口老龄化趋势日益明显，全省老龄事业发展面临着的严峻形势。2010年底，全省60岁及以上老年人占总人口的12.61%。据预测，到“十二五”末，我国60岁及以上老年人将占总人口的16.7%，其中80岁以上高龄老年人占老年人口比例的11.1%；到2015年，我省80岁以上高龄老年人将达到17万人，高龄化比例将达到14.66%，非常明显进入老龄化社会。随着高龄人口快速增加，高龄化程度日益加重，家庭空巢化也日益突出，高龄老年人、失能老年人大幅增加，由此带来的重要工作就是我省社会养老保障体系和社会养老服务体系建设需要进一步健全和完善。在老龄事业上，我们要研究并遵循社会发展之规律，以更宽阔的视野来看待和谋划老龄事业，以更加扎实的措施推进老龄工作。

二、突出重点，科学推进老龄事业健康发展

其一，认真落实《海南省老龄事业发展“十二五”规划》。今天原则通过的这个规划，对我省老龄事业“十二五”发展的总体目标、主要任务和保障措施，都有了明确要求。这是指导我省老龄事业下一步发展的总纲，各项工作都要围绕着这个规划来展开、推进、落实。各级各部门要切实做好省老龄事业“十二五”规划与全省经济社会发展“十二五”规划以及全国老龄事业发展“十二五”规划的衔接工作，尤其是在政策协调、项目建设、资金投入等方面要充分考虑到老龄事业发展的现实需求，通盘考虑，整体推进。要根据规划目标要求，结合本单位、本部门工作，制定分年度的实施计划，抓好落实。项目是加快发展的总抓手，规划的要求一定要落实到项目上。着力组织实施“十二五”期间一批老龄事业重点建设项目，以项目建设带动老龄事业的持续发展。

其二，加大社会养老保障体系建设。要重点围绕基本养老保障制度和基本医疗制度建设，确保国家和省里已出台的有关养老保障政策落实到位。继续完善百岁老人长寿补助金制度，加快推进80周岁以上老年人高龄生活补贴制度。特别是重视和解决好高龄、失能、特困以及无社会保障老年人的基本生活问题。

其三，优先发展社会养老服务产业。老龄产业是一个新兴产业，大有作为。发展这个产业一方面是应对人口老龄化的有力举措，另一方面也是扩大内需、改善民生、增加就业的有效途径，同时也是海南国际旅游岛建设的其中内容之一。要认真总结推广海口市居家养老服务试点的成功经验，加大政策支持力度，加强长效机制建设，依托社区建立起形式多样、覆盖广泛的居家养老服务体系。积极引导街道、居委会建设居家养老、机构养老、医疗保健、文化娱乐、体育健身、学习教育、休闲购物于一体的老年社区，增强社区为老年人提供的综合服务功能，努力满足老年人养老服务需求。要按照国际旅游岛建设的要求，进一步加大城市环境、道路交通、居住条件、公共服务设施、社区服务、养老福利和服务保障建设力度，深入推进城市无障碍建设，努力为广大老年人创造保障安全、服务便利、健康舒适的生活环境。

其四，不断探索完善老年人权益保障和服务工作政策措施。要充分发挥民政部和省政府签署的部省合作协议的平台作用，落实好国家和省里现行扶持老龄事业发展的相关政策。要加大对社会养老服务的政策扶持和财政补贴力度，建立社会养老服务政府补贴和政府购买服务制度。引导和扶持社会力量兴办多层次的养老服务机构，坚持家庭养老和社会养老的结合，鼓励和支持有条件的地方盘活利用闲置的土地、校舍、工房企业、房屋等公共资源，改建扩建养老服务设施或养老服务机构。另外在城乡规划建设、旧城旧村改造及居住区开发中，要把老年服务设施作为公共服务配套设施，统一规划和合理建设。围绕新形势下老年优待的需求，从就医、乘车、通讯、购物、旅游等领域进一步完善老年优待政策，提高优待标准，扩大优待范围，提高优待效果，使老年人得到更多改革发展带来的成果。

三、加强领导，进一步开创我省老龄工作新局面

老龄问题是关系国计民生和长治久安的全局性、战略性问题，也是重要的民生工程和民心工程。各级各部门要高度重视老龄工作，把老龄工作摆上重要位置，纳入党委、政府和部门工作目标管理，与其他各项工作一样统一安排，统一推进，统一考核。要贯彻落实好《海南省实施〈中华人民共和国老年人权益保障法〉若干规定》，县级以上人民政府应当加强老龄工作机构建设，乡镇人民政府、街道办事处应当确定人员，具体负责做好维护老年人权益和为老年人服务工作。要加强老龄工作队伍建设，选好配好老龄工作队伍，加强老龄工作干部在职培训，不断提高老龄干部依法行政的能力和水平，努力建设一支兢兢业业、埋头苦干、乐于奉献的老龄工作干部队伍，同时需要关心和爱护老龄干部队伍，这支队伍是老龄事业发展的基础。各级老龄委及其办事机构要进一步增强服务意识，完善工作协调、督促检查、落实反馈等工作机制，发挥职能作用。老龄委各成员单位要各司其职、各负其责，密切配合，形成分工合作、联系顺畅、沟通有效、协调配合、齐抓共管的老龄工作格局。同时，要搞好老龄工作经费保障，将老龄事业发展经费和工作经费列入各级财政预算，解决好既有人干事、也有钱办事的问题。要进一步深化新形势下敬老爱老助老主题教育活动，进行组织策划多形式、广覆盖、有影响的社会宣传工作，宣传推广孝亲敬老爱老助老典型人物和老龄工作先进典型，在全社会营造浓厚敬老爱老亲老的社会风尚，不断扩大老龄工作的社会影响力，广泛动员社会各方面力量，共同推进老龄事业又好又快发展。

同志们，做好老龄工作，发展老龄事业，责任重大，使命光荣。让我们在省委、省政府的正确领导下，以高度的责任感和使命感，以饱满工作热情、更加扎实态度、积极的行动做好老龄工作，为促进我省老龄事业与经济社会持续协调发展，加快国际旅游岛建设做出新的更大的贡献。

在宁夏自治区老龄委第七次全委会议上的讲话

宁夏回族自治区党委常委　副主席　老龄委主任　刘　慧

（2011年4月6日）

刚才，自治区老龄办常务副主任李治贵传达了全国老龄委第十三次全体会议精神，自治区老龄委副主任、民政厅厅长、老龄办主任马廷礼代表自治区老龄委总结了2010年的工作，对今年及今后一个时期的工作提出了意见，作了部署。自治区发展改革委、人力资源和社会保障厅、司法厅、卫生厅的负责同志通报了有关情况，请各地各有关部门认真抓好落实。下面，我从对老龄工作的认识和宏观方面，讲几点意见。

一、急需增强做好老龄工作的使命感和紧迫感

“十一五”时期，是我区老龄事业发展较快的五年。五年来，各地、各部门紧紧围绕自治区党委、政府工作大局，向着“六个老有”的目标，同心协力推进老龄事业发展。新型农村社会养老保险提前10年实现了全覆盖，农村老年人“老有所养”有了制度性保障；在全国以省为单位率先建立了名称规范、覆盖城乡、按月发放的高龄老人津贴制度，由补缺型老年福利向普惠型发展；推进新型农村合作医疗和城镇居民基本医疗保险制度建设，逐步健全完善城乡医疗救助制度，“老有所医”有了保障；加快老年福利服务设施建设，广泛开展社区居家养老服务工作，社会养老服务体系框架初步形成；着力落实各项涉老惠民政策，使老年人享受到经济社会发展带来的实惠。这些成绩是各级党委、政府的重视，是各有关部门、社会各界和我们老龄工作者共同努力取得的。

但我区老龄工作依然面临着严峻的形势。一是老年人口增速快。据统计，截止 2010 年我区 60 岁以上老年人口已达 70 万，占全区总人口的 10.9%，比 2009 年增加 4.9 万人，增速超过 7.5%，比全国年均增加 3.3%，高出 4 个百分点，且今后还将以高于年均 5%的速度增长，预计到“十二五”末，我区老年人口将达到 89.3 万。二是高龄老人、空巢老人和失能老人增速快。目前，我区 80 岁以上高龄老人达到 5.7 万人，占老年人数的 8.2%；空巢老人 20.9 万人，占老年人数的 29.9%；城乡失能半失能老年人 18.8 万人，占老年人数的 26.9%。三是老年人多层次的服务需求紧迫。随着人口结构的变化，老年人的需求呈现多元化、多层次的特点。目前，还存在着社会保障水平较低，养老服务缺乏完善的政策支撑、有力的资金保障，基层老龄工作基础薄弱，对老龄工作的重要性、紧迫性认识上尚需提高等等问题。总之，在“未富先老”的现实面前，面临着很多挑战。因此，各级党委、政府和各有关部门要从促进宁夏经济社会科学发展、可持续发展的大局出发，深刻认识和准确把握老龄工作面临的新形势、新情况、新问题、新要求，切实增强做好老龄工作的使命感和紧迫感。

二、突出工作重点，发展老龄事业

“十二五”期间是我国全面建设小康社会的关键时期，也是积极应对人口老龄化的重要机遇期。自治区“十二五”规划明确提出：“积极应对人口老龄化，加强和改进老龄服务工作和养老服务基础设施建设，注重发挥家庭和社区功能，着力构建多层次、社会化养老服务体系”，为我区老龄事业的发展指明了方向。各地、各有关部门要站在促进和谐社会建设、推动经济持续发展、构建和谐富裕新宁夏的高度，切实把推动老龄事业发展列入议事日程，立足当前、着眼长远，从具体工作入手，扎扎实实做好今后五年的老龄各项工作，推进老龄事业持续健康发展。

一要切实贯彻实施老龄事业发展“十二五”规划。《宁夏回族自治区老龄事业发展“十二五”规划》，是我区总揽老龄事业发展的重要文件。各地、各部门要结合本地区实际和本部门职能，制定措施，确保规划确定的各项目标任务落实到位。要根据经济社会发展状况和老龄工作实际，充分发挥公共财政支持老龄事业的主渠道作用，逐步建立和完善以公共财政为主，集体、社会、个人相结合的多元化老龄事业投入机制。要把老龄事业作为公共服务建设的重点领域，通过制定优惠政策和扶持措施、优化环境、加强服务等，鼓励吸引社会力量和国内外资金投入老龄事业，增强老龄事业发展实力。要明确本地区老龄事业发展的目标任务，探索建立评估、监管和激励机制，确保老龄事业快速规范发展。要按照“广覆盖、保基本、多层次、可持续”的原则，坚持国家、社会、家庭、个人相结合，加快推进养老保险制度、基本医疗保险制度、老年社会救助制度和老年社会福利制度建设。要按照党的十七届五中全会的要求，优先发展社会养老服务事业，逐步完善以居家养老为基础、社区服务为依托、机构养老为补充的社会养老服务体系。要按照胡锦涛总书记在省部级主要领导干部社会管理及其创新专题研讨班上的重要讲话精神，加强和创新社会管理，牢牢把握最大限度激发社会活力、最大限度增加和谐因素、最大限度减少不和谐因素的要求，大力推进建立老年精神赡养体系、社会助老环境体系，做好老年人权益保障和老年人社会管理工作，提高管理服务水平，为老年人造福。

二要为老年人办好事、办实事。从眼前的具体事抓起，从最突出最紧迫的问题抓起，不断实现好、维护好、发展好老年人的根本利益，是老龄工作的出发点和落脚点，切实维护老年人的合法权益，不断满足老年人日益增长的物质精神文化需求，让老年人共享经济社会发展成果，是我们践行党的全心全意为人民服务根本宗旨的具体体现。因此，要以老年人利益为重、以老年人期盼为念，着力解决好老年人最关心最直接最现实的利益问题。刚才，会议讨论通过了《2011 年老龄委成员单位为老年人办好事、办实事的意见》，我认为这是老龄委各成员单位和老龄办的一项创新，落实好了，见了实效，是老龄工作的一个亮点，请认真办好这件事。我们各成员单位每年都能为老年人办一件好事、实事，一年就是二十多件。积沙成塔，聚水成渊，涓涓溪流可以汇成江河。要健全完善老龄委各成员单位为老年人办好事、办实事制度，年初确定，年内完成，年底总结，形成长效机制。今年我将对办好事、办实事情况进行抽查，对作出成绩的部门和单位予以通报表扬，同时，听取大家的意见和建议，使之不断丰富内容。老龄办也要做好检查和指导，共同推动老龄事业发展。

三是着力推动基层老龄事业发展。在乡镇、街道、村（社区）建立方便适用的养老服务设施。要积极培育和发展基层老年群众组织，发挥各级各类老年群众组织的作用，为基层老年群众组织开展工作创造有利条件，为有一技之长的老年人搭建发挥余热的平台。要与编办、人社、财政等部门协商对推动基层老年事业涉及到人力、财力问题，提出可行性意见报政府研究。

三、加强领导，部门配合

老龄工作是一项体现社会主义优越性，涉及全社会的系统工作，需要以热忱细微的精神和作风来对待，可不能以说起来重要，干起来次要，又被忽视处之。我们要从思想认识上提高，老年人的今天就是我们的明天，全社会都有责任和义务关爱老年人的生活，这也是建设和谐社会的重要部分。这项工作需要方方面面的努力，我提点要求：

一是各地、各有关部门要加强组织领导。着眼于生活在社会主义制度下的老年人，我们执政者要为其增进福祉，切实把老龄工作摆上议事日程，把老龄事业纳入当地经济社会发展总体规划，列入政府为民办实事计划，分管领导要关心，加强具体领导，列入相关部门工作内容，有人承办，使各项工作任务落到实处。

二是发挥职能作用。各级老龄委要以维护好、实现好、发展好老年人的根本利益为工作出发点和落脚点。各级老龄办要认真履行“综合协调、参谋助手、督促检查”职能，充分发挥主观能动性和创造性，做到承上启下，沟通左右，在加强与成员单位的协调中，推动工作落实。我们自治区老龄委成员单位在发展我区老龄事业方面要带头履职尽责，发挥积极作用。

三是加大宣传力度。充分发挥主流媒体的舆论导向作用，结合每年10月开展的“敬老月”活动，在弘扬中华民族尊老、敬老、爱老、助老优良传统的同时，大力宣传人口老龄化的严峻性、老龄问题的特殊性和做好老龄工作的紧迫性，引导全社会关心支持老龄事业，营造良好社会氛围，促进我区老龄事业又好又快发展。

在新疆维吾尔自治区第三次老龄工作会议上的讲话

新疆维吾尔自治区党委常委　肖开提·依明

（2012年3月22日）

同志们：

在全区上下深入贯彻落实中央新疆工作座谈会和自治区第八次党代会精神，全力以赴推进新疆跨越式发展和长治久安之际，自治区召开第三次老龄工作会议，传达贯彻全国第三次老龄工作会议精神，总结“十一五”期间的老龄工作，分析当前面临的形势，明确“十二五”时期的工作思路。开好这次会议，对进一步统一思想、提高认识、坚定信心，确保自治区老龄事业发展“十二五”规划目标任务的圆满完成，具有十分重要的意义。

刚才，托乎提同志代表老龄办对我区“十一五”期间老龄工作进行了总结，提出了“十二五”时期老龄工作思路，会议对我区老龄工作先进集体、先进个人进行了表彰。借此机会，我代表自治区党委、自治区人民政府，对会议表彰的先进集体和先进个人表示热烈祝贺！向参加会议的各位代表，并通过你们向全区各级老龄工作者以及关心支持老龄工作的社会各界致以亲切的问候和衷心的感谢！

“十一五”期间，在党中央、国务院的正确领导下，自治区党委、政府认真贯彻落实中央的一系列重大决策部署，团结带领全区各族人民，克难攻坚，奋力拼搏，坚持一手抓团结稳定，一手抓经济发展，在反分裂斗争异常激烈复杂、各种挑战异常严峻的情况下，保持了经济社会持续稳定发展的良好势头。全区各级老龄工作部门主动适应形势任务的变化，以科学发展观为统领，坚持“党政主导、社会参与、全民关怀”的老龄工作方针，围绕大局，积极探索，稳步推进，在推进新疆跨越式发展和长治久安的伟大历史进程中发挥了重要作用，自治区党委、政府对我区老龄工作是满意的。

下面，我就做好“十二五”时期的老龄工作讲几点意见。

一、深刻认识老龄事业所处的新阶段新机遇，紧扣时代脉搏，增强做好老龄工作、发展老龄事业的自觉性和坚定性

目前，我区大建设、大开放、大发展的热潮滚滚而来，各族干部群众的注意力、关注点和兴奋点已经集聚到走向富裕、走向现代化、建设美好新疆上来，求发展、谋富裕、思稳定、盼和谐已经成为新疆的主旋律。站在新的历史起点，自治区党委第八次党代会确定了今后五年经济社会发展的目标任务，为我们描绘了建设繁荣富裕和谐稳定美好新疆的宏伟蓝图，必将进一步鼓舞和激励全疆各族人民，坚定信心，奋发有为，开创新局面，实现新跨越，创造新奇迹。在这样的大好形势下，老龄工作也迎来了跨越发展的黄金时期，任务更加艰巨繁重，我们一定要把握好形势、把握好主线、把握好重点、把握好规律，认清机遇，抓住机遇，用好机遇，切实增强做好老龄工作、发展老龄事业的自觉性和坚定性。

当前，人口老龄化的形势和老年群体结构的深刻变化带来老年人特殊需求日益增长，老龄事业也面临着前所未有的发展机遇。一是中央对新疆的发展十分关心。党中央、国务院先后对新疆工作做出一系列重大决策部署，专门召开中央新疆工作座谈会，为新疆的发展再谋划、再部署、再鼓劲、再提速，制定实施了一系列特殊政策和扶持措施。二是各省市对口援疆力度不断加大。19个援疆省市对口支援新疆82个县和生产建设兵团12个师。新一轮对口援疆是包括经济援疆、干部援疆、人才援疆、教育援疆、科技援疆等在内的全方位援助，力度之大前所未有。三是各族干部群众加快发展的决心和信心更加坚定。自治区党委在广泛汇集民意民智的基础上，提出了推进跨越式发展和长治久安的宏伟目标，确定了具体的战略选择，全区呈现出心齐气顺、风正劲足，一心一意抓发展、聚精会神促稳定的可喜局面，极大地鼓舞了斗志，提振了信心。四是全社会老龄意识逐步增强。各级党委政府对老龄工作给予高度重视，摆在改善民生的突出位置，积极推进老龄事业的全面发展。全社会对人口老龄化问题广泛关注，中华民族尊老敬老传统美德得到了弘扬和传承，发展老龄事业的社会氛围日益浓厚，大老龄工作格局基本形成。五是老龄工作干部队伍的整体素质得到加强。通过多年的努力，各级老龄工作机构建设进一步得到加强，老龄工作干部的履职能力和综合素质得到进一步提高，培养锻炼了一支热爱老龄事业、倾注老龄工作、干事、创业的队伍，老龄工作的社会地位和影响力进一步提高。

老龄工作面临的历史机遇使发展的前景和空间更为广阔。但是，机遇在前并不等于机遇在手，如果不能发挥主观能动性，不去争取、不去拼搏，机遇仍然可能与我们擦肩而过。胡锦涛同志曾指出："能不能始终牢牢抓住机遇、积极用好机遇，是对我们党执政能力的重大考验，也是对我们民族自强能力的重大考验，关系中国特色社会主义事业成败，关系中华民族前途命运，关系党和国家长治久安。"张春贤书记在自治区党委七届十次会委（扩大）会议上指出："新疆能不能真正抓住机遇，能不能把中央对新疆的特殊重视、特殊支持，变成跨越式发展和长治久安的现实，关键要靠自力更生、艰苦奋斗，靠我们的共同努力。"机遇难得，稍纵即逝，在新的历史发展机遇面前，不允许我们有丝毫自满和懈怠，不允许我们有片刻的等待观望、左顾右盼，必须增强抢抓机遇的紧迫感、使命感，知难而进，迎难而上，以超前的思维、十足的信心、只争朝夕的精神切实抓住新机遇，打造新优势，实现新跨越，朝着"一年一变样、五年见成效、十年大变样"的目标迈进，实现老龄事业又好又快发展。

二、积极探索贯彻自治区第八次党代会精神的新思路新理念，坚持变化变革创新，加快推进老龄事业跨越式发展

自治区第八次党代会提出了推进新疆跨越式发展和长治久安的新思路、新理念、新举措，描绘了新疆发展的美好蓝图，我们一定要认真贯彻落实自治区第八次党代会精神，服从和服务于大局，扎实做好老龄工作，为新疆跨越式发展和长治久安做出更大的贡献。

1. 坚持科学发展、科学跨越、后发赶超。老龄事业能否抓住发展的主题，充分利用当前所面临的大好机遇，充分发挥优势，实现"十二五"发展目标，直接关系到新疆跨越式发展和长治久安宏伟目标的实现。我们必须牢牢把握发展这个"总钥匙"，任何时候任何情况下都不能动摇、不能放松。要坚持以发展为主题，牢牢把握新的着力点，通过进一步解放思想，凝聚发展共识、把握发展规律、创新发展理念、理清发展思路、明确发展举措、转变发展方式、破解发展难题，用发展的眼光、发展的理念、发展的办法解决发展中的问题，走出一条老龄事业跨越发展、科学发展、和谐发展的新路子。

2. 坚持民生优先、群众第一、基层重要。张春贤书记说过："只要我们的各级干部都能爱人民、为民担当，实实在在为老百姓排忧解难，老百姓就会加倍还情于党和政府。"新疆当前的大好形势来之不易，取得的成绩，与我区广大老年人几十年如一日、勤勤恳恳、兢兢业业、含辛茹苦、任劳任怨，奉献自己毕生心血和汗水分不开的。没有老年人昨天的流血流汗，就没有我们今天的辉煌，也就不可能有我们今天的幸福生活。老年人生活怎样，不仅仅是反映一个群体的利益，更是检验社会和谐发展程度的"晴雨表"和"温度计"。2011年，自治区首开"民生建设年"，取得了显著的成绩，今年仍是"民生建设年"，新年伊始，又开展了"项目促进周"、"民生促进周"和"现代文化促进周"活动。我区重点民生建设工程中很多内容涉及老年民生，充分体现了对老年人的关怀，对弘扬敬老社会风尚将起到极大的推动作用。各级党委、政府必须把改善老年民生作为老龄事业最基础的工作来抓，作为实事项目来抓，真正了解老年人当下缺什么、忧什么、盼什么、想什么，始终把老年人的呼声作为第一信号，把老年人的需要作为第一选择，把老年人的满意作为第一标准，着力解决老年人“最急”、“最难”、“最怨”的事情，让老年人的意愿得到充分尊重，老年人的困难得到彻底解决，老年人的生活得到明显改善，老年人的积极性得到充分发挥，让广大老年人共享改革发展和现代化建设成果，健康幸福地安度晚年。

3. 坚持以现代文化为引领。自治区第八次党代会明确提出要坚持现代文化引领，推动文化大发展大繁荣。以现代文化为引领，是自治区党委根据中央新疆工作座谈会精神，深入分析新时期我区区情，审时度势做出的关系新疆发展全局的重大战略选择。以现代文化为引领，就是要把以爱国主义为核心的民族精神和以改革创新为核心的时代精神作为基本内涵，以现代文化引领新疆经济和社会的跨越式发展，引领人的全面发展，激发创造活力，推动科学发展，提升文明素质。以现代文化为引领，既是老龄工作今后的前进方向，更是我们肩负的重大责任。我们要以全新的思路和举措，根据老年人的接受习惯，坚持“小载体讲大道理”理念，运用拿得出、叫得响、讲得透、传得广的方法和途径，创新宣传教育形式，丰富宣传教育内涵，让老年人坐得住、听得进、记得牢、用得上，增强宣传教育的吸引力和感染力，使老年人思想上得到启发、理论上得到武装、实践上得到指导。真正把“现代文化”的意义诠释好、宣传好，把“现代文化”的内容传递好、普及好，把“现代文化”的作用实现好、发挥好，让现代文化成为增强老年群体凝聚力的添加剂和老龄事业发展的助推器。

4. 坚持维护民族团结和社会稳定。各族老年人对民族团结、社会稳定和祖国统一有着牢固的思想基础，反对民族分裂、保持社会稳定，是各族老年人的共同愿望和根本利益所在。要进一步增强政治意识、大局意识、责任意识，深入基层开展扎实细致的工作，真诚关心老年人的疾苦，及时倾听老年人的诉求，切实维护老年人的合法权益，把党和政府对老年人的关怀落到实处。要教育引导各族老年群众深刻认识团结稳定是福、分裂动乱是祸，在民族大团结的旗帜下，增强老年群体的凝聚力和向心力，团结带领广大老年人共同为维护民族团结、维护社会稳定做贡献。

三、保持发扬真抓实干、务求实效的新气象新精神，形成干事创业的良好氛围，不断开创老龄事业新局面

1. 在发展老龄事业中奏响新疆旋律。自治区第八次党代会提出了实现新疆跨越式发展和长治久安的宏伟目标，实现“两大战略目标”已经成为新疆发展的主旋律。我们要把实现“两大战略目标”体现在老龄工作的各个方面，集成资源、集中力量、集聚优势，突出重点，打造亮点，切实为“两大历史任务”的实现做出应有的贡献。新疆跨越式发展和长治久安离不开各族老年人的大力支持和积极参与，需要发挥老年人的智慧和力量。要唱响主旋律、研究新情况、顺应新期待、解决新问题、完成新任务，打好主动仗，最大限度调动老年人的积极性、主动性、创造性，达成共识，形成合力，动员和引导广大老年人主动融入大局，服务发展，找准切入点、明确着力点，开拓创新，排难而进，在新疆大建设、大开放、大发展的历史进程中彰显时代风采，与时代共奋进，与新疆共发展，在建设美好新疆的同时实现自己的人生价值。

2. 在发展老龄事业中弘扬新疆精神。自治区党委结合新疆实际，在第八次党代会上创造性地提出了要大力弘扬爱国爱疆、团结奉献、勤劳互助、开放进取的“新疆精神”。“新疆精神”植根历史、基于现实、紧跟时代、引领未来，是以爱国主义为核心的民族精神和以改革创新为核心的时代精神在新疆的具体体现，是引领新疆经济社会又好又快发展的精神旗帜。我们必须保持昂扬向上、奋发有为的精神状态，以超常规的思维思考问题，以超常规的胆略谋取发展，以超常规的干劲投入工作，引导各族老年人牢固树立艰苦奋斗的思想，把“新疆精神”渗透到工作的各个方面，渗透到老年人的日常生活中，内化为群体意识，外化为自觉行动，激励各族老年人大力弘扬时代精神，更加感恩中国共产党，感恩社会主义制度，感恩伟大祖国，在全社会形成弘扬“新疆精神”的良好氛围。

3. 在发展老龄事业中提升新疆能力。实现“两大战略任务”最重要的是取决于我们自身的努力和自我发展的能力。我们必须努力提升体现时代性、把握规律性、富于创造性的“新疆能力”。打造“新疆能力”是一个渐进的过程，要在实践中不断完善工作思路和方法，出实招、办实事、见实效，增强敢于创新、科学执政的能力。要想老年人所想、急老年人所急、盼老年人所盼，全心全意为老年人服务，诚心诚意为老年人办实事、办好事，真正以老年人受益程度作为工作的“试金石”，以老年人的满意度作为衡量实绩的“标尺”。

4. 在发展老龄事业中创造新疆效率。张春贤书记明确提出：要大力倡行"新疆效率"，进一步解放思想、创新思路、讲求方法，把"新疆效率"落实到加快发展的方方面面。"新疆效率"的提出，表明了自治区党委、人民政府自加压力、敢于担当，不畏艰难，带领群众艰苦奋斗，实现新疆跨越式发展和长治久安的信心和决心。要充分认识践行"新疆效率"对我区跨越式发展的重要意义，把践行"新疆效率"作为推动工作、促进发展的全局性工作来抓，要有一种坐不住、等不起、慢不得的强烈紧迫感。具体说来，就是要体现一个"早"字，工作早准备，计划早安排，任务早落实；要体现一个"快"字，抢在前面，走在前列，不错过任何一个发展的有利机遇；要体现一个"好"字，高起点定位、高标准要求、高质量落实；要体现一个"实"字，不摆花架子，不做表面文章，不搞形式主义，用实际工作、实在效果取信于各族老年人。

四、健全完善促进老龄事业发展的新机制新举措，狠抓落实，努力把老龄工作提高到新水平

1. 加强领导，创造条件，完善老龄事业发展的机制体制。做好老龄工作，党政主导是关键，只有各级党政领导认识到位了、真正重视了、摆上位置了，老龄工作才能顺利推进。各级党委、政府要把促进老龄事业优先发展、科学发展作为重要职责，站在全局的战略高度重新思考、重新认识、重新定位、重新谋划，进一步加强对老龄工作的领导，把老龄工作列入重要的议事日程，把老龄事业纳入经济和社会发展总体规划，完善法律法规，加大政策支持力度，提高公共服务水平，健全社会保障制度，保障老年人权益，切实为老年人解决实际困难和问题。要树立长远眼光，把对老龄事业的投入作为基础性、战略性的投资，想尽一切办法、克服各种困难，宁肯在其他方面紧一些，也要努力增加对老龄事业的投入，并随经济发展和财政收入的增长进一步提高。要确保认识到位、责任到位、措施到位、投入到位，抓好抓实，抓出成效。要重视老龄工作机构建设和老龄工作干部队伍建设，在政治上多关心、爱护老龄工作干部，加强培养教育，真正让老龄工作者有作为、有地位。

2. 社会各界要关注老龄工作，主动参与，共同推进老龄事业的发展。做好老龄工作，不仅仅是党委、政府的责任，也是全社会的共同责任，要按照"党政主导、老龄牵头、部门协作、社会参与"的要求，形成齐抓共管的长效运行机制。各级老龄委成员单位和有关部门要积极履行职责，充分发挥职能作用，把老龄问题纳入本部门工作规划，纳入所制定的政策法规中，纳入到具体工作部署之中去，明确目标任务，狠抓工作落实。要进一步加大宣传力度，大力宣传人口老龄化的严峻形势，宣传中华民族敬老传统美德，宣传党的老龄工作决策部署，宣传老龄事业发展的成就，不断提高全社会对老龄工作重要性的认识，为老龄事业的发展营造良好的舆论氛围。多年来，社会各界有识之士以高度的责任心和饱满的热情，集思广益，提出了许多有见地、有价值的意见和建议，对于加强老龄工作、发展老龄事业产生了积极的作用。今后要更广泛的动员社会各界共同关心关注老龄事业发展，改善老年人平等参与社会的条件和氛围，在全社会增强关爱老年人意识，倡导团结互助行为，切实理解、处处尊重、热情关心和倾力帮助老年人，使他们更好地发挥作用，实现人生美好价值，安享晚年。要借鉴社会公益事业社会化运作的成功经验，尝试由老龄部门牵头，企业参与，民间公益或慈善组织进行社会化运作等模式，探索老龄工作的新路子。

3. 各级老龄工作部门要充分发挥职能作用，提高服务水平，推动老龄工作深入开展。一是要服从服务于大局。要自觉地把贯彻落实自治区的战略目标与老龄工作的开展有机结合起来。当前，要重点围绕自治区党委的一系列新部署，从党委、政府工作大局中寻找老龄工作的切入点，把改善老年民生作为工作重点。二是要主动争取支持。要积极主动争取各级党政和有关部门的支持，研究新情况、解决新问题，努力掌握新形势下老龄工作的特点和规律，不断提高分析和解决问题的能力。三是要积极加强沟通协调。要进一步加大综合协调工作力度，在成员单位联络协调上下功夫，推动有关部门出台更多的涉老政策措施，把各方面的力量都运作起来，形成各职能部门相互配合、齐抓共管的合力，共同推进老龄工作发展。四是要不断创新工作理念。在工作形式上体现贴近性，在工作内容上体现针对性，在工作方法上体现灵活性，在工作途径上体现多样性，在工作作风上体现务实性，在工作机制上体现持续性，通过多做打基础、利长远的实事，保持老龄事业协调可持续发展。

同志们，做好新时期的老龄工作，使命光荣，责任重大，让我们在以张春贤书记为班长的自治区党委的坚强领导下，以科学发展观为指导，深入贯彻中央新疆工作座谈会和自治区第八次党代会精神，坚持只有努力才能改变，只要努力就能改变，解放思想，敢于担当，不辱使命，坚持变化、变革、创新，为实现新疆跨越式发展和长治久安、推进自治区老龄事业又好又快发展做出新的贡献，以更加优异的成绩向党的十八大献礼。

在全国老龄办直属机关2011年党的工作和工青妇工作会议上的讲话

全国老龄办副主任、直属机关党委书记　曹炳良

（2011年3月11日）

同志们：

过去的一年，全国老龄办直属机关党群工作，在民政部直属机关党委和全国老龄办党组的领导、支持下，认真贯彻落实党的十七大和十七届五中全会精神，深入开展创先争优活动，围绕中心，贴近实际，落实全国老龄办总体部署，开展了各具特色、卓有成效的工作，有力地保证了全国老龄办中心任务的完成，促进了和谐机关建设，取得了很大成绩。下面我就进一步加强直属机关党群工作讲几点意见：

一、认清形势，统一思想，围绕中心，大力推进“五型”机关建设和争先创优活动

全国老龄办直属机关党群工作，一定要适应新形势、新任务、新要求，充分发挥好党群组织的引领表率作用。全体共产党员、共青团员，特别是党员领导干部，要在完成全国老龄办重点任务中身先士卒，在推进“五型”机关建设中带好头，在创先争优活动中起表率，自觉地、身体力行地做好各项工作。

（一）要认清形势，统一思想，全力做好今年的重点工作。2011年，是“十二五”规划的开局之年，也是全国老龄工作大事要事比较集中的一年。全国老龄委第13次全体会议和全国老龄办主任会议已就2011年的工作做出了全面的部署安排，我们要全力完成好《国家应对人口老龄化战略研究》、编制实施《中国老龄事业发展“十二五”规划》、研究提出《国家老龄事业中长期发展规划纲要》、筹备召开第三次全国老龄工作会议、配合全国人大常委会开展老年法执法大检查和做好《中华人民共和国老年人权益保障法》的修订工作等等重点工作任务。这些工作完成的好与不好，关系到我国老龄工作和老龄事业的长远发展。直属机关全体同志，一定要认清形势、统一思想、明确任务、齐心合力、奋发有为地做好各方面的工作，为推进全国老龄工作和老龄事业的发展贡献自己的聪明才智。

（二）大力推进“五型”机关建设。建设效率性、责任型、学习型、服务型、廉政型机关，是中央和国家机关创先争优活动中提出的新要求。是加强和改进机关作风的重要举措。机关作风的好坏，是一个单位综合素质、能力的集中体现，关系到能否切实履行好党和国家赋予的职责任务，关系到是不是真正执政为民、廉洁从政、以人为本的大问题，也关系到一个单位的对外形象。前两年，全国老龄办党组根据自身实际提出了建设学习型、研究型、创新型、服务型机关的要求，大大促进了机关作风和工作方式的转变，通过四型机关建设，直属机关学习的空气浓了，研究问题的同志多了，工作思路得到了转变，实际工作方法方式有了创新点，为党和政府决策老龄问题服务、为成员单位工作服务、为老年人服务的自觉性增强了，有力的提升了全国老龄办机关的工作能力和水平，进而促进了全国老龄工作和老龄事业的健康持续发展，得到了社会的广泛认可。下一步，我们要在全国老龄办四型机关建设取得显著成效的基础上，结合直属机关的实际，大力推进“五型”机关建设，使全国老龄办机关作风和各项工作有一个质的飞跃，更上一层楼。

推进“五型”机关建设，要立足机关实际，积极探索行之有效的方法途径，在提高制定政策法规和执政能力水平上下功夫，在完成重点任务、推动工作创新、加强队伍建设、转变思想和工作作风方面下功夫。直属机关每一个同志要从自身做起，脚踏实地，身体力行，在“五型”机关建设中作表率。首先要强化效率意识。工作中要做到办事讲效率，急事急办，办就要办好，办的有成效有质量，不推诿扯皮。要克服个别同志工作中分不清轻重缓急，办文办事拖拖拉拉不求质量，领导推一推动一动的现象。第二要强化责任意识。责任心是做好机关工作的重要因素。每个同志都要树立对单位、对工作、对从事的事业高度负责的责任心、事业心，切忌工作得过且过，敷衍塞责。第三要加强和重视学习。学习永无止境，学习是

一个人成长进步的源泉，也是做好工作的基础。机关干部要高度重视政治理论、法律法规、老龄业务等各方面知识的学习，自觉养成良好的学习习惯，既要向书本学习，更要向实践学习，通过学习提高把握党的方针政策的能力，把握驾驭全局工作的能力，把握指导实际工作和解决实际问题的能力。目前，直属机关年轻同志占很大比例，希望年轻同志多向实践学习，带着问题去学习、去思考、去调研，只有把学校学到的知识与实践知识融会贯通，才能提高和锻炼自己解决日益变化的实际问题的能力。同时我们各单位的领导要多为年轻同志创造向实践学习的机会，重视他们的培养锻炼，使他们尽快熟悉机关工作和老龄工作业务，使其尽快成长起来。第四要强化服务意识。做老龄工作必须把我们的工作职能定位搞清楚。按照服务对象说，我们所从事的老龄工作，既是为现在老年人也是为未来老年人服务的工作，说到底是为全体人民服务的工作。按照职责任务来说，是为党和政府决策人口老龄化问题直接服务的工作，也是为全国老龄委组成单位和地方老龄工作部门提供服务的工作。因此，我们研究问题、了解情况、提出建议、协调配合出台法规政策、动员协调组织重大活动等等，都要有明确的占位。第五要始终保持清醒头脑，做一名清正廉洁、勤政为民的好干部。在权利、物欲面前，要端正心态，切莫心浮气躁，要守住底线，切莫越界。

总之，加强“五型”机关建设，改变机关作风，是一个长期的任务，党群组织要起到带头作用，把这个问题抓好。党委要抓，各支部要抓，工青妇组织也要抓，才能形成合力。

（三）扎实深入地把创先争优活动开展好。创先争优活动要立足岗位开展活动。去年一年，我们的活动搞得很好，还受到了民政部的表扬。但是也还存在个别单位不重视的问题。今年要把创先争优活动扎扎实实、认认真真地开展起来。机关的党群工作就是要围绕中心，统一思想，立足岗位来开展。要明确中心任务，要认识到今年的重点工作：

一是筹备召开第三次全国老龄工作会议，这是今年的重头戏、硬任务。会议如何召开，议程如何设计，能否出台政策性文件，将关系到中国未来5年老龄事业的发展。

二是国家应对人口老龄化战略研究，这是全国老龄办有史以来开展的最庞大、最全面、最系统的人口老龄化问题国情研究。良玉总理十分重视这项工作。我们要加强对23个子课题的研究和修改完善，这是对未来中国老龄问题的一个方向性的把握，要形成自己的观点和理论。例如，中国养老市场的发展问题，涉及到各部门之间利益碰撞的问题，我们要有自己的方向和观点，才能做好协调。对这项工作，中央给予了很高的期望，我们的责任重大。

三是《国家老龄事业发展中长期规划纲要》的制定，这是今年的一场硬仗，责任重大，需要全国老龄办齐心协力地推进。

四是老龄事业发展“十二五”规划的发布实施。应对人口老龄化战略研究的转化成果，就要在“十二五”规划中体现出来。这也是今年老龄事业发展的重要内容。

二、立足本职岗位，勇挑重担，为老龄工作和老龄事业发展贡献力量

党群工作是做人的工作，所以要针对人的特点来开展，关键有以下几点：

一要正确对待名利问题。“名利关”如果跨不过去，就会在政治上摇摆不定，在思想上不坚定，进而影响到事业的发展。在这一点上，我们做党群工作的同志们做得很好，面对工作认真负责，面对荣誉你推我让，这很好。但是市场经济竞争激烈，现代社会物欲横流，人心浮躁。作为机关党员干部职工更要树立立足岗位，兢兢业业工作，安安心心干事的正确名利观。

二要树立远大的理想信念。我们的年轻干部从校门到机关都经历了一年见习，三年等待，七年之痒，八年奋斗，才能进入处级干部的序列，这很容易造成一个人的惰性。所以，无论投身什么事业，站位都是非常重要的。

三要脚踏实地干事业。老龄事业发展到今天，领导重视，社会关注，为年轻人发展创造了一个很好的平台。年轻干部一定要抓住机遇，把书本知识与实际工作结合起来，脚踏实地开展工作，才能施展抱负，大有可为。我们党委和工青妇组织也要在这个平台上踏踏实实地搞事业。

四要真心诚意对待同志。我们的同志们都是有理想有事业心的好干部，同志们之间既要相互协调配合，又要坚持批评与自我批评的工作作风。要敢于批评，敢于讲真话。要能够经受住批评才能进步，同志们之间要敢于讲真话才能促进发展。

三、发挥优势，努力做事，合力推进机关建设

要做好老龄工作思想不能老，心态不能老。我在全国老龄办直属机关党委成立的时候就强调，党群工作要活跃起来，工青妇组织要活跃起来。不能不温不火的开展工作，要勇于挑重担，敢于承受压力。要给大家创造良好的环境，创新载体，创造方法，把组织活跃起来，人员凝聚起来，使全体干部职工珍惜自己的岗位，把工作作为责任使命，勇于展示自己。

同志们，2011年是老龄事业发展非常重要的一年，也是我们的工作任务繁重的一年，这是锻炼全国老龄办机关和每一个人的一个很重要的机遇。我们要进一步增强政治意识、责任心和事业心，齐心协力推进党建工作，促进工青妇组织的工作活跃起来，努力把全国老龄办的中心工作和重点工作完成好。

在社区为老服务建设项目试点工作会议上的讲话

全国老龄办副主任　阎青春

（2011年4月14日）

同志们：今天上午的会议，甘肃民政厅的沙厅长首先发表了热情洋溢的致辞，兰州市城关区国一区长介绍了大力发展居家养老服务，加强为老服务信息系统建设，开设没有围墙的"虚拟养老院"的做法与经验，民政部社会福利和慈善事业促进司的张齐安处长则就福彩资金的使用和申报程序作了深入浅出地诠释，我们全国老龄办事业部的吴秋风主任传达了民政部办公厅、财政部办公厅关于各地申报2011年度彩票公益金补助地方项目事项的有关精神，我觉得他们讲的都非常好。社区居家养老服务这几年就一直是我们全国老龄办着力在抓的一项重点工作，前年我们联合国家十个部委办局会签出台了《关于全面推进居家养老服务的意见》，各地也相继在贯彻落实文件精神的过程中，结合本地实际出台了一些更加切实可行和具有可操作性的办法，使得社区居家养老服务在全国各地蓬蓬勃勃地开展起来，并且创造了许多行之有效的做法和经验。我们正是在总结各地成功做法和经验的基础上，感到建设比较普及和完善的社区居家养老服务信息系统，是实现居家老年人养老服务需求和社区为老服务资源及时对接，进而把居家养老服务真正落到实处的一个最成功、最有效的实践。为此，我们努力争取相关部门的理解和支持，与民政部门一道，从今年开始下决心下力气把社区居家养老服务的信息系统建设项目先从试点的层面上做起来，然后再深入展开，推及到全国的层面。今年民政部决定从福利彩票公益金使用计划中拨出2000万元给我们做先期试点的启动资金，对此我们深感责任重大，一定要上下同心、全力以赴把这件事作为咱们全国老龄系统的一件大事要事抓紧落实好，抓出成效来。

今天我们把大家请来，就是力图让大家在认真学习兰州市城关区开展居家养老服务，建设先进服务信息系统经验做法的基础上，全面部署居家养老服务信息系统建设项目试点工作任务，并集思广益，建言献策，回去抓好项目的落实工作。因此，这次会议既是现场的经验交流会，也是试点项目的任务布置会。

听了兰州市城关区关于着力开展居家养老服务信息系统建设、全面推进居家养老服务工作的经验介绍，我觉得他们的做法很实在，经验也很实用，可以为我们这次部署的试点项目提供很好的范例和有益的借鉴。概括他们的经验，可以看出这样几个特点：一是党委、政府高度重视，把此项工作作为重大民生工程、"一把手工程"来抓，为居家养老服务的成功开展提供了强有力的保障。二是有效运用行政和市场两种资源、两种机制，实现了"政府搭台、企业唱戏、机构监管、老人受益"的良好运转方式。三是加强服务信息系统建设，现代化的信息管理技术和运转模式实现了养老服务与信息技术的有机结合，这样既节省了成本，提高了效率，也构筑了服务经营管理的高起点，并且为居家养老服务实现对老年人群的广覆盖和可持续发展奠定了基础。四是老龄部门充分发挥综合协调作用，凝聚各方面力量形成合力，使得有限的养老服务资源得到整合和优化配置，服务和管理效能都得到了最大限度地发挥。

这两年，我们一直跟踪关注兰州市城关区建设居家养老服务信息系统建设，全面推进社区居家养老的做法，去年5月份全国老龄办组成专门工作组对此进行了专题调研，并将调研成果报送了国务院办公厅、全国老龄委各成员单位和各省（自治区、直辖市、计划单列市）老龄办，得到了各级政府和社会各界的广泛关注，引起强烈反响。可以说，在我国大多数经济欠发达、不发达的省份开展居家养老服务，甘肃省兰州市城关区为我们树立了一个样板，带了一个好头，创造了新鲜经验。兰州市城关区能做到的我想全国大多数地区也都能够做到并做好。所以我们就要推广兰州城关区的经验和做法，为各项目试点单位提供实实在在的学习与借鉴。

下面，我想结合传书主任对此项工作的指示，就试点工作的部署落实，讲几点不成熟的意见。

一、充分认识推进社区居家养老服务，加强服务信息系统建设建设的重要意义

1. 推进社区居家养老服务，加强服务信息系统建设是适应人口老龄化快速发展要求，有效加强应对的重要举措。我国的人口老龄化进程随着经济发展和社会进步正在呈现不断加剧的态势，老年人口也在以每年八九百万的绝对数量递增，数以亿计的老年群体日益增长的养老服务需求已经对经济和社会发展形成了巨大的压力。为找到适合我国国情的养老服务模式我们进行了长时间的探索和实践，大力发展居家养老已经成为我们解决养老服务难题的必由之路，成为构建中国特色养老服务体系的根本基石。党的十七大提出了"老有所养"的战略目标，十七届五中全会提出了重视发挥家庭和社区功能，优先发展社会养老服务事业和产业的要求，国家"十二五"规划又将"建立以居家为基础、社区为依托、机构为支撑的养老服务体系"列为国家应对人口老龄化战略的重要内容。良玉副总理作为老龄委主任多次强调要高度重视居家养老服务工作，并将其作为全国老龄系统要长期坚持的重要工作抓紧抓好。绝大多数老年人选择在家里居住养老，在家庭日益小型化的今天就需要有社会化的养老服务和支持及时跟进。那么首先就必须要了解和掌握众多老年人的养老服务需求，同时还必须了解和掌握属地众多分散多样的为老服务资源，这样才能及时快捷地实现养老服务供和求两方面信息的对接，才能真正在社区层面打造出一个没有围墙的养老院。怎样才能做到这一点呢？我想在信息技术大力发展的今天，做到这一点已经不再是一件很难的事情了。我们做居家养老服务信息系统建设，就是要通过现代通信信息技术来构建起社区的信息服务网络和为老服务平台，一方面实现对老年人养老服务需求信息的掌握和了解，另一方面实现社区内多种养老服务资源的整合，由此就可以较好地破解养老服务供求信息对接这个难题，把居家养老这个基础夯实。并且这样做对于政府来讲，是减轻财政压力、节约政府成本、使有限养老资源实现效益最大化，进而真正实现长期、可持续发展的最佳选择。

2. 推进社区居家养老服务，加强服务信息系统建设是全面掌握老年人基本状况，为党和国家制定老龄事业发展方针政策提供可靠依据的基础工程。大家在实际工作中可能都有一个很深的体会，当各级政府需要在发展老龄事业上作出决策时，总是需要我们老龄工作部门为之提供一些可靠的数据和参考，可我们这时候往往却拿不出翔实的老年人基本状况的数据和实证来，因为我们缺乏科学的手段去及时掌握和了解老年人不断发展变化的动态情况。咱全国老龄办体会更深，要想做好一个全国性老年人状况的统计比登天还难，各地有的干脆做不出来不给你报，有得做出来也是靠拍脑门、大约摸糊弄出来的，缺少真实性和可信度。假如我们建起来全国联网的老年服务信息系统，那么就可以随时随地更新老年人基本状况的数据和基础资料，就可以随时随地统计分析老年人的各种需求和服务的供给与满足情况，就可以为党和政府的决策提出可信的依据和参考。目前党和国家正在研究制定有关发展养老服务事业的几个专项规划和相关政策，如《中国老龄事业发展十二五规划》、《十二五时期养老服务体系建设专项规划》以及《十二五时期基本公共服务建设专项规划》，还有《优先发展养老服务业的意见》等，这些都需要咱老龄部门从中发挥掌握信息、统计数据、汇集资源、提供参考等更大的作用，有了这样的信息系统建设，做起这些事情来肯定会得心应手。所以我们说这是一项基础工程建设，希望大家千万要重视、要做好。

3. 发展社区居家养老服务，加强服务信息系统建设是拓展养老服务市场、开辟老龄产业领域的强大助推器。经济学理论讲生产决定消费，但反过来消费也会在一定程度上影响和决定着生产。养老服务也是这样，既需要政府主导的大众化一般性的基本养老服务，也需要市场为主体的多样性、个性化的特殊养老服务，既需要养老服务事业的发展，也需要养老服务产业的发展。建设社区居家养老服务信息系统项目，着力于利用现代科技手段，及时了解和掌握老年人各种各样的服务需求信息，便于整合各种服务资源，根据老年人的需求去开展服务、拓展服务，逐步实现居家养老服务从基本生活照料、紧急救助、医疗保健等向辅具配置、康复健身、精神慰藉、情感沟通、法律服务、婚姻介绍等更广泛、更深入的方面延伸，促进为老服务向现代化、信息化、标准化、专业化方向发展，使老年人在家门口或足不出户就能获得方便快捷、称心周到的各种服务。这样一方面能大大提高居家老年人的晚年生命生活质量，另一方面也激活了潜在的老年消费市场，不断开辟出新的服务领域，为养老产业的发展提供前所未有的机遇。

4. 推进社区居家养老服务，加强服务信息系统建设是推动老龄工作、提高老龄部门管理能力和水平的有效抓手。长期以来，全国老龄系统普遍反映工作中存在着"虚、悬、浮"的现象，这次社区为老服务建设项目首次获得福彩公益金资助，使我们真正能够做一件有心办也有力办的实事。但作为全国老龄系统一项全新的工作，如何把这一实事办好，既是对各级老龄部门执行力的考验，也是争取地方党政领导重视，扩大老龄工作影响力，提高老龄工作部门统筹协调能力的良好契机。同时，试点工作的效果如何，还会影响到下一步试点范围的扩大和项目的整体预期。所以，我们今天请来的代表，基本上是中西部老龄工作基础较好，社区为老服务经验比较丰富，统筹协调能力较强地区的同志，请你们务必高度重视这次项目的试点工作，力求凸显本地特色，打造全国亮点，真正在全国起到示范引领作用，由此也把老龄工作水平和影响力向上抬升一步。

二、全面把握项目试点工作的任务要求这次项目试点计划用1年的时间，在中西部20个县、市、区开展。今天来参会的试点单位，我们既是优中选优，又在区域选择上覆盖了不同层次。具体来说，试点工作包括五个方面的内容。

1. 在项目试点单位选择上。起码有五条最基本的要求要遵循，一是参选试点的县、市、区党委、政府必须高度重视，把社区居家养老服务列入为民办实事的重要工作，有积极性主动要求参加试点。二是在县、市、区层面设立专门的居家养老服务机构，统一负责本辖区的为老服务事务。该机构应该有房屋设施、有建制、有专职管理人员和专业服务队伍，并要积极搭建和不断充实养老服务信息网络系统和服务平台。三是该机构原则上应由当地老龄部门或和民政部门共同牵头负责与管理，并协调各相关部门大力支持。四是在国家资助的基础上，当地政府最少必须按不低于1∶1的比例进行资金配套。政府应为有服务需求的困难老年人分类提供服务费用补贴，同时支持服务商家为老年人提供服务优惠和让利，地方财政可以学习兰州城关区的做法，对商家服务优待部分采取适度补贴的方式进行统一决算和补助。五是试点项目的运行模式应是政府主导，服务商加盟，市场化运作，老年人受益。

2. 在项目适用目标人群上。试点单位应将辖区内老年人全部纳入，并借鉴兰州市城关区模式，将老年人按照身体健康状况、经济支付能力等基本状况分为几类，并根据不同情况，明确其享有的服务补贴和优惠数额。

3. 在建设内容上。社区居家养老服务涉及多个层面，我们一下子不可能面面俱到。这个项目试点主要侧重社区居家养老服务信息系统建设。最基本应具备四项基本功能：一是具有随时接收、处理老年人服务需求信息的功能。建立起老年人群基本状况的基础信息库，包括辖区老年人口数量、老年人基本信息、家庭成员情况、个人病史等方面内容，并根据实际情况及时进行动态调整。负责接收老人需求信息和求助信息，汇总需求数量、种类，帮助挑选、对接服务资源，并定期对软件进行维护升级。二是紧急呼叫救助功能。针对老年人群常见、多发的心脑血管疾病以及其他类型的急性病呼救，建立起医疗紧急救助的绿色通道，为老年人生命健康提供可靠保障。三是多种多样的为老服务功能。这应该说是最基本也是最主要的功能。要广泛动员各类服务商家积极加盟到社区居家养老服务中来，然后通过认真的考察和鉴别，与那些诚实守信、热心养老服务事业并且服务质量高、信誉程度好的商家签定服务合约，以此建立起并不断丰富充实服务资源信息库，随时根据老年人的服务需求，组织各类社会组织、服务商家和志愿者为老人提供各种各样满意周到的服务。四是服务管理功能。主要是进行服务信息、流程、程序、人员、价格、服务费用补贴等项管理和服务效果的检查监督。要研究制定一系列规章制度和标准、规范，确定服务项目标准和价格，跟踪服务过程，评估服务效果，拨付政府各类补贴，进行服务志愿者的注册管理，开展专业服务人员备案、培训、认证等工作。

4. 在建设方式上。我们提倡整合现有资源，盘活存量资产，尽可能利用一切可利用的条件，进行建设、改造、完善和提高。按照相关部门要求，这次试点建设项目中各级政府的资源配置和资金投入须严格履行国有资产的管理要求，确保国有资产不流失。但这并不影响鼓励和支持社会力量参与。因为要真正建立起居家养老服务的信息网络系统，单靠中央配置的百十万资金和地方政府按要求相应配套的部分资金是远远不够的，必须得动员社会资源，特别是让从事通信业务的商家加入进来，一来提供更多可利用的资源加快建设步伐，二来提供诸多的技术支持，保证信息通畅，同时还可以让他们献出爱心，为老年人提供更多的优待和实惠。许多地方的实践经验就是鼓励商家建设基础信息网络系统，政府则给予政策支持和资金补贴，或是通过补贴老年人服务费用的方式保证服务商家的客户群，使其实现规模效益。现在是市场经济了，相信大家按照市场经济规律办事，国有资产不仅不会流失，反而会更好地保值增值，发挥出更大的效益。

5. 在项目资金使用上。这次中央资助的项目试点经费2000万不算很多，所以，要"好钢用在刀刃上"，充分发挥中央建设资金的倍增效用。各试点单位要尽快按要求落实配套资金，配套资金要求最低不能少于1：1。试点项目申报时要事先获得地方政府或财政部门配套资金的承诺文件，确保中央投资项目建设资金不留缺口。

三、关于几点具体的工作要求

2011年社区为老服务建设项目试点工作，时间紧、任务重，为确保试点目标任务圆满完成并达到预期效果，我对项目试点工作的启动再强调以下几点。

1. 要切实加强领导。各地要高度重视试点工作，迅速向政府分管领导汇报情况，力争将项目纳入政府统一规划。要成立由老龄办牵头抓总，各有关方面参加和支持的试点工作领导小组，明确责任、各司其职，形成合力，共同完成试点的各项工作任务。各试点单位的老龄办要成立由主管领导负责、相关业务处（室）参加的组织协调机构，做好试点项目实施的组织领导、统筹协调、检查监督、总结经验工作，全力促进项目尽早开工建设，尽早投入使用，尽早发挥效益。

2. 要切实加强施工监管。在试点项目实施阶段，各级老龄部门要按照有关规定，对项目施工手续、工程质量、项目资金拨付、项目进度等进行全面监管。为确保监管到位，各地老龄办一要签订责任书，把项目建设各环节的责任落实到人，实行基本建设责任制。二要加强设施质量监管，把安全和设施质量放在重要位置。确保每个试点项目都成为精品工程，经得起历史检验。三是要建立健全资金管理制度，实行专款专用，专账管理。杜绝不合理开支，严禁资金被截留、挤占、挪用，确保国家和地方投资安全、高效运行。

3. 要认真总结试点经验。各试点单位要重视做好总结经验的工作，对项目实施过程中形成的经验和教训，出现的困难和问题，出台的文件和报告，无论大小、无论成熟与否，都要及时向全国老龄办报告，以便为我们下一步的试点工作提供参考和借鉴，为最终社区为老服务建设项目取得预期效果奠定良好基础。

4. 要做好项目成果的定期和终期评估。各地省级老龄办作为本省试点单位检查评估的主体，对试点项目建设运行进行指导，定期对项目进展情况及建设质量进行检查评估，并最后做好终期的效果评估。全国老龄办将对各地试点单位的项目建设情况进行中期检查评估，明年3月份进行终期评估验收。对完成质量较好、社会效应较明显、示范引领作用较突出的试点省份要扩大试点规模、提高资助标准。对逾期不能完成任务要求、流于形式、造成国有资产流失的试点省份，要取消再次试点资格，今后的中央资助项目不予优先考虑。

同志们，社区为老服务建设是事关老年人福祉的民生工程，也是健全完善社会养老服务体系的重要组成部分。做好这一项目的试点工作，意义重大，使命光荣。让我们以饱满的工作热情、认真扎实的工作态度，精心组织，大力推动，共同完成好这项工作，为推动老龄事业又好又快发展做出贡献。

在全国老龄宣传和“银龄行动”工作座谈会上的讲话

全国老龄办副主任 吴玉韶

（2011年11月29日）

同志们：

全国老龄宣传和“银龄行动”工作座谈会，是贯彻第三次全国老龄工作会议精神，研究加强老龄宣传和“银龄行动”工作的一次重要会议。这次会议得到了各地老龄办的高度重视，做了认真准备，得到了福建省民政厅、老龄办的大力支持，提供了周到安排和热情服务。我代表全国老龄办表示衷心感谢！刚才，黄序和厅长作了热情洋溢的致辞，福建、山东等8个单位介绍了工作做法和经验，讲得都很好。下面，我讲三个问题。

一、关于今年工作的回顾

（一）老龄宣传工作

一是围绕中心和重点工作，开展各类老龄宣传活动。今年是建党90周年、“十二五”开局之年，也是老龄事业发展的重要一年。全国人大常委会第一次开展《老年法》执法检查，国务院印发了《中国老龄事业发展“十二五”规划》并召开第三次全国老龄工作会议。围绕这些中心工作和重点工作，全国各地广泛开展了系列宣传活动。全国老龄办组织开展了“党旗下的老龄工作”征文比赛。河北、宁夏、广东、黑龙江等地采取党史知识竞赛、红歌会等形式，普及党史知识。新华社、《人民日报》、《光明日报》、新华网、人民网、中国网和《中国老年》等媒体，紧紧围绕老龄中心工作组织了重点宣传。《中国老年报》组织了“学党史、知党情、感党恩”知识竞赛以及“弘扬民族精神和时代精神”、第三次全国老龄工作会议专题宣传。青岛创作了一大批纪念建党90周年舞蹈、歌曲、戏剧、曲艺等文艺作品。广东、河北、安徽、大连、深圳等地以《老年法》执法检查为契机，广泛宣传老年政策法规。天津、江苏、辽宁、内蒙古等地对国家和当地老龄事业“十二五”规划进行宣传解读。

二是围绕营造爱老助老社会氛围，开展敬老文化宣传活动。为充分动员社会各界为老年人做好事、办实事、献爱心，让老年人深切地感受到党和政府以及社会的关怀和温暖，各地深入开展“敬老月”活动。中宣部、广电总局专门部署了敬老宣传。全国妇联组织了“心系老年”系列活动。中国老龄事业发展基金会组织了第三届中国国际重阳联欢节。中国残联和全国老龄办举办了第三届国际福祉博览会。中国老年大学协会举办了全国老年书画展。中国老摄影家协会举办了老干部摄影大赛。中国老年保健协会举办了“光明老人大行动”。中国老年人体育协会开展了全国老年人健身活动展示大会。中信银行率先为老年人量身定做了信福年华卡。中国人寿保险公司举办“温暖夕阳，陪伴有我——主题志愿者服务周活动”。《中国社会工作杂志》推出敬老特刊。各地采取多种形式挖掘和弘扬传统的孝道文化，开展尊老敬老宣传活动。山东把尊老敬老教育纳入社会主义精神文明建设规划。山西、四川、湖北、广西等地把尊老敬老教育同维护老年人合法权益结合起来。吉林、新疆、江苏、厦门等地利用“敬老月”、国庆节、重阳节等重大节日，动员社会力量开展形式多样的爱老助老和老年文化体育活动。重庆、西藏、青海、宁夏、新疆生产建设兵团等地广泛组织孝文化进学校、进社区、进机关、进企业系列宣传活动。甘肃开展“孝亲敬老宣讲行动”。河南组织中小学生开展“唱敬老歌、写敬老文、讲敬老故事、做敬老事”活动。福建电视公共频道开设“孝亲敬老八闽行”专栏。福州围绕建设“有福之州”，打造“敬老之城”。太原老龄办与太原广播电台合办了《老年之声》频道，全天24小时播音，覆盖了全省及相邻省市近3500余万人。乌鲁木齐广播电台开设了“乐龄年华”老年综合广播频道。兰州创办《兰州老龄》杂志，开通“兰州老龄网”。武汉创办了《武汉老龄彩讯》。通过这些敬老宣传活动，营造了浓厚的敬老爱老社会氛围。

三是围绕培育老龄工作先进典型，开展各种评选表彰活动。为表彰先进、弘扬正气，各地大力培育和表彰各类先进典型，发挥榜样的示范效应，推动老龄工作深入开展。四川开展敬老模范县（市、区）创建工作。江西评选“十大敬老模范村”、“十大敬老模范社区”。北京评选表彰万名“孝星”和千家为老服务示范单位。浙江开展十大“浙江孝贤”评选表彰活动。贵州举办第二届敬老爱老助老楷模评选表彰活动。上海、福建、陕西等地表彰老龄工作先进单位、先进个人、重视老龄工作的好领导、老龄优待工作先进单位、老有所为楷模、孝亲敬老之星、十大健康老人、老年温馨家庭、十大杰出老人等。

四是围绕强化宣传效果扩大社会影响，不断创新宣传方式。各地继续发挥传统媒体特别是主流媒体的优势，多角度、多形式宣传报道老龄工作，全社会老龄意识不断增强。各地充分运用多种宣传方式，全方位加强老龄宣传工作。文学、影视、戏剧界积极创作大量贴近老年人生活的作品。各类老年图书、报刊、杂志发行量不断上升，影响日益深远。在网络影响日益加深的新形势下，各地普遍重视新媒体的作用。上海、浙江、山西等地利用网站、微博等多种方式进行信息联动，提高了老龄信息工作的效力。北京加强了与央视网喜乐乐频道的宣传合作。全国老龄办利用网易、搜狐等门户网站开展了全国“敬老月”活动标识、公益广告创意设计征集活动，开展了以“敬老爱老、薪火相传，从我做起、心手相连”为主题的全国敬老爱老原创公益短信大赛。“敬老月”活动期间，云南、吉林、湖南、宁波等地在公园、公交地铁车站、主要街路以及公交车上等公共场所，通过通讯网络、匾牌灯箱、LED屏幕、手册画报、移动传媒等播出老龄公益广告、尊老敬老爱老的宣传口号。陕西开办了慈孝网站。青岛老龄网与人民网链接，实现地方老龄网在中央网的同步宣传。

（二）“银龄行动”工作情况

一是“银龄行动”在保障改善民生中发挥积极作用。北京、河北等地将“银龄行动”与居家养老服务相结合，开展了“以老助老”居家养老服务活动。江西“银龄行动”的重点是服务“三农”，全省各级创办农业科技示范基地461个，受惠农户2万多户，创效益1.92亿元。乌鲁木齐新增了林业、水利和畜牧业等援助内容，扩大了援助区域。山东、浙江等地开展了“银龄互助”活动，在维护老年人权益、提供老龄服务等方面发挥作用。山西出台《关于建立银龄援农基地的意见》，新建4个省级援农基地。内蒙投入1.2亿元启动贫困老年人心脏病救助计划。青海、陕西、湖南等地继续开展“银龄援农”，解决农民群众在生产、生活中的实际困难。上海、新疆连续9年实施疆沪“银龄行动”。深圳首次启动援疆计划，对口支援喀什，开展了援医、援教、援农林牧工作。浙江在连续5年开展浙川“银龄行动”乐山援助项目的基础上，又在省内开展“银龄互助”活动，把志愿服务机制引入基层老年组织建设，参与协会达4000多个，参与的老年志愿者达5万多人。

二是支持“银龄行动”的社会氛围进一步形成。各地继续加大宣传力度，编发简报、开通媒体专栏，宣传“银龄行动”的重大意义，积极争取党政重视，提升“银龄行动”品牌的社会知名度，提高老年人的志愿意识，为“银龄行动”的深入开展创造了良好的社会氛围。有18个省联合地方主流媒体或老年媒体开设了“银龄行动”专栏，12个省定期编发“银龄行动”简报。据不完全统计，今年以来，各级各类媒体共刊发“银龄行动”新闻近20万条。甘肃、江苏、湖北、宁波等地开展了老有所为人物奖评选、优秀基层老年协会及会长评比表彰活动。江苏开展老科技人员创新创业重点课题研究。

三是“银龄行动”社会化运行机制基本形成。各地基本形成了政府主导、有关部门参与、老龄办牵头、企业和社会组织运作的“银龄行动”工作模式。湖北、甘肃、江西、陕西等地积极实施“银龄行动”项目化管理，并通过政策支持、市场引导等方式，提高了“银龄行动”市场化运作水平。广东、甘肃、青岛等地扩大社会参与，增强了“银龄行动”活力。

四是“银龄行动”逐步向规范化常态化发展。近年来，各地积极探索，大胆实践，逐步探索并建立老年志愿者信息管理制度、培训制度和激励制度，促进“银龄行动”向规范化、常态化发展。甘肃建立老年人才储备制度，对老年人才按专业和年龄，实行分类管理，入库老年人才1万多人。上海、浙江、贵州、宁夏等地建立了老年人才信息库或退休专家数据库。据不完全统计，全国老年志愿者入网登记人数近10万人。厦门召开老年志愿者服务队工作会议，推动老年志愿者队伍加入市志愿者联合会，老年志愿者服务队会员达2000多人。广西加大基层老年协会资金扶持力度，建立老年志愿助老服务队伍。大连组织协调各级老龄组织，建立专家教授工作站。宁波积极扶持发展基层老年协会，在基层全面推开“银龄互助”活动，达到村村有老年志愿服务队伍。据不完全统计，今年参加“银龄行动”的老年志愿者人数达到70余万人。

二、关于老龄宣传工作

“一流的事业需要一流的声音，强势的工作需要强势的宣传”。老龄宣传是一项十分重要、影响全局的工作，老龄宣传的作用是全方位的、长远的、潜移默化的，抓好了能起到事半功倍的作用。在当前人口老龄化形势严峻、老龄工作基层基础薄弱、老龄工作体制机制不顺的形势下，更需要强势的老龄宣传。

当前，抓好老龄宣传工作，具有特殊重要的意义：

一是人口老龄化严峻性需要强势老龄宣传。人口老龄化是我国的基本国情，应对人口老龄化是我国的基本任务。国家应对人口老龄化战略研究初步结果表明，我国从今年开始进入人口老龄化快速发展期，未来人口老龄化形势比原来预测的要严重，而且人口快速老龄化与高龄化、空巢化相交织，与经济转型、社会转型和文化转型相伴随，给应对人口老龄化增加了新难度。人口老龄化问题涉及政治、经济、文化和社会生活各个方面，是关系国计民生和国家长治久安的一个重大社会问题，已经并将进一步成为我国改革发展中不容忽视的全局性、战略性问题。对待这样一个重大问题，必须战略规划综合应对，必须未雨绸缪提前应对，必须全民动员共同应对。因此，老龄宣传的作用至关重要，只能加强不能消弱。

二是老龄工作和老龄机构特殊性需要强势老龄宣传。老龄工作是一项社会系统工程，既是党政工作，又是社会工作、群众工作，做好老龄工作需要综合运用法律、行政、经济、社会等工作方式，需要多部门协同和全社会支持，这种工作的特殊性决定了必须大抓老龄宣传，让全社会了解老龄，认知老龄，让全社会关爱老人，为老龄事业发展创造良好的外部环境。老龄工作与各类组织、每个家庭、每个人都有密切关系，老龄宣传易于被大家所接受，易于成为社会关注的焦点，怎么抓都不过分，因为我们不是在宣传自己，而是在宣传老龄事业，在宣传老年人，没有副作用。老龄办是议事协调机构的办事机构，缺乏大家常说的“硬职能、硬手段”，相比较而言，老龄宣传是一项“实职能、硬任务”，实践也证明，这种特殊性质的机构在推进工作中，宣传是一种行之有效的手段。老龄办抓宣传是职责和份内的事，不存在与其他部门职能交叉问题，相对于其他工作，也更有优势，更容易出成效。

三是老年人共建共享的紧迫性需要强势老龄宣传。由于我国是在经济不发达、城乡二元结构依然存在、实施计划生育政策等特殊背景下进入人口老龄化社会的，解决我国的老龄问题，必须立足我国特殊的国情。一方面要加快发展，增强国家实力，加强养老保障、养老服务制度建设，这是“硬件”，另一方面，要充分发挥社会主义制度的优越性，弘扬尊老敬老和家庭养老的优良传统，营造全社会爱老助老的良好氛围，这是“软件”。应对老龄化，“硬件”固然重要，但随着经济实力的增强和养老保障、养老服务制度的逐步完善，“软件”将越来越重要。特别是随着经济发展和社会进步，老年人参与经济社会发展、共享经济社会发展成果的愿望将越来越迫切，老年人参与度和幸福度的提高，很大程度上有赖于全社会尊老敬老社会氛围的形成，而老龄宣传对营造浓厚的尊老敬老社会氛围将发挥决定性作用。

当前，加强老龄宣传遇到了前所未有的发展机遇，党中央高度重视老龄事业，老龄事业发展势头强劲。今年是老龄工作史上具有里程碑和标志性意义的一年，老龄工作大事多、喜事多、要事多。中央政治局第28次集体学习研究老龄工作，提出积极应对人口老龄化的新要求。国家“十二五”规划，对老龄事业发展作出了新部署。全国人大常委会第一次对《老年法》进行执法检查，提出许多重要指导意见。国务院印发《中国老龄事业发展“十二五”规划》，并召开第三次全国老龄工作会议，对“十二五”时期老龄工作进行全面部署。国务院决定加快新农保推进步伐，开展城镇居民社会养老保险试点，并要求本届政府任期内实现制度全覆盖，至此我国养老保障制度基本建立。近期还将印发《社会养老服务体系建设“十二五”规划》。胡锦涛、吴邦国、温家宝、回良玉等中央领导多次对老龄工作作出重要指示。不到一年时间，中央高层密集对老龄工作进行全面安排和部署，在老龄工作近30年历史上是没有过的，充分说明老龄工作的重要性和紧迫性，充分说明党中央对老龄工作的高度重视，充分说明老龄工作形势喜人、任重道远。老龄宣传要抓住这样难得的发展机遇，加大工作力度，实现跨越式发展。

同时，也要看到，老龄宣传工作还存在一些困难和问题，主要是：领导重视不够，理念比较滞后，投入不够，条件较差，宣传干部能力素质有待提高等。这些困难和问题有待我们今后进一步克服和解决。

做好今后老龄宣传工作，要树立“一个理念”，突出“一个主题”，实现“四个转变”：

树立“一个理念”：要树立大老龄大宣传和强势老龄宣传的理念。大老龄需要大宣传，特别是在目前人口老龄化形势严峻，全社会对人口老龄化形势缺乏足够认识，老年群体和老龄机构还处于弱势的情况下，更需要树立大老龄大宣传和强势老龄宣传的理念，把老龄宣传做大，把老龄宣传做强，让全社会更加关注关爱老年人，让全社会更加重视支持老龄事业，营造更加良好的社会氛围。

突出“一个主题”：尊老敬老是老龄宣传永恒的主题。尊老敬老是中华民族的优良传统，尊老敬老文化是中华传统文化的瑰宝。尊老敬老是不分区域、不分民族、不分信仰、不分贫富、不分年龄的共同价值取向和道德行为准则，是衡量组织和个人文明程度的重要标志。随着经济社会发展，特别是市场化、城市化和家庭小型化的影响，传统的尊老敬老传统正面临着新挑战，呈现出弱化的态势，这必须引起我们的高度关注。党的十七届六中全会要求，加强社会主义核心价值体系建设，弘扬和传承中华民族传统文化，尊老敬老都是其中重要内容。老龄宣传必须旗帜鲜明地高举弘扬和传承尊老敬老文化的大旗，突出尊老敬老这个永恒主题，这是老龄宣传的灵魂和生命所在。突出这个主题，老龄宣传就能更加丰富多彩，更加深入人心，更加富有成效。

实现“四个转变”：第一，在宣传内容上，努力实现从老龄工作宣传向老龄问题和积极应对人口老龄化宣传的转变，由“老龄小宣传”转变到“老龄大宣传”。按抓老龄大宣传的要求，各级老龄办要切实转变观念，调整思路，把抓宣传的着力点放在宣传的策划、组织、协调上，放在组织动员社会宣传力量上，放在构建大宣传格局上。第二，在宣传对象上，由普遍公众向重点对象转变。老龄宣传的对象是包括老年人在内的社会全员和各级各类组织，但重点对象是党政领导、青少年、人大代表、政协委员、企业家、专家学者、知名人士等社会相对强势人群以及社会相对强势组织。他们有较多的资源、有较多的话语权和较强的影响力，做好对他们的宣传，有利于争取他们的理解支持和参与，有利于构建党委政府主导、各部门齐抓共管、全社会共同参与、全民关心关怀的大老龄工作格局。第三，在宣传方式上，努力实现由平面宣传向立体宣传转变，强化宣传效果。要充分发挥党报党刊、通讯社、电台电视台等主流媒体层次高、受众广、影响大的作用，提高老龄宣传层次，扩大老龄宣传规模。当前，互联网已经成为最具影响力的大众媒体，并具有巨大的发展潜力，网络空间对现实生活的影响日益广泛和不断加深，我们要充分认清这个发展趋势，十分重视运用网络新媒体，进一步扩大老龄宣传的社会影响力。要做好老龄新闻宣传与理论研讨、评选表彰、典型宣传、经验推广的有机结合，形成多层次、多渠道、广覆盖的老龄宣传体系。第四，在宣传运作上，由常规宣传向策划宣传转变。老龄宣传策划是老龄宣传的关键，老龄宣传只有掌握话语权，赢利主导权，才能增强传播力。要不断增强老龄宣传的针对性、有效性和吸引力、感染力，明确宣传重点，捕捉宣传亮点，把握宣传热点。要突出重点时段的宣传，抓住元旦、春节、中秋节、重阳节等与老龄有关节日的宣传，形成集中宣传攻势。要树立宣传活动品牌，着力打造“敬老月”、“敬老文明号”、“银龄行动”等老龄活动品牌。要抓住社会影响大的涉老事件，引导舆论，扩大影响。

抓好老龄宣传，领导是关键。各级老龄部门要充分认识老龄宣传的特殊性和重要性，高度重视老龄宣传工作，主要领导亲自抓，转变老龄宣传理念，把老龄宣传纳入重要工作议程，加大对老龄宣传的投入力度，创新老龄宣传方式，加强对老龄宣传干部的培训，促进老龄宣传工作再上一个新台阶。

三、关于明年重点工作

明年老龄工作总体安排，全国老龄办还没有研究，我把宣传和基层工作要做的三项重点工作给大家通个气：

一是老龄宣传工作。明年是老龄宣传的重要年份。党的十八大将召开，新修订《老年法》将颁布，将纪念老龄事业发展30周年和《维也纳国际老龄行动计划》颁布30周年，将举办第三个“敬老月”活动、第三届全国老年文化艺术节等。希望各级老龄部门提前准备，统筹谋划，精心组织，抓出成效。

二是“敬老文明号”创建。这项活动很有意义，是新形势下加强基层老龄工作的一个新抓手，是构建大老龄工作格局、营造社会氛围的新举措，各地一定要提高认识，把它列为明年的一项重点工作。明年是创建活动第一年，也是最为关键的一年。各地要按照全国老龄委的要求，尽快制定本地实施方案，把创建活动安排布置下去。这项活动不是简单的评选表彰，重点在基层，关键在过程，所以一定要把创建方案设计好，把创建过程调控好，确保创建取得实效。

三是老年协会建设。在加强和创新社会管理、推进基层老龄工作的新形势下，基层老年协会地位和作用将越来越重要。《中国老龄事业发展“十二五”规划》和第三次全国老龄工作会议对基层老年协会建设提出许多新指标、新要求，老年协会建设遇到了难得的发展契机。希望各地把老年协会建设纳入明年工作计划，作为一项重点工作来抓，全国老龄办也将在今年调研的基础上，尽快出台加强基层老年协会建设的专门文件。

同志们，老龄事业是一项光荣而崇高的事业。当前老龄事业发展势头良好，机遇难得。我们一定要抓住机遇，乘势而上，锐意创新，扎实工作，努力做好老龄宣传和基层老龄工作，以优异成绩迎接十八大的召开，为我国老龄事业的大发展、大繁荣做出应有贡献！

谢谢大家！

在中国社会保障论坛上的讲话

全国老龄办副主任　朱　勇

人口老龄化是人类社会共同面临的人口发展趋势，中国也正在快速进入人口老龄化时代。总体看，人口老龄化将贯穿中国21世纪现代化建设的全过程，应对人口老龄化关系国计民生和国家长治久安，不仅涉及亿万老年人的生活和福祉、而且关乎全体人民的切身利益。下面，我着重就家庭养老支持政策和老年宜居环境建设两个重点问题讲几点看法，供大家参考。

一、关于家庭养老支持政策体系建设

（一）人口老龄化背景下的家庭养老方式新发展

人口老龄化速度加快。我国从1999年进入人口老龄化阶段，到2011年底，全国60岁以上老年人口达1.85亿，比重为13.7%；2013年，老年人口超过2亿，2033年超过4亿，平均每年增加1000万，2052年达到峰值4.87亿，之后缓慢减少。2090年减少3.98亿，本世纪末减少至3.15亿。人口老龄化是贯穿本世纪的基本国情，标志着中国人民开始进入新的生命阶段。

家庭小型化趋势加剧。改革开放以来，随着人们生育意愿的下降和计划生育政策的实施，我国家庭规模日趋缩小。2010年，我国家庭平均人数为3.1人，2030年将缩小到2.6人，2050年2.51人。这是全国平均水平，而城市的家庭规模更小。上海市2010年家庭规模为2.5人，2人户和3人户占到六成以上。目前，独生子女家庭占家庭总数的37%，4—2—1家庭结构逐渐成为主流的结构。家庭结构小型化结果是导致家庭养老功能的弱化。

家庭养老方式的新发展。在人口老龄化和家庭养老功能弱化的双重压力下，我们创造出了一种新的家庭养老模式，即居家养老。传统的家庭养老方式是指由家庭成员（主要是子女）供养和照顾老人的方式，而居家养老方式既保留传统的家庭养老方式式，同时也体现了社会化养老的新内涵，即社会养老服务延伸到家庭，为居家老人提供照料服务，以弥补家庭养老能力的不足。在社会养老保险制度日益健全的情况下，居家养老是解决中国90%以上的老年人养老服务问题的根本出路。

（二）居家养老需要家庭政策支持

居家养老缺少家庭政策支持。目前，居家养老是世界各国应对人口老龄化的共同选择。发达国家在走过一段崇尚机构养老的弯路之后，越来越重视居家养老，并且制定了一系列支持家庭养老的法律法规和政策。比如针对家庭养老的免税政策、津贴政策、弹性就业政策等等。我国针对家庭养老的支持政策除了独生子女家庭奖励政策外几乎是空白。相反，却有许多限制性的政策，如探望父母的假期四年一次，父母户口不能随子女迁移等等，不利于家庭养老功能的发挥。

制定实施以需求为导向的家庭支持政策已经迫在眉睫。制定实施家庭支持政策已经引起党和国家的重视。胡锦涛总书记指出，要建立健全家庭发展政策，切实促进家庭和谐幸福，加大对老年人家庭等特殊困难家庭的扶助力度。温家宝总理指出，要完善老年人户籍迁移管理政策、家庭养老保障和照料服务扶持政策等家庭养老支持政策。家庭是社会的细胞，是社会和谐发展的基础。在人口老龄化和家庭功能弱化的背景下，要从两个层面完善和强化家庭功能。一是要高度重视家庭建设，把家庭建设纳入社会建设的核心内容，通过建立健全家庭发展政策，促进家庭建设，强化家庭的各项功能。二是要以建立健全家庭养老支持政策为重点，强化家庭的养老功能，提升家庭养老能力，促进老龄化社会的家庭建设和发展，发挥家庭养老在应对人口老龄化中的基础性作用。

家庭养老支持政策的基本框架。家庭养老支持政策是家庭发展政策的重要组成部分，其政策框架可分为两个层次，十个方面。第一层次是针对家庭本身的支持政策，包括家庭养老保障、家庭照料服务和家庭环境建设；第二层次是弥补家庭养老功能不足的政策和制度安排，如社区组织、养老机构和其他社会组织对家庭养老服务的支持和帮助政策等。家庭养老支持政策体系的构成可以十个方面。

第一，住房支持政策。通过实施住房救助保障老年人老有所居；通过税收优惠鼓励子女与老年人同住或就近居住。

第二，老年宜居家庭改造政策。通过支持老年人住房的无障碍改造，为老年人创造宜居的家庭环境。

第三，老年人户口迁移政策。通过户籍政策改革，鼓励与子女两地分居的老年人随子女迁移。

第四，老年人家庭紧急援助政策。建立老年人家庭紧急援助系统，保障老年人遇到紧急情况时得到及时救援。

第五，老年人居家生活照料政策。建立老年居家生活照料系统，为有困难的老年人提供居家生活服务。

第六，老年人家庭护理服务政策。通过家庭护理津贴、家庭护理知识技能培训、建立家庭病床和家庭护理假期等措施，为失能老人的家庭护理提供帮助和支持。

第七，老年人家庭健康管理政策。建立居家老人健康管理服务系统，为居家老人提供基本的卫生保健服务。

第八，老年人精神援助政策。建立老年人精神慰籍服务系统，严格实施带薪休假政策，鼓励支持社区组织和子女探望、问候老年人，解除老年人的精神寂寞。

第九，老年人社会参与政策。为老年人提供教育培训、组织援助和康复辅具，鼓励支持老年人参与社会活动。

第十，老年人监护政策。建立老年人监护人和监护监督人制度，保障失能失智老年人的人身和财产安全。

二、关于老年宜居环境建设

（一）老龄社会城乡建设的必然要求

老年人对生活环境有特殊要求。老年宜居环境是指适宜老年人生活的公共环境和家庭环境。公共环境中包括了各种老年服务设施，但不限于老年服务设施，还包括城市和乡镇的公共设施，如交通、医院、银行、商业、娱乐、体育等设施；包括社区环境如社区服务设施、生活设施、健身场所等；还包括自然环境，如空气、绿地等等。老年人由于生理、心理和健康水平的衰退，对生活环境的适应能力也不断降低。与年轻人相比，老年人要求生活环境更加安全、便利和舒适。在老年人口占三分之一的社会里，老年人对生活环境的需求能否得到满足，关系到老年人的幸福和尊严，也关系到经济社会的稳定和发展。

我国老年生活环境不宜居问题十分突出。我国处在城镇化快速发展阶段，到2011年末，我国城镇人口首次超过农村人口，达到总人口的51.27%。但是，在高速城镇化过程中，我国城市城镇和乡村规划建设并没有预先考虑即将到来的老龄社会的特点和要求。生活设施、道路交通、社区环境等公共设施，以及住宅小区、老龄服务设施和老人居室等居住环境不适应老年人需要的问题十分突出，对老年人日常生活和参与社会带来很大的不利和障碍。

老年宜居环境建设是国际社会的普遍做法。发达国家从上世纪50年代进入人口老龄化阶段。与此同时，瑞典、丹麦、挪威等国家首先提出“无障碍环境”理念；上世纪70年代，联合国提出了“无障碍设计”的主张；上世纪80年代，发达国家率先颁布了涉及老年生活的建筑标准，改善老年人居住空间的便利程度。例如日本的“银发住宅”等，老年住宅和养老院有了详细的标准规范。21世纪以来，发达国家崇尚“不分年龄，共融共享”的理念，更加注重老年宜居环境建设。2007年，世界卫生组织推出了《全球老年人友好型城市指南》，倡导国际社会建设适应老年人生理、心理特点的公共和居家环境，为老年人融入社会、参与社会创造必要的物质条件。

（二）老年宜居环境建设的战略对策

加强老年宜居环境建设的立法。人口老龄化不可逆转的基本国情，我们必须坚持着眼长远谋划当前的原则，充分考虑到老龄化社会对城乡环境建设客观要求，使我们的城市和乡镇环境、社区环境和老年人家庭环境建设适应老年群体的需要和要求。如果现在不提前做好准备，等到老龄化社会到来时再对城乡基础设施和社区环境进行大规模的拆建、改造，则会造成极大的浪费。所以，我们必须有战略的眼光，从现在开始进行老年宜居环境建设的立法工作。在现行的法律中，残疾人保障法已经单设了“无障碍环境”一章，正在修订老年人权益保障法也单设了“老年宜居环境”一章，希望各位领导和专家积极呼吁和支持，推动老年宜居环境立法工作。

加强老年宜居环境建设的统筹规划。2009年，全国老龄办根据世界卫生组织提出的老年友好型城市的要求，选取了10个市、区开展老年友好型城市建设试点工作，并在此基础上制定了老年友好城市建设指南。2011年9月，国务院印发的《中国老龄事业发展“十二五”规划》把“推动建设老年友好型城市和老年宜居社区”作为主要任务提了出来。去年，齐齐哈尔市获得联合国颁发的“国际老年友好城市”称号，对老年宜居环境建设全面推开起到了很好的典型示范作用。我们提出的“老年友好型城市建设指南”主要内容是：应当根据人口老龄化发展趋势、老年人口分布、老年人的需要，制定、修订和实施城乡建设规划，合理布局和建设城乡基础设施、公共服务设施和老龄服务设施。应当积极推进城镇道路、公共交通、居住小区、信息交流和服务的无障碍改造和建设，为老年人出行和参与社会生活提供无障碍环境。应当积极推行老年宜居社区建设，新建、改建的社区，应当具备为老年人提供文化、体育、教育和照料服务的设施和场所。应当积极推行鼓励老年宜居住宅和代际亲情住宅的开发建设，为老年人和家庭成员共同生活或就近居住提供必要条件。积极推进老年人住宅的无障碍改造，对贫困老人家庭的无障碍改造给予财政补助。等等。

加强老年宜居环境建设标准体系制定、实施和监督。各级政府要根据老龄化社会的要求，制定或修订城市规划、城镇规划、乡镇村庄规划；国家要制定和完善老年宜居环境建设技术标准和规范，要建立健全老年宜居环境建设的评估监督制度，对老年宜居环境建设的规划、设计、施工、监理和验收等环节加强督促检查。

在“促进中国农村地区老年人参与社会发展”国际合作项目成果展示会开幕式上的致辞

全国老龄办副主任　肖才伟

（2011 年 11 月 25 日）

各位专家，各位代表：

由欧盟资助、由国际助老会、陕西省老龄办和全国老龄办共同实施的"促进中国农村地区老年人参与社会发展"项目的成果展示会今天开幕了。出席会议的有国家相关部委代表、国际助老会的代表、欧盟驻华代表处代表、相关组织的代表、项目专家及部份省（市）老龄办负责农村老龄工作的官员. 在此，我谨代表全国老龄工作委员会办公室对这次会议的召开表示热烈的祝贺！对与会的各位中外代表表示热烈的欢迎！同时对欧盟和国际助老会多年来对中国老龄事业的大力支持和帮助表示衷心的感谢！

本项目自 2009 年开始在陕西省实施。项目以提高老年人协会的能力，加强地方政府部门的能力，以降低老年贫困、促进医疗健康服务，并增强合作伙伴复制的能力为目标。通过项目三年来的实施，项目在以下方面取得了突出的成就：

1. 贫困地区的老年人感受到了各级党和政府以及国际社会对老年人的关心。通过项目的实施，各级干部和医务人员，甚至有国际友人下乡，倾听老年人的反映问题和困难，帮助解决问题，给老年人免费检查身体，使老年人感受到了温暖和关怀。

2. 促进了村老年人协会的建设。通过项目对村老年人协会的资助和支持，老年人自发组织协会的积极性提高了，老年人协会的组织机构健全了，管理更加规范了，工作更充实了，组织了很多村民喜闻乐见的文化活动，使老年人协会的影响和凝聚力得到加强。

3. 增加了贫困老年人家庭收入，改善了老年人健康状况。项目同地方政府合作，以老年人协会为平台，为老年人提供生产资料，组织相关生产技能培训，提供相关信息。项目还培训了地方医疗人员，为老年人进行体检，增强他们的自我保健意识，改善了老年人的健康状况。

4. 促进了家庭和睦，活跃了村里的群众精神文化生活，促进了和谐村的建设，为新农村建设增加了新的内容经过三年来的艰苦工作，今天我们召开项目成果展示会，目的是向更多的政府部门和公众宣传项目的运作模式、经验和成就，在个更大范围内辐射项目影响，进一步提高社会和政府对老龄问题的重视和认识，进一步推动我国老龄事业的发展。

各位代表，中国的人口老龄化，已经进入了一个快速发展阶段，从 2011 年到 2015 年，中国 60 岁以上老年人将由 1. 78 亿增加到 2. 21 亿，平均每年增加老年人 860 万；2033 年将达到 4 亿，2050 年前后将达到峰值 4. 8 亿。在中国应对人口老龄化的战略安排中，老年人组织将是一个重要的组成部分和依靠力量。政府在建设基本养老保障、医疗保障制度，提供基本公共养老服务方面，具有不可替代的责任；同时，在充实社区居家养老服务、丰富老年人精神文化生活、促进老年人社会参与、维护社区稳定等方面，促进老有所为、老有所乐、老有所学，基层老年人组织具有不容忽视的作用。

近期，中国"十二五"老龄事业发展规划已经国务院批准，并即将实施，我国的老龄事业将进入更加蓬勃发展的 5 年，我们愿意继续发挥国际合作项目的桥梁和纽带作用，取长补短，兼收并蓄，创造出更具时代意义、更有推广价值的创新做法和成果。也衷心希望本次会议成为一个交流和沟通的良好契机，与会者积极建言献策，为中国老龄事业又好又快地发展贡献更多的才智和建议。

最后，预祝此次会议取得圆满成功！

谢谢大家！

在青岛市庆祝老人节暨老龄工作先进典型表彰大会上的讲话

青岛市委副书记　市老龄委主任　王文华

（2011年9月28日）

各位领导，老年朋友们，同志们：

九九重阳节，浓浓敬老情。在这金秋送爽、硕果盈枝的美好时节，我们欢聚一堂，共同庆祝山东省第24个老人节，隆重表彰敬老先进集体和个人。在这里，我代表市委、市政府，向全市老年朋友们致以节日的问候！向受表彰的先进集体和个人表示热烈的祝贺！向辛勤工作在老龄战线上的同志们和所有关心支持老龄工作的社会各界表示衷心的感谢！

老年人是我们的功臣、榜样和宝贵财富。我们经济社会发展取得的每一个进步、每一项成就，无不凝聚着老同志的智慧和汗水。尽管因为年龄的关系老人们离开了工作岗位，但是大家“离岗不离志、退休不褪色”，继续保持和发扬艰苦奋斗、无私奉献的革命传统和优良作风，积极发挥余热，参与社会建设，热心社会公益事业，关心下一代成长，为青岛经济社会发展作出了重要贡献。悠悠岁月铭记着老年人奋斗的足迹，辉煌历史映射出老年人不朽的功绩，没有广大老年人的长期奋斗，就没有今天党和人民事业蓬勃发展的大好局面。广大老年朋友身上体现的光荣传统、成功经验和奉献精神，是我们这座城市的宝贵财富，老年人理应得到全社会的尊重和关爱。

尊老敬老是中华民族的传统美德，是社会文明进步的重要标志。多年来，市委、市政府高度重视老龄工作，认真贯彻“党政主导、社会参与、全民关怀”的老龄工作方针，以“六个老有”为目标，制定出台了一系列加强老龄工作、发展老龄事业的政策措施，老年人社会保障制度日趋完善，养老和医疗保障水平日益提高；为老服务工作在创新中发展，老年群众性文体活动深入开展，老年人精神文化生活更加丰富；老龄工作组织网络进一步健全，老年人合法权益得到切实维护；全社会重视发展老龄事业的氛围日益浓厚，老年人身心健康得到更多关心，老年人晚年生活更加丰富，老年人生活更有尊严。这些成绩的取得，是全市老龄工作者辛勤努力、社会各界大力支持的结果。今天受表彰的先进单位和个人，是重视和支持老龄工作的突出代表。希望大家以他们为榜样，锐意进取，扎实工作，推动我市老龄事业再上新水平。

老龄工作是党和政府的一项重要工作，事关经济社会发展全局。目前，我市有老年人131.8万人，占总人口的17.3%，预计到2015年老年人比例将达到19.3%，2035年将达到35%以上。可以看出，我市老年人口增长进一步加速，人口老龄化问题已日渐突出。高度重视老龄问题对经济社会发展的影响，不断改善老年人群的生活状况，让老年人安享晚年生活，既是我们长期面临的重大课题，也是当前的紧迫任务。各级党委、政府要进一步认清形势，切实增强责任感和紧迫感，按照“六个老有”的工作目标，采取更加有力的措施，推动老龄事业全面协调发展。一是要加大对老龄事业的支持力度，集中精力抓好为老服务实事，并加强基层老龄工作队伍建设，努力在提高服务质量和覆盖面上下功夫，使更多老年人得到实惠。二是要认真贯彻落实老龄政策法规，努力解决好老年人的养老、医疗、教育、优待、救助等问题，切实维护老年人合法权益，确保老年人共享经济社会发展成果。三是要制定鼓励老龄产业发展的政策措施，引导民间资本投资老龄产业特别是养老服务业，并帮助企业在发展老年产业中做大做强。四是要加强老年协会和志愿者队伍建设，建立完善满足不同老年人需求、功能完善的为老服务设施网络，形成全方位、多层次的为老服务体系，让更多老年人得到实惠。五是要依托老年人文化活动场所和老年群众组织，深入开展面向基层、形式多样的老年文化体育活动，不断丰富老年人的精神文化生活。

同志们，做好老龄工作、发展老龄事业任务艰巨、责任重大，使命光荣。我们要始终满怀对老年人的深厚感情，从政治上尊重老年人，从思想上关心老年人，从生活上照顾老年人，促进老龄事业又好又快发展。也希望全市广大老年朋友不断加强学习，更新观念，继续发挥余热，为建设宜居青岛、打造幸福城市做出新的贡献！

最后，衷心祝愿全市老年朋友们身体健康，阖家幸福，万事如意！谢谢大家！

在宁波市老龄工作委员会全体会议上的讲话

宁波市委常委　常务副市长　市老龄委主任　王　勇

（2011 年 3 月 17 日）

同志们：

今天在这里召开市老龄工作委员会全体会议。会议的主要内容是学习传达全国老龄工作委员会第十三次全体会议精神，回顾总结“十一五”以来特别是过去一年全市老龄工作情况，分析研究我市老龄工作面临的新形势，安排部署 2011 年和“十二五”时期的老龄工作任务。刚才，左建一同志传达了全国老龄委第十三次全体会议精神，汇报了 2010 年全市老龄工作情况和今年工作要点，并就我市老龄事业发展“十二五”规划草案作了说明。大家认真审议，结合本部门老龄工作情况发表了意见和建议，讲得都很好。会后，请市老龄办根据大家意见，认真修改完善后尽快报批下发，使工作要点和“十二五”规划能更好地指导全市老龄工作。各地各部门要采取有力措施，认真贯彻执行，确保各项工作任务落到实处。下面，我讲三点意见。

一、充分肯定“十一五”时期老龄事业发展成就

刚刚过去的“十一五”时期，是我市经济社会建设继续保持又好又快发展势头的五年，也是我市老龄事业发展取得较大成就的五年。五年来，全市各级老龄委成员单位、各县市区紧紧围绕“六个老有”的工作目标，坚持“党政主导、社会参与、全民关怀”的工作方针，开拓进取，扎实工作，基本完成了“十一五”规划的各项目标任务，有些指标还超额完成，全市老龄事业发展取得了较大的成绩，实现了跨越式发展。

一是老年社会保障体系更加完善。随着城镇职工和老年居民养老保障制度、新型农村养老保险制度以及职工和城镇居民基本医疗保险制度、新型农村合作医疗保险制度等一系列制度的建立和实施，真正在制度上实现了“人人享有社会保障”的历史性目标。城乡居民社会养老保险制度的实施更是在现实中结束了城乡未参保老年居民没有养老金的历史。五年来，基本养老保险参保人数由 151.28 万人增至 383.5 万人，职工基本医疗保险参保人数由 106.04 万人增至 281.3 万人，城镇职工和居民医疗保险参保率双双超过 91%，社会养老和医疗保障体系正由制度全覆盖向人群全覆盖不断迈进；老年人群的养老和医疗各项保障待遇水平逐年提高；以最低生活保障制度为主体的新型社会救助保障体系不断完善，困难老人基本生活保障能力不断增强。

二是社会养老服务体系建设快速发展。“十一五”时期是我市社会养老服务事业转型升级和加快发展的重要五年。各级政府加大资金投入，加快推进老年福利机构建设，并出台优惠扶持政策措施鼓励社会力量参与养老服务事业，大力发展民办养老服务业。五年来，全市养老机构床位由 17933 张增至 29100 张，年均增长幅度超过 10%，现平均百名老人拥有养老床位 2.84 张，超过全国和全省的平均水平；农村五保和城镇三无老人实现应养尽养。同时，我市开拓创新，不懈进取，在全国较早探索启动城乡居家养老服务工作，进一步健全完善养老服务体系，基本形成以居家养老为基础、社区服务为依托、机构养老为支撑的覆盖城乡的养老服务新格局，取得了较好的成效。目前，全市 94%的城市社区和 30%的行政村开展了居家养老服务，239 个社区和 780 个村建立居家养老服务中心（站），城乡共有 2400 多名专兼职居家养老服务员和 3 万多名助老志愿者（义工），覆盖服务约 50 万名居家老人，其中 2.6 万名比较困难的城乡居家老人享受政府购买或志愿者提供的养老服务，有力保障了高龄、独居、孤寡、病残等困难居家老人的基本生活。去年 12 月，我市居家养老服务体系入选“浙江省 2010 年度十大民生工程”，是我市目前唯一获此奖项的民生实事项目。

三是老年人精神文化生活日益丰富。全市初步形成了市、县（市）区、街道（乡镇）和社区（村）多层次的老年教育文化体育服务体系，各级各类群众性文体活动经常开展，老年人参与教育和群众性文艺体育活动的人次逐年增多。各地基层组织活跃，经常组织老年群众开展各种喜闻乐见的文化艺术体育活动，丰富了老年群众的精神文化生活。

四是关爱老年人的社会氛围更加浓厚。各级党委政府对加强老龄工作的共识更多、意识更强，新闻媒体和社会各界对老龄事业发展也更加关注和支持。各地均出台实施了70岁以上老人免费乘公交车、参观公办景点等老年人优待政策，健全完善了老年法律援助服务网络，每年举办老人节系列庆祝活动（去年还在老人节的基础上举办“敬老月”、江北区从2009年开始举办了两届中华慈孝节），大力弘扬敬老爱老助老的传统美德，营造了“全民关怀”的敬老氛围。

此外，基层老龄工作水平不断提高。镇海、慈溪、余姚等三个县市区和海曙区星光敬老协会被评为全国老龄工作先进；北仑、鄞州、江东、江北等4个区被评为全省老龄工作先进；364个社区被评为省老龄工作规范化社区。

“十一五”期间所取得的这些成就为“十二五”时期的老龄工作打下了坚实的基础。这些成绩的取得，是各级党委政府高度重视、正确领导的结果，也是全市各有关部门、社会各界和广大老龄工作干部职工共同努力的结果。在此，我代表市政府和市老龄委，向所有关心支持和积极参与老龄工作、老龄事业发展的同志们表示衷心地感谢!

二、深刻认识“十二五”时期老龄工作形势，切实增强做好老龄工作的紧迫感和责任感

（一）“十二五”时期人口老龄化的形势更加严峻

我市于1987年先于全国12年进入人口老龄化城市。截至2010年底，全市60岁及以上户籍老年人口102.4万，占户籍总人口的17.8%；其中，80周岁以上老年人口15万，占老年总人口的14.6%。根据相关研究分析，随着建国初出生的人陆续步入老年，我国已于2009年开始进入老龄化社会以来的第一次老年人口增长高峰期，并将贯穿整个“十二五”时期。在老年人口增长高峰期，人口老龄化呈现出“老年人口增速加快，高龄老人和失能老人大幅增加，老年空巢化趋势日益突出”的新特点。我市也不例外。“十一五”时期，我市户籍老年人口以年均不低于4%的速度递增，后三年的年均增幅更是将近5%，约是全市户籍总人口年增速的10倍。尤其值得关注的是，在人口老龄化程度持续加深的同时，高龄化、空巢化的发展趋势愈加明显。据预测，“十二五”末，全市60岁以上户籍老年人口将逼近130万，占总人口的比重将超过20%，进入中度老龄化社会；其中，80岁以上高龄老人将接近20万人，约占老年人口的1/6，空巢老年人家庭比例将达到2/3。

在“未富先老”的背景下，人口老龄化、高龄化形势的加剧，必将对我市国民经济和社会发展带来深刻影响，并带来一系列社会新问题和挑战。可以预见，“十二五”时期，随着老年人口的快速增长，养老资金保障的负担将日益加重，老年人医疗卫生服务保障的压力将越来越大，社会养老服务供需的矛盾将更加凸显，老年精神文化生活的需求将更加多元，我市老龄工作将面临更大的压力。

（二）“十二五”时期老龄工作的机遇和挑战并存

最近，市委正在全市开展“三思三创”主题教育实践活动。市委书记王辉忠在动员大会上对各级各部门提出了“五找八问”的要求。我觉得，“十二五”时期，我市老龄工作要创造新佳绩，老龄事业要实现新发展，各地区、各级老龄委成员单位也必须根据各自的老龄工作实际和部门职责认真找差距、找标杆、找路径。我们要清醒地看到，我市老龄工作和事业虽然取得了一些成绩，但总体上仍滞后于全市经济和其他社会事业的发展，与迅猛发展的人口老龄化形势和老年人日益增长的物质文化需要相比还有较大差距，还存在许多的问题与不足。我市老年社会保障体系还不够完善，老年人的养老和医疗保障整体水平还不高；社会养老服务供给还相对不足，社会化程度比较低，老龄服务产业发展滞后；老龄事业发展基础比较薄弱，资金投入和基础设施建设仍落后于实际需要，城乡和区域之间的差距还客观存在；老龄工作机构和人才队伍建设还需加强，管理与服务的能力和水平还不能适应事业发展的需要；等。

当然，在看到困难和问题的同时，我们也要充分看到当前做好老龄工作的许多有利条件和发展机遇。“十一五”的发展成就为我们下一步发展奠定了坚实的基础。“十二五”时期，我市将着力建设现代化国际港口城市，继续努力保持经济社会快速发展，为老龄事业发展提供更加有力的物质支撑。我们将更加注重经济社会协调可持续发展，将投入更多的人力财力物力用于改善民生和社会建设，大力发展老龄事业，让老年人共享到更多的发展成果。党的十七大提出要“加强老龄工作”，实现“老有所养”；党的十七届五中全会更是把“积极应对人口老龄化”写入国民经济和社会发展十二五规划。我市国民经济和社会发展“十二五”规划也就“积极应对人口老龄化”做出了具体部署。这些既为“十二五”发展老龄事业提供了坚强的政治保障和难得的发展机遇，也对当前及今后做好老龄工作提出了更高的要求和努力的方向。

总之，人口老龄化是我市经济社会发展必须认真应对的重大课题。加快发展老龄事业，积极应对人口老龄化，是一项重要而紧迫的任务，是实现经济社会又好又快发展、加快提升人民群众生活品质的客观要求，对践行科学发展观，推进“六个加快”战略、全面建成惠及全市人民的小康社会具有重大意义。各地、各有关部门必须充分认识应对人口老龄化的重要性、复杂性和长期性，切实增强做好老龄工作的紧迫感和责任感，用前瞻性、战略性的思维，开拓创新，积极进取，当好新一轮老龄事业发展的谋划者和作为者，确保我市老龄事业在“十二五”期间跃上一个新台阶。

三、积极谋划实施“十二五”老龄工作，不断推进全市老龄事业又好又快发展

回良玉副总理在日前举行的全国老龄工作委员会第十三次全体会议上强调，要充分认识未来五年人口老龄化发展的基本态势，以更高的站位审视老龄问题，以更广阔的视野谋划老龄事业，以更有力的措施推进老龄工作，以积极的态度、积极的政策、积极的行动应对人口老龄化，统筹安排“十二五”时期老龄工作的基本任务，促进我国老龄事业又好又快发展。

“十二五”时期，我市人口老龄化、高龄化将继续保持快速增长的态势，积极谋划实施好未来五年的老龄工作基本任务，是关系全局的一件大事要事。刚才，大家认真审议讨论了宁波市老龄事业发展“十二五”规划，讲得很好。这里，我想就“十二五”时期老龄工作的重点任务讲几点意见。

（一）加强老年社会保障体系建设。健全完善的老年社会保障体系，是保障老年人基本生活的重要条件，也是当前和今后很长一段时期内老龄工作的最重要、最基础性的工作内容。根据《国家应对人口老龄化战略研究》课题初步判断，人口老龄化将持续冲击我国养老保障体系，并对我国健康支持体系的可持续发展带来巨大的压力。近年来，我市围绕社会保障体系建设花了大量的财力，做了大量的工作，也取得了重大进展，取得了不错的成绩，部分工作还走在全省乃至全国的前列。但客观地说，我们的保障体系还不健全、不完善、不均衡，尤其是围绕城乡一体化、区域协调发展以及老年人、残疾人、低收入人群等特殊群体等方面，社会保障体系建设还有很多的工作要做。一要继续完善和落实好各项保障制度。一方面，要狠抓老年人养老、医疗、救助、福利等各项保障制度的贯彻实施，加快扩大各项保障制度的老年人群覆盖面，加快推进社会保障体系由制度全覆盖向人群全覆盖的建设进程。另一方面，要完善配套政策与措施，加强协调沟通，确保各项老年保障制度的协调衔接。二要不断提高各项老年社会保障制度的待遇水平。如果说社会保障体系建设，“十一五”时期在兼顾发展质量的同时侧重发展的数量，主要解决了制度的“有”与“无”的问题；那么“十二五”时期则将是发展的数量与质量并重，主要解决水平的“高”与“低”的问题。我们要根据经济社会发展的实际情况，及时调整提高老年人群的养老、医疗、救助、福利等各项保障制度的待遇水平，让老年人共享改革发展的进步成果。三要根据实际情况不断探索完善老年社会保障制度。随着人口老龄化和经济社会的快速发展，老年工作面临的新课题越来越多，老年人的要求也越来越广泛。我们要加强研究，及时关注老年人的新形势和新期待，总结借鉴一些成熟有效的好经验，探索实施一些新制度、新措施，让老年人享受到更完善、更有力的社会保障。比如，建立实施高龄老人津贴制度；继续完善为困难高龄老人、失能老人和重度残疾老人购买养老服务制度；推动企业年金、职业年金工作，探索建立多层次养老保险体系；进一步完善计划生育家庭老年父母奖励扶助制度。

（二）加快推进社会养老服务体系建设。党的十七届五中全会明确提出，要“优先发展社会养老服务，培育壮大老龄服务事业和产业。”市委《关于制定宁波市国民经济和社会发展第十二个五年规划的建议》提出，要“完善社会养老服务体系，全面推进社区居家养老服务，促进公办和民办养老服务机构的协调发展。”确实，随着以城乡养老保障制度为主体的老年经济供养体系的逐步健全完善，如何解决老年人养老服务的问题将更加鲜明地凸显出来。而且，相比较老年经济供养体系而言，养老服务体系建设将更为艰巨而漫长。应该说，这些年，我市养老服务体系建设发展迅速，成绩突出，一些工作还走在全国前列。但随着人口老龄化的加剧，高龄、失能或半失能老人持续快速增长，老年空巢家庭日益增多，社会养老服务整体供给不足、水平较低的问题还是客观存在，部分地区或领域还十分突出。因此，加快社会养老服务体系建设将是“十二五”时期老龄工作的重要内容之一。

一要加快养老服务基础设施建设。在加大大中型养老机构建设力度的同时，注重乡镇（街道）敬老院和基层居家养老服务站点的建设，积极构建市、县（市、区）、街道（乡镇）、村（社区）四级养老服务设施网络。进一步完善和落实优惠扶持政策，鼓励和支持社会力量参与养老机构建设。推进城市无障碍化建设，着力打造老年宜居环境体系。到“十二五”末，全市养老床位力争达到4.5万张，每百名老人拥有床位3.5张。其中，市本级1000张床位以上的养老机构达到4家；城区（除鄞州区）各建成1家500张以上床位的养老机构；鄞州区和县（市）各建成至少1家1000张床位以上的养老机构；人口较集中的街道（乡镇）建成50张床位以上的敬老院；城市社区和60%的行政村建立居家养老服务站点。二要大力发展居家养老服务事业。完善制度措施，积极扶持社会组织、家政服务企业等参与养老服务，注重发展康复护理、卫生保健、家政服务、精神慰藉、应急救援等专业性居家养老服务，鼓励公益性居家养老服务活动，大力发展志愿者助老服务。积极推进老年人应急求助服务系统。探索推进养老机构参与居家养老服务。三要加强养老服务行业管理。推动社会养老服务管理机构和队伍建设，健全完善服务资金、服务机构（组织）和服务活动的管理制度。健全养老服务人员的培养、使用和激励制度与措施，注重养老服务队伍建设与管理。推动医养结合的养老机构和老年专科医院建设，做好老年人健康体检工作，不断提高老年人社区医疗卫生服务水平。充分利用信息技术和服务平台，不断提高养老服务行业管理与服务工作的信息化水平。健全制度措施，分类指导，加强养老服务行业的监督管理，不断提升服务质量和水平。四要推动养老服务产业发展。完善和落实优惠政策，大力鼓励和扶持社会力量和民间资本参与养老服务产业，丰富养老服务市场供给，积极引导和培育有实力的养老服务企业（机构）通过连锁经营、品牌加盟、强强联合等方式规模化、集团化发展。

（三）丰富老年精神文化生活。一要加强老年文体活动设施建设。继续加强老年公共活动场所和设施建设，尤其是注重扶持为老活动设施比较少、经济发展比较落后的地区加强基层老年活动中心（室）以及老年教育、文艺、体育活动场所与设施建设。二是大力发展老年文体教育事业。大力推进老年教育工作，完善各级老年大学、老年学校和老年电视大学网点，不断提高老年教育的能力和水平。积极培育发展老年文体队伍等老年群众组织，广泛开展各类丰富多彩的老年文化体育活动。充分发挥老年人余热，引导老年人在参与社会活动中实现“老有所为”。

今年是“十二五”规划的开局之年，是新五年加快推进老龄事业发展的基础之年。关于今年的工作安排，工作要点已有具体的部署与要求，下一步的关键是抓好落实。这里，我想着重强调“三个体系”建设。

第一，老龄保障体系建设。一要继续加大养老、医疗等社会保障制度由制度全覆盖向人群全覆盖的推进力度，着力扩大城乡居民养老保障制度的人群覆盖。二要注重各项制度协调衔接，努力提升各项制度的待遇水平，并加强新型老龄保障制度的研究与探索。前不久，我市召开了“两会”。市委副书记、市长刘奇在会上作《政府工作报告》，强调2011年将继续扎扎实实办好十方面民生实事项目，其中，社会保障是重要的一大方面。报告就今年社会保障制度尤其是医疗保障制度的参保人群扩面和待遇水平提高等指标项目提出了许多具体要求；并明确提出建立和实施80岁以上高龄老人津贴制度。各有关部门要把这些实事项目抓好抓实。

第二，老龄服务体系建设。一要认真抓好刘奇市长《政府工作报告》中相关为民办实事项目的落实。加大养老机构建设力度，新增养老床位1100张；实施老年人应急求助服务工程，为困难老人免费安装“一键通”电话（即81890老年人应急呼叫系统）。二要认真抓好市政府《关于加快推进养老服务体系建设的意见》文件精神的贯彻落实。各地和各有关职能部门要根据文件要求，结合本部门工作实际，抓紧出台具体的实施意见与配套措施，共同加快推进我市养老服务体系建设。三要抓紧制定完成《养老福利事业“十二五”规划》。

第三，老龄工作体系建设。老龄工作涉及各个领域，是党的工作的一部分、政府工作的一部分、社会工作的一部分、群众工作的一部分，必须坚持“党政主导、社会参与、全民关怀”的工作方针。各地要高度重视老龄工作，将发展老龄事业纳入重要议事日程，切实保障“十二五”规划的顺利实施。各职能部门要深化认识，积极主动地开展工作，切实有效地履行好工作职责。各级老龄委及其办公室要强化自身建设，充分发挥综合议事协调的职能作用。要重视老年人社会管理工作，规范发展基层老龄工作机构和老年群众组织。要加强敬老宣传教育，做好老年人合法权益维护工作，积极营造敬老社会氛围。

同志们，“十二五”时期是我市加快转型发展、全面建成惠及全市人民的小康社会、实现现代化国际港口城市建设新跨越的重要时期，也是我市谋划和实施积极应对人口老龄化战略的重要时期。做好老龄工作，发展老龄事业，任务繁重，使命崇高。我们一定要从践行科学发展观、构建和谐社会、促进经济社会协调发展的高度深刻认识老龄工作的重要意义，以为老年人谋福祉为己任，齐心协力，积极进取，为我市老龄事业更上一个新台阶作出新的贡献。

第三部分

法规、文件选编

全国老龄办关于开展纪念中国共产党成立 90 周年系列活动的通知

各省、自治区、直辖市、计划单列市老龄工作委员会办公室，新疆生产建设兵团老龄工作委员会办公室：

根据《中共中央关于中国共产党成立 90 周年纪念活动的通知》（中发〔2010〕18 号）和全国老龄工作委员会第十三次全体会议精神，全国老龄工作委员会办公室拟于“七一”前后开展系列纪念活动。现将有关事项通知如下：

一、指导思想

坚持以邓小平理论、“三个代表”重要思想为指导，全面贯彻落实党的十七届五中全会精神，深入学习实践科学发展观，讴歌中华民族实现伟大复兴的百年奋斗历程，颂扬中国共产党的丰功伟绩，唱响共产党好、社会主义好、改革开放好、伟大祖国好的主旋律，加强社会主义核心价值体系建设，培养爱国主义思想，增强做好老龄工作的责任感、使命感和荣誉感，全面推进老龄事业健康发展。

二、活动内容

（一）“党旗下的老龄工作”征文比赛活动。组织广大基层老龄工作者畅谈做好老龄工作和推动老龄事业发展的工作思路、理论思考和工作体会，增强做好老龄工作的责任感和使命感。

（二）“学党史　知党情　感党恩”知识竞赛活动。组织广大老干部、老年人积极参与，通过学习重温党的光辉历史、优良传统和历史经验，进一步激发他们爱党、爱国、爱社会主义的热情，坚定在党的领导下走中国特色社会主义道路的信心和决心。

（三）“弘扬民族精神和时代精神”专题宣传活动。通过实地走访革命老区、走访革命老人等方式获取第一手资料，采用报纸专版报道的形式，诠释革命传统精神在时代发展与进步中的重要意义，弘扬昂扬向上、团结奋进、开拓创新的时代精神，鼓舞和激发广大群众增强社会责任感，为实现全面建设小康社会奋斗目标而共同努力。

三、活动要求

各地要充分认识开展纪念中国共产党成立 90 周年系列活动的重要意义，精心组织，周密安排，动员老年社会团体、基层老龄工作者、广大老年人和社会相关人员积极参与，确保各项活动的顺利开展。要以庆祝活动为契机，继续加大老龄工作的宣传力度，进一步增强全社会的老龄意识和敬老意识。要结合当地实际，组织开展广大老年人喜闻乐见、具有地方特色、内容丰富的各类社会活动，展现我国当代老年人爱党爱国、积极乐观的精神风貌，丰富广大老年人的精神文化生活。

附件：

1.《“党旗下的老龄工作”征文比赛活动方案》；

2.《“学党史　知党情　感党恩”知识竞赛活动方案》；

3.《“弘扬民族精神和时代精神”专题宣传活动方案》。

全国老龄办

二〇一一年三月二十四日

附件一

“党旗下的老龄工作”征文比赛活动方案

为进一步加强我国老龄工作的理论研究，总结交流广大基层老龄工作者在长期工作实践中积累的对做好老龄工作和推动老龄事业发展的工作思路、理论思考和工作体会，增强做好老龄工作的责任感和使命感，拟于“七一”前后开展“党旗下的老龄工作”征文比赛活动，具体方案如下：

一、主办单位

全国老龄工作委员会办公室

二、征文对象

各地专兼职老龄工作者、老龄工作战线离退休人员、涉老工作部门相关从业人员均可参加。

三、征文要求

（一）作品以老龄事业和老龄工作发展历程为基调，重点展现我国基层老龄工作者的理论研究成果、工作思路和所思所感。

（二）作品可分理论文章和工作体会两类，其中理论文章要观点明确、逻辑严密、有说服力，经得起推敲和验证，并在理论上有所发展，方法上有所突破，具有一定的可操作性和指导意义，融创新性、科学性和实践性于一体。工作体会可以抒发从事老龄工作的思路、随想和体会，具有积极向上的思想内容，情感真挚，语言清新。

（三）作品均为未公开出版和发表的作品，引用部分请注明出处，严禁剽窃抄袭，不可一稿多投，一经发现，取消参赛资格。主办单位拥有对获奖作品进行集结出版和宣传的权利。

（四）作品字数一般不超过5000字，请标明作者真实姓名和联系方式，附电子版至指定电子信箱。

（五）截稿时间为2011年6月30日，邮寄以邮戳为准。

四、奖项设置

设置一等奖、二等奖、三等奖及优秀奖，颁发证书和奖金。

五、联系方式

联 系 人：贺常梅、王品

联系电话：010-64423865

电子信箱：wangpin@cncaprc. gov. cn

邮寄地址：北京市东城区安外大街甲57号

全国老龄工作委员会办公室宣传部

邮政编码：100011

附件二

“学党史　知党情　感党恩”知识竞赛活动方案

为加强党的思想理论建设，推进社会主义核心价值体系建设，丰富老年人精神文化生活，拟于“七一”前后开展“学党史　知党情　感党恩”知识竞赛活动，具体方案如下：

一、主办单位

中国老龄协会、中国老年报社等

二、承办单位

中国老年报社文化发展部

三、参赛方式

（一）集体参赛。各省、自治区、直辖市老干部局、老龄办，各大军区政治部老干部处，中央、国家机关各部委离退休干部局，国有大型企业老干部处、退管会，干休所、军休所、老干部活动中心（室）、老年公寓等可组织本系统、本行业老党员、老干部、老年人集体参赛。

（二）个人参赛。全国所有老干部、老党员、《中国老年报》读者、老年朋友和涉老单位工作者，均可以个人名义参赛。

四、活动安排

（一）3月—4月，将在《中国老年报》上刊登“竞赛活动启事”、“竞赛题”、“答题卡”和“竞赛答题须知”。

（二）4月—6月，动员组织各涉老单位和老年人参加竞赛，及时邮寄答题卡，竞赛截止日期为2011年6月30日。

（三）7月—8月，对答题卡进行认真阅卷、核对，在相关媒体上及时公布标准答案和获奖名单，筹备召开总结颁奖会议。

五、奖项设置

设立优秀组织奖、先进集体奖和个人优秀奖三个奖项，不设现金奖励，其中团体奖由组委会办公室负责评选，个人奖根据实际答题总人数，按比例由电脑随机抽取。

六、联系方式

联 系 人：陈云霞

联系电话：010-58122321

邮寄地址：北京市朝阳区东大桥斜街4号兴华公寓综合楼

中国老年报社文化发展部

邮政编码：100020

附件三

“弘扬民族精神和时代精神”专题宣传活动方案

为进一步宣传建党 90 年来的光辉历程和伟大成就，激发广大群众的爱国热情，引导广大群众继承和弘扬爱国主义光荣传统，拟开展“弘扬民族精神和时代精神”专题宣传活动，具体方案如下：

一、主办单位

全国老龄工作委员会办公室

二、承办单位

中国老年报社

三、宣传内容

弘扬井冈山精神、长征精神、延安精神、西柏坡精神、红岩精神、南泥湾精神、太行山精神、大庆精神、两弹一星精神、奥运精神等。

四、宣传方式

由《中国老年报》以专版报道的形式，综述性介绍相关精神的内涵、产生背景等。由《中国老年报》派记者到实地采访熟知历史的老年人，获得第一手材料（文字、图片），写出采访体会、感想等。

五、参与方式

相关地区老龄工作部门可以结合当地工作实际及老龄宣传需要，提前策划宣传方案，发挥自身优势，提供有价值的信息和资料，支持配合报社采编工作，共同做好专题宣传。

六、联系方式

联 系 人：梁方

联系电话：010-58122343

邮寄地址：北京市朝阳区东大桥斜街 4 号兴华公寓综合楼

中国老年报社编辑部

邮政编码：100020

全国老龄办关于 2011 年开展“敬老月”活动的通知

各省、自治区、直辖市、计划单列市老龄工作委员会办公室，新疆生产建设兵团老龄工作委员会办公室，各全国性老年社会组织：

今年 10 月 5 日是中华民族传统的敬老节日——重阳节。根据全国老龄工作委员会第十三次全体会议精神和《全国老龄工作委员会办公室 2011 年工作要点》，今年继续在全国开展“敬老月”活动。现将有关事项通知如下：

一、活动宗旨

“敬老月”活动的宗旨是：“关爱老人　构建和谐”。通过开展“敬老月”活动，进一步深入贯彻党和政府老龄工作的方针政策，落实《中华人民共和国老年人权益保障法》；宣传我国人口老龄化的严峻形势和应对挑战的对策措施，弘扬尊老敬老、爱老助老的优良传统，增强全社会的老龄意识和敬老意识，营造文明和谐的社会氛围；广泛组织和动员有关部门、社会组织、企事业单位、家庭和个人，从自身做起，从身边事情做起，为老年人办实事、做好事、献爱心，让广大老年人共享经济社会发展成果，安享晚年幸福生活。

二、活动主题和时间

“敬老月”活动主题：“敬老助老　从我做起”。

活动时间：10 月 1 日至 10 月 31 日。

三、活动内容

（一）广泛开展走访慰问送温暖活动

各地老龄办要协调各级老龄部门和成员单位，组织开展走访慰问老年人活动，动员社会各界开展多种形式的为老年人送温暖活动，切实关心老年人生活，倾听老年人心声，帮助老年人解决实际困难。要重点解决好困难、失能、残疾、“空巢”、高龄和灾区老年人的生活困难问题，努力营造帮贫助老、关爱老人、共建和谐的良好社会氛围。要结合纪念建党 90 周年，组织开展好走访慰问老党员活动。

（二）大力开展为老志愿服务活动

要把为老志愿服务活动作为精神文明建设的一项重要内容，与“创建文明城市”、“讲文明树新风”志愿服务活动结合起来，与培养志愿服务精神、弘扬尊老助老传统结合起来。继续推动敬老爱老“六个一”志愿服务活动、“百万职工敬老活动”、“青春助老服务行动”、助老助残家政服务、困难老人结对帮扶等多种形式的助老惠老活动，组织志愿者走进老年机构和老年家庭，提供家政、照料、护理、信息咨询、心理疏导等服务。

（三）扎实开展老年优待维权活动

各地老龄办要以维护老年人权益为重点，认真贯彻落实《中华人民共和国老年人权益保障法》，切实把各项惠老优待政策落到实处。要充分发挥“老年维权示范岗”和“老年优待服务窗口”作用，为老年人乘车、就医、维权等提供优质服务。要重视老年人来信来访工作，认真组织开展老年法律援助和涉老政策、法律咨询活动，严密防范并依法打击侵害老年人人身、财产安全的违法犯罪行为。

（四）积极开展老年文化体育活动

各地老龄办要组织开展内容丰富、形式多样、健康有益的老年文化体育活动。要结合重阳节、国庆节等节日，组织开展有影响、有示范带动作用的大型老年文化体育活动，积极推动老年文化体育活动的创新。要依托老年文化活动场所和老年群众组织，在农村、社区深入开展面向基层的老年文化体育活动，不断丰富老年人的精神文化生活。

（五）深入开展老年社会动员活动

各地老龄办要积极协调主流媒体开展专题宣传，进一步加大我国人口老龄化新形势的宣传力度，宣传尊老敬老的先进典型和感人事迹，激发全社会参与敬老助老活动的热情。要扩大参与范围，加强参与力度，在各级涉老职能部门、为老服务组织、服务窗口行业中，深入开展“敬老文明号”创建活动，广泛组织孝文化进学校、进社区、进机关、进企业系列宣传活动，倡导企业积极履行社会责任，鼓励社会组织特别是涉老社会组织切实发挥作用，带动更多组织和个人投身于敬老助老活动。

四、工作要求

（一）加强领导，务求实效

各地要把开展“敬老月”活动作为促进代际和谐、构建和谐社会，促进社会主义精神文明建设的重要举措，精心组织，周密安排，做到工作有部署，落实有措施，活动有成效。各级老龄办要积极争取党政领导重视，发挥综合牵头作用，协调动员成员单位和社会各界广泛参与“敬老月”活动，要结合实际情况，尽快制定活动实施方案，分解细化活动内容，明确责任分工，确保各项活动的顺利开展。

（二）突出主题，精心谋划

各地在活动实施过程中，要围绕活动宗旨，突出“敬老助老从我做起”的活动主题，因地制宜，创新形式，本着贴近实际、贴近基层、贴近老年人的原则，动员全社会从我做起、从身边具体事做起，多为老年人办一些看得见、摸得着的好事和实事，扎扎实实为老年人解决实际困难，切切实实让老年人感受到党和政府以及社会的关怀和温暖。

（三）打造品牌，形成合力

各地要把“敬老月”活动作为推进老龄工作的重要载体，统一目标要求，统一活动标识，精心组织筹划一批示范活动项目，形成老龄工作品牌。全国老龄办在“敬老月”期间，将组织启动仪式、领导慰问、志愿行动、专题宣传、主题研讨等活动，各地老龄办要统一步调、形成合力、打造品牌、壮大声势，并在此基础上结合实际、开拓创新，组织开展形式多样、富有成效的特色活动。

（四）掌握情况，及时沟通

各地老龄办要全面掌握“敬老月”活动进展情况，及时总结宣传活动的好经验好做法。全国老龄办将通过“敬老月”活动简报、全国老龄网等方式，通报各地工作进展情况。请各地分别于 9 月 15 日前、11 月 10 日前向全国老龄办宣传部报送“敬老月”活动实施方案和活动总结（“敬老月”活动专用邮箱：jinglaoyue@cncaprc. gov. cn）。

二〇一一年五月五日

全国老龄办关于开展筹备第三次全国老龄工作会议专题调研的通知

各省、自治区、直辖市及计划单列市老龄办，新疆生产建设兵团老龄办：

根据全国老龄委第十三次全体会议部署，拟于今年下半年适时召开第三次全国老龄工作会议。此次会议，是在我国全面建设小康社会关键时期和“十二五”规划开局之年召开的具有承前启后、继往开来意义的重要会议。为做好会议筹备工作，全国老龄办决定广泛开展调查研究工作。现将有关事宜通知如下：

一、调研背景

第三次全国老龄工作会议的主题是：以邓小平理论和“三个代表”重要思想为指导，深入贯彻落实科学发展观，适应人口老龄化的新形势新变化，顺应广大老年人过上更好生活的新期待，以推进老龄事业科学发展为主题，以积极应对人口老龄化为主线，以保障和改善老年人生活质量为出发点，以深化老龄工作体制机制改革、创新老龄事业发展方式为着力点，提出今后一个时期我国老龄事业发展的指导思想、基本方针、发展思路和战略部署，为实现老龄事业长期稳定健康发展打下具有决定意义的基础。

此次会议的主要任务是：全面总结全国第二次老龄工作会议以来老龄事业发展取得的主要成就和基本经验；分析研究老龄工作和老龄事业发展面临的新形势、新情况、新问题，贯彻落实《中国老龄事业发展“十二五”规划》，研究制定《国家应对人口老龄化和老龄事业发展中长期规划纲要》；安排部署“十二五”时期老龄工作任务；推广老龄工作改革创新的新典型、新经验，出台老龄工作新政策；表彰全国老龄工作先进集体和先进工作者。

经研究，全国老龄委办公室决定，以第三次全国老龄工作会议召开为契机，广泛开展调查研究，并将优秀调查研究成果汇编出版。

二、调研内容及时间安排

各地可根据第三次全国老龄工作会议的主题和任务，自主选定题目进行调查研究。省级老龄办围绕人口老龄化对本省经济社会发展的影响及对策，老年人民生问题以及老龄工作领域的热点、难点、重点问题进行调研。地市级以下老龄办主要围绕老年人民生问题以及基层老龄工作面临的突出问题进行调研。

此次调查研究的时间安排为：2011 年 5 月至 2011 年 7 月。

三、调研要求

各地要在深入扎实的调查研究基础上撰写调研报告。调研报告要做到情况清楚、问题明确、分析透彻、观点鲜明、对策可行。各省级老龄办负责本省各级老龄办调查研究成果的收集，并于 2011 年 7 月底前提交全国老龄办政策研究部（打印稿和电子版各一份）。

联系地址：北京市东城区安定门外大街甲 57 号
全国老龄工作委员会办公室政策研究部
邮编：100011

二〇一一年五月二十日

全国老龄工作委员会关于开展“敬老文明号”创建活动的通知

各省、自治区、直辖市、计划单列市老龄工作委员会，新疆生产建设兵团老龄工作委员会，全国老龄工作委员会各成员单位，各全国性老年社会组织：

为积极应对人口老龄化，进一步弘扬尊老敬老的传统美德，广泛动员社会各界开展为老服务，推动落实老年优待政策，促进社会和谐，全国老龄工作委员会决定，在全国开展“敬老文明号”创建活动。现就有关事项通知如下：

一、指导思想

“敬老文明号”创建活动以邓小平理论和“三个代表”重要思想为指导，深入贯彻落实科学发展观，紧紧围绕“六个老有”目标，以“关爱老人、构建和谐”为主题，以弘扬尊老敬老传统美德、落实各项惠老优待政策、创新为老服务方式方法、提高为老服务质量、推动社会主义精神文明建设为主要内容，通过明确创建目标、拓展服务内容、制定服务标准、完善服务制度等方式，充分发挥行业优势，深入开展为老服务，使老年人权益得到更好保障，老年人生活质量得到进一步提高，努力形成尊老敬老的良好风尚，为构建社会主义和谐社会做贡献。

二、创建内容

经中央批准，全国“敬老文明号”评选表彰列为国家评选表彰常设项目，表彰周期为3年，每次数量不超过1300个。“敬老文明号”是指在经营、管理和服务等工作岗位上，积极开展优质为老服务工作的先进集体。创建活动在全国各级涉老部门、为老服务组织、公共服务窗口行业开展，分全国、省（区、市）、市（地、州）、县（市、区）四级创建。

全国老龄工作委员会成立全国“敬老文明号”创建活动领导小组，负责组织“敬老文明号”创建活动，领导小组办公室设在全国老龄工作委员会办公室，负责创建活动的具体工作。

三、创建要求

（一）加强领导

“敬老文明号”创建活动是加强基层老龄工作的重要举措。各地、各部门要切实加强领导，精心组织，明确责任，抓好落实。各级老龄工作委员会要成立“敬老文明号”创建活动领导小组及办公室，建立联席会议制度，做好创建活动的组织、指导和协调工作。要把创建活动纳入本地区、本部门精神文明建设工作总体规划。要建立创建工作和评选表彰经费保障机制。要加强工作指导和督促检查，及时总结推广经验。

（二）精心组织

各地、各部门要根据通知精神，制定“敬老文明号”创建活动方案，细化工作计划，明确工作目标。各级老龄工作委员会办公室要发挥牵头作用，加强与成员单位的协作配合，建立高效协调的沟通机制。要与老年友好城市、老年宜居社区、老年温馨家庭、和谐社区建设结合起来，创新为老服务形式，提升为老服务水平，确保老年人得实惠。创建活动要面向基层，注重过程，注重实效，力戒形式主义。

（三）加强宣传

各地、各部门要通过多种形式，大力宣传创建活动的重要意义，及时总结报道创建活动的进展情况、成功做法和典型经验，扩大“敬老文明号”的社会影响，动员更多单位和组织积极参与“敬老文明号”创建活动，激发公民参与敬老助老活动的热情。

附：《全国“敬老文明号”创建和管理办法（试行）》

全国老龄工作委员会
二〇一一年九月二十六日

附件

全国“敬老文明号”创建和管理办法（试行）

为推动全国“敬老文明号”创建活动深入持久开展，规范评选表彰工作，制定本办法。

第一章 总 则

第一条 “敬老文明号”是指在经营、管理和服务等工作岗位上，积极开展优质为老服务的先进集体。

第二条 “敬老文明号”创建活动旨在深入贯彻落实中央关于老龄工作的方针政策，积极应对人口老龄化，进一步弘扬尊老敬老的传统美德，广泛动员社会各界参与尊老敬老社会活动，落实老年优待政策，推动基层老龄工作，促进社会主义精神文明建设和社会和谐。

第三条 “敬老文明号”创建活动在全国、省（区、市）、市（地、州）、县（市、区）四级进行，在全国涉老部门、为老服务组织、公共服务窗口行业开展。

第二章 基本条件

第四条 “敬老文明号”基本条件：

（一）参与“敬老文明号”创建活动的集体，积极开展老龄宣传和尊老敬老主题教育活动，弘扬中华民族尊老敬老传统美德，宣传“敬老文明号”创建活动的重要意义。

（二）围绕本单位中心工作开展创建活动，有明确的创建目标和办法，有规范的为老服务制度和标准，有具体的为老服务内容和条款，有固定的为老服务窗口和场所。

（三）严格执行《中华人民共和国老年人权益保障法》《关于加强老年人优待工作的意见》等政策规定，自觉执行本部门或行业规章制度和服务规范。

（四）积极创新为老服务方式方法，按照优先、优惠、优待的原则，拓展对老年人的服务范围和内容，努力为老年人提供热情周到的服务。

（五）全体成员熟悉创建要求，弘扬文明新风，爱岗敬业，具有良好的职业道德和能力素质，无老年人投诉，群众评价良好，社会效益显著。

第三章　评选与表彰

第五条　“敬老文明号”的评选，采取单位申报、行业推荐、公众评议、逐级创建的程序开展。原则上，申报上一级“敬老文明号”，应获得本级“敬老文明号”。

第六条　全国“敬老文明号”每3年表彰一次，由全国“敬老文明号”创建活动领导小组统一组织评选。部门或行业“敬老文明号”，由同级创建活动领导小组与相关部门联合开展。各级“敬老文明号”的评定，要规范程序，控制数量，保证质量。

第七条　要采取听取汇报、查阅资料、征求服务对象意见等多种方式，对申报单位进行全面、细致的评定。评定结果要进行公示，公示时间一般为7天。

第八条　建立和完善精神奖励和物质奖励相结合的激励机制。全国“敬老文明号”以精神奖励为主，进行通报表彰，并授予“敬老文明号”牌匾。各地、各部门或行业可将“敬老文明号”纳入本地区、本部门精神文明创建活动奖励体系，根据实际情况给予相应的精神和物质奖励。

第九条　“敬老文明号”实行挂牌制度。凡获得“敬老文明号”称号的集体，应将牌匾悬挂在醒目位置，以便接受社会监督。

第四章　考核与管理

第十条　“敬老文明号”实行动态管理。创建活动领导小组对已经挂牌的“敬老文明号”要定期进行考核，符合标准的继续认定为“敬老文明号”。机构调整、重组、撤销的单位自动取消“敬老文明号”。对存在问题的要求限期整改，达不到整改要求的撤销“敬老文明号”并收回牌匾。

第十一条　“敬老文明号”实行分级管理和协助管理相结合的管理办法。全国“敬老文明号”由全国“敬老文明号”创建活动领导小组委托省（区、市）级创建活动领导小组和部门或行业主管单位考核与管理。省（区、市）、市（地、州）、县（市、区）评定的“敬老文明号”，由同级“敬老文明号”创建活动领导小组考核与管理。部门或行业主管的“敬老文明号”，由主管单位考核与管理，同级创建活动领导小组协助管理。

第十二条　加强对“敬老文明号”档案管理。建立健全“敬老文明号”档案资料和信息库，保证资料齐全、分类科学、立卷完备，使管理工作科学化、制度化、规范化，确保信息资料全面反映创建成果。

第五章　附　　则

第十三条　各级“敬老文明号”创建活动领导小组办公室要建立信息反馈和监督机制，设立服务和接待热线，及时受理、依法解决举报和投诉问题。

第十四条　“敬老文明号”牌匾材料为铜牌。“敬老文明号”字体统一使用隶书，字体颜色为红色。落款及日期字体统一使用黑体，字体颜色为黑色。国家级“敬老文明号”牌匾尺寸为65×40cm，省（区、市）级“敬老文明号”为56×35cm，市（地、州）级及以下“敬老文明号”为48×30cm。

第十五条　各地可参照本办法制定“敬老文明号”创建标准及管理办法。

第十六条　本办法由全国老龄工作委员会办公室负责解释。

第十七条　本办法自发布之日起施行。

（司法部）关于进一步做好司法行政服务老龄事业的指导意见

司发通正〔2011〕89号

各省、自治区、直辖市司法厅（局），新疆生产建设兵团司法局：

为认真贯彻落实国民经济和社会发展“十二五”规划纲要关于老龄工作的决策部署和全国老龄工作委员会第十三次全体会议精神，进一步做好司法行政服务老龄事业工作，现通知如下。

一、充分认识司法行政服务老龄事业的重要性

“十二五”时期，是全面建设小康社会的关键时期，是深化改革开放、加快转变经济发展方式的攻坚时期，也是老龄事业抓住机遇、实现快速发展的重要时期。“十二五”时期，我国依然面临“未富先老”的基本国情，人口老龄化、高龄化、空巢化将进一步加速发展，预计到2015年，全国60岁以上老年人将达到2.16亿人，约占总人口的16.7%，80岁以上的高龄老人将达到2400万人，约占老年人口的11.1%，65岁以上的空巢老年人口有4150万人，约占老年人口的25%。人口老龄化、高龄化、空巢化的加速发展，不仅作用于生产、流通、消费、金融等经济领域，也将作用于社会管理、公共服务、意识形态和社会稳定等多个方面，并将伴随着全面建设小康社会的全过程，影响深刻。适应我国人口老龄化发展态势，国家“十二五”规划提出了一系列积极应对人口老龄化的重要政策和重要举措，全国老龄工作委员会第十三次全体会议也作出了着力推进老龄工作“六个体系”建设的工作部署。司法行政机关承担着法律服务、法律援助、法制宣传等重要职能，在服务老龄事业、推进老龄工作方面肩负着重要责任。各级司法行政机关一定要深刻领会国家“十二五”规划和全国老龄工作委员会第十三次全体会议精神，充分认识应对人口老龄化的重要性、复杂性和长期性，认真贯彻落实中央关于积极应对人口老龄化的决策部署，把服务老龄工作作为推动经济社会科学发展、加快转变经济发展方式的重要内容，作为“发扬传统、坚定信念、执法为民”主题活动的重要载体，切实采取有效措施，推动司法行政服务老龄工作更加深入、扎实、有效开展。

二、进一步发挥司法行政服务老龄事业职能作用

各级司法行政机关要适应老龄事业发展需要，进一步发挥法律服务、法律援助和法制宣传在服务老龄工作中的职能作用，努力提高服务工作针对性，突出工作重点，提高服务工作能力水平，努力推动司法行政服务老龄事业的能力和水平再上新台阶。

（一）努力提高服务工作针对性

继续引导和推动律师、公证、基层法律服务机构及人员参与涉及老年人合法权益的诉讼、调解、仲裁和法律咨询等法律服务活动。结合各地实际，有针对性地开展适应老年人群特点、满足老年人特殊需求的专项法律服务活动，努力提高老年人法律服务的实效性。进一步拓展老年人申请和获得法律援助的渠道，科学设置法律援助站点，鼓励各地依托当地老龄委设立法律援助工作站，方便老年人就近申请和获得法律援助。加强法律援助便民服务窗口建设，普遍在临街、一层等方便老年人往来的地点设立专门接待场所，完善无障碍通道等服务设施，最大限度地满足老年人的特殊需求。深入开展针对老年人的法制宣传，将老年人权利保护等相关法制宣传教育活动作为“六五”普法的重要内容，广泛深入地宣传《中华人民共和国老年人权益保障法》、《中国老龄事业发展“十二五”规划》等有关法律法规和政策，增强全社会尊重关爱老年人、保护老年人合法权益的良好氛围。

（二）突出服务工作重点

围绕深入推进三项重点工作，着力在老年人最关心、最直接、最现实的利益问题，诸如医疗、保险、救助、赡养、住房等领域开展法律服务、法律援助和法制宣传。针对老龄人口实际状况，重点关注和努力满足80岁以上高龄、失能半失能、贫困以及空巢老人的法律服务和法律援助需求。加强与老年人密切相关的婚姻、继承、赡养、社会保障等方面法律政策的宣传工作，提高老年人的自我防范意识和依法维护自身合法权益的能力，维护老年人的合法权益。引导老年人法律服务、法律援助和法制宣传工作向基层和中西部地区延伸，鼓励法律服务机构与司法所结对帮扶，深入推动“1+1”中国法律援助志愿者行动项目，开展法制宣传进农村、进社区等，切实增强基层和中西部老年人法律服务、法律援助和法制宣传工作。

（三）进一步提高服务能力水平

在律师、公证员、基层法律服务工作者、法律援助机构工作人员、法制宣传工作人员中广泛开展与老年人权益保护相关的法律法规和政策措施的培训，进一步提高老年人法律服务、法律援助和法制宣传工作水平。努力创新服务方式，继续深入开展“老年人维权示范岗”活动，倡导法律服务机构与当地老龄委签订法律服务协议，在老龄委派专职律师、公证员免费为老年人提供相关法律服务。积极探索为老年人提供及时便利服务的途径，倡导通过发放“法律援助联系卡”、公示法律咨询电话以及对行动不便、患病残疾的老年人主动提供上门服务等形式，增强法律服务和法律援助工作的便捷性、主动性。创新老年人法制宣传工作的方式方法，充分利用电视、广播、报刊、网络等现代传媒，充分利用在法制宣传日、节假日，特别是“九九”重阳节开展专项法制宣传活动，通过以案说法、文艺演出等群众喜闻乐见的形式，加大法制宣传力度，增强法制宣传效果。

三、进一步加强对司法行政服务老龄事业的组织领导

各级司法行政机关要把服务老龄事业摆上重要议程，切实加强组织领导。“十二五”时期是应对人口老龄化的重要机遇期。各级司法行政机关要根据《中国老龄事业发展“十二五”规划》的部署和本通知要求，紧密结合实际，细化工作措施，落实规划任务，努力推动服务老龄工作在“十二五”时期再上新水平。要深入调查研究，及时了解我国人口老龄化发展基本态势和老龄工作的新特点、新问题，深刻理解中央关于积极应对人口老龄化的战略部署和重要政策措施，始终把服务老龄工作放在司法行政工作大局中来谋划，来推进，以更高的站位审视服务老龄工作，以更广阔的视野谋划服务老龄工作，以更有力的措施推进老龄服务工作。要进一步加强与当地老龄委及各有关部门的沟通联系，建立健全信息交换和定期沟通机制，在事关老龄工作发展的重要政策措施中进一步体现和发挥司法行政工作的职能作用，与各有关部门紧密配合，通力协作，共同推动老龄事业的健康发展。

二〇一二年五月四日

北京市民政局　北京市卫生局 北京市老龄工作委员会办公室 北京市残疾人联合会关于进一步加强我市养老（助残）精神关怀服务工作的指导意见

京民老龄发〔2011〕113号

各区县民政局、卫生局、老龄办、残联：

为提升老年人、残疾人精神生活水平，促进老年人、残疾人身心健康，根据《北京市人民政府办公厅转发市民政局市残联关于北京市市民居家养老（助残）服务（“九养”）办法的通知》（京政办发〔2009〕104号）和13个委办局《关于贯彻落实〈北京市市民居家养老（助残）服务（“九养”）办法〉的意见》（京民老龄发〔2009〕504号）关于开展养老（助残）精神关怀服务的要求，现就进一步加强我市养老（助残）精神关怀服务工作提出以下指导意见。

一、指导思想

以邓小平理论、“三个代表”重要思想为指导，深入贯彻落实科学发展观，围绕着“老有所养、老有所医、老有所教、老有所学、老有所为、老有所乐”的工作目标，全面推进大民政建设，广泛动员社会力量，采取多种形式，逐步建立起广覆盖、多层次的老年身心关爱服务体系，满足老年人（残疾人）多样性、个性化的精神养老需求，全面提升老年人的生活质量和幸福指数，为“人文北京、科技北京、绿色北京”建设和中国特色世界城市建设做出应有的贡献。

二、工作原则

（一）坚持以人为本、协调发展，以老年人（残疾人）的需求为导向，以实现“十二五”规划目标为动力，积极推动城乡老年人（残疾人）精神关怀服务与物质生活服务的协调发展。

（二）坚持政府主导、社会主体，建立有效的动员机制和激励机制，引导社会力量广泛参与，优化配置社区公共资源和社会专业资源，形成市场服务和公益服务相结合的精神关怀服务发展格局。

（三）坚持精神关怀、预防为主，及早发现、及早治疗，主动介入、科学康复，健康跟踪、防止反弹，应对老年人（残疾人）心身疾病，促进身心健康。

三、工作目标

利用5年左右时间推进北京市老年身心健康关爱服务工程，即建立北京市老年身心关爱服务行业管理的体制机制，健全“96156”北京市精神关怀服务热线平台，建立市、区（县）、街（乡镇）、居（村）四级老年身心健康关爱服务体系，培育专业心理咨询师、志愿者、社区心理辅导员三支队伍，形成覆盖全市城乡社区的养老（助残）精神关怀服务体系。

四、工作任务

（一）建立老年身心关爱服务行业管理体制

吸收和培育一批热心老年人身心、关爱服务事业的专业组织、专家队伍和专业人士，成立“北京市老年身心健康关爱协会”。对全市老年心理、法律、保健咨询等精神关怀服务行业实行专业化管理，进行专业培训、服务资格认定，统筹配置服务资源，协调项目合作；进行动态信息管理、需求调研；组织工作交流、问题研究；建立专业人才库，组织专家编写老年知识教材向老年人（残疾人）发放。

协会登记注册为社团法人，定点单位纳入协会会员单位管理，鼓励有关专家和专业人士加入协会作为个人会员。

（二）健全“96156精神关怀服务热线”平台

联合一批从事心理健康和精神关怀服务的专业组织，凝聚一批热心养老（助残）精神关怀服务的专业人才，依托96156社区服务平台，建设全市上下联动、资源共享的精神关怀服务信息网络平台，发展热线服务，开展社区精神关怀大课堂主题宣传教育和专题义务咨询活动，打造北京市养老（助残）精神关怀服务品牌。

签约符合条件的专业组织作为北京市养老（助残）精神关怀服务定点单位，公示服务，统一标识，规范管理。研究出台《北京市养老（助残）精神关怀服务定点单位管理办法》。打通精神关怀服务信息通道，坚持热线咨询服务情况周报制度，建立精神关怀服务活动月报制度，健全信息发布机制。

（三）建立市、区（县）、街（乡镇）和居（村）四级身心关爱服务体系

1. 依托北京市养老（助残）精神关怀热线服务信息平台，按照《北京市养老（助残）精神关怀服务定点单位管理办法》发展、管理和组织定点单位为老年人（残疾人）提供身心健康关爱服务，开展个案咨询服务，实行价格优惠。“北京市养老（助残）96156精神关怀服务热线”实行专业人员现场值机，提供免费咨询服务；在社区大课堂公益项目中增设精神关怀专项，协调组织全市性老年精神关怀活动，为基层提供专业技术支持；在《北京社区报》开设养老（助残）精神关怀专栏；建立精神关怀专门网站，开通专家博客。

2. 依托以区县、开发区社区服务中心为主体的定点单位，举办“养老（助残）精神关怀大课堂”，邀请心理咨询师、律师、社会工作师、养生和文体等专家授课，定期组织开展养老（助残）精神关怀方面的主题宣传、教育、文化、健身活动，丰富老年精神生活，增强社会和家庭关心老年人（残疾人）心理健康的责任意识。积极开发多样化的身心关爱服务产品，满足老年人（残疾人）多元化的精神生活需求。

3. 整合街道乡镇社区服务设施资源，利用“星光老年之家”（老年活动站）、社区市民学校、社区“残疾人温馨家园”、职业康复机构、老年大学、社区卫生服务机构等公共服务设施，有步骤地设立街道（乡镇）级“社区心理服务站”，选择有资质的企业、专业组织开展有偿服务，逐步完善心理、法律、养生、保健咨询服务功能，对老年人（残疾人）实行优惠服务。在全市每个街道（乡镇）建立一个服务站，每个服务站要根据区域居民需求，定期组织安排专业人员在专业组织的技术支持下提供专业化服务。

4. 充分利用现有的、盘活闲置的以及收回挪作他用的居（村）老年人（残疾人）公共服务设施设立心理咨询室。配备基层心理辅导员6000名，实现精神关怀服务居（村）全覆盖。组织经常性的老年身心健康关爱活动，优先组织专业人士和志愿者为80岁以上的高龄老年人、行动不便的特困老年人和重度残疾人提供上门关怀服务。社区卫生服务机构为行动不便、有需求的老年人（残疾人）提供主动的健康管理服务。养老服务机构定期为托养老人开展精神慰藉服务。

（四）培育专业人员、志愿者、心理辅导员三支服务队伍

1. 建立行业协会领导下的专业服务队伍。在96156热线现场值机；参与96156社区大课堂活动；深入基层开展咨询服务和技术指导；应邀提供上门服务。

2. 建立居（村）委会协调下的志愿者服务队伍。居（村）委会有针对性地招募志愿者，为有需求的老年人（残疾人）提供入户探访、上门服务等多种形式的身心关爱服务，定期到辖区内养老机构开展志愿服务。建立健全养老（助残）精神关怀服务者招募、培训和奖励机制，探索建立全市统一的“时间银行”志愿服务储蓄机制和服务补贴机制。

3. 建立居（村）委会领导下的心理辅导员队伍。心理辅导员要具备相关的专业技能，在街（乡镇）服务站的业务指导下，开展上门巡视服务，掌握老人精神赡养信息；在养老机构的配合下，为机构托养老人开展精神慰藉服务。社区心理辅导员纳入公益性就业岗位。

五、工作要求

（一）加强领导，健全管理体制

设立养老（助残）精神关怀服务的常设管理机构，建立健全政策支持体系，研究建立老年人意外伤害保险，保障精神关怀服务主体和客体的权益，进行准入资格审批，规范服务，组织培训，指导协会。

（二）各级政府要重视老年人的精神养老需求，把养老（助残）精神关怀服务工作纳入和谐社会建设和“健康北京人——全民健康促进十年行动规划”

采取重点群体关爱与大众公益活动相结合的形式，针对不同老年群体的精神生活需求，有计划地提供多种形式的精神关怀服务。

（三）深度整合资源，多渠道筹集资金

加强政府财政支持，争取福利慈善资金，建立政策支持和费用补贴机制。将精神关怀服务工作所需资金纳入部门工作预算，区县财政要安排专项资金。有计划地对部分服务站给予专项补贴，对专业人士参与公益性活动给予饭费和交通费补贴。对服务站给予场地、水电等方面的适当支持。

（四）坚持三个结合，发展精神关怀服务

坚持属地管理与分片包干相结合，依托专业组织辐射和带动地区的精神慰藉服务；坚持专业服务和一般服务相结合，为老年人（残疾人）提供多层次的服务；坚持有偿服务和义务服务相结合，开发多样性的、个性化的老年人（残疾人）精神慰藉服务产品。

北京市民政局 北京市卫生局
北京市老龄工作委员会办公室 北京市残疾人联合会
二〇一一年三月十八日

北京市民政局 北京市残疾人联合会 北京市老龄工作委员会办公室关于开展养老（助残）餐桌、托老（残）所规范化建设试点工作的通知

京民老龄发〔2011〕121号

区县民政局、残联、老龄办：

“九养政策”实施一年以来，全市签约和建立养老（助残）餐桌4584个、托老（残）所5305个，居家养老服务水平明显提高。为进一步加强养老（助残）餐桌和托老（残）所的规范化建设，为老年人（残疾人）提供更加优质便捷的服务，根据2011年市政府为民办实事折子工程要求，决定在全市开展养老（助残）餐桌、托老（残）所规范化建设试点工作，现就有关事项通知如下：

一、工作任务

按照“巩固、提高、规范”的总体要求，在现有养老（助残）餐桌和托老（残）所的基础上，今年在全市培育发展500个规范化养老（助残）餐桌和500个规范化托老（残）所，每个街道（乡、镇）要建立设施较为完善、功能基本齐全、服务水平较高的养老（助残）餐桌和托老（残）所规范化建设试点各一个以上，基础设施较好、群众需求较大的街道（乡、镇）要适当增加建设数量，进一步推进社会化养老（助残）服务，全面提高我市养老（助残）服务规范化建设水平。

二、工作标准

（一）养老（助残）餐桌规范化建设标准

1. 养老（助残）餐桌签约挂牌、具有资质。

2. 配备无障碍设施，方便老年人（残疾人）

就餐。

3. 环境整洁，老年人（残疾人）就餐区域标识醒目。

4. 管理制度完善，实行就餐、订餐、配（送）餐登记制度。

5. 为老年人（残疾人）提供优先、优质、优惠服务，服务价格不高于市场价格。

6. 社区（村）老年人（残疾人）就餐需求得到基本满足，日均服务量达50人次以上。

7. 服务热情，文明用语，老年人（残疾人）对服务满意率达85%以上。

8. 按照《北京市市民居家养老（助残）券管理使用规定（暂行）》及其补充规定使用养老（助残）券。

（二）托老（残）所规范化建设标准

1. 托老（残）所签约挂牌，具有《社区服务设施证书》或法人资质。

2. 为辖区内老年人（残疾人）提供日托（或全托）、餐饮、文化娱乐、精神关怀等基本服务。

3. 提供日托服务的托老（残）所，设有活动床位和文娱活动场所，配有相对固定的护理员，月服务量达50人次以上。

4. 提供全托服务的托老（残）所，设有固定床位，配有专职护理员，床位不少于5张，床位使用率不低于40%。

5. 与社区卫生服务中心（站）签订服务协议，为托养老年人提供基本医疗卫生服务。

6. 管理制度健全，服务记录完整。

7. 服务热情，文明用语，老年人（残疾人）对服务满意率达85%以上。

8. 按照《北京市市民居家养老（助残）券管理使用规定（暂行）》及其补充规定使用养老（助残）券。

三、实施步骤

养老（助残）餐桌、托老（残）所规范化建设试点工作分为动员部署、组织实施、区县自查、考核验收四个阶段。

（一）动员部署阶段（3月份）

2011年3月31日前，区县居家养老（助残）服务工作主管部门要按照通知要求，结合自身实际，对照标准，制定实施方案和细则，完成工作部署，上报实施方案。

（二）组织实施阶段（4—6月份）

2011年6月30日前，区县居家养老（助残）服务工作主管部门根据工作实施方案和建设标准，加大工作力度，狠抓工作落实，确保工作质量，圆满完成养老（助残）餐桌、托老（残）所规范化建设试点工作。

（三）区县自查阶段（7月份）

2011年7月31日前，区县居家养老（助残）服务工作主管部门对本区县养老（助残）餐桌、托老（残）所规范化建设试点工作完成情况进行自查，并根据自查情况，向市老龄办提出考核验收申请。

（四）考核验收阶段（8月份）

2011年8月31日前，市老龄办会同市残联，根据区县申请情况组织考核验收。验收合格后，统一悬挂“北京市居家养老（助残）规范化服务单位”标牌，并将此项工作纳入居家养老（助残）服务工作年度考核奖励范围。

四、工作要求

（一）加强组织领导，确保试点工作落实。养老（助残）餐桌、托老（残）所规范化建设试点工作是“九养政策”的重要内容，已被列入2011年市政府为民办实事折子工程。各区县要高度重视，将此项工作列入重要日程，切实加强组织领导，坚持属地管理原则，制定实施方案，落实配套资金，确保规范化建设工作的顺利开展。

（二）认真组织实施，按时完成工作任务。各区县居家养老（助残）服务工作主管部门是规范化建设工作的主责部门，要制定具体工作目标和实施步骤，做到责任到位、有序推进。要认真组织实施，做到实施有方案、落实有细则、任务有时限、督查有机制，确保各项工作的按时完成。

（三）注重培育典型，推动工作深入开展。养老（助残）餐桌、托老（残）所规范化建设试点工作是养老服务体系建设的重要举措。各区县在试点工作中要大胆探索，勇于创新，及时总结先进经验，大力培育先进典型，加大宣传力度，以工作成效检验规范化建设成果，推进养老服务事业的科学发展。

附件：北京市2011年创建千家养老（助残）规范化服务单位工作任务分配表

北京市民政局　北京市残疾人联合会

北京市老龄工作委员会办公室

二〇一一年三月二十三日

附件

北京市2011年创建千家养老（助残）规范化服务单位工作任务分配表

区划	街道（乡镇、地区办事处）分布情况					规范化养老（助残）餐桌数量（个）	规范化托老（残）所数量（个）
	街道办事处	地区办事处	乡	镇	合计		
北京市	**142**	**54**	**18**	**113**	**327**	**500**	**500**
东城区	17	0	0	0	17	27	27
西城区	15	0	0	0	15	25	25
朝阳区	23	19（乡）	0	0	42	64	64
海淀区	22	2（乡）	0	5	29	45	45
丰台区	14	2	3	2	21	32	32
石景山区	9	0	0	0	9	14	14
门头沟区	4	1（镇）	0	8	13	20	20
房山区	10	3（镇）	6	11	30	45	45
通州区	4	2（镇）	1	8	15	23	23
顺义区	6	7（镇）	0	12	25	38	38
昌平区	2	5（镇）	0	11	18	27	27
大兴区	7	5（镇）	0	9	21	32	32
怀柔区	2	3（镇）	2	9	16	24	24
平谷区	2	4（镇）	2	10	18	27	27
密云县	2	1（镇）	0	17	20	30	30
延庆县	3	0	4	11	18	27	27
说　明	区县任务指标＝（街道＋乡＋镇＋地区办事处）×系数1.5，城区有所侧重。						

北京市民政局　北京市卫生局　北京市残疾人联合会　北京市老龄工作委员会办公室关于印发《北京市市民居家养老（助残）券管理使用补充规定（暂行）》的通知

京民老龄发〔2011〕122号

区县民政局、卫生局、残联、老龄办：

现将《北京市市民居家养老（助残）券管理使用补充规定（暂行）》印发给你们，请结合本区县实际，制定实施方案，认真贯彻执行。

北京市民政局　北京市卫生局
北京市残疾人联合会　北京市老龄工作委员会办公室
二〇一一年三月二十三日

北京市市民居家养老（助残）券管理使用补充规定（暂行）

为进一步做好居家养老（助残）服务工作，不断满足老年人（残疾人）居家生活服务的新需求，按照《北京市人民政府办公厅转发市民政局市残联关于北京市市民居家养老（助残）服务（“九养”）办法的通知》（京政办发〔2009〕104号）精神，现对《北京市市民居家养老（助残）券管理使用规定（暂行）》（京民老龄发〔2010〕188号）补充规定如下：

一、居家养老（助残）服务指定服务单位在原有“各级养老机构及其分设机构、老年活动中心、残疾人服务机构”的基础上，增加各级社区服务中心、社区卫生服务中心（站）和邮政局（所）。

二、居家养老（助残）服务单位经区县居家养老（助残）服务工作主管部门批准，可承担“小帮手”电子服务器的配备和话费充值服务。

三、北京市市民居家养老（助残）券可用于支付“小帮手”电子服务器个人承担的费用（包括话费）、社区卫生服务中心（站）提供的医疗卫生服务费用、残疾人服务机构提供的康复训练服务费用以及邮政局（所）提供的订阅报刊服务费用。

四、在老年人口居住分散、为老服务资源较少、服务体系在近期难以健全的农村偏远地区，经区县居家养老（助残）服务工作主管部门批准并直接监督管理的居家养老（助残）服务单位，可向有需求的老年人（残疾人）上门配送居家生活必需品，老年人（残疾人）可用养老(助残)券支付相关费用。区县居家养老(助残)服务工作主管部门须将配送服务单位名录、生活必需品名录及相关收费标准报市老龄办备案。

五、各级社区服务中心、社区卫生服务中心（站）和邮政局（所）收取的养老（助残）券，由所在的街道（乡镇、地区办事处）居家养老（助残）服务工作主管部门进行结算。

六、各级居家养老（助残）主管部门要把养老（助残）券的管理列入日常工作，指定专人负责，按月定期结算，提高结算效率。

北京市民政局　北京市财政局　北京市人力资源和社会保障局　北京市卫生局　北京市老龄工作委员会办公室关于实施95周岁及以上老年人补助医疗制度的通知

京民老龄发〔2011〕149号

各区县民政局、财政局、人力资源和社会保障局、卫生局、老龄办：

为进一步贯彻落实《北京市人民政府办公厅转发市民政局市残联关于北京市市民居家养老（助残）服务（“九养”）办法的通知》（京政办发〔2009〕104号）精神，提高高龄老年人的医疗福利待遇，充分体现市委市政府对高龄老年人的关怀，促进经济社会和谐发展，经研究决定从2011年1月1日起，将享受百岁老人补助医疗人群范围扩大至本市户籍95周岁及以上的老年人。具体事项通知如下：

一、补助条件

享受本市基本医疗保险、公费医疗、城镇居民基本医疗保险、新型农村合作医疗、征地超转人员医疗、优抚对象医疗等报销待遇的本市户籍95周岁及以上老年人。

二、补助办法

符合条件的老年人在本市定点医疗机构门诊及住院发生的，且符合本市有关医疗报销规定的医疗费用中的个人按比例负担部分，由政府给予补助。

三、办理程序

（一）享受不同医疗报销待遇的老年人按相关医疗制度规定报销后，由负责报销的有关部门出具医药费分割单（结算单），个人持分割单（结算单）、医疗补助领取证、身份证和户口簿原件及复印件（如委托他人办理的，还需携带被委托人的身份证原件及复印件）到户籍所在地社区（村）提出申请，填写医疗费用补助申请审批表，报销规定的医疗费用中个人按比例负担的费用（不含起付线以下和封顶线以上费用）。

（二）经街道（乡镇、地区办事处）初审，由区县老龄办审核后报市老龄办审批。

（三）市老龄办按月办理并拨付补助经费。

四、资金来源

所需资金由市财政资金负担。

五、办理要求

（一）区县各级老龄工作部门要充分认识扩大高龄老人医疗补助范围工作的重要意义，加强对此项工作的领导，增强责任感，逐级审核，严格把关，按时、高效地将此项工作落到实处。

（二）认真做好政策咨询和宣传工作，让老年人及时了解相关规定，为方便老年人办理医疗费用报销事宜提供便利条件。各区县对于缴纳医疗保险费用有困难的老年人要给予适当补贴。

（三）各级财政部门和民政（老龄）部门要加强对资金审核报销情况的监督检查，确保资金专款专用。对有关单位和个人违反规定的行为，要按照《财政违法行为处罚处分条例》规定追究有关人员的责任。

（四）各区县按月办理补助医疗手续，并将相关材料和统计表上报市老龄办，同时上报电子版。年终上报95周岁及以上老年人补助医疗工作总结及年度医疗费用汇总表。

北京市民政局　北京市财政局
北京市人力资源和社会保障局　北京市卫生局
北京市老龄工作委员会办公室
二〇一一年四月十三日

北京市民政局　北京市商务委员会　北京市公安局　北京市卫生局　北京市工商行政管理局　北京市城市管理执法局　北京市残疾人联合会　北京市老龄工作委员会办公室关于印发《北京市居家养老（助残）服务单位管理规定（暂行）》的通知

京民老龄发〔2011〕151号

各区县民政局、商务委、公安局、卫生局、工商局、城管监察大队（分局）、残联、老龄办：

现将《北京市居家养老（助残）服务单位管理规定（暂行）》印发给你们，请结合部门职责和区县实际，认真抓好贯彻落实。

北京市民政局　北京市商务委员会
北京市公安局　北京市卫生局
北京市工商行政管理局　北京市城市管理执法局
北京市残疾人联合会　北京市老龄工作委员会办公室
二〇一一年三月二十八日

北京市居家养老（助残）服务单位管理规定（暂行）

第一章　总　则

第一条　为进一步加强对居家养老（助残）服务单位的管理，根据《北京市市民居家养老（助残）服务（“九养”）办法》（京政办发〔2009〕104号）和《关于贯彻落实〈北京市市民居家养老（助残）服务

（“九养”）办法〉的意见》（京民老龄发〔2009〕504号），制定本规定。

第二条 本规定适用于北京市行政区域内居家养老（助残）服务单位的管理。

第三条 本规定所指居家养老（助残）服务单位是指由市居家养老（助残）工作主管部门指定（简称“指定服务单位”）或与各区县、街道（乡、镇）居家养老（助残）工作主管部门签约（简称“签约服务单位”）的，为老年人（残疾人）提供家政、餐饮、娱乐、托老照料、康复护理、精神慰藉等居家养老（助残）服务的企事业单位或社会组织。

第四条 本市各级居家养老（助残）工作主管部门对居家养老（助残）服务单位的管理负总责，各级商务、卫生、工商等相关部门，按照各自职责，做好居家养老（助残）服务单位的服务与管理工作。

第二章 服务单位的确定

第五条 签约服务单位的确定适用以下程序：

（一）区县、街道（乡、镇）居家养老（助残）工作主管部门负责组织实施签约工作。根据本辖区老年人（残疾人）居家生活状况和服务需求，制定遴选和签约计划，并面向社会公开遴选。

（二）具有合法资质的企事业单位或社会组织均可自荐。居家养老（助残）工作主管部门在30日内完成服务单位的遴选工作。

（三）居家养老（助残）工作主管部门在遴选工作结束后7日内下达签约通知书，并在本辖区公示遴选结果，接受社会监督。社会公众对遴选结果有异议的，应在15日内向居家养老（助残）工作主管部门提交异议申请及相关证明材料，经审核异议成立的，取消服务单位签约资格；在规定期限内无异议的或经审核异议不成立的，应自签约通知书发出之日起30日内，由区县或街道（乡、镇）居家养老（助残）工作主管部门与服务单位签订服务协议，期限为1—3年。

第六条 指定服务单位不适用签约程序。

第七条 各级自建的居家养老（助残）服务单位应依法取得法人资格，按照行业管理要求开展服务。

第八条 居家养老（助残）服务单位需拓展业务的，应取得合法经营资质，并到主管部门登记备案，依法享受相应的优惠政策。其中，取得企业法人资格的居家养老（助残）服务单位需拓展业务的，其拓展业务涉及法律、行政法规、国务院决定明确设定的在企业登记注册前需要取得的行政许可项目，应先取得许可部门批准，持批准文件依法办理经营范围变更登记。

第九条 各级商务、卫生、工商、城管等相关部门应根据老年人（残疾人）的居家生活需求，支持居家养老（助残）服务单位开展工作，依法优先办理相关手续。

第三章 服务单位的监管

第十条 居家养老（助残）服务单位应统一悬挂标识标牌，公示服务内容。其中餐饮服务单位应明示就餐区域，根据老年人（残疾人）特殊需求科学编制营养食谱，满足老年人（残疾人）的就餐、配餐和送餐服务需求。

第十一条 居家养老（助残）服务单位依据本行业标准，积极为老年人（残疾人）提供优先、优质、优惠服务，价格不得高于市场价格。

第十二条 居家养老（助残）服务按照谁签约谁管理原则，在签约单位辖区内服务。跨区域服务须由签约部门出具推荐证明，并持签约协议和相关资质到所跨区域居家养老（助残）工作主管部门登记备案。

第十三条 居家养老（助残）服务单位应接受上级居家养老（助残）工作主管部门的监督、指导、培训和考核。

第十四条 签约服务单位如需退出，应提前30天向签约部门提出申请，签约部门应于15个工作日内作出答复并公示。

第十五条 未签约或已终止签约协议的服务单位（指定服务单位除外），不得收取、兑换养老（助残）券。

第十六条 各级居家养老（助残）工作主管部门应及时公布辖区内养老（助残）服务单位名单，接受群众和社会监督。

第十七条 各级民政、商务、公安、卫生、工商、城管、残联、老龄等部门应建立联动的管理协调机制，定期检查，加强监管。

第四章 服务单位的奖惩

第十八条 市政府每年评选表彰一批优秀居家养老（助残）服务单位，并给予奖励。

第十九条 各级居家养老（助残）工作主管部门每年应制定计划，对居家养老（助残）服务单位定期进行工作指导与交流，宣传推广优秀服务单位的先进经验。

第二十条 签约服务单位有下列情形之一的，签约部门应终止协议，取消资格，并终止结算：

（一）不按规定提供服务，或服务内容、服务质量低于行业服务标准的；

（二）采取不正当竞争手段，谋取不正当利益的；

（三）倒买倒卖养老（助残）券的；

（四）违规提供使用养老（助残）券购买商品服务的；

（五）违规收取养老（助残）券，提供兑换现金服务的；

（六）其他违法违规行为，扰乱养老（助残）券管理秩序的。

第二十一条 未签约或已终止签约协议的服务单位（指定服务单位除外）收取养老（助残）券，由民政等部门依法查处，构成违反治安管理行为的，由公安机关依照《治安管理处罚法》予以处罚。

第五章 附 则

第二十二条 各区县结合本地实际，制定指导性行业服务标准和办法。

第二十三条 本规定自发文之日起30日后施行，贯彻实施中的具体问题由市民政局、市残联、市老龄办负责解释。

北京市民政局 北京市老龄工作委员会办公室关于进一步加强基层老年人协会建设的指导意见

京民老龄发〔2011〕188号

老年人协会是有效实现老年人自我管理、自我教育、自我服务、自我监督、自我保护的群众性组织，是基层老龄工作的重要组织载体，是党和政府联系广大老年人的桥梁和纽带。近年来，我市建立各级老年人协会6453个，在首都经济社会发展和精神文明建设中发挥了积极作用。为进一步加强基层老年人协会建设，促进社会管理服务创新，增强基层自治和服务功能，推进老龄事业科学发展，现就我市基层老年人协会建设提出如下意见：

一、充分认识基层老年人协会的重要作用

老龄工作的重点在基层社区和农村，加强基层老年人协会建设，对于保护老年人的合法权益、维护社会稳定、促进社会和谐具有重要作用。加强基层老年人协会建设，有利于丰富老年人物质与精神生活，有利于带动区域老年文化健康发展，营造文明养老的社会环境；有利于凝聚老年人的力量，有效满足老年人在交友、社会参与、实现自我价值的社会需求，提高老年人的生活质量和幸福指数。

二、基层老年人协会建设的指导思想和基本原则

（一）指导思想：在各级党委、政府和老龄工作部门的领导下，以邓小平理论和“三个代表”重要思想为指导，全面贯彻落实科学发展观，围绕“老有所养、老有所医、老有所教、老有所学、老有所为、老有所乐”的总体目标，按照政治上引导老年人、权益上维护老年人、生活上关心老年人、精神上慰藉老年人、知识上提高老年人、舆论上代表老年人的要求，创新服务和管理形式，提升服务层次和水平，充分发挥基层老年人协会在城乡社区（村）建设中的基础性作用，积极开展老龄工作、各项活动，促进老龄事业健康发展，为建设人文北京、科技北京、绿色北京和中国特色世界城市做出应有的贡献。

（二）基本原则：坚持以人为本，不断提高为老服务水平；坚持广泛参与，促进广大老年人积极参与社会活动；坚持依法自治，实现自我管理、自我服务、自我保护、自我教育；坚持属地管理，努力实现老年人协会组织的城乡全覆盖；坚持维护权益，反映老年人的合理诉求。

三、基层老年人协会建设的主要目标和任务

（一）主要目标：按照关爱老人、服务优质、共建和谐的基本要求，充分发挥老年群体的主体作用和首创精神，健全各级老年人协会组织，完善老年活动设施，规范规章制度，保障活动经费，丰富各项活动内容，完备登记备案手续，力争用二年的时间，实现全市城乡社区（村）老年人协会组织的全覆盖，在创新服务机制上取得新突破，在拓展服务内容上取得新进展，在提高服务质量上取得新成效，切实维护好老年人的合法权益，将首都老龄工作提高到一个新水平。

（二）主要任务

1. 组织机构健全。要民主选举老年人协会领导班子。班子成员要热爱老龄事业，有开拓创新、求真务实、乐于奉献的精神。班子成员分工明确，团结协作，热心服务，凝聚力强，能带领老年人围绕“六个老有”的目标开展活动。老年人入会率达60%以上。

2. 活动设施完善。有固定的活动场所（室内场所使用面积不少于40平方米，室外场所面积不少于100平方米），有必要的活动设施（有5种以上活动器材，有5种以上学习刊物、资料），管理规范，环境整洁。

3. 规章制度规范。协会的例会制度、学习制度、活动制度、经费管理制度等规章健全，相关制度、组织状况、工作规划等绘制成图表上墙。各项基础工作扎实，台账及有关资料健全，能反映老年人基本情况。

4. 保障活动经费。要在法律允许的范围内，因地制宜组织老年人参与力所能及的经济和社会活动，扩展经费来源。要争取社区、村委会为协会创收提供条件，支持协会创办自己的养老基地或经济实体，也可采取收取会费、社会资助等方式筹集经费，满足或基本满足开展活动的需要。

5. 活动内容丰富。积极组织老年人开展和参与群众性的老年文化娱乐、学习教育、体育健身活动，活动内容健康向上，形式多样，老年人参与程度高，并形成经常化、制度化、规范化。

6. 发挥作用明显。在开展老龄工作中发挥参谋助手、桥梁纽带和助老服务三个作用。积极参与维护社会治安、计划生育、环境维护、关心下一代、传播科学文化知识、宣传贯彻老年法律法规、调解老年人家庭纠纷等各种矛盾，有效维护老年人的合法权益。协会工作得到基层党政领导和群众的肯定。

7. 登记备案手续完备。协会要有团体章程。具备注册登记能力的协会，要依法取得社会团体法人登记证书；不具备法人登记条件的协会，要有街道办事处或者乡镇人民政府民政部门颁发的备案证书。

四、做好基层老年人协会建设的工作要求

（一）加强领导。加强基层老年人协会建设是推动老龄工作的重要手段，是促进我市社会经济全面发展、构建和谐社会的重要举措，是惠及百万老年人的基础平台。各级党政领导一定要高度重视，加强领导。各区县老龄工作部门要精心组织，统筹安排，建立健全老年人协会组织，将加强老年人协会建设纳入重要工作议程，切实为老年人协会解决实际困难，指导老年人协会开展工作。

（二）典型示范。各区县老龄工作部门要在当地党委、政府的领导下，认真做好加强基层老年人协会建设重要性的宣传工作，调动社会各界和老年人的积极性。要注意发现、培养和推广典型，发挥典型的示范、引导、辐射作用，促进城乡老年人协会组织的快速发展。

（三）加强培训。加强老年人协会负责人的培训，是做好老年人协会工作的重要途径，各区县老龄工作部门要定期举办老年人协会负责人培训班，使协会负责人能够及时了解老龄工作基本知识，熟悉老龄工作政策法规，理解老年人协会的地位和作用，明确老年人协会工作内容，提高组织管理老年人协会的能力和方法，促进老年人协会组织的健康发展。

（四）激励机制。根据我市老年人协会建设实际，制定评估考核体系和表彰激励机制。市老龄办将根据各区县申报情况，定期进行检查和考核，评选先进老年人协会和先进老年人协会会长，适时召开老年人协会建设先进经验交流会或现场推进会。

（五）狠抓落实。各区县老龄工作部门要深入实际，深入基层，搞好调查研究，掌握实际情况，对基层老年人协会现状做到心中有数，进行必要的分类排队，理清工作思路，制定推进基层老年人协会建设的工作规划，使基层老年人协会建设工作有序发展，努力开创我市基层老龄工作的新局面。

北京市民政局　北京市老龄工作委员会办公室

二〇一一年五月十八日

北京市民政局　北京市残疾人联合会
北京市老龄工作委员会办公室
关于督查考评养老（助残）餐桌
托老（残）所规范化建设项目的通知

京民老龄发〔2011〕236号

区县民政局、残联、老龄办：

根据《关于开展养老（助残）餐桌、托老（残）所规范化建设试点工作的通知》（京民老龄发〔2011〕121号）要求，为全力推进规范化建设工作，圆满完成今年市政府为民办实事折子工程，市民政局、市残联、市老龄办将组成联合督查考评领导小组，对养老（助残）餐桌、托老（残）所规范化建设项目进行综合督查考评。现就有关事项通知如下：

一、组织领导

市民政局、市残联、市老龄办联合组成创建工作督查考评领导小组，市老龄办常务副主任、市老龄协会党委书记、会长李建国，市残联副理事长吴学文任领导小组组长；市老龄协会党委副书记、纪委书记王宇晓，市老龄协会党委副书记、副会长翟建勇，市老龄协会副会长刘景林、陈谊，市残联教育就业部主任朱建民任领导小组副组长；小组成员由市民政局、市残联、市老龄办相关同志组成。市老龄办居家养老工作组承担办公室职责，负责督查考评总体协调工作。督查考评领导小组下设六个小组，具体负责对十六个区县的养老（助残）餐桌、托老（残）所规范化建设项目实施督查考评。

二、实施步骤

第一阶段（6月份）：按照区县已分配创建任务总额的20%进行督查考评，重点挖掘一批设施完善、功能齐全、服务水平高、综合考评达85（含）分以上的优秀典型，列为全市示范性服务窗口单位，发挥引领示范作用。

第二阶段（7月份）：按照区县已分配创建任务总额的60%进行督查考评，依据考评标准对项目进行基本考评，项目设施较为完善、功能基本齐全、服务水平较高、综合考评达70（含）至84（含）分，列为良好项目，在社区（村）发挥居家养老（助残）服务辐射作用。

第三阶段（8月份）：按照区县已分配创建任务总额的20%进行督查考评，依据考评标准对项目进行考评，项目基本具备居家养老（助残）服务功能，综合考评达60（含）至69（含）分，列为合格项目，为社区（村）老年（残疾）人提供较好的餐饮、托老（助残）服务。

三、工作要求

（一）加强领导。各区县要按照《关于开展养老（助残）餐桌、托老（残）所规范化建设试点工作的通知》要求，切实加强组织领导，加大落实力度，认真筛选项目，严密组织验收工作，提前做好各阶段督查考评准备工作。市创建工作督查考评领导小组将于每个实施阶段安排考评小组到区县督查创建工作进度，协助区县筛选项目，并按各阶段计划任务对项目进行考评。

（二）达标自查。各区县要按照通知要求，于各阶段督查考评前，比照考评标准，做好自查，并填写项目申报表。

（三）申报验收。各区县要将已自查合格的项目申报表、实施方案于每个阶段实施前5个工作日上报市督查考评领导小组（文字版及电子版），市督查考评领导小组将组织验收考评。

联系人：王顺义
电　话：65395478 65395480
Email：jyzc010@126.com

附件：
1. 督查考评小组分组名单
2. 北京市规范化养老（助残）餐桌考评标准
3. 北京市规范化托老（残）所考评标准
4. 北京市规范化养老（助残）餐桌项目申报表
5. 北京市规范化托老（残）所项目申报表

北京市民政局　北京市残疾人联合会
北京市老龄工作委员会办公室
二〇一一年六月十日

附件1：

督查考评小组分组名单（略）

附件 2：

北京市规范化养老（助残）餐桌考评标准

________区（县）________街道（乡镇）________社区（村） 餐桌名称：________

考评内容（100 分）	评分标准	得分
合法资质（5 分）	餐饮行业资质证照（工商、税务、卫生等）齐全且与主管部门签约 5 分，无则一票否决。	
餐桌标牌（5 分）	悬挂区级餐桌标牌 5 分，未悬挂 0 分。	
无障碍设施（5 分）	有无障碍设施 5 分，无为 0 分。	
就餐专区（5 分）	有就餐专区及醒目标识 5 分，无为 0 分。	
营养套餐（5 分）	有营养套餐 5 分，无为 0 分。	
送餐服务（5 分）	有送餐服务 5 分，无为 0 分。	
规章制度（5 分）	规章制度上墙 5 分，未上墙为 0 分。	
餐况登记（5 分）	有就餐、订餐和送餐登记记录 5 分，无为 0 分。	
文明服务（5 分）	服务热情，有老年（残疾）人优先服务 5 分，无为 0 分。	
餐饮价格（5 分）	有优惠且幅度较大 5 分，有优惠且幅度较小 3 分，无为 0 分。	
环境卫生（5 分）	环境整洁温馨且卫生良好 5 分，环境一般且卫生合格 3 分，环境卫生较差为 0 分。	
养老券使用情况（10 分）	无违规、无投诉的 10 分，有为 0 分。	
日均服务量（15 分）	日均服务人群达 150（含）人次以上的 15 分，100（含）－149（含）人次的 10 分，50（含）－99（含）人次的 5 分，49（含）（含）人次以下的为 0 分。	
服务对象满意率（20 分）	随机访问 10－15 名老年（残疾）人计算百分比，满意度达 95%（含）以上的 20 分，85%（含）－94%（含）的 15 分。84%（含）以下的为 0 分。	
合计得分		

附件 3：

北京市规范化托老（残）所考评标准

__________区（县）__________街道（乡镇）__________社区（村）托老（残）所名称：__________

考评内容（100 分）	评分标准	得分
合法资质（5 分）	具有合法资质、与主管部门签约且提供托老助残服务的 5 分，无则一票否决。	
悬挂标牌（5 分）	悬挂区级托老（残）所标牌 5 分，未悬挂 0 分。	
床位情况（15 分）	10（含）张以上固定或活动床位且床位使用率达 60％（含）以上的 15 分、有 5（含）－9（含）张固定或活动床位且床位使用率 40％（含）－59％（含）的 10 分。固定或活动床位少于 5（含）张的，一票否决。	
护理员配备（5 分）	配有专兼职护理员 5 分，无为 0 分。	
规章制度（5 分）	规章制度上墙 5 分，未上墙为 0 分。	
服务情况（10 分）	有就（送）餐服务 2.5 分，有文体娱乐服务 2.5 分，提供精神关怀服务 2.5 分，提供医疗服务（与社区卫生服务中心（站）签订服务协议）2.5 分，无为 0 分。	
服务记录（5 分）	托老（助残）服务记录完整 5 分，无为 0 分。	
环境卫生（5 分）	环境整洁温馨且卫生良好 5 分，环境一般且卫生合格 2 分，环境卫生较差为 0 分。	
养老券使用情况（10 分）	无违规、投诉的 10 分，经查实有违规或投诉的为 0 分。	
月均服务量（15 分）	月均服务人群达 150（含）人次以上的 15 分，100（含）－149 人次的 7 分，50（含）－99（含）人次的 10 分，49（含）人次以下的为 0 分。	
服务对象满意率（20 分）	随机访问 10－15 名老年（残疾）人计算百分比，满意度达 95％（含）以上的 20 分，85％（含）－94％的 15 分。84％（含）以下的为 0 分。	
合计得分		

附件 4：

北京市规范化养老（助残）餐桌项目申报表

______区（县）______街道（乡镇）______社区（村）______

<table>
<tr><td colspan="2">项目名称</td><td></td><td>负 责 人</td><td colspan="2"></td></tr>
<tr><td colspan="2">地　　址</td><td></td><td>联系电话</td><td colspan="2"></td></tr>
<tr><td colspan="2">营业面积</td><td></td><td>开办时间</td><td colspan="2"></td></tr>
<tr><td colspan="2">运作模式</td><td colspan="4">□单位食堂　□餐饮企业　□民非　□基层自建　□居民互助　□农家院　□其他</td></tr>
<tr><td rowspan="6">规范化建设情况</td><td>基本情况</td><td colspan="4">□签约挂牌　□无障碍设施　□制度上墙　□就餐专区及标识</td></tr>
<tr><td>月均服务量</td><td colspan="4">日均服务______人次（就餐______人次，送餐______人次）</td></tr>
<tr><td>优惠幅度</td><td colspan="4">□市场价　□10%以下　□10%－20%　□20%以上</td></tr>
<tr><td>营养套餐</td><td colspan="4">□无　□三种以下　□四种　□五种以上</td></tr>
<tr><td>服务记录</td><td>□就餐　□订餐　□送餐</td><td>环境卫生</td><td colspan="2">□好　□一般　□差</td></tr>
<tr><td>养老（助残）券收缴情况</td><td colspan="2">月平均收缴金额______万元</td><td colspan="2">考评得分：______</td></tr>
<tr><td colspan="2">申　　报
意　　见</td><td colspan="4">区县盖章　　　　街道（乡镇）盖章
年　月　日　　　　年　月　日</td></tr>
<tr><td colspan="2">市考评小组
审批意见</td><td colspan="4">盖章
年　月　日</td></tr>
</table>

附件 5：

北京市规范化托老（残）所项目申报表

＿＿＿＿区（县）＿＿＿＿街道（乡镇）＿＿＿＿社区（村）＿＿＿＿

<table>
<tr><td colspan="2">项目名称</td><td></td><td>负 责 人</td><td></td></tr>
<tr><td colspan="2">地　　址</td><td></td><td>联系电话</td><td></td></tr>
<tr><td colspan="2">营业面积</td><td></td><td>开办时间</td><td></td></tr>
<tr><td colspan="2">运作模式</td><td colspan="3">□公办　□民办
□敬老院　□社区资源　□社会力量　□家庭互助　□其他</td></tr>
<tr><td rowspan="7">规范化建设情况</td><td>基本情况</td><td colspan="3">□签约挂牌　□无障碍设施　□制度上墙　□就餐专区标识　□服务记录</td></tr>
<tr><td>床位情况</td><td colspan="3">□活动床位＿＿＿＿张　　□兼职护理员
□固定床位＿＿＿＿张　　□专职护理员</td></tr>
<tr><td>服务内容</td><td colspan="3">□日托　□全托　□就（送）餐　□文体娱乐　□精神关怀　□基本医疗</td></tr>
<tr><td>月均服务量</td><td colspan="3">月均服务＿＿＿＿人次（日托＿＿＿＿人次，全托＿＿＿＿人次）</td></tr>
<tr><td>床位使用率</td><td>□40％以下　□40％－60％　□60％以上</td><td>环境卫生</td><td>□好　□一般　□差</td></tr>
<tr><td>养老（助残）券收缴情况</td><td>月平均收缴金额＿＿＿＿万元</td><td colspan="2">考评得分：＿＿＿＿</td></tr>
<tr><td colspan="3"></td></tr>
<tr><td colspan="2">申　报
意　见</td><td>区县盖章
年　月　日</td><td colspan="2">街道（乡镇）盖章
年　月　日</td></tr>
<tr><td colspan="2">市考评小组
审批意见</td><td colspan="3">盖章
年　月　日</td></tr>
</table>

北京市民政局　北京市发展和改革委员会关于印发《北京市“十二五”时期老龄事业发展规划》的通知

京民老龄发〔2011〕366号

各有关单位：

《北京市“十二五”时期老龄事业发展规划》已经市政府批准，现印发给你们，请认真贯彻执行。

《北京市“十二五”时期老龄事业发展规划》是根据《北京市国民经济和社会发展第十二个五年规划纲要》的精神和“十二五”时期首都老龄事业发展需要，由市民政局会同市发展改革委编制完成的。该规划提出了今后五年我市老龄事业的发展思路、发展目标、重点任务和政策措施，是全市“十二五”规划体系的重要组成部分，是“十二五”时期本事老龄事业发展的指导性文件。

望全市各有关单位认真贯彻落实《北京市“十二五”时期老龄事业发展规划》，结合本单位实际，积极主动地开展工作，促进本市老龄事业发展取得更好的成绩。

北京市民政局　北京市发展和改革委员会

二〇一一年九月十六日

北京市“十二五”时期老龄事业发展规划

序　言

规划意义：老龄事业是党和政府的一项重要社会事业，是加快推进以保障和改善民生为重点的社会建设的重要组成部分，在社会建设中具有重要的战略地位和作用。编制实施《北京市“十二五”时期老龄事业发展规划》，积极、主动、科学应对人口老龄化挑战，满足老年人日益增长的养老保障和养老服务需求，对推动首都积极老龄化、健康老龄化，促进首都经济社会全面、协调、可持续发展，实现全面建设小康社会的宏伟目标具有重大意义。

规划性质：本规划坚持以科学发展观为统领，着眼“人文北京、科技北京、绿色北京”和中国特色世界城市的建设，以完善养老保障体系、构建养老服务体系、健全老龄工作体系为目标，提出“十二五”时期老龄事业发展指导思想、基本原则、总体目标、主要任务和保障措施，是《北京市国民经济和社会发展第十二个五年规划纲要》有关内容的延伸和细化，是指导全市做好老龄工作的重要依据。

编制依据：《北京市国民经济和社会发展第十二个五年规划纲要》；《中国老龄事业发展“十二五”规划》；首都老龄工作相关法律、法规、政策。

规划期限：2011年—2015年。

第一部分　规划背景

一、发展现状

“十一五”期间，本市围绕实现老年人“老有所养、老有所医、老有所教、老有所学、老有所为、老有所乐”的目标，在健全社会养老保障制度，完善老年医疗保障体系，加强社会敬老优待服务，构建社会化养老服务体系，丰富老年人精神文化生活，维护老年人合法权益等方面稳步推进，《北京市“十一五”时期老龄事业发展规划》目标任务得到积极落实。

（一）社会养老保障制度覆盖城乡全体人口。以制度建设为重点，建立了广覆盖、多层次、可持续的社会养老保障制度，在制度上实现城乡居民人人享有基本养老保障的目标。建立了企业退休人员基本养老金科学调整机制，196.6万名企业退休人员养老金逐年上调。建立了城乡居民养老保险制度，17.2万名参保人员享受到保险待遇。建立了福利养老金制度，61.3万名无社会保障城乡老年居民享受福利养老金待遇。建立了以最低生活保障制度为基础的城乡老年社会救助体系，4万名老年人应保尽保。建立了新型农村五保供养制度，实现了五保人员供养模式从村民互助向公共财政供养的转变。建立了高龄津贴制度，2.2万名90周岁及以上的老年人享受高龄津贴。完善了征地超转人员生活保障制度。实行了农村部分计划生育家庭老年父母奖励扶助制度。

（二）老年人医疗保障和服务水平不断提高。建立了覆盖城乡全体居民的医疗保障制度，老年人医疗待遇水平不断提高，医疗费用负担逐步减轻。完善了城镇居民医疗保险制度，不断提高新型农村合作医疗参合率。制定了城镇无医疗保障老年人大病医疗保险制度，18万名老年人每年享受参保费用补贴。提高了征地超转人员的医疗保障水平。进一步健全了覆盖老年人群的医疗卫生服务网络，以老年人为服务重点的康复医院、护理院正在试点，临终关怀医院（或病区）已出现。大、中型医疗机构为老年人提供“六优先”（挂号、就诊、化验、检查、交费、取药）服务，社区卫生服务机构将老年医疗服务作为重点，大力推行社区首诊制并为老年人提供“三优先”（就诊、出诊、建立家庭病床）服务，为老年人免费建立健康档案，普及老年人健康知识，提高老年人健康水平。

（三）敬老优待项目取得重大突破。充分利用现有公共服务资源，为老年人提供日常生活、文体娱乐等方面共11项优待措施。为160万65周岁及以上老年人办理优待卡，老年人持卡免费乘坐市域内969条线路公交车，部分公园、景区、文化活动中心、博物馆（院）、公共体育场馆、老年活动中心、社区服务中心等场所为老年人提供免费或优惠服务。市、区老年心理咨询热线（96156）为老年人提供免费心理咨询服务。社会法律服务机构为老年人免费或优惠提供法律咨询和援助服务。

（四）养老服务体系实现创新发展。牢固树立大民政理念，提出了“9064”养老服务新模式和新目标（即：到2020年，90％的老年人通过社会化服务在家庭养老，6％的老年人通过政府购买服务在社区托老，4％的老年人入住养老服务机构集中养老），制定实施了《北京市市民居家养老（助残）服务（“九养”）办法》，建立了居家养老（助残）券服务制度和百岁老年人补助医疗制度，大力发展社区服务，加快发展养老服务机构，养老床位总数达到71589张，基本形成以居家为基础、社区为依托、机构为补充，多元化投资、多层次发展、专业化服务的社会化养老服务格局。

（五）老年人精神文化生活日益丰富。开辟适合老年人使用和活动的文化娱乐场所，配备相关设施，提供优质、便利的服务。实施“山区星光计划”，共投入资金近3亿元，城乡老年人福利服务设施初具规模，成为老年人养老服务、文化娱乐、健身休闲的场所。积极开展社区老年人文化娱乐和体育活动，配备适合老年人使用的体育器材。积极发展老年教育，整合教育资源，培育学习品牌，探索实践终身学习的实现形式和途径。积极组织有益于老年人科学养老和文化养老等方面的选题出版。

（六）老龄社会宣传力度不断加大。围绕各项老龄政策，开展全方位、立体式的宣传报道，增强老年人和社会各界对政策的知晓度，大力倡导和弘扬敬老风尚。建立了老年人口信息和老龄事业发展状况发布制度。认真做好老年人信访接待工作。高度重视并积极配合市人大对落实老年法律法规开展的执法检查，认真办理市人大代表和市政协委员对发展老龄事业提出的建议、议案、提案。

“十一五”时期，首都老龄事业实现跨越式发展，养老保障制度覆盖全体人口，社会敬老优待服务惠及城乡老年人，养老服务体系实现创新发展，各项目标和任务全部实现，养老体系基本框架已经初步形成，老年人生活水平和生活质量大幅提高，为“十二五”时期首都老龄事业发展奠定了坚实的基础。

“十一五”期间老龄事业发展主要指标完成情况

			2005年	2010年
经济保障	企业退休人员平均养老金（元/月）		1086	2097
	无社会保障居民福利养老金（元/月）		—	200
	城市最低生活保障标准（元/月）		300	430
	农村最低生活保障标准（元/年）		970	2520
	高龄津贴（元/月）	90至99周岁老年人	—	100
		100周岁及以上老年人	—	200

（续）

		2005年	2010年
医疗保障	退休人员门诊医疗费用报销比例	85%	90%
	人均预期寿命（岁）	80.1	80.8
	区县级以上老年病医院（个）	17	21
精神文化生活和社会参与	“山区星光计划”建设数量（个）	—	1255
	老年学校数量（个）	2417	3150
	老年人协会数量（个）	5584	6127
福利服务	办理老年人优待卡（证）（万人）	55	230①
	发放居家养老（助残）券（万人）	—	42.1②
	养老（助残）餐桌（个）	—	4584
	托老（残）所（个）	—	5305
	养老（助残）无障碍服务车（辆）	—	322
	养老服务机构数（个）	313	419
	养老服务机构总床位（张）	30267	71589
	百名老年人拥有养老床位数（张）	1.53	2.87
老龄工作保障	老龄事业经费（亿元）	—	38
	养老（助残）员（名）	—	2000

①“160万65周岁及以上老年人办理优待卡”加“70万60—64岁老年人办理优待证”。
②“34.1万80周岁及以上老年人”加“8万名重度残疾人”。

二、面临形势

“十二五”时期，是首都深化改革开放、加快经济发展方式转变的攻坚时期，全市发展呈现新的阶段性特征和要求，实施“人文北京、科技北京、绿色北京”和中国特色世界城市的战略部署，加快推进以保障和改善民生为重点的社会建设，赋予了老龄工作新的历史使命，同时也对老龄事业发展提出了更高的目标要求。

（一）人口老龄化发展形势

2010年，全市户籍人口中60周岁及以上老年人口为235万，占户籍人口的18.7%。

“十二五”时期，老年人口将以年均17万的数量增长，老年人口比例将增加2.8个百分点，处于快速增长期。到2015年，户籍人口中60周岁及以上老年人口将达到320万，占户籍人口的23%；65周岁及以上人口将达到212万，占户籍人口的15%；80周岁以上人口将达到54万，占户籍人口的4%。人口老龄化加速发展将成为未来一个时期基本的市情特征之一。

当前本市经济社会发展水平和人口老龄化程度，相当于发达国家和地区20世纪80年代中后期水平。在当时，这些国家和地区建立了一套完备的老龄工作机构，规范的社会保障和社会福利法规体系，养老福利事业向多元化模式发展，构建了政府监管下的养老服务社会化、市场化运作机制，开始由重在养老机构建设向加快发展社区照料和居家养老服务转变。

面对日益严峻的人口老龄化形势和老年人口日益增长的养老保障和养老服务需求，本市完善社会保障制度、提高社会保障水平的压力更加凸显，统筹解决人口数量、质量、结构、分布问题的形势更加紧迫，加快发展社会养老服务、满足老年人多样化、个性化服务需求的任务更加繁重，构建老年宜居社会环境氛围的需要更加强烈，健全老龄工作体制机制的要求更加急迫。

（二）老龄事业发展机遇

“十二五”时期，是首都在新的起点上全面建设小康社会的关键时期，也是老年人口抚养负担相对较轻，应对人口老龄化挑战的重要战略机遇期，应从物质、精神、制度、人才、文化等方面做好准备，促进老龄事业与经济社会协调发展。

1. 建设“人文北京、科技北京、绿色北京”和中国特色世界城市的目标，对老龄事业发展提出了新的更高要求

“十二五”时期，本市将加快经济发展方式转变和产业结构优化升级，促进经济社会发展与人口资源

环境相协调，从全面建设小康社会大局出发，更加注重人文关怀，更加注重首善之区和谐社会建设，提高北京在世界城市体系中的地位和作用。首都老龄事业要适应新形势、新发展的需要，高瞻远瞩，未雨绸缪，学习借鉴国内外发达城市应对人口老龄化挑战的先进经验，制定首都应对人口老龄化战略，为实现建设“人文北京、科技北京、绿色北京”和中国特色世界城市的目标做出贡献。

2. 首都经济发展和完善公共服务、社会管理的新要求，为老龄事业发展提供了动力

2010 年，本市地区生产总值 13777.9 亿元、人均超过 1 万美元，进入了新的历史发展阶段。切实完善公共服务和社会管理，实现经济繁荣和社会和谐，不仅是满足人民群众日益增长的物质文化需求的客观要求，也是扩大内、需实现经济持续增长的重要着力点。老龄事业是加快推进以保障和改善民生为重点的社会建设的重要组成部分，具有重要的战略地位和作用，要抓住机遇，围绕老年人多样化、多层次的养老需求，进一步提升保障水平，丰富服务供给，构建首都特色的社会化养老服务体系。

3. 人口抚养比低和低龄老年人口比重大，为老龄事业发展赢得时间创造了条件

“十二五”时期，15 至 59 周岁人口的比重维持在 70％以上，60 周岁及以上老年人口抚养比在 21％－25％之间，总抚养比在 36％－41％之间。劳动力供给相对充足，社会负担相对较轻，是社会经济发展的有利时期。同时，老年人口中 70 周岁以下低龄老年人口占总体老年人口的近一半，对日益增长的养老资源和医疗资源的服务需求压力相对较小，具有一定的缓冲作用。要抓住时机，加速养老资源配置，完善养老保障体系和养老服务体系，健全老龄工作体系，全面推进老龄事业发展。

4. 优先发展社会养老服务，为加快推进社会养老服务体系建设提供了机遇和支持

党的十七大和十七届五中全会提出“加快建立健全养老社会服务体系，优先发展社会养老服务”，将作为“十二五”时期及今后发展社会养老服务事业的指导方针。要充分抓住发展机遇和各种有利条件，在加快转变经济发展方式中，把社会养老服务事业摆在优先发展的位置上，按优先发展原则来制定政策，增加投入，健全体制机制，规范管理，拓展服务业新领域，发展新业态，培育新热点，扩大内需和促进就业，增强应对人口老龄化挑战的能力，满足老年人多样化服务需求，使老年人的生活更有尊严、更加便利、更加舒适、更加温馨、更加幸福。

第二部分　指导思想、基本原则和总体目标

一、指导思想

以邓小平理论和“三个代表”重要思想为指导，深入贯彻落实科学发展观，围绕实现“老有所养、老有所医、老有所教、老有所学、老有所为、老有所乐”工作目标，坚持“党政主导、社会参与、全民关怀”的工作方针，牢固树立大民政理念，从首都地位和人口老龄化发展趋势和特点出发，积极、主动、科学应对人口老龄化，注重发挥家庭和社区功能，优先发展社会养老服务，培育壮大老龄服务事业和产业，完善老龄事业管理体制和运行机制，营造良好养老社会环境，维护老年人合法权益，不断满足老年人的多层次需求，稳步提高老年人的生活质量和幸福指数，为实现积极老龄化和健康老龄化，加快建设“人文北京、科技北京、绿色北京”和中国特色世界城市创造良好的社会环境。

二、基本原则

（一）统筹兼顾，协调发展。按照首都经济社会发展水平和人口老龄化状况建立制度化财政投入机制，站位全局审视老龄问题，以广阔的视野谋划老龄事业，以有力的措施推进老龄工作，从物质、精神、制度和体制、机制等方面做好人口老龄化的战略应对，发挥区域优势，兼顾地域差异，推进老龄事业城乡一体化全面发展，促进老龄事业与经济社会协调发展。

（二）以人为本，改善民生。把保障和改善民生作为加快转变经济发展方式的出发点和落脚点，切实保障老年人基本生活，推进养老保障和公共服务的普惠化、均等化、社会化，依法维护老年人合法权益，逐步满足老年人多层次、多样化、个性化养老需求。优先发展社会养老服务，加快出台惠老服务政策，优化社会养老资源配置，保障老年人共享经济社会发展成果，促进社会公平正义。

（三）政府主导，社会参与。发挥政府的主导作用，加强政府在制度、规划、筹资、服务、监管等方面的职责，把老龄事业作为公共服务建设的重点领域；制定优惠措施和扶持政策，鼓励、引导社会力量投入老龄事业；完善道德规范和法律约束，巩固和支持家庭养老，促进代际和谐；倡导个人自我养老储备，构建政府、社会、家庭和个人共同参与的老龄事业发展格局。

（四）创新机制，完善体系。适应人口老龄化面临的新形势，加强体制机制建设，推进老龄工作理论

创新和实践创新，加快老龄事业发展法制化、规范化、专业化、信息化建设，完善养老理论、养老保障、养老服务、养老工作、养老科技、养老文化体系建设。

三、总体目标

适应首都经济社会发展和人民群众新期待，积极、主动、科学应对人口老龄化。以完善社会养老保障体系、构建社会养老服务体系、健全老龄工作体系为目标，进一步提高老年人社会保障水平，优先发展社会养老服务，加强老龄工作体制机制建设，努力形成城乡一体的社会养老保障格局、多层次的社会养老服务格局和共建共享的老年人社会管理格局，全面推进首都老龄事业科学发展。

（一）形成城乡一体的社会养老保障格局。适应人口老龄化形势和经济社会发展水平，完善养老保障体系建设，加强城乡制度之间的衔接与整合，增强制度公平性与可持续性。提高城乡老年人养老保障和医疗保障水平，健全老年贫困人口帮扶机制，推进老年福利由补缺型向适度普惠型转变，率先形成城乡一体的社会养老保障格局。

（二）形成多层次的社会养老服务格局。加强养老服务设施建设，增加养老公共产品供给，提升公共服务和社会服务水平，不断完善"9064"养老服务模式，加快社会养老服务体系建设，率先形成以"居家养老为基础，社区服务为依托，机构养老为补充"的多层次、多样化养老服务发展格局。

（三）形成共建共享的老年人社会管理格局。理顺老龄工作体制机制，加强老龄工作力量，加大老龄事业投入，完善老龄政策法规，充分发挥社会力量和基层老年群众组织的主动性、积极性和创造性，率先形成政府主导、部门协作、社会参与、家庭支持、老人自助、全民关怀的老年人社会管理格局，促进首都和谐社会建设。

"十二五"期间老龄事业发展主要指标

类别	指标		2010年	2015年
养老保障	职工基本养老保险参保率（%）		—	98
	职工基本医疗保险参保率（%）		—	98
	城乡居民养老保险参保率（%）		—	95
	城乡居民医疗保险参保率（%）		—	95
	高龄津贴（元/月）	80—89周岁	—	100
		90—99周岁	100	200
		100周岁及以上	200	300
	失能老年人津贴（元/月）		—	200
	人均预期寿命（岁）		80.8	81.8
养老服务	养老床位数（万张）		7.2	12
	百名老年人拥有养老床位数（张）		2.8	3.8
	老年中长期护理床位（张）		—	5000
	护养型养老床位比例（%）		—	50
	百名老年人拥有日间托老床位数（张）		1	2
	万名老年人拥有护理员数（人）		15	50
	居家养老（助残）员数（人）		2000	10000
	万名老年人拥有心理辅导员数（人）		15	20
	社区（村）老年人协会覆盖率（%）		90	98
	参加老年学校学习的老年人比例（%）①		13	18
老龄工作	万名老年人拥有老龄工作人员数②（人）		10	30

①年度参加老年学校学习的老年人累计数占当年老年人口总数的比例

②市、区两级老龄工作人员和养老（助残）员数

第三部分 主要任务

一、完善社会养老保障体系

以社会养老保险、老年社会救助和老年社会福利为基础，以慈善事业和商业保险为补充，建立起制度更加完备、政策相互衔接、保障水平逐步提高、城乡一体化、人群全覆盖的社会养老保障体系。

（一）深化养老保险和医疗保险制度改革

1. 进一步完善养老保障制度。巩固和完善“职工+居民”的养老保险新格局，努力实现人群全覆盖。在国家政策指导下，积极稳妥开展机关、事业单位养老保险制度改革，逐步推进机关、事业单位退休金制度与职工基本养老保险制度的并轨，实施社会统筹与个人账户相结合的基本制度。逐步做实职工基本养老保险个人账户。解决进城务工的农村居民参加养老保险问题，积极推进城市化进程中的农转非人员参加社会保险。大力推进企业年金，积极通过政策引导，扩大企业年金覆盖范围，研究建立机关事业单位职业年金。健全城乡社会保障待遇标准正常增长机制，稳步提高企业退休人员基本养老金、机关事业单位退休人员退休费、城乡居民养老保险基础养老金和福利养老金等待遇标准。完善城乡居民养老保险制度，提高基金统筹管理层次。完善征地超转人员社会保障机制。

2. 全面推进一体化的医疗保险制度。实现公费医疗制度向职工基本医疗保险制度的并轨。调整职工医疗保险相关政策，扩大基本医疗保险报销范围，提高报销标准，进一步提高医疗保障待遇水平。建立参保职工医疗费用负担“兜底”机制，对因患大病造成个人负担过重的参保人员，通过医疗费用二次报销给予补助。在国家政策指导下，研究职工基本医疗保险、居民医疗保险和新型农村合作医疗保险关系的转移接续及异地结算，保障流动人员的医疗保险权益。积极推进新型农村合作医疗市级统筹，整合城镇居民大病医疗保险制度和新型农村合作医疗制度，建立统一的城乡居民医疗保险制度，形成职工和居民相互衔接的两大医疗保险体系。通过实施居民门诊医疗费用报销制度，提高待遇水平，扩大受益面。

（二）进一步提高老年社会救助力度

1. 继续完善老年社会救助制度。加大对特殊困难老年群体的专项救助力度，拓宽专项救助的范围和内容，探索建立并完善城乡低收入家庭住房救助、冬季取暖、生活服务和法律援助等方面的专项救助制度。完善老年人医疗救助制度，探索建立医疗救助医药费即时结算制度和垫付制度。建立困难老年人生活补助和“双节”（重阳节、春节）慰问制度。

2. 稳步提高老年社会救助水平。健全与经济发展和物价水平相适应的救助标准动态调整机制，加快推进城乡低保标准一体化进程，完善城乡一体的医疗、教育、住房等专项救助制度，逐步缩小城乡老年人社会救助水平差距。进一步提高老年人低保分类救助系数比值，提升城市“三无”、农村五保和城乡残疾老年人的救助水平。

（三）推进老年社会福利适度普惠

1. 推动老年社会福利由补缺型向适度普惠型转变。完善高龄津贴制度，将高龄津贴发放范围扩展到80周岁及以上老年人，建立高龄津贴正常调整机制。完善老年人补助医疗制度，将享受医疗补助人群范围扩展至90周岁及以上老年人。继续为高龄老年人和重度残疾老年人发放居家养老（助残）服务补贴，完善服务补贴的管理和使用办法。建立失能老年人津贴，研究制定低收入家庭的失能老年人入住养老机构的补助办法。探索研究老年人居家养老扶持政策。

2. 健全计划生育家庭老年父母奖励扶助制度。结合本市实际调整独生子女家庭奖励优待政策，提高计划生育家庭奖励优惠待遇。继续坚持和完善计划生育家庭老年父母奖励扶助机制，进一步健全农村部分计划生育家庭奖励扶助制度，落实独生子女父母年老一次性奖励政策。加大对计划生育老年无子女家庭的养老保障和养老服务扶助力度。

（四）鼓励发展社会慈善事业和老年保险

1. 发挥慈善事业助老作用。完善促进慈善事业发展的优惠政策和协调指导机制，加快培育慈善组织，创新募捐方式，大力推进全民助老慈善。引导、表彰、激励社会企业、慈善组织和慈善人士积极实施以安老、助养为主要内容的慈善项目，推动慈善助老项目结对帮扶困难老年人。继续开展城乡低收入老年人慈善医疗救助活动。

2. 鼓励发展商业性老年保险。提倡和引导职工参加个人储蓄性养老保险。支持商业保险企业开发推广老年人意外伤害保险产品。采取政府引导、个人交费、企业让利相结合方式，试点探索建立长期照料护理保险。鼓励商业保险企业、商业银行或住房公积金管理部门建立公益性中介机构，开展“以房养老”（住房反向抵押贷款）试点业务。

二、构建社会养老服务体系

完善“9064”养老服务模式，建立面向所有老年人提供基本生活照料、护理康复、情感关怀、紧急救援和社会参与等方面的设施、组织、人才和技术要素形成的养老服务网络，以及与之相适应的服务标准、运行机制和监管制度，加强养老服务基础设施建设，构建城乡一体化的社会养老服务体系。

（一）大力发展居家养老服务

1. 加强居家养老服务政策引导。落实“九养政策”，制定《关于全面推进北京市居家养老服务工作的意见》。制定政策扶持和资金引导办法，鼓励和支持社会力量参与、兴办居家养老服务业。按照国家统一的税收政策规定，落实有关税收优惠政策。研究建立居家养老床位补贴制度，建立服务商准入和退出机制，引导行业协会制定入户家政服务、老年餐饮服务、日间托老服务、精神关怀服务等行业服务标准和指导性收费标准。

2. 加强居家养老服务设施建设。整合养老服务设施资源，建立四级养老服务中心，具备老年人日间照料、生活护理、家政服务、文体娱乐、学习培训、康复保健、精神慰藉功能，承担居家养老服务工作组织管理、指导监督职能。依托市级老年活动中心，完善设施，增强功能，建设市级养老管理服务中心。整合社区服务资源，将区（县）、街道（乡、镇）养老服务中心的功能和人员设置纳入社区服务中心中统筹安排。在195个街道（乡、镇）新建或扩建不少于1500平方米的社区服务中心，其中养老服务中心用房面积不少于500平方米。依托已建城乡星光老年福利服务设施，在2000个社区（村）改建、扩建不少于300平方米以上的养老服务中心。有条件的地区可单独建设本级养老服务中心。

3. 加强居家养老服务队伍建设。大力推进居家养老（助残）服务员队伍建设，为居家养老服务提供人才保障。鼓励专业技术学校开设家庭服务、养老服务相关专业，指定市属卫校、护校和其他有条件的机构开设护理员培训课程，完善培训、取证、上岗的全过程管理，培育专业化的养老护理员队伍，实现每万名老年人拥有护理员数达到50人。组建北京市助老敬老志愿服务队，鼓励和支持社会各界人士为居家老年人提供服务。试点开展老年家庭长期照护者关爱行动，扶助、培训家庭成员长期照料护理老年人。

（二）加快发展社区养老服务

1. 整合社区养老服务功能。加强社区老年护理院建设工作，重点满足高龄、独居、生活不能自理以及需临终护理的老年人的养老需求。规范建设6000个社区（村）托老（残）所，全市托老床位达到6万张，养老（助残）餐桌达到1万个，实现老年人日间照料服务和助餐服务全覆盖。发挥社区（村）托老（残）所作用，引导生活自理老年人参加活动、享受服务；对生活不能自理和高龄老年人提供家务、家庭保健、辅具配置、送饭上门、无障碍改造、紧急呼叫和援助等服务，解决老年人日间托老问题。以街道（乡、镇）敬老院为基础，设置日间照料和短期托养的设施和床位，为社区老年人提供日间照料、短期托养、配餐等社会化服务。完善安全服务网、医疗服务网、生活服务网、温情服务网“四网合一”的社区空巢家庭老年人帮扶服务网络。

2. 提升社区养老服务水平。加快实现社会保障服务社会化，服务网络覆盖所有社区（村），将非公经济组织、高新科技企业和安置型企业的退休人员逐步纳入社区管理。以社区老年人服务需求为导向，依托社区服务平台和网络，应用“96156”热线电话、“小帮手”电子服务器、社区呼叫系统、有线电视网络等技术手段，构建社区养老服务信息网络，为社区居家老年人提供便捷高效的生活照料、紧急救助、信息咨询等服务。

（三）加强养老机构建设管理

1. 加快推进养老机构建设。严格执行《北京市养老设施专项规划（2010－2020年）》，按照“低端有保障、中端有市场、高端有控制”的思路，统筹城乡养老设施发展，满足养老服务需求。合理规划养老机构建设用地，以有偿出让的方式，支持社会力量兴办养老机构。全市养老机构床位新增5万张，总量达到12万张，百名老年人拥有床位达3.8张。

2. 加强养老机构布局规划。在城南部地区新建一所市级养老机构。加快推进老年社区二期工程。各区县均要有1所400张以上床位的区县级养老服务机构。每个街道（乡、镇）应至少设置一所养老机构。根据区域特点，发展不同类型养老机构，合理配置养老资源。重点发展护养型养老机构，护养型养老床位达到50%。

3. 加大养老服务机构扶持力度。继续实施社会力量兴办养老服务机构的资助和扶持政策，扩大资助范围，提高资助标准。探索民办养老机构建设用地供给扶持政策，建立健全外资进入制度。探索社会福利机构用水、用电、供暖、用气（燃料）等价格与居民用户实行同价，将符合规定的福利机构附属及内设非营利性医疗机构纳入城镇基本医疗保险定点范围。支持养老机构开展残疾人托养服务。

4. 加强养老机构标准化管理。制定《社会福利机构管理办法》，完善养老机构分级分类标准和服务标准监控评估体系，实行星级与收费标准挂钩，重点打造一批养老服务机构品牌，推进养老服务机构管理标准化、规范化。

（四）提高老年医疗卫生服务水平

1. 完善老年医疗卫生服务网络。进一步健全以市、区老年医院为重点，以综合医院为支撑，以社区卫生服务机构为基础，以康复院、护理院、养老服务机构内设医疗机构等为补充的服务网络，更好地为老年人群提供医疗服务。加大老年医疗卫生服务网络推广力度，建立以财政投入为主、其他资金投入为辅的投入机制，安排专项经费，列入部门预算。鼓励区县改建护理院，重点解决无条件进行社区及居家护理的高龄、孤寡及临终关怀老年人的常规治疗、护理及照料需求。创建医疗卫生服务机构服务模式标准，再造老年人的疾病就诊流程。在老年医疗服务机构建立老年病多学科团队。

2. 强化社区卫生为老服务功能。加强社区卫生服务中心（站）对老年常见病与多发病的诊断治疗、健康教育、预防保健和慢病防控等功能，引导和鼓励老年人进行社区首诊。扩大社区药品报销范围，全面实行社区医疗门诊延时和“24 小时医疗应急处置服务”。鼓励各类医院通过技术支持、人员培训、协作托管等多种方式，带动提高基层医疗卫生机构的服务水平。建设由家庭医生、社区护士、预防保健人员组成的社区卫生服务团队，推行家庭医生式服务、山区巡诊服务等新型模式，为城乡老年人提供医疗服务。建立老年人健康档案，加强和规范社区慢性病、常见病管理，逐步提高社区慢病管理水平。

3. 加强老年人健康促进。实施健康促进战略，开展健康知识普及行动、合理膳食行动、保护牙齿行动、知己健康行动、恶性肿瘤防治行动、预防老年跌倒行动、老年期痴呆患者照护管理研究等健康促进行动。采取健康干预对策，帮助老年人形成健康文明的生活方式，为老年人提供健康指导，普及老年心理健康知识，实施临终关怀教育。建立老年医疗卫生服务考核评估指标体系。

（五）优化老年人生活环境

1. 提高社会敬老优待服务水平。针对优待服务过程中出现的新情况和新问题，及时调整、完善现行政策。建立老年人优待政策的财政投入、财政补偿、服务评价、检查监督、奖励扶助等机制。适应经济社会发展水平和公共设施服务能力，扩大老年人享受票价优待的景区范围，鼓励社会力量或个人兴办的旅游景区、文化娱乐及活动设施向老年人优惠。依托本市信息化建设工程，整合老年人优待卡，完善社会管理服务功能。

2. 改善老年人生活环境。加强街道（乡、镇）、社区（村）老年人生活服务配套设施建设，为老年人居住、出行、就餐、就医、学习、健身、购物、休闲娱乐提供安全、便利的环境。利用公园、绿地、广场等公共空间，开辟老年人文化和运动健身场所。继续加强对居住小区、园林绿地、既有道路、建筑物等与老年人生活密切相关的公共服务设施和老年残疾人家庭无障碍设施改造，推进无障碍交通设施与服务体系建设，在机场、火车站等交通枢纽区域设置老年人等候专区，优先通行；保障行人路权优先，合理设置交通步道、人行道、信号灯等交通设施，基本建成中心城无障碍交通出行网络，为老年人和残疾人的居家生活和出行提供方便设施。

3. 创建老年人宜居社区。按照全国老龄办关于开展“老年友好型城市”和“老年宜居社区”创建活动的要求，开展老年人宜居社区的创建评定工作，改善城乡居住和空间环境、人文和社会环境、生态与自然环境、生产和生活环境，努力将首都建设成为“老年友好型城市”。探索开发老年宜居住宅和代际亲情住宅，鼓励老年人与家庭成员共同生活或就近居住。

（六）丰富老年人精神文化生活

1. 推进老年文化活动。充分开发利用现有资源，为老年人提供更多文化娱乐场所和活动设施。坚持文化馆、图书馆等公益性文化设施向老年人免费开放。做好文化中心（站）为老年人免费放映电影工作；鼓励社会电影放映单位为老年人提供全天半价优惠服务。支持特色老年文化活动开展，继续打造更多的老年人品牌文艺团队，建设富有北京特色的北京民间艺术团老年分团。推荐优秀老年人文艺团体、文艺节目参加文化广场等各类活动，展示老年文化建设成果。开发适合老年人特点和服务老龄事业宣教工作的出版物，推动适合老年人的系列作品的出版。

2. 大力发展老年教育。加强老年人思想政治教育，推进“老有所教”工作。进一步理顺老年教育管理体制，整合社会教育资源，建立市、区（县）、街道（乡、镇）、社区（村）四级老年教育网络，发挥老年大学（学校）、社区学院在老年教育中的带头作用，开展多层次、多内容、多形式的老年教育活动，形成若干系列的老年教育课程，参加老年学校学习的老年人比例达到 18%。建立老年教育需求调研、教育效果反馈和成果统计等制度。创新教育载体，引导公共教育资源面向老年人有序开放，促进学校教育与老年教育双向互动，有计划为老年人提供终身学习服务，开展老年人学习成果认证试验工作。进一步整合社区教育资源，完善教育设施，理顺老年教育管理体制。完善网上学习资源，方便老年人接受网络教育。积极组建老年教育志愿者队伍，通过建立激励表彰机制，充分发挥老教师、老专家、相关行业工作人员、在校大中专学生的积极性，使之成为开展老年教育活动的重要力量。

3. 开展老年体育健身活动。坚持老年人体育以居家为重点、以社区为依托的服务长效机制，将开展社区老年人体育工作纳入全市社区服务整体工作范畴。统筹城乡老年人体育协调发展，加强农村体育宣传和交流活动。组织参加第二届全国老年人体育健身大会。继续完善、更新全民健身设施，提高公共体育设施对老年人开放的政策优惠力度。广泛开展老年人群众体育品牌活动，打造高水平的老年人特色体育活动项目，开发研究符合老年人生活习惯和生理、心理特点的健身活动项目和方法。建立社区体育协会和社会体育指导员协会，充分发挥老年体育组织作用，为老年人提供科学健身指导，推进老年人体育工作社会化进程。开展老年人体质测试及追踪，逐步提高体质干预水平。

4. 加强老年精神关怀服务。加强老年人身心健康关爱服务工作，在街道（乡、镇）建立心理服务站，在社区（村）设立心理咨询室，培训6000名基层社区心理辅导员，实现老年人精神关怀服务城乡社区（村）需求人群全覆盖。整合和开发辖区心理咨询服务资源，依托“96156”社区服务热线，充分发挥各类心理咨询专业组织和社区市民学校、老年学校的作用，组织专业人员为老年人及其家庭成员提供心理咨询服务和知识培训。开展单身老年人婚姻咨询服务，为老年人重获婚姻和家庭幸福创造平台。鼓励邻里交往和互助，动员和组织城乡社区（村）志愿者，特别是社会工作者、大中小学生，为老年人提供聊天、读书看报和亲情陪伴等志愿服务。

（七）鼓励老年人参与社会

1. 加强老年群众性组织建设。推进基层老年群众组织建设，实现基层老年人协会城乡全覆盖，多渠道筹措资金，引导老年群众组织规范发展，发挥其老年人自我管理、自我教育、自我服务的积极作用。扶持建设老年人文化、教育、体育以及老年学研究、志愿服务、老龄产业发展等方面十个市级社团组织，发挥示范引导作用。发掘和扶持百个区（县）、街道（乡、镇）组织建设较好、艺术水平较高、具有发展潜力的基层老年文教体专业团队和千个基层老年文教体活动基地，培育万名优秀基层老年文教体活动骨干。

2. 探索建立老年人才发展机制。贯彻全国人才会议精神，实施《国家中长期人才发展规划纲要（2010—2020年）》，重视老年人才资源开发和利用，建立首都老年人才联席会议制度，构建北京市老年人才信息库。有条件的部门建立本部门老年专业人才档案资料库，实现老年人才信息库联网，资源共享。拓展老年专业人员的服务领域，确保国家《关于进一步发挥离退休专业技术人员作用的意见》得到贯彻落实。根据老年人才的特点继续组织开展“银龄行动”，为基层老年人送医疗、送科技、送文化。

3. 拓展老年人社会参与渠道。根据自愿量力的原则，鼓励老年人根据自身特点，为社会做些力所能及的工作。在城镇，引导老年人开展教育下一代、科技开发、信息服务以及维护社会治安、参与社区建设等社会公益活动；在农村，鼓励低龄健康老年人开展种植、养殖和加工业等经济活动。积极倡导和支持老年人广泛开展自助、互助和志愿活动，探索时间储蓄方式，组织低龄健康老年人为高龄、病残老年人提供服务。

（八）促进老龄产业发展

1. 引导老年人消费观念。引导老年人转变重积蓄、轻消费，重子女、轻自己的传统观念，树立科学、合理的消费观，鼓励老年人积极养老，增加提高生活品质和健康养生方面的服务消费，改善自身生活质量，拉动经济链条的运转和促进社会整体消费水平的有序提升。

2. 大力发展老龄产业。制定老龄产业发展专项规划。研究制定扶持老龄产业发展的政策措施，积极引导和鼓励社会力量投资老龄产业。完善老龄产业的相关行业标准和服务规范，建立老年用品和老年服务产品的质量、规格和标准体系。鼓励社会力量根据老年人需求，借鉴国外经验，开发不同档次的老年用品，加大老年特殊生活用品的供应。坚持以社会化、产业化为方向，积极发展为老服务产业，将发展基本养老服务业纳入扩大内需加快发展的投资项目中，设立老龄产业专项引导基金，重点支持家庭护理、康复护理、精神慰藉等老龄产业，在地价、房租、融资、税费等方面给予适度优惠。

三、健全老龄工作体系

按照“政府主导、社会参与、全民关怀”的老龄工作方针，完善老龄政策法规体系和老龄理论体系，理顺老龄工作体制机制，加强老龄工作力量，强化全民关怀老年人的思想观念，切实维护和实现老年人合法权益。

（一）加强老龄政策法规研究

1. 修订完善《北京市老年人权益保障条例》。适应《中华人民共和国老年人权益保障法》修订进程，根据市人大常委会立法工作安排，吸收和借鉴国内外成熟的老年人立法保护经验，紧密结合本市人口老龄化社会发展特点，开展《北京市老年人权益保障条例》修订工作。加强老年法律法规政策宣传和执法检查工作。

2. 开展首都应对人口老龄化战略研究。立足本市实际，提出积极、主动、科学应对人口老龄化的指导思想、战略目标、战略任务、战略重点、战略步骤和战略措施，为解决本市老龄问题提供科学依据，努力形成符合本市市情的老龄政策理论体系。加强老年学学科和老龄事业相关专业建设。积极鼓励高等院校和科研院所开展老年学和老龄事业相关专业的学历教育，加强老龄事业人才培养。加大老龄科研经费投入，充分发挥市老龄问题研究中心作用，建立首都老龄科研基地，建立老龄工作部门和科研单位的研究合作机制。

3. 建立老年人口信息管理系统和服务平台。建设老龄工作电子政务内网平台，纵向联结各区（县）、街道（乡、镇）、社区（村），横向联结市老龄委各成员单位，加强各级、各部门老龄信息沟通和业务联系。依托市人口基础信息数据库、社区信息系统管理平台和民政公共服务信息化建设项目，建设老年人口信息登记和管理服务平台，实现政策宣传、社会服务、舆论引导等功能。建立老龄事业发展监测指标体系，开展城乡老年人口基本状况的追踪调查，建立老龄事业发展决策分析系统，为老龄政策制定和业务工作高效运转提供信息化支撑。

（二）理顺老龄工作机制

1. 发挥各级老龄工作委员会职能作用。进一步健全完善老龄事业工作机制，各级老龄工作委员会及其办公室要坚持为党委政府决策服务、为社会各界参与发展老龄事业服务、为广大老年群众服务，发挥好协调决策、组织指导、督促落实的作用。将老龄事业的发展目标和工作任务落实到老龄工作委员会各成员单位工作计划中，认真履职，形成合力，对老龄事业发展中的重大问题进行调查研究，协调需由多部门参与解决的综合性问题，监督、检查有关维护老年人合法权益的法律、法规的实施。

2. 规范老龄工作机构和加强队伍建设。进一步健全各级老龄工作机构，明确老龄工作机构职能。根据所辖区域老年人口总量和工作任务，理顺老龄工作机制，整合管理资源，加强工作力量。街道（乡、镇）建立正常的经费保障机制，明确老龄工作科室及人员。社区居（村）委会和社区服务站应有专职或兼职工作人员负责老龄工作。优化老龄工作队伍结构，加强业务培训和能力培养，增强履职能力，提升管理和服务水平，建设一支综合素质好、业务水平高、工作能力强的老龄工作队伍。

（三）加强老年人权益保障

1. 加强老年人法律法规宣传教育工作。进一步加强老年人法律法规普法宣传，开展“法律进机关、进乡村、进社区、进学校、进企业、进单位”活动。为城乡社区配发《中华人民共和国老年人权益保障法》和《北京市老年人权益保障条例》宣传手册；每年在百个社区开展老年法律宣传活动周；开展全市性老年法律法规有奖竞赛活动；在媒体开办老年维权专栏。对维护老年人权益工作先进典型予以表彰和奖励。加大执法检查力度，重点查处一批侵犯老年人合法权益的案件，及时纠正老龄政策在个别单位和部门得不到贯彻落实的现象。

2. 完善老年人维权网络体系。健全老年维权网络和工作机制，完善市、区（县）、街道（乡、镇）、社区（村）四级维护老年人权益服务网络。加强各级老年人权益保障部门与上级维权部门、有关信访部门、审判机关、法律服务机构的联系，建立定期交流与信息共享机制，掌握老年侵权案件变化规律，及时做好调解纠纷、化解矛盾的工作。建立由司法机关、法律援助机构、相关专业人员、社会志愿者共同参与的老年信访接待机构，进一步规范信访接待程序，提高处理信访事项的效率和效果。

3. 加大老年人法律援助力度。贯彻落实《北京市法律援助条例》，推行法律援助信息化、网络化管理，提高法律援助工作效率和管理水平。进一步加强老年法律援助工作，发挥司法行政基层工作职能优势，树立一批市级老年维权示范岗，促进和推动老年维权工作良性发展。通过多种形式进行广泛的法律援助宣传和咨询服务活动，通过典型案例的宣传，突出法律援助扶贫助弱、伸张正义的社会效果。

（四）加大老龄事业宣传力度

1. 弘扬社会尊老敬老优良传统。认真贯彻落实《公民道德建设实施纲要》，利用春节、重阳节和社会重大活动举办各种敬老慰问活动，开展年度万名“孝星”和千家为老服务先进单位评选活动，通过敬老典型事迹的宣传，营造尊老、敬老、爱老、助老、孝老的社会氛围。

2. 加大老龄工作宣传力度。坚持正确的舆论导向，充分发挥电视、广播、报刊、网络等各类媒体的作用，通过开设专栏、专题、专版、专刊，加大对老龄化发展形势、老龄政策、老龄工作和社会为老服务典型人物和事迹等内容的宣传报道力度，提高社会各界对老龄问题的认识，增强老龄意识和社会责任感。

3. 加强老龄事业合作与交流。加强与国际老龄组织、友好国家和地区老龄机构的联络，拓宽老龄工作多边交流和国际合作渠道，不断提升对外交流层次。大力开展老龄工作领域专业化、系统化的国际性培训工作，学习和借鉴国内外老龄工作的成功经验和先进理念。加强与港澳台地区老龄组织和机构在社区为老服务、志愿者服务和引导老年人积极参与社会等方面开展长期合作项目。

第四部分　保障措施

各级人民政府要高度重视人口老龄化问题，贯彻《北京市老年人权益保障条例》和《中共北京市委、北京市人民政府关于加强老龄工作的决定》，坚持“党政主导，社会参与，全民关怀”的老龄工作方针，全面推进老龄事业科学发展。

一、充分发挥党委政府主导作用

老龄问题涉及政治、经济、文化和社会生活等诸多领域，是关系国计民生和国家长治久安的重大社会问题。各级党委和政府必须从改革、发展、稳定的大局出发，充分认识解决老龄问题的重要性和紧迫性，坚持党委政府在老龄事业发展中的主导地位，统一思想，加强领导，把老龄事业放在社会建设中的突出位置并作为一项重要的民生工作来抓，将老龄事业纳入经济和社会发展规划及年度计划，在人员、经费等方面优先考虑，重点保障，及时研究解决工作中出现的新情况和新问题。

二、加大老龄事业公共财政投入

按照市场经济中政府承担公共服务的职能，进一步理顺政府与市场在老龄事业中各自承担的职责，健全老龄事业保障机制。根据经济社会发展水平和老龄人口规模，不断增加对老年人社会保障、养老服务设施、政府购买社会化养老服务、老年人文教体活动等多方面的投入。加大老龄事业发展资金投入，建立养老服务事业发展专项资金。探索老龄事业资金投入的新模式，积极引导民营资本和国外资金投入老龄事业，逐步形成国家、社会、个人等多元化的老龄事业投入机制。

三、积极发挥社会组织主体作用

在强化党委政府基本养老公共服务供给主导作用的前提下，深化养老服务事业机制改革，研究利用市场机制，发挥财政资金的引导作用和事业、企业、社会团体、民办非企业单位等社会组织力量的主体能动性和较强的社会优势，采用政府购买、服务外包、特许经营、政策优惠等方式，鼓励、支持和引导社会力量参与养老基本公共服务供给，形成政府主导、社会主体和市场化运作的养老基本公共服务供给机制，实现养老公共服务社会化、专业化、多元化和规范化发展。

四、建立检查监督、评估激励机制

本规划由市民政局牵头组织，市发展改革委、市财政局等部门共同参与编制，由市老龄办负责协调和督促实施。市政府各有关部门和各区（县）政府要按照本规划要求，结合部门职责和实际，制定部门的具体实施方案或地区老龄事业发展规划，提出分年度实施目标，将目标任务逐级分解，制定具体措施办法，按计划落实。市老龄办会同有关部门定期对本规划实施情况进行检查和评估，及时发布规划执行情况的检查报告。对重点领域和资金投入等重要环节，通过自我检查、专业机构评估、群众评议等形式进行监督，推动老龄事业科学发展。

北京市民政局　北京市残疾人联合会北京市老龄工作委员会办公室关于印发《北京市“小帮手”电子服务器配备使用管理办法（试行）》的通知

京民老龄发〔2011〕371号

各区县民政局、残联、老龄办：

现将《北京市“小帮手”电子服务器配备使用管理办法（试行）》印发给你们，请认真贯彻落实。

北京市民政局　北京市残疾人联合会
北京市老龄工作委员会办公室
二〇一一年九月二十一日

北京市“小帮手”电子服务器配备使用管理办法（试行）

第一条　为贯彻落实《北京市人民政府办公厅转发市民政局市残联关于北京市市民居家养老（助残）服务（“九养”）办法的通知》（京政办发〔2009〕104号）精神，有效推动“小帮手”电子服务器的配备使用和管理工作，为老年人和残疾人提供生活服务、紧急救助、信息咨询等电子信息服务，制定本办法。

第二条　民政、残联、老龄部门结合老年人和残疾人的实际需求，逐步优化和完善“小帮手”电子服务器功能及服务，更好地服务老年人和残疾人。

第三条　“小帮手”电子服务器服务平台及服务支撑体系由北京市小帮手服务中心运营，由市老龄办委托市社区服务中心监管；“小帮手”电子服务器终端生产商经政府招标确定。

第四条　凡具有本市户籍、有使用需求并具备使用能力的60周岁及以上老年人和16至59周岁重度残疾人均可配备使用“小帮手”电子服务器。

第五条　“小帮手”电子服务器由政府采购定制，采取政府补贴、企业资助、个人出资的方式为符合条件的老年人和残疾人配备使用。政府采购价每台260元，老年人和残疾人个人缴纳160元（含30元话费），政府补贴100元，余额由企业资助；符合条件的城镇“三无”、农村“五保”、享受城乡最低生活保障待遇、民政部门公布的低收入家庭、享受城市重度残疾人生活困难补助的人群个人缴纳60元（含30元话费），政府补贴200元，余额由企业资助。根据《北京市市民居家养老（助残）券管理使用补充规定（暂行）》（京民老龄发〔2011〕122号），北京市市民居家养老（助残）券可用于支付“小帮手”电子服务器个人承担的费用（包括通讯费）。

第六条　区县老龄办和区县残联根据本地区实际情况采取多种方式组织“小帮手”电子服务器的配备使用工作。老年人和残疾人可在经常居住地社区（村）申办，经街（乡、镇、地区办事处）审核后，报区县老龄办或区县残联认定；有条件的区县，老年人和残疾人也可在社区服务中心、小帮手服务中心、网络提供商营业厅申办，报区县老龄办或区县残联认定。

第七条　申办的老年人和残疾人需填写《“小帮手”电子服务器申办认定表》，并与小帮手服务中心、999紧急救援中心、网络提供商等部门签订相关服务协议。

第八条　区县老龄办和区县残联根据实际需求情况向市老龄办和市残联上报“小帮手”电子服务器发货单，由终端生产商将“小帮手”电子服务器送到指定地点。

第九条　老年人和残疾人与相关部门签订的各种协议除本人留存外，其它需逐级交至区县老龄办和区县残联，由小帮手服务中心统一收回。根据不同配备使用方式，通过“小帮手”电子服务器申办认定系统录入个人信息，由区县老龄办和区县残联分别报市老龄办和市残联备案，市老龄办和市残联将个人信息发送至市社区服务中心。市社区服务中心负责个人信息的管理和维护，并与999紧急救援中心共享使用。相关部门对老年人和残疾人个人信息及相关服务信息承担保密义务，未经市老龄办和市残联允许不得外泄，违反将承担法律责任。

第十条　“小帮手”电子服务器的通讯费用由使用者承担，按照网络提供商的相关资费标准执行。

第十一条　“小帮手”电子服务器可通过短信形式开通漫游服务功能。用户拨打“96156”服务热线，可获得咨询服务、代拨电话、代发短信、代订闹钟、代防骚扰、代存电话、心理咨询、法律咨询和社区便民信息等服务。

第十二条　暂停使用和恢复使用“小帮手”电子服务器的，按照网络提供商的相关规定执行。欠费三个月后系统自动销号。因“小帮手”关爱卡损坏、丢失等原因需原号补卡的用户，持有效证件到指定地点办理。

第十三条　已配备使用的用户因各种原因需再次配备使用的，按程序重新申办，并缴纳个人负担费用。

第十四条　“小帮手”电子服务器的售后服务采取售后服务热线和售后服务网点与社区服务信息联络员“点线结合”的方式。用户在使用“小帮手”电子服务器过程中如遇售后服务问题可拨打400-610-1999服务热线咨询。在规定时间内退机的，到收取个人缴纳费用的部门办理，由终端生产商统一回收。

第十五条　“小帮手”电子服务器的“三包”责任和义务按国家有关规定执行。主机保修期1年，电池保修期6个月，充电器（充电座）保修期1年，外接有线耳机保修期3个月。“小帮手”电子服务器出现不开机、不显示、无声音、不识卡等故障，用户在7日内可以退货、换货或者修理；在15日内可以换货或者修理。优质服务，听，不当或者修理；服务器用户使用于印发《北超过保修期的；未按产品使用说明书要求使用、维护、保养而造成损坏的（如使用非原装充电器和耳机、进液、显示屏碎裂、外壳碎裂、摔坏等人为损坏的）；在非指定服务中心私自维修造成损坏的；因不可抗力造成损坏的等收取合理的修理费用。

第十六条　行动不便的老年人或残疾人等特殊用户，由终端生产商根据实际情况安排当地服务网点工作人员或派专人提供上门售后服务。建立社区服务信息联络员队伍的地区，可由信息联络员通过快递的方式将“小帮手”电子服务器送至终端生产商指定地点，快递费用由终端生产商承担。

第十七条　每批“小帮手”电子服务器配备使用工作完成后，各区县要认真进行结算工作，为有需求的老年人和残疾人开具财政部门印制的《北京市行政事业单位统一银钱收据》。各区县要按时上报《“小帮手”电子服务器配备使用统计表》和《“小帮手”电子服务器配备使用统计明细表》，原则上完成一批“小帮手”电子服务器配备使用工作后，再进行下一批的配备使用工作。收取的老年人和残疾人的购机费用由区县老龄办和区县残联汇至市老龄协会账户和市残联账户。

第十八条　各级老龄和残联部门要充分认识到开展“小帮手”电子服务器配备使用工作的重要意义，进一步提高为老年人和残疾人服务的意识，加强宣传，使更多的老年人和残疾人了解熟悉和学会使用“小帮手”电子服务器，真正为老年人和残疾人的日常生活提供便利条件。

终端生产商和小帮手服务中心要协助区县做好宣传、使用辅导等工作。

第十九条　本办法自下发之日起施行。贯彻实施中的具体问题，由市老龄办和市残联负责解释。原《北京市“小帮手”电子服务器配备使用办法（暂行）的通知》（京民老龄发〔2010〕194号）同时废止。

附件：

1. “小帮手”电子服务器申办认定表
2. “小帮手”关爱卡原号补卡营业厅
3. “小帮手”电子服务器售后服务网点

附件1：

编号（“小帮手”关爱卡卡号）：

“小帮手”电子服务器申办认定表

区　　街道（乡、镇、地区办事处）　　社区（村）　　年　　月　　日

姓名		性别		出生日期		民族		文化程度	
婚姻状况		证件类别		证件号码				联系电话	
户籍所在地							户籍属性	□农业	□非农业
经常居住地			区/县		街道/乡		社区/村	室	
住址特征（注明家庭住址附近明显的标志物，如公共电汽车站、大型建筑物等）									
紧急联系人（至少详细填写一人信息）	姓　名	性别	关　系	家庭住址		座机		手机	

（续）

家庭成员/常用联系人	姓 名	联系电话	姓名	联系电话

以上信息必须完整填写，并核实无误后签字：

日常生活中需要哪些服务	□紧急救助　□一键通话　□定时提醒　□代发短信　□预约出租车 □旅游服务　□文体票务　□保姆　□信息发布　□福彩手机投注 □健康体检　□购买保险　□社区服务　□小时工　□手机增值业务 □电子账户　□公共事业缴费　□电子商务　□预约挂号　□其它
医疗保障情况	□公费医疗　□城镇职工医疗报销　□商业医疗保险　□亲属半费报销 □子女资助　□新型农村合作医疗　□完全自费　□其它
退休金发放渠道	□街道社保　□本市原单位　□外埠单位　□中央在京单位　□银行　□其它
居住情况	□仅与配偶居住　□与成年子女居住　□仅与父母居住　□仅与保姆居住 □仅与未成年（14岁以下）亲属居住　□独居　□居住养老机构　□其它
是否属于以下人群	□城镇“三无”老年人　□农村“五保”老年人　□享受低保待遇老年人 □民政部公布低收入家庭的老年人　□重度残疾人（持有二代残疾人证）
主要经济来源	□养老金　□离退休费　□工资　□配偶供养　□社会救济　□其它
是否空巢　□是　□否	空巢原因：□独身　□无子女　□子女出国　□子女外省工作 □与本市子女分居　□其它
老年慢性病患病情况	□高血压　□心脏病、冠心病　□颈/腰疾病　□糖尿病　□关节炎 □脑血管病（含中风）　□青光眼/白内障　□慢性支气管炎　□肾脏疾病 □类风湿　□肝脏疾病　□恶性肿瘤　□肠胃炎　□泌尿系统疾病　□其它

审核认定意见

社区（村）初审意见	经初审，____________符合申办“小帮手”电子服务器条件。 经办人：　单位盖章　年　月　日
街道（乡、镇、地区办事处）审核意见	经审核，____________符合申办“小帮手”电子服务器条件。 经办人：　单位盖章　年　月　日
区（县）老龄办认定意见	同意____________配备使用“小帮手”电子服务器。 经办人：　负责人： 单位盖章　年　月　日

北京市老龄工作委员会办公室监制

附件 2：

“小帮手”关爱卡原号补卡营业厅

区 县	营业厅名称	地 址	联系电话
东城	大客户服务厅 （只面向集团大客户和 VIP 会员）	东中街 58 号美惠大厦	65547577
	王府井营业厅	王府井大街 200 号工美大厦 B 层	65120100
	广渠门营业厅	广渠门内大街 39 号	67144263
西城	西直门营业厅	西直门内大街后半壁街 56 号（西直门通信大厦三层）	66186597
	西单营业厅	西单北大街 131 号（西单大悦城 5 楼）	66161720
	牛街营业厅	牛街 22 号京义通达大厦一层	13910338136
朝阳	科学园南里营业厅	大屯路科学园南里枫林绿洲 4 号楼 1A 室	64871309
	西大望路南营业厅	西大望路甲 23 号（珠江帝景）215-南 127a	58632940
	十里堡营业厅	十里堡北里 1 号恒泰大厦 B 座一层东北角	85823855
海淀	中关村海兴营业厅	丹棱街 16 号海兴大厦 A 座一层	82606610
	远大路营业厅	远大路 22 号 12 号楼婚庆一层	88875274
丰台	赵公口营业厅	赵公口 20 号楼 1 幢 1 层	13910320902
门头沟	门头沟营业厅	滨河路 111 号	69861772
房山	房山良乡长虹西路营业厅	良乡长虹西路丙 26 号 1 号楼	60342366
通州	通州营业厅	新华北街 71 号北京移动综合楼	80880121
顺义	顺义营业厅	府前东街甲 9 号	69440892
昌平	昌平营业厅	南环东路 42 号	89705581
大兴	大兴营业厅	新华南路 25 号（大兴区黄村火车站站前广场西侧）	69291010
怀柔	怀柔营业厅	北大街 55 号	51595981
平谷	平谷营业厅	乐园西小区 19 号	89999160
密云	密云营业厅	新南路 97 号（101 国道旁）	69050139
延庆	延庆营业厅	东外大街 28 号	69189666

附件 3：

“小帮手”电子服务器售后服务网点

行政区	服务中心名称	服务中心地址	服务热线	负责人
东城区	北京京诚鸿波电子技术有限公司	北京市东城区朝阳门内大街 265 号	010-64078022 010-84018104	李志明
西城区	北京京邮普泰通讯设备有限公司	北京市西单通港大厦 2 层 201 室（即西单商场对面西单国际大厦后楼 2 层）	010-66188118	凌应胜
西城区	中邮时代电讯科技有限公司（南礼士路维修厅）	北京市西城区真武庙二条一号	010-68012943	吴新智
朝阳区	北京京诚鸿波客服分公司	北京市朝阳区石佛营东里 132 号院 1 号楼 105 室	010-85833123	王军
朝阳区	北京京邮普泰通讯设备有限公司	北京市朝阳区北辰东路 8 号 27-3 凯元鸿电讯内，安慧桥北亚运村邮局对面	010-84989960 13661376237	卢伟
海淀区	北京京邮普泰通讯设备有限公司	北京市海淀区复兴路甲 14 号公主坟环岛东南角华鹰大厦 A 座 3 层 328 室	010-63969607	司伟东
海淀区	北京京邮普泰通讯设备有限公司	北京市海淀区中关村大街 11 号 e 世界数码大厦地下一层 A0017	010-62683900	刘燕匊
海淀区	中邮时代电讯科技有限公司（公主坟维修点）	北京市海淀区复兴路甲 23 号城乡贸易中心股份有限公司五层 5CD2	010-68159837	宋俊杰
海淀区	北京博运恒天电子技术服务有限公司	北京市海淀区中关村南大街甲 10 号银海大厦北区 312	010-68944543 010-68944544	赵娜
海淀区	北京凯达信科技有限公司（公主坟店）	北京市海淀区复兴路甲 14 号（公主坟华鹰大厦）	010-63969798	杨　波
丰台区	北京奇讯商贸中心	丰台区吴家村三倾地甲 2 号联通营业厅	010-57159758	张东
丰台区	中邮时代电讯科技有限公司（方庄维修厅）	北京市丰台区方庄蒲芳路 22 号-1	010-87681942	耿媛
门头沟区	北京凯达信科技有限公司（门头沟店）	门头沟区剧场东街 8 号 8—10（绿岛家园底商）	010-69836297	张　学
房山区	北京京邮普泰通讯设备有限公司	北京市房山区良乡北秀街 55 号	010-69362370	阎海军
顺义区	北京京邮普泰通讯设备有限公司	北京市顺义区站前街一号隆华商场东侧底商	010-69426260	宇文福亮
顺义区	北京凯达信科技有限公司（顺义店）	顺义一店：北京市顺义区仁和镇站前街 2 号 顺义二店：北京市顺义区双兴南区 49 号 101	一店：010-81492059 二店：010-69427011	王海青
昌平区	北京凯达信科技有限公司（昌平店）	北京市昌平区政府街西路 17-1 号（西关三角地）	010-89742294	刘玉健
大兴区	北京齐昊永正商贸中心	北京市大兴区黄村东大街 1 号	010-69238854	范洪涛

（续）

行政区	服务中心名称	服务中心地址	服务热线	负责人
大兴区	北京凯达信科技有限公司（大兴店）	北京市大兴区黄村镇黄村中里利民西巷1层11号	010-69298950	邢国伟
怀柔区	北京博运恒天电子技术服务有限公司	北京怀柔区青春路26号（比格比萨对面三星服务中心）	010-69646332	赵娜
平谷区	北京嘉万宝手机店	北京市平谷区成平园小区甲1号楼2—1号	010-69985733	赵伟
平谷区	北京凯达信科技有限公司（平谷店）	平谷区东方国际公寓1-8号	010-89985184	张　强
密云区	北京博运恒天电子技术服务有限公司	北京密云区鼓楼西大街长安小区16门脸（云水建国酒店正门对面）	010-69043125	赵娜
密云县	北京泽阳顺通通讯器材经营部	北京市密云县鼓楼东大街粮贸大厦一层29-12号	010-69056284	熊喜亮
密云县	北京凯达信科技有限公司（密云店）	北京市密云县新西路99号第三门市房	010-69050197	李彦晓
延庆县	北京诚博精益手机店	北京市延庆县金罗湾商业区F座4号	010-69178560	曹红江

（天津市）关于进一步发展我市居家养老服务的意见

津政办发〔2011〕51号

各区、县人民政府，各委、局，各直属单位：

为发挥家庭和社区功能，优先发展社会养老服务，培育壮大老龄服务事业和产业，经市人民政府同意，现就进一步发展我市居家养老服务提出如下意见：

一、主要任务

到2015年，我市基本形成“973”的养老服务格局，即全市老年人口中，97%的老年人居家养老（94%的老年人依托社区日间照料服务设施分散居家养老，3%老年人在老年宜居社区集中居家养老），3%的老年人入住养老机构养老，形成投资主体多元化、服务内容多样化、适应老年人需求、具有天津特色的社会化养老服务体系。

（一）科学规划居家养老服务工作。把发展居家养老服务纳入市和区县"十二五"社会发展规划，科学安排老年日间照料服务中心、托老所和老年宜居社区等养老服务设施建设，合理制定居家养老服务工作计划，推进养老服务与经济社会协调发展。有关具体规划和设置标准由市规划行政主管部门制定。

（二）建设居家养老服务设施。居家养老服务设施是支撑居家养老服务的重要平台。到2015年，全市街道和乡镇老年日间照料服务中心达到640处，其中新增444处；市内六区各建托老所2个以上，其他区县各建3个以上，每个托老所拥有床位50至100张，满足子女临时不在身边、需要日托或整托老年人的看护需要；鼓励支持社会资本建设老年宜居社区12处。各类养老服务机构均应满足无障碍要求，为养老服务提供必要条件。

（三）造就一支居家养老服务队伍。鼓励各类养老服务企业和社会组织发展专业养老服务队伍，同时加强行业培训，提高从业人员服务水平。加强社会工作人员、社区工作人员和志愿者服务队伍建设，提倡中青年志愿者为老年人服务、低龄老人为高龄老人服务。在本市职业院校增设养老护理、家政服务、养老管理等专业课程，每年招收、培训学员不少于1万人。

（四）大力推进居家养老服务社会化。按照政策引导、政府扶持、社会兴办、市场推动的原则，引导和扶持社会力量参与居家养老服务。建立全市老年人呼叫服务系统，探索远距医疗与居家养老卫生保健服务，通过多种形式为老年人提供生活照料、就餐配餐、家政服务、医疗康复、长期护理、精神慰藉、安全援助等多样化、个性化服务。着力保障困难老年群体居家养老，适时调整政府购买服务的范围和标准。

（五）提高居家养老服务质量。市民政、质监部门要依据国家法律、法规和相关服务标准，结合我市实际，组织制定天津市居家养老服务地方标准。全市所有开展居家养老服务的企业和社会组织，应按照相应标准，为老年人提供服务，提升居家养老服务的质量。

（六）加强对居家养老服务工作的管理。建立由政府主导、部门协同、社会参与、公众互助、街道（乡镇）和居委会（村委会）具体组织实施的居家养老服务工作体系。建设市和区县联网、科学准确的现代养老服务信息管理和服务系统，保障居家养老服务工作高效运行，民政等相关部门要加强检查和指导。

2011年，要在全市80个街道和乡镇建设老年日间照料服务中心，在100个社区建设老年日间照料服务站。建设示范性社区食堂20个，中心城区老年人助餐服务覆盖50%的社区。做好困难老年群体居家养老服务需求调查摸底工作，符合规定条件的，纳入居家养老服务政府补贴范围。初步建立老年人呼叫服务平台，逐步健全各项服务功能。

二、工作措施

（一）支持居家养老服务设施建设。老年日间照料服务中心和托老所等设施建设应当符合国家和我市有关建设标准。

新建居民区应当配套建设老年日间照料服务中心和托老所等服务设施，其土地供应方式按照新建项目的土地用途确定，建成后产权无偿移交民政部门用于为老年人服务。所需设备、装修、开办经费等由区县财政负责，市财政对每个老年日间照料服务中心给予30至50万元的一次性资助，福利彩票公益金对每个托老所按每张床位1万元给予一次性资助。

原有居民区没有或需要扩建老年日间照料服务中心和托老所等服务设施的，应当通过资源整合、资产置换等方式进行改建或扩建。

（二）支持居家养老服务设施运营。对按规定运营的老年日间照料服务中心，根据其实际服务老人数，由区县财政给予经费支持。托老所运营后，由福利彩票公益金按每月每张床位100元给予运营补贴。

对老年日间照料服务中心、托老所等社区养老服务设施所用水、电、煤气和暖气，执行民用价格。

（三）支持建设老年宜居社区。老年宜居社区以企业和社会组织建设为主。其建设必须符合老年人建筑设计标准及《城市道路和建筑物无障碍设计规范》（JGJ50-2001），公建服务设施面积不少于20%，建成后只租不售，并实现科学管理、规范运营和高效服务。

老年宜居社区建设用地在规划建设的公共租赁住房中按照老年人口比例予以保障。市发展改革、民政部门会同有关部门根据国家相关规定制定审批标准。

（四）支持企业经营居家养老服务。对在工商部门注册、以开展居家养老服务为主要经营业务的企业，其符合相关规定的养老服务免征营业税。

（五）支持养老服务企业或社会组织用工。对与本市养老服务企业或社会组织签订1年以上劳动合同、在本市从事养老护理和服务、具有本市户籍的人员，给予社会保险补贴。

（六）支持养老护理和服务人员参加职业技能培训。在养老服务行业推行国家职业资格证书制度，凡拟从事养老护理和服务的人员参加职业技能培训，以及养老护理和服务从业人员参加职业技能提升培训并取得国家职业资格证书，符合《天津市职业培训补贴办法》（津劳社局发〔2009〕71号）规定的，可按规定享受职业培训补贴。养老机构院长参加民政部门组织的专业培训并取得证书的，由市福利彩票公益金给予50%培训经费补贴。

（七）支持开展老年人助餐服务。依托社区，通过新建、改建或吸收现有餐饮单位加盟等形式，开办为老年人提供膳食加工配制、外送和集中用餐等服务的社区食堂。根据社区食堂的服务类型和服务能力，给予1至10万元的一次性补贴，补贴经费由福利彩票公益金列支，区县按不少于1∶1比例配比。

（八）支持养老机构向社区延伸服务。鼓励养老机构开展社区延伸服务，对其所聘并签订1年以上劳动合同、从事居家养老服务的人员，按6位老人配备1名服务人员比例核定，根据公益性岗位补贴规定给予社会保险补贴和工资性补贴，补贴经费由市再就业资金列支。

（九）支持困难老年人居家养老。在原居家养老服务政府补贴范围基础上，对80岁以上独生子女父母、市级劳动模范、失能老人和空巢老人且家庭人均收入低于我市最低工资标准的，按照料等级分别给予每人每月100元、150元、200元的居家养老服务政府补贴。所需资金由市和区县财政按1∶1比例分担。

（十）支持做好居家养老服务管理。研究建立市和区县民政事务管理中心，设立公益性协管员岗位，全面承担养老服务、家庭收入核对、低保等各项民政事务。

上述有关政策措施由各区县人民政府、市人民政府有关部门制定具体落实办法，并负责组织实施。

天津市人民政府办公厅

二〇一一年四月二十九日

（天津市）关于开展老年人助餐服务的意见

津民发〔2011〕69号　津财综联〔2011〕24号

各区（县）民政局、财政局：

为满足老年人特别是高龄、空巢和生活不能自理等老年群体就餐配餐送餐服务需求，进一步完善我市居家养老服务工作，按照政府领导、民政组织、市场化运作的思路，建设社区食堂。现提出以下意见：

一、目标任务

2011年，市内六区及滨海新区实现老年人助餐服务覆盖面50%社区。到“十二五”末，全市城区实现老年人助餐服务全覆盖，农村地区结合老年人实际需求，实现助餐服务覆盖50%社区（村）。

二、功能分类

根据社区食堂功能、规模与服务能力不同，分为示范型社区食堂、综合型社区食堂和单一型社区食堂等三种类型：

（一）示范型社区食堂：集膳食加工配制、外送及集中用餐等功能为一体，每餐配送餐能力500人以上、可一次提供集中用餐50人以上。

（二）综合型社区食堂：集膳食加工配制、外送及集中用餐等功能为一体，每餐配送餐能力在150人以上、可一次提供集中用餐20人以上。

（二）单一型社区食堂：只具备膳食加工配制、外送及集中用餐等功能之一、二，每餐供餐能力不少于50人。

三、建设方式

采取多种形式因地制宜建设社区食堂，坚持社会化服务、企业化管理、市场化运作。

（一）构建城区与农业地区原材料供应、销售、加工、配送产业链，保证食品绿色健康，降低成本。

（二）由区县政府、街道、居委会或社会力量，新建或整合资源改造兴办。

（三）与辖区内的餐饮单位合办。

（四）依托辖区内企业、学校、部队等单位职工食堂联办。

四、设立条件

社区食堂的设立应具备以下基本条件：

（一）由本市依法成立的组织设立，并经食品卫生部门依法批准；

（二）在无污染、无危害的安全区域内，用餐场所及环境无障碍；

（三）必要的膳食加工配制、外送、用餐设备；

（四）必要的管理、服务人员，服务人员应持健康证上岗；

（五）能够提供符合老年人软、烂、营养等用餐特点，价格相对低廉；

（六）符合其它相关规定。

五、审核认定

申请社区食堂项目，须向所在街、乡（镇）提出申请，填写《社区食堂建设申请表》（附件1），并提交相关材料原件及复印件，由街、乡（镇）进行初审后，报区（县）民政局审核；各区县民政局应根据助餐服务点的功能、规模及服务提供能力，分别按“示范型社区食堂”、“综合型社区食堂”、“单一型社区食堂”予以认定，并填写《社区食堂建设项目验收表》（附件2）。

对于经核准认定的社区食堂，由区（县）民政局商财政局研究补贴意见，并填写《社区食堂建设明细表》（附件3）和《社区食堂建设汇总表》（附件4），由区（县）民政、财政两部门盖章，于每年6月底前汇总上报市民政局。市民政局将组织抽查，并综合全市社区食堂补贴资金情况，提出初审意见送交市财政局。市财政局审核后，在市级福利彩票公益金中相应安排补贴资金并下达区（县）财政局，当年9月底前，由区（县）财政局将补贴资金拨付至相关单位；同时，应由区（县）政府负担的补贴资金，由区（县）财政局直接拨付给相关单位。

符合标准的社区食堂，由市民政局统一组织悬挂社区食堂牌匾。

六、资金扶持

经核准的社区食堂，依据功能分类，给予一次性差别建设补贴，所需资金由市福利彩票公益金和区（县）财政按1：1分担。补贴标准如下：

（一）示范型社区食堂。对新建的，给予不超过20万元资金补贴；对改建的，给予不超过18万元资金补贴；对原餐饮单位挂牌的，给予不超过16万元资金补贴。

（二）综合型社区食堂。对新建的，给予10万元资金补贴；对改建的，给予8万元资金补贴；对原餐饮单位挂牌的，给予6万元资金补贴。

（三）单一型社区食堂。对新建的，给予6万元资金补贴；对改建的，给予4万元资金补贴；对原餐饮单位挂牌的，给予3万元的资金补贴。

七、工作要求

（一）加强领导。各区（县）要结合实际，在充分调研的基础上，本着先城镇、后农村，先试点、后铺开的思路，制定具体工作方案，加大扶持和指导力度，促进居家养老助餐服务规范、有序、长效发展。

（二）整合资源。调动辖区各方面积极性，充分挖掘利用辖区内的公共资源，鼓励社会组织参与建设社区食堂。

（三）抓好落实。各区（县）民政局要加强监督检查，对已挂牌没有发挥作用的社区食堂，及时提出整改意见，仍不合格的给予换牌或摘牌，并追缴资助资金。

（四）做好宣传。采取多种形式，大力宣传建设社食堂的意义，争取社会各界特别是老年人的理解和支持，切实把好事办好。

附：1. 社区食堂建设申请表
2. 社区食堂建设项目验收表
3. 社区食堂建设明细表
4. 社区食堂建设汇总表

二〇一一年九月十三日

（天津市）关于印发《关于做好我市80岁以上困难老年人居家养老服务政府补贴工作的实施意见》的通知

津民发〔2011〕72号

各区（县）民政局、财政局：

根据市人民政府《关于进一步发展我市居家养老服务的意见》（津政办发〔2011〕51号），进一步完善我市居家养老服务工作，现将《关于做好我市80岁以上困难老年人居家养老服务政府补贴工作的实施意见》印发给你们，请遵照执行。

二〇一一年九月十九日

关于做好我市80岁以上困难老年人居家养老服务政府补贴工作的实施意见

根据市人民政府《关于进一步发展我市居家养老服务的意见》(津政办发〔2011〕51号)，在继续做好城市最低生活保障、特困救助和抚恤补助优抚对象中60周岁以上，需要生活照料老年人居家养老服务政府补贴工作的基础上，现就做好我市80岁以上困难老年人居家养老服务政府补贴工作，提出如下实施意见：

一、补贴对象及标准

具有本市户籍、城市户口、年龄在80岁以上的，独生子女家庭的父母、市级劳动模范、失能老人和空巢老人且家庭人均收入低于我市最低工资标准的老年人，按照评估后的照料等级，分别给予每人每月100元、150元、200元居家养老服务政府补贴。

二、身份认定

（一）年龄认定。依据天津市居民身份证，计算申请人的年龄。

（二）独生子女家庭的父母认定。由申请人出具户籍地街道人口计生部门开具的独生子女父母证明材料。

（三）市级（省、部级）劳动模范的认定。由市总工会出具省、部级及以上劳动模范的证明。

（四）空巢老人的认定。空巢老人是指未与其法定赡养人共同生活或无法定赡养人、抚养关系的老年人，包括夫妻共同居住和单身居住。

（五）失能老人的认定。失能老人是指生活完全或部分不能自理，必须依赖他人照护的老年人。

三、经济状况评估

依据天津市人力资源和社会保障局每年公布的天津市最低工资标准核定家庭人均收入。

（一）关于家庭成员认定。家庭成员是指同一户籍、具有法定赡养、抚养或抚养义务关系并共同生活的人员，包括：1. 配偶；2. 子女；3. 父母双亡且由祖父母或外祖父母作为监护人的孙子女或外孙子女；4. 民政部门根据有关规定认定的其他人员。

（二）关于家庭收入计算。家庭收入是指家庭成员的全部货币收入和实物收入，包括：工资性收入、经营性净收入、财产性收入、转移性收入等。具体内容参照市民政局《关于印发〈天津市申请住房保障家庭收入核对暂行办法实施细则〉的通知》（津民发〔2008〕64号）执行。申请人及其家庭成员应如实申报，并提供相关材料证明和交纳的个人所得税完税凭证及个人缴纳的社会保障支出凭证。

申请人的家庭成员按照国家规定获得的优待抚恤金、计划生育奖励与扶助金、教育奖（助）学金、科技成果奖、独生子女奖励金、寄宿生生活费补助、低收入残疾人生活补助、丧葬费以及见义勇为等方面的奖励性补助，不计入家庭收入。

四、身体状况评估

依据天津市养老服务需求评估标准（《天津市养老服务需求评估表》）进行评估，划分为轻度、中度和重度三个等级。对不符合天津市养老服务需求评估标准的申请人，不列入补贴范围。对患病或行动不便的老年人，可由直系亲属代办手续并提供上门服务。

五、资金来源

居家养老服务补贴所需资金，依据天津市民政局《关于推进居家养老服务政府补贴工作的实施意见》（津民发〔2008〕54号）执行。由市和区（县）两级财政各负担50%。

六、相关程序

符合补贴范围的对象，其申请、评估、认定程序；补贴标准、补贴资金来源、拨付程序以及相关要求，依据天津市民政局《关于推进居家养老服务政府补贴工作的实施意见》（津民发〔2008〕54号）执行。

（吉林省）关于印发《吉林省老年社会保障和服务体系建设三年推进计划（2011—2013年）》的通知

吉老龄办联发〔2011〕1号

各市（州）、长白山管委会及各县（市、区）老龄办、宣传部、老干部局、发展改革委、民政局、司法局、财政局、人社局、住房和城乡建设局（住房保障和房地产管理局）、文化局、卫生局、人口计生局、体育局：

经省政府同意，现将省老龄办、省委宣传部等十三个部门制定的《吉林省老年社会保障和服务体系建设三年推进计划（2011—2013年）》印发给你们，请结合本地实际，认真组织落实。

二〇一一年二月二十五日

附件

吉林省老年社会保障和服务体系建设三年推进计划（2011—2013 年）

为落实《关于加快推进全省老龄事业发展的意见》（吉政发〔2011〕3 号），建立和完善老年社会保障制度，构建老年社会服务体系，现制定《吉林省老年社会保障和服务体系建设三年推进计划（2011—2013 年）。

一、提高老年人社会保障水平

（一）落实好“五七家属工”参加基本养老保险政策，将“五七家属工”纳入社会养老保险覆盖范围。与城镇职工养老保险相衔接，探索建立城镇居民养老保险制度。按着国家统一部署，逐步提高企业退休人员基本养老金标准，并向高龄老年人倾斜。推行高龄老年人生活津贴制度，随着经济和社会发展逐步提高津贴标准。落实好城镇独生子女父母退休后一次性奖励制度。

（牵头单位：省人社厅　协办单位：省财政厅、省老龄办、省人口计生委）

（二）扩大新型农村社会养老保险试点范围，力争 2013 年全面推开。完善已建立的被征地农民养老保险、村干部养老保险和农村独女户夫妇养老保险制度，并逐步向新农保制度过渡。全面落实农村部分计划生育家庭奖励扶助制度和计划生育家庭特别扶助制度，确保实现两项制度目标人群资格确认率和奖扶资金发放率达到 100%；

（牵头单位：省人社厅　协办单位：省财政厅、省人口计生委）

（三）做好老年人参加城镇居民基本医疗保险、新型农村合作医疗参保工作，参保率保持在 90%以上。对参加医疗保险的老年人，按政策规定及时予以报销。按照吉林省人民政府办公厅转发省人力资源和社会保障厅等部门《关于建立城镇居民基本医疗保险社区门诊统筹试点意见的通知》要求，在 2012 年，全面实施城镇居民基本医疗保险社区门诊统筹制度，切实减轻老年人慢性病门诊医疗费用负担。

（牵头单位：省人社厅　协办单位：省卫生厅）

（四）广泛开展适合老年人特点以自我保健和预防老年常见病、多发病为主的健康教育，教育面在三年内达到农村老年人知晓率 60%、城市老年人知晓率 65%以上。省、市、县级公立医院为老年人就诊提供导诊服务，免费提供担架、代步车等，从检查到住院实行一条龙服务。社区卫生服务中心为高龄、病残、空巢等有困难老人提供送医送药上门服务；建立老年人健康档案，合格率达到 90%，使用率达到 70%；为 60 岁以上老年人每年进行一次健康体检，体检内容包括一般体格检查和血糖、血压、心电图三项辅助检查。

（省卫生厅负责）

（五）符合救助条件的农村“五保”老人、城镇“三无”老人救助率达到 100%。对受自然灾害和突发事故造成生活困难且符合临时救助条件的老年人给予临时救助。将符合最低生活保障条件的老年人全部纳入保障范围，实现应保尽保。对城镇老年人参加城镇居民基本医疗保险给予补助，资助农村享受最低生活保障待遇的老年人参加当地新型农村合作医疗，不断提高补助和资助标准。将享受城乡最低生活保障待遇的老年人纳入医疗救助范围，并给予患慢性病老年人门诊和购药救助。

（省民政厅负责）

（六）将符合当地城镇低收入住房困难标准，且无赡养人或赡养人确无赡养能力的老年人家庭，纳入廉租住房保障范围；实物配租应优先安排完全或者部分政府产权住房，加快解决这部分老年人的住房困难问题。

（省住建厅负责）

（七）按照农村泥草房改造规划，在充分尊重农民意愿的前提下，优先将农村无赡养人或赡养人确无赡养能力的贫困老年人家庭泥草房纳入农村泥草房改造安居工程，享受相关政策。

（牵头单位：省发改委　协办单位：省民政厅）

二、推进养老服务体系建设

（八）加大各级财政对养老服务设施建设的投入力度，大中城市和老年人口较多的县（市）城区要建有 1 所 300 张床位以上的综合性养老机构，三年内，由政府投入建设的养老机构新增床位 5000 张。发挥好农村社会福利服务中心作用，农村“五保”老人集中供养率达到30%以上。

（牵头单位：省民政厅　协办单位：省发改委、省财政厅）

（九）依托社区综合服务设施，建立社区养老服务站、日间照料室等居家养老服务设施，满足老年人的居家养老服务需求。2011年80%的社区建立养老服务站，三年内覆盖全省，并建立便捷有效的为老服务信息系统。

（省民政厅负责）

（十）推进农村居家养老服务大院建设，三年内全省所有村普遍开展居家养老服务大院建设工作，注重资源整合共享，每个乡镇要有不少于1/2的村建成居家养老服务大院，全省居家养老服务大院达到5000所。

（牵头单位：省老龄办　协办单位：省财政厅、省民政厅、省文化厅、省卫生厅、省体育局）

（十一）发展多种形式的为老服务，建立政府购买服务、市场提供有偿服务、志愿者无偿服务相结合的服务机制。培育和发展家庭服务业，鼓励社会力量开展以社区为依托的老年生活照料、医疗保健、康复护理、家政服务等业务。将为老服务列入公益性岗位职责范畴，在城镇每个社区配备3—5名，农村每个村配备1—2名养老服务员。

（牵头单位：省民政厅　协办单位：省人社厅、省老龄办）

（十二）制定、完善并落实好对民办养老机构的各项优惠、扶持政策，通过考核评估，对具备规模、设施完善、管理规范、服务优质的民办养老机构实行奖励补助政策，鼓励社会力量兴办养老机构，三年内新增床位6000张。

（省老龄办　省财政厅负责）

（十三）培育和发展养老服务行业组织，发挥其在行业自律、养老机构监管、养老服务人员培训、对养老机构服务质量进行评估、对享受政府购买服务对象资格进行评估、加强与政府的沟通联系等方面的作用，提高养老服务行业的管理水平，促进其健康有序发展。

（省民政厅负责）

（十四）建全养老服务人员培训、管理体制，加强养老服务人员培训工作，提升养老服务人员素质，每年免费培训养老服务人员5000人。在养老机构逐步实施护理服务人员持证上岗制度，到2013年养老机构从业人员持证上岗比例达到公办95%、民办60%。

（牵头单位：省人社厅　协办单位：省财政厅、省民政厅）

（十五）鼓励和引导社会力量开发生产门类齐全、品种多样、经济适用的老年产品和用品，以及提供适合于老年人的服务产品和项目。省每两年举办一次中老年用品博览会，吸引省内外企业参展，为中老年用品的展示宣传、产品销售、信息交流等搭建服务平台。

（省老龄办负责）

三、提升老年教育水平，丰富老年人文体生活

（十六）构建省、市、县三级老年大学为骨干，乡镇、街道、社区、村老年学校为依托的老年教育体系，满足老年人日益增长的精神文化生活需求。60%的市（州）、县（市、区）要建立老年大学（学校、分校）；城镇社区建立老年学校1500所以上，覆盖面达到80%以上；农村建立村级老年学校6000所以上，覆盖面达到60%以上。老年大学在校学员达到4万人，老年学校经常参与学习的老年人达到40万人。

（牵头单位：省老龄办　协办单位：省发改委、省财政厅、省文化厅、省委老干部局）

（十七）建立以市（州）、县（市、区）老年文体活动中心为骨干，社区（村）老年活动设施为依托，社会文体活动设施为补充的老年文体活动设施网络，满足老年人不同层次文体活动需求。三年内，所有城镇社区都要建立活动室、阅览室、健身室等设施较为完善、管理较为规范的老年人文体活动场所；以居家养老服务大院为依托，50%的村要建有老年人文体活动场所。农村居家养老服务大院老年活动室面积100平方米以上，配建乒乓球台一付；室外场地硬化500平方米以上，配建6—8件健身器材。每年配建不低于100个村。

（牵头单位：各级政府　协办单位：省民政厅、省体育局、省老龄办）

（十八）加强基层老年文艺活动队伍建设，打造社区（村）品牌文化，每个社区（村）建立一支特色文艺活动队伍。省、市、县各级要定期开展带有导向性、示范性的老年文化活动。省里每两年组织一次全省老年文艺调演活动，一次老年书画、摄影作品展出活动。

（省文化厅负责）

（十九）加强各级老年体协组织建设，逐步实现每个社区、村有一个体育健身指导站（点）、一名社会体育指导员、一支体育健身团队、一项特色体育健身项目。以小型分散、因地制宜组织开展老年人体育健身活动为主，省、市、县每年定期开展适合老年人的带有导向性、示范性的老年人趣味运动会、单项比赛或健身表演等活动。省里每两年举办一次全省老年人趣味运动会。

（牵头单位：省体育局　协办单位：省民政厅、省老龄办）

四、发挥老年人的社会作用

（二十）建立省、市、县三级老年人才信息库，将志愿参加社会服务工作的中级以上职称老年人才全部免费纳入信息库，举办面向老年人才的专场招聘会和中小企业的对接会，搭建老年人才开发服务平台，为老年人才服务社会创造条件。

（省人社厅负责）

（二十一）支持开展“银龄行动”活动，发挥老年人材在经济社会建设中的作用。以大专院校、厂矿企业、科研院所等企事业单位科协为主体，组织老年科技人员在科研和生产方面进行技术攻关。组织农业方面老年科技人员，为我省增产百亿斤粮食工程提供服务，以农业技术推广为核心，农业典型推广项目成果比“十一五”增加60%。组织医疗卫生专业的老年科技人员，为偏远困难、缺医少药地区群众提供医疗健康服务，参与服务活动老年科技人员数量比“十一五”增加一倍。

（牵头单位：省老龄办　协办单位：省老科协）

（二十二）2011年在50%的社区（村）建立老年人协会群众组织，三年内达到100%。依托老年人协会，组织老年志愿者开展维护社会治安、调解邻里纠纷、美化社区环境、帮教青少年等社会公益活动，为高龄、空巢、病残老年人提供力所能及的帮助。

（老龄办、街道、乡镇、社区、村等基层组织负责）

五、保障老年人合法权益

（二十三）将老年法律法规纳入各地普法教育中，开展多种形式的老年法律法规宣传活动，增强公民自觉维护老年人合法权益的法律意识，促进敬老、养老、助老社会环境的形成。加强老年维权网络建设，发挥人民调解组织作用，维护老年人合法权益。加大对老年人的法律援助力度，降低法律援助门槛，及时受理侵害老年人切身利益的劳动保障、社会保险、家庭赡养等纠纷案件，为老年人提供方便快捷、优质高效的法律援助服务。

（省司法厅负责）

（二十四）切实保护农村老年人承包地收益归老年人所有，保护农村老年人的住房所有权、居住权，保障老年人的基本生活。在农村有赡养争议的家庭，推进签订赡养协议书工作。发挥村民委员会、基层司法组织、老年群众组织的调解和监督作用，维护老年人合法权益。

（省司法厅、省老龄办、村委会负责）

（二十五）落实优待老年人规定，中心城市在2011年底前全部实施70周岁以上老年人免费乘车规定，推动各县（市）实施城区内营运公交线路为70周岁以上老年人提供免费乘车优待。落实好公办收费公园、旅游景区（景点）对老年人的减免费优待，公共文化、体育设施要向老年人提供减免费服务，医疗机构要向老年人提供优先、便利服务。

（各级政府负责）

六、加强老龄宣传工作

（二十六）引导、支持新闻媒体办好老年专题或专栏，充分利用广播、电视、报刊、网络等媒体宣传党和政府有关老龄工作的方针、政策，加强中华民族尊老敬老优良传统宣传教育，营造老龄工作和发展老龄事业的良好社会氛围，为老年人提供精神文化产品和生活健康服务，对侵犯老年人权益的现象和案例进行舆论监督。

（省委宣传部负责）

（二十七）省、市、县各级定期组织开展创建活动，表彰开展老龄工作、发展老龄事业事迹突出的地方和部门；组织开展敬老、养老、助老先进单位和个人评选活动，弘扬传统美德，营造敬老社会氛围，推动老龄事业持续发展。

（省老龄办负责）

七、落实三年推进计划的资金保证

（二十八）建立发展老龄事业的资金投入机制，省、市、县三级财政分别按本级老年人口数人均不低于1、2、3元标准将老龄事业专项工作经费列入财政预算。各级福利彩票、体育彩票公益金和慈善捐赠资金要安排一定比例用于发展老龄事业。

（牵头单位：各级政府　协办单位：省财政厅、省发改委、省民政厅、省体育局）

（二十九）筹措、吸引多种社会资金投入为老服务事业，加大政策引导扶持力度，做好相关服务工作，形成渠道多样、形式各异、逐具规模的老龄事业发展资金支撑体系。

（各级政府负责）

辽宁省人民政府关于印发《辽宁省老龄事业发展“十二五”规划》的通知

辽政发〔2011〕42号

各市人民政府，省政府各厅委、各直属机构：

现将《辽宁省老龄事业发展“十二五”规划》印发给你们，请认真贯彻执行。

辽宁省人民政府

二〇一一年十二月二十三日

辽宁省老龄事业发展“十二五”规划

为大力推进我省老龄事业与经济社会全面协调发展，依据《中华人民共和国老年人权益保障法》（以下简称《老年法》）、《中国老龄事业发展“十二五”规划》（国发〔2011〕28号）和《辽宁省老年人权益保障条例》（以下简称《条例》），制定本规划。

一、辽宁老龄事业发展“十一五”规划执行情况

“十一五”期间，在省委、省政府的领导下，在省人大、省政协的关心支持下，经过全省各级涉老部门的通力合作，社会各界的广泛参与和老龄工作者的共同努力，我省老龄事业取得长足的发展，老龄工作取得显著的成绩。

（一）党委、政府对老龄工作高度重视。省委、省政府把老龄工作摆上重要议事日程，做到了“三个纳入、三个同步”。形成了各级党委、人大、政府、政协合力推动老龄工作的良好局面。

（二）老龄机构建设、经费保障有突破。市级老龄办编制问题全部解决。老年专项经费省本级按老年人均0.5元、市级按老年人均1至2元的标准基本落实。

（三）社会养老保障体系逐步健全。全省初步建立了统筹城乡的以基本养老、基本医疗、最低生活保障、社会救助、社会福利等制度为主要内容的养老保障体系。城乡低于当地最低生活保障标准的老年人被优先纳入了保障范围。离休人员基本养老金全部按时足额发放，企业退休人员养老金连续5年提高。新型农村养老保险制度的试点工作在8个城市稳步推进。农村“五保”老人供养标准有了较大提高，集中供养、分散供养标准分别提高到年人均4000元和2400元。医疗保险的覆盖面不断扩大，省政府筹资100多亿元，妥善解决了150多万困难企业退休人员参加医保问题。全省新型农村合作医疗参合人数达到1968万人，占农村常住人口的99.3%。

（四）养老服务体系日趋完善。在全国率先建立了以居家养老为基础、以社区服务为依托、以养老中介为纽带、以国有养老机构为示范、以兴办民办养老机构为导向和以农村区域性中心敬老院为延伸的“六位一体、城乡统筹”社会化养老服务体系。养老服务机构和床位大幅增加。2010年底全省城乡各类养老机构达到1433家，养老床位总数达到了16万张，每千名老年人拥有养老床位达到了24张。社会为老服务网络逐步完善，社区日间照料站、托老所、星光老年之家和老年活动室等社区养老服务设施数量已达到4890个；各类养老服务中心893个，养老服务中介组织发展到了108个，年服务量100多万人次。养老服务队伍逐渐壮大，全省有街道、社区社会化管理服务队伍5257个；老年医疗保健服务体系进一步健全，社区卫生服务机构已达1768家。全省有1.5万社会“三无”老人、“低保”特困无人照料的居家老人享受政府养老服务补贴。

（五）老年人优待维权工作取得新成效。百岁老人长寿补贴和90岁以上老人的高龄补贴政策全面落实到位；对70岁以上老年人就诊医疗实行了优惠；全省70岁以上老年人实现了免费乘车，多数市实行了60至69岁老年人半价乘车优待；文化、体育、旅游景点等公共设施、场所为60至69岁老年人提供优惠，给予70岁以上老年人免费优待；建立了老年法律援助网络，设立了老年法庭，对老年人诉讼案件实行“立案、审理、执行”三优先和诉讼费减、免、缓优待。

（六）老年政策法规体系建设取得新成果。省人大第十一届三次会议颁布了《条例》。下发了《辽宁省人民政府办公厅关于贯彻实施〈辽宁省老年人权益保障条例〉的通知》（辽政办发〔2009〕8号），省直相关部门及各市相继出台了落实《条例》具体办法。我省老龄工作迈上了法制轨道。

（七）老年人精神文化生活丰富多彩。开展了以文艺演出、体育比赛和书画大赛为内容的“夕阳风采”系列老年活动，组织了“夕阳红”老年旅游专列和“银龄行动”。全省老年文化教育事业发展迅速，有各类老年大学849所，在校学员53765人。

二、“十二五”期间老龄事业发展面临的形势与挑战

（一）人口老龄化发展速度快，形势严峻。2010年底，我省60岁以上户籍老年人口已达691万，占全省总人口的16.21%，预计到2015年全省60岁以上老年人口将超过863万，约占总人口的20.24%。高龄老人大幅增加，80岁以上老年人已达到80万，占老年人口的11.59%。全省约有130万空巢老人、特困老人、失能老人等需要不同形式的长期护理。

（二）社会养老保障体系面临的挑战。随着老年抚养系数的不断增长和劳动年龄人口抚养负担不断加重，养老照料需求与为老服务供给矛盾越来越突出；应对人口老龄化的政策体系不健全、机制不完善、资金投入不到位；社会养老保障水平偏低；公益性老龄服务设施、服务网络建设滞后；老龄服务市场发育不全、供给不足；老龄工作基层基础薄弱等已成为了制约我省老龄事业全面发展的瓶颈性问题。

“十二五”时期既是全省经济社会发展的重要战略机遇期，也是应对老龄化挑战全面建设小康社会的关键时期。解决老龄问题，满足老年人日益增长的物质文化需要，加快推进老龄事业与经济社会协调发展，确立老龄事业在改革发展大局中的重要地位，已成为夺取全面建设小康社会新胜利和构建富庶文明幸福新辽宁一项重大而紧迫的战略任务。

三、“十二五”期间老龄事业发展的指导思想、总体目标、基本原则

（一）指导思想。

以邓小平理论和“三个代表”重要思想为指导，以科学发展观为统领，坚持“党政主导、社会参与、全民关怀”的老龄工作方针，全面落实《老年法》和《条例》，按照实现“六个老有”和构建社会主义和谐社会的要求，加快完善老龄政策法规，健全完善保障和改善民生的养老社会保障制度，大力发展老龄产业，加快老龄事业基础设施建设的投入，健全老龄工作体制，加强人口老龄化战略研究，努力满足老年人不断增长的物质和文化需求，让广大老年人共享改革发展成果。

（二）总体目标

建立健全政府、社会、家庭和个人相结合的覆盖城乡老年人的社会养老和医疗保障体系；进一步完善以居家养老为基础、社区服务为依托、机构养老为补充的养老社会服务体系；加强和完善与社会主义市场经济和人口老龄化发展要求相适应的职能明确、协调高效的老年群众工作体系；构建结构合理、门类齐全、管理规范的老龄产业发展体系；建立健全促进老龄事业发展的政策法规体系；逐步建立起基层组织健全、精神文化生活丰富、社会参与广泛、合法权益有效保障的老年社会管理体系；大力营造敬老、爱老、助老的社会氛围；确保老年人都能享有基本生活保障，得到基本公共服务，生活状况得到根本改善。

（三）基本原则。

1. 坚持老龄事业与经济社会发展相适应。要把老龄事业纳入经济社会可持续发展战略，建立经济社会发展与城乡老年人口增长相适应的老龄事业投入机制，促进辽宁老龄事业与经济社会的协调发展。

2. 坚持以人为本。要把不断满足老年人多元化、个性化的物质文化生活需求作为老龄事业发展的出发点和落脚点。坚持“六个老有”，最大限度地实现好、维护好、发展好广大老年人的根本利益。

3. 坚持统筹发展与分类指导相结合。要按照“五个统筹”的要求，立足当前着眼长远，注重城乡、区域协调发展，充分发挥各地优势和群众的创造性，因地制宜地开展老龄工作。

4. 坚持政府引导与社会参与相结合。要建立完善政府主导、社会参与、市场化运作的共同促进老龄事业发展的工作体制和社会化运行机制，充分调动社会各方面力量积极参与老龄事业发展。

5. 坚持为老服务优先化、城乡一体化。充分发挥家庭和社区功能，着力巩固家庭养老地位，优先发展社会养老服务，合理分配社会养老资源，提高老年福利水平，加大对农村及经济欠发达地区老龄事业发展支持的力度，确保城乡老年人共享经济社会发展的成果。

6. 坚持照顾重点与适度普惠相结合。要以长期照料、康复护理和社区日间照料为重点，优先解决好需求最迫切的鳏寡孤独、特困老年人及失能、半失能老年人的基本生活和照料护理问题。

7. 坚持道德规范与法律约束相结合。广泛开展孝亲敬老道德教育，大力弘扬中华民族孝道文化。加强老龄法制工作，完善优惠政策，加强行业监督，依法保障老年人合法权益。为老龄工作和老龄事业的全面发展提供动力和保证。

四、主要任务

（一）老年社会保障。

1. 建立健全覆盖城乡的老年社会保障制度。2011年实现新型农村社会养老保险和城镇居民养老保险制度全覆盖。完善实施城镇职工基本养老保险制度，将不符合职工基本养老保险参保条件的城镇非从业居民等全部纳入城镇基本养老保险覆盖范围，政府要向所有参保的老年人提供基础养老金。全面落实城镇职工基本养老保险省级统筹，做好城镇职工基本养老保险关系转移接续工作。逐步推进城乡养老保障制度有效衔接，推动机关事业单位养老保险制度改革。建立随工资增长、物价上涨等因素调整退休人员基本养老金待遇的正常机制。发展企业年金和职业年金。完善城乡最低生活保障和临时救助制度。贯彻分类施保的原则，将符合条件的老年人全部纳入救助范围，根据经济社会发展水平，适时调整最低生活保障和农村五保供养标准，切实保障因灾因病等支出性生活困难老年人的基本生活。落实困难家庭老年人居家养老的补贴政策，研究制定家庭成员照顾年老父母的奖励扶持制度。全面落实农村老年计划生育家庭奖励扶助制度和独生子女死亡伤残家庭特别扶助制度。完善多层次的养老保险体系。鼓励发展企业补充养老保险、商业养老保险和个人储蓄性养老保险。鼓励商业保险公司参与老年人服务产业，利用市场化手段，为老年人提供养老保险保障，减轻政府的社会管理负担。逐步建立和完善遗属保险、护理保险（失能老人的长期护理保险）。开展“以房养老”（住房反向抵押贷款）和农村以土地养老等新的保障制度试点业务。

2. 健全和完善多层次的老年医疗保障体系。完善覆盖城乡的医疗保障制度，将所有城乡老年人分别纳入城镇居民基本医疗保险和新型农村合作医疗，提高职工医保、城镇居民医保、新农合基金最高支付限额和政策范围内住院费用支付比例，全面推进门诊统筹。做好各项制度间的衔接，逐步提高统筹层次，加快实现医保关系转移接续和医疗费用异地就医结算。进一步完善城乡医疗救助制度，推进医疗救助帮困和慈善助医工作，充分保障困难老年人的基本医疗卫生服务。将符合定点条件的养老院内医务室（所）及社会老年医疗服务机构纳入基本医疗保险定点范围，扩大基本医疗保险老年用药范围和治疗项目范围。积极发展商业健康保险。鼓励为老年人家庭成员提供专项培训和支持，充分发挥家庭成员的精神关爱和心理支持作用。确保老年性痴呆、抑郁等精神疾病的早期识别率达到40%。实现居家养老服务对象15万人以上，其中困难老人5万人。基层医疗卫生机构积极开展老年人医疗、护理、卫生保健、健康监测等服务，为老年人提供居家康复护理服务，要为辖区内65岁及以上老年人开展健康管理服务，建立健康档案。组织老年人定期进行体格检查，如发现健康风险因素及时给予治疗。开展老年疾病防控知识的宣传，做好老年人常见病、慢性病的健康指导和综合干预，实现人人享有基本医疗卫生服务。

（二）为老社会服务

1. 完善城乡养老服务体系。统筹城乡和区域发展，创新体制机制和运营模式、通过政府主导和社会力量共同参与，有计划、有步骤地推动养老服务体系建设。创新服务模式，丰富服务内容，持续提升服务质量和水平。大力弘扬中华民族敬老养老的传统美德，积极倡导家庭自我照料养老。强化家庭在养老方面的责任意识；强化赡养人对老年人经济供养、生活照料和精神慰藉的义务；强化老年人与配偶之间相互扶养的义务，增强家庭成员之间赡养及扶养的基础功能，鼓励家庭成员与老年人共同生活或就近居住。使90%左右老年人的生活照料问题在家庭得到较好解决。到2015年，初步形成老年人家庭自我照料、社区居家养老服务与机构养老服务为一体的制度完善、运营良好、服务监管到位、可持续发展的基本养老服务体系，逐步实现养老服务的社会化、专业化和标准化。基本养老服务体系覆盖全省城乡。

2. 加快养老基础设施建设。要把日间照料中心、托老所、星光老年之家、互助式社区养老服务中心等社区养老设施，纳入小区配套建设规划。本着就近、就便、实用和急缺优先原则，适度发展多种类型的老年公寓等养老设施。加快市、县（市、区）养老机构建设的步伐。到2015年，市级以上城市至少要建有一所专业性养老护理中心；每个县（市、区）至少建立一所床位500张以上集医疗、养护、康复、托管、临终关怀于一体的示范性、综合性社会福利中心；按照辐射2000至5000名老人的标准，通过资源整合，采取新建、改建、扩建等方式，城市完成1500个750至1600平方米的社区老年日间照料服务中心建设，农村完成5000个不低于200平方米的社区老年服务站建设。80%以上的乡镇和50%以上的农村社区建立包括为老服务在内的社区综合服务设施和站点。农村部分村民委员会或居民委员会，可采取整合、置换、租用、改建和建造等多种方法设置居家养老服务站。不断充实和完善与老年人活动相关的设备设施，力争实现城市社区居家养老服务中心（站点）、老年日间托护站点和社区老年助餐网点的全覆盖。要充分利用现有资源，盘活存量资产，鼓励跨行业对闲置的医院、工厂以及各类公办培训中心、活动中心、疗养院等设施资源进行利用和改造。大力推进老年医疗卫生服务网点。将老年医疗卫生服务纳入各地卫生事业发展规划，加强老年病医院、护理院、老年康复医院和综合医院老年病科建设，有条件的三级综合医院应当设立老年病科。加快老年人长期照护社会化进程，提高向急需生活照料的老年人提供服务的机构容量，逐步缓解需求与供给之间的矛盾。实施农村困难家庭常年病人托管工程。全省 44 个县和 8 个涉农区都要建有一所农村常年病人的托管中心，重点对农村低保家庭中的失能老人进行集中供养。整合现有国办养老机构，研究我省民办养老服务机构床位建设补贴政策，推进民办养老机构建设。到“十二五”末期，全省新增加日间照料床位和机构养老床位 12 万张，总数达到 28 万张，实现每千名老人拥有各类养老床位数 35 张。

3. 健全工作网络、深化社区居家养老服务。大力开展居家养老社区照料服务。开展全托、日托、临托等多种形式的老年社区照料服务。加快辽宁省老龄网和居家养老服务业管理信息系统建设，做好居家养老服务信息平台试点工作，并逐步扩大试点范围，为老年人提供全天候全方位的应急和日常信息服务。着力构建社区为老服务网络，打造社区为老服务平台，设立社区为老服务热线电话，为有需要的老年人特别是独居老年人安装紧急呼叫装置和配置必要的生活辅具。充分利用社会化运作机制，不断扩展政府购买服务项目，调动社会为老服务资源，为广大老年人提供优质高效的服务。不断完善社区居家养老服务的内容，积极推进日间照料、助餐、助行、助洁、助急、助浴、助医、助购等社区助老服务。对居家的高龄、空巢、患病、低保及福利对象、生活不能自理和家庭照料有困难的居家老年人给予无偿、低偿、有偿形式的生活照料、家政服务、康复护理、辅具配置、精神慰藉、法律服务、信息咨询、紧急救援等服务。实现敬老院向区域性养老服务中心转型。在确保农村五保和城镇“三无”人员集中供养的基础上，拓展服务对象，重点向最低生活保障老人、生活困难老人、高龄老人以及重度残疾老人等特殊困难老人提供养老和护理服务。扩大服务范围，依托敬老院向居家老人提供日间托养、短期寄养、配送餐等服务。加强老年人心理疏导服务。各级政府要扶持建立老年心理服务组织和服务网络，购买心理关爱服务，培训心理服务专业人员，为老年人提供专业的心理疏导服务。乡镇、街道及有条件的社区要设立聊天、心理咨询等服务场所，开展心理健康和生命观等方面教育。重点做好病残、空巢、高龄、临终等老年人心理关爱工作。

4. 加快为老服务队伍建设。积极开展社会工作专业人才队伍和为老服务队伍的体系培养和在职培训工作，努力打造专业的护理照料队伍和志愿者服务队伍。每个市要有一所培养老龄事业专门人才的专业院校，教育部门要在现有院校中调整设立一批与老龄事业相关专业院系，加强后备人才的培养。建立和实施专业社会工作者资格认证和为老服务从业人员资格认证制度，对养老机构、居家养老管理和护理人员实施免费培训，到 2015 年底，护理员队伍培训率达到 100%。持证上岗率必须要达到 85%以上。制定服务人员岗位职责，做到服务队伍专业化、服务功能标准化、服务行为规范化。注意提高养老服务人员的社会地位和收入待遇，确保养老服务队伍整体水平的不断提高。鼓励引导各类为老志愿者服务队有序开展工作。

5. 加快老年人人居环境体系建设。开展“老年友好型城市”和“老年人宜居社区”创建活动。加快推进无障碍设施建设。突出高龄和失能老年人居家养老服务设施、环境的无障碍改造，推行无障碍进社区、进家庭。新建城市街道和养老场所无障碍率达到 100%，已建居住区、城市道路、公共建筑和养老场所的无障碍改造率达到 70%。

（三）发展老龄服务产业。

完善扶持老龄产业的优惠政策，把老龄产业纳入经济社会发展总体规划，研究制定、落实引导和扶持老龄产业发展的信贷、投资等支持政策。积极培育和开发老龄产业市场。鼓励和引导社会力量参与，逐步形成政府宏观管理、社会力量兴办、企业或机构按市场化要求自主管理的老龄产业发展模式。推进老年产品市场开发。重点发展老年护理、临终关怀等服务产业。为老年人提供衣食、居住、养老、医疗卫生和文化娱乐等产品和服务，满足社会不同层次老年人的多元化需求。建立老年用品和老年服务产品的质量、规格和标准体系。大力加强老年旅游服务工作，规范老年人旅游服务市场秩序。各级政府要加强对老龄服务产业信息服务、政策引导、金融支持和市场监管。

（四）发展老年教育事业。

建立健全老年继续教育机制，要把老年教育纳入终身教育体系。加强老年大学（学校）建设管理，建立健全老年大学的各项规章制度，改善教学设施，提高教学质量，创新老年教育内容、教育形式、教育方法，有效利用广播、电视、互联网等现代传媒开展老年教育，形成覆盖城乡多层次、多形式的老年教育网络体系。到2015年，省、市、县（市、区）要建有老年大学。街道（乡镇）都要利用现有资源，建有一所老年学校。30%以上的社区（村）要开办老年学校或老年课堂。老年人参加各级各类老年学校学习的人数达到老年人总数的10%，条件好的地区力争达到15%。离退休人员管理部门、老年社会团体要积极组织老年人开展学习活动。

（五）丰富老年人文化体育活动

加强农村老年文化设施建设，完善城市社区文化设施。各市、县都要建立老年活动中心，95%以上的街道和乡镇、半数以上的城镇社区居委会和50%左右的农村村级自治组织要建立老年人活动中心或老年文化活动室、老年健身活动场所。宣传、文化、出版等部门要组织力量，多出面向老年人的优秀精神文化产品。广播、电视、报纸等媒体要开展好老年宣传，办好《辽宁老年报》。文化部门要积极开展形式多样、丰富多彩的老年文化艺术活动，积极组织送文化下乡活动，丰富农村老年人的精神文化生活。省、市每年举办一次老年文化艺术节和老年人体育健身大会。体育部门要广泛开展适合老年人特点的体育健身活动。健全老年体协组织网络。到2015年，经常参加体育健身活动的老年人达到50%以上。

（六）鼓励和支持老年人参与社会活动

注重开发老年人力资源，支持老年人以适当方式参与经济发展和社会公益活动。充分发挥辽宁地处沿海，城市化高，国有大中型企业多，基础设施完善，自然资源丰富，产业基础雄厚并且拥有离退休人员占全国总数的8%左右的人才和技术优势，创造性地开展“银龄行动”。各级政府通过多种形式建立老年人才信息库，鼓励专业技术型老年人才参与科学文化知识传播，从事科学研究，开展咨询服务。各类人才市场、人才中介机构要把老年人力资源纳入服务范围，搭建老年人才与社会需求对接的服务平台。

（七）加强老年人社会管理

加强基层老龄工作机构和老年群众组织建设。各地要建立老龄工作委员会，城乡社区（村、居）要健全老龄工作机制。加强基层老年协会规范化建设，充分发挥老年人自我管理、自我教育、自我服务的积极作用。“十二五”期间，成立老年协会的城镇社区达到100%，农村社区（行政村）达到85%以上。老年志愿者数量达到老年人口的15%以上。开展“低龄健康老人义工积累和使用”试点，引导老年人开展自助和互助服务。充分利用社区资源面向全体老年人开展服务，做好离退休老年人管理服务工作。切实把为离退休老年人服务工作纳入社区服务范围。“十二五”期末，纳入社区管理服务的企业退休人员比例达到80%以上。支持老年人参与公民道德建设、公益事业、社会治安、移风易俗、民事调解、社区文化活动等社会活动和社区工作，发挥老年人在关心教育下一代工作中的作用，实现“老有所为”。

（八）加强老年人权益保障

健全老年维权机制，加大老年人法律援助的力度，保护老年人医疗、保险、救助、赡养、婚姻、财产等合法权益不受侵犯。逐步探索建立失能、失智、精神疾病等丧失自主行为能力的老年人法定监护人制度；制定实施《辽宁省养老机构管理办法》。加大对侵害老年人权益案件的处理力度，加强对养老机构服务质量的检查、监督，维护老年人的生活质量与生命尊严，杜绝歧视、虐待老年人现象。全面落实《老年法》、《条例》及《辽宁省人民政府办公厅关于贯彻实施〈辽宁省老年人权益保障条例〉的通知》等老年优惠优待规定，进一步扩大优待范围，保障公益性事业单位对老年人实行优惠优待所减少收入的财政补贴，确保老年人共享改革发展成果。完善高龄老年人生活补贴制度，对80岁以上老人发放高龄补贴，有条件的地方可扩大发放高龄老年人生活补贴范围，提高发放标准。落实老年人凭《辽宁省老年人优待证》免费进入公园、公益性文化设施；老年人免费进入旅游景点和公共体育健身场所；70岁及以上老年人免费乘坐城市公交车，60至69岁老年人享受半价优惠（老年人乘坐地铁电车有关政策由各市政府确定）。长途客运、铁路、水路和航空客运要为老年人提供优先优待服务。外埠来辽的老年人享受本省老年人同等优惠待遇。加强《老年法》和《条例》的普法宣传教育。城市普法教育率不低于90%，农村不低于70%。

五、保障措施

（一）切实加强组织领导。各级政府要切实将发展老龄事业摆上重要议事日程，把老龄工作纳入各级政府的目标责任考核体系。充分发挥在制订规划、出台政策、投入资金、培育市场等方面主导作用。健全党政主导、老龄委协调、部门尽责、社会参与、全民关怀的大老龄工作格局。

（二）强化老龄工作机构和相关部门职能建设。各级老龄工作机构要充分发挥组织、协调、指导、督促职能作用。老龄委成员单位和政府相关职能部门要切实履行工作职责，加强沟通、密切协作，努力形成推进老龄事业发展的整体合力。

（三）建立多元化的长期稳定的老龄事业投入机制。各级政府要加大投入，统筹安排老龄事业发展经费，切实保障老龄工作经费。积极鼓励社会资金、慈善捐赠支持老龄事业发展。

（四）规范养老服务标准。认真执行《老年人社会福利机构基本规范》、《老年人建筑设计规范》等规章制度，加快研究制定养老设施建设标准、老年护理服务标准、入住老人甄别标准、设施管理制度、机构运营管理制度、社会福利养老服务机构达标标准等服务标准，规范养老服务体系的建设和运行。构建服务质量监控体系，加强行业指导和行业自律，建立健全社会化养老服务评估、评审制度，对养老服务机构的财政性补助资金使用、养老服务技能和质量、养老机构准入资格审核等方面开展评估、评审，确保养老服务体系的公益性质和服务质量。

（五）推动养老服务扶持政策的落实。认真落实老年服务机构税费减免政策，对养老院的育养服务免征营业税，对其占用耕地免征耕地占用税；对符合条件的非营利老年服务机构的收入免征企业所得税，对其自用的土地、房产免征城镇土地使用税、房产税；对个人通过非营利性的社会团体和政府部门向福利性、非营利性的老年服务机构的捐赠，在缴纳个人所得税前准予全额扣除。养老服务机构用水、用电、用气按民用收费标准执行，安装电话、网络、有线电视实行价格优惠。对新建老年服务设施，市政公用设施配套费酌情给予减免。对社会力量兴办养老服务机构，各地可采取土地划拨、规费减免、贷款贴息、床位建设补贴、床位运营补贴、以奖代补、购买服务等方式，吸引和鼓励社会资本投资兴办老年公寓、老年康复中心、托老所、老年护理院等养老服务设施，并在土地使用上优先安排。

（六）加强养老服务人才队伍建设。省、市、县（市、区）都要制定与养老服务发展相适应的人才培训规划。支持创办培养老年服务专业人才的职业技术学院与学校，加强老年服务从业人员的职业道德和职业技能培训。鼓励大学开设老年服务与管理专业，培养老龄工作管理人才。积极发展志愿者队伍，为老年人提供优质的志愿服务。

（七）加强老龄科学研究。鼓励涉老部门、大专院校、研究机构及老年学学会，围绕老龄工作的热点、难点问题深入开展应对人口老龄化战略研究，为政府决策和完善为老服务提供理论、信息和技术支持。

（八）加大宣传力度。大力弘扬中华民族孝亲敬老传统美德，促进家庭和睦、代际和顺。重大节日和“敬老活动月”期间要开展形式多样的宣传、文体和慰问活动。机关、企事业单位和社会团体要把敬老、爱老、助老宣传教育作为干部职工思想道德建设的重要方面。教育部门要把敬老、爱老、助老作为中小学德育教育的重要内容。各地要结合文明社区、文明村镇、文明家庭等创建活动。树立和表彰先进典型，形成人人尊重、关心、帮助老年人的良好社会风尚。

（九）建立激励、监督、评估机制。各地、各部门要按《规划》的要求，结合实际制定本地、本部门实施方案。省、市、县（市、区）老龄办会同有关部门每年至少对各地《规划》实施情况进行一次检查。

山东省人民政府关于印发山东省老龄事业发展“十二五”规划的通知

鲁政发〔2011〕49号

各市人民政府，各县（市、区）人民政府，省政府各部门、各直属机构，各大企业，各高等院校：

根据《国务院关于印发中国老龄事业发展“十二五”规划的通知》（国发〔2011〕28号）精神，省老龄工作委员会拟定的《山东省老龄事业发展“十二五”规划》业经省政府同意，现印发给你们，请认真贯彻执行。

山东省人民政府

二〇一一年十一月二十三日

山东省老龄事业发展“十二五”规划

根据《中华人民共和国老年人权益保障法》、《中国老龄事业发展“十二五”规划》、《山东省老年人权益保障条例》、《山东省国民经济和社会发展第十二个五年规划纲要》、《中共山东省委山东省人民政府关于进一步加快老龄事业发展的意见》（鲁发〔2010〕22号），制定本规划。

一、发展背景

（一）“十一五”时期老龄事业发展成就。“十一五”期间是我省老龄事业快速发展的时期。全省各级、各部门坚持“党政主导、社会参与、全民关怀”的老龄工作方针，以保障和改善老年民生为出发点，积极推进养老保障和服务、老年人权益保障、老年人文化体育活动和教育、老龄产业、老有所为管理服务五个方面的体系建设，基本完成《山东省老龄事业发展“十一五”规划》确定的任务目标，老龄事业有了长足发展。

社会养老保障体系更加健全，覆盖范围不断扩大。企业职工基本养老保险覆盖范围进一步扩大，养老金水平逐年提高；新型农村养老保险试点进展较快，已有400万符合条件的农村老年人领到养老金；全省百岁老人长寿补贴办法进一步完善，有5个市、84个县（市、区）建立了高龄津贴和贫困老人生活补贴制度；符合条件的老年人全部优先纳入“低保”。

医疗保障能力增强，老年人健康服务条件得到改善。城镇职工基本医疗保险和城镇居民基本医疗保险覆盖范围不断扩大，230多万城镇老年职工和150多万城镇老年居民享受到基本医疗保险；农村老年人基本上纳入“新农合”保障范围；以推广老年人意外伤害保险为内容的“银龄安康工程”广泛实施。

养老服务体系建设开始起步，社会为老服务能力逐步增强。养老服务业政策体系初步建立；养老服务机构建设加快推进，全省各类养老服务床位达到32.6万张，每百名老年人拥有养老床位2.3张；居家养老服务开始起步，从业人员素质不断提高。

老年维权工作进一步加强，老年人合法权益得到保障。老年法规政策体系不断完善；老年维权组织网络逐步健全，县以上老年法律服务机构800多个，老年人法律援助工作进一步加强。

老年文化、体育、教育事业发展较快，老年人精神文化生活更加丰富。老年文化、体育、教育设施持续增加，全省老年活动中心（站、室）6.8万多个；老年文体组织健康发展，老年文化体育活动丰富多彩。

老龄产业规模逐步扩大，老年用品市场开始形成。机构养老、康复护理、老年家政、老年旅游等养老服务行业加快发展；老年服装、食品、保健品、交通工具、健身和康复器材等老年用品的生产企业达到2000多家，年产值378亿元；积极实施以提供老年通信服务产品为内容的“银龄通信工程”，养老服务信息化平台建设得到加强。

老年人才资源受到重视，老有所为成效明显。组织老年人积极参与关心教育下一代、基层社会事务管理、公益事业、养老服务、生产经营、科技指导、咨询服务等活动和工作，积极开展“银龄行动”，老年人才在经济社会发展中的作用进一步发挥。

老龄宣传工作不断加强，尊老敬老浓厚氛围形成。积极建立健全媒体宣传阵地网络，广泛开展老龄宣传教育；将尊老敬老纳入精神文明建设和公民道德建设重要内容；全社会敬老观念增强，尊老敬老氛围浓厚。

（二）“十二五”时期我省老龄事业面临的形势。“十一五”时期我省老龄事业发展取得了显著成绩，但与人口老龄化趋势、全面建设小康社会的要求相比还存在一定差距，主要表现在：有些惠老政策落实不到位；养老服务业发展相对薄弱，服务机构数量质量和服务水平及老龄产业规模不能满足老年人和社会需求；老年人权益保障工作有待进一步加强，歧视、漠视和侵犯老年人权益的行为依然存在。

“十二五”时期，我省将面临更加严峻的人口老龄化形势。据预测，到2015年，全省60岁以上老年人口将达到1923万人，占总人口的比例上升至19.67%，年递增率为4.89%，年均净增老年人口80多万。80岁以上高龄老人将达到308万，占老年人口的比例超过16%，年递增率为6.39%。65岁以上空巢老人将达到1000万，空巢率超过70%。农村老年人口占农村总人口的比例上升至26.7%以上。人口老龄化的严峻形势超过以往任何时期，对社会保障、养老服务、劳动力供给、产业结构调整、社会管理、文化建设、代际关系等方面带来重大影响。“十二五”时期也是我省老龄事业加快发展的重要战略机遇期。省委、省政府高度重视人口老龄化问题，不断加强对老龄工作的领导，老龄事业的战略地位明显提高；经济社会加快发展，综合实力显著增强，解决老龄问题的能力明显提高；全社会尊老敬老氛围日益浓厚，社会力量参与老龄事业的积极性明显提高；政策体系日趋完善，制度保障更加有力；养老服务需求急剧增长，老年消费趋于旺盛，老龄事业发展的市场化程度明显提高。这些有利因素，使老龄事业在政治、经济、社会、文化、舆论等方面具备了更加有利的发展环境。

二、指导思想和基本原则

（一）指导思想。深入贯彻落实科学发展观，坚持“党政主导、社会参与、全民关怀”的老龄工作方针，大力实施积极老龄化战略，着力加强老年社会保障体系和养老服务体系建设，努力满足广大老年人不断增长的物质和精神文化生活需求，全面提升“老有所养、老有所医、老有所教、老有所学、老有所为、老有所乐”的水平，让老年人生活得更加幸福、更有尊严。

（二）基本原则。

1. 坚持老龄事业与经济社会发展相适应。服从服务于全省经济社会发展大局，进一步提升老龄事业的战略地位，不断加大老龄事业推进力度，确保老龄事业与经济社会同步发展。

2. 坚持政府主导与社会参与相结合。适应市场经济体制要求，强化政府主导作用，吸引社会力量投入，加大服务力度，优化老龄事业发展环境，增强社会参与的广度和深度。

3. 坚持经济社会发展与保障老年民生相一致。在经济社会发展水平不断提高的同时，优先保障和改善老年民生，优先为老年人提供社会公共服务，优先让老年人共享经济社会发展成果。

4. 坚持整体推进与创新发展相统一。立足当前，着眼长远，分类指导，整体推进，促进老龄事业在城市与农村、东中西部及各个领域统筹发展。解放思想，求实突破，推动老龄事业创新发展。

三、主要任务

（一）建立健全社会养老保障体系，着力提高养老服务保障水平。

1. 健全和完善基本养老保险制度。完善实施企业职工和城镇居民养老保险制度，推动事业单位养老保险制度改革，实现新型农村社会养老保险全覆盖。

2. 完善贫困老年人救助制度。完善最低生活保障制度，将符合条件的贫困老年人全部纳入城乡最低生活保障范围。完善住房保障制度，将符合条件的城镇低收入和住房困难的纯老年人家庭纳入廉租房保障范围。将农村贫困老年人无房户和危房户优先纳入农村危房改造工程。建立健全临时救助制度，切实保障临时性生活困难老年人的基本生活。倡导全社会开展帮扶、认养、资助等多种形式的救助活动。实施“银龄救助工程”，对困难老年人给予特别救助。

3. 健全完善老年人福利制度。进一步完善城镇“三无”（无劳动能力、无固定收入、无法定赡养人）和农村“五保”老年人国家供养制度，确保其生活不低于当地平均生活水平。进一步建立健全高龄津贴制度，逐步扩大发放范围，提高发放标准，有条件的地区可将发放高龄津贴的范围扩大到80岁以上老年人。建立政府为困难老年人购买养老服务制度，鼓励村（居）集体组织对老年人给予多种形式的养老补贴，提高老年人福利水平。

4. 建立商业保险辅助养老保障制度。继续实施以推广老年人意外伤害组合保险为内容的“银龄安康工程”。积极鼓励个人购买商业养老保险。鼓励保险企业积极推出适合老年人的险种。

（二）健全老年医疗保障体系，大力提高老年人健康水平。

1. 加大老年医疗保障力度。城镇职工医疗保险、城镇居民医疗保险、新型农村合作医疗等医疗保障制度建设中，将老年人全部纳入保障范围，确保老年人能够享受基本医疗保障，并不断提高保障水平。完善城乡医疗救助制度，不断提高贫困老年人医疗救助水平。认真落实每年为65岁以上老年人免费查体制度。

2. 提高老年医疗服务水平。政府兴办的县级以上综合医院逐步设立老年门诊和老年病房；乡镇卫生院、村卫生室和城市社区卫生服务中心（站）进一步健全为老年人服务的工作制度，建立老年人健康档案，增加方便老年人就诊、治疗、护理、康复等设备器材。

3. 加强老年病预防控制工作。建立老龄人口健康评估指标体系，健全老年病研究、预防和咨询服务机构。各市至少安排1所二级以上综合医院作为老年病防治中心。政府兴办的医学高等学校和综合性医院要开展对老年病的研究。在社区、村（居）等基层单位广泛开展多种形式的老年健康教育。

（三）建立健全社会养老服务体系，大力提高养老服务业发展水平。

1. 大力推进社会养老服务体系建设。到2015年，基本形成以居家养老为基础、社区服务为依托、机构养老为支撑，布局合理、规模适度、形式多样、功能完善、基本满足老年人需求的社会养老服务体系。

2. 积极推进养老服务机构建设。加强社会福利院、敬老院、老年养护院、县级福利服务中心和社区老年人日间照料中心建设，进一步提高服务保障能力。加大政府扶持力度，鼓励、支持、引导社会力量兴办养老服务机构。到2015年，城乡各类养老床位占老年人口比例达到3%以上。

3. 积极推进居家养老服务。以社区服务机构和卫生服务机构为基础，以各类社会养老服务机构、家政服务机构为依托，逐步建立和完善城乡居家养老服务网络，为老年人提供生活照料、疾病护理、情感慰藉、精神文化生活等服务。

4. 大力加强养老服务人才队伍建设。加强养老服务职业培训和职业道德教育，做好养老服务人员职业资格鉴定工作，逐步实现养老服务队伍专业化，不断提高养老服务从业人员待遇。在全省设立5－7个养老服务职业培训基地；鼓励有条件的大专院校开设养老服务或相关专业学科，“十二五”期末初步形成与实际需求和发展趋势相适应的养老服务职业培训体系。提高养老服务从业人员工资福利待遇，将养老服务从业人员纳入各级劳模评选范围，定期开展养老服务职业技能竞赛活动，逐步建立激励机制，增强养老服务从业人员的光荣感、责任心和优质服务意识。

（四）建立健全老龄产业体系，大力提高“银色经济”发展水平。

1. 积极培育发展老龄产业。在家庭服务、社区服务、农村服务、商务服务、餐饮、文化体育、科技信息、旅游、金融、物流等行业和领域，扩大和增加为老服务业务，满足老年人多层次、多种类的服务需求，逐步健全老龄产业体系。

2. 大力开发老年产品。到2015年，全省老年人用品产业形成基础较为扎实、产业架构明朗的基本格局，成为工业经济中的一支重要力量，老年人用品产业增加值年均增长16%左右。形成一批在国内外具有重要影响力的大企业和具有旺盛活力的协作配套中小企业，推出一批广受赞誉的拳头产品。支持各有关行业、企业研究开发生产老年系列产品，促进老年用品升级换代。积极研制老年护理用品、老年辅助用品、老年健身器材、老年理疗和保健器材等老年特殊用品，满足老年人的特殊需求和养老服务机构的需要；积极研制适合老年人使用的手机、计算机、家用电器操控设备，开发适合老年人的游戏、文字处理系统等软件产品；积极开发老年旅游产品，满足日益增长的老年旅游需求；积极推出老年人喜爱的服装及用品，打造老年服装品牌；积极出版老年人喜爱的书籍、杂志，探索出版适合老年人阅读的大字体版本；积极开发研制老年保健食品；在保障性住房建设中规划建设一定数量的老年住宅。

3. 加强“银色经济”运行管理。进行“银色经济”调研，制定“银色经济”中长期发展规划。加大对“银色经济”的宣传力度和政策扶持力度，促使各有关行业、企业积极参与“银色经济”发展。逐步制定各类老年产品标准，加强生产、营销、售后服务等方面的监管，确保产品质量和使用安全。“十二五”期间，初步建立政府推动、行业管理、社会参与、市场竞争的“银色经济”发展机制。

（五）建立健全老年文体活动体系，大力提高老年人精神文化生活水平。

1. 积极发展老年文化体育设施。将老年文体活动设施纳入城乡公共设施、新建住宅小区、旧村改造、新农村建设规划。文化惠民工程增加面向老年人的项目。省建成1所综合性老年人活动中心，大中城市至少建设1处、各县（市、区）和各乡镇（街道）至少要有1处示范性老年人活动中心，社区、村（居）全部建立老年活动场所。各地要采取多种形式，为社区、村（居）老年活动场所添置影视器材、信息网络器材、体育器材、书籍和音像制品等。

2. 加强老年文化体育组织建设。省老年艺术团逐步建立各专业艺术团队，各市、县（市、区）建立老年文艺团体。加强各级老年体协组织建设，市及县（市、区）建立适合老年人的体育运动项目队伍。乡镇（街道）、村（居）成立群众性老年文化体育组织。发挥老年创作、书画、摄影等文化团体的作用。全省重点扶持一批在省内外有影响的老年文艺、体育团队，各市有2—3支、县（市、区）有1—2支规范稳定、水平较高的老年文体队伍，形成老年文化体育活动骨干力量。

3. 提升老年文化体育活动层次。各级建立老年文化体育活动制度，积极开展有组织的老年文化体育活动，打造老年文化体育活动品牌。省每两年举办一届“全省银龄风采艺术节”，每四年举办一届全省老年人运动会。

4. 丰富老年人喜爱的各类文化作品。省、市组织创作和编写一批老年人喜爱的文学、书画、摄影、科普、保健、生活常识等作品，制作一批相应题材的音像作品。引导和支持有关方面摄制涉老题材的电影、电视剧。倡导县以上老年艺术团体自行创作演出。

5. 大力发展老年教育。将老年教育纳入终身教育体系。扩大公办老年大学（学校）规模，完善运行机制。鼓励社会力量举办各类老年教育机构。“十二五”期末，初步形成覆盖城乡的老年教育网络，注册老年学员达到老年人总数的10%以上。

6. 大力发展老年心理关爱服务。组织开展老年人心理健康教育和心理疏导、心理咨询、心理干预等服务，重点满足病残、空巢、高龄、临终老年人的心理服务需求。各市和有条件的县（市、区）建立由心理学专家、医疗机构心理医生、具有心理健康服务资质的社会志愿者等人员组成的老年人心理关爱组织；有条件的社区建立老年人心理关爱站；动员社会开展多种形式的老年心理关爱活动，基层组织要督促家庭成员履行心理关爱义务。

（六）建立健全老年维权体系，大力提高老年人权益保障水平。

1. 加强老年法制建设。进一步完善老年法规政策体系和工作机制，加大涉老行政执法力度，全面落实老年人的各项待遇。

2. 完善老年法律服务网络。各设区的市依托法律援助机构或律师事务所建立老年人法律服务中心，县（市、区）在法律援助机构内设立老年人法律援助岗或联络室，乡镇（街道）依托司法所、公安派出所、法庭建立老年法律服务网点。组织法律志愿者为老年人提供法律服务。

3. 建立维护老年人合法权益协作机制。公安机关和司法机关对侵害老年人合法权益案件优先立案、优先办理，依法严厉打击针对老年人的各种违法犯罪行为。各级老龄部门要认真做好老年人来信来访工作。有关部门和基层组织要认真处理各种涉老纠纷。

（七）建立健全老有所为管理体系，大力提高老年资源开发利用水平。

1. 进行老年资源调查研究。围绕老年人力资源、老年文化资源、老年科技资源以及老年人参与社会发展状况等方面进行调查研究，逐步建立老年人才数据库。

2. 积极开展老有所为活动。重视发挥老年人在经济社会发展中的积极作用，组织老年人参加关心教育下一代、基层社会治安、基层自治管理、移风易俗、民事调解、养老服务、生产经营、文教卫生、非物质文化遗产传承与保护等适宜的工作和活动。进一步开展“银龄行动”，充分发挥老年人才作用。支持低龄健康老年人自主创业，重点帮助低龄健康的贫困老年人通过创业脱贫致富。

3. 加强服务与管理。加强老年人力资源市场管理，开展老年人才交流活动，搭建老年人才与社会需求对接的平台。加强老科技工作者协会、老教育工作者协会等老年人才社团建设和山东省银龄爱心志愿团等老年志愿者组织建设。充分尊重老年人的劳动，维护老年人参与经济社会发展的正当权益。

4. 健全基层老年组织。加强村（居）老年人工作委员会及工作制度建设，引导基层老年群众组织规范发展，发挥老年人自我管理、自我教育、自我服务作用。逐步建立家庭、社区、单位、政府部门、基层组织、老年群众组织相结合的老年人社会管理服务体系，做好老年人社会管理工作，引导老年人树立健康向上的生活观念，促进老年群体和谐与社会稳定。

四、保障措施

（一）加强组织领导。各级要从改革发展稳定的大局出发，高度重视应对人口老龄化问题，将发展老龄事业纳入重要议事日程，列入经济社会发展总体规划和年度计划，及时解决老龄工作中的矛盾和问题。加强老龄工作队伍建设，进一步理顺工作关系，强化工作职能，配强领导班子，根据工作需要适当充实工作人员。采取多种形式加强老龄工作干部培训。

（二）加大投入、转变投入方式。根据经济社会发展水平和老年人口规模，建立老年事业投入增长机制。逐步增加对老年服务设施、养老服务购买、老年文化教育、老龄科学研究等方面的投入。逐步加大福利彩票公益金、体育彩票公益金用于发展老龄事业的扶持力度。建立健全社会资金投入激励机制，鼓励民营资本和境外资金投入老龄事业。积极引导社会捐助资金支持老龄事业。

（三）加强老龄宣传和科研工作。加强各类老龄宣传阵地建设，不断加大老龄宣传力度，开展丰富多彩的老龄宣传活动，营造有利于老龄事业发展的舆论环境。加强敬老文化建设，将尊老敬老道德教育纳入社会主义精神文明建设内容，作为城乡文明创建、公民道德建设、中小学德育教育和村规民约的重要内容，提高全社会尊老敬老和支持老龄事业的自觉性。充分发挥高校和社会科学研究机构的作用，不断加强老龄科研工作。

（四）落实目标责任制。各有关部门要根据各自职能，对本规划目标任务进行分解，列入部门绩效考核内容，认真抓好落实。各地要结合实际，制定措施，努力完成老龄事业发展的目标任务。各级老龄委要充分发挥对老龄工作综合管理、宏观指导、组织协调、督促检查的职能作用，做好老龄事业发展“十二五”规划的组织实施工作。各成员单位要切实履行职责，相关部门协同配合，形成工作合力，推动我省老龄事业不断发展。

山东省人民政府关于印发《山东省优待老年人规定》的通知

鲁政发〔2011〕54号

各市人民政府，各县（市、区）人民政府，省政府各部门、各直属机构，各大企业，各高等院校：

《山东省优待老年人规定》已经省政府第112次常务会议研究通过，现印发给你们，请认真遵照执行。

山东省人民政府

二〇一一年十二月十九日

山东省优待老年人规定

为了进一步做好我省优待老年人工作，根据《中华人民共和国老年人权益保障法》、《山东省老年人权益保障条例》等法律法规和《中共山东省委山东省人民政府关于进一步加快老龄事业发展的意见》（鲁发〔2010〕22号），制定本规定。

一、养老优待

（一）建立养老水平同步增长机制。老年人所享受的社会保障、社会福利和社会服务水平要与全省经济社会发展和城乡居民生活水平的提高相适应，确保老年人共享经济社会发展成果。

（二）实行高龄津贴。将百岁以上老年人长寿补贴标准提高到每人每月不少于300元，所需资金由省、市、县按现行经费负担渠道解决。有条件的地方可将高龄津贴范围扩大到80周岁以上老年人。

（三）实行政府购买养老服务。对孤寡老年人、半自理和不能自理贫困老年人、80周岁以上空巢高龄老年人，当地政府应根据本人申请，经认定后，给予购买居家养老服务或机构养老服务照顾，具体标准由当地政府制定。政府兴办和支持的居家养老服务信息化呼叫机构，对贫困老年人免收服务费。

（四）实行住房优先保障。对城镇低收入、住房困难的纯老年人家庭户，优先纳入廉租房保障范围；对农村贫困老年人无房户、危房户的住房纳入农村危房改造工程。

（五）实行社会力量助老。鼓励社会各方面力量利用各种资源为老年人生活、医疗、康复、健身、娱乐等提供捐助、资助和优待。

（六）免除农村老年人“一事一议”等各类筹资。

二、医疗保健优待

（七）鼓励和帮助农村和城镇未参加医疗保险的老年人参加新型农村合作医疗和城镇居民基本医疗保险，落实好符合条件老年人个人缴费的政府资助政策。

（八）尚未参加城镇居民医疗保险和新型农村合作医疗的老年人，在政府兴办和支持的县级以上医疗机构就医，减免不低于20%的治疗、检查、住院普通床位等费用。

（九）老年人优先就医；需要住院治疗的，优先安排床位住院。政府兴办和支持的县级以上医疗机构，对老年人免普通挂号费。

（十）依照《国家基本公共卫生服务规范》，每年免费对辖区内65周岁及以上常住居民进行1次老年人健康管理，包括健康体检、健康咨询指导和干预等。

三、生活服务优待

（十一）有条件的市公共交通（汽车、电车、地铁、航运等），可对65周岁以上老年人乘车免费；其他市、县（市、区）公共交通对65周岁以上老年人实行半价优惠、70周岁以上老年人免费，逐步实现65周岁以上老年人乘车免费。老年人优先乘坐公共汽车、电车、地铁、长途汽车、火车、轮船。

（十二）政府兴办和支持的供水、供电、供暖、燃气等公用事业经营单位，对贫困老年人实行降低30%以上的价格优惠。

（十三）城市道路、车站、机场、商场、公交站点、换乘枢纽、住宅小区和其他公共建筑，应按有关规定建设无障碍设施，方便老年人出行。

（十四）有线（数字）电视经营单位对贫困老年人家庭给予适当优惠。

（十五）倡导通信、旅游、保险、商业、家政、餐饮及其他相关服务行业，对老年人提供优先服务和优惠照顾，并对空巢老年人和有特殊困难的老年人实行上门服务。

四、文体休闲优待

（十六）社会力量兴办的博物馆、图书馆、美术馆、科技馆、展览馆、纪念馆等文化场所对60周岁—64周岁老年人实行门票半价、对65周岁以上老年人免门票费。

（十七）政府兴办和支持的公共体育健身场（馆），凡是收费的，应当按照时段对老年人免费或实行半价。

（十八）学校等企事业单位和各级机关所属的文化体育设施，凡具备条件的，应按时段对老年人免费开放。

（十九）各类公园对老年人免门票费。

（二十）政府兴办或支持的旅游景点对老年人免门票费；社会力量兴办的旅游景点对60周岁—69周岁老年人实行门票半价，70周岁以上老年人免门票费；提倡社会力量兴办的旅游景点对65周岁以上老年人免门票费。

五、维权优待

（二十一）法律服务机构对生活困难的老年人咨询自身涉法事务，免收服务费。

（二十二）各级人民法院对贫困老年人因赡养、扶养、优抚、婚姻、养老保障、医疗保障等合法权益受到侵害提起的诉讼，需承担诉讼费的，按有关规定给予免、减诉讼费用等司法救助。

（二十三）各类律师事务所对生活困难的老年人因自身合法权益受到侵害聘请律师的，应视情况减免不低于30%的律师服务费。

（二十四）基层法律服务所对生活困难的老年人因自身合法权益受到侵害聘请基层法律服务工作者提供法律服务的，应视情况酌情减收服务费。

（二十五）公证机构对生活困难的老年人因赡养、抚养、婚姻、养老保障、医疗保障、救助赔偿等保护自身权益而申请办理公证的，应当对其承担的公证费酌情减免。

（二十六）老年人因合法权益受到侵害提起诉讼时，优先立案、优先审理、优先执行；老年人咨询自身涉法事务，司法机关和法律服务机构应提供优先服务。

六、措施要求

（二十七）负有优待义务的公共服务单位，应当在入口处、收费处、营业办公场所等明显位置，明示对老年人的优待规定。

（二十八）老年人在享受优待时，人身受到伤害或财物受到损失的，在查明责任后，依照法律、法规和有关政策规定处理。

（二十九）市、县（市、区）财政对公交、园林等运营成本较大和优待老年人任务较重的单位，给予适当补贴。

（三十）省民政、司法行政、财政、人力资源社会保障、住房城乡建设、交通运输、文化、卫生、人口和计划生育、广电、体育、旅游等有关部门，按照各自职能，制定本规定实施细则，并对本系统优待老年人工作进行督促检查。

（三十一）各市人民政府应制定本规定实施细则，或制定本市优待老年人规定。制定本市优待老年人规定时，优待标准和范围不得低于本规定。随着经济社会发展水平提高，各级人民政府应当适时提高老年人优待标准。

（三十二）县级以上老龄工作机构负责会同有关部门对老年人优待工作进行督促检查。

（三十三）国家机关、企事业单位、群众自治组织、社会团体、个人等，不得以任何理由和借口取消老年人应享受的各项优待。政府购买养老服务时，对老年人已享受的各种补贴不得冲减。

（三十四）对不按规定履行优待老年人义务的，由县级以上老龄工作机构责令改正；拒不改正或者造成严重后果的，由县级以上老龄工作机构提请其上级主管部门或者许可设立的部门，按照有关规定予以处理，并将处理结果向老龄工作机构反馈。

七、附则

（三十五）本规定所指的老年人为年满60周岁以上的公民；按年龄享受的优待，其年龄界定均含所界定的年龄。

（三十六）本规定所称政府兴办和支持的单位，是指政府投资、合资建设的单位，长期给予资金支持的单位，无偿使用土地、山林等国有资源的单位和村（居）集体组织，包括承包、公建民营等各种经营方式。

（三十七）本规定所称贫困老年人是指其生活收入水平低于或者等于当地最低生活保障标准的老年人。

（三十八）本规定所称空巢老人是指生活居住在纯老年人家庭中的老年人。

（三十九）老年人凭《山东省老年人优待证》或者身份证在全省范围内享受本规定各项优待，并享受各地不因户籍所在地设定的各项优待。《山东省老年人优待证》由省老龄工作委员会办公室统一样式，各市、县（市、区）老龄工作机构制作发放，老年人自愿办理。制作和发放费用由各级财政负担，不得向老年人收取任何费用。县级以上老龄工作机构应当加强对《山东省老年人优待证》的管理。

（四十）外省（直辖市、自治区）、香港、澳门及台湾地区老年人，外籍老年人，凭居民身份证、护照、省级老年人优待证或其他同等级合法证件，享受本规定中的生活服务优待和文体休闲优待待遇。

（四十一）本规定由省老龄工作委员会办公室组织实施并负责解释。

（四十二）本规定自2012年1月1日起施行，2002年10月23日山东省人民政府发布的《山东省优待老年人规定》（鲁政发〔2002〕73号）同时废止。

安徽省人民政府
关于加快推进养老服务体系建设的决定

皖政〔2011〕20号

各市、县人民政府，省政府各部门、各直属机构：

为应对人口老龄化的严峻挑战，加快推进养老服务体系建设，切实满足老年人养老服务需求，现结合我省实际，作出如下决定：

一、加快养老服务体系建设的总体要求

（一）基本思路。以邓小平理论和“三个代表”重要思想为指导，全面贯彻落实科学发展观，以满足中低收入老年群体基本养老服务需求为重点，加快推进养老服务社会化、专业化和标准化建设，逐步建立健全与我省人口老龄化进程相适应、与经济社会发展水平相协调，体现城乡不同特点的多元化、多层次、多形式的养老服务体系。

（二）基本原则。坚持政府主导、社会参与。切实履行政府在规划指导、政策扶持、市场培育、服务示范、监督管理等方面的职责，积极支持社会力量参与养老服务，逐步建立与市场经济相适应的发展模式、管理方式和运行机制。坚持因地制宜、统筹规划。立足本地实际，科学制定养老服务体系发展规划，整合各类有效资源，优化设施空间布局，统筹城乡养老事业发展，逐步建立布局合理、种类齐全、功能多样的养老服务网络。坚持突出重点、适度普惠。以长期照料、护理康复和社区照料为重点，完善养老服务设施功能，优先解决孤老救助对象、孤老优抚对象和中低收入失能、半失能老年人的照料和护理问题。积极拓展服务对象，不断扩大服务范围，推动老年养老服务由补缺型向适度普惠型转变。坚持建管并重、规范管理。建立健全加快养老服务业发展的各项政策措施、标准体系和规章制度，推进养老服务业健康、规范、有序发展。

（三）工作目标。到“十二五”末，全省基本建立以居家养老为基础、社区养老为依托、机构养老为补充，布局合理、规模适度、功能完善、覆盖城乡的养老服务新格局。力争养老机构床位数达到每千名老年人40张以上，其中城市养老机构中，社会办养老机构床位数所占比重达到50%以上。在城市，70%以上的社区建立社区养老服务站，80%以上的街道建立社区养老服务中心，80%的城区建立社区养老服务信息网络平台。在农村，80%的建制村建立社区综合服务设施，80%的乡镇建立有养老服务设施的社区综合服务中心。农村五保对象、孤老优抚对象集中供养率达到70%以上，全省40%的敬老院改造成农村养老服务中心。

二、加快建立完善基本养老保障体系

（四）加快农村社会养老保险制度建立步伐，逐步建立“广覆盖、保基本、多层次、可持续”的农村养老保障体系。积极探索农村和城镇基本养老关系转移接续办法，妥善做好新农保制度与农村计划生育家庭奖励扶助政策、农村五保供养、农村最低生活保障等制度的衔接配套。

（五）完善城镇职工基本养老保险省级统筹制度。增强养老保险基金调剂能力，继续扩大养老保险覆盖面，大力推进企业年金工作。

（六）适时建立并逐步完善全省高龄老人津贴制度，重点对80岁以上老人发放高龄津贴，鼓励有条件的地方提高标准、扩大范围。建立并完善政府为低收入老人购买服务机制。

三、加快建立完善老年医疗服务体系

（七）建立健全医疗保险制度，扩大医疗保险覆盖范围，进一步增加面向老年人的医疗卫生事业资金投入。大力建设社区医疗保健站、康复护理中心，向老年患者提供优质低价服务。鼓励医疗机构开展老年护理、临终关怀服务。城乡医疗救助制度在实施中向贫困老人倾斜，对其参加医保和大额医疗费用给予补助。支持养老机构开展社会化医疗卫生服务，养老机构取得《医疗机构执业许可证》并符合定点医疗机构资格条件的，要纳入城乡医疗保障定点治疗单位范围。

（八）鼓励和发展以社区为中心的老年医疗服务体系。在医疗保险制度的实施中，加强与医疗服务方式的协调，通过医疗保险费用补偿的激励机制，将社区医院纳入定点医院，更好地发挥医疗保险基金的作用，满足老年人的基本医疗服务需求。

四、加快建立完善城乡社区养老服务体系

（九）建立完善居家养老服务网络。按照统一名称、统一标准、统一标识的要求，在城市街道、社区和农村乡镇建设综合性居家养老服务中心、居家养老服务站（点）。以社区为依托，普遍建立“养老服务热线”、居家养老呼叫服务网络等信息沟通求助渠道，为居家老人提供家政服务、生活照料、康复护理、文体娱乐和精神慰藉等服务。城区新建小区开发建设和旧城改造要按照《城市居住区规划设计规范》等规定，将社区养老服务设施同步规划、同步建设、同步竣工、同步交付使用，使用面积一般不得少于300平方米。已建成的居住区没有养老服务设施的，要逐步补建或者利用闲置的设施改建。依托敬老院、光荣院、福利院等设施资源，积极为社区居家养老提供服务。

（十）支持社会力量兴办养老机构。按照“谁投资、谁管理、谁受益”的原则，建立公开、平等、规范的养老服务业准入制度。通过税费优惠、资金补贴等扶持政策，积极引进国内外资金，鼓励支持企事业单位、集体组织、民间组织、慈善机构及个人等社会力量，以独资、合资、合作等多种形式兴办养老机构。鼓励和支持社会资本投资兴办以老年人为对象的老年生活照顾、精神慰藉、家政服务、心理咨询、康复服务、简单就医、水电维修、紧急求援等养老服务业，为居家养老的老年人提供养老服务。鼓励和支持下岗失业人员创办托老所，以创业促就业，并积极提供各种服务。大力发展养老产业，形成多种力量发展社会化养老服务事业的新格局。

（十一）推进公办示范性养老机构建设。“十二五”期间，省和各市、县（市）采取新建、改扩建、购置等方式，整合现有医院、学校、培训中心等资源，分别建成一所公办示范性养老机构，提高全省机构养老服务整体水平。改革现有管理体制和运营方式，积极引导社会力量参与，委托各类专业化、非营利性社会组织负责运营管理。公办养老机构在满足孤老优抚对象、农村五保对象、城镇“三无”老人和低收入高龄、失能等特殊困难老人服务需求的同时，可适当兼顾其他有养老服务需求的社会老人。利用国有资产兴办的农村敬老院，应依法办理事业单位法人登记。

（十二）提升养老服务信息化水平。加快养老服务信息化综合平台建设，建立全省养老机构信息管理系统。将社区的养老机构、街道居家养老服务中心、社区日间照料服务中心、120等资源整合纳入到统一的社区信息化服务平台，及时处理老人的咨询等服务请求信息。

五、加快建立完善养老政策支持体系

（十三）建立促进发展的土地使用政策。认真落实国家和省有关老年服务机构建设的扶持政策，优先保障养老机构建设用地。对各类投资主体新建、改建、扩建的养老服务项目和养老服务设施，优先予以立项。对新办的养老机构建设用地采用划拨方式，划拨方式取得的土地使用权不得用于其他用途。鼓励通过对旧厂房、民用设施改建扩建的方式，兴办民间养老机构。乡（镇）、村公益性的养老机构建设用地，经依法批准可以使用集体所有的土地。

（十四）建立合理有效的税费优惠政策。养老机构提供的养老服务收入按规定免征营业税；非营利性养老机构按规定免征企业所得税；福利性、非营利性的养老机构免征其自用房产、土地的房产税、城镇土地使用税；养老机构纳税确有困难的，经报批可减免房产税和城镇土地使用税。免收建设养老机构的征地管理费，免收或减收兴办养老机构设施建设的城市基础设施配套费等相关费用。养老机构的水、电、暖、燃气管线（管道）工程和用水、用电、用气（管道燃气）、取暖、电话、有线（数字）电视、宽带互联网等费用，按居民收费标准或服务价格执行。养老机构免收有线（数字）电视入网费，减半收取视听维护费；免收电话、宽带互联网入网费，通信费给予适当减免；免收电表、水表接入费。企业通过公益性社会团体或者政府部门，用于福利性、非营利性养老机构的捐赠支出，在年度利润总额12%以内的部分，准予在计算应纳税所得额时扣除；个人通过公益性社会团体和政府部门向福利性、非营利性养老机构的捐赠，在缴纳个人所得税前予以全额扣除。

（十五）建立适度优惠的财政金融政策。社会办养老机构接收安置孤老优抚对象、农村“五保”老人、城镇“三无”老人的，各地要按规定标准将其生活、医疗费等补助转入社会办养老机构，不足部分由当地政府给予适当补助。对于规模较大、前景较好、市场急需的养老服务项目，财政部门可通过贴息方式予以支持。金融部门要加大对社会办养老机构信贷支持力度，放宽贷款条件，提供优惠利率。对新建、扩建的民办养老机构，取得《社会养老机构设置批准书》和《民办非企业单位》证书，经验收合格的，由市、县（市、区）财政给予一次性床位建设补助，补助标准由市、县（市、区）政府确定；并根据实际入住人数，给予每人每月100元运营补贴。

（十六）建立严格规范的政府监管政策。国家、社会组织和个人兴办养老机构应向所在地县级以上民政部门提出申请，由受理申请的民政部门予以认定。各级民政部门要加强对养老机构的管理，依据《老年人建筑设计规范》、《老年人社会福利机构基本规范》、《无障碍设施建设设计规范》、《养老护理员国家职业标准》等，制定建筑设施、卫生条件、人员配备、服务质量、等级评定等养老服务行业准入标准，大力促进养老服务行业向规范化、专业化、标准化方向发展。建立健全社会化养老服务评估、评审制度，构建服务质量监控体系，加强行业指导和行业自律，提高财政补助资金的使用效率。建立信息披露机制，增强市场透明度，促进养老市场的自由竞争、优胜劣汰。建立有效的退出机制，对养老机构存在的侵犯老年人权益等严重服务质量问题，要限期予以整改，直至取消执业资格。各级政府要加强对各类收费的监督检查，严肃查处对养老机构的乱收费、乱摊派、乱罚款行为。

六、加快建立完善养老服务人才队伍体系

（十七）实行养老护理员职业准入制度。积极开展养老护理员培训、考核和职称评定工作，规范服务标准，提高服务质量。充分利用教育资源，在中职和高职院校中设置养老护理专业，培养高素质的养老服务人才。积极引进专业人才，提升整体水平。

（十八）与再就业工程相结合建设专业人员队伍。通过招聘社区下岗失业人员，实行专业培训，持证上岗，努力建设一支为社区老人提供生活照料、护理和陪护专业化服务的专业人员队伍。

（十九）大力发展社区志愿者队伍。在当地共青团、妇联组织和大专院校的支持下，通过开展和谐社区、共建家园等活动，整合社区人力资源，努力造就一支由党员、干部、学生等组成的专兼职人员和志愿者相结合的社区志愿者队伍。

（二十）建立老年人自我养老服务队伍。利用老年人同老年人沟通容易的优势，结成助老服务对子，自己管理自己，自己服务自己，变消极、被动养老为积极养老，实现“老有所为”、“老有所乐”。

七、加快建立完善养老文化教育体系

（二十一）完善老年教育网络。因地制宜办好老年教育，建立以老年大学为龙头，基层老年学校或社区教育培训中心为基础的办学网络。重视开展老年思想教育活动，注重把农村老年教育与老年人权益维护、破除迷信和移风易俗结合起来，帮助老年人树立科学的世界观和积极的人生观、价值观。

（二十二）广泛开展老年活动，加大老年文化宣传工作力度。积极创作优秀的老年题材作品，办好老年报刊，出版面向老年人的图书、音像、电子出版物。公共文化和体育活动场所为老年人提供优先、优惠服务。把老年文化和体育纳入全民文化和体育健身的发展规划，逐步建成布局合理、设施完备，方便老年人参与的文化体育设施。组织开展经常性的基层老年文体活动，发展适合老年人身体特点的体育活动和健身项目，为老年人自发开展的文体活动提供条件。有计划地组织老年文艺汇演、老年才艺展演和老年体育健身运动会。支持各类老年群众文体组织开展活动。

八、加快建立完善老年人合法权益法律保障体系

（二十三）建立并完善老年法律服务与援助体系。安排适当资金用于老年法律援助和法律服务组织建设，鼓励引导城市社区、农村乡镇法律服务机构和人员为老年人提供及时、便利、高效的法律服务。继续做好签订农村家庭赡养协议书工作的组织指导。

（二十四）加强法制宣传教育工作。把法制教育和敬老道德教育结合起来，推动形成社会主义敬老思想道德观。大力开展“敬老模范乡镇（村、居）”的创建活动。在青少年中广泛开展“敬老爱老助老主题教育活动”。

（二十五）严厉打击侵害老年人合法权益的不法行为。对侵害老年人合法权益的案件，要做到及时受理、及时立案、及时审理、及时执行；对于符合司法救助或者法律援助条件的老年人，要及时给予司法救助或法律援助。对严重侵害老年人人身权和财产权的不法行为及时采取措施予以制止，妥善处理，构成犯罪的要依法严厉惩处。

九、加快建立完善养老工作组织领导体系

（二十六）成立组织，加强领导。省政府成立省养老服务体系建设工作领导小组，由省政府分管领导为组长，由发展改革、民政、财政、人力资源社会保障、国土资源、住房城乡建设、教育、卫生、体育、司法等部门和老龄办为成员单位，统筹协调全省养老服务体系建设工作。各市、县（市、区）要成立相应的议事协调机构。

（二十七）分级负责，落实责任。各级政府要将养老服务体系建设纳入年度重点目标计划和考核范围。要根据当地老年人口发展速度、老龄化程度、养老需求与经济社会发展水平相适应的原则，制定发展养老服务的战略规划，明确发展目标。各相关部门要在事业发展规划中细化、量化发展养老服务的政策措施，不断建立完善我省养老服务体系。

（二十八）各司其职，合力推进。发展改革部门要将养老服务体系建设列入中长期国民经济和社会发展规划及年度计划，及时办理养老服务基础设施建设项目审批手续，组织好重大养老服务项目的论证、筛选和推进工作。民政部门要进一步推动公办示范性养老机构建设，加强对社会办养老机构的监督管理、行业规范和业务指导，积极开展养老服务示范活动。财政部门要将养老服务体系建设所需经费纳入预算，建立经费刚性增长机制。人力资源社会保障部门要加强养老服务人员职业技能培训与鉴定，做好有关养老保障工作。卫生部门要加强对养老机构医疗服务的支持和指导。住房城乡建设部门要按照国家有关规定将养老机构建设纳入城乡公共设施建设规划，统一规划、同步实施。国土资源部门要优先安排养老机构设施建设用地计划指标。金融部门要积极引导和协调金融机构解决兴办养老机构中的相关问题。高等院校和科研机构要积极开展养老服务社会化、产业化的综合研究与开发。精神文明建设部门要积极倡导敬老、养老、助老的社会风尚。新闻媒体要加大敬老、爱老、助老先进典型及公益广告的宣传力度。老龄工作机构要积极履行综合协调、参谋助手、监督检查的职责，推动养老服务业健康发展。

各市可参照本决定制定具体实施意见。

江苏省老年人权益保障条例

（2011年1月21日江苏省第十一届人民代表大会
常务委员会第二十次会议通过）

第一章　总　　则

第一条　为了保障老年人合法权益，发展老年事业，弘扬中华民族敬老、养老、助老的美德，促进社会和谐，根据《中华人民共和国老年人权益保障法》等法律、行政法规，结合本省实际，制定本条例。

第二条　本条例所称老年人是指六十周岁以上的公民。

第三条　老年人依法享有宪法和法律、法规规定的各项权利，任何组织和个人不得侵犯。

第四条　县级以上地方人民政府应当加强对老年人权益保障工作的领导，将老年事业纳入国民经济和社会发展规划，保障老年事业与经济社会协调发展。

地方各级人民政府应当将老年事业经费纳入财政预算，根据本行政区域老年人口自然增长情况和经济社会发展水平，增加对老年事业的财政投入。福利彩票公益金、体育彩票公益金留成部分，应当安排一定比例的资金用于老年事业项目。

鼓励社会力量参与发展老年事业，对老年事业进行捐赠。

第五条　县级以上地方人民政府老龄工作委员会负责指导、协调和督促有关部门做好老年人权益保障工作，其日常工作由民政部门承担。

县级以上地方人民政府有关部门应当按照各自职责，做好老年人权益保障工作。

乡镇人民政府、街道办事处应当确定人员，具体负责老年人权益保障工作。

第六条　工会、共青团、妇联应当根据自身职能，做好老年人权益保障工作。

社会组织应当发挥在老年人权益保障工作中的作用。

村民委员会、居民委员会应当反映老年人的要求，维护老年人的合法权益，做好老年人服务工作。

第七条 报刊、广播、电视、网络等媒体应当开展敬老、养老、助老宣传，引导全社会树立尊重、关心、帮助老年人的社会风尚。

第八条 青少年组织、家庭、学校、幼儿园应当对青少年和儿童进行敬老、养老、助老的道德教育及维护老年人合法权益的法制教育。

第九条 地方各级人民政府应当将老年人权益保障工作列入经济社会发展和精神文明建设年度考核内容。

对维护老年人合法权益作出突出贡献的组织、家庭和个人，对参与社会发展作出突出贡献的老年人，由地方各级人民政府给予表彰、奖励。

第十条 县级以上地方人民政府有关部门应当将老年事业发展状况纳入调查统计项目，定期发布相关信息。

第十一条 每年农历九月初九为敬老日。

第二章 家庭保障

第十二条 赡养人应当依法履行赡养义务，不得以放弃继承权、老年人离婚或者再婚以及其他理由，拒绝履行赡养义务。赡养人的家庭成员应当协助赡养人履行赡养义务。

老年人子女已经死亡的，其有负担能力的孙子女、外孙子女应当履行赡养义务。

赡养人不得违背老年人意愿，将老年人与其配偶分开赡养。

第十三条 赡养人应当在经济上供养老年人，保证老年人享受不低于其他家庭成员的生活水平。对无经济收入或者收入较低，与赡养人分开居住的老年人，赡养人应当给付赡养费、提供生活资料。

赡养人应当关心老年人的健康，不得要求老年人承担力不能及或者有损健康的劳动，保证患病的老年人得到及时治疗。

赡养人应当照料老年人的生活，对生活不能自理的老年人应当承担护理责任；不能亲自照料、护理的，可以按照老年人的意愿，委托他人或者养老机构照料、护理。

赡养人应当在精神上慰藉老年人，尊重老年人意愿，满足老年人健康的精神文化需要。对与其分开居住的老年人，赡养人应当经常看望、问候。

第十四条 赡养人之间可以就履行赡养义务依法签订协议。签订赡养协议应当征得老年人同意。

老年人可以与扶养人或者村民委员会、居民委员会、养老服务机构等组织签订遗赠扶养协议。按照协议，扶养人或者村民委员会、居民委员会、养老服务机构等组织承担该老年人生养死葬的义务，享有受遗赠的权利。

第十五条 老年人对本人的合法收入以及其他合法财产，依法享有占有、使用、收益、处分的权利，子女或者其他亲属不得干涉。

有独立生活能力的成年子女要求老年人经济资助的，老年人有权拒绝。子女或者其他亲属不得以无业或者其他理由，骗取、克扣或者强行索取老年人的财物。

老年人有依法继承和接受赠与的权利。子女或者其他亲属不得侵吞、抢夺、转移、隐匿或者破坏应当由老年人继承或者接受赠与的财物。

第十六条 子女或者其他亲属不得违背老年人的意愿，擅自处分老年人的房屋产权、股权、土地承包经营权、土地使用权等权益。

子女或者其他亲属以老年人的名义向有关部门、机构申请办理房屋产权、股权、土地承包经营权、土地使用权等权益的权属转移、变更登记，或者申请办理公证时，有关部门和机构应当核实老年人的真实意思，依法办理，并为老年人提供方便。

第十七条 老年人与子女或者其他亲属共同出资购买、建造房屋的，按照出资比例或者约定，依法享有相应的物权。调换、拆迁、改建共有房屋，应当保障老年人享有与子女或者其他亲属同等的权益，并照顾老年人的特殊需要。

居住老年人房屋的成年子女或者其他亲属自租、自购房屋后，老年人不同意其继续居住的，应当迁出。

老年人自有房屋破损的，赡养人应当维修。

第十八条 老年人的婚姻自由受法律保护。子女或者其他亲属不得干涉老年人的婚姻自由和婚后的家庭生活。

丧偶、离婚的老年人携带自有财产再婚的，子女或者其他亲属不得干涉。

第三章 社会保障与社会优待

第十九条 县级以上地方人民政府应当依法建立健全覆盖城乡的养老、医疗、最低生活保障、社会救助和被征地农民基本生活保障等社会保障制度，逐步提高保障水平，保障老年人的基本生活和基本医疗，根据本地区经济社会发展水平为老年人提供社会优待。

鼓励具备条件的用人单位为职工办理补充养老保险和补充医疗保险，提倡个人参加储蓄性养老保险。

第二十条　县级以上地方人民政府应当根据城乡居民收入增长、物价上涨情况，适时提高养老保险待遇水平。

养老保险经办机构和有关单位应当按时足额支付老年人依法享有的养老金、退休金，不得拖欠、克扣或者挪用。

第二十一条　县级以上地方人民政府制定、调整城镇职工基本医疗保险、城镇居民基本医疗保险、新型农村合作医疗的具体制度，应当考虑老年人特殊的医疗需求，在政策措施上对老年人给予优待，为老年人就医、转诊以及费用结算等提供便利，提高老年人的医疗保障水平。

享受最低生活保障的老年人和其他低收入家庭的老年人参加城镇居民基本医疗保险、新型农村合作医疗的，其个人缴费部分由政府给予补贴。

符合医疗救助条件的特殊困难老年人患病的，县级以上地方人民政府应当按照有关规定提供医疗救助。

第二十二条　县级以上地方人民政府应当将符合条件的老年人纳入最低生活保障范围。对享受最低生活保障的七十周岁以上的老年人，每月增发不低于最低生活保障标准百分之十的保障金。具体办法由设区的市、县（市、区）人民政府制定。

第二十三条　无劳动能力、无生活来源又无赡养人和扶养人，或者其赡养人和扶养人确无赡养扶养能力的老年人，由政府供养。县级以上地方人民政府应当建立供养标准增长机制，将供养经费纳入财政预算，保障供养标准不低于当地居民平均生活水平。

第二十四条　无劳动能力、无生活来源又无赡养人和扶养人，或者其赡养人和扶养人确无赡养扶养能力的老年人，享受最低生活保障的老年人，以及属于重点优抚对象的老年人死亡的，免除基本丧葬服务费。县级以上地方人民政府可以根据本地区经济社会发展水平，扩大免除基本丧葬服务费的范围。

第二十五条　县级人民政府人口计划生育部门应当将符合条件的老年人纳入农村部分计划生育家庭奖励扶助和城乡独生子女伤残死亡家庭特别扶助制度的范围，按照国家规定给予扶助。

只生育一个子女的老年人按照有关法律、法规和县级以上地方人民政府的规定享受计划生育奖励优惠政策。

第二十六条　老年人为追索赡养费、扶养费、抚恤金、养老金、最低生活保障金、医疗费等向人民法院起诉，交纳诉讼费用有困难的，人民法院应当按照国家规定免收、减收或者缓收诉讼费用。

经济困难的老年人申请法律援助的，法律援助机构应当简化审批程序，优先提供法律援助。

经济困难的老年人申请办理公证的，公证机构应当按照规定减免公证费。

老年人主张合法权益有困难的，其所在的乡镇人民政府、街道办事处和村民委员会、居民委员会应当提供帮助。

第二十七条　县级以上地方人民政府应当向八十周岁以上的老年人发放尊老金。八十周岁至九十九周岁的老年人的尊老金，由设区的市、县（市、区）人民政府负担；一百周岁以上的老年人的尊老金，由省人民政府负担，每人每月不低于三百元。县级以上地方人民政府可以根据本地区经济社会发展情况，扩大尊老金发放范围，提高尊老金发放标准。

尊老金的具体标准和发放办法，由县级以上地方人民政府规定。

第二十八条　老年人持优待证、居民身份证或者当地人民政府规定的其他证件，免费进入政府举办的公园、公共文化设施；七十周岁以上的老年人免费进入政府举办的旅游景点，免费乘坐城市公共交通工具，不满七十周岁的老年人享受半价优惠。

设区的市、县（市、区）人民政府可以根据本地区经济社会发展水平，扩大老年人享受优待的范围。

外地老年人与当地老年人同等享受本条规定的优待。

第二十九条　社区卫生服务机构应当建立老年人健康档案，按照国家和省有关规定，定期为老年人免费提供健康检查。

医疗机构应当为到医院就诊的老年人提供优待服务。有条件的医疗机构应当开设老年人专科门诊。

鼓励、支持社区卫生服务机构等基层医疗机构为老年人提供适宜的家庭医疗服务。

第三十条　火车站、汽车站、港口、机场等客运站点应当为老年人提供优待服务。候车室、候船室、候机室和公共汽车、地铁等不实行对号入座的公共交通工具应当设置老年人席位。

第三十一条　依照本条例规定为老年人提供优待服务的单位，应当采取措施落实对老年人的优待服务，明示优待服务内容，工作人员在提供服务时应当向老年人告知相关优待规定。

依照本条例规定为老年人提供优待服务致使收入减少的，设区的市、县（市、区）人民政府应当给予补助。

第四章 社会服务与社会参与

第三十二条 县级以上地方人民政府应当制定基本养老服务体系建设规划，将老年服务设施建设纳入城乡规划，加强老年服务设施建设，建立居家养老、社区服务、机构养老相结合的基本养老服务体系，制定引导和支持养老服务业发展的政策，扶持老年服务产业发展。

第三十三条 县（市、区）、乡镇人民政府、街道办事处应当加强社区居家养老服务设施和网点建设，为居家老年人提供托养、照料、护理、精神慰藉等服务。

第三十四条 地方各级人民政府应当根据老年福利对象的服务需求和养老服务培训、示范的需要，加快公办养老服务机构建设，并可以采取公办民营、合作经营、委托管理、服务外包等运行模式，完善管理机制，降低运行成本，提高服务水平。

第三十五条 支持和鼓励社会资本投资兴办老年公寓、老年康复中心、托老所、老年护理院等养老服务机构，提供养老服务。

设区的市、县（市、区）人民政府可以按规定采取优先安排土地使用、划拨土地、减免规费、购买服务以及提供贷款贴息、床位建设补贴、床位运营补贴等方式，引导社会资本投资兴办养老服务机构、提供养老服务。具体办法由县级以上地方人民政府规定。

第三十六条 养老服务机构使用水、电、燃气、暖气、有线电视、固定电话，有关单位应当按照居民用户标准收取费用，有初装费的应当减半收取。

第三十七条 县级以上地方人民政府民政部门应当推进养老服务规范化、标准化建设，加强对养老服务的管理和监督。

养老服务设施建设、养老服务机构服务应当符合国家标准、行业标准。

第三十八条 鼓励和支持高等院校、中等职业学校开设养老服务相关专业和课程。鼓励和支持高等院校、中等职业学校、职业培训机构和示范性养老服务机构开展养老服务从业人员培训。

养老服务机构应当加强对养老服务人员的岗位培训，提高养老服务人员职业道德和业务技术水平。

推行养老服务从业人员凭养老护理职业资格证书上岗制度和养老服务等级待遇制度。

第三十九条 老年福利设施未经县级以上地方人民政府批准，不得改变用途或者拆除；因国家建设需要，经批准改变用途或者拆除的，应当补建，补建的规模和标准不得低于原有规模和标准。

第四十条 新建、改建、扩建公共建筑和其他公共场所，应当建设无障碍设施，配有轮椅道、座椅、扶手等，方便老年人生活和活动。

第四十一条 全社会应当关心老年人精神生活和心理健康。乡镇人民政府、街道办事处以及村民委员会、居民委员会应当为老年人交流和心理服务提供场所，组织做好老年人心理关爱工作。

第四十二条 鼓励义务为老年人提供服务。提倡结对帮扶、邻里互助和健康老年人帮助高龄、患病老年人。

鼓励、支持志愿服务组织、慈善组织为老年人提供志愿服务、慈善救助。

第四十三条 地方各级人民政府应当统一规划、发展老年教育、文化、体育事业。

县级以上地方人民政府应当把老年教育纳入终身教育体系，鼓励和支持社会力量办学，多渠道、多形式为老有所学提供条件。

县级以上地方人民政府有关部门、乡镇人民政府、街道办事处、村民委员会、居民委员会和有关单位应当为老年人开展文化、体育、娱乐活动提供场所，组织开展活动。

第四十四条 地方各级人民政府应当采取措施，加强老年人才资源开发，为老年人发挥特长、参与社会活动创造条件。人力资源社会保障部门可以在人力资源市场中建立有专长的老年人信息档案。

鼓励和支持各类老年人组织依法开展活动，发挥老年人组织在经济、政治、社会和文化建设中的作用。

第四十五条 鼓励和支持老年人在力所能及的情况下参与下列活动：

（一）兴办公益事业，从事志愿服务等社会公益活动；

（二）参与科学研究和技术应用，传播科学文化知识，提供咨询服务；

（三）关心教育下一代；

（四）参与维护社区治安秩序，协助调解民间纠纷；

（五）其他社会活动。

第五章 法律责任

第四十六条 老年人合法权益受到侵害的，被侵害人或者其代理人有权要求有关部门处理，或者依法向人民法院提起诉讼。有关部门、人民法院应当依法处理，不得推诿、拖延。

对老年人追索赡养费、扶养费、抚恤金、养老金、最低生活保障金、医疗费用，以及其他因情况紧急需要先予执行的案件，人民法院可以依法裁定先予执行。

第四十七条　老年人与家庭成员因赡养、扶养或者房屋、财产发生纠纷，可以申请人民调解委员会调解，也可以直接向人民法院提起诉讼。

调解、处理前款纠纷时，对有过错的家庭成员，人民调解委员会、人民法院应当给予批评教育，人民法院可以予以训诫，责令具结悔过。

第四十八条　以暴力或者其他方法公然侮辱老年人，或者诽谤、虐待、遗弃老年人，情节较轻的，依照《中华人民共和国治安管理处罚法》的有关规定处罚；构成犯罪的，依法追究刑事责任。

第四十九条　暴力干涉老年人婚姻自由或者对老年人负有赡养义务、扶养义务而拒绝赡养、扶养，情节严重构成犯罪的，依法追究刑事责任。

第五十条　家庭成员盗窃、诈骗、抢夺、勒索、故意毁坏老年人财物，情节较轻的，依照《中华人民共和国治安管理处罚法》的有关规定处罚；构成犯罪的，依法追究刑事责任。

第五十一条　依照本条例规定为老年人提供优待服务的单位，不落实对老年人的优待服务，不明示优待服务内容的，由其主管部门责令改正。

第五十二条　有关部门和组织不依法履行保护老年人合法权益职责的，由其上级机关责令改正；情节严重的，由县级以上地方人民政府予以通报。

国家工作人员失职，致使老年人合法权益受到损害的，由其所在组织或者上级机关责令改正；情节严重的，依法给予行政处分；构成犯罪的，依法追究刑事责任。

第六章　附　则

第五十三条　本条例自2011年3月1日起施行。1999年10月30日江苏省第九届人民代表大会常务委员会第十二次会议通过的《江苏省实施〈中华人民共和国老年人权益保障法〉办法》同时废止。

（江苏）省政府关于加快构建社会养老服务体系的实施意见

苏政发〔2011〕127号

各市、县（市、区）人民政府，省各委办厅局，省各直属单位：

为深入贯彻党的十七届五中全会精神和胡锦涛总书记对江苏工作“六个注重”新要求，全面落实省委关于实施“民生幸福工程”的总体部署，不断满足广大老年人养老服务需求，努力提升老年人的幸福感和满意度，现就加快构建社会养老服务体系提出如下实施意见：

一、深刻认识加快构建社会养老服务体系的重要意义

（一）重要意义。社会养老服务是政府主导、社会参与、区别于传统家庭养老的新型养老服务方式。我省1986年进入老龄化社会，比全国早13年。2010年底，全省60岁及以上老年人口1300多万，占户籍人口总数的17.4%，老年人群体呈现基数大、增速快、寿龄高、空巢多等特点，迫切需要社会提供多样化、多层次的养老服务。近年来，全省各地紧紧围绕老年人服务需求，积极发展社会养老服务事业，取得了明显成效。但是，我省社会养老服务还存在总量供给不足，结构不合理，服务水平不高等问题，社会养老服务供需矛盾仍然十分突出。加快构建社会养老服务体系，不断满足广大老年人日益增长的养老服务需求，是又好又快推进“两个率先”的重要方面，是细化落实“民生幸福工程”的重要举措，是惠及百姓的民心工程、德政工程，对于加快转变经济发展方式，推动基本公共服务均等化，维护社会公平正义，保持社会和谐稳定，具有十分重要的促进作用。各地、各有关部门要充分认识新形势下加快构建社会养老服务体系的重要性和必要性，进一步增强责任感和紧迫感，采取更加有力的措施，切实把社会养老服务体系建设提高到一个新的水平。

二、进一步明确构建社会养老服务体系总体要求

和主要目标

（二）总体要求。坚持以邓小平理论和“三个代表”重要思想为指导，深入贯彻落实科学发展观，按照党的十七届五中全会“优先发展社会养老服务”的要求和省委实施“民生幸福工程”的部署，以满足老年人服务需求、提升老年人生活质量为目标，坚持政府主导与社会参与、家庭养老与社会养老、公益性服务与经营性服务相结合，基本建立起与经济社会发展相协调、与“两个率先”进程相同步、与人口老龄化水平相适应，以居家养老为基础、社区服务为依托、机构养老为支撑、信息服务为辅助的社会养老服务体系，满足老年人养老服务需求，让老年人安享晚年生活，共享经济社会发展成果。

（三）主要目标。到2015年，基本形成规模适度、结构合理，制度完善、管理规范，服务专业、运行高效，投资多元、城乡一体的社会养老服务体系。

——城市社区居家养老服务中心（站）实现全覆盖，农村社区（村）居家养老服务中心（站）建成比例苏南达到90%、苏中达到80%、苏北达到70%以上；

——养老机构床位数达到每千名老年人30张以上；

——社会投资兴办的养老机构床位占养老床位总数的比例达到50%以上；

——护理型床位占养老床位总数的30%以上；

——养老服务信息管理系统、老年人居家呼叫服务系统和应急救援服务网络基本实现城乡覆盖；

——养老护理人员持证上岗率达到60%以上；

——以县（市、区）为单位基本建立政府为符合条件的困难老年人购买养老服务制度。

三、全面落实社会养老服务体系建设各项任务

（四）加快农村养老服务设施建设，推进养老服务城乡一体化。按照统筹城乡发展的要求，切实加大对农村养老服务的投入，推动公共服务资源向农村养老服务倾斜。改善农村敬老院服务设施，扩大服务范围，在确保“五保”供养对象生活的前提下，拓展社会寄养、日托照料、支撑区域内居家养老服务等多种功能，逐步向区域性养老服务中心转型。各地在规划新农村建设中，要把老年人服务场所和老年集中居住生活区作为重要功能配置。鼓励利用个人、集体空置房或空闲地，通过政府、集体、社会和个人出资的办法，建立小型互助式老年集中居住生活区、小型托老所和幸福院等，并实行规范管理，确保安全运行。加快老年人医疗、教育、文化、体育等相关服务设施建设，满足农村老年人多方面服务需求。

（五）加快居家养老服务中心建设，推进养老服务功能多样化。充分发挥居家养老基础性作用，大力发展社区居家养老服务中心，整合各类服务资源，为老年人提供送上门的居家服务和走出家门的社区服务。“十二五”期间，各街道（乡镇）要依托综合性社区服务中心，全面建成具有一定规模、功能较强的居家养老服务中心。大力推进城乡社区居家养老服务中心（站）建设，到2015年，城市社区居家养老服务中心（站）实现全覆盖；农村社区（村）居家养老服务中心（站）建成比例苏南达到90%、苏中达到80%、苏北达到70%以上。强化社区居家养老服务中心功能，为老年人提供短期托养、日间照料以及助餐、助洁、助浴、助医、助行、助购等生活服务。同时，兼顾老年人文化娱乐、学习教育、体育健身、精神关爱、社会参与、权益维护等多种需求。各地要通过购买公益性岗位等办法，为社区居家养老服务中心（站）配备专职管理人员。积极采取购买服务、资金补助、提供场所等扶持措施，引导和鼓励社会组织、家政服务企业参与居家养老服务。积极发挥老年人组织、志愿者组织作用，为老年人提供优质的志愿服务。创建养老服务示范社区，为老年人营造良好的生活服务环境。

（六）加快各类养老服务机构建设，推进养老服务主体多元化。适应老年人集中养老的需求，大力扶持社会投资兴办的养老机构发展，继续推进公办养老机构建设，扩大养老床位总量。到2015年，养老机构床位数达到每千名老年人30张以上。落实各项扶持和优惠政策，大力支持社会力量兴办养老机构，对社会投资兴办的护理型养老服务机构予以重点扶持。到2015年，社会投资兴办的养老机构床位占养老床位总数的比例达到50%以上。鼓励将基础条件较好的闲置厂房、学校空置房、私人住宅等改建为护理院和托老所等养老机构，各有关部门应予积极支持。支持有条件的医疗机构参与养老机构建设，为老年人提供护理、康复、保健等服务。优化养老床位结构，提高护理床位比例，优先保障失能半失能等困难老年人服务需求。到2015年，护理型床位占养老床位总数的30%以上。力争通过5年的努力，形成高、中、低档配套，养、护、助功能齐全，公办、社会投资兴办、合作经营等多种形式共同发展的养老服务机构体系。

（七）加快养老服务网络平台建设，推进养老服务手段信息化。充分利用现代信息技术和现有网络资源，努力为广大老年人提供高效便捷的养老服务。“十二五”期间，依托城乡社区综合服务管理信息平台，基本建成上下贯通、左右连接、覆盖全省的养老服务信息网络和管理系统，实行统一软件标准、统一操作流程，实现信息共享、业务协同。重点支持老年人居家呼叫服务系统建设，为老年人提供应急等多种需求呼叫服务。到2015年，养老服务信息管理系统、老年人居家呼叫服务系统和应急救援服务网络基本实现城乡覆盖，其中，困难老人的呼叫服务系统安装、服务费用由当地人民政府承担。

（八）加快养老服务人才队伍建设，推进养老服务人员专业化。大力发展养老护理职业教育，有计划地在高等院校和中等职业学校增设养老服务相关专业和课程，开辟养老服务培训基地，加快培养老年医学、康复、护理、营养、心理等方面的专业人才，提高养老服务从业人员的职业道德、业务技能和服务水平。制定从业人员职业技术等级评定制度，推行从业人员职业资格认证和持证上岗制度。大力实施“养老护理员培训工程”，今后5年，分别培训20000名初级、2000名中级、200名高级养老护理人员。逐步提高从业人员的工资福利待遇，认真落实养老服务人员社会保险政策。

（九）加快养老服务法规制度建设，推进养老服务管理规范化。根据国家法律法规和政策规定，研究出台我省相关地方性法规、规章和规范性文件，形成具有江苏特点的养老服务法规政策体系。建立健全养老服务准入、监管、退出制度，促进养老服务业健康有序发展。认真执行养老服务设施建设标准，建立老年人服务机构基本规范。进一步细化生活照料、康复护理、医疗保健、心理关爱等各项具体服务项目的内容和标准，规范养老服务行为。抓紧制定社会养老服务效果评估办法，实行等级评定制度。加强居家养老服务中心（站）规范化建设，完善居家养老服务中心（站）建设标准和指标评估体系。积极探索养老服务标准化管理体系建设，大力推动各类标准在养老服务行业的贯彻运用。

四、不断完善社会养老服务体系建设的扶持政策

（十）完善土地供应政策。各地应当根据城乡建设总体规划和养老服务设施建设规划，将老年服务设施建设用地纳入当地土地利用总体规划和年度计划并予以优先安排，切实保障老年服务设施建设合理用地需求。按照有关规定，养老机构建设应当采取划拨方式供地的，一律划拨供地；应当采取有偿方式供地的，可采取“双向竞价”、“综合评标”等多种方式合理控制地价，切实降低建设成本。

（十一）落实税费优惠政策。认真落实老年服务机构税收减免政策，对养老院提供的养老服务免征营业税，对非营利性的老年服务机构符合条件的免征企业所得税。养老机构自用房产、土地，暂免征收房产税、城镇土地使用税。对新建老年服务设施的市政公用设施配套费酌情给予减免。个人通过非营利性社会组织和政府部门向福利性、非营利性养老机构的捐赠，在缴纳个人所得税前准予全额扣除。企业对养老机构的公益性捐赠支出符合规定的，在年度利润总额12%以内的部分，准予在计算应纳税所得额时扣除。养老服务机构使用水、电、燃气、暖气、有线电视、固定电话，有关单位应当按照居民用户标准收取费用，有初装费的应当减半收取。

（十二）健全医疗服务政策。支持在养老机构内设置或合作设立医疗站点，对符合条件的要纳入城镇职工（居民）基本医疗保险和新型农村合作医疗定点范围。加快推进城乡医保省内异地就医联网结算，方便老年人看病。基层医疗卫生机构应当免费为辖区内老年人建立居民健康档案，定期为老年人提供健康管理服务。鼓励和引导社区卫生服务机构转变服务模式，主动为长期卧床、70岁以上和独居等行动不便老人提供上门服务。

（十三）实行政府供养和补贴政策。对城市“三无”、农村“五保”老人，采取政府集中供养和分散供养的方式，保障其基本生活不低于当地居民平均生活水平。县级以上地方人民政府向80周岁以上的老年人发放尊老金，其中100周岁以上老年人的尊老金由省人民政府负担。各地可根据经济社会发展情况，扩大发放范围、提高发放标准。各市、县（市、区）建立政府购买养老服务制度，对符合条件的高龄、独居、失能半失能困难老年人经过评估，采取政府购买服务方式，为他们入住养老机构、接受社区居家养老服务或者签约委托亲友、邻里服务提供支持。具体办法另行研究制定。落实老年人各项优待服务政策，为老年人乘坐城市公共汽车和地铁，进入政府投资主办的公园、公益性文化设施、旅游景点、公共体育健身场所提供免费或优惠服务。

（十四）创新养老服务产业政策。研究制定养老服务产业政策，大力推进养老服务产业发展。适当扶持经营性养老机构发展，通过土地参股等方式，支持养老服务机构资产进入资本市场运作。鼓励国有资本与社会资本合资合作兴办养老服务机构，积极支持民间投资兴办或参与兴办养老服务机构。公办养老机构可采用服务外包、委托管理、合作经营等方式吸引社会参与。着力培养一批大型老年服务龙头企业，打造一批老年服务知名品牌。积极探索养老护理保险，推行养老服务意外保险。

五、建立健全社会养老服务体系建设的保障措施

（十五）加强组织领导。各级人民政府要高度重视社会养老服务体系建设，将其列入重要议事日程，及时研究部署，明确发展目标，制定政策措施，抓好责任落实。各地要将养老服务体系建设纳入本地区经济社会发展总体规划和年度计划，纳入政府目标管理和绩效考核，纳入政府年度重点工作和为民办实事项目，加大推进力度，确保取得实效。进一步建立健全社会养老服务体系建设的领导体制和运行机制，形成政府主导、民政部门主管、老龄工作机构协调、相关部门各司其职、社会广泛参与的工作格局。

（十六）加大投入力度。各级人民政府要加大对养老服务事业的投入，建立养老服务事业经费增长机制。省财政在现有基础上，进一步加大对各类养老机构、社区居家养老服务中心（站）等养老服务体系建设的投入，2012 年，用于社会养老服务体系建设资金增加到 4 亿元。增加福利彩票公益金、体育彩票公益金对社会养老服务的投入，积极鼓励社会资金、慈善捐赠支持社会养老服务体系建设，形成多元化的投入机制。

（十七）强化督查指导。进一步理顺老龄工作管理体制，加强老龄工作机构建设。各级老龄委要充分发挥组织协调、调查研究、检查指导职能，督促相关法规政策和工作任务的落实。老龄委相关成员单位要切实履行工作职责，加强沟通、密切协作，努力形成推进社会养老服务体系建设的整体合力。政府主办的养老机构要充分发挥功能作用，协助政府相关部门做好养老服务指导、评估、培训等工作。各地、各有关部门要定期对社会养老服务体系建设政策措施落实情况进行督促检查，对社会养老服务体系建设规划执行情况进行评估，并向社会公布。

（十八）营造社会氛围。围绕建设社会主义核心价值体系，大力弘扬中华民族传统美德，在全社会深入开展敬老、爱老、助老教育。各级、各部门要认真学习、宣传、贯彻《中华人民共和国老年人权益保障法》和《江苏省老年人权益保障条例》，增强全社会保护老年人权益的法律意识。机关、企事业单位和社会团体要把敬老、爱老、助老宣传教育作为干部职工思想道德建设的重要方面。教育部门要把敬老、爱老、助老作为中小学道德教育的重要内容。宣传、文化等部门要加大宣传力度，及时报道各地、各部门发展养老服务事业的好经验、好做法。各地要结合文明社区、文明村镇、文明家庭等创建活动，开展各种形式的敬老活动，树立和表彰先进典型，形成人人尊重、关心、帮助老年人的良好社会风尚。

各地、各有关部门要根据本意见精神，结合实际，制定具体实施办法。

二〇一一年九月七日

（江苏）省政府关于加快完善社会保障体系实现人人享有基本社会保障的实施意见

苏政发〔2011〕128 号

各市、县（市、区）人民政府，省各委办厅局，省各直属单位：

为深入贯彻党的十七届五中全会精神和胡锦涛总书记对江苏工作“六个注重”最新要求，根据省委、省政府关于大力推进“民生幸福工程“的整体部署，现就加快完善社会保障体系、实现人人享有基本社会保障提出如下实施意见：

一、充分认识加快完善社会保障体系的重大意义

社会保障与人民幸福安康息息相关。党的十七大明确提出，要加快完善以社会保险、社会救助、社会福利为基础，以基本养老、基本医疗、最低生活保障制度为重点，以慈善事业、商业保险为补充的社会保障体系。各地、各有关部门认真贯彻中央和省委、省政府的部署要求，始终把完善社会保障体系作为一项重要任务，着力在制度建设和措施落实上下功夫，取得了明显成效，全省社会保障体系框架基本形成，制度覆盖范围不断扩大，社会保障能力明显增强，为增进民生幸福、促进社会和谐发挥了重要作用。但受经济社会发展水平的制约，加上人口老龄化、就业方式多样化和城市化进程加快，当前，我省社会保障体系仍然存在制度和运行机制不够完善；城乡之间和区域之间发展不够均衡；提高保障待遇和基金支付压力并存等问题，与又好又快推进“两个率先”要求和人民群众的期盼还有较大差距。“十二五”时期，是我省全面建成小康社会并向率先基本实现现代化迈进的重要阶段。完善覆盖城乡的社会保障体系，对于深入贯彻落实科学发展观，又好又快推进“两个率先”，全面实施“民生幸福工程“，促进经济发展和社会和谐稳定，让人民群众共享改革发展成果，都具有重要意义。各地、各有关部门要深刻认识社会保障体系建设的重要性、紧迫性，切实增强大局意识、责任意识，进一步加大工作力度，加快构建更加完善的社会保障体系。

二、进一步明确完善社会保障体系的总体要求

（一）指导思想。

深入贯彻落实科学发展观，适应又好又快推进“两个率先”的新要求，顺应人民群众过上更加美好生活的新期待，坚持“广覆盖、保基本、多层次、可持续”的方针，以人人享有基本社会保障为目标，以社会保险、社会救助、社会福利为基础，以增加公平性、适应流动性、保证可持续性为工作重点，注重效率与公平、统一性与灵活性相结合，立足当前、着眼长远，统筹城乡、整体设计，积极而为、量力而行，健全覆盖城乡的多层次社会保障体系，实现社会保障事业健康、稳定和可持续发展。

（二）主要目标。

到2015年，基本形成与全省经济社会发展水平相适应、覆盖城乡、制度完善、保障有力、服务优质的社会保障体系，实现人人享有基本社会保障。

——基本养老保险。企业职工基本养老保险、城乡居民社会养老保险和被征地农民基本生活保障制度更加完善，参保率稳定在95%以上，企业退休人员基本养老金和城乡居民基础养老金逐年增加，被征地农民基本生活保障标准逐步提高，城乡居民实现“老有所养”。

——基本医疗保险。城镇职工、城镇居民基本医疗保险和新农合制度更加完善，筹资水平逐步提高，参保率稳定在95%以上，参保人员个人自付费用比例控制在30%以内，城乡居民实现“病有所医”。

——失业及工伤、生育保险。失业及工伤、生育保险覆盖城乡各类用人单位职工，失业保险参保率稳定在95%以上，工伤、生育保险参保人数分别达1 400万和1 200万人以上；失业及工伤、生育保险待遇水平逐步提高，失业、工伤人员基本生活以及女职工生育期间基本生活、基本医疗需求得到有效保障。

——社会救助。以城乡居民最低生活保障、农村“五保”供养制度为基础，以医疗、住房、教育、司法、灾害及特殊困难残疾人救助等专项救助制度为辅助，以临时救助、慈善援助、社会互助为补充的社会救助体系更加完善。城乡居民最低生活保障标准分别按照上年度省辖市城镇居民人均可支配收入、县（市）农民人均纯收入20%—25%综合确定，增幅不低于城乡居民收入增幅。

——社会福利。以老年人、儿童、残疾人为重点服务对象的适度普惠型社会福利逐步向全民共享拓展，社会福利水平不断提高，全省养老机构床位数达每千名老年人30张以上，老年人普遍享有基本公共服务，惠民殡葬政策覆盖所有省辖市，孤儿养育水平进一步提高，制度完善、作用显著、管理规范、健康有序的慈善事业发展格局基本形成。

三、全面落实完善社会保障体系的重点任务

（一）加快健全各项社会保障制度。围绕人人享有基本社会保障的目标，在不断完善已有制度的基础上，加大制度建设和创新力度，形成全方位、系统化的社会保障制度。

1. 健全基本养老保障制度。巩固“新农保”制度建设成果，全面实施城镇居民社会养老保险制度。完善企业职工基本养老保险制度，解决未参保城镇集体企业退休人员基本养老保障等历史遗留问题。稳步推进机关事业单位养老保险制度改革。落实被征地农民基本生活保障制度。

2. 完善基本医疗保障制度。健全城镇职工、城镇居民基本医疗保险、新农合和城乡医疗救助制度。普遍开展居民医保、新农合门诊费用统筹，逐步将门诊常见病、多发病纳入保障范围。推进医保付费方式改革，建立医保与医疗机构风险分担机制。

3. 推进失业及工伤、生育保险制度建设。鼓励各地将灵活就业人员逐步纳入失业保险范围，充分发挥失业保险保生活、促就业、防失业的功能。探索建立工伤预防管理办法，推进工伤康复工作，逐步健全工伤预防、补偿与康复相结合的工伤保险制度。积极探索灵活就业人员参加生育保险办法，健全农村妇女住院分娩补助制度。

4. 建立更加完善的社会救助制度。完善城乡居民最低生活保障和农村“五保”供养制度，推进最低生活保障工作信息化和农村“五保”供养机构规范化建设。落实城乡医疗、特殊困难残疾人及受灾群众救助制度，加大对困难群众的专项救助力度。健全临时生活救助制度和价格上涨动态补贴机制，积极帮助困难群众解决突发困难。

5. 发展适度普惠型社会福利。加快社会福利事业发展，推动社会福利由补缺型向适度普惠型转变。

完善社会养老服务体系，提高残疾人就业能力和社会保障水平，落实孤残儿童保障制度，加强优抚安置工作，推行全民普惠殡葬服务政策。大力发展慈善事业，引导和规范社会各方积极参与慈善及公益活动。

（二）持续扩大社会保险覆盖范围。坚持把覆盖面作为衡量社会保障制度可及性和有效性的首要指标，加大扩面征缴工作力度，将符合条件的人员全部纳入制度范围，做到“应保尽保”。

1. 健全扩面工作机制。坚持行政推动、宣传引导、法律约束三管齐下，健全部门信息沟通联动共享机制，发挥企业工会监督作用，督促各类用人单位依法参加社会保险。将用人单位依法参保缴费情况纳入社会信用体系，对不依法参保缴费的用人单位，责令改正，对拒不改正的依法予以处罚，并向社会公开曝光。

2. 推动重点人群参保。大力促进农民工、非公有制经济组织从业人员、灵活就业人员参加社会保险，将城镇非从业居民全部纳入居民社会养老保险，在校大学生全部纳入城镇居民基本医疗保险。健全参保缴费激励机制，引导和鼓励早参保、多缴费、长缴费。将未参保城镇集体企业退休人员等纳入基本养老保险制度范围，将“老工伤”人员纳入工伤保险统筹管理。

3. 强化参保续保帮扶。巩固困难企业退休人员参加城镇职工基本医疗保险成果，推进困难企业职工参加基本医疗保险。将领取失业保险金期间的失业人员全部纳入城镇职工基本医疗保险，其应缴纳费用由失业保险基金支付。鼓励各地采取公益捐助、慈善帮扶、政府补贴引导等措施，帮助困难断保人员续保缴费。

4. 加强基金征缴和监管。严格执行缴费申报核定制度，完善征缴稽核和征收考核机制，依法组织征收，加大欠费追缴力度，确保各项社会保险费应收尽收。从严监管各项社会保险基金，规范基金收支，完善社会保险基金、企业年金管理情况报告和信息披露制度，健全人大监督、行政监督与社会监督相结合的监管体系，实现对社会保险基金征收、管理、支付和运营的全程监督，确保基金安全。

（三）稳步提高社会保障待遇水平。综合考虑经济发展水平和社会各方面承受能力，坚持基本保障与补充保障相结合，统筹提高社会保障标准，使人民群众切实分享经济社会发展成果。

1. 着力提高基本社会保险待遇标准。完善企业退休人员基本养老金正常调整机制，建立城乡居民社会养老保险基础养老金正常增长和财政保障制度。建立与城乡居民收入增长相适应的城镇居民医保、新农合筹资机制和财政补助增长机制，新农合人均最低筹资标准不低于本地区上年农民人均纯收入的3%、财政补助不低于筹资的80%。健全失业保险金正常调整机制，完善失业保险动态物价补贴制度。完善工伤保险定期待遇调整机制。规范生育保险待遇项目和标准，适当提高生育保险待遇水平。建立征地补偿标准动态调整机制，逐步提高被征地农民基本生活保障标准。

2. 加快提升社会救助和社会福利水平。健全城乡低保标准和农村“五保”供养标准自然增长机制，将孤儿、城镇“三无”老人供养纳入财政预算并建立供养标准自然增长机制，落实80周岁以上老年人尊老金发放制度。全面推行普通门诊救助、特殊门诊救助以及大重病患者救助，逐步取消医疗救助起付线，提高救助比例和封顶线。完善优抚对象抚恤补助标准自然增长机制，“十二五”期间，各类优抚对象抚恤补助标准年增长10%。提高对独生子女伤残死亡家庭父母的补贴标准。健全物价上涨动态补贴机制，确保困难家庭基本生活水平和家庭经济困难大中专学生及农村义务教育寄宿制学生伙食标准不因物价上涨而降低。积极推动慈善事业与经济社会发展水平相一致，与人民群众要求相适应，切实加强慈善人才和志愿者队伍建设，努力营造慈善事业监督有力、规范有序、健康发展的良好环境。

3. 积极发展补充性社会保障事业。引导和规范各类社会机构和市场主体兴办补充保险和商业保险，满足人民群众更高或特定的保障需求。鼓励用人单位积极发展企业年金，加快建立职业年金制度，不断提高退休人员养老保障水平。鼓励有条件的用人单位建立补充医疗保险，引导工会等社会团体开展多种形式的医疗互助活动，有效减轻参保人员特别是大（重）病困难参保人员的医疗费用负担。大力发展居民商业养老、健康保险，充分发挥商业保险的补充保障作用。

（四）切实加强社会保障统筹衔接。顺应城乡发展一体化和区域协调发展的要求，强化城乡、区域社会保障统筹协调和政策衔接，推进各类社会保障制度整合，促进社会保障事业统筹协调发展。

1. 提高社会保险统筹层次。全面实施企业职工基本养老保险省级统筹，统一全省企业职工基本养老保险政策，在确保企业离退休人员基本养老金按时足额发放的前提下，统一企业缴纳基本养老保险费比例，实行基金省级预算管理，逐步扩大省级统筹基金调剂规模。全面实现基本医疗、失业、工伤和生育保险市级统筹，探索建立省级调剂金制度，并逐步过渡到省级统筹。

2. 推进社会保障城乡统筹。抓紧研究并积极探索企业职工基本养老保险、城镇居民社会养老保险、新农保、被征地农民基本生活保障制度之间，城镇职工基本医疗保险、城镇居民基本医疗保险、新农合、医疗救助制度之间的衔接办法，实现城乡居民养老保险制度的统一。健全城乡一体的失业保险制度，推动有条件的地区实现低保城乡一体化。

3. 加强社会保障政策衔接。落实企业职工基本养老保险关系转移接续办法，完善基本医疗保险关系转移接续政策，保障参保人员流动就业时社会保险关系顺畅转移接续。健全低保制度与最低工资、失业保险、扶贫开发等政策以及医疗、教育、住房、慈善援助等专项救助制度的衔接机制。

（五）着力优化社会保障管理服务。按照“统筹城乡、整合资源，完善体系、夯实基础，规范服务、分步推进”的要求，有效整合和优化配置社会保障服务资源，加快推进服务规范化、信息化、专业化建设，全面提高服务能力和水平，为城乡居民提供规范、均等、便捷、高效的社会保障服务。

1. 推进社会保障服务标准化建设。实施社会保障服务标准化工程，明确社会保障服务范围、服务内容、服务流程以及提供服务所需的设施设备、人员配备、经费保障等标准，努力提高服务水平。开展标准化试点，加强标准体系宣传贯彻，充分发挥标准化对社会保障事业的技术支撑和基础保障作用。

2. 推进社会保障信息化建设。以实现社会保障“一卡通”为重点，加快建设覆盖全省、联通共用、安全可靠的社会保障信息网络。加强“社会保障卡”发行工作，尽快实现服务对象、信息网络、公共服务“全覆盖”，探索推动“社会保障卡”向其他公共服务领域拓展。充分发挥社会保障信息网络作用，有效提供网上申报等基本服务，实现基本医疗费用即时结算和异地就医结算。

3. 推进社会保障服务平台建设。完善省、市、县三级社会保障服务机构功能，加强基层社会保障服务平台建设，建成“15 分钟社会保障服务圈”，为广大群众提供参保登记、缴费申报、关系转移、待遇领取等“一条龙”服务。稳步推进社会保障经办管理资源的整合，实行城乡居民社会养老保险统一经办管理，逐步实现城乡基本医疗保险行政管理的统一。加强社会保障服务队伍建设，科学合理配置工作人员，实行经办人员持证上岗制度，探索政府购买服务和服务外包办法，不断提升社会保障服务能力和水平。

四、进一步强化完善社会保障体系的保障措施

（一）加强组织领导。各级人民政府要把完善社会保障体系作为推动科学发展、促进社会和谐、又好又快实现“两个率先”的重要任务，纳入经济社会发展总体规划和政府年度工作计划，列入“民生幸福工程”和基本现代化指标体系。政府主要负责同志要亲自过问，分管负责同志具体抓，及时研究重大事项，协调推进体系建设。

（二）健全工作机制。建立社会保障体系建设目标责任制，逐级分解目标任务，明确责任单位和责任人，一级抓一级、层层抓落实。省人力资源社会保障、民政、卫生、财政、发展改革、国土资源、人口计生、工会等部门要按照职责分工，各司其职，相互支持，形成工作合力。强化基层基础，注重与基层的沟通衔接，调动基层干部和人民群众主动参与、积极支持社会保障体系建设。建立督查考核制度，根据责任分工和时间节点，跟踪督查，严格考核，确保责任、措施、资金落实到位，真正把好事办好。

（三）加大投入力度。调整财政支出结构，加大财政对社会保障事业的投入，确保用于社会保障体系建设的资金逐年增加。健全社会保障基金预决算制度，强化各级人民政府对社会保险基金收支平衡的责任。各级财政都要建立社会保险基金风险准备金。加大对经济薄弱地区社会保障的财政转移支付力度，落实好各项社会保障补助资金项目。鼓励社会力量参与社会保障事业发展，加强对资金使用的监督管理，确保社会保障资金发挥最大效益。

（四）营造良好环境。认真组织社会保障普法宣传教育，制定完善相关配套政策措施，为社会保障制度实施提供完备的法律保障，为社会保障事业发展创造良好的法制氛围。切实加强对社会保障工作的宣传发动，不断改进宣传形式，丰富宣传内容，增进社会各界对社会保障知识的了解，调动各方面的积极性、创造性，形成全社会共同推动社会保障事业发展的良好局面。

二〇一一年九月八日

江苏省2010年老年人口信息和老龄事业发展状况报告

前言

为贯彻落实省委、省政府《关于加快我省老龄事业发展的意见》精神，省老龄工作委员会办公室会同省民政厅、人力资源和社会保障厅、统计局等涉老部门，对我省2010年老年人口及老龄事业发展情况进行分析研究，形成了《2010年江苏省老年人口信息和老龄事业发展状况报告》，现予发布。

第一部分　2010年末江苏省老年人口信息

一、全省老年人口概况

●60周岁及以上老年人口1301.36万人，占户籍总人口的17.48%。

●65周岁及以上老年人口898.75万人，占户籍总人口的12.07%。

●全省60周岁及以上老年人口中：

60－69周岁674.05万人，占全省老年人口51.79%。

70－79周岁415.63万人，占全省老年人口31.94%。

80－89周岁189.47万人，占全省老年人口14.56%。

90周岁及以上22.21万人，占全省老年人口1.71%。

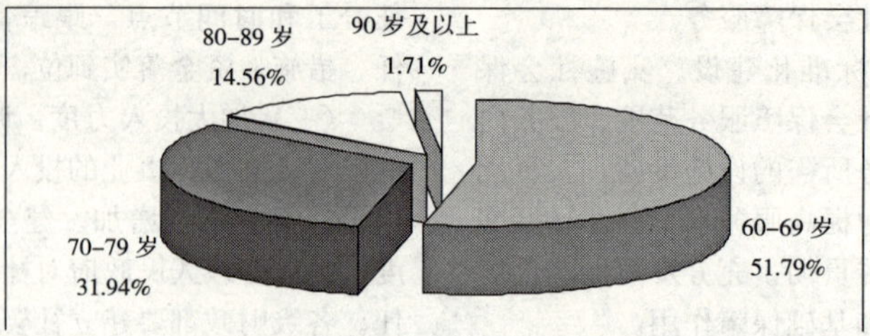

图1　2010年末江苏省60周岁及以上老年人口年龄构成

●老年人口性别构成：

60周岁及以上老年人口中：

男性为624.91万人，占48.02%，女性为676.45万人，占51.98%。

60周岁至79周岁老年人口中：

男性为552.11万人，占42.43%，女性为559.20万人，占57.57%。

80周岁及以上老年人口中：

男性为72.80万人，占38.31%，女性为113.27万人，占61.69%。

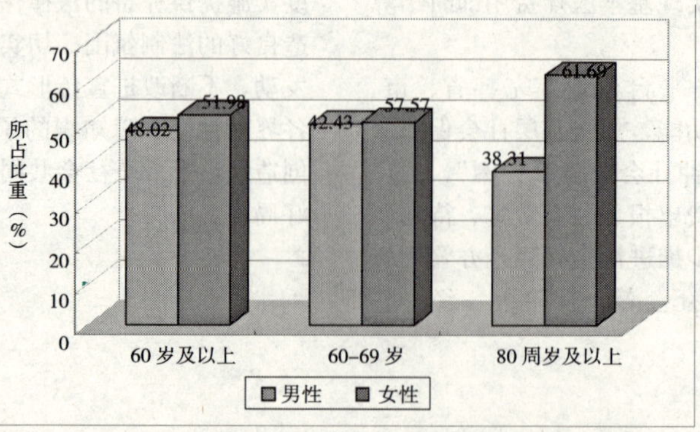

图2　2010年末江苏省60周岁及以上老年人口性别构成

二、各市老年人口数据

2010年末，全省各市60周岁及以上老年人口占该市总人口比重前三位的是南通市、苏州市和泰州市，分别为22.91%、20.67%和20.34%。

2010年末，全省各市80周岁及以上老年人口占该市60周岁及以上老年人口比重前三位的是徐州市、南通市和常州市，分别为18.27%、18.17%和16.82%。

表1　2010年末江苏省各市老年人口数据

单位：万人,%

各市	60周岁及以上		65周岁及以上	70—79周岁	80—89周岁	90周岁及以上
	人数	占总人口比重				
全省	1301.36	17.48	898.75	415.63	189.47	22.23
南京	105.78	16.73	71.67	34.34	14.49	1.35
无锡	94.03	20.20	61.38	27.52	13.37	1.38
徐州	139.06	14.30	99.96	45.14	22.26	3.15
常州	70.07	19.47	46.26	20.32	10.59	1.20
苏州	131.85	20.67	89.75	40.98	19.45	1.89
南通	174.61	22.91	123.02	56.65	28.15	3.58
连云港	63.03	12.68	43.86	20.31	9.10	1.10
淮安	76.23	14.27	54.54	25.89	10.57	1.35
盐城	134.93	16.64	93.31	44.94	17.62	2.20
扬州	88.17	19.25	58.48	27.67	11.16	1.15
镇江	52.22	19.36	34.23	15.17	7.76	0.94
泰州	102.22	20.34	70.88	32.36	15.18	1.85
宿迁	69.16	12.73	51.41	24.34	9.78	1.09

三、老年人口变动

●2000年—2010年，全省60周岁及以上老年人口从922万增加到1301.36万，年均增加37.93万人；老年人口占户籍人口比重从2000年的12.62%上升到2010年的17.48%，年均上升0.49%。

表2　2000—2010年江苏省各市60周岁及以上老年人口变化

单位：%

地　区	2000年老年人口比重	2010年老年人口比重	2000—2010年	
			老年人口年均增长	老年人口比重年均递增百分点
全　省	12.62	17.48	3.5	0.49
南京市	12.19	16.73	3.54	0.45
无锡市	12.35	20.20	4.12	0.79
徐州市	11.19	14.30	3.38	0.31
常州市	12.30	19.47	4.20	0.72
苏州市	13.42	20.67	3.76	0.73
南通市	17.42	22.91	2.92	0.55
连云港市	9.85	12.68	3.42	0.28
淮安市	11.03	14.27	3.21	0.32
盐城市	11.84	16.64	3.67	0.48
扬州市	13.34	19.25	3.72	0.59
镇江市	12.26	19.36	4.12	0.71
泰州市	14.78	20.34	3.75	0.56
宿迁市	10.85	12.73	2.33	0.19

四、赡养系数

2010年末，全省老年人口赡养系数为14.5%（注：老年人口赡养系数，是指65周岁及以上人口与15周岁—64周岁劳动年龄人口数量的比值。）

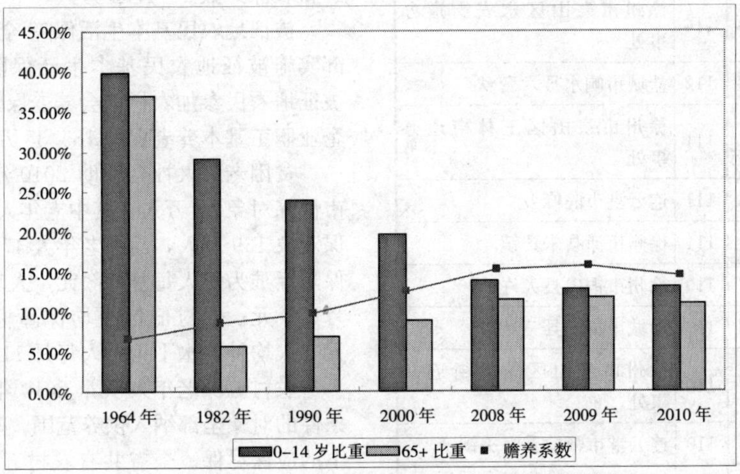

图3　江苏省人口年龄结构及老年人口赡养系数

五、百岁老人

2010年末，全省百岁老人5742人，比上年增长208人。全省每10万人中有百岁老人7.7人。百岁老人数前三位的是盐城、南通市和徐州市，分别为1456人、865人和476人。

表3 2000年、2010年江苏省百岁老年人口

地区	2000年			2010年		
	总数（人）	每10万人中百岁老人（人）	占全省百岁老人比重（%）	总数（人）	每10万人中百岁老人（人）	占全省百岁老人比重（%）
全省	1198	1.7	100	5742	7.7	100
南京市	49	0.9	4.09	225	3.5	3.91
无锡市	60	1.38	5.01	325	6.9	5.67
徐州市	317	3.57	26.46	476	4.8	8.29
常州市	35	1.03	2.92	421	11.6	7.33
苏州市	52	0.9	4.34	374	5.8	6.51
南通市	191	2.43	15.94	865	11.3	15.06
连云港市	66	1.48	5.51	432	8.6	7.52
淮安市	55	1.08	4.59	166	3.1	2.89
盐城市	77	0.97	6.43	1456	17.9	25.36
扬州市	37	0.82	3.09	282	6.1	4.91
镇江市	23	0.86	1.92	111	4.1	1.93
泰州市	57	1.14	4.76	403	8.0	7.02
宿迁市	179	3.55	14.94	206	3.7	3.59

江苏省十大寿星排行

2010年末，根据各地推荐的百岁老人，按出生时间先后，排出江苏省十大寿星，名单如下：

姓名	性别	出生日期	年龄	地址
邢叶氏	女	1897.09	114	徐州市泉山区永安街道办事处
高张氏	女	1899.02	112	盐城市响水县六套乡
满玉侠	女	1900.01	111	徐州市泉山区王林街道办事处
周赵氏	女	1900.05	111	连云港市驼峰乡
韩张氏	女	1900.05	111	徐州市沛县朱寨镇
杜建英	女	1901.02	110	徐州市铜山县大许镇
刘李	女	1901.02	110	盐城市阜宁县三灶镇
王硕玉	女	1901.03	110	徐州市泉山区湖滨街道办事处
徐庄氏	女	1901.03	110	连云港市赣榆县海头镇
刘仲氏	女	1901.03	110	宿迁市沭阳县沭城镇

第二部分 2010年江苏省老龄事业发展状况

一、养老保障

企业职工养老保险 2010年末，全省企业职工基本养老保险参保的人数1921.44万人，比上年末增加149.69万人。全省企业离退休人员养老金做到按时足额发放。2010年末全省纳入社区管理的退休人员388.27万人，社区管理率达94.9%。2010年全省企业职工基本养老保险基金总收入9608107万元。其中基金征缴收入8895868万元，比上年增长14.15%。全年基金总支出7335981万元，比上年增长18.77%。南京、无锡、常州、苏州、南通、盐城、扬州、镇江、泰州等市已建立无收入来源城镇老年居民生活补贴制度。

表4 江苏省企业社会养老保险参保情况一览表

项目 时间	参保人数（万人）	比上年末增加人数（万人）
2005年	1234.87	131.7
2006年	1361.63	126.76
2007年	1494.05	132.42
2008年	1641.36	147.31
2009年	1771.75	130.39
2010年	1921.44	149.69

新型农村社会养老保险 新型农村社会养老保险制度建设取得突破性进展。全省13个省辖市和90个涉农县（市、区）出台新农保办法，新型农村社会养老保险制度建立率100%。截至2010年末，全省参加新农保人数1514.56万人。

被征地农民基本生活保障 全省13个省辖市已全部实施被征地农民基本生活保障办法。2010年末，被征地农民参加农村社会养老保险15.69万人，参加企业职工基本养老保险185.35万人。

贫困老年人社会救助 2010年末，全省共保障城市低保对象43万人，其中老年人8.84万人；农村低保对象139万人，其中老年人47.12万人。城市平均保障标准为每人每月338元，人均补差水平为每人每月179元；农村低保平均保障标准为每人每月249元，人均补差水平为每人每月113.5元。

农村五保老年人供养 2010年末，全省符合五保条件的对象全部纳入供养范围，基本实现了动态管理下的应保尽保。全省共有农村五保对象21.79万人，其中集中供养13.85万人，人均标准达到4423元/

年，分散供养 7.94 万人，人均标准 3166 元/年。

农村计划生育家庭奖励扶助政策 我省实施农村部分计划生育家庭奖励扶助制度和独生子女死亡伤残家庭特别扶助制度。对农村地区只生育一个子女、年满 60 周岁的夫妻，按每人每月 60 元的标准发放奖励扶助金。2010 年末，全省享受农村计划生育家庭奖励扶助对象 43.85 万人，兑现奖励扶助金 3.12 亿元；特扶对象 4.26 万人，兑现资金 4560 万元。

二、医疗保障

城镇职工基本医疗保险 2010 年末，全省基本医疗保险参保人数 1843.31 万人。其中参保职工 1401.79 万人，参保退休人员 441.53 万人。全省基本医疗保险基金总收入 3357161 万元，其中基金征缴收入 3248205 万元。全年基金总支出 2740065 万元。

表 5　江苏省城镇职工基本医疗保险参保情况一览表

项目 时间	参保人数（万人）	比上年末增加人数（万人）
2005 年	1124.1	147.4
2006 年	1274.3	150.2
2007 年	1435.79	161.51
2008 年	1604.25	168.46
2009 年	1701.13	96.88
2010 年	1843.31	142.18

新型农村合作医疗 2010 年末，全省参加新农合人数 4384 万人，参合率 95% 以上，人均筹资标准 190 元。

城镇非职工基本医疗保险 2010 年末，全省城镇居民参加城镇非职工基本医疗保险人数达 1396.77 万人，其中城镇居民参加城镇居民医疗保险人数 915.94 万人；城镇居民参加新农合 480.83 万人。城镇居民基本医疗保险覆盖率稳定在 98.95%左右。

三、养老服务

开展老年友好型城市、老年宜居社区建设 常熟市被世界卫生组织评为“城市人口老龄化与保障优秀实践奖城市”；江阴市被评为全国老年宜居城市。

养老服务设施建设 2010 年末，全省机构养老床位 28 万张，每千名老年人拥有床位 20 张。全省老年福利院、敬老院、老年公寓、护理院等养老机构中，公办养老机构 219 所，注册民办养老机构 549 所。

社区居家养老服务 2010 年，全省建有社区居家养老服务中心（站）4762 个，其中，省财政安排 4000 万专项资金，采取以奖代补的方式，扶持新建 2000 个社区居家养老服务中心（站），包含创建 77 个省级示范性社区居家养老服务中心。

“关爱工程”实施 省政府投入 1 亿元继续实施以农村敬老院新建、改扩建为主要内容的“关爱工程”。2010 年末，农村敬老院达 1485 所，18.15 万张床位。

四、精神关爱

老年优待 2010 年，全省各级政府都已设立“尊老金”，百岁以上老人按每人每月不低于 300 元标准发放，南京市、苏州市、无锡市、镇江市、南通市、淮安市把尊老金的年龄标准扩大到 80 周岁，徐州市、常州市、扬州市、泰州市扩大到 90 岁。

老年文化 2010 年，首届江苏老年书画 展在南京开展，184 幅作品参展。2010 年全省创作一批优秀老年文艺作品，其中常州《香脆萝卜干》和苏州《江南秀》获全国老年艺术节金奖，扬州《绿扬花语》服饰获全国老年艺术节银奖。

老年教育 全省有老年大学和学校 5092 所，在校老年大学（校）学员 55.4 万多人。

老年体育 2010 年江苏老年体育工作取得新的进展，以“科学健身，你我同行”为主题的 2010 年江苏老年人体育节取得圆满成功。体育节期间，全省各地老年人体协共举行省老年人体育节分会场启动仪式 1890 多场次，参与人数 84 万多人；举办各项比赛和展示活动 6980 多场次，参与人数 130 多万人次。

老年关爱 全省老年精神关爱示范点建设不断深入，心理关爱服务不断拓展。江苏省老龄办、省老年学学会组织专家开展老年心理关爱研究，撰写出版《老年心灵茶吧》一书。2010 年承办了《全国第三届老年心理关爱研讨会》，整理出版《空巢老人心理研究》论文集。

老年宣传 2010 年 10 月举办省第一届“敬老月”系列活动。开展全国敬老、爱老、助老为主题教育评选活动，评选出全国敬老模范单位 6 个和 111 位全国敬老楷模和敬老之星。《老年周报》每周 2 刊，发行量达 5 万份。《江苏老龄网》反映老龄事业发展状况，解答老年人热心话题，点击率达 15 万人次以上。《银潮》杂志和《美丽夕阳》广播栏目受到老年人欢迎。

五、权益维护

2010 年，江苏省政府常务会议通过了《江苏省老年人权益保障条例（草案）》并提交省人大常委会。2010 年，全省律师涉老义务法律咨询 12214 件，代理民事案件 15466 件；法律援助老年人 8321 人次；对特殊困难老人上门司法鉴定 235 件。

江苏省老龄工作委员会办公室

二〇一一年十月

（江苏）省政府办公厅印发省政府关于加快构建社会养老服务体系实施意见责任分解方案的通知

苏政办发〔2011〕164号

各市、县（市、区）人民政府，省各委办厅局，省各直属单位：

为认真贯彻《省政府关于加快构建社会养老服务体系的实施意见》（苏政发〔2011〕127号），切实将各项目标任务和政策措施落到实处，经省人民政府同意，现将《〈省政府关于加快构建社会养老服务体系的实施意见〉责任分解方案》印发给你们。省各有关部门和单位要根据本方案，将相关任务列入年度重点工作和目标考核内容，明确分管领导、责任处室和责任人。各地要根据苏政发〔2011〕127号文件要求，逐级分解落实工作责任。省政府办公厅将适时组织专项督查，并进行通报。

二〇一一年十一月二十四日

《江苏省政府关于加快构建社会养老服务体系的实施意见》责任分解方案

一、全面落实社会养老服务体系建设各项任务

（一）加快农村养老服务设施建设，推进养老服务城乡一体化

1. 改善农村敬老院服务设施，扩大服务范围，在确保“五保”供养对象生活的前提下，拓展社会寄养、日托照料、支撑区域内居家养老服务等多种功能，逐步向区域性养老服务中心转型。（责任部门：省民政厅、财政厅）

2. 鼓励利用个人、集体空置房或空闲地，通过政府、集体、社会和个人出资的办法，建立小型互助式老年集中居住生活区、小型托老所和幸福院等，并实行规范管理，确保安全运行。（责任部门：省民政厅、财政厅、老龄办）

（二）加快居家养老服务中心建设，推进养老服务功能多样化

3. 大力推进城乡社区居家养老服务中心（站）建设，到2015年，城市社区居家养老服务中心（站）实现全覆盖；农村社区（村）居家养老服务中心（站）建成比例苏南达到90%、苏中达到80%、苏北达到70%以上。（责任部门：省民政厅、财政厅、老龄办）

（三）加快各类养老服务机构建设，推进养老服务主体多元化

4. 继续推进公办养老机构建设，扩大养老床位总量，到2015年，养老机构床位数达到每千名老年人30张以上。（责任部门：省民政厅、发展改革委、财政厅、国土资源厅）

5. 落实各项扶持和优惠政策，大力支持社会力量兴办养老机构。到2015年，社会投资兴办的养老机构床位占养老床位总数的比例达到50%以上。（责任部门：省民政厅、发展改革委、财政厅、国土资源厅）

6. 优化养老床位结构，提高护理床位比例，优先保障失能半失能等困难老年人服务需求。到2015年，护理型床位占养老床位总数的30%以上。（责任部门：省民政厅、卫生厅、财政厅、发展改革委）

（四）加快养老服务网络平台建设，推进养老服务手段信息化

7. 重点支持老年人居家呼叫服务系统建设，为老年人提供应急等多种需求呼叫服务。到2015年，养老服务信息管理系统、老年人居家呼叫服务系统和应急救援服务网络基本实现城乡覆盖。（责任部门：

省民政厅、经济和信息化委、财政厅、老龄办）

（五）加快养老服务人才队伍建设，推进养老服务人员专业化

8. 大力发展养老护理职业教育，有计划地在高等院校和中等职业学校增设养老服务相关专业及课程，开辟养老服务培训基地，加快培养老年医学、康复、护理、营养、心理等方面的专业人才，提高养老服务从业人员的职业道德、业务技能和服务水平。（责任部门：省民政厅、教育厅、人力资源社会保障厅、卫生厅、老龄办）

9. 制定养老服务从业人员职业技术等级评定制度，推行从业人员职业资格认证和持证上岗制度。到2015年，养老护理人员持证上岗率达到60%以上。（责任部门：省民政厅、人力资源社会保障厅、卫生厅、老龄办）

10. 实施“养老护理员培训工程”。今后5年，分别培训20000名初级、2000名中级、200名高级养老护理人员。（责任部门：省民政厅、人力资源社会保障厅、卫生厅、老龄办）

（六）加快养老服务法规制度建设，推进养老服务管理规范化

11. 研究出台我省养老服务地方性法规、规章和规范性文件，形成具有江苏特点的养老服务法规政策体系。（责任部门：省民政厅、法制办、老龄办）

12. 建立健全养老服务准入、监管、退出制度，促进养老服务业健康有序发展。认真执行养老服务设施建设标准，建立老年人服务机构基本规范。进一步细化生活照料、康复护理、医疗保健、心理关爱等各项具体服务项目的内容和标准，规范养老服务行为。（责任部门：省民政厅、工商局、物价局、住房城乡建设厅、卫生厅、老龄办）

二、不断完善社会养老服务体系建设的扶持政策

（一）完善土地供应政策

13. 各地应当根据城乡建设总体规划和养老服务设施建设规划，将老年服务设施建设用地纳入当地土地利用总体规划和年度计划并予以优先安排，切实保障老年服务设施建设合理用地需求。按照有关规定，养老机构建设应当采取划拨方式供地的，一律划拨供地；应当采取有偿方式供地的，可采取“双向竞价”、“综合评标”等多种方式合理控制地价，切实降低建设成本。（责任部门：省国土资源厅、住房城乡建设厅、发展改革委）

（二）落实税费优惠政策

14. 认真落实老年服务机构税收减免政策，对养老院提供的养老服务免征营业税，对符合条件的非营利性老年服务机构免征企业所得税。养老机构自用房产、土地，暂免征收房产税、城镇土地使用税。对新建老年服务设施的市政公用设施配套费酌情给予减免。个人通过非营利性社会组织和政府部门向福利性、非营利性养老机构的捐赠，在缴纳个人所得税前准予全额扣除。企业对养老机构的公益性捐赠支出符合规定的，在年度利润总额12%以内的部分，准予在计算应纳税所得额时扣除。养老服务机构使用水、电、燃气、暖气、有线电视、固定电话，有关单位应当按照居民用户标准收取费用，有初装费的应当减半收取。（责任部门：省国税局、地税局、住房城乡建设厅、发展改革委、物价局）

（三）健全医疗服务政策

15. 支持在养老机构内设置或合作设立医疗站点，对符合条件的要纳入城镇职工（居民）基本医疗保险和新型农村合作医疗定点范围。加快推进城乡医保省内异地就医联网结算，方便老年人看病。基层医疗卫生机构应当免费为辖区内老年人建立居民健康档案，定期为老年人提供健康管理服务。（责任部门：省卫生厅、人力资源社会保障厅）

（四）实行政府供养和补贴政策

16. 对城市“三无”、农村“五保”老人，采取政府集中供养和分散供养的方式，保障其基本生活不低于当地居民平均生活水平。（责任部门：省民政厅、财政厅）

（五）创新养老服务产业政策

17. 研究制定养老服务产业政策，大力推进养老服务产业发展。（责任部门：省发展改革委、民政厅）

三、建立健全社会养老服务体系建设的保障措施

（一）加强组织领导

18. 建立健全社会养老服务体制机制，形成政府主导、民政部门主管、老龄工作机构协调、相关部门各司其职、社会广泛参与的工作格局。（责任部门：省民政厅、老龄办）

（二）加大投入力度

19. 进一步加大对各类养老机构、社区居家养老服务中心（站）等养老服务体系建设的投入，2012年，用于社会养老服务体系建设的资金增加到4亿元。增加福利彩票公益金、体育彩票公益金对社会养老服务的投入，积极鼓励社会资金、慈善捐赠支持社会养老服务体系建设，形成多元化的投入机制。（责任部门：省财政厅、民政厅、体育局）

（三）强化督查指导

20. 政府主办的养老机构要充分发挥功能作用，协助政府相关部门做好养老服务指导、评估、培训等

工作。（责任部门：省民政厅、发展改革委、人力资源社会保障厅、老龄办）

（四）营造社会氛围

21. 大力弘扬中华民族传统美德，在全社会深入开展敬老、爱老、助老教育。教育部门要把敬老、爱老、助老作为中小学德育教育的重要内容。宣传、文化等部门要加大宣传力度，及时报道各地、各部门发展养老服务事业的好经验、好做法。各地要结合文明社区、文明村镇、文明家庭等创建活动，开展各种形式的敬老活动，树立和表彰先进典型，形成人人尊重、关心、帮助老年人的良好社会风尚。（责任部门：省委宣传部，省教育厅、文化厅、广电局、新闻出版局、民政厅、老龄办、总工会，团省委，省妇联）

江苏省人民政府办公厅

2011 年 11 月 25 日印发

（江苏）省政府关于印发《江苏省“十二五”老龄事业发展规划》的通知

苏政发〔2011〕178 号

各市、县（市、区）人民政府，省各委办厅局，省各直属单位：

现将《江苏省“十二五”老龄事业发展规划》印发给你们，请认真组织实施。

二〇一一年十二月十五日

江苏省“十二五”老龄事业发展规划

为积极应对人口老龄化，加快发展老龄事业，根据《中国老龄事业发展“十二五”规划》和《江苏省国民经济和社会发展第十二个五年规划纲要》，制定本规划。

一、背景

（一）“十一五”期间老龄事业发展的主要成就

“十一五”时期，是我省老龄事业快速发展的 5 年。社会养老保障和医疗保障进一步完善。企业退休职工按时足额领取养老金，月平均养老金达到 1466 元，比“十五”期末增长了 75%。新型农村社会养老保险在全国率先基本实现全覆盖，760 多万农村老年人领取了养老金。城市老年人基本纳入了城镇职工基本医疗保险和城镇居民基本医疗保险，农村老年人基本纳入了新型农村合作医疗。符合“低保”、“三无”、“五保”条件的老年人，纳入相应的救助和供养制度。城乡计划生育家庭养老保障支持政策得到较好的落实。城市多种形式的养老服务普遍开展，农村敬老院建设取得显著成效，全省各类养老机构床位数达到 28 万多张，兴办社区居家养老服务中心 6700 多个。老年文化、教育、体育事业稳步发展，老年人的合法权益维护工作得到加强。制定促进老龄事业发展的一系列政策措施，建立尊老金、老年优待服务等制度，推进养老服务管理规范化，老年保障和服务制度城乡一体化进程不断加快，老龄事业发展的区域差距逐步缩小。老龄工作战略地位明显提升，敬老、爱老、助老的社会氛围更加浓厚。广大老年群众坚持老有所为，积极参与经济社会建设和公益活动，在构建社会主义和谐社会中发挥了重要作用。

（二）“十二五”期间老龄事业面临的形势

“十二五”时期，是我省全面建成更高水平小康社会并向基本实现现代化迈进的关键阶段，也是老龄事业发展的关键时期。长期以来，各级党委、政府十分关心老年群众，高度重视老龄工作，不断采取有效措施，推动老龄事业发展，取得了显著成效。但是，也要清醒地看到，在快速发展的老龄化进程中，老龄事业和老龄工作相对滞后的矛盾日益突出。据测算，从 2010 年末到 2015 年末，60 岁以上老年人将由 1300 万增加到 1483 万，平均每年增加 36 万；老年人口占户籍总人口的比重将由17.4%增长到19%。同时，我省老龄事业发展基础还不够扎实，养老保障水平尚不够高，公益性老年服务设施、服务网络建设滞后，社会养老服务供给不足，老年社会管理服务工作相对薄弱，老龄事业发展在区域城乡之间仍不平衡，社会养老服务与老年人需求和期盼相比还有一定差距，推进老龄事业发展任务仍然十分艰巨。各级、各有关部门必须高度重视并深刻认识发展老龄事业的重要性和紧迫性，正确处理老龄事业与经济社会发展的关系，大力推进老龄事业发展体系建设，从物质、精神、服务、政策、制度和体制机制等方面做好应对人口快速老龄化挑战的各项工作，促进老龄事业与经济社会协调发展。

二、指导思想、发展目标、基本原则

（一）指导思想

高举中国特色社会主义伟大旗帜，坚持以邓小平理论和“三个代表”重要思想为指导，深入贯彻落实科学发展观，围绕“推动科学发展、建设美好江苏”主题，主动适应人口老龄化新形势，坚持以人为本，坚持改革创新，坚持党政主导、社会主体、全民参与，统筹推进城乡、区域之间老龄事业发展，建立健全老年人社会保障体系、社会养老服务体系、老年健康支持体系、老年人社会管理服务体系，创新老龄事业管理体制和运行机制，维护老年人合法权益，积极营造敬老、爱老、助老的社会氛围，推动老龄事业发展与“两个率先”进程相同步，在更高层次上实现“老有所养、老有所医、老有所教、老有所学、老有所为、老有所乐”目标，不断提升老年人生活质量和生活水平，让广大老年人共享经济社会发展成果。

（二）发展目标

——企业职工基本养老保险、城乡居民社会养老保险和被征地农民基本生活保障制度更加完善，参保率稳定在95%以上，社会保险待遇水平稳步提高，企业退休人员基本养老金和城乡居民基础养老金稳定增长，被征地农民基本生活保障标准逐步提高，城乡居民实现“老有所养”。

——进一步完善老年人基本医疗保障体系，提高医疗保障水平，基层医疗卫生机构为辖区内老年人开展健康管理服务，健康档案建有率达到85%以上，人均预期寿命超过78岁。

——建立以居家养老为基础、社区服务为依托、机构养老为支撑、信息服务为辅助的社会养老服务体系。城市社区居家养老服务中心（站）实现全覆盖；农村社区（村）居家养老服务中心（站）建成比例苏南达到90%、苏中达到80%、苏北达到70%以上。养老机构床位数达到每千名老年人30张以上。养老服务信息管理系统、老年人居家呼叫服务系统和应急救援服务网络基本实现城乡覆盖。养老护理人员持证上岗率达到60%以上。以县（市、区）为单位基本建立政府为符合条件的困难老年人购买养老服务的制度。

——全面推行城乡建设涉老工程技术标准规范、无障碍设施改造和新建小区老龄设施配套建设规划标准。

——社区（村）老年文化、教育和体育健身活动场所实现全覆盖。县及以上老年大学办学规模扩大20%以上，参加各类老年教育机构学习的老年人达到老年人口的10%以上。

——加强老年社会管理服务工作。健全各级老龄工作委员会，95%以上退休人员纳入社区管理服务对象，基层老龄协会覆盖面达到95%以上，老年志愿者数量达到老年人口的15%以上。

（三）基本原则

1. 老龄事业与经济社会发展相适应。紧紧围绕率先全面建成更高水平小康社会和率先基本实现现代化的战略目标，确立老龄事业在全省改革发展全局中的重要地位，促进老龄事业与经济社会协调发展。

2. 立足当前与着眼长远相结合。从我省人口老龄化和老年人实际需求出发，将着力解决当前突出矛盾和应对人口老龄化长期挑战紧密联系起来，让老年人共享改革发展成果。注重体制机制创新和法规制度建设，统筹兼顾，综合施策，实现全面、协调、可持续发展。

3. 政府主导和社会参与相结合。以政府建制度、保基本、扶贫弱为基础，积极引入市场机制，强加市场培育和监管，采取政策引导、资金扶持等措施，充分调动社会各方面力量积极参与老龄事业发展。

4. 家庭养老与社会养老相结合。充分发挥家庭和社区功能，着力巩固家庭养老地位，优先发展社会养老服务，探索符合时代特征、中国特色和江苏特点的新型养老模式。

5. 统筹协调与分类指导相结合。充分考虑城乡和地区之间经济社会发展的差异，分类指导，因地制宜开展老龄工作，加大对农村和经济薄弱地区的扶持力度，努力缩小城乡和区域老龄事业发展的差距。

6. 道德规范与法律约束相结合。广泛开展孝亲、敬老教育，大力营造敬老、爱老、助老的社会氛围。加强老龄法制工作，为老龄工作和老龄事业的全面发展提供动力和保证。

三、主要任务

（一）老年社会保障

1. 健全基本养老保险制度。围绕人人享有基本社会保障的目标，巩固新型农村社会养老保险制度建设成果，全面实施城镇居民社会养老保险制度。完善企业职工基本养老保险制度，妥善解决未参保集体企业退休人员基本养老保障等历史遗留问题。积极稳妥地推进机关、事业单位养老保险制度改革。完善被征地农民养老制度，提高被征地农民养老待遇。按时足额发放养老金，企业退休人员社区管理率达到95%以上。继续提高企业退休人员基本养老金水平，并完善正常调整机制。发展企业年金和职业年金。发挥商业保险补充性作用。

2. 完善基本医疗保险制度。将所有老年人纳入城镇职工基本医疗保险、城镇居民基本医疗保险和新型农村合作医疗等保障制度。在制定、调整相关政策和具体操作办法时，充分考虑老年人特殊的医疗需求，在政策措施上对老年人给予优待，切实保障老年人的基本医疗需求，逐步提高老年人医疗保障待遇。享受最低生活保障的老年人和其他低收入家庭的老年人参加城镇居民基本医疗保险、新型农村合作医疗的，其个人缴费部分由政府给予补贴。逐步提高城镇职工基本医疗保险和城镇居民基本医疗保险的老年人医保范围内报销比例，提高新型农村合作医疗参保老年人住院费用补偿率和门诊补偿率。完善老年人医疗保险异地就医医疗费结算办法，方便老年人就医。

3. 加强对困难老年人的社会救助。各地要认真落实农村“五保”供养政策，苏南、苏中、苏北原则上分别按不低于所在县（市、区）上年度农民人均纯收入的40%、45%、50%确定供养标准，并随经济社会发展逐步提高保障水平。同时，根据本地城市居民人均可支配收入水平，建立城市“三无”老人供养标准增长机制。对城乡低保对象中的70岁及以上老年人，本人每月可增发保障标准金额的10%－20%保障金。把困难老年人作为临时生活救助、医疗救助、司法救助的重点对象，加大救助力度。将城镇户籍居民低收入住房困难家庭的纯老年人户优先纳入廉租住房保障范围。

4. 提升老年人社会福利水平。加快社会福利事业发展，推进社会福利由补缺型向适度普惠型转变。落实80周岁以上老年人尊老金发放制度，完善尊老金发放管理和操作办法。各地可根据本地区经济社会发展情况，扩大尊老金发放范围，提高尊老金发放标准。将符合条件的老年人纳入农村部分计划生育家庭奖励扶助和城乡独生子女伤残死亡家庭特别扶助制度的范围，并按照规定给予扶助。落实持独生子女光荣证的企业退休职工一次性奖励政策，并建立长效发放机制。落实老年人各项优待服务政策，为老年人乘坐城市公共汽车和轨道交通，进入政府投资主办的公园、公益性文化设施、旅游景点、公共体育健身场所提供免费或优惠服务。

（二）老年医疗卫生保健

1. 积极提升老年医疗卫生服务能力。增强老年病医疗技术人员力量，增加相关技术设备和设施投入，提高老年病防治水平。加强老年多发病、常见病的防治和科学研究。各省辖市指定1所二级以上综合医院作为老年病的防治中心，二级以上综合性医院设立老年病科。进一步加强老干部病房建设，扶持老年康复医院建设。一定规模以上的养老机构设立配套的医疗服务点并纳入医疗保险定点范围。建立健全以社区卫生服务为基础的老年医疗保健服务网络，积极开展老年人医疗、护理、卫生保健、健康监测等服务。基层医疗卫生机构为老年人提供适宜的家庭医疗康复护理服务。增加惠民医院和惠民医疗点，优先为符合条件的困难老年人提供服务。

2. 积极开展老年疾病预防工作。针对老年病共性致病因素，实施宣传、教育、咨询、普查、主动介入服务等综合干预措施，促进老年人疾病早预防、早发现、早诊断和早治疗。在全省普遍建立老年人健康档案，建档率达到85%以上。每2年为老年人做1次健康检查，实行不间断的健康管理。老年性痴呆、抑郁等精神疾病的早期识别率达到40%。

3. 积极发展老年保健事业。大力开展老年健康教育，积极组织老年人开展健身活动，增强老年人保健意识和能力，提高老年人健康素质。注重老年精神关怀和心理慰藉，提供疾病预防、心理健康、自我保健及伤害预防、自救等健康指导和心理健康指导服务，重点关注高龄、空巢、患病等老年人的心理健康状况。鼓励为老年人家庭成员提供专项培训和支持，充分发挥家庭成员的精神关爱和心理支持作用。

（三）社会养老服务体系

1. 加快发展农村养老服务。改善农村敬老院服务设施，扩大服务范围，在确保“五保”供养对象生活的前提下，拓展社会寄养、日托照料、支撑区域内居家养老服务等多种功能，逐步向区域性养老服务中心转型。各地在规划新农村建设中，把老年人服务场所和老年集中居住生活区作为重要功能配置。鼓励利用个人、集体空置房或空闲地，通过政府、集体、社会和个人出资的办法，建立小型互助式老年集中居住生活区、小型托老所和幸福院等，并实行规范管理，确保安全运行。

2. 重点发展居家养老服务。大力推进城乡社区居家养老服务中心（站）建设，强化社区居家养老服务中心功能，为老年人提供短期托养、日间照料以及助餐、助洁、助浴、助医、助行、助购等生活服务，同时兼顾老年人文化娱乐、学习教育、体育健身、精神关爱、社会参与、权益维护等多种需求。积极采取扶持措施，引导和鼓励社会组织、家政服务企业参与居家养老服务。积极发挥老年人组织、志愿者组织作用，为老年人提供优质的志愿服务。

3. 统筹发展机构养老服务。适应老年人集中养老的需求，大力扶持社会投资兴办的养老机构发展，继续推进公办养老机构建设，养老机构床位数达到每千名老年人 30 张以上。对社会投资兴办的护理型养老服务机构予以重点扶持，社会投资兴办的养老机构床位占养老床位总数的比例达到 50%以上，护理型床位需占养老床位总数的 30%以上。努力形成高、中、低档配套，养、护、助功能齐全，公办、社会投资兴办、合作经营等多种形式共同发展的养老服务机构体系。

4. 构建养老服务网络平台。充分利用现代信息技术和现有网络资源，努力为广大老年人提供高效便捷的养老服务。“十二五”期间，依托城乡社区综合服务管理信息平台，基本建成上下贯通、左右连接、覆盖全省的养老服务信息网络和管理系统，实行统一软件标准、统一操作流程，实现信息共享、业务协同。重点支持老年人居家呼叫服务系统建设，为老年人提供应急等多种需求呼叫服务。

5. 加强养老服务队伍建设。大力发展养老护理职业教育，有计划地在高等院校和中等职业学校增设养老服务相关专业和课程，开辟养老服务培训基地，加快培养老年医学、康复、护理、营养、心理、社会工作等方面的专业人才，提高养老服务从业人员的职业道德、业务技能和服务水平。推行从业人员职业资格认证和持证上岗制度。

6. 切实加强养老服务行业管理。建立健全养老服务准入、监管、退出制度，促进养老服务业健康有序发展。认真执行养老服务设施建设标准，建立老年人服务机构基本规范。进一步细化生活照料、康复护理、医疗保健、心理关爱等各项具体服务项目的内容和标准，规范养老服务行为。建立和推行社会养老服务评估办法，实行等级评定制度。加强居家养老服务中心（站）规范化建设，完善居家养老服务中心（站）建设标准和指标评估体系。积极探索养老服务标准化管理体系建设，大力推动各类标准在养老服务行业的执行运用。

（四）老年家庭建设

1. 改善老年人居住条件。引导开发老年宜居住宅和代际亲情住宅，鼓励家庭成员与老年人共同生活或就近居住。推动和扶持老年人家庭无障碍改造。

2. 完善家庭养老支持政策。完善老年人口户籍迁移管理政策，为老年人随赡养人迁徙提供条件。健全家庭养老保障和照料服务扶持政策。

3. 弘扬孝亲敬老传统美德。强化尊老敬老道德建设，提倡亲情互助，促进家庭和睦、代际和顺，营造温馨和谐的家庭氛围，发挥家庭养老的基础作用。定期开展孝亲敬老之星评比活动。努力建设老年温馨家庭，提高老年人居家养老的幸福指数。

（五）老年人生活环境

1. 加快老年活动场所和便利化设施建设。在城乡规划建设中，充分考虑老年人需求，加强街道、社区“老年人生活圈”配套设施建设，着力改善老年人的生活环境。通过新建和资源整合，缓解老年生活基础设施不足的矛盾。利用公园、绿地、广场等公共空间，开辟老年人运动健身场所。

2. 完善涉老工程建设技术标准体系和实施监督制度。按照老龄设施工程建设技术标准规范，在规划、设计、施工、监理、验收等各个环节，加强技术标准的实施与监督，形成有效规范的约束机制。

3. 加快推进无障碍设施建设。突出高龄和失能老年人居家养老服务设施、环境的无障碍改造，推行无障碍设施进社区、进家庭。加快对居住小区、园林绿地、道路、建筑物等与老年人日常生活密切相关的设施无障碍改造步伐，方便老年人出行和参与社会生活。深入推进城市无障碍化建设，新建城市道路和养老场所无障碍率达到 100%，已建居住区、城市道路、公共建筑和养老场所的无障碍改造率达到 70%。

4. 推动建设老年友好型城市和老年宜居社区。树立老年友好环境建设和家庭发展的新理念，研究编制建设老年友好型城市、老年宜居社区指南，发挥典型示范作用。“十二五”期间，力争建成 5 个“老年友好型城市”和 50 个“敬老示范社区”。

（六）老龄产业

1. 完善老龄产业政策。将老年服务产业纳入现代服务业统一规划、统一部署。各级人民政府要建立专项资金，研究制定、落实引导和扶持老龄产业发展的信贷、投资等支持政策，建立专项资金，扶持老龄产业发展。将发展养老服务产业与拉动消费、增加就业岗位结合起来，推进全省养老服务业产值明显增长，使之成为江苏服务业发展新亮点。

2. 培育老年消费市场。鼓励和扶持开发老年产品，引导企业生产满足老年人各种需求、门类齐全、品种多样、经济适用的老年用品。重视康复辅具、电子呼救等老年特需产品的研究开发。拓展适合老年人多样化需求的特色护理、家庭服务、健身休养、文化娱乐、金融、理财、保险等服务项目。优先发展养老护理、康复保健、社区服务和老年特殊用品等产业。大力发展老年旅游业，推出适宜老年人的旅游线路和服务项目。鼓励商家设立老年用品专柜，举办老年产品展示会，促进流通、扩大销售。引导老年人更新消费观念和行为，促进老年消费市场的繁荣与发展。培育一批生产老年用品、用具和提供老年服务的龙头企业，打造一批老龄产业知名品牌。

3. 引导老龄产业健康发展。研究制定老年产品用品质量标准，加强老龄产业市场监督管理。发挥老龄产业行业协会和中介组织的积极作用，加强信息服务和行业自律，建立老龄产业诚信管理体系。

（七）老年人精神文化生活

1. 发展老年教育事业。老年教育是终身教育体系的重要内容。巩固省、市、县（市、区）老年大学办学成果，改善教学条件，扩大招生规模，提高教学质量。加强省老年大学建设，充分发挥其示范作用。鼓励社会力量兴办老年大学。街道（乡镇）要利用社区教育资源，建好老年学校，大力发展老年教育事业。有效利用广播、电视、互联网等现代传媒开展老年教育，形成覆盖城乡多层次、多形式的老年教育网络体系。“十二五”期间，老年人入学率要达到10%以上，条件好的地区要达到15%。充分发挥党支部、基层自治组织和老年群众组织的作用，做好新形势下老年思想教育工作。

2. 丰富老年人文化生活。各市、县建有老年活动中心，街道(乡镇)和有条件的社区(村)建有老年文化活动室。进一步办好省、市、县(市、区)老干部活动中心。宣传、文化、出版等部门组织力量，多出面向老年人的优秀精神文化产品。广播、电视、报纸等媒体开设老年专栏，支持办好省《老年周报》等老年报刊。文化部门积极开展形式多样、丰富多彩的老年文化艺术活动。每2年举办1次全省老年文化艺术节。

3. 加强老年体育健身工作。所有的社区（村）建有老年健身活动场所。体育部门广泛开展适合老年人特点的体育健身活动，办好老年体育节，健全老年体协组织网络。经常参加体育健身活动的老年人保持在50%以上。各级在体育彩票公益金留成中每年安排一定经费，支持开展老年人体育活动。

4. 扩大老年人社会参与。鼓励专业技术型老年人才参与科学文化知识传播，从事科学研究，开展咨询服务。支持老年人参与公民道德建设、公益事业、社会治安、移风易俗、民事调解、社区文化活动等社会事务和社区工作，发挥老年人在教育下一代中的作用。老年志愿者数量达到老年人口的15%以上。鼓励各类人力资源中介服务机构积极开展老年人才与社会需求的对接服务，为老年人发挥作用提供帮助。省老龄工作委员会设立“老有所为人物奖”，定期进行评比和表彰。

（八）老年社会管理服务

1. 强化基层老年社会管理。乡镇人民政府、街道办事处明确专人负责老年人权益保障工作。村民委员会、居民委员会建立老年人信息档案，及时反映老年人诉求，维护老年人的合法权益，做好老年人服务工作。

2. 发挥老年社团组织作用。加强和扶持各类老年社团组织建设，发挥各类老年社团组织在维护老年人权益、丰富老年人精神文化生活和促进老年人参与社会发展中的作用。建立省、市、县（市、区）、街道（乡镇）、社区（村）五级老年人协会网络，社区（村）老年人协会建有率达到95%以上，发挥老年人自我管理、自我教育、自我保护、自我服务和服务社会的作用。规范老年社团组织管理，促进老年社团组织健康发展。

3. 做好离退休人员管理服务工作。充分利用社区资源，面向全体老年人开展服务，切实把为离退休老年人服务工作纳入社区服务范围。推进街道（乡镇）、社区社会保障工作平台建设，为离退休人员提供方便、快捷、高效、优质的服务。

（九）老年人权益保障

1. 加强老年法制建设。深入贯彻执行国家老年法律法规和《江苏省老年人权益保障条例》，大力开展普法宣传和教育，加强执法检查，增强全社会维护老年人权益的意识，提高老年人权益保障法制化水平。

2. 健全老年维权机制。加强弱势老年人社会保护工作，将高龄、孤独、空巢、失能和行为能力不健全的老年人列为社会维权服务重点对象。加强对养老机构服务质量的检查、监督，维护老年人的生活质量与生命尊严，杜绝歧视、虐待老年人现象。

3. 做好老年人法律服务工作。拓展老年人维权法律援助渠道，扩大法律援助覆盖面。重点在涉及老年人医疗、保险、救助、赡养、住房、婚姻、消费等方面，为老年人提供及时、便利、高效、优质的法律服务。加大对侵害老年人权益案件的处理力度，切实保障老年人的合法权益。

四、重点项目

（一）老年人收入保障增长计划

根据国家有关要求，按照省委“实施居民收入倍增计划”部署，落实好相关增长机制，适时提高企业退休人员基本养老金、城乡居民社会养老保险基础养老金、各项救助标准和福利水平。逐步缩小城乡、区域老年人收入差距。

（二）农村“老年关爱之家”建设

到2015年，20％的农村社区（村）建立适宜互助和社区居家服务的各种老年人集中生活的“老年关爱之家”。继续实施“关爱工程”，进一步改善农村敬老院设施，提升农村敬老院功能。

（三）社区居家养老服务中心建设

到2015年，城市社区居家养老服务中心（站）实现全覆盖；农村社区（村）居家养老服务中心（站）建成比例苏南达到90％、苏中达到80％、苏北达到70％以上。对一批社区居家养老服务中心提档升级，强化服务功能。

（四）示范性养老机构建设

到2015年，所有市、县（市、区）至少建立1所政府主办的示范性养老机构，床位数分别达到300张、150张以上。对已有的政府主办的养老机构，按照规范标准和实际需要进行改造，保证新建和改造后的养老机构护理床位达到30％以上。

（五）困难老年人服务保障制度建设

各市、县（市、区）建立政府购买养老服务制度，对符合条件的高龄、独居、失能半失能困难老年人经过评估，采取政府购买服务方式，为他们入住养老机构、接受社区居家养老服务或者签约委托亲友、邻里服务提供支持。

（六）养老服务信息化建设

到2015年，养老服务信息管理系统、老年人居家呼叫服务系统和应急救援服务网络基本实现城乡覆盖，其中，困难老人的呼叫服务系统安装、服务费用由当地政府承担。

（七）养老护理员培训工程

到2015年，分别培训2万名初级、2000名中级、200名高级养老护理人员。逐步提高从业人员的工资福利待遇，认真落实养老服务人员社会保险政策。

（八）老年精神关爱示范引导

创建100所省级示范性老年大学，培育1000个示范性老年学习型社区，培育1000个示范性老年文艺团队，培育1000个示范性老年健身团队。全面推行独居老人结对关爱帮扶，每2年开展1次百佳孝星评比表彰。

五、保障措施

（一）加强组织领导

各级人民政府要将老龄事业发展纳入本地区经济社会发展总体规划和年度计划统筹安排，定期召开会议，认真听取汇报，及时研究部署，明确发展目标，抓好责任落实。进一步完善党政主导、老龄工作委员会协调、各部门分工负责、社会参与、全民关怀的老龄工作格局。各地、各有关部门定期对老龄事业发展政策措施落实情况进行督查，并作为老龄工作先进单位和先进个人评选表彰的主要依据。

（二）加大改革创新力度

进一步解放思想，在体制机制、政策支持、发展模式等方面加大改革创新力度。围绕涉老社会保障制度的配套衔接、老龄事业投入机制、政府购买服务方式、养老服务的日常监管、社会养老机构的扶持政策和融资环境、社区养老服务资源的综合开发利用、老龄社会组织规范化建设等比较突出的矛盾和问题，深入开展调查研究，逐步完善政策法规制度。

（三）建立多元化长效投入机制

各级人民政府要加大投入，统筹安排老龄事业发展经费，切实保障老龄工作经费，建立老龄事业经费增长机制。省财政在现有基础上，进一步加大对养老服务体系建设的投入。增加福利彩票公益金、体育彩票公益金对老龄事业的投入，积极鼓励社会资金、慈善捐赠支持老龄事业发展，形成多元化的投入机制。

（四）强化老龄工作机构职能

各级老龄工作委员会及其办公室要充分发挥综合协调、督促检查和参谋助手作用，及时研究部署老龄工作任务，定期通报老龄事业发展状况，督促落实相关法规政策，认真解决有关重要问题，确保各项工作高效有序开展。老龄工作委员会成员单位要切实履行工作职责，加强沟通、密切协作，努力形成推进老龄事业发展的整体合力。进一步理顺老龄工作管理体制，明确各级老龄工作委员会办公室职责与任务。各级人民政府要加强老龄工作委员会办公室建设，根据老龄工作任务，落实人员编制，选派政治和业务素质高的人员从事老龄工作，建立一支综合素质好、业务水平高、工作能力强，开拓创新、锐意进取、廉洁高效的老龄工作队伍。

（五）营造老龄事业发展环境

围绕建设社会主义核心价值体系，大力弘扬中华民族传统美德，在全社会深入开展敬老、爱老、助老教育。机关、企事业单位和社会团体要把敬老、爱老、助老宣传教育作为干部职工思想道德建设的重要方面。教育部门要把敬老、爱老、助老作为在校学生德育教育的重要内容，开展形式多样的社会实践活动，提高青少年道德素质。宣传、文化等部门要加大宣传力度，及时报道各地、各部门发展养老服务事业的好经验、好做法。各地要结合文明社区、文明村镇、文明家庭等创建活动，开展各种形式的敬老活动，树立和表彰先进典型，形成人人尊重、关心、帮助老年人的良好社会风尚。

（六）加强老龄科学研究

根据应对人口老龄化战略体系基本框架，抓好重点项目和课题研究，制定老龄事业中长期发展规划。做好老年人生活状况跟踪调查，开展区域性应对人口老龄化战略研究工作，为制定老龄政策提供决策依据。加快信息化建设，建立老龄事业信息化协同推进机制，建立老龄信息采集、分析数据平台，健全城乡老年人生活状况跟踪监测系统。建立激励机制，鼓励专家学者、实际工作者积极参与老龄科学研究。

（七）建立督查评估机制

各地、各部门要按照本规划要求，结合实际，制定具体实施方案。省老龄工作委员会抓好本规划的督促检查工作，适时进行中期评估，2015 年，对本规划的执行情况进行全面评估。

附件：江苏省“十二五”时期老龄事业发展主要指标

附件：

江苏省“十二五”时期老龄事业发展主要指标

类别	指标		2010 年	2015 年
养老保障	企业职工基本养老保险参保率（%）		—	95 以上
	新型农村社会养老保险参保率（%）		—	95 以上
	城镇居民社会养老保险参保率（%）		—	95 以上
	城镇职工和居民基本医疗保险参保率（%）		—	95 以上
	新型农村合作医疗参保率（%）		—	95 以上
	尊老金（元/月）	100 岁及以上	100	300
		90—99 岁	—	100
		80—89 岁	—	50
	县（市、区）为困难老年人购买服务制度建有率（%）		10	100
	人均预期寿命（岁）		—	78 以上
养老服务	机构养老床位数（万张）		28	44.5
	千名老人拥有机构养老床位数（张）		21.5	30 以上
	护理型床位占养老床位比例（%）		20	30
	养老护理员持证上岗率（%）		30	60
	社会办养老机构床位占养老床位比例（%）		20	50
	老年志愿者占老年人比例（%）		8	15
	城市社区居家养老服务中心建有率（%）		60	95 以上
	农村社区（村）居家养老服务中心建有率（%）		20	80
	养老服务信息管理系统覆盖率（%）		10	95 以上
	老年居家呼叫服务系统覆盖率（%）		15	95 以上
	老年应急援助服务网络覆盖率（%）		10	95 以上
	参加老年学校学习的老年人比例（%）		4.3	10 以上
	县及以上老年大学在校学员（万人）		11.9	14.5
	社区（村）老年文化活动场所建有率（%）		90	95
	社区（村）老年健身场所建有率（%）		90	95
老龄工作	乡镇及以上政府健全老龄工作委员会（%）		—	100
	社区（村）老年人协会覆盖率（%）		80	95

江苏省人民政府办公厅

二〇一一年十二月十九日印发

（浙江省）关于印发《浙江省老龄事业发展“十二五”规划》的通知

浙政发〔2011〕59号

各市、县（市、区）人民政府，省政府直属各单位：

现将《浙江省老龄事业发展“十二五”规划》印发给你们，请结合实际，认真贯彻实施。

二〇一一年八月五日

浙江省老龄事业发展“十二五”规划

为加快推进浙江省老龄事业发展，积极应对人口老龄化，根据《浙江省国民经济和社会发展第十二个五年规划纲要》，制定本规划。

一、发展背景

（一）现实基础。“十一五”时期，各地紧紧围绕“老有所养、老有所医、老有所教、老有所学、老有所乐、老有所为”目标，大力做好老龄工作，较好地完成了“十一五”规划确定的主要任务，老龄事业呈现出协调发展、整体推进的良好态势。老年社会保障工作，全面推进。率先全面实施城乡居民社会养老保险制度，深入完善职工基本养老保险政策体系，全省享受企业基本养老金、机关事业单位离退休金和城乡居民基础养老金的老年人达753万人，企业退休人员基本养老金水平居全国前列；率先实施城镇居民基本医疗保险制度，全省参加城镇职工基本医疗保险、城镇居民基本医疗保险、新型农村合作医疗的老年人达685万人；新型社会救助体系实现城乡全覆盖，全省老年低保对象达到23万人，农村五保和城镇“三无”对象集中供养率达到95%以上，医疗救助资助农村五保、低保老人和残疾老人等困难群众参加新型农村合作医疗和城镇居民基本医疗保险105万人。老年福利事业加快发展，全省养老机构床位达到18.9万张，百位老年人拥有养老床位2.4张；居家养老服务网络逐步建立，人群覆盖面不断扩大；老年优待政策进一步完善，享受各类优待的老年人达到709万人；百岁老人长寿补贴标准继续提高。老年法制建设不断加强，老年人合法权益得到有效维护。老年文化教育体育事业持续较快发展，老年人精神文化生活更加丰富。全社会老龄意识明显提高，敬老爱老助老氛围日益浓厚。“十一五”时期老龄事业的快速发展，为保障和改善民生，促进经济社会协调发展作出了重要贡献，也为今后事业发展奠定了基础。

表1　“十一五”规划主要指标完成情况

指标名称	2005年	规划目标	2010年
(1)基本养老保险参保人数(万人)	876	1000	1606
(2)被征地农民基本生活保障(万人)	155	—	422
(3)基本医疗保险参保人数(万人)	632	900	1334
(4)新农合老年人参合率(%)	—	85	90
(5)社区卫生中心覆盖率(%)	80左右	90以上	95
(6)县(市)老年活动设施普及率(%)	52	80以上	83
(7)老年法宣传普及率(%)	城85 乡65	城95以上 乡75以上	城95 乡85
(8)老年人参加教育比率(%)	7.7	10以上	10
(9)老年体育人口比率(%)	45	60	60
(10)养老机构床位数占老年人口比率(%)	1.5	2	2.4

（二）发展趋势。“十二五”时期，我省老龄事业发展面临着巨大的挑战，人口老龄化呈现加速发展趋势。到2015年，60岁以上老年人口将达到991万，占全省户籍人口的20%以上，年均增长4.5%；80岁以上高龄老人将达到157万，年均增长5.3%。

同时，人口老龄化的快速发展与家庭小型化、空巢化相重叠，与新型工业化、新型城市化相伴随，与经济转型、社会转型相交织，老年人口社会抚养负担将进一步加重，急剧增长的社会养老需求与老龄事业发展滞后的矛盾将日益突出，老年社会保障和社会养老服务体系的建设任务将更加艰巨。对此，必须高度重视，采取切实有效措施，认真加以应对。

二、指导思想、基本原则和总体目标

（一）指导思想。以邓小平理论和“三个代表”重要思想为指导，深入贯彻落实科学发展观，全面实施“八八战略”和“创业富民、创新强省”总战略，围绕全面建成惠及全省人民的小康社会总目标，坚持“党政主导、社会参与、全民关怀”工作方针，实施积极应对人口老龄化战略，推动老龄事业健康快速发展，切实保障老年人的合法权益，努力满足老年人不断增长的物质文化需求，确保老年人生活更加幸福、更有尊严。

（二）基本原则。

——坚持老龄事业与国民经济社会发展相结合。围绕“科学发展走在前列、惠及全省人民的小康社会全面建成”的总体目标，确立老龄事业在经济社会发展大局中的战略地位和战略作用，纳入统筹规划，促进协调发展。

——坚持生存保障与发展提升相结合。切实保障老年人基本生活，充分关注农村五保、城镇“三无”、低保、残疾、高龄、空巢等特殊老年群体的需求，逐步满足老年人的经济保障、医疗卫生、养老服务、精神文化、社会参与等方面的需求。推动老龄公共服务均等化，提高老年人社会福利水平，确保老年人共享经济社会发展成果。

——坚持体制建设与机制创新相结合。把实现好、维护好、发展好老年人切身利益作为老龄工作和老龄事业发展的根本出发点和落脚点，把解决当前突出的老龄问题和应对人口老龄化长期挑战作为老龄事业的全局战略，着重加强老龄工作体制建设，创新老龄事业发展机制，实现老龄事业健康持续发展。

——坚持政府主导与社会参与相结合。发挥政府在老龄事业发展中的主导作用，加强政策引导、资金支持、市场培育和监督管理。创造条件，支持和引导社会力量参与老龄事业发展，培育和壮大养老服务业；鼓励和支持家庭养老，倡导和探索个人储蓄养老和以房养老，形成政府主导、社会参与、市场运作的老龄工作格局。

（三）总体目标。围绕提高老年人生活质量，着力保障老年人基本生活需求，着力保障老年人医疗健康需求，着力增强老龄服务供给能力，推进各项老龄工作继续走在前列，促进城乡老年人基本公共服务均等化，逐步形成制度公平、城乡一体、区域平衡、发展可持续的老龄事业新局面，让老年人同步迈入全面小康社会。

表 2　“十二五”老龄事业发展主要指标

指标名称	2010 年	2015 年
(1)职工及城乡居民养老保险参保人数(万人)	2750	3400
(2)城镇职工及城镇居民医疗保险参保人数(万人)	1810	2130
(3)新农合老年人参合率(%)	90	95 以上
(4)养老机构床位数占老年人口比率(%)	2.4	3
(5)居家养老服务网络覆盖率(%)	22	90 以上
(6)县(市)老年活动设施普及率(%)	83	100
(7)老年体育人口比率(%)	60	45 以上 *
(8)老年人参加教育比率(%)	10	15 以上
(9)老年法宣传普及率(%)	城 95 乡 85	城95以上 乡85以上
(10)人均期望寿命(年)	77	78

* 按照国务院发布的《全民健身计划（2011—2015年）》标准。

三、具体发展目标和主要任务

（一）构建惠及全体老年人的社会保障体系。

发展目标：到 2015 年，建成以“老有善养”、“病有良医”、“困有优助”为目标，以基本养老保险、基本医疗保险、新型农村合作医疗为基础，以最低生活保障、困难老人救助为支撑，以计划生育奖励扶助、高龄老人补贴为补充，覆盖城乡、惠及全体老年人的社会保障体系。

主要任务：按照全覆盖、保基本、多层次、可持续的要求，统筹城乡社会保障事业发展，积极推进社会保障老年人群全覆盖，切实增加养老保障收入，不断提高老年医疗保障水平，加大困难老人救助力度，逐步缩小老年人与城乡居民在收入与社会保障等方面的差距。

1. 进一步健全完善养老保障制度。

（1）深化完善职工基本养老保险制度，逐步推进企业基本全覆盖向人群全覆盖发展，扩大老年人群覆盖面，实现养老保险关系无障碍转移。

（2）进一步完善城乡居民社会养老保险制度，提高制度兼容性，有序推进城乡居民参保缴费工作，确保基础养老金覆盖到城乡所有符合条件的老年人。

（3）健全和完善被征地农民基本生活保障制度，实现先保后征，确保被征地农民原有生活水平不降低、长远生计有保障。

（4）继续推进企业年金制度，探索建立以房养老、土地养老等自助、互助养老模式，鼓励、支持商业保险机构开办形式多样的商业养老保险。

（5）继续实施农村部分计划生育家庭奖励扶助制度，扩大奖励扶助覆盖面，提高农村计划生育家庭养老保障水平。

2. 进一步深化完善医疗保障制度。

（1）不断完善基本医疗保险政策，逐步扩大医疗保险覆盖面，稳步提高参保人员的医疗保障水平。积极探索医疗保险关系转移接续和异地结算办法，方便老年人就医。以建立城镇职工基本医疗保险门诊统筹制度为重点，以提高城镇居民基本医疗保险住院和门诊大病报销比例为重点，逐步减轻老年人医疗费用负担，提高医疗保障水平。

（2）进一步完善新型农村合作医疗制度，适当扩大老年人大额门诊特殊病种报销范围，稳步提高老年人重大疾病医疗保障水平。

（3）探索城镇居民基本医疗保险与新型农村合作医疗制度并轨，逐步将二者整合转化为城乡居民医疗保险制度。

（4）继续开展老年人免费健康体检活动，提高老年人健康水平。

3. 进一步完善老年人社会救助体系。

（1）完善城乡最低生活保障制度，实现符合条件的老年人应保尽保；健全临时救助制度，确保因各类突发事件导致生活困难的老年人得到及时救助。

（2）加快推进医疗救助工作，确保将低保、农村五保老人和低收入家庭老人等全部纳入医疗救助范围，加大对经济困难老人参加医疗保障个人缴费部分的补助力度，对个人负担医疗费用有困难的老人，及时给予医疗救助，全面推行医疗救助即时结报，提高医疗救助效率。

（3）继续开展为困难老年人“送温暖”、“送光明”活动。

（二）构建覆盖城乡的社会养老服务体系。

发展目标：到 2015 年，基本建成以居家养老为基础、社区服务为依托、机构养老为支撑，资金保障与服务提供相匹配，无偿、低偿和有偿服务相结合，覆盖城乡的社会养老服务体系，努力满足老年人不同层次的养老服务需求。

主要任务：按照政府主导、政策扶持、社会参与、市场推动的原则，加快建设覆盖城乡的社会养老服务体系，逐步实现老有安养。

1. 进一步加强养老机构建设。

（1）继续加大投入，调整结构，完善功能，增加养老机构床位供应量，切实提高床位使用率和服务水平。加强国办养老机构建设，通过采取建设资金补贴、公建民营、税费优惠、购买服务等政策措施，大力扶持民办养老机构发展。到 2015 年，养老服务机构基本实现乡镇（街道）全覆盖，养老床位数达到老年人总数的 3%以上，民办养老机构床位数占总床位数的 50%以上。

（2）重点发展养护型养老机构，政府投资的养老机构以养护型为主，通过政府购买服务引导民办养老机构向养护型转变。加快将养老机构纳入医保定点单位范围，实现医疗保险与养老服务的对接。

2. 进一步完善居家养老服务。

（1）坚持政府引导与市场化运作相结合，大力推进居家养老服务社会化、市场化、产业化发展进程。进一步加大政策扶持力度，把居家养老服务列入服务业发展的重点，充分利用服务业发展专项资金，引导鼓励社会组织、家政服务企业等参与居家养老服务。

（2）整合社区服务资源和设施，加快推进居家养老服务网络建设，全面提升城乡社区生活服务、日间照料、医疗卫生、文化教育等养老服务能力。到 2015 年，居家养老服务网点实现社区和中心村全覆盖，新建 5000 个以上农村“星光老年之家”，基本实现农村社区全覆盖。

3. 建立养老服务评估、监管和政府补贴制度。

（1）建立养老服务信息管理系统，提高社会养老服务信息化水平。开展老年人养老服务需求评估，根据评估结果，对低保人员中的失能、半失能老人，给予基本养老服务政府补贴。

（2）研究制订养老服务标准和质量评估办法，引入第三方机构开展评估工作。加强行业协会建设，逐步完善行业自律自查机制。

（3）建立完善行政监管体系，制定实施基本养老服务标准和养老服务业监督考核制度，强化行业管理和服务指导功能。

（三）构建全面和谐的安养环境体系。

发展目标：到 2015 年，形成居住更加舒适、人际关系更加融洽、社区更加安全、全面和谐的安养环境。

主要任务：坚持以人为本、和谐发展，加强老年人居住环境、人际环境、社区环境建设，加快推动环境友好型老年社区的形成和发展。

1. 营建适合老年人的公共设施和居住环境。

(1) 合理规划布局养老机构和居家养老、老年文教体育等服务设施。新建、改扩建公共建筑、社区(城市)道路、公共设施和场所，全面执行《城市道路和建筑物无障碍设计规范》，对既有建筑分期分批逐步完善无障碍功能，新建城市道路、公共建筑和养老机构等无障碍率达到100%。

(2) 逐步实施对老年人聚居的城市旧住宅区(危旧房)改造，新建和改造的居民住宅小区建有适合老年人生活和活动的公共配套设施。大力推进方便老年人居家养老和家人照料的新型住宅建设，探索实施“住宅适老化改造”和“多层公寓电梯改造”工程。

(3) 积极改善困难老年人居住条件，对符合经济适用住房和廉租住房条件的老年人，优先给予认购和配租。

2. 营造家庭温馨、邻里互助的融洽人际环境。开展“敬老月”活动，树立和表彰敬老爱老模范。倡导赡养纠纷家庭签订赡养协议书，明确赡养责任。积极开展邻里互帮互助，构建和谐邻里关系。开展“老年温馨家庭”创建活动，提高老年人居家养老幸福指数。推进孝文化进社区、进学校、进家庭“三进”活动，弘扬敬老、爱老、助老的良好社会风尚。到2015年，“三进"活动推进到3000所学校、30000个社区(村)、300000户家庭。

3. 创建“老年友好型城市”和“老年人宜居社区”。按照国家关于开展“老年友好型城市”和“老年人宜居社区”创建活动的要求，研究制订创建方案，建立创建机制，共同推动创建活动的开展。到2015年，全省力争创建10个“老年友好型城市”和200个“老年人宜居社区”。

4. 共建社区安全环境。

(1) 加强社区管理创新，关注老年人的诉求，及时化解矛盾和纠纷，创造和谐社区环境。

(2) 实行人防、物防、群防相结合，构建警民互动的社区治安防控体系，加强社会治安巡防，提升老年人的安全感。

(3) 针对老年人易受经济违法犯罪行为侵害的特点，做好防范和打击工作，开展防范知识预警宣传，维护老年人的财产安全。预防和打击针对老年人家庭暴力，对涉老家庭暴力案件，依法及时作出严肃处理。

(四) 构建充满活力的老年公共文化服务体系。

发展目标：到2015年，形成群众文化丰富多彩、体育健身全面普及、终身教育乐在其中、社会参与积极主动、生活观念和谐健康、充满活力的老年公共文化服务体系。

主要任务：按照建设文化大省的战略部署，坚持以政府为主导、公共财政为支撑，加强老年文体设施建设，培育老年文体队伍，发展老年教育，共建充满活力、参与广泛的老年社会文化生活。

1. 加强老年文体设施建设。

(1) 省财政继续资助经济欠发达地区建设老年活动中心，全省所有县(市)建有1个以上综合性、多功能老年活动中心。配合全省中心镇培育和“美丽乡村”建设，建设完善农村基层老年活动设施，90%以上的中心镇建有老年活动中心，95%以上的中心村建有综合性老年活动场所。推进老年体育活动中心(俱乐部)建设，5年间建成省级老年体育活动中心(俱乐部)250个。

(2) 加强基层文化设施建设，构建社区15分钟、村落30分钟文化圈。提升公益性文化场所面向老年人的服务能力，积极提供更多适合老年人的公共文化产品和服务。

2. 推动老年文体活动。

(1) 积极鼓励发展各类老年文艺队伍，全省重点培育1000支基层老年文艺骨干团队。

(2) 坚持办好每年一届的全省老年文化艺术周，各市县每年至少举办1次有一定规模和影响、老年人广泛参与的文化体育活动。

(3) 组织开展以老年人为主题的群众文化活动，按照公益性、均等性、基本性、便利性原则，大力开展“送戏、送书、送讲座展览”下乡活动，丰富老年人精神文化生活。广泛开展符合老年人生活习惯和生理心理特点的健身活动，支持和引导老年人参加群众性体育比赛。

(4) 继续开展老年人国民体质监测，促进老年人身心健康。

3. 大力发展老年教育。

(1) 建立健全党委领导、政府支持的老年大学办学机制，引导县以上老年大学合理定位，分类发展。

(2) 拓宽浙江老年电视大学办学渠道，完善教学体系，创新教学课程和教学方法，促进老年远程教育规范化发展。

(3) 加大财政投入力度，建立欠发达县老年大学资金帮扶机制，完善福利彩票公益金扶持老年电视大学教育网络建设有关政策。

(4) 整合老年教育资源，积极引导社会功量参与老年教育服务，并进行规范管理。

4. 加强老年影视新闻出版工作。

（1）鼓励影视制作机构制作更多老龄题材的影视作品，广播电视媒体积极创造条件开设老龄栏目，通过专题片、新闻报道、公益广告等形式播出老龄节目。

（2）探索和改进老龄节目的表现形式，提高思想性、艺术性、娱乐性和观赏性。充分发挥网络传媒的作用，及时、生动反映老年人生活。

（3）鼓励、扶持出版面向老年人的图书、音像制品和电子、网络出版物，支持老年报刊的出版和发行。

5. 建立完善老年人社会参与机制。

（1）根据老年人的兴趣爱好、个性特点成立各类兴趣组织和俱乐部，为老年人参与社会创造条件。

（2）开展基层老年人协会骨干培训，支持和引导基层老年人协会按照“自我管理、自我教育、自我服务”的方针，加快自身发展，规范协会建设，做好老年人协会登记、注册和备案管理工作。

（3）发挥老年专业社团作用，支持离退休专业技术人员开展送医、送科技、送文化活动。重视发挥老年人知识、技能和经验优势，支持老年人参与社区服务、关心教育下一代、维护社会治安等公益活动。鼓励低龄健康老年人参与志愿服务活动。

（五）构建平等共享的老年人权益保护体系。

发展目标：到2015年，形成法律法规更加完善、法律服务渠道更加畅通、老年优待更加全面、基本权益得到普遍保障、公正平等的老年权益保护体系。

主要任务：紧紧围绕“法治浙江”建设，以保护老年人生存权和发展权为宗旨，进一步加强老年法律法规建设，推进法律法规的贯彻实施，加大老年法律援助力度，全面深化老年人优待工作，切实保障老年人合法权益。

1. 进一步完善老年法律法规。加强老年法制体系建设，完善老年社会保障、老年健康、老年文化教育等方面的法规规章，修订《浙江省实施〈中华人民共和国老年人权益保障法〉办法》。

2. 深入贯彻实施老年权益保障法律法规。完善执法体系，开展执法监督检查，将贯彻实施《中华人民共和国老年人权益保障法》和《浙江省实施〈中华人民共和国老年人权益保障法〉办法》纳入政府工作目标，列入各级人大执法检查范围。把老年人权益保障工作纳入“民主法治村（社区）”创建活动，实行一起创建、一并考核，推进基层保护老年人合法权益工作的开展。

3. 开展老年法律法规宣传教育。将《中华人民共和国老年人权益保障法》和《浙江省实施〈中华人民共和国老年人权益保障法〉办法》纳入全省“六五”普法规划，充分利用“浙江法治宣传月”、“12?4”全国法制宣传日和一些节庆日活动，运用广播、电视、报纸、网络等多种媒体，采用喜闻乐见的形式，开展全民法制宣传教育，把普法宣传教育与保护老年人合法权益结合起来。

4. 加大老年法律援助服务力度。

（1）加强各级法律援助站建设，建立健全老年人法律援助网络，拓展法律援助渠道，扩大法律援助覆盖面，完善法律援助服务机制。到2015年，力争85%以上的县（市、区）建立法律援助老年工作站，所有乡镇（街道）、村（居）建立工作站或联系点，老年人法律援助服务覆盖面达到95%以上。

（2）开通法律援助“绿色通道”，对老年人法律援助案件，实行“优先立案、优先解答、优先指派”政策，对低保、残疾、孤寡老人进一步放宽受理条件，扩充援助事项，实现“应援尽援”。

5. 加强和创新老年社会管理。建立完善党政主导的老年社会，管理体系，逐步形成科学有效的利益协调机制、诉求表达机制、矛盾处理机制和权益保护机制。建立公安、司法、民政、人力社保、卫生、信访等部门间的信息交流机制，推进基层老年服务和维权组织建设，坚持服务与维权并重、调解与处理相结合，妥善处理涉老纠纷和矛盾，切实保护老年人的合法权益。

6. 加强老年人优待工作。全面贯彻落实《浙江省优待老年人规定》，逐步提高老年优待工作法制化水平，扩大优待项目，提高优待标准，推动老年优待工作城乡之间、区域之间平衡发展。把老年人优待工作纳入政府目标管理体系，建立督查制度，确保各项优待规定落到实处。

四、重点工程

（一）老年人收入保障提升工程。建立和完善老年社会保障和救助水平正常调整机制，逐步实现各项社会保障和救助标准提高幅度与经济发展速度、居民收入增长水平基本同步。稳步提高企业退休人员养老待遇水平，逐步提高城乡居民社会养老保险基础养老金水平，适当提高精减退职人员等的生活困难补助费标准。完善低保救助政策，实行分层分类施保，对老年低保对象给予重点照顾。完善高龄老人补贴制度，提高百岁老人长寿补助标准。

（二）老年人医疗健康促进工程。推进各级老年医疗、康复机构建设，建设省老年医疗中心，鼓励各地兴办老年病专科医院、老年康复中心、失能老人护理机构和临终关怀医院，在精神病治疗机构中设置一定比例的老年病床位。加强全省200强乡镇卫生院（社区卫生服务中心）老年医疗、康复能力建设，并普遍设置老年病床位。稳步提高各项医疗保障报销比例，逐步降低个人支付比例，其中城镇居民基本医疗保险个人支付比例和新型农村合作医疗政策范围内住院费用个人支付比例降至30%以下。探索建立高龄老人、失能老人和低收入家庭老人参加新型农村合作医疗减免费政策，逐步实现由公共财政负担参保费用。加强基层医疗卫生机构建设，构建"20分钟医疗服务圈"，提高老年医疗服务的可及性。加强老年慢性病防治与管理，老年人慢性病规范管理率达到60%以上。

（三）空巢老人关爱工程。借助养老机构和居家养老服务平台，建立以乡镇（街道）为组织单元、村（居）为节点、基层老年人协会为骨干的空巢老人帮扶网络。明确重点服务对象，确定重点服务内容，开展个性化帮扶服务，做到生活照料与精神关爱并重。政府给予必要的经费支持，保证帮扶活动的顺利开展。改革完善老年人口户籍迁移管理政策，为空巢老人与赡养人随迁提供条件。动员社会力量，开展为空巢老人献爱心活动。建立法律约束和道德监督机制，确保空巢老人家庭子女履行赡养照护和精神慰藉责任。到2015年，空巢老人帮扶网络覆盖面城镇达到90%以上，农村达到80%以上。

（四）失能老人照护工程。把失能老人照护作为社会养老服务体系建设重点，探索建立失能老人长期照护服务机制。加强护理型养老、医疗机构建设，增加照护床位供给，逐步满足失能老人，机构照护需求。国办养老机构新增床位，优先用于失能老年人的介助、介护服务。积极发挥社区卫生服务体系作用，完善社区卫生服务中心（站）医疗照护和康复服务功能，为失能老人开展上门治疗、家庭病床、护理康复等服务。逐步实施家庭服务政策，加强家庭照护支持，为失能老人家庭提供"喘息服务"，对家庭主要承担照护者提供免费或低偿照护技能培训，提高家庭照护质量。到2015年，为城镇80%以上、农村50%以上的失能老人家庭提供"喘息服务"或照护技能支持。建立养老机构综合责任保险制度，鼓励支持商业保险机构开设老年人意外伤害保险，降低老年人支付风险。探索建立长期护理保险制度，为失能老人提供稳定的护理保险费用。

（五）养老服务专业培训工程。高度重视养老服务队伍建设，不断提高养老服务从业人员专业水平。建立养老服务人员培训机制，通过院校培养、集中培训和远程教育等形式，有计划、分层次、多渠道开展从业人员培训。建立和发展养老服务职业技能鉴定和培训机构，大力培育高技能人才队伍。实行养老护理员职业资格证书制度，新从业人员实行先培训后上岗，原有从业人员实施三年轮训计划。引入社会工作的理念和方法，逐步培育建立一支素质较高、结构合理的专业老年社会工作者队伍。力争到"十二五"末，80%左右的从业人员取得初级护理证书，20%左右的从业人员取得中级护理证书。

（六）百万志愿者助老工程。规范志愿者组织建设，加强志愿者注册和培训工作，提升服务能力和水平，积极开展志愿者为老服务活动。以志愿服务基地为依托，以专业性助老志愿服务组织为主体，以低龄、健康老人服务高龄、失能老人为补充，以"一助一"长期结对服务为重点，开展贴近实际需求、形式多样、内容丰富的常态化志愿者助老服务行动。广泛建立"时间银行"制度，进行志愿服务储蓄，促进为老志愿服务持续健康发展。

（七）百万老人乐学工程。组织力量开发建设老年教育课程体系，有计划地编定一批适应老年人多层次需求的辅导教材。依托各级各类老年大学、老年活动中心（室）和城乡基层社区组织，通过开展远程教育、网络教育、文化下乡、科技下乡、专题讲座、专题培训等活动，为全省百万老年人提供包括家庭理财、生活照护、医疗保健、精神健康、信息技术以及人力资源开发等方面新知识、新技能，使老年人进一步融入社会。筹建浙江省老年教育中心，进一步满足"老有所学"需求，提升老年教育水平。

（八）老龄产业培育工程。发挥政府宏观指导作用，制定实施老龄产业发展规划，研究制订扶持老龄产业发展的信贷、投资等优惠政策。鼓励支持社会资本兴办养老服务业，培育一批养老服务业龙头企业，创新养老服务模式，开发养老服务产品，优化养老服务业资源配置，逐步形成产业化规模、连锁经营和品牌效应，提升养老服务水平。建立老龄产业发展基金，鼓励引导研发机构、生产企业加强对适合老年人生理心理需要的生活用品和照护产品的研发生产，特别是老年住宅、老年康复辅具的研究开发。积极拓展适合老年人的金融、理财、保险等服务项目。引导旅游企业完善和开发老年旅游项目，满足新一代老年人旅游文化需求。建立完善老龄产业的相关行业标准和服务规范，培育行业中介组织和行业协会，加强行业服务和监管，促进老龄产业健康发展，为社会服务业发展创造新的增长点。

五、保障措施

（一）完善老龄工作体制机制。各地要切实加强对老龄工作的领导，将老龄事业纳入经济社会发展总体规划，出台相应综合性政策文件，促进老龄事业与经济社会协调发展。充分发挥老龄工作委员会成员单位的职能作用，齐抓共管，形成合力，共同推进老龄事业发展规划目标任务圆满完成。调动发挥企业、事业单位和社会组织的作用，引导社会各界力量兴办老龄事业。弘扬中华民族尊老、敬老、助老的优良传统，夯实老龄事业发展社会基础，形成老龄事业发展新局面。

（二）建立老龄事业发展经费投入机制。建立老龄事业与经济社会发展相适应的投入增长机制；把老龄事业作为重要的民生工程，纳入公共财政支出重点，加大投入力度，确保经费投入逐年增长。鼓励引导社会资金、慈善捐助投入老龄事业，逐步提高福利彩票公益金用于老龄事业发展的比例，形成政府和社会共同投入的多元化经费投入机制。

（三）加强老龄宣传工作。充分发挥广播、电视、报刊、网络等各种媒体在老龄宣传中的作用，大力做好老龄宣传工作。抓住党委、政府方针政策、决策部署中与老年人利益相关的结合点，坚持从保障改善民生的视角，扩大老龄宣传的社会影响力。鼓励新闻媒介做好老龄化发展形势、老龄政策、老龄工作和社会为老服务等方面的宣传报道。积极创新宣传形式，把敬老爱老活动与和谐社区、文明村镇、五好家庭等主题建设活动结合起来，营造尊老敬老、养老助老的社会氛围。

（四）加强老龄工作机构和队伍建设。适应老龄事业发展需要，在机构建设、人员编制、办公条件、工作经费上给予切实保证。加强基层老龄工作组织建设，完善基层老龄工作网络，充实配备乡镇（街道）老龄工作专职干部。把老龄工作干部培训纳入组织人事部门培训计划，不断提高政治素养和业务素质。加强和规范城镇社区和农村基层老年人组织建设，逐步实行依法登记或备案管理。

（五）提高老龄工作科学化信息化水平。跟踪老龄事业发展全局性、战略性问题，关注老龄工作热点、难点问题，深入基层，深入实际，开展老龄问题调查研究。进一步做好老龄问题科学研究，充分发挥大专院校和科研院所的作用，开展老龄事业重大项目和前瞻性课题攻关。建立老龄科研课题组织引导机制，资助中青年学者和基层老龄工作者开展老龄问题研究。建立老龄事业信息化协同推进机制，建立老龄信息采集、分析数字平台，健全城乡老年人生活状况跟踪监测系统，为党委、政府科学决策提供客观依据。开展老龄科研国际国内交流和学术合作，借鉴国内外成功经验，推动我省老龄事业发展。

（六）建立完善检查评估激励机制。各地、各有关部门要结合老龄事业发展实际和老龄工作职能，按照本规划的要求，制订本地、本部门的规划或实施方案，建立完善老龄事业目标考核制度，对规划实施情况定期开展自查和监督。各级老龄工作机构要会同有关部门对规划实施情况进行中期和期末检查评估，及时报送和发布规划执行情况评估报告。继续开展老龄工作先进单位评选表彰活动，建立完善推进老龄事业发展的激励机制。

江西省老龄事业发展“十二五”规划

赣府发〔2011〕29号

为积极应对人口老龄化，推动我省老龄事业与经济社会协调发展，根据国务院印发的《中国老龄事业发展“十二五”规划》和《江西省国民经济和社会发展第十二个五年规划纲要》、《江西省实施〈中华人民共和国老年人权益保障法〉办法》、《中共江西省委江西省人民政府关于加强老龄工作的意见》（赣发〔2001〕28号），制定本规划。

一、“十一五”期间我省老龄事业取得的主要成就

“十一五”时期是我省老龄事业稳步推进、快速发展的五年。一是养老保障制度建设取得重大突破。城镇职工基本养老保险覆盖面进一步扩大，全省连续5年调整了企业退休人员养老金，五年翻了1.2倍，与全国平均水平的差距由“十五”期末的31%缩小到14.6%。新型农村社会养老保险开始试点并逐步推广，近四分之一的农村人口纳入了社会养老保障范围，有近94万60周岁以上老年人每人每月领取了中央财政支付的55元基础养老金。城镇大集体职工、返城未安置知青、困难企业军转人员，通过财政补助和其他方式再缴费解决养老保障问题。农村老党支部书记、老村委会主任和建国前老党员、计划生育纯女户人员的养老问题在制度上有了保障。二是老年人社会救助和福利制度不断完善。将90多万老年人纳入了社会救助范围，救济上世纪60年代精减退职人员3万多人。对低保对象中无劳动能力、无生活来源、无子女赡养的老年人，按低保标准给予全额补助。率先在全国建立了城乡困难群众临时救助制度，使遇到突发性灾害造成临时较大生活困难的农村五保户、城乡低保户和农村低收入老年人、城市低保“边缘户”的老年人及时得到临时救助。将五保供养资金纳入了省财政年度预算，集中供养标准每人每年2400元，分散供养标准1560元，“五保”集中供养率达到80%，居全国前列。对孤寡老年人住房实行了优先保障政策。三是医疗保障实现了全省城乡全覆盖。2007年全省建立城镇居民医疗保障制度，与职工基本医疗保险制度、公费医疗和新型农村合作医疗制度同步实施，“老有所医”的问题初步得到解决。全省新型农村合作医疗覆盖率达到96%，城镇居民医疗保险覆盖率达到95.3%。通过各级财政补贴和中央转移支付逐年缴纳医疗保险费，解决了关闭、破产、改制困难企业退休人员和农、林、水困难企业退休人员的基本医疗保障，企业离休干部看病报销历史超支，建国前老工人参照离休干部报销医疗费用，1953年底前军队退役人员提高医疗报销比例，老年常见病报销比例和特殊老年病如白内障免费复明手术等问题。四是老年服务设施建设成效明显。全省筹集资金20亿元，新建和改扩建敬老院、光荣院、福利院1000余所。规模较大的民办养老机构达百余家，有效地缓解了养老服务供求矛盾。居家养老服务由试点扩展到城乡各地，农村老年人协会规范化建设试点工作成效明显，为老服务能力有了进一步提高。五是老年优待政策不断完善并得到落实。省、市出台了一系列涉老优待、老年维权政策，全省60周岁以上老年人免费参观各类科技馆、博物馆、纪念馆等公益性文化设施，70周岁以上老年人免费乘坐公交车，提高了百岁老人长寿补贴标准，部分市、县建立了80周岁以上老年人高龄津贴制度，社会敬老氛围日趋浓厚。六是老年人精神文化生活更加丰富。老年教育、文化、体育事业加快发展，全省共有各类老年大学634所，城市和农村社区建立了老年文娱活动队伍，体育设施较为完备，积极组织开展健康有益的老年文体活动，丰富了老年人精神文化生活。七是老龄工作机制进一步健全。各市、县（区）建立健全了老龄工作机构，70%的乡镇成立了老龄工作组织，老龄工作体制机制基本理顺，为加强老龄工作、促进老龄事业发展提供了组织保障。

二、“十二五”时期老龄事业发展面临的形势

“十二五”时期，我省人口老龄化形势十分严峻。一是老年人口发展速度快。据第六次人口普查，我省60岁以上老年人口510万，占全省总人口11.44%。预计到2015年，全省60岁以上老年人将超过650万，每年净增30多万。二是高龄老人逐年增多。第六次人口普查时，全省80岁以上高龄老人约58.5万，占老年人总数11.47%，预计到2015年将达到75万。随着人口平均寿命的延长，高龄化程度将逐年加重。三是空巢化趋势日趋突出。全省共有家庭户1150万户，家庭户规模为3.67人，比2000年减少了0.09人。随着第一代独生子女父母进入老年，空巢老年人将进一步增多，社会养老服务供需矛盾更加突出。四是老龄化发展水平不平衡。人口密度较高、生育率较低的地区，人口老龄化程度相对较高。随着城镇化速度加快，农村劳动力转移和大量青壮年外出务工，农村老龄化水平高于城镇，农村养老问题将越来越突出。

“十二五”时期，是我省经济社会发展的关键时期，也是老龄事业发展的重要机遇期，需要正确处理老龄事业与经济社会发展的关系，大力推进老龄战略规划体系、社会养老保障体系、老年健康支持体系、老龄服务体系、老年宜居环境体系、老年群众工作体系建设，从物质、精神、服务、政策、制度和体制机制等方面做好应对人口老龄化挑战的各项准备，加强老龄工作，促进老龄事业与经济社会协调发展。

三、指导思想、发展目标、基本原则

（一）指导思想。高举中国特色社会主义伟大旗帜，以邓小平理论和“三个代表”重要思想为指导，深入贯彻落实科学发展观，把老龄事业纳入全省经济社会发展和鄱阳湖生态经济区建设总体规划，紧紧围绕老有所养、老有所医、老有所教、老有所学、老有所为、老有所乐工作目标，不断完善老龄法规政策体系，健全社会养老保障制度，加大老龄基础设施投入，优先发展社会养老服务事业，培育壮大老龄产业，健全老龄工作管理体制和运行机制，维护老年人合法权益，确保老年人生活得更加幸福、更有尊严。

（二）发展目标。按照国家统一部署，建立应对人口老龄化战略体系基本框架，制定实施老龄事业中长期发展规划；全面落实以社会保险、社会救助、社会福利为基础，基本养老、基本医疗、基本住房、最低生活保障为重点的社会保障制度建设；建立健全以居家为基础、社区为依托、机构为支撑的社会养老服务体系。到2015年，基本实现“四个全覆盖”和

“四个较大提高”。“四个全覆盖”，即城乡养老保险制度全覆盖，城市社区养老服务全覆盖，高龄老人生活补贴全覆盖，老龄工作队伍全覆盖。“四个较大提高”，即全社会尊老敬老助老的氛围有较大提高，企业退休人员养老金水平有较大提高，老龄产业在整个经济中的比重有较大提高，老龄工作的经费投入有较大提高。

（三）基本原则。

1. 统筹规划，协调发展。充分考虑城乡、区域之间经济社会发展的差异，认真研究解决老龄事业发展中存在的不平衡、不协调问题，努力缩小城乡老龄事业发展的差距。从维护公平和正义的高度，合理分配社会养老资源，提高老年福利水平，逐步实现城乡为老服务均等化。

2. 立足当前，着眼长远。从实现好、维护好、发展好老年人的根本利益出发，根据经济社会发展水平，既解决当前最为突出且迫切需要解决的重点难点问题，又着眼应对人口老龄化的长期挑战，谋划全局，推进体制机制创新，实现老龄事业持续发展。

3. 政府引导，社会参与。发挥政府在老龄事业发展中的引导作用，加强政策指导、资金支持、市场培育和监督管理，充分调动社会参与老龄事业发展的积极性。

4. 多措并举，勇于创新。鼓励和支持先行先试，积极探索多种形式并存的老龄事业发展和养老服务发展新模式，充分发挥家庭和社区功能，着力构建居家为基础、社区为依托、机构为支撑的社会养老服务体系，创建具有我省特色的新型养老模式。

5. 因地制宜，分类指导。区别各地特点和人群特征，因地制宜，合理布局，发挥区域优势和群众的创造性，关注特殊老年群体，推动老年群体同其他社会群体之间、不同老年群体之间共享改革发展成果，促进社会公平正义。

6. 注重教育，德法相济。广泛开展孝亲敬老道德教育，加强老龄法制工作，为老龄工作和老龄事业快速发展提供动力和保证。

四、主要任务

（一）老年社会保障。

1. 养老保障。按照“广覆盖、保基本、多层次、可持续”的方针，进一步完善城镇企业职工基本养老保险制度、扩大基本养老保险覆盖范围，加大社会保险扩面工作力度，努力实现“人人享有基本生活保障”的目标。建立企业退休人员基本养老金正常调整机制，继续按略高于全国平均增长幅度提高退休人员基本养老金水平，确保离退休人员基本养老金按时足额发放到位。进一步巩固城镇企业职工基本养老保险省级统筹成果，做好城镇企业职工基本养老保险转移接续工作，进一步完善城镇未参保集体企业职工养老保险政策。提高企业退休人员社会化管理服务工作水平。建立和实施城镇居民社会养老保险制度。进一步规范企业年金制度，鼓励具备条件的企业建立企业年金，建立职业年金制度，积极推进机关、事业单位养老保险制度改革。加强新型农村社会养老保险制度建设，推进新型农村社会养老保险全覆盖。加强各项养老保障制度间的衔接，提倡和引导公民参加个人储蓄性养老保障，发挥商业保险补充性作用。

2. 医疗保障。进一步完善职工基本医疗保险、城镇居民基本医疗保险、新型农村合作医疗制度。深化基本医疗保险制度改革，加快建立和完善以基本医疗保险为主体、其他多种形式为补充、覆盖城乡居民的多层次医疗保障体系，逐步实现人人享有基本医疗保障。全面推进基本医疗费用即时结算，改革付费方式。提高统筹层次和人均筹资标准及保障水平，加快实现医保关系转移接续和医疗费用异地就医即时结算。适当扩大报销范围，提高医疗费补偿比例，加快探索城乡一体化的基本医疗保障管理制度，逐步缩小不同制度保障水平差距。

加强老年医疗卫生服务。将老年医疗卫生服务纳入各地卫生事业发展规划，基层医疗卫生机构要为辖区 65 岁及以上老年人建立健康档案，满足老年居民健康需求。全面开展 9 类公共卫生服务，定期为老年人进行危险因素调查和体格检查，建立“光明·微笑”工程长效工作机制，对新增的白内障老年患者继续实施免费治疗。认真开展老年义诊和健康咨询活动，坚持为百岁老人开展免费体检和巡诊。完善老年医疗保健服务体系，重点加强基层医疗卫生服务机构老年病防治能力建设，为老年人提供慢性病防治、康复、护理服务。有条件的三级综合医院应当设立老年病科，积极引导社会资本发展老年护理院，不断拓展老年卫生服务领域，增加老年人医疗服务项目，逐步增加设立老年病门诊和病床。研究探索失能老年人的长期护理保障制度。

注重老年精神关怀和心理慰藉。重点关注高龄、空巢、患病等老年人的心理健康状况，提供心理健康指导服务。鼓励为老年家庭成员提供专项培训和支持，充分发挥家庭成员的精神关爱和心理支持作用。老年性痴呆、抑郁等精神疾病的早期识别率达到 40％。

3. 社会救助。进一步完善分类施保、低保标准自然增长、城乡低保对象动态化管理等制度，提高补助水平和救助标准，将符合条件的老年人纳入低保范围。完善五保供养制度，进一步提高供养水平和集中供养率。规范和完善城乡医疗救助制度，将资助参保参合的范围逐步扩大到低保边缘户家庭老年人群，着力解决贫困老年人的基本医疗保障问题。完善临时救助制度，保障因灾因病等支出性生活困难老年人的基本生活。

4. 社会福利。建立城镇“三无”、农村“五保”老人供养标准增长机制，不断提高福利水平。继续落实重点优抚对象抚恤政策，适时调整和提高重点优抚对象、未享受离退休待遇的建国前老党员等人员的抚恤和生活补助标准。继续做好百岁老人长寿补贴发放工作。全省普遍建立80周岁以上高龄老人津贴制度。发展适度普惠型的老年社会福利事业，研究制定政府为特殊困难老年人群购买服务的有关政策。探索根据老年人生活自理能力情况，建立分级优待办法。

（二）社会养老服务。

1. 居家养老服务。把居家养老服务列入政府民生工程，作为社区建设的重要内容。整合社会资源，加强居家养老服务设施建设，倡导驻社区各单位的生活服务和文化体育设施向老年人开放。加强居家养老服务队伍建设，重视开展社区助老志愿服务工作。制定出台相关制度标准，规范居家养老服务管理。通过政策扶持和资金支持，引导和鼓励社会中介组织、家政服务企业参与居家养老服务。大力发展家庭服务业，将养老服务特别是居家老年护理服务作为重点发展任务。加大居家养老服务网点建设力度，扩大政府购买服务的对象范围。建立健全县（市、区）、乡镇（街道）和社区（村）三级服务网络，城市街道和社区基本实现居家养老服务网络全覆盖；80%以上的乡镇和50%以上的农村社区建立包括老龄服务在内的社区综合服务设施和站点。全省建设示范性居家养老（日间照料）服务中心城镇社区1500个、农村社区4500个，初步建立居家养老服务工作标准化、信息化和专业化的管理模式。

2. 养老机构建设。加强养老服务机构建设，积极推进养老服务社会化，引导公办福利机构走向市场。通过“公办民营”和“民办公助”等方式，引导和鼓励社会力量依法进入社会福利服务领域，兴办老年公寓、护理院、托老所等设施。政府重点投资兴建和鼓励社会资本兴办具有长期医疗护理、康复促进、临终关怀等功能的养老机构。探索老年人长期护理制度，鼓励、引导商业保险公司开展长期护理保险业务。进一步完善养老机构行政管理的法规制度，依法实行养老机构准入、退出与监管制度。做好养老机构日常检查、监督管理工作，将寄宿制养老机构列入消防安全和卫生许可制度重点管理范围。加大信贷支持力度，积极引导银行业金融机构加大信贷投入，对参与养老服务的民间组织在准入门槛、利率政策、贷款期限等方面，给予政策倾斜，对有偿还能力和信贷抵押的养老服务机构要优先予以扶持。制定养老服务行业规范与标准，加快养老护理专业人才培养，提高从业人员专业化服务水平。根据国家职业标准，积极组织开展养老护理人员职业培训和职业资格认证工作。加快养老服务信息化建设步伐，建立省、设区市、县（市、区）、街道（乡镇）四级养老服务信息库。到2015年，覆盖城乡社区的社会养老服务网络基本形成，实现每千名老人拥有养老床位数达到40张以上，每个设区市至少要有一所专业性养老护理机构。

（三）老年生活环境。

1. 家庭环境。鼓励家庭成员与老年人共同生活或就近居住。推动和扶持老年人家庭无障碍改造。完善老年人口户籍迁移管理政策，为老年人随赡养人迁徙提供条件。健全家庭养老保障和照料服务扶持政策，完善农村计划生育家庭奖励扶持制度和计划生育家庭特别扶持制度，落实城镇独生子女父母年老奖励政策，建立奖励扶助金动态调整机制。提倡亲情互助，营造温馨和谐的家庭氛围，发挥家庭养老的基础作用。努力建设老年温馨家庭，提高老年人幸福指数。

2. 社会环境。在城乡规划建设中，充分考虑老年人需求，加强街道、社区“老年人生活圈”配套设施建设，着力改善老年人的生活环境。建立和完善老年人基本住房保障制度，在分配保障性住房时优先保障住房困难老年人的基本住房需求。全面推进涉老公共服务设施建设，利用公园、绿地、广场等公共空间，开辟老年人运动健身场所。加快推进无障碍设施建设，突出高龄和失能老年人居家养老服务设施、环境的无障碍改造，推行无障碍进社区、进家庭。加快对现有的居住小区、园林绿地、道路、建筑物等与老年人日常生活密切相关的设施无障碍改造步伐，方便老年人出行和参与社会生活。有条件的镇要积极推行无障碍设施建设。建设老年友好型城市和老年宜居社区。

（四）老龄产业。为满足老年人不断增长的服务需求，加快发展围绕老年人需求的养老服务、医疗康复、金融保险、生产制造、产品流通、科研教学、护理培训、红色文化旅游、经营管理等老龄服务产业。加快体制创新，逐步建立老龄产业发展机制。研究建立扶持老龄产业发展的政策措施，积极引导和鼓励社会力量投资老龄产业，促进老龄产业快速、健康发展。

积极扶持相关企业开发生产老年用品和服务产品，重视老年康复辅具、电子呼救等老年特需产品的研究开发，积极拓展适合我省老年人的金融、理财、保险等服务项目，大力推动民办老年服务产业的发展，为老年人提供多层次、多种类的服务产品。逐步建立老年用品和老年服务产品的质量、规格和标准体系，力争培养一批生产老年用品和提供老年服务产品的企业。引导老年人合理消费，培育壮大老年用品和服务消费市场。培育行业中介组织，充分发挥行业协会作用，加强信息服务和行业自律与监管。

（五）老年文化教育。

1. 发展老年教育。认真贯彻实施《江西省中长期教育改革和发展规划纲要（2010－2020年）》，加快发展老年教育。以老年社会组织为纽带，建设以老年大学为骨干、社区教育机构为依托、远程网络教育为重要形式的老年教育体系。建立养教结合的老年教育服务机构，为老年人提供便利的学习条件。采取有效措施，整合、优化老年教育资源，抓好各级老年大学（学校）示范校创建工作，推动老年教育健康发展。加强基层老年大学（学校）建设和管理，发展基层老年教育。“十二五”期末，全省各县（市、区）要建成具有一定规模、较为规范的老年大学，乡镇（街道）、村（居）普遍建有老年学校。

2. 加强老年文体工作。各级政府要加大对基层文化室、社区文化活动中心（室）的经费投入，完成全省县级图书馆、文化馆维修改造项目和乡镇综合文化站建设。积极组织老年文艺会演、老年才艺展示、老年书画摄影展等活动。认真贯彻落实国务院《全民健身条例》，重视发展老年体育事业，研究和推广适合老年人身体特点的健身项目和方法，建立和规范老年文化与体育组织。充分利用城市公园和风景名胜区资源，为老年人体育健身、休闲游赏提供服务。鼓励和支持为老年人提供公共文化产品。认真推进博物馆（纪念馆）、图书馆、文化馆（站）、美术馆等免费开放工作，使老年人享受更多的文化发展成果。全省经常参加健身的老年人达50％以上。

3. 开展老年旅游。积极开发符合老年需求、适合老年人年龄特点的旅游产品。充分发挥我省红色旅游资源优势，科学设置老年旅游线路，积极开展老年旅游活动。规范老年人旅游服务市场秩序，积极为老年人旅游提供便利服务。

4. 扩大老年人社会参与。本着自愿、量力原则，引导、鼓励健康老年人从事力所能及的生产经营、社会公益活动。健全政策措施，搭建服务平台，积极组织离退休专业技术人员开展“银龄行动”。建立老年人才信息库，在各类人才交流招聘活动中设立老年人才项目，为老年知识分子和具有专业特长的老年人参与经济社会发展搭建平台。组织离退休专业技术人员开展调查研究、建言献策、科技咨询服务和科普活动等各项工作。充分发挥老年人在基层民主监督、社会治安、公益事业、移风易俗、民事调解、关心教育下一代等工作中的作用。鼓励和支持低龄老年人为高龄病残老人提供志愿服务。全省参加老年志愿服务活动的老年志愿者数量超过老年人口的10％以上。

（六）老年权益保障。

1. 完善老龄政策法规。建立和完善老年政策法规，适时修订《江西省实施〈中华人民共和国老年人权益保障法〉办法》，加强执法检查，落实老年人优待政策，提高老年人权益保障法制化水平。

2. 开展老年法律服务。把《中华人民共和国老年人权益保障法》和《江西省实施〈中华人民共和国老年人权益保障法〉办法》纳入普法计划，开展普法教育。加强老年人法律服务网点建设，依托法律服务中心（站）积极开展老年普法宣传、法律援助和法律服务活动。重点在涉及老年人医疗、保险、救助、赡养、住房、婚姻等方面，为老年人提供及时、便利、高效、优质的法律服务。对涉老案件坚持优先制度。继续开展“老年维权示范岗”创建工作，做好老年人信访工作，妥善处理涉老纠纷，认真解决老年人的实际问题。

3. 加大老年维权力度。拓展老年人维权法律援助渠道，扩大法律援助覆盖面。重点加强弱势老年人社会保护工作，把高龄、孤独、空巢、失能和行为能力不健全的老年人列为社会维权服务重点对象。把虐老侵权列入打击刑事犯罪和社会管理综合治理重要内容。加强对养老机构服务质量的检查、监督，建立和完善各部门共同查处侵犯老年人合法权益行为的工作机制，切实维护老年人合法权益。

4. 开展敬老宣传教育。加强青少年尊老敬老助老的传统美德教育，开展形式多样的敬老社会实践活动，营造良好的校园文化环境。鼓励和支持各级广播电台、电视台、报刊、网络积极开设涉老专栏，加大老龄工作宣传力度，在全社会营造尊老敬老助老的良好氛围。

（七）老年人社会管理。

加强老龄工作机构和老年群众组织建设。建立健全各级老龄工作委员会。积极培育和发展各级老年社团组织及基层老年协会等老年群众组织，充分发挥其联系老年人的桥梁和纽带作用，进一步完善党政主导、老龄委协调、部门尽责、社会参与、全民关怀的大老龄工作格局。加强基层老年人协会规范化建设，力争到“十二五”期末，全省95%以上城镇社区、80%以上农村社区（行政村）都建立有老年人协会。

做好离退休人员管理服务工作。充分整合社区资源，探索老年人社会化管理新模式，切实把离退休老年人服务工作纳入社区服务范围。推进街道（乡镇）、社区人力资源社会保障工作平台建设，为离退休老年人提供优质高效的服务。全省纳入社区管理服务的企业退休人员比例达到80%以上。

五、保障措施

（一）加强组织领导。各级政府要高度重视老龄工作，把老龄事业发展纳入本地区经济社会发展总体规划和年度计划，通盘考虑，统筹安排，认真解决老龄工作和老龄事业发展中的重大问题。各级老龄委要充分发挥组织协调、调查研究、检查指导的职能。老龄委各成员单位要切实履行职责，加强沟通，密切协作，形成工作合力，确保本规划顺利实施。

（二）落实扶持政策。认真落实省政府《关于加快养老服务事业发展的若干意见》（赣府发〔2010〕24号），鼓励和支持不同所有制性质单位以独资、合资、合作、联营、参股等方式，兴建适宜老年人集中居住、生活、学习、娱乐、健身的养老机构，积极引进和利用外资发展养老服务。对新办的非营利性养老服务机构建设用地，按批准权限，经批准后，可采用划拨方式优先供给。对按标准建设并取得《社会福利机构设置批准证书》和《民办非企业单位证书》的民办养老机构和居家养老服务组织，财政给予一定的开办补助和运营补贴。

（三）加大资金投入。将老龄事业经费列入各级财政年度预算，逐步形成与经济社会发展水平和老年人口发展规模相一致的老龄事业投入增长机制。加大各级彩票公益金用于发展老龄事业的比例。充分发挥政府资金的引导作用，积极鼓励社会资金、慈善捐赠支持老龄事业，不断拓宽养老服务业投融资渠道，建立多元化的投入机制。

（四）加强老龄工作机构建设。按照党中央、国务院《关于加强老龄工作的决定》（中发〔2000〕13号）和省委、省政府《关于加强老龄工作的意见》（赣发〔2001〕28号）要求，切实加强基层老龄工作机构建设，落实人员编制。省、市、县三级应根据老龄事业发展的需要和财力状况，妥善安排老龄工作经费并纳入同级财政预算。组织、人力资源和社会保障部门要重视老龄干部队伍建设，把老龄干部的培训、交流和使用纳入工作计划。各级政府每年购买一定数量的公益性岗位，用于统筹解决基层老龄工作人员和养老服务管理人员不足的问题。

（五）加强老龄科学研究和老龄宣传工作。整合科研机构和社会力量，积极开展应对人口老龄化战略研究。加强省内外交流与合作，认真学习借鉴先进经验，不断提高老龄工作整体水平。充分发挥宣传媒体的作用，加大老龄宣传工作力度，营造尊老敬老助老的社会氛围。

（六）建立督促检查和评估机制。各级政府和有关部门要按照本规划要求，认真制定实施计划，落实工作责任，确保目标任务圆满完成。本规划由省老龄委负责组织有关部门进行督促检查和协调执行，2015年对规划实施情况进行全面评估。

江西省老龄工作委员会　江西省财政厅
江西省交通运输厅
关于落实70周岁以上老年人免费
乘坐公交车的实施意见

赣老龄委发〔2011〕2号

《江西省实施〈中华人民共和国老年人权益保障法〉办法》第三十条规定：70周岁以上的老年人持优待证或居民身份证，在全省范围内，免费乘坐市内公共汽车、电车。为把这一规定落到实处，经研究，并报省政府同意，现就70周岁以上老年人免费乘坐公交车有关问题提出如下实施意见：

一、办理乘车证（卡）。为便于公交企业掌握信息，方便司乘人员查验，各地应为持《江西省老年人优待证》的70周岁以上老年人免费办理乘车证或乘车卡。乘车证（卡）由户籍所在地公交企业办理，所需工本费由当地政府财政承担，遗失补办由个人负责费用。持有暂住证（居住证）的外埠老年人，享受同等待遇。

二、实行乘车证（卡）年检。为掌握老年人乘车动态，乘车证（卡）每年年检一次，具体由公交企业负责。年检要简化程序，不得收取任何费用。

三、办理乘车保险。公交公司在为老年人办理乘车证（卡）的同时办理意外保险，承保机构采取政府采购方式确定。办理保险所需费用，设区市（含所辖区）由省财政和设区市财政各负担50％；西部政策延伸县由省财政与县（市）财政按80％：20％负担；其它县（市）由省财政与县（市）财政按60％：40％负担。保险费用由各设区市、县（市）财政集中支付。省级补助部分，根据各地上报“办理70周岁以上老年人免费乘车意外保险情况表”，经审核后，由省财政第二年下达到各地。

四、认真落实补贴政策。因老年人免费乘坐市内公交车造成的城市公共交通企业政策性亏损，由当地政府按赣建城〔2006〕91号文件规定给予补贴。

五、城市公交线路全部开放。各地应将城市所有公交线路向70周岁以上老年人免费开放，包括老城区及通向城市新区的所有线路。

六、加强服务与监督。各地城市客运主管部门及财政、老龄工作部门要认真履行职责，做好指导与服务工作，加强监督检查，确保70周岁以上老年人免费乘坐市内公交车规定和有关要求落到实处。

七、做好宣传工作。各地要加大《江西省实施〈中华人民共和国老年人权益保障法〉办法》宣传力度，增强各部门、各行业落实老年人优待政策的自觉性。公交企业要认真履行关爱老年人的社会责任，增强为老服务意识，提高服务质量。有关部门和单位要温馨提醒老年人文明乘车，尽量避开上下班等客流高峰时段乘车外出，自觉维护公共秩序，促进社会和谐。

附：××市××年办理70周岁以上老年人免费乘车意外保险情况表（略）

福建省人民政府关于印发《福建省老龄事业发展“十二五”规划》的通知

闽政〔2011〕73号

各市、县（区）人民政府，平潭综合实验区管委会，省人民政府各部门、各直属机构，各大企业，各高等院校：

《福建省老龄事业发展“十二五”规划》已经省人民政府同意，现印发给你们，请认真组织实施。

二〇一一年八月六日

福建省老龄事业发展“十二五”规划

前　言

加强老龄工作，发展老龄事业是党中央、国务院作出的重大战略部署。省委、省政府高度重视老龄工作，先后作出了一系列重要决策，推动老龄事业又好又快发展，对保障和改善民生、提高老年人幸福指数、促进社会和谐、推进福建科学发展、跨越发展具有重要意义。

为积极应对人口老龄化，进一步加快我省老龄事业发展，根据《福建省国民经济和社会发展第十二个五年规划纲要》、《海峡西岸经济区发展规划》等，结合我省实际，制定本规划（规划期从2011年至2015年）。

本规划坚持以科学发展观为统领，阐述了“十二五”期间老龄事业的发展环境，明确了指导思想、总体目标和基本原则，提出了发展老龄事业的主要任务和组织实施老龄事业重大项目，是制定老龄事业发展相关政策和安排工作重点的重要依据。

第一章 “十一五”期间老龄事业发展情况

“十一五”时期是我省老龄事业长足发展的五年。老年社会养老保障体系进一步完善。全省城镇基本养老保险参保人数达635万人，机关事业单位养老保险参保人数达到75.06万人。新型农村社会养老保险试点县（区）达33个，制度覆盖面达40%。低保标准和补助水平逐步提高。老年医疗保障体系基本建立。实现城镇基本医疗保险制度上的全覆盖，参保人数1226.25万人、参保率达95%，城镇职工、城镇居民的统筹基金报销比例分别达到75%和50%。参加新型农村合作医疗人数2404万人、参合率达98.15%以上，筹资标准提高到每人每年150元以上。公共卫生服务体系加快建立，城乡医疗救助制度不断完善。养老服务体系建设步伐加快。以居家养老为基础、社区服务为依托、机构养老为补充的社会养老服务体系框架基本建立。居家养老服务稳步推进，养老机构建设成效明显。全省各类养老服务机构达1138家、床位6.3万张，老年人床位拥有率达14.9‰，是“十五”期末的3.5倍。老年文化建设成效明显。全省各级各类老年大学（学校）8759所，在校学员62.5万人，比“十五”期末增加2966所、18万人。全省有老年人活动中心（室）17109个，老年体育活动场地8793个。成功举办第七届、第八届全省老年人体育健身大会。老年人的精神文化生活更为丰富。老年人合法权益和老年优待工作得到加强。省政府先后出台了关于加快发展养老服务机构、做好老年人优待工作和推进居家养老服务工作意见，各地也普遍出台老年人优待政策和规定，逐项抓好落实。老年人合法权益得到有效保障。老年群体组织不断健全。全省共有乡镇（街道）、村（居）老年协会14438个，各市、县（区）、乡镇（街道）和14980个行政村（居）成立老体协，各级关工委2.71万个。各类老年群众组织在老年人参与社会中发挥重要载体作用。敬老爱老助老氛围日渐浓厚，全社会老龄意识明显增强。

第二章 “十二五”期间老龄事业的发展环境

第一节 面临形势

人口老龄化是当今世界面临的一个重大社会问题，已经引起国际社会的普遍关注。“十二五”期间，我省人口老龄化将进入快速发展期。老龄化速度进一步加快，根据福建省2010年第六次全国人口普查数据，截至2010年11月1日，全省60岁及以上老年人口为421万人，占全省总人口的11.42%。据推算，到2015年，全省60岁及以上老年人口将达到539万人，约占总人口的14.16%。老年人口中的特殊群体多。空巢老人、高龄老人将大量增加。据测算，2010年全省60岁及以上城乡空巢老人有109万人，约占老年人口的25.8%；到2015年，将超过130万人。近10年来，80岁及以上高龄老年人增加了近一倍，目前达到60万人。随着生活水平提高和人均寿命延长，高龄化的趋势日益明显。与此同时，失能、半失能老人也在快速增多，老年人照料问题日益突出。人口老龄化速度的加快、高龄化程度的加重、空巢化比重的加大和失能老年人的大幅增加，对经济、政治、社会生活等各方面必将产生重大影响，养老保障体系和为老社会服务体系建设面临巨大压力。面对日趋严峻的人口老龄化形势，全省应对准备仍然不足，养老服务体系建设比较滞后，老龄事业投入机制尚未形成，老龄工作机构和队伍建设亟待加强，老年社会保障体系建设有待完善。

第二节 发展机遇

“十二五”时期是福建加快转变经济发展方式、推动科学发展、跨越发展的关键时期，也是加快发展老龄事业的重要机遇期。党的十七届五中全会和省委八届十次全会都提出“积极应对人口老龄化，优先发展社会养老服务，发展老龄服务事业和产业”的战略任务，《福建省国民经济和社会发展第十二个五年规划纲要》对积极发展老龄事业提出要求，老龄工作在全局中的位置更加突出。海西战略的深入实施，为我省老龄事业发展开辟了广阔的发展空间。省委、省政府始终高度重视老龄工作，坚持集中新增财力改善民生，出台多项惠及广大老年人的民生政策，为老龄事业发展提供了强有力保证。全社会对老龄工作的关注度和参与度日益提高，给老龄事业注入了生机活力。几年来我省老龄工作采取的举措、取得的成效、形成的机制、积累的经验，为老龄事业持续发展奠定了基础。

第三章 指导思想、总体目标、基本原则

第一节 指导思想

以邓小平理论和“三个代表”重要思想为指导，

深入贯彻落实科学发展观，坚持“党政主导、社会参与、全民关怀”的老龄工作方针，实施积极老龄化措施，注重发挥家庭和社区功能，加快发展老年服务业，优先发展社会养老服务，完善工作体制机制，创新老年人社会管理，维护老年人合法权益，努力实现“六个老有”工作目标，营造良好的老龄社会环境，不断提高老年人的幸福指数，促进老龄事业与经济社会协调发展。

第二节　总体目标

——老年社会保障制度更加完善。基本实现城乡老年人养老保险制度的全覆盖，建立多层次的医疗保障体系，逐步实现人人享有基本医疗，保障水平不断提高。

——社会养老服务体系基本建立。每千名老年人拥有养老机构床位达到30张以上，居家养老和社区服务网络基本健全，基本满足老年群体多层次、多样化的养老服务需求。

——老年精神文化生活更加丰富。各级老年大学（学校）网络基本形成，全社会老年人入学率达18%以上；老年体育健身活动广泛开展，经常参加文体健身活动的老年人达到60%以上。

——老年社会服务管理进一步创新。老龄工作组织体系更趋完善，争取全省90%以上的村（居）成立老年协会。社会敬老爱老助老氛围更为浓厚，老年居住条件和生活环境逐步改善，老年人权益得到更好维护，闽台涉老交流与合作更加活跃。

第三节　基本原则

——以人为本，满足需求。把发展老龄事业作为加快转变经济发展方式、保障和改善民生的重要内容，把实现好、维护好、发展好老年人切身利益作为老龄工作和老龄事业发展的根本出发点和落脚点，实现好“六个老有”目标，让老年人共享经济社会发展成果，不断提高老年人的生命生活质量。

——政府主导，多方参与。发挥政府在老龄事业发展中的主导作用，加强政策引导、资金支持、市场培育和监督管理。鼓励和调动社会各方面参与老龄事业发展，构建政府、社会、家庭和个人相结合的老龄事业发展格局。

——先行先试，创新提升。推动体制机制和制度创新，力求在老龄工作、老龄事业发展的重点领域和关键环节取得突破、创出特色。营造浓厚的敬老爱老助老社会氛围，多举措发展社会养老，探索各类养老模式，提升老龄工作水平。

——城乡统筹，协调发展。研究解决老龄事业发展中存在的不平衡、不协调问题，统筹兼顾，因地制宜，分类指导，逐步缩小城乡老龄事业发展的差距。不断提高老年福利水平，逐步实现社会基本公共服务均等化。

第四章　主要任务

第一节　完善老年社会保障

统筹推进社会保障制度改革，建立健全资金来源多渠道、保障方式多层次、管理服务社会化的老年社会保障制度和管理服务体系，依法扩大社会保障覆盖面，加强对老年特殊群体和困难群体的社会保障，并随经济社会发展逐步提高保障水平。

一、健全养老保障

（一）加快推进养老保险制度建设。进一步扩大基本养老保险覆盖范围，巩固完善城镇企业职工基本养老保险省级统筹体制，做好城镇企业职工基本养老保险转移接续工作。建立基本养老金政策调整机制，根据职工平均工资增长、物价上涨情况，适时提高基本养老金保险水平。基本解决无力参保集体企业退休人员的生活保障问题，探索解决国有企业和集体企业职工养老保险历史遗留问题的办法，完善城镇企业职工基本养老保险政策性补缴办法。进一步鼓励和规范企业年金制度。统筹推进机关事业单位养老保险制度改革，完善机关事业单位职工养老保险政策。

（二）推进新型农村社会养老保险和被征地农民养老保障制度建设。2011年，全面推行新型农村社会养老保险制度，实现新农保制度全覆盖，为符合条件的年满60周岁的农村老年人发放每人每月不低于55元的基础养老金。2015年，全省新农保参保率达85%以上。完善被征地农民的养老保障制度，落实政府补助资金，并逐步提高养老保障水平。

（三）确保各项保障制度的协调衔接。扩大养老保险覆盖范围，把“游离”于养老保险体系之外的人群纳入参保范围。做好城镇居民社会养老保险试点和扩面工作。提高个体私营企业职工的参保率。做好新型农村社会养老保险制度与被征地农民社会保障、水库移民后期扶持政策、农村计划生育家庭奖励扶助政策、农村五保供养、社会优待、最低生活保障制度等政策制度的配套衔接工作。完善农村计划生育奖励扶助制度，在实施新型农村社会养老保险制度时，对独生子女父母、生育两个女孩的夫妻及计划生育特殊群体增加补助或提高标准。提倡和引导公民参加个人储蓄性养老保障，鼓励并扶持商业性老年保险产品开发，支持商业保险企业建立实施老年人意外伤害保险，鼓励商业保险企业、商业银行或住房公积金管理部门建立公益性中介机构，积极开展“以房养老”

(住房反向抵押贷款)试点业务。

二、落实医疗保障

(一)深化基本医疗保险制度改革。坚持“广覆盖、保基本、多层次、可持续”的方针,加快建立和完善以基本医疗保险为主体,其他多种形式补充医疗和商业健康保险为补充,覆盖城乡居民的多层次医疗保障体系。扩大城镇基本医疗保险覆盖范围,逐步提高参保率。从重点保大病起步,逐步向门诊小病延伸;探索付费方式改革,稳步提高基金统筹层次和保障标准。城镇职工和城镇居民的医疗保险报销水平分别保持在75%和70%左右,通过多种方式使城镇职工、城镇居民医保最高支付限额分别提高到当地职工年平均工资和当地城镇居民可支配收入的6倍以上。加快探索城乡一体化的基本医疗保障管理制度,逐步缩小不同制度之间保障水平的差距。

(二)巩固完善新型农村合作医疗制度。进一步提高筹资水平和保障能力,逐步提高筹资标准及财政补贴标准,适当扩大报销范围、提高医疗费补偿比例。鼓励、引导农村老年人积极参加新农合。参合率力争稳定在98%以上。

(三)加强老年医疗保健服务。做好老年人健康教育和促进工作,加强老年病的防治研究,普及保健知识。开展义诊和健康咨询活动,提供疾病预防、自我保健和伤害预防、自救等健康指导。重视老年人精神关爱和心理慰藉工作,针对老年人易发心理疾病和心理问题,提供心理干预服务,重点关注高龄、空巢、病残等老年人的心理健康状况。研究制定老年精神关爱工作意见和办法。鼓励为老年人家庭成员提供专项培训和支持,充分发挥家庭成员的精神关爱和心理保健作用。

(四)落实基本公共卫生服务项目。建立社区老年人健康档案,城市65周岁以上老年人健康管理率达到85%以上,农村65周岁以上老年人健康管理率达到80%以上。落实老年人就诊就医优先服务工作,完善为70周岁以上老年人看病提供“就诊、检查、取药、收费、住院”优先措施。继续实施“光明行动”,为贫困白内障老年人免费实施复明手术。拓展老年卫生工作服务领域,增加老年人医疗服务项目,逐步增加设立老年病门诊、老年人和老干部病床。鼓励有条件的地方设立老年专科医院。将老年医学列入福建医学重点学科规划。探索研究建立失能老年人的长期护理保障制度。

三、深化社会救助

(一)完善城乡居民最低生活保障制度。完善分类施保、低保对象动态管理等制度,逐步提高低保标准和补助水平,把符合条件的老年人全部纳入低保。关注贫困、高龄、孤寡、空巢、病残老年人生活中面临的突出问题,在实施城乡低保、社会救助中给予倾斜照顾。完善五保供养制度和政策法规,逐步提高供养水平和集中供养率。建立健全离休干部无工作遗偶定期定额生活费标准的正常增长机制。

(二)规范和完善城乡医疗救助办法。建立健全资助参加居民医保(新农合)、大病医疗救助、日常医疗救助、临时救助、慈善救助“五位一体”的城乡医疗救助体系。逐步扩大医疗救助惠及范围。救助政策适当向老年困难群体倾斜,解决老年人因病致贫、因病返贫的问题。

四、提高社会福利

推动老年社会福利由补缺型向适度普惠型转变。落实重点优抚对象抚恤和生活补助标准自然增长规定。对年老体弱、丧失劳力又未纳入低保的低收入高山族人口,发给生活困难补助费。建立并完善在闽定居困难老年台胞台属的生活扶助和老龄补贴制度。探索制定低收入家庭中生活不能自理的老年人和残疾老年人入住养老服务机构的补贴政策,研究探索老年人居家养老服务的补贴政策和建立家庭成员照顾年老父母的奖励扶助制度。

第二节 优先发展社会养老服务

按照统筹规划、分级负责,政府主导、多方参与的原则,逐步建立健全与人口老龄化进程相适应、与经济社会发展相协调的社会养老服务体系,重点保障孤老优抚对象、“三无”(无劳动能力、无生活来源、无法定抚养人)老人、五保对象及低收入的高龄、空巢、失能等养老困难老年人。

一、推进居家养老服务

按照“五有基本建设标准”、“三个基本服务规范”要求,建立和完善社区居家养老服务中心(站)。鼓励社区单位的生活服务和文化体育设施向老年人开放,鼓励家政、餐饮、物业等服务企业和社区卫生服务站参与居家养老服务,为社区老年人提供生活照料、家政服务、康复护理、医疗保健、精神慰藉等服务,对生活不能自理的高龄、空巢、失能等老年人提供特殊照料服务。落实政府购买服务和居家养老服务补贴制度。有条件的地方增加托老设施网点或建立社区日间照料中心(室),为家庭日间暂时无人或者无力照护的社区老年人提供服务。鼓励对有需求的老年人家庭实施无障碍设施改造。

创新居家养老服务模式,健全服务队伍,丰富服务内容,提升服务水平,构建15分钟城市社区居家养老服务圈。到2012年,原则上每个城市社区建立

1个居家养老服务中心（站）；到2015年，农村社区依托乡镇敬老院、老年公寓、老年活动中心（室）、老年学校等现有设施，完善服务、增加功能，力争每个乡镇拥有1处居家养老服务场所，有条件的村通过村民自治组织、老年群众组织，开展以村民互助为主要内容的居家养老服务，建立起覆盖全省城乡社区的居家养老服务网络。

二、加快养老服务机构建设

根据区域内老年人口数量和养老服务发展水平，合理制定包括老年养护机构在内的养老服务机构发展规划，重点建设社会福利院、养老院、敬老院、荣军院、老年公寓、护理院等养老机构，优先保障孤老优抚对象、“三无”、五保对象及失能等低收入困难老年人入住。加强市县社会福利中心、农村敬老院建设和管理。每个市、县建成1所社会福利中心，每个乡（镇）建成1所敬老院，人口少于5000人的乡（镇），可与地理位置临近、交通便利的乡镇共建1所规模较大的中心敬老院。

通过公办民营、民办公助、土地划拨、税费减免、政府购买服务、规范服务标准等措施，吸引社会力量投资兴办养老服务设施。鼓励养老机构拓展服务范围，向社会提供护理型养老和居家养老等服务，解决失能半失能老人护理和生活照料问题。每个市县有1个老年护理院或“爱心护理工程”示范单位。鼓励社区卫生服务机构开展老年康复护理服务。

三、推进养老服务信息化建设

把养老服务信息化建设纳入信息化发展总体规划，纳入政府职能部门数据库管理，同时实现与其他社会服务信息网络的有效衔接。整合服务信息平台，建立老年人基本状况、求助热线和为老社会服务网络，逐步建立覆盖全省城乡、统一的养老服务信息系统，及时向社会提供养老服务需求和资源供应信息，为老年人提供便捷实用的养老社会化信息服务。

四、加强养老服务队伍建设

把建设养老服务队伍与促进社会就业结合起来，将养老服务技能培训纳入就业培训体系。有条件的地方建立养老护理员培训基地，启动培训工程。支持高等院校和职业教育机构设立养老服务相关专业。加强与高等院校的社会工作、护理、老年心理学等专业学科的合作，加快培养老年社会工作和老年护理等专业人才。实施社会工作人才培养工程，加强中高级社会工作人才培养。积极开发社会工作岗位，提高社会工作人才在养老服务队伍中的比例。建立养老服务从业人员职业资格认证制度。到2015年，全省专业养老护理服务队伍持证上岗率达到85%以上。推动助老志愿者队伍建设，开展“百万空巢老人志愿服务行动”，倡导和支持开展助老志愿服务，开展巾帼志愿者、青年志愿者、老年志愿者等为老服务活动。

第三节 培育壮大老龄产业

一、落实老龄产业政策

将老龄产业纳入经济社会发展总体规划和现代服务业发展规划，列入政府扶持行业目录。落实国家引导和扶持老龄产业发展的优惠政策，鼓励社会资本参与老龄产业的发展。将发展老龄产业与拉动消费、增加就业结合起来。有条件的地方建立老龄产业专项引导资金，扶持老年服务产业发展。

二、培育老年消费市场

引导和扶持企业开发生产老年用品和服务产品，拓展适合老年人的金融、理财、保险、旅游等服务项目，推动社会养老服务机构发展，为老年人提供多样化、多层次养老服务。积极鼓励商家设立老年用品专柜，培育老年用品专卖商店，举办老年产品展示会，促进流通、扩大销售。扩大老年人有效需求，引导老年人合理消费，促进老年用品消费市场的繁荣与发展。

三、促进老龄产业健康发展

建立老龄产业发展机制，壮大老龄产业，培育一批有资质、有诚信、有品牌的养老服务机构、老年用品企业和中介组织，组建老龄产业行业协会，发挥行业协会指导和自律作用。

第四节 优化老年生活环境

一、加快老龄事业基础设施建设

把社区老年基础设施建设纳入城乡社区发展规划。新开发居民小区按规定配置老年人活动场所，通过新建、改扩建和整合现有资源，缓解老年活动基础设施不足的问题。利用公园、绿地、广场等公共空间，开辟老年人文化和运动健身场所。做好符合条件的城市既有住宅增设电梯工作，推进方便老年人出行和参与社会生活的无障碍环境建设。加强对居住小区、园林绿地、道路、建筑物，特别是与老年人日常生活密切相关的已建设施的无障碍改造。“十二五”期间，新建城市道路和养老服务场所无障碍率达到100%，已建居住区、城市道路、公共建筑和养老场所的无障碍改造率达到70%。继续争创全国无障碍建设城市，力争6个设区市进入全国无障碍建设城市行列。

二、营造敬老爱老助老社会氛围

强化子女赡养责任，完善家庭养老功能。开发老年宜居住宅和代际亲情住宅，鼓励老年家庭成员共同生活或就近居住。提倡亲情互助，组织开展“老年温馨家庭”、“老年和谐社区”创建活动。弘扬孝亲敬老传统美德，把敬老爱老助老道德教育纳入社会主义精神文明建设整体规划，列入公民道德建设、党员干部教育、中小学德育和村规民约的重要内容。开展“敬老爱老助老主题教育”、“敬老月”和“老年节”等系列活动，形成全社会敬老爱老助老的良好风尚。

第五节 丰富老年精神文化生活

一、重视发展老年教育

贯彻实施《福建省中长期教育改革和发展规划纲要（2010—2020年）》。优化老年教育资源，加大财政投入，把福建老年大学办成海峡老年教育名校，充分发挥其在全省老年大学教育网络中的龙头作用。抓好各级老年大学（学校）“示范校”创建工作。完善老年教育设施和场所，落实县级老年大学办学场所建设，加强乡镇（街道）、村（居）老年学校建设和管理。整合资源，依托社区学校、村级综合服务场所、老年活动中心等设立基层老年学校。依托广播电视大学的网络平台和党员干部现代远程教育平台等，发展远程老年教育，推动基层老年教育发展。全省县（市、区）老年大学办学水平不断提升，乡镇（街道）、村（居）基本建立老年学校，形成以老年大学（学校）为骨干、社区教育机构为依托、老年组织为纽带、远程网络教育为重要形式的老年教育体系。基本形成具有福建特色的终身教育体系，使福建老年教育继续走在全国前列。

二、加强老年文体工作

贯彻落实《全民健身条例》，建立和规范老年文化体育组织。到2015年，全省老体协村（居）建协率力争达到100%。发挥老年学校、老体协的作用，开展老年文体会演、老年才艺展示、老年书画摄影展等，组织开展老年文体交流。引导老年人通过参加“社区文化艺术节”、“激情文化广场”、“老年体育健身项目展示”等形式，促进体育健身和文体展示等活动的开展。继续组织开展“亿万老年人健身活动”、“全民健身日”、“万人健步行”、“康乐大讲堂”等大型活动。办好2014年福建省老年人体育健身大会。

三、引导老年人参与社会活动

开发老年人力资源，引导、鼓励低龄健康老年人本着自愿量力的原则，参加力所能及的活动，为高龄病残老人提供志愿服务。围绕基层和谐社会建设，在民主监督、社会治安、公益事业、移风易俗、民事调解等方面，组织老年人、老干部开展活动，发挥积极作用。建立老年人才信息库，为老年知识分子和具有专业技能的老年人才参与海西建设搭建平台。加强“福建银色人才网”建设，继续开展“银龄行动”。组织离退休专业技术人才、老科技工作者项目成果参加“中国·海峡项目成果交易会”等展示交流。实施“金晖行动·爱心助成长计划”，开展“宣讲”、“护苗”、“关爱”等活动。

四、开展闽台老年文化交流

针对两岸老年人在闽台文化交流中参与广泛的特点，开展闽台老年人在文化等领域的交流互动，实现两地老年人之间的相互了解和沟通，增进友谊，促进两地文化、体育等领域的繁荣和发展。筹划举办海峡两岸老年教育论坛、海峡老年文化艺术节、海峡两岸老年人健康长寿经验交流会等。

第六节 保障老年人合法权益

一、完善老龄政策法规

适时修订和完善《福建省老年人保护条例》。不断建立健全养老保障、老龄产业、老年社会福利等方面政策法规并抓好落实。进一步完善和落实我省老年优待政策规定，争取老年优待覆盖来闽的台港澳侨老年人。

二、健全老年法律服务

加强普法宣传教育，把《中华人民共和国老年人权益保障法》和《福建省老年人保护条例》纳入“六五”普法规划。健全老年人法律援助维权网络，扩大老年人法律援助覆盖面，以街道和乡镇司法所为依托，建立法律援助站和老年人服务点，倡导市、县（区）设立老年人法律援助站，开展法律宣传、法律援助和法律服务。司法机关继续推行和完善对涉老案件“四优先”制度。继续开展“老年维权示范岗”创建工作，重视做好涉老纠纷调解处理和老年人来信、来访工作。

三、加大老年维权力度

认真贯彻实施老年法律法规，将虐老侵权行为列入打击刑事犯罪和社会治安综合治理的内容。研究涉老违法犯罪的特点和规律，加强涉老违法犯罪的预防工作。建立完善各部门共同查处侵犯老年人合法权益行为的综合治理和快速反应机制。建立健全维护老年人合法权益的社会监督机制。

第七节 加强老年人社会服务管理

一、推进老年群体组织建设

充分发挥老年群体组织联系老年人的桥梁和纽带作用，使其成为凝聚老年人、推动老龄工作、构建和谐社会的一支重要力量。加强村(居)“两委”对老龄工作的领导。引导基层老年协会等老年组织规范发展。

二、关心老年人思想政治工作

在落实“六个老有”的同时，结合老年人思想实际，积极探索老年思想政治工作新形式、新途径。发挥基层党支部、老年协会、老年大学等作用，组织、引导老年人开展时势政治学习，参与民主政治生活和社会活动。

三、建立新型老年人社会服务管理体制机制

整合社会资源，逐步建立家庭、社区、单位、党委和政府工作部门相结合的老年人社会服务管理体系。根据形势发展和老年群体出现的新特点，探索老年人社会服务管理的新形式。

第五章 组织实施老龄事业重大项目

围绕老龄事业发展主要目标和任务，以提高老年人幸福指数为重点，组织实施一批重大项目，在薄弱环节取得进展，促进我省老龄事业可持续发展。

第一节　老年优待工程

一、建立高龄补贴制度。做好百岁老人长寿营养补贴发放工作，适时提高补贴标准。结合实际，逐步建立全省高龄补贴制度，全省 80 周岁以上老年人均可享受高龄补贴待遇。发放标准可分年龄段确定，并随着经济社会发展水平逐步提高，所需资金由各级财政分级负担。

二、实施特殊老年群体关爱计划。重点解决低收入高龄、空巢、失能等困难老年人的生活照料和护理问题。初步建立居家养老服务补贴制度。研究探索老年护理保险。实施以老年人意外伤害保险制度为内容的“银龄安康工程”，为特殊困难老年人购买人身意外伤害保险。开展老年人心理健康教育和心理疏导、心理咨询、心理干预，重点满足病残、空巢、高龄、临终老年人的心理关爱需求。有条件的社区建立老年人心理关爱站（室），开展长期护理和心理关爱服务。

三、推动老年优待工作。推动 70 周岁以上老年人凭老年人优待证免费乘坐市区公交车向县（市）延伸，到 2015 年，全省所有县（市）实现老年人免费乘坐公交车优待。推动公园、景区等文体设施免费向老年人开放。

第二节　老年医疗保健支持工程

一、发展老年医疗保健机构。加大政府对非营利性老年医疗机构的投入，依托省立医院技术和管理优势，加大力度改扩建省老年医院，把省老年医院建成全省老年疾病防治、科研中心。加强医院、社区、家庭三级康复体系建设。建立医院与社区卫生服务中心的联动机制，推进中西医结合、中医特色为主的康复医疗进社区，推动社区卫生服务中心全面建立康复科。支持市、县（区）设置康复医院。推动综合医院设立老年专科，每个设区市至少有 1 所综合医院设立老年专科。通过新建、改建、转型、整合资源等形式，大力发展老年护理院，解决失能半失能老年人照料护理问题。

二、完善社区卫生服务体系。健全以社区卫生服务为基础，社区卫生服务机构、医院和预防保健机构分工合理、密切协作的城市医疗卫生服务体系。每个街道有 1 个社区卫生服务中心，基本实现 15 分钟医疗卫生服务圈的目标。加强社区老年卫生工作，把老年医疗保健纳入社区卫生工作重点。继续推进社区医生进家庭，在有条件的地方建立家庭医生签约责任制。依托基层社区卫生服务机构发展家庭病床，采取定点、巡回、上门等形式，为老年人提供预防、医疗、护理和康复等多种服务。

三、健全农村卫生服务体系。以乡镇卫生院为重点，提升农村基层医疗卫生机构服务功能。全省村卫生所设施、设备配备达到国家标准，力争取得执业医师或执业助理医师资格的乡村医生比例提高到 20%。提高乡村医生队伍整体素质，满足农村居民基本医疗与公共卫生服务需求。积极推进县乡联动、乡村卫生服务一体化管理，依托县级医院建立健全县域内农村院前急救体系。

四、落实老年人医疗优待政策。贯彻落实省政府《关于进一步做好老年人优待工作的意见》（闽政〔2006〕17 号），为老年人就医就诊提供方便和优先服务。将医疗机构落实老年人医疗优待政策情况纳入全省医院管理年活动检查内容，结合等级医院评审，落实对 70 岁以上老年人就医就诊提供的优惠措施。

五、加强老年疾病防治。依托省、市级医疗机构建立 7 个慢性病医学防治中心，推广慢性病医院和社区一体化防治管理模式。开展社区老年慢性疾病的预防工作，加强对高危人群的干预和监测。制定高血压、糖尿病、心血管疾病等老年人常见病、多发病的防治管理方案。加强主要慢性病病人健康指导与管理，全省重点慢性病防治知识知晓率达 70%，高血压、糖尿病患者管理率达 60%，重性精神疾病患者管理率达到 85%以上。支持老年医学研究机构和医疗单位开展老年病的防治和康复研究，尤其是对老年人相关的疾病基础和临床研究。加强老年病学科建设，将老年病学作为优先发展的重点学科。

第三节　社会养老服务体系建设工程

一、社会养老服务项目工程。把社会养老机构建设纳入城市建设规划和小城镇建设规划，研究解决建设用地问题，引导社会力量积极参与发展养老服务机构。组织实施养老服务“十百千工程”，扎实推进社会养老服务体系建设。每年开工建设一批市县社会福利中心和农村敬老院，新建和完善一批社区居家养老服务中心（站），扶持建设一批老年人日间照料中心等社区养老服务设施。进一步实施“爱心护理工程”，扩大覆盖范围，推广多形式的农村养老服务。

二、养老服务信息资源共享工程。依托现代技术手段，整合家政服务、便民服务、机构养老服务、社区居家养老服务以及社区现有信息服务平台等网络资源，强化协同功能，建立养老服务信息系统和服务平台，为公众接受养老服务、行业规范化发展提供信息支持。

三、养老服务队伍培训工程。制定养老服务队伍培训计划。有计划地在高等院校和中等职业学校增设养老服务相关专业和课程，开辟养老服务培训基地，加快培养养老服务专业人才，加大养老服务人员岗位培训力度，不断提高服务队伍的职业化和专业化水平。

第四节　文化惠老工程

一、加强老年活动场所建设。推进老年文体活动设施建设，纳入城乡公共设施建设、新建住宅小区、旧村改造和新农村建设规划。每个县（市、区）和乡镇（街道）有1处示范性老年人（老干部）活动中心和老年教育场所，社区、村（居）有教育与老年活动场所。积极发展远程老年教育，在全省乡镇（街道）、村（居）完成5000个远程老年教育收视点建设。

二、生产老年题材文化产品。加大公益性出版项目专项资金对老龄读物出版发行的扶持力度，鼓励生产更多优秀老年题材文化产品。鼓励创作适合老年人欣赏习惯的戏曲作品。办好电视专栏节目《金秋》、福建老年报、福建老龄网等适合老年人特点的电视栏目和网站。在农家书屋和乡镇综合文化站选配适合农村老年人接受能力和习惯的出版物。

三、组织老年文化体育活动。结合传统节日和庆典，组织开展具有导向性的老年文化体育活动。支持老年组织利用非物质文化遗产开展民俗活动。推荐优秀老年合唱团参加中国老年合唱节。

第五节　老年服务管理创新工程

支持省老体协、计生协、关工委、老科协等老年组织开展活动。扶持发展基层老年组织，建立健全乡镇（街道）老龄工作机构，落实人员和工作经费。加强基层老年协会规范化建设，充分发挥基层村（居）老年协会的作用。培育一批示范性基层老年协会组织，规范化的基层老年协会达到5000个以上。研究出台加强基层老年群众组织建设的意见。畅通老年民意反映渠道，帮助解决老年人反映的问题。引导老年人参与自我管理和服务，以老年人的广泛参与，增强老年人社会管理的活力。根据形势发展新变化和老年群体出现的新特点，探索老年人社会管理的新形式。

第六章　强化保障措施

第一节　加强组织领导

各级政府要将老龄事业发展纳入当地经济社会发展总体规划和年度计划，通盘考虑，统筹安排。进一步建立健全党政主导、老龄工作机构组织协调、相关部门各司其职、社会广泛参与的领导体制和运行机制，进一步形成老龄工作大格局。各级老龄工作委员会要充分发挥组织协调、调查研究、检查指导的职能作用，及时研究部署工作任务，帮助解决问题。相关部门要履行工作职责，加强沟通、密切协作，努力形成推进老龄事业的整体合力。强化执行力，加大督查力度，确保各项政策措施落到实处。

第二节　健全多元投入机制

各级政府要根据经济社会发展状况和老龄工作实际，充分发挥公共财政的主渠道作用，建立健全老龄事业的投入保障机制和资金增长机制。积极争取中央的支持，用足、用好国家对原中央苏区县、革命老区分别参照执行西部、中部地区的扶持政策。增加福利彩票公益金、体育彩票公益金对老龄事业的投入。引导社会资金投入老龄事业，倡导社会各界以多种形式对老龄事业进行慈善捐赠，拓宽养老服务业投融资渠道，发展多种融资方式，建立多元化的投入机制。

第三节　加强老龄队伍建设

各地要进一步建立健全老龄工作机构，充分发挥老龄工作委员会的职能作用，在队伍建设、办公条件、工作经费等方面给予保证。加强老龄工作队伍建设，重视、关心老龄干部，把老龄工作人员的培训、交流和使用纳入组织部门工作计划，不断提高老龄工作干部政治素养和业务素质。开展创先争优活动，继续组织老龄工作先进单位和先进个人的评选表彰活动。

第四节　加强老龄科学研究和老龄宣传

整合高校、科研机构、有关社会组织的研究力量，加强老龄工作研究，为党委政府决策提供依据。每年围绕1～2个老龄事业发展的重点、难点、热点问题，开展课题调研和研讨交流。加强与兄弟省市和台港澳的交流与合作。利用各种媒体，开辟宣传专栏或专题，加大老龄工作的宣传，增强全社会的老龄意识，营造良好的老龄工作氛围。

第五节　开展督查和评估

各地各有关部门按照本《规划》的要求，制定本地本部门实施方案。建立绩效评估制度和管理监督制度，对作出突出成绩的地方和部门给予表彰，营造发展老龄事业比学赶超的良好氛围。本《规划》由省老龄委组织有关部门负责督促检查，2015年对《规划》的执行情况进行全面评估。

相关概念注解

六个老有：老龄工作的目标，即老有所养、老有所医、老有所教、老有所学、老有所为、老有所乐。

以房养老：指老年人将自己的房屋产权作抵押，按月从保险公司领取现金直到身故，相当于保险公司通过分期付款（按月支付）的形式，收买投保人的房屋产权，类似于把住房抵押贷款反过来做，也被称为“住房反向抵押贷款”或者“倒按揭”。

五有基本建设标准：指居家养老服务中心（站）的建设要达到“有规范名称、有服务场所、有工作制度、有工作队伍、有工作人员职责”的基本标准。

三个基本服务规范：指开展居家养老服务时，要求服务对象、服务内容、服务方式均达到基本服务规范。

爱心护理工程：指在全国建设一批以关爱老年人为主旨的“爱心护理院”，包括老年住宅、老年公寓、老年人服务中心等养生、休闲、保健及护理关爱等配套服务设施。其目的，一是减轻国家财政负担，增加社会养老服务机构总量，为老年人解决实际困难；二是统一服务理念、提高整体养老服务水平；三是创建相对集中的、适合国情的老年人生活社区，用老年福利社区化概念实现老年人养老、休闲、保健等一站式服务的功能。我省从2006年开始开展“爱心护理工程”试点，由省民政厅、省老龄办和省老龄事业发展基金会联合实施，目前纳入“爱心护理工程”试点单位共有29个。

敬老爱老助老主题教育活动：全国敬老爱老助老主题教育活动由全国老龄办、中宣部、民政部、教育部、广电总局、共青团中央和全国妇联等联合主办，中国老龄事业发展基金会承办，以敬老爱老助老为主题，通过读敬老书、做敬老事、写敬老文，并组织评选“中华孝亲敬老楷模”、“中华孝亲敬老楷模提名奖”、“孝亲敬老之星”等活动，旨在弘扬中华民族敬老爱老助老传统美德，在全社会树立良好道德风尚，维护老年人权益，促进社会和谐。

银龄行动：自2003年起，全国老龄委倡导并组织以东部地区为主的全国大中城市离退休老年知识分子以各种形式向西部地区或经济欠发达地区开展智力援助行动。援助行动可以在全国范围内开展，也可以在一个省（自治区、直辖市）内进行。鉴于老年知识分子大都已“华发如银”，行动简称“银龄行动”。广义地讲，凡以“老有所为”为主题内容的老年人活动和项目，都可以纳入“银龄行动”。

四优先：指法院等司法机关在审理涉老案件时，采取优先立案、优先审结、优先执行、优先回访。

银龄安康工程：指根据国家有关法律法规和政策文件，以推广“老年人意外伤害组合保险”为内容的老年人意外伤害保障工程。“银龄安康工程”所指险种为老年人意外伤害组合保险，专为老年人量身定制，投保对象为60周岁以上至80周岁（含）的老年人，其中50周岁（含）以上人员也可以纳入投保对象。被保险人在日常生活中发生的意外伤害，例如乘坐公交车或其他交通工具发生的意外人身伤害，户内外及公共场所发生的意外人身伤害，均可获得赔偿。

养老服务十百千工程：指建设十个县级社会福利中心、新建百所农村敬老院、新建和完善千个社区居家养老服务中心（站）。省委、省政府把“养老服务十百千工程”列入2011年为民办实事项目。

福建省人民政府办公厅

2011年8月9日印发

中共甘肃省委办公厅 甘肃省人民政府办公厅关于印发《甘肃省老龄事业发展“十二五”规划》的通知

甘办发〔2011〕118号

各市、州党委，各市、州人民政府，省直有关部门：

《甘肃省老龄事业发展“十二五”规划》已经省委、省政府同意，现印发给你们，请结合实际认真贯彻落实。

二〇一一年十二月二十六日

附件：

甘肃省老龄事业发展“十二五”规划

为积极应对人口老龄化，加快发展老龄事业，根据《中华人民共和国老年人权益保障法》、《中共中央国务院关于加强老龄工作的决定》（中发〔2000〕13号）和《中国老龄事业发展“十二五”规划》，结合我省实际，制定本规划。

一、发展基础和形势

“十一五”时期，我省老龄工作在省委、省政府的正确领导下，坚持以科学发展观为指导，全面实施《甘肃省老龄事业发展“十一五”规划》，老龄事业取得长足发展。全省社会养老保障制度逐步健全，城镇职工基本养老保险实现全覆盖，新型农村社会养老保险开始试点并逐步扩大范围，老年社会福利和社会救助制度不断完善，老年人基本生活得到有效保障。基本医疗保险制度、新型农村合作医疗制度和医疗救助制度稳步实施。居家养老在城市逐步开展并向农村延伸，老年人优待和维权工作得到有效落实。老年福利服务设施建设不断推进，为老服务范围逐步扩大。老年文化、教育、体育事业不断发展，老年人物质和精神文化生活日益丰富。全社会老龄意识明显提高，敬老爱老助老氛围日益浓厚。

同时也应看到，全省老龄工作还存在一些突出的困难和问题，主要表现在：有些地方对老龄化形势与老龄工作重要性的认识不够，老龄组织机构和工作力量薄弱，老龄事业投入相对不足；老年社会管理工作相对薄弱，老年福利设施和网络建设滞后，养老服务体系建设有待加强；养老和医疗保障水平有待提高。

2010年底，全省60岁以上老年人口315万人，占常住人口的12.32%，到2015年，60岁以上老年人将达到365万人，占总人口的13.36%，人口老龄化呈快速发展趋势。“十二五”期间，我省人口老龄化、高龄化、空巢化进程将进一步加快，随着老年人口规模不断增大，社会保障、社区照料服务、老年消费需求等老龄问题的社会压力显著加大，劳动抚养比结构发生重大变化，对经济社会全面协调发展带来深刻影响。人口老龄化的快速发展与家庭小型化、空巢化相重叠，与工业化、城镇化相伴随，与经济转型、社会转轨的变化相交织，急剧增长的社会养老需求与老龄事业发展滞后的矛盾将日益突出。我们必须深刻认识发展老龄事业的重要性和紧迫性，抓住全省经济实现跨越式发展的战略机遇，制定完善应对人口老龄化发展的体制机制和政策措施，为老龄事业发展打下坚实基础。

二、指导思想、总体目标和基本原则

（一）指导思想

高举中国特色社会主义伟大旗帜，以邓小平理论和“三个代表”重要思想为指导，深入贯彻落实科学发展观，坚持“党政主导、社会参与、全民关怀”的老龄工作方针，适应人口老龄化新形势，以科学发展为主题，以改革创新为动力，建立健全老龄战略规划体系、社会养老保障体系、老年健康支持体系、老龄服务体系、老年宜居环境体系和老年群众工作体系，服务经济社会改革发展大局，努力实现老有所养、老有所医、老有所教、老有所学、老有所为、老有所乐的工作目标，让广大老年人共享改革发展成果。

（二）总体目标

把“十二五”作为我省应对人口老龄化的关键准备期，建立政府、社会、家庭、个人负担相结合的老年社会保障机制；建立较为完善的老龄工作管理体制和运行机制，为老龄事业发展提供重要的经费保障和组织保障；建立适应社会主义市场经济要求和人口老龄化趋势的老龄事业投入机制。立足省情，加快推进以家庭养老和社区服务为主要特点的居家养老服务工作。老年优待政策和维权措施得到有效落实，养老服务体系初步建立，老年人基本养老服务需求得到基本满足。老年社会管理进一步加强，社会敬老爱老助老氛围更加浓厚。老年精神文化生活更加丰富，广大老年人生活质量进一步提高。

（三）基本原则

1. 坚持统筹经济社会与老龄事业发展。把老龄事业纳入全省经济社会发展整体规划，立足全局，因地制宜，发挥优势，合理布局，促进老龄事业与经济社会协调发展。进一步建立健全与人口老龄化进程相适应的资金投入机制和增长机制，保障老年人物质文化生活随着经济社会发展不断改善。

2. 坚持保障老年人合法权益。把实现好、维护好、发展好老年人切身利益作为老龄工作和老龄事业发展的根本出发点和落脚点。健全和完善以养老、医疗、救助、慈善为基本内容的老年社会保障制度，切实解决“五保”老人、贫困老人、残疾老人、高龄老人、空巢老人等特殊群体生活中的突出问题，构建以居家养老为基础、社区服务为依托、机构养老为补充的养老服务格局。

3. 坚持政府主导和社会参与相结合。积极支持和引导社会力量参与老龄事业发展，发挥政府主导作用，通过政策引导、资金支持、市场培育、监督管理，充分调动各类老龄产业组织开展经营和提供服务，逐步建立起组织健全、活动丰富、多元参与的老龄事业发展体系。

4. 坚持家庭养老和社会养老相结合。进一步加强居家养老服务工作，优先发展社会养老服务。加大老年福利设施建设力度，建立健全以生活照料、医疗保健、体育健身、文化体育、法律服务和志愿者服务为主要内容的老年福利服务体系，营造浓厚的敬老爱老助老社会氛围。

5. 坚持加强和创新社会管理。适应新形势，谋求新发展，不断理顺老龄工作管理体制和机制，及时解决老龄工作中的困难和问题，为城乡老年人提供均等化的老龄公共服务，努力提升社会和谐水平。

三、主要任务

（一）建立和完善老年社会保障体系

1. 养老保险

加快推进城乡基本养老保险制度建设。根据经济社会发展水平，适时调整提高企业退休人员基本养老金。进一步推进基本养老保险社会化管理服务体系建设，完善管理机制，提高服务水平。认真实施新农保制度，逐步建立个人缴费、集体补助、财政补贴相结合的多元化新型农村社会养老保险筹资机制，逐步实现全覆盖。积极推进城镇居民养老保险试点。

2. 医疗保险

完善城乡居民医疗保险制度，实现城镇职工基本医疗保险全覆盖。不断提高医疗保险补偿比例，将老年疾病医疗护理纳入基本医疗保险支付范围。到2015年，参加城镇职工基本医疗保险和城镇居民基本医疗保险的老年人，政策范围内的大病和住院费用报销比例达到70%（二级医疗机构）以上，适当提高各统筹地区大病报销最高封顶线；农村新农合参保老年人在县（市、区）、乡（镇）两级政策范围的住院报销比例提高到70%，逐步提高村（居）门诊补偿比例。确保所有统筹地区城镇职工医疗保险、城镇居民医疗保险、新型农村合作医疗政策范围内最高支付限额分别达到当地职工平均工资、居民可支配收入和农民人均纯收入的6倍以上。

3. 卫生保健

将老年医疗卫生服务纳入各地卫生事业发展规划，发展老年医疗服务网点，建立健全老年病研究、预防、咨询、护理、康复等老年健康服务机构，鼓励有条件的医学院校设立老年医学专业。城乡社区普遍建立老年人健康档案，对70岁以上老年人每年进行一次免费体检。关注高龄、空巢、患病等老年人的心理健康状况，充分发挥社会和家庭的精神关爱和心理保健作用。着力解决好困难企业退休人员医疗保险问题，为无支付能力的老年人提供医疗救助。

4. 社会救助

完善社会救助制度。按照应保尽保、分类施保的原则，不断完善城乡最低生活保障和社会救助制度，将符合条件的困难老年人全部纳入救助对象。高度重视农村空巢老人问题，积极探索制定农村空巢老年人救助帮扶措施。关注特殊群体老年人的困难，多方筹措资金，对孤寡、高龄、残疾、贫困老年人实施有效救助。

（二）建立和完善老年优待维权体系

1. 老年优待

强化各级政府为老服务责任，严格执行老年优待规定，开展经常性的老年优待政策执行情况监督检查，全面落实各项老年优待政策。鼓励有条件的地方、单位在国家和省上政策的基础上，拓宽优待领域和范围，不断提高老年优待水平。大力宣传、表彰和推广老年优待先进典型。积极创造条件，适时将高龄津贴范围扩大至80周岁以上老年人，使经济社会发展成果惠及更多老年人。在城市，逐步实现70周岁以上老年人免费乘坐市内公交车。

2. 老年维权

加大执法维权力度，依法处理和打击侵犯老年人合法权益的不法行为。建立健全老年法律服务网络，拓展老年人申请和获得法律援助的渠道，扩大老年人法律援助覆盖面，积极为老年人提供法律服务。各级司法部门和法律援助机构对老年人提出的法律援助申请，要给予“优先审查、优先受理、优先指派”服务。司法机关继续推行和完善涉老案件优先立案、优先审理、优先执行制度，提高涉老案件办案质量和效率，对问题比较突出的涉老案件要及时回访。老年人因合法权益受侵犯提起诉讼，交纳诉讼费确有困难的，可以缓交、减交或免交。开展法律援助便民主题活动和志愿者服务行动，积极发挥社会福利机构和养老机构法律援助服务站点的作用，方便老年人就近咨询法律问题，申请法律援助。

（三）建立和完善社会养老服务体系

1. 居家养老

整合社会和社区资源，建立老年人基本情况、求助热线和为老服务信息的网络平台，形成市（州）、县（市、区）、乡镇（街道）三级联网的基本养老服务信息系统，为老年人提供便捷实用的养老信息服务，促进居家养老服务标准化、规范化、集约化发展。人力资源和社会保障部门根据社区人员规模，提供一定的再就业公益性岗位，专门用于居家养老服务。鼓励和引导社会资金兴办居家养老服务实体，提供全方位服务。组织青年学生、地方驻军、党员干部和低保人员开展为老志愿服务活动，建立志愿者公益服务、政府购买服务、市场化有偿服务相结合的居家养老服务体系。到2015年，在全省城市社区，建设600个规模不少于200平方米的居家养老服务中心，为空巢、高龄老年人提供生活照料、家政服务、医疗保健、康复护理、紧急援助、心理咨询、文化学习、体育健身、娱乐休闲、精神慰藉等综合服务。积极创造条件，逐步开展农村居家养老服务，努力实现城乡老龄公共服务均等化。

2. 老年福利设施

各级政府要加大对公办养老机构的投入，福利彩票、体育彩票公益金给予相应的资金支持。不断完善公办养老服务机构基础设施，提升服务水平，“十二五”期间，各类养老机构共新增床位8.78万张，全省每千名老人平均拥有养老床位达到30张。积极推进公办养老服务机构体制改革，探索多元化、社会化的投资建设和管理模式。“十二五”期间，天水、张掖两市完成麦积区、甘州区全国综合性养老示范基地项目建设，临夏州完成临夏市国家级少数民族地区综合性社会福利服务示范区项目建设。同时，在省市县级各建成1所集老年人救助、自费代养、医疗康复、老年教育、爱心护理、临终关怀为主要功能的综合性老年福利服务中心。在需求较大且有条件的市州建有一所以长期护理、康复和临终关怀为主要功能的专业性护理院。按照填平补齐原则，在1351个乡镇（街道）建设老年人活动中心，在16125个村建设老年人活动室，实现老年活动阵地在乡镇和村全覆盖。新建424所农村敬老院，新建6400个农村五保家园，新建2155户散居五保老人住房。“十二五”末，农村五保老人集中供养率达到30%。

3. 民办养老机构

大力支持民间和社会资金投入基本养老服务。认真落实社会力量兴办社会福利机构的一系列优惠扶持政策，鼓励和引导社会资金、慈善资金积极创办养老机构，促进养老服务社会化发展。民办福利机构在规划、建设、税费、用地、用水、用电等方面，与政府办社会福利机构一样享受同等待遇，并从实际出发制定新的优惠政策。各级政府采取多种形式，对符合条件的民办养老机构给予适当床位补贴，并逐步提高床位补贴标准。

4. 老龄产业

完善老龄产业政策，探索和完善老年福利事业市场化管理模式。发挥政府的宏观指导作用，建立政府引导、部门推动、行业管理、社会参与、市场竞争的老龄产业发展机制。鼓励和扶持开发老年产品，引导企业生产门类齐全、品种多样、经济适用的老年用品。促进老年用品产品开发，鼓励商家设立老年用品专柜、专卖店和举办老年产品展示会，促进流通，扩大销售。开发符合老年人特点的金融、保险等理财产品，积极引导老年人更新消费观念，促进老年消费市场的发展与繁荣。发展老年旅游业，依托社会为老服务组织，推出适合老年人的异地休闲养老服务旅游线路和旅游项目。

（四）建立和完善老年人管理服务体系

1. 自我服务

做好退休人员社区管理服务工作，将全省80%以上退休人员纳入社区管理服务对象。根据基层公共服务体系建设的需求，指导各地推进街道（乡镇）、社区劳动保障平台建设，积极拓展服务内容，不断提高社会化管理服务水平。发挥老年人自身力量，以社区和企事业单位为依托，组织低龄、健康老年人为高龄、疾病和空巢老年人开展家政、照料、探视、救助、联络等爱心互助服务，形成方便高效的老年人自我服务体系。基层政权组织和群众自治组织要充分发挥作用，加强对基层老年人协会建设的指导。“十二五”末，基层老年人协会覆盖面在城市社区达到95%以上，在农村行政村达到90%以上。提高组织管理能力和服务水平，丰富活动内容，充分发挥老年人协会依法自我管理、自我教育、自我服务的作用。进一步壮大老年志愿者队伍，老年志愿者数量达到老年人总数的10%以上。

2. 文化教育体育

大力发展老年教育。把老年教育列入终身教育体系，纳入党政工作重要议程，纳入财政支持范围，统一规划，加强管理，扩大老年教育覆盖面。改善教学条件，完善教学设施，提高教学质量。宣传、文化、广电、新闻出版等部门要组织力量，为老年人提供优秀的精神文化产品，组织老年人开展丰富多彩的文化艺术活动。重视老年人思想政治工作，基层党组织要经常开展时事教育和政策宣讲，提高老年人参与经济社会发展的主动性和自觉性。体育部门要着力完善老年体协组织网络，在市县两级普遍成立老年人体育协会，定期举办老年人运动会，广泛开展适合老年人特点的体育健身活动。发挥老年社会组织和老年协会在老年文体活动中的作用。到2015年，全省各县（市、区）普遍建有老年大学（学校），参加在校学习的老年人占老年人总数的15%以上。经常参加体育健身活动的老年人占老年人总数的50%以上。

3. 老有所为

鼓励和支持老年人参与社会发展，广泛开展老年志愿服务活动。在社区服务和管理、关心教育下一代、调解邻里纠纷和家庭矛盾、维护社会治安等方面，充分发挥老年人作用。支持医疗、教育、科技、文化等领域的离退休老专家、专业技术人员及社团组织开展“银龄行动”，实现老有所为。

4. 生活环境

加强街道、社区老年人生活配套设施建设，通过新建和对现有设施进行整合，缓解老年人生活设施不足的矛盾。利用公园、绿地、广场等公共空间，开辟老年人文化和运动健身场所。继续开展无障碍城市创建工作，积极营造全社会关爱老年人的无障碍建设氛围。改善城市的居住和空间环境、人文和社会环境、生态和自然环境、生产和生活环境，积极创建“老年友好城市”、“老年宜居社区”、“老年温馨家庭”。重视孝亲敬老传统美德，强化尊老爱幼家庭美德建设，提倡亲情互助，促进代际和谐，提高老年人生活生命质量。

四、保障措施

（一）加强对老龄工作的领导。健全党政主导、老龄委协调、部门尽责、社会参与、全民关怀的大老龄工作格局。各级党委、政府要按照科学发展观的要求，切实加强对老龄工作的领导，把老龄事业发展纳入经济社会发展总体规划。充分发挥各级老龄工作委员会成员单位的职能作用，按照所承担的老龄工作职责，把老龄事业纳入本部门工作规划。各级老龄工作委员会及其办公室，要充分发挥综合协调、督促检查、参谋助手作用，不断提高依法行政和为老服务水平。要加强对基层特别是县、乡老龄工作的指导，确保各项政策法规落实到城乡社区基层，真正实现老龄公共服务均等化。

（二）不断加大老龄事业经费投入。建立和完善以公共财政为主导的老龄事业投入机制，为老龄事业健康、快速发展提供物质保障。省、市、县要将老龄事业经费按老年人数每人每年1元、2元、3元的标准列入财政预算，并随着经济社会发展逐步提高。进一步改善基层老龄部门工作条件，制定计划，完善措施，分阶段改善县（市、区）级老龄部门办公条件和解决交通工具。建立多元化的老龄事业投入机制，加大投资力度，转变投资方式。制定出台政策，鼓励和引导民间资金投入养老保障和老年福利服务，不断壮大老龄事业发展的社会基础。

（三）加强老龄机构和为老服务人力资源建设。进一步健全和完善老龄工作体系，为老龄事业的发展提供组织保障。重视和加强老龄干部的教育培养和管理使用，提高老龄工作队伍的整体素质。继续加强全省老龄干部培训工作，提高政治素质和业务能力。人力资源和社会保障部门要把养老服务专业护理人员的培训纳入工作计划，组织开展为老服务机构人员资格培训，全面推行持证上岗制度。到2015年，为老服务人员持证上岗率力争达到85%以上。

（四）加强老龄宣传和科学研究。利用广播电视、报刊网络等宣传媒体和多种形式，大力宣传老龄问题的紧迫性和老龄工作的重要性，宣传党和国家关于老龄工作的方针政策，宣传中华民族孝亲敬老的优良传统，宣传和表彰敬老爱老助老先进典型，努力形成老龄事业发展的良好环境，努力营造敬老爱老助老社会氛围。各级老龄部门和高等院校、人口科研机构要围绕人口老龄化与经济社会发展开展调查研究，为党和政府应对人口老龄化，推动老龄事业发展提供科学依据。

（五）建立评估激励机制。省老龄委要认真履行职责，抓好规划的组织实施。各地各有关部门要按照《规划》要求，明确职责，各司其职，密切配合，根据各地实际和部门职责，制定本地本部门实施方案。省、市（州）、县（市、区）老龄办会同有关部门做好对本级《规划》实施情况的监督检查，确保《规划》的全面落实。2015年省委、省政府对《规划》的执行情况进行全面评估。

（湖北省）关于进一步加强老龄工作的意见

中共湖北省委　湖北省人民政府

（2011年7月14日）

老龄问题是关系国计民生和国家长治久安的重大社会问题，老龄工作是党和政府的重要工作，是中国特色社会主义事业的重要组成部分。为深入贯彻落实科学发展观，进一步加强我省老龄工作，现提出如下意见。

一、切实增强做好老龄工作的责任感和使命感

（一）深刻认识老龄工作面临的形势。我省于1998年进入人口老龄化社会。我省第六次人口普查数据显示，截至2010年11月1日，全省60岁以上老年人口794.40万，占总人口的13.93%；65岁以上老年人口520.19万，占总人口的9.09%。目前我省已进入人口老龄化加速发展阶段，预计到2015年，我省60岁以上老年人口将达994.2万，占总人口的15.5%。近年来，全省各地各单位认真贯彻中央和省委、省政府部署要求，大力推进老龄事业发展，老龄工作取得了显著成绩。但必须清醒地看到，我省老龄事业发展与人口老龄化趋势、与全面建设小康社会的进程、与人民群众的期盼还不相适应。主要表现在：社会养老服务体系尚不健全，老龄事业投入不足，城乡之间、区域之间养老保障水平不平衡，老龄产业发展相对滞后，对老年人精神关爱不够等。进一步加强老龄工作，加快老龄事业发展，已成为一项重大而紧迫的战略任务。

（二）充分认识加强老龄工作的重要意义。老年人是重要的社会群体，是社会的宝贵财富。做好老龄工作，加快老龄事业发展，实现好、维护好、发展好老年人的根本利益，不断满足广大老年人日益增长的物质文化生活需要，让老年人共享改革发展成果，是贯彻落实科学发展观、坚持以人为本理念的重要体现，是促进社会公平正义、维护社会和谐稳定的重要保证，是着力保障改善民生、有效解决老年人切身利益问题的客观要求。各级党委、政府要从全局和战略的高度，充分认识进一步加强老龄工作发展的重要性和紧迫性，进一步增强责任感和使命感，拓宽思路，大胆创新，推动老龄事业加快发展。

（三）加强老龄工作的指导思想和总体要求。老龄工作要以邓小平理论和“三个代表”重要思想为指导，深入贯彻科学发展观，按照构建社会主义和谐社会的要求，从我省经济社会发展实际出发，坚持“党政主导、社会参与、全民关怀”的工作方针，围绕提高老年人生活水平和生活质量，统筹推进城乡、区域之间老龄事业发展，加快建立覆盖城乡的老年人社会养老保障制度，健全社会养老服务体系，大力发展老年服务产业，积极营造尊老、敬老、爱老、助老的社会氛围，推动老龄事业与经济社会协调发展，实现“老有所养、老有所医、老有所教、老有所学、老有所为、老有所乐”的目标，使我省的老龄工作走在中西部地区的前列。

二、进一步健全和完善社会保障体系

（四）进一步完善社会养老保险制度。按照“保基本、广覆盖、有弹性、可持续”的原则，采取个人缴费、集体补助、政府补贴相结合的筹资方式，按照国家的统一部署和要求，加快扩大新型农村社会养老保险试点覆盖面。继续完善企业职工养老保险制度，适时调整提高企业退休人员基本养老金标准。研究城镇居民养老保障办法。逐步推进事业单位养老保险制度改革，建立健全事业单位养老保险体系。进一步完善医疗保险制度，按照有关政策规定，将所有老年人纳入城镇职工基本医疗保险、城镇居民基本医疗保险和新型农村合作医疗等保障制度，逐步提高医疗保障待遇。

（五）逐步提升老年人社会福利水平。各级政府要加快建立高龄津贴制度，对百岁以上老人发放长寿补贴；对80岁以上老人“十二五”期间要全面建立高龄补贴制度。有条件的地方，要逐步放宽高龄补贴年龄范围，提高补贴标准。进一步完善农村计划生育家庭奖励扶助和特别扶助制度，落实企事业单位独生子女职工退休奖励政策。要认真落实农村“五保”供养政策，确保“五保”老人待遇不低于当地农村居民平均生活水平，并随着经济社会发展逐步提高。建立

城镇“三无”老人供养标准增长机制，根据当地经济社会发展和人民生活水平，按现有经费渠道及时调整城镇“三无”对象供养标准。享受城市低保的，按分类施保的要求，不得低于当地城市低保标准的 1.5 倍。对城乡低保对象中的 70 岁以上老年人，在核定其享受低保标准时予以适当照顾。把困难老年人作为临时生活救助、医疗救助、司法救助的重点对象，加大救助力度。将城镇居民低收入住房困难家庭的纯老年人户优先纳入廉租住房保障范围。老年人凭《湖北省老年人优待证》免费进入公园、使用公益性文化设施；65 岁以上老年人免费乘坐市内公共汽（电）车、地铁和轻轨；70 岁以上老年人免费进入风景区、宗教活动场所和公共体育健身场所，免收普通门诊挂号费。长途客运、铁路、水路和航空客运要为老年人提供优先优待服务。加大无障碍设施建设力度。对新建城市道路、公共建筑和养老机构等场所，要严格执行《城市道路和建筑物无障碍设计规范》，使无障碍率达到 100%。对已建成并投入使用的与老年人生活密切相关的居住区、城市道路、公共建筑和养老机构，要制定改造计划，增补无障碍设施。开展“老年宜居城市”、“老年人宜居社区”创建活动，为老年人营造良好的生活服务和生态人文环境。

（六）重视老年人医疗保健服务。加强老年多发病、常见病防治。各市（州）、县（市、区）卫生部门要指定 1 所二级以上综合医院作为老年病防治中心，针对老年病共性致病因素，实施宣传、教育、咨询、普查、主动介入服务等综合干预措施。扶持老年康复医院建设。建立健全以社区卫生服务为基础的老年医疗保健服务体系，加强社区卫生服务与医疗保险制度的衔接，为老年人提供便捷优质的医疗服务。各地惠民医院优先为符合条件的老年人提供服务。全省普遍建立老年人健康档案，对百岁以上老人每年进行 1 次健康体检，实行不间断健康管理。

三、加快推进社会养老服务体系建设

（七）完善社会养老服务体系。坚持以居家养老为基础、社区服务为依托、机构养老为补充，加快构建机构养老与居家养老相结合、福利养老与产业养老相结合，投资渠道多元化、管理服务标准化、服务队伍专业化、服务方式多样化，覆盖城乡可持续发展的社会养老服务体系。合理界定基本养老服务与社会养老服务的功能定位，明确区分服务对象、服务项目、服务等级和投资主体。基本养老服务突出保基本，水平适度。统筹不同投资主体的利益关系，使之既相互促进，又相互补充，激发社会资本投资养老服务业的活力。2015 年前，养老床位数保持年均增长 10%以上。到 2015 年，养老床位总数达到老年人总数的 3%。

（八）加快基本养老服务机构建设。进一步加快城市公办福利机构建设，积极推动全国示范性养老基地建设，充分发挥其示范引导作用。有条件的市（州）、县（市、区）要加快建设政府主办的集中供养“三无”老人、居家养老服务信息平台、民办养老服务机构业务指导培训等多功能于一体的老年公寓或福利中心。积极探索公办民营、合作经营、委托管理、服务外包等运行模式，完善管理机制，降低运行成本，提高服务水平。进一步加强农村福利院基础设施建设，全省“五保”老人集中供养率稳定在 60%以上。

（九）大力发展居家养老服务。依托社区为居家老年人提供生活照料、家政、康复护理和精神慰藉等服务。提倡老年人居家养老。居家养老服务场所和服务平台由政府建设或鼓励社会建设，实行有偿服务，市场化运营。引导和鼓励社会中介组织、家政服务企业参与居家养老服务。地方政府对“三无”对象、“五保”对象及生活在贫困线以下的失能、半失能老年人给予居家养老服务补贴，在安排有关生活补助资金时给予适当照顾。切实关心农村老人特别是空巢老人，重点抓好空巢老人生活上的照顾、身体上的医护和精神上的安慰，让他们安享晚年。2015 年前，全省城市街道、社区要基本建立起多形式、全覆盖的居家养老服务站点；农村依托福利院、村级组织活动场所等现有设施资源，在试点的基础上，建立综合性老年服务中心（站）。制定居家养老服务标准，丰富服务内容，在提供短期托养、日间照料以及助餐、助洁、助浴、助医、助行、助购等生活服务的同时，兼顾老年人多种需求，提供文化娱乐、学习教育、心理关爱等服务。

（十）支持社会力量发展养老服务业。地方政府要制定建设补贴和运营补贴政策，吸引和鼓励社会资本投资兴办老年公寓、老年康复中心、托老所、老年护理院等养老服务机构，在土地使用上优先安排。落实老年服务机构税收减免政策，对符合条件的老年服务机构免征营业税和企业所得税，对老年服务机构使用土地和自用房免征城镇土地使用税、房产税。养老服务机构用水、用电、用气按民用收费标准执行，安装电话、网络、有线电视等实行价格优惠。对新建老年服务设施的市政公用设施配套费酌情给予减免。

（十一）推进养老服务规范化。养老服务统一纳入人力资源服务业，由政府相关部门统一管理，确保服务的规范、优质、安全和健康发展。制定完善各类养老服务机构建设标准，明确服务项目和服务方式，做到服务功能标准化；制定护理、康复、医疗、教育、娱乐、心理关爱等各项具体服务项目的内容和标准，做到服务行为规范化；制定服务人员职业资格标准，加强技能培训，实行持证上岗，做到服务队伍专业化；积极搭建为老服务信息平台，充分利用各类声讯、网络资源，为老年人提供及时有效的远程救助关怀等服务，做到服务载体信息化。制定社会养老服务效果评估办法，全面提高社会养老服务质量和水平。

四、积极推进老年服务产业发展

（十二）搞好老年服务产业规划。针对老年人不断增长的服务需求，加快发展老年服务产业。各级政府要将老年服务产业纳入现代服务业统一规划、统一部署，着力培育老年服务龙头企业，打造老年服务产品知名品牌。将发展养老服务产业与拉动消费、增加就业结合起来，推进全省养老服务业发展，使之成为湖北服务业发展新亮点。各级财政要安排必要的资金，扶持老年服务产业发展。

（十三）培育老年消费市场。鼓励和扶持开发老年产品，引导企业生产满足老年人各种需求、门类齐全、品种多样、经济适用的老年用品。优先发展养老服务、老年护理、康复保健、老年文化娱乐、健身休闲和老年特殊用品等产业。大力发展老年旅游业，推出适宜老年人的旅游线路和服务项目。积极开发符合老年人特点的金融、理财、保险等其他产品。培育老年消费市场，鼓励商家设立老年用品专柜，举办老年产品展销会，促进流通、扩大销售。引导老年人更新消费观念和行为，促进老年消费市场的繁荣与发展。

（十四）规范老年用品市场管理。省和市（州）要成立老年服务产业行业管理机构，加强对老年服务产业的规划和科学管理，制定老年服务产业法规。各级工商行政管理、质量技术监督、食品药品监管等部门，要加强对老年用品特别是老年保健品市场的管理，保障老年用品质量和消费安全。要加强老年服务产业从业人员职业培训，制定老年服务产业标准，提高老年服务产业管理水平。

五、高度重视老年人政治精神文化生活

（十五）营造尊老敬老社会氛围。围绕建设社会主义核心价值体系，在全社会深入开展尊老、敬老、爱老、助老主题教育活动，大力弘扬中华民族传统美德。重阳节、国际老人节期间，要开展形式多样的宣传、文体和慰问活动。机关、企事业单位和社会团体要把尊老、敬老、爱老、助老宣传教育作为干部职工思想道德建设的重要方面。教育部门要把尊老、敬老、爱老、助老作为中小学德育教育的重要内容，把养老机构作为学生德育教育基地，将助老服务纳入大中学生社会实践内容。宣传、文化等部门要加大宣传力度，及时宣传报道各地各单位发展老龄事业的好经验、好做法和尊老、敬老的先进典型，传播孝文化，弘扬孝道德。各级工会、共青团、妇联、残联、科协等群团组织要广泛开展结对帮扶、志愿服务、和谐家庭和孝亲敬老评比等活动。各级文明办要把敬老活动纳入文明社区、文明村镇、文明家庭创建考核指标体系。各级老龄工作部门要广泛开展“老年温馨家庭”创建活动，表彰尊老敬老先进单位和个人，形成尊重、关心、帮助老年人的良好社会风尚。

（十六）不断丰富老年人精神文化生活。加强老年人活动场所建设。到2015年，各县（市、区）都要建立至少1所综合性老年活动中心。乡镇（街道）和村（社区）要逐步建立老年文化活动室、老年健身活动场所。整合文化、体育、老干等部门的社会公益活动场所资源，广泛向老年人开放，充分发挥社会效益。宣传、文化、出版等部门要组织力量，多出面向老年人的优秀精神文化作品。广播、电视、报纸等媒体要开设老年专栏。文化部门要积极开展形式多样、丰富多彩的老年文化艺术活动。体育部门要广泛开展适合老年人特点的体育健身活动，建立健全老年人体育健身组织。各级政府要加大老年人活动场所建设投入。省财政进一步加大一般转移支付力度，逐步提高困难地区开展基层老年文化娱乐和体育活动等公共服务均等化水平。

（十七）大力发展老年教育。要把老年教育纳入终身教育体系。继续办好各级老年大学，扩大办学规模，改善教学设施，提高教学质量。到2015年，有条件的乡镇（街道）要利用现有资源，建好老年学校。有效利用广播、电视、互联网等现代传媒开展老年远程教育，形成覆盖城乡、多层次、多形式的老年教育网络体系。离退休人员管理部门、老年社会团体要积极组织老年人开展学习活动。到2015年，全省老年人参加各级各类老年学校学习的人数达到老年人总数的10%，条件好的地区力争达到15%以上。

（十八）加强老年人心理疏导服务。各级政府要扶持建立老年心理服务组织和服务网络，购买心理关爱服务，培训心理服务专业人员，为老年人提供专业的心理疏导服务。县（市、区）、乡镇（街道）老年人活动中心及有条件的社区，要设立老年人聊天、心理咨询等服务场所，开展心理健康和生命观等方面教育。重点做好病残、空巢、高龄、临终等老年人心理关爱工作。

（十九）扩大老年人社会参与。广泛开展“银龄行动”，鼓励专业技术型老年人才参与科学文化知识传播，从事科学研究，开展科技咨询服务；重视老年志愿者服务工作，组织、支持老年人参与公民道德建设、公益事业、社会治安、移风易俗、民事调解、社区文化活动等社会事务和社区工作，发挥老年人在教育下一代中的作用。各类人才市场、人才中介机构要把老年人力资源纳入服务范围，搭建老年人才与社会需求对接的服务平台。省老龄工作委员会建立老有所为奖励制度，对做出突出贡献的老年人定期进行表彰奖励。

（二十）加强老年思想政治工作。坚持把邓小平理论、“三个代表”重要思想和科学发展观作为老年思想政治建设的重要内容，认真研究解决老年群体中的各种思想问题。所有老年党员都要编入党的基层组织，组织他们参加党的活动。要充分发挥基层党组织在老年思想政治工作中的重要作用，重视和发挥老年人党员的政治优势和先锋模范作用，在老年党的基层组织和老年党员中开展创先争优活动，建立社区老年思想政治工作体制机制，确保老年人政治上的坚定性。要根据老年人的特点，把政治思想教育与开展健康有益的文化体育活动结合起来，把解决思想问题与解决实际问题结合起来，把思想政治工作做实、做细。

六、建立健全老龄事业发展体制机制

（二十一）切实加强组织领导。各级党委、政府要高度重视老龄工作，将老龄工作列入重要议事日程，纳入本地区经济社会发展总体规划和年度计划，定期召开会议，认真听取汇报，及时研究部署，明确发展目标，抓好责任落实。在全省开展创建“敬老模范城（县、区）”活动，进一步健全和完善党政主导、老龄工作机构组织协调、成员单位各司其职、社会广泛参与的工作机制。各地各有关单位要定期对老龄事业发展政策措施落实情况进行督查，对老龄事业发展规划执行情况进行评估，对老龄工作先进单位和先进个人进行评选表彰。要把老龄工作纳入精神文明创建等综合性创建活动指标体系，安排适度评分权重。

（二十二）强化老龄工作机构职能。各级老龄委要充分发挥组织协调、调查研究、检查指导职能，及时研究部署老龄工作任务，定期通报老龄事业发展状况，督促落实相关法规政策，认真解决有关重要问题。老龄委成员单位要切实履行工作职责，加强沟通、密切协作，努力形成推进老龄事业发展的整体合力。加大对基层老龄工作的督查指导，建立工作报告、经验交流、督办反馈等制度。进一步理顺老龄工作管理体制，加强各级老龄工作机构建设。要普遍建立村（社区）老年人协会，确保老龄工作落实到基层。

（二十三）加大老龄事业投入。各级政府要足额安排老龄事业所需的人员经费、工作经费和专项经费，将其纳入财政预算，保障老龄工作正常开展。要充分发挥公共财政主渠道的作用，统筹安排老龄事业发展经费，逐年增加对老龄事业经费的投入，使老龄事业经费投入与经济社会相适应、投入水平与经济增长相协调。老龄事业费主要用于特困老人慰问、老龄问题调查研究、尊老敬老宣传教育、老年人参与社会活动、老有所为奖励、老龄宣传表彰、开展老年文体娱乐活动等。根据老龄事业发展需要，增加福利彩票公益金、体育彩票公益金对老龄事业的投入。积极鼓励社会资金、慈善捐赠支持老龄事业发展，建立多元化的投入机制。

（二十四）重视老龄工作人才队伍建设。省、市（州）、县（市、区）都要制定与老龄事业发展相适应的人才培训规划。加强老年服务从业人员的职业技能培训，提高他们的职业道德和服务水平。支持创办培养老年服务专业人才的职业技术学院与学校，鼓励大学开设老年管理专业，培养老龄工作管理人才。加强基层老龄工作者队伍建设，切实落实他们的生活待遇。积极发展志愿者队伍，为老年人提供优质的志愿服务。

（二十五）加强老龄科学研究和法规政策体系建设。鼓励和支持各有关部门和单位、大专院校和研究机构，针对人口老龄化趋势，深入开展调查研究，为政府决策和完善为老服务提供理论、信息和技术支持。充分发挥老年学学会、协会作用。积极创造条件，依托大专院校和研究机构，建立省市老龄科学研究基地。结合人口老龄化实际，适时修订完善老年人权益保障政策法规，建立健全有关老年人的政策法规体系，为维护老年人权益提供法律保障。

各地各有关单位要根据本意见精神，制定具体实施办法。

（广东省）关于建立80岁以上高龄老人补（津）贴制度的通知

粤民老〔2011〕1号

各地级以上市民政局，佛山市顺德区民政宗教和外事侨务局：

为了认真贯彻部省协议和省委十届八次全会精神，落实《民政部办公厅转发宁夏建立高龄老人津贴制度有关政策的通知》（民办函〔2009〕151号）和《民政部关于建立高龄补（津）贴制度先行地区的通报》（民函〔2010〕111号）的要求，进一步推动我省养老服务事业发展，建立完善城乡老年人社会保障体系，保障我省高龄老人基本生活问题，实现“老有所养”和“建设幸福广东”的目标，现就建立80岁以上高龄老人补（津）贴制度有关事项通知如下：

一、建立高龄补（津）贴制度的意义

老年人口增长快，高龄老人比例大，家庭养老功能弱化是我省面临的老龄化形势。建立完善老年人社会保障体系，特别是高龄老人补（津）贴制度，是积极应对人口老龄化，实现党的十七大提出的“加强老龄工作”、“实现老有所养”战略目标和省委十届八次全会提出的“建设幸福广东”的重要举措，是我省实现社会福利制度由补缺型向适度普惠型转变的一项重要内容，体现了社会公平正义。各地要高度重视建立高龄老人补（津）贴制度，加大资金投入，把惠及我省高龄老人的实事办好，使党和政府的老有所养惠民政策落到实处。

二、指导思想和基本原则

建立高龄老人补（津）贴制度的指导思想是：坚持以党的十七大和十七届四中、五中全会精神为指导，贯彻落实省委十届八次全会精神和省老龄委第十一次全会精神，以“建设幸福广东”为目标，推进我省基本养老服务体系建设，不断提高高龄老人的生活质量，使老年人共享改革发展的成果。

总体要求是：“低标准、广覆盖、可持续”。具体遵循以下原则：一是坚持因地制宜的原则。各地要根据当地的财政状况、高龄老人的数量，合理制定与当地经济社会发展和消费水平相适应的高龄老人补（津）贴标准。二是坚持属地管理的原则。高龄补（津）贴发放对象以户籍为基础，实行属地化管理。三是坚持公开、公平、公正的原则。严格按照标准确定保障对象，实行“三级审批、张榜公示”，接受群众监督，增强工作透明度。四是坚持尽力而为与量力而行的原则。既要实事求是地将符合条件的高龄老人纳入发放范围，又不盲目攀比，过分加重财政负担。五是坚持按月发放的原则。

三、发放范围、标准和时间要求

凡具有广东户籍、年龄在80周岁以上（含80周岁）的老年人，由驻粤部队服务管理以及计划移交、尚未移交地方安置的80周岁以上（含80周岁）离退休干部，可享受高龄补（津）贴。80岁以上高龄老人补（津）贴标准由各地按照上述五个原则自行制定，并随当地经济社会发展、群众生活水平的提高适时进行调整。

珠三角地区2011年底前全部建立80岁以上高龄老人补（津）贴制度。欠发达地区可考虑分两步走：第一步，在2012年底前先确保80周岁以上困难老人（享受低保、五保的老人，重点优抚对象及其他生活特别困难的老人）高龄补（津）贴的发放；第二步，在2015年底前，全部建立80岁以上高龄老人补（津）贴制度。

四、发放程序

各地老龄工作部门要主动与相关部门商定具体的发放标准和发放办法，严格按照个人申请、居（村）委会调查核实、街道办事处（乡镇）审核、县（市、区）老龄办审批的程序发放。一年公示一次，做到公正、公开、透明，接受群众监督。

高龄老人补（津）贴通过当地银行发放。各地要根据老年人口变动情况，按照程序及时办理审批、增发、停发手续，确保按月合理发放。

五、加强资金管理

各地要积极向财政争取和通过各种渠道筹集高龄老人补（津）贴所需资金。要切实加强资金的监管，专账管理，专款专用。各级老龄工作部门要认真做好发放对象的审定和补（津）贴发放工作。

六、保障措施

（一）加强领导，精心组织。各地要切实加强领导，结合本地实际及时制定建立高龄老人补（津）贴制度的具体工作方案和实施细则，精心谋划，周密部署，认真抓好落实。各级老龄工作部门要切实负起责任，发挥好综合协调职能，掌握发放对象人数，做好经费测算，积极争取各相关部门的配合与支持，确保此项工作顺利实施。

（二）健全档案，规范管理。各地要对拟发放对象进行调查摸底核实，登记造册，建立台账，健全档案，建立定期核查制度、公示制度和统计报告制度，确保高龄补（津）贴发放工作规范有序进行。

（三）广泛宣传，加强监督。充分发挥新闻媒体的作用，加大高龄老人补（津）贴政策的宣传力度，向社会公布高龄老人补（津）贴的发放范围、发放标准和发放程序，增强工作的透明度。要通过设立举报电话和信访接待平台，广泛接受群众监督和舆论监督。

广东省民政厅

二〇一一年四月二十六日

贵州省人民政府办公厅关于加快推进社会养老服务体系建设的意见

黔府办发〔2011〕99号

各自治州、市人民政府，各地区行署，各县（自治县、市、市辖区、特区）人民政府，省政府各部门、各直属机构：

为积极适应社会人口老龄化的发展趋势，加快养老服务事业发展，切实满足老年人养老服务需求，结合我省实际，经省人民政府同意，现就加快推进社会养老服务体系建设提出如下意见：

一、充分认识加快推进社会养老服务体系建设的重大意义

随着全省人口老龄化进程加快，老年人的生活照料、医疗健康、精神文化等需要日益凸显，养老服务问题日趋严峻。我省已于2003年进入老龄化社会。2010年底，全省60岁以上老年人口已达534万人，占全省总人口的13%，预计2015年将达到635万人，占总人口的15%。加快推进全省社会养老服务体系建设，是贯彻落实科学发展观、应对人口老龄化、全面建设小康社会的内在要求，是加强和创新社会管理工作、加快推进以改善民生为重点的社会建设、构建和谐社会的重要内容。党中央、国务院高度重视社会养老服务体系建设，党的十七届五中全会提出，“积极应对人口老龄化，注重发挥家庭和社区功能，优先发展社会养老服务，培育壮大老龄服务事业和产业”。省委、省政府也十分重视社会养老服务体系建设，省委十届十次全会提出“加强养老服务基础设施建设，积极应对人口老龄化问题”，省“十二五”规划纲要将建设和完善城乡社区养老服务中心和服务站、乡（镇）敬老院、老年公寓和爱心护理院列为重大民生工程重点项目。各地各部门要从深入贯彻党的十七届五中全会和省委十届十次全会精神、全面落实科学发展观、构建社会主义和谐社会的高度，深刻认识加快推进社会养老服务体系建设的重要意义，增强紧迫感和责任感，采取切实有力的措施，推进我省社会养老服务体系建设又好又快地、更好更快地发展。

二、指导思想和总体目标

（一）指导思想

以邓小平理论和“三个代表”重要思想为指导，深入贯彻落实科学发展观，按照党的十七大提出的“老有所养”的战略目标和十七届五中全会提出的“优先发展社会养老服务”的要求，坚持“政府主导、部门协同、社会参与、公众互助”的方针，统筹兼顾城乡老年人群的各类养老服务需求，进一步加大政府投入力度，到“十二五”期末基本建立与贵州省老龄化进程相适应、与经济社会发展水平相协调的社会养老服务体系。

（二）总体目标

按照城乡统筹发展要求，加强公益性养老服务设施建设，鼓励社会力量兴办养老服务机构。加快建设以居家养老为基础、社区服务为依托、机构养老为支撑的社会养老服务体系，逐步实现人人享有基本养老服务的目标。到2015年底，按照平均每千名老人拥有养老床位20张的目标，实现城乡社区居家养老服务基本覆盖，农村五保老人、城市“三无”老人、重点优抚老人和高龄失能老人政府保障全覆盖，基本实现不同收入层次的老人可以灵活选择养老方式。

三、加快推进社会养老服务体系建设的主要任务

（一）大力发展居家养老服务

结合城乡社区建设，进一步加强城乡居家养老服务网点建设，为居家老年人提供生活照料、家政、康复护理和精神慰藉等服务，让老年人既不离开家庭，又能获得专业化的社会服务。按照每个城市社区居家养老服务中心（站）辐射2000名老年人的要求，到2015年，全省建立社区老年人日间照料中心300个，建立城市社区居家养老服务站900个。农村社区依托乡镇敬老院、村级组织场所等设施开展以高龄、失能、独居、特困老人为重点的生活照料，并逐步扩大到有需求的农村老年人。各地政府要积极采取购买服务、资金补助、提供场所等扶持措施，引导和鼓励社会中介组织、家政服务业参与居家养老服务，满足不同层次老年人的养老需求。

（二）加快公办养老服务机构建设

改善、提升乡镇敬老院基础设施和服务功能，实现敬老院向区域性社会养老服务中心转型。“十二五”期间，新建或改扩建乡镇敬老院750所，全省农村五保户集中供养率提高到40%以上，新建4所500张床位以上集养老、康复、休闲等功能为一体的示范性老年公寓，改扩建一批福利院、光荣院，新建9所爱心护理院，使国办养老服务机构新增床位1万张。采取公建民营、民办公助、合作经营、委托管理、服务外包等运行模式，完善管理机制，降低运行成本，提高服务水平。

（三）积极支持社会力量兴办养老服务机构

采取税费减免、贷款贴息、床位建设补贴、床位运营补贴、政府购买服务等优惠政策，鼓励和扶持社会力量兴办养老服务机构。到2015年，全省民办养老服务机构新增床位2万张。积极扶持鼓励社会兴办养老服务业，培育多种服务方式和不同收费水平的养老服务行业，以满足不同层次、不同类型的养老服务需求。

四、加快推进社会养老服务体系建设的主要措施

（一）制定社会养老服务体系建设发展规划

各地政府和有关部门要切实把养老服务体系建设列入重要议事日程，纳入当地经济社会发展规划，列入基本公共服务均等化计划，进一步完善各项养老福利政策，加大扶持力度，推进我省养老服务体系建设加快发展。省、市、县三级都要编制社会养老服务体系建设“十二五”规划，并作为保障和改善民生工程的重要内容之一，制定保障措施，确保社会养老服务体系建设规划的顺利实施。

（二）加大社会养老服务体系建设投入力度

各地政府要强化主体责任，进一步加大对社会养老服务体系建设的投入。各级财政部门要将社会养老服务体系建设资金纳入财政预算，多渠道筹集资金，努力完成我省“十二五”期间社会养老服务体系建设任务。对社会力量投资新建的非营利性养老服务机构，要给予一次性建设补助。对已接收老年人入住的非营利性社会养老服务机构，要给予运营补贴。补助主体、补助标准及方式由省民政厅商省财政厅制定方案。

（三）推行有利于养老服务业发展的土地管理政策

城乡总体规划要充分考虑养老服务业发展需要，将搬迁、关闭不适应城市功能定位的工业企业退出的土地优先用于养老服务业。鼓励和支持通过整合、置换或转变用途等方式盘活存量资产，跨行业将医院、疗养院、企业厂房以及各类公办培训中心、活动中心、旅馆、招待所等设施资源改造用于养老服务。城乡新建居住小区要修建社区居家养老服务中心（站），预留养老机构建设用地。下达给各地的年度新增用地计划，符合规划的，要优先安排养老服务机构建设用地。非营利性养老建设用地原则上实行划拨供地，并按规定减免相关规费；营利性养老建设用地可以协议出让方式实行有偿使用。

（四）落实养老服务机构税费优惠政策

对福利性、非营利性的养老服务机构自用房产、土地免征房产税、城镇土地使用税，养老院为老年人提供的养老服务免征营业税，符合条件的免征企业所得税。养老服务机构与居民用水、用电、用气同价，污水处置费、生活垃圾处置费与居民同价，安装电话、网络、有线电视实行半价优惠。个人通过非营利性社会团体和政府部门向福利院、非营利性养老机构的捐赠，在缴纳个人所得税前准予全额扣除；企业、事业单位、社会团体等社会力量通过公益性社会团体或者县级以上人民政府及其部门对养老机构等公益事业发生的捐赠支出，不超过年度利润总额12%的部分，准予在所得税前扣除。

（五）落实各项融资政策

地方各级政府和有关部门要将国家关于促进服务业发展的金融政策落实到养老服务业。鼓励省内金融机构在风险可控的前提下，对符合条件的养老服务企业和项目，积极提供融资支持；对招用就业困难人员的各类养老服务机构，在符合条件的前提下，可申请小额担保贷款，并享受相关支持政策；对于符合条件的养老项目，可根据相关规定申请财政贴息补助。

（六）落实医疗服务政策

鼓励在养老机构内设置医疗机构。养老机构内设医疗机构经注册后执业，并纳入城镇职工（居民）基本医疗保险和新型农村合作医疗定点范围。养老机构收养人员中的参保人员，在定点的养老机构所设医疗机构就医所发生的医疗费用，按照医疗保险的规定支付。

（七）鼓励各类人员到养老服务机构就业、创业

把完善养老服务业与落实各项就业扶持政策紧密结合起来，完善促进就业政策体系，鼓励就业困难人员和高校毕业生到养老服务业就业、创业。对各类养老服务机构招用就业困难人员，签订劳动合同并缴纳社会保险费的，按规定给予社会保险补贴。对在养老服务机构灵活就业的就业困难人员，按规定给予社会保险补贴。按政策规定有序开发养老服务公益性岗位，按规定享受岗位补贴和社保补贴等就业再就业扶持政策。大力发展养老服务志愿者组织，鼓励支持企事业单位、社会团体、慈善组织和社区居民开展为老志愿活动。

五、加强对养老服务机构的管理

（一）加强对养老服务机构运营的监督管理

各级政府要将社会福利院、农村敬老院管理人员工资、管理经费纳入财政预算，并按《老年人社会福利机构基本规范》（民发〔2001〕24号）要求配备管理人员，按要求足额落实供养经费，确保供养人员生活标准不低于当地居民平均水平。对管理人员不足的农村敬老院和城市福利院，可通过安排公益性岗位解决。各级民政部门要强化对本辖区养老服务机构的服务范围、服务质量及服务费用收支情况的监督检查。严禁以办养老机构为名搞房地产开发，严禁改变养老服务机构性质。如有违反上述规定的情况，民政部门会同有关部门有权中止并追回相应的经费和资助资金，对违反法律、法规的要追究有关法律责任。

（二）强化行业管理，促进服务规范

要进一步推进养老服务规范化管理，制定好各类养老服务机构建设标准，明确服务项目和服务方式，做到服务功能标准化；制定护理、康复、医疗、教育、娱乐、心理关爱等各项具体服务项目的内容和标准，做到服务行为规范化；制定服务人员岗位职责，加强技能培训，实行持证上岗，做到服务队伍专业化；积极搭建为老服务信息平台，充分利用各类声讯和网络资源，为老年人提供及时有效的救助关怀等方面的服务，做到服务载体信息化。制定社会养老服务效果评估办法，全面提高社会养老服务质量和水平。

（三）加强专业队伍建设，提高养老服务水平

加强养老服务职业技能培训。把符合条件的养老服务、家政服务、病患陪护服务等机构的从业人员纳入职业技能培训工作的范围，按规定落实培训补贴。按照国家养老护理员职业标准要求制定培训计划，开展职业培训，将从事养老护理工作人员纳入职业资格制度，实行持证上岗，不断优化养老服务人员队伍结构。通过建立养老服务从业人员培训学校、鼓励有条件的职业教育培训机构设立养老服务相关专业等，加强养老服务从业人员培训基地建设，实施家政服务员、养老护理员和病患陪护员等家庭服务从业人员定向培训工程。各级财政要加大对定向培训工程的投入，落实好国家有关加强职业院校的教材开发、师资培训、培训基地等基础能力建设的政策。

六、加快推进社会养老服务体系建设的组织领导

为加强对社会养老服务体系建设的组织领导，省、市（州、地）、县（市、区）三级都要建立由政府分管领导为召集人，民政、发展改革、教育、财政、国土资源、卫生、住房城乡建设、人力资源社会保障、人口计生、税务、金融等部门为成员的推进社会养老服务体系工作联席会议制度，组织研究社会养老服务体系建设的重大问题。联席会议办公室设在民政部门，负责日常工作。联席会议成员单位要切实履行工作职责，加强沟通，密切协作，形成合力。民政部门要建立养老服务指导机构，加强对社会办养老机构的监督管理、行业规范和业务指导，推动公办性养老机构建设，积极开展养老服务示范活动，会同有关部门制定社会养老服务体系建设考核奖补办法。发展改革部门要将社会养老服务体系建设列入国民经济和社会发展“十二五”规划和年度计划，及时办理养老服务基础设施建设项目审批或核准手续。教育部门要支持鼓励大中专学校增设与老年服务相适应的专业学科和教学内容，培养养老服务专业人才。财政部门要逐步建立起符合我省实际，科学合理、运行有效、保障有力的社会养老服务体系建设的公共财政投入机制。国土资源部门要优先安排养老机构设施建设用地计划指标，落实养老服务机构用地优惠政策。卫生部门要积极探索医养结合的新路子，不断拓展社区养老卫生服务范围，规划、指导养老机构医疗站（点）建设。住房城乡建设部门要按照国家有关规定将养老机构建设纳入城乡公共设施建设规划，统一规划、同步实施。人力资源社会保障部门要加强养老服务人员职业技能培训与鉴定，为养老机构安排公益性岗位，维护养老服务机构从业人员的合法权益。人口计生部门要制定和落实计划生育家庭老年人养老的扶持政策。

税务部门要认真落实养老服务机构税收优惠扶持政策。金融部门要加大对养老服务的信贷支持力度，积极支持养老服务业发展。

县级以上人民政府要根据本地实际，建立和完善部门协作机制、充实工作力量、加强工作指导。各地各有关部门要根据本意见精神，制定具体的政策和措施，精心组织力量实施，切实提高老年人生活质量。

二〇一一年八月十一日

海南省人民政府关于印发《海南省老龄事业发展“十二五”规划》的通知

琼府〔2011〕88号

各市、县、自治区人民政府，省政府直属单位：

《海南省老龄事业发展“十二五”规划》已经省政府同意，现印发给你们，请认真贯彻执行。

海南省人民政府

二〇一一年十二月二十日

海南省老龄事业发展“十二五”规划

为了深入贯彻落实党的十七大和十七届五中、六中全会精神，推进我省老龄事业全面发展，构建和谐海南，根据《中共中央国务院关于加强老龄工作的决定》、《中华人民共和国老年人权益保障法》，结合我省经济社会发展和人口老龄化的实际，制定《海南省老龄事业发展“十二五”规划》(以下简称《规划》)。

一、“十一五”时期老龄事业发展情况

“十一五”时期，在省委、省政府的正确领导下，在各有关方面共同努力下，我省老龄事业取得了较快发展。

(一) 老龄工作政策法规体系基本形成。2006年以来，省委下发了《贯彻落实〈中共中央关于构建社会主义和谐社会若干重大问题的决定〉的实施意见》、《关于大力改善民生推进基本公共服务均等化的意见》等文件，对改善老年人民生做出重要决策。省人大常委会通过并颁布《海南省实施〈中华人民共和国老年人权益保障法〉若干规定》，将老龄事业发展纳入法制轨道。省政府印发《海南省新型农村社会养老保险暂行办法》、《海南省城镇居民社会养老保险暂行办法》等一批社会养老保障政策法规。这些有关老龄政策法规的出台，从法制上加强了老龄工作，保障了老龄事业健康发展。

(二) 社会养老保险、医疗保障取得了新突破。一是城乡社会养老保险工作进一步发展。社会养老保障覆盖率和保障水平显著提高。截至2010年末，全省参加城镇从业人员基本养老保险180万人，其中离退休参保人员45.39万人。全省养老保险实现省级统筹制度。积极探索城镇居民养老保险制度，着力解决我省已达退休年龄、有工作经历且从未享受养老保险待遇的城镇老年居民的养老保险问题。建立养老金调整机制，从2006年起连续5年调整企业离退休人员养老保险金。农村老年人社会养老保障取得突破性发展。2010年，新型农村社会养老保险正式在全省实施，全省520多万农民纳入新农保制度，54.49万60周岁以上农民直接受益，比国家规定的时间提前两年率先实现新农保全覆盖。二是老年医疗保障覆盖率提高。“三基一救助”的医疗保障体系实现了包括老年人在内的全面覆盖。截至2010年末，我省城镇基本医疗保险参保人数322.9万人，其中有52.91万老年人享受到基本医疗保险待遇，比全国提前两年实现城镇居民基本医疗保险全覆盖。2006年实现新型农村合作医疗覆盖全省。截至2010年末，包括60岁以上老年人在内有474.85万人参加新型农村合作医疗，参合率达97.08%。全省城乡普遍建立医疗救助制度。截至2010年末，全省城乡45.94万人接受医疗救助，资助困难群众参加新型农村合作医疗和城镇居民基本医疗保险近122万人次。统筹解决关闭、破产国有企业退休人员的医疗保障问题，将未参保的退休人员全部纳入医疗保险范围。截至2010年末，落实了5.6万名省属国有单位职工属地参加基本医疗保险问题，2.6万名国有单位有困难退休人员已经全部纳入我省基本医疗保险范围；1.78万名非国有单位有困难退休人员及以灵活就业身份参加基本养老保险并办理退休手续的人员全部纳入我省基本医疗保险范围。

（三）老年人社会救助机制更加牢固。近年来，我省把保障城乡贫困老年人生活当做大事来抓，列入政府重要民生项目，优先保障。在城乡最低生活保障方面，截至2010年末，全省有9.88万老年人纳入城乡居民最低生活保障范围，城市“三无”和农村五保老人应保尽保。在完善扶老助老制度方面，百岁及以上老年人的长寿补助制度逐步完善，长寿补助标准从原来每人每月150元提高到300元。2010年，全省百岁及以上老年人共有1387人得到长寿补助。高龄老人补助逐步推进。三亚、文昌、琼海、东方、澄迈、昌江、陵水、白沙、保亭等9个市县政府安排专项资金，分别对80岁以上和90岁以上高龄老人按年龄分类分档发放补助。全省共制作发放老年优待证27万张，为老年人乘车、乘船、乘机、就医等提供优待服务。农村部分计划生育家庭奖励扶助在国家标准基础上提高180元。到目前止，全省农村部分计划生育家庭享受奖励扶助金的老年人有8407人。在老年人住房救助方面，各市县在分配保障性住房时，优先保障城市“三无”老人和孤寡老人困难家庭，并结合农村敬老院建设和危房改造工作，重点解决农村五保老人住房困难，有力地缓解了城乡“三无”和孤寡老人的住房困难。在改善城乡老年人居住环境方面，政府及其有关部门高度重视，根据国家的有关标准体系要求，积极开展无障碍建设城市创建工作，取得了较大成效，得到了国家有关部门的充分肯定。海口市和三亚市被列入100个创建全国无障碍建设城市之列。

（四）社会养老服务稳步推进。目前全省有各类养老服务机构共225家、床位4637张，其中敬老院197家、社会力量兴办的养老服务机构6家、社会福利院9家、光荣院13家。此外，还有100多个社区服务站。社会力量兴办的养老服务机构主要分布在海口市、三亚市、文昌市、琼海市和五指山市等5个城市。大多数养老服务机构以保障候鸟型、异地度假养老的老年人为主，实行酒店式公寓管理。

（五）建立健全老年法律援助制度。认真贯彻执行老年人权益保障法，组织指导全省各级法律援助机构，积极开展维护老年人合法权益工作。全省法律援助服务网络初步建成，形成了市县法律援助机构、乡镇（街道）法律援助工作站、村居（社区）法律援助联络员的三级服务网络，共设立223个法律援助工作站，在居委会、村委会确立了2969名法律援助联络员，及时为老年人提供法律援助，有效维护了老年人的合法权益。

“十一五”期间，我省老龄工作取得了一定的成绩。但是，我省老龄事业的发展与人口老龄化形势变化和广大老年人的要求，仍存在很大差距。主要表现为：各社会养老保障体系之间的衔接和实施有待进一步完善，高龄老年人尤其是农村高龄老年人的收入水平还比较低；医疗卫生服务体系尚不适应人口老龄化形势对公共医疗服务的需求；老年人基本公共服务项目还不足，社会养老服务体系建设滞后，老年大学和社区老年文化、照料、护理等服务设施不足；老龄工作体制机制尚不健全，老龄事业发展管理体制、运行机制和政府投入方式有待进一步改进等。发展老龄事业，改善老年人生活状况，促进老龄事业与经济社会协调发展，是一项长期、艰巨的任务，各市县、各部门要以高度的政治责任感和使命感，进一步加大工作力度，全面推进老龄事业发展。

二、“十二五”期间老龄事业面临的挑战和机遇

我省于2001年进入人口老龄化社会。截至2010年末，全省60岁及以上老年人口达113.03万人，占全省户籍总人口的12.61%，已有16个市县人口结构进入老龄化社会；百岁及以上老年人达1387人，每10万人中有15.48位百岁老人，高于国际通行的每10万人中有7位百岁老人的长寿乡标准。“十一五”期间，老年人规模发展快，人口老龄化覆盖面广，老年人口逼近高龄化的特征十分突出。据预测，到2015年，我省80岁以上老年人口将达17万人，占老年人口总数的14.66%，进入高龄化社会。我省老龄化、高龄化的趋势加快，高龄、失能老年人的长期照护问题将更加突出，社会保障制度和社会养老服务体系的建设将面临更大的压力。特别是在经济社会发展相对滞后的情况下进入人口老龄化社会，使我省改善民生、发展老龄事业面临的挑战将更加严峻。

2011年至2015年是我国全面建设小康社会的关键时期，也是老龄事业发展的重要机遇期。党中央、国务院把全面发展老龄事业摆在和谐社会建设的战略位置，确立了发展方向和方针。党的十七大确立“老有所养”战略目标，国务院政府工作报告提出“加快建立健全养老社会服务体系”的任务，党的十七届五中全会在“十二五”规划建议中明确提出“优先发展社会养老服务”的要求。海南国际旅游岛建设，为改善民生、发展老龄事业提供了强有力的发展动力。各市县及有关部门要认清形势，明确任务，协同合力，推动我省老龄事业持续、健康、全面发展。

三、“十二五”期间老龄事业发展的指导思想、基本原则和总体目标

（一）指导思想。

“十二五”时期老龄事业发展要坚持以邓小平理论和“三个代表”重要思想为指导，深入贯彻落实科学发展观，坚持“党政主导、社会参与，全民关怀”的老龄工作方针，围绕实现全面建设小康社会战略目标，健全养老保障、医疗保障和社会救助等制度，优先发展社会养老服务，建立符合省情、覆盖城乡的社会养老服务体系，创新老龄服务事业和产业发展机制，促进老龄事业又好又快发展。

（二）基本原则。

坚持老龄事业与经济社会协调发展，促进老龄事业健康、有序、持续发展；坚持以人为本，推进老年人基本公共服务体系建设；坚持城乡统筹，以社区居家养老服务为重点加快发展社会养老服务；坚持道德规范与法律约束相结合，广泛开展敬老养老道德教育，加强老龄工作法制建设；坚持统筹规划与分类指导相结合，突出重点，整体推进老龄事业发展。

（三）总体目标。

到2015年，进一步健全覆盖全体老年人的社会养老保障、医疗保障体系和社会救助体系，构建改革发展成果共享机制；加快社会养老服务体系建设，重点发展保障“三无”、“五保”、特困老年人和低收入高龄、独居、失能等困难老年人的基本养老服务，壮大老龄服务事业和产业；加强老年人居住环境体系建设，构建海南宜居环境；进一步建立与经济社会发展和人口老龄化发展相适应的、职能明确的、行政协调高效的老龄工作体系；培育发展老龄社会组织，共建全体老年人“老有所养、老有所医、老有所教、老有所学、老有所为、老有所乐”的和谐社会环境。

四、主要任务

（一）健全覆盖城乡的社会养老保障体系。

进一步健全城乡一体化的社会养老保障体系。一是在城镇基本养老保险实现全覆盖的基础上，完善城镇基本养老保险制度、省级统筹制度和基本养老保险基金调剂机制，逐步提高基本养老标准。完善多层次的养老保障体系，发展补充养老保险，推动机关事业单位养老保险制度改革。落实对60岁以上未享受任何形式养老保险待遇的城镇居民基本养老保险政策。二是健全新型农村社会养老保险制度，完善失地农民社会保险制度，探索研究建立社会保障体系城乡一体化，做好城乡养老保障制度之间衔接，统筹城镇居民养老保险制度和新型农村社会养老保险制度，逐步提高保障水平。三是完善老年社会福利制度，逐步推进高龄补贴制度，扩大发放年龄范围，提高发放标准，促进老年人共享改革发展成果。四是开发新型社会养老保障模式，发挥金融机构资源优势，探索研究建立消费养老保险制度试点，提倡公民参加个人储蓄性养老保障，鼓励商业银行、商业保险企业开发养老住房反向抵押贷款、养老信托、养老基金、商业养老保险等养老金融保险产品，保障老年人的生活收入，不断提高和改善老年人的生活水平。

健全覆盖城乡老年人的基本医疗保障体系。一是进一步完善城镇居民基本医疗保险制度和新型农村合作医疗制度，研究统筹城镇居民医疗保险和新农合制度的城乡一体化医疗保险机制，把老年人健康管理纳入公共卫生服务，实现老年人群全覆盖，不断提高保障水平。探索建立异地养老医疗保障制度，方便老年人异地就医。二是加快社区卫生服务网络建设，建立和发展以社区为中心的多层次老年人医疗保障体系，加强预防保健服务，满足老年人多样化医疗卫生需求。兴办老年病专科医院，设立老年门诊，建立老年人健康档案。探索建立社区医疗和社区养老联动的服务体系，在养老院的基础上增加基本医疗功能，或者在社区医院中开设养老机构，建立医疗养老相结合的服务模式，切实满足老年人对医疗、养老服务的多元化需求。三是发展老年保健。加强长寿科学的研究，广泛开展老年健康教育，普及健康知识，倡导和培养良好的生活方式，提高老年人自我保健能力，促进健康老龄化。

建立健全城乡一体的救助体系。完善城乡居民最低生活保障制度、五保供养制度和社会救助制度，把符合条件的城乡贫困老年人全部纳入低保救助范围，实现应保尽保。完善养老、医疗、灾害等专项救助，加大对贫困老年人医疗救助力度，确保贫困老年人全覆盖，切实减轻老年人个人承担的医疗费用。研究制定低收入家庭中生活不能自理的老年人入住服务机构的补贴制度。把城镇低收入、住房困难的纯老年家庭户优先纳入廉租房保障范围，把农村贫困老年人无住房、危房户纳入农村危房改造工程。

（二）加快建立社会养老服务体系。

加快推进社会养老服务发展。将加强社会养老服务建设纳入各级政府经济社会发展规划和城乡建设总体规划，列入重要民生工程。尽快制定推进社会养老服务业发展的具体措施，研究制定养老机构规范化管理标准和资助民办福利机构的办法，完善并落实民间资本进入养老服务业的优惠政策。积极扶持民间养老服务机构组织建设，并实施有效的监管，确保养老服务质量。建立以居家养老为基础、社区养老为依托、机构养老为支撑、互助养老和志愿服务相结合为补充、资金保障和服务保障相匹配、基本服务与选择服务相结合的城乡一体化社会养老服务体系。在城市全面推行居家养老服务，在农村逐步发展居家养老服务。推行政府购买服务，发展老年社会福利事业，重点保障“三无”、“五保”和低收入高龄、独居、失能等特困老年人的基本养老服务；以生活照料、家政服务、康复护理、精神慰藉为基本服务项目，推动社会服务进家庭，为居家老年人提供社会养老服务。到2015年末，争取全省30%的城市社区，15%的农村社区建成居家养老服务中心，形成市县（区）、乡镇（街道）、村（社区）三级养老服务网络，养老服务床位力争超过老年人总数的3%，农村五保集中供养率达30%以上。

加快养老服务设施建设步伐。公办养老机构建设重点以收养“三无”、五保、低收入和失能老年人的供养型和护养型养老机构为主。着力建设海南省托老院，积极推进全国示范性养老基地建设。海口市、三亚市、儋州市要通过改建、扩建，各建1所为失能、失智老年人提供长期护理服务的社会福利院。50%以上的市县各建1所集生活照料、保健康复、老年大学、文体娱乐和认证培训多种功能于一体、具有示范作用的综合性社会养老服务指导中心。街道、社区可以按照就近便捷、小型多样、功能配套的原则，建设和改造一批养老院、托老所、日间照料中心、星光老年之家。鼓励有条件的城乡社区规划建设老年人集中居住服务区。鼓励社会力量参与社会养老服务体系建设，建设一批分布合理、功能互补的高端养老服务机构。

加快社会养老服务信息系统建设。建立海南省老龄工作委员会办公室官方网站，进一步建立老龄事业信息化协同推进机制。建立和完善老龄信息采集、分析数字平台以及老年人养老服务需求跟踪监测系统。引进科技信息企业，建立养老服务信息平台、居家养老求助热线和为老社会服务网络，形成省、市县（区）、乡镇（街道）三级联网的养老服务信息系统，为老年人提供便捷、实用的科技信息服务。

加强社会养老服务队伍建设。按照养老服务机构护理人员与失能老人的比例不低于1：3、与自理老人的比例不低于1：10的标准，积极推行职业资格和技术职称评定等级管理制度，加强养老护理员在职教育和岗位技能培训，不断提高服务队伍的整体素质、职业道德和业务水平。同时大力引入专业社会工作者，走专业化、职业化和志愿者相结合的道路，建设一支专兼结合、结构合理、素质优良的服务队伍。培育发展社会工作者组织，鼓励具有专业知识和技术的人才参与社会养老服务管理。支持创办各类养老服务职业技术院校，鼓励院校设立养老护理相关学科，加强养老服务专业后备人才培养，对养老服务从业人员就业、再就业给予政策扶持，不断提高养老服务从业人员待遇，为促进养老行业走向专业化、产业化提供有力的人才资源支撑。力争到“十二五”期末，养老护理服务专业工作者的培训率达100%，持证上岗率达85%。

建立养老服务机构监管和评估机制。建立健全社会养老服务科学化、标准化、规范化的管理监督评估体系，制定养老服务机构管理办法，建立养老服务企业的准入和退出机制，制订失能老年人评估标准和养老服务行业标准，加强社会养老服务的宏观管理，为老年人提供更高质量的服务。

大力发展社会养老服务业。社会养老服务业的发展要走社会化、市场化、产业化、专业化的道路，加大对社会力量兴办养老服务机构的政策支持，鼓励民间资本参与社会养老服务体系建设，培育一批社会养老服务组织机构，建立健全促进养老慈善事业发展的体制机制。逐步形成政府引导、政策扶持、社会参与、市场推动的发展格局，建立规模适度、合理布局、形式多样、功能完善、强化管理、基本满足老年人需求的社会养老服务管理体制和运行机制。

探索建立与老龄化进程相适应的养老护理保障体系。建立包括法定护理保险、储蓄护理保险和商业护理保险的老年人护理保险制度，为丧失日常生活能力而需要长期照顾的老年被保险者提供护理费用或护理服务的保险。

（三）发展老龄产业。

研究制定老龄产业发展的宏观规划，并将其纳入国民经济社会发展总体规划和国际旅游岛建设当中，制订支持老龄产业发展的政策措施，保障老龄产业健康发展。建立老龄产业相关行业标准、服务规范，建立老年用品和服务产品质量、规格和标准体系。开发老年旅游休闲、健康、养生、文化、教育、消费养老、特殊用品等市场，参与养老护理业、社区老年服务业和老龄产业人力资源培训。开发和建设功能配套的养老示范社区，面向国内外市场建立高端的综合性“国际休闲养老专属区”。鼓励、支持举办老年用品展销会，开办老龄论坛，培育和发展老年消费市场。鼓励、支持和引导民间资金、金融机构和海外资金投资老龄产业。

（四）加强老年人居住环境体系建设。

深入推进城市无障碍建设。严格执行《城市道路和建筑无障碍设计规范》（JGJ50—2001）和《老年人建筑设计规范》（JGJ～122—99）的技术标准。在“十二五”期间，与老年人日常生活密切相关的道路交通、居住环境、文化体育、社区养老服务等新建、改建公共设施项目，实现无障碍率达100%；地级市已建城市道路、公共建筑、公共交通设施、居住小区、居住建筑和养老场所无障碍改造率不低于80%，其它设市城市改造率不低于60%，市县中心城镇改造率不低于40%。依托文明城市建设，开展“老年友好城市”、“老年宜居社区”和“老年温馨家庭”创建活动，为广大老年人创建安全、便利、健康、舒适的宜居生活环境。

加快老年文化设施建设。要把老年文化、教育、体育事业纳入全民文化、教育、体育健身发展规划，建成布局比较合理、设施较为完备、方便老年人参与的文化体育网络。县级以上城市至少建设1所综合配套、多功能的老年活动场所，城乡社区建立老年活动室（站）。

（五）丰富老年精神文化生活。

加强老年教育体系建设。以海南省老年大学为资源中心，建设老年电视大学、老年网络学校和社区、农村老年学校等覆盖城乡的老年教育网络。开展多种形式的老年医疗保健服务和健康教育，为老年人提供老年保健和卫生科普知识，增强老年人自我预防和保健技能，尽可能延迟老年长期照护介入。鼓励支持社会力量兴办老年教育事业。

开发适合老年人的精神文化生活产品。开设老年人专栏和节目，为老年人提供更多优秀精神文化产品。开展适合老年人特点的文化体育健身活动，满足老年人的精神文化需求。

（六）加强老年人权益保障。

进一步加强老龄法律政策的宣传教育，增强全社会老龄法制意识，树立养老、敬老、助老的良好社会风尚。加强老年人法律援助和司法保护，建立健全老年权益维护和法律服务工作体系，依法维护老年人的合法权益。加强老年法律法规和政策执行情况的监督检查，及时处理侵犯老年人合法权益行为，确保老年人优待及权益各项规定的有效落实。探索研究建立失能、失智和精神疾病等丧失自主行为能力的老年人法定监护人制度，明确老年人照护的责任主体，更好地维护老年人权益。深入开展“孝亲敬老”主题教育活动，把落实老年人优待政策纳入社会主义精神文明建设的考核内容。

（七）支持老年人参与社会建设。

积极推进“银龄行动”，开发利用老年人才资源，并将其纳入省、市县（区）人才资源管理规划。建立老年人才资源库，实现老年人才资源共享，搭建老年人才与社会需求对接的服务平台，为各级政府提供信息与决策依据。建立健全老龄社会工作者、低龄健康老年志愿者联系青年志愿者工作机制。鼓励70岁以下、具有劳动能力、低龄健康的专业技术型老年人参与科学文化知识传播，参与老龄科学研究、社会工作和志愿者服务，参与公民道德建设、公益事业和社区文化活动，发挥老年人在教育下一代工作中的作用。鼓励老年人参与社会活动，实现老有所为和自身价值。

（八）完善扶老助老制度。

建立健全计划生育家庭养老保障和照料服务支持政策，落实城镇独生子女父母年老奖励政策，建立奖励扶助金动态调整机制，健全农村部分计划生育家庭奖励扶助标准和百岁老人的长寿补助标准随物价上涨的联动增长机制。逐步健全80周岁以上（不含百岁以上）高龄补贴制度。对百岁老年人实行免费体检，积极推进社会对百岁老人的经济供养、医疗保障和照护服务的介入，持续、适时地为百岁老人提供卫生保健服务。

（九）加强老年人社会管理。

各级政府应当建立老龄工作委员会。城市街道、社区和农村乡（镇）、村普遍建立具有老年人权益保障和服务功能的老龄工作机构。培育发展各类老年社会组织和基层老年群众组织，在城市街道、社区全覆盖，在农村社区覆盖70%。研究制定非公有制用人单位退休人员纳入社会管理办法，拓宽老年人社会管理领域。充分发挥退休老党员、老干部在我省老龄事业发展中的先锋模范作用。

五、重点项目

（一）加快推进海南省托老院项目建设。该项目为续建项目，是民政部与省政府合作协议推动养老服务体系建设的重要内容之一。该项目已于2010年9月开工，占地面积为58.2亩，建筑面积18000平方米，设置床位618张，总投资8300万元。

（二）加快推进海口市、三亚市、儋州市社会福利院项目建设。项目为扩建、改建、新建项目，在海口市、三亚市、儋州市各建1所区域性社会福利院，改善服务设施，为失能、失智老年人提供长期照护服务。由海口市、三亚市、儋州市政府负责建设。

（三）加快推进市县（区）社会养老服务指导中心项目建设。项目为新建或改建项目。到2015年末，50%以上的市县各建成1所拥有床位300张以上的综合性社会养老服务指导中心。项目由市县（区）政府结合实际，负责规划和建设。

（四）加快推进乡镇（街道）社区养老服务中心项目建设。项目依托敬老院进行改建或扩建，面向全社会老年人，拓展服务领域，发挥居家养老服务功能。在城市社区建立居家养老服务中心，由社区组织、社会组织兴办的具有老年医疗卫生、康复护理、文体娱乐、信息咨询、老年教育等服务功能的养老院、日间照料服务中心（站）和为老服务信息网络系统构成。在农村兴办居家养老服务站，为五保、高龄、失能老年人提供生活照料服务设施及老年人文体活动娱乐场地。

（五）加快推进养老服务信息系统项目建设。建设项目包括老年服务信息平台建设、人员培训、服务平台数据库建设。项目功能：为老年人用户提供信息服务，包括居家养老所需各方面服务的信息和家政服务、采购服务、医疗陪护服务的调度；整合社会服务资源，向相关社会服务单位和机构提供信息服务；为政府采集行业信息、公众接受社会养老服务和行业规范化发展提供信息支持。

（六）探索建立由政府主导的长期护理保险制度。鼓励金融机构在条件具备的市县探索政府主导的公益性老年人长期护理保险试点。

六、保障措施

（一）进一步加强老龄工作的领导和机构建设。各级政府依法加强老年人权益保障和服务工作的领导和组织协调，将老龄事业纳入本地区经济社会发展规划和政府工作目标管理。进一步健全政府主导、老龄工作机构组织协调、相关部门各司其职、社会广泛参与的老龄工作体制和运行机制，健全老龄工作领导机构。加强县级以上老龄工作机构建设，切实发挥老龄工作机构的综合协调、督促检查、参谋助手作用。加强乡镇（街道）老龄工作和服务机构建设，强化社区和村（居）委为老服务功能，培育发展社区老年人协会，发挥老年协会的作用，大力发展专业服务和志愿者队伍。加强老龄工作队伍建设，把老龄工作人员的培训、交流、使用纳入组织人事部门管理干部的整体计划，不断提高政治素质和业务素质。

（二）加大对老龄事业的投入。建立发展社会养老服务专项资金投入和增长机制，将社会养老服务体系建设重点项目列入省“十二五”重点民生发展规划，加大财政投入，推进居家养老服务政府购买服务和财政补贴。把社会养老服务信息系统建设纳入省级信息化发展总体规划，积极筹措资金，启动海南省老年服务信息管理系统建设项目。通过省、市县（区）财政分担的办法，落实市县（区）社会养老服务指导中心建设项目经费。

建立投入与开发相结合的社会化投入机制，支持以公办公建、公建民营、民办公助、政府购买服务和财政补贴等多种方式兴办社会养老服务机构，鼓励民间资本兴办养老服务业。加大福利彩票公益金、体育彩票公益金对老龄事业的投入。加大对老年护理保险等具有前瞻性老年公共服务政策探索的财政支持，促进基本公共服务实现跨越发展。加快培育和发展海南省老龄事业发展基金会，通过向社会募集资金，为发展老龄事业提供资金支持。

（三）加强政策支持。进一步完善老龄法规政策，建立发展社会养老服务的政策体系。认真落实国家有关老年服务机构税收减免政策，对福利性、非营利性的老年服务机构自用的房产、土地暂免征收城镇土地使用税、房产税。养老服务机构用水、用电、用气按民用收费标准执行。统筹安排土地利用计划指标，保障养老服务设施建设对新增建设用地的需求。鼓励社会资本投资兴办养老服务设施，养老服务设施用地属于非营利性社会福利设施用地，符合划拨用地政策的，可以划拨方式供地。对新建老年服务设施的市政公用设施配套费酌情给予减免、以奖代补，对社区居家养老服务机构给予床位建设补贴、床位运营补贴、购买服务及活动设施场地租赁补贴等财政支持。

（四）加强老龄科学研究。“十二五”期间，要积极创造条件，加强老龄科学研究机构建设，培养一批高素质的老龄科研人才队伍。鼓励并充分发挥大专院校、研究机构、老龄社团组织对老龄科研的积极作用，开展热点、难点和前瞻性问题的科学研究，为老龄事业发展决策提供理论依据、信息和智力支持。开展国际“长寿论坛”活动，推进海南长寿文化建设，树立海南长寿文化品牌。

（五）建立督查、评估机制。实行初期报告、中期检查和期末评估制度。各市县、各部门要按照本《规划》要求，结合实际制定本市县、本部门的实施方案。2012年对《规划》实施情况进行中期督查和评估，2015年对《规划》执行情况进行期末全面检查评估。由省老龄工作委员会办公室会同有关部门，对《规划》实施情况进行督查评估。

（六）建立常态性老龄工作创先争优激励机制。加强社会主义道德建设，配合全国敬老爱老助老主题教育活动，开展省级“老龄工作先进单位和先进个人”、“孝亲敬老之星”、“敬老模范单位”和“老有所为杰出贡献奖”评选表彰活动。

（宁夏回族自治区）关于2011年老龄委成员单位为老年人办好事、办实事的意见

为积极应对人口老龄化快速发展的新形势，进一步完善老龄工作运行体制机制，充分调动和发挥老龄委成员单位的积极作用，促进老龄工作和老龄事业健康发展。自治区老龄工作委员会办公室结合各成员单位职责提出了各成员单位为老年人办好事办实事的意见。请各成员单位结合实际，认真抓好落实。

一、自治区党委组织部

充分发挥村（居）党组织、村（居）委会的作用，利用村级（社区）组织活动阵地和供村（居）民开展公益性活动的服务设施，组织党员志愿者队伍，为城乡社区居家老年人提供多种形式的服务，加强对老龄工作者的培训。

二、自治区党委宣传部

将老龄宣传报道工作纳入年度宣传工作的总体计划之中，统一部署，统一安排。积极协调自治区主要报刊、广播电台、电视台、网络等媒体，以“敬老月”活动为契机，广泛开展宣传教育活动，宣传我区尊老、敬老的典型人物和感人事迹，增强全社会的老龄意识和尊老、敬老意识，激发全社会参与尊老、敬老、助老活动的热情。

三、自治区党委老干部局

围绕纪念建党90周年，组织离退休干部开展形式多样、生动活泼、科学健康的文化、娱乐、体育活动。推进利用社区资源做好离退休干部试点工作，今年九月召开全区“利用社区资源做好离退休干部服务管理工作”现场会。在不断加强基础设施建设的同时，各级老年大学要不断完善功能，尽可能满足本地区离退休干部及社会老人终身教育需求。各级老干部活动中心通过积极与涉老部门及各类涉老协会多方面合作，举办多种类型的文体娱乐活动，拓展活动覆盖面，吸纳社会老年人参加。

四、自治区直属机关工作委员会

结合庆祝建党90周年，开展“同庆党的生日、共促社会和谐”为主题的庆祝活动。支持区直机关老年人体育协会开展一次形式多样、生动活泼、科学健康的老年文化或体育活动。

五、自治区机构编制委员会办公室

针对人口老龄化快速发展的新形势，会同相关部门开展一次老龄工作机构编制、人员配备的专题调研。

六、自治区发展改革委员会

将《宁夏回族自治区“十二五”社会养老服务体系建设规划》纳入《自治区国民经济和社会发展第十二个五年规划纲要》，结合国家发改委、民政部实施2011年社会养老服务体系建设试点项目，积极支持陶乐天河湾老年产业园项目建设。

七、自治区教育厅

充分发挥教育资源配置的人才优势和智力优势，在有条件的院校开设为老服务课程，加强为老服务人才队伍的教育、培植工作；组织青年学生志愿者走进福利院、敬老院、光荣院、老年公寓和老年人家中，开展家政、照料、护理、信息咨询、心理疏导、法律维权等志愿服务活动。

八、自治区公安厅

组织开展一次严厉打击诈骗、盗窃、抢夺、伤害老年人犯罪活动的专项检查，依法保障老年人的合法权益。

九、自治区民政厅

制定《宁夏回族自治区社会养老服务体系建设规划》，完成宁夏老年福利服务中心一期项目建设工程；实施天河湾老年产业园项目试点建设规划，新增机构养老床位600张；健全完善高龄老人津贴制度；实施养老服务“9073”行动，出台相关配套政策，着力推进社会养老服务体系建设；建成100个城乡社区居家养老服务站，建成宁夏智能化社区居家养老服务信息平台，扩大社区居家养老服务覆盖面。

十、自治区人力资源和社会保障厅

加快推进养老保险制度建设，研究拟定退休人员社会化管理服务和发挥离退休人员作用的政策法规并组织实施；在开展“专家服务行”等活动中，积极发

挥离退休专家作用，吸收身体素质较好的离退休专家，参与技术指导、技术咨询等活动；扶持资助200名养老管护人员参加业务培训。

十一、自治区司法厅

开展“夕阳幸福工程·法律援助在行动”活动，通过执业教育、志愿服务、慈善救助、法律援助、优待帮扶等各种形式，推动敬老维权进机关、进学校、进企业、进乡村、进社区、进家庭。充分发挥“老年维权示范岗”、“老年优待服务窗口”的作用，为老年人乘车、就医、维权等提供优质服务。充分发挥法律工作者作用，积极组织开展老年法律援助和涉老政策、法律咨询活动，防范、依法打击侵害老年人人身、财产安全的违法犯罪行为。

十二、自治区财政厅

加大公共财政投入力度，加快养老服务基础设施建设步伐，并对老龄事业专项经费进行一次检查；督促各地按照《自治区人民政府关于认真贯彻执行〈宁夏回族自治区老年人权益保障条例〉的通知》（宁政发〔2004〕124号）精神，落实老龄事业经费；举办“第二届千名特困老人家乡游活动”。

十三、自治区住房和城乡建设厅

结合“老年友好城市”、“老年宜居社区”创建活动，指导、监督市、县（区）政府依据国家有关规定和城乡总体规划布局要求，将城乡社区为老服务设施列入城乡建设总体规划，并监督规划的具体实施；指导、监督在居住小区、市政工程及公共场所建设中，按照有关规定设计、建设方便老年人、残疾人使用及活动的设施，加强无障碍设施建设。

十四、自治区文化厅

将基层老年文化设施建设纳入社区文化中心（文化活动室）、村文化室、文化示范户（大院）建设范围，指导、扶持县（市、区）及基层老年文体组织发展，培训老年文艺骨干；积极推动老年文化活动创新，不断满足老年人的文化需求，促进老年人的身心健康。

十五、自治区卫生厅

将老年医疗卫生服务纳入卫生事业发展规划，结合各级各类医疗卫生机构实际，积极开展为老年人送医送药上门、开设家庭病床、家庭护理等医疗卫生服务；积极开展老年人健康管理，组织医疗卫生人员深入社区、基层开展老年人健康宣传教育活动，对辖区所有65岁以上老年居民进行慢性病危险因素和疫苗接种、骨质疏松预防、预防意外伤害和自救等健康指导。依托城乡基层医疗卫生机构，对辖区内65岁及以上的常住居民，建立健康档案，每年进行一次老年人健康检查，包括健康体检、健康咨询指导和干预。

十六、自治区广播电影电视局

加强广播电视节目的监听监看，查处广播电视节目中侵犯老年人合法权益的问题。在十月的“敬老月”主题宣传活动期间，在宁夏电视台制作播发一条尊老、敬老、爱老、助老的公益广告，录制一期为老服务专题节目。

十七、自治区民委

重视民族地区老龄问题，发挥民族宗教服务老龄事业的积极作用，鼓励支持宗教职业人员开展尊老爱老宣传教育，组织开展一次以爱国宗教团体和宗教人士为主的公益活动。

十八、自治区体育局

支持老年人体育协会等群众组织开展全民健身活动，增强老年人体质、活跃老年人的文化生活。为没有健身器材的社区、生态移民村（居）安装健身器材；督促落实老年人免费使用体育场（馆）优惠政策。

十九、自治区旅游局

研究促进我区老年旅游市场发展的政策措施，宣传普及老年旅游知识；对全区旅游景点进行一次全面检查，落实老年优待政策，维护老年旅游者的合法权益。

二十、自治区新闻出版局

支持《宁夏老龄工作》、《宁夏老年报》的编辑发行工作，组织有关部门对印刷、发行市场中不利于老年人身心健康的出版物进行查处，对歪曲和误导老年人盲目消费的刊物进行治理。

二十一、自治区统计局

做好人口老龄化发展趋势预测分析、统计、收集和整理工作，并及时提供我区老龄人口数量、结构和特征等有关调查的统计数据。

二十二、自治区计生委

结合人口与计划生育工作，协助自治区老龄办研究制定人口与老龄事业发展规划和有关政策；开展老年人口研究，落实好人口计划生育“三项制度”。

二十三、宁夏军区政治部

全面落实军队离退休干部的政治和生活待遇；做好离退休干部党组织建设和学习教育、管理服务工作；指导离退休干部在国家和军队建设中发挥作用；组织与驻地开展军地共建和为老志愿服务活动。

二十四、自治区总工会

关心离退休职工的生活，积极向有关方面反映离退休职工的意见和要求，切实维护离退休职工合法权益；指导各级工会组织开展各种形式的活动，丰富离退休职工精神文化生活。

二十五、自治区妇联

组织开展"好媳妇"、"好婆婆"评选表彰活动，宣传先进典型事迹；结合争先创优活动，评选表彰一批孝亲敬老"好儿媳"和"五好家庭"。依法维护老年妇女在婚姻家庭、人身财产等方面的权益。

二十六、自治区团委

在青少年中广泛开展尊老敬老教育活动；充分发挥"志愿者协会"作用，组织青少年志愿者为社区居家老人提供多种形式

（宁夏回族自治区）关于印发《宁夏老年人优待证管理办法》的通知

宁老龄办发〔2011〕9号

各市、县（区）老龄工作委员会办公室：

为认真贯彻落实《宁夏回族自治区老年人权益保障条例》，切实做好《宁夏老年人优待证》的办理和管理工作，自治区老龄办制定了《宁夏老年人优待证管理办法》。现印发你们，望认真贯彻执行。

二〇一一年四月二十日

宁夏老年人优待证管理办法

第一条　为维护老年人的合法权益，加强老年人优待证的办理和管理，根据《宁夏回族自治区老年人权益保障条例》，制定本办法。

第二条　各县（市、区）老龄工作委员会办公室应当依照法律、法规及本规定，认真履行职责，做好老年人优待证办理工作。

第三条　老年人优待证办证机关是具有依法履行《宁夏回族自治区老年人权益保障条例》职能的机关，即，县（市、区）老龄工作委员会办公室。

第四条　办证机关的职责

（一）受理户籍在本辖区老年人申办老年人优待证事项；

（二）办理宁夏老年人优待证；

（三）补办宁夏老年人优待证；

（四）对本辖区办理老年人优待证情况进行登记备案。

第五条　办证对象 凡户籍在宁夏、年满60周岁以上的老年人，均可申请办理宁夏老年人优待证；常住宁夏一年以上的外地老年人（包括港澳台和外国老年人）凭本人身份证或其他有效身份证明和公安机关核发的居住证明也可办理。

第六条　办证时间

国家规定的正常工作日。

第七条　证件监制及编号

（一）证件监制

《宁夏老年人优待证》由自治区老龄办统一印制，免费提供各县（市、区）办证机关。

（二）证件编号

证件编号由自治区代码＋县（市、区）代码＋序列号（5位数）组成。

银川市：兴庆区104　西夏区105　金凤区106　永宁县121　贺兰县122　灵武市181

石嘴山市：大武口区202　惠农区205　平罗县221

吴忠市：利通区302　红寺堡区303　盐池县323　同心县324　青铜峡市381

固原市：原州区402　西吉县422　隆德县423　泾源县424　彭阳县425

中卫市：沙坡头区502　中宁县521　海原县522

第八条　办证机关应当刻制办理老年人优待证工

作业务专用钢印。专用钢印为圆形，直径36mm，中央刊“★”，“★”外围刊所属“××县（市、区）老龄工作委员会办公室”，“★”下方刊“老年优待证专用章”。

第九条 申请

符合条件的老年人持本人身份证和近期免冠彩色照片1张，到户口所在地的县级老龄办或政府政务服务大厅办理；也可以由村（社区）居委会或老年人所在单位收集相关材料统一到居住地县级老龄办或政府政务服务大厅办理。外地老年人（包括港澳台和外国老人）除持有本人身份证或其他有效证件外，须持公安机关核发的一年以上的的居住证明。因身体等原因不能亲自办理的可委托他人代办，代办人除提交上述材料外，还须提供代办人的身份证明。

第十条 发证

办证机关收到申办资料，进行资格审核，确认合格后，免费为申请人办理《宁夏老年人优待证》。

第十一条 补办

因遗失、污损等原因导致《老年人优待证》无法使用的，由本人或代办人提出补办申请，办证机关审核后，按规定程序补办或更换。补办《宁夏老年人优待证》收取工本费5元，并开具收费收据。

第十二条 证件袋

为防止丢失、损坏和方便老年人携带，自治区老龄工作委员会办公室统一制作了《宁夏老年人优待证》证件袋。《宁夏老年人优待证》证件袋的购置坚持自愿的原则，每个收取费用1元。严禁强制购买或搭配发放。

第十三条 老年人优待证办理实行政务公开。公开内容为：

（一）办证的管辖权及依据；

（二）发证的基本原则及证件的使用权利；

（三）申请办证的条件与程序；

（四）补领证件的条件与程序；

（五）办公时间和服务电话。

第十四条 各级老龄办应对办证人员进行岗前培训，经考核合格后方可上岗。

第十五条 办证人员的主要职责：

（一）审查申请人是否具备办理老年人优待证的条件；

（二）审查、复核补办老年人优待证的相关材料；

（三）办理宁夏老年人优待证；

（四）做好备案登记及建档工作；

（五）负责按季度向自治区老龄办上报数据。

第十六条 办证人员应当熟练掌握相关法律法规和办理程序，严格认真办证，热情服务，讲求效率。

第十七条 各级老龄部门应当建立监督检查制度，定期对办证工作进行监督检查，发现问题，及时纠正。

第十八条 办证机关及办证人员有下列行为之一的，对直接责任人和办证人员追究责任并进行处罚：

（一）为不符合条件的老年人办理老年人优待证的；

（二）违反程序规定办理、发放老年人优待证的；

（三）玩忽职守造成办理老年人优待证档案遗失损毁的；

（四）强制老年人购买《宁夏老年人优待证》证件袋或把证件袋作为搭配办理条件的；违规使用证件袋的。

第十九条 《宁夏老年人优待证》仅限于老年人本人享受优待时使用。发生转借、冒用、涂改或买卖的，情节轻微的给予批评教育，情节严重的由发证机关收回并取消其享受优惠待遇资格。

第二十条 任何单位和个人不得购买非宁夏回族自治区老

龄工作委员会办公室提供的老年人优待证。各级老龄办发现本行政区域内有购买、使用非自治区老龄办提供的优待证和优待证袋的，应当及时予以没收，并追究相关人员的责任。

第二十一条 办证机关发现老年人优待证有质量问题时，应当及时报告自治区老龄工作委员会办公室。

第二十二条 本办法由自治区老龄工作委员会办公室负责解释。

第二十三条 本办法自2011年5月1日起执行。

（宁夏回族）自治区人民政府办公厅关于印发《宁夏回族自治区老龄事业发展“十二五”规划》的通知

宁政办发〔2011〕93号

各市、县（区）人民政府，自治区政府各部门、直属机构：

《宁夏回族自治区老龄事业发展“十二五”规划》已经自治区人民政府同意，现印发给你们，请结合实际贯彻执行。

二〇一一年五月二十九日

宁夏回族自治区老龄事业发展“十二五”规划

为积极应对人口老龄化，加快发展老龄事业，根据《宁夏回族自治区国民经济和社会发展第十二个五年规划纲要》、《宁夏回族自治区老年人权益保障条例》，制定本规划（以下简称《规划》）。

一、背景

（一）“十一五”期间老龄事业取得的主要成就

“十一五”时期，是宁夏老龄事业发展较快的五年。五年来，各地、各部门紧紧围绕自治区党委、政府工作大局，坚持“六个老有”的目标，同心协力推进老龄事业发展。企业职工基本养老保险和城镇居民养老保险覆盖范围进一步扩大，新型农村社会养老保险提前10年实现了全覆盖，农村老年人“老有所养”有了制度性保障；在全国以省为单位率先建立了名称规范、覆盖城乡、按月发放的高龄老人津贴制度，由补缺型老年福利向普惠型发展；推进新型农村合作医疗和城镇居民基本医疗保险制度建设，逐步健全完善城乡医疗救助制度，“老有所医”有了保障；城乡计划生育家庭养老保障支持政策逐步形成；加快老年福利服务设施建设，广泛开展社区居家养老服务工作，社会力量参与养老服务业发展取得突破，基本养老服务体系框架初步形成；着力落实各项涉老惠民政策，使老年人享受到经济社会发展带来的实惠；老年教育、文化、体育事业稳步推进，老年人的精神文化生活更加丰富，全社会老龄意识明显提高，敬老爱老助老氛围日益浓厚，老年人合法权益得到保障。

（二）“十二五”时期老龄事业面临的形势

伴随着20世纪50年代中国第一次人口生育高峰人群步入老年，宁夏老年人口将进入快速增长期。截止2010年，我区60岁以上老年人口已达70万人，占全区总人口的10.9%，比2009年增加4.9万人，增速超过7.5%，比全国年均增加3.3%，高出4个百分点，且今后还将以高于年均5%的速度增长，预计到“十二五”末，我区老年人口将达到89.3万。高龄老人、空巢老人和失能老人增速加快，目前，我区80岁以上高龄老人达到5.7万人，占老年人数的8.2%；空巢老人20.9万人，占老年人数的29.9%；城乡失能半失能老年人18.8万人，占老年人数的26.9%。随着老年人口结构的变化，老年人的需求呈现多元化、多层次的特点。快速增长的老年人口使社会保障面临更大的压力；高龄老人、空巢老人、失能失智老人的增加，加大了社会养老服务的压力；日益增长的老年人物质和精神文化需求更加凸显社会供给的不足；亟待发展的老龄事业和资金投入相对不足的矛盾更加明显；复杂多变的人口老龄化问题对老龄工作机构和队伍建设提出了新的更高的要求。

二、指导思想和基本原则

（一）指导思想

深入贯彻落实科学发展观，坚持“党政主导、社会参与、全民关怀”工作方针，积极应对人口老龄化，注重发挥家庭和社区功能，优先发展社会养老服务，培育壮大老龄服务事业和产业，完善老龄事业管理体制和运行机制，营造良好老龄社会环境，维护老年人合法权益，努力实现“六个老有”目标，确保老年人生活的更加幸福、更有尊严，促进老龄事业健康快速发展。

（二）总体目标

建立与国民经济和社会发展水平相适应的老龄事业经费投入增长机制；社会保障制度更加完善，保障水平不断提高；养老服务体系初步建立，老年人基本养老服务需求得到满足；老年人社会管理进一步加强，老龄工作组织体系基本完善；社会敬老爱老氛围更加浓厚，老年人精神文化生活更加丰富；老年人居住条件和生活环境逐步改善，老年人权益得到更好保护，广大老年人生活水平和质量进一步提高。

（三）基本原则

1. 坚持老龄事业与经济社会发展相结合。围绕全面建设小康社会和构建社会主义和谐社会宏伟目标，确立老龄事业在经济社会发展大局中的战略地位和作用，切实将老龄事业纳入自治区经济社会发展总体规划，促进持续协调发展。

2. 坚持立足当前与着眼长远相结合。把实现好、维护好、发展好老年人切身利益作为老龄事业发展的根本出发点和落脚点，把解决当前突出的老龄问题和应对人口老龄化长期挑战作为老龄事业的全局策略，着重体制机制建设，实现健康持续发展。

3. 坚持政府主导和社会参与相结合。发挥政府在老龄事业发展中的主导作用，加强政策引导、资金支持、市场培育和监督管理。创造有利条件，充分调动社会各方面力量参与老龄事业发展，推进基本养老保障和公共服务的普惠化、均等化、社会化。

4. 坚持家庭养老和社会养老相结合。巩固和支持家庭养老，促进代际和谐。增强道德规范和法律约束，营造浓厚的敬老爱老助老社会氛围，多举措大力发展社会养老，探索符合宁夏实际的多种形式并存的养老模式。

5. 坚持统筹兼顾和分类指导相结合。充分考虑到地区特点和人群特征，立足全局，因地制宜，发挥优势，合理布局，关注特殊老年群体，稳步推进城镇老龄工作，切实加强农村老龄工作。推动老年群体同其他社会群体之间，不同老年群体之间共享经济社会发展成果，促进社会公平正义。

三、主要任务

（一）健全完善社会保障体系

1. 加快推进养老保险制度建设。进一步完善城镇职工基本养老保险制度，逐步做实养老保险个人帐户，研究建立与经济发展、工资增长、物价水平相适应的企业退休人员基本养老金正常调整机制。健全完善城镇居民基本养老保险制度，不断扩大城镇居民养老保险覆盖面。巩固新型农村养老保险成果，创新养老保障制度，重点解决农村丧失劳动能力、特困、留守、空巢、低收入等老年群体的养老问题。

2. 健全完善基本医疗保险制度。进一步完善城镇居民基本医疗保险制度、新型农村合作医疗制度，逐步提高统筹层次和保障水平，降低个人负担水平，减轻老年人的医疗费用负担。做好基本医疗保险关系转移接续工作，逐步解决老年人异地就医费用报销问题。研究解决退休职工医疗保险断保问题；实现企业退休人员医疗保险待遇与企业缴费脱钩，确保在职期间缴费累计达到最低缴费年限的职工，到法定退休年龄可以享受城镇职工医保待遇。

3. 不断完善老年人社会救助制度。将符合条件的贫困老年人全部纳入最低生活保障范围，切实保障其基本生活。切实保障城镇“三无”对象和农村“五保”供养对象的正常生活，供养资金列入各级政府财政预算，供养标准不低于当地村（居）民的平均生活水平。完善城乡医疗救助制度，扩大救助覆盖范围，提高医疗救助比例，有效缓解困难老年人因病致贫问题。完善临时救助制度，帮助因临时性、突发性原因造成基本生活出现暂时困难的城乡老年人，解决基本生活困难。

4. 逐步完善老年社会福利制度。积极探索适合我区特点的社会福利发展模式，推行政府购买服务，发展适度普惠型的老年社会福利事业。进一步完善高龄老人津贴制度和老年人优待政策，积极为老年人提供多种形式的照顾和优先、优待服务，有条件的地方可向老年人发放补贴，让广大老年人共享改革发展成果。认真研究高龄津贴制度与城乡低保、五保供养、养老保险、医疗救助和住房救助等制度的衔接办法，提高老年人生活水平和生命质量。

（二）加强老年医疗卫生保健体系建设

1. 加快老年医疗卫生服务网点建设。将老年医疗卫生服务纳入各地卫生事业发展规划，加快老年病医院、老年康复医院和综合医院老年病科建设，依托社区卫生服务机构，建设社区“一刻钟”卫生服务圈，开展老年人医疗、护理、卫生保健、健康监测等服务，方便老年人就医。

2. 积极开展老年人健康管理。广泛开展老年健康教育，普及保健知识，提高老年人运动健身和心理健康意识。依托城乡基层医疗卫生机构，为辖区内65岁及以上常住居民建立健康档案，每年进行1次常规健康体检、健康咨询指导和干预、慢性病规范管理。到“十二五”末，65岁以上老年人健康教育普及率和健康档案建档率达90%以上。

（三）健全完善社会养老服务体系

1. 加快养老服务基础设施建设。按照统筹规划、合理布局的原则，进一步加大公共财政投入和社会筹资力度，通过新建、改扩建和购置等多种方式，重点建设县（市、区）综合福利服务中心、地级市关爱护理中心、街道社区日间照料中心、城乡社区居家养老服务站、老年活动中心，推进保障型养老服务基础设施建设，着力构建符合我区实际的“9073”养老服务模式。加大政策扶持力度，鼓励支持民间资本参与养老服务事业，采取公建民营、民办公助等形式，增强颐养型、护养型养老机构供给能力，并通过政府购买服务等多种形式为老年人提供基本养老服务。到2015年，各级各类养老床位数达到2.4万张，每千名老人拥有机构养老床位30张。

2. 大力推进城乡社区居家养老服务。围绕老年人需求，加快建立县（市、区）、乡（镇、街道）和社区（村）三级居家养老服务网络，加强社区养老服务设施建设和运营管理，不断完善配套设施，丰富服务内容，扩大覆盖范围，增强服务功能，让老年人养老有去处、活动有内容、精神有寄托。采取政府资助、社会力量兴办、个人自愿出资的办法建设集为老服务热线、紧急救援系统、数字网络系统为一体的智能化社区居家养老服务信息平台，为居家老人提供便捷、周到、优质的服务。培育发展居家养老服务中介组织，引导和支持社会力量开展居家养老服务，鼓励社区卫生服务机构开展老年康复护理服务。到2015年，全区城镇社区居家养老服务基本实现全覆盖，农村20%以上的社区建立居家养老服务站。

3. 加强养老服务队伍建设。积极鼓励有条件的高等院校和职业教育机构设立与养老服务相关的医学、管理学、护理学、心理学、社会学等专业，培养有知识、懂技术、会管理的养老服务专业人才。大力开展养老服务人员培训，逐步建立养老服务从业人员职业资格认证制度，实现养老服务从业人员的职业化、专业化。逐步提高养老服务从业人员工资福利待遇。发挥基层老年人协会等群众组织的作用，开展助老志愿服务活动。

（四）建立健全精神赡养体系

1. 发展老年文化体育事业。加快老年文化公共服务体系建设，将老年人列为“文化惠民工程”的重点对象，促进面向老年人文化事业繁荣发展。加强基层老年文艺组织、体育组织和队伍建设，培训老年文体骨干，普及老年文体活动知识，组织开展丰富多彩的老年文化体育活动，满足老年人精神文化生活需求。

2. 加快基础设施建设。城乡建设、旧城改造、街道（乡镇）和社区服务中心（站）建设，要同时安排老年体育健身活动场所。加强社区“老年人生活圈”配套设施建设，利用公园、绿地、广场等公共空间，开辟老年人文化和运动健身场所，倡导公共文化设施免费或优惠向老年人开放。新建、改扩建7所县（市、区）老年活动中心，到2015年每个县（市、区）都有1所老年活动中心。

3. 大力发展老年教育。进一步完善老年教育体制机制，探索老年教育新模式，丰富教学内容。积极支持各有关方面和社会力量参与发展老年文化教育，加大对老年大学（学校）建设的投入力度。发展远程老年教育，办好宁夏老年网，拓展老年人精神文化生活空间，为老年人更新知识、发挥余热创造条件。

4. 加大舆论宣传。进一步深化“精神赡养”理念，大力弘扬孝道文化，丰富孝道文化内容，提升孝道文化境界。理解、感受、支持、解决老年人的心理、精神需求，使“物质供养”和“精神赡养”相结合，促进精神养老与物质养老的协调发展。

5. 发挥老年人的作用。充分发挥老年人在社区服务和管理、关心教育下一代、调解邻里纠纷和家庭矛盾、维护社会治安等方面的作用。大力推进老年志愿服务，发展老年志愿服务组织，积极倡导和支持老年人开展自助互助服务。开发老年人才资源，推进“银龄行动”，探索实现“老有所为”新形式。

（五）构建社会助老环境体系

1. 加快无障碍设施建设和改造。加快推进方便老年人出行和参与社会生活的无障碍环境建设，加强对居住小区、园林绿地、既有道路、建筑物，特别是与老年人日常生活密切相关的已建设施的无障碍改造。积极营造全社会关爱老年人的无障碍建设氛围。

2. 开展“老年友好型城市”、“老年宜居社区”创建活动。根据应对人口老龄化的发展要求和人口结构、家庭结构变化的趋势，开展“老年友好型城市”、“老年宜居社区”创建活动，改善城市的居住和空间环境、人文和社会环境、生态与自然环境、生产与生活环境，促进科学发展与代际和谐，提高老年人的生活水平和生命质量。

3. 营造尊重老年人的社会环境。开展社会主义核心价值观教育和敬老爱老助老主题教育活动，把敬老爱老助老教育纳入青少年和中小学生的思想道德教育内容，在社区设置老龄宣传栏，在报刊、广播、电视、网络等媒体播（刊）发尊老公益广告，组织开展敬老模范先进评选表彰活动，着力营造全社会关爱老年人的良好社会氛围。

（六）老年人权益保障

1. 完善老龄政策法规体系。做好《中华人民共和国老年人权益保障法》、《宁夏回族自治区老年人权益保障条例》的宣传普及工作，充分发挥各级人大法律监督和政协民主监督作用，确保老年法律法规和政策有效落实。积极开展老年政策法规宣传教育，不断增强全社会依法发展老龄事业、依法维护老年人合法权益的意识。

2. 做好老年人法律援助服务工作。进一步健全老年人法律援助维权网络，拓展老年人申请和获得法律援助的渠道，扩大老年人法律援助的覆盖面。在社区设立老年法律服务网点，为老年人提供及时、便利、高效、优质的法律服务。建立健全维护老年人合法权益的社会监督机制，加大侵害老年人权益案件的处理力度，切实保障老年人的合法权益。

（七）老年人社会管理

1. 加强基层老龄工作机构和老年群众组织建设。加强乡镇（街道）老龄工作领导小组和村（居）老年人协会建设，强化村（居）委会对老龄工作的领导，引导基层老年人协会等老年群众组织规范发展，发挥老年人自我管理、自我教育、自我服务的积极作用。到“十二五”末，80%以上的社区设立老年人协会。

2. 做好退休人员社区管理服务工作。指导各县（市、区）推进乡镇（街道）、社区劳动保障工作平台建设，积极探索利用社区资源做好离退休人员“四就近”服务工作，拓展服务内容，逐步建立家庭、社区、单位、党委和政府工作部门相结合的老年人社会管理服务体系，不断提高社会化管理服务水平。到“十二五”末，纳入社区管理服务的企业退休人员比例达到95%以上。

3. 加强老年思想政治工作。加强离退休干部党支部建设，创新教育和开展活动方式，增强理想信念教育。发挥离退休党支部、老年人协会、老年大学等组织作用，组织、引导老年人开展政治理论学习，参与民主政治生活和社会活动。

（八）加快发展老龄产业

1. 完善老龄产业政策。发挥政府的宏观指导作用，把老龄产业纳入经济社会发展总体规划，研究制定和落实引导、扶持老龄产业发展的优惠政策。积极鼓励社会资本参与老龄产业发展。引导老年人合理消费，培育、繁荣老年用品消费市场。充分发挥宁夏老龄产业协会的作用，加强老龄产业行业的组织建设，培育中介组织，切实发挥行业指导和自律作用。

2. 积极培育和开发老龄产业市场。加强信息服务、政策引导、金融支持和市场监管，鼓励和引导社会力量参与养老产业，逐步形成政府宏观管理、社会力量兴办、企业或机构按市场化要求自主管理的老龄产业发展模式。引导和扶持企业开发生产老年用品和服务产品，重点发展老年护理、临终关怀等服务产业，满足高龄老人对医疗保健和服务性消费的需求。

四、保障措施

（一）发挥党政主导作用

各级党委、政府要从改革、发展、稳定的大局出发，高度重视老龄问题，切实发挥主导作用，真正把老龄事业纳入重要议事日程，列入当地经济社会发展总体规划，及时解决《规划》实施中出现的问题，不断创新体制机制，切实保障《规划》的落实。各老龄委成员单位要充分发挥部门职能，带头履职尽责，发挥积极作用。各级老龄办要充分发挥综合协调、督促检查、参谋助手作用，督促各有关单位按照职责分工如期完成《规划》确定的目标任务。

（二）建立多元长效投入机制

各地要根据经济社会发展状况和老龄工作实际，充分发挥公共财政支持老龄事业的主渠道作用，逐步探索建立老龄事业长效保障机制。自治区和各级财政分别按每年每名老年人5元的标准安排老龄事业经费，并安排专项经费用于为老服务设施建设、特殊困难老人的服务补贴和居家养老服务信息平台的运营管理。要实施积极政策，创新投入方式，通过政策扶持、优化环境、加强服务等，鼓励吸引社会力量投入老龄事业，建立政府、社会、个人相结合的老龄事业投入机制，增强老龄事业发展实力。要进一步落实和完善促进老龄事业发展的税收政策，倡导社会各界以多种形式对老龄事业进行慈善捐赠。

（三）扩大老龄宣传

充分利用广播、电视、报刊、网络、户外宣传物等各类媒体和多种渠道，开展多种形式的宣传教育活动，大力宣传人口老龄化形势的严峻性、老龄问题的复杂性、做好老龄工作的紧迫性，大力弘扬中华民族尊老、敬老、爱老、助老的传统美德，引导全社会关心支持老龄事业，不断扩大老龄工作的社会影响力，提高全社会对老龄事业的关注程度和参与热情，积极营造有利于老龄事业发展的良好氛围。

（四）加强老龄工作机构建设

积极探索建立适应我区老龄事业发展要求的基层老龄工作机制，进一步加强各级老龄工作机构建设，在机构建设、人员编制、办公条件、工作经费上给予保障。加强老龄工作者队伍建设，把老龄专职工作人员的培训、交流、使用纳入组织部门整体规划，不断提高他们的政治素养和业务素质。充分发挥乡镇（街道）和村（居）老年人协会的积极作用，不断提升基层老龄工作的整体水平。

（五）强化激励机制

深入开展敬老模范村（居）创建活动，对成绩突出的村（居）予以表彰。定期组织开展老龄工作先进县（市、区）创建活动和先进集体、先进个人评选表彰活动，在全社会形成争先创优的良好局面。

（六）建立监督检查评估机制

各地、各部门要按照《规划》要求，结合实际，制定本地区、本部门的规划纲要或实施方案，并具体组织实施。要围绕《规划》提出的目标任务，紧密结合形势变化和当地实际，深入实际调查研究，着力培植典型，及时总结推广经验。要破除安于现状、抱残守缺的思想观念，强化求真务实、开拓创新意识，以为老年人办实事、让老年人得实惠为出发点和落脚点，着力推进我区老龄事业的发展，促进宁夏经济社会又好又快发展。

自治区老龄工作委员会将对各地、各部门实施《规划》情况进行督促检查，并于2015年进行全面评估。

（宁夏回族自治区）关于印发《宁夏回族自治区社区居家养老服务规范化建设考评办法（试行）》《宁夏回族自治区社区居家养老服务资格准入制度和《宁夏回族自治区社区居家养老服务单位（试行）》质量评估制度（试行）》的通知

宁民发〔2011〕138 号

各市、县（区）民政局、老龄办：

为加快推进我区社区居家养老服务规范化、标准化建设，为居家老年人提供便捷、周到、优质的服务，自治区民政厅、老龄办在广泛深入调研的基础上，起草了《宁夏回族自治区社区居家养老服务规范化建设考评办法（试行）》、《宁夏回族自治区社区居家养老服务资格准入制度（试行）》和《宁夏回族自治区社区居家养老服务单位质量评估制度（试行）》。现印发给你们，请结合实际，认真贯彻执行。

宁夏回族自治区民政厅

宁夏回族自治区老龄委办公室

二〇一一年十一月二日

宁夏回族自治区社区居家养老服务规范化建设考评办法（试行）

为推进社区居家养老服务规范化建设，健全完善社会养老服务体系，特制订本办法。

一、考评办法

1. 考评内容：以自治区民政厅、老龄办联合下发的《关于加快推进社区居家养老服务工作的意见》和《关于建立宁夏智能化社区居家养老服务信息平台的通知》为依据，落实居家养老服务“3348”工程，即：建立 3 级网络，打造 3 支队伍，实施 4 项服务，推行 8 种方式；实施居家养老服务站建设“三统一、一提高”工程，即：统一标准、统一标识、统一服务合同文本，提高服务质量。

2. 考评方式：社区居家养老服务站的考评要坚持以经常性工作为主、经常性督促检查为主、自查自检为主、自补自改为主的原则，实行明察暗访相结合、民政老龄部门评议相结合，采取组织考评和民意测评两种方式进行。组织考评是指各级民政、老龄部门逐级考核评定，民意测评是指通过对社区老年人发放调查问卷的形式，了解老人对所提供服务的满意度。

3. 考评程序：采取层级申报审批制。地级市对县（市、区）、县（市、区）对街道（镇）、街道（镇）对社区逐级考评，地级市对县（市、区）申报的社区居家养老服务站进行考核验收，自治区民政厅、老龄办进行抽查。

4. 分值计算：采用百分制，其中组织考评得分占70%，民意测评得分占30%，综合考评达到85分以上的为合格社区居家养老服务站。

5. 奖惩办法：考评达标的居家养老服务站，由自治区民政厅、老龄办命名授牌，并以“以奖代补”的方式给予一次性建设补助；对工作出现滑坡、群众有反映的，经地级市民政局、老龄办复查后，取消其资格。

二、考评标准：

考评标准共设四大项24小项，具体考核标准为：

第一项：社区居家养老服务站建设。社区建有居家养老服务站，具有生活照料、医疗护理、志愿者服务等功能；制定了社区居家养老服务方案，有专人负责居家养老服务工作；设有老年人求助电话、日托室、聊天室、活动室、医疗保健室等；对社区60岁以上老年人生活状况进行了摸底，建立了档案；建立了服务联系卡等。此项共设9个小项42分。

第二项：服务队伍建设。社区与周边服务网点和家政、物业等公司建立协作关系，签订了服务协议；建立了服务人员定期培训制度，工作熟练，服务规范；至少配备1名助老员，开展巡视探访、了解需求、反馈信息；有党员服务队、老年服务队、大中专院校或中学生服务队伍、民间组织服务队、结对服务队。此项共设3个小项13分。

第三项：服务开展情况。提供日托、洗衣、理发、送餐、家政卫生清扫等服务；提供陪聊、陪行、读书、读报、文化娱乐、电话问候等服务；建立健康档案，测量血压，为失能老人提供护理照料、送医送药等服务；了解老人服务需求信息，提供家政服务和法律咨询服务。此项共设4个小项25分。

第四项：8种服务方式。子女出资委托社区和机构提供服务，签订赡养协议，老年法律法规宣传进社区入户；为左邻右舍行动不便的老人提供代购和应急求助服务，签订帮扶协议，明确帮扶内容，建有帮扶记录；健康低龄老人服务高龄失能老人，对其服务时间和服务内容有记录；整合社区各类公共服务、商业网点、养老机构等资源，并为本社区老年人提供服务；组织健全，活动经常、服务规范、成效明显；利用养老机构就近便利为居家老人提供服务；本级政府给予相应购买服务和经费保障；慈善机构实施了“扶老助残”项目，管理规范。此项共设8个小项20分。

按照考评标准，完成一项给一项分值，完不成扣除相应的分值。4项考评项目达到85分以上。

三、组织领导

各地要高度重视，切实将社区居家养老服务站建设摆上重要议事日程，加强组织领导，结合各自实际制定实施方案，并不断总结经验，培植、宣传先进典型，点面结合，有序推进。要充分调动社区居民和辖区单位参与的积极性，利用报纸、广播、网络等广泛宣传，营造浓厚氛围。各社区要充分发挥党组织和党员在为老服务中的先锋模范作用，健全工作机制，推进社区居家养老服务工作的开展。

（附件：略）

宁夏回族自治区社区居家养老服务单位质量评估办法（试行）

根据《宁夏回族自治区老龄事业发展“十二五”规划》和自治区民政厅、老龄办《关于加快推进社区居家养老服务的意见》精神，为规范居家养老服务单位行为，制定本办法。

一、评估主体

服务机构自我评价；服务对象评价；审批准入单位评价。

二、评估对象

有意愿受政府委托、承接居家养老服务工作、开展专业化居家养老服务项目的企事业单位、社会组织和个人。

三、评估频次

按照《社区居家养老服务资格准入制度（试行）》中规定的审批权限，由审批单位牵头组织相关单位进行评估。县级以下审批单位对居家养老服务单位的质量评估每半年进行一次，地级市和自治区级每年评估一次。

四、评估标准

1. 设施评估标准：是否拥有独立的办公场所，为老年人提供服务的设施是否齐全，是否符合老年人的特点，是否满足老年人的服务需求。

2. 服务项目评估标准：是否开展《协议书》中所承诺的服务项目。

3. 服务范围和人次评估标准：是否覆盖《协议书》中所承诺的服务范围，服务老人的数量，服务时间以及次数。

4. 服务质量评估标准：服务对象的满意度、家属/监护人满意度、服务时间准确率、服务项目完成率、有效投诉结案率；是否发生服务纠纷，有无发生重大责任事故。

5. 收费情况评估标准：是否遵守《协议书》中承诺的收费标准，有无乱收费的现象。

6. 服务人员评估标准：服务人员是否热情周到，对待老人是否耐心细致，社工占服务人员的比例，有资格证书人员占服务人员的比例，服务专业化程度。

7. 档案评估标准：是否为享受服务的老人建立健全了完善的服务档案。

五、评估方法

1. 意见征询：发放《社区居家养老服务单位质量评估表》，并通过上门、信函、电话、网络等方式征求服务区域内群众特别是服务对象的意见。

2. 实地察看：由审批方组成相应的评估小组，就准入服务方提供的各种服务进行实地检查，并征询服务对象的意见。

3. 检查考核：查看服务档案，核对收费标准，汇总征询意见，召开联席会议，作出结论。结论分优秀、良好、不合格3个等次。

六、评估流程

1. 社区居家养老服务站收集老年人对服务人员态度、收费标准和服务质量的评价信息，经整理后报评估小组。

2. 评估小组综合社区、街道上报的材料和反馈的信息，组织评估小组人员，采取不同形式对居家养老服务单位提供的服务质量进行评估，作出结论并报上一级单位备案。

3. 上一级单位对辖区内准入加盟的社区居家养老服务单位进行抽查。抽查采取阶段性检查和定期总结相结合的方式进行。

4. 自治区民政厅、老龄办成立社区居家养老服务工作评估小组，对加盟社区居家养老服务的全区性单位进行评估，在对市、县（区）成立的社区居家养老服务评估组进行指导的同时，对各市、县（区）居家养老服务工作质量进行总体评价。

七、评估结果应用

评估结果将作为与居家养老服务单位与原服务单位续签协议、参评优秀社区居家养老服务单位的重要依据。

宁夏回族自治区社区居家养老服务单位准入制度（试行）

为规范居家养老服务单位的服务行为，进一步推进我区社区居家养老服务工作，根据相关法律法规和政策，制定本制度。

一、准入对象

居家养老服务单位是指经批准有意愿受政府委托、承接居家养老服务工作、开展专业化居家养老服务项目的企事业单位、社会组织和个人。

二、准入资格

申请从事社区居家养老服务工作的企事业单位、社会组织和个人，应具备以下资格：

1. 具有合法的经营资质，能独立承担民事责任，且达到国家规定的行业标准和规范。

2. 具有固定的办公场所、资金支持和相关的设备设施，并符合环境卫生条件。

3. 具有与服务项目相符合的服务人员和管理办法。服务人员经过专业培训，具有相应的专业化服务技能，并按需求定岗定人，做到态度和蔼、服务热情、老人满意。

4. 制定了社区居家养老服务工作流程和管理制度，确保提供的服务项目实际、实用、有效。

5. 服务项目实行明码标价，做到标价内容真实明确、字迹清晰、标示醒目。

三、准入程序

企事业单位、社会组织和个人填写《申请准入社区居家养老服务单位审批表》，审批单位应对申请者的资质进行审核，并到现场实地核查；经审核合格后，双方签订《社区居家养老服务协议书》，同时报送上一级民政部门和老龄办备案。

居家养老服务单位所提供的服务仅限于一个社区的，经社区居委会同意后报街道（乡、镇）审批；所提供的服务涉及数个社区或数个街道的，由县（市、区）民政商老龄办审批；涉及地级市所辖县（市、区）的，由地级市民政局、老龄办审批；涉及自治区范围内的由自治区民政厅、老龄办审批。

附件：1.《申请准入社区居家养老服务单位审批表》

2.《社区居家养老服务单位协议书》

大连市人民政府关于印发《大连市老年人优待规定》的通知

大政发〔2011〕50号

各区、市、县人民政府，各先导区管委会，市政府各委办局、各直属机构：

现将《大连市老年人优待规定》印发给你们，请遵照执行。

二〇一一年五月十二日

大连市老年人优待规定

第一条　为保障老年人的合法权益，弘扬敬老爱老助老传统美德，提高社会养老保障水平，根据《中华人民共和国老年人权益保障法》和《辽宁省老年人权益保障条例》，结合我市实际，制定本规定。

第二条　本规定所称老年人是指60周岁以上的公民。

第三条　本市行政区域内的国家机关、社会团体、企事业单位和其他组织及个人，均应遵守本规定。

第四条　各级人民政府应加强对老年人优待服务工作的领导。

市老龄工作委员会办公室负责组织实施全市老年人优待工作。市老龄工作委员会各成员单位按照职责分工落实老年人优待政策。

第五条　本市户籍的老年人，未满70周岁的可申请办理《辽宁省老年人老年证》（以下简称《老年证》），70周岁以上的可申请办理《辽宁省老年人优待证》（以下简称《优待证》）。老年人凭《老年证》、《优待证》在全市范围内享受相应的优惠优待服务。

军队离退休人员凭军队颁发的离休证、退休证办理《老年证》和《优待证》。

第六条　《老年证》、《优待证》由市老龄工作委员会办公室免费发放，并负责监督和管理。

第七条　市、区市县级政府财政支持、投资主办或控股的公园、风景名胜区、自然保护区、旅游景点等公共场所（不含园中园），以及博物馆、美术馆、科技馆、图书馆、纪念场馆、烈士纪念建筑物、文化馆（站、宫）、体育场（馆）等公益性文化设施，凡收费的，对60—69周岁老年人实行半价优惠，对70周岁以上老年人实行免费，并优先为老年人开展活动提供方便优惠的服务。在每年“重阳节”和“国际老年人节”当日，老年人可免费参观。

非政府财政支持、投资主办或控股的收费的风景名胜区、自然保护区、旅游景点、文化体育场馆、影剧院等公共场所，应当给予老年人适当优惠，并为老年文体团队活动优先提供场地。

第八条　60—69周岁的老年人乘坐城市公共电、汽车（不含小公共汽车、快轨和旅游专线车），享受所乘线路普通票价的半价优惠，70周岁以上的老年人享受免费优待。户籍在海岛的老年人乘坐船艇进出海岛和岛屿间往来享受半价优惠。

铁路、公路、水路、航空客运售票窗口应设置

“老年人优先”标志，并对老年人检票、进站实行优先。候车（船、飞机）室及城市公交车上应设置一定数量的老年人专座。

城市道路、公共建筑、公共交通、居住小区建筑、特殊设施、信息交流等场所，应按国家有关规定，为老年人创造无障碍环境。

第九条 老年人到公立医疗机构就医，免收普通门诊挂号费，享受优先就诊、化验、检查、交费、取药、住院的优待。对行动不便的就诊老年人，应免费提供担架、轮椅、推车等助老服务设施，有条件的应开设老年病门诊、老年病房。

享受城乡居民最低生活保障待遇的老年人、低收入老年人、“五保”老年人、“三无”老年人在门诊就医和住院治疗，按照有关规定享受基本医疗补偿政策后，个人承担的费用由政府给予全额或部分救助。

第十条 享受城市居民最低生活保障待遇的老年人、“三无”老年人和遗属孤老，居家养老或入住民营养老福利机构的，由政府提供服务补贴，其中失能和半失能的老年人增加一定的介护补贴。

社区（村）居民委员会应组织为老服务网点为老年人提供普惠化的低偿服务。乡村医疗机构和城市社区卫生服务机构应设立家庭病床，为老年人提供家庭医疗服务。

第十一条 享受城乡居民最低生活保障待遇的老年人、“五保”老年人、“三无”老年人去世后，免除基本丧葬殡仪费用。

第十二条 享受城市居民最低生活保障待遇的老年人，低保标准按一定比例上浮。

第十三条 对百岁老年人发放生活补贴，补贴标准与当地城市居民最低生活保障标准保持一致，实行同步增长；对90周岁以上的高龄老年人发放每人每月100元的生活补贴，并随着我市经济发展，逐步提高补贴标准，放宽补贴的年龄范围。

第十四条 享受城乡居民最低生活保障待遇的老年人、低收入老年人、“五保”老年人、“三无”老年人，申请安装电话和接入互联网的，减半收取工料费和接入费；申请安装有线电视的，减免有线电视安装开通费、数字电视基本收视维护费；入老年大学（学校）学习的，减免学费。

第十五条 老年人免费使用公共厕所。各企事业单位应为老年人免费使用其内部厕所提供方便。

第十六条 老年人因合法权益受到侵害提起民事、行政诉讼，经济确有困难的，可以申请司法救助，缓交、减交或免交有关诉讼费用。因赡养费、养老金、退休金等纠纷提起的诉讼案件，各级法院应予以优先立案、优先审理、优先执行。因情况紧急需要先予执行的，应裁定先予执行。

市、区市县两级法律援助机构应当为老年人免费提供法律咨询服务，对于符合法律援助条件的，免费提供法律援助。

第十七条 老年人不承担各种社会集资、筹资、筹劳任务。

第十八条 非本市户籍老年人，持户籍所在地的老年证、优待证或者其他有效证件，可享受本规定第七条、第八条的有关优待。

第十九条 依照本规定应当为老年人提供优待服务的各有关场所，应挂牌明示，文明服务，兑现承诺。

第二十条 各类企事业单位和各种服务性行业可根据自身情况和特点，积极为老年人提供价格优惠、项目适当、照顾优先的服务。

第二十一条 各级人民政府应当将老年人优待工作纳入本地区国民经济和社会发展总体规划，使老年人优待工作与经济社会协调发展。

第二十二条 各级人民政府和各有关部门要根据本规定的精神，结合本地区、本部门实际，制定具体实施细则。本规定颁布实施后，各部门已经制定出台的老年人优待政策继续执行，执行时优待标准采取“就高不就低”的原则。

第二十三条 各级老龄工作机构应会同有关部门加强督促检查。对不履行本规定的单位或个人，给予批评教育。对侵犯老年人合法权益的单位和个人，由其主管部门或者所在单位责令改正，对有关责任人员给予批评教育或者行政处分；情节严重、造成后果的，依法追究法律责任。

第二十四条 本规定自2011年7月1日起施行。1998年11月16日公布的《关于大连市老年人享受优惠待遇的规定》（大老联字〔1998〕1号）和2003年1月5日公布的《大连市老年人享受优惠待遇的补充规定》（大老联字〔2003〕1号）同时废止。

大连市人民政府关于加快发展养老服务业的意见

大政发〔2011〕63号

各区、市、县人民政府，各先导区管委会，市政府各委办局、各直属机构：

为进一步加快我市养老服务体系建设，发展与我市经济社会发展水平相协调、与老年人需求相适应的养老服务业，按照市委关于建立完善养老服务业发展体制机制的要求，根据国务院办公厅转发全国老龄委办公室和发展改革委等部门《关于加快发展养老服务业意见的通知》（国办发〔2006〕6号）、全国老龄办等十部门《关于全面推进居家养老服务工作的意见》（全国老龄办发〔2008〕4号）精神，结合我市实际，现提出以下意见：

一、充分认识加快发展养老服务业的重要意义

养老服务业是为老年人提供生活照料和护理及精神慰藉、医疗保健、文化娱乐、体育健身、法律维权等服务，满足老年人生活需求的服务行业，是民生工程的重要组成部分。目前，我市老年人口已超百万，占全市总人口的18.03%，特别是80岁以上高龄老年人的急剧增加和“空巢”独居老年人的大量涌现，迫切需要加快发展养老服务业。同时，随着经济社会的快速发展和人民生活水平的不断提高，老年人对日常生活照料、精神慰藉、心理支持、康复护理、紧急救助、临终关怀等方面的需求日益增长，对养老服务业提出了更高的要求。近年来，我市养老服务业虽然发展较快，但服务设施不足、服务水平偏低、社会化程度不高等问题依然存在，难以满足广大老年人及其家庭的实际需要。

关心老年人的需求，加快发展养老服务业，是贯彻落实科学发展观，改善民生，解决人口老龄化带来的诸多社会问题，构建社会主义和谐社会的一项战略性任务；是提高老年人生命生活质量，提高社会文明水平的客观要求；是维护老年人尊严与合法权益的重要保障。同时，加快发展养老服务业，有利于拉动消费、增加就业、促进相关行业发展，提高养老服务业对经济发展的贡献率。各级政府和各有关部门要认清人口老龄化的形势，充分认识加快发展养老服务业的重要性和紧迫性，优先发展社会养老服务，推进我市养老服务业健康快速发展。

二、加快发展养老服务业的基本原则和目标

（一）基本原则。

1. 坚持政府主导、社会参与、市场推动的原则。在不断加大政府投入、发展社会福利事业的同时，积极兴办公建民营、民办公助、政府补贴或购买服务等多种形式的养老服务业，鼓励社会力量参与养老产业，发展多种经济形式并存的养老服务业。

2. 坚持协调发展、循序渐进的原则。根据市财力的可能和养老资源的整合情况，针对老年人养老的实际需要和市场需求，逐步推进，分年度实施。

3. 坚持城乡一体化发展的原则。科学规划，统筹兼顾，使城乡养老服务业相互促进、互为补充、同步发展。

4. 坚持照顾重点与适度普惠的原则。优先保障城乡“三无”、“五保”、低保、特困老年人的基本生活条件，同时拓展社会化养老服务，逐步健全全社会的养老服务体系。

（二）主要目标。

到2012年底，在全市城乡建设255所社区养老服务中心，全面开展普惠化居家养老服务。以农村社区服务中心和区域性中心敬老院为依托，建立农村乡镇、村的老年服务站，村的覆盖率达到100%。市及各区市县均建设一所相应规模的综合性老年活动中心。全面推进老年人信息服务系统建设，基本形成养老服务信息网络，实现养老服务业的信息化管理。到“十二五”期末，城乡养老服务机构的床位数达到每千名老年人拥有45张以上，床位总数达到5万张。以老年人照料、护理、保健康复为主的养老产业有较高程度的发展，能满足老年人的基本需求。

三、加快发展养老服务业的重点任务

（一）进一步发展老年社会福利事业

1. 扩大保障型养老机构规模。各区市县要加快投资建设或改扩建保障型养老机构，在“十二五”期间分别增加床位600张。保障型养老机构和农村敬老院在保证供养“三无”老年人、“五保”老年人的同时，以优惠的收费标准为高龄、失能困难老年人和独生子女死亡、伤残的老年人提供寄养服务。

2. 兴建社区养老服务中心，广泛开展居家养老服务。按照《大连市城乡社区养老服务中心建设发展三年规划（2010—2012年）》的安排，采取区市县或街道（乡镇）投资、社会力量兴办、现有的养老服务机构拓展功能等多种形式，在全市城乡社区（不含农村区域性敬老院覆盖的社区）按照每2000名老年人1所、建筑面积200平方米的标准兴建社区养老服务中心。社区养老服务中心要具备日间托老、家政、康复、应急服务及老年活动、学习的功能，为居家养老的老年人提供无偿和优惠的有偿服务。

3. 为困难老年人购买养老服务提供资助。对城市60岁及以上"三无"老年人、遗属孤老、低保家庭中的老年人（以下简称困难老年人）给予居家养老服务补贴。补贴标准是：每位困难老年人每月100元，其中生活半自理的每人每月增加200元，生活完全不能自理的每人每月增加400元，属于独生子女死亡或三级以上残疾独生子女共同生活的，每人每月再增加50元，作为护理补贴。居家养老服务补贴以代金券的形式发放，专用于购买居家养老服务。补助经费由市和区市县两级财政负担。农村困难老年人的居家养老服务补贴标准由有关区市县制定。对城乡入住养老机构的失能高龄困难老年人给予补助。城镇失能高龄困难老年人（不含由国家供养的"三无"和"五保"老年人）入住民营养老机构的，生活半自理的每人每月补助400元，生活完全不能自理的每人每月补助600元。属于独生子女死亡或与三级以上残疾独生子女共同生活的，每人每月再增加100元。农村失能高龄困难老年人入住敬老院及其他养老机构的，由各区市县根据当地生活及物价水平确定补贴标准。

（二）大力推进养老服务的产业化发展

1. 推进养老机构的迅速发展。鼓励和支持社会力量兴建适宜老年人集中居住、生活、学习、娱乐、健身的老年公寓、养老院、敬老院等养老机构。"十二五"期间，力争每年新增社会办养老床位1500—2000张，采取市场化运营方式，为老年人提供不同需求层次的养老服务。

2. 吸引社会力量参与社区养老服务。民营企业、养老机构、社会团体和个人可以采取独立投资、与街道或社区合资、合作等多种形式参与社区养老服务中心的建设和服务业务。

3. 发展老年护理、临终关怀服务。引导社会力量兴办老年护理、临终关怀性质的专业机构，鼓励各类医疗机构开展老年护理、临终关怀服务。

4. 搭建老年人信息服务平台。采取民建公助的方式，建设大连市老年人信息服务中心，与社区养老服务中心联网，为居家养老的老年人提供应急呼叫、服务信息咨询、服务中介等信息服务。信息服务中心不能覆盖的地区，可建设小型的局域性信息网，通过固定电话、手机和网络为老年人提供服务。

5. 充分发挥商业养老保险的作用。在健全社会养老保险制度的同时，积极支持商业养老保险的发展，鼓励发展专业养老保险机构，鼓励发展企业年金，鼓励开发包括长期护理保险在内的多样性养老保险产品，鼓励发展商业养老保险社区，提供专业性、多样化的养老服务。

6. 积极鼓励引进外资兴办养老服务业。各级政府要把养老产业列入招商引资的范围，吸引外资以合资、合作等形式兴办非营利性养老服务机构，开办老年用品企业。

7. 促进老年用品和服务市场开发。引导企业开发、生产和经营适应老年人身心特点的生活用品、护理用品、康复用具和自助设备等老年用品，满足老年人及各类养老服务机构的特殊需求；鼓励相关领域的企业开发适合老年人消费特点的旅游产品、书刊杂志、音像制品、健康保健等产品和服务，丰富老年人的文化生活。

四、加快发展养老服务业的扶助政策

（一）加大对养老服务业的资金扶持力度。提高对社会力量兴办的非营利性养老服务机构新增床位补助标准。中山区、西岗区、沙河口区、甘井子区和高新园区新建养老机构每张床位资助5000元，改扩建养老机构每张床位资助4000元；其他区市县新建养老机构每张床位资助4000元，改扩建养老机构每张床位资助3000元。享受政府补贴的养老机构应保证经营8年以上。

对非营利性养老机构给予运营补贴。对2011年1月至2015年12月，各级民政部门批准设立、社会力量投资兴办的非营利性养老福利机构，按照收住本市户籍老年人人数，由市财政给予日常运营补贴。补贴标准：中山区、西岗区、沙河口区、甘井子区和大连高新园区每人每月补贴100元，其他区市县每人每月补贴80元。

对市内四区、旅顺口区、金州区、北三市和长海县规划内已建成并达到建设标准的社区养老服务中心，市政府将通过"以奖代补"的形式予以补助，每所社区养老服务中心补助30万元。社区养老服务中心除法定节假日全部开放的，由区市县财政给予运营补助，其标准由各区市县确定。对老年人信息服务机构给予一定的资金扶持，重点用于资助困难老年人购买服务。

（二）对政府机关、企事业单位、社会团体和个人等社会力量（以下简称社会力量）兴办的福利性、非营利性养老机构，经依法批准，应采用划拨方式供地的，要优先划拨供地；对采取有偿方式供地的，在地价上应给予优惠；对社会力量以及外资兴办的营利性养老服务机构（指在工商、税务部门登记的养老服务机构，以下简称营利性养老服务机构），应优先保障土地供应，并参照工业用地基本同价；对征用或使用集体所有的非耕地建设社会福利养老机构的，按照国家规定免收土地权属调查费、地籍测绘费。

（三）对各类福利性、非营利性养老服务机构（含敬老院）和社区（村）老年人服务活动场所及从事居家养老服务机构的水、电、燃气、供暖、固定电话、宽带网络的使用费，要与居民用户同价；数字（有线）电视收视费减半。对专门从事居家养老服务的组织和单位，符合条件的，可申请办理民办非企业单位登记。

（四）允许登记为民办非企业单位的非营利性养老服务机构投资人提取合理收益，具体办法另行制定。

（五）对养老院类的养老服务机构提供的养老服务免征营业税；对福利性、非营利性的老年服务机构自用的房产、土地免征房产税、城镇土地使用税；对登记失业人员、残疾人、退役士兵、失地失海农民、农转居人员，毕业2年以内的普通高校毕业生以及特殊困难计生家庭开办养老服务业的，自其在工商部门注册登记之日起3年内，免收管理类、登记类和证照类等有关行政事业性收费；企业通过公益性社会团体或者县级以上人民政府及其部门对福利性、非营利性养老服务机构和居家养老服务中心的捐赠支出，符合税收法律法规及相关政策规定的，在年度利润总额12%以内的部分，准予在计算应纳税所得额时扣除；个人通过中国境内的社会团体、国家机关对福利性、非营利性养老服务机构和居家养老服务中心的捐赠支出，按照现行法律法规及相关税收政策规定，从其应纳税所得额中扣除。

（六）各类福利性、非营利性养老服务机构在申请消防、卫生防疫部门验审相关设施设备时，有关费用予以优惠，并优先验审。机构内的生活垃圾、粪便清运和排污等费用有关部门应免收并免收市政公用设施建设费。

（七）对社会力量兴办的养老服务机构内符合条件的卫生诊所，卫生部门应给予优先办理《医疗机构执业许可证》，并纳入城镇职工（居民）基本医疗保险和新型农村合作医疗定点范围。

（八）人力资源和社会保障部门要引导和促进失业人员从事社区养老服务，并把从事养老服务业人员的技能培训纳入就业再就业技能培训整体规划。就业困难人员从事养老服务工作的，符合条件的可按规定享受相关就业扶持政策。

（九）加大信贷支持力度。金融部门要积极支持养老服务业的发展，增加对养老服务机构及其建设项目的信贷投入，适当放宽贷款条件，并提供优惠利率。对规模较大、前景较好、市场急需的养老服务项目，有关部门应给予优先立项、优先审批。对登记失业人员、残疾人、军队退役人员、军人家属、海外留学归国人员、大中专毕业生和外出务工返乡创业人员开办养老服务业，自筹资金不足的，可申请小额担保贷款。

（十）养老护理用品的开发和生产企业，在企业登记注册收费和税收上给予一定的优惠。

（十一）外资兴办的非营利性养老机构和老年用品企业同等享受国内同类机构和企业的优惠政策。

五、加快发展养老服务业的保障措施

（一）完善养老服务业基础设施。

1. 将养老服务业设施建设纳入城乡建设和土地利用总体规划。在新建居民小区、旧城区（村）改造时，将养老服务设施作为公共服务配套设施统一规划、统一建设，由规划部门负责落实选址及规划核实；根据各地实际，通过新建、购买、租赁或者改扩建现有的老年服务（活动）中心、福利院、敬老院、“星光老年之家”、老年公寓、老年学校等公共服务设施，解决居家养老服务设施缺乏问题。

2. 有效整合现有各类为老服务资源。政府兴办的公共服务设施应优先为老年人提供服务，社区内教育、科技、文化、体育等资源要优惠向老年人开放。

3. 加强医疗设施建设。积极推进集医疗、康复、临终关怀为一体的专业性老年医疗设施建设。县级以上医院设立老年病专业科室，社区卫生服务中心要与社区养老服务中心合作，建立老年人健康档案，开展老年病预防和康复服务。

（二）建立养老服务专业队伍。

1. 建立专业服务队伍。依照有关规定，采取灵活多样的就业方式，保证养老服务业用工需求。加强对就业、再就业人员的专业技能培训，培养专业人才。加快培养老年医学、管理学、护理学、营养学以及心理学等方面的专业人才，鼓励有条件的高等院校和中等职业学校开设与养老服务相关的专业或课程，毕业生优先安排上岗。逐步推行持国家职业资格证书上岗制度。

2. 建立志愿者服务队伍。鼓励和支持社区单位、居民、大中专院校学生以及社会各界人士为老年人提供多种形式的服务和帮助。

3. 建立低龄健康老年人公益服务队伍。本着自愿和量力而行的原则，组织低龄健康老年人为高龄和生活不能自理老年人提供义务或低偿服务。

（三）建立健全养老服务业管理体系。

1. 建立养老服务业组织网络。市及区市县民政部门设立养老服务指导中心，负责对养老服务工作的组织和协调。街道（乡镇）设立养老服务指导站，作为居家养老服务的实施主体，负责辖区内居家养老服务的日常管理服务工作。社区设立养老服务中心，负责为本社区老年人提供服务和信息，并根据老年人的不同需求协调服务实体，提供多种服务。

2. 建立养老服务业评估体系。市及区市县建立评估组织，依据国家和我市有关规定和标准，对享受政府服务补贴的老年人资格、老年人失能等级、享受政府扶持的养老服务机构资格以及服务质量进行评估。

3. 建立对养老服务机构运营的监管机制。各级民政部门要按照属地化监管的原则，建立公开、平等、规范的养老服务业准入制度，强化对本地区养老服务机构的服务范围、服务质量及服务费用收支情况的日常监督和年度检查。严禁以办养老机构为名从事房地产开发和与养老服务无关的其他业务；严禁改变机构的养老服务性质。违反上述规定的，市财政将收回补助资金，由有关部门视情予以警告、罚款、撤销养老服务机构登记证书等处罚，并向社会公布。

4. 加强养老服务机构规范化建设。成立大连市养老福利协会，协助民政部门推进养老服务业发展和行业管理，维护行业和老年人的合法权益。市财政、民政部门可以项目委托、服务外包等方式，向有关社会团体购买服务。

5. 建设大连市养老服务业管理信息系统，全面实现养老服务业的信息化管理。

（四）建立养老服务业公共财政投入机制

各级政府要结合本地养老服务工作的实际需求，逐步加大对养老服务业的投入，建立健全老年福利服务体系，保障养老服务工作经费。市本级福彩公益金要重点用于养老服务业的建设和发展。积极引导慈善资源投向社会养老服务业建设。

六、加强对养老服务业发展的组织领导

各级政府要把发展养老服务业纳入当地经济社会发展规划，纳入工作议事日程，明确目标，落实责任。按照党政主导、民政牵头、部门协作、社会参与的要求，各级政府、各有关部门在制定政策、出台规划、资金投入、监督管理等方面应履行好职责，抓好落实。各先导区要把养老服务业列入发展先导的内容，发挥经济实力较强、政策灵活的优势，加大扶持力度，促进养老服务业更好更快发展。

有关部门要制定建筑设施、卫生条件、质量标准、服务规范等养老服务行业标准，开展服务质量评估和服务行为监督，促进养老服务业向标准化、规范化发展。要鼓励建立养老服务行业中介组织，发挥其在行业自律和维护行业权益等方面的积极作用。

要深化养老服务社会化示范活动，培育典型，搞好宣传引导，充分发挥典型的示范引领作用。要发挥各种媒体的作用，广泛宣传养老服务业的政策措施，营造良好的舆论环境，促使全社会关注、支持、参与养老服务业，促进我市养老服务业健康快速发展。

大连市人民政府

二〇一一年九月七日

中共青岛市委、青岛市人民政府《关于进一步加快老龄事业发展的意见》

青发〔2011〕11号

为积极应对快速发展的人口老龄化形势，着力保障和改善民生，促进经济社会又好又快发展，现就进一步加快老龄事业发展提出以下意见。

一、全市老龄事业发展的形势和基本要求

（一）认清人口老龄化的严峻形势。我市自1987年进入人口老龄化社会以来，老年人口递增速度逐年加快，人口老龄化的形势日益严峻。目前，全市 60 岁及以上户籍老年人口 131.8 万人，占总人口的 17.29%。据预测，到 2020 年，我市老年人口比重将达到 23%以上，并且呈现出高龄化、空巢化突出的特点。人口老龄化发展是经济社会发展和人民生活水平、健康水平提高的重要标志，既为经济社会发展带来机遇，也对社会保障与就业、产业结构调整、社会养老服务、老龄产业发展、社会和谐等带来重大影响和挑战，已经成为我市经济社会发展中迫切需要解决的全局性、战略性问题。各级党委、政府要高度重视和深刻理解加快老龄事业发展的重要性和紧迫性，切实增强加快发展老龄事业的责任感和使命感。

（二）把握老龄事业发展的基本要求。今后一个时期，我市老龄事业发展的基本要求是：深入贯彻落实科学发展观，按照构建和谐社会的要求，坚持党政主导、社会参与、全民关怀的老龄工作方针和积极健康老龄化理念，坚持世界眼光、国际标准，发挥本土优势，坚持老龄事业与经济社会协调发展、城市与农村老龄事业协调发展，加快健全覆盖城乡的老年社会保障体系、社会养老服务体系、助老环境体系、老年人精神关爱体系和老龄工作体系，优先发展社会养老服务，培育壮大老龄服务事业和产业，实现好、维护好、发展好广大老年人的根本利益，在更高水平上实现老有所养、老有所医、老有所教、老有所学、老有所为，让老年人共享经济社会发展成果，生活得更有尊严、更加幸福。

二、健全覆盖城乡的老年社会保障体系

（三）提高老年人养老保障水平。加快建设覆盖城乡居民的基本养老保障体系，继续完善和实施城镇职工和城乡居民养老保险制度，推动事业单位养老保险制度改革，2011 年实现社会养老保险制度全覆盖，基本达到人人享有基本养老保障的目标，逐步提高保障标准。

（四）提高老年人医疗保障水平。加快完善医疗保险制度和公共医疗服务体系建设，将所有老年人纳入医疗保障覆盖范围，逐步提高保障标准。加快建设老年医疗服务设施，加强老年多发病常见病的防治，各区市可指定一所二级以上综合性医院作为辖区内老年病的防治中心。政府兴办的综合性医院要加强对老年病的科学研究，有条件的应设立老年门诊或者老年护理专科。鼓励和扶持老年康复医院、老年护理院、临终关怀机构建设。养老机构设立配套的医疗服务点，符合条件的应纳入医疗保险定点范围。各级卫生部门要指导基层医疗卫生机构建立老年人健康档案，到 2015 年，全市 60 岁及以上老年人健康档案建档率达到 80%以上，其中 65 岁及以上老年人建档率达到 90%以上。在为全市 80 岁及以上老年人每年发放体检补助的基础上，从 2011 年起，按照国家基本公共卫生规范要求，落实每年为 65 岁及以上老人进行免费体检政策。

（五）提高困难老年人社会救助水平。把困难老年人特别是其中的独生子女家庭或无子女家庭的老年人作为生活救助、医疗救助、司法救助、法律援助的重点对象，加大救助力度。将所有符合条件的老年人全部纳入城乡低保范围，搞好城乡低保与其他社会保障制度的衔接。将城镇低收入、住房困难的纯老家庭户优先纳入廉租房保障范围。将农村贫困老年人无房户、危房户的住房纳入农村危房改造工程。

（六）提高老年人的社会福利水平。坚持老年人享受优待的原则，不断完善优待老年人的政策和办法。探讨建立 80 岁及以上老人高龄补贴发放制度。不断完善政府为孤寡、贫困老年人购买养老服务制度，提高城镇“三无”和农村“五保”老年人的供养标准。落实农村部分计划生育家庭奖励扶助和特别扶助制度，逐步提高奖励标准。

三、建立健全社会养老服务体系

（七）推进社会养老服务体系建设。将养老服务业纳入现代服务业、家庭服务业发展规划，坚持社会化、市场化、产业化、专业化的方向和政府引导、政策扶持、社会参与、市场推动的原则，加强公益性养老服务设施建设，鼓励社会各类资本（包括境外资本）投资养老服务业，完善以居家养老社会化服务为基础、机构养老为支撑、互助养老和志愿服务等为补充，资金保障与服务保障相匹配，基本服务与选择性服务相结合的城乡一体化的养老社会服务体系。到 2015 年，基本形成布局合理、规模适度、形式多样、功能完善、基本满足老年人城乡一体化养老需求的服务体系，形成投资主体多元化、服务对象公众化、服务方式多样化、服务队伍专业化的养老服务发展格局。

（八）发展居家养老社会化服务。要充分发挥政策扶持的引导作用，大力发展社区服务，培育为老服务组织。以社区服务机构、社区卫生机构等相关服务单位为依托，以社会养老服务机构、家政服务机构等相关服务单位为骨干，以志愿者服务为补充，逐步建立健全覆盖城乡的居家养老服务网络。到 2015 年，全市城市社区和农村中心社区普遍建立居家养老服务设施和网络，实现居家养老服务全覆盖。制定全市统一规范的居家养老服务标准，明确服务内容，开展短期托养、日间照料以及助餐、助洁、助浴、助医、助行、助购等生活服务，并兼顾老年人多样化需求。加强居家养老服务信息化建设，逐步建立为居家老年人提供就近、便捷、全方位服务的信息平台。各级政府要对居家养老服务给予财政支持。

（九）发展养老服务机构。将养老服务设施建设纳入城乡建设发展规划，编制青岛市城市社会福利设施设置专项规划。到2015年，全市城乡机构养老床位数占老年人口的比例达到3%以上。政府兴办的福利性养老机构，在完成政府供养任务的前提下，面向社会老年人开放，参与社区居家养老服务。鼓励以公办民营、民办公助、中外合资等方式投资兴办养老服务业，根据国家和省、市有关规定，可采取土地划拨、收费减免、贷款贴息、以奖代补、开办补助、运营补贴、购买服务等方式，吸引和鼓励社会力量投资兴办老年公寓、老年康复中心、托老所、老年护理院等各类养老服务设施。鼓励有条件的村居规划建设老年人集中居住服务区。认真落实养老服务机构税收减免政策。扶持养老机构建立保险制度。对新建养老服务设施，要优先安排用地，按规定给予减免市政公用设施配套费。按照福利与非福利两种性质，制定不同的扶持政策与管理制度，重点扶持社会力量兴办的养老机构，对于达到一定规模符合相关要求的养老服务机构，市政府采取以奖代补的形式给予补助。

（十）开展老年人精神关爱服务。大力倡导积极健康老龄化理念，充分发挥"七彩华龄"公益品牌效应，加强老年人心理健康等科普教育，动员社会、家庭开展老年人精神关爱服务，关注精神赡养，建立老年人精神关爱服务组织，培养精神关爱服务专业人员，设立老年人聊天、心理咨询等服务场所，为老年人提供心理疏导服务。重点做好病残、空巢、高龄等老年人的精神关爱工作。市及各区市根据失能失智老人的需要至少建立1所"爱心护理院"，开展长期照护和精神关爱服务。

（十一）加强养老服务人才队伍建设。支持创办各类养老服务职业技术院校，鼓励大专院校开设养老服务专业学科，加强养老服务职业培训和职业道德教育，做好养老服务人员执业资格鉴定工作，推行持证上岗，逐步实现养老服务队伍专业化。对养老服务从业人员就业、再就业给予政策扶持，不断提高养老服务从业人员待遇。

四、打造社会助老环境体系

（十二）加强老年文体设施建设。将老年文化体育设施建设纳入城乡公共设施建设规划，整合资源，统筹兼顾，保证老年人就近有活动场所。到2015年，市级要有综合性老年人活动中心，各区市至少有1处5000平方米以上的示范性老年人活动中心，街道（镇）至少有1处500平方米以上的老年人活动中心，社区（村）至少有1处150平方米以上的老年人活动室（站）。公共文化活动场所要优先向老年人开放，各级各类广场、健身路径、文化站、文化大院等，要设置适合老年人活动的场地、设施和器材。文化惠民工程要增加面向老年人的项目。加强老年人文体设施管理，保证使用效益。

（十三）扶持老年文体团队建设。支持和加强各级老年文艺协会、老年体育协会等老年文体组织建设。加强对老年文体骨干队伍的培养和培训，重点扶持一批在全国、全省和广大老年人中有影响的老年文体团队，各区市要有一定数量的、规范稳定、水平较高的老年文体活动队伍。

（十四）丰富老年文体活动。把老年文化活动列入群众性文化活动的重要内容，支持和引导老年人开展有益于身心健康、丰富多彩的文体活动，不断满足老年人日益增长的精神文化需求。定期举办老年文化艺术节、老年运动会等活动。

（十五）发展老年教育事业。把老年教育纳入终身教育体系，逐步建立覆盖城乡、多层次、多形式的老年教育网络。办好各级老年大学、学校，提高办学规模和质量，改善教育设施和环境，不断满足老年人"老有所学"的需求。到2015年，全市老年人入学率不低于老年人口的15%。鼓励和支持社会力量兴办老年教育事业。

（十六）支持老年人的社会参与。坚持自愿和量力而行相结合、社会需求同个人志趣相结合的原则，引导和鼓励老年人积极参与经济社会发展。广泛开展老年人志愿服务活动和关心下一代工作，支持老年人参与基层社会治安、移风易俗、民事调解、养老服务、社区文化、环境保护等社会事务，鼓励有专业技能的老年人开展科学研究、技术指导、经营管理、咨询服务等活动。建立老年人才交流市场，为老年人"老有所为"提供专业化、规范化的服务。

（十七）保障老年人合法权益。加强老年人合法权益维护工作，根据上级规定，适时完善我市相关法规政策。强化主动维权、精神赡养、文化养老，保障老年人的文化和婚姻自由等权益。完善老年人优待规定，尽快出台与经济社会发展相适应的优待老年人政策。定期开展老年法律法规执法检查，依法严厉打击诈骗、伤害、遗弃、虐待老年人等侵犯老年人合法权益的违法犯罪行为。广泛开展老年人维权活动，加强老年人法律援助和司法保护。加强对养老服务机构的监管，维护老年人的合法权益。

（十八）建设“老年友好型城市”。各级各部门要坚持以人为本，关注老年人的特殊需求，将宜游宜居的“老年友好型城市”建设纳入城市（区）总体规划，重视无障碍设施建设，打造安全便捷、适宜老年人的人居环境，完善提升城市功能，营造尊老敬老助老的浓厚氛围。继续开展“青岛市敬老模范区（市）”创建活动，按照有关规定对工作成绩突出的集体、个人予以表彰。

五、培育壮大老龄产业

（十九）推动老龄产业规划布局。研究建立扶持老龄产业发展的政策措施，把老龄产业作为我市推动新一轮制造业、服务业发展的重要内容。引导和鼓励社会力量投资老龄产业，培育和扶持一批龙头企业和知名品牌，为老年人提供多元化、多层次的产品和服务。发挥相关部门和老龄产业协会的作用，加强管理指导，促进行业自律。

（二十）推进老年产品和市场开发。依托我市的产业优势，积极研制开发满足老年人需求的门类齐全、品种多样、经济适用的老年用品，打造青岛老年服务品牌。优先开发科、教、文、卫、体、心理、旅游等老年产品，满足老年人的各种需求。积极开发适合老年人的金融、理财、保险等服务产品，探索设立长期护理保险新险种和“以房自助养老”、“以承包地养老”等新项目，提高老年人的服务支付能力。

（二十一）促进老年人消费观念转变。通过各种形式向老年人普及法律知识、消费知识，宣传老年产品和服务，引导老年人转变消费观念，增强消费维权意识，切实保障老年人在消费过程中自身权益不受侵犯，使老年人乐于消费、善于消费、科学消费。

六、加强对老龄工作的组织领导

（二十二）加强组织领导。各级党委、政府要高度重视老龄工作，将其列入重要议事日程，纳入本地区经济社会发展总体规划和年度计划，列入政府为民办实事项目，实行“一把手”负责制。党政主要负责同志要经常听取汇报，协调解决事关老龄事业发展的重大问题。定期对各区市、各涉老部门（单位）的老龄工作和老龄事业发展规划年度执行情况进行督查评估，并作为考核经济社会发展状况和考察使用干部的重要依据。各级老龄委及其成员单位要切实履行职责，主动担当，有效协作，形成合力。明确市、区（市）、街道（镇）、社区（村）老龄工作职责，落实必要的工作经费。加强各级老龄工作队伍建设，配齐配强老龄工作干部，提高素质能力，建立专业化老龄工作人才队伍。

（二十三）建立老龄事业投入长效机制。各级政府要将本级老龄事业发展经费纳入财政预算，并根据经济发展水平和老龄事业实际需要，不断加大投入。各级对直接用于老年福利与服务设施建设，老年教育、文体活动、人才培训、科学研究等方面的老龄事业支出和各级老龄工作机构的工作经费，要随着经济发展和财力增长逐步增加。探讨建立各级财政按老年人口提取老龄事业发展经费的制度。鼓励社会力量和境外资金投入老龄事业，加大老龄事业发展基金的社会募集力度，扩大慈善基金、福彩、体彩公益金助老支出的比例，为老龄事业发展提供多元化资金支持。

（二十四）加强老年群众组织的建设和管理。加强各类老年群众组织规范化建设，发挥老年人自我管理、自我教育、自我保护、自我服务和服务社会的作用。对规范运行并对当地老人的生活、娱乐发挥重要作用的老年团体和模范老年人，各级老龄委要按照有关规定给予一定扶持。社区（村）建立老年人协会，配备老龄公益岗位，充分发挥老年人协会在基层民主自治、社区建设、社会主义新农村建设和老龄工作中的作用。

（二十五）加强人口老龄化战略研究。加强老龄科研队伍建设，整合老龄委各成员单位和各大专院校、研究机构的科研资源，对重大老龄研究课题进行集中攻关，不断提高应对人口老龄化战略研究的质量和水平。加强各相关部门的信息共享与交流，建立市人口老龄化信息数据库和决策分析系统，为老龄政策制定和业务工作高效运转提供有力支撑。

（二十六）深化老龄宣传教育。要把人口老龄化问题纳入干部培训内容，要把尊老敬老道德教育纳入社会精神文明建设规划和各级理论中心组学习内容，把敬老爱老助老教育纳入青少年和中小学生的思想品德教育内容。办好“七彩华龄”、“牵挂”等电视广播宣传栏目，利用网站宣传、广告等多种形式大力宣传人口老龄化形势、老龄工作方针政策和发展老龄事业的重大意义，宣传孝亲敬老先进典型，不断强化全社会的老龄意识和尊老敬老观念，营造有利于老龄事业发展的社会环境。

（宁波市）关于建立高龄老人生活津贴制度的通知

甬政发〔2011〕62号

各县（市）区人民政府，市政府各部门、各直属单位：

为进一步完善覆盖城乡的老年人社会保障体系，推动老年社会福利由补缺型向适度普惠型发展，使老年人共享改革发展成果，市政府决定在全市建立80周岁以上高龄老人生活津贴制度（以下简称“高龄津贴”）。现就有关事项通知如下：

一、充分认识建立高龄津贴制度的重要意义

我市是老龄化程度较高的城市之一，目前已进入人口老龄化快速发展期，高龄化、空巢化趋势愈加明显，老龄问题日益显现。建立高龄老人津贴制度，是贯彻落实科学发展观、积极应对人口老龄化的客观要求，是我市缓解养老矛盾的现实之需，也是顺应民心之举。这一制度的建立，对于解决高龄老人基本生活问题，提高高龄老人生活质量，将会起到重要的作用。

二、高龄津贴发放对象和标准

凡具有我市户籍且年龄在80周岁以上的所有老年人，均享受高龄津贴待遇。发放标准为：80周岁（含80周岁）—89周岁每人每月50元；90周岁（含90周岁）—99周岁每人每月100元。发放时间从2011年4月1日起。

百岁老人高龄津贴即长寿保健补助费每人每月300元，仍按原规定发放。

在核定低保、低收入居民等困难对象时，高龄津贴不计入家庭收入。

三、高龄津贴发放程序和办法

高龄津贴发放以户籍为基础，实行属地化管理。按照个人申请，村（社区）调查核实，乡（镇）人民政府、街道办事处审核，县（市）区民政部门审批的程序，采取社会化形式按月发放。具体发放办法由各地自行制定。

四、高龄津贴资金筹集和管理

高龄津贴所需资金由市、县（市）区财政预算资金解决。市财政对海曙区、江东区、江北区高龄津贴资金给予30%的补助，其他地方高龄津贴所需资金由当地财政解决。海曙区、江东区、江北区民政部门每年1月底之前，核实汇总本地区上年度高龄津贴发放情况并报市民政部门，市民政部门会同市财政部门审核后，下拨相应的补助资金。

高龄津贴资金实行专账管理，专款专用。民政部门负责高龄津贴的审批和发放；财政部门负责高龄津贴资金的安排拨付；监察、审计部门负责高龄津贴资金的监督检查和审计。对套取、截留、挤占、挪用和不按规定发放的，要按有关规定依法查处。

五、工作要求

实行高龄津贴制度是一项重要的惠民政策，体现了党和政府对全市高龄老人的关心。各地、各有关部门要高度重视，切实加强对此项工作的领导，结合本地实际抓紧制定建立高龄津贴制度的具体工作方案和实施细则，周密部署，认真抓好落实。

各地要在深入调查的基础上，进一步核实高龄老人有关情况，登记造册，建立台账，建立健全高龄老人个人档案和老年人基础数据库。要坚持动态管理，分类发放，切实做到不漏发、不超发。要建立定期核查、抽查和统计报告制度，广泛接受社会监督和有关部门的检查。

二〇一一年五月十三日

厦门市人民政府关于印发《厦门市“十二五”老龄事业发展规划》的通知

厦府〔2011〕213号

各区人民政府，市直各委、办、局：

现将《厦门市“十二五”老龄事业发展规划》印发给你们，请认真组织实施。

厦门市人民政府

二〇一一年六月十日

厦门市“十二五”老龄事业发展规划

（2011—2015年）

为了加快我市老龄事业的发展，根据《中华人民共和国老年人权益保障法》和全国、省老龄事业发展“十二五”规划，结合我市经济和社会发展第十二个五年规划纲要及人口老龄化加速发展的形势，制定《厦门市“十二五”老龄事业发展规划》。

一、规划背景

（一）“十一五”期间取得的主要成就

“十一五”期间，我市户籍老年人口从2006年初的18.3万，增长到2010年底的23.4万，占全市户籍总人口的比例从11.8%上升到13%，其中80岁及以上的高龄老年人由2.52万人上升到3.89万人。全市人口平均期望寿命为78.91岁，其中男性75.96岁，女性81.77岁。“十一五”期末，全民基本养老、全民基本医疗、最低生活保障和医疗救助等相结合的老年社会保障体系逐步建立，各区普遍建立了老年人高龄补贴制度。全市职工基本养老保险参保人数达158.61万人，9.8万名退休人员进入社会化管理，社会化管理率达到99.03%，社区管理率达到100%。全市企业退休人员月人均基本养老金数连续五年增长，从“十五”期末的1040元提高到“十一五”期末的1814元，位居全省第一，全国前列。在全省率先实施被征地人员养老保障办法，被征地人员月人均退养金725元。6.52万名年满60周岁以上但未享受任何养老待遇的城乡居民直接享受每月200元城乡居民基础养老金。在全国率先建立城乡一体的全民医保，城乡居民基本医疗保险参保人数达234.69万人。医疗保健网络进一步健全，方便老年人就医。全市的养老服务机构有了较大的发展。全市共有收养性社会养老福利机构33家，其中民办养老机构28家，公办养老机构5家，床位数达到5072张，老年人床位拥有率达21.6‰，“十一五”期间新增床位数3878张。城镇居家养老服务普遍开展，并逐步向农村延伸，初步形成了以居家养老为基础、社区服务为依托、机构养老为补充的养老社会服务体系。老年文化体育事业快速发展。各区、街（镇）、村（居）建立了一批具有一定规模的老年文化活动中心（室）。全市各级各类老年大学（学校）272所，面积达6.4万多平方米。在校老年学员占全市老年人口总数的比例由“十五”期末的12%提高到“十一五”期末的18.9%。老年人权益的保障力度进一步加大。全市建立了各级老年人法律援助站，老年人法制宣传和敬老道德教育力度不断加大，全社会尊老、敬老、助老的氛围日渐浓厚。“银龄行动”持续开展。老年志愿者服务队伍不断壮大，老年人参与经济和社会建设的积极性逐步提高。

（二）“十二五”是发展老龄事业的关键时期

“十二五”期间，伴随着在我国第一次人口生育高峰期间出生的人口步入老年，我市进入加速老龄化阶段。“十二五”期末，全市老年人口预计达到28万左右，约占全市户籍人口的15.5%，其中80岁及以上的高龄老人将占全市老年人的19%左右。我市人口老龄化和高龄化的同时还伴随失能半失能化、空巢化。人口老龄化迅速增长使劳动力年龄结构、人口抚养比例、代际利益关系发生重大变化，对养老、医疗保障、长期照料体系的建立和健全，对政府社会管理和公共服务职能的加强，对老年文化、教育、卫生、体育事业的发展都提出新的更高的要求。

"十二五"期间是老龄事业的重要阶段。党的十七大把以改善民生为重点的社会建设作为中国特色社会主义总体布局的重要组成部分，明确提出了"老有所养"的目标，做出了基本公共服务均等化的重要布局。海峡西岸经济区上升为国家战略，厦门经济特区扩大到全市，我市经济社会事业科学发展和跨越发展，综合财力不断增强，为发展老龄事业提供了强大的物质保障。这些都是我市老龄事业面临的重大历史机遇，我市老龄工作只有在全局中准确定位，在大势中把握机遇，在合力中寻求突破，才能更好更快地发展。

二、指导思想、总体目标和基本原则

（一）指导思想

以邓小平理论和"三个代表"重要思想为指导，坚持以人为本，全面落实科学发展观，深入贯彻"党政主导、社会参与、全民关怀"的老龄工作方针，围绕全市经济社会发展的总体目标，结合我市人口老龄化的实际，完善城乡一体的社会保障制度，维护老年人的合法权益，丰富老年人的精神文化生活，不断提高老年人生活水平和生活质量，实现老龄事业与经济社会的协调发展。

（二）总体目标

"十二五"期间，按照科学发展观的要求，顺应老年人安度晚年的新期待，着力推进老龄事业全面发展，努力形成健全的老年社会保障制度；完善的社会养老服务体系；规范的老年维权工作机制；宜居的老年人生活环境体系；浓厚的尊老敬老助老社会氛围；高效的老龄工作管理体系。

（三）基本原则

一是坚持以老年人为本的原则。将老年人的物质文化和精神需求作为老龄工作的出发点和落脚点，最大限度地实现好、维护好、发展好全体老年人的根本利益；

二是坚持为老公共服务均等化的原则。合理配置和整合社会养老资源，确保城乡老年人共享经济社会发展成果；

三是坚持岛内外一体统筹发展的原则。统筹兼顾，加大投入，努力缩小岛内外老龄事业发展的差距，推动老龄事业与经济社会的协调发展；

四是坚持责任共担的原则。按照老龄工作方针，调动各方积极性，构建政府、社会、家庭和个人相结合的老龄事业发展格局。

三、主要任务

（一）完善老年社会保障

养老保障方面。完善全民基本养老保险体系，健全参保缴费的激励机制，逐年提高基本养老保险覆盖面，努力实现全民参保。根据经济社会发展水平进一步提高企业退休人员生活保障水平。建立全市统一的高龄老人养老补贴制度。

医疗保障方面。完善全民基本医疗保险体系，采取多种举措实现基本医疗保险全覆盖。做好福利院、养老院等托养机构的医疗服务工作，尽可能让托养机构的老年人享受基本医疗保险各项服务。

社会救助方面。继续完善城乡最低生活保障制度。继续实施分类施保，改进低保救助的方式方法。加强对贫困老年人的生活救助，研究探索支出型贫困的救助办法。制定和完善低收入家庭中生活不能自理的老年人和残疾老年人入住养老服务机构的补贴政策，探索研究老年人居家养老的补贴政策和建立家庭成员为主照顾老年父母的奖励扶助制度。进一步建立和完善城乡一体化的医疗救助制度，做好与相关社会保障制度的衔接，保证困难老年人的基本医疗卫生服务。充分发挥市老年基金会、市慈善总会、市红十字会等社会团体在救助困难老年人方面的积极作用。

（二）健全社会养老服务体系

着力推进居家养老服务工作。到"十二五"期末，实现居家养老服务工作全覆盖。市、区、街（镇）要将居家养老服务工作经费列入财政预算，社区居家养老服务中心建设纳入小区建设规划。充分发挥社区在养老服务体系中的主体作用，城镇社区普遍建有社区居家养老服务中心，农村有条件的村建有集老年人文化体育活动和日间生活照料于一体的支持家庭养老的服务站（点），2012年在城市社区基本建立居家养老服务工作网络。坚持政策引导、政府扶持、社会兴办、市场推动的原则，重视以助餐、助洁、助急、助浴、助行、助医等"六助"为主要内容的社区居家养老服务对居家养老的补充作用，组织开展对纯老年人家庭的结对关爱活动，扩大结对关爱覆盖面。建立和完善各项工作体制机制。建立"政府主导、社会参与、中介组织运作"的工作机制；建立居家养老资金投入保障机制；建立并实行"区分对象、分类施补"的政府补贴制度；建立并实施科学的服务质量监督评估体系。培育发展居家养老服务中介组织，引导和支持社会力量开展居家养老服务。着力打造专职服务人员与志愿者相结合的专业化为老服务队伍。积极开展社会工作专业人才队伍和为老服务队伍的培训工作，建立和实施专业社会工作者资格认证和为老服务从业人员资格认证制度，到“十二五”期末，专业养老护理服务队伍的培训和持证上岗率力争达到85%以上。

加快为老社会服务信息系统建设。争取实现养老服务需求与养老服务资源供给之间快速、及时、准确地对接。鼓励有条件的区建立老年人基本状况、求助热线和为老服务网络试点，逐步形成市、区、街（镇）三级联网的基本养老服务信息系统，为老年人提供便捷实用的养老社会化服务。继续支持办好“温馨夕阳”服务热线，为老年人提供医疗、法律、心理等方面的咨询服务。

加快老年人居环境体系的建设。积极参与开展“老年友好型城市”创建活动，力争使我市成为“老年友好型城市”。同时，鼓励有条件的区组织指导社区积极参与“老年宜居社区”、“老年温馨家庭”的创建活动，营造适合老年人居家养老的人居环境。此外，全市建设1—2座反映尊老敬老主题的城市雕塑。

支持和发展老龄产业，不断满足老年人的特殊需求。认真研究制定老龄产业发展的宏观规划，将其纳入国民经济和社会发展的总体规划中；积极研究制定扶持老龄产业发展的政策措施，引导和鼓励社会力量投资老龄产业；培育老年消费市场；开展适合老年人需求的各种服务项目。

（三）加快老年基础设施建设

“十二五”期间，全市拟新增福利养老床位5020张，其中公办1620张、民办3400张，使老年人床位拥有率达到35‰以上，基本满足老年人的机构养老需求。继续做好全国爱心护理工程厦门市爱心护理院的试点和推广工作。

加强老年文体活动设施建设。启动市老年活动中心二期项目建设；加快完善各区文化馆、街（镇）、社区（村）文化室和老年文化活动中心建设；各街（镇）建有一处老年活动中心（室）和室外健身活动场地；逐步建设和完善社区（村）老年活动场所，活动中心（室）和室外健身活动场地的建设要纳入社区（村）办公用房建设规划。

深入推进城市无障碍环境建设，在公共场所为老年人创造无障碍条件。新建城市道路和养老场所无障碍率达到100%，已建居住区、城市道路、公共建筑和养老场所的无障碍率达到70%。继续扶持和推进城区老旧住房加装电梯工作，简化审批手续，出台财政补贴政策细则，方便老年人出行。

（四）丰富老年人精神文化生活

着力提高老年文化活动水平，争取在“十二五”期间，我市老年文体活动的普及和提高继续走在全省乃至全国的前列。大力开展适合老年人特点的社区文体活动，对各类专业性老年群众文体组织给予支持和引导，有计划地组织老年文艺汇演、书画展览等活动。推广广场舞、秧歌、腰鼓等形式多样的老年文化活动，丰富老年人精神文化生活。加强对市老年艺术协会及各老年文艺团体的建设与指导，定期举办老年文化活动。继续举办好每三年一届的第四届、第五届厦门市老年文化艺术节。

为老年人参与体育健身创造条件。市、区要普遍设立老年体育指导站（点），加强对老年人体育健身活动的科学指导；街道（镇）、社区（村）要因地制宜地开辟老年人健身场所；逐步建立老年人体质监测站，开展老年人体质监测指导工作。每年组织举办好“万名老年人新春健步行”、“重阳节万名老年人登山”等大型活动。

加快发展老年教育。深入贯彻《国家中长期教育改革和发展规划纲要（2010－2020）》中提出的“重视老年教育”精神，加快发展老年教育。把老年教育纳入终身教育体系，统一规划，加强管理。市、区老年大学要不断创新办学理念和办学模式，发挥示范引领作用，帮助指导基层老年学校办学，扩大对外对台交流；街道（镇）要建有一所规范的老年学校，要有相对固定的办学场所、稳定的办学经费和领导班子、工作人员和师资队伍；社区（村）要逐步建立老年学校，争取“十二五”期末建校率达60%。充分利用社区（村）党员电化教育网和多媒体平台，大力发展远程老年教育，解决社区（村）老年学校缺师资、缺教材的困难，让老年人享受远程网络的教育。积极开展老年人思想政治教育和科技知识普及教育，在老年人中倡导科学、文明、健康的生活方式。要不断扩大老年教育覆盖面，努力提高教学水平。到“十二五”期末，争取全社会老年人入学率达到20%以上。

加强老年文化建设。广播电台、电视台要办好老年文化专题节目和老年栏目；文学、影视、戏剧界要积极创作老年人喜闻乐见的优秀作品；新闻出版部门要重视出版面向老年人的图书、音像、电子出版物。继续办好《鹭江银潮》、厦门老龄简报等刊物。《鹭江银潮》作为全省唯一的老年期刊，为我市老干部和广大老年人提供了丰富的精神食粮，具有较强的影响力，要进一步提高办刊质量，扩大发行量，充分发挥其作用。做好老年节期间的集中宣传报道工作，每年老年节在《厦门日报》、厦门人民广播电台、厦门电视台继续刊播市委市政府致全市离退休老同志和老年朋友的慰问信，继续通过开展"厦门市十佳敬老模范家庭"等表彰活动，营造敬老养老助老的良好社会氛围。

（五）保障老年人合法权益

深入学习宣传、贯彻执行老年法律法规，切实增强全社会依法维护老年人合法权益的法制观念。做好《厦门市实施〈中华人民共和国老年人权益保障法〉若干规定》的修订前期准备工作，并对老年法律法规进行执法检查。把《中华人民共和国老年人权益保障法》列入"六五"普法规划，在干部、职工和在校学生中开展普法教育和敬老道德教育，形成法制教育和道德教育相结合的机制。

各级司法部门对侵害老年人合法权益的案件要做到及时受理、及时立案、及时审理、及时执行，比较突出的涉老案件要及时回访。各级公安部门特别是基层派出所对侵害老年人合法权益的不法行为，要及时采取措施予以制止，妥善处理，构成犯罪的要依法惩处。典型案例必要时可公布于众，扩大教育面。

进一步健全市、区、街（镇）老年法律援助服务机构，建立健全社区、村老年维权岗，完善老年人法律援助服务网络，为老年人提供及时、便捷、高效的法律服务，为符合条件的老年人提供法律援助。切实做好对老年人优待服务工作。继续为符合条件的老年人，免费办理《福建省老年人优待证》、《厦门市退休职工公园风景点门票优惠证》。随着我市经济和社会发展，逐步扩大对老年人优待服务的范围，争取省外、港澳台地区长期在厦门生活的老年人同样享受居民敬老优惠待遇。

（六）支持老年人服务社会

发挥老年人的优势和特长，鼓励和支持老年人继续参与经济社会发展，从事关心教育下一代，传授科学文化知识，开展咨询服务，参与社会公益事业和社区建设等"银龄行动"，营造"老有所为"的社会环境。广泛开展老年志愿服务活动，鼓励低龄老人服务高龄老人。到"十二五"期末，争取使老年志愿者数量达到老年人口的10%。支持发展老年人才市场，建立老年人才资源信息库。积极搭建老年人才服务平台，拓宽老年人参与社会的渠道。

（七）加强老年人社会管理

完善企业退休人员社会化管理。进一步健全市、区、街（镇）、社区（村）四级退休管理体制，确保退休人员活动经费及时足额下拨社区。加强社会化管理人员的培训，提高人员素质，规范社会化管理服务工作；重视离退休人员的精神文化生活，多层次开展离退休人员的文化活动；做好特困重病离退休人员的慰问工作，使重病和生活困难的老人得到及时的关心和救助。到"十二五"期末，保持99%以上的企业退休人员移交社会化管理。

积极培育和发展老年群众组织，有效整合社会资源，探索老年人社会化管理的新形式。充分发挥市老年基金会、老年学学会、老年体育协会、老年艺术协会、老年书画研究会、市"温馨夕阳"咨询服务中心等老年群众组织联系老年人的桥梁和纽带作用，使其成为凝聚老年人、推动老龄事业、构建和谐社会的一支重要力量。加强对基层老年协会的指导和规范化建设，争取95%以上的社区（村）成立老年协会。

四、保障措施

（一）切实加强老龄工作领导

老龄事业要纳入经济社会发展规划，实现与经济社会的协调发展。各级党委、政府要把老龄工作列入重要议事日程，列入年度工作目标考核内容，及时研究和解决老龄工作中遇到的新情况、新问题。健全完善老龄工作制度，各级老龄委成员单位要切实履行职责，把老龄工作纳入本部门的工作规划，认真落实。努力形成"党委政府领导、老龄委组织协调、有关职能部门齐抓共管、全社会共同参与"的老龄工作格局。积极探索、创新老龄工作体制机制，不断适应老龄事业发展需要。

（二）切实加强老龄机构建设

各级老龄委办公室是各级老龄委的日常办事机构，要按照"工作规范、运转协调、办事高效"的要求，切实加强自身建设，充分发挥"综合协调、督促检查、参谋助手"的作用。各级要进一步明确老龄办的机构性质、规格，落实编制人员，保障工作经费，提供良好的工作条件。各区应配备2～4名专职老龄工作干部，街（镇）至少配备1名专职老龄工作干部。加强基层老年人协会建设与管理，切实发挥老年人协会在基层老龄工作中的积极作用。加强老龄工作干部培训，提高老龄工作干部综合素质，不断适应新形势下老龄工作的新要求。

（三）切实加强老龄事业投入

按照公共财政框架建设发展要求，形成对老龄事业发展的投入保障机制和资金增长机制。各级政府要将老龄事业发展经费纳入年度财政预算，确保老龄事业发展经费与年度地方财政收入同步增长。逐步建立按户籍老年人口提取老龄事业发展专项经费的制度，满足居家养老服务、活动设施建设等的需要。市、区在发行福利彩票、体育彩票收益中要适当安排资金，专项用于对老龄事业。鼓励和倡导企事业单位及社会有关方面和个人支持老龄事业。

（四）切实加强老龄宣传工作

宣传人口老龄化的严峻形势及加强老龄工作、发展老龄事业的重要意义，宣传维护老年人合法权益的法律法规，宣传尊老敬老的先进典型。充分利用“老年节”等重大节日，发挥新闻媒体、网络的作用，坚持正确舆论导向，大力弘扬敬老养老助老传统美德，进一步增强全社会的敬老意识，努力营造重视、关心、支持老龄事业发展的良好氛围。

（五）切实加强老龄工作调研

加强老龄事业发展综合统计和信息采集、整理、反馈及交流工作。切实加强老龄问题的对策研究和积极应对人口老龄化的前瞻性研究。加强老龄工作的合作和交流，学习借鉴国、内外老龄工作先进经验，不断提高老龄工作水平。

（六）切实加强督查评估工作

各区、各部门要根据本规划的要求，结合实际，制定实施方案，抓好落实。市老龄工作委员会办公室会同有关部门对规划的实施情况，进行分类指导、督促检查。2015 年进行全面评估。

第四部分

全国老龄工作

中央组织部 2011 年老干部工作主要情况

2011 年，中央组织部坚持以邓小平理论和“三个代表”重要思想为指导，深入贯彻落实科学发展观，全面贯彻落实党的十七大和十七届三中、四中、五中、六中全会精神，坚持围绕中心、服务大局，以纪念建党 90 周年为契机，以组织开展创先争优活动、落实离退休干部政治和生活待遇、加强和改进离退休干部服务管理工作为重点，锐意进取、扎实工作，推动老干部工作取得了显著成绩。

深入推进离退休干部创先争优活动。认真落实胡锦涛总书记等中央领导同志重要批示精神，深入开展向杨善洲同志学习活动，引导离退休干部学习先进、崇尚先进、争当先进。把握老同志特点，创新活动载体，注重实际成效，采取多种形式扎实推进离退休干部创先争优活动。积极推广长沙市开展“发挥五老优势，进行四项教育”主题活动等好的做法和经验，引导广大离退休干部充分发挥自己的独特优势，在推动科学发展、促进社会和谐、加强社会管理、关心教育下一代等方面发挥作用。

精心组织纪念建党 90 周年活动。紧紧抓住纪念建党 90 周年有利契机，广泛开展一系列富有声势的活动，激发老同志的政治热情，营造尊重、学习、关心、爱护离退休干部的社会氛围。“七一”前夕，向全国老干部、老党员发出《慰问信》，褒扬老同志为革命、建设和改革开放作出的历史功绩，勉励老同志继续为党和人民事业作出力所能及的新贡献，在广大老同志中和社会上引起热烈反响。指导各地各部门普遍开展走访慰问老党员、老干部活动，让老同志充分感受党和政府的关怀和温暖。会同解放军总政治部、北京市委举办了首都老干部“颂歌献给党”歌咏大会，开展了有 10 万多名老同志参加的“与党同呼吸、共命运、心连心”主题征文活动，各地各部门也组织离退休干部开展了丰富多彩的纪念活动。

进一步加强对离退休干部的形势政策教育和思想引导。年初，召开在京老同志迎春茶话会，习近平同志出席并发表重要讲话，李源潮同志主持。先后举办 5 场中央和国家机关老同志专题报告会，司局级以上老同志共有 8500 多人参加。编发《离退休干部党支部学习参考》，重点宣传中央大政方针、通报组织工作和老干部工作情况，解读老同志关心的热点问题。加强对全国老干部工作部门主管主办刊报和网络建设的指导，精心打造面向老同志的舆论阵地，围绕党和国家工作大局，围绕组织工作、老干部工作重要部署，做好宣传引导工作。

着力推动提高老同志对组织工作的满意度。对连续 3 年离退休人员对组织工作的满意度情况进行对比分析，同时对各地各部门老干部工作情况进行分析，研究相关对策。4 月份，在重庆市、河南省和广西自治区连续召开 3 个片会，组织 31 个省区市党委老干部局主要负责同志通过集体调研、集中研讨等方式，统一思想认识，研究提高老同志满意度的对策和措施。5 月份，在调研 20 多家中央单位的基础上，筹备召开提高中央单位离退休干部对组织工作满意度座谈会。开展专项督查，推动各地做好向老同志通报组织工作情况，形成制度化、规范化。

集中力量抓好新出台提高离休干部生活和医疗待遇政策的落实。会同财政部、人力资源和社会保障部专门出台有关政策，提高部分离休干部医疗待遇和医疗费报销标准，提高离休干部生活补贴标准和扩大发放范围，其中提高生活补贴惠及所有离休干部。与此同时，各地各部门继续抓好近年出台的各项政策的落实，积极利用社区资源服务离退休干部，加大老干部活动学习阵地建设力度，进一步改进易地安置离休干部服务管理，健全企业离休干部医药费保障机制，扎实做好困难离退休干部帮扶工作，解决了一批事关老同志切身利益的实际问题。

大力表彰全国老干部工作先进集体和先进个人。组织各地各部门认真开展“双先”推荐评选工作，有力推进了各级老干部工作部门“讲党性、重品行、作表率”和创先争优活动。9 月 15 日，中组部、人力资源和社会保障部召开全国老干部工作“双先”表彰大会，习近平、李源潮、张德江同志出席会议并亲切接见与会代表，习近平同志发表重要讲话，105 个老干部工作先进集体、20 名优秀老干部工作者和 285 名先进老干部工作者受到表彰。会后，认真抓好传达、学习和贯彻工作，老干部工作呈现出良好发展态势。进一步加强干部教育培训工作，对市一级老干部局长进行了一次普遍轮训，促进了干部队伍素质的提高。

中央国家机关工委 2011 老龄工作

顾秀莲为离退休干部作报告

老年大学表彰大会

综　述

2011 年，中央国家机关工委老龄工作办公室以邓小平理论和“三个代表”重要思想为指导，深入贯彻落实科学发展观，以纪念建党 90 周年为契机，把创先争优活动与本职工作紧密结合，努力推动老龄工作和老干部工作创新发展，各项工作取得了新的进展。

一、加强学习交流，进一步增强为老服务的使命感和责任感

认真贯彻党的十七届四中、五中、六中全会精神，学习领会中央领导在老同志迎春茶话会上的讲话和第三次全国老龄工作会议精神，举办《人口老龄化挑战的战略应对》专题讲座，广泛开展学习杨善洲活动，大力宣传老干部群体中的先进典型，积极推广各部门为老服务的好做法好经验，为推动科学发展、促进社会和谐做出积极贡献。

二、举办多种形式的文体活动，为纪念建党 90 周年营造良好氛围

中央国家机关老干部合唱团积极参加“党旗飘扬——中央国家机关庆祝建党 90 周年文艺演出”、全国老龄委主办的“红叶风采”文艺晚会和“阳光下的幸福晚年——中央电视台大型公益晚会”，大力唱响共产党好、社会主义好、改革开放好、伟大祖国好、各族人民好的主旋律。举办京剧欣赏、书画展览、象棋比赛、网球比赛、钓鱼比赛等活动。老同志们以多种方式表达对党的热爱之情。

三、不断提高教学质量和管理水平，推动老年大学进一步发展

与中科院离退休干部局合作编辑出版《中国老年教育探索与实践》，努力推动老年教育的理论研究。对老年大学课程设置进行规划，升级了书法、国画等课程，年内开设 7 个专业 10 个班次，共有 900 余人次参加学习。继续与相关部门合作办学，实现资源共享、优势互补。老年大学举行了庆祝建党 90 周年主题活动，展示了老年大学教学成果和老同志们老有所教、老有所学、老有所乐的精神风貌。

四、发挥工委老龄办的平台作用，努力提高为老服务工作水平

通过定期召开座谈会、经验交流会等，向有关部委的老干部工作部门通报工作情况，认真听取意见和建议。利用《老年工作园地》和紫光阁网络平台，加强信息交流，积极为各部门开展工作提供指导和帮助。按照全国人大内务司法委员会要求，组织各部门和老同志讨论《老年人权益保障法（修订草案）》，高标准完成了修改意见的征集工作。举行了中央国家机关单身离退休干部联谊会，为老同志安度幸福晚年创造良好条件。康铭大厦坚持服务于中央国家机关老干部，各项经营管理工作形成良性循环，取得了良好的社会效益和经济效益。

重要会议和活动

【中央国家机关老干部合唱团成立仪式暨汇报演

出】2011年1月19日，中央国家机关老干部合唱团举办成立仪式暨汇报演出。中央国家机关工委常务副书记杨衍银、副书记邵旭军，最高人民法院党组成员、政治部主任周泽民，全国老龄办副主任肖才伟，中国音协合唱联盟副主席兼秘书长周国安，中央国家机关工委老龄办常务副主任王平、副主任魏黎耕出席。成立仪式上，杨衍银书记为合唱团揭牌并发表了热情洋溢的讲话，祝福老同志们歌儿越唱情越浓，越唱越响亮，越唱越快乐，越唱越年轻，唱响中国共产党好、改革开放好、伟大祖国好、各族人民好的主旋律，成为中央国家机关一道亮丽的风景线。来自中央国家机关各离退休干部部门有关领导以及中央国家机关各部门离退休干部代表、老干部工作者共800多人一起观看了演出。

【顾秀莲同志为中央国家机关离退休干部作报告】3月14日，第十届全国人大常委会副委员长、中国关心下一代工作委员会主任顾秀莲同志应邀为中央国家机关离退休干部作了题为“发挥老干部优势，关心青少年成长”的报告。来自中央国家机关各部门的离退休干部、离退休干部工作者300多人聆听了报告。中央国家机关工委常务副书记杨衍银同志出席报告会，报告会由中央国家机关工委副书记邵旭军同志主持。顾秀莲在报告中对全国关工委的发展历程和主要特点、主要工作和基本经验、今后工作的展望和重点进行了介绍。她强调，加强青少年思想道德建设，做好关心下一代工作，是关系中华民族伟大复兴的战略工程，是关系中国特色社会主义事业兴旺发达的希望工程，是关系千家万户切身利益的民心工程，是社会主义精神文明建设和构建和谐社会的基础工程。新的时代为关心下一代工作提供了难得的机遇，要充分发挥广大“五老”的积极性、创造性，发扬“忠诚敬业，关爱后代，创新务实，无私奉献”的“五老”精神，齐心协力、共同奋斗，为培养中国特色社会主义的合格建设者和可靠接班人做出新的贡献。

【中央国家机关单身离退休干部职工联谊会】3月29日，由中央国家机关工委老龄办、公安部离退休干部局主办、中央国家机关央务鹊桥服务中心承办的“相约在春天”——中央国家机关单身离退休干部职工联谊会在康铭大厦举行。来自中央国家机关及其直属机构共计43个部门的150多名单身离退休干部职工应邀参加了联谊活动。联谊活动在公安部离退休干部表演的《姑娘我爱你》中拉开序幕，老同志通过台上自我展示、才艺表演与台下交流等形式，寻找情投意合的伴侣和志趣相投的朋友。为了鼓励老同志走出勇敢的一步，主办方还专门邀请了心理专家就老年人交友进行鼓励和引导，对交友过程中需要注意的问题进行提醒，工作人员热情地进行牵线搭桥，现场氛围轻松融洽，老同志交流友善和谐，活动结束后，还有不少相互有意的老同志留在现场继续交谈。

【纪念辛亥革命100周年京剧欣赏活动】为了纪念辛亥革命100周年，中央国家机关工委老龄办于4月29日晚在长安大戏院举办了“纪念辛亥百年，欣赏京剧大戏”——《曙色紫禁城》京剧专场欣赏活动。中央国家机关工委副书记俞贵麟，工委原常务副书记刘正威、张德邻，工委原副书记周敬东等观看了演出。来自国务院办公厅、国务院机关事务管理局、国务院法制办、国家信访局、国务院参事室以及中央国家机关工委的500多位离退休干部观看了演出。一名老同志在演出结束后满意地说：“这个戏最大的特点是很有人情味，剧中有意识地刻划了每个人物的心理世界，唱念做打非常丰富，重点唱段简洁文雅，合辙押韵，特别好听。”

【国务院机关老干部活动中心老年大学庆祝建党90周年主题活动】6月14日，中央国家机关工委老龄办、国务院机关老干部活动中心在康铭大厦举办了国务院机关老干部活动中心老年大学庆祝建党90周年主题活动。中央国家机关工委副书记邵旭军与来自国务院办公厅、国务院机关事务管理局、国务院法制办、国务院研究室、国家信访局、中央国家机关工委、国务院参事室、国资委机械等单位的离退休干部工作部门负责同志以及老年大学学员共200多人参加了主题活动。主题活动文艺演出在一曲《让我们舞起来》中拉开序幕，由老年大学学员创作、演出的三句半《庆祝建党九十年》充满感情地歌颂了90年来党带领各族人民取得的辉煌成就和丰功伟绩。学员们和部分专业演员还表演了民族舞《唱支山歌给党听》、京剧《贵妃醉酒》选段、太极功夫扇、歌曲《美丽的心情》以及歌舞情景剧《十送红军》等大家喜闻乐见、脍炙人口的主旋律节目。活动现场还展示了老年大学国画班学员们历时近三个月，集体创作的大型国画作品《日出东方万里红》和《歌颂盛世》。

【中央国家机关离退休干部第六届“怡寿杯”中国象棋赛】9月27日—29日，中央国家机关离退休干部第六届“怡寿杯”中国象棋赛在康铭大厦举行。来自中央国家机关42个代表队的126名离退休干部参加了比赛。经过3天共11轮紧张激烈的角逐，中国科学院代表队蝉联团体冠军，人力资源和社会保障部代表队荣膺第二，国家国防科技工业局代表队获得季军；来自国家国防科技工业局的高吉先同志获得个人冠军，人力资源和社会保障部焦凯平获得亚军，国家安全生产监督管理总局金兆民获得季军。中央国家机关工委副书记邵旭军出席闭幕仪式并为获奖代表队和获奖个人颁奖。

【人口老龄化挑战的战略应对专题讲座】10月18日，中央国家机关工委老龄办邀请北京大学人口研究所教授、博士生导师穆光宗做了题为“人口老龄化挑战的战略应对”专题讲座，来自中央国家机关20多个部门的80余位老干部工作者聆听了报告。穆光宗在对中国人口老龄化发展现状进行深入分析后认为，中国人口老龄化具有未富先老、未备先老等特点，给我国经济、社会、生产等多方面带来了挑战。为应对人口老龄化挑战，需要作出基础性考虑、全局性设计和长远性安排，建立具有中国特色的人口老龄化应对战略。一是积极应对，化弊为利；二是提前应对，有备而老；三是科学应对，对症下药；四是全面应对，统筹治理。

【国务院机关老干部活动中心老年大学表彰大会】12月9日上午，中央国家机关工委老龄办组织召开了国务院机关老干部活动中心老年大学2011年表彰大会，中央国家机关工委副书记邵旭军出席会议，国务院办公厅、国务院机关事务管理局、国务院法制办、国务院研究室、国家信访局、中央国家机关工委、国务院参事室、国资委机械局等单位的离退休干部局（办、处）负责同志以及老年大学教师、学员共200余人参加表彰大会。大会表彰了4名优秀教师、4名优秀班长和20名优秀学员。

【中央国家机关离退休干部工作者联谊活动】12月13日，中央国家机关离退休干部工作者联谊活动在康铭大厦举行，来自中央国家机关43个部门的86名离退休干部工作者参加了活动。中央国家机关工委副书记邵旭军同志出席活动闭幕式并为获奖选手颁奖，并向中央国家机关离退休干部工作者致以亲切问候和新年祝福。联谊活动主要内容为扑克牌升级友谊赛，经过一天紧张激烈的角逐，国家粮食局代表队以不败战绩问鼎，中国人民银行代表队排名第二，中国进出口银行代表队位列第三。

【中央国家机关老干部合唱团迎新年联谊会】12月27日，中央国家机关老干部合唱团迎新年联谊会在康铭大厦举行，合唱团全体团员和老师自编自演、载歌载舞，共迎新年。中央国家机关工委副书记邵旭军同志出席并讲话。邵旭军指出，中央国家机关老干部合唱团围绕中心、服务大局，深情歌颂我们党90年的丰功伟绩，大力唱响共产党好、改革开放好、伟大祖国好、各族人民好的主旋律，展现了中央国家机关老干部的精神风采，为营造和谐稳定的良好氛围作出了努力。大家表演的合唱、独唱、诗朗诵、舞蹈等节目非常精彩，展现了合唱团员较高的演唱水平、良好的精神风貌和多才多艺的文化素养，希望合唱团在不断提高演唱水平、搞好自我管理的同时，在中央国家机关起到示范作用，带动各部委合唱团共同发展，推动中央国家机关离退休干部文化活动进一步蓬勃开展，为社会主义文化大发展大繁荣多做贡献。

公安部2011年老龄工作规划落实情况综述

2011年，公安部按照全国老龄委的要求，认真履行职责，充分发挥职能作用，加强对全国公安机关老龄工作的规划指导，打击侵犯老年人权益的违法犯罪活动、维护老年人合法权益、为老年人提供优质便利服务等涉老工作取得了新的成效。

深入开展法制宣传，细化法律服务措施

各地公安机关针对我国已提前进入老龄社会的基本国情，在积极组织民警认真学习研究《中华人民共和国老年人权益保障法》等涉老法律法规的基础上，充分发挥职能作用，继续通过各种媒体和宣传渠道，大力宣传相关法律法规，增强全社会尊老、敬老、助老意识。针对老年人的身体和心理特征，采取发放宣传品、制作宣传栏、设摊咨询、召开警情通报会等方式，将社会上违法犯罪活动新动向、新手法告知老年人，努力提高老年人的自我防范意识。

强化尊老敬老意识，热情为老年人提供服务

各级公安机关治安管理、户政审批、出入境管理等部门广泛开展尊老敬老活动，积极为老年人的户籍审批、办理身份证、出入境通关提供更优质、高效、便捷的服务。普遍在制证中心、外事窗口设立了老年人绿色通道，优先为老年人服务。各口岸边防检查现场普遍设置了“特别通道”，缩短老年人候检时间。

各地公安机关对行动不便的老人办理身份证等事项，还提供了上门服务措施。

立足公安机关职能，开展对老年弱势群体的帮扶解困工作

全国公安机关结合实施社区和农村警务战略，不断改革和加强城乡社区警务工作。广大派出所民警深入辖区，主动上门为老年人提供服务，并不断拓宽服务范围，在生活上关心、帮助老年人；对孤寡老人、“五保户”等生活困难的老人，主动帮助其解决生活困难。对涉及老年人的家庭、邻里纠纷进行调解，帮助老年人建立和谐的家庭、邻里关系，并通过入户调查主动发现包括侵害老年人在内的各种违法犯罪活动的线索，针对不同情况，进行警告震慑直至追究法律责任，取得了很好的效果。有的地方还深入开展送安全、送温暖、送亲情以及协调解困等关爱措施，帮助改善农村老年人生活质量。

依法打击针对老年人的犯罪活动，全力确保老年人生命财产安全

各地公安机关坚持“命案必破”方向不动摇，坚持快侦快破原则，侦破命案工作取得了显著成绩，有效保证了老年人生命安全。2011年，公安部部署全国公安机关精心组织开展了打击电信诈骗犯罪专项行动。专项行动期间，公安机关对电信诈骗案件特别是针对老年人实施的电信诈骗案件，实行专案专办，加大破案攻坚力度，并依托“跨区域办案协作平台”，加强案件核查串并，及时破获了一大批案件。使人民群众深恶痛绝的电信诈骗犯罪明显减少。同时，由于当前针对老年人的诈骗、抢夺、盗窃等侵财犯罪活动较为突出，一些地方公安机关因地制宜地组织开展了区域性专项打击行动，查破了一批案件，抓获了一批违法犯罪分子，有力地打击了此类违法犯罪，保护了老年人的人身、财产权利。

人力资源和社会保障部 2011年度老龄工作进展情况

2011年，各级人力资源社会保障部门按照深入学习实践科学发展观的要求，认真贯彻党中央、国务院的各项决策部署，不断完善养老、医疗等各项社会保险制度，稳步提高待遇水平，积极拓宽服务体系，切实维护老年人权益，老龄工作取得了积极进展。

一、城镇职工基本养老保险工作

（一）继续确保企业离退休人员基本养老金按时足额发放。各级人力资源和社会保障部门继续以非公有制企业、个体工商户、灵活就业人员和农民工参保为重点，加强扩面征缴，养老保险覆盖人数不断增加，基金规模不断扩大。截至2011年底，全国基本养老保险参保人数为28391万人，较2010年增加2684万人，同比增长10.4%。其中，参保职工21565万人，参保离退休人员6826万人，分别比2010年底增加2163万人和502万人，同比增长11.1%和8.3%。基金总收入16894.7亿元，比2010年增加3475.2亿元，增长25.9%；基金总支出12765亿元，比2010年增加2210亿元，增长20.9%；基金累计结余19496.6亿元。同时，各级政府加大财政补助力度，进一步增强了养老保险基金支撑能力，其中中央财政对地方养老保险补助资金1847亿元，比2010年增加287亿元。自2004年以来已连续8年实现企业离退休人员基本养老金按时足额发放。

（二）平稳实施养老保险关系转移接续办法。按照《国务院办公厅关于转发人力资源社会保障部财政部城镇企业职工基本养老保险关系转移接续暂行办法的通知》（国办发〔2009〕66号）要求，各省区市和新疆生产建设兵团均结合地方实际出台了具体实施办法，并将养老保险关系转移接续工作与完善省级统筹、推进金保工程建设、加强精确管理结合起来，运转态势总体平稳。2011年，全国共办理基本养老保险关系跨省转续79.4万人次，跨省转移资金总量累计104.9亿元。另外，人力资源社会保障部、财政部、解放军总政治部、解放军总后勤部联合下发《关于未就业随军配偶基本养老保险关系转移接续问题的通知》（后联〔2011〕3号），解决了未就业随军配偶基本养老保险关系转移接续问题。

（三）基本解决未参保集体企业退休人员养老保障遗留问题。按照《关于解决未参保集体企业退休人员基本养老保障等遗留问题的意见》（人社部发〔2010〕107号），各级人力资源社会保障部门会同有关部门认真进行调查摸底和测算，周密细致组织实施。截至2011年底，全国共有530多万未参保集体企业退休人员纳入企业职工基本养老保险，按月领取基本养老金。

（四）进一步提高企业退休人员基本养老金水平。按照国务院统一部署，自2011年1月1日起，继续调整企业退休人员基本养老金水平。调整水平按2010年企业退休人员月人均基本养老金的10%左右确定，并对具有高级职称的企业退休科技人员、基本养老金相对偏低的人员等进行适当倾斜。全国共5800万人参加调整，调整后的月平均基本养老金由2010年的1362元增加到1500多元。

二、基本医疗保险工作

（一）继续扩大基本医疗保险覆盖面。妥善解决关闭破产企业退休人员和困难企业职工医疗保障问题。按照财政部、人力资源社会保障部共同确定的关于解决关闭破产国有企业退休人员等医疗保障问题中央财政奖励补助资金分配方案，2011年10月份下拨奖补资金76亿元。据统计，截至2011年底，全国共将596万关闭破产国有企业退休人员纳入职工医保，同时统筹解决了200多万其他关闭破产企业退休人员和困难企业职工的基本医疗保险问题。截至2011年底，全国城镇基本医疗保险参保人数达到47343万人，其中参加职工基本医疗保险25227万人（退休职工6279万人），参加城镇居民基本医疗保险22116万人。新型农村合作医疗参保人数8.32亿人。全国基本医疗保险参保人数超过13亿人，包括老年人在内的95%以上的城乡居民享有基本医疗保障。

（二）稳步提高医疗保险待遇水平。一是将各级政府对城镇居民医保和新农合补助标准提高到每人每年不低于200元。二是进一步提高住院医疗费用基金支付比例。截至2011年底，职工医保政策范围内住院费用支付比例达到75%，城镇居民医保二级以下医疗机构政策范围内住院费用支付比例达到70%，最高支付限额分别达到当地职工年平均工资和当地居民年可支配收入的6倍，且不低于5万元。三是普遍开展门诊统筹。2011年5月人力资源社会保障部印发了《关于普遍开展城镇居民基本医疗保险门诊统筹有关问题的意见》（人社部发〔2011〕59号），要求各地普遍建立居民医保门诊统筹，重点解决参保人员个人负担较重的门诊多发病、慢性病。截至2011年底，90%以上的地区实现了居民医保门诊统筹。

（三）进一步提高医疗保险服务水平。一是大力推进医疗费用直接结算。截至2011年底，经我部批准发放社会保障卡的市（地）级以上城市达到230个，社会保障卡持卡人数达到1.99亿。所有统筹地区基本实现医保就医直接结算，方便了群众就医，解决了医疗费用报销“跑腿”和“垫支”问题。二是以异地安置的退休人员为重点改进异地就医结算服务。27个省启动了省内异地就医直接结算，25个省、市级经办机构开展跨省直接结算探索。

三、城乡居民社会养老保险工作

2011年6月，国务院印发《关于开展城镇居民社会养老保险试点的指导意见》（国发〔2011〕18号），启动城镇居民社会养老保险（简称城居保）试点，与新型农村社会养老保险（简称新农保）试点同步推进。截至2011年底，国家新农保和城居保试点县参保3.3亿人，其中9185万人领取待遇，覆盖面超过60%。还有339个县自行开展新农保试点，155个县自行开展城居保试点。国家与地方自行试点参保人数合计3.64亿人，1.03亿人领取待遇。15个省、自治区、直辖市实现了制度全覆盖，10个省份统一实施了城乡居民社会养老保险制度。试点部署向民族地区、贫困地区、边境地区、革命老区倾斜，以上地区总体覆盖面达到85%以上。

四、社会化管理服务工作

截至2011年底，全国纳入社区管理的企业退休人员达到4725万人，占全部企业退休人员的77.3%。目前，全国已有街道、社区劳动保障工作机构6.6万多个，占全部街道、社区的88.7%；已建劳动保障工作机构的乡镇超过2万个，占全部乡镇的86.5%。街道社区从事社会化管理服务的工作人员达到12.5万人，平均每个街道社区1.9人；乡镇从事社会化管理服务的工作人员将近4万人，平均每个乡镇1.7人。已经形成一支16万多人的专兼职工作队伍。

司法部2011年老龄工作情况综述

2011年，司法部认真贯彻落实国民经济和社会发展“十二五”规划纲要关于老龄工作的决策部署和全国老龄工作委员会第十三次全体会议精神，充分发挥法律服务、法律援助和法制宣传职能作用，努力为推动老龄事业发展服务。

一、下发指导意见，部署“十二五”时期司法行

政服务老龄工作

认真贯彻落实全国老龄工作委员会第十三次会议精神，下发了《关于进一步做好司法行政服务老龄事业的指导意见》，对“十二五”时期司法行政服务老龄事业作出部署。《指导意见》要求各级司法行政机关充分认识“十二五”时期我国老龄工作的长期性、复杂性、重要性，进一步发挥法律服务、法律援助和法制宣传在服务老龄工作中的职能作用，努力提高服务工作的针对性，突出工作重点，提高服务工作能力水平，并对开展老年人专项法律服务、加强法律援助便民服务、推动基层和中西部老年人法律服务工作、创新老年人法制宣传方式等工作提出具体要求。

二、充分发挥法律服务工作职能作用，加大老年人法律服务工作力度

以“发扬传统、坚定信念、执法为民”主题活动为载体，继续引导和推动律师、公证、基层法律服务机构及人员参与涉及老年人合法权益的诉讼、调解、仲裁和法律咨询等法律服务活动。各地结合实际，有针对性地开展适应老年人群特点、满足老年人特殊需求的专项法律服务活动，努力提高老年人法律服务的实效性。围绕老年人最关心、最直接、最现实的利益问题，积极在老年人医疗、保险、救助、赡养、住房等领域开展法律服务。继续深入开展“老年人维权示范岗”活动，倡导法律服务机构与当地老龄委签订法律服务协议，在老龄委派专职律师、公证员免费为老年人提供法律服务。

三、不断扩大老年人法律援助覆盖面，完善“便老助老”措施

积极实施中央专项彩票公益金法律援助项目，把老年人作为法律援助重点对象。加强基层老年人法律援助工作，重点关注和努力满足80岁以上高龄、失能半失能、贫困以及空巢老人的法律援助需求，扩大老年人法律援助覆盖面。放宽老年人法律援助经济审查标准，例如山西对农村“五保”供养对象、在养老院等社会福利机构接受政府供养的老年人和重度残疾无固定生活来源的老年人申请法律援助不再审查经济状况。进一步加强老年人法律援助工作站建设，2011年依托老龄委系统建立老年人法律援助工作站1840个，方便老年人就近申请和获得法律援助。积极探索适合老年人特点的法律援助方式，向特困老年人发放法律援助联系卡（证），对持卡（证）老年人申请法律援助免除经济状况审查，优先提供法律援助；对行动不便、患病残疾的老年人提供上门服务；建立老年人法律援助“绿色通道”，为有特殊困难和要求的老年人提供无障碍服务；与《农民日报》合作开办“法律援助月刊”，向老年人介绍法律援助常识，解答老年人在实际生活中遇到的法律问题；印制68000套共计20余万册《老年人法律援助服务手册》，免费发送到各地法律援助机构，供老年群众免费取阅。对涉及老年人婚姻家庭等方面的纠纷，根据老年人意愿，尽量以和解、调解等非诉讼方式结案，减轻老年人诉累。加强老年人法律援助培训，利用法律援助管理技能培训班和“西部省份法律援助律师业务技能培训班”，开展老年人法律援助案件技能培训。2011年各地法援机构共办理老年人法律援助案件102206件，为老年人提供法律咨询服务360400人次，切实维护了老年人合法权益。

四、继续深化老年人法制宣传教育，不断创新法制宣传方式方法

在“法律进社区”、“法律进乡村”主题宣传活动中加强对老年人的法制宣传。利用社区老年活动中心，广泛开展《老年人权益保障法》等有关法律法规宣讲活动，向老年人发放法制宣传资料。广泛开展送法下乡活动，组织法制宣讲团、文艺宣传队、志愿者，深入农村田间地头进行宣传，提高老年人法律维权意识。注重发挥老年人在法制宣传教育中的积极作用，吸收离退休法律工作者参加普法讲师团，积极开展法制讲座、法律咨询等活动。针对老年人需求创新和丰富法制宣传教育方式方法，组织指导全国各地积极开展法制题材文艺节目创作演出，举办法治文艺专场晚会，结合“三下乡”活动开展法治文艺下乡演出等，并采取灯谜、有奖竞猜、故事会等多种形式，把老年人法制宣传教育融入到健康养生、文体活动之中，取得了良好的宣传效果。

财政部2011年老龄工作综述

2011年，财政部以党的十七大和十七届三中、五中全会及第三次全国老龄工作会议精神为指导，继续实施积极的财政政策，加快推进以改善民生为重点的社会建设，按照《中共中央、国务院关于加强老龄工作的决定》和《中国老龄事业发展“十二五”规划纲要》等文件要求，认真配合全国老龄委做好各项老龄工作，老年人权益保障制度体系不断健全，待遇水平显著提升。

一、领导重视，主动配合，积极参与应对人口老龄化研究

一是财政部领导高度重视老龄工作，先后带队向全国人大、全国政协和全国老龄委汇报财政部贯彻落实《中华人民共和国老年人权益保障法》、《中国老龄事业发展“十一五”规划纲要》的工作情况，积极参与《中华人民共和国老年人权益保障法》的修订工作。二是对“两会”代表、委员提出的涉及老龄事业发展的重点建议和提案，采取电话、走访、座谈等多种形式，充分了解情况，加强办理前、办理中和办理后与代表委员的沟通协商，取得代表委员的理解和认同后，再形成办理意见。三是在研究制定《中国老龄事业发展“十二五”规划》时，要求各地根据经济社会发展情况和本地实际，进一步提高老年人的福利水平。四是为积累资金应对人口老龄化，防范基本养老保险基金贬值风险，按照国务院统一部署，积极会同有关部门研究基本养老保险基金投资运营问题。

二、加大投入，强化管理，让广大老年人共享改革发展成果

（一）扩大范围，提高标准，切实保障城乡老年人老有所养。

一是按照国务院统一部署，自2011年7月1日起，将新型农村社会养老保险（以下简称新农保）试点覆盖面扩大到60%，并向民族自治地区、国家扶贫开发工作重点县、陆地边境县、革命老区县和先行自费开展试点县倾斜。同时，同步开展城镇居民养老保险（以下简称城居保）试点。为确保符合待遇领取条件的城乡居民基础养老金按时足额发放，2011年财政部下达新农保和城居保试点补助资金400亿元（含以前年度结转资金）。二是在2005年到2010年连续6年调整企业退休人员基本养老金的基础上，2011年再次按10%提高企业退休人员基本养老金。调整后，企业退休人员月人均基本养老金水平提高到1500多元，比2005年翻了一番多。同时，各级财政部门积极配合人力资源社会保障部门，努力增收节支，推动建立基本养老保险自求平衡机制和省级政府负责制。2011年财政部安排企业职工基本养老保险基金补助资金1800多亿元，有力地确保了企业离退休人员基本养老金按时足额发放。三是继续实行农村部分计划生育家庭奖励扶助制度，对农村计划生育家庭中60周岁以上符合条件的人员按每人每年720元进行奖励，并建立与农村居民家庭消费支出挂钩的标准动态调整机制。为此，2011年财政部安排专项资金13亿元。四是会同有关部门研究制定了《财政部人力资源社会保障部关于印发〈新型农村社会养老保险基金财务管理暂行办法〉的通知》（财社［2011］16号）、《财政部关于印发〈新型农村社会养老保险基金会计核算暂行办法〉的通知》（财会［2011］3号）、《财政部人力资源社会保障部关于中央财政新型农村和城镇居民社会养老保险试点专项补助资金管理有关问题的通知》（财社［2011］323号）等制度，在财务管理、会计核算、财政补助办法等方面实现了城乡统筹，强化了新农保、城居保基金和中央财政补助资金的监督管理。

（二）深化改革，完善制度，努力实现城乡老年人病有所医。

一是积极支持深化医药卫生体制改革，不断加大医疗卫生投入力度，保障医改重点政策措施所需支出，使包括老年人在内的全体居民从医疗卫生事业发展中受益。2011年全国财政医疗卫生支出6300多亿元，其中中央财政1700多亿元。二是继续支持实施基本公共卫生服务项目，2011年将人均基本公共卫生服务项目补助标准由人均15元提高到25元，增加了65岁以上老年人等重点人群的检查项目，扩大了高血压等慢性病的管理服务人群，使老年人更受益；同时支持实施重大公共卫生项目，重点支持艾滋病、结核病、血吸虫病等重大传染病防治及贫困白内障患者复明工程、农村改水改厕、消除燃煤型氟中毒危害等项目。通过基本公共卫生服务和重大公共卫生服务项目的实施，使包括老年人在内的群众少得病、不得病。三是不断完善新型农村合作医疗（以下简称新农合）和城镇居民基本医疗保险（以下简称城镇居民医保）制度。2011年各级财政对参合农民和参保居民按每人每年200元的标准给予补助，其中中央财政对西部和中部地区分别按每人每年124元和108元给予补助，对东部地区按一定比例给予补助。为此，2011年财政部安排新农合补助资金800多亿元，安排城镇居民医保补助资金140多亿元。四是继续做好关闭破产国有企业退休人员等参加医保工作。2011年中央财政拨付奖补资金70多亿元，由各地统筹用于解决关闭破产集体企业退休人员和困难企业职工等各类城镇人口的参保问题。五是妥善解决“老工伤”问题。会同人力资源社会保障部等四部门印发了《关于做好国有企业老工伤人员等纳入工伤保险统筹管理有关问题的通知》（人社部发

［2011］10号），要求各地切实采取有效措施，确保到2011年底前基本实现各类企业“老工伤”人员全部纳入工伤保险统筹管理。中央财政拨付一次性补助资金50多亿元，同时要求各地通过统筹基金调剂、企业趸缴部分费用、政府补助等多渠道筹集所需资金。

（三）强化机制，扶危助困，确保城乡老年人困有所助。

一是为应对物价上涨给包括老年困难群众在内的城乡困难群众基本生活带来的影响，会同有关部门印发了《关于建立社会救助和保障标准与物价上涨挂钩的联动机制的通知》（发改价格［2011］431号），要求各地建立健全联动机制。同时，财政部分别于2011年春节前和年底安排104亿元和207亿元补助资金，为城乡低保对象、农村五保供养对象和优抚对象等困难群众发放2011年春节和2012年元旦春节期间一次性的生活补贴。二是财政部继续通过农村税费改革转移支付，安排农村五保供养补助资金，确保符合条件的农村老年人按规定享受五保供养待遇。三是继续支持地方做好城乡低保工作。2011年财政部加大了城乡低保补助资金的投入力度，共下达补助资金749亿元，切实保障困难群众基本生活。四是会同有关部门印发了《关于做好2011年扩大农村危房改造试点工作的通知》（建村［2011］62号），将中央农村危改试点范围扩大到全国中西部地区所有县，帮助包括农村老年困难群众在内的农村困难群众解决基本居住安全问题。2011年财政部安排扩大农村危房改造试点补助资金141亿元（不含中央预算内投资25亿元）。五是2011年财政部新增设立流浪乞讨人员救助专项补助资金10亿元，支持各地做好包括流浪老年人在内的流浪乞讨人员救助工作。六是继续加大城乡医疗救助资金的投入力度，安排城乡医疗救助补助资金131亿元（含彩票公益金16亿元），其中农村医疗救助85亿元，城市医疗救助46亿元，用于包括困难老年人在内的困难群众医疗救助工作。七是会同有关部门研究制定《中央农村危房改造补助资金管理暂行办法》（财社［2011］88号）、《中央财政流浪乞讨人员救助补助资金管理办法》（财社［2011］190号）、《关于加强城乡最低生活保障资金预算执行管理工作的通知》（财社［2011］37号）等制度，加强财政补助资金的使用管理。

（四）创造条件，丰富生活，让广大老年人老有所为、老有所乐。

一是安排专项资金200万元，支持实施“老科技工作者科普活动和重阳节专项科普活动”、“老科技工作者调研、建言献策”等工作。二是安排专项资金80万元，积极支持文化部开展“群众歌咏和老年活动”，丰富老同志业余生活。三是安排专项资金50万元，支持中国文学艺术界联合会实施“晚霞工程”，用于宣传一批德高望重的老艺术家及其艺术成就，为老艺术家出版图书、摄制电视专题片，并组织一线创作人员深入生活。

（五）提高待遇，落实政策，保障有特殊贡献老年人安享晚年。一是积极落实国家优抚安置政策，按照中央统一部署，进一步提高优抚对象待遇水平，其中残疾人员、“三属”、“三红”补助标准，在现行基础上分别提高15%至20%，在乡老复员军人定期定量补助标准在现行基础上每人每年提高720元，带病回乡退伍军人、参战参试人员和未享受抚恤补助的老党员生活补助或补贴标准，在现行基础上每人每年提高360元。为此，财政部全年共安排优抚对象等人员抚恤和生活补助资金230亿元。二是研究制订农村退伍义务兵、老烈士子女等人员定期生活补助政策。从2011年8月1日起，给1954年11月1日试行义务兵役制后至《退役士兵安置条例》实施前入伍、年龄在60周岁以上（含60周岁）、未享受到国家定期抚恤补助的农村籍退役士兵发放老年生活补助，补助标准为每服一年义务兵役（不满一年的按一年计算），每人每月发给10元；从2011年起，按照“政策统一、范围限定、标准适当、防止攀比”的原则，对居住在农村的和城镇无工作单位、18周岁之前没有享受过定期抚恤金待遇且年满60周岁的烈士子女，给予定期生活补助。三是为庆祝建党90周年，中央财政按照每人2000元的标准，为建国前入党的农村老党员、未享受离退休待遇的城镇老党员发放一次性生活补贴，共下达补助资金47亿元。四是积极支持军地有关部门及时完成军队移交政府安置离退休人员年度交接计划，落实移交政府安置的军队离退休人员各项待遇。会同有关部门及时调整移交政府安置军队离休退休干部军粮差价补贴、艰苦边远地区津贴标准，调整军队离退休干部遗属和1955年前后复员女同志生活补助费标准，以及移交政府安置的军队1949年10月1日至1953年12月31日期间入伍的师职退休干部生活补助费标准，并积极做好军队移交政府的离退休干部住房保障工作。五是会同军地有关部门下发了关于推进军队无军籍退休退职职工移交安置工作的意见、《关于军队无军籍离休干部移交政府安置管理有关问题的通知》（政联［2011］5号），确保无军籍职工移交安置后各项生活待遇和服务管理工作落实。六是会同有关部门研究出台《关于提高离休干部生活补贴标准和扩大发放范围的通知》（组通字［2011］29号）和《关于提高建国前参加工作的老工人生活补贴标准和扩大发放范围的通知》（人社部发［2011］60号），提高离休干部和建国前老工人生活补贴标准，并扩大发放范围。七是中央财政继续安排专项补助资金，落实中央困难企业离休干部医药费保障政策。八是积极落实老艺术家生活补贴政策，安排专项资金834万元。九是会同有关部门印发了《关于调整在京部长级干部宿舍自雇服务人员费用补贴标准的通知》（国管财字［2011］632号），提高在京部长（包括65岁以上副部长）级干部宿舍自雇服务人员费用补贴标准，初步解决了在京部级领导干部自雇服务人员补贴费用不足的问题。

三、筹措资金，政策引导，促进老龄事业和老龄产业协调发展

为发展老龄事业，保障老年人权益，各级政府通过财政预算安排、彩票公益金资助和社会捐助等多种渠道筹集资金，逐步增加老龄事业投入，使其与经济社会发展水平和老年人口增长相适应。一是为保障各级老龄机构开展正常工作和拓展业务的需要，同级财政都将老龄机构工作经费纳入年度预算。2011年财政部安排3500多万元，用于全国老龄工作委员会办公室和中国老龄科学研究中心开展日常工作，以及组织开展银龄行动、应对老龄政策研究等所需经费。二是通过彩票公益金安排补助资金近8亿元，支持地方推进老龄福利机构建设。三是完善职业培训补贴政策，进一步加大职业培训补贴政策落实力度，对老龄产业从业人员参加职业培训并取得职业资格证书的，按规定给予一定的职业培训补贴，以提高老龄产业从业人员的技能素质。四是继续落实税收优惠政策，通过营业税、企业所得税、个人所得税、房产税、城镇土地使用税等方面的优惠政策，鼓励政府部门和社会力量兴办养老服务机构。

卫生部2011年度老龄卫生工作情况综述

2011年，我部结合深化医药卫生体制改革工作，全面贯彻落实全国老龄工作委员会第十三次全体会议精神，进一步加大老龄卫生工作力度，开展了以下工作。

一、积极为老年人提供医疗卫生服务

2011年我部在深化医改工作中，依托国家基本公共卫生服务项目，在为老年人建立健康档案的基础上，继续为老年人免费提供1次包括生活方式和健康状况评估、体格检查、辅助检查和健康指导在内的健康管理服务。对发现已确诊的高血压和糖尿病患者纳入慢性病患者健康管理；体检发现有异常的老年人建议定期复查，并对老年人进行健康生活方式等多方面的健康指导。截至2011年底，全国为65岁以上老年人提供健康管理服务已达1.03亿人次。

我部进一步健全城市社区卫生服务网络，截至2011年底，社区卫生服务机构数量进一步增加，社区卫生中心达7861个，社区卫生服务站达24999个，方便老年人就医，提高了老年人医疗卫生服务可及性。同时积极转变服务模式，改坐堂候诊传统服务模式为主动预约上门服务模式，部分地区还积极试点家庭医生责任制和双向转诊绿色通道，全科医师团队与老年人签约，为老年人提供连续、规范的医疗卫生服务。

二、大力发展护理院，加强长期护理服务研究

为进一步完善医疗服务体系，适应我国人口老龄化进程，满足人民群众日益多层次、多元化的医疗护理服务需求，我部在对全国各地护理院和护理服务机构有关情况进行调研，并对北京、江苏等地的护理院进行实地调研的基础上，修订了1994年发布的护理院基本标准，于2011年初制定印发了《护理院基本标准（2011版）》，明确了护理院是为长期卧床患者、晚期姑息治疗患者、慢性病患者、生活不能自理的老年人以及其他需要长期护理服务的患者提供医疗护理、康复促进、临终关怀等服务的医疗机构，在护理院的科室设置、人员配备、设备设施和管理职责等方面加强规范管理。同时，要求各地坚持“政策引导、政府扶持、社会兴办、市场推动”的原则，以需求为导向，大力发展护理院，将护理院的发展建设纳入区域卫生规划和医疗机构设置规划统筹考虑，通过存量调整和增量引导等方式，鼓励和引导社会资本举办护理院，为患者提供长期医疗护理、康复促进、临终关怀等服务。

我部委托卫生部卫生发展研究中心、卫生部医院管理研究所分别开展我国护理产业发展和长期护理服务的相关课题研究，为构建适合我国国情的长期护理服务体系提出政策建议。

三、探索建立长期护理服务体系

我部于2011年公布了《中国护理事业发展规划纲要（2011—2015年）》，提出“十二五”期间要开展长期护理服务模式试点，逐步建立和完善“以机构为支撑、居家为基础、社区为依托”的长期护理服务体系，强调增强医疗机构的长期护理服务能力，发挥医院的专业技术和人才优势，将护理服务延伸到家庭和社区；加强综合医院老年病科和肿瘤、老年病专科医院的能力建设；扶持和加强护理型医院建设，试点城市至少有1所护理型医院，逐步构建分级医疗、急慢分治的医疗模式。

中国老年人体育协会2011年工作综述

综　述

2011年是“十二五”的开局之年，中国老年人体育协会在国家体育总局的领导和关怀下，在各省市老年人体协和有关单位的支持和配合下，深入贯彻落实科学发展观，以“科学发展、健康和谐”为主题，以做好协会换届和建章立制为首要任务，全面总结“十一五”、科学谋划“十二五”，圆满完成全年各项任务，取得了新的可喜的成绩。

一、召开第六届全国会员大会及第一、二次执委会议

中国老年人体协第六届全国会员代表大会2011年6月14至18日在四川成都召开。本次会议选举产生了中国老年人体协第六届全国委员会领导机构，审议并原则通过了第五届工作报告、修改章程的说明、成立分支机构的说明及各分支机构名单。国家体育总局副局长冯建中、四川省政府副省长张作哈、全国老龄办副主任吴玉韶出席大会开幕式并讲话。会议简洁隆重、富有成效。与会代表普遍认为：张发强主席代表第五届委员会作的工作报告《科学发展、健康和谐，实现老年体育事业新跨越》内容充实，全面反映了“十一五”时期我国老年体育事业的发展状况和发展趋势，高度概括和总结了老年体育工作的指导思想和宝贵经验，深刻认识了目前老年体育的短板和局限，为做好“十二五”老年体育主要工作明确了思路。

会议宣读了《关于表彰全国老年体育先进工作者的决定》，并为获奖代表颁发了荣誉证书。

会议期间还安排了老年体育健身项目培训，组织参观了“5.12”地震重灾区映秀镇灾后重建的老年体育设施以及都江堰市灾后重建点。

经过精心准备和认真谋划，中国老年人体育协会第六届执委会第二次会议，于2011年10月16日至17日在深圳市胜利召开。会议由张发强主席主持，国家体育总局局长助理晓敏做重要讲话。

会议审议通过了聘请全国人大常委会副委员长陈至立同志担任协会名誉主席、聘请原中国老年人体协主席张彩珍同志担任名誉副主席及中国老年人体育协会第六届全国委员会顾问团方案。

会议决定增设协会副秘书长并在北京设立秘书处。

会议重点讨论了《中国老年人体育事业发展“十二五”规划》、《第二届全国老年人体育健身大会方案》和《中国老年人体育协会成立30周年纪念活动方案》三个重大议题，并提出了修改意见。

会议通报了在2012年开展全国老年体育事业发展调研工作的有关情况。

会议还审议了《中国老年人体育协会2012年工作计划》、《中国老年人体育协会规章制度》、《中国老年人体育协会健身示范基地命名管理办法》、《中国老年人体育协会新项目评估办法》等。

会议适逢全国第二个敬老月，与会执委表示，本次会议时机选得好，准备很充分，内容很丰富，活动方案具有很强的可操作性和指导性，必将为中国老年人体协未来工作奠定坚实的基础。

二、成立柔力球、健身球操和气排球专项委员会

为促进柔力球、气排球和健身球操的规范和可持续发展，经中国老年人体育协会第六届全国会员大会表决通过，成立了柔力球、气排球和健身球操三个专项委员会。其中，柔力球专项委员会设在深圳，由深圳皇岗实业有限公司承担。青岛市老年人体协和江苏省老年人体协分别承担了健身球操和气排球专项委员会的工作。在筹备成立的过程中，青岛市老年人体协作为健身球操培训班的协办单位、江苏省老年人体协作为气排球培训班的承办单位，全程参与了培训计划的制订和落实，对项目的整体水平、发展方向和趋势以及存在的问题，有了全面、具体的认识。专项委员会成立之后，他们积极开展工作，制定了项目发展规划和专委会管理办法，并研究修订竞赛规则和裁判法。

中国老年人体协主席张发强指出，新一届中国老年人体协提出“老年体育全国化，交流活动区域化，项目管理专项化”的工作思路，符合体育社会化和党的十七届六中全会关于文化改革的方向。面对我国人口老龄化加速发展的新形势，实现健康老龄化、积极老龄化最有效的途径是开展老年体育健身活动。老年人体协的重要任务就是给老年人提供健身产品，选好项目，选好带头人，把活动开展起来。气排球、柔力球、健身球操是深受广大老年人喜爱的体育健身项目，选择江苏省承担气排球专项委员会、青岛市承担健身球操专项委员会、深圳市承担柔力球专项委员会，就是考虑有好的带头人。他希望气排球、柔力球、健身球操3个项目在第二届全国老年人体育健身大会上大发异彩。

三、举办全国性老年体育健身交流活动

2011年全国老年人健身活动展示大会，于5月9日到13日在辽宁丹东举办，由国家体育总局、全国老龄工作委员会办公室、中国老年人体育协会主办，国家体育总局社会体育指导中心、辽宁省老年人体育协会、丹东市体育局、丹东市老年人体育协会承办，共有来自全国的18支代表队的近300名老年朋友参与。

2011年，中国老年人体育协会还主办了钓鱼、越野行走、气排球、门球、网球、健身秧歌、太极拳(剑)、柔力球、健身球操及第十三届全国老将田径锦标赛等11项交流活动，其中钓鱼和越野行走是新增项目。老年钓鱼项目的开拓，在一定程度上弥补了男性老年人群较少参与全国性老年体育交流活动的不足。这11个项目的办赛模式也各具特点，既有各级老体协，还有民间社会团体的南宁市气排球协会和企业的千龙湖度假村分别承办气排球、钓鱼活动。这也充分说明了随着我国人口老龄化程度的加剧，老年体育受到越来越多的关注。

四、倡导科学健身，召开第七届老年体育科学大会

为了进一步推动全民健身活动的开展，促进老年体育实现新的跨越，加快老年体育工作科学化进程，增强老年科学健身意识，科学指导老年人健身方式，第七届全国老年体育科学大会于2011年7月10日至14日在乌鲁木齐举行。本次大会首次由中国老年人体协和中国体育科学学会共同主办。

本次科学大会的主题是“老年体育科学发展”。在前期的征文过程中，共收到论文249篇，其中大部分作者为高校老师、教授，质量较往届有了很大提高。经过专家评审，共录取专题报告48篇，墙报交流158篇。

中国老年人体协主席张发强，中国工程院院士、全国人大常委、中华预防医学会会长、卫生部原副部长王陇德在大会开幕式上做了主题报告。张主席的报告题目是《积极开展老年体育科学研究》，他说：“中国老年人体协今后要围绕“老”字做文章，关键在落实“健”字，协会将始终突出健康与和谐两大主题，积极组织引导老年人科学健身，促进老年体育事业的科学发展。”王部长的报告《遵循客观规律 科学指导保健》介绍了膳食保健、国民健康素养状况等内容，还特别强调了体育健身的重要性。两位的报告立意深远，生动形象，给参会代表以很大启发。

第七届老年体育科学大会的成功举办，一方面宣传了科学健身、促进各地老年人体协重视老年体育科学发展，另一方面也为专家、高校学者提供了一个深入了解老年体协工作的好机会。

五、注重人才培养，举办老年体育项目培训班

全国老年人手杖健身操、柔力球、健身球操、气排球培训班，于2011年3至5月，分别在上海市、陕西西安市、山东威海市和江苏武进区成功举办。老年体育项目培训班的举办，是深入学习贯彻《全民健身条例》和《全民健身计划》，推动老年体育事业可持续发展的具体体现，也是进一步丰富和拓展全民健身内容的重要举措。通过培训，不仅推广了老年体育健身新项目和新套路，而且促进了各地老年体育裁判员和教练员的交流，为中国老年人体协单项委员会的工作开展积累了宝贵经验。

六、加强与港澳交流

澳门第四届海峡两岸暨港澳地区柔力球邀请赛于2011年7月5日至6日在澳门塔石体育馆举行。应澳门长者体育总会的邀请，经国家体育总局批准，中国老年人体育协会主席张发强带队于7月4日至7日赴澳门参加了上述比赛活动。

按照澳门长者体育总会的安排，张发强主席在澳期间，拜会了特区政府社会文化司司长张裕、体育发展局局长黄有力、中央驻澳门特区联络办公室文教部副部长张晓光等。张发强主席高度赞扬了澳门大众体育工作近几年来取得的成绩，并希望加强中国老年人体育协会与澳门体育发展局的交流和合作，在特区政府的支持和澳门各民间体育组织的努力下，老年人体育工作和柔力球运动，都取得更好更快的发展！

重要会议和活动

【中国老年人体育协会第六届全国会员大会】中国老年人体协第六届全国会员代表大会于2011年6月14至18日在四川成都召开，总人数将近200人。国家体育总局副局长冯建中、四川省政府副省长张作哈、全国老龄办副主任吴玉韶出席代表大会开幕式并讲话。中国老年人体协主席张发强代表第五届全国常委会作了名为《科学发展、健康和谐，实现老年体育事业新跨越》的工作报告。会议选举产生了中国老年人体协第六届全国委员会领导机构。国家体育总局原副局长张发强连任主席，四川省老年人体协主席秦玉琴等17人当选为副主席，深圳皇岗事业股份有限公司董事长庄顺福当选为特邀副主席，社体中心副主任张怡兼任秘书长。会议还宣读了《关于表彰全国老年体育先进工作者的决定》，并为获奖代表颁发了荣誉证书。

【中国老年人体育协会第六届执委会第二次会议】中国老年人体育协会第六届执委会第二次会议，于2011年10月16日至17日在深圳市福田区皇安大厦召开。会议由张发强主席主持。晓敏同志在会上就老年体育发展做了重要讲话。会议通过了聘请全国人大常委会副委员长陈至立同志担任协会名誉主席、聘请原中国老年人体协主席张彩珍同志担任名誉副主席的议案；通过中国老年人体育协会第六届全国委员会顾问团组成方案；通过增设协会副秘书长并在北京设立秘书处的议案。与会执委重点讨论了《中国老年人体育协会“十二五”工作规划》、《第二届全国老年人体育健身大会方案》和《中国老年人体育协会成立30周年纪念活动方案》三个重大议题，并提出了修改意见。会议还通报了由国家体育总局牵头联合相关部委计划在2012年开展全国老年体育事业发展调研工作的有关情况。

【全国老年人健身活动展示大会】2011年全国老年人健身活动展示大会，于5月9日到13日在辽宁丹东举办，由国家体育总局、全国老龄工作委员会办公室、中国老年人体育协会主办，国家体育总局社会体育指导中心、辽宁省老年人体育协会、丹东市体育局、丹东市老年人体育协会承办，共有来自全国的18支代表队的近300名老年朋友参与。

【第七届老年体育科学大会】第七届全国老年体育科学大会于2011年7月10日至14日在乌鲁木齐举行。本次科学大会的主题是“老年体育科学发展”，共收到论文249篇，其中大部分作者为高校老师、教授，经过评审，录取专题报告48篇，墙报交流158篇。中国老年人体协主席张发强，中国工程院院士、全国人大常委、中华预防医学会会长、卫生部原副部长王陇德在大会开幕式上做了主题报告。

第五部分

地方老龄工作

北京市

综　　述

2011年，北京市老龄工作以邓小平理论和“三个代表”重要思想为指导，全面落实科学发展观，牢固树立大民政理念，加快适应新时期人口老龄化形势的新变化，以科学发展为主题，以加强养老理论体系建设为先导，以健全养老保障体系为主线，以推进养老服务体系建设为重点，以建设养老科技体系和养老文化体系为支撑，以理顺老龄工作体系建设为保障，各项老龄工作全面推进，老龄事业实现了又好又快发展。

一、全面部署“十二五”时期养老工作任务，推动了养老工作的科学发展

按照中央关于创新社会管理、服务保障民生的要求，编制发布《北京市“十二五”时期老龄事业发展规划》，并列为市级专项规划。首次以“养老”为主题召开全市工作大会，集中出台了13项惠老政策，总结了“十一五”时期养老工作，研究部署了“十二五”时期养老工作任务，有力推动了首都养老保障工作的创新发展。发布《北京市2010年老年人口信息和老龄事业发展状况报告》。适应《老年法》修订进程和进一步维护老年人合法权益需要，认真开展了《北京市老年人权益保障条例》修订工作。

二、深入推进“九养”政策，居家养老工作水平不断提高

一是开展万名“孝星”和千家为老服务示范单位命名活动，突出了家庭孝老的地位和作用，尊老敬老的社会氛围更加浓厚。二是按照市政府培育发展500个规范化养老（助残）餐桌和500个规范化托老（残）所的实事项目要求，逐一检查和评选，完成572个规范化养老（助残）餐桌和539个规范化托老（残）所的创建验收工作，达标1000个，有效缓解了老年人“吃饭难”和“照料难”问题；公布养老服务参考性收费标准和社会监督电话，加强对居家养老（助残）服务的监督管理，有效维护了老年人的合法权益。三是完善养老（助残）券服务制度，拓宽使用范围。将各级社区服务中心、社区卫生服务中心（站）和邮政局（所）纳入居家养老（助残）指定服务单位，老年人（残疾人）可使用养老（助残）券支付“小帮手“电子服务器个人承担的费用（包括话费）、社区卫生服务中心（站）提供的医疗卫生服务费用、残疾人服务机构提供的康复训练服务费用以及邮政局（所）提供的订阅报刊服务费用。在老年人口居住分散、为老服务资源较少、服务体系在近期难以健全的农村偏远地区，经区县居家养老（助残）服务工作主管部门批准并直接监督管理的居家养老（助残）服务单位，可向有需求的老年人（残疾人）上门配送居家生活必需品，老年人（残疾人）可用养老（助残）券支付相关费用。全年共向45万老年人（残疾人）发放养老（助残）券4.9亿元，回收结算4.7亿元，使养老（助残）券的使用率达到97%以上，老年人进一步得到了实惠。通过政府购买服务和以奖代补形式，投入2500万元奖励资金，有效调动了社会力量参与养老服务，全市养老（助残）服务单位达到1.5万余家，服务内容包括6大类110项，涵盖老年人居家生活的各个方面，进一步培育和发展了养老服务市场，促进了服务商巩固、提高、规范化建设的进程。四是启动老年人心理健康关爱行动，举办了“筑幸福家庭，做快乐老人”主题知识展览和“关爱老人，共建和谐”老年心理健康知识巡展。五是研发新版“小帮手”电子服务器，全年为符合条件的老年人配备“小帮手”电子服务器近20万台。六是招聘2000名居家养老（助残）员，全市居家养老（助残）员达到4000名，进一步充实了基层为老服务工作队伍。

三、积极落实各项惠老优待政策，老年福利向适度普惠转变

在认真落实“九养”政策和社会敬老优待办法各项措施的同时，根据社会经济发展水平，适当扩大政策的受惠人群，将百岁老年人医疗补贴范围扩大至95周岁，受益老年人由431人扩展到5112人，发放医疗补助金888人次，补助金额315万元。向25711名老人发放高龄津贴2980万元。办理老年人优待卡204167张，优待证136426张。为城六区符合条件的空巢老年人安装了5000余个紧急医疗救援呼叫器（“一按灵”）。向500位高龄特困老人发放了30万元救助金，推动了全市老年福利由补缺型向适度普惠型转变，更好地提高了老年人的养老保障水平。

四、大力开展老龄宣传工作，弘扬中华民族尊老敬老传统美德

依托各大主流媒体加大老龄宣传力度，召开新闻发布会2次，在广播电视、报刊杂志及网络刊发报道1000余篇。举办6场大型敬老慰问演出活动，进一步丰富老年人精神文化生活。广泛开展重阳节“敬老月”活动，组织和动员全社会为老年人办实事、做好事、献爱心。北京电视台《咱爸咱妈的美好时代》栏目和向百岁老人祝寿活动得到老年人的普遍欢迎。制作完成两部老龄专题片和系列展板60余块，心理健康知识展板100余块，进行区县巡展。办理市级人大代表、政协委员建议和提案54件，占全局系统的38%；老龄政务信息报送和采用量全局第一。全方位、多角度的宣传工作，大力弘扬了尊老敬老的传统美德，提高了社会各界对各项惠老政策的知晓度和社会力量对养老事业的参与度。

重要会议和活动

【召开北京市养老工作表彰暨迎新春慰问大会】1月15日，北京市老龄委、市民政局在国家会议中心召开北京市养老工作表彰暨迎新春慰问大会，对在“十一五”期间养老服务工作中取得优异成绩、做出突出贡献的116个先进单位和600名先进个人予以表彰和慰问。民政部副部长窦玉沛，副市长、市老龄委主任丁向阳，全国老龄委办公室副主任吴玉韶，民政部社会福利和慈善事业促进司司长陆颖，市民政局党委书记、局长、市老龄委常务副主任兼办公室主任吴世民等领导出席表彰慰问大会。丁向阳副市长代表市政府，向长期奋战在首都养老工作战线上的先进单位、先进个人和广大干部职工致以亲切的问候，向所有关心支持首都养老事业的各级领导、社会各界、尤其是各位人大代表和政协委员致以衷心的感谢，向全市广大老年朋友致以崇高的敬意。大会进行了家庭孝老、社会敬老和养老服务三个篇章的精彩文艺慰问演出。本次大会的突出特点是，在2010年度评选的万名“孝星”中推选出孙茂芳等24名“孝星”代表，向获奖的北京市老龄工作、养老机构建设工作先进单位、先进个人代表颁奖，以表达对这些为老服务先进单位和先进个人的诚挚敬意。市老龄委成员单位、养老机构建设工作联席会议成员单位主管领导，区县主管区县长，市社会福利行业协会负责同志，养老工作先进单位和先进个人代表、“孝星”代表，市、区县民政、老龄工作负责同志及工作者等2000余人参加了大会。

【北京市退休人员2011年春节团拜慰问演出】1月18日，北京市退休人员2011年春节团拜慰问演出在中山公园音乐堂举行。此次活动由市民政局、市人力社保局、市总工会、市老龄办联合举办。市民政局副巡视员冯昌领，市人力社保局副局长张祖德，市总工会党组副书记、副主席王北平，市老龄办副主任刘景林，市劳动服务管理中心副书记张健出席活动并向全场老年朋友拜年。1200余名退休人员代表观看了文艺节目。

【市委书记刘淇到北京市第一社会福利院慰问】1月24日，中共中央政治局委员、北京市委书记刘淇，市委常委、组织部部长吕锡文，副市长、市老龄委主任丁向阳，在市民政局党委书记、局长、市老龄委常务副主任兼办公室主任吴世民，副书记、副局长孟钧，副局长陈卫东，市老龄办常务副主任、市老龄协会党委书记、会长李建国等的陪同下来到北京市第一社会福利院进行慰问。

【迎新春敬老慰问演出】1月27日，市老龄办在京民大厦举办了“迎新春敬老慰问演出”。市民政局党委副书记、副局长孟钧出席活动并致辞。市老龄协会领导及相关委办局、各界老年人代表及老龄工作者代表350余人欣赏了由北京市老年活动中心金秋艺术团表演的文艺节目。

【北京市老龄事业发展暨老龄议案情况汇报会】3月18日下午，为更好地落实关于“推进老龄事业发展，完善养老服务和保障体系”议案审议意见书提出的意见，按照丁向阳副市长关于养老问题要主动向人大和政协汇报、求得指导和支持的要求，市民政局、老龄办召开北京市老龄事业发展暨老龄议案情况汇报会，向市人大代表汇报我市老龄事业的发展情况和议案审议意见办理情况。汇报会由市政府副秘书长、市老龄委常务副主任侯玉兰主持。副市长、市老龄委主任丁向阳到会并讲话。市民政局党委书记、局长、市老龄委常务副主任兼办公室主任吴世民，市人大内司委主任委员李小娟，市政府办公厅副主任吴大仓及17名市人大代表出席会议。市民政局党委副书记、副局长孟钧，市老龄办常务副主任、市老龄协会党委书记、会长李建国，市民政局研究室、福利处有关同志及市老龄办副处长以上干部参加了会议。

【举办“九十辉煌——北京市老年书画作品展】6月8日至10日，北京市老龄协会、北京市老年书画研究会、北京市政协老委员联谊会在北京劳动人民文化宫联合举办“九十辉煌——北京市老年书画作品展”。本次展览共有210幅绘画、书法、篆刻作品，均为全市市、区老年书画研究会会员和其他参展人员新作。参展作品作者年龄最大的已90多岁，全国政协提案委员会副主任、原市政协主席阳安江，副市长、市老龄委主任丁向阳等领导同志也特为展出创作了书法作品。

【全市老龄宣传干部培训班】6月13日至14日，市老龄办邀请《北京日报》时政新闻部、央视网喜乐乐频道和北京电视台《咱爸咱妈的美好时代》栏目负责人，对16区县60余名老龄工作宣传干部分别进行了政策形势宣传、“万名孝星和千家为老服务先进单位”官方网站建设和老年电视节目制作等内容的业务培训。各区县并就万名“孝星”和千家为老服务先进单位评选活动和“九养”政策宣传工作进行了情况汇报和经验交流，部分区县现场展示了落实老年人优待政策和实施“九养”政策的各类宣传影像资料。

【召开北京市养老工作大会】7月22日，市老龄委召开以“创新社会管理、服务保障民生”为主题的养老工作大会。副市长、市老龄委主任丁向阳，全国老龄办副主任吴玉韶出席会议并讲话。会议由市民政局党委副书记、副局长孟钧主持。市民政局党委书记、局长、市老龄委常务副主任兼办公室主任吴世民作了题为《创新社会管理，服务保障民生，推进首都养老事业科学发展》的工作报告。报告全面总结了我市“十一五”时期养老工作创新发展的总体情况，分析了养老工作面临的新形势和新任务，并就“十二五”时期和今年养老重点工作进行部署安排。会上，老年人代表尹世昌，2010年度北京市万名“孝星”代表王春华，北京万家幸福家政服务有限公司、北京太阳城银龄老年公寓、东城区东直门街道社区服务中心、门头沟区王平镇、朝阳区政府相关负责人先后作大会典型发言。民政部社会福利与慈善促进司、市人大、市政协、市老龄委成员单位、市养老机构建设工作联席会议成员单位和各区（县）政府相关领导，部分市人大代表、市政协委员，各区（县）民政、残联、老龄、街道（乡镇）主要负责人，各级社区服务中心和老龄部门工作人员，“孝星”代表、居家养老（助残）员代表、为老服务单位代表、养老机构代表和老年人代表，新闻媒体记者共1500余人参加了会议。

【温家宝总理与北京市第一社会福利院老人共度中秋节】9月12日，中共中央政治局常委、国务院总理温家宝在中共中央政治局委员、北京市委书记刘淇陪同下看望北京市第一社会福利院的老人，并向全国的老人们致以节日的问候。温家宝总理兴致勃勃地观看了《北京市养老事业实现跨越式发展》展板，听取了全市近年来养老工作情况介绍，并充分肯定了北京市近年来出台的一系列惠老政策，为北京市的老年人做了很多实事。温家宝表示，“十二五”期间，我国将出现第一个老年人口增长高峰，人口老龄化进程将加快，我们要努力实现老有所养、老有所医、老有所教、老有所学、老有所为、老有所乐的工作目标。市委常委、常务副市长吉林，市委常委、秘书长李士祥，副市长、市老龄委主任丁向阳，市民政局党委书记、局长、市老龄委常务副主任兼办公室主任吴世民，副局长陈卫东，市老龄办常务副主任、市老龄协会会长李建国等陪同视察。

【召开北京市重阳节敬老月活动新闻通气会】9月15日，市民政局、市老龄办召开北京市重阳节敬老月活动新闻通气会。会议发布了重阳节全市活动内容，包括开展万名“孝星”和千家为老服务示范单位命名活动、开展老年人心理健康服务活动、开展高龄特困老年人走访慰问活动、发布《北京市2010年老年人口信息和老龄事业发展状况报告》。会议还发布了各区县重阳节丰富多彩的敬老活动安排，并向记者提供了10名“孝星”典型事迹。中新社、新华社北京分社、《中国日报》、《中国老年报》、央视网、《北京日报》、《北京社区报》、北京电视台、北京人民广播电台等近20家媒体参加了新闻通气会。

【万名“孝星”和千家为老服务示范单位命名大会暨重阳节“敬老月”活动启动仪式会】9月28日上午，北京市召开万名“孝星”和千家为老服务示范单位命名大会暨重阳节“敬老月”活动启动仪式。全国老龄办常务副主任陈传书，副市长、市老龄委主任丁向阳等领导出席大会和启动仪式。会上，市民政局党委书记、局长、市老龄委常务副主任兼办公室主任吴世民做了题为《命名“孝星”，弘扬美德，全力推进社会敬老工作》的工作报告。市委组织部副部长、市老干部局局长、市老龄委副主任薛菡宣读《北京市人民政府关于命名北京市万名“孝星”和千家为老服务示范单位的决定》。出席会议的领导为万名“孝星”和千家为老服务示范单位代表颁发了证章、证书和标牌。丁向阳副市长受郭金龙市长委托，宣布全市“敬老月”活动正式启动。会后，与会人员欣赏了由北京市老年活动中心金秋艺术团等单位演出的精彩节目。民政部社会福利和慈善事业促进司巡视员姚显会，市民政局副局长李红兵，市老龄办常务副主任、市老龄协会党委书记、会长李建国出席会议。市老龄委委员、市养老机构建设工作联席会议成员单位负责同志、各区县政府主管区县长，各区县宣传部、民政局、文明办、老龄办主要负责人，“孝星”代表、为老服务示范单位代表和老年人代表共800余人参加了会议。

【北京市老年人心理健康社会关爱行动启动仪式】9月28日，市民政局、市老龄办在中山公园举办了“北京市老年人心理健康社会关爱行动启动仪式”。活动由北京社会生活心理卫生咨询服务中心承办，包括“构建和谐家庭、做幸福快乐老人”老年心理健康知识展览、金秋名家书画展、专家现场义务咨询、“关爱老人、共建和谐”老年心理健康知识社区巡展等内容。副市长、市老龄委主任丁向阳为启动仪式剪彩并慰问了现场专家和参加老年心理关爱行动的工作人员。市民政局党委书记、局长、市老龄委常务副主任兼办公室主任吴世民致辞，市政协社法委常务副主任刘汉湘，市政协民宗委常务副主任路舒平，市慈善协会常务副会长朱蓉先，市政协委员、市人口和计划生育委员会副主任彭彧华等领导出席活动。市老龄办常务副主任、市老龄协会党委书记、会长李建国主持启动仪式。市计生委、市社区服务中心、市卫生局妇幼与精神卫生处有关负责人，北京心理卫生协会有关专家，社区老年人代表等300余人参加了启动仪式。

【丁向阳副市长到石景山区寿山福海养老服务中心慰问老人】10月5日，副市长、市老龄委主任丁向阳代表市政府到石景山区寿山福海养老服务中心慰问在院老人，与老人共度重阳。市民政局党委书记、局长、市老龄委常委副主任兼办公室主任吴世民，副局长李红兵，市老龄办常务副主任、市老龄协会会长李建国等陪同慰问。

【北京市敬老慰问暨北京社区报答谢老年读者专场演出】11月16日、17日晚，市老龄办和《北京社区报》在长安大戏院联合举办“北京市敬老慰问暨《北京社区报》答谢老年读者专场演出”。市民政局党委书记、局长、市老龄委常务副主任兼办公室主任吴世民，市民政局副局长李红兵，市民政局副巡视员王昀东、宋文星等领导观看了演出。演出由市老龄办常务副主任、市老龄协会党委书记、会长李建国主持，李红兵副局长致辞，向观众和全市老年人表达问候。两场演出邀请了全市1600多名老人参加，观看由北京京剧院演出的《赵氏孤儿》和《四进士》。

【养老（助残）服务单位座谈会】12月21日，市老龄办邀请北京永和大王餐饮有限公司等21家养老（助残）服务单位负责人在京民大厦召开养老服务工作交流座谈会，市民政局副局长李红兵出席会议并讲话。会议由市老龄办常务副主任、市老龄协会党委书记、会长李建国主持，市老龄办有关处室同志参加会议。会上，21家养老（助残）服务单位分别对企业养老服务概况、服务特色进行了介绍，并在加大政府扶持力度、加强行业自律、规范服务市场、发展服务人员队伍、提高社会影响力等方面提出了意见和建议。

【开展“科学讲堂智慧论坛”活动】市老龄协会党委结合协会系统党建工作实际，以构建学习型党组织建设为引领，以创先争优为动力，以建设“四型”党政机关为载体，在协会系统开展“科学讲堂智慧论坛”活动，即“每周一课、每人一讲、每讲一评、每月一文、每年一书”（简称“五个一”工程）。活动课程设置围绕政治理论、法律法规、业务知识、工作技能、职业道德以及自然科学、社会科学，着眼于智力因素、非智力因素和艺术修养的提高，每周按计划安排一节学习课程，无论干部、职工均承担主讲任务，每次对主讲人的授课内容、表达能力、仪容仪表等进行集体讲评和领导点评，每人每月写一篇理论文章或学习体会，年终总结时，在“每周一课、每月一文”基础上，修改完善学习成果，明确主题，编辑成书，进行交流和学习。市老龄协会通过开展此项活动，进一步提高干部职工的综合素质，全面提升公共服务能力和行政效能，推动老龄事业科学发展。

各项业务进展

【开展修订《北京市老年人权益保障条例》专项研究】2月，市老龄办开展了修订《条例》专项研究及相关工作。一是在编制《北京市“十二五”时期老龄事业发展规划》中，将加快老龄事业法制化建设列入了编制和落实规划必须坚持的重要原则，将修订完善《条例》作为“十二五”时期老龄事业发展的重要任务进一步加以明确。二是与有关专家进行座谈，邀请专家开展《条例》及其法规条文的整理研究工作。三是通过文献资料收集，对近年来已经完成修订工作的地方老年人条例进行分析研究。四是及时跟踪了解上位法的修订进程，收集整理相关法律法规修订情况，充实《条例》具体条文修订工作的基础资料。5月，北京市老龄办在北京市人大内司委座谈会上向市人大汇报贯彻实施老年人权益保障法工作情况。11月，完成《修订〈北京市老年人权益保障条例〉专项研究报告（初稿）》。

【发布“十二五”时期老龄事业发展规划》】3月，市民政局召开了《北京市“十二五”时期老龄事业发展规划》专家评审会，形成《规划》送审稿报市发展改革委。7月，市发展改革委正式同意规划内容。9月16日，《规划》由市民政局和市发展改革委正式印发至各有关单位，并在首都之窗网站向社会全文公布。《规划》提出了今后五年首都老龄事业的发展思路、发展目标、重点任务和政策措施，是全市“十二五”规划体系的重要组成部分，是“十二五”时期全市老龄事业发展的指导性文件。

【发布2010年老龄事业发展状况报告】重阳节前向社

会正式发布，10月26日在《北京日报》刊发报告简版，报告全文在首都之窗网站刊发。截至2010年底，北京市60岁及以上户籍老年人口235万人，占总人口的18.7%；65岁及以上老年人口170.5万人，占总人口的13.6%；80岁及以上老年人口35.1万人，占总人口的2.8%。在60岁及以上老年人口中，男性老年人口112.8万人，占48.0%，女性老年人口122.2万人，占52.0%；性别比为92.3。

【宣传老龄工作】依托各大主流媒体加大宣传力度，召开新闻发布会2次，在广播电视、报刊杂志及网络刊发1000余篇。重阳节期间，配合全国“敬老月”活动，加强宣传，在全社会弘扬敬老爱老助老的氛围。重点围绕“孝星”典型事迹，先后在北京日报刊登专版；在北京人民广播电台《老年之友》连续5天播出“孝星”专访；在北京电视台《北京新闻》—《说句心里话》子栏目陆续播出“孝星”事迹，在《12345需求与反馈》子栏目播出“九养”政策等内容，在《特别关注》栏目开展“为百岁老人祝寿”记者行动，在生活频道滚动播出《“关心上一代”重阳节敬老月宣传片》，配合《咱爸咱妈的美好时代》栏目完成全年节目制作。以市政府的名义向当月寿诞的百岁老人祝寿，社会反响良好。配合《焦点访谈》拍摄播出了关于养老工作社会管理创新的节目；协调安排了“孝亲工作室”栏目对市老龄办新闻发言人的专访；在《夕阳红》播出“孝星”事迹系列报道。邀请北京电视台、北京日报、北京晚报、北京社区报四家媒体调研门头沟区龙泉镇、斋堂镇、王平镇部分养老（助残）餐桌和托老（残）所建设使用情况，并就老年人就餐、养老（助残）券使用和老年人精神文化生活等问题进行现场采访。

【“孝星”和为老服务示范单位命名】与市委宣传部、首都精神文明办共同开展2011年北京市万名“孝星”和千家为老服务示范单位命名活动。在重阳节前召开了全市命名大会，并向区县下发关于在基层开展“孝星”事迹宣讲团和材料汇编的通知。继续与央视网喜乐乐频道合作，开通2011年度万名“孝星”和千家为老服务示范单位官方网站，对命名活动及时报道，并建立了“孝星”和为老服务示范单位数据库。截至年底，官方网站献花数达1268万次，留言数7万条。命名活动在新浪官方微博粉丝数达10万余人。

【完善养老（助残）券服务制度】制定并下发了《北京市市民居家养老（助残）券管理使用补充规定（暂行）》，将老年（残疾）专用品、常见病用药、生活必需品、订阅报刊等服务纳入养老（助残）券使用范围。年内，共向45万人发放了养老（助残）券，其中，80周岁及以上老年人35万名，60至79岁重度残疾人3万名。发放金额总计4.9亿元，回收结算4.7亿元。发展养老（助残）服务单位1.5万余家，其中养老机构、社区服务中心、邮政局（所）、卫生服务中心（站）等指定的政府办服务单位3177家，占21%；养老（助残）餐桌4584个，占30.5%；社区（村）托老（残）所5305个，占35.4%；其他家政、咨询、护理签约服务商2000余家，约占13.1%。

【开展千家示范单位创建活动】市民政局、市残联和市老龄办联合开展千家示范单位创建活动，创建500个规范化养老（助残）餐桌和500个规范化托老（残）所，并列入2011年市政府折子工程和为民办实事项目。3月，印发《关于开展养老（助残）餐桌、托老（残）所规范化建设试点工作的通知》，6月，印发《关于督查考评养老（助残）餐桌、托老（残）所规范化建设项目的通知》。6月至10月，市创建工作督查考评领导小组派遣六个工作小组，共计派遣600多人次、行程3万多公里，分三批次赴16个区县322个街乡（镇）1111个创建单位进行了检查验收，达标1000个，综合考评85分以上，完成了市政府折子工程和为民办实事项目任务。年底，5200万元规范化建设单位奖励资金以及2500万元养老（助残）餐桌、托老（残）所奖励资金已全部拨付至区县。

【开展养老（助残）服务规范化建设】出台实施《北京市居家养老（助残）服务单位管理规定（暂行）》，进一步明确养老（助残）服务单位的申请与准入、服务与管理、奖励与处罚程序，促进居家养老服务市场的健康发展。公布了《北京市居家养老（助残）服务指导性收费标准》和居家养老（助残）服务监督电话，列出了生活照料、家政服务、精神慰藉、医疗护理、老年教育、其他服务等六大类110项服务指导性收费标准。

【继续开展“小帮手”配备使用工作】研发了新版“小帮手”电子服务器，进一步优化了外观及功能设置，使其更加美观、方便、实用。一是扩充了电池容量，由原来的1000毫安扩大为1500毫安，待机时间进一步延长；二是完善了按键设计，由原来的一键多用改为一键专用；三是加大了显示屏尺寸，由原来的2.0英寸改为2.2英寸；四是增加了使用说明，更加方便老年人和残疾人使用；五是拓展了服务范围，用户拨打“96156”服务热线，可获得咨询服务、代拨电话、代发短信、代订闹钟、代防骚扰、代存电话、心理咨询、法律咨询和社区便民信息等服务；六是增加了服务信息，一键可查询就近社区托老所、老年餐桌等便民服务信息；七是加强了售后服务体系建设，采取设立售后服务热线、售后服务网点与社区信息员“点线结合”的方式，更好地服务于老年人和残疾人。为有效推动“小帮手”电子服务器的配备使用和管理工作，北京市民政局、市残联、市老龄办联合印发《北京市“小帮手”电子服务器配备使用管理办法（试行）的通知》，通知要求各有关部门要进一步提高为老年人和残疾人服务的意识，加强宣传，使更多的老年人、残疾人熟悉和使用“小帮手“电子服务器，真正为老年人、残疾人的日常生活提供便利条件。全年共配备近20万台，提供咨询服务10万余次、代拨电话6万多人次、代发短信4万多人次、代订闹钟8000多人次、代防骚扰2000多人次、代存电话2万多人次，信息管理2万人次，450余人通过999紧急救援中心得到了紧急救助服务。

【落实95周岁及以上老年人医疗补贴工作】年内，将百岁老年人医疗补贴范围扩大至95周岁及以上老年人，受益人数由431人扩展到5112人，发放医疗补助金888人次，补助金额315万元。

【继续落实老年人优待政策】1月17至18日，市老龄办对500名65周岁及以上老年人进行了老年人优待政策社会评价抽查。调查结果显示：100%的老年人对优待政策表示赞扬，69.3%的老年人因享受免费乘车、逛公园等优待政策感觉身体状况和精神状态明显改善，37.6%的老年人明确表示因享受优待政策而减少了医药费支出。年内，共为25234名90－99岁高龄老年人发放高龄津贴2863.68万元，为477名100岁以上老年人发放高龄津贴109.2万元。全市共办理老年人优待卡204167张，优待证136426张。

【开展帮扶救助工作】年内，向500位高龄特困老人发放了30万元救助金，并指导区县开展节日期间的慰问活动。为城六区符合条件的空巢老年人安装了5000余个紧急医疗救援呼叫器。

【加强居家养老（助残）员服务队伍建设】采取政府购买公益性岗位服务的形式，全年招聘2000名养老（助残）员，累计聘用4000人，通过对高龄独居老人和重度残疾人开展居家养老（助残）服务，巡视探访、了解需求，反馈信息，组织、监督社会组织提供养老服务等形式，为老年人和残疾人的居家养老（助残）做好协调、监督服务工作。

【开展养老（助残）精神关怀工作】先后出台《关于进一步加强我市养老（助残）精神关怀服务工作的指导意见》、《关于进一步加强基层老年人协会建设的指导意见》，为274万余人次提供了精神关怀服务。重阳节期间，启动“北京市老年人心理健康社会关爱行动”系列活动，开展了“构建和谐家庭、做幸福快乐老人”老年心理健康知识展览、金秋名家书画展、专家现场义务咨询、“关爱老人、共建和谐”老年心理健康知识社区巡展等内容。10月至11月，以“关爱老人、共建和谐、尊老敬老、从我做起”为主题，重点开展“心理健康进社区”和“为重症精神疾病患者送爱心”为主要内容的精神卫生宣传活动。

【办理人大建议和政协提案】全年共承办北京市人民代表大会第十三届四次会议人大代表建议30件，政协北京市委员会十一届四次会议委员提案24件，全部办结。今年承办的建议、提案反映的热点问题相对集中在构建养老保障政策体系、加快居家养老服务体系建设、加快老年文化教育体系建设、完善老年福利政策等方面。其中关于居家养老服务的建议、提案18件，养老政策方面的12件，老年人优待方面的12件。

【老年维权工作】北京市维护老年人权益服务中心全年共办理来访来电来信1440多人次。其中，接待来访21人次，答复咨询电话1300多人次，办理“政风行风热线”来信17封，“市长信箱”来信61封，“民政信息”来信18封，“市信访办公系统”来信19封，其他渠道来信19封。进一步推动了网上信访、网上办理、网上答复工作，建立健全了网上办理工作规则，规范了网上办信程序。继续完善市、区（县）、街（乡、镇）、村（居委会）四级老年信访工作网络。与全国老龄办信访接待室、市高法、市司法局、市公安局以及相关法律服务机构，建立定期交流与信息共享机制，掌握老年侵权案件变化规律，及时做好调解纠纷、化解矛盾工作。举办老年维权工作培训班，邀请全国老龄办和北京市法律援助中心专家向区县老年维权干部讲授老年人维权和法律援助等方面知识。编辑老年维权工作情况简报3期。结合北京市非紧急救助服务中心业务管理标准化的出台，制定了本部门的服务标准。

天津市

综　述

2011年是“十二五”的第一年，是开局之年。天津市老龄办认真坚持“党政主导、社会参与、全民关怀”的工作方针，以落实“六个老有”为工作目标，以养老服务为重点，以提高老年人生活质量为出发点，以建立完善社会化、企业化、市场化、专业化的新的老龄工作服务体系框架为基础，全力打造与我市人口老龄化相适应，与经济和社会发展相协调的老龄工作新格局。

一、以科学发展观为指导，制定“十二五”老龄事业规划

根据市政府办公厅《关于开展全市“十二五”重点专项规划编制工作的通知》（津政办发［2010］30号）部署，市老龄委认真做好“十二五”老龄事业规划制定工作。在全面总结“十一五”规划执行情况的基础上，市老龄办继续组织编制好“十二五”规划工作。针对当前本市发展老龄事业的新环境、新要求，新问题，提出“十二五”期间老龄事业发展的指导方针、发展目标、重点任务、主要指标、重要措施。市老龄办与市教委、市老干局、市老年教育发展促进会，共同研究制定《天津市老年教育“十二五”发展规划》。

二、以完善养老保障为基础，提高各类老年人生活水平

截至2011年底，城镇职工养老保险参保442万人，医疗保险492万人。城乡居民基本养老保障112万人、医疗保险489万人。提高138万企业退休人员养老金，月人均养老金由1520元提高到1700元，人均增加180元，增幅11.8%。城市低保由每人每月450元调整为480元，农村低保由每人每月250元调整为280元。农村五保供养标准将由每人每年4600元调整为5060元，落实基本生活必需品价格上涨与困难群众生活补助联动机制。自1月1日起，无收入城乡老年人生活补助费标准调整为：年满60周岁不满70周岁的，由每月60元调整为70元；年满70周岁不满80周岁的，由每月70元调整为80元；年满80周岁及以上的，由每月80元调整为90元。全年为24万老年人提供了30亿元的意外伤害风险保障，赔付金额达400万元，赔付率67%，对老年人医疗保障形成很好的补充。

三、以打造虚拟养老院为切入点，探索居家养老新形式

市政府办公厅出台《关于进一步发展我市居家养老服务的意见》。到2015年，我市基本形成“973”的养老服务格局，即全市老年人口中，97%的老年人居家养老（94%的老年人依托社区日间照料服务设施分散居家养老，3%老年人在老年宜居社区集中居家养老），3%的老年人入住养老机构养老。市委、市政府将“完善养老服务”列入20项民心工程。到年底，新增养老机构床位3200张。在80个街道（乡镇）建设老年日间照料服务中心，在100个社区建设老年日间照料服务站。市民政局出台《关于做好我市80岁以上困难老年人居家养老服务政府补贴工作的实施意见》。在原居家养老服务政府补贴范围基础上，对具有本市户籍、城市户口、年龄在80岁以上的、独生子女家庭的父母、市级劳动模范、失能老人和空巢老人且家庭人均收入低于我市最低工资标准的老年人，按照评估后的照料等级，分别给予每人每月100元、150元、200元居家养老服务政府补贴。根据社区食堂的服务类型和服务能力，给予1万元至10万元的一次性补贴。目前，已有31个社区食堂投入使用，服务覆盖市内六区一半以上的老年人。与中国电信天津分公司共同打造天津市虚拟养老院为老服务信息平台。该平台首先于9月份起在西青区进行试点，在该区9个街镇的149个村委会、50个居委会推行，为首批6000余名申请服务补贴的老年人开通服务。这些老人享受到医疗、配餐、代购、咨询、家政、维修等11大类的系列服务。11月份，东丽区虚拟养老院也顺利开始运行。建立“为老服务呼叫网络”。老年人只要拨打88908890电话，就可以根据自己的需要，由专业的公司和人员提供家庭保姆、医院陪护、家居保洁等11大类的系列服务。

四、以市长调研为动力，大力发展全市老年教育

6月23日上午，市委副书记、市长黄兴国深入市老年人大学调研。在市长的亲自关心指导下，市政府投入8千万元，对市老年人大学进行扩建，更新教学设备，建筑面积将由目前的1万平米扩建到1.5万平米。目前，改扩建工程已经开始破土动工。预计市老年人大学常年在校学员将超2万人。市老龄办对贯彻落实《天津市老年教育“十一五”发展规划》（津政发［2005］92号）情况进行了一次全面、具体的统计调查。调查包括各级老年大学、群众性老年教育活动以及远程老年教育的发展情况。经调查，“十一五”末期，各级老年大学、老年学校1414个，全市在校学员204527人，参加有组织教育活动368166人，老年教育覆盖率达40%。由市老年人大学与盛世阳光老年服务网合作开发的老年远程教育应用系统技术平台已开发完成，于10月26日对外试播。老年市民在家中可通过相关网站免费学习。

五、以庆祝建党90周年和敬老月为主题，丰富老年人精神文化生活

根据《全国老龄办关于开展纪念中国共产党成立90周年系列活动的通知》精神，组织广大老年人参加全国老龄办“党旗下的老龄工作”征文比赛、“学党史、知党情、感党恩”知识竞赛和“弘扬民族精神和时代精神”专题宣传等多项活动。市老龄办还与《中老年时报等》单位共同展开“纪念建党90周年有奖征文”活动，收到老年人来稿近百篇，分别刊登在《中老年时报》和《风采园》杂志上，对优秀文章进行评选表彰。以“敬老助老，从我做起”为主题，在全市开展“敬老月”活动。组织开展首届天津“敬老模范”评选表彰活动。评选活动从10月至2012年2月下旬，采取个人自荐、群众举荐、组织推荐，多种方式进行。本着向农村倾斜的原则，城镇的每个街推荐1名“敬老模范”，农村的每村评选出1名“敬老模范”。共评选出“敬老模范”2000人。组委会从“敬老模范”中选出天津市“十大敬老楷模”。与市文广局、红桥区政府在“敬老月”期间共同举办天津市第五届老年文化艺术节。期间，先后开展了“党旗颂，红歌情”中老年合唱比赛、书法、绘画等系列活动。历时四个半月，共有数十个代表队、3000位老年人参加比赛，场面热烈。与市全民健身促进会、鹤童老年公益基金会等单位举办天津市第三届老年人运动会。为全市15个区县的2000余位老年人搭建了一个“我参与、我健康、我快乐、我达人”的体育交流平台。老运会共10个项目，参赛老年人最大年龄91岁，平均年龄65岁。

六、以人大执法检查为契机，维护老年人合法权益

上半年，市人大常委会执法检查组对我市实施《中华人民共和国老年人权益保障法》和《天津市实施〈中华人民共和国老年人权益保障法〉办法》情况集中进行执法检查。市人大常委会主任肖怀远，市人大常委会副主任李润兰、王宝弟，秘书长王世新亲自带队。副市长只升华和市人大常委会、市政府有关部门负责同志陪同。执法检查组对我市整体老龄工作给予了很高评价，同时提出了部分意见和建议。市政府拿出了相应的整改报告。从1月1日起，为1946年出生年满65岁的老年人发放敬老卡，共计9.5万，累积发放敬老卡110万。2010年4月1日本市施行65岁以上老年人免费乘坐公交车的惠民工程，已一年多时间。截止到4月1日，我市老年人共有7000万人次享受优待。发卡工作已走入正常化，为保障敬老卡发放工作的正常进行，根据市人大内司委意见，市老龄办对我市敬老卡发放工作开展了调研，深入到4个区县的8个街镇，最后形成调研报告报人大内司委。全年，市区两级老龄办共接待老年人来信来访2000余件。与市司法局、市广电集团等单位在市老年活动中心联合举办“福彩杯”大型老年法律咨询服务活动。来自20家法律服务机构的28名律师和11名法律工作者现场为千余名老年人提供社会保障、婚姻、房产、财产分割、遗产继承、赡养、消费权益、医疗纠纷、交通事故等方面的法律咨询。

七、以贫困老年人为重点，多办好事、实事

“敬老月”期间，市老龄办组成2个组对河东、大港等四个区的部分贫困老人进行了慰问，送去了慰问金和慰问品。各成员单位和涉老单位也通过各种形式为老年人办实事。市文明办、市民政局、市志愿服务联合会、市慈善协会联合举办的“志愿者关爱空巢老人”。10月12日，由市妇联等单位举办的“心系老年——孝心工程”启动。该活动将通过发放百万孝心宣传册、孝心关爱卡、关爱礼包，开展“孝亲养老”社区试点课堂等为老人们送去福音。启动仪式上为首批关爱单位颁牌，并下基层慰问社区老年人家庭，赠送了孝心大礼包及知识宣传册。

八、以举办首届老年产业博览会为突破口，发展我市老年产业

11月9日，天津市老龄产业协会召开第一次会员大会暨成立大会，市民政局局长、市老龄委副主任张中华等有关领导及30多家企事业单位的有关负责人出席会议。协会将监管为老服务行业、建立产业信息网、组织研发老年产品等作为工作的重点，发挥协会成员的作用，有力地促进我市老龄产业的发展。12月2日至4日，第一届老年产业博览会在天津体育馆举办。此次老年产业博览会设健康产业、养老服务、老年生活等三大展区。共有来自全国280余家老年用品和老年机构参展。会展期间，博览会组委会还举办全国老年产业论坛，来自全国老龄委、老龄科研部门及部分大专院校的专家学者就老年产业的发展方向、前景及目前存在的问题发表看法并展开研讨。

重要会议和活动

【全市老龄工作会议】 1月14日，我市召开老龄工作年度会议，各区县老龄办负责人参加会议。会议总结了2010年全市老龄工作情况。南开区、河西区、河北区、滨海新区、宁河县、北辰区、和平区、宝坻区老龄办汇报了2011年主要工作打算。市老龄办通报了2010年全国及天津市老龄工作先进单位和先进个人表彰决定，市老龄办主任常振宗部署了2011年工作。市民政局程怀金副局长对2010年全市老龄工作给予充分肯定，指出2011年，要做好老龄事业“十二五”规划制定工作；继续支持老年日间照料服务中心（站）建设，搞好居家养老服务工作；要搞好工作调研，摸实情、听建议、寻对策；要切实维护好老年人合法权益；拓展“银龄行动”，扩大辐射面；加强老龄工作机构建设。

【市老年学学会年会】 1月19日，市老年学学会召开年会。本市老年学、老年社会学、老年医学界的专家学者及基层老龄工作者共30余人参加了会议。会议围绕“养老模式的创新与实践”展开自由研讨。市老年学学会会长王辉总结了2010年学会工作，提出2011年学会工作将紧密结合贯彻落实“十二五”规划，全年的学术研究以“养老模式的创新与实践”为主题，重点研究老龄事业与老龄产业发展、养老服务体系建设、养老机构发展的思路和理念、养老机构发展的机制体制等问题，为制订社会养老服务有关政策提供智力支持。会议增补市老龄办主任常振宗为副会长、天津电台《枫叶正红》主持人陈沛为理事。

【全国老龄办副主任吴玉韶来津调研】 4月26日—28日，全国老龄办副主任吴玉韶一行6人，来我市调研基层老龄工作、养老服务、老年教育工作开展情况。27日上午，市老龄办召开座谈会，市老龄办主任常振宗就调研相关课题向调研组作了汇报。吴玉韶副主任指出，天津老龄工作走在全国前列，在全国率先实现了养老保障工作城乡一体化和全覆盖，同时率先实现了老年教育的普及化。市老龄委副主任、市民政局局长张中华，市民政局副局长程怀金出席了座谈会。会议结束后，调研组先后赴天津市老年人大学、河东区二号桥街社区服务中心和配餐中心、河西区宜景村、鹤童养老院、西青区中北镇、宝坻区西李各庄村老年活动中心实地考察，并听取了相关工作汇报。

【市人大常委会对老年人权益保障法实施情况执法检查】 6月10日，市人大常委会对《天津市实施〈中华人民共和国老年人权益保障法〉办法》情况集中进行执法检查。市人大常委会主任肖怀远，市人大常委会副主任李润兰、王宝弟，秘书长王世新和部分常委会委员、市人大代表参加。副市长只升华和市人大常委会、市政府有关部门负责同志陪同。在检查中，执法检查组深入到南开区华苑长华里社区和天津市养老院，详细了解了老年人权益保障工作情况，听取了本市贯彻实施老年人权益保障法情况的汇报。执法检查人员充分肯定了市政府及有关部门贯彻执行老年人权益保障法所做的工作和取得的成绩，并就进一步提高养老服务社会化水平，加强老龄工作队伍建设等提出了意见和建议。

【黄兴国市长深入市老年人大学调研】 6月23日，在市老年人大学校长王鸿江等的陪同下，市委副书记、市长黄兴国深入市老年人大学调研，市政府秘书长袁桐利参加调研。黄市长首先察看了校区建设情况，而后来到舞蹈、书法、绘画、钢琴班，与正在上课的老年人亲切交谈。随后，黄兴国主持召开座谈会，听取了市老年人大学负责同志的情况汇报，协调解决学校建设中的有关问题。他说，市老年人大学建校以来，遵循正确的办学方向，坚持增长知识、丰富生活、陶冶情操、促进健康、服务社会的宗旨，在提高老年人生活质量，构建和谐社会，推进终身教育体系建设，推动科学发展等方面，作出了重要贡献。

【首家虚拟养老院成立】 9月20日，西青区召开居家养老服务工作暨虚拟养老院成立大会，我市首家虚拟养老院正式挂牌成立。首批入网对象为该区60岁以上城乡低保、特困、优抚抚恤对象等困难群体人员。首先开通的服务为基本服务，包括家庭保姆、医院陪护、家居保洁、日常照料、应急维修、代理服务、配餐配送、医疗保健、精神关爱、法律服务和包括道路出行指引、公交车换乘查询等共11大类115项居家养老服务。今后服务内容将逐步增加。市老龄办主任常振宗出席成立大会，他对西青区虚拟养老院工作提出三点意见：一是坚持政府主导。政府要加大政策扶持力度，制定相应优惠政策，扶持虚拟养老院的发展壮大。二是坚持走市场化道路。进一步统筹各种社会养老资源。三是坚持以老年人的需求为中心。核心就是老年人的满意度。继西青区之后，我市将在其他区县陆续建立虚拟养老院，使全市老年人都享受到这项服务。

【“福彩杯”大型老年法律咨询服务活动】 9月26日，我市在市老年活动中心举办“福彩杯”大型老年法律咨询服务活动，市司法局、市广电集团、市老年基金会、今晚报社、市福彩中心的有关领导出席咨询活动。市民政局副局长程怀金讲话指出，首届“福彩杯”大型老年法律咨询服务活动的开始标志着我市“敬老月”活动的全面启动。来自20家法律服务机构的28名律师和11名法律工作者现场为千余名老年人提供社会保障、婚姻、房产、财产分割、遗产继承、赡养、消费权益、医疗纠纷、交通事故等方面的法律咨询。

【天津市老龄产业协会成立】11月9日，天津市老龄产业协会召开第一次会员大会暨成立大会，市民政局局长、市老龄委副主任张中华等有关领导及30多家企事业单位的有关负责人出席会议。协会将监管为老服务行业、建立产业信息网、组织研发老年产品等作为工作的重点，发挥协会成员的作用，有力地促进我市老龄产业的发展。

【第一届老年产业博览会】12月2日至4日，经市政府批准同意，由市老龄委、市老年健康协会主办，市工商联、市民政局、市商务委等16家单位支持，天津均利达展览服务有限公司与中老年时报共同承办的天津市第一届老年产业博览会在天津体育馆举办。此次老年产业博览会设健康产业、养老服务、老年生活等三大展区。全国老年科技产品的最新成果展成为本届博览会的一大亮点。共有来自全国280余家老年用品和老年机构参展。近万名市民和客商参观展会。会展期间，博览会组委会还举办全国老年产业论坛，来自全国老龄委、老龄科研部门及部分大专院校的专家学者就老年产业的发展方向、前景及目前存在的问题发表看法并展开研讨。

【为老服务志愿活动】各社区为老服务志愿组织，以帮扶助老结对子、专项对口服务、邻里就近服务为载体，以“敬老月”活动为契机，积极开展形式多样的志愿为老服务活动。天津医大口腔医院、天津眼科医院为所在区街老年人进行的健康查体和医疗咨询活动，使老人不出社区即可享受到在家面对面、心贴心的医疗服务。塘沽区在新河街养老服务中心启动“迎重阳爱心永驻敬老月”活动。400余名各社区及老年大学志愿者在“敬老月”开展“为老年人办一件实事、做一件好事、解一件难事”的“三个一”为主题的助老活动。

各项业务进展

【养老保障工作】至2011年底，城镇职工养老保险参保442万人，医疗保险492万人。城乡居民基本养老保障112万人、医疗保险489万人。提高138万企业退休人员养老金，月人均养老金由1520元提高到1700元，人均增加180元，增幅11.8%，比全国10%的调整水平高1.8个百分点。进一步加大帮扶解困力度，保障困难群体基本生活。城市低保由每人每月450元调整为480元，农村低保由每人每月250元调整为280元。农村五保供养标准将由每人每年4600元调整为5060元，落实基本生活必需品价格上涨与困难群众生活补助联动机制。我市100岁及以上老寿星的营养补贴标准居于全国上游，今年起部分区县相应调整了百岁老人的营养补助金标准，每人每月补贴标准达到1000元的已经有4个区，达到800元的三个区。自1月1日起，无收入城乡老年人生活补助费标准调整为：年满60周岁不满70周岁的，由每月60元调整为70元；年满70周岁不满80周岁的，由每月70元调整为80元；年满80周岁及以上的，由每月80元调整为90元。

【养老服务工作】市政府办公厅出台《关于进一步发展我市居家养老服务的意见》。到2015年，我市基本形成“973”的养老服务格局，即全市老年人口中，97%的老年人居家养老（94%的老年人依托社区日间照料服务设施分散居家养老，3%老年人在老年宜居社区集中居家养老），3%的老年人入住养老机构养老。市委、市政府再次将“完善养老服务”列入20项民心工程。到年底，我市新增养老机构床位3200张，其中，市级国办养老机构800张，区县国办养老机构800张，农村敬老院600张，社会办养老机构1000张。在80个街道（乡镇）建设老年日间照料服务中心，在100个社区建设老年日间照料服务站。市民政局出台《关于做好我市80岁以上困难老年人居家养老服务政府补贴工作的实施意见》。在原居家养老服务政府补贴范围基础上，对具有本市户籍、城市户口、年龄在80岁以上的、独生子女家庭的父母、市级劳动模范、失能老人和空巢老人且家庭人均收入低于我市最低工资标准的老年人，按照评估后的照料等级，分别给予每人每月100元、150元、200元居家养老服务政府补贴。兴建了一批集产、供、销、加工配制、送餐为一体的“社区食堂”。根据社区食堂的服务类型和服务能力，给予1万元至10万元的一次性补贴。目前，已有31个社区食堂投入使用。市老龄办与中国电信天津分公司共同打造天津市虚拟养老院为老服务信息平台。该平台首先于9月份起在西青区进行试点，在该区9个街镇的149个村委会、50个居委会推行，为首批6000余名申请服务补贴的老年人开通服务。这些老人享受到医疗、配餐、代购、咨询、家政、维修等11大类的系列服务。11月份，东丽区虚拟养老院也顺利开始运行。

【老龄新闻宣传工作】组织广大老年人参加全国老龄办“党旗下的老龄工作”征文比赛、“学党史、知党情、感党恩”知识竞赛和“弘扬民族精神和时代精神”专题宣传等多项活动。市老龄办还与中老年时报等单位共同展开《纪念建党90周年有奖征文》活动收到老年人来稿近百篇，分别刊登在中老年时报和《风采园》杂志上，对优秀文章进行评选表彰。在“敬老月”活动期间，通过报纸、电台、电视台、网络等新闻媒体重点对我国人口老龄化的严峻形势，党和政府的方针以及我市老龄事业所取得的成就进行了宣传，营造尊老敬老的社会氛围。各级领导对庆祝活动都给予了高度关注，对活动的组织方法、内容、形式提出具体要求。市老龄工作委员会在全市组织开展首届天津“敬老模范”评选表彰活动。评选活动从10月至2012年2月下旬，采取个人自荐、群众举荐、组织推荐，多种方式进行。本着向农村倾斜的原则，城镇的每个街推荐1名“敬老模范”，农村的每村评选出1名“敬老模范”。共评选出“敬老模范”2000人。组委会从“敬老模范”中选出天津市“十大敬老楷模”。

【老年文体工作】与市文广局、红桥区政府共同举办的天津市第五届老年文化艺术节。期间，先后开展了“党旗颂，红歌情”中老年合唱比赛、书法、绘画等系列活动。历时四个半月，共有数十个代表队、3000位老年人参加比赛，场面热烈。与市全民健身促进会、鹤童老年公益基金会等单位举办天津市第三届老年人运动会。为全市15个区县的2000余位老年人搭建了一个“我参与、我健康、我快乐、我达人”的体育交流平台。老运会共10个项目，参赛老年人最大年龄91岁，平均年龄65岁。

【老年维权工作】市人大常委会执法检查组对本市实施《中华人民共和国老年人权益保障法》和《天津市实施〈中华人民共和国老年人权益保障法〉办法》情况集中进行执法检查。市人大常委会主任肖怀远，市人大常委会副主任李润兰、王宝弟，秘书长王世新亲自带队。副市长只升华和市人大常委会、市政府有关部门负责同志陪同。市老龄办与市司法局、市广电集团等单位在市老年活动中心联合举办“福彩杯”大型老年法律咨询服务活动。来自20家法律服务机构的28名律师和11名法律工作者现场为千余名老年人提供社会保障、婚姻、房产、财产分割、遗产继承、赡养、消费权益、医疗纠纷、交通事故等方面的法律咨询。各区、县老龄办也举办了各种形式的法律维权宣传活动。全年，市区两级老龄办共接待老年人来信来访2000余件。

【老年优待工作】从1月1日起，为1946年出生年满65岁的老年人发放敬老卡，共计9.5万，累积发放敬老卡110万。2010年4月1日本市施行65岁以上老年人免费乘坐公交车的惠民工程，已一年多时间。截止到4月1日，我市老年人共有7000万人次享受优待。发卡工作已走入正常化，为保障敬老卡发放工作的正常进行，根据市人大内司委意见，市老龄办对我市敬老卡发放工作开展了调研，深入到4个区县的8个街镇，最后形成调研报告报人大内司委。

上海市

综　述

2011年是老龄事业发展“十二五”规划的开局之年，上海老龄工作在市委、市政府的领导下，在市、区县老龄办、市老龄委成员单位以及社会各界的共同努力下，取得了可喜成绩，为“十二五”期间老龄事业发展创造了良好的开端。

一、积极关注特殊人群，不断完善养老保障和医疗保障制度，实施多项保障、补贴和补助政策

进一步调整城镇企事业单位退休人员基本养老金，对特殊人群实行养老金倾斜政策；积极提高小城镇社会保险的养老金水平，全面实施新农保，并提前完成市政府实事项目，提高了农村社会养老保险的养老金水平；不断完善制度体系，全面实施城镇居民养老保险；积极提高退休计划生育奖励标准，关爱扶助计划生育家庭，不断提升本市养老金社会化发放工作水平。进一步完善城镇居民医保制度，提高了门诊医疗待遇，加大了对困难老人的帮扶力度；完善医保支付管理，扩大医保支付项目范围，继续减轻患病老人医疗费负担，新增6家养老机构纳入医保结算网络，继续做好退休人员住院补充医疗互助保障计划的参保工作。积极转换社区卫生服务模式，全面推行“全科团队服务”，完善公共卫生服务网络；开展家庭医生制服务模式的试点，广泛建立家庭病床服务，为老年人提供更为便捷和个性化的基本卫生服务。

二、加快建设社会养老服务体系，加大投入力度拓展社区为老服务，全面完成政府实事项目目标

全年新增养老床位5541张，超额完成2011年新增养老床位目标，为计划的110.8%；新建老年人日间照料中心23家，完成当年市政府实事项目新建目标，为计划的115.0%；不断提升养老机构管理服务水平，实施“以奖代补”资助模式提升民办养老机构管理服务水平，继续推行“上海市养老机构综合责任保险”，百床事故率和赔付率持续下降，由去年的1.4%下降到0.98%。超额完成为经济困难且需要生活照料的老人提供社区居家养老服务的市政府实事项目，为26.2万名居家老人提供社区居家养老服务。重视养老服务管理体系建设，继续实施养老服务信息化标准化建设，开展居家养老服务信息化项目建设，广泛开展养老服务的业务培训工作，举办了84期各类培训班，培训4601人。加强老年活动室等涉老设施建设，新建和改造300家社区标准化老年活动室的任务，开展社区老年活动室的第三方调研评估工作。

三、加大老年教育投入力度，积极推动老年群众文化、体育活动蓬勃开展，努力打造上海文化养老新局面

发布实施了《上海市老年教育“十二五”规划》，全面启动“个十百千万”工程，启动实施“东西南北”市级优质老年教育资源均衡分布计划，积极加大老年教育投入力度，构建上海老年大学均衡发展的教学体系；不断推进远程老年教育工作，扩大老年教育“收视点”的覆盖面，发挥示范“收视点”的引领作用；继续加强老年人群体科学知识普及，开展各类普讲活动。完善公共文化基础设施网络，基本建成“15分钟公共文化服务圈”的建设；积极组织老年人参与群众文化娱乐活动，不断满足精神文化需求，全年参与文化活动的老年人数占总人数的60%；进一步丰富社区老年人的文化生活，提升社区老年艺术团队的水准，全面完成了2011年指导员派送的“倍增计划”。积极推动老年体育活动蓬勃发展，开展了50多项市级以上赛事，并组团参与各类国际国内赛事；开老年体育健身项目不断创新，不断改善老年人休闲娱乐健身条件，推进老公园改造，老年人健身场所和健身组织不断增加。

四、深入开展敬老宣传，精心组织实施庆祝第24个敬老日系列活动，积极营造尊老敬老社会氛围

新闻媒体加强老龄专题报道，积极宣传党和政府有关老龄工作的方针、政策，为老龄事业发展创造良好的舆论环境，推出40余条次涉老新闻报道和60多个社教专题。积极弘扬尊老敬老的传统美德，营造全社会关爱老年群体、重视老龄工作的浓厚氛围，开展“九九关爱”上海市2011年重阳节电视大放送等14档节目活动，举办“璀璨夕阳红——上海市2011年重阳节（敬老日）文艺晚会”，为100多位曾经为国家发展和城市建设做出杰出贡献的老干部、老劳模、老科技工作者、老文艺工作者以及老龄系统先进代表举行了红地毯仪式。组织本市50余位资深律师和法院、公安、司法、民政、卫生、妇联、老年社工等部门的专家举办了“2011年上海市敬老日大型宣传咨询和为老服务活动”，开展了第六届养老服务“双十佳”服务明星等系列评选、十大寿星和百岁夫妻排行榜等多种敬老活动。

五、加大老年维权力度，重视法律研究、政策制定和司法实践相结合，积极维护老年人的合法权益

积极出台涉老司法行政和宣传教育政策文件；不断加强以医疗、保险、救助、赡养、住房等方面法律政策为重点的法制宣传教育工作，以多种形式深入居村委基层为老年人进行法治宣讲，深受广大老年群众的欢迎。积极修订法律援助标准，明确了本市法律援助对象经济困难标准，降低本市老年人的法律援助门槛，扩大了老年人法律援助覆盖面。开展多种老年维权服务工作，积极打击侵犯老年人合法权益的违法犯罪活动，增强老年消费群体的维权意识。

六、重视老龄科研的引领作用，积极开展老龄研究和调研，重视推动老龄研究的成果转化一开展“《上海市老龄事业发展“十一五”规划》终期评估”课题研究，完成《上海市老龄事业发展“十二五”规划》编制工作，根据“全国老年友好型城市和老年宜居社区试点工作总结会议”精神，结合上海两年来的创建经验，启动了《上海市老年友好城市指南》和《上海市老年宜居社区指南》的编制工作。针对本市老龄工作“养老服务”、“养老社区”、“老年法律”“老年护理”等重点问题，开展多种专项调研和专项研究。积极参与和推动老龄工作的合作和交流，扩展老龄研究新领域，与日本、荷兰、世卫组织开展合作和交流，主办和参与专题论坛。不断修订完善《老年人和老龄事业监测统计制度》，完成老年人口和老龄事业发展监测统计工作，编制多种相关的数据手册，多渠道及时准确地向社会发布数据信息，及时为政府有关部门的涉老决策提供服务。

重要会议和活动

【发布本市老年人口信息】4月18日，由市民政局、市老龄工作委员会办公室、市统计局正式发布2010

年上海市老龄人口和老龄事业监测统计信息。

【召开市老龄委全体（扩大）会议】5月17日，上海市老龄工作委员会召开全体（扩大）会议，明确在“十二五”开局之年，要从老年人的需求出发，实事求是，切实掌握老年人的需要，尊重老年人的愿望，老有所呼，我有所应，集中精力，做好为老服务实事项目。鼓励社会共同参与发展老龄产业。积极策划组织老有所为活动，不断丰富老年人精神文化生活。

【举办2011中国国际康复护理展览会】5月16日—18日，在上海国际展览中心举办“2011年中国国际康复护理展览会（第六届中国国际老年人和残疾人康复护理技术及辅助器具展览会”。来自中国、比利时、德国、荷兰、美国、加拿大、英国、丹麦、瑞典、新加坡、日本、韩国、中国香港和中国台湾等14个国家和地区的一百五十余家专业厂商参与展览展示。同期举办“2011中国康复辅具发展”主题研讨会、中国无障碍生活研讨会和第二届全国养老机构院长交流研讨（上海）峰会等系列论坛。

【全国人大老年人权保障执法检查】5月23日—27日，全国人大老年人权保障执法检查组在上海检查本市贯彻实施老年法的情况。

【沪疆“银龄行动”】6月10日—8月，第九期“沪疆行动”组织来自医疗等多领域的25名老年知识分子赴疆，开展了为期2个月的志愿服务。

【敬老日系列活动】9月27日，结合上海市第24个敬老日系列活动，“璀璨夕阳红——上海市2011年重阳节（敬老日）文艺晚会”在上海大剧院举行，为100多为曾经为国家发展和城市建设做出杰出贡献的老干部、老劳模、老科技工作者、老文艺工作者以及老龄系统先进代表举行了红地毯仪式。

【第四届上海市十大寿星评选】9月29日揭晓“2011年上海市十大寿星排行评选活动”结果，评出“上海市十大男、女寿星”、“上海市十佳百岁风采寿星”、“上海市百岁夫妻”等奖项。112岁的李素清老人荣获上海最高龄寿星、十大女寿星二项桂冠，同时也是老人第四次荣登上海寿星榜首。上海市百岁夫妻增至3对。

【敬老日大型宣传咨询为老服务活动】10月5日，开展“九九关爱”上海市2011年重阳节电视大放送活动。当日，本市50余位资深律师和法院、公安、司法、公证、法律援助、养老保险、医疗保险、民政、卫生、妇联、心理咨询、老年社工等部门的专家在静安公园举办“2011年上海市敬老日大型宣传咨询和为老服务活动”现场接受广大老年人的咨询。

【“军徽映夕阳”经验交流会】11月22日，召开“军徽映夕阳”经验交流会暨军地共建现代老龄服务事业签约仪式。

各项业务进展

【老年维权工作】发布了《关于进一步做好司法行政服务老龄事业的指导意见》，推动司法行政服务老龄工作更加深入、扎实、有效开展。市政府正式发文颁布了本市新修订的法律援助相关标准，明确了本市法律援助对象经济困难标准由本市最低生活保障线的1.5倍调整为本市城乡家庭人均可支配收入标准，进一步降低了本市老年人的法律援助门槛，扩大了老年人法律援助覆盖面，2011年，本市各法律服务援助机构及法院共办理涉老法律援助案件904件，其中涉及赡养权受侵的占33.1%。共减免金额147.39万元。共受理老年人来信、来访、来电总数4.68万人次，其中涉及内容较多的依次为住房权、赡养权、财产权、婚姻和人身权受侵问题，调解处理4.59万人次。

积极组织开展“社区法治故事互动巡讲”活动，深入本市17个区县的居村委为老年人进行宣讲，全年共举行37场；广泛开展“法律进社区”、“法律进乡村”活动，切实增强基层老年人法制宣传工作，深受广大老年群众的欢迎。进一步方便老年人申请并获得法律援助，推出了“零距离服务”便民举措，全市各法律服务援助机构为老年人提供法律咨询服务1.33万人次。进一步增强老年群体的消费维权意识，发挥消费者权益保护联络点作用，加强对老年消费者的提醒，进一步提高老年人自我维权能力。

【为老服务业发展】截至2011年底，新增养老床位5541张，其中政府办养老机构新增1869张，社会办养老机构新增3672张，全市共有养老机构631家，拥有养老床位10.19万张，占本市户籍老年人口的2.93%。全市新增养老床位建设资金总投入44178万元。推行“以奖代补”资助模式提升民办养老机构管理服务水平，在全市504家会员单位中开展了“行检行评”活动，深化行业自律，提升养老机构行业管理服务。其中378家养老机构达标，达标率为75%。市民政局发布了《关于2011年度本市养老机构投保综合责任保险有关事项的通知》，全市共有559家养老机构的58282张养老床位投保综合责任险，与上年相比，百床事故率由1.4%下降到0.98%，赔付金额由766万元下降到336万元，赔付率由111%下降到44%。

全市新建老年人日间照料中心23家；新设立社区老年人助餐服务点46个；截至2011年底，本市

17个区县共有233家社区助老服务社，3.3万名社区居家养老工作人员，为26.2万名居家老人提供社区居家养老服务，其中，为24.2万名老人提供上门服务，有13.3万名老人经评估得到服务补贴，补贴人数约占服务总人数的50.8%，服务补贴总金额3.3亿元；另有9000名老人的养老服务补贴带入养老机构。全市共有社区老年人日间照料中心326家，为1.1万名老人提供日间照料服务；共有社区老年人助餐服务点450家，受益老人4.8万名。顺利完成了“新建100家、改造200家标准化老年活动室”的创建任务。

【老龄新闻宣传】时逢建党90周年，各委员单位结合上海第24个“敬老日”活动，积极开展系列庆典活动，举办多种大型老年书画展、书画比赛、主题歌会演唱比赛、红歌赛，扩大银发艺术在社会上的影响，又给老年人提供了一个充分表现自己健康快乐晚年生活的平台和机会。各单位共同举办多种敬老日大型宣传咨询和为老服务活动。

人力资源和社会保障部、全国老龄工作委员会联合下发《关于评选全国老龄系统先进集体和先进工作者的通知》，开展“全国老龄系统先进集体和先进工作者”评选活动开展第六届养老服务“双十佳”服务明星评选活动，20名养老机构和社区居家养老服务机构的一线从业人员获得了荣誉称号。新闻媒体加强老龄专题报道广播电视机构充分发挥媒体的宣传功能，积极推出40余条次涉老新闻报道和60多个社教专题，新闻报道栏目不间断推出小专题《透视：解读医改（三）老年护理的制度化尝试》等，弘扬社会正气。广播、电视台积极开设针对涉老权益的婚姻家庭、继承、赡养等问题及相关社会话题进行深入报道，“衣食住行”全方位加强对老年人的教育引导，配合各部门做好敬老宣传。

【老年文体活动】积极组织老年人参与群众文化娱乐活动，组织开展2011年“上海之春”和第十三届“中国上海国际艺术节”、上海市第三届“舞动精彩”社区舞蹈及时装表演大赛等。以庆祝建党90周年为契机，组织开展第六届老年文化艺术节系列活动举办“银龄唱响”——庆祝建党90周年歌会、“九十华诞，光耀申城”上海老年摄影展、“赤彤丹朱90秋——纪念建党90周年书画展”、2011年上海市中老年优秀舞蹈展演以及“岁月的旋律”交响音乐会等系列活动。上海银发艺术团根据建党九十周年庆典活动要求，参加了由中国音乐家协会主办的“庆祝建党九十周年‘在灿烂的阳光下’主题歌会”演唱比赛，获得了金奖，扩大了银发艺术团在社会上的影响。

国务院颁发了《全民健身计划（2011－2015年）》，在工作措施中明确提出要“重视发展老年人体育”，各级政府部门和社会各界对老年体育组织的增加投入，有50多项市级以上赛事绝大部分在政府和企事业单位的大力支持下展开的，共吸引本市10余万老年人参与。不断推进老年体育旅游工作，包括短线、中线、一日游和境外游，共组织近10万老年人出游，极大地丰富了老年人的体育文化生活。2011年，全市居民健身苑点达7741处，农民健身工程达1033个，新建公共运动场达316处764片，健身步道达859条469公里，健身组织不断壮大，全市有社区健身俱乐部108个，社区健身团队1万多个，社区体育辅导员2.3万多人。

【“银龄行动”】6月10日组织启动第九期沪疆“银龄行动”，来自医疗等多领域的25名老年志愿者包括医疗卫生专业的18名、职业技术教师6名、畜牧及动物饲养和生物技术专业各1名，赴疆分别在喀什地区、博尔塔拉蒙古自治州、巴音郭勒蒙古自治州和克拉玛依市的8家单位，开展了为期两个月的志愿服务。本次“行动”以对口援助喀什地区为重点，并且拓展了职业技能培训项目，在突出“智力援助”和“志愿行动”的基础上，使“传、帮、带、教”作用得到充分发挥。

【典型经验】根据全国老龄办2011年10月在浙江省湖州市召开的“全国老年友好型城市和老年宜居社区试点工作总结会议”精神，结合上海两年来的创建经验，启动了《上海市老年友好城市指南》和《上海市老年宜居社区指南》的编制工作。进一步推动上海“老年友好城区”和“老年宜居社区”的创建工作。

从2006年开始，市统计局组织公安、社保、卫生、教育、民政和司法等10多个委办局，对上海老龄信息进行采集与统计汇总，建立了《老年人口和老龄事业监测统计制度》。2011年修订和完善了《老年人口和老龄事业监测统计制度》，将相关表格增至18张，删除了“各区县按户籍性质分组的老年人口数”统计表，增加了“独居老人人数”等3张统计表，使该项制度不断得以完善，并按时向社会公布，及时为政府有关部门的涉老决策提供服务。

为进一步推动新理念、新科技、新材料在为老服务中的运用，实现科技手段对老年群体的关爱，10月31日“上海老年人福祉科技研发推广中心（筹）”在上海市浦东新区张江高科技园区集成电路产业区正式启动。该中心是贯彻国家民政部、上海市人民政府《共同建设国家现代民政示范区合作协议》而筹建的，由浦东新区具体组织实施。前期工作将围绕老年人的实际需求，研发医疗、康复、预防等多样化涉老产品，为高龄、残疾、失智失能老人提供科技支持。

【国际交流与合作】大力推进“老年友好型城市”项目在沪的开展，市民政局领导和相关人员专程赴世界卫生组织总部介绍上海开展“老年友好型城市项目”的具体情况，得到世卫组织官员的高度肯定，并派员参加在爱尔兰都柏林市举行的首届国际老年友好城市大会，宣传上海老龄工作的成果。11月，接待了专程来沪考察上海“老年友好型城市”项目开展情况的世卫组织老龄化和生命历程司司长约翰．比尔德。

在上海和荷兰鹿特丹市友好城市交流合作框架下，2011年10月，荷兰劳伦斯基金会老年康复专家代表团来沪，与市民政局围绕中荷两国养老福利政策体系、老年康复工作的发展和限制、居家养老体系的创新开展等内容进行了交流，并就荷方在老年康复、居家养老、社区养老等社会服务工作方面的经验做法如何更好为上海服务展开了深入探讨。

以“老龄化的影响与对策：积极、健康、有保障”为主题的“上海2011年参事国是论坛”由上海市政府参事室主办，国务院参事室和全国各省市参事室共同参加。论坛从“健康的老龄化”、“有保障的老龄化”和“积极的老龄化”三个角度，交流以积极的态度探讨人口老龄化对社会、经济、文化发展的影响和作用；讨论如何客观、科学量化老年人的生命质量，提高老年人心理、生理健康水平；并从制度、管理、土地、财税、法律等方面如何提供坚实保障等进行了深入的专题研讨。

首届全国青年学者老年学和老年医学论坛在上海举行，参加论坛的有来自全国20多所高校和近20家医院的300多名青年学者，交流论文近200篇，有三分之一的青年学者获得了报告发言和展示的机会。论坛的特色与亮点在于推动和实现了新老学者的联动以及老年学和老年医学的联动，为推动青年学者深入研究老年学与老年医学建立了新平台，在中国人口老龄化进程不断深化的发展趋势下具有重要意义。

市民政局、市老龄办、中国国际贸易促进委员会上海市分会共同主办的“2011中国国际康复护理展览会（第六届中国国际老年人和残疾人康复护理技术及辅助器具展览会）”，来自中国、比利时、德国、荷兰、美国、加拿大、英国、丹麦、瑞典、新加坡、日本、韩国、中国香港和中国台湾等14个国家和地区的一百五十余家专业厂商参与展览展示。同期举办了2011中国养老产业高峰论坛、2011中国康复辅具发展主题研讨会、中国无障碍生活研讨会、第二届全国养老机构院长交流研讨（上海）峰会以及各类技术交流会及健康讲座等，旨在加强养老产业指导，促进养老产业发展等系列论坛。

重庆市

综　　述

截至2011年底，重庆市60周岁及以上老年人口560.13万人，占总人口的17.25%，比2010年增加21.21万人，增长3.94%。其中：男性281.05万人，占50.18%。女性279.08万人，占49.82%；80周岁及以上老年人口73.52万人，占总人口的2.26%；90周岁及以上老年人口10.16万人，占总人口的0.32%；百岁及以上老人1024人。老龄化、高龄化和空巢化的态势已经形成，呈现出总量大、比重高、增速快的特点。

一、老年社会保障力度增强

一是养老保险体系不断健全。城乡居民社会养老保险提前全国一年实现全覆盖，基础养老金比国家标准高25元，企业退休人员人均养老金水平达到近1600元。全市老年人参加城乡居民养老保险超过85%。探索建立了消费养老、以房养老等新型养老保障模式。二是老年社会救助工作进一步加强。老年社会求助保障标准与经济发展水平和物价上涨“双联动”机制全面建立，对年满70周岁的城乡低保老人，在保障标准基础上每人每月分别增发35元和20元低保补助金。全市城市“三无”和农村五保供养标准为每人每月370元和238元，同比增长15.6%和16.6%。三是老年福利制度逐步建立。全市38个区县全部发放了百岁老人营养补贴，渝中区、九龙坡区等21个区县出台了90—99岁老人高龄补贴政策，南岸区等4个区县对80—89岁困难老人建立了补贴制度，约12万高龄老人受益。

二、医疗保障水平提高

全市人均寿命76.58岁，在西部地区排第一，高于全国平均寿命。逐步实行了为60岁以上老人建立健康档案、免费体检等制度。老年人城乡居民合作医疗保险参保率达到95%。城乡居民合作医疗保险财政补贴由每人每年120元提高到200元。解决了关破企业退休人员医疗保险等社保历史遗留问题。

三、基层社区为老服务工作稳步推进

加快推进居家养老服务网络建设，制定了城市社区服务站建设资金补助办法，支持社区服务站建设。开展了“社区虚拟养老院”试点工作，初步建立以居家养老为主，机构养老为辅的养老服务格局已初步形成。积极扶持社会力量兴办养老服务业，加大政策引导、资金资助、税费优惠、用地保障等扶持力度，养老服务业发展的政策体系框架初步形成。

四、老年服务设施建设步伐加快

全市已建成城乡养老机构1354所，床位11.5万张，其中：城镇福利院、社会福利中心、老年公寓等266所，床位3.6万张；农村敬老院1088所，床位7.9万张。平均每千名老人拥有养老床位20张，五保老人集中供养能力达到51%。城乡居民基层医疗卫生服务机构建设得到强化，老年人就医条件得到一定改善。璧山青杠建成了一所具有示范引导作用的，集医疗、护理和养老于一体的综合性老年护养中心。建成老年大学（校）937所，老年活动站/中心/室8332个。

五、老年权益保障力度加大

全市老龄系统接待来信来访14319次，全市已建老年法律援助中心575个，处理涉老案件2091件，建立老年维权协调组织1869个，获法律援助老年人1855人，减免诉讼费81.69万元，减免律师费182.97万元。

六、老年文教体育事业深入发展

全市建有老年大学（学校）937所，开设33个专业，在校人数22万多人。农村老年远程教育覆盖了4000多个村，有近50万农村老年人受益，全国老年远程教育领导小组在重庆召开了现场会，推广重庆经验。全市经常参加体育锻炼的老年人达296万人，占全市老年人口54.89%。组织开展了“文化艺术节”、“九九体育节”、红歌赛、老年书画联展、幸福老年摄影展、红色故事会等老年人文化体育活动。

七、老年人参与社会发展成效明显

一是培育和发展老年群众组织。组织召开了第一次老年群团组织负责人座谈会，建立老年群团组织工作联系制度。目前全市老年协会蓬勃发展，数量达到八千多个。二是搭建老有所为平台。与市老科协共同举办第七期“银龄行动”，组织了100多名老科技工作者，深入南川区大观镇、南岸区长生桥镇等地举办了农技知识讲座、医疗卫生讲座，发放了实用农技资料和科普宣传资料。三是引导和扶持老龄产业的发展。协助举办了第六届“中国（重庆）老年产业博览会”，展会期间共吸引24.9万人（次）参观，实现意向性签约及现场成交额3.54亿元。

重要会议和活动

【关爱空巢老人行动】 积极开展了空巢老人调研，并制定了《重庆市关爱空巢老人行动实施方案》，《方案》提出了加快农村敬老院的新建和改造、加快社会举办养老服务机构的发展等八项主要任务，明确了市民政局、市发改委、市财政局等19个单位分别为每项任务的责任单位，目前《方案》已经市政府同意，并以重庆市人民政府办公室（渝办发〔2012〕1号）文件印发到各区县（自治县）人民政府、市政府有关部门和有关单位。

【重阳“敬老月”活动】 举办了2011年“孝亲敬老中国行·红色重庆”大型公益活动。该活动包括启动仪式、万寿宴、大型公益文艺晚会、捐助贫困老人以及实施“对话八千岁”工程等一系列活动。马正其常务副市长亲自带队到涪陵等地深入敬老院、老人家中看望慰问老年人。市老龄办代表市委市政府向全市10万市民发送了孝亲敬老短信。对全市996名百岁老人实施了牛奶营养补贴工程，开展了向我市企业退休高龄病重生活困难人员下发两百多万元慰问金的“送温暖”活动。各区县也开展了慰问走访、文化体育、敬老宣传、助老公益等活动，其中石柱举办的“孝行石柱·共建和谐”有奖征文活动，武隆开展的“青少年爱老义工活动”，江津区开展的社会福利企业“三帮一”对口帮扶敬老院等活动颇具亮点。

【全国农村老龄问题高峰论坛】 2011年9月19日—9月21日，由中国老年学学会、重庆市人民政府主办，重庆市民政局、重庆市渝北区人民政府、重庆市老龄工作委员会办公室、重庆市老年学学会承办的“全国农村老龄问题高峰论坛”在渝北盛大召开。市委常委、常务副市长、市老龄委主任马正其，中华慈善总会常务副会长、中国老年学学会会长李本公，全国老龄办副主任阎青春出席并作开幕致辞。论坛邀请了来自全国23个省市的400余名老龄战线工作人员、专家学者和外国友人，收到论文1236篇，评出优秀论文574篇（其中我市撰写论文92篇，评为优秀论文48篇）。会议深入讨论了社会转型背景下的农村老龄问题，安排了大会讲演、专题讨论和学习考察活动，这一次跨领域、多学科、多角度、高质量、具有重要指导意义的专题学术研讨会成功举办，对重庆老龄事业城乡协调发展奠定了坚实的理论基础，对今后我国农村老龄工作将会产生重要影响，得到了市委常委、市政府常务副市长、市老龄委主任马正其的充分肯定，取得较大的社会反响。

【重庆市老年事业发展基金会】经过精心筹备组建，重庆市老年事业发展基金会于2011年2月18日正式成立并隆重举行授牌仪式，马正其常务副市长出席仪式并发表了重要讲话。黄立沛等市级老领导，基金会慈善大使陈光标，市级有关部门、区县老龄办、老年群团组织负责人以及社会各界、企业等代表共200多人参加了成立大会，20家企业代表在成立大会上向基金会捐款捐物达1045万元。

【市老龄委第八次全体会议】为认真贯彻落实全国老龄委第十三次全体会议及回良玉副总理讲话精神，总结交流我市2010年老龄事业发展情况和工作经验，研究部署2011年全市老龄工作任务，重庆市老龄委于近日召开第八次全体会议。市老龄委副主任、市老龄办主任刘涛同志代表市老龄委对2010年工作进行了总结，提出了2011年工作安排意见；市委老干部局、市人力社保局、市文广局、市卫生局负责同志分别介绍了本部门开展老龄工作有关情况；与会同志审议并原则通过了刘涛同志作的工作报告。市政府副秘书长、市老龄委副主任丁先军同志受市委常委、市政府常务副市长、市老龄委主任马正其同志委托，发表了重要讲话。讲话结合重庆实际，肯定成绩的同时，指出“十二五”期间，全市要着力推进完善养老保障待遇、拓展养老服务方式、培植养老服务行业、加强老年群众社会管理、强化老年人权益保护五项工作。

各项业务进展

【老龄政策研究】一是全面启动重庆市应对人口老龄化战略研究。成立了重庆市老龄工作专题调研领导小组，围绕保障和改善老年民生开展了五个方面的专题研究，“重庆市人口老龄化对经济社会发展的影响及对策”课题列入了重庆社会科学研究规划项目。二是深入开展调研工作。开展了信息化养老模式的调研，撰写了《关于整合资源、构建社区虚拟养老院服务模式的调研报告》，并在渝中区开展试点。各区县也开展了社会养老服务、农村养老问题、养老机构发展、老年社会管理等问题的调研，共撰写调研报告二十余篇，得到当地政府的重视和关注。三是牵头编制了《重庆市老龄事业发展“十二五”专项规划》，确定全市“十二五”时期老龄事业发展的重点任务、目标和措施。为进一步加强对我市老龄事业的组织领导，全面推进我市老龄事业发展，代市政府草拟了《关于进一步加快老龄事业发展的意见》。

【老年维权工作】加强执法检查和法律援助。一是加强执法检查和法律援助。配合市人大赴江北、沙坪坝、渝北、云阳、梁平等开展了老年人权益保障法执法检查。与市司法局法律援助中心联合开展了“夕阳幸福工程——法律援助在行动”活动。二是落实敬老优待政策。2011年，全市共发放老年优待证346508个，全市优惠公共交通工具线路366条，优惠公园、景点366个，免普通挂号费医疗机构485个。对70岁以上老年人增加了免费乘坐地铁和轻轨的优待项目。万州、涪陵、巫溪等地也试行了70岁老年人免费乘坐城区公交车的政策。

【老龄新闻宣传】通过深入开展敬老助老典型评比表彰工作，弘扬敬老爱老助老传统美德，宣传孝亲敬老的传统文化，树立正确舆论导向。市教委、市妇联、市总工会、市老龄办联合开展了尊老敬老爱老主题教育活动。组织开展“全国孝亲敬老之星”、“孝亲敬老楷模”和“重庆市第四届十大孝顺儿女”评选表彰活动。涌现出在全国有影响的尊老敬老典型，如永川好人刘永先，感动重庆十大人物罗霞，开县的邱道玉获得“中华孝亲敬老楷模提名奖”荣誉称号，涪陵区妇女杨德碧在第三届全国道德模范评选活动中被评为“孝老爱亲道德模范”等等。宣传载体不断丰富，充分依托报刊、网络、广播、电视、公益广告牌等媒介，加大敬老道德宣传力度，在全国老龄办门户网、《中国老年报》、《晚霞报》及市内各大新闻媒体上加大了老龄工作的宣传力度，提高了老龄事业的社会关注度。

【老年文教体育事业】加强了老年大学协会和老龄办系统主管的16所老年大学（学校）的业务指导，鼓励老年教育向街道、社区延伸。农村老年远程教育覆盖了4000多个村，有近50万农村老年人受益，二是积极开展老年文体活动。全市老年活动设施和场所日益增多，已建成老年大学（校）937所，在校人数二十多万人。全市经常参加体育锻炼的老年人达296万人，占全市老年人口54.89%，老年人已成为“广场文化”“滨江文化”“唱读讲传”活动的主力军。组织开展了“文化艺术节”、“九九体育节”、红歌赛、老年书画联展、幸福老年摄影展、红色故事会等老年人文化体育活动。三是组织敬老助老公益活动。举办了“2011年空巢老人团年饭”活动。启动了“万副春联暖空巢”新年敬老活动。举办了“爱心送老人·留影促和谐”大型敬老活动。开展了“燃气安全进万家——2011年关爱空巢老人志愿服务行动”活动。

河北省

综　述

2011年，全省老龄工作坚持以贯彻科学发展观为主导，以落实《中国老龄事业发展“十二五”规划》为主线，紧紧围绕“六个老有”的工作目标，突出重点，狠抓落实，稳步推进，全省老龄事业发展取得了显著成效。

一、养老服务体系建设成效显著

2011年省老龄办协同省民政厅先后筹备召开了《河北省农村社会养老工作座谈会》、《河北省推进农村社会“幸福工程”现场会》、《全省农村养老服务体系建设工作会议》，起草了《关于全面推进农村社会养老“幸福工程”的意见》、《河北省养老服务机构星级评定标准》和省（厅）领导的讲话，负责了有关会务工作，通过沟通协调成立了由省直32个厅局组成的河北省养老服务体系建设领导小组，为推进养老服务体系建设付出了辛勤的劳动。省财政厅积极落实年度资金并及时拨付养老服务体系建设资金1.2亿元，用于支持公办养老机构和农村互助幸福院建设；省发改委争取中央投资5000万元，支持了29个养老示范项目建设，新建和改建养老设施7.8万平方米，新增养老服务床位1858张。各市根据省政府《关于加快推进养老服务体系建设的意见》和我省养老服务体系建设工作会议的有关精神，分别出台了相应政策，开展农村老龄服务体系建设试点，大力支持有条件的地方改（扩）建老龄服务设施，从而推动了全省城乡养老服务体系的协调发展。

二、老龄工作机构建设取得重大突破

近年来特别是2010年省老龄委第四次全体会议召开后，各级党委、政府和民政、老龄部门把落实会议精神作为一项重要任务，紧密结合实际，运用多种形式，采取有效措施，积极完善和推进老龄工作机构建设。有力地推动了全省老龄工作的健康快速发展。截止目前，全省172个县（市、区）已有168个建立健全了老龄工作机构，其中，石家庄、秦皇岛、邢台、保定、张家口、承德、沧州、廊坊8个市的老龄机构建设达到100%。在完善机构建设的同时，我们狠抓老龄工作干部队伍建设，连年举办了九期老龄工作干部培训班，有效地提高了全省老龄工作干部的综合素质、工作水平和履行职责能力。积极开展创先争优活动，培养、树立了一批老龄工作先进典型，去年10月，在第三次全国老龄工作会议上，我省魏县老龄办被评为全国老龄系统先进集体，迁安市老龄办主任李迎新被评为全国老龄系统先进工作者。

三、《河北省老龄事业发展“十二五”规划》编制出台

为积极应对人口老龄化面临的严峻形势，加快我省老龄事业发展，根据《中国老龄事业发展“十二五”规划》和《河北省国民经济和社会发展第十二个五年规划纲要》，按照省政府的指示精神，通过征求、综合有关职能部门、各成员单位和各市老龄办意见，结合河北实际情况，制定出台了《河北省老龄事业发展“十二五”规划》，《规划》全面总结了“十一五”全省老龄事业发展现状，综合分析了“十二五”时期老龄事业面临的严峻形势，提出了“十二五”期间我省老龄事业发展的指导思想、基本原则、发展目标和基本任务，描绘了我省老龄事业发展的美好蓝图，是指导“十二五”期间我省老龄事业发展的纲领性文件，对于抓住战略机遇，加快老龄事业科学发展，具有重要的指导和推动作用。

四、老年人权益得到有效保障

一是开展老年人权益保障法和河北省老年人保护条例的调研工作。拟定了《河北省老年人权益保障条例（草案）》和修订现行的《河北省老年人优待办法》，进一步扩大优待范围，提高优待标准。二是加强司法保障，积极维护老年人的合法权益。对70岁以上老年人统一实行免费乘坐市内公交车、免费参观旅游景点。各市、县普遍建立了老年人法律援助中心，开通司法救助“绿色通道”，拓宽老年人维权渠道，有效地保障了老年人的基本生活、人身、财产、婚姻等权益。三是不断深化“爱心护理工程”和“银龄行动”。考察推荐7个社会办养老服务机构为“全国爱心护理工程”建设基地，为20个以爱心护理工程建设单位为主的社会养老服务机构赠送了爱心护理救助车，解决了社会办养老机构的部分困难，受到了社会办养老服务机构的欢迎和好评。认真筛选全省爱心护理工程和社区为老服务建设项目，为社会力量兴办为老服务项目争取资金支持。在“银龄行动”中，组织省老科协、老教协、老年事业促进会等老专家、老教授等老年专业技术人才，深入边远贫困地区进行智力援农。四是扎实推进“助老健康御险”活动。3月份，召开推进“助老健康御险”活动工作会议，4月份，先后赴部分市、县进行了调研指导，5月份，在魏县召开了全省“助老健康御险”现场经验交流调度会，7月份，通过老龄工作简报的形式对各地工作进行情况进行了通报，督导工作落实。一年来，全省共有88.4万老年人投保，有效地保障了老年人的人身权益。五是认真做好老年人来信来访工作。做到热情接待，认真解答，积极协调解决问题，有力地保证了老年群体的稳定。

五、老龄宣传工作成效显著

一是加强阵地建设搞好宣传。河北电视台《金色夕阳》栏目播出52期；河北老年网发布老龄工作稿件上百篇；《河北老年》杂志出版12期；《老年日报·河北老龄版》出版52期；《河北老龄工作简报》编发4期。组织拍摄了《河北省“十一五”老龄事业回眸》电视系列片，回顾总结了“十一五”期间我省老龄事业发展历程。报送了反映我省老龄工作先进事迹的“全国党员教育电视片”，受到民政部相关部门的好评。二是抓住重要时机搞好宣传。在重阳节、敬老月和法制宣传日期间，全省广泛开展声势浩大的敬老爱老助老活动，掀起了爱老助老高潮。据统计，整个敬老月期间，全省共慰问特困、高龄老年人3720人，共支付慰问金207万元（包括省、市、县财政支付及各地自筹）。开展为老年志愿服务活动210次，惠及人数5万人；开展老年优待维权活动180次，惠及人数3.1万人；开展老年文化体育活动520次，参加人数4.2万人；参与报道“敬老月”活动地（市）级以上媒体数27个，发稿200余篇。三是采取多种形式搞好宣传。各地相继开展了形式多样、内容丰富的老龄宣传活动，沧州市老龄办编办了《沧州老龄快讯》，举办了第四届“狮城健康老人”评选活动；唐山市与《唐山劳动日报》合办了“老人天地”，编辑出版了《唐山老年》刊物；石家庄老龄办牵头协调成员单位利用室外大屏幕、出租车、公交车广告字幕等广泛开展敬老爱老宣传等等。各地还分别以知识竞赛、运动会、唱红歌、书画展等多种形式为老年宣传工作搭建了广阔和多级平台。

六、“大老龄”工作格局基本建立

各级涉老部门充分发挥职能作用，各司其职，各负其责，通力合作，协调联动，在各自业务领域为广大老年人办了一系列的好事、实事，推动了全省老龄工作的健康发展。在养老保障方面，人社部门会同相关单位积极推进灵活就业人员参保，稳步扩大新农保试点范围，努力适应老龄化社会发展的需要，出台了《关于解决企业未参保退休人员基本养老保险问题的通知》，基本解决了这一群体的养老保障问题。医疗保障方面，卫生部门深入开展卫生支农工作，通过“千名医师下乡村”、“医学专家大篷车”“中医药服务进农村、进社区、进家庭”等活动，提高了基层医疗卫生机构服务质量，改善了老年人的医疗条件。宣传方面，宣传和广电部门高度关注老龄工作，及时反映全省各地老龄工作新进展，《河北新闻》、《全省新闻联播》等重点新闻节目播发了与老龄工作相关的报道40篇次。开办了《健康导航》、《空中医院》两档健康导医节目，邀请省内外专家，通过直播提供服务。老年宜居环境方面，发改委、住建部门组织筛选了93项养老公寓、社区日间照料中心等养老设施项目，总投资23亿元。

重要会议和活动

【省老龄委成员单位联络员会议】2011年2月份，省老龄委成员单位联络员会议，在石家庄市颐园宾馆召开，28个成员单位的联络员相继发言，汇报了2010年以来各自的涉老工作情况和2011年的工作规划，并就涉老工作经验进行了认真地交流。省民政厅党组成员、省老龄办专职副主任姜文汇，结合我省老龄工作做了重要讲话。会后制定下发了《河北省老龄委成员单位老龄工作要点》。

【全省老龄办主任会议】2011年3月7日，全省老龄办主任会议在石家庄市冀民宾馆召开，会上传达了回良玉副总理在全国老龄委第十三次全体会议上的讲话，并制定下发了《河北省2011年老龄工作要点》，明确年度工作任务和目标，姜文汇副主任在会上作了重要讲话，全省11个设区市和92个直管县老龄办主任出席了会议。

【“助老健康御险”活动】2011年3月7日召开推进“助老健康御险”活动工作会议，4月份，先后赴部分市、县进行了调研指导，5月16日，召开了全省“助老健康御险”现场经验交流调度会，省老龄办专职副主任姜文汇做了重要讲话，推动全省“助老健康御险”活动的持续健康发展。截止到2011年底，全省投保老年人达88.4万人。

【2011年老龄工作干部培训班】2011年6月27日，举办全省2011年老龄工作干部培训班。民政厅厅长古怀璞出席培训班并发表重要讲话，省老龄办专职副主任姜文汇作总结讲话。围绕构建“大老龄”工作格局、老年人权益保障、机关公文写作进行了理论辅

导，张家口市、邯郸市魏县作了典型经验发言。全省11个设区市和172个县（市、区）老龄工作干部及省老龄办全体干部参加了培训。通过培训，有效地提高了全省老龄工作干部的综合素质、工作水平和履行职责能力。

【重阳节“敬老月”各项孝亲敬老活动】 2011年9月6日至10月5日，全省开展重阳节“敬老月”各项孝亲敬老活动。9月16日省民政厅厅长、老龄办主任古怀璞同志亲自带队走访慰问了石家庄市新华区的三位贫困老人；26日—30日省民政厅党组成员、老龄办专职副主任姜文汇同志带队慰问了唐山等4个市的10户特困老人。会同有关部门举办了“情系夕阳红—2011河北省‘敬老月’专题文艺晚会”，丰富老年人的精神文化生活。据统计，整个敬老月期间，全省共慰问特困、高龄老年人3720人，共支付慰问金207万元（包括省、市、县财政支付及各地自筹）；开展为老年志愿服务活动210次，惠及人数5万人；开展老年优待维权活动180次，惠及人数3.1万人；开展老年文化体育活动520次，参加人数4.2万人；参与报道“敬老月”活动地（市）级以上媒体数27个，发稿200余篇。

【银龄行动】“银龄行动”在石家庄市、邯郸市、承德市、张家口市、秦皇岛市的县（市）开展的十分活跃，先后举办了15场科普报告，创建第三批科普示范基地10个，落实与省委统战部对接的24个科技扶贫项目，开展老年人社会保障问题和空巢老人生活状况调查以及召开各类座谈会、学术研究会10余场次，收到了良好的社会效益，深受广大农村群众的欢迎和好评。

【纪念建党九十周年老年系列文化活动】 与省委宣传部、老干部局，民政厅、文广新局联合下发了《关于举办庆祝建党九十周年老年系列文化活动的通知》，“七一”和重阳节期间，先后组织举办了老年人“学党史、颂党恩、跟党走”党史知识电视竞赛；歌颂党的丰功伟绩“百镇千村万里行”老年文化艺术团巡演活动。引导广大老年人忆党情、颂党恩、跟党走。

各项业务进展

【老龄政策研究】 一是通过调研，完成了《河北省民政事业发展“十二五”规划（老龄事业部分）》的起草、论证工作；二是对建立高龄老人津贴的情况进行调研，提出了可行性建议和意见；三是参加由宋恩华副省长率队的河北省考察团，赴北京等四省（市）学习考察养老服务体系建设情况；四是参与对11个设区市养老服务体系建设和农村社会养老“幸福工程”建设情况的督导检查工作，起草了分组督导检查报告，为领导掌握、决策全省养老服务体系建设工作提供了翔实的依据；五是配合省政府参事室开展养老产业课题专项调研；六是调研、起草了《河北省社会养老服务机构管理暂行办法》，规范社会养老服务机构建设与管理；七是根据《全国老龄事业发展“十二五”规划》，制定了《河北省“十二五”期间老龄工作重点任务》。

【老年维权工作】 一是不断完善老年政策法规。拟定了《河北省老年人权益保障条例（草案）》，修订现行的《河北省老年人优待办法》，明年提交省人大立法和省政府审定。二是研究制定河北省80岁以上高龄老人生活补贴制度，提出了具体方案。三是为省直单位老年人免费发放老年人优待证上万本，对各市《老年人优待证》发放情况进行了督促检查。四是对老年人来信来访，做到热情接待，认真解答，积极协调解决问题。5月份，接到省委社情民意办公室转来的网民在“人民网”上向张云川书记留言，反映河北很多县市80岁以上老年人高龄补贴没有落实政策的问题，我们根据全省的实际情况，认真进行了答复，得到了认可。

【为老服务业】 各级涉老部门充分发挥职能作用，各司其职，各负其责，通力合作，协调联动，在各自业务领域为广大老年人办了一系列的好事、实事，推动了全省老龄工作的健康发展。在养老保障方面，人社部门会同相关单位积极推进灵活就业人员参保，稳步扩大新农保试点范围，努力适应老龄化社会发展的需要，出台了《关于解决企业未参保退休人员基本养老保险问题的通知》，基本解决了这一群体的养老保障问题。医疗保障方面，卫生部门深入开展卫生支农工作，通过“千名医师下乡村”、“医学专家大篷车”“中医药服务进农村、进社区、进家庭”等活动，提高了基层医疗卫生机构服务质量，改善了老年人的医疗条件。宣传方面，宣传和广电部门高度关注老龄工作，及时反映全省各地老龄工作新进展，《河北新闻》、《全省新闻联播》等重点新闻节目播发了与老龄工作相关的报道40篇次。开办了《健康导航》、《空中医院》两档健康导医节目，邀请省内外专家，通过直播提供服务。老年宜居环境方面，发改委、住建部门组织筛选了93项养老公寓、社区日间照料中心等养老设施项目，总投资23亿元。

【老龄新闻宣传】 一是加强阵地建设搞好宣传。河北电视台《金色夕阳》栏目播出52期；河北老年网发布老龄工作稿件上百篇；《河北老年》杂志出版12期；《老年日报·河北老龄版》出版52期；《河北老龄工作简报》编发4期。组织拍摄了《河北省“十一五”老龄事业回眸》电视系列片，回顾总结了“十一五”期间我省老龄事业发展历程。报送了反映我省老龄工作先进事迹的“全国党员教育电视片”，受到民政部相关部门的好评。二是抓住重要时机搞好宣传。在重阳节、敬老月和法制宣传日期间，全省广泛开展声势浩大的敬老爱老助老活动，掀起了爱老助老高潮。据统计，整个敬老月期间，全省共慰问特困、高龄老年人3720人，共支付慰问金207万元（包括省、市、县财政支付及各地自筹）。开展为老年志愿服务活动210次，惠及人数5万人；开展老年优待维权活动180次，惠及人数3.1万人；开展老年文化体育活动520次，参加人数4.2万人；参与报道“敬老月”活动地（市）级以上媒体数27个，发稿200余篇。三是采取多种形式搞好宣传。各地相继开展了形式多样、内容丰富的老龄宣传活动，沧州市老龄办编办了《沧州老龄快讯》，举办了第四届“狮城健康老人”评选活动；唐山市与《唐山劳动日报》合办了“老人天地”，编辑出版了《唐山老年》刊物；石家庄老龄办牵头协调成员单位利用室外大屏幕、出租车、公交车广告字幕等广泛开展敬老爱老宣传等等。各地还分别以知识竞赛、运动会、唱红歌、书画展等多种形式为老年宣传工作搭建了广阔和多级平台。

【老年文体活动】与省委宣传部、老干部局，民政局、文广新局联合下发了《关于举办庆祝建党九十周年老年系列文化活动的通知》，“七一”和重阳节期间，先后组织举办了举办老年人“学党史、颂党恩、跟党走”党史知识电视竞赛；歌颂党的丰功伟绩“百镇千村万里行”老年文化艺术团巡演；“忆党情、颂党恩、唱和谐”老年人唱红歌大型文艺晚会等活动。

【“爱心护理工程”和“银龄行动”】考察推荐7个社会办养老服务机构为“全国爱心护理工程”建设基地，为20个以爱心护理工程建设单位为主的社会养老服务机构赠送了爱心护理救助车，受到了社会办养老服务机构的欢迎和好评。认真筛选全省爱心护理工程和社区为老服务建设项目，根据民政部、财政部的有关通知精神，整理汇总材料按时上报，为社会力量兴办为老服务项目争取资金支持。在“银龄行动”中，组织省老科协、老教协、老年事业促进会等老专家、老教授等老年专业技术人才，深入边远贫困地区进行智力援农。一年来，“银龄行动”在石家庄市、邯郸市、承德市、张家口市、秦皇岛市的县（市）开展的十分活跃，先后举办了15场科普报告，创建第三批科普示范基地10个，落实与省委统战部对接的24个科技扶贫项目，开展老年人社会保障问题和空巢老人生活状况调查以及召开各类座谈会、学术研究会10余场次，收到了良好的社会效益，深受广大农村群众的欢迎和好评。

【养老服务体系建设】2011年省老龄办协同省民政厅先后筹备召开了《河北省农村社会养老工作座谈会》、《河北省推进农村社会“幸福工程”现场会》、《全省农村养老服务体系建设工作会议》，起草了《关于全面推进农村社会养老“幸福工程”的意见》、《河北省养老服务机构星级评定标准》和省（厅）领导的讲话，负责了有关会务工作，通过沟通协调成立了由省直32个厅局组成的河北省养老服务体系建设领导小组，为推进养老服务体系建设付出了辛勤的劳动。省财政厅积极落实年度资金并及时拨付养老服务体系建设资金1.2亿元，用于支持公办养老机构和农村互助幸福院建设；省发改委争取中央投资5000万元，支持了29个养老示范项目建设，新建和改建养老设施7.8万平方米，新增养老服务床位1858张。各市根据省政府《关于加快推进养老服务体系建设的意见》和我省养老服务体系建设工作会议的有关精神，分别出台了相应政策，开展农村老龄服务体系建设试点，大力支持有条件的地方改（扩）建老龄服务设施，从而推动了全省城乡养老服务体系的协调发展。

山西省

综　述

2011年，在省委、省政府的坚强领导下，在全国老龄办的正确指导下，在29个成员单位及社会各界的大力支持下，全省各级老龄组织和广大老龄工作者，围绕中心、服务大局、改革创新、锐意进取，老龄工作取得了新的进展，老龄事业呈现出新的局面。

一、科学编制“十二五”规划，明确老龄事业发展目标

2011年8月，温家宝总理主持国务院常务会议，讨论通过了《中国老龄事业发展“十二五”规划》，并于9月颁布了这一规划，对新时期老龄事业作出了总体部署和具体安排。2011年3月，省老龄工作委员会全体会议一致通过了《山西省老龄事业发展“十二五”规划》（草案），省委常委、常务副省长、省老龄工作委员会主任李小鹏批示将《山西省老龄事业发展“十二五”规划》列入省政府“十二五”规划项目。目前，《规划》已经王君省长签发，并以省政府文件颁布。《规划》认真总结了“十一五”时期我省老龄事业发展的成绩和经验，科学分析了当前老龄工作面临的形势和问题，确定了“十二五”时期我省老龄事业发展的目标、任务和措施，描绘了老龄事业发展的美好蓝图，为我省老龄事业的发展提出了明确的指导思想。晋中、长治、太原、晋城、大同、运城等市县已由市政府、市政府办公厅、县政府办公室颁发了老龄事业发展规划，为老龄事业的发展提供了纲领性文件。

二、老年社会保障制度进一步发展，老年人生活水平不断提高

一是老年社会保障制度不断完善。2011年6月，继农村实行养老保险制度之后，开展了城镇居民养老保险试点，标志着城镇居民养老也有了制度性安排，实现了基本养老全覆盖。截止2011年底，我省城镇社会保险综合覆盖率达到90%，企业养老保险覆盖率达到97%，企业退休人员基本养老金按时足额发放率达到100%，城镇居民社会养老保险覆盖率达到82%，新型农村社会养老保险覆盖率达到84%。

二是特困老年人救助制度进一步落实。在各级老龄工作部门的推动下，全省各地积极建立农村特困老年人救助制度。截止2011年底，晋中、长治、晋城、大同、阳泉等5市，寿阳、和顺、壶关等50多个县（市、区）建立了老龄特困救助制度，形成了长效机制。

三是建立老年人养老补贴金制度。截至2011年底，朔州、阳泉、太原、晋城、长治、临汾、晋中等7市，80多个县（市、区）建立了老年人养老补贴金制度。同时，随着经济的发展不断扩大补贴范围。阳泉市提高了老年人养老补贴标准，太原市将养老补贴从90岁以上扩大到80岁以上低保老人，昔阳县还给65岁以上农村老年人发放冬季取暖补贴，使更多老年人享受到改革发展的成果。

四是积极开展助老御险活动。各地充分发挥商业银行在养老保险中的补充作用，充分发动、精心组织老年人积极参与，增强了老年人抵御自然风险的能力，取得了比较好的效果。

三、加强人口老龄化战略研究和调研工作，提高工作的科学化水平

2011年，我们广泛深入地开展人口老龄化战略研究和老龄工作调查研究，取得了丰硕成果。

第一，基本完成了《山西省应对人口老龄化战略研究（2010－2050）》工作。2009年6月，省老龄办与省社科院联合开展了战略研究工作。两年多来，开展了老年人口基本状况问卷调查和实地调研，设计了课题框架，制定了战略研究课题管理办法，预测了我省人口老龄化发展趋势，评估了人口老龄化对经济社会发展的影响，提出了对策建议。

第二，参与了省政法委关于加强和创新社会管理工作调研活动。2011年6月至7月，省办参与了省政法委组织开展的加强和创新社会管理大调研，承担了第十六课题组的调研任务。在调查研究的基础上，撰写了《我省人口老龄化的现状及对策》调研报告。7月6日，在省政法委召开的调研成果汇报会上进行了汇报，得到了与会领导和代表们的一致肯定与好评。

第三，开展了三个专题调研。2011年6月至11月，省老龄办统一部署，各市老龄办开展了基层老龄工作状况、农村老年人生活状况、基层老年协会建设和发挥作用情况的调研活动，并撰写了调研报告。

第四，部分市、县开展了富有成果的调研活动。太原、大同、晋中、晋城、长治、忻州、临汾、阳泉、寿阳、怀仁、阳城、万柏林区等市、县（市、区）分别开展了居家养老、机构养老、社会管理、空巢老人等专题调研。忻州市把调研和解决基层的困难与问题相结合，收到了非常好的效果。

四、深入开展执法检查，全力保障老年人合法权益

2011年，我们以《老年法》执法检查为契机，以落实老年优待政策为重点，以维护老年人合法权益为使命，加大力度，采取措施，取得了比较好的社会效果。

一是开展执法检查。2011年4月至6月，受全国人大常委会委托，省人大常委会组织开展了《老年法》执法检查。在各市自查的基础上，省人大常委会执法检查组先后赴太原、晋中、忻州、朔州等4市进行了检查。省人大常委会委托晋城、长治、临汾、运城、吕梁、阳泉、大同等7市进行了检查。通过听取汇报、召开座谈会、个别走访、实地考察、查阅资料等多种形式，比较全面地掌握了各地贯彻执行《老年法》的情况，发现了存在的问题，提出了改进意见。6月9日，省人大常委会举行了《老年法》实施情况汇报会。省人大常委会副主任杨安和、省政府副省长张建欣出席了会议。张建欣副省长受王君省长委托代表省政府作了汇报，省委组织部、省民政厅、发改委、财政厅、教育厅、司法厅等单位分别汇报了本部门执行情况或提供了书面汇报材料。通过执法检查，解决了老龄工作中的一些重要问题，对老龄工作的发展起到了重要的推动作用。

二是不断健全老年维权工作制度。各地不断建立健全和完善老年法律法规宣传普及制度、老年人来信来访制度、依法处理侵害老年人合法权益制度。和顺县建立了五级维权帮扶责任体系，小店等县、区编印《老年维权知识手册》。截止到2011年底，全省共建立老年维权机构8800余个，专兼职工作人员12000余人，老年法律援助站（中心）175个，接待处理老年人来信来访9700余人次。

三是老年优待政策进一步落实。全省城市公交线路共753条，按规定为老年人免费服务的有656条，占87%。仅2011年全省共享受免费服务的老年人3586145人次，优惠金额3388560元，各级政府补贴454万元。全省旅游景点511个，给予老年人优待的496个，占97%。县级以上医院488个，对老年人实行优待的470个，占96%。免费领取结婚证的老年人1182人，老年人免费安装有线电视户数3143户，老年人分享了社会经济发展的成果。

五、抓基层，打基础，不断深化基层老龄工作

我们始终坚持“抓基层、打基础、树品牌、创一流”的工作指导思想，推动基层老龄工作不断深化。

1. 建立健全基层老龄组织。基层老龄组织是做好老龄工作的重要组织保证。各地根据县（市、区）、乡镇（街道）换届的实际情况，及时调整充实人员，使基层老龄组织基本做到了建立健全。至2011年底，全省11个市、119个县（市、区）全部建立健全了老龄工作机构。1397个乡镇（街道），有1067个建立了老龄工作机构。28200个行政村，有21122个成立了老年协会（村老龄委），基本实现了组织落实。其中太原、晋城、运城、晋中、忻州、长治等市的乡镇、村老龄机构比较健全。

2. 树立基层老龄工作品牌。省及晋中市老龄工作委员会分别下发了《关于加强基层老龄工作的意见》和《关于加强基层老龄工作组织机构和老年协会建设的通知》，不断巩固丰富新形势下“晋城现象”、“太原模式”，“运城经验”的内涵，充分发挥典型的带动影响作用。目前，全省已树立20个老龄工作示范县（市、区），209个示范乡镇，1873个示范村。

3. 积极开展为老服务活动。我们以居家养老服务工作为重点，在城市，认真推广太原市居家养老服务经验，推动居家养老工作的不断发展。在农村，学习运城的盐湖、平陆、芮城等县（区）为农村留守、空巢、孤寡老人办“老年食堂”，解决吃饭难问题的基础上，2011年，晋城市阳城县逐步探索出一条居家养老社会化、社会养老居家化的新路子。他们以乡镇为老服务中心为依托，动员社会力量为农村老人提供家政服务、邻里互助、结对帮扶、医疗保健、精神慰藉等方面的服务。其基本模式是“政府主导建中心，政策扶持搞服务，经费保障是基础，志愿者服务是补充”。太原市万柏林区开办“爱心时间银行”，组织社区居民用为老志愿服务的爱心行动存储“爱心时间”，当自己需要帮助时，从“爱心时间银行”提取相应的“被服务时间”。目前，已有30多位志愿者存储了爱心，16名孤寡、空巢老人接受了服务，受到了广泛好评。

六、加强宣传和办实事相结合，不断扩大老龄工作的影响

一是利用各种宣传媒介广泛深入地宣传老龄工作。省办、太原、晋城、运城开办老龄网站。晋城、长治、晋中等市及部分县，特别是太原报社开设“老年专栏”、电视开办“老年栏目”，电台开办“老年之声”。大多市、部分县办有老龄工作信息，太原、忻州等市办有老龄工作杂志，形成了宣传工作的主阵地，对推动老龄工作起到了重要的喉舌作用。

二是用文体展演等方式宣传老龄工作。2011年老年节期间，省办隆重举办了“金秋风韵”老年文艺晚会，省政协副主席李雁红出席晚会并讲话，原省级老领导和省城800多人观看了演出。同时，举办了全省中老年剪纸艺术大赛，参赛作品412幅，评选出“金剪子”作品5幅，最佳创意作品10幅，优胜作品30幅，优秀作品49幅，在星光剧场和晋商博物馆分别进行了展览。太原、临汾、晋城、忻州、长治、和顺、灵丘、闻喜、万荣、怀仁、原平、古交等市、县（市、区）举办老年文艺晚会和老年运动会，运城市盐湖区举办了隆重的“德孝文化节”，太原、晋中、晋城举办了老龄工作图片展览等等。

三是为老年人办实事。省老龄办对全省1512名农村特困老人每人发放300元困难补助，全省各市、县、厂矿企业，慰问高龄老人、救助困难老人，举办各种丰富多彩的文化体育活动、茶话会、座谈会，陵川县平城镇举办“百寿宴”，青年学生、志愿者深入敬老院、养老院为老年人开展各种服务活动，营造了浓郁的敬老氛围，演绎了许多尊老敬老感人故事，对宣传推动老龄工作起到了重要作用。

重要会议和活动

【省老龄工作委员会全体会议】3月23日下午，省老龄办组织召开了2011年省老龄工作委员会全体会议。会议审议通过了《关于2010年全省老龄工作情况和2011年工作安排意见的报告》，审议通过了第二届全省老龄工作十类先进典型表彰候选名单，听取了关于《山西省人口老龄化战略研究（2010—2050）》初步成果的汇报，就《山西省老龄事业发展“十二五”规划》（草案）征求了意见。省委常委、常务副省长、省老龄委主任李小鹏同志出席会议并作了重要讲话，省老龄委副主任、委员全体参加了会议。

【全省老龄工作会议】3月23日下午，召开了全省老龄工作会议。会议传达了全国老龄工作委员会全体会议和全国老龄办主任会议精神，全面总结了2010年全省老龄工作，安排部署了2011年全省老龄工作任务，宣读了全国老龄工作先进集体和先进个人名单，宣读了全省十个类型先进典型表彰决定和名单，并进行了隆重的表彰。省委常委、常务副省长、省老龄委主任李小鹏同志出席会议并作了重要讲话。李小鹏常务副省长对2010年全省老龄工作取得的成绩给予了充分肯定，他指出“十二五”时期是我省实现转型跨越发展、全面建设小康社会的关键时期，也是积极应对人口老龄化的重要机遇期，要充分认识做好老龄工作的重要性和紧迫性，从政策法规、体制机制、物质保障和组织领导等方面做好应对人口老龄化的战略准备。他强调要全面推进养老体系建设，从健全完善老年社会保障体系、社会养老服务体系等方面切实加大工作力度，实现好、维护好、发展好广大老年人的根本利益，促进我省老龄事业的又好又快发展。他要求全社会要高度重视老龄问题，各级政府各有关部门要切实加强对老龄工作的领导，促进老龄事业与经济社会协调发展，为实现全省经济社会又好又快发展作出应有的贡献。省老龄委副主任、委员，各市和省直老龄办主任、综合科（处）长，全省老龄工作示范县（市、区）、重点县（市、区）老龄办主任，全省老龄工作先进单位和先进个人代表等150多人参加了会议。

【全省老龄办主任会议】3月24日上午，省老龄办组织召开了全省老龄办主任会议。会议就省老龄委全体会议和全省老龄工作会议精神的贯彻落实进行了安排部署，各市老龄办主任对如何做好本地区老龄工作进行了汇报，省老龄委专职副主任、省民政厅党组成员王进龙同志作了重要讲话。各市和省直老龄办主任，全省老龄工作示范县（市、区）、重点县（市、区）老龄办主任等60多人参加了会议。

【“关爱银龄、助老御险”活动座谈会】3月24日，省老龄办与中国人寿保险股份有限公司山西分公司共同召开了山西省“关爱银龄、助老御险”活动座谈会，对活动开展以来的工作进行了总结，并对下一步的工作进行了安排。会上，9个先进单位受到了表彰，8个单位进行了典型经验介绍。通过开展“关爱银龄、助老御险”活动，使老年人在发生意外后能够得到及时治疗和经济补偿，为老年人提供了一份风险保障，更好地维护了老年人的合法权益。

【全省老龄干部培训班】5月26日至27日，省老龄办在太原市举办了全省老龄干部培训班。来自全省各市、省直机关、各县（市、区）的老龄办主任、业务骨干等110多人参加了培训。此次培训班采取培训和交流经验相结合的方式，先由全国老龄办政策研究部党俊武主任就人口战略化研究最新理论成果，以《人口老龄化形势与对策》为题进行了专题授课，而后分别就整体性工作、农村工作、城市社区工作、权益保障工作、宣传工作、组织建设等项工作，进行了典型经验交流。其中25个单位在大会发言，36个单位进行了书面交流。此外，还对“敬老文明号”活动、“敬老月”系列活动、市级老龄办年度目标责任考核等工作进行了安排部署。集中培训后，组织参训人员赴福建、湖北学习考察外省先进经验。

【全省老龄工作年中分析会议】7月27日至28日，省老龄办在吕梁市柳林县召开2011年全省老龄工作年中分析会议。省民政厅党组成员、省老龄委专职副主任王进龙出席会议并作重要讲话，吕梁市民政局局长薛培荣，柳林县县委常委、常务副县长李双会出席会议并致辞，各市老龄办主任、综合科科长等30多人参加了会议。各市老龄办就上半年工作完成情况和下半年工作安排进行了汇报交流。会议期间，与会代表还参观了柳林县基层老龄工作。

【“敬老月”系列活动】根据全国老龄办《关于2011年开展“敬老月”活动的通知》精神，省老龄办积极响应，认真筹划，科学安排，开展了声势浩大的“敬老月”系列活动。一是积极开展走访慰问活动。省老龄办为2011年进入百岁的老人颁发了以山西省人民政府名义印制的“寿比南山、福如东海”的长寿匾。二是开展特困老年人救助活动，对全省119个县（市、区）共1512名农村特困老年人进行救助，每人发放救助金300元。三是举办“金秋风韵”老年文艺晚会。10月20日，省老龄办隆重举办了2011年“金秋风韵”老年文艺晚会。晚会精选来自全省各市的15个大型文体节目，有舞蹈、服饰表演、器乐表演、体育健身项目等。省政协副主席李雁红出席晚会并讲话，原省级老领导、省老龄委成员单位及省城各界老年群众代表共800多人观看了演出。四是举办了全省中老年剪纸艺术大赛。我们以宣传庆祝建国62周年所取得的伟大成就为主题，以民间剪纸艺术为形式，以弘扬尊老敬老爱老助老的传统美德，营造关爱老年人浓厚氛围为目的，在全省广泛开展了中老年剪纸艺术比赛活动。活动从5月底开始，到10月份展出，历时5个月。各地认真组织，广大老年人踊跃参加，年龄最大的92岁，参赛作品412幅。经过严格评审，共选出“金剪子”作品5幅，最佳创意作品10幅，优胜作品30幅，优秀作品49幅。10月20日在庆祝老年节“金秋风韵”文艺晚会现场，10月25—27日在太原市迎泽公园晋商博物馆进行了两次展览，广大老年人踊跃参观，收到了很好的效果。

各项业务进展

【老年维权工作】2011年，全省各级老龄组织以《老年法》执法检查为契机，紧紧围绕关系老年人切身利益的重点、难点和热点问题，加大工作力度，抓好政策落实，推动了全省老年维权工作的深入开展。2011年4月至6月，受全国人大常委会委托，省人大常委会组织开展了《老年法》执法检查，省老龄办配合省人大进行了执法检查。执法检查采取自查与重点抽查相结合的方式进行。4月份，省直相关部门和各市先进行了自查。5月中旬和下旬，执法检查组先后赴太原、晋中、忻州、朔州四个市进行检查，通过听取汇报、召开座谈会、个别走访、实地考察、查阅资料等多种形式，比较全面地掌握了各地贯彻执行《老年法》的情况，发现了存在的问题，提出了改进意见。6月9日，省人大常委会举行了《老年法》实施情况汇报会。省人大常委会副主任杨安和、省政府副省长张建欣出席了会议。张建欣副省长受王君省长委托代表省政府做了汇报，省民政厅、省发改委、省财政厅等部门汇报了本部门具体执行情况，省委组织部、省教育厅、省司法厅等单位参加会议并提供了书面汇报材料。通过执法检查，解决了制约各市老龄工作的一些重要问题，对当地老龄工作的发展起到了重要的推动作用。我们以加强老年法律援助工作站建设为重点，进一步完善全省老年维权组织。2月25日，省老龄办与省司法厅共同下发了《关于进一步加强老年人法律援助工作的通知》，要求各市、县要广泛建立老年人法律援助便民接待场所，不断完善便民利民措施，不断改进工作作风，提高工作效率，更好地为社会和基层服务，为老年人服务。同时，不断健全老年法律法规宣传教育制度，充分整合宣传资源，广泛开展《老年法》宣传普及活动，提高全社会维护老年人合法权益的法制意识，强化敬老助老的道德观念。12月4日法制宣传日当天，省老龄办组织开展了《老年法》咨询宣传活动，提高了《老年法》的社会知晓度。我们不断健全依法维护老年人合法权益的各项制度，切实加强与司法、公安、法院等部门的协调配合，逐步形成了协作联动的工作机制。我们不断健全老年维权信访制度，在各级老龄干部中树立老年信访无小事理念，建立完善了老年人来信来访接待、登记、受理、反馈、回访制度，疏通了诉讼渠道，化解了社会矛盾。

【老年优待工作】在各级老龄部门的协调推动下，全省各级政府和有关部门积极采取有效措施，使老年人优先购买车、船、飞机票，免收普通门诊挂号费，住院优先安排床位，免费乘坐市内公交车，免费进入旅游景点，免费安装有线电视等各项优待政策落到了实处。全省城市公交线路共753条，按规定为老年人免费服务的有656条，占87%。仅2011年全省共享受免费服务的老年人3586145人次，优惠金额3388560元，各级政府补贴454万元。全省旅游景点511个，给予老年人优待的496个，占97%。县级以上医院488个，对老年人实行优待的470个，占96%。免费领取结婚证的老年人1182人，老年人免费安装有线电视户数3143户，老年人分享了社会经济发展的成果。同时，各级老龄部门积极为老年人办理《山西省老年优待证》，2011年，全省共办理老年优待证7.9万本，其中为农村老年人免费办理2.6万本，使更多的老年人享受到了党和政府的优待优惠政策。

【“敬老文明号”创建活动】“敬老文明号”活动自2010年开展以来，省老龄办成立了以分管副省长为主任的创建活动组委会，制定了“敬老文明号”创建和管理办法、实施意见、信用公约，公开征集了活动标识，建立了完整的创建档案。2011年，省老龄办制定了各行业（系统）创建“敬老文明号”服务承诺，供各级各部门及创建单位在开展创建活动时参考使用。各市、县（市、区）积极组织开展“敬老文明号”创建活动，先后成立创建组委会、制定实施方案、召开启动仪式、开展命名表彰，推进创建活动。各相关部门根据行业特点制定具体的创建标准和创建办法。各公共服务窗口单位不断改进服务方式，提高服务水平，对老年人服务项目公开进行承诺，接受群众监督，取得了良好的社会效果。太原、晋城、晋中、运城、忻州、长治等市，寿阳、灵石、和顺、太原市万柏林区、运城市盐湖区等县区分别对创建单位进行了命名表彰，在受表彰单位的激励和影响下，越来越多的单位参与到创建活动中来，将创建活动不断引向深入。经过各地、各部门、各单位的不懈努力，在全社会营造了浓厚的尊老敬老氛围，实实在在地把为老年人服务提升到一个新层次。

【“银龄行动”】2011年，省老龄办创新“银龄行动”新形式，在学习借鉴外省市先进经验基础上，决定植根基层，在农村开展长期、定点援助基地建设，制定了《关于建立银龄援农基地的意见》，标志着银龄行动走向了专业化、集约化、基地化的新里程。至2011年底，全省首批银龄援农基地已经建立，分别是原平市子干乡东下庄村育苗基地、翼城县中王庄村核桃基地、壶关县石坡乡养猪基地、万荣县前小淮村大杏仁种植基地。同时，省老龄办组织开展“银龄行动”医疗援助，全年共组织开展了两次大规模的活动。一是6月22日至28日，组织山西医科大学第二附属医院的6名医疗专家赴革命老区、国家扶贫开发重点县壶关县，开展了为期7天的医疗义诊和为困难老年人免费送药活动。活动期间，专家们共义诊老年人600多人次，并免费发放价值5000多元的药品。二是11月21日至24日，组织6名医疗专家赴阳高县开展医疗义诊和免费送药活动，4天时间共义诊老年人500多人次，免费发放价值1万元的药品，受到当地政府和广大老年群众的热烈欢迎和一致好评。

内蒙古自治区

综　　述

2011年，是内蒙古自治区老龄工作稳步推进的一年。一年来，各级老龄工作部门按照全国老龄办和自治区老龄委的要求，坚持“党政主导、社会参与、全民关怀”的工作方针，本着实现“老有所养、老有所医、老有所教、老有所学、老有所为、老有所乐”的奋斗目标，积极进取，协力推动，实现了自治区老龄工作的科学发展，取得了可喜成绩。

一、出台了《内蒙古自治区关于建立80岁以上低收入老年人高龄津贴办法》

年初，自治区老龄办研究制定了《内蒙古自治区关于建立80岁以上低收入老年人高龄津贴办法》。11月1日，自治区召开第十次党政联席会议，正式通过了津贴办法。下发了《内蒙古自治区人民政府关于印发〈自治区80岁以上低收入老年人高龄津贴发放管理办法〉的通知》（内政办法〔2011〕127号）。自2012年起，对全区凡具有内蒙古户籍、年龄在80周岁以上，低收入和无固定工资收入的老年人、五保老人、三无老人发放高龄津贴，并对2011年达到发放标准的老人给予补发。高龄津贴实行按年龄分类分档发放：80—99岁老年人，每人每月发放100元，100岁以上老年人，每人每月发放300元。

二、组织召开第一次自治区老龄工作委员会全体会议

自治区老龄办积极协调，精心准备，于4月29日组织召开了自治区老龄委第一次全体会议。时任自治区党委常委、组织部部长、老龄工作委员会主任李佳出席会议并讲话，时任自治区副主席、老龄工作委员会副主任连辑主持会议。会上，时任自治区民政厅厅长、老龄委副主任吴金亮汇报了“十一五”期间的老龄工作，各成员单位领导围绕《内蒙古自治区党委政府加快老龄事业发展的意见》、《内蒙古自治区老龄事业发展“十二五”规划》进行了讨论，对进一步做好老龄工作提出了多项意见和建议，特别是李佳部长和连辑副主席在讲话中对做好下一阶段的老龄工作给出的宏观指导和诸多具体建议，对老龄办增强信心，继往开来做好下一阶段老龄工作，推动我区老龄事业的又好又快发展具有积极意义。

三、组织召开全区老龄工作学习考察会议

为贯彻落实全国老龄工作委员会办公室2011年工作会议和自治区老龄工作委员会全体会议精神，安排部署今年全区老龄工作，自治区老龄办在青岛市组织召开了2011年全区老龄工作学习考察会议。时任区民政厅厅长、老龄委副主任吴金亮，自治区老龄委专职副主任韩奇和各盟市老龄办主任参加了会议。会上，吴金亮同志通报了我区的老龄事业发展情况，与会代表就进一步做好老龄工作进行了讨论，并就《内蒙古自治区党委政府加快老龄事业发展的意见》、《内蒙古自治区老龄事业发展“十二五”规划》、《内蒙古自治区老年友好型城市试点方案及考评细则》和《内蒙古自治区老年人宜居城市考核评选方案及考评细则》发表了意见。与会人员还参观了青岛市的老年日间照料所、社区老年人之家、老年大学和养老院，与青岛市老龄办领导进行了讨论交流，学习青岛市在老龄工作方面的先进理念和成功经验。

四、开展敬老“孝星”评选表彰活动

2010年，第一届敬老“孝星”评选表彰受到了各级领导和社会各界的广泛好评，取得了圆满成功。为了继续将这项体现党和政府关怀老年人，弘扬全社会尊老、爱老、敬老、孝老传统美德，促进和谐社会建设的具体工作抓好，老龄办下发了《关于下发内蒙古自治区敬老“孝星”评选表彰办法的通知》（蒙老字［2011］1号），对做好第二届敬老“孝星”评选表彰工作进行了全面安排，对评选表彰办法进行了完善，对相关具体工作进行了细化。自治区老龄办在10月11日通过内蒙古日报对3 000名“孝星”进行公示后向全区下发了评选表彰决定，以旗县区为单位进行表彰，发放了奖牌，每人奖励1 000元人民币。此项工作的启动，大大提高了全区敬老、爱老、孝老、助老的氛围，大力弘扬了孝文化。

五、着力抓好“十二五”规划的出台

今年是“十二五”的开局之年，做好老龄事业发展规划，为自治区老龄事业“十二五”发展起好步、谋好局意义重大。老龄办按照国家老龄事业发展“十二五”规划总体布局，本着实现“六个老有”的目标，在充分征求了成员单位意见后，从养老保障、社会化养老、老年生活环境、老年人权益保障及老龄工作体制机制建设等方面对“十二五”期间的老龄工作进行整体谋划，提出了具体目标，明确了主要任务。当前，该规划已报自治区党委、政府，等待党委、政府修改意见，进一步完善后印发全区。

六、扎实开展“银龄行动”

按照国家老龄委的工作要求和自治区老龄委的工作计划，自治区老龄办年初制定了开展“银龄行动”工作方案，在全区开展这项工作。一是今年我们引进天津泰达心血管病医院医疗专家，在全区贫困老年人、优抚老人、无保老人、三无老人中进行血管病检查治疗手术等内容的医疗服务。这项工作现在正在进行摸底阶段。二是发挥区内老年卫生专家开展巡回医疗活动。5月18日，自治区“银龄行动”老年卫生专家巡回医疗活动启动仪式在呼和浩特举行。今年的巡回医疗活动有200多名医疗专家参与，先后将组成22个医疗队分别深入到全区农村牧区、革命老区、城市社区开展巡回医疗，为基层免费送医送药，并培训医疗卫生人员。

七、协助完成全国人大常委会老年人权益保障法执法检查

全国人大常委会委托自治区人大于5月份对我区贯彻落实《老年人权益保障法》的相关情况进行检查，自治区老龄办按照自治区政府的要求，高度重视，精心准备，与自治区人大组成执法检查组，对包头市、鄂尔多斯市、赤峰市的《老年人权益保障法》的贯彻落实情况进行了检查。检查组就检查中发现的问题与当地政府交换了意见，对需要加强和完善的工作提出了建议。当地党政领导非常重视本次检查，对检查组提出的意见和建议表示要尽快落实。在检查的基础上，形成了《自治区贯彻落实老年人权益保障法的情况汇报》，从老年人养老保障、老龄服务体系、文体活动、老年人维权、宣传教育及银龄行动等方面进行了全面总结，对我区在贯彻落实权益保障法、改善老年人生活状况等方面存在的问题进行了汇报，圆满完成了执法检查工作。

八、制定“敬老月”活动方案

根据全国老龄工作委员会办公室《关于2011年开展“敬老月”活动的通知》精神，结合我区的工作实际，研究制定了《内蒙古自治区老龄工作委员会办公室关于开展“敬老月”活动方案》，并下发全区。今年的“敬老月”时间是10月份，结合重阳节在全区大力宣传“爱我父母、孝敬长辈、关爱老人、构建和谐”的主题，开展走访慰问送温暖活动，组织形式多样、内容丰富、健康有益的老年人文体娱乐活动。向全区各地发放敬老月海报，敬老氛围浓厚，敬老意识增强。

九、召开全区老龄办负责人会议

11月5日，自治区老龄办负责人会议在呼和浩特召开，各盟市老龄办负责人参加会议。会上，自治区老龄委专职副主任韩奇同志传达全国第三次老龄工作会议精神，学习了回良玉副总理在第三次老龄工作会议的讲话和李立国部长的讲话精神。全体到会人员针对全国第三次老龄会议精神，展开了认真热烈的讨论。同时，为切实做好2011年高龄津贴的补发工作和2012年的发放工作，结合《内蒙古自治区人民政府办公厅关于印发〈自治区80岁以上低收入老年人高龄津贴发放管理办法〉的通知》（内政办发［2011］127号）要求，与会人员围绕发放程序、发放管理等内容进行了充分讨论，积极建言献策，为确保每位可享受高龄津贴的老年人能够充分享受这项社会发展成果的优待，切实做好发放管理工作奠定了基础。

重要会议和活动

【召开了自治区老龄委工作委员会全体会议】

2011年4月29日，内蒙古自治区党委、政府在呼和浩特市组织召开了自治区老龄委第一次全体会议。自治区党委常委、组织部部长、老龄工作委员会常务主任李佳出席会议并讲话，自治区副主席、老龄工作委员会常务副主任连辑主持会议。会上，自治区民政厅长、老龄委副主任吴金亮汇报了“十一五”期间的老龄工作，自治区老龄委专职副主任韩奇及各成员单位领导围绕《内蒙古自治区党委 政府加快老龄事业发展的意见》、《内蒙古自治区老龄事业发展“十二五”规划》和《内蒙古自治区关于建立80岁以上低收入老年人生活津贴的办法》进行了讨论，对进一步做好老龄工作提出了多项意见和建议，特别是李佳部长和连辑副主席在讲话中对做好下一阶段的老龄工作给出的宏观指导和诸多具体建议，自治区各成员单位及有关部门负责同志、新闻媒体的记者50多人参加会议。

【召开了全区老龄工作学习考察会议】为贯彻落实全国老龄工作委员会办公室2011年工作布署和全区老龄工作委员会全体会议精神，安排部署今年全区老龄工作，自治区老龄办5月份在青岛市组织召开了2011年全区老龄工作学习考察会议。自治区民政厅厅长、老龄委副主任吴金亮、自治区老龄委专职副主任韩奇和各盟市老龄办主任参加了会议。会上，自治区民政厅厅长、老龄委副主任吴金亮通报了我区的老龄事业发展情况，与会代表就进一步做好老龄工作进行了讨论，并就《内蒙古自治区党委、政府加快老龄事业发展的意见》、《内蒙古自治区老龄事业发展“十二五”规划》、《内蒙古自治区关于建立80岁以上低收入老年人生活津贴的办法》、《内蒙古自治区老年友好型城市试点方案及考评细则》和《内蒙古自治区老年人宜居城市考核评选方案及考评细则》进行讨论并发表了意见。参观了青岛市的老年日间照料所、社区老年人之家、老年大学和养老院，与青岛市老龄办领导在老龄工作的先进理念和成功经验方面进行了讨论交流。

【开展敬老“孝星”评选表彰活动】3月8日，自治区老龄办发出《关于下发内蒙古自治区敬老“孝星”评选表彰办法的通知》（蒙老字［2011］1号），对做好第二届敬老“孝星”评选表彰工作进行了全面安排，对评选表彰办法进行了完善，对相关具体工作进行了细化。10月1日通过内蒙古日报对全区3 000名敬老孝星进行了公示，向全区下发了评选表彰3 000名敬老孝星的决定，之后以各盟市为单位进行表彰，发放了奖牌，每人奖励1000元人民币。此项工作的开展，大大提高了全区敬老、爱老、孝老、助老的社会氛围。

【高龄补贴】11月1日在内蒙古自治区第九次党政联席会议上通过了高龄老人津贴的事项。11月29日，《内蒙古自治区人民政府办公厅关于印发自治区80岁以上低收入老年人高龄津贴发放管理办法的通知》下发各地。其中规定，对全区凡具有内蒙古户籍、年龄在80岁以上低收入和无固定工资收入的老年人、五保老人、三无老人可享高龄津贴待遇。从2011年1月1日起补发。高龄津贴实行按年龄分类分档发放：80—99岁老年人，每人每月发放100元，100岁以上老年人，每人每月发放300元。自治区财政根据一、二、三类地区按30%、50%、70%的比例补助盟市，其余部分由盟市、区（旗、县）财政自筹。自治区本级财政拿出1.2亿元，盟市、旗县拿出近2亿元用于津贴的发放。全区有22万老年人受益。

【召开全区老龄委办公室负责人会议】11月5日，召集全区老龄委办公室负责人会议，讨论了《内蒙古自治区80岁以上低收入老年人高龄津贴发放管理办法》草案，提前部署准备这项工作，目的是要求各地加强领导，精心组织，摸清底数确保每位可享受高龄津贴的老年人能够充分享受这项社会发展成果的优待，确保万无一失。

【开展银龄救助行动】4月份自治区老龄办引进天津泰达心血管病医院医疗专家，在全区贫困老年人、优抚老人、无保老人、三无老人中进行血管病检查还有治疗手术等内容的医疗服务，老年人高兴地享受到了党和政府及全区社会的关爱，全区共有2万多名老年人受益。

【银龄康复行动】开展区内老年卫生专家巡回医疗活动。5月18日，自治区“银龄行动”老年卫生专家巡回医疗活动启动仪式在呼和浩特市举行。今年的巡回医疗活动有200多名医疗专家参与，先后将组成22个医疗队分别深入到全区农村牧区、革命老区、城市社区开展巡回医疗，为基层免费送医送药，并培训基层医疗卫生人员，这项活动得到了基层医疗工作和革命老区及牧区广大老年群众的好评。

【第四届全国十大寿星评选活动】2011年5月—9月，根据中国老年学会《关于开展第四届中国十大寿星排行榜活动的通知》，内蒙老龄办在全区范围内开展了摸底调查，推荐申报百岁寿星的工作。在申报的100多位百岁寿星当中，我们推荐了管氏等5名百岁以上的寿星。期间，经过十大寿星排行榜第一阶段全国推选和第二阶段上榜寿星的核查，10月15日中国老年学会发布了公告，我区包头市119岁的管氏老太荣登中国十大寿星排行榜的第七名，并颁布发了荣誉证书和奖品。自治区老龄办专职副主任韩奇同志及包头市民政局、东河区民政局等负责同志一同看望了管氏老人家，并带去了慰问金和慰问品，带去了党和政府的亲切关怀。

【“敬老月”及老人节活动】从6月下旬到11月敬老月活动前后跨度四个半月，9月1日又是内蒙古自治区第26届老年节。这期间，全区各地组织开展了“敬老月”和庆祝老人节的活动，掀起了老龄宣传、敬老教育、助老服务和走访慰问为老年人送温暖的高潮，结合重阳节在全区大力宣传“爱我父母、孝敬长辈、关爱老人、构建和谐“的主题活动，各地举办了重阳节暨老年人节文艺专场演出，举行了较为隆重的大型老年群体聚会形式的活动仪式，通过电子显示屏、标语、展板，悬挂横幅等形式营造了老年节日的气氛。包头、呼市、呼伦贝尔、通辽等14个盟市的老年文体表演队进行舞蹈、合唱、太极拳、蒙古长调、数来宝等形式的文艺节目表演，还有网球、门球、乒乓球、羽毛球等单项比赛，老年人参与的体育活动。

各项业务进展

【老年维权】全国人大常委会委托自治区人大于5月份对我区贯彻落实《老年人权益保障法》的相关情况进行检查，按照自治区政府的要求，自治区老龄办高度重视，精心准备，与自治区人大组成执法检查组，对包头市、鄂尔多斯市、赤峰市的《老年人权益保障法》的贯彻落实情况进行了检查。检查组就检查中发现的问题与当地政府交换了意见，对需要加强和完善的工作提出了建议。在检查的基础上，形成了《自治区贯彻落实老年人权益保障法的情况汇报》，圆满完成了执法检查工作。按照全国老龄办的要求组织相关人员和部门多次参与《老年法》的修订工作，汇总了自治区人大司法委等有关部门的意见，形成了《关于〈老年人权益保障法〉（修订草案）》报全国老龄办。在贯彻落实维权服务上，各级司法机关对涉老案件实行优先立案、优先审理、优先执行。实施法律援助时，对贫困老年人给予简化程序和优先服务。各律师事务所、公证处、基层法律服务所和其他社会法律服务机构为老年人提供减免法律咨询和有关服务。老年信访工作方面：共接待处理信访、人访30余人次，电访50人次，其中大部分老年人提出的问题得到了妥善的解决。多数盟市对65岁以上老年人因领取退休金、抚恤金、养老金以及因赡养费、抚养费、医疗费等提起的诉讼案件，免收诉讼费、执行费。

【老年优待工作】自治区老龄委把优待老年人工作做为为民办实事的重要内容，联系实际积极采取措施，也作为贯彻落实科学发展观的实际行动，使老年优待工作出现了可喜的局面。全区各盟市分别出台了标准、层次不同的老年优待政策，其中有14个盟市制定了百岁以上老年人的长寿补贴制度，80岁以上的低收入老人享受到高龄津贴，由自治区财政统一发放了1.2亿元，全区20多万老年人得到了实惠。

我区有阿盟、巴彦淖尔市、通辽市、赤峰市、二连浩特市、鄂尔多斯市、乌海市、满洲里市、乌兰察布市9个盟市的80岁以上的老人普遍享受普惠型的高龄津贴。其中，二连浩特市扩大了发放范围，为70岁以上老人发放津贴。赤峰市给90岁以上的老人普惠型发放高龄津贴。全区在为百岁老年人实施免费体检的基础上有所放宽，部分盟市旗县对60岁以上老年人健康查体费用给予不同程度的减免，普遍免收普通挂号费和减免参观当地旅游景点门票的费用、公厕的费用。各级各类公益性文化设施及公园、园林免费为老年人开放。包头市、呼和浩特市、鄂尔多斯市、乌海市、赤峰市5个盟市为70岁以上老年人提供免费乘坐公交车的优惠服务，其中乌海市、赤峰市实行65岁以上的老人全免乘公交车的优惠。

【养老保障工作】内蒙古自治区61个旗县区纳入了国家城乡新农保试点中，城乡养老保险参保人员大幅增加，企事业离退休人员养老金全部足额发放，新型农村合作医疗参与率达到96.39%。全区城市低保对象84.8万人，保障标准达到月平均326元，低保对象月人均补助水平达到281元。农村牧区低保对象116.5万人，保障标准达到年平均1989元，低保对象年人均补助水平达到1529元。社会救助资金绩效评价和城乡困难群众临时生活补贴与物价上涨联动机制基本建立。全区现有农村牧区五保对象9.27万人（其中：集中供养3.23万人，分散供养6.04万人），集中供养标准达到4052元，分散供养标准达到2388元，集中和分散供养标准分别排在全国第8位和第14位。全区101个旗县建立了为百岁老人发放长寿补贴的制度，建立了80岁以上低收入老年人的高龄津贴制度，惠及全区22万老年人。此项制度成为养老保障体系的一个有效补充，受到了广大老年人的普遍欢迎和社会的充分肯定。

【发展养老服务业】全区各地积极贯彻国家和自治区关于加快发展养老服务业的政策要求，采取一系列措施，大力推动养老服务业发展。在自治区民政厅老龄办的积极努力下，报自治区人民政府正式批准。自治区财政厅累计下拨敬老院建设项目1.06亿元，共新建、改扩建敬老院139所，新增床位1.3万余张，全区农村牧区五保集中供养能力达到45.5%。按照80—99周岁每人每月补助100元，100周岁以上每人每月补助300元的标准对盟市进行分类分档补助。各项民生指标逐年提高的自然增长机制已基本建立。针对老龄化社会的不断发展和养老服务设施严重不足的矛盾，自治区党委、政府高度重视，成立了养老服务建设领导小组和办公室，与财政厅联合下发了《内蒙古自治区福利彩票公益金资助盟市示范老年养护院、旗县（市、区）综合老年养护院、街道（社区）老年人日间照料中心项目实施办法》。全区新开工建设盟市、旗县综合老年养护院项目18个，建成社区老年人日间照料中心292个，全区已建成并投入使用的民办社会养老服务机构158所，床位达2.27万张，投入民办社会养老机构床位补贴1 620元，拉动了民办养老事业的蓬勃发展。

包头市、乌海市已开展了居家养老服务，根据老年人实际情况，有政府购买服务、享受无偿、低偿和有偿优待；包头市的昆区、青山区政府投资为社区建立居家养老服务网络平台。自治区也积极引导社会力量参与老龄事业发展，争取投资兴办老龄产业。

【银龄行动】按照国家老龄委的要求，4月份，自治区老龄办制定了开展“银龄行动”的工作方案，对开展的内容、重点、目标、队伍建设等都提出了具体的要求，并积极协调自治区老协、天津泰达心血管病医院等单位，成立了“银龄行动”领导小组，加大了对全区老年人心血管疾病的检查范围。参加了全国“银龄行动”经验交流会，彼此学到了好的做法和下一步的打算、计划。

【老龄宣传工作】内蒙古电台开办的《长青树》栏目开播以来报道社会各界关注的老龄热点、难点问题，组织大型关爱老人男性健康、携手名仕医院的互动宣传活动节目，此项活动进行了两个多月。和老龄办联手开办了为敬老院的百位老人义诊等宣传互动节目，拓展了老龄宣传工作的影响。

积极组织推荐参与全国老龄办组织的老龄工作好新闻、好作品的评选活动，进一步推动全区老龄宣传工作的深入开展。各地积极和当地电台、电视台、报纸合作刊登老龄宣传信息，由自治区老干部局主办、老龄办协办的《老年世界》刊物，全国发行，半月刊，全区离退休人员几乎人手一册，随时把党的声音、惠民政策送到老年人的心上。自治区老龄办主管的、老年文学艺术联谊会主办的《草原风采》杂志，拓展了老年人精神生活的发展空间，也为全区老龄工作宣传提供了更为广阔的平台，这两份杂志，开辟了老龄导航、老龄天地、关爱老龄、孝亲敬老、法律园地等一些专栏，及时报道全区老龄工作信息，策划专题报道普及法律知识和一系列的宣传活动，为推动全区老龄宣传工作的深入开展起到了积极的作用。深受广大老年人的喜爱，也得到了全社会的一致好评。

【老龄问题调查研究】年初对各盟市上报的老龄问题研究论文进行了审核，逐一提出了修改意见和建议。在此基础上，召开了全区老龄问题的研讨会。按照全国老龄办的要求，收集整理我区老年人的基本情况及数据。向全国老龄办报送《老龄事业统计表》和《内蒙古自治区第六次人口普查数据及老龄事业统计信息》。为了全面了解各盟市老年人生活津贴的发放情况，先后对各盟市进行了调研，掌握了相关的数据、资料，进而为做好全区老年人生活津贴的发放工作奠定了基础。

黑龙江省

综　述

2011年，全省老龄部门以科学发展观为指导，以贯彻落实老龄事业发展“十二五”规划为重点，创新理念，开拓进取，全省多项工作取得了突破性进展。（一）加大政研力度，提高了老龄工作推动力。提早介入《规划》起草工作。在深入调查研究的基础上，广泛征求采纳各市、地和各有关方面的意见和建议，完成了《黑龙江省老龄事业发展“十二五”规划（草案）》的起草工作，经省老龄委第十次会议上审议通过上报省政府印发。组织开展老龄政策调查研究。省老龄办对我省涉老政策开展了调研，完成了《加强完善老龄政策体系建设是当前老龄工作面临的一项紧迫任务》的调研报告，受到省领导好评。哈尔滨市老龄办组织了全办大调研活动；牡丹江市老龄办组织了拉练调研，全面促进活动开展。全省共形成9篇有针对性、说明力强的调研报告，为各级党委、政府制定老龄政策提供可靠依据。深入基层调研指导老龄工作。省老龄部门召开了基层老龄工作规范化建设经验交流会，各地也普遍加强调研指导工作，齐齐哈尔市、牡丹江市、黑河市以调查研究为手段，推动了对“十百千示范工程”的落实。（二）加大宣传力度，深入营造敬老助老氛围。各地开展庆祝建党90周年系列活动，丰富老年人文化生活。动员全社会开展形式多样的“敬老月”活动。以不同形式走访慰问百岁老人、特困老人以及老年福利机构，累计慰问4000多人次，送去慰问金600余万元；联合省总工会、团省委、省妇联、省教育厅开展评比表彰“十大职工敬老标兵”、“青春助老先进集体和个人”、“百家孝亲敬老好家庭”等活动，唤起全社会对老龄事业和老年人的关注。开展敬老献爱心活动。哈尔滨市老龄办组织落实老年优待政策，把温暖送到老人家庭；牡丹江市民政局、社会福利院、各家医院和社会上的爱心企业共计30余家单位在敬老月活动期间为全市的老年人提供了各种助老、惠老服务；绥化市政府与绥化参美集团共投入200万元打造银龄健康工程，造福老年人；伊春铁力农场大力开展为老志愿服务活动，吸引了一大批青年志愿者加入到敬老助老爱老活动中。（三）加大维权力度，把保障老年人权益落到实处。配合做好执法检查。主动与省人大内司委积极沟通，根据《关于检查〈一法一例〉贯彻实施情况的通知方案》要求，组织各地老龄办配合做好《一法一例》的执法检查工作。推动“老年维权合议庭”的建立。省老龄办通过对哈尔滨、齐齐哈尔、牡丹江、佳木斯、鸡西等市法院系统在民庭中设立“老年维权合议庭”的调研总结，与省法院协商在全省推广该经验做法，得到了省领导的肯定和支持。省法院对全省各级人民法院下发了《关于切实加强保护老年人合法权益的通知》，司法维权取得突破性进展。推动老年优待政策落实。哈尔滨市对高龄津贴实行了扩面发放，5200名高龄老人受益，累计发放金额1095万元；齐齐哈尔、牡丹江、黑河市对低保困难老年人均落实了优待救助制度；绥化、鹤岗、双鸭山市的一些地方提高了高龄或百岁老年优待标准。加强了老年维权体制机制建设。已有多个市地老龄办被当地政府确认了行政执法主体资格，老年信访工作得到了加强，有效地保护了老年人合法权益，促进了社会和谐稳定。（四）加大创建力度，进一步夯实了基层基础建设。大力实施“十百千示范工程”。哈尔滨、大庆、鸡西等市结合本地实际制定方案，推进基层规范化建设；牡丹江市组织了县（市、区）拉练检查，采取看点打分、互评互查等方式，推动基层规范化建设，促进了工作的全面提升。积极推进“老年友好型城市”建设。齐齐哈尔市成立了由市委书记、市长为组长，组织领导22个委办局一把手共同抓的“全国老年友好城市”创建工作，取得优异成绩。2011年11月26日，在北京人民大会堂，举行了由世界卫生组织、全国老龄办共同主办的齐齐哈尔市国际老年友好城市授牌仪式，成为中国第一个，世界上第十五个获此殊荣的城市。积极推动“银龄行动”工作。省老龄办与省老科协紧密协作、定期指导，有12个省级示范基地工作取得明显成绩。海林市猴头菇培育基地、宁安市振兴村蔬菜出口基地、人民公园“老年林”、爱民区“千亩粘玉米示范田”基地建设收到了较好效果。（五）加大协会指导力度，发挥老年群体的积极作用。抓老年协会标准化建设。哈尔滨市以抓老年人协会规范化建设促进了基层老龄工作，对星级老年人协会利用以奖带补的形式给予资金支持，建立的700个老年协会中有75个达到星级标准。发挥老年志愿者作用。牡丹江市组织200名老年自愿者参加了创建“三优文明城”志愿服务我先行活动；齐齐哈尔市招募、注册登记的老年志愿者1500多人，积极参与社会公益性服务活动。组织老年人开展文化娱乐活动。各市地老龄办积极指导老年协会开展各类有益老年人身心健康活动，丰富了老年人精神文化生活，促进了老年人与社会的共融。（六）加大示范力度，全面提升了老龄事业发展内在动力。2011年，全省从注重抓典型入手，努力打造老龄工作品牌，运用品牌推动老龄事业发展，取得了明显成效。齐齐哈尔的“孝亲敬老之城”带动了全社会敬老助老社会氛围；哈尔滨市的“小型养老管理”办法，整合了社会养老资源，推动了 社会养老服务体系建设；牡丹江市的“银龄助推”促进了社会经济发展。各市地好的典型做法都对全省老龄事业发展起到了积极的示范推动作用。

重要会议和活动

1.2011年1月18日，省民政厅党组成员、省老龄办专职副主任杨铁生带领省民政厅检查慰问组赴大兴安岭地区走访慰问民政服务对象及开展民政资金管理使用情况、困难群众生活安排情况督查工作。

2.2011年1月26日，省老龄办专职副主任杨铁生陪同副省长、省老龄委主任孙永波去双城市同心乡福利村四委慰问百岁老人王振东。

3.2011年2月11日，省老龄办专职副主任杨铁生参加省级文明单位评比检查验收会议，副主任李淑梅参会并汇报省老龄办精神文明建设情况。省精神文明办主任陈永芳，省精神文明办牟喜颖、高尚斌，省民政厅副厅长顾乃龙，省民政厅直属机关党委副书记崔治春，省民政厅邹平参加会议。

4.2011年2月18日，省老龄办专职副主任杨铁生，副主任李淑梅参加“敬老格言”评审，省委宣传部宣教处副处长李瑞、政研处处长齐鹏飞，省文化厅群众艺术馆郑宝春，省移动公司李守军、王洪涛，省老龄办宣传处全体参加评审。

5.2011年3月2日，省老龄办与省高级法院在省老龄办召开老年维权工作协调会。省老龄办专职副主任杨铁生、副主任王刚，省高级法院法庭办主任金锋、省高级法院宣传处副处长袁涛，省老龄办维权处两同志参加会议。本次协调会议旨在落实永波副省长对《关于与省法院协商在全省法院系统推广“老年维权合议庭”做法进一步做好〈一法一例〉工作的请示》（黑老办发〔2011〕4号）文件的批示精神，会议讨论通过了《关于老年维权合议庭在贯彻〈一法一例〉和维护老年人合法权益工作中的积极作用及其推广的建议》稿。

6.2011年3月9日，省老龄办专职副主任杨铁生、副主任李淑梅参加黑龙江省“银龄行动”工作座谈会，省老科协副会长孙光祖、秘书长孙志文应邀到会。

7.2011年3月16日，省老龄办专职副主任杨铁生、副主任王刚到省人大内司委汇报工作。省人大内司委主任高德林听取汇报。省老龄办维权处两名同志参加汇报。

8.2011年3月18日，省老办副主任李淑梅参加省民政厅召开的居家养老体系建设会议。

9.2011年3月23日，黑龙江省政府办公厅印发《关于公布省政府及省政府办公厅出台的规范性文件清理结果的通知》（黑政办发【2011】9号）。涉及老龄部门的文件有《黑龙江省政府办公厅转发省老龄办关于加快发展养老服务业实施意见的通知》（黑政办发【2006】24号）为修改的规范性文件，《黑龙江省政府办公厅转发省老龄委关于对全省老年人实行优待服务意见的通知》（黑政办发【2000】54号）为废止的规范性文件之一，时间节点为2009年12月31日以前出台的文件。

10.2011年4月12日，省老龄办专职副主任杨铁生、副主任王刚参加省民政厅召开的社会养老体系建设会议，杨铁生同志在会上作了发言。

11.2011年4月28日，省老龄办副主任李淑梅参加省志愿服务协调小组办公室召开的全省志愿服务推进工作视讯会议，宣传处一位同志与会。

12.2011年5月12日，省老龄办副主任王刚参加全国老龄办在湖北省宜昌市召开的“全国老龄信息工作会议”并在会上介绍我省经验，宣传处一同志陪同参会。

13.2011年5月27日，省老龄办专职副主任杨铁生、副主任李淑梅应哈尔滨市老龄办邀请参加哈尔滨市什河丽景敬老社区奠基仪式。什河丽景敬老社区坐落于香坊区幸福镇莫力村，该项目作为今年哈市重点建设项目和惠民行动项目，由哈尔滨市老龄办主管，香坊区居家养老协会与幸福镇莫力村合建，总占地面积21万平方米，建筑面积36万平方米建设，可提供12000张敬老床位。项目工期三年，2011年5月开工，2013年12月末竣工并交付使用。

14.2011年5月30日，省老龄办专职副主任杨铁生参加省政府向民政部办理全国人大重点建议调研组汇报会。调研处高玉萍处长陪同与会。

15.2011年6月10日，省老龄办副主任李淑梅陪同省民政厅顾乃龙副厅长去北京参加民政部半年年会典型申报工作汇报，并陪同前往全国老龄办向民政部党组成员、全国老龄办常务副主任陈传书汇报我省老龄工作，得到陈传书主任的充分肯定，拟向民政部党组汇报，在全国民政部半年年会上介绍黑龙江省老龄工作经验。

16.2011年6月11日，省老龄办专职副主任杨铁生陪同省人大副主任王东华、内司委武文斌副主任委员去绥化、绥化市庆安县、伊春市检查《一法一例》贯彻落实情况。

同日，省老龄办副主任王刚陪同省人大内司委侯树才副主任委员去佳木斯、双鸭山市检查《一法一例》贯彻落实情况。

17.2011年6月16日，省老龄办副主任李淑梅带领哈医大一院大桥分院的7名专家去肇东市昌五镇开展“感党恩、银龄送健康”为主题义诊活动，省老龄办宣传处同志陪同。

18.2011年6月17日，省老龄办专职副主任杨铁生应邀参加观看哈尔滨市老年人大学纪念中国共产党90周年“在党的阳光下——夕阳红”专场文艺演出。

19.2011年6月18日，为庆祝建党90周年，“感党恩千名老人徒步走”大型活动在哈尔滨防洪纪念塔隆重举行，本次活动由省老龄工作委员会办公室、哈尔滨市老龄（退管）工作委员会办公室支持，《老年日报》和《老年学习生活》杂志社主办，太平洋人寿保险公司黑龙江分公司、黑龙江省海员总医院协办。省老龄办专职副主任杨铁生，省老龄办副主任、老年学习生活杂志社总编李淑梅，哈尔滨市老龄办常务副主任张伟林，老年日报总编辑李永纪，太平洋人寿保险公司黑龙江分公司党委书记、总经理李建伟，省海员总医院副院长修淑岩参加活动。

20.2011年6月24日，省委宣传部举办“辉煌90年美术、书法、摄影展”，省老艺术家协会老艺术家制作的“庆祝建党90周年，向党敬献九十米书法长卷”参加展出，省老龄办专职副主任杨铁生、副主任李淑梅参加展出活动。

21.2011年6月28日下午，黑龙江省老龄委表彰大会在齐齐哈尔市党政机关办公中心召开，会议号召全省老龄系统的干部开展向邵洪哲同志学习。学习他敬老爱老、乐于奉献的高尚情操；学习他攻坚克难、开拓创新的敬业精神；学习他求真务实、锲而不舍的工作作风；学习他情系老龄、服务大局的坚定信念。全国老龄办宣传部贺常梅副处长，黑龙江省老龄委秘书长、省老龄办专职副主任杨铁生，省老龄办副主任李淑梅，齐齐哈尔市领导高环、田国梁、黄力出席会议。会议由杨铁生主持。省老龄办副主任李淑梅宣读了《黑龙江省老龄工作委员会关于开展向邵洪哲同志学习的决定》。邵洪哲任齐齐哈尔市老龄办主任，他率领老龄系统干部职工开展创建“孝亲敬老之城”活动，被联合国评为“国际老年友好城市”。在实际工作中，邵洪哲同志创新管理模式，在养老机构中实行星评管理；推行“老龄工作一把手”工程，构建“大老龄”的工作格局；落实涉老政策，为老年人办实事，维护老年人的合法权益等方面取得了突出的工作成绩。邵洪哲同志先后被评为全国老龄工作先进个人、全国孝亲敬老之星、全国老龄十大新闻人物。

22.2011年7月4日，省老龄办党组副书记、专职副主任杨铁生代表办党组在全办干部会议上宣布，李淑梅副主任经省委组织部批准到铁力市任副市长挂职一年，李淑梅副主任所负责的工作由杨铁生负责。杨铁生同志希望李淑梅同志把对老龄工作的热情、激情带到新的岗位，展示老龄干部的风采，作出新的成绩，省老龄办将支持李淑梅同志新岗位的工作。希望以后我办能多出几位像李淑梅同志一样去基层挂职或到上级部门挂职的同志，办党组一样予以支持。

23.2011年7月5日，省老龄办专职副主任杨铁生、副主任王刚参加省老年协会举办的庆祝建党90周年文艺演出活动。

24.2011年7月6日，省老龄办党总支举办庆祝建党90周年活动，在植物园举行“徒步走，庆党的生日”活动，省老龄办和《老年学习生活》杂志社全体职工参加活动。

25.2011年7月11日，省老龄办党组副书记、专职副主任杨铁生会见来访的铁力市委常委、副书记金春林，市委常委、副市长张晓波，并简要介绍李淑梅副主任在我办工作情况。铁力市党政领导此行专程来省老龄办接李淑梅副主任赴任。省老龄办党组副书记、专职副主任杨铁生，办党组成员王刚送李淑梅同志到铁力市任职。

26.2011年7月21日，省老龄办专职副主任杨铁生去北京全国老龄办汇报工作，秘书处、宣传处各一位同志陪同。

27.2011年8月3日，省老龄办专职副主任杨铁生去绥化市调研老龄工作，并和绥化市老龄办同志、助老企业参美集团领导座谈。

28.2011年8月8日，省老龄办专职副主任杨铁生列席省人大第十一届第二十六次会议。此次会议提取并审议黑龙江省人大常委会执法检查组关于检查《中华人民共和国老年人权益保障法》和《黑龙江省贯彻实施中华人民共和国老年人权益保障法》情况的报告。省老龄办副主任王刚，维权处黄金平同志参加分组审议。

29.2011年8月15日－19日，省老龄办副主任王刚在漠河市主持召开全省基层老龄工作规范化建设座谈会。省老龄办部分同志，全省各市（地）、县区老龄办负责人等50余人参加了会议。漠河县等8个县（市）、区进行了经验交流发言。省老龄办副主任王刚在会上作了总结讲话，并对今后一个时期基层老龄工作规范化建设的重点进行了说明。

30.2011年7月22日－23日，省老龄办专职副主任、《老年学习生活》杂志社社长杨铁生在铁力市主持召开全省敬老月暨《老年学习生活》走进老年生活爱老活动启动仪式。杨铁生同志在会上讲话，铁力市副市长的李淑梅代表铁力市人民政府致贺词，会上宣读了《2011年黑龙江省敬老月活动方案》，《老年学习生活》杂志社做表态发言，各市地老龄办，省森工总局、农垦总局老龄办主管宣传工作负责人，部分企事业主管宣传工作的负责人等60余人参加会议。

31.2011年8月25日，省民政厅党组成员、省老龄办专职副主任杨铁生参加省民政厅召集的“全国社区建设工作现场推进会”会议。

32.2011年9月20日，省老龄办专职副主任杨铁生应邀参加齐齐哈尔市“长寿廊”在龙沙公园落成仪式。

33.2011年9月30日，中共黑龙江省委黑龙江省人民政府下发关于命名精神文明创建先进集体的决定，命名省老龄办为省级文明单位。这是省老龄办自成立以来第一次获此项荣誉。

34.2011年10月5日，省老龄办专职副主任杨铁生到绥化市参加绥化市委、市政府、省老龄委举行“相约夕阳红、健康伴我行”培养万名健康老人大型公益活动启动仪式。

35.2011年10月10—21日，省老龄办副主任王刚带队去河南、陕西省、山西省考察学习老龄工作，调研处、维权处处长陪同，哈尔滨市、牡丹江市老龄办的同志参加。

36.2011年10月11日，省老龄办专职副主任杨铁生同志参加在哈尔滨医科大学附属第三医院举行的"关爱老人温暖万家"爱心公益活动启动仪式并讲话。

37.2011年10月17日，省老龄办专职副主任、《老年学习生活》杂志社社长杨铁生，省老龄办副主任、《老年学习生活》总编李淑梅参加《老年学习生活》专家评刊座谈会。

38.2011年10月21日，国务院在北京召开第三次全国老龄工作会议，副省长、省老龄工作委员会主任孙永波参加会议并代表省政府发言，省老龄委秘书长、省老龄办专职副主任杨铁生，省老龄办副主任李淑梅参加，全国老龄系统先进集体齐齐哈尔市老龄办、哈尔滨市道里区老龄办的领导参加会议，全国老龄系统先进个人邵洪哲参加会议。

39.2011年10月22—31日，省老龄办专职副主任杨铁生应邀前往澳大利亚、新西兰参加第九届亚大地区老年学和老年医学大会。

40.2011年10月25—26日，省老龄办副主任王刚参加全国老龄办在浙江省湖州市召开的"老年友好型城市"、"老年宜居社区"试点工作总结会议，试点城市齐齐哈尔市老龄办领导参加会议。

41.2011年10月27日，省老龄办副主任王刚、调研处处长高玉萍到北京参加国家民政部召开的《老年人权益保障法》(修订草案稿)》征求意见座谈会。

42.2011年11月8—9日，省民政厅厅长杨喜军和省老龄办专职副主任杨铁生陪同国家民政部部长、全国老龄办主任李立国同志到齐齐哈尔市、大庆市检查民政、老龄工作，全国老龄办副主任闫青春陪同检查。

43.2011年11月9—10日，省老龄办副主任李淑梅在云南省丽江市参加全国老龄办举行的"联合国人口基金第七周期援华项目启动会"，秘书处一同志陪同。我省被列为全国三个项目试点单位之一。

44.2011年11月15日，省老龄办专职副主任杨铁生、副主任王刚参加省人大内司委召开内务司法部门和群众团体联席工作会议，杨铁生同志做工作汇报。

45.2011年11月23日，省老龄办副主任王刚同志受省老龄办副主任、省老年学会副会长杨铁生同志委托，代表杨铁生同志参加省老龄学会年会并向会议介绍第三次全国老龄工作会议精神。

46.2011年11月25日，省老龄委第十次全体会议召开。省政府副省长、省老龄委主任孙永波参加会议并作重要讲话，省政府副秘书长孙静本主持会议。省老龄委副主任、省老龄办主任、省民政厅厅长杨喜军参加会议并向大会传达第三次全国老龄工作会议精神，省老龄委秘书长、省老龄办专职副主任杨铁生参加会议并向大会作"关于实施《黑龙江省老龄事业发展"十一五"规划》情况和起草《黑龙江省老龄事业发展"十二五"规划》情况的说明"。会议审议通过了《黑龙江省老龄事业发展"十二五"规划》，会后将上报省政府印发。会上印发了《省老龄委第九次全委会以来的工作情况报告》和《黑龙江省人口老龄化研究进展情况和部分课题目录》。省老龄委各副主任、省老龄委委员参加会议。省老龄办各处室负责同志，省老龄委成员单位的联络员列席会议。

47.2011年11月26日，副省长、省老龄委主任孙永波，省老龄委副主任、省老龄办主任、省民政厅厅长杨喜军，省老龄委秘书长、省老龄办专职副主任杨铁生，齐齐哈尔市市长韩东炎在北京人民大会堂参加"齐齐哈尔市国际老年友好型城市授牌仪式"。该授牌仪式由世界卫生组织、全国老龄办共同主办。全国老龄委副主任、民政部部长、全国老龄办主任李立国出席仪式并讲话，世界卫生组织老龄与生命历程司司长约翰·比尔德宣读了《授予齐齐哈尔市国际老年友好型城市的决定》并授牌。授牌仪式由全国老龄办党组书记、常务副主任陈传书主持。会上，黑龙江省副省长、省老龄工作委员会主任孙永波，齐齐哈尔市市长韩冬炎分别发言。住房和城乡建设部标准定额司副司长田国民、卫生部疾病控制局副局长雷正龙、黑龙江省民政厅厅长、省老龄办主任杨喜军、省老龄办专职副主任杨铁生，国务院有关部门、黑龙江省有关单位的领导出席了授牌仪式。

48.2011年11月29日，省老龄办副主任李淑梅参加全国老龄办在福州召开的老龄工作宣传工作会议和"银龄行动"座谈会，宣传处一同志陪同参会。

49.2011年12月5—6日，省老龄办专职副主任杨铁生、副主任李淑梅，省移动公司副总经理毛春生去齐齐哈尔市调研老龄工作情况，秘书处一同志陪同。

50.2011年12月7—12日，省老龄办副主任王刚去牡丹江市调研老龄工作。

51.2011年12月12日，省老龄办专职副主任杨铁生参加团省委在黑龙江大学音乐厅举办"我的志愿"——黑龙江省青年志愿者文化节开幕仪式。

52.2011年12月20—21日，省老龄办副主任王刚、调研处处长高玉萍在北京参加全国老龄办举办的贯彻落实《中国老龄事业发展“十二五”规划》研讨会。

53.2011年12月22日，省老龄办副主任王刚、调研处处长高玉萍在北京参加联合国人口基金和全国老龄办举办的中国——联合国人口基金第七周老龄项目活动计划2012年年度会议。

老龄业务工作

【老龄政策研究】深入开展调查研究，为政府制定老龄政策提供依据。认真开展《黑龙江省老龄事业发展“十二五”规划》（草案）的调研起草工作。在广泛听取各地和各有关方面的反馈建议，积极向成员单位及相关部门多次征求修改意见，并在省老龄委第十次全体会议上审议通过后，已按程序报省政府印发。积极开展我省老龄政策调查研究。完成《加强完善老龄政策体系建设是当前老龄工作面临的一项紧迫任务》等9篇调研《报告》，为省委省政府老龄政策的制定提供理论依据。基本完成我省应对人口老龄化战略研究课题。深入基层调研，加强指导老龄工作。召开了基层老龄工作规范化建设经验交流会，对各地实施“十百千示范工程”情况做了阶段性总结，漠河县等8个县（市、区）介绍了工作经验。为推动基层老龄工作规范化建设先后深入牡丹江10个县（市、区）进行了调研指导。完成国家部署的调研任务。按照全国老龄办要求，组织各市地开展老龄调研工作，向国家推荐了优秀调研报告9篇，圆满地完成了调研任务。

【老龄新闻工作】加强宣传，进一步营造了有力老龄工作氛围。省老龄办与市地老龄办、省老龄委成员单位和老年社团组织，联合开展庆祝建党90周年系列活动。与哈尔滨市老龄办、《老年学习生活》杂志社联合开展感党恩颂党情”千名老年人徒步行活动；与省老科协开展老科技工作者“银龄行动庆建党”活动；与省老艺术家协会开展“我爱江山美如画”活动；与哈尔滨等市老龄办开展“多彩人生”红歌献给党系列活动，颂扬党的丰功伟绩，激发人们爱党爱祖国的情感。积极响应全国老龄委号召，动员全社会开展全省“敬老月”活动。省老龄委组织开展“三个一”慰问活动，以不同形式走访慰问百岁老人、特困老人、以及老年福利机构，共4000多人次，慰问金额达600余万元。省老龄办联合老龄委成员单位省总工会、团省委、省妇联、省教育厅开展评比表彰“十大职工敬老标兵”、“青春助老先进集体和个人”、“百家孝亲敬老好家庭”等活动。通过表彰，全省广大职工思想道德素质得到提高，促进了群众性精神文明创建活动全面发展。省老龄办、省文明办、生活报还开展了“幸福老人幸福的家”公益活动，通过新闻的视角，走进全省各地幸福老人的家庭，展现龙江老人的晚年风采，唤起全社会对老龄事业和老年人的关注。组织全省开展敬老献爱心活动。省老龄办在加强宣传工作的同时，组织各地老龄部门敬老献爱心活动。组织协调老龄委成员单位落实敬老行动计划。

【老年维权工作】维护老年人合法权益工作取得明显成效。配合协助省人大常委会做好《一法一例》的执法检查工作。省老龄办与省人大内司委积极沟通、主动汇报我省老龄工作情况。根据省省人大《关于检查〈一法一例〉贯彻实施情况的通知方案》要求，组织各地老龄部门协助配合人大搞好执法检查。坚持在重点工作上求突破。从去年开始，我们对哈尔滨市等五个市（地）法院系统在民庭中设立“老年维权合议庭”的积极作用、人员编制和运行机制等方面进行了调研总结，与省法院相关负责人召开了座谈会，就全省法院总结推广经验和建立长久地运行机制达成了共识。省法院对全省各级人民法院下发了《关于切实加强保护老年人合法权益的通知》。这个《通知》的出台，将对维护全省老年人合法权益，推动我省老龄事业发展提供强有力的司法保障。老年优惠政策进一步得到落实。全省高龄老年人津贴发放得到充分落实。加强了老年维权体制机制建设。目前已有10个市（地）老龄办具备了行政执法主体资格，全省共有84名老龄工作人员已配发行政执法证。

【银龄行动】积极推动“银龄行动”工作新发展。2011年年初省老龄办下发《2011年全省银龄行动工作要点》，有力指导了全省“银龄行动”工作。省老龄办与省老科协召开银龄行动工作座谈会，部署了全省银龄行动工作。组织著名医学专家赴肇东市昌五镇开展义诊活动，受到当地广大农民朋友的热烈欢迎。进一步巩固“银龄行动”示范基地建设成果。采取紧密联系、定期指导12个省级示范基地工作。省、市联建的海林市猴头菇培育基地、宁安市振兴村蔬菜出口基地、人民公园“老年林”、爱民区“千亩粘玉米示范田”基地建设得到加强。银龄咨政”效果明显。牡丹江市老年人所提出的“三溪一河”治理，东出口改造，加强地下矿产资源开发等建议，被牡丹江市委、市政府采纳付诸实施，收到了较好效果。

【发展养老服务业】养老机构建设积极推进。城市公办养老机构实现基本覆盖，全省城市公办养老机构达到162所、床位2.1万张；民办养老服务机构发展迅猛，城镇民办养老服务机构达到957家，床位总数为5.2万张；创新了公办养老机构向社会老人开展服务、小型民办养老机构连锁整合和养老服务品牌加盟等新模式。居家养老服务扎实拓展。城市居家养老服务扎实开展，全省城市开展居家养老服务的社区达到社区总数的63%；社区养老设施不断完善，全省建有城市社区老年人日间照料中心（室）856个，拥有床位4100余张；开展了农村居家养老服务试点，整合建设，为农村老人共享社会养老服务探索一条新路。政策制度建设日渐完善。出台了《关于加快推进社会养老服务体系建设的意见》、《加快发展民办福利机构的意见》、《80周岁以上高龄老人生活津贴发放办法》、《资助民办养老服务机构发展资金管理暂行办法》等一系列政策性文件，进一步健全了社会养老服务政策体系和保障制度体系；出台了《养老服务机构管理暂行办法》和《示范化 规范化养老服务机构评定标准》，为推进养老机构规范化管理奠定了法规基础。

【养老保障】社会保障法律制度建设取得重大进展。我省城镇企业职工基本养老保险制度体系进一步完善，制度建设走在全国前列，尤其是《社会保险法》的颁布实施，为完善我省社会保障体系提供了法律保障。新型农村社会养老保险和城镇居民养老保险开始实施试点工作，为农村居民和城镇居民提供老年基本生活保障。全面实施职工基本医疗保险、城镇居民基本医疗保险和新型农村合作医疗制度，实现医疗保障制度的全覆盖。社会保障覆盖面显著扩大。截止2011年12月31日，全省参加城镇企业职工基本养老保险、事业单位养老保险约981万人，有86个县（市、区）开展了新型农村社会养老保险和城镇居民养老保险试点，覆盖1253万农村居民，占全省农业人口总数的71%。城镇居民16—59岁约357万人，已覆盖约299万人，占应参保人数68%。全省职工医保、居民医保参保近1578万人，参保率98%。待遇水平稳步提高。

吉林省

1月25日上午，省政府副省长、省老龄委主任金振吉在春节前夕看望高龄老人。图为金振吉向葛长江老两口表达深切问候。

省人大组成执法检查组，分赴延边、白城两地，对我省贯彻实施“一法一规定”情况进行检查。图为检查组在延边。

综　　述

一、加大为老服务建设力度，养老服务体系不断完善

到2011年底，全省城镇兴办各类养老服务机构1051个，床位5.9万张；农村社会福利服务中心668所，床位数8.4万张。全省建有老年病医院222所，老年护理中心122所，开设老年家庭病床10975张。社区中有医疗站点的达1078个，行政村有医疗站点的达6908个，为老年人提供就地就近的医疗服务。

全省城镇有室内健身器材的老年活动室688个，有室外健身器材的社区1029个，有老年门球场的社区230个，有影视器材的活动室900个，有棋牌、乐器等文娱活动器材的活动室1052个。

全省农村有室内健身器材的老年活动室922个，有室外健身器材的村2272个，有老年门球场的村1174个，有影视器材的老年活动室2711个，有棋牌、乐器等文娱活动器材的活动室3771个。

全省创办老年大学（学校）1533所，在校人数80682人，累计毕业人数156096人。全省建有老年人才中介服务组织171个，发挥作用的老年人才43854人。

二、居家养老服务不断深化

在城镇，推进社区居家养老服务工作，有887个社区配备了1120个老龄专干；建立社区居家养老服务站787个，配备服务人员1247人；未建立养老服务站但配备养老服务人员的社区有643个，配备了819个养老服务人员；建立社区日间照料室738个，有床位2006张。

在农村，探索建立以居家养老服务大院为辐射中心的养老服务体系，建立居家养老服务大院1650个，有床位3757张。结合养老服务大院建设，还开展了农村空巢老人帮扶服务活动。

全省为老服务志愿者、爱老义工服务组织达5592个，参加人数达592628人。

三、制定和落实惠老政策、让广大老年人得到更多的实惠

2011年1月24日，省政府出台《关于加快推进全省老龄事业发展的意见》（吉政发〔2011〕3号，以下简称《意见》）。《意见》深刻分析了我省老龄工作面临的形势，提出了今后一个时期老龄工作的基本原则和主要目标。从提高老年人社会保障水平、加快推进社会化养老服务、发展老年人教育文化体育事业、发挥老年人的社会作用、健全老龄事业发展体制机制等方面对老龄事业发展做出重大部署，制定了一系列加强老龄工作的战略措施。《意见》强调，各级政府要高度重视，从战略全局出发，增强做好老龄工作的使命感责任感，采取更加积极的措施，不断开创老龄事业发展的新局面。

4月，经省政府同意，省老龄办会同省发改委、省民政厅、省财政厅等13个部门联合制定下发了《吉林省老年社会保障和服务体系建设三年推进计划（2011—2013年）》，并对各地贯彻落实情况进行了督促检查。白山市召开了贯彻落实《三年推进计划》工作会议，对具体目标任务进行分解，落实到相关部门。吉林、四平、白城、通化、辽源等地制定下发了《三年推进计划》。由于各地的努力，使《三年推进计划》在起始之年得以顺利实施。

各地落实高龄老年人生活津贴制度。各地按照省政府办公厅《关于发放高龄老年人生活津贴的通知》要求，充分发挥协调职能，督促发放工作规范运行。长春市把发放工作列入政府2011年民生行动计划，吉林市制定发放工作实施方案，按照“属地管理、分级负担”的原则，确保了高龄津贴全部发放到位。延边、通化、白城等地不断扩大发放范围，提高发放标准。通化县百岁老人津贴每人每月已达到800元。大安市对所有80岁以上的老年人都发放了数额不等的生活津贴。

全省各地采取有效措施，积极贯彻落实《吉林省优待老年人规定》。目前全省统一发放的老年优待证达到63万个。部分县级以上政府实施高龄老人补贴政策，有8.78万高龄老人（不含百岁老人）享受补贴，补贴金8039万元。为老年人办免费乘车卡26.2万个，财政年度补贴资金3209万元。医疗机构对老年人实行免挂号费的12612所，半价优待的1046所。全省共有向老年人开放的文化设施226处，对老年人实行减免门票优待的公园园林景点64处。有22处收费体育设施对老年人实行免费，有1处实行半价。

四、政府加大力度，老年人合法权益得到进一步保障

全省建立老年维权中心（庇护所）385个，老年法律咨询服务站779个。各地通过开展“夕阳幸福工程·法律援助在行动”活动，加大老年维权力度，建立困难老人法律援助绿色通道，通过落实首问责任制等信访接待制度，对涉及高龄津贴发放、家庭赡养纠纷等问题进行解释、疏导和督办服务。当年接待老年信访2974件，办结2358件。延边州制定了《延边州老年人权益保障条例》的《实施细则》，老年维权工作进一步走上法制化、规范化轨道。还通过人大代表问询会的方式，检查督促老年法的贯彻落实。

五、进一步加强老龄机构和群众组织建设

全省及9个市（州）、长白山管委会的老龄工作机构属民政代管的5个，独立的6个。69个县（市、区）、开发区老龄工作机构属民政内设的18个，属民政代管的31个，独立的20个。省级老龄工作机构编制17人，事业编制；市（州）级老龄工作机构编制69人，其中行政编制13人，事业编制56人。县（市、区）级老龄工作机构编制251人，其中行政编制74人，事业编制177人。现有干部职工330人。

全省建有城镇社区老年人协会1304个，组建了文艺活动组织1276个，体育健身活动组织1110个。全省建有农村老年人协会6870个，建立了2981个老年文艺活动组织，2588个老年体育健身活动组织。

六、普遍开展健康向上的老年文体活动，老年人

精神文化生活不断丰富

省老龄办会同长春市开展敬老月暨全省第十三个老人节系列庆祝活动，组织开展老年人红歌大会等宣传文化活动，会同省老年书画研究会举办了老年书画展。各地也结合实际开展了不同形式的老年文体活动。白城市举行“老有所为楷模、孝老敬亲之星、十佳健康老人”表彰仪式暨“桑榆晚情颂祖国”文体展演；长春市举办第五届老年书画大赛、老年健身暨风采展示大赛，结合“千名老人看长春”开展老年旅游活动；吉林市组织了老年秧歌、象棋邀请赛等大型活动；白山市举办了第十届老年台球、门球、乒乓球赛；四平市、通化市举办建党九十周年书画展；松原市举办老年人健身舞、太极剑比赛和大型健身气功表演；辽源市组织开展“礼让坐位，美德做人”的敬老活动，对在公交车给老年人让座的群众给予现场奖励，弘扬了尊老敬老的社会风尚。

重要会议和活动

【全省老龄工作会议】3月25日下午，全省老龄工作会议在省宾馆隆重召开。会议回顾总结我省“十一五”期间老龄工作和老龄事业取得的主要成果，同时对今后一个时期着重抓好的几项工作提出明确要求。国家民政部党组成员、全国老龄办常务副主任陈传书专程到我省参加会议。省政府副省长、省老龄委主任金振吉出席会议并做重要讲话。在这次会议上，省老龄办等13个部门联合制定下发了《吉林省老年社会保障和服务体系建设三年推进计划（2011—2013）》。会上，省老龄委副主任、省老龄办常务副主任陈双喜向大会报告了我省“十一五”期间老龄事业发展的情况，并就今后一个时期工作提出意见。省发改委、省民政厅、省财政厅、省人社厅、省卫生厅等部门的负责同志做了大会发言。省委组织部副部长、省老龄委副主任李耀民宣读受全国老龄委表彰的先进单位、先进个人名单，会议代全国老龄委向我省获得全国老龄工作先进单位和先进个人荣誉称号的代表颁奖。

【全省老龄办主任会议】3月25日下午，省老龄办组织召开了全省老龄办主任会议。会议全面总结了2010年全省老龄工作，安排部署2011年工作任务。重点对如何全面落实《关于加快推进全省老龄事业发展的意见》、实施“三年推进计划”等涉老政策提出具体要求。

【全省推进农村居家养老服务大院建设现场会】9月20日至21日，省老龄委在四平市召开了全省推进农村居家养老服务大院建设现场会。与会代表实地考察了四平市铁西区平西乡团山村等4个村居家养老服务大院。四平市铁西区党委、政府，延边州老龄委，洮南市老龄委，铁西区平西乡党委、政府在会上做了经验介绍；省老龄委副主任、老龄办常务副主任陈双喜就前一段我省农村居家养老服务大院建设情况做了总结回顾，对下一步工作进行了安排部署。全国老龄办副主任肖才伟专程到会并讲话。对我省农村居家养老服务大院工作给予了充分肯定和高度评价。省政府副秘书长、省老龄委常务副主任张大松在会上对如何进一步加快农村居家养老服务大院建设，从明确规划、整合资源、加强管理和完善体系等方面提出四点建议。他要求各级政府结合王儒林省长的批示精神，要把推进农村居家养老服务作为解决和改善农村老年群体民生工程的重要举措，对农村为老服务基础设施开发和建设给予尽可能多的政策和资金支持。要加强对农村居家养老服务工作的管理和监督，结合实际研究制定和完善一系列服务标准、管理制度和评估机制，实现规范服务、规范管理的目标，确保大院服务到位、规范运作、管理有序，进一步推动农村居家养老服务大院规范发展。

【全国老龄办常务副主任陈传书来我省考察老龄工作】3月26日，国家民政部党组成员、全国老龄办常务副主任陈传书一行在省政府副秘书长、省老龄委常务副主任张大松，省老龄委副主任、省老龄办常务副主任陈双喜等领导的陪同下，赴延边州珲春市马川子乡就农村居家养老服务大院工作建设情况进行考察。延边州政府副州长王福生及珲春市党政领导同志陪同考察。

【省人大常委会组成执法检查】6月7日至9日，受全国人大常委会委托，由吉林省人大常委会组成执法检查组，对我省《中华人民共和国老年人权益保障法》和《吉林省贯彻实施〈中华人民共和国老年人权益保障法〉若干规定》（以下简称“一法一规定”）进行了执法检查。6月7日下午，检查组召开了执法检查动员会，听取了省老龄委、省民政厅等相关部门工作汇报及对老年人权益保障法修改的意见和建议。省人大常委会副主任车秀兰出席会议并讲话。省政府副秘书长、省老龄委常务副主任张大松对我省贯彻实施“一法一规定”情况进行了报告。6月8日至9日，省人大常委会组成两个执法检查组，由省人大常委会委员、内司委主任委员穆立林和省人大常委会委员、内司委副主任委员牟润忠带队，分赴延边州、白城市进行实地检查，召开了相关单位座谈会，听取了两地关于贯彻实施“一法一规定”的情况汇报。同时，两个检查组分别实地检查了龙井市东盛涌镇勇城村居家养老活动室、东盛涌村居家养老服务大院、智新镇龙海村居家养老服务大院，延吉市新兴街道民富社区和新兴街老年公寓，镇赉县坦途镇社会福利服务中心、嘎什根乡创业村居家养老服务大院，深入了解老年人权益保障法执行情况。检查组对所到各村屯开展居家养老服务大院工作使老年人能够享受日间照料、文化娱乐、学习教育等服务非常满意，对延边、白城整体养老现状和农村老龄事业发展给予了高度评价。

【“三帮扶”活动】6月中下旬，为庆祝中国共产党建党90周年，根据省委开展帮扶贫困群众、帮扶困难党员、帮扶薄弱基层党组织的“三帮扶”活动要求，省老龄办在长春、四平、白城、延边等地开展了“三帮扶”救助贫困老党员活动。帮扶对象主要是具有30年党龄，在基层老龄工作岗位上兼职3年以上，并为老龄工作做出较大贡献的农村60周岁以上贫困老党员，每人一次性补助人民币1000元。此次活动共帮扶困难老党员50人。为辉南县、柳河县的2个帮扶村资助25万元，解决了2个村的办公场所问题。

【扶老助困活动】春节前夕和重阳节期间，省老龄办深入部分民办养老机构和百岁老人、特困老人家中，为老人们送去慰问品和慰问金；下拨54万元慰问款，支持帮助各地开展救助老年人、老党员活动。各地党政领导及有关部门也分别开展了走访慰问活动。长春市拨出专款12万元，助养200名特困老人。白山市慰问贫困、高龄、百岁老人6930人，养老机构32所，送去慰问金150万元。白城市慰问款物达260万元，并开展了企业与敬老院“手牵手、献爱心、尽孝心”活动。通化市各级老龄部门组成156个慰问组，为老年人送去慰问款物160万元。四平市还成立了助老协会，组织志愿者帮助老年人解决生活中遇到的实际困难。

【评选表彰活动】一是认真开展了“全国老龄工作先进集体和先进个人”的评选推荐工作，把工作突出、事迹过硬的单位和个人推荐到国家。延边州老龄办、长春市朝阳区老龄委被评为先进集体，大安市老龄办主任陈学平被评为先进工作者，并在第三次全国老龄工作会议上受到了表彰。

二是省老龄办与中国人寿吉林省分公司、省紧急救援促进中心在全省开展了“关爱老年人健康行动”即老年人意外伤害保险工作，对完成参保人数5000人以上的市（州）、县（市、区）老龄办授予“关爱老年人健康行动”先进单位称号。这些单位是：延边州老龄办、白山市老龄办、通化市老龄办、辽源市老龄办、延吉市老龄办、和龙市老龄办、龙井市老龄办、图们市老龄办、柳河县老龄办、长白县老龄办、靖宇县老龄办。

三是表彰了10个年度老龄信息工作先进集体。这些集体是：长春市绿园区老龄办、通化市老龄办、蛟河市老龄办、长春市朝阳区老龄办、长春市南关区老龄办、集安市老龄办、镇赉县老龄办、大安市老龄办、龙井市老龄办、桦甸市老龄办。

【“夕阳欢歌颂祖国”文艺演出】8月29日上午，省老龄委会同长春市老龄委在长春宾馆隆重举行全省第十三个老人节庆祝大会暨“夕阳欢歌颂祖国”文艺演出。省政府副秘书长、省老龄委常务副主任张大松在会上致辞，他代表省政府和省老龄工作委员会，向全省各族各界老年人致以节日的祝贺和亲切的问候！原省级老领导刘希林、任俊杰、高文、桑逢文、郑龙喆、常万海、孙耀廷、马季春、赵凯及省老龄委成员单位领导、联络员出席了庆祝大会。庆祝大会后，举行了“夕阳欢歌颂祖国”文艺演出，来自长春市各区及长春市老年大学的中老年朋友表演了精彩的文艺节目。

辽宁省

综　述

2011年是“十二五”开局之年。在省委省政府的正确领导下，在全国老龄办的指导下，全省老龄系统围绕“六个老有”的工作目标，坚持“党政主导、社会参与、全民关怀”的方针，真抓实干、全面推进，圆满地完成各项老龄工作，实现了全省老龄事业科学发展。

一、省老龄委充分发挥领导作用

省老龄委增补原省人大副主任、原省政协副主席等3名省级老领导为顾问，加强了老龄委的领导作用；召开了第八次全体会议，讨论通过了《辽宁省老龄事业发展“十二五”规划》，对全省老龄工作进行宏观指导。省老龄委顾问心系老龄工作，赴云南省考察调研，形成的调研报告受到了省政府高度重视。许卫国、陈超英两位副省长在调研报告上作重要批示。

省政府召开了省民政厅、财政厅、编办等5个省直单位协调会，专题研究落实调研报告中提出的加强老龄工作机构及发放高龄老年人补贴等事宜。

二、老龄事业发展规划成功出台

省政府出台了《辽宁省老龄事业发展“十二五”规划》（辽政发［2011］42号）。《规划》科学分析了“十二五”期间老龄事业发展面临的形势与挑战，制定了指导思想、总体目标、基本原则及八项主要任务。明确将老龄工作纳入我省“十二五”经济社会发展总体规划及各级政府目标责任考核体系。这是辽宁省老龄事业发展史上的重大举措。许卫国副省长赞赏到“老龄办起草了一个很好的规划”。陈超英副省长做了具体批示“此规划目标明确，措施有力，在今后工作中全力推进，贯彻落实，有力促进老龄事业发展”。

三、老年维权工作成效显著

一是《辽宁省老年人权益保障条例》得到落实。针对省人大“一法一规”执法检查结果审议报告中提出的问题，印发文件督促省直各相关厅局和各市政府切实保障《条例》落实。全省14市全部出台了贯彻实施《条例》的具体规定，相继召开协调会，解决《条例》贯彻中存在的问题，并对本市执行《条例》情况进行督促检查。二是老年维权工作扎实开展。全省各地建立了老年维权工作网络，为老年人提供法律援助和司法救助，切实解决了家庭赡养、财产纠纷、优待优惠政策落实等涉老维权问题，有效地维护了老年人的合法权益。6个市开展了老年法律法规的普法宣传、“老年维权法律援助进社区”等活动，将法律援助服务领域向社区和农村延伸，加大了涉老法律援助工作力度。

四、养老保障和养老服务工作稳步推进

一是覆盖城乡的养老保障体系基本建立。截至10月，全省离退休人员月人均养老金达到1436元。7月起，我省提前实现农村养老保险制度全覆盖。低保老年人应保尽保，低保金上浮20%。二是养老服务项目亮点纷呈。2011年，全省新增养老床位2.3万张，新增社区日间照料站300个，维修改造集中农村敬老院138所。我省沈阳市铁西区、鞍山市铁东区开展信息化平台建设项目试点工作，已实现家政、物业、医疗等为老服务，构建了标准化、专业化、门类齐全的社区为老服务体系。三是老年人活动场所建设逐步完善。沈阳市养老服务中心一期工程正式投入使用。9个市争取资金，建设修缮老年人活动中心。

五、基层工作得到加强

一是召开会议部署工作。省及各市层层召开老龄工作会议。总结2010年老龄工作，安排部署2011年工作任务，细化工作制度和措施，抓实老龄工作。6个市领导把老龄工作摆上日程，听取老龄工作汇报，参加老龄会议活动，协调解决老龄工作中重点难点问题。二是建章立制规范管理。全省各市普遍制定了《县（市、区）老龄工作目标考核办法》，大力加强村（社区）基层老年人协会、老年群众组织建设，并完善各项规章制度，基层工作更加规范有序。三是总结表彰先进典型。省及各市分别召开了老龄基层组织经验交流会、先进典型总结表彰会，以典型经验带动基层工作全面开展。2011年，鞍山市老龄办、营口市老龄办被评为全国老龄工作先进集体，盘锦市老龄办主任杨金凤被评为全国老龄工作先进个人。

六、老龄统计、宣传调研工作取得新进展

一是发布《2010年省老年人口信息和老龄事业发展状况报告》。统计显示，我省老龄化程度在全国排名第六位。辽宁省已开始进入人口老龄化快速发展期，呈现“三快一高”特点，即老年人口增速加快，高龄老人增速加快，空巢化加快，失能老人比例增高。二是宣传工作得到加强。全省各级老龄工作部门通过新闻媒体、网络、工作简报等宣传途径对老龄工作进行了广泛深入的宣传报道。2011年，《中国老年报》、《辽宁日报》、《沈阳日报》，辽宁电视台、广播电台、经济台以及新华网、人民网、全国老龄网、省政府门户网站等主流媒体，对全省老龄工作进行大篇幅宣传报道，宣传文章近60篇。辽宁老年报宣传报道省老龄工作和活动重点文章30余篇，发表基层老龄单位稿件50余篇。印发《辽宁老龄工作》简报10期。三是调研工作成果丰硕。在全省范围内，进行了高龄、贫困和空巢老年人生活状况的专题调研。各市开展了扎实深入的调研，并形成调研报告。沈阳市依托市委党校成立了“沈阳市老龄事业发展研究中心”。辽阳市召开了第七次老年学理论研讨会。还有7个市分别进行了城乡老年人生活状况、老龄产业发展状况、老年社会组织和社团工作情况以及贯彻落实《条例》等情况的调查研究。

七、敬老系列活动广泛开展

一是开展走访慰问老年人活动。春节及重阳节前，省老龄委顾问、省老龄委副主任先后到4个市走访慰问了百岁、贫困和养老机构老年人。两节前，全省各级党政领导为万余名老年人送去了党和政府的温暖关怀。二是老年人作用更加突出。我省召开了“银龄行动”工作会议，制定了“银龄行动”实施方案，引导各市开展“银龄行动”。各市大力发展老年志愿者活动，鞍山、丹东两市召开了由党政领导参加的老年志愿者表彰大会。三是开展纪念建党90周年系列活动。各地按照省老龄办文件要求，纷纷组织了红歌进社区、健身操、文艺展演、摄影展、书画展及运动会等多项老年文体活动，展现了我省老年人的精神风貌。5月，丹东市代表我省参加全国老年人健身展示活动获得二等奖。12月，举办了省第三届老年人中国象棋赛，共决出团体前三名和个人前六名等9个奖项。沈阳市举办了第二届老残用品展览会。大连市组织了国际老年产业博览会。9个市分别举办了“十大孝子”、“十大寿星”、“百名健身之星”、“孝老敬亲典型”等评选活动，为长寿老年人披长寿带、挂长寿匾、摆长寿宴，积极倡导了敬老养老的传统美德和文明之风。据统计，敬老月期间，开展为老志愿服务50余次，惠及3000多名老年人；各级涉老服务机构贯彻落实老年优惠优待情况检查30余次；开展法律咨询活动50余次，惠及老年人上万人次；共举办老年文体活动千余人次，参加人数达5万人次以上。四是组织上报“第四届中国十大寿星排行榜”和“第二届中国十大百岁夫妻排行榜”候选人名单。推荐了1对百岁双星参加百岁夫妻双星奖评选，我省5名老年人获得了2011年中国十大寿星评比参与奖。

重要会议和活动

【全省老龄工作会议】1月，在沈阳市召开了全省老龄办主任年度工作会议。省老龄办主任孙艳华作2010年全省老龄工作总结和部署2011年工作。各市老龄办主任交流工作并作工作汇报。14个市老龄办主任，《辽老报》总编、省老龄产业协会会长及省老龄办全体人员参加了会议。8月，在抚顺市召开了全省老龄办主任年中分析会议。11月，在丹东召开了全省老龄办主任会议，贯彻国务院第三次全国老龄工作会议精神。

【省老龄委第八次全委会】7月，召开了省老龄委第八次全体会议。省委常委、常务副省长、省老龄委主任许卫国出席会议并作重要讲话，副省长、省老龄委副主任陈超英作《辽宁省老龄事业发展“十二五”规划》（以下简称《“十二五”规划》）说明，省老龄委顾问到会并讲话，省政府副秘书长何庆良主持会议，24个省老龄委成员单位参加会议。会上传达了全国老龄委第十三次全体会议和全国老龄办主任会议精神，讨论通过了《“十二五”规划》，全面部署了2011年及“十二五”时期的老龄工作，对确保我省“十二五”开局之年老龄事业科学发展具有重大意义。

【省老龄委顾问赴云南省考察】5月，省老龄委顾问赴云南省学习考察，形成调研报告，得到省政府肯定。许卫国、陈超英两位副省长在调研报告上作了重要批示。省政府副秘书长何庆良于6月主持召开了省政府及省民政厅、财政厅、编办等5个相关部门协调会，对调研报告中提出的加强老龄工作机构及80—89周岁高龄老年人给予补贴等问题专题研究落实。

【慰问“三老”活动】春节、重阳节前，省老龄办陪同省老龄委顾问、原省级老领导陈素芝、王向民、李国忠，省老龄委副主任、省政府副秘书长何庆良，省民政厅厅长徐铁南先后到大连、盘锦、本溪、沈阳等4个市走访慰问了百岁、贫困和养老机构老年人及省直机关的老领导。两节前省、市、县（区）党政领导走访慰问老年人达万余人次。

【全省基层经验交流会】11月，全省基层老龄经验交流会暨先进县（市、区）授匾仪式在丹东举行，17个县区受到表彰，5个基层单位介绍经验，42个先进单位书面交流。各市老龄办主任和获奖单位代表60余人参加了会议。会上，省老龄委副主任、省老龄办主任孙艳华作总结讲话，对基层老龄工作的现状、特点和优势进行了分析，对全省基层老龄工作提出了具体要求。会后，在东港市召开了现场经验交流会，当地县、乡（镇）、村和社区的老龄工作者作了经验介绍。此次会议，有效地推动了全省基层老龄工作的创新发展。

【敬老活动】5月，全国老年人健身展示活动在丹东市召开，我省代表队参加获得二等奖。10月，为全省敬老活动月，省老龄办下发了《关于纪念中国共产党成立90周年开展“敬老月”系列活动的通知》。全省各地纷纷组织了红歌进社区、老年健身操、老年文艺展演、摄影展、老年书画展及老年运动会等多项老年文体活动，展现了我省老年人的精神风貌。沈阳市举办了第二届老残用品展览会。大连市组织了国际老年产业博览会。9个市分别举办了“十大孝子”、“十大好儿媳”、“十大寿星”、“百名健身之星”、“孝老敬亲典型”等评选活动，并为长寿老年人披长寿带、挂长寿匾、摆长寿宴，积极倡导了敬老养老的文明之风。全省敬老活动的广泛开展，弘扬了中华民族传统美德，使老龄工作受到全社会的关注和支持，营造了老龄事业大发展的良好社会氛围。12月，在鞍山市举办了省第三届老年人中国象棋赛，14个市的28名选手参加了比赛。经过七轮98场循环赛，共决出团体前三名和个人前六名等9个奖项。

【长寿老人评选活动】省老龄办认真组织上报，参加“第四届中国十大寿星排行榜”和“第二届中国百岁夫双星奖”评选活动。辽宁省5名老年人获积极参与奖。

各项业务进展

【老龄事业规划】《辽宁省老龄事业发展“十二五”规划》（征求意见稿）在省老龄委第八次全委会上审议通过。经数次协调沟通，于12月20日完成了39个省直单位的会签。12月23日，经陈政高省长签批，《辽宁省老龄事业发展“十二五”规划》（辽政发[2011] 42号）以省政府名义下发。《规划》认真总结了“十一五”期间辽宁省老龄事业取得的成绩；科学分析了“十二五”期间老龄事业发展面临的形势与挑战，制定了指导思想、总体目标、基本原则及主要任务。

【老年维权工作】《辽宁省老年人权益保障条例》（以下简称《条例》）于2008年10月1日起正式实施。省老龄办联合省人大，对全省14个市和10个省直单位“一法一规”执行情况进行大检查。针对检查结果，省政府下发通知督促省直各厅（局）和各市政府切实保障《条例》落实。目前，全省14个市全部出台了贯彻实施《条例》的具体规定。《条例》中规定的18项老年优待政策普遍得到落实。老年维权工作网络在全省各地普遍建立。为老年人提供法律援助和司法救助，切实解决了各种涉老维权问题。

【养老保障工作】覆盖城乡的养老保障体系基本建立。全省企业离退休人员月人均养老金达到1436元。2011年7月1日起，我省实现农村养老保险制度全覆盖，全省符合条件农村老年人按月领取55元养老金。民政部门对低保老年人应保尽保，低保金上浮20%。全省农村五保集中供养标准达到年人均4000元，分散供养标准达到年人均2400元。

【养老服务社会化建设】全省新增养老床位2.3万张，每千名老年人拥有养老床位达到了26张。社区日间照料站、托老所、星光老年之家和老年活动室等社区养老服务设施数量已达到4890个；各类养老服务中心893个，养老服务中介组织发展到了108个。沈阳市铁西区、鞍山市铁东区开展信息化平台建设项目试点工作已初显成效，构建了全方位为老服务体系。

【老龄统计工作】老龄统计包含了15个统计表、120项具体内容。《2010年省老年人口信息和老龄事业发展状况报告》成功发布。报告显示，我省老年人口已达691万，占全省总人口的16.21%。目前，我省已进入人口老龄化快速发展期，呈现“三快一高”特点，即老年人口增速加快，高龄老人增速加快，空巢化加快，失能老人比例增高。

【老龄基础工作】省老龄办为民政厅代管，副厅级建制，内设3个处，列行政编制。省办主任按正厅级高配，为省老龄委副主任。目前，全省14个市老龄办机构理顺；88个县（市、区）有老龄工作机构。全省老龄工作人员实有414人。省及14个市的老龄事业经费已得到全面落实，省财政按老年人口人均0.5元、各市按1至2元的标准从福彩基金中提取。

山东省

综　述

山东是全国老年人口最多的省份。据第六次全国人口普查统计，全省2010年60岁以上老年人口1413万人，占总人口的14.75%，高于全国13.26%的平均水平；65岁以上老年人942.98万人，占总人口的9.84%，高于全国8.87%的平均水平；80岁及以上老年人182.16万人，占老年人口总数的12.89%。

省委、省政府高度重视老龄工作，坚持把加快发展老龄事业作为改善民生的重要内容，列入各级党委、政府的重要工作议程，着力构建社会养老保障、老年健康支持、社会养老服务、老龄产业、老年文体活动、老年维权、老有所为管理服务七大体系，努力提升“老有所养、老有所医、老有所教、老有所学、老有所为、老有所乐”水平，全省老龄事业持续健康发展。

一、老龄政策体系建设进一步完善

全省各级立足于人口老龄化快速发展的形势和老龄事业发展的实际，从老年人日益增长的物质文化需求出发，全面贯彻落实省委、省政府《关于进一步加快老龄事业发展的意见》，积极出台实施意见及落实细则。省政府出台了《山东省老龄事业发展“十二五”规划》、《山东省社会养老服务体系建设规划（2011—2015年）》，修订了《山东省优待老年人规定》，提出了实行高龄津贴，政府购买养老服务，对65岁以上老年人免费查体等含金量高、操作性强的目标措施，进一步推动全省老龄事业健康有序发展。

二、养老服务业实现新突破

全省各级组织开展了养老服务业突破年活动，积极推进建立以居家养老服务为重点的社会化养老服务体系，争取省级财政连续第4年安排600万元资金奖励扶持了30个城镇养老服务机构；举办了第二期山东省养老机构管理人员培训班和“2011中国（山东）国际老龄产业博览会”；积极推动养老服务大型项目落地；在基层社区开展了以助医、助餐、精神慰藉、志愿服务等内容的居家养老服务试点；在农村开展了老龄服务试点，有力推动了养老服务业的科学发展和较快发展。

三、特色为老服务品牌建设取得新成就

切实将我省特色为老服务品牌—“银龄幸福和谐工程”作为一项重要的民生工程扎实推进，充分调动社会各方面的力量，为老年人办好事、实事。稳步推进“银龄安康”工程，全省参保老年人数、保费总额都较上年有了较大提高；深入实施“银屏惠老”工程，协调省级财政专项福彩公益金100万元，为200个农村老年活动室赠送液晶电视、DVD播放设备和计算机共500台；扎实推进“银龄救助”工程，全省共救助80岁以上农村失能特困老年人300名；创新发展“银龄长寿”工程，对全省百岁老人进行了实名统计，下拨长寿补贴金600万元，开展长寿之星评选活动，发布了山东省百岁寿星榜，开展了长寿科学研究。

四、大老龄宣传工作格局初步形成

加强老龄宣传工作，先后展开了20多个专题的老龄工作报道，部分内容呈送中央和省领导参阅，全国老龄办采用我省信息1200多条次；充分依托《山东老年》、《老年生活报》、省老龄办网站等宣传阵地，构建全方位、立体化老龄宣传平台，全省经常参与老龄宣传的市级以上媒体达150多家，开设专栏、专题600多个，大老龄宣传格局初步形成；举办了全省老龄宣传干部培训班；组织开展了农村老龄服务、空巢老人心理关爱等课题研究，完成了《新编二十四孝图》修订版及《新编二十四孝故事》创作出版。开展了具有山东特色的“敬老月”活动，全省各级党政领导带头走访慰问老年人、出席老人节活动，向老年人发慰问信，营造了党政主导、社会参与、全民关怀的大老龄工作氛围。老人节期间，姜异康书记、姜大明省长向全省老年人和老龄工作者致慰问信；省委常委宣传部长孙守刚出席庆祝老人节大会并讲话；开展了“十大孝星”评选、“孝行齐鲁”征文和各种敬老评先表彰活动，营造了尊老敬老的浓厚氛围。

五、老年文化活动丰富多彩

全省各级着眼满足广大老年人日益增长的精神文化需求，以加强老龄文化组织建设为抓手，以特色老年文化活动为牵引，积极为老年人开展文化活动创造条件，搭建平台。围绕庆祝建党90周年，广泛开展了丰富多彩的老年文体活动，展现了广大老年人爱党爱国爱社会主义的高尚情操，丰富了广大老年人的精神文化生活：充分发挥省老年艺术团的示范带动作用，举办了山东省老年人迎春音乐会、全省老年文艺会演、银龄红歌赛、山东省老年人纪念建党90周年文艺晚会、庆祝老人节文艺演出、全省老年书画摄影展等活动；选送舞蹈作品参加了全国老龄办《红叶风采》文艺晚会；选送节目参加文化部第十三届中国老年合唱节比赛获金奖。同时，开展了省级“银龄之家”、先进村居老工委评选活动，命名了100个省级“银龄之家”，表彰了180个先进村居老工委，促进了基层老年组织建设。

重要会议和活动

【姜异康书记走访慰问老党员】1月17日，省委书记、省人大常委会主任姜异康，省委常委、秘书长王敏，在青州市调研时走访慰问困难职工群众和老党员。在建国前入党的老党员卯兆顺家中，姜书记询问了老人的身体和生活情况，祝老人健康长寿、阖家幸福；并关切地说：你和许多老党员、老同志为党做了大量工作，做出了贡献，党和政府不会忘记你们。各级党组织都要关心老党员，安排好他们的生活，让他们安度晚年。

【郭兆信副省长走访慰问五保老人】1月27日，副省长郭兆信带领省直有关部门负责同志到聊城市高唐县走访慰问老党员、城乡困难群众、残疾人和五保老人，代表省委、省政府送上慰问品和慰问金，向他们致以节日的祝福。在鱼丘湖敬老院，郭副省长走进老人房间、卫生室和食堂，详细了解老人们的生活起居情况，要求各级各部门落实好农村五保供养制度，加强敬老院建设管理，不断提高服务质量和水平。

【郭兆信副省长批示】1月19日，郭兆信副省长在省老龄办《关于2010年工作情况和2011年工作打算的报告》上批示：“去年全省老龄工作取得了新的进展，做出了很大成绩。今年要在养老服务方面有新的突破，可在济、青两市抓几个点，然后逐步推开。”

【省政府召开新闻发布会】1月25日，省政府在南郊宾馆举行《中共山东省委山东省人民政府关于进一步加快老龄事业发展的意见》新闻发布会。省委宣传部副部长、省政府新闻发言人刘保聚主持，省老龄办主任张雪燕致发布辞，省人力资源社会保障厅、省民政厅、省卫生厅有关负责人出席并回答记者提问。中央驻鲁、省和济南市40多家媒体记者参加。

【参加全国老龄办主任会议】2月25至26日，张雪燕主任参加全国老龄办在云南省昆明市召开的“2011年全国老龄办主任会议”，并在会上介绍了我省“创新机制、积极作为，开创老龄工作新局面”的经验做法。

【省老龄委召开第十次全省老龄工作会议】3月15日，第十次全省老龄工作会议在济南召开，会议传达贯彻了全国老龄委第十三次全体会议精神和省委、省政府《关于进一步加快老龄事业发展的意见》，总结部署了全省老龄工作。副省长、省老龄委主任郭兆信出席会议并讲话；省委副秘书长、办公厅主任、省老龄委副主任颜世元主持会议；省老龄委副主任、省老龄办主任张雪燕做工作报告；省老龄委副主任、省委老干部局局长霍正气，省老龄委副主任、省民政厅厅长张国琛，省老龄办巡视员高慧，副主任刘爱民、钟永诚、于振业，纪检组长徐洪华，副巡视员王照奎等出席会议，各市分管老龄工作的负责人、老龄办主任，省有关部门、单位和中央驻鲁单位负责人等约180人参加了会议。

【召开全省老龄办主任会议】3月16日，全省老龄办主任会议在济南召开，各市老龄办主任汇报了贯彻落实省委、省政府《关于进一步加快老龄事业发展的意见》情况及下步贯彻《意见》和第十次全省老龄工作会议精神的打算；讨论了《山东省老龄事业发展“十二五”规划》（草案）；部署了近期全省老龄工作。省老龄办主任张雪燕，巡视员高慧，副主任刘爱民、钟永诚、于振业，纪检组长徐洪华，副巡视员王照奎等出席会议，各市老龄办主任和省老龄办有关人员参加了会议。

【全国人大执法检查组检查我省老年法执行情况】5月6日至11日，全国人大常委会副委员长司马义·铁力瓦尔地率全国人大执法检查组对我省老年人权益保障法执法情况进行检查。省委书记、省人大常委会主任姜异康在济南会见了检查组；郭兆信副省长代表省政府向检查组做了专题汇报。省老龄办、省法院、省民政厅、省人力资源社会保障厅、省人口计生委等部门和部分市做了情况汇报。检查组先后到济南、莱芜、临沂、日照等地进行了实地检查。全国人大常委会委员、内务司法委员会副主任委员、台盟中央常务副主席汪毅夫，全国人大内务司法委员会委员高新亭，省委常委、秘书长王敏，省人大常委会副主任鲍志强、刘玉功，副省长郭兆信等参加活动。张雪燕主任陪同执法检查组检查工作。

【举办全省老年文艺会演】6月17日，省老龄办、省委宣传部、省文化厅、省广电局主办，省老年人舞蹈协会、省舞蹈家协会承办的“山河起舞感党恩—全省老年文艺会演”在山东剧院举行，省人大副主任连承敏、省政协副主席赵玉兰，省里老同志赵志浩、陆懋曾、马仲才、苗枫林、徐建春、郭长才、严庆清、王渭田、时立军、赵承凤、尹忠显、孟庆丰，省老龄办主任张雪燕等办公室领导出席活动。由赵志浩、陆懋曾等省老领导和部分厅级领导登台表演的大合唱将会演推向高潮。

【举办全省第二期养老机构管理人员培训班】6月20日至25日，第二期山东省养老机构管理人员培训班在烟台举行。全国老龄办副主任阎青春应邀到会作专题报告，张雪燕主任、刘爱民副主任、王照奎副巡视员到会，来自省内17个地市及莱钢、齐鲁石化的老龄工作者和养老服务机构的管理人员共104名学员参加了培训。

【举办山东省老年人纪念建党90周年文艺晚会】6月24日，“银龄颂歌献给党—山东省老年人纪念建党90周年文艺晚会”在山东剧院举行。副省长郭兆信，省老领导苏毅然、赵志浩、陆懋曾、苗枫林、曹学成，省老龄办领导与近千名老年人代表一起观看了演出。

【举办理论学习中心组读书会】7月26日至29日，省老龄办理论学习中心组读书会在潍坊市举行。张雪燕主任做讲话，高慧巡视员，刘爱民、钟永诚副主任，徐洪华纪检组长，王照奎副巡视员，省老龄办机关处以上干部和各市老龄办主要负责同志等40余人参加了会议。会议围绕“抓住机遇，多措并举，推动养老服务业实现新突破”的主题，认真学习了胡锦涛总书记在庆祝中国共产党成立90周年大会上的重要讲话、省委九届十一次全会精神、省委省政府《关于进一步加快老龄事业发展的意见》和全省老龄工作会议精神，对养老服务业发展中的一些重点难点问题进行了深入研讨。济南、青岛、枣庄、烟台、潍坊、泰安、莱芜7个市老龄办做了典型发言；与会人员还参观了奎文区东关街道苇湾社区、潍城区西南关社区居家养老服务场所和华都颐年园老年服务中心；参加了潍坊市“银龄居家乐工程”试点工作启动仪式。

【开展评选“山东省十大孝星”】9月14日，省老龄办组织召开十大孝星评审委员会议，省文明办、省总工会、共青团省委、省妇联有关负责人参加，会议最终审定评出“山东省十大孝星”10名，“山东省十大孝星提名奖”14名。9月23日，由省老龄办、潍坊市政府主办的第六届山东省十大孝星颁奖晚会暨青州孝文化艺术节开幕式在青州举行。省人大常委会副主任连承敏，省人大原副主任苗枫林、曹学成，省老龄办主任张雪燕、巡视员高慧出席仪式并为“山东省十大孝星”颁奖。潍坊市、青州市党政领导及2000多名群众参加活动。

【“2011中国（山东）国际老龄产业博览会”举行】9月15日至17日，由省老龄办、省经信委、省商务厅、省轻工联社主办的“2011中国（山东）国际老龄产业博览会”在济南国际会展中心举行。副省长郭兆信，省老领导苗枫林、徐建春，省政府副秘书长张传亭出席开幕式。张雪燕主任主持开幕式并致辞。来自美国、日本、韩国等国家和台湾、香港、澳门以及国内20多个省市的近200家企业参展，23000余人次参展。

【姜异康书记、姜大明省长向全省老年人和老龄工作者致慰问信】9月28日，省委书记、省人大常委会主任姜异康，省委副书记、省长姜大明向全省老年人和老龄工作者致慰问信。

【山东省庆祝老人节大会召开】9月29日，山东省庆祝老人节大会在山东会堂隆重召开。省委书记、省人大常委会主任姜异康，省委副书记、省长姜大明向全省老年人和老龄工作者致慰问信。省委常委、宣传部长孙守刚出席会议并讲话。会议表彰了全省基层老龄工作先进单位，发布了第二届山东省百岁寿星榜。省人大常委会副主任连承敏出席会议，副省长、省老龄委主任郭兆信主持会议并宣读姜异康、姜大明的慰问信，省政协副主席、省委统战部部长张传林，省里老领导赵志浩、陆懋曾、苗枫林、董凤基、王渭田出席会议，省老龄委、省委组织部、省委老干部局、省总工会、团省委、省妇联有关负责同志，省老龄委成员单位负责同志和联络员，各市老龄办负责同志，获奖单位和寿星家庭代表、老龄工作者和老年人代表近2000人参加会议。会后进行了“重阳欢歌—谁不说俺家乡好”庆祝老人节文艺演出。

【省政府召开修订《山东省优待老年人规定》协调会】10月9日，省政府召开修订《山东省优待老年人规定》协调会，省政府张传亭副秘书长主持会议，省老龄办主任张雪燕、副主任刘爱民、副巡视员王照奎，省财政厅、省人力资源社会保障、省交通厅、省旅游局等部门负责同志参加会议。

【吴玉韶副主任到山东调研老龄工作】11月14日至16日，全国老龄办副主任吴玉韶来山东调研老龄工作。14日，吴玉韶在全省老龄宣传干部培训班作人口老龄化形势辅导报告。15日至16日，在钟永诚副主任陪同下，赴聊城市调研，先后考察了鸿福老年公寓、红十字爱心护理院等老龄服务机构，分别在聊城市和阳谷县召开了座谈会，聊城市、阳谷县主要领导参加会议或陪同调研。

【省政府常务会议听取老龄工作汇报】11月18日，姜大明省长主持召开省政府第112次常务会议，听取第三次全国老龄工作会议精神和《山东省优待老年人规定》有关情况汇报，审议通过《山东省优待老年人规定》，丁希滨主任参加会议并汇报工作。

【省政协人资委视察我省社会养老问题】11月21日，省政协人口资源环境委员会对我省社会养老问题进行视察，并在济南召开汇报会，省政协副主席、省工商联主席王乃静出席并讲话，省老龄办主任丁希滨作了全省社会养老问题综合情况汇报，省发展改革委、省民政厅、省财政厅、省人力资源社会保障厅、省卫生厅等部门分别根据各自职责作了汇报，省政协部分委员听取汇报并就社会养老问题发表了意见。

【夏耕副省长视察省老龄办】12月13日，夏耕副省长到省老龄办视察，在听取工作汇报后，对全省老龄工作作出重要指示。

【新修订的《山东省优待老年人规定》出台】12月19日，新修订的《山东省优待老年人规定》出台，并于2012年1月1日起施行。新《规定》明确了养老、医疗保健、生活服务、文体休闲、维权等五个方面共26项优待老年人的具体政策，优待的标准更高、范围更广、保障措施更强，广大老年人将得到更多的实惠。

【“信福年华卡”正式发行】12月15日，丁希滨主任、钟永诚副主任出席中信银行中老年客户专属借记卡—“信福年华卡”山东省启动仪式，丁希滨出席并讲话。

【全省第三期“银屏惠老工程”实施】12月21日，山东省第三期“银屏惠老工程”赠送仪式在泰安市举行，丁希滨主任、刘爱民副主任出席。

各项业务进展

【养老服务业建设】组织开展了养老服务业突破年活动，积极推进建立以居家养老服务为重点的社会化养老服务体系，争取省财政连续第4年安排600万元资金奖励扶持了30个城镇养老服务机构；举办了以“推动养老服务业实现新突破”为主题的中心组读书会和第二期山东省养老机构管理人员培训班；联合省经信委等部门成功举办了“2011中国（山东）国际老龄产业博览会”；与省、市有关部门协调并与多家企业洽谈推动养老服务大型项目落地。潍坊市整合资源，在基层社区开展了以助医、助餐、精神慰籍、志愿服务等内容的“银龄居家乐工程”试点，并对试点社区给予资金扶持，积极探索居家养老新路子；济南市出台了社会福利服务设施专项规划和扶持民办养老机构资助政策；滨州市出台了养老服务社会化发展规划；青岛市出台了老年人生活自理能力评估办法；枣庄市提高了扶持民办养老机构标准；泰安市开展了村居“银龄幸福家园”创建活动；烟台、威海等市建立了养老服务职业技能培训学校，潍坊、烟台、菏泽、德州等市举办了养老服务从业人员培训；济南、济宁、泰安、威海、莱芜等市积极开展农村老龄服务试点；枣庄市将为空巢、失能老人义务提供居家养老服务纳入市级财政扶持养老服务机构的条件；聊城市对全市养老服务机构进行了集中检查；东营市和胜利油田分别成立了养老服务协会，这些措施有力推动了养老服务业的科学发展和较快发展。

【银龄幸福和谐工程】全省各级切实将银龄幸福和谐工程作为一项重要的民生工程，充分调动社会各方面的力量，为老年人办好事、实事。“银龄安康”工程稳步推进，全省参保老年人数、保费总额都较上年有了较大提高；“银屏惠老”工程深入实施，积极协调有关部门划拨省级财政专项福彩公益金100万元，为200个农村老年活动室赠送液晶电视、DVD播放设备和计算机共500台；以“情暖高龄失能特困老人”为主题的“银龄救助”工程扎实推进，全省共救助80岁以上农村失能特困老年人300名；“银龄长寿”工程创新发展，对全省百岁老人进行了实名统计，下拨2011年度百岁老人长寿补贴金600万元，开展了长寿之星评选活动，发布了山东省百岁寿星榜，出版了寿星榜画册，开展了长寿科学研究。泰安市和菏泽市抢抓省第三期“银屏惠老”项目活动时机，由政府出资开展各种惠老、助老和乐老活动；滨州市成立了老年志愿组织“滨州银龄爱心志愿团”，组织老年志愿者3000多人次深入社区、老年公寓、敬老院进行志愿关爱服务；东营市深入开展以“银龄援农”为重点的“银龄行动”，加强老年科研实验基地建设，年内实施科研项目8个，取得了较大的经济和社会效益。

【老龄宣传工作】各级不断加强老龄宣传工作，全方位、立体化的大老龄宣传格局初步形成，宣传报道水平有了显著提升。省老龄办协调新闻媒体开展了20多个专题的老龄工作报道，部分内容作为内参送中央和省领导参阅；全国老龄办采用我省信息1200多条次；充分依托《山东老年》杂志、《老年生活报》、省老龄办网站等宣传阵地，构建了全方位、立体化的老龄宣传平台，全省经常参与老龄宣传的市级以上媒体达150多家，开设专栏、专题600多个；举办了全省老龄干部培训班和全省老龄宣传干部培训班；组织开展了农村老龄服务、空巢老人心理关爱等课题研究，完成了《新编二十四孝图》修订版及《新编二十四孝故事》创作，并成功申报了省社科联科普重点课题。开展了具有山东特色的“敬老月”活动，举办了山东省“十大孝星”评选、百岁寿星榜发布、敬老短信发送、孝行齐鲁征文等活动。9月28日，省委书记姜异康、省长姜大明向全省老年人和老龄工作者致慰问信。省委常委、宣传部长孙守刚出席庆祝老人节大会，并做了重要讲话。“敬老月”期间，全省各级党政领导带头走访慰问老年人、出席老人节活动，向老年人发慰问信，营造了党政主导、社会参与、全民关怀的大老龄工作氛围。济南市评选表彰了“泉城十大敬老楷模”、“老有所为先进个人”、“优秀老年志愿者”、“十大优秀村居老工委”和“泉城十大敬老企业”；济宁市开展了第四届“孔孟之乡二十四孝星”、千名孝星、敬老单位、和谐家庭等评选表彰活动，营造了尊老敬老的浓厚氛围。

【老年文化建设】全省各级着眼满足广大老年人日益增长的精神文化需求，以加强老龄文化组织建设为抓手，以特色老年文化活动为牵引，积极为老年人开展文化活动创造条件，搭建平台。充分发挥省老年艺术团的示范带动作用，举办了山东省老年人迎春音乐会、全省老年文艺会演、银龄红歌赛、山东省老年人纪念建党90周年文艺晚会、庆祝老人节文艺演出、全省老年书画摄影展等活动；选送舞蹈作品参加了全国老龄办《红叶风采》文艺晚会；选送节目参加文化部第十三届中国老年合唱节比赛获金奖。同时，省老龄办还开展了省级“银龄之家”、先进村居老工委评选活动，命名了100个省级“银龄之家”，表彰了180个先进村居老工委，促进了基层老年组织建设。各地围绕庆祝建党90周年，广泛开展了丰富多彩的老年文体活动，展现了广大老年人爱党爱国爱社会主义的高尚情操，丰富了广大老年人的精神文化生活，促进了和谐社会建设。

安徽省

综　　述

2011年是“十二五”开局之年，全省各级老龄部门认真履行职责，按照年初制定的工作任务，以科学发展观和“以人为本、服务老龄”的工作理念为指导，坚持“党政主导，社会参与，全民关怀”的老龄工作方针和“六个老有”的老龄工作目标，全面贯彻落实省人大关于进一步保障老年人权益发展老龄事业的决议和省政府关于加快推进养老服务体系建设的决定，围绕省老龄事业发展“十二五”规划制订、“敬老月”庆祝活动和省第三届老年人运动会等重点工作，锐意进取创新，夯实基层基础，圆满完成了全年工作任务，有力推动了老龄事业的健康快速发展。

一、起草完成《安徽省老龄事业发展“十二五”规划（代拟稿）》

按照全国老龄办的统一部署，根据《安徽省国民经济和社会发展第十二个五年规划纲要》的指导思想、基本原则和主要指标，紧密结合安徽老龄事业发展的实际情况和人口老龄化的现实背景，确定“十二五”期间安徽老龄事业发展的指导思想、总体目标和基本原则，突出老年社会保障、医疗卫生保健、社会养老服务、老年人权益保障、精神文化生活、老龄产业、老年家庭建设、老年生活环境、老年人社会管理和老龄科研等十个方面的内容，形成“十二五”规划初稿。随后，广泛征求省老龄委成员单位的意见；召开全省老龄系统座谈会，就规划具体指标进行了分析研究；书面征求省内十多位专家学者的意见；同时结合国务院印发的《中国老龄事业发展“十二五”规划》进行充实完善。形成“十二五”规划代拟稿上报省政府审定。

二、配合省人大和省政协做好老年法执法检查和调研工作

5月4日至9日，全国政协副主席张梅颖率全国政协“老年人社会保障与养老服务体系建设”调研组来皖调研，省老龄办配合省政协做好迎检的相关准备工作，起草汇报材料，参加调研组召开的座谈会。5月25日至27日，全国人大常委会副委员长严隽琪率全国人大执法检查组对安徽进行老年人权益保障法执法检查，省老龄办准备了关于老年人权益保障工作的汇报材料，并就全省老年法的执行情况以及老年法修改向检查组进行了专门汇报，同时参加执法检查组召开的座谈会，并陪同检查组赴合肥、安庆、铜陵、黄山等4个市进行执法检查。10月，分别参加由民政部和省人大内务司法工作委员会召开的修订《中华人民共和国老年人权益保障法》座谈会，同时加强与省人大法制工作委员会和省政府法制办公室的联系、沟通，积极做好《安徽省实施〈中华人民共和国老年人权益保障法〉办法》修订的前期准备工作。11月，配合省人大内务司法工作委员会赴池州检查省人大《关于进一步保障老年人权益发展老龄事业的决议》的落实情况，敦促决议的落实。

三、开展“敬老月”系列庆祝活动

今年是全国范围内开展“敬老月”活动的第二年，全省紧紧围绕“关爱老人、构建和谐”这一主题开展各项惠老活动。据不完全统计，“敬老月”期间，各地组织慰问高龄、特困、空巢、残疾和失能老年人达10万人次，组织各类为老志愿服务行动65多万人次，老年优待、法律援助、文化活动和为老服务等惠及全省近百万老年人。各级政府和社会各界筹集发放的慰问金和食品、药品、衣被等各种慰问品价值1000万元之多。

四、举行安徽省第三届老年人运动会

省老龄办与省体育局、省老年人体育协会联合主办，阜阳市太和县人民政府承办的安徽省第三届老年人运动会于2011年10月24—27日，在太和县成功举办。全省共有24支代表团（队）参加了本届老运会，近千名运动员在乒乓球、气排球、门球、柔力球等10个项目上展开激烈角逐。大会开幕式由省体育局副局长高维岭主持，省老龄办专职副主任侯世标致开幕词，省政协副主席李宏塔宣布大会开幕。这届老运会得到省委、省政府的高度重视，省委常委、省政府副省长、省老龄委主任余欣荣专门做了两次重要批示。10月23日，余省长强调要将大会办成“安全、和谐、健康、文明”的盛会。11月7日，余省长再次做出“祝贺运动会取得组织好、成绩好的双丰收”的重要批示。本届老运会严格按照余省长指示精神，精心组织，精心谋划，精心安排，精心指挥，是一届团结、文明、健康、快乐的体育盛会，为推进全省老年体育事业的健康发展做出了新的贡献。

五、参与全国老龄系统先进集体和先进工作者评选活动

6月，国家人力资源和社会保障部、全国老龄工作委员会首次在全国范围内开展老龄系统先进集体和先进工作者评选表彰，省老龄办高度重视，积极运作，严格按照评选范围、条件、程序及要求做好推荐工作，拟定上报表彰的先进单位和先进工作者名单，经省老龄网公示后上报全国。第三次全国老龄工作会议表彰巢湖市老龄工作委员会为全国老龄系统先进集体，六安市老龄办主任宋飞为全国老龄系统先进工作者。

六、承办全国老年期刊协会第二十四届年会

全国老年期刊协会第二十四届年会5月11日在合肥召开。省老龄办根据老年期刊协会的具体要求，全力组织承办好本次年会，受到来自全国20多个省市老年期刊界的广泛赞誉。省老龄办专职副主任侯世标代表省老龄办在大会上致欢迎辞，全国老年期刊协会会长王平君报告了协会近阶段的工作。会议传达了全国文化体制改革会议的有关精神，重点解读了新闻出版改制的情况，各杂志社代表交流了办刊经验。会议评选了2010年度优秀编辑、优秀作品。

七、积极推进基层基础工作

全省各地按照安徽省《关于加强基层老龄工作的实施意见》的要求，重视基层基础建设，不断满足老年人日益丰富的物质文化需求，全面提升老年群体的生活水平和生命质量，为"和谐安徽"建设做出了重要贡献。

召开全省老龄工作理论研讨会。12月21—22日举行第三次全省老龄工作理论研讨会。此次研讨充分发动省老龄委成员单位、科研院所、大专院校的有关专家学者参与，论文的数量和质量都有所提高。会议在老龄服务体系建设、老年人经济供养体系、城乡一体化社会保障体系建设等方面展开研讨，交流论文12篇。

编写《安徽省老龄事业发展蓝皮书》。依据《中国老龄事业发展"十二五"规划》和《"十一五"期间安徽省老龄事业发展评估报告》，结合《安徽省老年人口预测及应对人口老龄化战略研究》成果，围绕安徽省老龄事业发展现状和未来趋势，采取的重大举措和基本经验，未来五年的发展目标和重要任务等内容进行全面梳理，勾勒出安徽省老龄事业发展的基本蓝图。

同时，对全省老龄事业"十一五"发展情况进行了全面评估，形成了评估报告并上报省政府。召开了全省老龄宣传工作会议，通报了情况，提出了新时期下加强老龄宣传工作的具体要求。举行省直单位庆国庆座谈会，加强了沟通，促进了协调发展。经省政府同意，将老龄信息管理系统纳入全省民政信息系统统筹实施，年底前完成全省老龄信息系统的功能设计工作。此外，机关财务、老龄简报、档案管理、制度建设等项工作取得新的进展。

重要会议和活动

【2011年全省老龄办主任会议】4月1日，全省老龄办主任会议在合肥市召开。会议传达了全国老龄委第十三次全体会议和全国老龄办主任会议精神，全面总结2010年工作，研究部署2011年工作，讨论《安徽省老龄事业发展"十二五"规划（草案）》。省老龄委副主任、省民政厅厅长、省老龄办主任吴旭军到会讲话，省民政厅党组成员、省老龄办专职副主任侯世标同志主持会议。

吴旭军指出，2010年全省老龄工作在省委、省政府的正确领导下，坚持"党政主导、社会参与、全民关怀"的方针，认真贯彻落实省老龄工作委员会第四次全委会议部署，呈现良好发展态势。老年社会保障覆盖面进一步扩大，老龄服务体系建设加速推进，全社会敬老爱老助老氛围日益浓厚，老年人权益得到切实保障，首届中部地区"老博会"成功举办，《安徽省老年人口预测及应对人口老龄化战略研究》圆满完成。

"十二五"时期是我省全面建设小康社会的关键时期，是深化改革开放、加快转变经济发展方式的攻坚时期，也是应对我省人口老龄化问题的重要战略机遇期。2011年又是"十二五"规划的开局之年，全省老龄工作要以落实省人大决议和省政府决定为契机，围绕省委、省政府关于经济社会发展的总体思路和省老龄工作委员会第五次全体会议部署，积极做好《安徽省老龄事业发展"十二五"规划》编制工作，配合省人大做好《安徽省实施〈中华人民共和国老年人权益保障法〉办法》的修改调研工作，认真做好省政府《关于加快推进养老服务体系建设的决定》的贯彻落实工作，着力完善老年社会保障体系，大力推进老龄服务体系建设，切实加强基层老龄工作，不断丰富老年人精神文化生活，积极履行老龄办职能，协调推动老龄事业又好又快发展。吴旭军强调各级老龄办务必抓住机遇，乘势而上，奋发有为。一是继续运用调查研究、综合情况、具体协调、承办事务等方式，更好地发挥参谋助手作用、综合协调作用、政策创制作用、督促检查作用和社会宣传动员作用，广泛动员社会各界和人民群众参与老龄工作，共同推进老龄事业发展。二是充分发挥老龄委和各成员单位职能作用，完善“大老龄”工作格局的体制和机制。三是加强沟通联络，省老龄办加大对地市老龄工作的指导，兄弟地市之间进一步密切交流与合作，全力做好老龄工作经验的整理、交流和推广。四是充分调动民政部门的积极性，老龄办在完成各项日常工作的同时，主动协助民政部门做好各项涉老，共同将这一利国利民的事业做好。

【全国老年期刊协会第二十四届年会】5 月 11 日，全国老年期刊协会第二十四届年会在合肥召开。安徽省民政厅党组成员、省老龄办专职副主任侯世标致欢迎辞，全国老年期刊协会会长王平君报告了协会近阶段的工作。会议传达了全国文化体制改革会议的有关精神，重点解读了新闻出版改制的情况，各杂志社代表交流了办刊经验。会议评选了 2010 年度优秀编辑、优秀作品。在皖期间，与会代表还实地考察了奇瑞汽车有限公司等地。

【“以人为本、执政为民”主题教育活动暨纪念建党 90 周年赴岳西实践活动】为庆祝党的生日，追寻党的光辉历程，歌颂党的丰功伟绩，省老龄办党支部于 6 月 29 日赴岳西县开展“以人为本、执政为民”主题教育活动暨纪念建党 90 周年实践活动。岳西是著名革命根据地，早在 1924 年王步文（后任中共安徽省委首任书记）就在这里开展革命活动，发展党员；1927 年建立党小组；为了中国人民的解放事业，岳西先后有三万八千余人为革命而牺牲。大别山烈士陵园原名岳西烈士陵园，是安徽省爱国主义教育基地和重点烈士纪念建筑物保护单位，是国家红色旅游精品线路中岳西红色景区的重要景点。在烈士陵园，支部全体党员向革命先烈敬献花篮，并在省民政厅党组成员、省老龄办专职副主任侯世标领读下重温入党誓词，向党旗宣誓，表达对党的忠诚。此外，全体党员还慰问了岳西县毛尖山乡板舍五保老人之家的老人，送去慰问金一万元，并赴三位困难老党员的家中进行看望。主题教育和实践活动是在建党 90 周年来临之际对新老党员进行的一次深刻党性教育。党员们纷纷表示，一定会继承和发扬老一辈革命家的精神，坚定高度的历史使命感和责任感，不断提高自身的政治觉悟、思想理论水平，更好的发挥党员的先锋模范带头作用，立足本职，做好工作，服务老人，为党的事业作出自己应有的贡献。

【2011 年安徽省老龄宣传工作会议】2011 年安徽省老龄宣传工作会议于 8 月 31 日在安庆市太湖县举行，各市及部分县（市、区）老龄办负责人参加会议。太湖县委常委、常务副县长、县老龄委主任李琳到会致辞，省民政厅党组成员、省老龄办专职副主任侯世标出席会议并做总结发言。会议通报了 2011 年宣传工作及《中国老年・下半月》征订发行情况；对怀远县、巢湖市、居巢区、凤台县、舒城县等 104 个老龄宣传工作先进单位和 107 名先进个人予以表彰；怀远县、舒城县、居巢区、凤台县等县（区）作了交流发言。侯主任在总结发言中指出，近两年来，全省老龄系统紧紧抓住全省、全国调研和执法检查、老年法和老年人权益维护、第一个“敬老月”活动、各类老龄宣传阵地建设等契机，坚持以人为本、服务老龄的工作理念，宣传工作取得了实实在在的效果。今后一段时间要积极宣传省政府关于加快推进养老服务体系建设的决定，积极宣传我省老龄事业发展十二五规划的具体目标任务，积极宣传“敬老月”弘扬尊老敬老助老优良传统和美德的重大意义，积极宣传基层老龄工作先进典型、先进经验和老龄事业发展成果。查找不足，克服困难、锐意进取，进一步巩固和提高老龄宣传工作阵地。一是办好老龄网站，丰富网站内容。二是编好工作简报，加强上下沟通。三是利用媒体作用，提升老龄工作宣传。四是做好杂志发行，扩大宣传影响。侯主任强调各级老龄办要切实把老龄宣传工作摆上重要议事日程，不断改进老龄宣传思维方式和宣传方法，积极主动地抓好老龄宣传工作，努力使全省老龄宣传工作取得更大更好的成效。

【安徽省第三届老年人运动会】为丰富广大老年人的文体生活，弘扬中华民族尊老敬老传统美德，由省老龄办、省体育局、省老年人体育协会联合主办、阜阳市太和县人民政府承办的安徽省第三届老年人运动会，于 2011 年 10 月 24—27 日在阜阳市太和县举办。这是全省九百九十万老年人体育文化生活的一件大事，也是安徽省老龄事业发展和第二次敬老月活动的一件大事。本届老运会严格按照余欣荣副省长“安全、和谐、健康、文明”的指示精神，精心组织，周密安排，是一届团结、文明、健康、快乐的体育盛会，为推进全省老年体育事业的健康发展，和谐安徽的奋力崛起做出了新的贡献。全省共有 24 支代表队（团）参加了本届老运会，近千名运动员在乒乓球、气排球、门球、柔力球等 10 个项目上展开激烈角逐。大会开幕式由省体育局副局长高维岭主持，省民政厅党组成员、省老龄办专职副主任侯世标致开幕词，省政协副主席李宏塔宣布大会开幕。在两天的比赛中，老年运动员们力行“安全第一、健康第一、友谊第一、风格第一”的原则，重在参与、重在交流、重在健康、重在快乐，比赛进程井然有序，赛场气氛热烈，洋溢着和谐文明的氛围，充分展示老年群体积极昂扬的精神风貌。大会圆满地完成了各项比赛任务，没有出现任何问题，取得了预期的效果。由各代表团、各工作机构推荐，最终授予合肥市等19个代表团“体育道德风尚奖”荣誉称号，合肥市等14个代表团“优秀组织奖”荣誉称号，省委组织部等5个代表队“体育道德风尚奖”荣誉称号。安徽省老年人运动会自2003年开始举办，每四年举行一届，现已成功举行三届，在激发全省老年人参与体育健身的热情，践行健康老龄化、积极老龄化，推进我省老年人体育事业的健康发展等方面发挥了重要作用。

【全省第三次老龄工作理论研讨会】12月21—22日，全省老龄工作理论研讨会在合肥举行。此次研讨充分发动省老龄委成员单位、科研院所、大专院校的有关专家学者参与，在老龄服务体系建设、老年人经济供养体系、城乡一体化社会保障体系建设等方面展开讨论，交流论文12篇。会议由省老龄办业务处处长张敏主持，省老龄办专职副主任侯世标到会讲话。侯主任在总结讲话中指出，此次理论研讨会提交的论文质量和数量与前两次相比均有提高，会议氛围活跃，收益良多。参会论文在选题内容上更加丰富，研究范围上更加广泛，调研方法上更加科学，参与调研的人员力量也得到了拓展。目前。全省老龄理论研究还存在一些问题，突出表现在对理论研究的重视程度有待提高，有目的的组织研讨有待提高，研究问题的角度有待深入，研究问题的方法有待多样。侯主任提出三点建议，首先老龄理论研究的内容要全面深入，站在老龄事业、老龄工作、老龄问题的高度高屋建瓴地进行战略性思考；其次老龄研究队伍要发展壮大；最后研究方法要科学多样，提升理论成果的可信度和说服力。

【敬老月活动】2011年是全国范围内开展“敬老月”活动的第二年，安徽高度重视此次活动，省委常委、省政府副省长、省老龄委主任余欣荣签发了《安徽省老龄工作委员会关于2011年开展“敬老月”活动的通知》。“敬老月”期间，安徽各地紧紧围绕“关爱老人、构建和谐”这一主题，积极动员，周密部署，扎实推进，为老年人办实事、做好事、献爱心，浓厚了尊老敬老爱老助老的良好社会氛围。

各项业务进展

【养老保障工作】及时提高基本养老金发放标准，全省171.33万名符合条件的企业退休人员月人均增加143.42元，达到月平均1332元。完成养老保险扩面征缴目标任务。截止到12月份，全省养老保险参保人数达729万人，完成全年目标任务的104%，其中新增参保人数59.5万人。养老保险基金征缴持续增长，全省全年征缴达345.27亿元，养老保险基金累计结余达427.07亿元。以加快扩面为目标做好城乡居民养老保险保障工作。2011年我省有67个县（市区）建立了城乡居民养老保险制度，参保城乡居民达2177.97万人。当年筹集养老保险资金54.56亿元，基金支出29.65亿元，572.74万人领取了养老金。为减轻市县财政压力，省财政共下拨城乡居民养老保险补助资金29.17亿元，确保了试点工作的顺利进行。

2011年，各级财政共投入补助资金16亿元，其中省财政投入5.2亿元；城镇居民医保参保人数为904万人，当年基本支出15.4亿元。城镇居民医疗保障制度进一步完善，切实加强了包括城镇老年人在内的居民医疗保障体系建设。稳步推进新型农村合作医疗制度。2011年，全省参合农民达4911万人，参合率达98%。

农村低保基本做到了动态管理下的按标施保、应保尽保，年平均低保标准为1780元/人，人均月补差100元；五保供养制度不断巩固、完善，供养标养进一步提高，全省五保集中供养标准达到年人均2778元，分散供养标准接近1700元。

【养老服务业的发展】各地认真贯彻执行安徽省《关于加快发展养老服务业的通知》，落实相关优惠政策，引导和扶持社会力量兴办多层次的养老服务机构，提升服务规范化、专业化水平，努力满足广大老年人多样化的服务需求。省老龄办在全省范围内开展养老服务机构基本状况调查问卷工作，厘清全省现有养老机构（老年公寓、养老院、护理院、托老所）的基本状况、存在问题及政策需求，为促进养老机构建设提供参考，此项工作已基本完成。合肥市包河区为老信息平台建设被全国老龄办确定为我省唯一一个全国为老服务信息平台将于12月底投入运营。

通过国家批准全省社会养老服务体系试点项目28个，建设总规模69685平方米、建设床位1175张、总投资10400万元，其中中央补助资金5000万元；新建、改、扩建敬老院313所，新增床位24370张，集中供养率由35%提升到40%，首次超过全国平均水平；5所市级光荣院的改扩建任务基本完成，新增床位830张；落实省荣军医院建设项目，总规模3.8万平方米、建设床位800张、总投资8000万元，其中中央补助资金 3000 万元；组织申报 2012 年国家社会养老服务体系建设项目 38 个、备选项目 29 个，申报投资总额 20341 万元，其中中央投资 10000 万元；落实厅市合作协议项目建设资金 5300 万元，项目 141 个、建设规模 19.2 万平方米、床位 7987 张。

合肥完成了《合肥市养老机构布点与发展规划》编制工作，目前，正在开展行政区划调整后的修订完善工作；拟定《合肥市人民政府关于加快发展养老服务业的实施意见》。蚌埠市老龄办研究起草了《蚌埠市关于加快推进养老服务体系建设的意见》。亳州市政府出台《关于加快推进养老服务体系建设的实施意见》。六安市政府印发《关于加快推进养老服务体系建设的实施意见》；全市农村累计兴建养老基地总面积 2.38 万亩，其中乡镇 3800 亩，村 2 万亩；养老基地普及率乡镇 88%，村 56%。阜阳市起草了《阜阳市人民政府关于加快推进养老服务体系建设的实施意见》（草案）。宿州市老年公寓加紧建设，设计为 4 层框架结构的老年公寓 4 栋，占地 2060 平方米，建筑总面积 8000 平方米，设计床位 400 张。铜陵市向市发改委提交了《关于养老服务中心（站）建设规划的报告》，建议在“十二五”期间，逐年纳入市建设项目中并由市财政按 50%安排以奖代补资金。滁州市起草了《滁州市人民政府关于加快推进养老服务体系建设的实施意见》。宣城市 2010 年市本级在外环路长桥村征地 120 亩用于市社会福利设施建设，拟建床位 1000 张，总投资近 1 亿元，目前一期光荣院主题工程完工；积极争取将宣州区澄江街道思佳社区、宁国市南山街道南河社区、绩溪县来苏社区老年人日间照料中心建设项目纳入到国家发改委资助，每一项目拟资助 80 万元，当地财政配套 80 万元，国家资助资金已到位。池州市实施“夕阳红”工程，加大农村敬老院建设，投资 1.5 亿元组织新建和改扩建敬老院 85 所，新增床位 7000 余张。

【居家养老服务工作】全省各地以省老龄办等有关部门《关于开展居家养老服务工作的意见》为指导，积极完善政策措施，着眼城乡统筹，加大工作力度，从老年人的实际需要出发，突出居家养老服务的基础性地位，完善服务设施，充实服务内容，创新服务方式，取得了较好的成效。省老龄办积极参与讨论关于省居家养老服务工作成员单位职责分工和任务分解的文件，该文件将以省政府名义下发。合肥市出台了《关于贯彻落实市政府“18140”工程实施方案》，拟在全市 18 个街道建立养老服务中心、140 个社区建立养老服务站。马鞍山市连续三年将养老服务体系建设纳入市政府民生工程，市政府办出台了《关于居家养老服务工作的实施意见》，全年共投入各类资金 320 万元；市民政局、市财政局印发了《居家养老服务券暂行管理办法》，各区、市经济开发区共申报审批了 323 名政府购买服务对象，3 个季度 97.5 万元居家养老服务券全部发放到位；市区 72 个社区助老服务站全部挂牌成立；市社区便民服务网络中心正式揭牌运营，开通了“12349”服务热线，签约加盟商 1000 余家，服务成功率达到 85%。铜陵市开展应急信息服务，推广“关爱老人送手机”活动列入市居家养老服务民生工程实施方案，共为 328 名困难老人免费赠送“老人机”并实行话费优惠减免；首度开展老年人日间照料中心建设，并被列入市民生工程，年内按每个一次性补助资金 20—25 万元标准，在铜官山区建成 2 个老年人日间照料服务示范点；11 月 26 日，全省首家老年人日间照料中心——铜陵市铜官山区阳光社区老年人日间照料中心正式运营；铜陵县今年将居家养老服务纳入县民生工程，新增服务对象 220 名，全年支付服务费 101 万元，并计划从 2012 年到 2015 年每年增加服务对象 150 名。滁州市各地认真落实市民政局下发的《滁州市城市社区居家孤老服务救助实施意见（试行）》文件精神，重视解决特困的空巢、独居、病残、失能等老人的实际困难。

【老龄社会宣传工作】省发改委利用老年之窗网页和老同志活动日，广泛进行老龄政策宣传。“敬老月”期间，合肥市共悬挂老龄工作宣传横幅 540 条，散发《老年人权益保障法》3000 多份，发放“尽孝心、奉爱心”倡议书 30 万份。肥东、肥西县领导在电视台发表了“尊老、爱老、助老”专题讲话。肥东县还举办了老龄事业发展橱窗展和宣传老龄事业发展电影周活动。亳州市老龄委成员单位在市区魏武广场开展“一日宣”活动；开展了“十佳敬老院长、十佳养老护理员、十佳孝星楷模”评选活动。阜阳市在清河广场组织了一次“敬老月”宣传活动。池州市共悬挂各类标语口号近 900 条，悬挂横幅都超过 100 条以上，部分区县还专门制作组织了敬老图片展。《铜陵日报》刊发“致全市老年人的慰问信”；铜陵市开展 2011 年度“铜都十大孝亲敬老之星”评选表彰活动。《滁州日报》、《滁州广播电视报》、滁州电台和县（市）电视台分别在重阳节前出专版、专栏宣传敬老尊老爱老中华传统美德。

【老年维权工作】全省各地认真贯彻落实涉及老年人的各项政策法规，切实保障老年群体的合法权益得到有效保护。省老龄办在庆祝建党 90 周年之际和全国法制宣传日当天，积极参与大型广场庆祝活动，发放老年法宣传册500余份，回答了现场群众的涉老咨询。6月29日，省老龄办党支部赴岳西开展“以人为本、执政为民”主题教育活动暨纪念建党90周年实践活动，向大别山烈士陵园的革命先烈敬献了花篮，慰问了岳西县毛尖山乡板舍五保老人之家的老人，并赴三位困难老党员的家中进行看望。

亳州市建立起80岁以上老年人高龄津贴普惠制度，规定全市80—85岁的老年人每人每年可领取100元高龄补贴，86—99岁的老年人可领取200高龄补贴，100岁以上的老年人可领取3600元高龄补贴；谯城区获得“中国长寿之乡”称号，这是我省第一个，也是目前唯一一个区级“中国长寿之乡”。蚌埠市高新区文锦路社区今年8月成立了以存取爱心时间鼓励居民互助的爱心储蓄银行（义工组织）。六安市建立普惠制高龄老人津贴制度，市区（含金安区、裕安区、开发区）85—99周岁，每人每年200元；100周岁以上，每人每年3600元；成立市老年学学会（老龄科研中心）；全市“六有六簿五上墙”规范化建设乡镇达标率95%，村（居）达标率82%；全市65%的村老协开展了养老“五有二查一公布”活动；全市乡镇维权岗为老年人提供法律服务209件，敬老评先2144名。宿州市全年在200多处制作形式多样的老年人权益、健康生活知识宣传栏目。濉溪县百岁老人长寿保健金提高至每人每月400元。铜陵市印发了《关于深入开展关爱空巢老人志愿服务行动的通知》，同时组织县区开展关爱空巢老人志愿服务行动。淮南市今年10月1日起用老年证等证件到市公交公司免费换老年人免费乘车卡，实现老年人乘公交车刷卡计数市财政补贴。滁州市调整市及两区老年证办证办法，7月1日起增加“市行政服务中心民政窗口”为新的办证地点；各县（区）全部建立起老年人法律援助工作机制；县城以上凡开通公交车的地方均落实了70岁以上老人免费乘车问题；来安、全椒、南谯等地均将百岁老人长寿保健金每月增加到200元。池州市从今年起将百岁老人长寿保健金发放标准提高到每人每月300元；市老龄办针对少数高龄、病残老人行动不便的实际，深入居民小区开展“把温暖送到家，把老年优待证送上门”活动。

江苏省

江苏省老年人文艺汇演启动仪式

张建平主任参观南通基层居家养老服务中心

综　　述

2011年，全省各级紧紧围绕省委省政府“民生幸福工程”的决策部署和全国老龄工作总体要求，坚持以老为本、为老服务理念，大力推进各项老龄工作，取得了可喜成绩。

一、抓规划制定，引领老龄事业新发展

2011年是“十二五”开局之年，以出台《江苏省“十二五”老龄事业发展规划》，来推动市、县（市、区）出台相应规划作为年度首要工作，列入了重要日程。一是搞好规划前期调研，奠定规划科学基础。在完成省“十二五”规划重大研究课题《应对老

龄化社会战略研究》的基础上，相继完成了省民政年度十大重点课题《加快我省养老服务体系建设》等任务，为规划的制定奠定了坚实基础。二是吸纳老龄工作成果，保持规划连贯性。在草拟过程中，吸纳了本省“十一五”工作成就，省委省政府关于老龄事业的文件精神。三是上下联动，按程序规划。多次召开老龄工作部门座谈会征求意见，多次与省市发展和改革委、民政等部门进行联合调研。在江苏老龄网公开向社会征求群众意见，并召开了专家咨询组论证会进行论证，顺利完成了《江苏省“十二五”老龄事业发展规划》编辑工作，省政府印发了《“十二五”老龄事业发展规划》。

二、抓居家养老，提升社会养老服务能力

全省各级老龄部门把居家养老服务作为年度重点工作。一是完成了社区居家养老服务中心建设任务。采取年初下任务、年中抓进度、年终检查验收，对验收不达标的中心（站）责令限期整改等办法，较好地完成全年建设4773个社区居家养老服务中心（站）任务，其中建成77个省级示范性中心。二是筛选培育出了具有江苏特色的五种居家养老服务模式。上半年，分三个调研组对全省居家养老服务工作情况进行了深入调查，并对全省居家养老服务可持续发展的模式进行了梳理，总结出了“机构运作”、“虚拟养老”、“集中居住”、“应急服务”和“志愿服务”五位一体的居家养老服务模式，民政部李立国部长对此给予了充分肯定。三是强化工作推进措施。9月9日在南通召开了全省居家养老服务工作推进会，全面总结了我省开展居家养老服务的经验，分析了形势，明确了重点，并对制约居家养老服务发展的“居家养老服务中心功能定位问题”、“居家养老服务中心与社区服务中心的关系”等问题进行了界定，从而消除了观念上的瓶颈障碍。

三、抓《条例》贯彻，提升老年人权益保障水平

2011年，是《江苏省老年权益保障条例》出台的第一年，全省把学习、宣传、贯彻好《条例》，作为年度重要工作之一。一是召开了《江苏省老年人权益保障条例》新闻发布会，解读回答了有关问题。二是下发了学习宣传贯彻通知，对基层贯彻提出了明确要求。三是结合全国人大和省人大开展的《老年人权益保障执法检查》，及时将《江苏省老年人权益保障条例》列入检查的重要内容。四是翻印了《条例》，下发到县（市、区），使基层学习宣传有资料。各地组织了形式多样的学《条例》、用《条例》活动，射阳县在全县范围内进行了知识竞赛，老龄办拟题在《射阳日报》上刊载，全县共收回4500余份答卷。

四、抓敬老活动，增强社会尊老爱老氛围

尊老爱老是中华民族的优良传统，也是实现“六个老有”的基础性保障，全省各地积极开展各项活动，夯实社会敬老基础。一是开展“尊老爱老先进单位、先进个人和老有所为人物奖”和“百佳孝星”评比表彰活动。根据省老龄委的要求，组织实施了评选活动，共评选出32个尊老爱老县（市、区）、123个尊老爱老先进个人和222名老有所为人物奖。“百佳孝星”是省民政厅、省教育厅、省老龄办、省广播电视电影局、团省委、省妇联、省关工委、省老龄协会在全省范围内联合开展的评选活动，评出120位孝星。各地通过宣传、评比活动，推动了孝亲敬老文化发展，激发了全省尊老爱老助老热情。二是深入开展“敬老月”活动。在全国第二个“敬老月”和省第24个敬老日期间，围绕“敬老助老 从我做起”主题，省老龄办从省级层面组织策划了系列活动：组织了全省“敬老月”启动仪式，省委常委、副省长、省老龄委主任黄莉新出席并作了重要讲话；和省文化厅联合组织了全省老年文艺汇演，全省共演出老年文艺节目100余场，参演老年人达2万余人，观众达数十万人；和体育局、老年体协举办了老年体育节，带动500余万老年人常年参加健身活动；和老年书画研究会联合举办了庆祝中国共产党九十华诞暨纪念辛亥革命一百周年书画展，各基层党政机关、企事业单位、老年组织和社会志愿者都积极开展为老服务，使全省老年人享受到了节日的喜悦。

五、抓调查研究，当好参谋助手

省老龄办把搞好调查研究作为履行工作职责、提升干部素质、考核工作业绩的重要内容，贯穿工作全过程。2011年，省老龄办完成了“加快社会养老服务体系建设”和“江苏百岁老人状况”课题的调查与研究，形成了专题报告，其中《关于加快社会养老服务体系建设的调研报告》中的许多成果转化为省政府2011年127号文件《省政府关于加快构建社会养老服务体系的实施意见》的重要内容。《构建“四大关怀”体系，帮助空巢老人安度晚年》，被全国老龄办评为2011年“党旗下的老龄工作”征文比赛二等奖。《加强引导 拓展创新 江苏特色居家养老服务模式初步形成》一文被《全国老龄简报》刊登。与此同时，充分发挥我省老年社会组织在调查研究、推动工作方面的优势，省老龄办和省老年学学会联合对5号文件进行了督查，所撰写的《省委省政府〈关于我省老龄事业发展的意见〉贯彻落实情况调查评估报告》受到省委罗书记和省委常委、省老龄委主任黄莉新副省长的高度重视；和省老龄协会联合对全省未建老年协会的11个市逐个进行督查调研，撰写了《关于对各地贯彻落实“全省老龄协会组织建设推进会情况进行督查调研的报告”》。

六、抓老龄宣传，不断扩大工作影响

一是继续抓好老年人口信息的发布。会同省人力资源社会保障厅、统计局等涉老部门对2010年老年人口及老龄事业发展情况进行了分析研究，形成并发布《2010年江苏省老年人口信息和老龄事业发展状况报告》，使全社会更加了解人口老龄化的严峻形势。二是大力提升《老年周报》、江苏老龄网的档次水平。《老年周报》发行量突破9万份，报纸可读性进一步增强、办报质量进一步提升，实现了量大质升的好效果，《老年周报》对老龄工作宣传指导和对老年人精神文化服务作用进一步增强。江苏老龄网点击量达到51万人次，全年共编印《老龄工作简报》12期，24万余字，快速反映了我省老龄工作动态，得到了社会的好评。此外，在《中国社会报》第5038期B4版，整版刊登了《江苏省居家养老服务工作巡礼》，还在国家和省级重要媒体上发表了一批有份量的江苏老龄工作报道，使江苏老龄事业和老龄工作的影响力不断增强。

重要会议和活动

【江苏省老年人权益保障条例颁布】2011年1月21日，省十一届人大常委会第二十次会议通过了《江苏省老年人权益保障条例》（以下简称《条例》）。自2011年3月1日起施行。这是在我省进入人口老龄化加速发展阶段的历史背景下，制定的一部涉及全省老年人合法权益、促进老年事业发展的重要法规。2月28日上午，由省人大内务司法委员会、省民政厅、省老龄工作委员会办公室共同主办的“《江苏省老年人权益保障条例》新闻发布会”在南京举行。

【敬老月系列活动】2011年10月是全国第二个“敬老月”，重阳节是江苏省第24个敬老日，省老龄办与各有关部门、老年社团组织了“敬老月”的一系列活动。省老龄办和省文化厅联合组织了以“欢乐祥和，展示风采”为主题的全省老年文艺汇演，全省共演出老年文艺节目100余场，参演老年人达2万余人，观众达数十万人；和体育局、老年体协举办了老年体育节，带动500余万老年人常年参加健身活动；和老年书画研究会联合举办了庆祝中国共产党九十华诞暨纪念辛亥革命一百周年书画展，极大地调动了全省老年人参与热情，丰富了老年人生活。在“敬老月”期间，各级领导普遍对百岁老人、“五老”和敬老院进行了走访慰问，送达了党和政府的关怀，各基层党政机关、企事业单位、老年组织和社会志愿者积极开展为老服务，使全省老年人享受到了节日的喜悦。

【首届“百佳孝星”表彰活动】江苏省敬老爱老助老主题教育活动组织委员会决定在全省开展首届“百佳孝星”评选表彰活动。成立了由省民政厅、省老龄办、省教育厅、省广播电视局、团省委、省妇联、省关心下一代工作委员会、省老龄协会共同组建的“百佳孝星”评选活动组委会。活动从6月下旬开始，以孝敬父母为首要条件，经层层推荐，于11月29日，在南京举行“百佳孝星”表彰会。120人被授予“全省首届‘百佳孝星’”称号，8个单位获“全省首届‘百佳孝星’评选组织奖”。孝星中大多是普通职工和群众，也有80后的年轻人。

【全省老龄工作会议】12月5日，“全省老龄工作会议”在南京召开。会议主要内容是贯彻国务院召开的第三次全国老龄工作会议精神，总结工作，交流经验，表彰先进，部署“十二五”时期全省老龄事业发展任务。省委常委、副省长、省老龄委主任黄莉新出席会议并讲话。省老龄委全体成员及联络员，各市、县（市、区）老龄委主任，民政局长，各市老龄办主任以及受表彰的全省尊老爱老先进集体、先进个人及老有所为人物代表共360余人出席了会议，规模空前。省发展改革委、省财政厅以及南京市、苏州市、盐城市、扬州市政府负责同志在会上作了交流发言。会议还表彰了全省尊老爱老先进集体32个，先进个人123名，老有所为人物奖222名。

【全省居家养老服务工作推进会】9月8日至9日，全省居家养老服务工作推进会在南通市召开。会议学习贯彻省政府关于加快构建社会养老服务体系的实施意见，总结交流经验，分析当前形势，明确工作要求，推进全省居家养老服务工作向纵深发展。各市民政局分管局长、老龄办专职副主任及部分县（市、区）民政局分管局长参加了会议。南通市、南京市鼓楼区、苏州市沧浪区、盐城市盐都区、赣榆县、海门市6个单位作会议交流发言。省老龄办主任张建平作重要讲话。

与会代表还实地参观了南通市崇川区任港街道、观音山街道、虹桥社区居家养老服务中心（站）。

各项业务进展

【养老保障工作】企业职工基本养老保险 截止到2011年底，全省企业职工基本养老保险参保人数为1660.40万人，其中农民工参保人数409.81万人。离退休人员人数为450.33万人，全省企业退休人员月人均养老金水平为1622元，较上年增加156元，增幅超过10%。新型农村社会养老保险 截至2011年底，全省实际参保1557.36万人，参保率99.29%；符合条件的老年居民领取基础养老金812.31万人。江苏新农保已走上了巩固、发展、提高的新阶段。城镇居民社会养老保险 基础养老金标准与新农保一样，在国家确定的55元的基础上增加5元，也就是每人每月最低为60元。连续缴费超过15年的城镇居民，从第16年起，每超过一年，基础养老金可增发1%。被征地农民生活保障 截止2011年底，全省约有被征地农民443.44万人。参加被征地农民社会保障共计440.28万人（其中参加基本生活保障222.10万人，参加企业职工基本养老保险200.68万人，参加农保17.49万人）。

【城市“三无”老人供养制度建立工作】全省建立城市“三无”老人供养标准自然增长机制，按照当地上年度城镇居民人均可支配收入的40%—50%的比例，确定当年供养标准。其中苏北平均供养标准不低于50%，苏中不低于45%，苏南不低于40%。市、县（市、区）政府要将城市“三无”老人供养经费纳入财政预算，确保城市“三无”老人供养经费及时足额到位。将城市“三无”老人全部纳入城镇居民基本医疗保险范围，其参保费用由政府承担；将城市“三无”老人纳入医疗救助范围，对其自付部分予以全额救助；各地医疗机构要减免城市“三无”老人的普通门诊挂号费和家庭病床出诊费等相关医疗费用；各地惠民医院要优先为城市“三无”老人提供服务。对城乡低保对象中的70岁及以上老年人，每月增发不低于最低生活保障标准10%的保障金。

【老年维权工作】2011年全省司法所、律师事务所、公证处、司法鉴定所、法律服务所，在政策允许范围内，尽最大限度为老年人提供各种法律服务。累计办理遗嘱公证4706件，赡养1977件，遗赠扶养协议714件。对行动不便、年老体弱的老年人提供上门服务，办理司法鉴定业务1200余件。对生活困难的老年人，公证处可根据当事人的申请，减免公证费用。苏州地区通过地方立法的形式明确规定，对70岁以上的老年人免费办理遗嘱公证。全省法律援助还注重在社区居委会、劳务市场、贫困人口相对集中的区域设置法律援助指示牌、老年人维权岗，方便老年群体寻求法律援助。本年度立案受理老年人法律援助案件17489件，受援老年人17643人。

【江苏省“十二五”老龄事业发展规划】《江苏省“十二五”老龄事业发展规划》于12月15日由省政府颁布。规划把老龄事业发展放在经济社会发展重要的战略地位，作为本省“民生幸福工程”的重要组成部分，明确了“十二五”时期本省老龄事业发展的指导思想和基本原则；从构建应对老龄化战略体系框架出发，提出了“十二五”老龄事业的主要发展目标和老年社会保障、老年医疗卫生保健、社会养老服务体系、老年家庭建设、老年人生活环境、老龄产业、老年人精神文化生活、老年社会管理服务、老年人权益保障等方面的任务；编制了老年人收入保障增长计划、农村“老年关爱之家”建设、社区居家养老服务中心建设、示范性养老机构建设、困难老年人服务保障制度建设、养老服务信息化建设、养老护理员培训工程、老年精神关爱示范引导等重点项目和25项体现江苏率先发展的指标；采取了加强组织领导、加大改革创新力度、建立多元化长效投入机制、强化老龄工作机构职能、营造老龄事业发展环境、加强老龄科学研究、建立督查评估机制等项措施。

【社会养老服务体系构建】江苏省政府第一次将“社会养老服务体系”纳入经济社会发展专项规划范围，列入民生幸福工程六大体系之中。2011年9月，江苏省政府发布了《省政府关于加快构建养老服务体系的实施意见》，对江苏的社会养老服务体系今后5年的建设提出了目标、任务和扶持政策等。对养老服务机构建设、社区养老服务设施建设、信息服务建设、养老服务网络平台建设，养老服务信息管理系统、老年人居家呼叫服务系统和应急救援服务网络、养老服务人才队伍建设提出纲性目标。

从2009年起，省财政每年安排专项资金1.4亿元，采取以奖代补形式，对各地居家养老服务中心建设、示范性养老机构建设和社会办养老机构建设进行补助。2011年，省政府决定从下年起用于社会养老服务体系建设资金增加到4亿元。各地将老年服务设施建设用地纳入当地土地利用总体规划和年度计划予以优先安排，切实保障老年服务设施建设用地需求。各地采取税费减免、床位建设补贴、床位运营补贴、购买服务等相关政策和措施，扶持社会资本投资兴办福利性、非营利性养老服务设施。

【养老服务机构建设】2011年，87%的市、县（市）建成了1所政府主办的示范性养老机构，床位数分别达到300张、150张以上。同时采取土地划拨、规费减免、贷款贴息、以奖代补等方式，吸引和鼓励社会资本兴办养老服务设施，全省社会资本兴办的养老机构已发展到602家。本年度养老床位数新增4万张，全省各类养老机构床位数达到32万张。

【居家养老服务建设】全省城市社区基本建立起多形式的居家养老服务网络；农村社区（村）依托敬老院、村级组织活动场所等现有设施资源，建立综合性老年服务中心，苏南、苏中、苏北农村建成比例分别达到40%、35%、30%以上。从 2009 年起，省政府连续三年将居家养老服务中心建设列入省政府为民办实事十大重点工作，省财政每年拨付 4000 万元，采取以奖代补的方式，扶持 2000 个社区居家养老服务中心建设。2011 年，我省新建社区（村）居家养老服务中心 4773 个，省补资金 4050 万元，建设省级示范性社区居家养老服务中心 77 个，省补资金1000 万元。

【居家养老五种模式】至 2011 年底，三年累计建成社区居家养老服务中心11535个，形成了机构运作、集中居住、虚拟养老、应急服务和志愿服务等 5 种较为成熟的居家养老服务模式。对此，民政部李立国部长批示："江苏采取以奖代补方式，形成多种模式，促进城乡社区居家养老服务发展的做法，值得肯定和推广。"

【养老服务信息化建设】全省各市、县（市、区）建有各类养老服务信息网络平台 34 家，其中有政府参与投资建设的有 24 家。信息网络服务平台具有老年人口信息管理、呼叫服务和连接各种涉老服务机构、社会组织、志愿者来为老年人提供高效便捷的服务。

【尊老金制度】全省各级政府全面落实尊老金制度，细化尊老金发放操作办法。80 岁以上高龄老年人尊老金发放实现全覆盖。部分市县在实际操作中提高尊老金标准，张家港、太仓、昆山吴江市给 90 岁以上老人每人每月 200 元，100 周岁以上老年人每人每月 500 元。

【政府购买养老服务制度】各地地方政府推进为高龄、独居、失能半失能的困难老年人建立了购买养老服务的制度。南京市投入 556.5 万元，为 5900 名困难老年人买单，提供居家养老服务；为 15000 名老年人安装了紧急呼叫系统。徐州市为 3000 多名困难老年人购买居家养老服务。无锡市为全市 70 岁以上老年人购买免费乘坐公交车意外伤害保险。

【编撰《江苏省 2007－2010 年老龄工作年鉴》】完成了《江苏省 2007－2010 年老龄工作年鉴》编撰工作。成立了由省老龄办主任、省老龄委成员单位、各市老龄办人员共 70 余人参与的编撰委员会。年鉴共 46 万余字。分特载、全省老龄工作、政策文件选编、老龄委成员单位涉老工作、省老年社团工作、地方老龄工作、调研报告选编、大事记等八个部分，全面真实记载了我省老龄工作从 2007 年到 2010 年的老龄工作基本情况，为我省老龄事业留下了一份丰厚的历史资料。

【老龄科研基地建设】2011 年，省、市老龄办各与院校合作，成立 6 家老龄科研基地。有省老龄办与南京农业大学人文学院共建的"农村老年保障研究中心"；徐州市、淮安市、常州市、南京市各自成立了"老龄科学研究中心"；钟山职业技术学院成立了"钟山老龄事业发展研究院"。之前先后建的还有"江苏省老年产业人才培养基地"、"江苏省老年学研究基地"、"老年心理关爱研究中心"等，共有老年科研基地 9 家。

浙江省

综　　述

2011 年是"十二五"开局之年，也是老龄事业迎来新发展的关键一年。在省委、省政府的正确领导下，全省各级各有关部门以邓小平理论和"三个代表"重要思想为指导，深入贯彻落实科学发展观，积极应对人口老龄化新形势，以科学发展为主题，以改革创新为动力，不断健全党政主导、老龄委协调、部门尽责、社会参与、全民关怀的大老龄工作格局，各项工作取得显著成效。

一、顺利启动实施《浙江省老龄事业发展"十二五"规划》，促进老龄事业健康持续发展

《浙江省老龄事业发展"十二五"规划》经过前期充分的理论研究、政策设计、全委会讨论、专家评审，根据省政府领导的意见，经省政府常务会议审议，于 2011 年 8 月正式发布实施。此次《规划》由原定的部门一般专项规划首次提升为省政府发布的重点规划，并明确了全省老龄事业发展的目标任务和基本制度框架，提出了今后一个时期老龄事业发展方向和重点的"八项工程"，同时，促进了各地老龄事业发展规划的升格。目前，已有 10 个市发布实施了老龄事业发展"十二五"规划。与此同时，省政府办公厅下发了《2011—2013 年为老年人办实事意见》，明确落实目标任务的责任主体，形成齐抓共管、积极推进老龄事业发展的局面。

二、加大为老年人办实事力度，进一步提高老年人生活水平

2011 年全省各级各有关部门进一步深化养老保障制度，为全省近 100 万人落实了相关养老保障政策；建立基本养老金补贴和社区综合补贴制度，大幅提高企业退休人员待遇；农村部分计划生育家庭奖励扶助和特别扶助政策不断完善，扶助金额达到 2.1 亿元和 3895 万元，共扶助 24.3 万人和 2.2 万人。养老保障覆盖面不断扩大，2011 年全省企业职工基本养老保险、城乡居民社会养老保险参保人数分别达到 1822 万人、1312 万人，企业退休人员、领取基础养老金老年人分别达到 227 万人、585 万人；全省有 461 万被征地农民纳入社会保障覆盖范围，197 万符合条件的参保人员按月领取基本生活保障金或基本养老金。进一步完善医疗救助制度，2011 年省政府把设区市全面实行基本医疗保险异地就医联网结算“一卡通”纳入为民办实事工程，目前，11 个设区市市域范围内实现医疗保险异地就医联网结算。新型农村合作医疗逐步完善，全省新农合参合率达到 97.5%，所有统筹地区人均筹资水平达到 285 元以上，政策范围内住院费用报销比率达到 60%以上，进一步减轻了 580 万余参合老年人的医药费负担。全省已建立城乡居民规范化电子健康档案 3789 万人份，建档率达 75.3%。加大对贫困老年人社会救助力度，2011 年全省在册低保对象 70.18 万人，其中老年人 17.37 万人；城乡低保标准分别提高至每人每月 441.24 元和 307.09 元。2011 年，农村五保老人和城镇“三无”对象集中供养率分别达到 97.3%和 99.57%，集中供养对象年人均供养资金分别达到 7495 元和 9922 元。医疗救助力度进一步加大，各市、县（市、区）共安排医疗救助资金 5.28 亿元，支出 6.5 亿元，救助困难群众 81.88 万人次，得到医疗救助的老年人有 24.36 万人；资助低保老人、残疾老人等困难群众参加新农合和城镇居民医疗保险 123 万余人；完成困难群众白内障复明手术 1863 例，其中绝大多数为贫困老年人。

三、加速推进养老服务体系建设，促进养老服务水平大幅提升

2011 年，省政府召开了全省社会养老服务体系建设推进会，出台了《关于深化完善社会养老服务体系建设的意见》。省发改委、省民政厅出台了《浙江省社会福利事业发展“十二五”规划》和《浙江省社会养老服务体系建设“十二五”规划》。2011 年全省各地已有城市居家养老服务站 3082 个，农村“星光老年之家”1.7 万余个；托老床位 1.52 万张，老年食堂 873 个，为 19 万老年人提供配餐、送餐服务，居家养老服务覆盖 319 万老年人；社区有专职护理人员 7544 名，居家养老志愿者服务队伍 1.3 万余支，参与志愿者达 29.6 万人。2011 年养老机构建设资金投入达 11.14 亿元，新增床位 2.1 万张，其中民办养老机构建设资金投入达 4.11 亿元。同步推进政策性养老机构综合责任保险制度建设，参保床位 4.39 万张，投保金额达 205 万元，有效降低了养老机构运营风险。

四、老年教育健康发展，文体活动日趋活跃

2011 年省财政继续安排 400 万元老龄事业专项资金，重点扶持 4 个欠发达县（市、区）和 62 个乡镇老年活动中心建设。全省各级各类老年活动中心（室）现已达到 3.4 万个。公共文化设施建设更加适应老年人的文化需求，县级图书馆、群艺馆（文化馆）基本实现全覆盖，乡镇综合文化站达标率达 93.83%，村文化活动室覆盖率为 85%。组织开展浙江省第十一届老年文化艺术周活动，以老年活动中心（室）和公共文化设施为平台，开展经常性老年文化活动。全年累计“送戏下乡”2.1 万场，“送书下乡”181 万册，区域间“文化走亲”文艺演出、展览活动 913 场，培育基层文艺骨干 26 万人次。全省现有 2 万余支文体团队，其中以中老年文体团队数量最多。继续办好各级老年大学，截至 2011 年底，全省老年大学总面积达到 33.8 万平方米，新增面积 4.4 万平方米，14 万余人参与学习。继续加强老年电大建设，抓好福彩公益金资助老年电大建设项目，安排 500 万元专项资金，资助 250 个基层教学点建设，资助范围扩大至全省城乡社区和养老机构。全面部署在城乡社区服务中心开办老年电大教学点的工作，逐步建立社区老年电大教学体系，提高终身教育质量。目前，全省建成老年电大分校 103 所，教学点（班）10586 个，招生达 100 余万人。2011 年全省新建小康体育村 3000 个，建成省级全民健身中心（体育主题公园、中心村全民健身广场、中心村体育休闲公园）37 个，切实改善老年人体育健身条件。以体育俱乐部为载体的老年体育组织网络进一步健全，新建老年体育活动中心（俱乐部）79 个、村级体育俱乐部 300 个。全省经常参加体育活动的老年人达 501 万人，占老年人口总数的 60.9%。

五、稳步推进老年人维权优待工作，切实维护老年人合法权益

至 2011 年底，全省已成立律师志愿队伍 159 支，组织 5238 场公益活动，7.3 万余人次参与志愿服务，其中 1.7 万余人次参与为老服务。全省各级已建老年法律援助中心 259 个，援助涉老案件 2668 件；各类老年维权机构 4050 个，从事老年维权工作的专兼职工作人员 6271 人。各级老龄办和基层老年组织收到涉老群众来信 2415 件，比上年减少 29.49%，得到妥善处理的占 93.25%；接待涉老来访 13500 人次，比上年减少 49.58%，得到妥善处理的占 96.44%。各级人民法院受理涉老案件 3583 起，审结 3307 起，各类涉老案件中，财产、房产纠纷案增长最快，比上年同期增长了 180.31%。2011 年全省各级各相关部门认真落实《浙江省优待老年人规定》，累计制发老年人优待证 766.42 万张，占老年人总数的 97.13%。

重要会议和活动

【浙江省老年人口基本状况暨人口老龄化对策新闻发布会】 3 月 22 日，省老龄委在杭州之江饭店举行浙江省老年人口基本状况暨人口老龄化对策新闻发布会，由省政府副秘书长、省老龄委副主任施利民主持。省民政厅厅长、省老龄委副主任吴桂英，省民政厅副厅长、省老龄办主任苏长聪参加发布会。

【《浙江省老龄事业发展“十二五”规划》专家论证会】 3 月 30 日上午，省发改委、省老龄委组织召开《浙江省老龄事业发展“十二”五规划》专家论证会。省民政厅副厅长、省老龄办主任苏长聪主持会议，全国老龄办副主任阎青春出席会议并给予富有建设性的意见。

【浙江省老龄工作委员会第十次会议】 4 月 13 日上午，省老龄委在省政府常务会议室召开第十次全体会议，省民政厅厅长、省老龄委副主任吴桂英作《关于 2010 年全省老龄工作情况和 2011 年工作安排意见的报告》，副省长、省老龄委主任陈加元主持会议并讲话。

【全省老龄办主任会议】 4 月 20 日上午，全省老龄办主任会议在杭州召开，会议传达学习了全国老龄委第十三次全体会议和省老龄委第十次全体会议精神，表彰了我省获奖的全国老龄工作先进单位和个人，交流了典型经验，部署了 2011 年的重点工作。省民政厅副厅长、省老龄办主任苏长聪作工作报告。省民政厅厅长、省老龄委副主任吴桂英出席会议并讲话。

【全省老龄宣传信息员培训班】 5 月 31 日下午至 6 月 1 日上午，全省老龄宣传信息员培训班在杭州召开，省民政厅副厅长、省老龄办主任苏长聪出席开班式并讲话。

【全省老龄工作交流会】 7 月 20 日，全省老龄工作交流会在丽水召开。会议总结上半年工作，座谈交流各地工作经验，研究部署下半年工作。

【浙江省老龄委成员单位联络员会议】 9 月 13 日下午，省老龄办在杭州星都宾馆召开省老龄委成员单位联络员会议，分析我省人口老龄化现状、发展趋势及对经济社会发展带来的影响，研究老龄事业发展“十二五”规划目标任务分解和新一轮为老年人办实事意见等事宜。

【浙江省老龄事业发展战略研究报告专家评审会】 9 月 15 日，省老龄办在大华饭店召开关于浙江省老龄事业发展战略研究报告的专家评审会，华东师大桂世勋教授、中国人民大学姚远教授、浙江大学姚先国教授、全国老龄办政研部党俊武主任、省委政策研究室陈一新主任、省政府研究室李学忠主任、省社会科学院杨建华研究员受邀参与评审。

【全省老龄宣传和文化交流会】 11 月 17 日，全省老龄宣传和文化交流会在杭州市召开。会议由省民政厅副厅长、省老龄办主任苏长聪主持，11 个市就 2011 年老龄工作情况、2012 年工作思路以及今年“敬老月活动”开展情况进行了交流，并对《浙江省“敬老文明号”创建和管理办法（草稿）》进行了讨论。会议还传达了第三次全国老龄工作会议的精神。

各项业务进展

【养老保障工作】 2011 年全省出台解决养老保障领域部分群体性利益问题的一揽子政策意见，为全省近 100 万人落实了相关养老保障政策。建立基本养老金补贴和社区综合补贴制度，大幅提高企业退休人员待遇，基本实现待遇项目的全省统一。养老保障覆盖面不断扩大，2011 年全省企业职工基本养老保险、城乡居民社会养老保险参保人数分别达到 1822 万人、1312 万人，企业退休人员、领取基础养老金老年人分别达到 227 万人、585 万人。全省有 461 万被征地农民纳入社会保障覆盖范围，197 万符合条件的参保人员按月领取基本生活保障金或基本养老金。2011 年企业退休人员月人均养老金达到 1865 元，继续位居全国前列。此外，适当提高和调整了离休人员、建国前参加革命工作老工人的生活补助标准以及单位精简退职人员生活困难补助费标准。

【医疗保障工作】 2011 年初，省政府把设区市全面实行基本医疗保险异地就医联网结算“一卡通”纳入为民办实事工程。目前，11 个设区市市域范围内实现医疗保险异地就医联网结算，为老年人异地就医提供了便利。2011 年全省城镇职工和城镇居民医疗保险参保人数达到 1514 万人、606 万人，其中老年人分别达到 210 万人、55 万人，最高支付限额分别提高到当地职工平均工资和居民人均可支配收入的 6 倍，城镇居民政策范围内住院报销比率达到 65%。2011 年全省新农合参合率达到 97.5%，所有统筹地区人均筹资水平达到 285 元以上，政策范围内住院费用报销比率达到 60%以上，进一步减轻了 580 万余参合老年人的医药费负担。以慢性病为重点的老年健康档案管理工作成效显著，2011 年全省已建立城乡居民规范化电子健康档案 3789 万人份，建档率达 75.3%。开展对参合农民、企业退休人员、城镇居民参保人员的健康检查，其中新农合体检率达 63%，为提高老年人健康水平提供了制度保障。

【社会救助工作】2011 年全省在册低保对象 70.18 万人，其中老年人 17.37 万人。城乡低保标准分别提高至每人每月 441.24 元和 307.09 元，同比增幅分别为 17.14%和 25.24%。2011 年，农村五保老人和城镇“三无”对象集中供养率分别达到 97.3%和 99.57%，集中供养对象年人均供养资金分别达到 7495 元和 9922 元。医疗救助工作力度进一步加大，各市、县（市、区）共安排医疗救助资金 5.28 亿元，支出 6.5 亿元，救助困难群众 81.88 万人次，得到医疗救助的老年人有 24.36 万人。资助低保老人、残疾老人等困难群众参加新农合和城镇居民医疗保险 123 万余人。完成困难群众白内障复明手术 1863 例，其中绝大多数为贫困老年人。

【发展养老服务业】2011 年，全省居家养老服务设施建设进一步加强，各地已有城市居家养老服务站 3082 个，农村“星光老年之家”1.7 万余个；托老床位 1.52 万张，老年食堂 873 个，为 19 万老年人提供配餐、送餐服务，居家养老服务覆盖 319 万余老年人。居家养老专业化和志愿服务队伍不断壮大，全省社区有专职护理人员 7544 名，居家养老志愿者服务队伍 1.3 万余支，参与志愿者达 29.6 万人。50%的县（市、区）还开展“银龄互助”活动，4000 多个农村老年人协会、10 万多老年志愿者参与其中。居家养老资金保障力度进一步加大，全年享受政府购买居家养老服务的老年人达 7.11 万人，各级政府补贴的总额达到 1.07 亿元。2011 年，全年养老机构建设资金投入达 11.14 亿元，新增床位 2.1 万张，其中民办养老机构建设资金投入达 4.11 亿元。全省现有各类养老机构 1869 家，床位 21 万余张，其中民办床位 9 万余张，占 42.86%。

【老年维权优待工作】2011 年，省老龄委有关成员单位配合省人大常委会开展“老年法”执法检查和调研活动，先后对金华市、台州市及西湖区、绍兴县、武义县、临海市等地实地检查，分析各地贯彻实施老年人权益保障法状况，提出改进工作的针对性对策建议。同时组织开展了“两法”纪念座谈会等系列庆祝活动，宣传老年人权益保障法律法规。积极开展法律为老服务，把法律为老服务纳入了浙江省司法行政服务保障民生五年行动计划，至 2011 年底，全省已成立律师志愿队伍 159 支，组织 5238 场公益活动，7.3 万余人次参与志愿服务，其中 1.7 万余人次参与为老服务。进一步加强老年维权网络建设，截至 2011 年底，全省各级已建老年法律援助中心 259 个，援助涉老案件 2668 件；各类老年维权机构 4050 个，从事老年维权工作的专兼职工作人员 6271 人。各级老龄办和基层老年组织收到涉老群众来信 2415 件，比上年减少 29.49%，得到妥善处理的占 93.25%；接待涉老来访 13500 人次，比上年减少 49.58%，得到妥善处理的占 96.44%。各级人民法院受理涉老案件 3583 起，审结 3307 起，各类涉老案件中，财产、房产纠纷案增长最快，比上年同期增长了 180.31%。2011 年全省各级组织认真落实《浙江省优待老年人规定》，累计制发老年人优待证 766.42 万张，占老年人总数的 97.13%。

【老年文化工作】2011 年省财政继续安排 400 万元老龄事业专项资金，重点扶持 4 个欠发达县（市、区）和 62 个乡镇老年活动中心建设，全省各级各类老年活动中心（室）现已达到 3.4 万个。公共文化设施建设更加适应老年人的文化需求，县级图书僧、群艺馆（文化馆）基本实现全覆盖，乡镇综合文化站达标率达 93.83%，村文化活动室覆盖率为 85%。组织开展浙江省第十一届老年文化艺术周活动，以老年活动中心（室）和公共文化设施为平台，开展经常性老年大化活动。全年累计“送戏下乡”2.1 万场，“送书下乡”181 万册，区域间“文化走亲”文艺演出、展览活动 913 场，培育基层文艺骨干 26 万人次。全省现有 2 万余支文体团队，其中以中老年文体团队数量最多。

【老年教育工作】截至 2011 年底，全省老年大学总面积达到 33.8 万平方米，新增面积 4.4 万平方米，14 万余人参与学习。继续加强老年电大建设，抓好福彩公益金资助老年电大建设项目，安排 500 万元专项资金，资助 250 个基层教学点建设，资助范围扩大至全省城乡社区和养老机构。全面部署在城乡社区服务中心开办老年电大教学点的工作，逐步建立社区老年电大教学体系，提高终身教育质量。目前，全省建成老年电大分校 103 所，教学点（班）10586 个，招生达 100 余万人。

【老年体育工作】2011 年全省新建小康体育村 3000 个，建成省级全民健身中心（体育主题公园、中心村全民健身广场、中心村体育休闲公园）37 个；新建老年体育活动中心（俱乐部）79 个、村级体育俱乐部 300 个；全省经常参加体育活动的老年人达 501 万人，占老年人口总数的 60.9%。

江西省

全国老龄办吴玉韶副主任在我省视察

省老龄办江建中副主任看望养老中心老人

综　述

2011年，是“十二五”开局之年，也是我省老龄工作取得明显成绩的一年。一年来，全省各级老龄办在党委、政府和老龄委的领导下，紧紧围绕经济社会发展大局和年度工作部署，在制定老年政策、开展重点问题研究、推进居家养老服务，加强农村老龄工作、维护老年人权益、扩大老龄宣传等方面取得了新的成效，为建设富裕和谐秀美江西作出了积极贡献。

一、积极应对人口老龄化严峻形势，夯实老龄事业发展基础

依据《中国老龄事业发展“十二五”规划》，结合我省实际，以省政府名义印发了《江西省老龄事业发展“十二五”规划》，明确了“十二五”时期我省老龄事业发展指导思想、发展目标、基本原则、主要任务和保障措施。召开了第三次全省老龄工作会议，总结了“十一五”时期全省老龄事业发展成就，安排部署了“十二五”时期老龄工作任务。启动江西省应对人口老龄化战略研究，通过网上公告招标，确定了省社科院、江西农业大学、江西财经大学、南昌大学等十个课题研究单位，并逐一召开了开题论证报告会，进一步完善课题的研究思路、重点研究内容和研究措施，并取得阶段性成果。同时，针对人口老龄化、高龄化、空巢化加速的严峻形势，以养老服务体系建设为主题，组织全省老龄系统对老龄重点、难点问题进行了专题调研。

二、拓展居家养老服务平台，推进社会养老服务体系建设

积极运用全省居家养老服务试点工作经验，发展居家养老服务，有效利用省福彩公益金，打造省级示范点51个（城市社区29个、农村社区22个），全省建成居家养老服务中心（站）280多个，重点为高龄、失能、空巢、贫困老年人提供配餐送餐、居室保洁、医疗陪护等各项服务。积极推动省政府《关于加快养老服务事业发展的若干意见》的贯彻落实，景德镇市、抚州市、萍乡市、上饶市等市政府分别印发了加快养老服务事业发展的实施意见，对养老服务工作提出了资金扶持和税费减免政策，推动了养老服务事业的发展。积极争取支持，九江爱心护理院、南昌市老年颐养中心被中国老龄事业发展基金会纳入“爱心护理工程”资助项目，南昌市东湖区被全国老龄办纳入为老服务信息化建设资助项目。吉安市与井冈山大学合作，积极探索居家养老服务模式，采取“1+2+5”的服务模式（即由1名社会工作者、2名社区志愿者、5名学习护理学院护理专业的大学生），定期上门为社区老年人提供生活照料、康复保健、精神慰藉和家政服务。赣州市在中心城区建立了居家养老“一键通”呼叫服务平台，通过服务热线，积极为老年人提供各种服务。

三、完善和落实老龄政策法规，有效维护老年人合法权益

配合省人大完成了全国人大常委会关于《老年人权益保障法》贯彻落实情况的委托检查，拟制了执法检查报告。认真组织开展了全省办理老年人乘车卡情况的调研，针对70周岁以上老年人免费乘坐公交车存在的突出问题，省老龄委、省财政厅、省交通运输厅联合下发了《落实70周岁以上老年人免费乘坐公交车实施意见》（赣老龄委发〔2011〕2号），明确了老年人乘车证卡的办理、年检和公交线路、财政补贴等问题，将70周岁以上老年人乘车意外伤害险的财政补贴纳入了省民生工程项目，推动了老年优待政策的落实。南昌市将70周岁以上老年人免费乘坐市内公交车的线路，由原来的23条增加到94条，惠及省会城市33万老年人。全年共组织发放《江西省老年人优待证》9万本。积极推动各地高龄津贴制度建立，宜春市、萍乡市、吉安市建立了80周岁以上高龄老人津贴制度，使高龄老人享受到当地经济社会发展成果。

四、有效推进农村老龄工作，促进城乡老龄基本公共服务均等化

按照“设施完善、制度健全、班子得力、经费落实、作用明显”五条标准，在展开了第五批农村老年人协会规范化建设。通过省财政拨款、政府采购、实物配发的方式，为133个试点村老年人协会配送价值200万元的电视机、DVD机、音响、乒乓球桌、办公桌、会议桌、书柜、麻将、锣鼓、棋牌、桌椅板凳等活动器材6700多件，使农村老龄工作有了活动载体，为老服务设施条件得到改善。各地注意统筹安排农村居家养老服务示范点，把居家养老服务工作由城市逐步向农村延伸，采取“老年协会+居家养老”体制和服务模式，使农村“留守老人、空巢老人”享受到日托、送餐服务。指导行政村建立健全农村老龄组织，充分发挥农村老年人协会在兴办公益事业、解决赡养纠纷、关心教育下一代等方面的作用，使农村老年人协会成为新农村建设的一支重要力量。

五、强化老龄舆论宣传，积极营造浓厚的敬老助老社会氛围

开通了江西老龄网站，各地充分利用电视、广播、报刊等媒体，广泛开展人口老龄化、老年法律法规和敬老先进典型的宣传教育，组织全省老龄系统在省部级报刊用稿108篇。组织开展“敬老月”和“江西省十大敬老模范社区”、“江西省十大敬老模范村”评选活动，通过自下而上的评比推荐，社会公开投票，省老龄委批准，南昌市青云谱区徐坊街道新丰社区等10个社区被评为“江西省十大敬老模范社区”，南昌高新区昌东镇芦源村等10个村被评为“江西省十大敬老模范村”，重阳节期间召开了表彰大会。

六、健全组织积极作为，发挥老年人在“银龄行动”中的作用

各地利用全省老龄系统和老科协系统的组织优势，积极组织开展“银龄行动”。到2011年10月底，全省共有老科协组织1186个（其中乡镇632个），会员35919人，高级职称的9200多人，占全省高级职称人才的8.2%。举办实用技术培训761期，培训农民11.7万人次，创办农业科技示范基地461个，受惠农户2万多户，创效益1.92亿元。推广科技成果147项，产生效益5491万元。提出建言献策158条（篇），被有关领导批示或被采纳的78条（篇），编印农业科技资料374种，发放6876份；开展科技下乡活动1684次，受益人数82488人次；开展科技扶贫46个项目。先后上报全国“银龄行动”办公室信息28篇，在省部级媒体上刊用有关工作信息9篇（条）。

重要会议和活动

【省老龄委第八次全体会议召开】3月30日，省老龄工作委员会召开第八次全体会议，省老龄工作委员会成员单位联络员和各设区市老龄办负责人列席会议。省老龄委副主任、省民政厅长徐毅同志代表省老龄委作了《关于2010年全省老龄工作情况和2011年工作安排意见》的报告。省委老干部局、省发改委、省财政厅、省人保厅、省住建厅、省文化厅、省卫生厅的负责同志在会上分别介绍了本部门、本系统开展老龄工作的有关情况。副省长、省老龄委主任熊盛文主持会议并作重要讲话。

【省老龄委第九次全体会议召开】11月4日，省老龄工作委员会召开第九次全体会议，省老龄工作委员会成员单位联络员列席会议。省老龄办专职副主任江建中同志传达了第三次全国老龄工作会议精神，副省长、省老龄委主任熊盛文主持会议并讲话。会议审议了《江西省老龄事业发展“十二五”规划（草案）》。

【召开第三次全省老龄工作会议】12月13日，省政府在南昌召开了第三次全省老龄工作会议。会议传达了第三次全国老龄工作会议精神，总结了“十一五”时期我省老龄工作和老龄事业发展情况，分析了“十二五”时期人口老龄化严峻形势，提出了当前和今后一个时期老龄事业发展目标任务主要措施。会议表彰了全省老龄工作先进集体和先进工作者，省发改委、省人保厅、南昌市政府、赣州市政府、吉安市政府作了大会发言。

【召开江西省“十大敬老模范社区”和“十大敬老模范村”表彰暨“江西老年节”庆祝大会】10月16日，省老龄委在南昌市八一广场隆重召开江西省“十大敬老模范社区”和“十大敬老模范村”表彰暨“江西老年节”庆祝大会，副省长、省老龄委主任熊盛文出席大会并讲话。省人大内司委、省老龄委成员单位有关领导出席了大会。南昌市青云谱区徐坊街道新丰社区等10个社区被评为“江西省十大敬老模范社区”，南昌高新区昌东镇芦源村等10个村被评为“江西省十大敬老模范村”，有关领导向他们颁发了荣誉证书和慰问金。

【开展“敬老月”活动】从10月1日起至11月1日止，全省开展了“敬老月”活动，共走访慰问老年人15.6万人次，发放慰问金（慰问品）近千万元。南昌市举办了老年体育健身、游艺、游园、知识讲座等活动；赣州市、萍乡市、新余市组织了老年文艺晚会；吉安市、宜春市、上饶市开展了敬老献爱心活动；九江市举办了重阳节金秋红色游活动；抚州市开展了百岁老人、救助特困老人慰问活动；鹰潭市开展了老年太极拳、门球、象棋比赛活动；景德镇市老年大学瓷乐团报送的瓷乐合奏《欢乐的瓷都》代表我省进京参加由中国老年艺术团组织的《红叶风采》大型文艺晚会汇演，受到观众的好评。

【召开第十七次华东六省京津沪渝四市老龄工作暨老年学学会联席会议】9月14日至16日，在南昌市召开了第十七次华东六省京津沪渝四市老龄工作暨老年学学会联席会议。来自江西、山东、安徽、江苏、浙江、福建六省和北京、天津、上海、重庆四市老龄办和老年学学会负责人参加了会议。会议主要任务是交流居家养老服务和农村老龄工作经验，研究探讨了新时期如何做好居家养老服务和农村老龄工作。全国老龄办阎青春副主任应邀出席会议并讲话。

各项业务进展

【出台《江西省老龄事业发展“十二五”规划》】11月23日，省政府印发了《江西省老龄事业发展“十二五”规划》，提出：到2015年，全省基本实现城乡养老保险制度、城市社区养老服务、高龄老人生活补贴、老龄工作队伍“四个全覆盖”和全社会尊老爱老敬老的氛围、企业退休人员养老金水平、老龄产业在整个经济中的比重、老龄工作的经费投入“四个较大提高”。

【养老保障工作】全省基本养老保险参保人数653.03万人，其中，离退休参保人员168.72万人，全省发放基本养老金229.2亿元。2011年3月，全省第一、二、三批77个试点县（市、区）1326万人参加新农保，累计发放养老金24.54亿元；69.89万人参加城镇居民社会养老保险，累计发放养老金1.42亿元。全省共有农村五保供养对象22.55万人，集中供养标准每人每年达到2640元，分散供养标准达到2160元。全省有23.6万老年人纳入城市低保，占城市低保总人数25%；有54万人老年人纳入了农村低保，占农村低保总人数36%。

【医疗保障工作】全省城市社区卫生服务机构583个，其中社区卫生服务中心158个，社区卫生服务站425个；社区卫生服务网络覆盖全省100%以上的城市街道和居民。全省城市社区卫生机构共为老年人建立健康档案9.1万份，为32.5万名老年人提供了免费健康体检，为1.9万名白内障老年患者做手术。截至2011年底，全省基本医疗保险参保人数达到1329.7万人，其中退休人员170.87万人。城镇居民基本医疗保险参保人数达到739.84万人，其中低收入老年人参保21.32万人。

【居家养老服务】加大财政投入，整合社会资源，全省共建成居家养老服务中心（站）280多个，其中打造居家养老服务省级示范点51个（城市社区29个、农村社区22个）。利用服务平台，各地为高龄、失能、空巢、贫困老年人积极提供配餐送餐、居室保洁、医疗陪护等各项服务。景德镇市、抚州市、萍乡市、上饶市、新余市、九江市下发加快养老服务事业发展的实施意见，推动了养老服务事业的发展。

【农村老年人协会规范化建设】按照“设施完善、制度健全、班子得力、经费落实、作用明显”五条标准，全省开展了农村老年人协会规范化建设试点工作。省财政安排扶助资金200万元，省老龄办采取统一采购，统一配送的方式，为133个农村老年人协会配送了彩电、DVD机和音响、乒乓球桌、腰鼓和锣鼓以及办公桌椅、书柜、麻将桌等活动器材。宜春市打造了50个“市级规范化老年人协会”，丰城市安排10万元经费用于农村老年人协会规范化建设。

【老年维权工作】全省实现了依托乡镇（街道）司法所100%建立法律援助工作站，依托村（居）委会100%设立法律援助联系点（联络员）；全省共接待老年人来信来访来电、解答法律咨询22万人次，办理涉老法律援助案件2200余件。全省各级工会对1.5万余名生活困难离退休人中实行困难帮扶和送温暖，为离退休人员提供各种咨询服务15880人次，处理各种信件5200余件，法律援助350余人。全省各级妇联接待老年妇女信访件109件，共177人次，其中，涉及婚姻家庭权益60件、涉及劳动和社会保障权益21件。

【老年人优待工作】省老龄委、省财政厅、省交通运输厅联合下发了《落实70周岁以上老年人免费乘坐公交车实施意见》（赣老龄委发〔2011〕2号），进一步明确了老年人乘车证卡的办理、年检和公交线路、财政补贴等问题。宜春市、萍乡市、吉安市建立了80周岁以上高龄老人津贴制度。全年共组织发放《江西省老年人优待证》9万本。

【老年体育工作】全省经常参加体育锻炼的老年人数260.47万人，占老年人总数51%；举办县级以上运动会或单项比赛3321次，参与人数44.8万人。

福建省

9月30日，省委常委、副省长陈桦在福州走访慰问养老服务机构和老年人

10月29日晚，由省老龄委主办的“爱在重阳——2011年福建省‘敬老月’系列活动启动仪式暨老年节电视文艺晚会”在福州大戏院举行

综　　述

各级各有关部门按照省委、省政府的决策部署，紧紧围绕“六个老有”的老龄工作目标，认真履职，密切配合，务实运作，全省老龄事业呈现持续向上的良好态势。

一、老年社会保障不断完善

城镇基本养老保险稳步推进，新型农村社会养老保险实现全覆盖，城镇居民社会养老保险试点已覆盖全省60%的县（市、区）。至2011年底，城乡居民社会养老保险参保人员达1239.34万人，其中领取养老金人数达314.88万人，累计发放养老金19.12亿元。城乡低保有效运行，把符合条件的老年人全部纳入低保，对60周岁以上无固定收入的重度残疾人，按城市、农村每人每月50元与30元的标准增发生活补助金；革命“五老”人员的生活补助标准提高到每人每月500元。基本医疗保险实现制度上的全覆盖，新农合、城镇居民、职工医保参保率均高于国家规定的90%年度目标。公共卫生服务体系加快建立，启动了包括老年人保健在内的9类基本公共卫生服务项目，将社会福利机构收养的“三无”人员、农村五保对象和低收入家庭60周岁以上老年人纳入城乡医疗救助范围。对重点优抚对象、革命“五老”人员按每人每年600元的标准给予医疗补助。

二、社会养老服务加快发展

省委、省政府把市（县）社会福利中心、乡镇敬老院和社区居家养老服务中心（站）建设列入为民办实事项目，同时通过落实民办公助、公建民营、政府补贴、购买服务等优惠政策措施，扶持社会力量兴办养老服务机构，使民办养老服务机构有了较快发展。全省共建成各类养老服务机构1206家、床位7.3万张，老年人床位拥有率达17.5‰。为老服务内容和方式不断丰富，在一定程度上满足了老年人多方面的服务需求。

三、老年社会优待进一步落实

认真贯彻落实省政府《关于进一步做好老年人优待工作的意见》，让老年人共享经济社会发展成果。及时发放百岁老人的长寿营养补贴每人每月200元，调整机关事业单位年满70周岁以上退休人员的高龄补贴。积极推动各地探索建立高龄补贴制度，全省33个县（市、区）建立了这项制度。各设区市和福清、晋江、将乐等33个县（市）实现70周岁以上老年人凭证在市区免费乘坐公交车。老年节期间，组织关爱助老系列慰问活动，帮助老年人解决生活上的具体困难，送去党和政府的温暖。

四、老年教育和文体工作得到加强

至2011年底，全省初步形成了省、市、县、乡镇（街道）、村（居）五级老年教育网络，已有各级老年大学（学校）10129所，在校学员67多万人，约占全省老年人口的16%，老年大学（学校）建校和老年人参学率均居全国前列。组织开展了一系列形式多样的老年人体育健身活动。老年活动基础设施条件明显改善，全省共有基层老年协会13591个，全省拥有老年人活动中心（室）17622个，老年体育活动场地9056个。

五、老龄基础工作协调推进

老龄政策法规进一步建立健全，开展了执法检查，扎实推进《中华人民共和国老年人权益保障法》和《福建省老年人保护条例》的实施。省政府印发了《福建省老龄事业发展"十二五"规划》，相关职能部门结合工作实际，出台了一系列政策措施，逐步形成了包括老年社会保障、卫生、社会福利与服务、文化教育和体育、权益保障等系列政策规定。老年维权、老年社会参与、老龄宣传等工作都取得了新的进展。

重要会议和活动

【全省居家养老服务工作会议】 3月28日，全省居家养老服务工作会议在泉州召开。省民政厅厅长、省老龄办主任马跃征出席会议并讲话。省民政厅党组成员、省老龄办常务副主任林守钦主持会议，并对2010年全省居家养老服务工作进行了总结，对2011年新建和完善千个社区居家养老服务中心（站）作了具体部署。泉州市副市长黄维礼出席会议并致辞。省民政厅、财政厅、老龄办相关处室负责人，各设区市民政局或老龄办负责人，部分县（市、区）民政局、老龄办负责人参加了会议。

【省老龄委第十一次全体会议】 5月10日，福建省老龄委第十一次全体会议在福州召开，会议学习贯彻全国老龄委第十三次全体会议精神，总结"十一五"时期全省老龄工作，研究"十二五"老龄事业发展规划，部署2011年工作。省委常委、副省长、省老龄委主任陈桦出席会议并讲话。省政府副秘书长、省老龄委副主任李强，省民政厅厅长、省老龄委副主任马跃征，省老龄委全体委员参加了会议。各设区市政府副秘书长和老龄办负责人列席会议。

【执法检查】 5月11日至19日，由全国人大内司委副主任委员张学忠、委员赵锡君率领的《老年法》执法检查组来闽开展执法检查。11日上午，执法检查组听取了省政府及省发改委、民政厅、财政厅、法院等有关部门关于实施老年人权益保障法的情况汇报。省委常委、副省长、省老龄委主任陈桦，省人大常委会副主任郑道溪出席会议。11日下午至19日，检查组赴福州、厦门、三明、龙岩、宁德等地，着重了解城乡养老保险、老年医疗和贫困老年人救助情况，居家养老服务和机构养老工作开展情况、老龄工作体制机制建设及运行情况以及老年人参与社会发展情况，并听取各地对老年人权益保障法修改的意见和建议。

8月2日至5日，福建省人大常委会组织两个执法检查组，分别由省人大常委会副主任袁锦贵和省人大常委会内司委主任詹毅带队，分赴泉州、南平和漳州、莆田的部分县（市、区）开展《老年法》和《福建省老年人保护条例》执法检查。

【全省基层老年教育暨远程老年教育现场推进会】 5月25日至26日，省老龄办、福建老年大学和省老年大学协会联合在泉州召开全省基层老年教育暨远程老年教育现场推进会，交流各地开展基层老年教育和远程教育情况，实地观摩学习泉州市开展老年教育的做法和经验，研究加强基层老年教育的意见。省政协原主席、福建老年大学校长、省老年大学协会名誉会长游德馨，省委原副书记、福建老年大学执行校长、省老年大学协会会长黄瑞霖，省民政厅党组成员、省老龄办常务副主任、省老年大学协会副会长林守钦，福建老年大学副校长施祖美、常务副校长林其安、副校长李宗明，泉州市委常委、组织部长林武，副市长陈荣洲，市政协副主席骆沙鸣等出席会议。各设区市老龄办、老年大学领导，部分县、市（区）老龄办、老年大学领导，部分乡镇（街道）、村（居）老年学校领导等共80多人参加会议。

【省政府印发老龄事业发展"十二五"规划】 8月6日，《福建省人民政府关于印发福建省老龄事业发展"十二五"规划的通知》（闽政〔2011〕73?号）下发。《规划》总结了"十一五"期间全省老龄事业发展情况，分析了"十二五"期间老龄事业发展环境，明确了"十二五"期间老龄事业发展的指导思想、总体目标、基本原则、主要任务及保障措施，提出了组织实施"老年优待"、"老年医疗保健支持"、"社会养老服务体系建设"、"文化惠老"和"老年管理服务创新"等"五大工程"。

【全省老龄工作暨社区居家养老服务中心（站）建设工作年中推进会】 8月11日，全省老龄工作暨社区居家养老服务站建设工作年中推进会在建宁县召开。会议认真学习省委八届十一次全会精神，总结分析年初以来的工作情况，研究安排下阶段工作任务，同时就如何贯彻落实好省政府领导重要批示精神进行了部署。省老龄办有关处室负责人、各设区市老龄办负责人和厦门、泉州、南平市民政局负责居家养老服务工作的同志参加会议。

【“爱在重阳”电视文艺晚会】 9月29日晚，“爱在重阳——福建省2011年‘敬老月’系列活动启动仪式暨老年节电视文艺晚会”在福州大戏院举行。省委常委、副省长、省老龄委主任陈桦，省人大常委会副主任袁锦贵，省政协副主席李川和省级老同志高胡、宋峻、郑义正、黄文麟、陈荣春、金能筹等出席晚会，并为10位“2011年福建省敬老宣传大使”颁发聘书。

【省领导走访慰问老年人和养老服务机构】 “敬老月”期间，省委常委、副省长、省老龄委主任陈桦于9月30日走访福州天年老人护理中心和鼓楼区洪山桥社区居家养老服务站，并慰问百岁老人和老劳模。10月24日，省人大常委会副主任袁锦贵在福州市仓山区走访部分养老服务机构，慰问贫困老人。10月25日，省政协副主席李川率部分省政协常委、委员赴福州市马尾区调研指导养老服务工作并慰问贫困老人。

【全省设区市老龄办负责人座谈会】 12月12日至13日，全省设区市老龄办负责人座谈会在莆田市召开。会议传达学习第三次全国老龄工作会议和省第九次党代会精神，回顾总结2011年工作，交流探讨2012年工作初步安排意见。省老龄办副主任徐小榕、张冀闽出席会议，各设区市老龄办负责人、省老龄办各处室负责人参加会议，莆田市各县（区）老龄办负责人列席会议。

陕西省

综　述

一、以人为本贴近老年人需求，做好为老服务工作

一是积极推进“爱心护理工程”建设。下发了《关于在爱心护理工程基地开展“双评优”活动的通知》，4月举办了首届爱心护理院院长培训班，40名爱心护理院院长取得国家人力资源和社会劳动保障部颁发的中级技能资格证书，为逐步推行持证上岗制度打下基础。12月表彰了优秀爱心护理院和优秀护理员。通过多种方式的引导、帮扶，为全省民办养老服务机构发展壮大提供了有利条件，使各爱心护理院自身建设取得长足发展，为老服务水平显著提高，有力推动了我省社会化养老服务业健康快速发展，目前，我省爱心护理工程试点单位数量是全国最多省份之一，受到国家有关部门的表扬。二是积极开展高龄贫困老人救助工作，协调会同省慈善协会、省老龄事业发展基金会组织发起有关单位、企业、个人筹集资金近200万元开展“向全省两万名贫困老年人送关心联合慈善大行动”，活动期间全省两万名贫困老人得到资助。“敬老月”期间筹集资金由省民政厅、省老龄办全体厅级领导带队赴各地市对高龄贫困老人进行走访慰问，听取老年人的呼声，关注老年人的生活，把党和政府的关怀送到老人手中，这些活动意义深远，得到广大老年人的拥护和全社会的广泛赞誉。三是加强农村老年活动室建设发挥基层老年组织作用。根据农村老年人活动室建设的实际，创新工作方法，决定对当地政府投入力度大、筹集资金多的安康市、商洛市分别给予10万元奖励性资助。下发了《陕西省关于加强农村老年活动室建设通知》，在各地市引起强烈反响，安康、商洛、宝鸡陈仓区、西安市分别投入20万元、16万元、40万元、20万元的资金用于加强农村老年人活动室建设，较好的改善当地农村老年人的生活环境和质量，9月在商洛市商南县召开农村老年人协会建设推进会，会议表彰了“敬老模范村”和“农村老年协会好会长”，积极推广农村老年协会建设的做法。此项活动有力推动了农村老年活动室的建设，为广大农村老年人提供良好的活动场所，加强了农村老龄工作，推动了农村老龄事业的发展。四是开展形式多样的为老活动。组织开展“夕阳幸福工程·法律援助在行动”，依托法律援助中心省老龄办工作部为老年人开展法律服务活动，提供法律咨询，帮助老年人协调解决矛盾纠纷，热情接待老年人来信来访，为老年人提供老年维权法律援助保障。组织开展“陕西省幸福老人”评选表彰活动。进一步规范老年社会组织的管理工作，依照《社团组织管理条例》，加强涉老社会团体管理。上半年对业务主管的涉老社团组织进行了年检登记及上报省民间组织管理局审核工作。批复同意筹建“陕西荣禾老年基金会颐养院”，对个别涉老社团组织进行了名称变更工作，并对主管社团及民非组织党组织建设进行了调查摸底登记工作。并做好新社会组织争优创先活动，强化指导贴近服务，探索老年社会组织有序发展，规范运作模式，协调社会组织积极参与为老服务。

二、以项目带动促进农村老龄事业发展，造福三秦老人

在认真总结第一、二期欧盟助老项目在我省实施经验的基础上，积极做好欧盟第三期助老项目在我省的实施和推广，正在实施的华县、凤翔、泾阳22个村的老年人和老年人协会发展生产项目，在提高农村老年人协会工作能力，改善农村老年人医疗康复方面做了大量的工作，这项工作的实施，带动了农村老龄工作全面进步，在促进乡风和谐文明、社会主义新农村建设中起到了积极作用，欧盟项目工作进展顺利，目前，累计注入资金1000余万元，促进了宝鸡、渭南、咸阳22个村基层老龄工作组织的发展，为千余名农村老年人发展生产、促进健康、改善生活条件带来实惠。重视养老服务体系建设，下发《关于开展全省养老服务体系建设调研活动的通知》。为摸清养老机构底数，掌握了解省内养老服务建设情况，为政府决策提供依据，4月与民政厅联合下发了《关于开展全省养老服务体系建设调研活动的通知》。6月份组织成员单位在西安开“人口老龄化对我省社会经济发展影响及对策”座谈会，报送了全国第三次全国老龄工作会议调研材料。

四、以做好调查研究为重点，认真贯彻落实《老年法》

为修订《陕西省老年人优待办法》，加强开展调研工作，通过周密细致安排部署，扎实工作，保证高质量完成调查任务。在全省开展了老年权益保障工作调研，掌握了全省老年优待和维权的基本状况，认真研究老年人权益保障工作中遇到的新情况、新问题，切实维护老年人的合法权益，加强和规范老年人优待工作，扩大和完善老年人优待范围，对现行的《陕西省老年人优待办法》进行修订现已报省政府请示通过。省制证中心全年为老年人制发陕西省敬老优待证18.36万个，为老年人出行享受敬老优待政策提供了方便。

五、以创建工作为有力抓手，推动基层老龄工作的发展

积极开展创建老龄工作先进单位活动，省老龄办根据全国老龄委的安排部署，通过逐级申报，检查验收，按照全省老龄工作先进集体和个人，对申报全国老龄工作先进单位进行了检查验收，对创建单位评比标准进行量化考核，将老龄工作表现突出的单位、个人推向全国进行表彰。在全国第三次老龄工作会议上表彰全国老龄工作先进集体和先进个人活动的活动中，宝鸡市老年事业局和西安市莲湖区老龄办及榆林市老龄办温渊同志被评为“全国老龄工作系统先进集体”和“全国老龄系统工作先进个人”荣誉称号，通过评选活动，为整体推动我省老龄工作起到积极的作用。

六、以强化宣传工作为阵地，营造尊老、敬老社会氛围

由省委宣传部、省文明办、省老龄办、省民政厅、省广播电影电视局、共青团陕西省委和省妇联联合主办的第六届“十大孝子”评选活动7月新闻发布并正式启动，组织评选出陕西省第六届“十大孝子”，取得良好的社会效益。“敬老月”期间组织开展陕西省“十大孝亲敬老楷模”、“百名孝亲敬老之星”、“敬老模范单位”等评选和表彰活动，组织开展《孝亲敬老歌》传唱活动，组织公交车“让座爱心卡”活动，在全社会都产生了广泛影响，组织开展“十大老龄新闻”、“十大老龄新闻人物”和“老龄新闻宣传好作品”评选活动，弘扬中华民族尊老爱老的传统美德，营造了尊老、敬老、爱老、养老的良好社会氛围。以建党90周年纪念活动为契机，下发了《关于在七一期间走访慰问老干部、老党员、老红军和基层困难老人的通知》，开展了“十大孝亲敬老楷模”和“陕西省百名孝亲敬老之星”活动。9月下发表彰了陕西省“十大孝亲敬老楷模”和“百名孝亲敬老之星”，组织开展了省、市、县老年艺术团交流联谊活动，丰富了老年文化生活，营造了喜庆和谐的社会环境。

七、以加强自身建设为基础，提高为老服务履职能力

加强老龄工作机构自身建设，增强老龄工作机构履职能力，组织干部进行理论学习，贯彻落实省委“争优创先”活动。为加强全省老龄工作干部的学习交流，建立了各市老龄办主任联席会议制度，分别在商洛市农村老年人协会建设推进会，在宝鸡市促进老年人参与农村建设现场会，在西安市召开高龄老人津贴发放现场会，在学习调研的基础上，通过抓基层，抓典型，在实践中历练干部，拓展了思路，提高了素质，有效地促进了全省老龄工作的均衡发展，为今后的工作开展夯实更为坚实的基础。

甘肃省

综　述

2011年，省委、省政府先后两次发文调整了省老龄委领导，充实了组成人员，成员单位增加到29个，议事协调能力显著加强。按照省上领导关于“配强领导、配齐人员、配足经费、配好设施”的指示精神，各地党政领导高度重视，落实力度大。全省14个市州和75个县市区的老龄委主任由同级党委常委、组织部部长担任，常务副主任由同级政府分管领导担任。2011年，省、市、县三级老龄工作人员达630多人，乡镇老龄工作专兼职人员3000多人。省市和大部分县市区老龄事业经费按本级老年人口数人均不低于1元、2元和3元的标准列入财政预算。全省1.4万多个城乡社区成立了老年协会，为社区总数的91.3%。我省机构建设为全国总结了经验，副省长李建华代表省政府在第三次全国老龄工作会议上作了典型发言。

2011年4月8日，全省老龄工作会议在兰州召开。会议传达了全国老龄委第十三次全体会议、全国老龄办主任会议和全国部分省市基层老龄工作座谈会精神，表彰奖励了全省老龄工作先进单位、先进乡镇和优秀社区。省老龄委副主任、省民政厅副厅长、省老龄办主任沙仲才同志总结了2010年全省老龄工作，安排部署了2011年工作，并与各市州签订了2011年度老龄工作目标责任书。沙仲才主任在讲话中指出，2010年，全省各级党委、政府对老龄工作的认识有了进一步提高，老龄事业发展环境得到明显改善。一是老龄基础工作明显加强；二是老年优待维权政策得到有效落实；三是居家养老服务工作稳步推进；四是特困老人探视帮扶进展顺利；五是老年文化体育活动丰富多彩；六是老龄宣传教育工作扎实有效。在肯定成绩的同时，沙仲才主任指出，一些地方还存在领导不够重视、认识不够到位，老龄事业经费、人员编制还没有完全落实，老龄干部队伍素质有待加强等问题。同时强调，全省各级党委、政府要进一步提高做好老龄工作重要性的认识。要充分认识做好老龄工作，是坚持科学发展、突出以人为本的具体体现，是构建和谐社会、确保社会稳定的重要内容，是应对新的形势、推进加快发展的迫切需要。要突出重点，全面完成今年各项工作任务。不断加强养老保障制度建设，推进养老服务事业发展，提高老年维权和基层老龄工作水平，增加资金投入，强化落实措施，加大宣传力度，努力营造社会氛围。甘肃矿区、东风场区和各市州老龄办负责同志、综合科长，试点县区老龄办主任，全省敬老爱老助老模范单位代表和省老龄办机关全体干部近80余人参加了会议。

2011年4月18日，全国社区为老服务建设项目试点工作会在兰州召开，全国老龄办向来自全国12个省市的60多名老龄工作者推广居家养老服务工作的“甘肃经验”。全国老龄办副主任阎青春出席会议并讲话。会议推广了兰州市城关区虚拟养老院以满足居家养老服务需求为目标，依托现代信息服务网络，将养老服务需求与养老市场有机对接的居家养老服务信息系统，实行规模化运作，专业化服务，解决了居家养老的诸多难题的成功经验。会议全面部署了居家养老服务信息系统建设项目试点工作任务。会议提出，项目计划用1年的时间，在中西部20个县、市、区开展试点，在建设内容上要求具备随时接受、处理老年人服务需求信息的功能，紧急呼叫救助功能，以及服务管理功能等。

2011年11月24日，第三次全省老龄工作会议暨省老龄工作委员会第九次全体会议在兰召开。会议回顾总结“十一五”时期老龄工作，大会审议通过了《甘肃省老龄事业发展“十二五”规划》，安排部署今后五年的老龄工作。甘肃省委常委、省委组织部部长、省老龄委主任吴德刚出席会议并讲话，省长助理夏红民主持会议。吴德刚指出，老龄群体是党和国家的宝贵财富，老龄工作事关社会发展全局。各地各单位要清醒认识人口老龄化带来的新情况、新问题、新挑战，进一步增强做好老龄工作的责任感和使命感，促进老龄事业又好又快发展。吴德刚强调，“十二五”时期，全省老龄工作要紧紧围绕提高老年人生活水平和质量，不断完善养老、医疗、救助制度，完善老龄事业管理体制和运行机制，夯实老龄事业长远发展的基础，让广大老年人共享改革发展成果。要以社会保险、社会救助、社会福利为基础，以基本养老、基本医疗、基本住房、最低生活保障为重点，逐步完善社会养老保障制度体系。要大力发展居家和社区照料服务，为老年人提供更便捷、更优质的日常生活服务。

要着力加强农村养老保障制度和老龄服务体系建设，推动城乡老龄事业协调发展。要加大《老年人权益保障法》的贯彻落实力度，切实保障老年人合法权益。会议要求，各级党委、政府要进一步提高认识，把老龄工作摆上重要议事日程，纳入经济社会发展总体规划，坚持“党政主导、社会参与、全民关怀”的工作方针，进一步理顺和完善老龄工作体制，形成党委政府高度重视、老龄工作机构协调有力、社会力量积极参与的工作机制。要加大老龄工作宣传力度，在全社会营造尊老爱老的浓厚氛围。

各项业务进展

【老年社会保障工作】（一）农村空巢老人问题得到重视。省委、省政府高度重视农村空巢老人养老工作。吴德刚部长和张晓兰副省长在省政协向省委办公厅、省政府办公厅报送的《关于我省农村空巢老人情况的调研报告》上分别作了重要批示，省老龄办按照省委、省政府领导指示精神，及时召开会议，对《调研报告》中提出的建议进行分解，分别向民政、人社、教育、卫生、团省委、妇联、广电、电信等部门送《省老龄办贯彻落实省上领导有关解决农村空巢老人生活保障问题指示的建议函》，积极征询各单位意见建议，协商解决农村空巢老人生活保障问题的具体办法，得到有关单位的大力支持，提出了具体的贯彻意见。省民政厅提出采取将60岁以上老人享受的基本养老金不计入家庭收入的办法，提高有老人家庭的低保比例，把符合条件的农村老人全部纳入最低生活保障范围。2011年，省民政厅安排100万元省级福利彩票公益金，在白银、临夏两个市州开展农村空巢老人养老工作试点。利用农村闲置教室及现有房屋，建立居家养老服务站，配置相应设施，设置小饭桌，解决农村空巢老人养老问题。省卫生厅提出老年慢性病补偿，封顶线提高到5万元以上。省人社厅提出我省新农保2011年试点面覆盖将达到70%。团省委、省妇联、省教育厅等部门提出建立关爱农村空巢老人青年志愿者队伍，为农村空巢老人开展家政、心理慰藉、爱心捐助等活动，帮助农村空巢老人特别是生活困难的老年妇女解决精神及生活中的实际困难。2011年，省老龄办又拿出140万元，用于对大病救治后特困老人救助行动，开展孝亲敬老慰问活动和对空巢老人志愿帮扶行动。各市州采取多种措施筹集资金，解决农村空巢老人生活保障问题。

（二）居家养老工作稳步推进。2011年初，省老龄办确定了城乡社区居家养老服务目标，兰州、金昌、嘉峪关各地按要求认真抓落实，兰州的5区和嘉峪关、金昌市实现了全覆盖。兰州市政府常务会议决定，对民办养老机构给予1次性每张床位5000元补贴。兰州市城关区虚拟养老院开办两年来，已有6万多老年人“入住”虚拟养老院，有30家虚拟养老餐厅以及30个虚拟养老医疗站正式运营。在重点抓了城市居家养老服务工作的普及推广工作后，又下拨资金30万元在庆阳市华池县、镇远县、平凉市崆峒区、白银市白银区、兰州市皋兰县等5个县区开展了农村居家养老服务工作试点。省老龄办先后3次派出工作组督查指导试点工作，研究在试点过程中出现的新情况、新问题，共同制定解决的办法。目前试点工作稳步进行，运行顺利。兰州市在巩固发展城关区虚拟养老院的同时，要求近郊4区年内全面推广城关区虚拟养老院先进经验。白银市将居家养老服务工作列入政府为民办实事之一，有力推动了居家养老服务工作快速发展。

【老年优待维权】2011年10月17日，全国人大常委会委员、全国人大内务司法委员会副主任委员隋明太，就老年人权益保障法（修订）和贯彻执行老年人权益保障法情况在我省进行立法调研，也是全国人大内司委第三次来我省调研。省长助理、省老龄委常务副主任夏红民代表省政府，汇报了我省贯彻实施老年人权益保障法的情况及我省对老年人权益保障法修订草案征求意见稿的总体建议，调研组一行听取了省人大常委会立法顾问、律师、各大专院校法学教授、新闻媒体代表等15位专家学者的意见和建议。座谈中，与会人员围绕贯彻实施老年人权益保障法的情况和存在的主要问题，新形势下老年人权益保障工作面临的法律上的难题，从法律上解决失能老年人监护、养老服务机构管理、老年人优待、长期照料护理、老年人精神慰藉等问题，对老年人权益保障法修订草案征求意见稿提出了具体意见和建议。调研组还赴张掖、嘉峪关等地进行实地调研。同时，各级人大也积极开展了老年法律法规的执法检查，推动政府和有关部门依法履行职责，落实老年人各项优待政策。各地按照《老年法》和我省《实施办法》以及省委、省政府《关于加强新时期老年人优待服务工作的意见》等法规政策，进一步落实了90岁以上高龄老人津贴制度。2011年有20个县建立了80—89岁高龄老人生活补贴制度。武威、甘南两市州的所有县区实行全覆盖。定西市所有县区对85—89岁老人实行了高龄补贴制度。临夏市的和政县将60岁以上老年人每年体检一次列入为民办实事内容之一，为3万多名老人进行了免费体检。陇南市的康县规定，为全县65岁以上老年人每年免费体检一次。金昌、嘉峪关、酒泉、张掖、白银、庆阳等地也相继出台了进一步对老年人实行优待的规定，拓宽了老年人在就医、交通、参观、法律援助、特困救助等方面的优待。各地普遍建立了老年人法律援助中心（站），为老年人提供法律援助。各级老龄办将老年维权工作纳入目标管理考核内容，不断加大督促检查力度，使老年优待维权政策得到有效落实。

【基层老龄工作】2011年，在制定老龄工作目标责任时，针对基层基础设施落后、工作力量薄弱的特点，大力推进基层老龄工作制度化、规范化、科学化建设。一是壮大基层组织。为提高老龄工作整体水平，省老龄办坚持把基层老年协会作为老年人实现“自我管理、自我教育、自我服务”的重要平台，纳入以党支部为核心的村级组织建设之中。明确规定村老年协会会长由村党支部书记担任，老年协会班子成员由老干部、老劳模、老复员军人等德高望重的老年人担任，充分发挥了老年人在基层老年公共服务中的积极作用。2011年，全省16419个城乡社区普遍成立了老年人协会，为社区总数的91.3%；建立为老志愿者服务队伍2558支，人数达到135838人。二是抓工作落实。针对市县老龄部门经费困难、工作条件差、办公设施落后的实际，由省级财政拿出一定资金，支持市县解决办公用房，改善条件。2011年，市州老龄办全部解决了工作用车，县区老龄办均配备了计算机、传真机，安装了宽带网；建立省市县高龄老人信息化管理库，推进了机关办公自动化和信息化。三是抓典型示范。继续开展了多项试点工作，在14个市州开展了对特困老人“定人定点定时”探视救助试点、乡镇老龄工作制度化和规划化建设试点、村级老年人协会组织建设试点的基础上，又在肃北县、肃南县、迭部县、积石山县开展了少数民族地区老龄工作规范化建设试点，在皋兰县、华池县、镇原县、白银区、崆峒区开展了农村居家养老服务工作试点。先后4次召开不同专题的现场经验交流会，进行总结推广，较好地发挥了示范、引导、辐射作用。

【调研工作】2011年，省老龄办按照省委、省人大、省政府、省政协领导在《我省农村空巢老人情况的调研报告》上的批示精神，积极采取有效措施，认真抓好落实工作。一是组织各市州普遍开展了对城乡空巢老人生活状况的专题调查，在调查研究的基础上制定符合本地区特点的空巢老年人帮扶政策。在每个市州确定了2个村和社区进行空巢老年人帮扶试点工作。在试点的基础上总结经验，推广典型。目前试点村和社区普遍成立了帮扶工作领导小组，设立了空巢老人服务站，建立起了由党员、村社干部、村民、学生组成的空巢老人管理服务、志愿者服务、医疗服务队伍；村卫生站经常上门为空巢老人巡诊、送医、送药；志愿者为空巢老人在节日、春耕期间提供志愿服务。积极与老龄委成员相关单位联系沟通，分解在空巢老年人帮扶政策上的任务，得到了成员单位的高度重视，已有人社厅、教育厅、广电局、妇联等7个成员单位在扩大新农保、老年教育、免费为农村空巢老年人安装电视机顶盒、加大志愿者服务队伍等方面给予了政策优待。二是深入开展了居家养老服务现状调查，分析居家养老服务工作形势，在推进居家养老社会化服务，建立服务平台，设立服务中心（站），整合社区资源等方面加快步伐，取得较好成绩。三是督促检查，促进工作开展。上半年，省民政厅副厅长徐亚荣、省老龄办副主任张忠健、民政厅福慈处处长何长发、先后率工作组分赴陇南、甘南、临夏、张掖、武威、白银、平凉、庆阳等市州，对农村开展居家养老服务试点工作、民族地区老龄工作试点和农村养老服务日间照料场地建设情况进行实地考察、调研、督促检查指导工作。

【困难老人救助】2011年，省老龄办继续坚持广泛开展“大病救治后生活困难老年人救助行动”和特困老人“定人定时定点”探视救助活动，力图从政策、制度上解决特困老年人生活问题，积极组织动员社会各界和个人参与，以社区为依托，将城乡因病致贫、因灾致贫家庭特困老人、农村五保老人、城市空巢失能老人确定为救助对象，通过多种渠道帮扶救助空巢、特困老年人，使他们感受到党和政府的关怀。各级民政部门还以加强敬老院、五保家园、老年公寓和民办养老机构建设为载体，集中供养农村五保老人和城市空巢、高龄及无自理能力老人，并根据老年人口逐步增加的势头，新建、扩建、改建了一批老年服务设施，为农村和城市有需求的特困老年人提供生活照料服务。省老龄办已连续4年，每年争取彩票公益金140万元，用于“大病救治后生活困难老年人救助行动”和村级老年活动阵地建设。

【银龄行动】2011年，全省参与“银龄行动”单位由最初32家发展到76家，参与“银龄行动”的专家上万人，银龄行动援助项目已由最初的20多个扩展到200多个，新建“银龄行动”示范基地年增经济效益达到5000万元以上。6月中旬，省老龄办、兰州大学又组织了12名老医务工作者，启动了支援白银市中西医结合医院的银龄行动。在临夏州开展林果业发展援助。省老龄办拟在近期召开一次“银龄行动”现场经验交流会。我省在省内开展“银龄行动”的做法，多次在全国会议上作经验介绍。去年12月9日，全国老龄办第二次在兰州召开了全国“银龄行动”工作座谈会，推广了我省的经验。

【老龄宣传工作】2011年，省老龄办与新闻媒体加强联络，利用电视、电台、报刊、网站等媒介组织，策划组织高层次、多形式、广覆盖的宣传活动，开通了甘肃老龄网站。2011年各新闻媒体刊播老龄宣传文稿近600篇（次）。9月10日开始，省老龄办开始“敬老月”系列活动，开展尊老敬老先进人物事迹宣讲、文艺汇演、体育比赛及慰问活动。2011年在全国开展的孝亲敬老之星评选活动中，我省有117人被评为全国孝亲敬老之星，2人获全国孝亲敬老楷模提名奖，有1人被树立为孝亲敬老楷模，4个单位被评为敬老模范单位。同时，我省评选出9个敬老爱老助老模范单位。

青海省

综　述

一、2010年全省老龄工作

2010年，老龄工作在省委、省政府的正确领导下，在各成员单位的共同努力下，深入学习贯彻科学发展观，认真贯彻党的老龄工作方针，各项工作取得了积极进展，为富裕文明和谐新青海建设做出了积极贡献。

（一）社会养老保障制度不断完善，城乡贫困老年人基本生活得到进一步改善

一是养老保障制度稳步推进，社会化管理水平继续提高。进一步加强城镇企业职工基本养老保险工作，截止去年底，全省参保人数达到74万人。省人力资源和社会保障厅、省财政厅在继续做好扩大养老保险覆盖面、确保离退休人员基本养老金按时足额发放和社会化管理的同时，及时落实《关于从2010年1月1日起调整企业退休人员基本养老金的通知》和《关于从2010年1月1日起给参加养老保险的部分集体企业退休人员增加基本养老金的通知》精神，连续5年提高企业退休人员基本养老金，现月人均养老金水平达到1789元（含取暖费）。2010年，为全省2166名企业退休（职）人员增补发养老金297.7万元，为19.7万名企业离退休人员补发调整取暖费3940万元。企业离退休人员养老金按时足额发放率和社会化发放率连续多年保持在100%，退休人员社会化管理服务和社区管理服务率达到85%。截止去年底，我省基本实现养老保险异地转移接续，在全国率先解决了关闭破产国有企业退休人员参加基本医疗保险工作；率先解决了“老工伤”问题；率先实现城镇居民基本医疗保险制度全覆盖；率先解决了养老保险历史遗留问题。省民政厅完成了84名军队退休干部和伤残退役人员的接收任务，落实了军休人员的各项待遇。

二是新型农牧区社会养老保险快速推进并实现全省覆盖。去年，省人力资源和社会保障厅根据省政府制定的《关于开展新型农村牧区社会养老保险试点工作的实施意见》，对我省开展新型农村牧区社会养老保险试点工作做出积极部署，全省共有40个县（市）纳入新农保试点范围，占全省总县（市、区）的87%，60岁以上老年人达32.7万，全省共9.9万农牧区老年人领取基础养老金4075.52万元，我省新型农牧区社会养老保险一年内在全国率先实现全覆盖。

三是城乡医疗保险制度不断完善，老有所医进一步落实。去年，省卫生厅按照省政府印发的《关于进一步巩固和发展新型农村合作医疗制度的意见》精神，进一步完善新型农村合作医疗制度，全省参加新型农村合作医疗保险人数已达341万人，参合率达96.3%，农村卫生服务体系建设落实项目资金4亿元，老年人健康档案基本建立。1804例老年白内障患者实施了复明手术，全省农牧区34万老年人得到实惠。参加城镇职工和居民基本医疗保险的人员达到139.83万人。民政厅全年争取城乡医疗救助资金1.7亿元，救助困难群众139万人次，老年人的救助率达到100%。省卫生厅在全省二级以上医疗机构开展了“平安医院”和“医院管理年”活动，不仅落实了对特困老人实行的“一免七减”政策，还为老年患者提供就诊全程导医陪诊、代办取药、交费、办理出入院手续、电话预约挂号、联系病床和健康咨询等更加人性化的关爱服务，赢得了老年患者的赞誉，“老有所医”的老龄工作目标进一步落实。

四是“五保”老人供养标准和贫困老人的社会救助水平不断提高。省民政厅根据《青海省农村五保供

养管理办法》规定标准兑现供养资金4800万元，全省1.52万名老年五保对象供养标准提高到2180元。制定出台了《青海省农村牧区敬老院建设项目管理办法》和《青海省农村牧区五保供养服务机构管理办法》。省民政厅、省财政厅认真贯彻《青海省农村牧区居民最低生活保障制度实施方案》，坚持“分层补助、标准有别、突出重点、分类施保”的原则，农牧区低保老年人保障标准提高到年人均1204元，受益的农牧区老年人达5.6万人，约占全省农牧区低保总人数的14.7%。城镇贫困老年人的最低生活保障标准提高到月人均210元，受益的城镇贫困老年人达15163人，全省城乡贫困老年人的基本生活得到进一步改善。

五是养老服务基础设施建设步伐不断加快，服务水平不断提升。去年，省民政厅、省财政厅先后加大投入福利项目资金，用于老年福利服务设施建设。省民政厅出台了《民办养老服务机构资助办法》，积极扶持社会力量兴办养老服务机构。截至2010年底，全省共有老年福利服务机构40个，老年福利服务站（点、中心）237个，各类养老服务机构可供老年人入住的床位达5200张。全省投资1.5亿元，组织实施了省级老年福利中心、30所社区老年日间照料中心、35所农村敬老院等建项目。现在全省农村牧区收养性老年福利机构（敬老院）93所，集中供养率由原来的5.5%提高到13%，有力地提升了我省的老年福利服务水平。

（二）老年优待范围不断扩展，老年群体的民生得到进一步保障

自省老龄办、省委宣传部、省发改委、省财政厅、省民政厅等二十家单位联合下发《青海省关于加强老年人优待工作的实施意见及相关部门职责》和《关于印发〈青海省高龄老人长寿保健费发放办法〉的通知》以来，各地积极出台各项老年人优待新政策。西宁市政府《关于加强老年人优待工作的意见》规定了16项优惠政策，辖区内65岁以上老年人和省内其他地区70岁以上老年人，可享受乘坐市内公交车和使用交费公厕优惠政策。截止2010年底，共办理老年人免费乘车IC卡10万余张，该项政策对老年人优惠金额达2000余万元。省老龄办核发了74名百岁老人长寿补助金7.4万元。去年，在老年节及春节期间，全省各级老龄部门慰问贫困高龄老人，共发放慰问金7.75万元。

为充分体现党和政府对高龄老人的关心，保证老年人共享改革发展成果，完善我省老年人优待政策，省老龄办积极与省财政厅协调，起草了《关于建立青海省高龄补贴制度的意见》。该意见经省政府常务会议研究通过，由省政府办公厅转发各地执行。为了做好高龄补贴的发放工作，省民政厅及时研究

制定了《青海省高龄补贴发放办法（试行）》，就高龄补贴的申报、审批、发放和管理等作了具体规定。去年年底，全省80岁以上老年人共领到9—12月份补贴666.368万元，青海老年人得到了前所未有的实惠，老年群体的民生提到进一步保障。我省出台这样的政策，从全国来讲，是走在前面的，得到了全国老龄办的充分肯定。

（三）成员单位积极参与“大老龄”工作格局的构建，老龄工作责任意识不断增强。

近年来，全国老龄办根据老龄人口的现状和老龄工作机构的实际，向各地提出了构建“大老龄”工作格局的要求，我省各级老龄部门认真贯彻执行，成员单位积极配合参与，取得了一定的成效。

一是加强老龄宣传，营造发展老龄事业的良好氛围。省委宣传部和省广电局不断加大老龄工作宣传力度，以开展群众性爱国主义教育活动为载体，省内媒体积极对“爱国歌曲大家唱”、“老年人书法绘画活动”“重阳节爬山体育活动”进行典型的宣传报道。全年各大媒体共采写、报道有关老龄工作、涉及老龄问题的稿件和报道300多篇（条），播发相关节目和专题节目100多期，在倡导全社会都来关心老年人，自觉维护老年人合法权益等方面，发挥了很好的舆论导向作用。

去年十月，是我国第一个“敬老月”。在“敬老月”中，省老龄办积极协调相关成员单位，集中开展了五项系列活动：一是与团省委在西宁市社会福利院举行“敬老月”活动启动仪式，来自山东等省的大学生志愿服务西部计划志愿者服务队和青海省红十字医院医疗服务队为老人们进行志愿服务活动；二是赴海东地区，同海东地区老龄委、民政局、平安县政府的领导一起，慰问了城镇、农村的部分高龄老人；三是与省文化和新闻出版厅在青海人民剧院联合举办“大地情深·夕阳璀灿”老年文艺演出，省老年大学、省文化馆中老年艺术团表演了精彩的文艺节目；四是在青海日报社的支持下，在《青海日报》上组织了一期专版，采取图文并茂的形式，介绍了我省老龄工作；五是在省卫生厅、省公安厅、西宁市公安局的支持下，与省老干部局、省体育局在南山联合举办了老年人登山活动，省直各单位数万人参加了登山活动。在“敬老月”期间的系列活动，老龄工作5次见报，5次在广播、电视台上作了宣传报道，营造了发展老龄事业的良好舆论氛围。

二是开展第二轮创建老龄工作先进单位和先进个人的活动。为加快解决老龄工作的重点和难点问题，全面推进基层老龄工作，进一步建立和完善老龄工作的激励机制，促进老龄事业的健康发展，根据全国老龄委的部署，开展了第二轮创建全国和全省老龄工作先进单位和先进个人的活动，并经省老龄委第八次全体会议通过制定了“青海省老龄工作先进单位和先进个人评选考核办法”。各级老龄部门和相关部门将评选考核的各项工作按要求认真部署，制定方案，开展工作。通过创建和评选活动，各地、各单位提高了重视老龄工作的责任意识和思想意识，进一步完善了老龄的机构建设了队伍建设，加大了对老龄工作的资金和物资的支持力度，有力地推动和加强了我省基层老龄工作。经省老龄办实地考核和专题会议审核、省老龄委联络员会议讨论，推荐省民政厅等10家单位为全国老龄工作先进单位、马惠荣等12名同志为全国老龄工作先进个人，已报送全国老龄办进行了表彰。对青海省地质调查院等19个单位和刘维功等17名同志为青海省老龄工作先进单位和先进个人建议名单，将提交本次会议审定。

根据全国老龄委的安排，开展了第四届全国敬老爱老助老主题教育活动和评选工作。经申报，并经全国评审领导小组审定，我省获得“孝亲敬老”之星26名、楷模提名奖1个、敬老模范单位6个。

三是组织老年人结合自身特点发挥余热。省委组织部指导省老干部局以落实离退干部政治生活待、组织引导离退休干部发挥作用为重点，进一步加强离退休干部思想政治建设和党支部建设，确保“三个机制”正常运转，出台了《关于进一步加强新形势下离退休干部工作的实施意见》，并充分发挥“关心下一代工作委员会”的作用，全省参与关心下一代工作的“五老”人员增加到3.4万。关工委组织“五老”人员积极投入加强和改进青少年思想道德教育工作，共举办各类座谈会、报告会320多场，受教育青少年达15万多人次。举办各种培训36期，3.2万参加培训。共发动社会各界共募捐助学金、救助金200多万元，受助青少年2万多人次。

去年，我省“银龄行动”，遵循安全、高效、科学管理的原则，组织30名老年志愿者参加了4月至10月的志愿活动。他们深入到西宁市的9个乡镇、16个村进行援助活动，共累计出动341人（次），到91户种植户和300户养殖户家中讲授种植和养殖技术；举办农牧知识讲座31期，现场答疑150多条，受益群众达5000多人次；发放各种宣传资料3.7万多份，得到了基层干部群众的欢迎和好评。

四是老年文体活动积极开展，“老有所教”和“老有所乐”的老龄工作目标有了新的落实。老年教育在成员单位教育厅、文化厅、老干部局、司法厅等部门的帮助和参与下有了新的发展。目前，全省老年学校已发展到12所。青海省老龄委直属的省老年大学根据老年人需求特点，开设了书法、绘画、音乐、舞蹈、健身、工艺美术等十个专业，现有39个班，注册学员1900余名，编印的书法与绘画教材已经应用。省老干部大学发展迅速，已扩展到7个专业，在校学员达1000余人。

省体育局以增强老年人身体素质、让科学健身融入老年人日常生活，提高老年人生活质量为目的，以激发全省老年人锻炼身体的积极性和主动性作为全省老年体育工作的重点，积极组织老年人开展各类体育活动。2010年共组织全省规模的老年人体育赛事活动34项（次），5万多老年人参加比赛。2010年9月，我省组团参加了全国老龄办举办的“中国第二届老年文化艺术节”活动，取得了2个“金奖”、3个“银奖”、2个“铜奖”、3个“优秀奖”的好成绩，充分展示了我省老年人的风采。

目前，全省有老年群众组织3796个，其中老年协会3860个，其他老年社团组织116个。老年群众组织的不断发展、全省老年文体活动的积极开展及老年教育工作的快速发展，陶冶了广大老年人的情操，极大地丰富了老年人的精神文化生活，“老有所教”和“老有所乐”的老龄工作目标有了进一步落实。

五是积极开展老年维权工作。全省各级司法、妇联和老龄办积极开展老年人法律援助服务工作。司法部门充分发挥基层法律组织和律师事务所、公证处等机构的作用，服务老年人，对于贫困老年人实行减免收费，为行动不便的老年人上门服务。2010年，全省老龄系统接待来信来访3500人（次）省老年法律援助站、西宁市老年法律援助站、海西州老年法律援助站、黄南州老年法律援助站共为1280名老年人提供了法律援助，司法援助20件，有效地维护了老年人生活、财产、婚姻等方面的合法权益，维系了老年人家庭的亲情关系。海东地区老龄办和西宁市老龄办在农村继续开展《家庭赡养协议书》签订工作，有2900户有老人的家庭签订了《家庭赡养协议书》，明确了赡养人和被赡养人的权利和义务，强化了子女的养老责任意识。

六是努力维护老年人的生活环境。省公安厅根据省老龄委成员单位的职责，在全省各级公安机关、基层派出所、农村警务室将维护老年弱势群体的合法权益作为一项重要的基础性工作来抓，依法、及时受理涉及侵害老年人合法权益的申诉、控告和检举，认真对待老年人的报警和求助，预防和减少侵害老年人合法权益的违法犯罪行为，依法严厉打击侵害老年人人身、财产安全的违法犯罪行为，取得了良好的社会效益。在全省城镇中，针对在街头抢劫、欺诈老年人的犯罪案件较为突出的情况，加强了社区警务和城镇街面巡逻工作，将老年人集中活动场所列为重点服务和管理范围，有效地维护了广大老年人的生活环境。同时，省文化和新闻出版厅、省住房和城乡建设厅、省旅游局等成员单位，积极做好本系统的老年人工作，积极服务老年人，关心老年人，为老年人办实事、办好事，取得了明显的成效。

2010年，全省老龄工作以深入学习贯彻科学发展观为统领，老龄工作领域不断扩展，老年人合法权益得到维护，老龄事业发展的基础得到进一步加强，尊老、爱老、敬老的氛围进一步形成。同时也要清醒地看到，我省老龄工作中还存在不少制约老龄工作科学发展的困难和问题，主要是：宣传力度和社会重视程度不足；投入机制单一，为老服务体系建设相对滞后；基层和农村的老龄工作相对薄弱；成员单位为全省城乡老年人办实事、办好事、出政策，定措施的工作思路不宽；各地老龄工作队伍建设、机构组织建设不够健全，影响了老龄工作的有效开展。我们要高度重视这些问题，深入研究这些问题，努力解决这些问题，不断推进我省老龄工作的长足发展。

二、2011年主要工作安排

2011年，青海省老龄工作的总体思路是：以邓小平理论和“三个代表”重要思想为指导，以科学发展观为统领，从保发展、保民生、保稳定的大局出发，加快推进养老保障制度建设，优先发展社会养老服务，切实加强基层老龄工作，解放思想，锐意进取，努力推进青海老龄事业科学发展。

按照全国老龄工作委员会的部署，结合我省实际，今年老龄工作的重点是：

（一）继续完善各项老年社会保障制度。

重点是抓好制度体系的完善，力争在解决老年人的“养”和“医”等迫切需要解决的现实问题上有所突破。做好社会保险关系转移接续工作，积极解决集体企业退休人员、关闭破产企业和困难企业退休人员参保问题。做好《青海省新型农牧区社会养老保险试行办法》实施的宣传和试点总结工作，完善基本政策，出台有关配套政策。推进完善农民工养老保险制度，制定适合我省农民工特点的养老保险的实施办法和跨省流动就业的养老保险关系转移办法。积极推进医疗卫生体制改革，重点关注老年人就医、保健工作，缓解老年人看病难、住院难、报销难等问题，为全省80%以上的老年人建立健康档案，城镇职工基本医疗保险覆盖率达到90%以上，新农合农牧民参合率巩固在85%以上。继续做好非就业老年人参加城镇居民基本医疗保险工作，积极研究解决退休职工医疗保险断保问题。切实落实农村计划生育家庭奖励扶助政策和计划生育家庭特别扶助政策，扩大享受奖励扶助的对象范围。建立定期困难补贴和疾病救助制度，努力解决其基本生活保障问题。继续完善城乡低保制度，切实关注城乡老年群体，使各项优惠政策进一步向老年人倾斜。深入贯彻《解放军干休所工作条例》，扎实推进军队离退休干部移交安置工作。做好高龄补贴的发放工作，加大老年优待力度，使“改革发展成果全民共享”的目标得以充分体现。

（二）积极推动为老服务业，力求在为老服务体系建设上有新突破。

根据国家“优先发展社会养老服务”的要求，加快改善养老服务设施条件。大力发展居家养老服务，继续建设老年日间照料中心，加强养老机构的供养性、护理性和示范性建设。为形成“以居家养老为基础、以社区服务为依托、以机构养老为补充”的社会化养老体系，要尽快完善我省城乡社区为老服务体系，提高社区为老服务功能。通过建立省、市、区、街道各级老年服务中心，形成省级有老年服务示范单位，市（区）有老年服务指导中心，街道和社区有老年服务站点的为老服务框架体系。推动完善社区志愿者队伍建设，发展社区为老服务社会组织，指导社区大力开展各种形式的为老、助老服务活动。要按期完成省级老年福利中心内部装修工程并尽早投入运营，组织实施34所社区老年日间照料中心、11所县级社会福利中心和26所具有一定规模的农村敬老院建设项目，不断提高社会养老服务水平。

加大对民办养老服务机构的扶持力度。为有效解决我省养老服务业发展滞后和养老需求日益增长的矛盾，在加大政府投入力度、大力发展养老服务业的同时，通过政策引导，积极鼓励社会力量兴办和发展以老年人为主要服务对象的生活照料、家政服务、社区卫生服务、康复护理、心理咨询类服务机构和服务工作，实现养老服务业的健康发展。要切实落实我省《关于加快发展养老服务业的意见》和《民办养老服务机构资助管理办法》中对民办养老机构在资金、税收减免、优先安排建设用地、财政贴息补助和信贷支持等方面的扶持政策。

（三）加大对老龄事业的投入，着力推动老龄工作的全面发展。

老龄委各成员单位要充分利用我省进行跨越发展、统筹发展、绿色发展、和谐发展的机遇，顺势而为，从履行社会管理和公共服务的职能出发，把我省老龄事业发展，特别是老年养老服务业的发展纳入青海扩大内需、促进经济增长的具体措施之中，力争在老龄事业发展资金投入上和发展老龄产业政策上有所突破。要紧紧把握国务院《关于支持青海等省藏区经济社会发展的若干意见》在我省实施的有利时机，抓好农牧区敬老院、州地市级老年活动中心和青海省老年教育的建设，在财力、物力、人力上给予重点倾斜。要加大对全省老年人服务设施建设的投入，当前尤为突出的是要研究解决农牧区敬老院运转经费严重不足的问题，根据需要安排必要的资金用于养老服务机构运转经费补助，保证农牧区“五保”供养服务机构运转所需的管理和服务经费。

（四）加强基层老龄工作，努力在老龄工作机构和队伍建设上有新突破。

重点是抓好基层老龄工作机构建设和基层老年群众组织的建设，通过开展“全省老龄工作先进单位和老龄工作先进个人”的创建和评选活动，树立典型，推广经验，推动加快解决老龄工作中的重点、难点问题，促进基层老龄工作机构的建立和老龄工作的开展。要把城乡开展的“和谐社区”、“平安社区”的系列创建活动与推动和加强基层老龄工作结合起来。不断加大对农村老年协会的支持力度，有计划，分期、分批地建立农村老年人活动场所。继续做好农村家庭赡养协议书签订工作。进一步加强各级老龄队伍建设和老龄干部培训工作。继续完善老年法律援助体系建设，各州地市老龄办要建立和完善老年法律援助工作。要加强老年文化体育工作，要把老年文化体育纳入公共文化体育服务体系建设，努力推动公共文化体育设施向老年群体免费开放，丰富老年人文化精神生活。

（五）加强调查研究，探索我省“大老龄”发展的新格局、新思路。

省老龄办要利用全国老龄委做好国家应对人口老龄化战略研究的契机，会同相关成员单位组织开展好全省城乡老年人“养”“医”状况的调研，按照统筹城乡发展的新思路，积极落实青海省老龄事业“十二五”发展规划的各项工作。要继续加大贯彻《中华人民共和国老年人权益保障法》、《青海省老年人权益保障条例》的落实，采取措施对全省落实《关于加强老年人优待工作的意见》的情况进行监督检查工作，积极探索我省“大老龄”工作的新思路，新格局、新措施，推进老龄工作科学发展。

2011年，省老龄办要积极协调有关部门进行《青海省老年人权益保障条例》的执法检查与调研，协调有关单位加大养老保障和为老服务体系建设。要做好青海省老龄工作“双先”表彰活动和第四届主题教育活动的表彰工作，大力宣传老龄先进，提高全社会尊老、爱老、助老的良好社会氛围。继续开展“银龄行动”，并做好该项工作的总结与表彰工作。围绕纪念建党90周年，继续组织开展第二个全国“敬老月”活动。

湖北省

2011年4月13日，在“万名干部进万村入万户”活动中，省委书记李鸿忠（前排左2）到宣恩县椿木营乡走访农户，看望老年人。

2011年5月，省人大常委会副主任蒋大国（左2）带队对各地贯彻执行《老年人权益保障法》情况进行检查。

综　述

2011年，湖北的老龄工作在省委、省政府和省老龄委的正确领导下，围绕实现“六个老有”的工作目标，从政策措施上突破，从保障服务上推进，从舆论宣传上引导，老龄工作总体形势向好，老龄事业取得了新的进步。

一、党委、政府对老龄工作进一步重视

省委李鸿忠书记撰文就关爱农村空巢老人问题提出明确要求。在“万名干部进万村入万户”活动中，李鸿忠书记、王国生省长等省领导亲自走访慰问农村老年人。省委张昌尔副书记专题听取关于农村“留守人群”工作情况汇报。常务副省长李宪生等领导出席了重阳节文艺晚会暨“敬老月”活动启动仪式。省人大副主任蒋大国带队对《老年人权益保障法》贯彻落实情况进行了检查。省委、省政府专门下发了《关于进一步加强老龄工作的意见》（鄂发〔2011〕21号），同意以省政府名义下发《湖北省老龄事业发展“十二五”规划》。在《关于2011年改善民生工作的若干意见》、《关于加强和改进新时期群众工作的决定》等重要文件中，多次就做好老龄工作提出具体明确要求。召开省委常委会议就关爱农村留守老人问题进行了专题研究，并责成省政府具体抓好落实。孝感、荆门市以孝文化、长寿文化为品牌，推进当地经济社会协调发展。荆门、黄石、恩施、随州等市党政领导先后就老龄工作相关问题作出批示。武汉市常务副市长袁善腊主动召集有关部门进行协调，将近万平方米房产划拨市老龄办作老年人活动中心使用。

二、养老保障制度建设进一步加快

继续对企业退休人员养老金标准进行调整，月人均达1381元，比上年增加110元。在新农保试点的基础上，城乡居民社会养老保险实施步伐加快，已覆盖65个县（市、区）。调整提高了城乡居民医疗补助标准、报销比例和支付限额。五保供养标准由分散供养1300元、集中供养1800元分别提高到1600元、2100元/人年。高龄补助实施范围逐步扩大，远安县全面建立80岁以老年人高龄补贴制度；武汉市建立了农村80岁以上的老年人、城镇70岁以上“两无”老人分类补贴制度；鄂州、神农架、阳新、大冶、钟祥、利川、孝感市孝南区、松滋、赤壁、石首等地将高龄补贴年龄放宽到90岁。离退休干部“两个待遇”全面落实。

三、养老服务体系建设进一步推进

一是基本养老　服务设施建设投入力度进一步加大。当年省级先后下达用于养老服务体系建设经费达2.2亿元，重点补助各类福利院、光荣院、老年养护院、社区日间照料中心等养老服务设施建设。投资6亿元，总建筑面积达10万平方米的武汉市老年福利中心等大型养老服务项目陆续开工建设。二是民办养老服务机构投资环境进一步改善。武汉、黄石、荆州、宜昌、宜城、钟祥、远安等市县政府出台了《关于推进社会养老服务体系建设的意见》，武汉市、黄石市在全省率先推行养老机构意外伤害保险。武汉世纪阳光投资有限公司投资兴建的福星养老院、武汉市侨亚置业集团投资新建的侨亚·中华孝庄园，床位均达3000张。合众人寿投资80亿元的蔡甸养老社区项目正式开工建设。民资投入10亿元的孝感“中华敬老园”项目已完成规划设计。三是居家养老服务由点到面逐步展开。武汉、鄂州、宜昌、荆州、荆门等市在基本养老服务体系建设试点工作中，努力打造10分钟居家养老服务圈。争取全国老龄办支持180万元，在武汉市武昌区、十堰市开展了社区居家养老服务信息平台建设试点。黄石、荆门、宜昌市伍家岗区创办了社区居家养老信息服务平台，建立了居家养老服务队，并开展服务。

四、关爱农村留守老人工作措施进一步加强

一是党委政府摆上位置。省委先后4次下发文件、常委会议专题研究农村留守老人问题，把关爱农村留守老人与留守妇女、留守儿童问题，摆上重要议事日程，一并安排部署，提出要求，落实措施。二是层层建立组织机构。省、市、县、乡镇党委层层成立了关爱农村留守人员工作领导小组，加快建设全覆盖的农村留守老年人、妇女、儿童服务站，广泛开展关爱留守人员活动。三是重大活动重点纳入。在“三万”活动中，省委主要领导明确要求，要重点做好关爱农村留守老人工作。各级、各部门主要领导亲自走访慰问留守老人，广泛开展关爱农村留守老人活动，扎扎实实为农村留守老人办实事。期间共走访慰问农村留守老人100多万人次，帮助解决各种实际困难60多万件。四是相关部门合力推进。省老龄办联合省直10个部门下发通知，就关爱农村留守老人问题提出要求。省老龄办在沙洋县召开了以关爱农村留守老人为主要内容的农村老年人协会和活动中心建设现场会，并多方筹资40万元，支持在仙桃、枣阳两市的5个村开展老年人协会和老年活动中心建设试点。省民政厅安排300万元资金，在5个县市100个村开展了建立农村助老会试点。各市州县层层开展了农村老年人协会和活动中心建设试点工作，并取得初步效果。

五、尊老敬老氛围进一步浓厚

一是开展“敬老月”活动，服务老人。省老龄办联合10部门在湖北剧院举办了“人间重晚情”文艺晚会暨“敬老月”活动启动仪式。各地、各部门广泛开展走访慰问、志愿服务、维权优待等尊老敬老主题实践活动，为老年人办实事、做好事、献爱心。据不完全统计，共走访慰问老年人20多万人，发放慰问金和各类物品价值8500万元，组织开展各类为老志愿服务10多万人次，惠及20多万老年人。二是层层表彰先进，树立典型。省老龄办联合省文明办、团省委、省妇联开展了千户“老年温馨家庭”评比表彰活动，联合省总工会、省老干局评比表彰了143个敬老模单位和248名敬老模范个人，联合省科协、老科协评比表彰了61名“老有所为科技贡献奖”。通过层层评选表彰，树立了一大批先进典型。三是举办敬老节会，传播孝道。荆门市举办了第二届中国·钟祥长寿文化旅游节，孝感市举办了第八届孝文化节，云梦县举办了首届“黄香文化节”。通过节会，打造孝品牌，弘扬孝文化，使尊老敬老的传统美德得到进一步传承。四是发挥媒体优势，广泛宣传。省和各地新闻媒体围绕老龄工作进行了大量宣传报道。重阳节当天，湖北电视台卫视、影视频道在黄金时间分别播出了庆重阳敬老文艺晚会，湖北卫视新闻联播栏目对老龄工作进行了系列报道。孝感电视台连续10天播报十大孝子敬老故事。各地广播电视、报刊杂志、文化出版、网络媒体，开展了形式多样的敬老宣传活动。

六、老年人权益得到进一步维护

一是层层开展执法检查。按照全国人大统一部署，省人大组织对全省《老年人权益保障法》实施情况进行了检查。各市、州、县人大组织对本地《老年法》实施情况进行了检查。通过层层检查，进一步推动了《老年法》的贯彻落实。二是进一步落实老年优待政策。省老龄办改进了《老年人优待证》办证办法，为12万老年人办理了《老年优待证》。鄂州市财政安排补贴资金110万元，保障公共服务单位优待政策落实。武汉市将公交对老年人的优待范围扩展到远城区。黄石市实行免费公交IC卡、老年优待证两证合一，方便老年人出行。孝感市、鄂州市开展了“敬老模范公交车”评选表彰活动，促进公交优待服务质量全面提升。三是继续做好《家庭赡养协议书》签订工作。各地老龄工作部门组织签订《家庭赡养协议书》40多万份，强化了家庭养老法律约束。四是办好老年维权热线栏目。省老龄办与省司法厅、湖北广播电台联合，坚持每月两次老年维权热线直播节目，全年共播出24期，定时向老年人宣传政策，现场答疑解难，成为老年人维权的窗口。

七、老年人参与经济社会发展的作用进一步展现

一是打造“银龄活动”平台，服务农村发展。省老龄办安排经费50万元，通过开展“银龄行动”，组织老年科技、医疗、文化工作者，采取“打造银龄基地、送医送药送文化下乡”等方式，服务农村发展，取得了良好效果。全年共组织送医送药25000多人次，送药价值58万元；培训农技骨干17700多人次，为农村增产增收8000多万元；送文化108场次，观众达5万多人次。二是发挥老年人才优势，服务经济建设。全省有4万多名老年科技工作者，退休后仍常年坚持在教学、科研工作一线，为全省的科技进步和经济发展做出了重要贡献，涌现出了“棉花奶奶”李文英等一大批老有所为的先进典型。有23人被中国老科协授予“优秀老科技工作者”荣誉称号，其中2人获中国老科协“十大耆英”荣誉称号。三是开展老年志愿服务，服务和谐社会。全省共有20多万老年志愿者常年参加维护治安、环境整治、关心下一代等活动，为和谐社会建设作出了积极的贡献。四是发展老年文化，丰富精神生活。全省各地80%以上的县（市）成立了老年体育、艺术团队，经常参加活动的老年人达40余万。省老龄办联合省民政厅、文化厅举办了全省军地老年人才艺大赛，参赛者达3万人之众。省老年书画研究会组织开展了辛亥百年老年书画作品展示活动。省老体协组织开展了两岸老年体育交流活动。全省各地各类老年大学（学校）开设课程400多门，在校学员24万多人，初步形成省、市（州）、县（市、区）、乡（镇）老年教育网络。投资2亿多元新建的省老年大学全面开工。

八、老龄工作部门的参谋协调作用进一步发挥

老龄工作部门作为党委、政府老龄工作的议事协调机构，充分履行职能，发挥了积极的作用：一是调研参谋作用。省老龄办按照省委部署和要求，先后组织进行了3次较大规模的调研活动，3次向省委、省政府报送专题调研报告；组织各地老龄工作部门，联合大专院校，围绕老龄工作的热点难点问题进行了多个专题的研究，形成调研报告90多篇。通过参阅件形式，先后15次报送省委、省政府及相关部门，为省委、省政府决策老龄工作提供了重要理论和实践依据。二是组织协调作用。省老龄办先后与20多个省直部门联合发文布置工作，联合开展评比表彰，联合组织重大活动，并积极参与配合老年社会组织开展工作，为合力推进老龄事业发展提供了组织平台。三是交流促进作用。省老龄办共编印《参阅件》15期、《老龄工作简报》41期、《湖北老龄》6期、《老龄参考资料》7期，并通过老人坊网站，向全省各地、各相关部门发送专题调研成果、经验交流100多项，发布工作信息及参阅资料3000多条，成为各地、各部门做好老龄工作的经验交流、信息咨询、决策服务平台。

重要会议和活动

【省委书记发表署名文章关爱农村空巢老人】元月17日，省委书记李鸿忠在湖北日报发表署名文章《春节前与全省农村干部谈谈心》。指出："要像对待自己的父亲母亲、爷爷奶奶一样关心农村空巢老人。没有他们的幸福，就没有整个社会良心的安宁。要按照'六个老有'的目标要求，按照'党政主导、社会参与、全民关怀'的基本方针，用'统筹城乡'的办法去抓，用'孝敬父母'的感情去抓，重点抓生活上的照顾、身体上的医护和精神上的安慰，努力让他们安享晚年。"

【省老龄委第九次全体会议】5月13日，省老龄委第九次全体会议在省政府8号会议室召开，省委常委、副省长、省老龄委常务副主任张岱梨主持会议，省委常委、常务副省长、省老龄委主任李宪生作重要讲话。会议传达了全国老龄委第十三次全体会议和全国老龄办主任会议精神；听取了省老龄委副主任、省民政厅厅长谢松保所作的《关于2010年全省老龄工作总结和2011年老龄工作安排意见的报告》。省委组织部、省委宣传部、省发改委、省人社厅、省体育局等省老龄委成员单位负责同志就积极发挥部门职能，认真做好老龄工作作了大会发言。省老龄委副主任、委员，成员单位联络员共计60余人参加了会议。

【全省老龄办主任暨农村老年协会建设现场会议】3月23日至24日，全省老龄办主任暨农村老年协会建设现场会议在荆门市召开。会议传达贯彻了全国老龄委第十三次全体会议和全国老龄办主任会议精神，总结了2010年全省的老龄工作，安排部署2011年的老龄工作任务，推广沙洋县农村老年协会建设的经验，研究推进农村老龄工作的办法和措施。党组成员、综合处处长王建楷主持会议，党组书记、主任刘长斗讲话。荆门市政府办公室负责人余景涛、市民政局局长张立杰、各市州老龄办主任、省老龄办各处负责人等共60余人参加了会议。

【全国老龄信息工作会议】5月11日至13日，全国老龄办在宜昌市召开全国老龄信息工作会议。全国老龄办综合部主任杨东法主持会议，全国老龄办副主任肖才伟作重要讲话，刘长斗主任介绍了我省老龄信息工作情况。陈东云处长在会上作典型发言，介绍我省老龄信息工作经验。来自各省、自治区、直辖市、计划单列市老龄办，新疆生产建设兵团老龄办等地近60名代表参加会议，并就《2011年全国老龄信息工作要点（草稿）》和《全国老龄办关于加强信息工作的意见（草案）》进行了讨论。

【全省老龄工作座谈会】8月4日，在武昌区召开全省老龄工作座谈会，学习贯彻《中共湖北省委、湖北省人民政府关于进一步加强老龄工作的意见》，研究部署老龄工作。党组成员、维权调研处处长王建楷主持会议，刘长斗主任讲话。全省17个市、州、直管市、林区民政局分管老龄工作的领导、老龄办主任、综合处（科）长和省老龄办机关人员共60余人参加了会议。

【省老龄委成员单位联络员会议】9月8日，省老龄委成员单位联络员会议在咸宁召开，28个成员单位的联络员参加了会议。党组成员王建楷出席会议并讲话，介绍了当前人口老龄化和老龄工作的形势、全省老龄工作的基本情况，明确了下一步工作重点。各成员单位交流了老龄工作开展情况，讨论了《贯彻鄂发〔2011〕21号文件责任分解方案》。

【"敬老月"活动暨"重阳节"晚会】10月份，是全国第二个、我省第三个"敬老月"。根据全国老龄委统一部署，省老龄委下发了《关于开展"敬老月"活动的通知》，召开会议进行专门安排。9月26日，省老龄办联合省民政厅、省文化厅、省文明办、省总工会、团省委、省妇联、省委老干局、省科协、省老科协在湖北剧院举办了"人间重晚晴"——庆重阳文艺晚会暨"敬老月"活动启动仪式。省委常委、常务副省长、省老龄委主任李宪生，省人大副主任蒋大国，省政协常务副主席李佑才，省政协原副主席、省老科协主席翁行德等领导莅临晚会并为湖北省军地老年人才艺大赛、"湖北省老有所为科技贡献奖"、"湖北省老年温馨家庭"、"湖北省敬老模范岗"获奖单位和个人颁奖。"敬老月"期间，各地广播电视、报刊杂志、文化出版、网络媒体，开展了形式多样的敬老宣传活动；各地、各部门广泛开展了走访慰问、志愿服务、维权优待等尊老敬老主题实践活动，为老年人办实事、做好事、献爱心。据不完全统计，共走访慰问老年人20多万人，发放慰问金和各类物品价值8500万元，组织开展各类为老志愿服务10多万人次，惠及20多万老年人。

【老年人权益保障法大检查】5至6月，省人大常委会按照全国人大统一部署，层层组织对《老年人权益保障法》实施情况进行大检查；省人大副主任蒋大国带领省人大检查组对宜昌、鄂州市进行了检查，听取了省老龄办及省直相关部门贯彻执行《老年人权益保障法》情况汇报，向全国人大报送了专题检查报告，推动了全省老年人权益保障工作的进一步落实。

【老龄干部业务培训】10月18日至23日，举办了第十一期全省老龄工作干部业务培训班。对来自各市州县、省直机关、大型企事业单位和办机关的150多名老龄工作者进行了集中培训。

各项业务进展

【老龄调研工作】省老龄办按照省委部署和要求，先后组织进行了3次较大规模的调研活动，3次向省委、省政府报送专题调研报告；组织各地老龄工作部门，联合大专院校，围绕老龄工作的热点难点问题进行了多个专题的研究，形成调研报告90多篇。通过参阅件形式，先后15次报送省委、省政府及相关部门，为省委、省政府出台《关于进一步加强老龄工作的意见》、《湖北省老龄事业发展“十二五”规划》、《关于2011年改善民生工作的若干意见》、《关于加强和改进新形势下群众工作的决定》等重要文件提供了重要的理论和实践依据。

【老年维权优待工作】组织对《老年人权益保障法》实施情况进行了大检查。为全省12万老年人办理了《湖北省老年人优待证》。印发了《关于推进全省美术馆、公共图书馆、文化馆（站）免费开放工作的实施意见》，保障了老年群体的文化权益。督促各地全面落实了老年人乘坐市内公共交通工具免费和宗教场所门票减免政策。组织对旅游景点门票优待问题进行检查督办，加强老年旅游安全管理，切实维护老年旅游者的合法权益。加大老年人宜居环境建设投入力度，推进无障碍设施改造，武汉、宜昌两市被评为全国无障碍建设城市。破获涉及老年人的刑事案件500余起，受理侵害老年人合法权益的报警、控告、检举和求助18800余起，较好地保障了老年人的人身和财产安全。积极开展法律服务进社区、进农村活动，为3780名老人提供法律援助，办理老年人法律援助案件570件。在湖北广播电台开办了老年维权热线节目，宣传老龄政策，现场答疑解难，成为老年人维权的窗口。

【老龄宣传工作】在湖北广播电台开设了《老年天地》、《枫林漫步》、《都市晚霞》、《有话好说》等栏目，宣传老龄法规政策，发布老龄工作信息，反映老年人生活。省老龄办创办的《老人坊》网站、《湖北老龄》和《老龄工作简报》，及时宣传尊老敬老先进典型，交流老龄工作经验信息。“敬老月”期间，各地广播电视、报刊杂志、文化出版、网络媒体，开展了形式多样的敬老宣传活动；省老龄办联合省直有关部门，开展了千户“老年温馨家庭”评比表彰活动；评比表彰了156个敬老模范单位和236名敬老模范个人；评比表彰了61名“老有所为科技贡献奖”。通过层层评选表彰，树立了一大批先进典型，营造了尊老敬老的良好社会氛围。

【“银龄行动”】省老龄办安排经费50万元，组织老年科技、医疗、文化工作者，采取“打造银龄基地、送医送药送文化下乡”等方式，在23个县市开展了“银龄行动”，服务农村发展。全年开展送医送药活动228次，义诊19180人，为群众免费体检6500人次，送药价值58万元；组织农村种植养殖科技培训174次，培训技术骨干17763人次，发放科技资料67000册，共为群众挽回经济损失1774万元，为农村增加经济收入8270万元，直接和间接受惠群众达30多万人次。送文化108场次，观众达5万多人次。

湖南省

综　述

2011年，在省委省政府的领导和全国老龄委的指导下，全省各级老龄部门紧紧围绕实现“六个老有”目标，开拓进取，扎实工作，全面推动了老龄事业发展。

一、老龄政策法规建设富有成效

主要体现在三个方面：

一是积极推动涉老立法和执法检查。2011年，我们积极促请和配合省人大做好了《中华人民共和国老年权益保障法》和《湖南省实施〈中华人民共和国老年权益保障法〉办法》贯彻落实情况的执法检查，并与办理省人大代表重点建议等结合进行，既提高了工作效率，又扩大了检查成果。这次检查全面涉及33个省直相关单位和14个市州，并对6个重点单位和2个市州开展了实地执法检查，形成检查报告并向省人大常委会进行了专题汇报。同时，组织力量草拟《湖南省养老服务条例》，并争取列入了省人大的立法调研项目，在2个市的4个区开展了立法调研，委托12个市州的人大、老龄委进行立法调研，推动了养老服务立法进程。

二是协调纳入规划，创制出台涉老政策。2011年，全省上下狠抓《关于进一步加强老年人优待工作的意见》（湘办发〔2009〕67号）的地方实施办法的出台，截至年底，全省有一半以上的市州出台了实施意见。省办和民政厅法制处、福利处共同起草《关于加快发展养老服务业的意见》，并于2011年7月提请以省政府名义出台了该意见。郴州、常德和长沙等地也出台关于加强养老服务业发展的意见，特别对社会养老服务业的发展提出了具体扶持措施。

这两年是省委省政府和省政府组成部门制定“十二五”规划的时期，我们注意了及时和两个办公厅，以及相关涉老省直厅局衔接联络，力争将老龄事业的发展纳入到相关规划中去，如省委省政府颁布的《湖南省保障和改善民生实施纲要（2011－2015年）》、《湖南省国民经济和社会发展第十二个五年规划纲要》都将积极应对人口老龄化、加强老年社会保障体系、社会化养老服务体系建设以及大力发展社会为老服务等列为重要内容。再如民政部门把养老服务业列入“十二五”发展规划纲要，内容包括机构养老、社区养老和农村综合性老年福利服务中心的建设等；卫生部门把开展老年保健纳入“十二五”发展规划；《湖南省“十二五”人口发展规划》也将“积极应对人口老龄化”列为重要内容，其他几个主要涉老部门如人社、司法等也将相关领域的老龄事业发展纳入了部门的“十二五”发展规划。与此同时，老龄事业的发展在省委省政府的相关政策文件中也有越来越多的体现，如在省委省政府《关于加快长株潭试验区改革建设全面推进“两型社会”建设的实施意见》和省政府办公厅《关于推进家庭服务业发展的实施意见》中都明确提出要“发展普惠型老年社会福利事业”、“适应人口老龄化和生活节奏加快的趋势，重点发展家政服务、养老服务、社区照料服务……等业态，满足家庭的基本需求”。这一系列的工作，使应对人口老龄化的战略地位更加凸显，老龄事业的发展获得了越来越多的关注和重视。

三是及时开展规划编制和战略研究。根据全国老龄办的要求，去年下半年正式启动我省老龄事业发展“十二五”规划的拟制工作，已经完成了第三稿的修改。一部分市州也结合当地实际，启动了“十二五”规划的编制工作。同时，我们积极贯彻全国老龄委关于开展应对人口老龄化战略研究的要求，在对省内多家研究单位和院校就人口学、老龄化问题研究方面的综合实力进行评估后，最终确定人口地理所、湖南大学作为我省实施老龄化战略研究课题的合作伙伴，并已组织相关专家教授着手开展我省应对人口老龄化战略研究，预计该项目在今年年中完成全部研究成果。这将为我省今后相当长的时期，特别是“十二五”期间，促进老龄事业的发展起到引领作用。

二、社会化养老服务稳步发展

推进养老服务社会化是推动老龄事业发展，提升工作地位的的重要抓手。2011年，我们继续在这方面下功夫，推动我省社会化养老服务体系建设获得了新的发展。

一是抓好农村综合性老年福利服务中心建设。我们从2009年开始以农村敬老院为依托，建立农村综合性老年人福利服务中心，引导其向社会化养老服务模式改造，开展社会为老服务，且逐年加大力度，拓展覆盖面。去年初，在认真总结前两年经验的基础上，及时部署新一轮省级示范点建设工作并对抓好市、县两级示范点建设提出明确要求。全省上下认真选点，加强指导和督查，全年共建成103所省级、109所市级和127所县级示范点，示范点数量大幅增加，质量稳步提高。同时，各地加强了已建示范点的管理服务工作，特别是在健全制度、建立队伍和拓展服务内容等方面下功夫，各级示范点在认真搞好五保老人服务管理的同时，开展尽可能多的社会为老服务，使越来越多的农村社会老人受益。

二是推动城市社区居家养老服务发展。2011年，通过年初安排部署、年中专题推进、推介典型、组织现场考察和个别指导等方式，进一步推动了城市社区居家养老服务工作的开展，全省新建城市居家养老服务中心50多个。长沙城区居家养老服务中心基本实现了全覆盖，并积极加大政府购买服务的力度。郴州、湘潭、益阳、株洲、永州、衡阳、常德等城市社区居家养老服务工作有了实质性的进展。郴州市政府办去年下发了《关于深入开展社区居家养老服务试点工作的通知》（郴政办函〔2011〕75号），由市老龄办牵头，在全市36个社区开展了居家养老服务试点工作。特别是一些非中心城市的县市，如郴州市的所有县市城区和永州市的江华县等，也积极探索开展居家养老服务工作，为老年人搭建休闲娱乐、文化教育、家政服务等方面的服务平台，迈出了可喜的步伐。

三是推进社会化养老服务发展。全省各级老龄工作机构与涉老部门积极引导和鼓励社会力量投资兴办养老服务机构，推进了社会化养老服务业的发展。去年，争取省人民政府出台的《关于加快发展养老服务业的意见》（湘政发〔2011〕19号），在资金扶持、税费减免等方面为社会化养老服务业的发展提供了有力的政策支持。据不完全统计，截止到2011年底，全省登记注册的城市民办养老服务机构达66所，床位近1万张，机构数、床位数都比2010年有较大提升；仅常德市就有民办养老机构26所，床位1700张，入住老人1200多人。这两年来，我们真切地感受到长沙、衡阳、永州、株洲、湘潭和常德等地的民办养老机构呈逐年增多之势。这些机构和一些公办民营、民办公助的养老机构，以及居家养老服务中心等，共同推动了养老服务社会化的进程。如长沙市的康乐年华养老服务连锁机构、万众和社区居家养老服务站，湘潭市的雨花区金梦园、岳塘区荆鹏居家养老服务中心，等等，都是引入社会力量来经营管理，主要开展老年日间照料等个性化服务，收到了较好的效果。

三、老年人合法权益得到有效保护

一是继续推动老年法律维权工作。在各级老龄办的努力推动和参与下，全省各地法律服务机构及时为老年人提供法律服务，严厉查处侮辱、虐待和遗弃老年人等违法犯罪行为，有效保障了老年人的合法权益。各级老龄办积极协商有关部门，依托老龄委建立老年法律援助点，争取专项资金用于老年人法律援助，降低老年人申援门槛（如老年人合法权益受到侵害时，只要属于法律援助事项范围，均可申请法律援助，法律援助机构都应受理；老年人申请法律援助，只对经济困难状况进行审查，不审查其事项范围），加大了老年法律援助的力度。如岳阳市为低保老年人组建义务法律顾问团，2011年发放法律援助联系卡5000多份，承办老年维权案件近千件，调解涉老纠纷1700多件。2011年，全省共办理涉老法律援助案件3247多起，同比增长10.1%。占全省办案总数的13.5%，为老年人优惠（免费）法律服务费用约800余万元。截至年底，全省市州、县市区共有法律援助中心139个，各级法律援助机构依托老龄委设立法律援助站57个。

二是积极落实各项老龄优待政策。2011年，我们认真组织开展《关于进一步加强老年优待工作的意见》（湘办发〔2009〕67号）落实情况的全省性专项检查。检查后，及时汇总情况，分析存在的问题，下发专项检查通报，提出下一步规范和加强的意见，增强了工作的指导性和针对性。专项检查工作的开展，促进了老年优待政策的进一步落实。截止年底，全省14个市州有82个县市区落实了65岁以上老年人免费乘座城市公交车的规定，近700万老年人受益。5个市州全部实行了高龄津贴，其中郴州市、株洲市、湘潭市以政府办（或两办）名义为全市高龄老年人发放高龄津贴，衡阳、长沙市是以老龄委（或老龄委、民政局联合）名义。在全省122个县市区中，共有58个县市区出台了高龄补贴政策，20多万高龄老人得到了实惠。长沙、株洲、湘潭、衡阳、郴州、永州、湘西州等7个市州提高了百岁老人补贴标准，最高的县达到600元/月。

四、老年人精神文化生活不断丰富

一年来，全省各级更加注重精神关爱，让老年人晚年生活丰富多彩；更加注重社会参与，让老年人真正成为社会宝贵财富。

一是组织开展敬老爱老活动。2011年，以“敬老月”活动为主线，以“关爱老人、构建和谐”为主题，全省各地积极组织开展各类敬老爱老活动，推动全社会共同关心关注老年群体，营造尊老敬老的良好社会氛围。如省办联合省委老干部局、省马王堆医院和省康复学会在9月份开展“湖南省第七届关爱老年人健康周”活动，走访慰问十大寿星，派出医疗队为老年人义诊和检查；联合省委老干部局、省体育局、湖南电视移动频道等部门开展首届中老年人广场舞大赛，来自全省各地的近百支表演队伍参加，社会反响非常好。湘西州开展“十佳杰出老人”、“十佳孝亲敬老之星”、“十佳敬老模范单位”评比表彰活动；长沙市深入开展“秋冬季养生健康进社区”活动。娄底市围绕“预防老年失能、关爱失能老人”主题展开系列公益活动，包括建立全市失能老人数据库、开通“失能预防及照护网”、设立“孝仁基金”、成立“孝仁志愿者服务总队”、建立“失能老人照护及康复中心”等。张家界市开展了“敬老惠民号”大型观光旅游活动。敬老爱老活动的广泛开展，弘扬了中华民族的传统美德，营造了良好的社会氛围，加强和促进了老龄文化建设。

二是引导鼓励和推动老年社会参与。一方面积极组织开展适宜老年人参加的丰富多彩的文体活动。2011年，全省开展了老年人气排球比赛、柔力球比赛、钓鱼比赛、门球赛、太极拳剑比赛等9项全省性的赛事，参加运动的老年选手1.7万人次。郴州市老体协代表队在北京国际柔力球交流赛上获得三项第一，邵阳市获得2011全国老年人太极拳（剑）比赛两项第一。在第二届中华红歌会上，湖南老年合唱团获得一金一银的好成绩；在第十三届中国老年合唱节上，我省三个老年合唱团获得一个二等奖，两个三等奖。重阳节期间，益阳市组织老同志代表参观高新区和生态旅游村，为城市发展建设征集意见和建议。长沙举办“枫林爱晚”老年文化艺术节，历时4个月，吸引10万余名老年人参与。据不完全统计，截止到去年底，全省有各类老年文艺团体4522个，常年参加活动的老年人达到94万人；县级以上老年体协142个，常年参加体育活动的会员近1.6万名。另一方面，各地重视调动老年人参与和服务经济社会发展的积极性，发挥老年人余热。如湘西州组织老年人才开展“送文化、送科技、送医药”三下乡活动，怀化市组织老年人投入文明城市创建和丧葬礼俗改革活动，湘潭市组建老龄讲师团，深入乡镇、街道和厂矿巡回免费宣讲，等等。广大老年人在基层社会管理，甚至政治、经济、文化建设主战场发挥着越来越重要的作用，真正日益成为社会的宝贵财富。

五、老龄宣传研究工作蓬勃开展

一是进一步加强老龄宣传工作。2011年，我们继续合作办好了《快乐老人报》和《当代商报》的《晚晴》专栏，使这两报成为宣传老龄政策、展示老龄事业发展成就和反映广大老年人呼声的重要阵地。联合省妇联、《今日女报》组织开展《百岁隐于市》大型系列报道，通过报道50位城区百岁老人的幸福生活，反映和展示全省老龄事业取得的成就，得到领导和相关部门的肯定。省委宣传部指出这是“宣传老龄工作的创新之举，具有很好的示范效应”。在重阳节前后，联合湖南广播电视台在电视和广播等媒体上，就老年优待、养老服务等社会大众普遍关注的问题制作专题节目。各地积极与当地电视广播和报社等媒体合作，设立专栏，制作专题节目，加强了老龄宣传。进一步加强湖南老龄网建设，发挥宣传主渠道作用，全年编发省内涉老信息100多篇，图片报道30多幅，全方位报道了我省老龄事业发展的情况；评选出全省十佳通讯员和宣传工作先进单位，扩大了老龄工作的社会影响。

二是积极开展老龄问题调查研究。全省各级积极参加全国老龄办举办的“党旗下的老龄工作”征文活动，全省有7篇文章获奖。开展全省老龄工作系统调查研究和调研报告评比表彰，各地上报调研报告（论文）73篇，评选出了三个优秀组织单位奖，18篇作品分获调研报告一、二、三等奖。我感到去年的调研报告有三个特点：数量增多了，较上年度增加了30多篇；质量有提高，看得出来，一些调研报告是在广泛调查和认真研究的基础上形成的。有自己的见解，有内涵有新意；参与面扩大，除了老龄部门的同志，一些社区工作者和离退休老同志也积极参与进来。这说明大家重视了，谋事了，必将有益于工作的开展。

六、老年社会保障水平继续提高

2011年，各级老龄办积极协助有关职能部门着力加强老年社会保障，改善老年民生，取得了新的成绩。

一是提高了养老保障水平。调整完善了特殊工种和因病提前退休“一费一金”及基本养老金发放政策，保障了提前退休职工养老保险权益的落实。出台了困难国有企业欠费清缴政策，保障了困难企业职工养老保险权益的落实。2011年，全省企业基本养老保险离退休职工参保人数达到223万人，企业退休人员月人均基本养老金从2005年的571元提高到了2011年的1295元，待遇水平实现了翻番。并对企业建国前参加革命的老工人按每人每月350元的标准增发生活补贴，切实提高了他们的待遇水平。扩大了新型农村养老保险试点工作，目前全省已有96个县市区纳入到国家新农保试点范围，试点覆盖农业人口4189万人，60周岁以上的农村老年人口631万人。推进城镇居民养老保险试点工作，新农保试点的96个县市区同步纳入城镇居民养老保险试点范围，覆盖城镇总人口1313万，60周岁以上老年人口33万。

二是加大了医疗保障力度。巩固和扩大医疗保障覆盖范围，基本实现了全民医保，2011年全省城镇基本医疗保险参保人数达到1941.22万人，包括老年人口在内的参保率稳定在95%以上。医疗保险待遇较上年有了较大提高，包括老年人在内的全省城镇职工医保政策范围内报销比例达到80%以上，居民医保政策范围内报销比例达到70%左右。新型农村合作医疗制度基本实现全覆盖，全省开展新农合的县市区达到112个（不含长沙），包括60周岁老人在内参加新农合的人数达4655万，参合率97.24%。

三是扩大了社会救助范围。2011年，全省有农村五保老人约52.6万人，集中和分散供养标准分别达到每人每年3632元和1556元，比上年分别提高632元和356元；新增集中供养五保对象近万人，集中供养率达到25%。包括老年人在内的城市“三无”人员约10.46万人，生活保障也得到不断改善。2011年全省城乡有82.73万老年人纳入了低保范围，其中城市低保老年人29.33万，农村53.4万。城市人均低保补差月均达到195元，农村为76.4元，与2010年相比，分别增加了40元和21.4元，部分低保老人还享受廉租房补助、减免水电、收视费等政策扶持。五位一体的城乡医疗救助政策全面落实，城乡低保、农村五保老人全部纳入医疗救助范围。在各级涉老部门的积极督促和协力参与下，2011年包括老年人在内的城乡医疗救助达412多万人次，救助资金达10

亿元；开展百万贫困白内障患者免费治疗活动，共免费治愈老年白内障患者近9万名。临时救助资金预算长效机制初步建立，全年救助包括老年人在内的困难群众30余万人次。全省帮助包括老年受灾倒房户在内重建住房1.72万户，帮助特困老人在内的11.34万户农村特困户进行了危房改造。

重要会议和活动

【2011年度全省老龄工作会议】3月24—25日，2011年度全省老龄工作会议在长沙召开。省老龄委常务副主任、民政厅厅长余长明在会上对我省近年来老龄事业发展所取得的成绩给予了高度肯定，并对“十二五”期间的老龄工作提出了意见和建议。省民政厅党组成员、省老龄办主任陈毅华就我省2010年老龄事业发展情况和2011年工作重点做了工作报告。来自省老龄委主要成员单位的领导总结汇报了本部门“十一五”期间的涉老工作情况。省老龄办副主任，14个市州老龄办主任，民政局分管副局长等共60多人参加了会议。

【2011年全省老龄工作年中分析会】8月16—17日，2011年湖南省老龄工作年中分析会议在郴州召开，各市州老龄办主任、民政局分管副局长参加了本次会议。会议代表通过现场参观和集中座谈等方式，集中学习了郴州市近年来养老服务业快速发展的经验做法。各市州结合本地实际，就推进老龄工作的具体做法以及面临的主要困难等交换了意见。

【启动湖南省应对人口老龄化战略研究】为摸清我省老年人口的基本情况和人口老龄化发展的基本态势，探索人口老龄化的规律，预测人口老龄化对我省经济社会发展的影响，为制定我省老龄事业发展中长期规划和省委省政府科学决策提供依据。2011年4月，省老龄委组织省经济地理研究所、湖南大学等研究机构的专家教授启动了我省应对人口老龄化战略研究，该项目将在2012年年中完成全部成果。

【全省老龄专项工作交叉检查】为检查三年来全省农村老年人福利服务中心示范点建设情况和省委办公厅、省政府办公厅《关于进一步加强老年人优待工作的意见》（湘办〔2009〕67号）落实情况，2011年8—9月，省老龄办组织14个市州老龄办主任分5个组，对14个市州进行了交叉检查。检查后，及时汇总情况，分析存在的问题，并下发专项检查通报，提出下一步要加强的工作。就落实《意见》方面，要求各地认真抓好学习宣传工作，还没有出台意见的市州应尽快制定出台本地实施意见，加强对老年人优待工作落实情况的督促检查，要把落实老年人优待政策列入今后一个时期的工作重点，并作为老龄工作的一项重要内容纳入目标管理。就示范点建设的目标规划、选点原则、设施建设、服务内容、服务队伍、机构管理等方面提出明确要求，力争在示范点建设方面创建几个典型，打造几处亮点，以点带面推动全省农村居家养老服务工作的顺利开展。

【《百岁隐于市》出版发行】2011年，省老龄委、省民政厅联合《今日女报》组织开展了《百岁隐于市》大型系列报道，历时半年多，通过报道50位城区百岁老人的幸福生活，反映和展示了全省老龄事业取得的成就，得到省领导和相关部门的肯定。这一大型报道是我省宣传老龄工作的创新之举，由点及面、由浅入深、由内及里宣传推介全省的老龄工作，具有很好的示范效应。同时，为扩大社会影响的广泛性和持续性，《百岁隐于市》经过后期制作并编辑成册，已由湖南省文艺出版社出版向社会发行。

各项业务进展

【城乡养老服务体系建设工作】2011年初，在认真总结经验基础上，及时对开展省级农村综合老年福利服务中心示范点建设作出全面部署，对抓好市、县两级示范点建设和已建示范点管理服务工作提出明确要求，认真选点，精心指导，加强督查，要求各示范点在认真搞好五保老人服务管理的同时，积极开展尽可能多的居家养老服务，使越来越多的社会老人得到服务。全年建成103所省级、109所市级和127所县级示范点，示范点数量大幅增加，质量稳步提高。截止2011年底，全省共建成172所省级、420所市级和951所县级示范点，各级政府累计投入5000多万元支持示范点建设，推动全省97%的示范点开展了社会化养老服务，超过12.9万老年人受益。在城市，通过年初安排部署、年中专题推进、推介典型、组织现场考察和个别指导等方式，进一步推动城市社区居家养老服务工作的开展，全年全省新建城市（中心城市）居家养老服务中心50多个。2011年长沙城区居家养老服务中心基本实现了全覆盖。

【湖南省出台《关于加快发展养老服务业的意见》】2011年7月，由省老龄委、省民政厅联合拟定并提请省人民政府出台了《湖南省人民政府关于加快发展养老服务业的意见》（湘政发〔2011〕19号，以下简称《意见》）。《意见》分为三个部分：1、加快发展养老服务业的指导思想、总体目标和主要任务（包括发展养老服务机构、建设社区居家养老服务设施、推进养老服务业管理规范化、培育养老服务队伍、壮大养老服务产业等）。2、加快发展养老服务业的扶持措施。主要包括：一是加大养老服务业发展投入，二是加大对养老服务业发展的政策支持。3、加强对养老服务事业发展的组织领导。一是健全养老服务业发展的体制机制，二是建立养老服务业发展目标管理考评机制，三是营造加快养老服务业发展的社会环境。

【老年人优待工作】截止到2011年底，全省有7个市州出台了本地《省委办公厅、省政府办公厅关于进一步加强老年人优待工作的意见》（湘办〔2009〕67号）的实施意见。14个市州的82个县市区落实了65岁以上老年人免费乘坐城市公交车的规定。有7个市州提高了百岁老人补助标准（由原来的每人每月200元提高到250—400元不等）。58个县市区建立高龄津补贴制度（为70—90岁的老年人每人每月发放补贴30—100元不等）。各级财政每年投入补贴资金9000多万元，全省有20多万高龄、百岁老年人受益。115个县市区落实了城乡贫困老人、农村五保老人、城镇三无老人和百岁老人丧葬费用减免规定。109个县市区的卫生部门每年定期为百岁老人进行免费的全面体检，122个县市区已经开始为65岁以上老年人免费建立健康档案并定期组织检查。93%的县市区免费为特殊老人办理公安系统证件、减免特殊老人的电话和宽带安装费。98.6%的公益性文化设施、风景名胜区和自然保护区等景点为老年人提供减免服务，97.85%的文化体育场馆为老年人提供优惠服务。

【开展老龄调研和信息宣传工作】2011年，全省各级老龄工作部门认真组织开展老龄问题的调研和论文报告的撰写，共上报有效调研报告（论文）73篇；积极开展涉老信息的宣传报道，在网络和报纸、期刊等平面媒体上发布涉老信息近800余篇。经过认真评审，长沙市老龄办等3个单位被评为老龄调研报告优秀组织奖，《建立居家养老服务体系的思考》等18篇调研报告分获一、二、三等奖；郴州市老龄办等3个单位被评为老龄信息宣传工作优秀单位奖，张国富等10名同志被评为优秀通讯员。

广东省

综　述

老龄工作事关社会和谐稳定大局，省委、省政府历来高度重视老龄工作。近年来，全省各级、各涉老部门深入贯彻落实科学发展观，紧紧围绕中央和省委、省政府的决策部署，以保障和改善老龄民生为着力点，改革创新，真抓实干，办成了一系列大事，办妥了一系列难事，推动我省老龄事业呈现整体推进、协调发展、稳步提高的良好态势，不少工作走在全国前列。

一、社会保障体系逐步健全

城乡养老保险体系不断完善，截至2011年底，全省城镇企业职工养老保险参保人数达3780万，企业退休人员月人均养老金达1721元，企业职工基本养老保险实现省级统筹，在全国率先实现养老保险关系省内无障碍转移。12个市实现新农保制度全覆盖，参保人数达1360万人，比上年底增长43.9%。城镇居民养老保险参保人数达60多万。所有地级以上市全面实施城镇居民基本医疗保险制度，与城镇职工医保、新农合共同构成覆盖城乡的医疗保险体系。城乡低保和农村五保供养制度进一步落实，符合低保条件的老年人实现应保尽保，五保供养标准稳步提高。老年福利和社会救助制度、城乡计划生育家庭养老保障支持政策进一步健全。

二、养老服务体系建设步伐加快

各类养老机构、服务设施建设有效推进，全省经民政部门登记在册的各类养老机构达2561家，床位13.9万张，其中民办养老床位达7万多张。全省6169个社区共建有“星光老年之家”4767个，总建筑面积209万平方米。居家养老快速发展，全省居家养老服务机构达254家，服务居家老年人292.8万人次。

三、老年人权益保障和优待工作进一步加强

全省共设立老年法律援助中心843个，维权协调组织1887个，每年为近20万老年人（次）提供法律服务。各地根据经济社会发展水平的提升，不断提高优待标准和增加优待项目，对老年人看病挂号、就诊和进入公益性文化场所、公园、旅游景点等给予减免优待；18个地级以上市对老年人乘坐公共交通工具给予减免优待；全省普遍建立100岁以上老人高龄政府津贴制度，广州、东莞将津贴发放范围扩大至70岁以上老人，深圳、珠海、佛山、惠州、中山、江门、肇庆和茂名等市建立了80岁以上高龄老人政府津贴制度，全省享受高龄津贴的老人达115万人。

四、老年教育、文化、体育事业快速发展

老年文艺汇演、老年文化艺术节、老年人运动会、老年人书画展等各种有益于老年人身心健康的文体活动广泛开展。目前，全省经常参加体育活动的老年人达600多万人，占全省老年人口的六成。我省在全国第一届老年人体育健身大会、第二届老年文化艺术节等赛会上均取得优异成绩，展现了老年人的良好精神风貌。老年大学办学规模不断扩大，在校人数不断增长，专业设置更加科学。各类广播电视、报刊杂志和网络，针对广大老年人开辟了丰富多彩的栏目，大大丰富了老年人的精神文化生活。

五、老年人参与经济社会发展取得良好成效

各级老龄部门和涉老机构积极组织城乡老年人参与社会建设、精神文明建设和社会公益活动，充分发挥老年人在提供科技咨询、关心下一代、开展传统教育、维护社区治安、调解邻里纠纷、开展互助服务等方面的积极作用。特别是省老龄办从2004年开始，牵头组织老专家、老教授深入广西和我省欠发达地区开展“银龄行动”，从医疗、科技、农业、教育等方面为基层群众传授先进技术、进行科技帮扶，为促进当地经济发展和群众脱贫奔康发挥了重要作用。

重要会议和活动

【召开省老龄委第十一次全体会议】4月14日上午，省老龄委第十一次全体会议在省政府迎宾厅举行。会议由省老龄委常务副主任、省政府副秘书长颜学亮主持。省老龄委主任、副省长刘昆出席了会议并作重要讲话。省老龄委委员及省老龄委成员单位联络员出席了会议。会议传达了全国老龄委第十三次全体会议精神，总结了2010年我省的老龄工作，并对今年的工作落实提出了意见。会议还表彰了2010年度省老龄委先进成员单位和优秀联络员。

【召开全省地级以上市老龄办主任会议】4月27日上午，2011年全省地级以上市老龄办主任会议在清远市召开。会议传达了全国老龄委第十三次全体会议、全国老龄办主任会议及省老龄委第十一次全体会议精神，部署了今年全省老龄的工作任务。会议由省老龄委委员、省老龄办主任陈瑞峰主持，省老龄委委员、省民政厅党组成员、副巡视员高党生出席会议并讲话。各地级以上市老龄老龄办负责人以及省老龄办全体人员约35人参加了会议。

【开展贯彻实施《中华人民共和国老年人权益保障法》执法检查】

5月，陪同省人大常委会执法检查组赴广州、清远两市进行了执法检查，基本掌握了各地贯彻落实《中华人民共和国老年人权益保障法》和《广东省老年人权益保障条例》的情况，并向全国人大常委会报送了《广东省贯彻实施〈中华人民共和国老年人权益保障法〉情况汇报》，得到了全国人大的充分肯定。

【组织了省第二届“福彩杯”万名老人登山活动】9月23日上午，省老龄办、省福利彩票发行中心在白云山举行了广东省第二届“福彩杯”省直单位万名老人登山活动。来自省直属机关、企事业单位、中央驻穗单位各大专院校的离退休干部、职工和部队老同志近万人在重阳来临之际畅游白云山。

【举办了第二届广东省老年欢乐节】12月8日—12日，第二届广东省老年欢乐节在广东白云国际会议中心广场举行。本届欢乐节历时5天，以喜闻乐见的游园形式，为广大中老年朋友提供了一个展示新时代老年人精神风采的平台，为老年人营造了安度幸福晚年的祥和氛围，让为老服务的理念更加深入人心。此活动约3000人次参加。

【举办了第三期“应对人口老龄化战略高级研修班”】11月，由省委老干部局、省老龄工作办公室、联合国国际老龄研究所联合主办的第三期“应对人口老龄化战略高级研修班”在肇庆市举办。来自全省部分市县区老龄办、老干部局和省直单位老干部工作部门的负责人及相关人员共计40多人参加培训。

各项业务进展

【老年维权工作】全省各级法律援助部门对老年当事人提供减免费服务，对行动不便的老年人提供上门服务。人民法院对涉老案件实行优先受理、优先审理、优先执行，对较复杂和易反复的案件实行回访制度，对经济有困难的老年人实施司法救助。各级司法行政部门制定实施了律师、公证机构为老年人提供法律援助和法律服务的规定。全省大部分地区成立了老年法律援助中心、老年法律事务所，有的还开设了老年法律服务热线，为老年人的维权活动提供便利。据不完全统计，全省共调解涉老矛盾纠纷案10多万件，调解成功率96.5%。省老龄办坚持每月一次法律咨询日活动，为老年信访群众处理了70多起案件。各地老龄工作部门加强老年人来信来访工作，妥善处理信访案件，及时化解矛盾纠纷，老年人的合法权益得到维护。

【为老服务业发展】至2011年底，各类养老机构、服务设施建设有效推进，全省经民政部门登记在册的各类养老机构达2561家，床位13.9万张，其中民办养老床位达7万多张。全省6169个社区共建有“星光老年之家”4767个，总建筑面积209万平方米。居家养老快速发展，全省居家养老服务机构达254家，服务居家老年人292.8万人次。目前，我省初步形成了以居家养老为基础、社区服务为依托、机构养老为补充的社会养老服务体系。以保障高龄、独居、空巢、失能和低收入老人为重点，借助专业化养老服务组织，提供生活照料、家政服务、康复护理、医疗保健等服务的居家养老服务框架基本建立。推进社区老年服务设施建设，不断提升社区养老服务水平，为老年人提供就近、方便、快捷、多样的日托服务和文娱活动场所。按照政府主导、社会参与，公办民办并举的发展思路，采取公建民营、民办公助、政府购买服务等方式，大力发展机构养老服务。

【老龄新闻宣传】全省各地充分利用报刊、广播、电视、互联网等多种形式的大众传播媒体，加强对老龄工作的宣传，形成良好的社会舆论环境。据不完全统计，2011年在我省报纸、电台、电视台、网站等媒体刊（播）发了有关涉老新闻报道、图片、评论、涉老维权文章5000条（篇），策划有关涉老专题400多期。

【老年文体活动】省老龄办在“重阳节”及第23届“老人节”期间，组织了“福彩杯”省直机关万名老人登白云山活动及第二届广东省老年欢乐节。各成员单位和涉老社会组织也积极发挥作用，兴办各类老人活动设施和开展老年文体活动。在主题教育活动和老人节期间，各地按照全国和省老龄办的通知要求，普遍组织老年人开展了老年文艺汇演、老年文化艺术节、老年人运动会等一系列有益于老年人身心健康的文体活动上万场（次），大大丰富了老年人的精神文化生活。目前，全省经常参加体育活动的老年人达600多万人，占全省老年人口的六成。

【第八期“银龄行动”】广东省第八期“银龄行动”在清远市的佛岗、惠州市龙门两县全面铺开，主要有两个方面的内容：一是开展农业科技下乡活动，由在农业科技上有成就的我省老专家、老教授向农民群众传授大豆、玉米、柑橘栽培技术与病虫害防治，并向农民赠送试种、试用农资产品和科普丛书。二是医疗卫生服务活动，组织医疗卫生系统的老专家教授举办专题讲座，到县、镇医疗带诊、义诊。据不完全统计，本次“银龄行动”医疗专家组诊共治234人。老专家作学术报告共5场，听课人数共243人。手术3例，其中五官科1例，剖腹产2例。第八期“银龄行动”为当地人民送去了知识，送去了技术，送去了健康，受到了当地人民的热烈欢迎。同时，还鼓励和引导老年知识分子积极参与社会发展，扩大了老龄工作的影响，提升了老龄工作部门的地位。

云南省

综　述

截至2011年底，云南省60周岁以上老年人口已达521万人，占全省总人口的11.25%，人口老龄化、高龄化的趋势更加突出。2011年，在省委、省政府的领导和全国老龄办的指导下，云南省老龄办始终坚持“党政主导、社会参与、全民关怀”的老龄工作方针，牢固树立“以人为本、为老服务”宗旨，认真贯彻落实党的十七大，十七届五、六中全会，全国老龄委第十三次全会，全国老龄办主任会议，第三次全国老龄工作会议和全省老龄工作会议精神，开拓创新，科学筹划，突出重点，扎实工作，狠抓惠老政策落实，有效地促进了各项老龄工作的顺利进行。

一、认真落实惠老政策，有效维护老年人的合法权益

为更好地贯彻落实《云南省老年人权益保障条例》，经过省老龄办的积极努力，2011年省政府继续将落实高龄老人生活补贴政策列入20项重点工作进行督察。省老龄办及时将进一步提高发放标准、规范高龄老人生活补贴纳入年度目标考核范围，加强跟踪督查。州、县两级老龄部门积极争取当地党委、政府的支持，适时提高了高龄老人生活补贴标准，认真做好80周岁以上老年人的调查登记、公示审核和补助资金的审批发放工作。年内全省共有66万多名80周岁以上老年人领取了健康补贴，1160名百岁老人领取了长寿补贴，累计发放高龄补贴24514万元。各地采取有力措施，督促相关部门在医院、旅游景点、公厕、商业网点等主要服务窗口设置老年人优先、优惠和免费的标志，60周岁以上老年人持老年优待证免费乘坐城市市内公交车、进公园公厕和就医减免挂号费等优待政策得到了很好的落实。

二、注重夯实设施基础，着力加快为老服务体系

建设

为建立和完善我省居家养老服务体系，加快推进居家养老服务事业的发展，根据国家的相关要求，结合云南实际，省老龄办牵头起草了《云南省养老示范机构设置规范》、《云南省社区日间照料服务中心建设规划（2011—2015）》、《云南省居家养老服务体系建设五年规划》等政策文件，即将出台。在全省继续组织实施“百村建设”计划，积极筹措200万元资金，帮助100个基层老年协会解决活动设施、器材和图书等。州县两级积极落实配套资金，加大对农村老年协会的帮扶力度，进一步促进了基层老龄工作的持续发展。在加强对国家发改委2010年底下达两个社区日间照料中心在建项目建设督查的同时，积极向国家发改委申请中央投资500万元，向全国老龄办申请福彩公益金200万元，指导曲靖等地开展6个社区日间照料中心和2个社区为老服务信息化平台项目建设，进一步提升了居家养老服务水平，更好地满足了老年人居家养老服务需求。经过多方努力，云南省老龄人口信息管理系统和云南老龄网建设项目通过专家评审，即将正式投入使用，为进一步提高我省老龄信息管理和为老服务水平奠定了基础。

三、严格执法检查和责任制考核，推进老龄事业全面发展

2011年6月底，全国人大常委会对我省贯彻执行《老年法》情况进行了重点执法检查。省老龄办积极指导各州市开展自检自查，全面总结各地贯彻《老年法》、落实各项惠老政策的经验和做法，认真查找存在的困难和薄弱环节，研究制订改进措施和办法，为下一步加大贯彻落实力度、确保老年优待政策真正落到实处、推动我省老龄事业的全面发展奠定了基础。6月21日至29日，全国人大副委员长兼秘书长李建国率工作组到昆明等地进行实地检查，对我省老龄工作和贯彻执行《老年法》情况给予了充分肯定。2011年，省委、省政府又将老龄工作纳入对各州市党委政府的综合目标考核范围，省老龄办严格按照省考评办的要求，实事求是、客观公正地为省考核领导小组综合评估各州市的年度工作提供了依据。昆明、曲靖、玉溪、保山、丽江、文山等地都将老龄工作任务纳入政府年度目标考核范围，明确要求各成员单位制定为老年人办实事的年度工作计划，州（市）老龄办加强督促检查指导，基本形成了齐抓共管的大老龄工作格局，促进了各项工作任务的落实，推动了老龄事业的稳步发展。

四、强化老龄宣传工作，进一步提高老龄工作的社会影响

省老龄办紧紧围绕省两会、全国老龄办主任会议在昆明召开、庆祝建党90周年系列活动、全国人大检查组到我省执法检查、党的十七届六中全会、省九次党代会、第三次全国老龄工作会和国家老龄事业发展“十二五”规划的颁布实施等重大事件、重大活动，策划了一系列主题宣传活动，先后在《中国社会报》、《中国老年报》、《云南日报》、《云南政协报》、《云南老年报》等报刊上开辟专版或持续性专栏，制作了电视宣传片、成就展示图板，编印了《七彩映晚晴》画册等宣传资料，通过广播、电视、网络、手机短信等各类媒体，广泛宣传我省“十一五”老龄事业和“十二五”开局之年老龄工作的辉煌成就，展望“十二五”的老龄工作蓝图，进一步增强全社会对我省人口老龄化形势的严峻性、问题的特殊性、工作的紧迫性的认识，激励广大涉老工作者和社会各界的积极性，全省上下形成了积极、健康、和谐老龄化的宣传舆论氛围。同时进一步提高《云南老龄》、《云南老龄工作简报》等自办杂志简报的质量，增加了老龄工作理论研究和外地工作经验、外国养老模式介绍等内容，努力增强对社会的舆论引导和对基层工作的指导性。各地各部门以宣传贯彻“一法一条例”为主线，以“歌颂祖国庆盛世，关爱老人创和谐”为主题，积极采取与报纸、电台联办专栏、评选表彰、征文评比、举行文艺活动等形式宣传老龄法规政策和敬老先进典型，进一步增强了全社会的老龄工作意识。

五、大力表彰创建典型，全面推动创建活动深入开展

根据全国老龄委的安排，联合省人力资源社会保障厅在全省范围内认真组织开展全国老龄系统先进集体和先进工作者评选推荐工作，在各地认真评选、媒体公示的基础上，推荐的曲靖市老龄办、大理市老龄办杨雄贵和省老龄事业发展基金会何爱军分别作为全国老龄系统先进集体和先进工作者，在10月21日国务院第三次全国老龄工作会议上受到了表彰。省老龄办牵头在全省范围内采取逐级推荐、专家评审、媒体公示的评选办法，评选表彰了云南省“云岭孝星”100名、“敬老奉献模范”、“老有所为模范”各20名。昆明、曲靖、保山、红河、文山等地积极采取多种形式，大力开展敬老先进村（社区）、文明家庭、文明村寨等示范创建活动，及时推广创建活动的成功经验，有力地推动了基层老龄工作的发展。

六、严密组织敬老月系列活动，努力营造敬老社会氛围

省老龄办牵头以“创新社会管理，孝行构建和谐”为主题，联合省政府新闻办举办了敬老月活动新闻发布会，在敬老月期间掀起了老龄宣传工作的热潮。9月29日，隆重召开庆祝云南省第24届敬老节暨敬老助老表彰大会，对140名敬老助老先进典型进行表彰奖励，对10个首批省级敬老助老教育基地进行命名授牌。会同省民政厅开展了“关爱老人·边疆行”走访慰问活动，安排30万元对16个州市280个“五老”（高龄老人、贫困老人、知名老人、老英雄、老党员）家庭和16个养老服务机构进行走访慰问。联合云南日报报业集团举办了2011泛亚（昆明）老龄产业博览会。各地各部门组织开展形式多样的庆祝敬老节文体活动，大力表彰敬老爱老助老的先进典型，走访慰问城乡贫困老人和百岁老人，进一步弘扬中华民族孝亲敬老的传统美德，营造了“关爱老人、共建和谐、共享和谐”的良好社会氛围。

七、践行为老服务宗旨，助老工作成效明显

认真贯彻落实《关于推进老龄事业发展促进会（基金会）建设的意见》，把基层老促会建设纳入老龄工作目标管理责任制考核内容，持续抓好各地老促会的筹建组建工作。目前，全省已有10个州（市）65个县（市、区）成立了老龄事业发展促进会。省老龄事业发展基金会在逐户调查核实的基础上，从募筹资金中安排286万元，帮助12个州（市）45个县市区102户“五老”（农村特困老党员、老乡村干部、老英模、老优抚对象、老支边教师）解决住房难等困难，扶持曲靖、昭通、西双版纳等州市80个基层老年协会添置活动设施，继续做好扶持农村特困老人发展种植业、养殖业、服务业项目，得到了广大老年人和社会各界的好评。认真做好云南省老年之家敬老院的扩建工作的协调、论证工作。

八、加强战略研究，不断夯实工作基础

认真组织开展老龄事业发展情况统计工作，对全省各地的老年人口数量、老龄机构编制和落实、老年福利服务设施、经费投入、贫困老年人生活保障和为老服务情况等进行了全面的调查统计，为有针对性地开展老龄工作提供了详实的依据。根据国务院加强应对人口老龄化战略研究的部署，结合我省实际，省老龄办协调会同省委政研室、省政府研究室、省统计局及省财政厅、省委党校分别就我省老龄工作体制机制问题、人口老龄化趋势及影响、老年人住房保障、培育发展老龄产业等四个课题进行重点研究，将对我省创制老龄工作政策、发展老龄事业提供重要的决策参考意见。

九、强化业务培训，提升老龄干部队伍素质

积极组织干部职工认真学习党的十七届六中全会、第三次全国老龄工作会和省九次党代会等会议精神，深入开展“创先争优活动”和学习杨善洲同志先进事迹活动以及“学党章、学党史、学党的知识”专题教育活动，进一步增强了全体人员的工作责任心和紧迫感，为推动各项老龄工作有效开展奠定了思想基础。8月底在玉溪举办了老龄宣传业务培训，12月上旬与省委党校干部继续教育学院共同组织举办了首期全省老龄系统干部综合能力培训班，参训人员进一步认清了我省人口老龄化的严峻形势，明确了老龄工作任务，增强了做好老龄工作的紧迫性和责任感，掌握了开展工作的方式方法，进一步提高了老龄系统干部队伍的综合素质和能力。省老龄办委托中介培训机构对全省养老服务人员进行专业技能培训，对参加培训、通过考试取得职业资格从业证的从业人员，每人补助750元培训费，600余名参训学员取得了初、中级养老护理员职业资格从业证。昆明等地在加强县乡老龄干部和成员单位联络员培训的基础上，组织县级老龄办领导到外地学习考察，拓展了基层老龄干部的视野，提高了老龄干部队伍的整体素质和工作能力，促进了老龄工作的创新发展。

十、周密组织筹备，全力做好全国老龄办相关会议的保障工作

根据全国老龄办和厅党组的要求，省老龄办全力以赴配合做好全国老龄办主任会议的筹备保障工作，确保了会议于2月25日至27日在昆明顺利召开。同时还协助全国老龄办做好11月9日至10日在丽江组织召开联合国人口基金第七周期老龄援华项目启动会的相关保障工作。两个会议的圆满成功，得到了全国老龄办领导的充分肯定和联合国人口基金驻华代表以及全国各地参会代表的好评。

重要会议和活动

【全国人大常委会检查我省贯彻实施《老年法》情况】2011年6月21日至29日，由全国人大常委会副委员长兼秘书长李建国带队的执法检查组在我省开展《老年法》执法检查。检查组深入到保山市、德宏州、迪庆州和西双版纳州的乡镇、社区及养老服务机构，对我省贯彻实施《老年法》实施全面检查并给予了充分肯定：“云南省对贯彻老年法是重视的，采取了一系列措施，取得了明显成效，不少工作走在了全国前列。老年优待工作有些方面在中西部乃至全国处于领先地位”。时任云南省委书记白恩培、省长秦光荣、副省长曹建方对李建国副委员长的讲话分别作出了“建国同志讲的很好。请政府有关部门和州市对老龄工作予以高度重视”、“请民政厅做好准备，提出贯彻意见，省政府专题研究一次老年人权益保障问题”、

“省民政厅、省老龄办要认真学习领会，争取云南老龄工作再上一个台阶”的重要批示。

【全国老龄办主任会议在昆明召开】 2011年2月25日至27日，2011年度全国老龄办主任会议在云南省昆明市顺利召开。全国老龄委副主任、民政部部长、全国老龄办主任李立国，民政部党组成员、全国老龄办常务副主任陈传书，云南省省委副书记李纪恒，云南省副省长、老龄委主任曹建方，云南省政府副秘书长蒋兆岗，云南省老龄委常务副主任、民政厅厅长王树芬等领导出席此次会议。37个省、自治区、直辖市、计划单列市及新疆生产建设兵团老龄办相关负责同志等150余名会议代表，共同听取了全国老龄办副主任曹炳良传达的全国老龄委第十三次全体会议精神，认真学习了中共中央政治局委员、国务院副总理、全国老龄委主任回良玉所作重要讲话；云南、河北、山东、广东、新疆、山西晋城、黑龙江齐齐哈尔和甘肃省兰州市城关区等地的老龄办负责同志，就本地区老龄事业推进情况进行了大会交流发言。

【联合国人口基金第七周期援华老龄项目启动会在丽江召开】 2011年11月9日至10日，联合国人口基金第七周期援华老龄项目启动会在云南丽江成功召开。联合国人口基金驻华代表Arie Hoekman、驻华副代表Zeljka和全国老龄办常务副主任陈传书、国家发改委、商务部等部门的领导以及黑龙江、云南、陕西等三个项目省老龄办领导约40人参加会议。

【组织召开2011年全省老龄工作会议】 2011年4月，年度全省老龄工作会议在红河州蒙自市召开。会议期间，传达学习了全国老龄委第十三次全会、全国老龄办主任会议精神，回顾总结了全省2010年的老龄工作，部署安排2011年的工作任务，并对2010年度全省老龄工作目标责任制考核情况进行了通报表彰。

【开展敬老月系列活动】 省老龄办牵头联合省政府新闻办以“创新社会管理　孝行构建和谐”为主题，举办了敬老月活动新闻发布会；2011年9月29日，在昆明市召开庆祝云南省第24届敬老节暨敬老助老表彰大会，对140名敬老助老先进典型进行表彰奖励，命名授牌10个首批省级敬老助老教育基地；会同省民政厅开展了“关爱老人边疆行”走访慰问活动，安排30万元对16个州市280个“五老”（高龄老人、贫困老人、知名老人、老英雄、老党员）家庭和16个养老服务机构进行走访慰问；联合云南日报报业集团举办了2011泛亚（昆明）老龄产业博览会。各地各部门组织开展形式多样的庆祝敬老节文体活动，大力表彰敬老爱老助老的先进典型，走访慰问城乡贫困老人和百岁老人，进一步弘扬中华民族孝亲敬老的传统美德，营造了“关爱老人、共建和谐、共享和谐”的良好社会氛围。

各项业务进展

2011年，云南省始终坚持“党政主导、社会参与、全民关怀”的方针，紧紧围绕实现“六个老有”的工作目标，以保障和改善民生为重点，真抓实干，开拓进取，务求实效，各项老龄事业呈现出持续健康发展的良好局面。

【养老保险和医疗保险覆盖面进一步扩大】 截止2011年12月31日，全省参加职工基本养老保险人数达到342.82万人；城镇职工基本医疗保险参保人数达443.36万人，参保率达100%；城镇居民医疗保险参保人数达422.44万人，完成目标任务的100%；新型农村养老保险参保人数达1295.8万人，参保率达82.7%；城镇居民养老保险参保人数达29.93万人，参保率达61.3%。在政策设计上给予老年人倾斜照顾，社会保障待遇和管理服务水平不断提高。连续8年提高企业退休人员养老金待遇。全省企业退休人员基本养老金月人均达到1436元，全省基本养老保险金按时足额发放率为100%。

【积极推进企业退休人员社会化管理服务工作】 截至2011年底，全省实行各种形式的社会化管理服务的企业退休人员为100.91万人。其中，纳入社区管理的企业退休人员有71.52万人，社区管理服务率达71.5%。

【高龄老人生活补贴制度全面落实】 2011年，省政府继续将高龄老年人生活补贴工作列入20项重点工作进行督查。全省高龄补贴工作制度化，申请审批和发放程序规范化，补贴标准和补贴水平进一步提高，全省共有80周岁至99周岁老年人66.07万人享受到了月人均30元的保健补助；百岁老人1160人享受到了月人均231元的长寿补助，共支出补贴资金24514.55万元。

【机构养老服务设施建设大力推进】 全省各地按照投资主体多元化的要求，积极引导和鼓励社会力量兴办老年公寓、福利院、敬老院等养老机构。截止2011年末，我省共建成养老机构770个，养老床位总数达到52486张。其中，农村敬老院662个、床位36534张；城市国办养老机构52个，民办养老机构56个，床位15952张。

【不断加快老年文体活动设施建设步伐】 截止2011年末，全省有老年活动中心1.1万多个，老干部活动中心236个，活动室3405个，老年体育设施1.6万多套（件），老年大学151所、老年学校5000多个，成立基层老年人协会 1.5 万多个，为广大老年人无偿提供了大量的文体活动场所。

【科学编制老龄事业和养老服务体系建设规划】在全面评估贯彻落实《云南省老龄事业发展“十一五”规划》成绩和经验、存在问题及原因，深刻分析老龄工作新形势、深入调研的基础上，认真编制了《云南省老龄事业发展“十二五”规划（草案）》和《云南省养老服务体系建设规划（2011－2015年）》，并反复征求各方意见，进一步修改完善。经省政府第 71 次常务会原则通过，已下发各地组织实施。

【积极申报“百村建设”项目】为加强基层老龄设施建设基础，在认真审核的基础上，省老龄办在全省上下继续组织实施“百村建设”计划，积极筹集省级福彩公益金 200 万元，帮助 100 个基层老年协会解决活动设施、器材和图书等实际困难，各州（市）、县（市、区）仍按 1：2：4 的比例积极落实配套资金，帮助农村基层老年人协会解决实际困难，充分发挥了老年协会在新农村建设中的积极作用，不断推动了基层老龄工作的全面发展。

【认真组织实施助老工程】截止 2011 年底，全省已有 10 个州（市）65 个县（市、区）成立了老龄事业发展促进会。省老龄事业发展基金会从募筹资金中安排 286 万元，帮助 12 个州（市）45 个县市区 102 户“五老”（农村特困老党员、老乡村干部、老英模、老优抚对象、老支边教师）解决住房难等困难，扶持曲靖、昭通、西双版纳等州市 80 个基层老年协会添置活动设施。云南省敬老爱民促进会先后协调投入资金 2772 万元，重点扶助老少边穷地区的敬老院、困难学校 39 个，受助群众达 2 万多人。

【全面推进为老服务信息服务平台建设】2011 年 10 月 20 日，云南省老龄委办公室与中国移动云南公司在昆明签署共同推进老龄服务信息化战略合作协议。根据协议，双方将本着“政企联动、着眼长远、共同发展、实现共赢”的原则建立战略合作伙伴关系，以共同服务“老年人群”为宗旨，在提高面向老龄人群的信息化服务水平及老龄委办公室内部信息化应用水平等方面开展合作。

【组织开展全省老龄系统干部综合能力培训】根据年初工作计划，省老龄办、省委党校干部继续教育学院于 2011 年 12 月举办了首期全省老龄系统干部综合能力培训班，各州市、县（市、区）老龄办主任和基层老龄干部共 83 人参加了培训，进一步提高了老龄干部队伍的综合素质和履职尽责能力。

【组织开展全省老龄宣传业务培训】2011 年 9 月，省老龄办在玉溪市举办了全省老龄宣传业务培训，各州市、县（市、区）老龄办主任和老龄干部共 80 多人参加了培训，进一步提高了老龄干部队伍的老龄意识和老龄宣传工作的整体水平。

【委托开展养老护理员专业技能培训】省老龄办继续委托中介培训机构对全省养老服务人员进行专业技能培训，600 多名参训学员取得了初、中级养老护理员职业资格从业证，对经培训、考试取得职业资格从业证的学员，每人补助培训费 750 元，进一步提升了我省各级养老机构从业人员的专业护理技能。

【老龄工作机构和个人获殊荣】在 2011 年 10 月召开的第三次全国老龄工作会议上，我省的曲靖市老龄办、大理市老龄办杨雄贵和省老龄事业发展基金会何爱军分别被评为全国老龄系统先进集体和先进工作者。

【加强老龄人口信息管理系统项目建设】按照政府采购规定和项目招投标程序要求，严密组织建设项目设备采购，采取分步实施、逐步完善的方法，组织力量认真抓好云南省老龄人口作息管理系统项目建设。目前，项目硬件建设和系统软件开发已组织并通过验收，即将分批分片组织各州市老龄部门人员进行系统操作运用培训。

【积极开展应对人口老龄化形势课题研究】根据国务院加强应对人口老龄化战略研究的部署，结合我省老龄工作实际，省老龄办协调会同省委政研室、省政府研究室、省统计局及省财政厅、省委党校分别就我省老龄工作体制机制问题、人口老龄化发展趋势及影响、培育发展老龄产业、老年人住房保障等四个课题进行重点研究，将对我省创制老龄工作政策、发展老龄事业提供重要的决策参考意见。目前，四个课题组正积极组织专家论证，作进一步修改完善。

贵州省

综　　述

一、养老保障制度进一步健全完善

2011年全省城镇职工基本养老保险继续扩大覆盖面，年底参保人数达281.62万人，企业退休人员基本养老金人均达到1470元，比上年增加165元。新型农村养老保险试点工作顺利开展。2011年全省有77个县（市、区）纳入新型农村社会养老保险试点范围，比上年增加25个县，新型农村社会养老保险参保人数达到827.98万人，比上年增长2.7倍，近300万60岁以上老年人领取养老金。城乡三项基本医疗保险覆盖面进一步扩大，参保人数3703万人，比上年增加78万人，其中新型农村合作医疗参合3074万人，参合率97.13%，比上年增加46万人，参合率提高0.85个百分点，高出全国平均水平1.13个百分点，参合农民享有标准由上年140元/人提高到230元/人。全年支出医疗救助资金8.13亿元，救助684万人。卫生部门为314万65岁以上老年人建立健康档案，为老年人开展健康体检260万人次，为1.65万白内障老年患者免费手术复明。

二、社会救助制度进一步健全，保障标准不断提高

全省城市居民低保对象54.34万，月平均保障标准278元，比上年提高47元，月人均补助200元，比上年提高47.8元。农村低保对象530.88万人，年平均保障标准1468元，比上年提高282元，年人均补助714元，比上年增加178元。全省有48.66万户91.7万农村低保对象纳入季节性缺粮救助户，共发放救助粮6207万斤，支出资金1.55亿元。继续做好农村计划生育家庭奖励扶助工作，农村独生子女和计划生育二女家庭，夫妻双方年满60周岁，每人每年领取奖励扶助金从国家规定的720元提高到不低于1200元。农村计划生育家庭参加新农保的，每年给予不低于70元的缴费补贴，年满60周岁以上基础养老金月补贴不低于120元。

三、养老服务体系建设加快

各级各部门认真贯彻落实《省人民政府关于加快推进社会养老服务体系建设的意见》，加快建立以居家为基础、社区为依托、机构为支撑的养老服务体系。全省已有1353个城市、644个村建立居家养老服务站。争取国家养老服务建设项目专项资金5100万元，资助16个国办养老服务机构建设项目。省级投入1.2资金，地县投入2.6亿元，新建和扩建180所农村敬老院。毕节地区结合农村危房改造新建和改扩建的195所敬老院，新增12400张床位在2011年陆续入住，实现了“十二五”开局之年全省养老机构床位数和入住率比上年有较大幅度增长的目标，省民政厅、省财政厅下发《关于进一步加强农村敬老院建设和管理工作的通知》，安排五保供养专项资金。全省集中供养和分散供养五保对象年补助标准分别比上年提高30%和26%。优抚政策进一步落实，在乡老复员军人生活补助、特困和破产企业老复员军人生活补贴比上年有所增加。7.7万名60岁以上农村籍退役老军人从2011年8月起领取老年补助费。

四、老年人合法权益保障和为老服务工作进一步加强

各级司法部门以“六五”普法、依法治理工作为契机，广泛开展涉老法律法规宣传工作。2011年全省各级司法部门调解涉老纠纷2000余件，各级法律援助机构为老年群众提供法律援助1200人次，接待老年法律咨询6000人次。组织部门建立党员激励关怀帮扶资金机制，对年老多病、生活困难的党员实施救助，开展对离退休老干部、农村老党员、城市下岗失业党员、困难党员及因公牺牲党员家属专访慰问活动。各级妇联继续实施“贫困母亲两癌救助”、“母亲健康快车”、“母亲水窖”、“复明11号”、“惠明亲情聊天室”等项目，对贫困老年妇女开展健康检查和救治，解决农村留守老年妇女饮水困难和心理慰藉等问题，并组织开展家政培训。团省委结合“微笑小屋”建设工程，组织志愿者与老年人开展结对帮扶活动。省委宣传部继续开展“和谐贵州三关爱”绿丝带志愿服务活动，对空巢老人进行帮扶。省总工会积极开展为困难职工送温暖关爱空巢老人活动。省民委以民族节日为契机，积极在少数民族聚居区开展老龄政策法规宣传工作，并对民族地区老年人生活状况进行调研。公安部门开展了一系列严厉打击危害老年人生命财产安全、侵犯老年人合法权益等案件的活动。住建部门在城市建设规划中加强对无障碍设施建设的指

导，为老年人出行安全便捷提供保障，并认真落实风景名胜区老年优待政策。旅游部门在饭店、宾馆星级评定工作中严格执行公共区域无障碍设施建设有关规定。

五、老年文化体育生活丰富多彩

省体育局、省老体协和省老龄办联合举办了贵州省第六届老年人运动会，运动会赛期从4月至8月，历时126天，分别在7个市（州、地）、县比赛，运动会设门球、柔力球、健身球操、网球等10个大项35个小项，全省16个代表团、166支队伍近2000名老年运动员参加比赛。省体育局投入200万元体彩公益金修建市、县老年体育活动中心2个、网球场（馆）4块、门球场8块、老年活动室3个，安装健身路径工程20条。老年教育事业不断发展，全省新增老年大学（学校）99所，学员4834人。截至2011年底，全省共有各级各类老年大学（学校）1374所，学员139735人。省委宣传部争取国家2011年新增免费向老年人开放爱国主义教育基地14家，现全省共有免费开放的爱国主义教育基地和文化场所47家。省民委组织老同志抢救珍贵民族古籍，协助做好各少数民族古籍总目提要的搜集、整理、出版工作，为继承和发扬少数民族文化发挥余热。旅游部门加强对各旅行社指导监督，为老年旅客提供优质服务，并着力开发养生和老龄度假等适应老年人需要的旅游产品，为老年人出游提供更多选择。

重要会议和活动

【省老龄委第十一次全体会议】为贯彻全国老龄委第十二次全体会议和全国老龄办主任会议精神，省老龄委3月18日召开省老龄委第十一次全体会议传达贯彻全国会议精神，总结回顾我省“十一五”以来老龄事业发展成就，安排部署“十二五”老龄事业发展和2011年老龄工作，省委副书记、省老龄委主任王富玉出席会议并作重要讲话，省人民政府副省长、省老龄委常务副主任辛维光主持会议。

【全省老龄办主任会议】3月22日，省老龄办召开各市（州、地）和部分市（区）老龄办主任会议，传达贯彻全国和全省会议精神。根据会议精神，省老龄办印发2011年全省老龄工作要点，制定下发市（州、地）老龄办和省老龄委成员单位业务工作目标。各地老龄办及时向当地领导汇报省老龄委第十一次会议和省老龄办主任会议精神，召开会议安排部署当地老龄工作。

【“四个十佳”评选表彰活动】10月28日，由省老龄办、省委宣传部等8个单位联合举办的第二届温暖贵州·福利彩票敬老爱老助老楷模表彰大会在贵阳隆重召开，省人大副主任顾久、省政协副主席武鸿麟和老领导王朝文、刘思培、省政协领导等省老领导出席表彰大会。罗甸县边阳片区栗木中心敬老院等10个敬老院和明静、龙水梅、李红艳等30名个人分获“十佳敬老院”，“十佳敬老好媳妇”、“十佳敬老好儿女”、“十佳助老服务志愿者”荣誉称号。

各项业务进展

【居家养老服务工作】2011年省老龄办明确要在80％的城镇社区开展居家养老服务工作，省老龄办下发《关于进一步推进城市社区居家养老服务工作的安排意见》，并派出4个工作组深入各地进行指导和督促。8月12日省老龄办在遵义召开全省老龄工作年中分析会暨居家养老服务工作推进会，有力推动工作开展。截止2011年底，全省912个城市社区建立居家养老服务中心（站），82％的城镇社区开展居家养老服务工作，建立居家养老服务中心（站）呼叫中心178个，开发居家养老服务公益性岗位1405个。遵义市、六盘水市、黔东南州、黔西南州、毕节地区、铜仁地区等地80％以上的城镇社区开展了居家养老服务工作，贵阳市城市社区居家养老服务实现全覆盖。农村居家养老服务试点工作稳步推进，全省632个村开展了居家养老服务工作。

【省老龄事业发展“十二五”规划编制工作】《贵州省老龄事业发展“十二五”规划（草案）》经省老龄委第十一次全体会议原则同意后，广泛征求省老龄委各成员单位和各市（州、地）老龄办、部分县（市、区）老龄办的意见，于2012年5月4日以省人民政府名义印发《贵州省老龄事业发展“十二五”规划》（黔府发［2012］12号）。全省9个市州都完成了《老龄事业“十二五”规划》编制工作。

【基层老龄工作】截止2011年底，全省已有1288个城市社区建立老年协会，占城市社区总数的89.15％；12587个村成立老年协会，占全省村总数的70.27％。

【老龄宣传工作】各级老龄办充分利用电视、广播、报纸、网络等媒体大力宣传老龄工作方针政策和老龄事业发展成就，宣传老龄工作先进典型、经验和敬老爱老助老模范事迹，在全社会营造尊老敬老爱老的和谐氛围。6月省老龄办与省直机关老年体协联合开展庆祝建党九十周年红歌赛，38个省直单位1200名老年人参赛。9月下旬省老龄办、省老干局、省文明办、省音乐家协会联合举办贵州省首届“福彩杯”老年人合唱大赛，贵阳地区、其他市（州、地）共32

支代表队、1900多名老年人参加比赛。各市（州、地）、县（市、区）结合庆祝建党90周年和敬老月活动举办了丰富多彩的老年人文化、体育活动。

【老年维权工作】根据省人大常委会部署，各级老龄办认真配合各地人大常委会做好当地实施《中华人民共和国老年人权益保障法》情况执法检查工作，推动各地建立高龄老年人补贴制度，截止到2011年底，全省已有46个县（市、区）对90—99岁老年人发放高龄补贴。凯里市出台凯里市老龄社会保障补贴实施办法（试行），对全市6.8万名60岁以上老年人发放生活补贴。

【“敬老月”活动】省老龄办制定并下发了全省2011年“敬老月”活动实施方案，“敬老月”期间，全省各地、各有关部门广泛开展了送温暖活动，各级政府下拨经费组织人员对特困、高龄、空巢、失能老人进行走访慰问，各级党委、政府领导亲自看望、慰问贫困、高龄老年人。各地各部门广泛动员和组织青年学生志愿者走进福利院、敬老院、老年公寓和老年人家中，开展家政、照料、护理、信息咨询、心理疏导、法律维权等志愿服务活动。全省各地、各部门积极开展《中华人民共和国老年人权益保障法》、《贵州省老年人保护条例》和《贵州省老年人优待办法（试行）》宣传工作，组织开展老年优待政策和有关涉老政策落实情况检查。各级老龄办认真组织举办文体比赛、文艺汇演、诗歌朗诵会、登山、法律咨询、义诊、文化展等活动，让广大老年人感受浓厚的节日氛围。

【调查研究工作】2011年省老龄办组织开展了城镇空巢老人生活状况、城市居家养老服务工作开展情况、农村居家养老服务试点工作情况、全省老龄工作机构情况、基层老年协会建设情况等专题调研。根据全国老龄办筹备召开第三次全国老龄工作会议开展调研工作要求，省老龄办在全省组织开展了专题调研工作，共收集到各级老龄办调研报告29篇，经遴选上报全国老龄办7篇。为学习国外老龄事业发展先进经验，省老龄办组织部分市州地老龄办负责人组成考察团，赴美国、加拿大考察养老机构建设，开阔了眼界。

四川省

综　　述

2011年，在省委、省政府和省民政厅的正确领导下，在全国老龄办的指导和支持下，全省老龄系统干部职工以党的十七大精神为指导，贯彻落实科学发展观，紧紧围绕老龄工作方针，以实现“六个老有”为工作目标，扎扎实实开展工作，尽心尽力发挥好参谋助手作用，圆满完成了工作任务。

一、制定规划，着力推进老龄事业全面发展

根据全国老龄委第十三次全体会议的工作部署，以及我省经济社会发展的客观要求，按照《中共四川省委关于制定国民经济和社会发展第十二个五年规划的建议》中关于“积极应对人口老龄化”的要求，参照《中华人民共和国老年人权益保障法》、《四川省国民经济和社会发展第十二个五年规划纲要》和《四川省人民政府关于进一步加强老龄工作的意见》等文件，认真总结老龄事业“十一五”规划实施的经验，对全省老龄工作和老龄事业现状进行系统疏理，同时借鉴学习兄弟省（市）的做法，于去年2月完成了《四川省老龄事业发展“十二五”规划》（草案）初稿。初稿完成后，先后多次书面征求成员单位和市（州）老龄办的意见，在吸纳合理化意见基础上，几易其稿。《中国老龄事业发展“十二五”规划》下发后，按照要求，再次进行了修改，最终形成了《四川省老龄事业发展“十二五”规划》（草案）。待省老龄委领导同意后，报省政府审定发布。

二、配合检查，积极推动《老年法》的贯彻落实

按照四川省人大常委会办公厅《关于开展老年人权益保障法执法检查的通知》精神，2011年5月9日，省老龄办印发了《关于上报贯彻实施〈老年人权益保障法〉情况的通知》。根据市（州）近年来在贯彻实施老年人权益保障法过程中取得的成绩和存在的问题或建议，在征求省老龄委成员单位意见的基础上，为省政府草拟了《关于全省贯彻实施〈中华人民共和国老年人权益保障法〉的情况汇报》的草稿，经过两次修改，报送省政府办公厅定稿。并于5月由省政府领导向省人大进行了专题汇报。通过全省老龄部门的努力和成员单位的积极配合，社会力量的广泛参与，我省的老年维权工作取得了丰硕的成果。近年来，贯彻执行《老年法》取得的成绩，得到检查组的认可。

此外，按照全国老龄办和省人大的要求，省老龄办在大量调研的基础上还为《老年法》（草案）的修改提出了7条合理化的意见和建议，并得到采纳，受到全国老龄办和省人大有关领导的肯定。

三、认真组织，广泛开展纪念建党90周年活动

按照《中共中央关于中国共产党成立90周年纪念活动的通知》精神和省委、省政府的安排，根据全国老龄工作委员会办公室的工作部署，省老龄办及时印发了《关于转发〈全国老龄办关于开展纪念中国共产党成立90周年系列活动的通知〉的通知》，要求省老龄委各成员单位和各市（州）要充分认识开展纪念中国共产党成立90周年系列活动的重要意义，精心组织，周密安排，动员老年社会团体、基层老龄工作者、广大老年人和社会相关人员广泛开展“党旗下的老龄工作”征文比赛、“学党史知党情感党恩”知识竞赛、“弘扬民族精神和时代精神”专题宣传庆祝活动，以庆祝活动为契机，加大老龄工作宣传力度，进一步增强全社会的老龄意识和敬老意识，展现我国当代老年人爱党爱国、积极乐观的精神风貌。

2011年6月我办与四川省老年大学协会等单位共同举办了“福彩杯”四川省老年大学红歌大赛。本次大赛以“唱红歌、颂党恩”为主题，热情讴歌中华民族实现伟大复兴的奋斗历程，弘扬不屈不挠的民族精神与优良的民族传统文化，歌颂中国共产党90年的丰功伟绩和改革开放以来取得的辉煌成就，反映当代老年人热爱中国共产党，热爱祖国，热爱社会主义和蓬勃向上的精神风貌。本次大赛共有42所老年大学报名参赛，参赛曲目达70余首，参赛演员上千人，展示了全省老年大学的办学成果。6月中旬，我办与省人大办公厅、省政协办公厅等单位联合举办了四川省庆祝中国共产党成立90周年暨纪念辛亥革命100周年书画展览。本次书画展览共展出全省各地著名书画名家和老党员、老干部作品272幅，每一幅作品都包含着对党对人民的无限深情，凝聚着对中国特色社会主义美好明天的热切期望。

省级各部门和成都、泸州、宜宾、乐山、达州、雅安、眉山、资阳等地以丰富多彩的形式，积极组织广大老年人唱红歌，举办“与党同呼吸，共命运，心连心活动”有奖征文活动，组织老年人就近就地进行“红色之旅”教育活动，缅怀党的丰功伟绩。

四、集智汇力，推动敬老模范县（市、区）创建工作

根据《四川省人民政府办公厅转发省老龄工作委员会关于第三轮创建敬老模范县（市、区）工作实施意见（2008—2011）的通知》要求，各市（州）按照四川省老龄工作委员会印发的《四川省第三轮敬老模范县（市、区）考核验收标准》，狠抓落实。经请示省老龄工作委员会批准，省老龄办下发了《关于检查验收敬老模范县（市、区）创建工作的通知》，由成员单位组成4个检查验收组，从10月12日至11月18日，对市（州）上报的41个县（市、区），通过查看现场、查阅资料、访问老人、听取汇报、召开座谈会和随机抽查等形式进行了检查验收，并向省政府报送了检查验收报告和拟命名县（市、区）名单。

通过深入开展创建工作，推动了《四川省人民政府关于进一步加强老龄工作的决定》、《四川省老龄事业发展“十一五”规划》的有效落实，“党政主导、社会参与、全民关怀”的老龄工作方针得到较好贯彻，涉老政策法规得以广泛宣传，老龄工作管理体系、老年人经济供养体系、医疗保障体系和为老服务体系建设步伐逐步加快，“六个老有”的工作目标实现长足推进。

我省开展创建敬老模范县（市、区）并由省政府命名的经验，在第三次全国老龄工作会议上，作为经验材料进行了交流，得到上级有关部门的肯定和兄弟省市的称赞。宜宾市老龄办和三台县老龄办主任文银华，在第三次全国老龄工作会议上分别被表彰为“全国老龄系统先进集体”和“全国老龄系统先进工作者”。

五、广泛动员，积极开展“敬老月”活动

2011年10月，是我国第二个“敬老月”。我办经认真研究，及时下发了《关于开展“敬老月”活动的通知》（川老委办发〔2011〕32号），对全省“敬老月”活动进行了安排部署，要求各地要积极争取党政领导重视，协调动员各成员单位密切配合，切实把各方面力量组织起来，参与到“敬老月”活动中来，确保各项活动顺利开展。为了在全省进一步掀起“敬老月”活动高潮，营造良好的爱老助老的社会氛围，大力动员社会各界为老年人办好事、做事实，省老龄办主动给省政府和省老龄委作了专题汇报，得到了省领导的大力支持。省财政为此拨出40万专款用于省级“敬老月”活动专项经费，保障了“敬老月”的活动顺利开展。

9月28日，省老龄委在成都市第一福利院隆重举行了四川省第二个“敬老月”活动启动仪式，拉开了四川省“敬老月”活动的大幕。我办还与省委宣传部、省委老干部局等8个部门共同主办了《红叶正茂时——2011年“关爱老人构建和谐”电视文艺晚会》。晚会从13个市（州）、40多个节目中选定13个节目参加录制，近300名老年朋友参加了演出。晚会在10月5日重阳节当天播出后，得到社会各界的广泛赞誉。

10月10日，我办联合相关职能部门在四川科技馆举办了《奋进中的四川老龄事业》图片展。展出的1000多幅照片，全方位、多角度地反映了“十一五”期间，四川老龄事业在各级党委、政府的关怀领导下，在“党政主导、社会参与、全民关怀”的老龄工作方针的指引下，所取得的辉煌成就。图片展历时4天，参观人数达万人之多。

10月下旬，省老龄办等单位在成铁二局举行了四川省第二届老年大学体育舞蹈锦标赛暨全国第八届健身交谊舞选拔赛，全省13个市（州）的25支代表队，近800名中老年朋友参加了比赛，展现了四川老年人的风采，并通过比赛选出了我省参加全国老年体育舞蹈比赛的代表队。

全省各地在“敬老月”中，广泛开展了丰富多彩的活动。在走访慰问中，各级领导帮助特困、高龄、“空巢”、残疾和灾区老年人解决生活困难问题，绝大多数市（州）、县（市、区）党政主要领导亲自参与慰问活动，让老年朋友切身感受到了党和政府的关怀和温暖。据不完全统计，在“敬老月”活动期间我省各地慰问老人经费总计逾千万元。

六、加强宣传，营造浓厚的敬老爱老氛围

加强老龄宣传工作，增强敬老、爱老、助老的伦理道德意识，营造良好的舆论氛围，对于贯彻“党政主导、社会参与、全民关怀”的老龄工作方针，实施《公民道德建设实施纲要》，落实“六个老有”至关重要。省老龄办要求各地加大老龄宣传工作力度，努力营造老龄事业发展的社会氛围。各地充分发挥新闻媒体的作用，采取多种形式，宣传老龄工作方针和老龄工作目标，宣传老龄事业的发展成就，宣传尊老、敬老的典型人物和感人事迹，宣传开展老龄工作、发展老龄事业的好经验好做法。据统计，全年在“四川老龄网”共编发信息3000余条（幅），编发《四川老龄》杂志6期，编发《四川老龄工作简报》24期，组织本办工作人员在全国老龄办门户网站、《中国老年报》、《四川日报》、《晚霞报》等省级以上新闻媒体刊发老龄工作新闻稿件300余篇。

2011年，晚霞报社加大了《晚霞报》的管理力度，由过去的4开4版、双色印刷改为4开12版、彩色印刷，并增设了栏目、扩充了内容。发行量超过13万份，在全国老龄系统报业中名列第二位，实现了民政厅党组提出的“西部第一、全国一流”的目标。

四川老年大学细化教学管理，仅有的6名在职工作人员与老年志愿者共同努力，科学安排专业、班次，统筹协调学员、课次，在租用的4000多平米的教学场所，每学期开设了7个学系、38个专业、112个教学班，满足了7000多人次的学习需求，实现了教学质量有新提升、教育管理有新突破、教学改革有新跨越。

七、深入调研，探讨应对人口老龄化对策

为配合全国老龄办做好召开第三次全国老龄工作会议筹备工作，省老龄办转发了《全国老龄办关于开展筹备第三次全国老龄工作会议专题调研的通知》，要求各地结合本地老龄工作和老龄事业发展存在的问题与特点，开展调研。省老龄办拟定了12个调研课题，供各地参考。各地按照要求，从多角度、多方面开展老龄问题调研，省老龄办已将全省40篇调研报告在规定时间内报送全国老龄办。完成了1000名城乡老年人生活状况追踪调查后，2011年上半年完成了各项数据的录入和处理工作，为下一步的调研报告奠定了基础。

2011年6月，完成了四川省高龄老人补贴调查和数据录入工作。据统计，全省181个县（市、区）中已有125个提高了百岁及以上老人的长寿补贴金，有20个县（市、区）百岁老人的长寿补贴金达到每人每月300元以上，百岁老人长寿补贴最高的南充市顺庆区已达到每人每月600元。全省有105个县（市、区）建立了90—99岁老年人高龄补贴制度，最高达到每人每月150元。全省有12个县（市、区）为80岁以上的老年人发放了长寿补贴金，最高达到每人每月50元。

2011年8月，省老龄办承担了省第六次人口普查领导小组办公室《基于四川省第六次人口普查基础上的人口老龄化30年预测》的课题研究，目前，已完成了课题报告的起草工作。同时，省老龄办与省人大内司委共同完成了《农村老龄化对我省农村经济的影响》的调研课题任务。通过大量的调研，为领导决策提供了依据。

八、加强指导，“银龄行动”和“老年人参与四川震后重建”项目成效显著

川浙“银龄行动”是浙江省老龄办援助乐山茶叶发展项目，从2007年开始实施。2011年，在川浙两省老龄办以及项目地的共同努力下，取得了丰硕的成果，其中中茶102号、108号、302号3个新品种，被国家审定为全国优质茶树品种，跨省银龄援农的鲜活经验在2011年召开的全国银龄行动工作会上进行了交流。

“老年人参与四川震后重建”是由国际助老会与全国老龄办、四川省老龄办合作实施的帮助四川省地震灾区农村贫困老年人的援助项目。从2009年3月至2011年8月底，在苍溪县陵江镇8个村（社区）实施。经过艰苦努力，全面完成“老年人参与四川震后重建”工作任务，并于8月下旬通过了全国老龄办和国际助老会的验收。省老龄办作为全国老龄办和国际助老会的委托代管单位，认真履行职责，切实起到监督和管理作用。根据项目标书的要求，苍溪县400名老人和他们的1000名家庭成员从中受益。

九、积极参与，完成四川省第七届老年人运动会组织工作

由四川省体育局、省老龄办、省老年人体育协会主办的四川省第七届老年人运动会，于2011年4月9日至10月28日成功举行。本届老运会共设13个比赛项目，全省21个市（州）、省直机关、7个省级行业系统共组成29个代表团参赛，各项目代表队共310个，参赛人员达4310人。本届老运会展示了经过抗震救灾洗礼的广大老年人的良好精神风貌，带动了更多老年人参与体育健身活动；锻炼和培养了一大批老年体育工作骨干，为今后工作的开展打下了良好的基础。省委书记刘奇葆、省长蒋巨峰专门为省第七届老年人运动会开幕发了贺信。

重要会议和活动

【四川省2011年迎春敬老茶话会】1月18日下午，由四川省老龄工作委员会办公室、晚霞报社联合主办的“四川省2011年迎春敬老茶话会”在成都举行。出席茶话会的有省政府副秘书长张晋川，省级老领导韩邦彦、孟俊修、姜泽亭、徐世群、李进、肖光成，省民政厅副厅长杜小炎，省级老年群团组织的负责人，省级机关各部门的离退休老同志代表，老龄工作者代表，尊老敬老并支持老龄事业的社会各界代表共300余人。

【浙川“银龄行动”项目签署第二阶段合作备忘录】1月20日，浙江省老龄办和四川省老龄办联合签署了《浙川“银龄行动”援助乐山茶叶发展项目第二阶段工作合作备忘录》。备忘录确定，浙川“银龄行动”援助乐山茶叶发展项目第二阶段工作合作的时间为2011年至2014年。

【慰问百岁老人】1月25日，省政府副秘书长张晋川，省老龄办副主任渠崎和眉山市及青神县民政局、老龄委、老龄办的领导同志，冒着凛冽的寒风，给青神县大南街10号张文范和西龙镇钟家村3组张素华两位百岁老人送去了三级政府和老龄委的深切关怀和问候。

【四川省第七届老年人运动会开幕】4月9日上午，由四川省体育局、省老龄办、省老年人体育协会主办，南充市委、市人民政府承办的四川省第七届老年人运动会开幕式在南充市西山运动场日月馆隆重举行。四川省委书记刘奇葆、省长蒋巨峰为省第七届老年人运动会开幕发来贺信。

省政府副省长黄彦蓉，国家体育总局原副局长、国家老体协主席张发强，省政协原主席、省老体协主席、省第七届老年人运动会组委会主任秦玉琴出席开幕式；南充市委书记、市人大常委会主任刘宏建致辞；开幕式由南充市委副书记、市长高先海主持。省政协原副主席、组委会名誉主任姜泽亭，省人大常委会原副主任、组委会顾问黄寅逵、席义方、王荣轩，成都军区原副政委、组委会顾问张少松，省高级人民法院原院长、组委会顾问李玉龙，省政协原副主席、组委会副主任肖光成，省人大常委会原副主任、组委会副主任李洪仁，省体育局局长、组委会副主任朱玲等出席开幕式。

近年来，四川省老年人掀起健身热，经常参加体育锻炼的达650多万人，占全省老年人口总数的48%以上。目前，所有市（州）、90%的县（市、区）、85%的社区、60%的乡镇和40%以上的行政村，都建立了老年体育组织。四川省老年人运动会从1987年起，每4年举办一届。本届老运会有全省21个市州和省级行业单位共29个代表团4000多名运动员参加，年龄均在50岁以上、70岁以下。本届老运会设有门球、网球、乒乓球、羽毛球、柔力球、气排球、桥牌、台球、中国象棋、健身秧歌（腰鼓）、健身气功、健身球操、太极拳（剑）共13个项目的比赛，比赛将历时半年，赛址分别设在南充、眉山、内江、成都等13个市、州、县。

【国际养老医疗及爱心护理论坛在成都举行】5月6日—7日，由国际老年学和老年医学协会（IAGG）主办，中国老龄事业发展基金会爱心护理工程研究发展中心、四川大学华西医院承办的“国际养老医疗及爱心护理论坛”在成都隆重举行。第十届全国政协委员、民政部原副部长、中国老龄事业发展基金会理事长李宝库，全国老龄办副主任闫青春，四川省老龄办常务副主任叶路、副主任渠崎等出席了开幕式。

【四川省召开基层老年教育现场会】5月26—27日，四川省基层老年教育现场会在宜宾召开。省老龄办常务副主任叶路、省老年大学协会会长李进先出席会议并讲话。宜宾市委常委、常务副市长、市老龄委主任徐进致辞，市委常委、宣传部部长游开余，市人大副主任张乃富、副市长刘晓晨、市政协副主席付秀英等出席会议。会议由省老龄办副主任渠崎主持。来自各市（州）老龄办主任、省老年大学协会理事、老年大学校长和宜宾市（区、县）老龄委主任、老龄办主任、老年教育协会负责人、受表彰的老年学校代表150余人出席会议。宜宾市老龄办、达州市老龄办、南充市高坪区老年大学分别在会上作了交流发言。

【四川省人大《老年人权益保障法》执法检查】 5日30日—6月3日，受全国人大常委会委托，由四川省人大常委会委员、内司委主任谢昆和省民政厅副厅长罗平恩带队的省人大《老年人权益保障法》执法检查组一行10余人，对泸州市、内江市贯彻实施《中华人民共和国老年人权益保障法》情况进行了执法检查。

【基层老龄工作和老年人协会建设情况调研】 6月11日至15日，全国老龄办副主任吴玉韶、宣传部主任吕晓莉、宣传部宣传处处长贺常梅来川调研基层老龄工作和老年人协会建设情况。省老龄办常务副主任叶路、副主任渠崎参加了调研。

【全省老龄办主任会议在绵阳市召开】 7月6日至7日，四川省2011年市（州）全省老龄办主任会议在绵阳市召开，省老龄办常务副主任叶路，副主任渠崎、张晋川，绵阳市政府副秘书长钟乐海，民政局长陈敏和各市（州）老龄办主任出席会议。会议强调，今年是“十二五”规划的开局之年，全省老龄工作总体要以邓小平理论和“三个代表”重要思想为指导，深入贯彻落实科学发展观，认真落实党的十七届五中全会和省委九届八次全会精神，以“六个老有”为目标，以创建敬老模范县（市、区）为载体，积极做好应对人口老龄化战略研究工作，精心编制和实施《四川省老龄事业发展“十二五”规划》，大力推进老年社会保障体系建设，进一步加强社区、农村基层老龄工作，全面推进老龄事业加快发展、科学发展、又好又快发展。

【“老年人参与四川震后重建”项目检查验收】 8月23日，经过18个月的实施，“老年人参与四川震后重建”项目终期检查验收在苍溪举行。全国老龄办副主任肖才伟，全国老龄办国际部王珣主任，国际助老会亚太地区代表爱都阿多，省老龄办副主任渠崎、宣教处处长陶诚，广元市老龄办常务副主任王立硕，苍溪县委副书记赵家兴、副县长刘承枝，县政协副主席韩宗怀等参加了验收。一致认为项目效果达到预期目的，并取得圆满成功。

【召开浙川“银龄行动”项目第二阶段工作会】 9月8日，乐山市在沐川县召开浙川“银龄行动”援助乐山茶叶发展项目第二阶段工作会。省老龄办、省老科协相关负责同志到会指导。

浙江省和四川省老龄办共同组织的浙川“银龄行动”援助乐山茶叶发展项目第一阶段工作取得了显著的成绩，经浙川两省老龄办协商，确定继续实施第二阶段项目，时间为2011年至2014年12月。项目将遵循“政府主导、部门协同、社团运作、茶农参与”的原则，由乐山市老龄办牵头，市农业局、市科协等部门协同配合，具体工作由市老科协组织实施。本阶段项目在沐川县新凡镇、沐溪镇、建和乡五通桥区金粟镇、石麟镇，犍为县舞雩乡开展，内容为加大对引进的良种茶树示范推广面积，3个品种共扩大种植面积10，000亩，其中沐川县6，000亩，五通桥区和犍为县各2000亩。建立母本园60亩，扦插育苗基地200亩。同时推广优质茶园高效栽培技术，带动6个示范乡（镇）及周边茶园发展30，000亩，并达到茶叶产量3，000吨，茶叶产值超过12，300万元。

会议提出，要巩固浙川“银龄行动”援助乐山茶叶发展项目第一阶段工作取得了显著的成绩，再鼓干劲，增添措施，各方配合，发挥好科技优势，全力做好项目第二阶段工作，达到品种改良、茶叶增产、经济增效、茶农增收的目标。

【举办“红叶正茂时”电视文艺晚会】 9月27日，由四川省老龄办、省委宣传部、省委老干部局、省直机关工委、省民政厅、省财政厅、省文化厅、省广电局共同主办，晚霞报社、四川老年大学协办的《红叶正茂时——2011年“关爱老人构建和谐”电视文艺晚会》，在成都隆重举行。省政府副秘书长张晋川，省老领导肖光成、李洪仁和8个主办单位的负责同志与老年朋友欢聚一堂，共庆佳节。

晚会旨在进一步在全社会弘扬尊老、敬老、爱老、助老的传统美德，为节日里的老年朋友送去欢乐与祝福。这台晚会共有12个节目，通过声情并茂的表演，从不同侧面表达了老年朋友对祖国的赞美、对人民的深情，展示了老年朋友与时俱进的精神风貌和美好情怀。参演节目是从全省各地推荐的30多个节目中挑选出来的。参演的老年朋友有230余人，年龄最大的70多岁。

【四川省第二个“敬老月”活动启动仪式】 9月28日，成都市第一福利院广场彩球高挂，鼓乐欢腾，四川省第二个“敬老月”活动启动仪式在这里隆重举行。省政府副秘书长陈保明和省委宣传部、省民政厅、省财政厅、省老龄办的领导同志出席了开幕式。

今年10月1日至31日是全国第二个“敬老月”，今年7月，四川省老龄办就下发了《关于开展“敬老月”活动的通知》，部署了以“尊老敬老 和谐社会”为主题的第二个“敬老月”活动。活动月期间，全省各地将开展形式多样、精彩纷呈的敬老活动，全面展示全省老龄工作取得的成就和老年人“老有所养、老有所医、老有所教、老有所学、老有所为、老有所乐”的精神风貌。

陈保明在开幕式上致词，他代表省政府将最诚挚的祝福和真诚的问候送给全省1360多万老年朋友，祝福各位老年朋友老人节快乐，重阳节快乐，万事如意，阖家幸福！

【“奋进中的四川老龄事业”图片展】10月10日至13日，由四川省老龄办、省委宣传部、省委老干部局、省直机关工委、省民政厅、省财政厅、省人力资源社会保障厅、省文化厅、省广电局联合主办，晚霞报社、四川老年大学协办的“奋进中的四川老龄事业”图片展在四川科技馆开展。

省政府副秘书长张晋川出席开幕式并致词，他代表省政府和省老龄工作委员会预祝图片展取得圆满成功，并宣布图片展开幕。9个主办单位的负责同志也出席了开幕式。

本次图片展是四川省第二个“敬老月”的重要活动之一，图片展分为“十一五”见证、“十一五”成就、“十二五”展望三个大展区，由党政主导、社会参与全民关怀、国际援助、银龄行动、老年维权、老年群团、创建工作、大地震、老有所养、老有所乐、老有所为、老有所教老有所学、展望“十二五”共十三个部分组成，展出的161块展板、1000多幅照片，全方位、多角度地反映了“十一五”期间，四川老龄事业在各级党委、政府的关怀领导下，在“党政主导、社会参与、全民关怀”的老龄工作方针的指引下，所取得辉煌成就；旨在大力弘扬中华民族敬老、爱老、助老的传统美德，营造和谐社会的氛围，宣传全省老龄工作奋进拼搏的态势，展示老年人积极参与社会建设的风采，凸显“老有所养、老有所医、老有所教、老有所学、老有所为、老有所乐”的和谐局面。每张图片聚焦的瞬间，都是党政关怀老龄事业的缩影；每位老人展露的笑颜，都是全社会共同参与老龄事业的体现。

【四川省老龄委成员单位联络员座谈会】12月21日，为进一步夯实大老龄的工作基础，更好地发挥省老龄委成员单位联络员作用，健全老龄委成员单位联络员联席会议制度，及时了解掌握各成员单位履行涉老工作职责情况，四川省老龄办在成都召开了省老龄委成员单位联络员座谈会。会上，省老龄办副主任渠崎传达了全国第三次老龄工作会议精神，省老龄办副主任张晋川通报了今年全省老龄工作的开展情况，与会同志认真讨论并修改了四川省老龄委成员单位联系员职责。

各项业务进展

【养老保障】2011年，参加城镇基本养老保险人数达到1400多万人。为方便群众享受社保服务，养老金已全部实现社会化发放，并进一步规范社区建设标准，提高管理服务水平，企业退休人员社区管理覆盖面超过95%。根据国家人力资源和社会保障部、财政部关于增加企业退休人员基本养老金有关文件精神，在省委、省政府的领导下，省人社厅把调整企业退休人员基本养老金待遇作为一项重要工作来抓。按照国家关于2011年调待工作的整体部署，我省制定了2011年调整企业退休人员基本养老金工作方案，在按程序报经人力资源社会保障部和财政部同意，并经省政府审定后，于2011年春节前全面落实。据统计，2011年为全省406万企业退休人员平均增发月基本养老金176元。2011年，我省对新农保试点实施办法作了进一步补充和完善，将新农保缴费档次由原来的5个档次（100－500元）调整为现在的10个档次（100－1000元），并将政府最高缴费补贴标准由45元提高到70元。截至2011年底，全省新农保参保人数达到1514.4万人，609.8万符合条件的农村老年人领取了基本养老金。

2011年，我省社会救助体系进一步完善。全省城乡低保标准平均值分别达到每月251元和每年1329元，较2010年分别提高了44元和305元；全省城乡低保制度保障614.4万人，累计月人均补助分别达到191元和85元（含一次性生活补贴和物价补贴），分别完成省委、省政府“民生工程”目标的123%和141%。

2011年，省民政厅加大“五保”供养工作力度，全省51.26万符合条件的“五保”对象全部纳入供养范围，集中供养率达到48.4%；积极开展敬老院等级达标活动，不断提高供养服务水平，命名省一级敬老院51所、省二级敬老院161所。

人口和计划生育部门认真落实计划生育家庭奖励扶助政策，全省有77.5万农村计划生育老人享受了政府每年720元的奖励，其中对4.7万名独生子女死亡和伤残的父母按每人每月100元和80元的标准给予扶助，共发放扶助金约9.6亿多元。

【医疗保障】各级医疗保障工作的开展，为更多的老年人提供了“老有所医”的平台。截止2011年底，全省城镇基本医疗保险人数达到2206.73万人，其中城镇居民医疗保险参保人数达到1076万人。175个涉农县（市、区）全部实施新农合制度，2011年全省参合人数6263.07万人，参合率达到97.88%，全部涉农县（市、区）最高支付限额平均达到6.84万元，最高的达到10万元以上。2011年，全省参合农民受益1亿人次，受益率159.67%，较上年提高104%；政策范围内参合农民医疗费用报销比72.89%，实际住院补偿比达到52.3%，分别较上年提高了10.53和8.12个百分点。截止2011年底，城乡医疗救助累计救助234.9万人次，按全省城市低保对象、农村低保对象和“五保”对象累计人均救助261元、211元，分别完成省委、省政府“民生工程”目标的186%、151%，资助496万名城乡困难群众参加城镇居民基本医疗保险和新型农村合作医疗。

【老年维权】加大《老年法》宣传力度，积极为老年人提供法律援助，努力营造敬老、爱老的良好社会氛围。2011年5月，省人大执法检查组受全国人大常委会的委托，对全省贯彻落实《老年法》情况进行了检查，省政府副秘书长张晋川代表省政府向省人大作了专题汇报。近年来，我省贯彻执行《老年法》取得的成绩，得到检查组的肯定。省老龄办在大量调研的基础上为《老年法》的修改向省人大提出了7条意见和建议，并得到采纳。各级人大也积极开展老年法规政策执行情况的执法检查，推动政府和有关职能部门依法履行职责，落实老年人各项优待维权政策。一年来，各市（州）老年维权工作进一步深化，普遍建立了老年人法律援助中心，共建立法律援助站5105个，仅2011年就新建102个，基本实现了老年人法律援助服务全覆盖，2011年共为30982人（次）老年人提供法律咨询，为4642名老年人提供法律援助，发放老年人维权法律宣传资料2400万份，举办老年维权专场咨询600余场。

【老年优待】目前，全省普遍建立了向贫困老年人发放慰问金制度和高龄老人补贴制度。据不完全统计，全省享受高龄补贴的老人已超过17万人，125个县（市、区）提高了百岁以上老人长寿补贴金标准，南充市顺庆区的百岁老人长寿补贴金每人每月达到600元。有106个县（市、区）建立了80－99岁高龄老人津贴制度，最高的每人每月100元。在春节和“敬老月”活动期间，各地还广泛开展了走访慰问贫困、孤寡老年人活动，有针对性地帮助特困、高龄、“空巢”、残疾和灾区老年人解决生活困难问题，让他们切身感受到了党和政府的关怀和温暖。仅在2011年“敬老月”活动期间，我省各地慰问老人经费总计逾千万元。成都、广元、遂宁、内江、乐山、宜宾、达州、巴中、眉山、资阳、凉山等地都是四大班子主要领导带队走访慰问。全省还普遍实现了旅游景点老年人免费游园和高龄老人每年免费体检一次的优待，有的县（市、区）还将65岁以上老人免费体检列入了为民办实事内容之一。成都、自贡、攀枝花、泸州、德阳、乐山、宜宾、广安、达州和西昌、江油等城区实现了70岁以上老年人免费乘坐公交车优待政策。

【发展养老服务业】2011年省民政厅继续实施养老服务社会化示范社区创建工作，并在省本级福彩公益金中列出专项经费作为保障，全年创建省级养老服务社会化示范社区45个，完成省委、省政府“民生工程”目标的250%，努力推进社会力量兴办养老服务机构，全省以居家养老为基础、社区服务为依托、机构养老为支撑的社会养老服务体系逐步建立。2011年，新争取到国家养老服务体系建设项目12个。继续实施“晚情行动”，推进福利事业健康发展。2011年，新建、改扩建敬老院112所，新增床位11990张，新增集中供养五保对象18292人，集中供养床位率达到53.4%，分别完成省委、省政府“民生工程”目标的149%、239%、182%和106%。

海南省

综　述

2011年，是“十二五”的开局之年。海南省老龄工作在省委、省政府的领导和省老龄委成员的支持配合下，全省各级老龄机构坚持落实科学发展观，紧紧围绕中心，服务大局，以保障和改善民生为重点，把实现好、维护好、发展好老年群众的根本利益作为老龄工作的出发点和落脚点，狠抓惠老政策的落实，有效地推动了各项老龄工作的顺利开展，全省老龄事业呈健康发展良好势头。

一、老龄政策创制工作获得新跨越

由于海南省老龄工作起步晚，基础薄弱，“九五”、“十五”“十一五”期间没编制规划，为了填补海南省老龄事业发展规划的空白，省老龄办积极组织人员，牵头起草《海南省老龄事业发展“十二五”规划》，经多次论证修改完善，于2011年4月28日经省老龄工作委员会第四次全体会议原则通过，12月20日，省政府印发实施。明确提出了“十二五”时期我省老龄事业发展的总体目标、主要任务和保障措施，对今后五年全省老龄事业发展具有重要的指导作用。为积极应对人口老龄化的严峻形势，根据时任省委副书记、省长罗保铭（现任省委书记）的指示精神，以省民政厅、省老龄办牵头，协调中国（海南）改革发展研究院课题组开展海南人口老龄化趋势、老龄社会现实需求、建设目标、重点任务、财力需求与财力保障、政策需求和老龄工作体制创新等七个重点课题研究我省老龄事业资源需求和发展趋势。经组织专家学者和有关部门负责人进行评审，并针对评审会上提出建议意见多次论证修改完善后，及时上报省委、省政府科学决策老龄工作和老龄事业发展提供翔实的参考依据。各市县也积极制定本地区的老龄事业发展规划。海口、三亚、万宁等市已相继出台了老龄事业发展“十二五”规划，其他市县也出台规划实施细则等政策文件，为进一步加强老龄工作和老龄事业发展做了大量工作，取得了较大的突破。

二、社会养老保障制度进一步完善

2011年末全省参加城镇从业人员基本养老保险的离退休人员47.77万人，全部按时足额发放养老金。城镇居民社会养老保险参保人数24.85万人，为5.36万符合领取养老金条件的60周岁以上城镇居民发放了养老金，发放率达100%。全省新农保参保缴费人数245.55万人，为57.18万符合条件领取养老金的60周岁以上农民发放了养老金，发放率达100%。着力解决已达退休年龄、有工作经历且从未享受养老保险待遇的城镇老年居民的养老保险问题，截止到2011年底，全省参保缴费的超龄人员参保3万人，月人均待遇水平为530元。继续推进基本养老保险省级统筹工作。养老保险保障水平进一步得到提高，连续7年调整提高养老金，调整后月人均养老金达1312元，是历年调整幅度最大的一次。积极巩固和完善新农保制度，2011年10月起，全省新农保基础养老金从55元提高到70元，提标后我省新农保基础养老金高于全国平均水平。全省共拨付新农保补助资金17704万元，将245.9万农村适龄居民纳入保障范围，参保率达95%，有56.1万农村老年人享受基础养老金，发放率达99.9%。全面实施城镇居民养老保险制度，2011年7月1日起实现全省覆盖，全年共拨付城镇居民养老补助资金10581万元，将22.2万城镇居民纳入保障范围，参保率达73%，有4.8万城镇居民享受基础养老金，发放率达89%。

全省城镇基本养老医疗保险参保人数186.25万人，其中退休人员45.26万人，比2008年增加11.3万人，增幅达33%。全省城镇居民参保人数166万人，其中60周岁以上老年人9.98万人。为切实解决农垦系统退休人员的医疗保障待遇问题，通过多方筹资，省政府为农垦系统退休人员一次性缴纳16亿元医疗补助补偿费，并于当年全部到位，确保农垦退休人员享有与属地参保人员同等医疗保险待遇，解决了农垦系统长期以来基本医疗保险待遇偏低的问题。积极巩固和完善新型农村合作医疗制度，全省参加新农合人数达481.73万人，参合率达98.22%。积极推进医疗保险异地就医结算管理工作，截至2011年底，全省共与16个统筹地区签订了异地就医结算合作协议，并全部启动异地就医结算业务。各项医疗保障水平逐步提高，全省所有统筹地区城镇职工和城镇居民医保最高支付限额分别均达到当地职工年平均工资和当地居民可支配收入的6倍。住院医疗费用报销比例提高，一般诊疗费由医保基金报销80%，减轻了参保人员的负担。对低收入家庭60岁以上老年人参加城镇居民医疗保险个人缴费部分全部由财政全额补助，减轻了老年参保人员的负担。组织实施基本公共卫生服务均等化老年人健康管理项目，全省共为41.97万老年人进行健康管理，管理率达到58.19%。创建惠民医院，方便特困老年人就医，加强老年人护理工作，体现人文关怀。

全省有8.09万老年人纳入城乡居民最低生活保障范围，保障标准分别为每人月均303元和220元，高于全国城乡低保月人均保障标准263元和129元。全省有农村五保供养对象3.52万人，其中集中供养率5%，有95%分散供养，集中供养标准为月人均287元，分散供养标准月人均266元。城乡群众临时救助制度和医疗救助制度不断完善，全省城乡接受医疗救助51.82万人（次），其中城镇医疗救助人数18.77万人（次），农村医疗救助人数33.05万人（次），救助城镇居民医疗、新型农村合作医疗、大病救助及门诊费用资金达1.15亿元。

三、为老服务基础设施建设迈出新步伐。全省老年福利服务设施进一步完善。一是加大资金投入建设老年福利设施，新建、扩建、改建一批农村敬老院、社会福利院。筹资8300万元建设一所功能齐全的省级托老院。陵水黎族自治县投资1亿多元建设1所综合性社会养老服务中心。省发展改革委正式下达了社会养老服务体系建设试点项目资金3073万元，其中2011年中央预算内投资1500万元，地方投资1573

万元，用于全省养老服务体系建设试点项目。试点项目包括东方市养老中心一号养护楼、屯昌县养老院一号养护楼、澄迈县金江中心敬老院养护楼与南茂村老年人日间照料中心、海口玉沙社区老年人日间照料中心、文昌市文城镇社区老年人日间照料中心以及万宁市集庄村老年人日间照料中心7个项目。项目总建筑面积16120平方米，建设床位428张，预计在2012年建成。省民政厅申请中央安排我省333万元，组织实施农村五保供养机构“霞光计划”，改善海口市龙桥镇敬老院等地7个项目建设。至2011年底，全省有各类养老服务机构234所，养老服务床位共6694张。二是推进城市无障碍设施建设。根据国家的有关标准改造现有设施和推进城市无障碍设施建设，海口和三亚被列入100个创建全国无障碍建设城市，开展创建“无障碍建设城市”活动，取得较大成效，得到省政府和国家有关部门的肯定。2011年度，在国家住房和城乡建设部、民政部、中国残疾人联合会和全国老龄工作委员会办会室联合发文表彰60个“十一五”全国无障碍建设先进城市中，海口市、三亚市被评为“十一五”期间全国无障碍建设先进城市。三是完善老年人活动设施建设。全省市县都建有老年活动中心、文化广场和激情广场，配备室内外健身和活动器材。同时在城市绿化带状或小区安装适合老年人活动的健身器材和娱乐用具，为社区老年人提供高质量的文体活动场所。有的条件好的市县大力开展农村老年活动场所建设，促进基层老龄工作的持续发展。

四、实施高龄补贴等惠老政策实现新突破

2011年省政府继续将百岁老人的长寿补助政策列入重点民生工程进行督察，省老龄办把发放标准、发放程序、规范长寿补贴纳入年度工作计划，加强跟踪督查，及时向省督查办和审计部门报告情况。各级老龄部门以迎接全国人大常委会《老年法》执法检查为契机，积极争取当地党委、政府支持，进一步提高高龄补贴，规范高龄补贴发放工作。目前，有三亚、文昌、琼海、东方、五指山、澄迈、昌江、白沙、保亭、陵水等10个市县政府安排高龄补贴专项资金，个别市县80至99周岁老年人的高龄补贴标准分别达到了每人每月100元、200元，琼海、澄迈、陵水、昌江等地百岁老人长寿补助金每人每月分别达500至600元。2001年全省共有1610名百岁及以上老人领取了长寿补助金。各地采取有力措施，安排老年优待证制作经费，并督促有关部门在医院、旅游景点、车站、港口、码头、商业网点、公交车、公厕等主要服务窗口设置老年优待、优惠和免费的标志。60周岁以上老年人持老年优待证减免乘坐城市市内公交车，70周岁以上老年人免费乘坐城市市内公交车，就医免普通门诊挂号费等优待政策得到很好落实。2011年6月，省人大常委会执法检查组对此作了充分的肯定，有些方面在全国处于领先地位。

五、助老帮扶工作取得新成效

开展扶老助困活动，体现人文关怀，促进和谐。在春节、重阳节和重大节庆期间，由各地党政领导带队走访慰问贫困老年人，帮助困难老人办好事、做实事、解难事蔚然成风。全省各级法律援助机构和法律工作者，努力为老年人提供优质高效、形式多样和法律援助服务，2011年，各级法律援助机构为762名老年人提供法律援助，免费解答法律咨询1017人次。全省各级团组织和志愿者协会积极行动，先后组织4万多人次开展各类帮扶活动，累计送出慰问物资达50万元，帮助老年人解决临时困难。在老年人住房救助方面，对城镇孤寡老人住房困难家庭，优先予以分配保障性住房；结合农村敬老院建设和危房改造工作，重点解决农村五保老人住房困难。实施农村计划生育家庭奖励扶助金制度，提高奖励扶助金标准。全年全省享受计划生育家庭的年老父母奖励扶助金有3.67万人，其中城镇职工年老父母2.65万人，农村1.02万人。

六、敬老爱老助老呈现新气象

全省各地加大力度，老龄宣传工作得到加强。一是借助活动平台。省老龄办紧紧围绕“敬老月”等重大活动，策划一系列主题宣传活动，在《海南日报》首版发表至全省老年朋友的慰问信，并在海南广播电台开辟《老人早生活》海南话广播专栏进行广播。省老龄办创办“海南省老龄门户网站”，及时将老龄工作法规政策和工作动态等大量信息传递、搭建社会各界关注老龄问题交流互动平台。在全省开展“敬老月”活动期间，各地各级领导走访慰问了高龄贫困老人。各地举办以“迎国庆、贺重阳”为主题的茶花会、座谈会，弘扬敬老爱老传统美德。省老龄办与省民政厅、海南广播电视总台和澄迈县政府联合策划“九九重阳—2011年长寿之旅”一系列主题活动，省老龄委副主任、省民政厅厅长苗建中出席并讲话。与省文化广电出版体育厅举办“第二届海南省中老年人健身操（舞）大赛”。各级老龄机构以宣传贯彻“一法一规”为主线，严密组织开展孝星评选表彰、老年文艺汇演、慰问贫困老人和高龄老人等形式，积极弘扬中华民族孝亲敬老的传统美德，营造了“关爱老人、孝行琼州、共建和谐”的良好社会氛围。二是借助新闻媒体。通过主流媒体、互联网信息平台开展舆论宣传，扩大宣传范围，老年权益保障和养老服务工作等受到社会各界的广泛关注。省老龄办开通“海南省老龄门户网站”，与海南广播电台开辟《老人早生活》海南话广播专栏，及时传递党的老龄工作法规政策和工作动态，营造敬老助老良好社会氛围。澄迈县老龄委和陵水黎族自治县老龄办副主任、县民政局副局长李荣凌在国务院召开第三次全国老龄工作会议上分别获得“全国老龄工作先进集体”和“全国老龄工作先进工作者”荣誉称号。

七、老龄科研取得新成果

加强调查研究，协调联系中国（海南）改革发展研究院的专家学者，从海南人口老龄化、老龄现实需求、建设目标、重点任务、财力需求与财力保障、政策需求和老龄工作体制创新等七个重点课题，深入开展海南省老龄资源需求和发展趋势的调查研究，经多次修改、评审、完善，形成《海南省社会养老服务体系建设调查报告》、《海南省社会养老服务体系建设专项报告》和《海南省社会养老服务体系建设建议报告》，及时上报省委、省政府科学决策老龄事业发展提供有效的参考依据。省政协社会法制委员会针对我省独特的气候条件及国际旅游岛建设的推进，“候鸟人群”已经成为我省的一个特殊群体。“候鸟人群”的到来，给海南带来了新的社会互动，也对社会管理提出了新的挑战的问题，组织省老龄办、省人力资源社会保障厅、省公安厅等有关部门和部分省政协委员，深入海口、三亚、琼海、五指山和保亭等市县，及省直有关部门进行调研，形成《关于海南省“候鸟人群”服务与管理面临的问题和对策》的调研报告。

重要活动和业务进展

【海南省老龄工作委员会第四次全体会议】2011年4月28日，召开海南省老龄工作委员会第四次全体会议，会议主题是学习传达全国老龄工作委员会第十三次全体会议和2011年全国老龄办主任会议精神，审议《海南省老龄事业发展“十二五”规划（审议稿）》。会议由省老龄委常务副主任、副省长符跃主持，时任省常委、常务副省长、省老龄委主任（现任省委副书记、省长）蒋定之出席会议并讲话。会上，省老龄委副主任、省民政厅厅长苗建中对《海南省老龄事业发展“十二五”规划（审议稿）》进行说明，会议审议并原则通过了该规划，要求省老龄办根据会上的建议意见进行修改完善后，上报省政府下发实施。省老龄委成员单位及有关部门负责人参加会议。

【海南省老龄工作会议】2011年12月28日，省政府召开第三次海南省老龄工作会议。会议主题是学习传达国务院第三次全国老龄工作会议精神，部署“十二五”的老龄工作任务和2012年的工作安排。会议由省政府副秘书长种润之主持，省老龄委常务副主任、副省长符跃兰出席并讲话。会议总结“十一五”时期全省老龄工作，部署“十二五”老龄工作任务和2012年老龄工作安排。海口、琼海、澄、陵水和省人力资源社会保障厅作了书面交流。各市县老龄委主任、老龄办主任和省老龄委成员单位领导参加会议。

【《海南老龄事业发展“十二五”规划》】2011年4月，海南省开展了全省老年事业资源需求和发展专题调研工作，拓展了我省社会养老服务体系建设的战略视野。在充分调研基础上，起草了《海南省老龄事业发展“十二五”规划》（征求意见稿），通过广泛征求意见，反复修改完善，专家评审、省老龄委全委会审议，报请省政府同意，12月20日，省政府印发了《海南省老龄事业发展“十二五”规划》，明确提出了“十二五”我省老龄事业发展的总体目标、主要任务和发展措施，对今后五年全省老龄事业发展具有重要的指导作用。其总体目标为：到2015年，进一步健全覆盖全体老年人的社会养老保障、医疗保障体系和社会救助体系，构建改革发展成果共享机制；加快社会养老服务体系建设，重点发展保障“三无”、“五保”、特困老年人和低收入高龄、独居、失能等困难老年人的基本养老服务，壮大老龄服务事业和产业；加强老年人居住环境体系建设，构建海南宜居环境；进一步建立与经济社会发展和人口老龄化发展相适应的、职能明确的、行政协调高效的老龄工作体系；培育发展老龄社会组织，共建全体老年人“老有所养、老有所医、老有所教、老有所学、老有所为、老有所乐”的和谐社会环境。到2015年末，争取全省30％的城市社区，15％的农村社区建成居家养老服务中心，形成市县（区）、乡镇（街道）、村（社区）三级养老服务网络，养老服务床位力争超过老年人总数的3％，农村五保集中供养率达30％以上。逐步建立以居家养老为基础、社区养老为依托、机构养老为支撑、互助养老和志愿服务相结合为补充、资金保障和服务保障相匹配、基本服务与选择服务相结合的城乡一体化社会养老服务体系。

【海南省社会养老服务体系建设调研成果评审会】8月19日，海南省政府在海口市—中国（海南）改革发展研究院组织召开《海南省社会养老服务体系建设调研报告》评审会。省政府办公厅、省发展改革委、省人力资源社会保障厅、省财政厅、省民政厅、省卫生厅、省国土环境资源厅、省教育厅、省住房城乡建设厅、省老龄办、中国（海南）改革发展研究院、海南大学等30多人参加会议。省政府副秘书长种润之主持会议。这一调研报告是我省根据时任省委副书记、省长（现任省委书记）罗保铭的指示精神，2011年4月，专门成立由符跃兰副省长亲自牵头，省政府办公厅组织协调、省民政厅、省老龄办具体负责的调研工作领导小组。由省民政厅、省老龄办委托中国（海南）改革发展研究院负责组织调研的2011年省级课题。以全面了解海南养老服务资源分布状况，摸清城乡居民养老服务意愿和需求，找准养老服务体系存在的突出矛盾为目的，中改院课题组于2011年5月至8月围绕人口老龄化背景下居民养老服务需求、社区养老服务、机构养老服务以及养老服务体制机制等方面进行调研。通过上门走访省直有关部门，召开海口、三亚、文昌、儋州和陵水五个重点市县有关部门领导座谈会，实地走访当地居委会、村委会、养老服务机构、城乡老人以及问卷调查等形式，经过4个多月的努力而形成的调研报告。评审会一致认为，全省老年事业资源需求和发展专题调研成果系列报告基本符合海南实际情况，具前瞻性和可操作性，是一组较高质量的研究报告，经论证修改完善后，应及时上报省委、省政府作科学决策老龄事业发展的有效参考依据。

【海南省实施《中华人民共和国老年人权益保障法》执法检查】5月9日，省人大常委会召开老年权益保障法执法检查组全体会议。会上，省老龄委常务副主任、副省长符跃起兰汇报了海南省实施《中华人民共和国老年权益保障法》的执行情况。5月9至13日，以省人大常委会副主任陈海波为组长的省人大常委会老年人权益保障法执法检查组分赴海口、琼海、五指山和澄迈等市县，对我省贯彻实施《中华人民共和国老年人权益保障法》和《海南省实施〈中华人民共和国老年人权益保障法〉若干规定》（以下分别简称《老年法》和《若干规定》）情况进行了执法检查。省人大常委会陈海波副主任对我省贯彻实施《老年法》和《若干规定》工作给予了充分肯定，认为，近年来，省委、省政府高度重视老龄工作，围绕“六个老有”目标，建立工作机制，强化工作措施，落实优待政策，社会养老保障水平比较高，很好地维护了老年人的合法权益，推动了老龄事业的发展。同时，陈海波副主任指出存在问题和薄弱环节，并对今后更好地做好老年人维权工作提出了要求。省有关部门针对这次检查指出的存在问题和薄弱环节进行了整改，有效地维护老年人的合法权益。

【开展“候鸟人群”管理专题调研】为加强我省“候鸟人群”的管理，创新社会管理工作，5月中旬至6月初，省政协社会和法制委员会开展了社区“候鸟人群”服务与管理专项调研。调研活动根据省政协五届十八次常委会议议题要求，由省政协党组副书记、副主席邱德群带队，省政协社会和法制委员会邀请了省公安厅、省人力资源和社会保障厅、省老龄办等部门负责人参加，对我省“候鸟人群”管理进行专题调研。调研组先后深入海口市、三亚市、五指山市、琼海市和保亭县，分别召开市（县）有关部门负责人和“候鸟人群”代表座谈会，听取汇报并实地考察社区和住宅小区，在三亚市350名“候鸟人群”中开展问卷调查，并召开了有省民政厅、省公安厅、省人力资源和社会保障厅、省卫生厅负责人参加的省直有关部门座谈会。调研认为，由于我省独特的气候条件及国际旅游岛建设的推进，“候鸟人群”已经成为我省的一个特殊群体。据不完全统计，每年冬季由全国各省市“迁徙”我省休闲、养生、养老的“候鸟人群”约45万人左右，且有呈上升趋势。“候鸟人群”的到来，带来了新的社会互动，也对社会管理提出了新的挑战。此次调研活动，对我省“候鸟人群”状况进行了一次全面摸底，收集了大量的建议。调研组经过认真的梳理分析，向省委、省政府提交了一份较高质量的调研报告。

【开展敬老月活动】我省按照全国老龄委《关于开展“敬老月”活动的通知》的要求，开展了我省第二个“敬老月”活动。全省各地围绕慰问老年人、老年志愿者服务、老年维权、老年文化体育和宣传活动等方面开展了形式多样、内容丰富的活动，在全面落实老龄工作方针，大力动员社会各界为老年人做实事，积极弘扬中华民族传统的敬老文化，以及推动老龄工作和老龄事业的发展进程上取得了可喜的成绩。主要表现在：一是领导重视，反应迅速，给“敬老月”赋予时代意义；二是走访慰问，志愿为老、敬老之花开遍琼州大地；三是各司其职，拓宽渠道，打通维权通道。开通司法援助“绿色通道”，方便老年人诉讼。坚持调解优先，妥善化处涉老纠纷。加大执行力度，把为老年人的维权落到实处。多角度审视案件，拓宽老年人维权通道。四是创新形式，扩大参与面，将“敬老月”活动推向高潮。举办第六届老年体育运动会和第二届中老年体育健身操（舞）大赛。五、加大宣传力度，追踪涉老热点，提高敬老意识，激发敬老热情。10月5日，省老龄委向全省老年朋友致慰问信，海南日报社首版刊发。

【高龄老人长寿补贴】2011年全省享受百岁长寿补助金共1610人。其中男性264人，女性1347人；最年长者郭方姬，生于1891年，文昌市人；有19对双百岁夫妻。百岁老人人数占总人口每10万人中有

17.73位百岁老人的比值，全省14个市县比值高于国际通行的每10万人中有7位百岁老人的长寿乡标准，其中临高县、澄迈县、文昌市和万宁市每10万人中有20位以上百岁老人，其比值分别是42.63、38.23、25.76和21.49。省政府将长寿补助金纳入省级财政预算。随着高龄老人长寿补贴制度的逐步推进，有的市县在省级补助标准的基础上，当地政府再给予每人每月补助200—300元，比如三亚、琼海市、五指山、澄迈、陵水和昌江等市县的百岁老人每人每月可领取长寿补助金分别为600元和500元。三亚、东方、文昌、琼海、澄迈、保亭、白沙、陵水、保亭、昌江等10个市县政府安排专项资金，分别对80岁以上和90岁以上高龄老人按年龄段分类分档发放100至200元的长寿补助，占全省市县总数的72.2%，覆盖全省2/3以上老年人群，有效缓解了高龄长寿老人的生活困难。

【海南省城镇居民社会养老保险暂行办法】4月22日，省委副书记、省长罗保铭主持召开五届省政府第64次常务会议，审议通过了《海南省城镇居民社会养老保险暂行办法》（以下简称《办法》）。城镇居民社会养老保险制度将于2011年4月起在海口、三亚、儋州市试行，2011年10月起在全省全面实行。这也是继1992年建立城镇从业人员基本养老保险制度和2010年建立新型农村社会养老保险制度后，我省完善社会养老保障体系、实现社会养老保险制度全覆盖的又一重大突破。《办法》规定，凡具有本省行政区域内非农业户籍，年满16周岁（不含在校学生）、当期未参加城镇从业人员基本养老保险等现有社会养老保险制度，无任何形式的社会养老保险待遇的城镇非从业居民，可以在户籍地自愿参加居民养老保险。《办法》明确，养老保险待遇由基础养老金和个人账户养老金组成，政府对符合养老保险待遇领取条件的城镇居民全额支付基础养老金。会议讨论决定，基础养老金标准为每人每月130元。所需资金由省财政与市县财政分担。

【海南省城镇居民社会养老保险基本实现全覆盖】12月9日，海南省城镇居民社会养老保险养老金发放仪式在海口市海达社区举行，百名60周岁以上的城镇居民代表现场领取了养老金存折。截至2011年11月，我省城镇居民社会养老保险基本实现全覆盖，全省已有15.6万名城镇居民参保缴费，3万余名60周岁以上城镇居民领取了养老金。省委副书记、代省长蒋定之，副省长陈成出席仪式并为城镇居民代表发放养老金存折。推进城镇居民社会养老保险制度，是党中央、国务院为构建更加全面的社会保障体系，确保城镇居民老有所养的一项重大决策，也是继免除义务教育学杂费、农村新型合作医疗、新型农村社会养老保险等惠民政策之后的又一项民生工程，是我省完善社会养老保障体系、实现社会养老保险制度全覆盖的又一重大突破。根据党中央、国务院的有关部署，省委、省政府从今年4月1日起在海口、三亚、儋州启动试点工作，7月1日起在全省全面推行。

【开展评选推荐全国老龄工作先进单位和个人活动】根据全国老龄委和人力资源社会保障部的通知要求，省老龄工作委员会与省人力资源社会保障厅联合下发通知，积极做好“全国老龄工作先进单位和先进个人”的评选推荐工作。澄迈县老龄工作委员会和陵水黎族自治县老龄工作委员会办公室副主任、民政局副局长李荣凌在国务院召开第三次全国老龄工作会议上分别获得“全国老龄工作先进集体”和“全国老龄工作先进工作者”荣誉称号。

【海南省百岁老人在“中国十大寿星”排行榜上有名】2011年11月7日，第四届“中国十大寿星排行榜”和第二届“中国十大百岁夫妻排行榜”在江苏省南通市举办了揭榜盛典。我省4对百岁夫妻入选“中国十大百岁夫妻排行榜”，这4对夫妻分别为，临高县的张万经、王玉秀夫妇，年龄之和212岁；临高县的林正积、黄才弯，年龄之和206岁；临高县的符文彩，王兰逢夫妇，年龄之和204岁；万宁市的吴廷亿，梁金荣夫妇，年龄之和204岁。他们分别名列排行榜第二、六、八、九位。此外，我省人瑞郭方姬，女，汉族，出生于1891年1月，家住文昌市翁田镇东村。郭方姬老人生活尚可自理，认知能力及记忆力良好，目前是海南省内最长寿的老人，她走过清朝、民国、新中国三个时代。她以120岁高寿荣登“中国十大寿星排行榜”第四名。“中国十大寿星排行榜”和“中国十大百岁夫妻排行榜”系列活动由中国老年学学会主办，全国老龄办支持，经过全国筛选、核实户籍，专家评议等程序，按寿星年龄大小依次排序。省老龄办在这次活动中获得优秀组织奖。

【《老人早生活》海南话广播】2011年9月30日，海南省老龄办又给全省老年朋友送上了一份节日礼物——海南话广播节目《老人早生活》开播。老年朋友们只要打开收音机调至中波954千赫，就能收听到海南话广播的老年人广播节目。为进一步加强老龄工作社会宣传，大力弘扬中华民族孝亲敬老的传统美德，推动形成尊老敬老爱老的良好社会氛围，在传统节日重阳节到来之际，表达省委、省政府和省老龄工作委员会对全省各族老年朋友的关爱，省老龄工作委员会办公室与海南广播电台联合举办了海南话广播节目

《老人早生活》。《老人早生活》是一档老年人专题节目，专门为喜爱海南话的广大海南老年朋友设计制作。节目时长30分钟，播出时间为周一至周日早6点至6点30分，栏目设置有老年资讯、运动健身、家庭医生、老年课堂、敬老故事和长寿秘诀等。节目热忱为老年人服务，关注老年人的心理需求，努力把节目办成老年人反映心理诉求、沟通心灵的园地。欢迎广大老年朋友收听。

【海南省托老院奠基】 7月25日上午，海南省托老院工程在海口举行开工奠基仪式，填补了此前我省没有一所省级综合性养老服务机构的空白。老干部、省慈善总会会长蔡长松，省人大常委会副主任毕志强，副省长符跃兰，省政协副主席张海国，省民政厅厅长苗建中，副厅长李远富、苏远洋、苗延红，副巡视员何瑞群以及省直有关部门、海口市有关部门的领导参加开工奠基仪式。省托老院位于海口市秀英区永庄村，占地58余亩，是一所省内规模最大、功能齐全，集定期托养、医疗康复、临时暂住、休闲度假等综合配套设施于一体的托老院，计划投资8300万元。2013年，托老院建成后，将拥有618张床位的养老保障能力，主要接纳城市无人照料的老人和低收入、独居、空巢、失能等养老困难的老年人，为老年人提供优质的生活照顾、医疗保健及文娱活动等服务。

宁夏回族自治区

第四届全区敬老爱老助老主题教育暨“敬老月”活动表彰大会

全区老龄办负责人会议暨主管社会组织负责人会议

综　述

2011年是实施“十二五”规划和新一轮西部大开发战略的开局之年。宁夏老龄办紧紧围绕自治区党委政府的中心工作，按照年初确定的目标任务，着眼全局，突出重点，强化措施，狠抓落实，全区老龄工作迈上了新台阶，取得了新成效。

年初，自治区老龄办提出了“突出一个主题、编制两个规划、推进三项重点工作”的总体目标。即：

突出社会养老服务体系建设。着力推进保障性养老服务基础设施建设、着力建立完善相关优惠政策和服务规范、着力提升社区居家养老服务工作水平。编制《宁夏回族自治区老龄事业发展“十二五”规划》和《宁夏回族自治区社会养老服务体系建设规划（2011—2012）》两个规划。其中《宁夏回族自治区老龄事业发展“十二五”规划》自治区政府于2011年5月29日颁布，成为全国各省、自治区、市和我区各单位的首家；《宁夏回族自治区社会养老服务体系建设规划（2011—2012）》列入自治区政府“十二五”规划的子项目。两个《规划》的编制为宁夏建立以居家养老为基础、社区服务为依托、机构养老为支撑的社会养老服务体系提供了政策支撑和保障。

推进了三项重点工作：

一、健全完善养老保障制度

2011年实现了新农保国家试点全覆盖。在全国率先建立统筹城乡居民社会养老保险制度，初步构建起覆盖城乡老年人的养老保险体系。有34.7万名符合条件的城乡老年人享受到基础养老金。研究出台了生态移民、被征地农民等养老保险制度转移接续办法，切实保障老年人在异地享受到养老保险；在完成城镇居民基本医疗保险和新型农村合作医疗全区制度全覆盖的基础上，将城镇居民基本医疗保险和新农合制度“合二为一”，破除城乡居民身份界限，采取“一制多档”筹资缴费方式，建立统筹城乡居民基本医疗保险制度。全面推行门诊大病统筹、普通门诊统筹、一般诊疗费制度，切实减轻老年人就医负担。城乡老年人“看病贵”的问题得到了有效缓解。

二、整合多部门资源合力推进老龄工作

第一，为切实发挥各成员单位的作用，创造性地提出了从2011年起，自治区老龄委每个成员单位每年都要为老年人办1—2件好事、实事的建议，经自治区老龄委第七次全委会通过后，下发各成员单位执行，收到了明显的成效。第二，着力推进社区居家养老服务。继续在建设社区居家养老服务站的同时，按照“政策引导、社会参与、市场运作、老人受益”的原则，采取社会力量投资、市场化运作、政府和慈善公益组织资助并监管的方式，在全区建立了“宁夏智能化社区居家养老服务信息平台”，为3000多名老年人安装了“一键式”呼叫器，并与近500家服务商签订了服务协议，为居家老人提供了多种形式的便捷优质服务，构建了没有围墙的养老院；制定下发了《社区居家养老服务资格准入制度》、《社区居家养老服务规范化建设考评办法》和《社区居家养老服务单位质量评估办法》，为推进社区居家养老服务规范化发展奠定了基础。新建了110个社区居家养老服务站，使全区城镇社区居家养老服务站达到了315个，占城镇社区的70%以上。第三，着力落实老年优待政策，切实维护老年人合法权益。自治区老龄办下发了《关于做好老年人优待证办理工作的通知》，就做好“老年证”办理工作提出了明确的要求，并加大了督促检查力度。全年共办理《老年优待证》5万余本，为老年人外出旅游、乘车入厕和读书阅览提供了方便。全年受理老年人电话咨询和来访上千人次、办理来信18件，并按要求办理了自治区人大、政协提案和议案7件。

三、扎实开展老年人宣传教育活动

老龄宣传工作构建了全方位、立体化宣传平台。全年各大新闻媒体登载的反映老龄事业发展情况的稿件共123篇；在发挥主流媒体加大对老龄事业宣传力度的同时，定期编制《宁夏老龄工作》刊物6期、《宁夏老年报》32期和《宁夏老龄工作信息》36期；及时更新完善养老网络内容，宣传工作成效明显。

重要会议和活动

【自治区老龄委召开第七次全委会议】4月6日，自治区老龄委第七次全委会在银川召开。会议审议通过了《宁夏回族自治区老龄事业发展“十二五”规划》和《自治区老龄委成员单位为老年人办实事、办好事意见》。

【全区老龄办主任会议】4月15日，全区老龄办主任会议在银川召开，并举行了宁夏智能化社区居家养老服务信息平台启动仪式。

【老龄工作年中会议】7月16日，全区老龄工作年中总结会在青铜峡市召开。民政厅厅长、老龄办主任杜正彬出席会议并作重要讲话。

【第四届全国老年心理关爱研讨会】9月6日，第四届全国老年心理关爱研讨会在银川召开，我自治区老龄办荣获优秀组织奖。

【推动居家养老工作座谈会】10月13日，自治区老龄办在银川召开了社区居家养老服务工作座谈会。

【第四届全区敬老爱老助老主题教育暨“敬老月”活动总结表彰大会】11月17日，“第四届全区敬老爱老助老主题教育活动”暨“敬老月”活动表彰大会在银川召开。自治区党委、常委、副主席、老龄办主任刘慧出席会议，大会对何宁红等69名“孝心敬老之星”、银川市兴庆区等15个“敬老模范单位”、银川市老龄工作办公室等10个“优秀组织者”进行了表彰。

【居家养老考察工作】4月23日，李治贵副主任带领银川市、石嘴山市所辖五区老龄办主任前往甘肃省兰州市西关区考察居家养老服务工作。

【“宁夏第二届特困老人家乡游”活动】5月19日，由自治区财政厅、旅游局、老龄办共同举办的“宁夏第二届特困老人家乡游”公益活动在全区五市同时启动，2468名老人参加活动。

【自治区老龄事业发展“十二五”规划发布】5月29日，自治区政府办公厅下发了《宁夏回族自治区老龄事业发展“十二五”规划》，要求各地贯彻执行。

【《老年法》执法检查】5月30日—6月1日，受全国人大常委会委托，自治区人大对我区贯彻实施《中华人民共和国老年人权益保障法》和《宁夏回族自治区老年人保障条例》情况进行了执法检查。

【宁夏老龄事业发展统计公报编辑完成】6月，宁夏老龄事业发展统计公报编辑完成，《公报》分析了我区人口老龄化现状和老龄事业发展状况，并提出了对策。

【重温红色情骑游活动】在庆祝建党90周年之际，自治区老龄办与宁夏老年人骑游协会联合举办了以“关爱老年人、重温红色情”为主题的老年人骑游活动，以骑游的方式赴革命老区盐池共庆党的生日。30余名老年骑游队员参加了活动。

【清凉宁夏老年人广场文艺活动】自治区民政厅、老龄办以建党90周年为契机，于7月7日晚组织了“清凉宁夏”老年人广场文艺晚会。营造了尊重老年人、关爱老年人、照顾老年人的良好社会氛围。

【敬老月活动】“敬老月”期间，自治区领导慰问了百岁老人。自治区老龄办为全区67位百岁老人每人送上1000元慰问金；各市、县（区）及各部门广泛开展了走访慰问老党员、老干部、优抚对象、特困老人、孤寡老人、高龄老人、百岁老人和送温暖活动。让老年人真切感受到了党和政府的关怀和温暖。同时，各级党委政府携手《新消息报》和宁夏夕阳红老年服务中心，在全区开展了“感动宁夏·幸福老人”征文评选和《百岁老人集锦》编撰活动。营造了尊老、敬老、爱老、助老的良好社会氛围，得到了社会各界的广泛赞誉。

【异地养老考察旅游活动】11月9日—22日，我区与海南省老龄办联合开展启动异地养老考察旅游活动。宁夏1200余名老人参加。12月7日，老龄办常务副主任李治贵带领部分市、县（区）老龄办和民办养老机构负责人，赴海南省实地考察异地养老和居家养老服务工作。

新疆维吾尔自治区

2011年3月25日上午，自治区党委常委肖开提·依明（右三）、自治区副主席贾帕尔·阿比布拉（左三）参加自治区老龄办主任会议并作重要讲话。

宋海渭常务副主任（左一）在重阳节慰问老红军、老党员。

综　述

2011年是老龄事业快速发展之年，也是老龄工作取得显著成效的一年。2011年底，新疆老年人口达到240.42万，占总人口的10.94%，全面进入人口老龄化社会。在自治区党委、自治区人民政府的正确领导下，各级老龄办坚持以科学发展观为统领，认真贯彻落实中央新疆工作座谈会和自治区第八次党代会精神，坚持“党政主导、社会参与、全民关怀”的老龄工作方针，紧紧围绕“六个老有”目标，解放思想，凝聚力量，抢抓机遇，扎实工作，努力推进自治区老龄工作发展，取得了可喜的成绩。

一、发挥党政主导作用，强化老龄工作组织领导

各级党委、政府从保民生、求发展的高度，重视和加强老龄工作，牢固树立以人为本、以老年群众为本的思想，充分认识人口老龄化的严峻性、复杂性，高度重视老龄工作，将老龄工作纳入经济社会发展总体规划，切实把老龄工作摆上重要议事日程，纳入党政目标考核管理，纳入精神文明创建活动，使老龄工作这个不是中心而影响中心、不是全局而牵动全局的工作，与经济社会协调发展。积极出台涉老惠民政策措施，重视解决老龄工作机构建设等方面存在的实际问题。各地在财力困难的情况下，坚持保障老龄工作需要，将老龄事业发展经费纳入财政预算，部分条件较好的地、县在保障老龄事业发展经费的同时，还把老年教育经费、高龄老人补贴等也全部纳入财政预算。

二、部门协作，广泛参与，齐抓共管开拓工作新局面

“家家有老人、人人都会老”，老龄工作是涉及千家万户、关乎国计民生的大事。老龄工作既是一项民心工程，也是一项德政工程。各级老龄委成员单位充分发挥职能作用，齐抓共管老龄工作。各部门积极推进各项涉老规划的实施，提高城乡社会救助和最低生活保障水平，落实“四老”人员各项待遇，加大养老保险、医疗保险扩面力度，落实农村计划生育家庭奖励扶助政策，加大落实老年优待政策督查力度，加强老龄宣传和老年维权工作，做了大量卓有成效的工作。在各成员单位的带动下，社会各界主动参与老龄工作，建立以老龄委牵头、多部门协作、社会广泛参与的工作联动机制，构建大老龄工作格局，有效地保证和推动了老龄事业的发展。

三、加强老龄工作调研，为党政决策提供依据

老龄工作具有很强的社会性、群众性，范围非常广，涉及到每个家庭、多个部门、各个行业，需要及时掌握情况、提供信息。各地加大调研工作力度，立足新形势的变化，充分关注新情况、新问题，切实摸清老年人的需求，围绕老龄工作中出现的难点和热点问题开展调研，通过深入细致的调研，研究制约老龄事业发展的突出问题，撰写了一批针对性强、具有可操作性的优秀调研报告，为党委、政府加强老龄工作提供对策建议，确保老龄事业与当地经济社会各项事业协调可持续发展。

四、切实加强自身建设，为工作顺利开展提供坚实保证

各级党委、政府重视老龄工作机构建设，始终把建设一支政治强、业务精、作风硬、讲奉献的老龄干部队伍，作为推动老龄事业发展的重要保证，不断完善老龄工作领导体制和运行机制，配齐配强老龄工作干部，改善办公条件，加强队伍建设，举办专题业务培训班，组织基层老龄工作干部赴内地省区观摩学习，通过集中培训、以会代训等多种方式逐级加大培训力度，提高老龄工作干部队伍的整体素质，为推进老龄事业发展奠定坚实基础。

重要会议和活动

【自治区老龄工作委员会第十次全体会议】3月21日，自治区老龄工作委员会召开第十次全体会议，自治区老龄委各成员单位领导参加会议。会议分析研究了人口老龄化的形势，安排部署了2011年的老龄工作任务。会议由自治区政协副主席、自治区人民政府党组成员黄昌元主持，自治区民政厅厅长、老龄办主任吾买尔江·米孜艾合买提传达了全国老龄工作委员会第十三次全体会议和全国老龄办主任会议精神，自治区老龄委副主任、老龄办常务副主任宋海渭作《关于2010年自治区老龄工作和2011年工作安排意见的报告》，发改委、财政厅、人社厅、民政厅、卫生厅的负责人发言，自治区副主席、老龄委常务副主任贾帕尔·阿比布拉最后作了重要讲话，要求各级要清醒认识新形势下老龄问题的重大社会影响，从全局和战略的高度出发，进一步增强做好老龄工作的历史责任感和紧迫感，加大养老社会保障力度，加快为老服务基础设施建设，推进社区居家养老服务，发展农村为老服务，完善社会为老服务体系建设，加强老龄工作部门自身建设，发挥成员单位职能作用，坚持宣传教育和维护权益双管齐下，努力营造敬老养老助老的良好社会氛围，构建“大老龄”的工作格局，推进自治区老龄事业全面协调可持续发展。

【自治区老龄办主任会议】3月25日至26日，自治区召开老龄办主任会议。各地州市及其所在城市老龄办主任（专职副主任）参加会议。自治区老龄委副主任、老龄办常务副主任宋海渭全面总结了2010年的老龄工作，安排部署了2011年的工作任务，自治区人民政府副秘书长帕尔哈提·贾拉勒宣读了《全国老龄工作委员会关于表彰全国老龄工作先进单位和先进个人的决定》和自治区老龄委《关于表彰自治区老龄工作先进单位和个人的决定》。自治区民政厅厅长、老龄办主任吾买尔江·米孜艾合买提宣读了自治区老龄办《关于表彰自治区敬老模范单位的决定》和《关于表彰2010年中国城乡老年人口状况追踪调查先进单位和先进个人的决定》，会议对受到表彰的先进单位和先进个人进行了颁奖。自治区党委常委肖开提·依明、自治区副主席贾帕尔·阿比布拉亲临会议，代表自治区党委、人民政府看望会议代表并分别作了重要讲话。下午，乌鲁木齐市、昌吉州、伊犁州、阿克苏地区、巴州、克拉玛依市在大会发言交流经验。最后，宋海渭常务副主任作了总结讲话。会议要求各级要充分认识人口老龄化发展形势，进一步增强做好老龄工作的责任感和紧迫感，立足服务大局，心系老年群众，认真贯彻老龄工作方针，充分调动社会力量齐抓共管发展老龄事业，进一步提高老年人生命生活质量，扎实推进自治区老龄工作全面发展。

【纪念建党90周年红色回忆文艺汇演及老年书画摄影作品展】6月24日，自治区老龄办与中国石油乌石化公司、自治区老龄事业发展基金会、新疆老年大学、乌石化公司退管处联合主办了纪念建党90周年红色回忆文艺汇演及老年书画摄影作品展，全区共200多幅作品参展。

【全国人大对我区《老年法》执行情况进行执法检查和立法调研】7月22日至28日，由全国人大常委会副委员长周铁农带队的执法检查组在我区开展《中华人民共和国老年人权益保障法》执法检查工作。检查组先后听取了自治区人民政府、乌鲁木齐市人民政府、昌吉回族自治州人民政府、阿勒泰地区行政公署和各级老龄办、民政、人力资源社会保障、卫生、法院等单位关于贯彻实施《老年法》情况的汇报，实地考察了部分养老机构、居家养老服务中心及农村老年协会等，通过多种形式广泛了解社会各界关于贯彻实施《老年法》的意见和《老年法》修改的建议。检查组对我区贯彻执行《老年法》情况给与了充分肯定和高度评价。

【老龄干部业务培训班】7月31日—8月5日，自治区老龄办举办老龄干部业务培训班，70名地、县级老龄干部参加了培训。上海市老龄科研中心副主任殷志刚和助理研究员金岭，自治区党校副校长高建龙，自治区人力资源和社会保障厅副巡视员董恒义分别作了专题授课，自治区老龄办常务副主任宋海渭作了培训班开班和结业讲话。11月27—29日，为了规范老龄事业统计工作，提高统计数据准确性，我办开发了“通用数据管理平台”统计软件，并组织42名基层老龄干部参加了培训。

【“敬老宣传月”】9月，全区组织开展以“敬老助老、从我做起”为主题的第十三个“自治区敬老宣传月”活动。各地以宣传中央新疆工作座谈会精神，动员社会各界推动老龄事业发展为主线，大力宣传《老年法》、《条例》，倡导科学健康的生活方式，结合实际开展各类活动，丰富老年人的精神文化生活，营造浓厚的敬老社会氛围。自治区老龄办在9月15日自治区老人节向全区手机用户发送了敬老公益短信，协调中国电信新疆分公司、新疆天山网和乌鲁木齐晨报等媒体刊登敬老公益广告，9月28日，自治区老龄办与自治区文化厅、自治区老龄事业发展基金会、乌鲁木齐市文化局联合举办“夕阳舞天山”-自治区庆祝重阳节中老年专场文艺演出。贾帕尔·阿比布拉副主席致辞。9月30日，自治区老龄办与自治区文化厅、自治区文化馆、自治区老年事业发展基金会、自治区老年书画协会、新疆老年大学、乌鲁木齐市文化馆联办“九九重阳”新疆重阳节老年书画作品展。各地通过图片展、报告会、座谈会、红歌会、媒体专栏、公益广告、义务咨询、征文等多种形式开展宣传，大力弘扬中华民族敬老传统美德。各级党政主要领导通过广播电视报刊发表讲话，倡导为老年人办好事、办实事，掀起敬老热潮，产生了广泛的社会影响。

各项业务进展

【老年维权工作】各地始终坚持“以人为本”的维权理念，认真贯彻落实涉老法律法规，广泛开展普法宣传，加大维权工作力度，协调相关部门开展执法检查和调研，依托老年维权工作站点为老年人排忧解难，切实维护老年人合法权益。各级重视研究解决老年人关心的热点难点问题，积极协调有关部门及时解决老年人来信来访反映的问题。部分信访部门成立了老年人投诉中心，专门受理老年人反映的各类信访案件，充分发挥了信访工作在化解涉老纠纷、保障老年人合法权益及维护社会稳定中的重要作用。

【老年优待工作】各级各有关部门认真落实《自治区优待老年人规定》，组织开展优待规定贯彻落实情况专项检查，进一步规范优待证的发放、管理和使用，及时发现和协调解决老年优待工作中出现的新情况、新问题。同时，结合实际不断扩大老年人优待范围，除了乘公交车、入公厕、进公园、借阅图书等免费以外，部分地方还对老年人实行门诊免交普通挂号费、公共活动场所免费开放等优待措施。7月28日，自治区党委办公厅、自治区人民政府办公厅出台《80周岁以上老年人基本生活津贴制度》和《80周岁以上老年人免费体检制度》对80周岁（含80周岁）至89周岁的老年人每人每月补贴50元；90周岁（含90周岁）至99周岁的老年人每人每月补贴120元；100周岁（含100周岁）的老年人每人每月补助200元。对年满80周岁（含80周岁）以上的老年人每人每年免费体检一次。当年全区有万名老人受益。大部分地方把高龄老年人补助金和免费体检资金纳入财政预算，鼓励有条件的地区根据当地经济社会发展水平逐步提高高龄老人生活补贴标准。

【老龄信息宣传工作】各级老龄办高度重视老龄宣传工作，不断加大宣传力度，采取各种措施广泛开展以贴近老年人、贴近老龄工作实际为重点的老龄宣传。围绕老龄化形势、老龄工作方针政策、孝亲敬老活动、老年权益维护、养老服务业发展等宣传重点，不断提升信息宣传水平和质量，全年上报各级老龄工作信息2086条，推荐各大媒体刊用522条。工作中，不断强化老龄新闻信息队伍建设，建立老龄干部全员参与的新闻信息宣传工作机制，对身边出现的孝亲敬老好人好事、好经验、好做法、好建议，及时发现、总结、报道。定期召开老龄宣传报道工作例会，总结经验做法，明确报道重点，提出工作要求，并把任务完成情况列入干部的年终考核内容。坚持强化宣传报道工作的制度建设，明确目标、细化任务、落实责任，形成老龄系统人人重视、支持、参与撰写新闻信息的工作氛围。

【为老服务】居家养老服务工作的开展，政府主导是关键，政策引导是基础，领导支持是前提，老年人参与是动力，市场运作是方向，有效监管是保障。大力加强为老服务工作是解决老龄问题、切实关注老年民生的重要举措。为老服务工作以新疆跨越式发展为有利契机，不断提高服务质量，以求居家养老服务取得老年人满意、运营者满意和管理者满意的实际效果。关注失能、特困、留守、空巢、低收入老年群体的特殊需求，坚持政府主导、社会参与，积极走社会化、产业化的路子，养老服务体系不断得到完善。各地、州、市制定了居家养老工作实施方案，部分街道安装了“一键通”热线。

【“银龄行动”】8月10日，自治区举行第九期“银龄行动”老年志愿者欢迎会，自治区老龄办常务副主任宋海渭主持，自治区人民政府副秘书长帕尔哈提·贾拉勒发表了热情洋溢的致辞。上海23位老年志愿者赴喀什地区、博州、巴州、克拉玛依市实施为期两个月的第九期“银龄行动”定点援助工作，取得了良好的经济效益和社会效益。据不完全统计，老年志愿者共接诊病人7026人次，查房522次，组织授课讲座108场次，培训各类技术人员1204人次。部分地州市积极推进区域内对口援助实施“银龄行动”工作，乌鲁木齐市、伊犁州区域内对口援助“银龄行动”在实施范围、援助领域等方面均有所扩展，老专家开展援医、援农、援牧工作，受到受援单位和各族群众一致好评。

【老年教育】各地贯彻落实自治区人民政府《关于加强老年教育工作的意见》，切实采取措施稳步推进老年大学（学校）规范化建设，使老年大学成为老年人的学习之家、活动之家、有为之家，成为“老有所学”和对老年人进行思想政治教育的重要阵地，在自治区“三个文明”建设中发挥了重要作用。各级老年大学、老年群众团体组织开展老年文化体育活动，举办老年文化艺术节、运动会、书画展等，经常化、制度化、多样化的老年文体活动，丰富了各族老年人的精神文化生活。

广西壮族自治区

10月24日，自治区民政厅厅长、自治区老龄委副主任陈利丹看望慰问扶绥县渠黎敬老院老人。

11月25日，自治区老龄委成员单位联络员会议在南宁市武鸣县召开，图为会议现场。

综　述

2011年，在自治区党委和政府的正确领导下，在全国老龄办的积极指导以及各成员单位和涉老部门的大力支持下，广西老龄工作部门深入学习贯彻党的十七大和十七届五、六中全会精神，认真贯彻落实第三次全国老龄工作会议精神，抢抓机遇，开拓进取，突出重点，狠抓落实，老龄工作取得了新的进展，老龄事业呈现出持续健康发展的新局面。

一、抓住机遇，老龄工作有新发展

一是认真贯彻落实第三次全国老龄工作会议精神。第三次全国老龄工作会议结束后，自治区老龄办及时组织草拟有关材料向自治区党委、人民政府汇报会议精神并提出了进一步加快广西老龄事业发展的意见和建议，得到了自治区领导的高度重视，自治区主席马飚、副主席高雄等领导分别在汇报材料上作了批示。马飚主席极为重视老龄工作，多次带领自治区有关部门深入基层老年人协会，并作出重要批示，强调要重视老年人协会的建设，将加强基层老年人协会建设纳入自治区创新农村养老服务体系建设内容，大力培育发展和扶持建设基层老年人协会，确保有组织、有场地、有设施、有活动、有经费。根据马主席的指示精神，自治区人民政府草拟了《关于创新农村养老服务体系建设的工作方案》，计划从 2012 年起至 2015 年，自治区财政统筹安排 9000 万资金，培育扶持 3000 个示范性村农村基层老年人协会，促进基层老年人协会健康发展。二是认真制定广西老龄事业发展“十二五”规划（草案）。2011 年底，国务院出台了《中国老龄事业发展“十二五”规划》，自治区老龄办结合广西老龄工作实际，在广泛征求自治区老龄委各成员单位和各市老龄委办公室意见和建议的基础上，围绕老年社会保障、老年医疗卫生保健等 9 个方面内容，草拟了《广西壮族自治区老龄事业发展“十二五”规划》（草案），现已呈报自治区人民政府，待自治区人民政府审定后即将出台。三是开展评先创优，推动基层老龄工作。根据人力资源和社会保障部、全国老龄工作委员会《关于评选全国老龄系统先进集体和先进工作者的通知》精神，在广西范围组织开展评选推荐工作。自治区、市、县（区）分别成立了评选推荐工作领导小组及办公室，认真开展评选推荐工作。经评审，人力资源和社会保障部和全国老龄委授予广西南宁市老龄工作委员会办公室为“全国老龄系统先进集体”荣誉称号，授予南宁市宾阳县老龄办主任甘俊森同志为“全国老龄系统先进工作者”荣誉称号。通过评先创优，充分发挥典型示范作用，推动了广西老龄工作的开展。

二、落实职能，老年保障上新台阶

2011 年，各成员单位加强老龄工作的领导，增强大老龄意识、责任意识，围绕老龄事业发展要求和重点，积极发挥职能作用，扎实有效地做好涉老工作。一是在养老保障方面。进一步完善广西各项社会保险政策，基本养老得到落实。2011 年，广西基本养老保险参保职工人数 480.06 万人，完成人力资源和社会保障部下达目标任务 452 的万人的 106.21%，参保企业退休人数 151.44 万人，同比去年同期增加了 13 余万人；继续提高企业退休人员基本养老金水平，重点向参加工作时间早、年龄大、具有高级职称等企业退休人员倾斜，确保了企业离退休人员基本养老金按时足额发放，全年共发放养老金 245.36 亿元，发放率 100%；全区共有 72 个县（市）开展新型农村社会养老保险试点工作，66 个县（市）开展城镇居民社会养老保险试点工作，参保率分别为 66.06% 和 60.5%。参保总人数达 813.48 万人，领取养老金人数达 285.63 万人。全年发放养老金额 14.66 亿。二是在医疗保障方面。截至 2011 年底，广西城镇职工医疗保险参保人数达到 981.29 万人，其中城镇居民医疗参保人数达到 544.09 万人，参保覆盖率达 99%。三是在老年社会救助和社会福利方面。截止 2011 年底，广西已下达城乡低保补助资金 39.46 亿元，超额完成自治区为民办实事筹资任务，比筹资要求多 6.66 亿元。广西城乡低保对象月保障人数分别保持在 60 万人和 320 万人左右，月保障标准分别达 233 元和 102 元，月人均补助水平分别达 180 元和 70 元，比上年分别增加 25 元和 18 元；广西纳入五保供养的对象 32.8 万人，集中供养标准达 215 元，分散供养标准达 136 元，均比上年提高 9 元。被列为自治区为民办实事项目的 1000 个五保村全部竣工；城乡医疗救助全面取消住院医疗救助起付线和病种限制，支出城乡医疗救助资金 4.07 亿元，累计资助城乡困难群众参保参合 311.51 万人，门诊医疗救助 17.65 万人次，住院医疗救助 12.04 万人次。四是在养老服务体系建设方面。编制了《广西社会养老服务体系建设“十二五”规划》。继续抓好居家养老服务设施建设，建成居家养老服务中心（站）和日间照料中心等设施近 404 个，近 50 万老人得到居家服务。制定了《居家养老服务站点建设管理办法》。完成了一批福利中心、福利院、福利医院和老年活动中心等机构的改造。率先在西部地区为入住公办养老服务机构的老人购买意外伤害保险。

三、狠抓落实，老年人权益保障有新突破

一是做好《广西老年人优待证》制发启用工作。为贯彻落实好《广西壮族自治区老年人优待规定》精神，2011 年 1 月 1 日，在有关部门的大力支持和各级老龄办密切配合下，积极做好《广西老年人优待证》的制发启用工作。这是广西首次启用全区统一的老年人优待证。在启用初期，遇到了由于办证量大而导致制证周期长、老年人申报信息不规范而无法有效制证等问题，在一定程度上影响了优待证的制发和使用。为此，自治区老龄办多次召集自治区公安厅居民身份证制作中心、邮政部门以及各地老龄办等，及时研究解决问题，推动全区老年人优待证制发工作稳步开展。据不完全统计，目前，广西老年人优待证已经制作发放70多万张，持证老年人在全区范围享受一证通的优先优惠待遇。为全面贯彻落实《广西壮族自治区老年人优待规定》打下了良好的基础。南宁、柳州、桂林、梧州、防城港、百色、来宾和崇左等市还结合实际制定出台本地老年人优待规定或实施办法，有力地促进了广大老年人共享社会经济发展成果。二是配合做好《中华人民共和国老年人权益保障法》执法情况大检查。2011年5月，受全国人大常委会的委托，自治区人大常委会对广西贯彻实施《中华人民共和国老年人权益保障法》（以下简称《老年法》）情况进行大检查。自治区老龄办及时组织力量，协调自治区各成员单位以及指导全区各地认真做好总结和迎检工作，并代自治区人民政府草拟了《广西壮族自治区贯彻实施〈老年法〉的情况汇报》，认真提出对《中华人民共和国老年人权益保障法》的修订意见，并协助自治区人大检查组做好全区各地的执法检查的工作，有力地推动了《老年法》的贯彻实施。

四、精心组织，“银龄行动”工作取得新成绩

2011年，自治区老龄办联合广西老科技工作者协会、广西老年基金会，继续在南宁等地开展以医疗援助、科学普及、农业技术培训为主要内容的“银龄行动”。一是开展医疗进社区活动。共组织医疗专家20多人，开展2次大型医疗进社区活动，义诊人数超过2000人次。二是开展中小学班主任工作技能培训。在沿边沿海的6个县（市）开展了中小学班主任工作技能培训活动，参加培训的学校148所，共培训了1693人。三是农村诊疗技术培训深入开展。组织医疗老专家培训农村医务人员超过1000人次，带班查房2880人次、病例讨论352例、手术138例、门诊960例。四是农业技术培训。共开展培训46期，培训农民1588人次。五是科学素质报告讲座。共组织医疗、农业、科普等方面的专家开展科普讲座180场，科学素质报告内容不断丰富，听众超过11万人次。有力地推动了“银龄行动”的深入开展。

五、加强宣传，“敬老月”活动有新气象

根据全国老龄工作委员会的统一部署，从2010年起，每年的10月为全国“敬老月”，在全国范围开展敬老活动。自治区老龄办及时组织制定了以“敬老助老，从我做起”为主题的2011年广西“敬老月”活动方案，在广西开展丰富多彩的敬老爱老助老活动。一是开展送温暖活动。在民政厅厅长、自治区老龄委副主任陈利丹的带领下，自治区老龄委办公室组成4个小组，深入崇左、桂林、柳州和百色等市、县（区）的社区、乡村等地慰问特困、高龄、空巢老年人和基层老年人协会，送去慰问金、慰问品。二是充分利用主流媒体广泛宣传。“敬老月”活动期间，自治区老龄委和老龄办连续15天在广西电视台新闻频道播放敬老活动宣传口号，在《广西老年报》第二版开辟为期一个月“敬老月”专栏，宣传报道各地开展活动的情况，自治区民政厅厅长、自治区老龄委副主任陈利丹亲自为“敬老月”专栏题词。三是开展为老志愿服务献爱心活动。自治区老龄办为广西重阳城老年公寓、南宁市老年人活动中心援建电子阅览室，丰富了老年人的精神文化生活，并联合广西老年基金会等多方筹集资金，扶持农村基层老年人协会健康发展。全区各地也开展了内容丰富，形式多样的敬老慰问活动，充分体现了党和政府对广大老年人的关怀，也营造了浓厚的敬老助老社会氛围。据不完全统计，“敬老月”期间，广西共投入经费近1000万元，开展走访活动慰问18000人次；共举办维权活动450人次，惠及6万人；共开展文体活动2500次，参与人数48万人；共组织志愿者1521人次，惠及10万人。

重要会议和活动

【全区老龄委办公室主任会议】3月24日，全区老龄委办公室主任会议在南宁召开。会议传达了全国老龄工作委员会第十三次全体委员会议和2011年全国老龄委办公室主任会议精神，总结回顾了广西2010年老龄工作，研究部署了2011年老龄工作任务。自治区老龄办主任梁丽玲作了全区老龄工作总结报告，自治区民政厅副厅长黄瑞平出席会议并讲话。各市老龄办和南宁铁路局老龄办主要负责人参加会议。会上，自治区民政厅副厅长黄瑞平对老龄工作提出了新的要求。他指出，今年是“十二五”开局之年，各级老龄办要把握形势，提高认识，进一步增强做好老龄工作的责任感和使命感，以新观念、新抱负、新举措，扎扎实实做好各项老龄工作，推动广西老龄事业健康快速发展，为实现广西“富民强桂”新跨越作出积极的贡献。

【自治区党委重大调研课题研究成果采纳运用工作联席会议】根据《自治区党委办公厅自治区人民政府办公厅关于做好研究采纳各民主党派广西区委、无党派人士、自治区工商联2010年度重大课题调研成果工作的通知》精神，自治区老龄办负责牵头开展《人口老龄化对广西经济社会发展的影响及对策》成果的研究采纳工作。为此4月13日，自治区老龄办召集自治区有关部门召开联席会议，讨论研究采纳运用的工作分工。会后向各相关单位印发了《开展研究采纳2010年自治区党委重大调研课题〈人口老龄化对广西经济社会发展的影响及对策〉成果工作的方案》，为采纳运用工作的顺利开展打下良好的基础。

【自治区民政厅厅长陈利丹慰问基层老年协会】 10月24日，自治区民政厅厅长、自治区老龄委副主任陈利丹在自治区民政厅副巡视员、办公室主任冼定同，自治区老龄办主任梁丽玲以及崇左市人民政府副市长吴爱红、市民政局局长谭冠堂等领导陪同下，深入崇左市扶绥县看望慰问了部分乡镇敬老院、基层老年人协会以及高龄老人。

当日下午，陈利丹厅长来到扶绥县渠黎镇敬老院，看望慰问了敬老院的老年人，并详细了解敬老院基本情况以及老人们的生活状况。随后陈利丹厅长又来到渠黎镇碧誓村老年人协会看望慰问老年人，陈利丹厅长观看了协会老年人精彩的文艺表演并与村委领导和老年人代表进行座谈，认真听取老年人协会情况汇报，了解基层老年人协会发展状况以及在参与公益事业和社会主义新农村建设中的积极作用。座谈会上，陈利丹厅充分肯定了基层老年人协会在促进两个精神文明建设，推动经济发展，维护社会安定团结方面的积极作用，并要求各级民政、老龄部门要加强基层老年组织建设，推动基层老龄工作发展。在了解到渠黎镇碧誓村老年人协会缺乏活动场所的情况后，陈利丹厅长当即表示，将为该老年人协会提供资金扶持，加强基础设施建设。当天，陈利丹厅长还看望慰问了部分高龄老人，并送上慰问金及慰问品。

【自治区老龄委成员单位联络员会议】 11月25日，自治区老龄委成员单位联络员会议在南宁市武鸣县召开。会议主要任务是传达学习第三次全国老龄工作会议精神，交流老龄委各成员单位履行职责情况，认真总结2011年广西老龄工作，研究部署新时期老龄工作任务。16家自治区老龄委成员单位的联络员参加会议。会上，自治区老龄委办公室主任梁丽玲传达了第三次全国老龄工作会议精神，总结回顾了2011年老龄工作情况，深刻分析了当前广西人口老龄化形势和老龄工作面临的困难与问题，并就广西如何贯彻好全国会议精神，推动新时期老龄工作发展提出了要求。

自治区党委宣传部、自治区人力资源与社会保障厅、自治区司法厅等单位代表作了交流发言。各成员单位联络员在交流中表示，将及时向单位领导汇报此次会议精神，结合本单位老龄工作职责，充分发挥参谋助手作用，推动广西老龄工作又好又快发展。

【广西“敬老月”活动】 根据全国老龄工作委员会的统一部署，自治区老龄办及时组织制定了以“敬老助老，从我做起”为主题的2011年广西“敬老月”活动方案，在广西开展丰富多彩的敬老爱老助老活动。一是开展送温暖活动。二是充分利用主流媒体广泛宣传。三是开展为老志愿服务献爱心活动。据不完全统计，“敬老月”期间，广西共投入经费近1000万元，开展走访活动慰问18000人次；共举办维权活动450人次，惠及6万人；共开展文体活动2500次，参与人数48万人；共组织志愿者1521人次，惠及10万人。

各项业务进展

【广西老龄事业发展“十二五”规划制定工作】 2011年底，国务院出台了《中国老龄事业发展“十二五”规划》，自治区老龄办结合广西老龄工作实际，在广泛征求自治区老龄委各成员单位和各市老龄委办公室意见和建议的基础上，围绕老年社会保障、老年医疗卫生保健等9个方面内容，草拟了《广西壮族自治区老龄事业发展“十二五”规划》（草案），呈报自治区人民政府，待自治区人民政府审定后出台。

【《广西老年人优待证》制发启用工作】 为贯彻落实好《广西壮族自治区老年人优待规定》精神，1月1日，在有关部门的大力支持和各级老龄办密切配合下，各级老龄办积极做好《广西老年人优待证》的制发启用工作。这是广西首次启用全区统一的老年人优待证。在启用初期，遇到了由于办证量大而导致制证周期长、老年人申报信息不规范而无法有效制证等问题，在一定程度上影响了优待证的制发和使用。为此，自治区老龄办多次召集自治区公安厅居民身份证制作中心、邮政部门以及各地老龄办等，及时研究解决问题，推动全区老年人优待证制发工作稳步开展。据不完全统计，目前，广西老年人优待证已经制作发放70多万张，持证老年人在全区范围享受一证通的优先优惠待遇。为全面贯彻落实《广西壮族自治区老年人优待规定》打下了良好的基础。南宁、柳州、桂林、梧州、防城港、百色、来宾和崇左等市还结合实际制定出台本地老年人优待规定或实施办法，有力地促进了广大老年人共享社会经济发展成果。

【自治区党委重大调研课题研究成果采纳运用工作】 2010年，自治区党委就广西经济和社会发展中的重大决策课题和社会热点、难点问题，邀请各民主党派进行调研，形成了9个专题调研报告，其中《人口老龄化对广西经济社会发展的影响及对策》由民建广西区委牵头承担。2010年12月21日，自治区九届党委召开常委会议听取研究成果汇报并研究采纳运用工作，要求各有关部门要高度重视、认真研究采纳调研成果，积极推进调研成果的转化和运用，不断提高科学决策、民主决策水平。2011 年 3 月，自治区党委办公厅、自治区人民政府办公厅联合下发了《关于做好研究采纳各民主党派广西区委、无党派人士、自治区工商联 2010 年度重大课题调研成果工作的通知》（厅发［2011］15 号），要求各有关部门牵头做好有关课题成果的采纳运用工作。根据通知精神，自治区老龄办负责牵头开展《人口老龄化对广西经济社会发展的影响及对策》成果的研究采纳工作。为做好该项工作，4 月 13 日，自治区老龄办召集自治区有关部门召开联席会议，讨论研究采纳运用的工作分工。并于 4 月 27 日向各相关单位印发了《开展研究采纳 2010 年自治区党委重大调研课题〈人口老龄化对广西经济社会发展的影响及对策〉成果工作的方案》。各有关部门高度重视，落实相关业务处室及负责人负责调研成果的采纳运用工作。并加强联系沟通，充分听取意见和建议，共同推进调研成果的运用。特别是各牵头单位根据方案职责分工，对所牵头负责的工作项目，认真总结工作成效，提出采纳运用具体措施计划，积极推动采纳运用工作的开展。自治区老龄办于 6 月底前将各有关部门的采纳运用情况汇总后呈报自治区党委督查室、自治区政府督查室，抄报自治区党委统战部并向民建广西区委反馈。

【《中华人民共和国老年人权益保障法》执法情况大检查工作】5 月，受全国人大常委会的委托，自治区人大常委会对广西贯彻实施《中华人民共和国老年人权益保障法》（以下简称《老年法》）情况进行大检查。自治区老龄办及时组织力量，协调自治区各成员单位以及指导全区各地认真做好总结和迎检工作，并代自治区人民政府草拟了《广西壮族自治区贯彻实施〈老年法〉的情况汇报》，认真提出对《中华人民共和国老年人权益保障法》的修订意见，并协助自治区人大检查组做好全区各地的执法检查的工作，有力地推动了《老年法》的贯彻实施。

【银龄行动】2011 年，自治区老龄办联合广西老科技工作者协会、广西老年基金会，继续在南宁等地开展以医疗援助、科学普及、农业技术培训为主要内容的“银龄行动”。一是开展医疗进社区活动。共组织医疗专家 20 多人，开展 2 次大型医疗进社区活动，义诊人数超过 2000 人次。二是开展中小学班主任工作技能培训。在沿边沿海的 6 个县（市）开展了中小学班主任工作技能培训活动，参加培训的学校 148 所，共培训了 1693 人。三是农村诊疗技术培训深入开展。组织医疗老专家培训农村医务人员超过 1000 人次，带班查房 2880 人次、病例讨论 352 例、手术 138 例、门诊 960 例。四是农业技术培训。共开展培训 46 期，培训农民 1588 人次。五是科学素质报告讲座。共组织医疗、农业、科普等方面的专家开展科普讲座 180 场，科学素质报告内容不断丰富，听众超过 11 万人次。有力地推动了“银龄行动”的深入开展。

【老龄宣传和扶贫慰问工作】2011 年，自治区老龄办加大老龄宣传和慰问力度，努力营造浓厚的敬老助老社会氛围。一是开展送温暖活动。在民政厅厅长、自治区老龄委副主任陈利丹的带领下，自治区老龄委办公室组成 4 个小组，深入崇左、桂林、柳州和百色等市、县（区）的社区、乡村等地慰问特困、高龄、空巢老年人和基层老年人协会，送去慰问金、慰问品。二是充分利用主流媒体广泛宣传。“敬老月”活动期间，自治区老龄委和老龄办连续 15 天在广西电视台新闻频道播放敬老活动宣传口号，在《广西老年报》第二版开辟为期一个月“敬老月”专栏，宣传报道各地开展活动的情况，自治区民政厅厅长、自治区老龄委副主任陈利丹亲自为“敬老月”专栏题词。三是开展为老志愿服务献爱心活动。自治区老龄办为广西重阳城老年公寓、南宁市老年人活动中心援建电子阅览室，丰富了老年人的精神文化生活，并联合广西老年基金会等多方筹集资金，扶持农村基层老年人协会健康发展。全区各地也开展了内容丰富，形式多样的敬老慰问活动，充分体现了党和政府对广大老年人的关怀。

【全国老龄系统先进集体和先进工作者评选推荐工作】根据人力资源和社会保障部、全国老龄工作委员会《关于评选全国老龄系统先进集体和先进工作者的通知》精神，在广西范围积极组织开展评选推荐工作。自治区、市、县（区）分别成立了评选推荐工作领导小组及办公室，经逐级严格评选、推荐、审核，并按干部管理权限征求同级纪检监察、计生等部门意见，并经评选推荐工作领导小组评审、公示后，圆满完成广西评选推荐工作。经评审，人力资源和社会保障部和全国老龄委授予广西南宁市老龄工作委员会办公室为“全国老龄系统先进集体”荣誉称号，授予南宁市宾阳县老龄办主任甘俊森同志为“全国老龄系统先进工作者”荣誉称号。通过评先创优，充分发挥典型示范作用，推动了广西老龄工作的开展。

西藏自治区

综　述

2011年，在自治区老龄委的正确领导下，在全国老龄办的指导下，在自治区各涉老部门的通力协作下，自治区老龄委办公室坚持以邓小平理论和“三个代表”重要思想为指导，全面贯彻落实科学发展观，认真贯彻落实《西藏自治区实施〈中华人民共和国老年人权益保障法〉办法》和第二次全区老龄工作会议精神。为构建小康西藏、平安西藏、和谐西藏、生态西藏发挥了积极作用。

一、制定出台为老服务政策措施，推动养老服务业加快发展

继续推进统筹城乡养老保障制度工作，认真贯彻执行《西藏自治区五保供养工作条例》，2011年，全区农牧区特困老人供养救助标准提高到每人每年不低于2000元的应保尽保标准。建立健全了社区离退休党支部，活跃了基层文化、体育生活。进一步加强了为老服务的工作力度。全面贯彻落实《西藏自治区实施〈中华人民共和国老年人权益保障法〉办法》，为80周岁以上寿星老人免费办理寿星证1250多本，兑现健康补贴费1200多万元。为60周岁以上老年人免费办理《老年人优待证》47800多本。拉萨市在全区率先实现60岁以上老年人免费乘座公交车。从2009年4月1日起，老年人免费乘座公交车使用IC卡。免费乘车费用由拉萨市财政局对市公交总公司进行补贴。拉萨市城区有近8000名60岁以上老年人申办了优惠卡。

二、加快为老服务设施建设力度

全区建成各级老年活动中心（站）39个，老年活动中心有效正常运转，为广大老年人健身娱乐、安度晚年生活提供了有利条件。广大老年人积极参与书画、舞蹈、乒乓球、棋牌赛，庆祝西藏和平解放60周年，庆祝中国共产党建党90周年。各级老年活动中心（站）的建立和完善，给我区广大老年人提供了愉悦身心的活动场所，为提高老年人的生活和生命质量打下了良好的环境基础，使广大老年人平等共享改革发展取得的伟大成就，收到了良好的社会效益。

三、充分发挥“五老”网吧志愿监督员队伍作用

充分发挥老同志的政治优势，认真贯彻落实《中共中央办公厅、国务院办公厅关于进一步净化社会文化环境，促进未成年人健康成长的若干意见》，自治区老龄办会同有关部门就如何发挥好“五老”在网吧管理中的监督作用，及时要求全区各地（市）建立网吧志愿者监督员队伍，要求各地（市）一要认识建立网吧志愿监督员队伍的重要意义；二要明确志愿监督员的条件要求；三要制定志愿监督员的主要职责。各地（市）迅速组建了“五老”网吧监督员队伍，达到每个县有义务监督员3—6名。有效地抵制了不良信息的传播，从根本上帮助未成年人健康成长。各县“五老”网吧监督员队伍还组织县中小学生观看大型纪录片《西藏今昔》，给广大青少年讲解西藏在中国共产党的领导下，逐步走向辉煌的革命历程，还举办了新旧西藏对比照片展览。使广大青少年深受教育和进一步激发了他们的爱国热情。从小树立远大的革命理想，立志长大后做一个建设祖国、建设家乡的有用之才。

四、及时传达学习全国第三次老龄工作会议精神

参加全国第三次老龄工作会议的代表返藏后，立即向自治区党委、政府领导进行了专题汇报。及时组织召开了老龄委会议，老龄办主任单增卓扎传达了会议的主要精神，总结了今年的老龄工作，安排部署了明年的工作。自治区老龄委主任、区党委常委、自治区政府常务副主席洛桑江村做了重要讲话。洛桑江村指出：一要充分认识老龄工作的重要性。老龄工作是党和政府工作的重要组成部分，同时老龄事业还是现代化建设事业的重要组成部分。自治区党委、政府高度重视老龄工作，做好老龄工作，发展老龄事业，让老年人共享经济和社会发展成果，是建设和谐社会的重要内容。各相关部门特别是成员单位，要认真贯彻落实第三次全国老龄工作会议精神，要认真贯彻落实自治区党委、政府《关于加强老龄工作的意见》，把老龄工作列入重要议事日程，并作为本单位本部门的一项重要工作来抓。老龄工作事关我区经济建设和社会稳定的大局，事关我区建设小康社会的进程。各相关部门要站在我区经济和社会发展的全局，本着对党对人民高度负责的精神，采取有效措施抓好老龄工作。二是认真研究制定西藏自治区老龄事业“十二五”时期发展规划。老龄工作社会性、政策性都很强，头绪多，涉及面广，是一项系统工程，单靠一个部门是搞不好的，需要各有关单位的共同努力。各相关部门要从各自的工作角度出发，结合各自单位的实际和工作优势，积极参与到制定我区老龄事业“十二五”发展规划工作中去。围绕“老有所养、老有所医、老有所教、老有所学、老有所为”的工作目标，认真研究制定具体相关政策和措施，要在“十二五”规划里具体体现出来，形成协调配合，分工合作，齐抓共管的工作局面，“十二五”规划争取今年6月底前上报政府出台。三是老龄委办公室要认真履行工作职责，切实加强老龄工作机构和工作队伍建设，履行好综合协调、督促检查、参谋助手职能，同时抓好老龄干部队伍的整体素质和创新能力建设，注重提高干部的综合协调能力、政策研究能力和组织指导能力。请老龄办本着认真负责的态度，认真做好协调工作。一要搞好宏观指导全区的老龄工作；二要抓好各项任务的落实检查工作；三要当好自治区党委、政府的参谋助手。同时，他提出了殷切希望，要求从事老龄工作的同志，要有良好的职业道德，要带着深厚的感情，扑下身子，深入到老年群体当中去，倾听老年人的心声，想老年人之所想，急老年人之所急，帮老年人之所帮，帮助老年人解决实际困难和问题，真正让广大老年人安享晚年、颐养天年。

五、着力开展走访慰问活动

重阳节期间，我区各级老龄工作部门看望慰问老年人。在2011年重阳节之际，我区各级老龄工作部门带着党和政府对老年人的关爱之情，广泛开展了看望慰问百岁老人、特困老人、敬老院老人活动，向老人们送去节日的祝福及党和政府的关怀。为大力弘扬中华民族敬老、爱老、助老的传统美德，自治区老龄委办公室、拉萨市老龄委办公室联合走访慰问了百岁老人、80岁老人、特困老人。赴拉萨市的达孜县、曲水县开展慰问活动，向他（她）们献上洁白的哈达和送上慰问金。他们的家人十分感谢党和政府出台的老年人优待政策，感谢各级老龄工作部门的亲切关怀和慰问。

各地区老龄委办公室积极组织动员所属各县纷纷进行慰问百岁老人；特困老人、敬老院老人活动。为他（她）们送去了棉被、慰问金、粮油等物资。为敬老院老人送去了电视机，使老人们感受到了社会主义大家庭的温暖。各县组织中小学生走进孤寡老人家中，帮助打扫卫生，为老人梳头等力所能及的事情。有条件的县还开展了内容丰富、形式多样的“尊老、爱老、助老和谐中国”，宣传、咨询、服务一条街的活动，发放宣传材料，张贴新旧社会对比照片等。培养教育青少年从小树立尊老、爱老、助老的良好习惯，营造了温暖和谐的社会氛围。

六、加大老龄工作的宣传力度

全区老龄工作部门，认真贯彻落实《西藏自治区实施〈中华人民共和国老年人权益保障法〉办法》和《中共自治区委员会、西藏自治区人民政府关于加强老龄工作的意见》。利用12月4日法制宣传日，自治区老龄委办公室将《西藏自治区实施〈中华人民共和国老年人权益保障法〉办法》翻译成藏、汉文宣传单。自治区老龄办和志愿者服务队走上街头，悬挂宣传横幅，发放宣传资料，设立咨询点，为过往群众和广大老年朋友提供优质的免费服务。大部分地（市）、县老龄工作部门也因地制宜地积极组织开展尊老、爱老、助老等各项活动，让全社会进一步了掌握老年法实施办法，真正形成了“党政主导、社会参与、全民关怀”的老龄工作新格局。深受老年朋友和社会各界的欢迎。共发放宣传手册60000余份，老年人的合法权益得到有效保障。

七、加强了老龄工作机构自身建设

各级老龄工作委员会办公室是各级政府老龄工作议事协调机构的办事机构，在老龄工作部门从事老龄工作干部的素质如何直接关系到各地老龄工作的质量。因此，各级老龄委办公室工作人员不断加强能力建设，加强规范化管理，坚持高标准、严要求，注重工作质量和工作效率。配齐配强专职干部，提高老龄委办公室干部的整体素质，提升适应新时期老龄工作需要的统筹综合能力，调查研究能力，协调服务能力。做好宣传员和联络员；更好地把有关政策和要求传达到各成员单位，加强了与各成员单位之间的联络。要进一步健全地、县两级老龄委及其办公室的工作机构，确保人员编制到位，工作经费到位。着力改善办公室条件，真正做到有职、有位、有责、有为，更好地发挥老龄委及其办公室应有的作用，更好地履行所承担的各项职能。

大连市

综　述

截至2011年底，大连市户籍人口588.54万人，其中60周岁以上户籍老年人口110.96万人，占大连市户籍人口的18.85%。同2010年相比，大连市60周岁以上户籍老年人口增加了5.26万人，增长速度达4.98%，其中非农业人口66.07万人，农业人口44.89万人；男性53.88万人，女性57.08万人。80周岁以上户籍老年人口17.49万人，占老年人总数的15.76%；全市有百岁老年人371人，居全省首位。

2011年，在市委、市政府的领导和全国老龄办、省老龄办的指导及有关部门、社会各界的大力支持下，大连市老龄办紧紧围绕"六个老有"的工作目标，坚持以科学发展观为统领，全面落实国家、省老龄工作会议的部署，围绕重点工作任务，加大政策创制力度，改进工作方法，努力营造敬老助老社会氛围，推动老龄事业健康稳步发展。

一、科学编制全市老龄工作规划

按照全市老龄工作委员会第2次全委会的部署和要求，积极主动协调市发改委等有关部门，以科学发展观为指导，着眼长远发展，全面谋划，多次研究各项发展目标的可行性，抓紧规划编制和出台。

一是规划好养老保障体系。在进一步健全城市老年人养老制度的同时，重点研究规划农村老年人的养老保障制度，在做到养老保障全覆盖的基础上，形成随着经济社会发展而逐步提高保障标准的自然增长机制。

二是规划好养老福利事业的发展步骤和格局。推进养老福利从补缺型向适度普惠型的转变，适应全域城市化的发展进程，推进城乡一体化养老福利制度的建设；适应高龄老人、空巢老人快速增长的实际，大力推进以生活照料和医疗康复为主的养老服务业的发展，完善以居家养老为主，以社区养老为依托，以机构养老为支撑的养老服务体系。各成员单位紧密配合，做好规划内容和落实责任的衔接，保证规划的系统性和可行性。

二、加大老龄工作政策创制力度

为适应全市老龄化发展的现实要求，贯彻全国老龄委第十三次全体会议精神，积极推进老龄政策创制。认真贯彻落实《国务院办公厅转发全国老龄委办公室和发展改革委等部门〈关于加快发展养老服务业意见〉的通知》（国办发［2006］6号）和全国老龄工作委员会办公室等十部委《关于全面推进居家养老服务工作的意见》（全国老龄办［2008］4号）精神，以市政府名义出台了《大连市关于加快发展养老服务业的意见》和《大连市老年人优待规定》等一系列地方性政府规章，对老年人应享受的待遇作出了明确规定，形成了相互衔接、可持续发展的养老事业政策制度体系。在征求各涉老成员单位意见的基础上，以大连市老龄委办公室的名义出台了《大连市老年人优待规定职责分解方案》，明确了各单位的职责任务，确保优待政策落实到位，有效保障老年人的合法权益。

三、狠抓各项惠老政策落实

1.养老保险、职工基本医疗保险覆盖面不断扩大。全市养老保险参保人数172.3万人，比上年增加7.9万人，其中企业养老保险参保人数160.4万人；事业单位参保人数11.8万人。提高了企业退休人员养老金标准，由1418元提高到1559元，全省排名第一。全市参加基本医疗保险人员达433.9万人，其中城镇职工参保282万人，农民工62.1万人，城镇居民参保89.8万人（其中老年人2.8万人）。参加农村新型合作医疗215.5万人，参合率99%。建立了企业离退休人员采暖补贴专项资金制度，为36.8万名企事业离退休人员发放采暖费补贴5.61亿元。

2.不断提高养老保障和为老服务能力。坚持党政主导、社会参与的方针，出台了《大连市人民政府关于加快发展养老服务业的意见》，推进各类养老服务设施建设。通过出台优惠政策，实施政策引导，提高新增床位补贴标准，设立日常运营补贴政策，鼓励社会力量积极参与养老福利事业，顺利完成了新增养老床位3000张的任务。围绕实施《大连市城乡社区养老服务中心建设发展三年规划》，强化社区依托力量，新建社区养老服务中心85所，全面推进居家养老服务。加快老年人信息服务系统建设，初步形成养老服务信息网络，并实现养老服务业的信息化管理。按照市委市政府《关于加强老龄工作的意见》（大委发［2003］6号）的部署和2011年政府报告提出的市和各区市县要建设一所规模适当、功能齐全的综合性老年文化活动中心的任务，9个区市县已按照市发改委的要求，正在进行建设项目的立项论证工作。

3. 持续提高老年人生活质量。一是为高龄老年人发放生活补贴。为年满90～99周岁的高龄老年人每人每月补贴100元，并将这一政策扩大到驻军的离退休高龄老年人。从2011年起4月1日起，百岁老人生活补贴标准由每人每月380、300元提高到每人每月420元、340元，并建立了和城乡低保标准联动的自然增长机制，全年共为16788名90岁以上老人发放高龄补贴2219.111万元。二是不断完善城乡老年社会救助体系。全市城镇15277名、农村19416名特困老年人被纳入最低生活保障范围，使应该享受低保政策的老年人全部纳入了低保范围，做到了应保尽保。同时，70－79周岁的城市低保老人，按当地城市低保标准上浮20%享受分类救助；80周岁以上的城市低保老人，按当地城市低保标准上浮40%享受分类救助。再次提高了农村“五保”老人保障标准，“五保”老人生活保障水平不断提高，从2011年4月1日起，分散供养人员生活费分别增加到2530元、4080元，集中供养人员达到5700元、6300元。三是完善养老补贴制度。自2011年1月起，按照自理、半自理和卧床等不同情况，对城市困难老年人每人每月给予100元、300元、500元的居家养老服务补贴。入住养老机构的半自理、卧床老年人，每人每月享受400元、600元的介护补助。属独生子女死亡或与三级以上残疾独生子女共同生活的，居家养老和入住养老机构的分别增加50元和100元的补贴。四是鼓励社会力量参与老龄事业发展。重点加大对各类民营养老机构给予新增床位补贴、运营补贴政策的扶持力度。资助标准从每张床位800－2000元提高到每张床位3000－5000元。民营养老机构每收住1名大连市户籍老年人，由市财政每月补贴80－100元，同时继续给予税费减免等优惠鼓励政策，较好地保护社会力量参与的积极性。

4. 明确职责，抓好优待政策的落实。高标准落实《辽宁省老年人权益保障条例》和新出台的《大连市老年人优待规定》、《大连市人民政府关于加快发展养老服务业的意见》。下发了《大连市老年人优待规定职责分解方案》，对各成员单位的职责任务做了进一步的明确，确保老年人各项优待优惠政策落实到位。同时加强督促检查，对全市老年人乘车问题和老年证年审工作进行了专项检查。

四、强化了老龄政策调查研究和宣传工作

开展了应对老龄问题的战略、老龄政策法规、老年学等方面的研究工作。对城乡老年人生活状况和老龄产业发展政策等方面进行了调查，完成《大连市老年人优待工作情况调查报告》，为解决城乡养老保障、养老服务提出建议，引起市委、市政府的高度重视，为制定老年政策起到了重要的参考作用。肖盛峰副市长就《关于我市计划生育家庭养老问题的调研报告》做了重要批示，“养老服务是创新社会管理、构建社会公共服务体系的重要内容。此报告抓住了当前和今后一个时期社会公共服务的重要课题，在调研基础上提出有价值的对策建议，可资借鉴。”针对肖市长的批示，局领导组织老龄办和社会福利与慈善事业促进处共同研究，采取四项措施，改善计划生育家庭的养老条件。深入开展老龄宣传教育工作。举办了2期老龄政策法规培训班，依托新闻媒体对出台的《大连市老年人优待政策》、《加快发展养老服务业的意见》两个政策进行了广泛宣传。全国老龄办《老龄工作通报》和省老龄办《辽宁老龄工作》分别对《意见》进行了全文刊登和详细报导。全年在《中国社会报》、《辽宁老年报》、《大连日报》、《大连晚报》等报刊发表老龄事业主题文章22篇，部分稿件被各大网站转载。我市开展的“银龄行动”工作情况在全国“银龄行动”座谈会上进行了书面交流。西岗区、甘井子区荣获全省基层老龄工作先进单位称号，西岗区在会上作了典型发言，甘井子区、中山区、金州新区在会上进行了书面交流。

重要会议和活动

【市老龄办主任暨市老龄委成员单位联络员会议】3月17－18日，市老龄办召开全市老龄办主任暨市老龄委成员单位联络员会议，市老龄委成员单位联络员及各区市县老龄办主任约70人出席了会议，会议传达了全国老龄委及全国、省老龄办主任会议精神，总结了“十一五”工作，部署了“十二五”及2011年全市老龄工作任务。市民政局巡视员董兴华参加会议并做重要讲话。

【窦玉沛副部长调研养老服务工作】6月1日－2日，国家民政部副部长窦玉沛率部分全国人大代表及国家民政部、教育部、财政部、人力资源和社会保障部、国土资源部、住房和城乡建设部、卫生部等有关部委人员组成的调研组，在省政府副秘书长何庆良、省民政厅厅长徐铁南、副厅长张克宇的陪同下，来我市调研养老服务业发展工作。在连期间，市委常委、常务副市长肖盛峰向调研组介绍了我市养老事业发展情况，调研组还到瓦房店市复州湾中心敬老院、瓦房店市兴华园老年公寓、沙河口区南沙老年之家、沙河口区李家街道绿景社区养老服务中心、甘井子区辛寨子养老服务中心等养老服务机构进行了考察调研。市政府副秘书长王延辉及市人大内司委、教育局、民政局、财政局、人社局、国土资源局、城建局、卫生局领导参加了调研座谈会。

【市政协领导调研养老服务工作】8月4日、8月16日，市政协副主席崔庆群、王艺波率调研组，到市民政局调研养老服务事业发展情况，就大连市养老问题进行了座谈研讨，并深入基层社区进行实地考察。崔庆群、王艺波副主席对大连市养老服务业发展给予了高度评价。市老龄委副主任、市老龄办主任、市民政局党委书记、局长杨爱民，市民政局党委副书记惠安成、市老龄办副主任、市民政局巡视员董兴华及相关处室人员陪同调研。

【敬老月活动】2011年10月1日至10月31日。大连市老龄委办公室下发了《关于开展2011年“敬老月”系列活动的通知》。全市各区市县和各涉老单位通过开展敬老月活动，深入宣传党和政府老龄工作的方针政策，落实《中华人民共和国老年人权益保障法》、《辽宁省老年人权益保障条例》和《大连市老年人优待规定》、《大连市人民政府关于加快发展养老服务业的意见》；宣传我市人口老龄化的严峻形势和应对挑战的对策措施，弘扬中华民族传统孝道文化，倡导敬老爱老助老风尚，增强全社会的敬老意识，营造关爱老人的文明和谐的社会氛围；通过宣传动员和组织有关部门、社会组织、企事业单位、家庭和个人，从我做起，从身边的事情做起，为老年人办实事、做好事、献爱心，让广大老年人共享社会经济发展成果，安享晚年幸福生活。

【大连国际老年产业博览会】10月2日至10月5日，2011年大连国际老年产业博览会在星海会展中心隆重启动。市政协副主席王艺波，市慈善总会会长林庆民，市委副秘书长王仪奎，市老龄委副主任、老龄办主任、市民政局局长杨爱民，市老龄办副主任、市民政局巡视员董兴华出席并为开幕式剪彩。展会期间，来自国内12个省、直辖市，以及美国、日本、韩国、丹麦等国家和地区150家企业参展，展示内容丰富多彩，有老年生活用品、老年辅助产品、老年康复保健器械及养老服务等多个领域。

【走访慰问老年人活动】春节前，市委书记唐军、市长李万才、市人大主任怀忠民、市政协主席刘俊文分别带人，走访慰问困难老人、百岁老人、老党员和老劳模。“敬老月”活动和元旦春节期间共为老年人发放慰问金达30.66万元。

各项业务进展

【老年维权和法律援助工作】“敬老月”期间，我市两级法律援助机构积极开展法律援助活动，充分发挥法律援助在维护老年人合法权益中的职能作用，满足更多的老年人法律援助的需求，为老年人提供更加及时、快捷、优质、高效的法律援助服务。为强化服务意识，接受社会监督，开展了“三公开”活动，即所有办公人员公开身份、公开形象、公开承诺活动。推行关爱老年人服务方式。面向社会公开服务标准以及申请法律援助的范围、条件、程序和办公地址、咨询投诉电话；实行首问负责制、一次性告知、疑难问题预约解答等制度；对行动不便的老年人实行上门服务；在接待大厅设置休息等候区，摆放宣传材料，添置沙发、饮水机等便民用品，为老年人提供温馨、快捷的服务环境。开辟“绿色通道”。对有特殊困难的老年人，免除经济困难审查，对情况紧急或者即将超过仲裁诉讼时效的法律援助案件，先行受理，事后补办手续。在活动期间，我市两级法律援助机构共解答老年人法律咨询400多人次，办理老年人法律援助案件15件，满意率在95%以上，有效地维护了老年人的合法权益。

【政策宣传和文化体育工作】“敬老月”期间，依托老年产业博览会开展了多项公益性敬老爱我助老活动，免费开展了老龄政策、法律法规、医疗保健、家政、养老等方面的咨询服务。组织医疗机构为老人提供免费医疗体验，开展了多项文化体育活动，组织开展了反映老年人精神文化生活的书画、摄影、剪纸、十字绣等展示；还举办了千人次武术体育表演和千人次文艺表演。4天时间共演出文艺节目126个，武术体育表演节目12个。在第三次全国老龄工作会议召开之际，中国老年艺术团《红叶风采》大型文艺晚会在北京举行。我市报送的服饰表演《大地之春》表演精彩，获得观众热烈的掌声，受到领导的好评。演出结束后，回良玉副总理等领导和全体演职人员留影后，还特意和我市的老艺术家们一一握手，并单独合影留念，对我市老年文化生活给予了高度评价。

【老龄工作业务培训】10月19日至20日，市老龄办举办了全市市老龄工作业务培训班，就我市出台的《大连市人民政府关于加快发展养老服务业的意见》及市政府《大连市老年人优待规定》进行了专门的业务培训。各区市县民政局分管老龄工作的局长、老龄工作专干、市老龄委有关成员单位联络员、市关爱老年人健康行动办公室负责人等60多人参加了培训。

青岛市

综　述

2011年，全市老龄工作在市委、市政府的坚强领导下，坚持以科学发展观为统领，以保障和改善老年民生为主线，解放思想，扎实工作，开拓创新，推动全市老龄事业呈现出良好发展态势。

一、颁布实施《青岛市“十二五”老龄事业发展规划》，积极应对人口老龄化

各级党委、政府把老龄工作纳入国民经济和社会发展中长期规划。市委、市政府出台《关于进一步加快老龄事业发展的意见》，要求将老龄工作纳入“经济社会发展总体规划”和“政府为民办实事项目”。《意见》作为我市老龄工作的纲领性文件，为老龄事业的科学发展指明了方向。在总结评估《青岛市老龄事业发展“十一五”规划》执行情况的基础上，市政府办公厅颁布了《青岛市“十二五”老龄事业发展规划》，明确了“十二五”期间我市老龄事业和老龄工作的主要任务。崂山、黄岛、城阳区相继发布“十二五”老龄事业发展规划。

各级领导对老龄工作非常关注，经常听取汇报，带头参加活动，身体力行支持老龄工作。老人节前夕，市委、市政府主要领导联名发出贺信，市委、市人大、市政府、市政协领导亲临庆祝大会。春节、老人节期间，各级领导纷纷参加走访慰问活动，为老年人送去党和政府的关怀。

二、深入开展老龄专题调研，不断提高辅政水平

市老龄委成员单位围绕老龄工作热点难点问题，深入开展调查研究。市老龄办深入区市开展全面调研，摸清了基层老龄工作现状，开展了老龄工作机构体制机制调研，与市委办公厅共同开展了养老休闲产业调研，提出了发展养老休闲产业的建议，市委办公厅编发《信息专报》；市委政研室、市社科院在相关调研报告、理论文章中对养老服务发展等问题提出了建议，为市委、市政府决策提供参考。市老龄办完成了老龄事业统计工作，编印了《青岛市2010年老年人口信息和老龄事业发展报告》、《青岛市老龄事业统计体系》。

三、切实保障养老和医疗，不断提高保障水平和覆盖面

城乡居民社会基本养老保险制度实现全覆盖。我市在全国率先实施城乡居民社会养老保险制度，在全省率先实现城乡居民养老保险制度和基础养老金发放两个“全覆盖”。全年城乡养老保险参保人数244.8万人，待遇发放89.2万人，发放养老金19亿元。按时足额为全市49.5万名企业离退休人员发放基本养老金85.85亿元。企业退休人员月人均基本养老金从2005年的787元提高到1767元，实现“七连调”。

老年医疗保障水平不断提高。城镇职工基本医疗保险最高支付限额提高到15.3万元，参保职工年度最高报销额度达35.3万元。退休职工不再缴纳基本医疗保险费，而记入个人医疗账户的比例最高5%，政策范围内住院费用报销比例最高90%以上。七区城镇居民医疗保险费补助提高到每人每年200元，城镇居民基本医疗保险最高支付限额提高到15万元。老年居民的住院和门诊大病各支付段的报销比例提高5个百分点，在定点社区医疗机构发生的门诊医疗费报销比例达到50%，其中使用基本药物的报销比例再增加10个百分点；实施了新农合首部立法，出台了《青岛市新型农村合作医疗条例》，三区、五市筹资标准分别提高到340元、250元。对90余万城乡老年人进行健康管理，60岁及以上老年人健康档案建档率达到68%以上，65岁及以上老年人健康档案建档率达到90%。出台《关于对老年参保患者实行医疗专护管理有关问题的通知》，在市南区医院、湛海医院和盐业医院等3家二级医疗机构进行试点，对重病老年患者实行医疗专护管理，按每床每日120元的标准纳入医保报销范围，全年共结算老年医疗专护患者48名，医疗费总额39.9万元。

城乡社会救助体系进一步完善。一是调整提高城乡低保（农村五保）标准。城市低保标准由每人每月350元调整到420元，农村低保标准由每人每年1800元调整到2604元，农村五保集中、分散供养标准分别由每人每年3600元、1920元调整到4800元、2724元。城市社会孤老专项生活补助也相应调整。二是建立城乡一体的医疗救助制度。《青岛市城乡困难居民医疗救助制度》出台，实现城乡困难居民“同病同助”。三是帮扶救助活动扎实开展。市北区为8600余户空巢老人免费安装“一键通”呼叫器；李沧区出资30万元为孤寡老人发放救助金，为70岁以上老人发放助听器；市总工会为2250余名生活困难的退休劳模发放救助款200余万元。四是提高农村计划生育家庭扶助标准。农村计划生育家庭奖励扶助金、特别扶助金分别提高到每人每月60元、100元，全年分别发放48135人、5315人。

部分区、市建立了高龄补贴制度。崂山区、黄岛区为辖区内80—89岁、90—99岁老人每人每月分别发放100元、200元，为百岁及以上老人每人每月分别发放300元、400元。城阳区为5000余名85—99岁老人每人每月发放100元。

四、大力推进老年活动场所建设，提高养老服务水平

各级各部门加大对老年活动场所建设的扶持力度。市南区投资7亿多元建成1000平方米以上社区服务中心53处、区级老年活动中心1处。市北区建设6处1000平方米社区服务中心、5处社区养老服务场所，投入11.6万元对“华龄之家”进行验收、授牌，并进一步提升区老年活动中心功能。四方区对两处老年活动中心进行维修改造和设施配置。李沧区开工建设市民公共服务中心、区全民健身中心和10处室外老年活动场所。城阳、胶南等区市对社区文化中心进行改造升级。崂山区老年活动中心主体工程封顶。黄岛区老年活动中心完成立项，投入1.8亿元为205个社区配建老年活动场所。莱西市新建老年大学即将投入使用。市老年人体育活动中心接待32000人次。市城乡建设委加强无障碍设施建设，全年新建城市道路、建筑物等无障碍设施率达100%；市规划局将老龄事业规划纳入城市总体规划修编，将老年福利服务设施作为规划建设内容进行配建。

加强养老机构规范化建设与管理。市民政局开展了福利机构管理改革试点和养老机构规范化运营管理工作，举办了养老机构法律知识培训班和养老护理员职业技能初级培训班。全市新增机构养老床位3036张，城镇养老机构床位数达1.7万张，全市养老机构（含农村敬老院）达243家。

稳步推进居家养老服务。全市新增居家养老人数519人，社区养老互助点502个，社区日间照料中心和老年人娱乐室64处。市南区“六送”养老服务惠及5万名老年人，市北区新增居家养老政府送时服务对象200人，四方区政府投资120万元新建6处助老大食堂，李沧区“守望工程”将2100余名80岁以上的独居老人全部纳入关爱范围，崂山区出资为46名困难独居老人购买每天1小时的服务。团市委长期开展敬老助老志愿服务活动。

五、广泛开展老年文体活动，丰富老年人精神文化生活

老年教育工作持续发展。全市各级老年大学、学校达3018所，在校学员19.2万人次，四级办学网络基本形成。其中老年大学21所，在校学员5.1万人；街道（镇）办学率100%，共有老年学校171所，在校学员2.6万人；社区（村）办老年学校2826所，占社区（村）的43.5%，学员11.5万人。全市老年人入学率达到14.47%，其中七区老年人入学率16.59%，五市老年人入学率12.69%。

老年文体活动蓬勃开展。出台《青岛市老年体育人才发展规划（2011—2015）》，提出了发展老年体育人才的具体目标和措施。发展壮大老年文体活动队伍，全市约有6400余支老年文体活动队伍，参加队伍的老年人约33万人，其中市级老年文体活动队伍60余支，区（市）级340余支，街道（镇）级450支，社区（村）级5550余支。举办了第二十届老年人运动会、庆祝建党90周年“七彩华龄”文艺调演、老年文体队伍大展示、“华龄欢歌”中老年电视大赛、“歌唱我的祖国”K歌大赛、第三届老干部艺术节、迎新春交响音乐会、欢乐青岛周周演、第十届社区健身节等活动，“七彩华龄综艺大舞台”演出136场次，市群众艺术馆组织业余演出团队为老年人公益演出183场次，丰富了老年人的精神生活。

六、营造尊老敬老社会氛围，切实保障老年人合法权益

全方位、立体化宣传老龄工作。市委宣传部、市老龄办联合下发《2011年全市老龄宣传工作要点》，开展第五届“老龄宣传好新闻奖”评选表彰活动；市老龄办联合中国新闻社编发《中国新闻》全国两会特刊；我市老龄工作典型经验在第三次全国老龄工作会议上书面交流；人民网青岛视窗开辟老龄工作专页；全年编发《青岛老龄》2期、《老龄信息》102期，《七彩华龄》、《牵挂》栏目分别播出52期、365期；李沧电视台开办《华龄风采》节目，胶南市开通七彩华龄网。

积极开展评选表彰活动。市老龄办、市人力资源社会保障局开展了青岛市老龄工作先进集体、先进个人评选表彰活动；市委老干部局、市民政局分别评选表彰了老年教育宣传工作先进单位和千名“孝星”。四方、即墨、莱西等七区市和青岛港集团等单位分别开展了老龄先进典型评选表彰活动。

依法维护老年人合法权益。市老龄办、市公安局、市中院、市司法局、市工商局联合开展了老年“维权月”活动。在五四广场举行了启动仪式暨老年维权咨询大集。各区市纷纷开展了系列老年维权活动。“维权月”期间，全市共办理老年人信访及政策咨询2000多件。市中院全年受理、审结涉老案件487起，减免诉讼费45万元。市法律援助中心受理涉老案件65件，接待老年人来访1175人次，“12348”专线接听涉老咨询2876人次；公证机关完成涉老公证1324件；各级调解组织排查涉老纠纷890起，调处成功率97%以上；市老龄办、市老年维权中心办理老年人信访687件；市妇联开通“莲姐快递”邮箱，为老年妇女提供法律咨询。

切实落实优待老年人规定。市老龄办、市物价局对全市部分景区（点）进行了《青岛市优待老年人规定》落实情况集中执法检查，对有关责任单位依法进行了整改。市老龄办会同市经信委、市交通运输委和琴岛通卡公司，在各区老龄办的大力配合下，为15万老年人置换了琴岛通老年卡。

七、全国老年友好城市试点工作取得阶段性成果

市老龄委在全市范围内开展了创建“青岛市老年友好型城市示范单位”、“幸福和谐家庭”活动。“敬老月”期间，表彰了市南区湛山社区等一批先进典型。市老龄办编辑了《青岛老龄工作——老年友好城市试点专辑》，总结了市卫生局、市体育局等单位的经验和做法。我市在全国老年友好型城市和老年宜居社区试点工作总结大会上介绍了经验。

重要会议和活动

【市老龄委全体（扩大）会议】4月19日上午，青岛市老龄委全体（扩大）会议在黄海饭店举行。会议传达了全国、省老龄工作会议精神，总结了2010年全市老龄工作，部署了2011年的工作任务。市人力资源和社会保障局、市卫生局、市民政局、市财政局等成员单位作交流发言。市委副书记、市老龄委主任王文华出席会议并作重要讲话，市委常委、副市长杨宜新主持会议。市老龄委委员，各区、市分管老龄工作的负责同志，各区、市老龄办主任参加会议。

【庆祝老人节暨老龄先进典型表彰大会】9月28日上午，青岛市庆祝老人节暨老龄先进典型表彰大会在市级机关会议中心三楼会堂隆重举行。会上宣读了省委常委、市委书记李群同志和市委副书记、市长夏耕同志在老人节前夕致全市老年人的贺信，表彰了“青岛十大寿星”、“青岛十大孝星”、“青岛十大华龄之星”“青岛十大敬老企业明星”、老年友好型城市示范单位和2010－2011年度青岛市模范老人，并为获奖代表颁奖。市委副书记、市老龄委主任王文华出席大会并做重要讲话，副市长王广正主持大会。市人大常委会副主任徐航，市政协副主席宋静毅等领导出席大会。贺信指出，老年人是社会的宝贵财富，值得全社会尊重和敬仰。青岛经济社会发展取得的成绩和进步，蕴含着老年人的劳动和智慧，凝聚着老一辈的汗水和心血。当前，全市上下正在深入贯彻落实科学发展观，按照中央和省的部署要求，以世界眼光谋划未来，以国际标准提升工作，以本土优势彰显特色，加快建设宜居青岛、打造幸福城市。有了广大老年人的关心支持和参与奉献，青岛的各项事业才能在新的起点上实现新发展，我们的城市才能更加宜居和幸福。尊老敬老是中华民族的传统美德，也是社会文明进步的重要标志。近年来，我市高度重视老龄工作，不断加大公共财政投入，努力优化政策环境，加快建设老年友好型城市，老龄事业实现了持续、健康、快速发展。当前，我市人口老龄化趋势日益加快，各级党委、政府要进一步增强做好老龄工作的责任感和紧迫感，坚持“党政主导、社会参与、全民关怀”的方针，加快老年社会保障制度建设，大力发展为老服务和老龄产业，努力推动老龄事业又好又快发展。全市老龄工作者要认真履行职责，尽心尽力为老年人办实事、做好事、解难题，更好地满足老年人的期望和要求。贺信指出，希望全社会大力弘扬传统美德，真诚关心关爱老年人，形成尊老、爱老、助老的良好社会氛围，使广大老年人生活得更加幸福安康。希望广大老年朋友们在颐养天年的同时，利用长期积累的丰富知识和宝贵经验，积极作为，发挥余热，为建设宜居青岛、打造幸福城市作出新的贡献。

【老年人才招聘会】3月26日，由市老龄办牵头，联合市人力资源和社会保障局、市科协举办了“2011青岛市老年人才招聘会”。63家企业参加招聘会，提供工作岗位近600个，1000多名老年人积极应聘，最终达成意向的有200多人，

【老年维权月活动】4月，青岛市老龄办、市公安局、市中级人民法院、市司法局、市工商局等单位联合开展了以“弘扬中华民族传统美德，依法维护老年人合法权益，关注民生、共建和谐”为主题的老年维权月活动。维权月期间，全市各部门共办理老年人信访问题及解答政策咨询2000多件，切实为老年人解决了困扰多年的实际问题。

【庆祝建党九十周年系列活动】6月－7月，举办了庆祝建党九十周年系列活动。6月9日至10日，由青岛市老龄办、青岛市文广新局、青岛市文联联合举办的“青岛市庆祝建党90周年‘七彩华龄’文艺调演”在青岛铁路文化宫隆重举行。由市文广新局、市委老干部局、市民政局、市司法局、市卫生局和十二区市

老龄办以及市老年服务中心选送的80个节目参加了舞蹈、时装表演、大合唱、戏曲、曲艺、器乐、声乐七个大类的比赛。1200多名演职人员参加了展演，其中年龄最大的83岁。6月9—10日，由青岛市老龄办、市文广新局、市文联联合主办的青岛市庆祝建党九十周年七彩华龄文艺调演在青岛铁路文化宫隆重举行。推荐的80个文体节目参加调演。6月27日，由青岛市老龄委、青岛市老年人体育协会联合主办的青岛市庆祝建党九十周年“七彩华龄”文体队伍大展示在五四广场举行。市委常委、副市长杨宜新，原市政协主席、市老年体协主席胡延森等市领导出席活动并观看了展演。由2000多名老年人组成的老年柔力球、健身球、太极扇、太极拳、威风锣鼓队伍在“五月的风”雕塑周围列队展演。7月1日至3日，由青岛市老年书画研究会主办的青岛市庆祝建党九十周年“七彩华龄”书画展在市出版艺术馆举行。展览面向全市征集了800多幅书画作品，300幅作品参展。

【老年友好型城市示范单位评选活动】8月10日，市老龄办下发《关于推荐评选青岛市老年友好型城市示范单位的通知》，在全市范围内组织开展推荐评选老年友好型城市示范单位活动，评选命名一批老年宜居社区（村）、老年友好型窗口服务单位、老年友好型社团（组织）和老年友好型幸福和谐家庭，推动我市老年友好型城市建设工作深入开展。本次评选活动采取组织推荐、社会推荐和自荐相结合的方式，将从全市社区（村）中推选20个老年宜居社区（村）；从机场、铁路、公交、移动、联通、邮政、银行、保险、公安、景点、医院、商场、文化体育场馆、为老服务中心等直接面向老年人的社会公共服务窗口中推选20个老年友好型窗口服务单位；从社会敬老社团和组织中推荐评选10个老年友好型社团（组织）；从两代以上同住且至少含一名60岁以上老年人的家庭中评选50个老年友好型幸福和谐家庭。评选出来的示范单位将由青岛市老龄工作委员会命名授牌。评选结果将作为全国老年友好城市试点工作成果检验和青岛市敬老模范区（市）创建的重要依据。

【“敬老月”活动】9月10日—10月10日，我市启动“敬老月”活动。活动的主题是“敬老助老从我做起”，宗旨是“关爱老人构建和谐”。活动内容：组织各区（市）、各有关部门、单位分类别、分区域广泛开展走访慰问送温暖活动，着力解决好特困、高龄、空巢、残疾老年人的生活困难问题；积极动员社会各界、敬老企业为老年人提供捐助；充分发挥党政主导作用，协调有关部门，积极推动养老、医疗、低保等各项社会保障政策的贯彻落实；引导商业、文化、餐饮、旅游、卫生等行业开展多种形式的惠老行动，为老年人老有所养、老有所医、老有所乐创造更好的条件；开展老年法律法规咨询、服务等活动，充分发挥各级老年维权中心、老年维权岗的作用，切实维护老年人合法权益；广泛组织志愿者走进福利院、敬老院、老年公寓和老年人家中，开展家政、照料、护理、信息咨询、心理疏导、法律维权等志愿服务活动；动员社会各界与孤寡、空巢、特困、高龄老人结成帮扶对子，实施长期帮扶、及时救助，积极为老年人献爱心、办实事。

【第二十届老年人运动会】9月20日，青岛市第二十届老年人运动会在天泰体育场开幕。来自全市18支代表队的567名老年人参加了男女4个组别38个项目的角逐。省委常委、市委书记李群出席开幕式并宣布运动会开幕，市委副书记王文华致开幕辞。市老年体协副主席闵祥超主持开幕式。开幕式上，来自市南区、市北区、四方区、李沧区、城阳区老年体协组织的近5000名老年朋友先后奉上了精彩的柔力球、健身球操、太极拳、太极功夫扇及手杖操表演。

【“千名孝星”表彰大会暨重阳文艺汇演】9月28日，青岛市千名“孝星”评选表彰大会暨2011重阳文艺汇演在青岛大剧院隆重举行。会议对荣获青岛市“敬老奉献明星”称号的1000名孝星进行表彰，并为30名孝星代表颁奖。表彰会议结束后，举行了2011重阳文艺汇演。

宁波市

宁波市基层老年群众组织成功活动情况活动案例活宣讲动

宁波市敬老月启动仪式

综　　述

2011年，宁波市老龄委各成员单位和各级老龄工作部门按照宁波市委"六个加快"的战略部署，认真贯彻落实全国老龄委第十三次全体会议和市老龄委全体会议精神，统筹谋划，突出重点，开拓进取，扎实工作，有力地推进了全市老龄工作和老龄事业的发展。

一、认真谋划，制定出台老龄事业发展规划

2011年9月27日，市发改委、市老龄委联合下发了《宁波市老龄事业发展"十二五"规划》。《规划》围绕老年社会保障、社会为老服务、老年精神文化生活、老年人权益保障四个方面，提出了"十二五"时期全市老龄事业发展的14项具体任务。各成员单位根据本部门职能和老龄工作职责，统筹规划，将老龄事业发展列入本部门"十二五"发展规划总体规划或制定出台老龄事业发展专项规划。市民政局制定出台了《宁波市社会养老服务体系建设"十二五"规划》，会同市规划局等部门启动了中心城区老年服务设施专项规划编制工作。市文广局将老年文化事业纳入了"十二五"时期社会文化发展总体规划。市老年大学制定老年教育"十二五"发展规划。各县（市）也制定下发本地区老龄事业发展"十二五"规划。

二、统筹城乡，老年人社会保障水平不断提高

1月份起，调整提高企业退休人员及其他各类人员基本养老金和生活费水平，基本养老金全市人均提高162.66元/月。人均养老待遇水平达到2010元/月；被征地人员养老保障待遇调整提高到560元/月、610元/月和660元/月；城乡居民养老保险基础养老金由80元/月提高到110元/月。

4月1日起，在原发放百岁老人长寿保健补助每人每月300元的基础上，对户籍在宁波市的80周岁至89周岁老年人每人每月发放高龄津贴50元；90周岁至99周岁老年人每人每月发放高龄津贴100元。驻甬部队具有军籍的离退休高龄老人享受同等待遇。2011年，全市各级财政共支出高龄津贴8000余万元，其中市财政支出425.24万元。

5月1日起，开始实施职工医保市级统筹，全市退休职工医保待遇进一步提高。职工医疗保险退休人员70周岁以下、70周岁以上个人帐户的划入比例分别为社会平均工资的4.5%和5%，进入统筹段后在社区卫生服务中心就医医保基金支付92%，在其他医院就医医保基金支付75%－80%，住院和特殊病种医保基金支付85%－95%，医疗费没有封顶线限制。市区老年居民参加居民医疗保险财政补助1300元，财政补助比例达72%。居民医疗保险老年居民进入统筹段后在社区卫生服务中心门诊就医医保基金支付60%，在其他医院门诊就医医保基金支付30%－45%，年度门诊医疗费3000元封顶；老年居民住院和特殊病种医保基金支付65%－75%，年度住院医疗费20万元封顶。市区有4万多老年居民参加体检。

解决部分群体养老保障问题。一是解决非农户籍未参保群体和已参加各类养老保障人员的转换衔接，将省政策规定范围的养老制度内、外人员纳入到我市基本养老、基本医疗保险体系；二是提高部分参加城乡居民社会养老保险人员的待遇，对曾从事乡村医生、民办教师、代课老师、农村电影放映员和原下乡知青及曾由乡镇聘用从事农村相应社会服务工作的11类人员按其在我省城乡居民社会养老保险制度实施前原在岗工作时间，增发个人账户养老金和缴费年限养老金；三是解决落实部分精减退职人员生活困难补助费。

三、多措并举，养老服务体系建设加快推进

养老服务机构建设步伐加快。宁波市社会福利院改扩建工程一期工程（总投资2300万，总床位291张）完工并投入使用，二期工程完成征地拆迁进入施工图设计阶段。各县（市）区一批重大养老服务设施建设项目，如总投资2.3亿元的象山县老年公寓、总投资2.2亿元余姚市舜臣老年公寓、总投资1.78亿元的宁海县老年公寓、总投资1.16亿元的海曙区广安养怡院（残疾人服务中心）、总投资1.12亿元的江东区社会福利中心迁建工程等等也相继立项开工。积极支持民办养老服务机构改扩项目，下拨资金14.88万元，用于民办养老机构新增床位补助，推动民办养老服务机构发展。年底，全市共有各类养老机构205家，当年新增养老机构床位1224张，总床位达到30700张，每百名老人拥有养老床位2.86张。

城乡居家养老服务工作稳步推进。全市新建30家社区居家养老服务中心（站），新增365个行政村开展居家养老服务。会同市质监局联合开展了社区居家养老服务机构等级评定工作，共评出AAA级7家，AA级10家，A级3家。加大资金扶持力度，市财政下拨资金796万元，市福彩公益金下拨资金193万元，用于补助城乡居家养老服务工作。投入资金350万元，为2万余户老年人家庭免费安装了“一键通”电话机。

年底，全市95%的城市社区和43%行政村开展了居家养老服务，269个社区和1146个村建有居家养老服务中心（站），共覆盖服务约60万城乡居家老人。全市城乡现有2100多名专兼职居家养老服务员，近3万名长期助老服务志愿者（义工），共有7000多名特别困难的居家老人享受政府或村集体购买或补助的养老服务；有6万多名有一定困难的居家老人获得志愿者结对帮扶服务。

完善以社区为依托的老年医疗保健服务。全市完成新（改、扩）建城乡社区卫生服务站（村卫生室）233家。目前全市共设置社区卫生服务中心（卫生院）148家，服务站1191家，村卫生室1806家。深化社区老年人基本卫生服务内涵。开展社区卫生服务中心、服务站、家庭“三站式”服务，探索社区家庭医生制签约服务，建立统一居民电子健康档案。全市60岁以上老人规范化电子建档77.87万份，电子建档率达到84.09%。

四、多方参与，“敬老月”活动广泛深入开展

市政府办公厅下发《关于转发市老龄委2011年庆祝老人节和开展“敬老月”活动实施方案的通知》，围绕敬老宣传、走访慰问送温暖、为老助老服务、老年优待和维权、老年文体等五大方面，在全市开展了以“敬老助老，从我做起”为主题的“敬老月”活动。

大力营造浓厚的敬老氛围。各级各有关部门充分利用报刊、电台、电视台、网络等各种宣传媒体和阵地开展敬老专题宣传，通过通讯网络、匾牌灯箱、LED屏幕、手册画报等载体做好敬老公益宣传，广泛开展孝文化进学校、进社区、进机关、进企业、进家庭活动。市老龄办定制发放了印有敬老标语口号的环保购物袋和雨伞各1000个（把）；评选表彰了优秀居家养老服务员、优秀助老志愿者各100名。市、县各新闻媒体也加大老龄宣传力度，通过刊播敬老公益广告、开设专栏专题专版等方式，连续集中报道了各项庆祝活动以及老龄事业发展情况，刊发新闻稿件500多篇。

深入开展走访慰问送温暖活动。“敬老月”期间，全市各级各有关部门走访慰问高龄、困难、优抚等老年人约20万人次，发放慰问金3000多万元。市老龄委有关成员单位分别组织“真情助困进万家”、“送健康、送知识、送温暖”、关爱空巢老人志愿服务等活动。社会各界也积极开展为老助老服务活动。宁波市眼科医院在全市大力开展“敬老光明行”眼病普查活动。为18949名老年人进行了全面的眼病筛查，为400多名贫困老年患者，减免手术费用85.1万元。

积极开展丰富多彩的文体活动。“敬老月”期间，市本级举办了戏曲专场慰问演出、老干部和退休干部游艺活动、宁波市第七届老年运动会等10多项大型活动；各县（市）区相继举办老年运动会、老年摄影比赛、老年书画展、敬老电影巡影等各项大型文体艺术活动100多场次，极大地丰富了老年人的精神文化生活。

五、突出重点，老龄工作基础进一步夯实

市财政下拨补助资金100万元，继续扶持部分经济薄弱村老年活动室建设。新创建基层文化宫200个。积极推进公共电子阅览室建设，为老年人免费上网提供公益性场所。组织开展基层老年群众组织成功活动案例评选和宣讲活动，评选表彰了100个优秀基层老年人协会和100名优秀基层老年人协会会长。认真抓好基层老年人协会换届选举和培训工作，及时调整农村老龄工作队伍，加强老年人协会规范化建设。海曙区积极探索创新基层老年群众组织社会管理，成立社会组织服务中心，建立公益创投机制，大力扶持来自于老年人、服务于老年人的社区老年群众组织，依托这些社区“草根”组织的自助和互助服务来满足老年人不断变化的生活需求和精神期望。

进一步提高老年大学办学水平，全市老年大学在校学员达到26063人，790个班级。建立老年教育中心，招收老年学员1838人次。认真做好浙江老年电大工作，加强老年电大教学点日常教学管理，积极开展省、市级示范教学点创建活动，指导养老机构开办教学班，努力扩大老年电大覆盖面。2011年，全市参加浙江老年电大学习的老年人达到108001人次，比2010年增加4423人次，占老年人总数的10.55%。40个教学点被评为市级示范教学点，其中4个教学点被评为省级示范教学点。市财政还首次安排57万元资金，补助浙江老年电大工作。同时，抓好机关离退休党支部建设，加强离退休干部的思想政治工作，开展多种形式的学习活动，进一步增强离退休党员的思想觉悟。

重要会议和活动

【市长刘奇视察西门街道居家养老互助服务中心】2月11日，宁波市委副书记、市长刘奇等一行视察海曙区西门街道居家养老互助服务中心。刘奇市长详细了解了中心的运作理念和服务流程，亲切看望正在服务中心参加老年书法、电脑等技能培训和活动的辖区老年人，并向大家致以新春问候。

【宁波市老龄工作委员会全体会议召开】3月17日，宁波市老龄工作委员会召开全体会议。会议传达学习全国老龄工作委员会第十三次全体会议和全国老龄办主任会议精神，通报2010年全市老龄工作情况和2011年全市老龄工作安排，审议并原则通过了《宁波市老龄事业发展“十二五”规划（草案）》。宁波市委常委、常务副市长、市老龄工作委员会主任王勇出席会议并讲话。

【市政协主席会议成员视察全市养老服务业发展情况】7月12日，宁波市政协主席唐一军，副主席陈炳水、范谊、华长慧、王建康、张明华、陈大申和秘书长王必恒，宁波市人民政府副市长陈奕君先后实地视察了江东嘉和颐养院、海曙西门街道居家养老互助中心和宁波市社会福利中心，听取市民政局关于全市养老服务事业发展情况的汇报。

【敬老月启动仪式暨庆祝省第24个老人节戏曲专场慰问演出】9月19日，宁波市老龄工作委员会办公室、宁波市戏曲家协会、宁波市志愿者协会在宁波逸夫剧院隆重举行“敬老月”启动仪式暨庆祝省第24个老人节戏曲专场慰问演出。对“宁波市优秀居家养老服务员”、“宁波市优秀助老志愿者”进行表彰。宁波市人民政府副市长、市老龄工作委员会主任陈奕君致辞并宣布“敬老月”启动。启动仪式上，宁波市戏曲家协会还为700多位老年人奉献了一台精彩的戏曲节目。

【市领导走访慰问老年人】9月28日—29日，宁波市委常委、市委组织部部长朱伟、宁波市人大常委会副主任郧和民、宁波市人民政府副市长陈奕君、宁波市政协副主席王建康等代表市委、市人大、市政府、市政协分四路走访慰问海曙区、江东区、江北区、镇海区老年人，向全市老人致以节日问候和良好祝愿。

【宁波市基层老年群众组织成功活动案例宣讲活动】10月26日，宁波市老龄工作委员会办公室在宁海县举行基层老年群众组织成功活动案例宣讲活动。会议表彰了“宁波市优秀基层老年人协会”和成功案例优秀作品获奖者，9个基层老年群众组织负责人了作了交流发言。宁波市民政局巡视员左建一出席会议并讲话。

厦门市

综 述

2011年是厦门市实施老龄事业发展“十二五”规划的开局之年。全市老龄系统以纪念建党90周年和厦门经济特区建设30周年为契机，以科学发展观为统领，以老年民生为己任，以推动老龄工作服务管理创新为突破口，各项工作有了明显的提升和突破。

一、党政重视，加大老龄事业投入

各级党委政府重视老龄工作，把老龄工作列入议事日程。2011年市政府出台了《厦门市“十二五”老龄事业发展规划》、《厦门市养老服务机构管理办法》、《关于推进居家养老服务的实施意见》等。每次老年人的大型活动，市委、市政府领导都亲临现场。春节、老年节，市、区、街镇领导都带队慰问老年人。老年节当日，市委、市政府都按惯例在《厦门日报》、厦门电视台、厦门广播电台刊播《致全市离退休老同志和老年朋友的慰问信》。市老龄委各成员单位也都按职能将老龄工作列入工作计划。2011年市财政安排140万元专项资金扶持基层老年活动场所建设，安排360万专项基金支持60个社区居家养老服务中心（站）的建设。市、区两级财政投入约2.5亿元改造和新建市、区社会福利中心。

二、关注民生，关爱高龄病贫老人

春节期间，市老龄办、市老年基金会、市慈善总会安排了100万元的慰问金用于慰问全市1000个特困老人家庭，给予每户1000元的资助。市退管中心组织慰问3378个特困、重病及生活困难的退休人员，发放慰问金105万元。各区也都开展了节日慰问高龄困难老人和基层老年协会活动。全市共慰问高龄、困难老人7850人，慰问总额达276.8万元。老年节期间，市、区领导分头走访慰问了我市部分老年人。市老龄办、市老年基金会联合各区老年福利协会，向724名困难老人发放补助金60多万元。市老年基金会还根据不同需求，向20多家民办养老机构赠送了电视机、冰箱、洗衣机、投影仪、轮椅等文化、生活用品。此外，市政府向3352个90岁以上的高龄老人发放每人150元的慰问金，共计50多万元。6个区共发放慰问金98万元，各街镇也普遍开展了慰问活动。

三、形式多样，丰富老年人的精神生活

为让老年人老有所乐，我市举办了各种形式的文体活动。春节前夕，市老龄办组织市老年书画研究会的书法家开展文化下乡，为老年人写春联，共送出春联500多幅。我市涉老部门联合举办了厦门市老年人庆祝中国共产党成立90周年系列活动。活动内容包括文艺演出、体育活动、征文、集邮展、书画展、摄影展等几大项，历时6个月；举办“厦门市老年人庆祝厦门经济特区建设三十周年大会暨文体展演”活动，一千多名老年人参加了活动。元宵节、老年节，我市继续举办“元宵节万名老年人新春健步行”和“重阳节老年人登山周”活动，两场活动参加人数均达三万多人。各区、各涉老部门也开展了丰富多彩的文体活动。全市老年人体育人口达到12.5万人，占老年人口总数的53%。仅市老年活动中心一年来就接待来场馆活动的老年人20多万人次，提供各种活动1800多场次。市老龄办通过开展第三届“基层老年学校示范校”评选表彰活动，开展远程教育，促进了基层老年教育的发展。目前，全市有各级各类老年大学（学校）311所，其中街镇级的老年学校30所，社区村老年学校269所。在校学员近5万人，占全市老年人口的20.16%，较去年增长1.46%。开设远程老年教育收视点71个，参加学习的老年人有1.8万人。此外，市旅游部门精心包装了一些符合老年人需求的轻松、高质量的旅游产品，推出“夕阳红专列”、“金婚之旅”、“合家欢”等系列优惠产品，丰富晚年生活。

四、普法维权，保障老年人的合法权益

2011年，市人大常委会把对我市实施老年人权益保障法情况的检查作为年度执法检查工作进行安排，成立了专题执法检查组。检查组按照全国人大常委会老年人权益保障法执法检查组的统一要求，对我市实施《老年法》的情况进行检查，组织市人大代表视察了前埔南社区老年活动场所、居家养老服务站，听取了市政府关于贯彻落实《老年法》的情况汇报，并与部分人大代表、老年人、老龄工作者和专家学者进行座谈。检查组还实地视察了集美区的老年公寓、社区老年活动设施和老龄工作，听取市政府关于机构养老和农村养老工作的情况汇报。在检查工作完成后，市人大常委会专门听取了检查组的汇报，并向市政府下发了实施情况的报告和审议意见，市老龄办配合市政府认真做了书面反馈。老年人权益保障法执法检查工作有力地推动了我市老龄工作的开展和老年人权益的维护。

各级法院、司法局、老龄办发挥各自的职能作用，维护老年人的合法权益。法院全年共审理各类涉老案件57件，对部分老人合法权益受到侵害提起诉讼交纳诉讼费用有困难的，予以缓交或减免。法律援助中心为老年人无偿提供法律援助69件，免费法律咨询4万多人次，提供其他法律帮助870人次。全市各司法所、人民调解委员会共排查调处涉及老年人的纠纷201件，成功率100%。鹭江公证处举办为65周岁以上老人免费办理遗嘱公证的公益活动，活动期间共为31名老人免费办理遗嘱公证。各级老龄办还积极受理老年人来信来电来访，市老龄办受理政协涉老提案9件，受理市长专线转办件8件，做到件件有回复，得到老年人的肯定。

此外，老年人社会敬老优待工作取得新进展。2011年，全市老龄办共办理"福建省老年人优待证"1万多本，总计办证5万多本。市离退联办理离退休职工"公园风景点门票优惠证"6900多本。老年人凭"福建省老年人优待证"和"公园风景点门票优惠证"在我市享受公园景点、公共交通等多项敬老优待服务。

五、开展调研，为政府决策提供依据

市老龄办会同有关部门开展了加快我市社会养老服务体系建设、社区、社团和老龄部门的工作开展情况、农村地区老年群体生存状况等课题调研，并开展全市老龄事业统计、百岁老人统计、基层老年教育情况统计、全市高龄补贴发放情况调查等工作。市老年学学会编辑出版了《厦门老龄问题研究》第十八集论文集，刊登论文和调研报告72篇。通过调研，为政府的决策提供依据。

重要会议和活动

【老龄事业发展"十二五"规划征求意见座谈会】3月11日，市老龄办牵头召开厦门市老龄事业发展"十二五"规划座谈会。副市长、市老龄委主任潘世建，市级老领导林源、庄亨浩、蔡景祥、张斌生、林明鑫和政协委员、专家学者、涉老团体负责人代表等出席了座谈会。

【全市老龄办主任会议】5月4日，市老龄办在市老年活动中心召开"全市老龄办主任会议"。会上市民政局副局长、市老龄办负责人张培军作2010年全市老龄工作总结和2011年工作意见的报告；书面传达了全国老龄委会议和老龄办主任会议精神；市老龄委副主任、市老龄办主任、市民政局局长李建福到会讲话。各区老龄办主任、常务副主任及工作人员，市老龄办全体工作人员和市老年活动中心领导参加了会议。

【老龄工作业务培训班】5月12日和8月16日，市老龄办在市老年活动中心举办了两期"厦门市老龄工作业务培训班"。市民政局副局长、市老龄办负责人张培军作开班动员，厦门大学张友琴教授应邀讲授《现阶段厦门老龄工作的重点、难点与对策》和《老龄工作的基础知识》。市、区、街（镇）老龄委（办）、老年活动中心工作人员200多人次参加了培训。培训分两个阶段，部分学员还到四川成都、云南、广西和湖南学习考察敬老优待和居家养老服务工作的先进经验。

【老年志愿者服务队工作会议】6月10日，市老龄办召开"厦门市老龄办老年志愿者服务队工作会议"。会上传达了市老龄办主任会议精神，市志愿服务工作协调小组成员单位联席会议精神和全国老龄办关于2011年开展"敬老月"活动的通知，部署了下半年工作。各志愿者服务队汇报了上半年的工作情况和下半年的打算。市民政局副局长、市老龄办负责人张培军到会讲话。各老年志愿者服务队负责人和市老龄办有关人员参加了会议。

【老龄宣传工作业务培训班】7月21日，市老龄办在市老年活动中心多功能厅举办老龄宣传工作业务培训。会上总结了2010年和2011年上半年全市老龄宣传工作情况，提出宣传工作的总体要求。厦门《鹭江银潮》编辑黄文启受邀为大家讲授《怎样写新闻》。市老龄办全体工作人员、市老年活动中心、各区、各街道老龄工作人员参加了培训。

【庆祝第24个老年节大会】9月26日，厦门市庆祝第24个老年节大会在市老年活动中心隆重举行。副市长、市老龄委主任潘世建到会致辞。省市级老领导，市人大副秘书长巫秀美，市政协副秘书长董金英，市老龄委成员单位分管领导，各区分管领导，市、区老龄办领导，各涉老部门负责人和社会各界老年人代表1000多人参加了会议并观看文艺演出。会上还举行了"重阳敬老，你我同行"活动启动仪式。市老年基金会会长林源向爱心企业和人士代表颁发了荣誉证书。

【老年志愿者工作培训班】11月8日，市老龄办在市老年活动中心举办"厦门市老年志愿者工作培训班"。会上传达了市老年志愿者联合会会长扩大会议精神，市民政局副局长、市老龄办负责人张培军到会作开班动员，集美大学政法学院教授巨东红为大家讲授《志愿服务的理论与实务》。市老龄办直属的7支老年志愿者服务队的120多位骨干参加了培训。

【基层老年学校示范校表彰大会暨培训班】12月7日，市老龄办在市老年活动中心召开"2011年厦门市基层老年学校示范校表彰大会暨培训班"。会上传达了2011年全省老年大学年会的主要精神，表彰了15所2011年基层老年学校示范校，思明区中华街道等6个基层老年学校作了经验介绍，与会人员还观摩了示范校的档案资料。市民政局副局长、市老龄办负责人张培军，市老年大学副校长李龙波到会讲话。各区、街镇老龄办负责人、受表彰的基层老年学校示范校负责人参加了会议。

【开展新春助老活动】1月14日，市老龄办、市老年基金会、市慈善总会、翔安区慈善会、良训慈善基金在翔安区大嶝街道举行了"新春助老活动"启动仪式。为了让全市的特困老人过上一个祥和、快乐的春节，市老龄办、市老年基金会、市慈善总会安排了100万元的慰问金用于慰问全市1000个特困老人家庭，给予每户1000元的资助。

【文化下乡活动】1月20日，市民政局副局长、市老龄办负责人张培军带领市老龄办有关人员和市老年书画研究会的书法家们，来到湖里区金安社区和集美区马銮社区，为基层老年学校送去老年人实用的教材书籍，为老年朋友们写春联。当天共为老年朋友们提供了春联500多幅。

【接受人大常委会老年人权益保障法执法检查】5月17、18日，全国人大常委会委员、内司委副主任委员张学忠率领全国人大常委会执法检查组来厦，对《中华人民共和国老年人权益保障法》实施情况进行检查。17日，检查组视察了前埔南社区居家养老服务站，听取了我市社区居家养老工作汇报。18日，执法检查组召开汇报座谈会。市人大常委会副主任何清秋主持了会议，副市长潘世建向执法检查组汇报了我市贯彻落实《老年人权益保障法》的情况。8月11日，市人大常委会副主任何清秋率市人大常委会委员、市人大代表视察厦门市机构养老和农村养老。代表们先后视察了集美爱欣老年公寓、灌口上头亭社区老年活动设施，并在上头亭社区召开了座谈会。9月，市政府向市人大常委会汇报了关于贯彻落实《老年人权益保障法》情况。

【厦门市老年人庆祝中国共产党成立90周年系列活动】6月26日，厦门市老年人庆祝中国共产党成立90周年大会暨文艺演出在市工人体育馆隆重举行。市委常委、宣传部长洪碧玲，副市长、市老龄委主任潘世建，省、市级老领导等出席会议并与1000多名老年人代表一起观看了演出。厦门市老年人庆祝中国共产党成立90周年活动，除了文艺演出，还有体育活动、征文、集邮展、书画展、摄影展等。活动由市老龄委办公室、市委老干部局、市人力资源和社会保障局、市总工会、市老年基金会、市老年人体育协会主办。

【敬老月活动】10月2日，市四套班子领导分头走访慰问了我市部分老年人，为他们送上了节日的问候。9月29日，市老龄办、市老年基金会分两路，走访慰问了我市困难老人和一些民办养老机构。市老龄办、市老年基金会联合各区老年福利协会，共向困难老人发放补助金60多万元，受惠老人724人次。市老年基金会还根据不同需求，向17家民办养老机构赠送了电视机、冰箱、洗衣机、投影仪、轮椅等文化、生活用品。10月5日，市老龄办、团市委组织40位青年志愿者来到爱欣老年公寓，用轮椅推着30位老人逛中山路。市老龄办、市红十字会组织市红十字会晨露爱心服务队12部爱心车载40位孤寡、贫困老人到环岛路游览，让老人感受特区建设的成果。10月20日，市老龄办、翔安区老龄办在翔安区新店镇东园社区举办2011年“敬老月”慰问演出。

【普及老年人金融知识万里行活动】11月23日，市老龄办、中信银行厦门分行、市银行业协会在厦门金雁酒店举行“尊老、敬老、爱老——普及老年人金融知识万里行活动暨信福年华卡首发仪式”。市级老领导，主办单位领导及相关人员，各区老龄办负责人，部分街道、社区老年学校负责人及老年人代表100多人参加了启动仪式。此次活动的主题是“金融智慧，点亮生活”，中信银行厦门分行将与40家街道、社区老年学校合作对老年人普及金融知识。

【“重阳敬老，你我同行”新闻大篷车活动】市委文明办、市老龄办和市老年基金会联合厦门日报社2011年继续开展以“重阳敬老，你我同行”为主题的第二届新闻大篷车活动。活动于9月26日在全市庆祝老年节大会上启动，10月31日圆满结束，共获得机关、企事业单位和爱心人士捐助的善款865.917万元。市老龄办和市老年基金会在老年节期间助老济困活动中，共发放补助款60多万元，受惠老人724人次；安排30多万元为部分基层老年活动点添置文化、体育活动设施；购买部分实物资助了20多家民办养老机构。

【举办厦门市老年人庆祝厦门经济特区建设三十周年大会暨文体展演活动】11月29日，市老龄办、市老年基金会和市老年人体育协会在市老年活动中心音乐厅联合举办“厦门市老年人庆祝厦门经济特区建设三十周年大会暨文体展演”活动。副市长、市老龄委主任潘世建，省市级老领导，市人大副秘书长巫秀美，市政协副秘书长何秀珍，部分市老龄委成员单位领导，各主办单位领导，各区老龄办、各涉老部门负责人以及老年人代表等1200多人参加会议并观看了演出。来自全市的18个老年文体团体400多位老年朋友参加演出。

各项业务进展

【养老保障工作】2011年，厦门市企业退休人员基本养老金人均月增200元，月人均达2013元，居全国前列，全省第一。厦门市还建立了退休人员异地居住领取养老金资格认证机制。城乡居民养老保险参保人数达16万多，其中领取养老金待遇人员超过7万人，月人均养老金203.92元。老年宗教教职人员社会保障问题得到妥善解决，693名老年宗教教职员纳入了我市社会保障范围。全市继续向符合条件的困难老人发放低保金。继续对农村符合条件的60周岁以上老人发放计划生育奖励扶助金。进一步落实了高龄补贴制度。目前，我市市级为百岁老年人每月发放200元高龄补贴，六个区也都对90周岁以上的老人发放了金额不等的高龄补贴。集美、海沧两区高龄补贴发放范围扩大到80周岁以上的老人。老年医疗保障得到落实。厦门市在全国率先实现统一的城乡居民医疗保险制度，2011年城镇居民、农村居民的筹资标准统一调整为每年每人380元，政府补助由190元提至300元。城乡居民住院医疗费统筹基金报销比例提高到70%，惠及城乡居民90万人。

【养老服务工作】2011年市政府出台了《厦门市养老服务机构管理办法》，对养老服务机构的设立条件、服务和管理、扶持和优惠等作了明确规定。市、区两级财政投入约2.5亿元，改造和新建市、区社会福利中心。福利彩票公益金为全市24家民办养老服务机构发放床位运营和新开办床位补贴共计30多万元，为岛内19家民办养老服务机构的消防设施和改善居住环境提供“民办公助”补助资金240万元。目前，全市共有养老机构35所，床位5072张。其中市、区级公办养老服务机构5所、床位1852张，接收安置集中供养的“三无”老人626人，农村“五保”老人354人。各类养老机构的平均入住率约70%，全市每千名老人的养老床位占有率由原来的不足10‰提升到21‰。此外，全市还有农村敬老院9所，床位195床，院民78人。市政府出台了《关于推进居家养老服务的实施意见》。在巩固完善原有的70个社区居家养老服务中心（站）建设的基础上，市财政安排360万专项基金支持60个新社区居家养老服务中心（站）的建设。目前，全市共整合为老服务资源764种，有321支助老服务队伍，其中专职人员153人、兼职人员927人；志愿者队伍262支、人数7429人。接受各类服务的老年人总数近8万人，占130个建站社区的辖区老年人的比例的89%。

【老龄宣传工作】在宣传部门和媒体的大力支持下，2011年老龄宣传工作：一是着重党政重视老龄工作的宣传。及时宣传报道：市委市政府召开厦门市老年节庆祝大会；《厦门日报》、厦门电视台、厦门广播电台于老年节当日刊播市委、市政府《致全市离退休老同志和老年朋友的慰问信》；全国人大、省人大和市人大《老年法》执法检查组对我市《老年法》进行执法检查；春节、老年节，市领导走访慰问高龄病贫老人；市政府出台老龄事业发展“十二五”规划等涉老重大活动和重要政策措施。二是着重全民关怀老龄工作的宣传。及时宣传报道：市文明办、市老龄办、市老年基金会等联合《厦门日报》在老年期间开展第二届新闻大篷车重阳节特别活动——“重阳敬老，你我同行”宣传活动。《厦门日报》用较大的篇幅，持续跟踪报道了社会各界参与敬老助老活动，以及社会各界关心慰问高龄、病贫老年人的情况，在“敬老月”内，市老年基金会筹得老年人困难救助基金和文体活动基金共计860多万元；《厦门晚报》报道晨曦爱心车队敬老助老情况。主流媒体的宣传报道产生了良好的社会反响。三是着重对全市性重大活动的宣传。及时宣传报道：各区各涉老部门“敬老月”系列活动；涉老部门举办建党90周年系列活动；特区成立30周年庆祝活动；市委宣传部、市委文明办等联合举办厦门市“我们的节日·情满重阳”经典诵读专场展演等重大活动。四是着重主题宣传和集中宣传。《厦门日报》老年节刊出专版，回顾“十一五”我市老龄事业取得的成绩，展望“十二五”老龄事业发展规划；宣传志愿者敬老事迹；福建省广播影视集团电视公共频道《金秋》“孝亲敬老八闽行”栏目在10月份集中播出反映我市老龄工作的7个专题片。一年来，在全国、省、市电视、广播、报刊、杂志，以及涉老部门自己的网络、简报等载体宣传报道了上百篇次。

【志愿服务工作】为让老年人更好地发挥自身优势，服务社会，市老龄办等单位积极搭建平台，组织老年人开展志愿服务活动，同时倡导组织社会爱心人士开展助老服务。市老龄办老年志愿者服务队2011年8月正式加入市志愿者联合会，现有会员2000多人。老年志愿者服务队根据各自的特点开展活动，如开通助老咨询专线；开展帮扶困难老人活动；组织老年人开展文体活动；开展老龄问题研究；到社区、农村开展义诊；进学校进社区进军营举办书画展、集邮展，进行革命史宣传；出版党史刊物，进行爱国主义教育；开展文明宣传、交通督导等。各系统各单位充分发挥老同志的专业优势，组织老同志服务社会。如组织离退休法官到社区建“法律诊所”；组织老民警进校园进社区开展安全宣传；组织老医学专家开展义诊等。各区、街镇、社区村也积极发挥老年人在邻里帮扶、社区安全防范、人民调解、计划生育宣传等方面的作用。社会各界人士也纷纷加入到助老志愿服务中来。如温馨夕阳服务咨询中心、晨曦爱心车队、晨露爱心服务队，“巾帼志愿者”队伍等长期开展助老活动。老年节当日，市老龄办、团市委、市红十字会还组织志愿者用轮椅推着行动不便的老人逛中山路，用爱心车载孤寡、贫困老人游览环岛路，让老年人感受特区30年变化。

深圳市

综　述

在市委、市政府的领导下，在各成员单位、涉老部门、各区和全市老龄工作者共同努力下，我市老龄工作坚持以邓小平理论和“三个代表”重要思想为指导，深入贯彻科学发展观，围绕“六个老有”的工作目标，以加快转型升级、建设幸福广东、加强社会建设、创造“深圳质量”为中心，进一步解放思想，扎实工作，稳步推进我市老龄工作的跨越式发展。

一、2011年我市老龄工作取得显著成绩，为全市经济社会平稳较快发展作出重要贡献

老龄工作事关社会和谐稳定大局，2011年，是我市老龄工作“十二五”规划的开局之年，根据《深圳市老龄事业发展“十二五”规划》的工作要求，一年以来，全市各级、各涉老部门深入贯彻落实科学发展观，紧紧围绕省和市委、市政府的决策部署，以保障和改善老龄民生为着力点，改革创新，真抓实干，办成了一系列大事，办妥了一系列难事，推动我市老龄事业呈现良好的发展态势，不少工作走在全省、全国前列。突出体现在以下几个方面：

一是老年社会保障体系进一步完善。我市不断完善以社会保险、社会救助、社会福利为基础，以基本养老、最低生活保障制度为重点的老年社会保障体系。继续为80周岁以上享受居家养老服务的老年人购买意外伤害和意外医疗保险，购买总额292.4613万元，惠及17103名老年人；全市社区健康中心达607家，社区健康服务网络实现全覆盖，老年福利与社会救助制度进一步健全。

二是养老服务体系建设取得新进展。各类养老机构、服务设施建设有效推进。截止2011年底，全市有12家综合性医疗机构设有老年病专业，各社区建立了老人健康档案，养老机构达30家，养老床位达4597张；继续全面推进居家养老和高龄津贴服务的深入开展，2011年，享受居家养老服务补助和高龄津贴的老人数分别达到22565人和17394人，约占户籍老人数的14.6%和11.3%；全市已建立社区星光老年之家869个，总建筑面积209万平方米。初步形成适度普惠型的养老服务体系。

2011年，分别开展了《深圳市18家街道敬老院基本情况》、《深圳市交通设施无障碍环境建设“十二五”发展规划》和《深圳市养老设施专项规划2011—2020》等调研工作，并开展街道敬老院社会化改革试点工作；呼援中心项目运营良好，项目运营以来共接到38761次呼入电话，其中紧急求助111次，落地服务1582次，电话接通率达到了100%。

三是老年人权益保障和优待工作逐步加强。老年人维权宣传力度不断加大，积极推进老年人法律援助工作制度化和网络化，司法部门为老年人法律援助提供优先受理、优先指派、优先援助“三优先”服务，法院优先从快处理老年人案件，老年信访工作不断加强，继续推进在社区设立劳动保障服务窗口和指纹验证系统工作；全年办理敬老优待证54989张，对符合规定的老年人在坐车、看病挂号、就诊和进入公益性文化场所、公园、旅游景点等给予减免优待，并开展了老年优待政策联合检查，促进了我市老年人权益保障工作和一系列优待工作的进一步落实。

四是老年文体教育事业健康发展。开展了“幸福老人计划”等为老服务项目，安排资金2000万元，资助1689个老年人文体项目和171所社区老年大学（学校）。老年人特色文体活动广泛开展，遍布全市的社区文化广场、星光老年之家、社区公园、社区门球场为老年人文体活动提供场地。老年欢乐节、老年公园文化节老年人专场展演、万名老年人健步走、第二届老年产品联展、“鹏城金秋”社区文化艺术节、老年才艺大赛等各种有益于老年人身心健康的文体活动广泛开展，已成为老年文化活动品牌。市老年协会、市老年体育协会、市老年摄影协会等十几个老年人协会组织已成为我市老年人文体活动骨干力量，市、区、街道、社区四级老年文体活动网络基本健全；老年大学办学规模不断扩大，在校人数不断增长，专业设置更加科学。各类广播电视、报刊杂志和网络，针对广大老年人开辟了丰富多彩的栏目，大大丰富了老年人的精神文化生活。

五是老年人社会参与渠道进一步拓宽。各级老龄部门和涉老机构积极组织老年人参与社会建设、精神文明建设和社会公益活动，充分发挥老年人在提供科技咨询、关心下一代、开展传统教育、维护社区治安、调解邻里纠纷、开展互助服务等方面的积极作用。在大运会筹备和举行期间组织开展"深圳市'大运有我、文明有我'老年系列活动"，充分展现我市50万老年人积极参与大运、服务社会、共同创建文明城市标兵的良好精神风貌，大运期间共有5938名老年志愿者参与服务大运活动次数近2万人次。市老龄办牵头积极实施援疆"银龄行动"发挥"老有所为"，组织38名退休科技工作者和专家前往新疆喀什市开展对口支援医疗、教育和科研项目活动，从医疗、教育、科技等方面为欠发达省市传授先进技术、进行科技帮扶，为促进当地经济发展和群众脱贫奔康发挥了重要作用。

通过近年来的工作实践，我们深深体会到，做好老龄工作，解决好广大老年人最关心、最直接、最现实的利益问题，必须坚持"党政主导、社会参与、全民关怀"的方针，促进老龄事业全面协调发展；必须坚持把老龄事业纳入经济社会发展总体规划，统筹谋划；必须坚持以人为本的理念，想老年人所想，急老年人所急；必须坚持把工作重点放在基层，帮助老年人办实事、办好事。

老龄工作的扎实有效推进，为全市经济社会平稳较快发展作出了积极贡献。这些成绩的取得，是在市委、市政府的正确领导下，各涉老部门和社会各界密切配合、共同努力的结果，也是全市老龄工作者扎实工作、辛勤耕耘的结果。借此机会，我向全市广大老龄工作者和所有关心、支持、参与老龄工作的社会各界人士表示衷心的感谢！

但同时我们也要清醒地看到，与市委、市政府的要求相比，与广大老年人的殷切期待相比，我市老龄工作中还存在一些差距和不足：一是养老保障体系有待完善。社会养老保障制度还不健全，公益性老龄服务设施、服务网络建设滞后，老龄服务市场发育不全、供给不足。二是老龄工作体制机制有待完善。老年社会管理工作相对薄弱，老龄工作机构不健全。三是侵犯老年人权益的现象仍时有发生。对这些问题，我们必须高度重视，采取切实有效措施认真加以解决。

2012年，既是我市实施"十二五"规划的关键年，也是全面应对人口老龄化挑战、推动老龄事业发展的重要战略机遇年。我们必须认真分析、深刻认识全市人口老龄化形势的严峻性。一是人口老龄化趋势明显加快。到2015年，60周岁以上户籍老人将达20万人，比2010年增加4.6万人，养老工作将面临巨大压力。二是随迁老人逐步增多，达100万左右。随迁老人的到来既满足了儿女孝心，也加重了儿女们的责任。三是纯老年家庭人口明显增加。目前，全市空巢老人、独居老人、高龄老人达2.3万多人，占户籍老人的14.9%，其中，75周岁以上户籍高龄老人占户籍老年总人口的16.7%。四是机构养老压力大。随着养老观念的更新，机构养老尤其是公办机构养老需求越来越大，而我市现有机构床位数远远不能满足老人机构养老的需求。五是老年人精神文化需求不断增强。目前，全市老年人口中具有大专以上学历者占18.2%，具有高中（含技校、中专）占26.2%，老年人文化程度远高于全省和全国的平均水平，如何最大限度地满足老年人日益增长的精神文化需求，全面推进"老有所乐""老有所为"已成为老龄工作的新挑战。因此，各级老龄委和各相关部门必须站在经济社会发展的全局和国家民族兴衰的战略高度来审视老龄工作，切实增强做好老龄工作的责任感、紧迫感，以改革创新的精神，求真务实的作风，扎实做好老龄工作。

二、突出重点，狠抓落实，推动我市老龄工作再上新台阶

2012年全市老龄工作总体思路是：以邓小平理论和"三个代表"重要思想为指导，以科学发展观为统领，贯彻落实第三次全国老龄工作会议精神和《深圳市老龄事业发展"十二五"规划》的总体部署，加强老龄委成员单位、涉老部门的联络协调，形成合力共同推进我市养老服务体系建设，建立和完善适度普惠型老年社会福利制度，以改革创新为动力，切实履行职责，扎实做好工作，努力打造符合市情、具有深圳特色的为老服务体系。

（一）进一步完善养老服务体系，着力增强服务能力。一要制定《深圳市老龄事业发展十二五规划》的责任书，明确责任主体、任务、完成办法和时间，使《规划》真正责任到人、落实到位。二要开展我市养老服务体系基础调研，建立逐步完善的措施与时间表，落实责任单位，推动社会养老列入重点建设目录。三要推进18家街道敬老院社会化改革工作；在市社会福利服务机构中探索建立市养老服务指导中心；研究制定深圳市养老机构设置、服务标准、准入机制，形成养老机构行业标准体系；加强和规范福彩公益金管理，用好资助金，活跃基层文体生活。四要完善敬老优待办法，推进敬老优待证升级为社会福利信息卡，增加电子刷卡和"深莞惠"城际互联互通、政府津贴电子钱包、指向性社区公共服务消费等功能；探索研究常住老年人优惠待遇措施和拓展“深莞惠”互惠互通为老服务领域。五要出台深圳市养老事业发展的指导意见。在街道敬老院社会化改革试点过程中，拟制定《深圳市养老事业发展指导意见》，规范街道敬老院社会化改革工作，促进全市养老事业更好更健康发展。六要创新养老载体。整合现有社区服务和康复及现代化资源，建立居家养老服务网路，探索居家养老队伍建设及居家养老服务项目，解决空巢老人社会服务的缺乏及质量不高的问题，使老年人能够方便得到饮食、购物、陪护、护理、医疗、保健、紧急救护等服务和满足文化、学习、交往、康乐、服务、有尊严生活的需求。七要组织起草《老年人保护法实施条例》。贯彻落实《中华人民老年人权益保护法》，切实维护深圳市老年人的合法权益，市老龄办将与相关单位组织起草《老年人保护法实施条例》，老年人权益保障法制法规将得到进一步完善。八要积极制定《深圳市养老设施专项规划》。专项规划深圳市的养老设施，提高养老设施数量、质量与使用率，不断优化适宜老年人居住的社会环境。九要制定《深圳市养老机构登记管理办法》。加强对养老服务机构的登记管理，提高养老服务质量，使养老机构健康发展。十要出台养老护理员及专业队伍的职业设定及考试办法；完成专业养老护理员的设置工作；探索社区养老服务人员、物理治疗师以及专业社工的配置。十一要联合有关职能部门，共同推进为老服务项目的实施。联合公安、统计部门共同制定老年人口统计报表制度，建立老龄人口数据库，定期联合发布相关数据信息；联合市公安、市场监督管理部门开展老年人自防自护教育活动和加强涉老产品及服务的市场监管；积极配合民政部门推进社区综合服务中心、日间照料中心建设；联合人力资源、教育部门开展养老护理专业人员教育培训，资质认证等。

（二）进一步加强老龄工作宣传弘扬孝亲敬老观念，着力提升社会孝亲敬老道德意识。一要大力推广敬老爱老公益广告，及时介入涉老热点问题，引导社会形成共识，广泛宣传老年法规政策，宣传孝亲敬老典型，营造全社会敬老爱老助老的良好氛围。二要在“敬老月”期间，开展各种为老服务活动，召开庆祝大会，举办第四届老年欢乐节和老年产品联展活动，慰问百岁老人。三要建立深圳老龄公益互动电视平台、召开中国（深圳）养老事业发展国际论坛、开展创建“敬老文明号”、评选“十佳老人、百名孝星”等活动、组织老年艺术团交流演出等活动，营造尊老敬老的社会氛围。

（三）进一步丰富老年人精神文化生活，着力提升老年人幸福感。一要培育老年人社会组织。一是积极扶持老年文体组织，支持老年人积极参加各类老年社会组织，丰富老年人精神文化生活；二是加强街道、社区老年人协会建设；三是规范各级老年协会；四是整合社区老年组织，整合社区“老年星光之家”、老干部活动中心、老年协会以及社区各类老年文体组织，使老年活动资金统一使用，老年活动统一安排，老年活动资源统一管理。二要继2011年开展深圳市援疆“银龄行动”计划后，2012年将继续开展“银龄行动”，组织一批优秀老年科技工作者和专家到落后省市和地区开展专项活动，发挥深圳市老年人余热，以实际行动支持落后地区科技、教育以及经济的发展。三要发展老年人教育事业。加大老年大学（学校）投入，积极支持有关方面和社会力量参与老年教育事业，鼓励和支持老年大学（学校）、老年活动中心开展网络远程教育，健全市、区、街道、社区四级老年教育网络，切实做到领导、经费、人员、场地四落实。四要丰富老年人文化生活。推动公共文化设施向老年人免费或优惠开放，充分利用社区文化广场、星光老年之家、社区公园、社区图书馆、社区体育活动场地，开展老年文体活动，继续组织开展老年才艺风采大赛、老年欢乐节、万名老人健步走、老年公园文化节、社区文化艺术节等活动。五要扩大老年人社会参与。鼓励和支持老年人在社区服务与管理、关心教育下一代、调解邻里纠纷和家庭矛盾、维护社会治安等方面发挥老年人的特殊作用，在“星光老年之家”基础上，通过福彩公益金和市、区财政的共同资助，进一步健全老年活动室、健身室、图书馆等设施，积极倡导和支持老年人自助互助，发展老年人志愿服务，建立老年志愿者信息库。

（四）进一步加强老龄系统自身建设工作，着力提高管理水平。一要开展老龄工作目标责任考核。检查我市各级老龄工作部门为老服务落实情况，开展两年一度的区级老龄工作目标责任考核，评出优秀部门和先进典型。二要完善老龄委成员单位组织架构，根据政府职能部门职责的变动，调整成员单位构成及职能，建立和完善老龄委联席会议制度和成员单位绩效考核评估制度，进一步明确、细分工作责任，共同构建大老龄的工作格局。三要走访各成员单位，了解各单位为老工作开展情况，共同研究、制定涉老政策、措施。探索建立老年维权联动机制，充分发挥老龄委各成员单位职能作用。四要筹备组建老龄产业协会，研究制订《深圳市老龄产业优惠扶持办法》。成立市老龄产业协会，积极研究制定《深圳市老龄产业优惠扶持办法》，指导、协调、促进全市老龄产业的管理、服务和发展。五要组织开展老龄工作干部、老龄委联络员培训工作。针对我市老龄工作的新形势、新任务和新要求，为加强我市老龄工作过队伍自身建设，提高为老服务的能力和意识，今年将组织开展老龄工作干部、老龄委联络员培训工作，加强为老服务干部队伍政策解读能力和未老服务能力，促进全市老龄工作更上一层楼。

三、加强领导、强化措施，确保各项老龄工作落到实处

老龄工作是党和政府的一项重要工作，涉及面广、任务艰巨。各级、各涉老部门要切实加强对老龄工作的组织领导，强化协调配合，狠抓工作落实。

（一）加强组织领导。各级政府要切实将老龄工作列入重要工作日程，纳入经济社会发展总体规划。要加大经费投入，在充分发挥公共财政主渠道作用的同时，进一步加大福利和体彩公益金的投入力度，充分发挥相关社会组织的作用，广泛吸引社会力量、慈善捐赠支持老龄事业发展，建立多元化的老龄事业投入机制。各级老龄委成员单位要切实履行职责，加强协调配合，认真做好本部门本单位的老龄工作分工任务。要加快完善党委政府主导、老龄委协调有力、成员单位尽职尽责、社会力量积极参与的老龄工作格局，一级抓一级，层层抓落实，确保老龄工作有序推进。要根据新形势下老龄工作的需要，切实加强基层老龄工作机构和干部队伍建设，不断提高基层服务能力。

（二）加大宣传力度。老龄工作离不开社会各方面的关心支持，各级老龄委和成员单位要切实加强工作宣传，通过深入有效的宣传推动老龄工作深入开展。在宣传对象上，要坚持面向党政领导、成员单位领导、青少年和社会各界，广泛动员各方力量。在宣传内容上，要突出反映人口老龄化的严峻形势和当前老龄工作的热点难点问题，争取各级党政领导的广泛关注；突出老龄事业的发展成就，赢得相关部门和社会各界的大力支持；突出老龄法律法规，提高全民维护老年人合法权益的法律意识；突出弘扬中华民族传统孝道文化，倡导尊老敬老爱老风尚，吸引广大社会公众积极参与。在宣传方式上，要充分依托广播、电视、报刊、网络等主流媒体开展舆论宣传，加大宣传力度，扩大覆盖范围，提升全社会的老龄意识；策划组织多形式、广覆盖、影响大的社会宣传活动，培育推广先进典型，进一步扩大老龄工作社会影响，在全社会营造孝亲敬老的浓厚氛围。

（三）加强督促检查。各级老龄委及其办事机构要充分发挥好督导检查作用。要加强对《老年法》、《老年人权益保障条例》等法律法规的执法检查，督促各地实施好老龄事业发展规划。要加强综合协调，认真贯彻落实党委政府有关老龄工作的部署要求，及时协调解决工作中遇到的突出矛盾和问题。要制定完善绩效评价制度和管理监督信息制度，加强老龄工作目标责任考核，表彰先进、督促落后，推动各项工作落到实处。

新疆生产建设兵团

综　述

一、老龄事业稳步发展

加强养老服务建设，兵团 60 岁及以上人口 38.8 万人，加上 7.16 万离退休异地安置人员，合计 45.96 万人，占总人口 267.88 万人（含离退休异地安置人员）的 17.16%，高于全国 13.26%的平均水平。人口老龄化形势严峻，要重视老龄化问题，认真实施《中国老龄事业发展“十二五”规划》和《社会养老体系建设规划（2011—2015）》，开展“社会养老服务体系建设推进年”活动，实施“敬老爱老助老工程”，加强养老设施建设，加快建设以居家养老为基础、社区为依托、机构为支撑的社会养老服务体系。

二、基本建立养老社会服务机构体系

近年来，在国家和兵团各级党政领导的高度重视下，兵团出台了相关政策措施，加大了资金支持力度，使兵团社会养老服务体系建设取得了较大发展。目前，兵团基本形成了以居家养老为基础，社区服务为依托，机构养老为补充的养老社会服务机构体系。养老机构不断增加，服务规模不断扩大，老年人精神文化生活日益丰富。截止 2011 年底，兵、师、团三级有各类老年养老机构 87 所，床位 4206 张（多为旧平房改造）。养老机构以保障三无、五保、高龄、独居空巢、失能和低收入老人为重点，开展了为入住老人提供生活照料、康复护理、医疗保健等服务。养老服务的运作模式、服务内容、操作规范等得到不断探索创新，积累了有益经验。

三、全面落实“八个老有”

要认真落实“老有所养、老有所医、老有所教、老有所学、老有所为、老有所乐、老有所居、老有所尊”，要以“老有所养”为基础，突出抓好“老有所为”，在兵团国民经济和社会发展第十二个五年计划中，在经济建设、政治建设、文化建设、社会建设、构建和谐社会和兵团屯垦戍边伟大事业中继续发挥离退休老同志的才智和技能。

四、主要任务

一是要高度重视人口老龄化的挑战，深入开展老龄问题调查研究。要根据全国老龄工作委员会关于开展“应对人口老龄化战略研究”的部署，积极支持配合开展相关工作，要及时、准确上报有关兵团人口老龄化信息数据和资料，还要组织开展老年人家庭、婚姻、生理、心理、健康状况、代际关系以及“八个老有”方面的调研统计，为兵团解决人口老龄化问题提供可靠的信息。

二是要着力抓好养老社会保障工作。继续确保“三无”老人、“五保”老人的供养水平不断提高，对经济贫困老人继续实施“应保尽保”政策，要建立高龄长寿老人的生活补贴制度。要按照政府救济和社会互助相结合的原则，健全和完善多元化、多渠道、多层次、多形式的贫困老人救助制度。

三是要全力做好为老社会服务工作。坚持以居家养老为基础，社会服务为依托，养老机构为补充的方针，要把养老服务体系建设的重心放到为老居家服务方面，坚持以人为本，保障民生，不断满足广大老年人居家养老的愿望和多样化需求的宗旨，以创建“老年友好型城市”、“老年宜居社区”和“老年温馨家庭”为契机，以加大政府投入、扩大社会参与、搞活养老机制为动力，全方位推进居家养老服务体系建设，走政府主导、市场运作相结合的发展道路。

四是要大力发展兵团老龄产业。协调相关部门和单位制定实施兵团老龄产业发展规划，争取研究构建扶持兵团老龄产业发展的政策措施，积极引导和鼓励社会力量及相关人士投资老龄产业，研制生产销售老年用品，完善老龄产业的相关行业标准和服务规范，利用行业中介组织，发挥行业协会作用，加强行业检查监管。要动员协调兵团有经济实力的大企业投入老龄产业，为老年人打造一批知名品牌，满足老年人的需求。

五是要维护老年人权益。认真执行保障老年人权益的法律法规，加强老年法普法宣传的教育，教育率不低于90%。逐步探索建立失能、失智、精神病老年人法定监护人的制度；继续完善和执行老年人优待制度；要加强老年人法律援助和司法保护。

六是要鼓励和支持老年人参加“银龄行动”。要广泛开展老年志愿服务，组织老年人支援各行各业，充分发挥兵团离退休老同志的作用，为构建和谐社会、和谐兵团努力奋斗。

七是要加强为老服务队伍建设。要在兵团现有院校中调整设立老龄工作相关的专业院系或专业班，要加强老龄事业后备人才的培养。要普及开展社会工作和为老服务队伍的系统培养及在职培训工作，建立和实施专业社会工作者和为老服务从业人员资格认证制度，到“十二五”期末，老年护理考核服务专业队伍的培训和持证上岗率要达到85%以上。

八是要坚持大老龄工作格局，加强老龄工作机构建设。要把充分发挥各级老龄委的职能作用作为做好老龄工作体系建设的首要任务，要切实提高各级老龄委办公室的履职能力，善于组织协调、调查研究，及时发现新情况、新问题，占领老龄问题的制高点，掌握老龄工作的主动权和发言权，按照老龄委办公室工作特点和规律，立足于为老龄委议事决策服务，为老龄委成员单位协调推进工作服务，为社会各界参与发展老龄事业服务，为广大老年群众服务，要依靠老年群众组织，协助老龄委办公室做好各项工作，促进老龄工作机构体系全方位发展。

第六部分

科研成果和调研报告

北京市社会化养老服务体系建设研究（摘要）

北京市老龄工作委员会办公室

北京市自1990年步入老龄化社会以来，人口老龄化加速发展，呈现出基数大、增长快、高龄化、空巢化的趋势。健全城乡一体化的社会化养老服务体系，已成为应对人口老龄化的一项战略任务。近年来，北京市坚持将养老服务体系建设放在保障和改善民生的优先位置，进行了富有成效的探索和实践，围绕“9064”养老服务模式，建立健全养老保障体系，全面实施“九养政策”和老年人优待办法，加快养老机构建设，覆盖城乡的养老服务体系框架初步形成，首都老年人生命生活质量和幸福指数显著提升。本文以北京市养老服务体系建设实践为基础，对构建社会化养老服务体系的重要意义、现实基础、存在问题和对策建设进行了探讨，希望在实践上有助于推动首都养老事业发展。

一、北京市人口老龄化形势和社会养老服务需求现状

随着新中国成立后大量出生的人口陆续步入老年，北京市老年人口规模不断扩大，人口老龄化进入加速发展时期，养老问题日益突出，构建社会化养老服务体系的任务十分急迫。

（一）人口老龄化呈现加速发展态势

“六普”数据显示，2010年11月1日，全市常住人口1961万，其中60岁及以上老年人口246万，约占常住人口总量的12.5%。由于外来人口较多，且主要集中在15岁至60岁的年龄阶段，北京市老年人口比例低于全国老年人口13.3%的比例。从户籍人口看，全市户籍老年人口235万，占总户籍人口的18.7%，高于全国总体水平。

据预测，从2011到2020年，北京市常住老年人口比例的年增长率将保持在2%以上，部分年份还将突破3%；户籍老年人口比例增长率则均保持在4%以上。受人口总量膨胀和人口老龄化加速的影响，老年人口总量也在迅速增加。到2015年，常住老年人口将达到360万，比例将达到17.6%左右；户籍老年人口将达到315万，比例将达到23.5%左右。到2020年，常住老年人口将达到450万，比例将达到20%左右；户籍老年人口也将超过400万，比例将达到28.6%左右。

（二）社会化养老服务需求日益突出

近年来，北京市建立健全养老保险制度，进一步加大老年人社会救助力度，老年人的经济供养需求基本得到满足。随着经济社会发展水平不断提高，北京市养老问题的重要性日益凸显，一是与养老问题直接相关的人口比重不断提高，有养老需求的人口总量不断膨胀，养老需求明显增加，个体老年人的养老需求内容日趋丰富和多样化；二是养老问题的牵涉面越来越广，老年人的养老需求从以往重点追求经济供养向经济有保障、生活有照料、精神有慰藉、个性得发展的全方位需求满足阶段转变；三是家庭规模小型化和社会节奏加快，使家庭的养老资源特别是生活照料资源严重不足，更多的老年人将求助于社会服务。四是养老资源总量不足和结构不合理问题逐渐显现。

（三）经济社会发展为应对人口老龄化创造了良好条件

进入新世纪，特别是“十一五”时期，首都在“努力成功举办一届有特色、高水平的奥运会”的战略指导下，经济发展实现大跨越，社会建设取得新成效。GDP每年保持10%左右的增长势头，人均GDP从5500美元增长到10000美元，显示了本地区社会生产力水平和财富创造能力。全市地方财政收入累计完成8827.8亿元，年均增长20.7%。政府的公共投入能力和社会其他主体的投融资能力也显著增强，北京具备了建成适应当前人口老龄化形势的养老服务体系的经济实力。同时，高度城市化为北京市构建城乡一体化的社会化养老服务体系提供了良好的社会条件。全市常住人口中，居住在城镇的人口为1685.9万人，占常住人口的86%；居住在乡村的人口为275.3万人，占常住人口的14%。以城带乡的压力大为减轻，城乡一体化发展的时机已经成熟。这些有利条件，为社会化养老服务体系建设奠定了良好的经济和物质基础。

二、北京市养老服务体系建设的现状

首都提出大民政理念，充分发挥政府主导和社会主体作用，统筹民生事业与经济社会协调发展，统筹民生事业城乡一体化发展，以积极、主动、科学的态度应对人口老龄化挑战。为解决老年人的养老问题，根据老年人的实际需求，结合经济社会发展水平，借鉴国内外发展养老服务的经验做法，北京市提出了"9064"养老服务模式的阶段性目标（到2020年，90%的老年人居家养老，6%的老年人在社区养老，4%的老年人机构养老）。围绕这个目标，出台了一系列养老政策，初步建立了北京市养老服务体系。

（一）创新机制，构建居家养老服务体系

居家养老是老年人最主要的养老方式。为构建城乡一体化的社会化养老助残服务体系，完善"9064"养老服务模式，促进老年人共享经济社会发展成果，北京市制定实施了居家养老（助残）服务"九养政策"。"九养政策"按照"政府主导、部门协作、社会参与、个人自愿"的原则，整合公共财政、福彩公益金、残疾人保障金、失业保险金等各种资金，统筹考虑养老、助残和就业等工作，提出了系统解决居家养老问题的思路和办法。

1. 完善居家养老服务政策措施。（略）

2. 加强居家养老服务设施建设。（略）

3. 加快构建居家养老服务网络。（略）

（二）整合资源，积极开展社区托老服务

结合落实"九养政策"，积极整合开发社区服务资源，大力开展了社区日间照料及康复护理服务。

1. 挖掘现有社区服务资源。（略）

2. 鼓励社会力量开展专业服务。（略）

3. 开拓辖区医院康复护理功能。（略）

（三）加强规划，加快发展养老服务机构

机构养老当前突出问题是养老床位不足，城乡布局和机构类型不均衡，与老年人需求有较大差距。为此，北京市确定养老机构建设科学化、投资主体多元化、服务对象公众化、管理服务标准化的"四化"发展思路，加快养老机构建设。

1. 科学制定宏观发展目标。（略）

2. 加大政策扶持和资金支持力度。（略）

3. 规范养老服务机构行业管理体系。（略）

"十一五"期间，北京市共投入建设资金40多亿元，养老机构取得长足发展。截至2010年底，全市养老床位总数已达71589张，百名老人拥有床位2.9张，提前超额完成"十一五"规划中"到2010年全市养老服务机构总床位达到5万张，百名老人拥有养老床位达到2.3张"的预定目标。

三、养老服务体系建设存在的问题

北京市在构建社会化养老服务体系的实践工作中取得了一定成绩，积累了一些经验，但当前的体系建设仍存在一些问题，主要表现在：

（一）养老服务模式实现过程需进一步细化（略）

（二）养老服务对象需进一步准确定位（略）

（三）养老服务主体积极性需进一步发挥（略）

（四）养老服务内容需进一步丰富（略）

（五）养老服务资源配置需进一步合理（略）

（六）养老服务产业的市场规模需进一步扩大（略）

（七）养老服务人员队伍建设需进一步加强（略）

四、构建北京市社会化养老服务体系的对策建议

构建北京市社会化养老服务体系是一个长期的、动态的、不断创新和不断完善的过程，要进一步加强以下五八个方面的工作：一是夯实家庭养老基础，二是完善养老服务的制度化安排，三是适时引入长期护理保险制度，四是积极推进居家养老服务，五是促进养老机构发展，六是加强养老服务标准化和专业化建设，七是为城乡老年人提供无差别养老服务，八是促进老龄产业发展。

（一）多措并举，夯实家庭养老基础

结合"孝星"和为老服务先进单位评选等活动，在全社会开展"尊老、敬老、爱老、助老、孝老"的宣传活动，形成良好的社会氛围，树立"敬老、养老"的楷模，引导人们进一步增强中国传统的养老意识，增强敬老、养老的自觉性，争取逐步将赡养老人内化为家庭成员的自觉行动。利用广播、电视、报纸、网络等媒体进一步加大对子女赡养老人等法定义务的宣传力度，使社会成员进一步明确养老为法定义务，及义务的相关具体内容。同时，加大执法力度，结合一些典型违法案例了解具体违法情形及相关法律责任。考虑到未来家庭承担养老义务存在的一些实际困难，还需要对家庭成员提供养老服务给予政策支持。如，对于家庭成员提供养老服务给予减免个人收入所得税、增加年休假日或发放政府补贴等形式的政策支持，鼓励家庭成员提供养老服务。

（二）创新发展，继续完善养老服务的制度化安排

建立多元投资机制，多渠道、多途径、多来源保障养老服务的资金投入，以增加养老服务供给。一是完善制度设计，加强城市"三无"、农村"五保"老人等重点人群的需求满足能力保障，使其具备满足基本养老需求的经济能力，并根据社会经济发展水平建立自然增长机制。二是加大社会福利彩票、体育彩票所筹集资金对养老的投入，建立多元化的养老设施投资机制。三是继续完善高龄补贴制度。逐步将本市80周岁以上老年人纳入高龄补贴保障范围，按月向

符合条件的老年人计发高龄补贴。四是继续完善养老服务补贴制度。对于低收入的高龄、独居、失能等养老困难老年人，建立科学的评估机制，为他们入住养老机构或者接受社区、居家养老服务，提供政府补贴。五是继续完善养老机构的民办公助制度。对于非营利性的民办养老机构、居家养老服务设施或组织，既可在建设期按照建设规模、投资总额、土地租期等指标，一次性或者分期给予建设补贴，又可在运营期，按照床位数、收养人数、入住率等指标，给予一定的运营补贴。六是继续探索购买服务、公建民营等方式，鼓励企事业、个人、社会组织等社会力量投入养老服务设施建设。

（三）积极试点，适时引入长期护理保险制度

长期护理保险制度于20世纪70年代在美国率先出现，随后德国、法国、卢森堡、日本、新加坡、韩国等国家分别于1995、1997、1998、2000、2001和2008年推广该制度，以作为养老保障制度的一种补充。长期护理保险制度可以为需要长期护理的老年人提供一种制度化的保障，增强老年人的养老需求满足能力，提高社会化养老服务体系的服务效率和服务质量。北京市可以在试点的基础上逐步引入长期护理保险制度，在试点阶段，可以由社保机构或保险机构进行运作，同时政府对参保者的保费进行一定的补贴，以吸引人们参与。然后，根据试点经验，逐渐完善，最终建立起北京市长期护理保险制度。

（四）依托社区，积极开展居家养老服务

按照就近就便、小型多样、功能配套的要求，建设和改造一批托老所、日间照料中心、星光老年之家等社区养老服务设施。同时，积极推进以日托照顾和上门服务为主要方式，为居家老年人提供生活照料、家政服务、康复护理、医疗保健等服务的居家养老服务。同时，以社区养老服务中心为基本平台，整合各类养老服务资源，如来自政府的、社区的、学校的、民间组织的、志愿者的等等。鼓励各类社会服务企业和中介组织参与社区居家养老服务。鼓励个人或家庭在社区内开展养老服务，对因此而取得的收入实行税收减免等。充分利用好这些资源，拓展“社区—居家”养老服务范围和服务项目，由单纯的生活照料向医疗康复、精神慰藉及至家庭理财、法律维权、咨询等服务延伸。加强养老服务信息网络建设，开展老年人养老需求调查，建立健全居家养老老人生活、健康档案，定期上门征求意见和服务意向，适时更新。加强不同年龄、不同文化层次、不同需求类型老人的分类管理，根据老人的不同情况提供多种服务。

（五）科学规划，促进养老机构健康发展

积极落实国家已有的优惠政策，吸引社会力量参与养老机构建设。如：在社会融资方面，增加养老服务企业项目信贷投入，适当放宽贷款条件，尽量降低担保条件，并提供优惠利率。在税费方面，对养老机构提供的相关服务免征营业税、企业所得税、房产税、城镇土地使用税，各类养老机构实现与居民用电、用水、用气、用热同价。在土地供应方面，按照相关法律、法规规定给予划拨或有偿供地、优惠用地。在医疗服务方面，养老机构内设医疗机构纳入医保定点范围，入住的参保人员给予医保报销。北京市明确了到“十二五”期末（2015年）实现全市养老床位12万张、百名老人拥有床位3.8张的中期目标；2020年实现养老床位14至16万张、入住养老机构的60岁以下重度残疾人2万张床位的远期发展目标。要积极落实规划，并建立规划实施的监督机制，确保养老机构发展目标顺利实现。加大政策扶持和资金支持，盘活闲置社会服务资源，通过整合、置换或转变用途等方式，将闲置的医院、学校、企业以及各类公办培训中心、活动中心、小旅馆、小招待所等公共设施资源改造用于养老服务，努力增加养老服务资源供给。加强代际互动，促进养老机构与社区融合，不仅为在院老年人提供服务，而且还利用自身资源为机构周边的老年人提供上门送餐、起居照料等服务。

（六）规范发展，实现养老服务专业化和志愿服务常态化

要实现养老服务的专业化，首先要建立养老服务标准化体系，制定和完善养老服务质量、服务资质、服务规范、服务设施、服务安全卫生、服务环境监测、服务产品等标准，使养老服务有规可依，事前可期、事后可查，从而减少服务纠纷。其次要加大专业化养老服务员的培养力度，增加专业人员数量。可在相关大专院校和中职学校增设增设养老服务相关专业和课程，加大培训力度，加快培养老年医学、护理、营养和心理等方面的专业人员，迅速扩大专业养老服务员队伍，改变当前专业人员缺乏的局面。实施养老服务提供商准入制度，保证服务质量，符合准入制度的企业可以列入服务热线和服务中心的服务商列表，供老人选择。每年度（或半年）对服务商进行评估，服务争议多、服务质量差的服务商将从列表中剔除。对于符合养老服务准入制度的企业，可以考虑进行一定程度的税收减免，提高企业从事养老社会服务业的积极性。同时对于评估合格的服务商，可以考虑根据其服务量给予一定的财政补贴，鼓励其保持养老服务相对优势的性价比。鼓励个人和社会组织开展养老志

愿服务，社区养老服务中心应加强和志愿者个人组织的密切联系和合作，随时将养老需求与志愿者组织进行沟通，最大程度地争取志愿者对社会养老服务的参与和支持，同时对志愿活动进行必要的监督，逐步实现志愿活动的制度化、规范化、常态化。

（七）城乡一体，为老年人提供无差别服务

在给予服务提供商优惠政策时，将为城乡老年人提供无差别服务列为基本条件。对于一些实力强、服务范围广的服务提供商，在其服务范围内要既包含城镇社区，也包含农村社区，实行城乡捆绑服务。一旦老年人选定了服务商，提出服务需求，无论其身处城镇还是农村，服务商都不得拒绝，也不得降低服务标准或提高服务价格。当然，也可以培育一些专门为农村老年人提供养老服务的企业，实行一定的政策倾斜，确保农村养老服务不留死角、不降水平、不提价格。对于农村养老服务相对分散的特点，政府可以根据服务商提供服务的数量和质量给予相应的补贴，或是适当以城补乡。

（八）促进老龄产业发展，增加养老服务供给

随着社会老龄化程度不断提高，社会对老年服务的需求也越来越大，因此政府要积极加强引导，设定老龄产业发展的中长期目标，把老龄产业发展纳入国民经济发展总体规划，出台老龄产业发展指导目录，制定引导老龄产业发展的税收、信贷、投资等政策，采取税收优惠、减免费用、信贷支持等措施，大力扶植尚在起步阶段的老龄产业，积极鼓励、引导社会资本参与老龄产业的发展。

首都养老服务体系在满足老年人养老服务需求，促进首都经济社会发展，维护社会稳定方面起到了十分重要的作用。我们将进一步完善养老服务体系，着力保障和改善民生，加强养老服务领域的管理及其创新，全面推动首都老龄事业科学发展。

关于天津市老年人乘车卡发放工作有关情况的调研报告

天津市老龄工作委员会办公室

引　　言

2011年4月，市人大组成执法检查领导小组对《〈天津市老年人权益保障法〉实施办法》的执行情况进行了检查。在执法检查过程中，执法检查领导小组发现自2010年4月1日开始实行的65岁以上老年人免费乘坐公共汽车政策，受到广大老年人和社会各界的广泛好评，但是作为这项整体工作中的一个重要环节——发放工作却存在着一定的难度和问题。为此，执法检查领导小组委托市老龄办对敬老卡发放工作进行专项调研。

一、调研背景

2010年初，天津市政府将65岁以上老年人免费乘坐公共汽车作为20项民心工程之一，写进了《政府工作报告》。市长黄兴国指出：实行65岁以上老年人免费乘公交，充分体现了市委、市政府对全市老年人的关爱，直接关系到百姓的切身利益，要求各部门、各区县增强责任感，全力以赴把这项惠民工程办好、办到位。

为维护老年人的权益，保证全市128万65岁以上老年人自2010年4月1日起免费乘坐公共汽车，市政府成立了由只升华任组长的领导小组，各相关部门按照《天津市65岁以上老年人免费乘坐公共汽车实施办法》（津政办发〔2010〕31号），认真履行好自身的职能，通力合作。其中，由市交通运输和港口管理局负责组织、协调、推动；公安局负责老年人基础信息采集；天津城市一卡通有限公司（简称“一卡通”）负责制作敬老卡；市民政局、市老龄办负责协调敬老卡（老年优待证）发放工作；各区、县民政部门负责本区域内免费乘车老年人登记造册及敬老卡的发放工作；公交集团负责安全运营。据统计，一年来，约有7000万人次老年人免费乘坐公交车，公交车成为老年人出行首选交通工具。

二、调研方法

为了做好本次调研工作，我们采取了数据汇总、召开座谈会、实地走访相结合的方式。

一是数据汇总。向各区县老龄委下发通知，要求各区、县统计有关敬老卡发放数据，如：领取数量、发放数量、死亡卡数量、丢卡数量等，通过对数据的汇总分析，便于发现制卡过程中存在的问题。

二是召开座谈会。我们选择了4个具有代表性区

县：和平区（老龄工作基础较好）、红桥区（少数民族聚居区）、北辰区（新四区，城乡结合部）和静海县（以农业为主、远郊县），分别召开了由区县老龄办干部、街道（乡镇）、社区（村）负责发卡的工作人员座谈会，听取了他们在实际工作中摸索的经验和遇到的问题以及建议、对策。

三是实地走访。调研组深入社区（村），与老年人代表面对面的交流，听取老年人领取和使用敬老卡的过程中遇到的问题，有什么意见和建议。调研共走访了80余名老人。

三、敬老卡发放工作的基本情况

为把敬老卡发放工作做好，各区、县都高度重视，相应成立了发放工作领导小组，制定了具体的发放办法；市、区县老龄办均设立咨询电话，有专人接听电话，解答老人的问题；通过媒体宣传老年人免费乘车政策，充分利用社区宣传栏，告知老年人敬老卡的领取办法和时间；对街道、居委会的发卡工作人员进行了培训，使其熟悉程序，节省老人等候时间，提高工作效率；对部分行动不便的老年人、空巢老年人上门服务，尽可能地将敬老卡发到老年人手中。

由于采集信息、制卡、公交设备调试需较长时间，故在免费乘车前期，采取了"先证后卡"的办法，即4月1日到6月30日，65岁以上的老年人可凭《老年人优待证》免费乘坐公交车；7月1日开始，65岁以上老年人统一凭市政府颁发的"敬老卡"免费乘坐公交车。因此，发放工作大体可分为四个阶段：

第一个阶段，从2010年3月1日到3月31日，为老年人集中补办老年人优待证。我市老年人优待证分为两种：70岁以上老年人优待证（俗称：红证），60—69岁老年人优待证为绿色封皮（俗称：绿证）。其中，70岁以上老年人可直接凭红证免费乘车，65—69岁的老年人凭加盖了免费印章的绿证免费乘车。这个阶段，各级老龄工作部门主要承担两项工作，一是为以前因各种原因未领过优待证的老年人补发老年证，据统计，共补发老年证将近40万个；二是为区分65—69岁的老年人，需在绿证上加盖免费乘车章，据统计，共加盖免费乘车章31余万个。

第二个阶段，从2010年6月1日到6月30日，为65岁以上老年人集中发放敬老卡。市和各区县老龄办、各街道、社区克服了缺人员、缺设备、缺经费、缺场地等困难，加班加点，及时准确地做好敬老卡发放工作。

第三阶段，从2010年7月1日开始，敬老卡发放工作转为日常工作。市和各区县老龄办、各街道、社区均有专人负责敬老卡的日常管理工作，如：错卡、废卡、丢卡的补办工作，暂时无人领取卡的保存工作等。

第四个阶段，2010年11月至年底，1946年出生将年满65岁老年人敬老卡的集中发放工作。每年这个时间段，都将是集中发放新卡阶段。

四、发卡工作中遇到的问题

虽然敬老卡的发放工作是相对及时、顺利的，但是发放过程中所遇到的问题和困难也是客观的，是不容忽视和不能回避的。通过这次调研，我们发现问题集中体现在以下几个方面：

（一）发卡成本过高

发放敬老卡是2010年新增的一项要求时间和效率的工作，各区县、各级老龄部门为保证顺利完成任务，投入大量的人力、物力、财力。

1. 设备费用。计算机是发卡环节必需设备。敬老卡由"一卡通"公司制作出来，按街道（乡镇）装箱，每箱8个小盒，每小盒200张敬老卡。查找某位老人的敬老卡时，必须通过计算机预装的敬老卡查询系统，输入老人的身份证号，才能找到敬老卡所在的箱号、盒号，再通过人工按姓氏检索才能找到卡。没有计算机，发放工作就进行不了，因此每个发放点都必须配备计算机。

2. 占用场地。集中发卡期间，各街道（乡镇）、居委会要有集中分拣卡的办公场地；发放工作转为日常工作后，由于存在大量无人人领卡、死亡卡等"睡眠卡"，这些卡如何处理目前还没有规定，只好暂由各街道（乡镇）、居委会负责保管。这对于办公用房比较紧张的基层单位来说，相当于又挤占了一部分办公场地。

3. 车辆保障。集中发卡阶段，卡数量多，需要有车辆运输。另外错卡、坏卡的办理，需要各区县老龄办先将信息报到市老龄办，再由市老龄办转到"一卡通"，待卡办好后再由各区县老龄办领走发给老人。为尽快将敬老卡发到老年人手中，各区县老龄办有时为了一二张卡也要来回跑，特别是远郊区县必须动用车辆。

4. 工作人员费用。市老龄办、区县老龄办、街道（乡镇）都需有1—2名专人负责联络协调发卡工作。区县老龄办一般只有3—4名工作人员，街道（乡镇）没有老龄办或老龄科，没有专门工作人员，具体任务一般都是由民政助理代为执行。集中发卡阶段，各级老龄干部全部出动，并且调用了民政干部、居委会主任、公益岗大学生一起上。如：红桥区丁字沽街安排了民政干部、居委会主任和大学生公益岗近100人，大家放弃休息时间，加班加点，保证敬老卡及时发到老人手中。发卡转为日常工作后，市、区县老龄办、各街道（乡镇）仍需要专门人员负责管理和发放工作，加大了日常工作量。

5. 办公经费等日常开支。发卡过程中需要印制宣传资料、复印、电话联系等都增加了办公经费的支出。

以上各项经费支出，均由各区、县财政或民政部门和街道垫付资金，市财政和相关部门没有为发卡环节提供任何资金保障。如：红桥区2010年区财政垫付18万元作为支付人员工资、设施费用、办公费用，平均每个街道（9个街）还各自支付3万—4万元，合计垫付54万元；北辰区民政局投入资金4万余元，每个镇街（13个镇街）平均投入1.5万，合计约24万元。按照各区制卡数可以计算出一张卡的发放费用在5元左右。据此推算，各区县、各级老龄部门为此投入高达680万。

（二）敬老卡卡面信息少，增加了发卡工作量

敬老卡卡面只有姓名、身份证号和照片，没有住址。“一卡通”制卡装箱是以区县为单位，包装箱仅具体到街道、乡镇。街道、乡镇领卡后，一般采取两种方法发卡：一是根据之前社区（村）登记造册的记录，通过敬老卡查询系统，输入老年人的身份证号，查到卡所在的箱号、盒号，然后按姓氏在盒里（共有200张卡）进行手工分拣，分拣后由各居委会再通知老人领卡；二是老人凭身份证直接到街道（乡镇）或指定地点领卡，这也要通过敬老卡查询系统才能查到。而分到各社区（村）的卡，有错卡、死亡卡和暂时无人认领的卡，社区无法保存要返回给街道（乡镇），还再通过查询系统重新装盒装箱，进行封存。否则，若有老人来领，将无从查找信息。卡面信息不完整，给发卡人员增加了太多的工作量。如果像身份证一样印有住址，一目了然，极大方便分发。

（三）制卡浪费严重

绝大多数敬老卡都如期发到了老年人手中，但是因为各种原因仍有一部分卡至今无人领取（以下称“睡眠卡”）。据统计，截至2011年4月，各区、县老龄办从一卡通领卡1361556张，没有发出的卡262614张，占总制卡数的19.29%，以每张卡制作成本20元计算，浪费资金高达525万元。造成“睡眠卡”主要有以下几种原因：

1. 人户分离

许多老人因随子女到外地（包括国外）、拆迁等原因，不在户籍所在地居住了，但户口并没有迁走。而工作人员也无法与卡主联系，造成一部分卡无法发放。这是各区、县在发卡过程中遇到的普遍问题。

另外，个别地区坐落在几个区、街的交界处，特别是城郊结合部，行政辖区与户籍分离，使得一部分卡因为这个原因发放不顺畅。如北辰区天穆镇刘家房子村、王庄村和恒春里小区的户籍归佳荣里派出所，而佳荣里派出所归瑞景街管辖，经区老龄办协调，敬老卡由瑞景街发放，错卡、补卡到天穆镇办理，但是卡补好后仍显示到瑞景街，天穆镇还要到瑞景街将卡取回再发放。

2. 人已死亡但没销户

“一卡通”公司卡制卡的信息来源于公安部门提供的户籍信息，有的老年人死亡后没有及时注销户口，因此出现了大量“死亡卡”，造成巨大的浪费。例如：红桥区制卡数量96579张，实际发放72105张，“睡眠卡”24474张，其中确认为“死亡卡”2968张（不排除还有死亡的），占制卡总数的3.07%。北辰区制卡总数45155张，实际发放36994张，“睡眠卡”8161张，“死亡卡”3190个，占制卡总数的7.06%。静海县制卡总数59513张，实际发放53387张，“睡眠卡”6126张，“死亡卡”1988个，占制卡总数的3.34%。据此推算，全市“死亡卡”约占制卡总数的4%。

3. 出行不便

许多高龄老人体弱多病或卧床不起，身体条件不允许乘坐公交车，老人和家属觉得用不上，没有必要领卡了。还有的老年人患有老年失智症或精神疾病，子女害怕老人独自出行出现意外，而不愿领卡。

4. 农村不通公交车，敬老卡用不上。

远郊区县可以免费乘坐的公交车很少，尤其到农村没有公交车，所以说农村老年人很难享受到免费乘车，因此领卡也就不积极了。如：静海县18个乡镇，有80%以上的老年人生活在农村，老人免费乘车路线只有县城有5条，农村没有。也就是说，静海县约有4.8万卡发到了并不通公交车的农村地区，其利用价值很低。这种情况在武清区、宝坻区、宁河县、蓟县等涉农区县也普遍存在。

（四）错卡、废卡多，重新办理环节多、周期长

目前，对于无信息、错卡、废卡和因老年人未办理二代身份证而不能办理敬老卡等情况，需要重新办理的，程序复杂、环节多、时间长，给工作人员增加了工作量，给老人带来了不便。比如：老人领到的是

一张错卡（照片与本人不符），老人要先到街道（乡镇）领取《天津市65岁以上老年人免费乘车户籍信息核对变更登记表》，再到户籍地公安部门核对信息并盖章，再交回街道（乡镇），街道（乡镇）交给区县老龄办，区县老龄办报到市老龄办，市老龄办定期转给“一卡通”公司，待卡制成后再返回来。

环节多直接影响了办理速度，老年人对敬老卡非常期盼，信息只要上报了，就时常往街里跑或给市、区县老龄办打电话催促，有的甚至为此上访投诉。各级老龄部门都理解老人的心情，每周定期将表报到市老龄办，同时领回制好的卡，有时甚至为了一张卡、一张表也要跑趟市老龄办。即便这样，也很难在规定的45个工作日内把敬老卡交到老年人手中。因为公安部门每个月更新一次信息，而“一卡通”公司与公安部门衔接也存在问题，往往老人的信息已变更，可是到“一卡通”公司却查询不到，这也大大影响了办卡的速度。

（五）补卡网点少

根据各区县老龄办介绍和被访老年人反映，老年卡携带不方便，丢卡时有发生。据统计，截止到2011年4月，全市共补发敬老卡10736张。老人丢卡后要先到街道（乡镇）或居委会（村）领取《敬老卡客服业务申请表》，并经核实后盖章，到“一卡通”指定的客服中心办理。但是全市补卡点只有四个，河北区、南开区、河西区、滨海新区塘沽各一个，且地点标注不明，也没有电话，给老年人补卡带来了很大的不便。此外，这四个点都在中心城区，对于远郊区县的老人来说往返一次，路途太远，非常不方便。

（六）没有制定敬老卡的作废制度

敬老卡一旦丢失，补办新卡后，旧卡如何作废，并没有技术上的支持。持卡人死亡，如何收回敬老卡，也没有规定。这些卡就散落在非持卡人手中，给国家造成损失。调研中，群众反映公交司机有恶意刷敬老卡的现象，也有冒用敬老卡的现象，但没有相关部门进行监督检查。

五、做好敬老卡发放工作的几点建议

65岁以上老年人免费乘坐公共汽车作为民心工程，必将长期实行；而且每年新增65岁老年人口约9万—10万人（2010年底97119人），敬老卡的发放工作也必将成为一项常态工作。结合一年多的工作实际，为做好今后的敬老卡发放工作，我们提出以下建议：

（一）改变制卡方式

为改变制卡浪费的状况，我们建议改变制卡方式，由目前的普发制转为申请制，即对于年满65周岁且出行需要敬老卡的老年人，可持有效证件于指定时间、到指定地点申请办理。这样将大大减少甚至杜绝“睡眠卡”的产生，节约制卡资金；而且发放工作也会相对便捷，避免了“睡眠卡”的存放和管理问题。

（二）变更发卡渠道

一年多的发卡实践证明将发卡工作交给老龄部门不是最佳的选择。我们建议，由公交集团IC卡充值网点或“一卡通”指定的客服中心负责代发敬老卡。公交IC卡充值网点众多，遍布全市，大的公交终点站基本都设立了充值点。老年人可持有效证件就近到公交IC卡充值网点或“一卡通”指定的客服中心，办理敬老卡的相关业务，如：初次申领、挂失补卡、消磁换卡等，这将极大地方便老年人。

（三）给予发卡部门必要经费保障

如果发卡工作仍由老龄部门承担，为保证发卡工作正常、有序的长期进行，减轻基层的工作压力，必须要给予必要的资金保障。按照每张卡5元的发放成本和每年新增的65岁老年人口数量，由市财政划拨工作经费。此外，各区、县去年垫付了大量的资金，希望市财政部门能给予补贴。

（四）建立敬老卡的年检、挂失和作废制度。

为解决冒用敬老卡，丢失和持卡人死亡后敬老卡的回收问题，相关部门应研究制定敬老卡的年检、挂失和作废制度。规定敬老卡每2年年检一次，没有按期年检的敬老卡作废；从技术上解决，敬老卡丢失补办新卡后，老卡即作废不能继续使用；老年人死亡后，应由公安部门提供信息，通知制卡部门，已故老人的敬老卡即告作废，避免持卡人死亡后卡被他人继续使用。

（五）增加补卡网点

目前，全市仅有4个“一卡通”指定的客服中心，可以受理敬老卡的丢失补办业务。建议“一卡通”增加服务网点，至少要每个区、县有一个，以方便老年人。

（六）对相关部门的建议

1. 为了解决敬老卡易丢失的情况，“一卡通”可以为老年人考虑角度出发，在制卡时在卡上打一个孔或加制一个卡套，这样老人可以将卡挂在身上，避免丢失。

2. 公安部门应加快信息更新频率，以缩短老年人办卡的周期。

3. 公交部门应加大监管力度，防止冒用和恶意刷卡现象。

我省人口老龄化的现状及对策

山西省老龄工作委员会办公室

加强和创新社会管理，是党中央适应经济社会发展的新形势，落实科学发展观的新任务，贯彻执政为民的新要求，确定的一项重大战略任务。其目的是维护社会秩序、促进社会和谐、保障人民安居乐业，为全面建设小康社会，实现社会主义现代化营造良好的社会环境。要实现转型跨越发展、再造一个新山西的宏伟目标，就必须正确认识、全面掌握我省人口老龄化的现状及发展趋势，客观分析、正确处理人口老龄化带来的矛盾和问题，从法律、制度、物质、文化等方面做好应对人口老龄化的各项准备和对老年群体的管理服务工作。

一、我省人口老龄化的现状及其发展趋势

我省老年人口1‰抽样调查和山西省应对人口老龄化战略研究表明，我省人口老龄化形势十分严峻。我省于2000年进入人口结构老龄化社会。据2010年底统计，全省60岁以上老年人口422.25万，占全省总人口的12.32%，相当于新加坡总人口。据预测，我省60岁以上老年人口将在2015年突破500万，2020年突破600万，2032年突破900万，2046突破1000万，在整个21世纪前半叶始终保持增长势头。

同时，老年人口比例也将持续攀升。到2025年60岁以上人口将超过全省总人口的20%，2047年将超过30%的重度老龄化警戒线，2050年将达到31.79%，老龄化水平不断增长。与此同时，我省少儿人口数量呈现出先增后减的趋势。从现在到2020年，少儿人口还将惯性增长，但之后将开始减少，2050将减少为474.86万人，老年人口将超过少儿人口成为第二大社会群体。

我省是经济欠发达省份。老龄化程度在全国处于中等水平，属于老龄问题比较严峻的省份之一，“未富先老”是其显著特征。人口老龄化发展迅速、规模庞大、持续时间长，农村老龄问题更加严重是其主要特点。

二、人口老龄化带来的主要问题

人口老龄化给我省的经济、社会、政治、文化等方面的发展带来了深刻影响，庞大的老年群体的养老、医疗、社会服务等方面需求的压力越来越大。

（一）人口老龄化给我省养老保障体系带来严重冲击

充足稳定的养老金供给是养老保障制度的核心和可持续发展的关键，事关社会安全和和谐稳定。人口老龄化迅速发展，最直接的表现就是老年人口规模迅速膨胀和出生人口大幅度减少，导致抚养结构的根本性转变。目前，我省是5.7个劳动力抚养1个老人，2050年将面临1.7个劳动力抚养1个老人的严重状况，造成养老金缴费者急剧减少和领取者大幅度增多，养老金的供需矛盾越来越突出。

同时，随着人口老龄化速度加快和养老保险覆盖面不断扩大，养老保险基金的支出规模逐年加大，对养老金供给造成巨大的压力。

（二）人口老龄化给我省医疗保障制度带来巨大压力

老年人是医疗卫生资源的主要消费群体，是医疗保障制度的重点对象。国际资料表明，老年人的人均医疗费用支出是在职人员的3－5倍。据预算，到2025年我省医疗支出总额将达到2000亿元，占全省GDP的12%。到2050年，全国老年人的两周患病例数将增长4倍，老年人疾病经济负担的绝对规模增长148倍。我省老年人长期患有慢性疾病的比例高出全国平均水平10个百分点以上，未来我省老年人的患病状况和疾病经济负担的发展趋势将比全国许多省份更加严重，收支失衡的压力不断增加。

不仅如此，老年人口数量的急剧增长，还会从根本上改变医疗卫生资源的代际分配格局，引发潜在的社会代际矛盾和利益冲突，影响和谐社会建设进程。因此，综合考虑医疗保障、医疗卫生服务等需求，我省建立健全适应人口老龄化要求的医疗保障制度任重道远、压力巨大。

（三）人口老龄化带来的老龄服务需求压力与日俱增

人口老龄化将伴随家庭规模小型化、家庭人口结构老龄化、老年人家庭空巢化、家庭成员关系疏远化的趋势，家庭服务功能日益弱化，建立健全老龄服务体系的压力不断加大。我省第五次人口普查显示，平均每个家庭户的人口为3.64人。第六次人口普查显示，平均每个家庭户的人口为3.24人，家庭小型化趋势不断发展。同时，我省人口老龄化还将伴随高龄老人、空巢老人和失能老年人的大幅增长，导致老龄服务需求迅速膨胀。据调查，目前我省60岁以上老年人中需要护理服务的占13.69%，有入住养老机构意愿的占27.4%，老龄服务的需求压力已经显现。从现在到2050年，我省80岁以上高龄老人将由42.81万人增加到186万人，增长约4.3倍，空巢老人数量将增长约5倍。从供给能力来看，我省老龄服务机构、设施和人员的供给远远不能满足老年人的实际服务需求，供需矛盾十分突出。目前的养老服务床位需求缺口已达约50万张，未来缺口可能更大，这对我省建立完善公共服务体系是一个严峻的考验。

（四）人口老龄化将给我省实现经济转型和跨越发展带来严重挑战

实现经济转型和跨越发展是山西面临的新课题、新任务。老年人口抽样调查和人口老龄化战略研究表明，老龄化对我省经济发展的影响总体是负面的，其冲击可能超过其他许多省份。老龄化将导致劳动力数量减少、结构老化、知识创新和技术适应能力降低，削弱我省建设全国重要的现代制造业基地、中西部现代物流中心、生产性服务业大省以及承接国内外产业转移所需要的大量高素质劳动力这一重要基础。老龄化降低居民储蓄和资本积累，逐步削弱我省作为储蓄大省的优势，导致政府投资和民间投资所需要的资本短缺，使依赖加大投资力度推动工业化和城镇化进程，保持经济增长的局面十分困难。老龄化也深刻改变了拉动我省经济增长的需求结构，带动经济增长的产业结构以及公共财政来源的税源结构，并加重了养老的经济社会负担。同时，全国的人口老龄化也深刻影响我省经济发展的外部环境。这些都将从宏观经济基本面上降低我省经济增长潜力，加大发展方式转型的难度，削弱我省经济综合实力和省际竞争能力，影响我省在中部地区崛起的步伐和追赶东部地区的历史进程。

（五）人口老龄化将加大实现农业现代化的难度

实现农业现代化是我省的一个“短板”。人口老龄化特别是农村青壮年劳动力大量迁入城镇，将进一步加重这一劣势，影响农业产业结构调整和规模化、专业化生产，增加转变农业生产方式的难度。同时，在未来一段时间内，我省农村老龄化程度将超过城镇。山区、老区的老龄化、高龄化、空巢化尤为突出。农村老年社会保障、医疗服务、老龄服务、健康支持、社会管理等社会事业需要大量投入，将可能对农业投入形成挤占效应，影响农业现代化进程。

（六）人口老龄化将成为人口长期均衡发展面临的主要矛盾

人口长期均衡发展是经济社会协调发展的基础。人口老龄化给我省建立人口均衡型社会、实现人口长期均衡发展带来挑战。2025年前后，我省将实现人口数量惯性增长向人口负增长的历史性转变，比全国早5年进入人口负增长阶段。2025年之后，人口负增长问题逐渐显现。到2050年少儿人口减少为474.86万人，劳动年龄人口减少为1775.9万人，老年人口增加为1000万人。老龄化问题更加突出，成为人口长期均衡发展面临的主要矛盾，人口负增长和过度人口老龄化，都不利于我省经济可持续发展和社会和谐稳定。

三、应对人口老龄化的对策建议

老年人是一个庞大的社会群体，又是一个相对的弱势群体。维护好、保障好、发展好老年人利益是政府的责任，是加强和创新社会管理的重要内容。我们要从人口老龄化的实际情况出发，切实加强和创新社会管理，不断提高管理服务水平。

（一）坚持科学发展理念，促进经济社会和老龄事业协调发展。从我省人口老龄化和庞大老年群体实际情况出发，将老龄事业纳入国民经济和社会发展规划，纳入城市和新农村建设规划，纳入政府财政预算，建立各级财政对老龄事业的稳定投入和增长机制，调整和优化财政支出结构，重点向“三农”、社会事业包括老龄事业等领域和发展的薄弱环节倾斜，不断完善老年社会保障体系、老年医疗保障体系、为老服务体系建设，加强老年福利服务设施和活动场所建设，以适应老龄化社会的需要和满足广大老年人物质精神文化生活的需要。

（二）关注老年民生问题，保障广大老年人切身利益。胡锦涛总书记指出，“对于人口老龄化这样一个重大的社会问题，全国上下都要充分的认识，并积极研究制定相应的政策”。我们要善于调查研究，根据人口老龄化发展的新形势，老年人对美好生活的新期待，不断建立健全与完善服务老年群体的政策和制度，研究制定引导社会力量投入养老领域的优惠政策和制度，着力解决某些环节社会保障制度缺失和养老服务设施缺乏的问题，解决城乡失能、特困、留守、空巢、低收入等老年群体的养老和医疗问题，不断改善城乡老龄服务基础设施条件等问题，逐步建立健全以居家养老为基础、社区服务为依托、机构养老为支撑的养老机制，建立健全比较完善的以老年福利、生活照料、医疗保健、体育健身、文化教育和法律服务为主要内容的老年服务体系。调节社会关系、维护社会公平正义，努力实现“老有所养、老有所医、老有所教、老有所学、老有所为、老有所乐”的目标。

（三）注重敬老助老道德建设，体现社会主义人文关怀。大力弘扬社会主义核心价值体系，引导人们树立正确的世界观、人生观和价值观，弘扬敬老助老传统美德，用社会主义荣辱观引领社会风尚。在深入推进社会公德、职业道德、家庭美德、个人品德建设中把敬老助老作为重要内容之一，引导人们自觉履行敬老助老的法定义务、社会责任和家庭责任。深入开展“敬老文明号”创建活动，优化为老服务环境，提高为老服务水平，营造敬老助老的良好社会环境。

（四）着力加强法治建设，提高人们的敬老助老法治观念。认真学习、贯彻和实施《中华人民共和国老年人权益保障法》和《山西省实施〈中华人民共和国老年人权益保障法〉办法》，全力维护老年人合法权益，建立健全老年人来信来访制度、矛盾纠纷定期排查制度、合法权益侵害调处机制、老年人诉求表达机制，疏通诉讼渠道、化解社会矛盾，促进家庭和睦、邻里团结和社会和谐稳定。

（五）构建新型社会管理服务体系，不断提升社会管理服务水平。老龄问题是综合性的社会经济问题，解决老龄问题不是某一个部门的事情，任何一个部门单打独斗是解决不了的。需要以政府为主导，动员社会方方面面的力量共同应对。因此，要建立党委领导、政府负责、社会协调、公众参与的社会管理体系。特别是要汲取1999年老年人参与“法轮功”事件的深刻教训，切实加强和创新新形势下老年人的社会服务和管理工作。要注重老年体育、老年书画、关心下一代、老年学学会等老年社会团体的建设，充分发挥他们在组织、引导老年人开展各种有益活动，参与社会发展的积极作用。同时，还要特别注重基层社区农村老年协会建设，充分发挥老年协会的自我教育、自我管理、自我服务的作用，充分发挥老年协会在推进社会管理创新、化解社会矛盾、维护和谐稳定的一线平台作用。要树立面向基层、服务基层、建设基层的工作理念，大力加强基层管理建设，在领导力量上倾注基层，在工作导向上激励基层，切实把基层基础做实做好，筑牢服务老年群众、维护社会和谐稳定的第一道防线，为我省的转型跨越发展、再造一个新山西，营造良好的社会环境。

江苏省百岁老人调查报告（有删节）

牛飚　夏海勇

为了进一步促进老年人健康长寿，省民政厅、省老龄办和省政协人口资源环境委员会，对全省百岁老人状况进行了一次系统调查。本次调查选取了全省13个市107个县（市、区）的百岁老人为调查对象，调查时点是2010年6月到9月，调查内容包括百岁老人的基本状况、自我评价、生活方式、个人背景、家庭结构、生活和医疗保障。

调查共发放问卷2378份，由于部分地区百岁老人信息管理未健全，因此，本次问卷调查样本数量占同期另一项全省百岁老人统计数5742名百岁老年人的41.4%，其中部分问卷填写信息错误，剔除无效问卷后，共收集完整有效问卷2095份，占88.10%。

一、全省百岁老人基本情况

1. 百岁老人各市分布情况

本次调查中各市百岁老人占全省百分比为：南京（6.2%）、无锡（6.3%）、徐州（5.4%）、常州（4.9%）、苏州（10.9%）、南通（25.2%）、连云港（4.3%）、淮安（4.9%）、盐城（12.4%）、扬州（2.5%）、镇江（2.5%）、泰州（9.4%）、宿迁（5.1%）。南通市的百岁老人数明显高于其他城市，共527人，占此次调查总体的25.2%，其中如东县和如皋市的百岁老人数分别为113、102。一般来说，百岁老人与地区经济保障、社会稳定、医疗条件、教育水平、文化氛围等因素有关。本次调查，由于部分市县没有建立健全百岁老人信息管理，没有严格全部或按比例抽取调查对象，因此，各市的百岁老人占全省百岁老人比例排序仅作为参考，如与人口普查数据不一致，以人口普查数据为准。

2. 百岁老人年龄分布

本次调查百岁老人年龄分布，越往高龄，人数递减。按我国传统文化属狗最多，其次属鸡，再次是猴、羊、马等。百岁老人当中，年龄最大的为111

岁，其中105岁及以上的人数占百岁老人总数的百分比为9.5%。我国民间生孩子讲究大属相，如龙、虎、蛇、马等，从本次调查看，至少出生年份对长寿没有多大影响。

3. 百岁老人性别分布

本次调查百岁老人中男性共424位，占总体的20.2%；女性共1671位，占总体的79.8%。若以女性为100，计算得男女性别比为25.37。随着年龄的增长，男性死亡率越来越高于女性，到百岁以上年龄段，性别比下降更快。

4. 百岁老人职业分布

本次调查百岁老人在60岁以前的职业分布，有74.5%从事农林副渔职业，10.7%从事工业、商业、服务业，4.7%从事家务，3%从事理行政管理，3.5%从事专业技术工作，3.6%从事军人等其它工作。吻合于这一代人职业分布情况，但估计从事行政管理的人，百岁的比例相对较高，因为40年前行政管理工作的人口比例不到3%，而百岁老人超过了3%。

5. 百岁老人城乡分布

本次调查百岁老人城乡分布，农村占67.9%，城市占32.1%。从百岁老人城乡分布比例与总人口的城乡分布比例看，没有太大的差异。

二、百岁老人疗保障情况

1. 百岁老人生活保障情况

在本次调查的百岁老人中，共有91.0%现在与家人居住在一起，5.3%独自居住，3.7%居住在养老院。

目前58.6%的百岁老人的第一生活来源以及32.7%的百岁老人的第二生活来源均来自于家庭（配偶、子女等），表明我省老年人口还是以家庭赡养为主。在第二生活来源中，长寿补贴所占比例最大，达到了48.6%。从2011年3月起，全省的所有百岁老人都可以领取每月300元的尊老金，这将成为无退休金的百岁老人特别是农村百岁老人的主要收入来源。

2. 百岁老人医疗保障情况

医疗保障是健康长寿的重要因素。本次调查，92.8%的百岁老人反映，现在生病时都能得到及时治疗；88.0%的百岁老反映，80岁时生病能得到及时治疗；67.1%百岁老人反映60岁时生病能得到及时治疗。说明江苏的医疗条件较好并在不断进步。老人的医疗费用大多来自新农合和家庭，两者所占百分比依次为55.0%和28.8%，而公费医疗仅占了2.5%。职工医疗和居民医疗保险为6.6%和7.1%。

三、百岁老人健康情况

1. 百岁老人生活自理能力

在对百岁老人现在实际健康状况的调查中发现，大部分老人都能够在吃饭、穿衣、上厕所等方面自理，所占比例为77.8%，其中有23.1%的老人还能够独自外出活动，20.0%的百岁老人仍然保持经常参与体育锻炼的习惯，仅有22.2%的老人卧床不起，反映我省百岁老人目前的健康状况还是较好的。

2. 百岁老人自我健康感觉

健康的自我感觉是健康的重要指标之一，本次调查中在问及百岁老人“你觉得你现在的健康状况怎么样?”时，回答“很好”和“好”的占47.1%，回答“一般”的占37.5%，回答“不好”和“很不好”的仅占7.7%，无法回答的占7.7%。这说明大多数百岁老人对自己的健康状况是比较满意的。

3. 百岁老人心理健康状况

对生活的满意度是衡量心理健康的重要指标之一。本次调查在问及百岁老人“你觉得现在生活怎么样?”时，百岁老人有73.3%回答“很好”和“好”，17.8%回答“一般”，仅有1.4%回答“不好”和“很不好”，7.5%未回答。生活是否快乐也是衡量心理健康的重要指标之一。在问及百岁老人“我现在老了，但与年轻时一样快活”时，58.8%作出肯定的回答，18.2%回答有时与年轻时一样快活。说明大多数百岁老人快乐的心理没有衰退。就其百岁老人的经济和身体状况来说，不如一般人，但是从百岁人的生活满意度和快乐感看，心理健康水平比一般人高。

四、长寿原因分析

人口整体的健康状况和寿命，受经济保障、医疗保障、社会稳定、自然环境等基本因素的影响，除此之外，还受一些个人因素的影响。

1. 健康老龄化研究

山东省自1994年比全国提前6年进入老龄化社会以来，人口老龄化已进入快速发展时期，是全国第一老年人口大省。但一直都没有对老年人口的较大规模的科学抽样和调查，更缺乏涉及老年人健康指标的专项调查研究。《健康老龄化研究》一书既放眼于世界范围人口老龄化的背景，又立足于我国国情和山东省人口老龄化的实际发展状况，运用山东省权威部门所做的首次、较大规模的第一手问卷调查资料，对老年人口的身体健康、心理健康和社会适应状况进行了深入的研究，比较全面客观地反映了老年人的健康、照料和护理问题。

该专著通过搜集必要的基础数据、整理调查问卷数据，从世界卫生组织提出的三个纬度分析老年人口的健康状况：身体健康状况、心理健康状况、社会适应状况，深入分析影响老年人口健康长寿的社会、行为、环境等因素及内在机制，梳理出影响老年人口健康的有利因素和危险因素，并通过发扬有利因素、控制不利和危险因素，为老年人规避健康风险、提高健康水平提出综合性、可操作性强的有效措施。

其主要研究内容涉及老年人健康行为、老年人生活自理能力及影响因素、老年人疾病经济负担及影响因素、老年人孤独感、生活满意度及其影响因素、老年人社会适应、老年人医疗保障、老年人机构养老和照护、老年人居家养老和照护、老年人口健康促进方略

研究得出八方面结论，一是老年人的健康行为欠佳；二是老年人身体健康状况良好；三是老年人的疾病经济负担较重；四是老年人心理健康状况堪忧；五是老年人社会适应能力需要增强；六是现行医疗保障制度对老年人的保障水平偏低；七是机构养老和照护有一定发展但也存在一些问题；八是居家养老未得到应有的重视和支持。该著作提出八条对策建议：一是重视老年人健康教育；二是重视老年人心理健康；三是完善老年医疗保障制度和卫生服务体系；四是切实改善农村老年人健康状况；五是充分发挥家庭的功能；六是合理发展老年服务设施丰富老年人文体活动；七是充分发挥社区对老年健康促进的作用；八是形成全社会尊老爱老氛围。

在了解百岁老人性格特点，问及他们“不论遇到什么事情都能想得开?”这一项中，共有65.5%的百岁老人对照自已给予肯定的回答，15.9%回答有时想得开，仅5.8%回答想不开。遇事“想得开”是长寿的重要个性因素，要做到“想得开”，需要有对他人的宽容、对事物发展的判断、积极的人生态度和思维方式。

调查中还发现，大多数百岁老人具有自信的特点或经常处在自信的状态。在问及百岁老人“我自己的事情自已说了算”时，52.3%的百岁老人认同自己是这样的人，23.2%认同自己有时是这样。但他们不固执已见，善于听取家人或他人意见。自信是人类成长的动力，是优秀的心理品质，同样也是长寿的重要因素。

2. 饮食与长寿

我省的百岁老人主食是大米（占65.3%）、杂粮（占20.0%）和面粉（12.3%），79.6%的百岁老人每天主食摄取量在4两到7两之间。每天吃水果的人比例为22.5%，有时吃水果的人比例为48.2%，很少吃水果的比例为22.4%，这反映吃水果对长寿不是十分重要的影响因素。每天吃2种到3种蔬菜的百岁老人占85.0%。一半以上的百岁老人经常吃肉、鱼、蛋、腌菜，90%以上经常吃豆制品。关于素食长寿、腌菜致癌的说法，本次调查都不支持。

3. 饮水与长寿

水是生命之源，人体主要是水组成的。生活中有人注意喝水，有人不注意喝水。本次调查显示，百岁老人71.7%喜欢喝水，但也有28.3%不喜欢喝水。其中，51.2%的人有晨起喝水习惯，41.3%的人有晚睡前喝水习惯。87.6%的人喝的是白开水，仅有12.4%的人喜欢喝茶。市场上对茶的保健作用过于夸大，本次调查不支持。

4. 活动与长寿

生命在于运动和生命在于少动是不同的养生体验。本次调查在问及百岁老人过去是否经常体育锻炼时，34.7%肯定的回答，65.3%否定的回答；在问及现在是否经常体育锻炼时，20.0%肯定回答，80.0%否定回答。说明经常体育锻炼和不经常体育锻炼都能长寿，需要深入研究的是什么样运动、运动量与饮食什么关系更有利于长寿。

5. 烟酒与长寿

国际上关于吸烟与健康的关系研究已经有相当长的历史，一项对英国、美国、加拿大、日本、瑞典的大规模调查表明，吸烟者的死亡率比不吸者高30%到80%。本次调查在问及现在是否吸烟时，93%的百岁老人回答不吸烟；在问及过去是否吸烟时，81.5%的百岁老人回答不吸烟，支持吸烟有害健康的说法。

酗酒有害健康是共识，对“少量饮酒有利健康”有不同看法，本次调查显示，现在经常喝酒的百岁老人仅占14%，过去经常喝酒的百岁老人仅占23%，不支持少量喝酒有利健康的观点。

6. 遗传与长寿

本次调查，百岁老人母亲寿龄有大于80岁的占65.3%，父亲寿龄有大于80岁的占70.5%；外公外婆寿龄有大于90岁的占16.1%，爷爷奶奶寿龄有大于90岁的占13.8%，高于正常人群，说明长寿与上辈的寿龄有一定关系。在调查中还发现血缘关系以外的家庭成员寿龄也较高，说明上辈寿龄不足以证明与遗传关系，遗传因素需要用生物技术来鉴定。

7. 受教育与长寿

本次调查百岁老人受教育分布，大学及以上0.5%、中学1.3%、小学5.4%、私塾12.4%、未上过学80.4%。这组数据要与70年前的社会教育水平比较才有意义。70年前的大学以上受教育水平，不到0.5%，而百岁老人大学以上受教育水平占0.5%，

说明受教育高与长寿有关。

8. 兄弟姐妹数和排序与长寿

本次调查显示，百岁老人是独生子有2.7%，有兄弟姐妹2个的占15.5%，3个的占23.4%，4个的占22.4%，5个的占16.2%，6个的占9.3%，7个的占1.9%。这组数据要与这一代人兄弟姐妹数分布对比才能知道它的意义。在温饱社会兄弟姐妹太多，很难有较好的生活保障。独生子女相对生活保障更好一点，但家庭成长环境没有竞争性。3个兄弟姐妹成长环境相对更复杂一点。百岁老人的排行是老大的占37.5%，排行是老二的占31.3%，排行是老三的占17.3%，排行是老四是占7.3%，排行是老五以后的更少。排除老大人数多的因素，按有100个排行老大为基数，约有93个老二，约有77个老三，约有55个老四，把百岁老人排行与这一代人排序数量分布比较，老大占37.5%，老二占33.7%，老三占31.4%，从中可以看出长寿的排序仍然是老大老二老三。

五、小结

1. 我省经济社会事业发展是百岁老人增长的重要因素

2000年我省百岁老人有1198名，2010年百岁老人5742名，比10年前多4544名。世界上各国发展显示，百岁老人每10年翻1倍，而我省10年翻了近3.8倍，这与我省近10年的经济社会、生活水平、医疗保障等快速发展相同步，也与老龄事业发展特别是尊老爱老助老宣传教育相关，惠及了90岁以上老年人，使百岁老人大增。

2. 百岁是人生的美好境界

绝大多数百岁老人的健康水平、生活质量和幸福感是较高的，百岁是令人羡慕的人生美好境界。长寿能够更多地享受幸福生活，享受社会发展成果。对更多的人来说，“人生百岁不是梦”已经是现实。个人应当把健康长寿作为人生的追求。社会应当以人为本，把健康长寿作为经济社会事业发展的重要目标。

3. 百岁有规律可循

良好的个性、合理的膳食、必要的饮水、适当的活动、和谐的家庭环境、较好的教育、消除不良嗜好等是长寿的重要因素。社会应当加强健康长寿教育，提高人们的保健意识和能力，自觉按照健康长寿的规律生活、做人、行事。

4. 健康长寿有许多课题有待深入研究

譬如一，世界著名的长寿之乡都是保留着原始的自然生态，而江苏如皋等地处在经济发展的前沿，百岁老人达到18/10万（长寿地区标准指每10万人中有10名以上百岁老人），已经超过一些世界著名的长寿之乡，这是需要深入研究的课题。譬如二，江苏农村、城市百岁老人比例与人口分布没有太大差异，说明农村和城市环境都能长寿。但是，有些城市百岁老人较多，有些城市百岁老人较少，也是需要深入研究的。譬如三，“想得开”是长寿的重要因素，怎样才能让所有人都想得开？不是容易做到的。本次调查中发现有的百岁老人性格温和，从不发脾气，凡事想得开；也有少数的百岁老人性格倔强，常发脾气，遇事想不开，但能通过宣泄达到心理平衡，也活的很好。譬如四，不喝酒百岁老人是多数，但调查中也有不喝酒就吃不下饭、睡不着觉的百岁老人，这也有待深入研究。譬如五，一些百岁老人大家庭不论血缘和婚配关系，甚至领养的子女，所有人寿命都长，除了家庭文化、生活习惯、相处氛围外，还有什么其他因素，值得研究。譬如六，有人认为解决高龄妇女孤独问题是老龄问题的重要问题，但不要忘记，提高男性平均寿命才是解决高龄妇女孤独问题的根本出路，有必要深化研究男性百岁老人长寿原因。譬如七，目前百岁老人研究多数是一般相关因素的描述性研究，缺少理论指导，更缺少保健方法介入行动性研究，有必要安排专项资金做10年到20年的行动性跟踪研究。

关于加快我省老龄服务事业发展的调查与思考（摘要）

江西省老龄工作委员会办公室

从5月下旬开始至7月中旬，组织调研组到我省赣州市及其上犹县、于都县，吉安市及其遂川县、万安县，南昌市及其西湖区的城区和农村就加快发展我省养老服务事业进行了专题调研，并赴上海市、江苏省、安徽省进行了学习考察，取得了较详尽的第一手资料。

一、我省人口老龄化的特征

按国际通行惯例，总人口中60岁以上人口比例超过10%或65岁以上人口超过7%，即标志着进入老龄化社会。我省已进入老龄化快速发展阶段，呈现出以下特点：

（一）老年人口增长速度快。2005年全省60岁及以上老年人口为472.08万人，占总人口10.95%，即1/9；2008年达到549.57万人，占12.49%，即1/8。而全国2008年这一比例为12%，我省高于全国0.49个百分点。据预测，今后我省老年人口将以年均2.13%的速度、60万人的规模递增，2014年老年人口比例将达1/6，2048年上升到1/4。（这些相关数据没有出处，作为报告说服力不强。）2005年我省进入人口老龄化，当时60岁以上老年人是472万，占全省总人口10.9%，到2010年底，我省60岁以上老年人已达到560万，占全省总人口12.84%，高于全国0.13个百分点。五年来，增加了88万老年人，平均每年增加18万。预测到2015年，全省60岁以上老年人将超过700万，每年净增30万，80岁以上高龄老人将由现在的60万增加到75万人。

（二）高龄老人逐年增多。2000年全省80岁以上高龄老人为33.36万，2005年为54.32万，2008年达到57.20万，年均增加2.98万。目前，80岁以上高龄老人占全省总人口数1.30%，占老年人口数10.4%。

（三）“空巢”老人持续增加。2008年全省平均每个家庭人口为3.38人，比20世纪80年代平均少1.56人，比90年代平均少1.02人，比2000年少0.38人。家庭规模缩小带来代际关系变化，独自生活的老年人越来越多。目前城市老年空巢家庭约占43%，农村空巢和类空巢家庭占40%，而且仍在持续上升。

（四）老龄化水平城乡倒置。发达国家城市老龄化水平一般高于农村，而我国情况则相反，我省这一特征更为明显。2000年人口普查时全省农村65岁及以上老年人口比例为6.50%，比城镇高0.83个百分点；到2005年1%人口抽样调查时，农村这一比例达到7.78%，比城镇高1.16个百分点。随着我省工业化、城镇化不断加快，大批青壮年人口及子女进入城镇居住、就业，这一现象在一定时期内将持续加剧。

我省是在经济欠发达、人均收入较低、综合财力有限、社会保障体系还不健全的背景下，提前走进老龄社会，“未富先老”的特征明显。不断加快的老龄化进程和日趋庞大的老年人群，给全省经济社会发展带来了广泛而深刻的影响，社会和家庭养老负担急剧加重。而家庭小型化又使家庭养老功能日益弱化，传统家庭养老模式面临挑战。2008年我省家庭户类别中，由一对夫妻和一个子女组成的两代户家庭占总户数60.27%。随着第一代独生子女的父辈陆续进入老年期，“4－2－1”家庭结构持续增加。在竞争日趋激烈、节奏不断加快的社会环境中，一对夫妇要赡养4位老人、抚养1个孩子，无论是经济收入还是时间精力都很不现实，养老服务社会化已经是大势所趋。

二、我省老龄工作取得的成绩与面临的困难

（一）取得的成绩。近年来，全省各地各部门认真贯彻中央和省委、省政府部署要求，大力推进老龄事业发展，老龄工作取得了初步成绩。主要表现在：

1. 老龄工作体制基本确立。

2. 出台了一批涉老惠老政策措施。

3. 养老机构硬件设施得到一定改善。

4. 培育了一批养老服务社会化示范城区。

（二）面临的矛盾与困难。虽然我省养老服务事业取得了一定的成绩，但与人口老龄化加快增长背景下人民群众实现老有所养的目标不相适应，面临的各种困难还不少。

1. 社区养老服务能力薄弱。

2. 公办与民办养老服务机构发展不协调。

3. 养老机构管理服务水平与养老需求差距大。。

4. 养老机构面临较大风险。

当前我省养老服务事业发展滞后，原因是多方面的：

1. 思想认识和养老观念落后。

2. 扶持政策落实难以到位。

3. 财政投入不足。

4. 没有形成有效的工作协调推进机制。

三、加快发展我省养老服务事业的建议

没有老年人的幸福，就没有社会的和谐。发展养老服务事业，实现“老有所养”，是贯彻落实科学发展观和保障改善民生战略部署的重要内容，是保障老年人共享改革发展成果，促进社会和谐的必然要求。面对人口老龄化加速的挑战和人民群众的强烈养老要求，我们提出以下建议，供省委、省政府决策参考。

（一）完善工作体制机制，科学谋划养老服务事业发展。科学谋划养老服务事业发展，主要从以下着手：

1. 切实增强应对人口老龄化的责任感。

2. 完善养老工作体制机制。

3. 科学规划养老服务事业发展。

4. 加大养老服务事业的投入。

（二）完善落实政策，促进民办养老服务业加快发展。主要从以下着手：

1. 优先保障养老机构建设用地。

2. 对民办养老服务机构实行财政补贴。

3. 对养老服务机构运营税费实行减免。

4. 加大融资帮扶力度。

（三）加快建设改革力度，提升公办养老机构管理服务水平。主要从以下几方面着手：

1. 继续推进基础设施建设。

2. 加大改革力度。

（四）积极探索，大力推进社区居家养老服务。社区居家养老能充分利用家庭和社会养老资源，有效减轻子女养老压力，有利于节省资金投入、有利于老人身心健康、有利于促进家庭和谐，应当作为社会养老服务的主要模式。主要从以下几方面着手：

1. 加快居家养老服务网络建设。

2. 完善居家养老服务管理体系。

3. 推进居家养老信息服务平台建设。

4. 加大政策资金扶持力度。

（五）加大培养培训力度，促进养老服务人才队伍建设。社会养老服务涉及生活照料、精神慰籍、心理调适、康复护理、临终关怀、紧急救助等方面，对从业人员的专业知识和职业道德要求较高。加强从业队伍建设是实现社会养老服务规范化、专业化的关键环节。主要从以下几方面着手：

1. 建立养老服务人才队伍建设的良性机制。

2. 加大专业人才培养培训的力度。

3. 提高养老服务机构工作人员待遇。

4. 积极倡导、发展养老志愿服务。

（六）加强法规政策体系建设，提升养老服务质量与水平。主要从两个方面着手：

1. 健全法制。

2. 加强行业管理。

（七）着眼未来，积极推动老年服务产业发展。主要从两个方面着手：

1. 搞好老年服务产业规划。

2. 培育老年消费市场，促进老年消费市场的繁荣与发展。

甘肃省农村居家养老服务和民族地区老龄工作规范化建设试点情况调研报告

甘肃省老龄工作委员会办公室专题调研组

根据省老龄办《关于开展农村居家养老服务和全省民族地区基层老龄工作试点的通知》精神，5月下旬，省老龄办副主任张忠健带队赴9个市州调研试点建设情况，了解到各市州开展试点工作的基本情况。

一、试点进展

各试点县区工作已进入基础建设阶段。从检查评估看，各试点健全组织，落实经费，夯实基础，规范管理，因地制宜，注重实效，宣传造势，营蕴氛围，做了大量工作。

（一）健全组织，落实经费

试点县区完善了组织体系建设。迭部、积石山、肃南、肃北、凉州、白银等县区成立试点工作领导小组，积石山、镇原专门调整充实老龄委成员单位委员，确定职责，华池县召开试点培训会议安排工作，凉州、白银、镇原、肃南、积石山等县区在乡镇和成员单位成立为老服务站。

武威市凉州区成立由区委常委、组织部长、老龄委员会主任为组长，政府分管副区长、老龄委副主任为副组长，相关部门为成员的居家养老服务领导小组，制定出台了《凉州区居家养老服务试点工作实施方案》和《凉州区农村居家养老服务试点工作实施方案》，编制了《凉州区居家养老服务工作手册》和《凉州区居家养老服务日志》，明确了居家养老服务的任务、目标、服务形式和服务内容、服务对象、运作方式以及保障措施，召开专题会议，就做好农村居家养老服务试点工作做了安排部署并确定工作基础好、示范效应强、又具有区位辐射带动功能的高坝镇台庄村、永丰镇永丰村、谢河镇谢河村、永昌镇南沟村、武南镇阳光社区开展试点工作。各乡镇、村组都成立居家养老服务试点工作领导小组，确定领导专门负责，保证了试点工作的顺利开展。

张掖市肃南县试点工作情况。一是加强老龄组织建设。全县8个乡（镇），101个行政村，3个街道社区均成立了老龄组织，由同级党政分管领导担任老龄组织领导，使全县形成了上下联通的县、乡（镇）、乡（社区）三级工作网络。二是狠抓示范点建设。有针对性地对所确定的示范站点精心培育，创建老龄工作示范乡（镇）2个、示范村（社区）9个，敬老模范乡（镇）8个、敬老模范村101个，以点带面，全面推进工作。三是规范老年协会建设。在村（社区）制定《老年协会工作制度》、《老年协会章程》、《敬老尊老公约》，及时调整和补充班子人员，规范发展会员，会员率已达75%以上，落实各项工作制度，并注重发挥老年协会作用，组织老年人开展维护合法权益的学习和教育活动，鼓励老年人积极参与维稳议政、纠纷调解、邻里互助等方面的服务活动，协助村委会完成党和政府的各项涉老政策的贯彻落实等各项工作，受到了基层干部群众的好评。四是认真抓好培训工作。县老龄办每年都有组织、有计划地分期对乡（镇）、村（社区）老龄组织工作人员进行业务培训，不断提高政治业务素质和工作能力。

各试点县区有不断增长的经费投入机制。确保了按县区老年人总数人均3元以上拨给事业经费。迭部、肃南老龄事业经费达老年人总数人均8元以上。肃南县还专拨试点工作经费3万元。

（二）夯实基础，规范管理

试点县区党政领导老龄部门以《甘肃省农村空巢老年人帮扶服务试点项目实施方案》（甘老龄办发［2010］2号）、《全省乡镇（街道）老龄工作制度化规范化建设试点工作方案》（甘老龄办发［2010］15号）内容为标准，全面开展了基础评估、标准更新和拾遗补缺工作。

试点县区全部制订试点实施方案，从工作目标、工作要求、工作步骤、工作措施等方面确定指标，量化管理，细化考核，并各有侧重：凉州区充实完善老龄工作各类制度台账。统一制订《基层老龄工作制度化规范化建设标准》，将乡（镇）、村（社区）老龄工作组织网络、章程、任务、职责、制度以及工作台账等内容整编成册，下发乡（镇）、村（社区），规范了乡（镇）、街道、村（社区）老龄工作台账，建立健全了村居家养老服务制度、管理制度、服务职责等规章制度，基层老龄部门做到了“五个有”、“四册五簿一档案”。“五个有”即有机构、有阵地、有制度、有设施、有活动；“四册”即老年人花名册、特殊困难群体老人花名册、协会会员花名册、为老服务对象及人员花名册；“五簿”即协会开展活动登记簿、例会学习情况登记簿、高龄老人享受政策补助登记簿、纠纷调解登记簿、为老服务登记簿；“一档案”是老年人健康档案。对老年人口、志愿者组织、为老服务、文体活动、老年维权等记录详细，做到了工作有计划、有安排、有任务、有落实、情况明、底子清。二是进一步加强老年协会建设。建立以协会班子及老年骨干为主、适合本村组老龄工作特点的宣传教育、维权调解、文化娱乐、生活照料、为老服务等活动小组，使老年协会的“自我管理、自我教育、自我服务、自我监督”功能不断增强。同时，着眼于提高乡镇、村（社区）对老龄工作法律法规及政策的执行能力，积极引导建立老年人互助组织，开展互助服务居家养老。三是积极整合农村居家养老服务资源。依托村委会和新农村建设，不断完善农村养老服务设施，建立村居养老服务站，包括老年活动室、文化娱乐室、图书阅览室、医疗卫生所等服务设施，为居家老年人提供文化、健身、娱乐、医疗等服务。将五保、特困高龄、病残老人确定为重点服务对象，提供无偿服务和志愿服务。倡导“政府主导、立足家庭、依托村邻照顾”的农村养老模式，积极推行“生活照料、精神慰藉、娱乐教育”为主要内容的农村互助养老办法，倡导邻里互助、会员和党员帮扶、志愿者上门探视、低龄老人照顾高龄老人、身体好的老人照顾身体偏弱的老人等切合实际、灵活多样的互助养老模式。借助老年协会组织平台，乡（镇）、村（社区）建立了以党员、村组干部、低保人员、医务工作者和协会会员为成员的为老服务志愿者队伍，为辖区空巢、独居和特殊困难群体老人提供“定人定点定时”探视救助和生活照料、送医送药等服务。

白银市白银区规范管理居家养老服务工作，建立健全规章制度，统一制作牌匾、《居家养老服务中心工作职责》、《居家养老服务站工作职责》、《居家养老服务中心工作职责》、《居家养老服务公约》、《档案管理制度》、《居家养老服务工作人员纪律》、《居家养老服务站服务队伍管理制度》、《居家养老服务站安全制度》等规章制度。通过定制度、抓落实，规范和开展了居家养老服务工作，服务人员通过制度考核，增强了诚信服务意识和依章办事自觉性，使居家养老服务工作逐步制度化、规范化、经常化。

目标管理考核成为工作有力推手。试点县区落实乡镇、成员单位和村居目标管理内容。华池县乡（镇）农村居家养老服务中心和试点村（社）居家养老服务站建设达到“三统一”，即统一名称、统一标识、统一基本服务功能，做到“六有”即有办公地点、有牌子、有活动室、有活动器材、有工作人员、有制度，依托农村居家养老服务中心（站）和村（社）老年协会，组建乡（镇）、村（社）生活照料、医疗保健服务、法律维权、文化健身、精神慰藉服务队和志愿者服务队等服务组织，广泛吸纳党员、各级干部职工、学生及社会各界人士加入到为老服务行列。在调查摸底的基础上，各乡镇、试点村（社）确定不同类型服务对象，签订协议书，制定服务方案，落实扶持资金，落实服务人员，养老服务工作上了台阶。

（三）因地制宜，注重实效

各试点县区推动工作各具特色各有办法，创新了各种模式。

1. 推行“八个结合”“四个作用”。积石山县把试点工作与“破解难题年”活动相结合，破解老龄优待服务工作存在的难题；与落实高龄老人生活补贴相结合，按标准分年龄段落实高龄老人生活补贴；与保障特困、空巢、残疾高龄老年人基本生活相结合，使老年人生活困难得到缓解；与贯彻落实《老年法》和省《实施办法》相结合，维护老年人合法权益；与创建乡镇老龄工作规范化制度化建设创新工作运行机制相结合，加强基层老龄组织机构建设；与提升全民老龄意识、创新宣传教育形式相结合，扩大老龄工作的影响力；与老龄委成员单位落实工作责任相结合，提高综合为老服务水平。目前县老龄办经费保障工作人员26人，并发挥“四个作用”：即乡镇老龄委对全乡老龄工作的组织领导作用、对党委政府在老龄工作中的参谋助手作用、对村老年协会的协调指导作用、对老年人的服务作用，试点工作早行动、早安排、早部署，全面铺开，有序进行中。

2. “四个纳入”措施跟进成效显著。肃南县把老龄工作纳入经济社会发展总体规划，做到同步安排、同步实施，确保老龄事业与社会经济的协调发展；纳入各级党委、政府议事日程，定期召开老龄工作会议，总结经验，研究解决工作中存在的困难和问题；工作经费纳入财政预算，年安排业务经费2万元，并按农牧村老年人每人每年8元核拨老龄事业工作经费，保障老龄工作正常开展；纳入乡（镇）和部门考核内容，明确工作任务目标，加大基层老龄工作力度。

3. “44511”服务方式。华池县针对不同类型的服务对象，为已签约老年人提供“44511”服务，即“四个一”健康保健服务；依托村（社）卫生服务所医疗保健服务队为每位老年人建立健康档案，每月对签约老年人进行一次保健咨询志愿服务，每季度开办一次老年健康保健知识讲座，每年为特困空巢老人组织一次体检；“四个一”生活照料服务：各乡镇试点村（社）组织生活照料服务队和志愿者深入老人家庭每周了解一次老人身体状况和生活情况，每月帮助老人打扫一次卫生，代购一次生活必需品，解决一个急难问题；“五个一”关怀慰藉服务：每月给老人打一个问候电话，上门走访慰问一次，为老人读一次报纸，陪伴老人相谈一次，陪伴老人参与一次社会活动；开展文化娱乐活动、法律咨询司法援助服务。这种方式使为老服务内容落实、方法落实、成效落实。

4. 试点县区成员单位联动形成“大老龄”工作格局。县区调整充实老龄委委员，发挥成员单位作用，上下贯通，县乡和本级县乡老龄委成员单位认真履行工作职责，结合单位业务职能联合开展各类为老服务活动。各成员单位工作有计划、有分工、有总结，形成联动效应，实施的“定人定时定点”救助制度覆盖空巢、特困、高龄老年人，老年人在基层党委政府工作人员、“一助一”、“N助一”志愿者队伍和基层老年组织以及农村为老公益岗位4支队伍的服务下，为老年人提供了帮扶救助。

5. 筹措为老服务资金实行“五个一点”。镇原县通过“五个一点”办法筹资，解决村老年协会无钱办事和空巢老人养老以及为老服务问题：一是协议保证一点。村老年协会通过与家庭养老有困难的外出务工人员签订居家养老服务协议，每人每月为老年人拿出300元，由村老年协会派专人负责解决老人的生活问题（如买面菜、寻医看病、帮种帮收等），解决了老人的后顾之忧；二是打工子女缴纳一点。每年节庆村老年协会召开空巢老人养老问题座谈会，动员外出务工人员缴纳一点。城关镇祁川村去年外出务工子女缴纳了2万多元，为空巢老人养老提供了充足的资金保证；三是致富能人帮助一点。每年村致富能人安排一部分老年人到园区企业务工付酬，帮助解决老年人生活之需；四是民政救助一点。县民政每年拿10万元用于空巢特困老人救助；五是干部捐助一点。建立政府倡导、民政牵头、社会支持、群众参与的慈善事业发展新机制，积极倡导机关、企事业单位、社区、个人开展“助老送温暖、献爱心”活动，目前全县已募集到助老慈善款50万元。另外创新机制破解服务连续性难题。建立“低龄老人以老助老”和“邻里互助服务”长效管理机制，发挥低龄健康老人“时空、心理、感性、人缘”优势和邻里间“距离近、感情亲、知习性、易沟通”特点，对生活不能自理的老人“走进去”进行生活照料、精神慰藉等服务。二是建立输血与造血相结合的帮扶机制。老龄部门协调投资，扶贫部门为特困老人投放养殖项目，帮助进行生产自救，解决居家养老问题。

6. 创建新型信息平台为老服务。各地各单位在建设过程中，创新理念，探索为老服务新路子。白银区武川乡政府与中国移动通信公司联合投资86.8万元创建“爱心互助家园”，利用移动通信爱心通专网和人工服务热线电话，通过探视、走访、电话咨询、节日期间入户慰问等方式为留守老人提供服务。服务类别分五保户、困难户、普通户3种类型。第一批发放500个手机，月费用30元，个人出10元，乡村各承担10元。服务团队有中国移动通信白银区公司技术支持，开设爱心通专网和人工服务热线电话；乡上组织各站所干部定期对留守老人进行走访、探访、家政服务并开通一条服务热线随时电话咨询提供服务；卫生院妇联和计生站联合为留守老人定期或不定期提供义务诊疗健康咨询服务；派出所同乡综治办配合为农村留守人群营造安全稳定的生产生活环境，定期开展送法律下乡进村活动，同时，建立留守人群调解档案，积极调处农村各类纠纷化解矛盾；村、社配备为老服务公益岗位人员具体负责留守老人管理工作，深入到户了解生活、生产状况及存在的困难及时反馈乡老龄办，解决实际困难，为留守老人有困难能帮、有烦恼能诉、有服务能来，也为乡镇为老服务提供了新模式。

（四）宣传造势，营蕴氛围

这次试点工作涉及8市州9县区，是提升全省民族地区基层老龄规范化建设和农村居家养老水平的示范工程。

各市州县区以“大老龄”“大宣传”理念，把老龄政策法规和尊老、敬老、助老先进典型宣传教育放在突出位置，狠抓落实。各试点县区都采取播放电视专题片、举办专题讲座、印发宣传资料等多种形式，广泛宣传老年法律法规和老龄工作方针政策。将《老年法》和《甘肃省实施〈老年法〉办法》等法律法规纳入普法范畴，使老年法律法规和政策得到了深入广泛宣传。另一方面，结合精神文明建设和开展创先争优活动，大力弘扬尊老、敬老、助老的传统美德。开展《公民道德建设实施纲要》宣传活动，倡导“孝”文化，动员组织广大青少年和社会各界人士加入为老服务行列。开展老有所为、敬老好儿女、老龄工作先进单位等评选活动，以身边的先进典型事例教育引导全体公民增强尊老、敬老、助老意识。还开办电视专题讲座、制作宣传片宣传栏、大幅标语等，使本地敬老宣传声、视、影、文、网并茂，营造了全社会尊老敬老舆论氛围。

民族地区发掘尊老传统美德。老龄工作者以肃南裕固族、肃北蒙古族、积石山保安族东乡族撒拉族、迭部藏族等民族民谚传说和尊老习俗为主线，结合近年涌现的全国全省尊老敬老典型单位和人物事迹，图文并茂、现身教育，使民族地区尊老敬老活动掀起新热潮。

二、工作要求

今年的工作，以试点县区为示范，责任抓靠实，典型抓制度，城市抓服务，农村抓养老，民族地区抓亮点，基础管理抓规范，以“12345”的工作思路提升事业水平。一是做好试点建设工作；二是完善筹措资金和网络服务两个机制；三是结合民营企业家、福利慈善机构、银龄行动专家3支力量为老服务；四是老龄工作继续配强领导、配齐人员、配足经费、配置设施，发展进入新阶段；五是发展乡村党政工作人员、乡镇老龄委成员单位人员、村“五老”（老党员、农村干部、老退伍军人、老教师、老协骨干）人员、亲属邻里、公益义工志愿者5支队伍帮扶救助特困老年人，使为老服务工作有机制、有合力、有队伍、有硬指标，使老龄工作从创新社会管理层面上有新的突破。

根据工作进展，试点建设要继续注重3点：

（一）注重完成目标责任书内容。责任书内容指标钢性，完成是基础，要紧扣指标、责任到人，并在目标责任书完成过程中有创新。积极完成硬指标和各项具体目标任务。

（二）注重基础管理工作。进一步规范法规政策办法措施。罗列清单，一目了然。进一步完善各项制度。从机关到活动室，从主任到干事，从乡镇到村，要制度化管理，哪怕三言两语，让人看到是制度管人管事，不是因人因事设制。制度要有历史陈述，要有据可凭。针对每年创新任务有新管理制度内容，如“三定”“空巢”救助要有新举措。机构网络健全。有列表或联络图，让人知道你这里纵向到底、横向到边的基本情况。经费保证。有足够的老龄事业经费支持。省市县投资有明细，乡镇村经费有筹集渠道。优待老年人年总投资数和分项数据准确。有阵地建设现状和规划。基层组织活动经常率85%以上。有“大老龄”宣传理念。老龄工作宣传报刊、电视、光盘专栏、图片分类临时和固定长期宣传方式结合，活动有记载，信息平台网络数字等齐抓共宣，声光栏报一起上，做到广播有声、电视有图、报刊有文、网络有形。工作资料齐全。积累与陈列、原始与现状资料齐全。分层检查保障。对乡镇、成员单位、村居层层检查，落实到位。

（三）注重总结经验。试点工作有规范、有方案、有分解内容、有安排、有实施步骤阶段，针对步骤阶段自查为主，省市州检查结合，掌握进度，工作有序，注意结合民族传统习俗与老龄工作进行总结，有分阶段目标责任。突出孝亲敬老。总结经验要突出民族和地区特点和规范建设成果。抓乡镇职责，促村协会建设。注意总结乡村联动，提升整体工作水平的经验，更要注意总结成员单位发挥作用的经验并在面上推广。

关于建立城乡社会养老服务体系的思考

湖北省老龄工作委员会办公室　刘长斗

加快建立城乡社会养老服务体系建设，是人口老龄化环境下加强和创新社会管理问题，促进经济社会统筹协调、跨越式发展的重要组成部分。近年来，我省各级、各相关部门采取一系列措施，积极推进养老服务体系建设，对于改善民生、服务老年群体、促进和谐社会发挥了积极的作用。但受经济发展制约，加之有的地方政府重视不够等多种原因，城乡社会养老服务体系建设仍较滞后。

一、我省社会养老服务体系建设的现状

省委、省政府对社会养老服务体系建设一直都十分重视，早在“十五”期间，省政府决定用三年时间，组织实施了“福星工程”，新改扩建农村福利机构1000多所，使床位达到16万张，初步实现了农村五保老人在自愿前提下集中供养目标。“十一五”期间，省政府再次下发文件，从2007年到2009年用三年时间，发改、财政共同安排经费，福利彩票公益金集中投入，对公办城市养老服务机构进行了系统的扩建、改建，并新建了一批，三年增加床位1万多张，总床位达到近3万张，基本实现了城市“三无”老人在自愿条件下集中供养目标。与此同时，省政府出台关于推进社会养老服务的意见，推进民间资本投入养老服务业，也取得了显著成效。到2010年底，全省民办养老机构已发展到220家，床位近2万张，为解决城市社会老人养老问题发挥了重要作用。居家养老服务工作，“十五”初期在城市社区实施了“星光计划”，建设了31600个“星光老年之家”，逐步形成基层居家养老服务平台，取得了成功经验，产生了良好的社会效果。

从目前的情况看，养老服务体系建设除投入严重不足这个根本原因外，在制度安排、总体设计等方面也还是存在一些问题。一是缺乏城乡一体的总体规划，对满足老年人多样性、专业化需求的养老服务，尚未形成一个完整的、易于操作的模型设计。二是比较重视机构建设，主要是对农村“五保”、城市“三无”老人集中供养的福利机构建设，如何为更多社会老人提供自费代养、居家养老服务和满足不同阶层、不同消费需求的有偿或低偿社会养老服务，缺乏系统研究。三是比较重视城市养老服务体系建设，如何适应农村居住分散、社会公共服务设施严重不足等特点，做好农村养老服务工作，尚未提到议事日程上来。四是民办养老机构与公办养老机构在代养社会老人问题上缺乏明确界定，难以形成公平的竞争激励机制；扶持民办养老服务业发展的政策优惠和资金支持力度也不大。五是比较重视老年人物资生活方面的照顾和服务，在物资生活条件逐步改善的情况下，如何为老年人提供更多的精神文化服务，使他们的晚年生活更愉快、更充实，尚未提到应有的位置。

二、建立城乡社会养老服务体系的设想

根据当前城乡社会养老服务体系建设的现状与问题，需要从以下几个方面进一步做好工作。

（一）明确指导思想。要坚持以居家养老为基础、社区服务为依托、机构养老为补充，采取机构养老与居家养老相结合、福利养老与产业养老相结合、生活照料与精神慰藉相结合的模式，合理界定基本养老服务与社会养老服务的功能定位，统筹不同投资主体的利益关系，逐步形成投资渠道多元化、服务队伍专业化、服务方式多样化、服务项目系列化、覆盖城乡、可持续发展的社会养老服务体系。按照这一指导思想，这个体系的建立，要突出以下特点：一是要突出满足95%以上老年人就近、在地、居家的养老服务需求，使他们在得到政府和社会扶助的同时，做到“不离家、不离伴、不离圈”。二是要在政府主导的同时，更多地激发社会力量参与，实现普惠制与专业化的结合，弥补政府投入之不足和服务之空缺。三是要重视精神关爱、心理慰藉，把提高老年人的晚年生命质量和幸福指数放到适当位置，做到生活照料与精神抚慰并重。四是要适当关注并统筹安排农村养老服务设施建设。

（二）明晰模型架构。借鉴外省和我省部分地方成功的做法，设想实行“443”的城乡养老服务架构模式。

1. 建立和完善4种形式的公办养老服务机构。一是进一步健全和完善公办城市福利机构，对“三无”老人实行集中供养；二是进一步健全和完善乡镇福利院，对农村“五保”老人实行集中供养；三是建设公办失能老人养护机构，对低收入家庭的失能老人提供长期护理服务；四是建设县市综合性老年文体娱乐场所，组织老年人开展文体娱乐活动，给予老年人以精神慰藉。

2. 建立和完善4种形式的居家养老服务组织。一是依托城市公办福利机构，借鉴甘肃兰州市城关区虚拟养老院的做法，建设城市居家养老信息服务平台，组织企事业单位加盟，对老年人提供专业化的居家养老服务。包括：对居家的困难老人提供政府购买服务，对中高收入家庭老人提供有偿服务，组织志愿者参与，为老年人提供爱心服务，并负责指导、监督、协调社区（村）、企业居家养老服务工作；二是建立城市社区或区域性集居家养老与老年人文化娱乐活动于一体的服务站，为城市老年人提供日间照料、短期护理、休闲娱乐、学习教育、体育健身、配送餐等服务；三是依托乡镇福利院，整合资源，建立农村居家养老服务站，对农村老年人提供相对专业的居家养老服务和短期生活照料；四是在农村的村建设150平米左右的为老服务中心，发展村级老年人协会，组织老年人实行自我服务、自我教育、自我管理，开展文化娱乐活动，丰富精神生活。有条件的可适当扩大规模，就近为老年人特别是空巢老人提供日间生活照料等服务。

3. 支持民间资本发展3种形式的社会养老服务组织。一是采取政府补贴的办法，支持社会力量兴办老年公寓，为中高收入家庭的健康老人提供代养服务；二是支持社会力量兴办爱心护理院，为中高收入家庭的失能、半失能老人提供长期护理服务；三是采取政策优惠措施，支持和鼓励社会力量兴办居家养老服务组织，利用互联网、物联网等现代科技，为老年人提供远程健康护理、心理咨询等多形式、多功能的居家养老服务。

（三）确定总体目标。按照上述架构，到2020年或更长一段时间，要初步形成以政府投入为重点的市县、乡（镇、街）、社区（村）三级普惠制与专业化相结合、机构养老与居家养老相结合、生活服务与精神关爱相结合的保障困难老人、服务中高收入家庭老人的基本养老服务体系；形成以社会资本投入为重点的适应中高收入家庭老人的日常代养与长期专业护理相结合、现代科技远程护理与家政服务相结合的社会养老服务体系。实现上述目标，全省需建设形成机构养老床位40万张以上，占老年人总数的4%，初步达到一般国家养老服务通行的水平。

三、建立城乡社会养老服务体系的对策

（一）统筹规划、分步实施。建立健全新型养老服务体系是一项长期的任务。各级人民政府要根据人口老龄化的形势，研究制定社会养老服务体系建设整体规划，明确建设目标、主要任务、重点项目、保障措施。在此基础上，分级负责，分步骤逐步实施，避免盲目建设、重复建设，造成浪费。

（二）政府主导、多方参与。强化政府在制度设计、建设规划、资金筹集、服务监管等方面的职能，维护基本养老服务的公益性；加大政策扶持力度，开放养老服务市场，鼓励社会力量参与养老服务业发展，促进养老服务有序竞争机制的形成；采取公建民营、民办公助等多种模式，借助专业化社会组织的力量，参与养老服务管理，提升养老服务质量和效率。

（三）因地制宜、先急后缓。根据区域老年人口数量和养老服务发展水平，充分整合现有资源，统筹安排建设项目；以长期照料、护理康复和社区居家养老、日间照料为主要形式，分类完善不同养老服务设施的功能；优先抓好孤老优抚对象、城市“三无”老人、农村五保老人供养机构建设，重点抓好居家养老服务平台和社区、村级基层为老服务设施建设，以满足更多社会老人对养老服务的多种需求；逐步加强老年专业养护机构建设，统筹解决中低收入失能、半失能老年人的照料护理问题。

广东人口老龄化发展态势与战略研究报告（摘要）

广东省老龄工作委员会

一、我省人口老龄化现状

我省人口老龄化形势十分严峻。我省是全国第一人口大省，也是老年人口大省。至2011年底，我省户籍老年人口已达1103万，约占总户籍人口的13%。预计到2015年末，60岁以上户籍老年人口将达到1288万，约占总户籍人口的14.6%。我省老龄问题存在着其特殊性。一是高龄化趋势加快。由于生活水平的提高和医疗条件的改善，2011年底80岁以上高龄老人已超过166万，预计到2015年底，高龄老人或超过200万，约占老年人口数的16%，比全国高龄老人平均比例高出5－6个百分点，增速超过人口老龄化的速度。二是空巢化加快。到2010年底，全省城乡空巢家庭已经超过51%，未来几年，空巢化趋势将进一步凸显，特别是随着农村剩余劳动力的输出，农村家庭空巢化趋势将越来越突出。三是区域不平衡。发达地区的老龄化程度低于欠发达地区。按照“六普”公布的数据，65岁以上人口达到7%以上的地市全部分布在粤东西北，珠三角9市除肇庆外全部在7%以下。欠发达地区未富先老，珠三角发达地区如果按常住人口统计，还没有进入老龄化。四是城乡倒置。农村人口老龄化程度明显高于城市。农村劳动适龄人口大量进入城市务工，加剧了农村的老龄化程度。今后随着城市化进程加快，年轻劳动力向城市转移，这一差距还会进一步扩大。

二、广东人口老龄化发展态势（2011－2050年）

当前广东正处于人口转变期，人口红利效应较明显，但未来四十年随着人口转变的完成，人口红利将发生相应变动，其中人口老龄化的发展态势将直接影响人口红利的变动，对经济社会发展产生深远的影响。下面通过分析未来四十年老年人口规模、老年人口比重、老少比、老年抚养系数和社会抚养系数等相关指标数据，对广东人口老龄化发展态势做出基本判断。

（一）老年人口规模持续增长，增长率经历两次较明显的波动

根据现有的数据预测，广东省未来四十年老年人口规模将持续增长。到2050年65岁及以上户籍人口将达2258.01万人，四十年间老年人口净增1491.36万人，年均增长率为2.81%；按60岁算，到2050年60岁及以上户籍人口为2759.97万人，四十年间净增1677.28万人，年均增速为2.43%。由于常住老年人口中绝大部分是户籍人口，因此广东常住老年人口的发展趋势与户籍老年人口发展趋势一致。

虽然老年人口规模的总体趋势是持续增长，但就增长率来看，未来四十年广东老年人口规模的增长速度将经历两次较明显的波动。以65岁及以上老年人口情况为例，两次变动分别是：以2026年为界，常住老年人口增长率由0.06%激增至4.40%，户籍老年人口增长率由0.09%激增至4.45%；以2047年为界，常住老年人口增长率由3.19%下降至0.78%，户籍老年人口增长率由3.20%下降至0.79%，继而均出现人口规模的负增长。60岁及以上老年人口变动情况也类似：以2021年为界，常住老年人口增长率由0.34%激增至3.97%，户籍老年人口增长率同样由0.37%激增至4.04%；以2042年为界，常住老年人口增长率由3.22%下降至1.16%，户籍老年人口增长率由3.24%下降至1.17%，继而均出现人口的负增长。

（二）老年人口比重持续上升，将远超国际老年型社会标准

近五年来我省老年人口比重不断升高，2009年65岁及以上人口占总人口的比重为8%，已经超出老年型人口社会的国际标准（7%）一个百分点，且60岁及以上人口比重也早已超过老年型社会国际标准（10%）。根据预测数据，户籍65岁及以上人口比重至2048年达到峰值为23.84%，超出国际标准2倍多，随后老年人口比重有小幅度下降。60岁及以上户籍人口比重在已经超出国际10%的标准情况下，继续上升，到2050年该比重将达28.73%，超出国际标准近2倍。

（三）老少比持续增加，期间将经历三个变动周期

广东近五年来老少比均大于30%，已超出国际老年型社会中老少比30%的标准。我们预测，未来四十年广东将继续这种状况，老少比持续超出30%的标准，且超出的程度越来越大。以常住人口为例，2011年广东65岁及以上与14岁及以下人口的老少比达45.54%，60岁及以上与14岁及以下人口的老少比为64.44%，远远超出国际老年型社会标准；2050年65岁及以上和60岁及以上的两个老少比将分别高达137.44%和168.02%，持续超出国际标准数倍。

未来四十年广东老少比情况将经历三个变动周期。以65岁及以上老少比为例：一是平稳增长期（2011年至2025年），2011年老少比为45.54%，2025年老少比平稳增长为60.29%，超出国际标准一倍，15年间老少比增加了14.75个百分点；二是快速增长期（2026年至2045年），2026年老少比开始快速增加，20年间老少比由2026年的60.69%增加为2045年的131.69%，增长了71%；三是增速放缓且缓慢下降期（2046年之后），2046年后老少比的增速明显放缓，并在2048年达到峰值后开始开始缓慢

下降，至2050年下降至2046年水平。这主要是由于老年人口规模也处于缓慢下降的态势。60岁及以上老少比变动情况类似，只是相对于65岁及以上老少比而言，平稳增长期缩短了五年左右，快速增长期则提前至2022年，相应的增速放缓期也提前至2042年。

（四）老年抚养系数持续升高，老年负担越来越重

广东老年抚养系数近五年来保持在10以上，且呈逐年上涨趋势，从当前情况来看，广东还处于人口转变对经济增长的人口红利阶段。但随着人口转变的完成，老年抚养系数持续升高，广东老年负担将越来越重。据我们预测，以常住人口为例，按照65岁及以上为老年人口，2011年至2026年广东老年抚养系数缓慢提高，由2011年的10.7%增加为2025年的14.1%，15年间上升了3.4个百分点；2026年至2045年老年抚养系数呈快速上升态势，由2026年的14.1%增加为2045年的34.7%，近20年时间老年抚养系数翻了一番；2046年以后老年抚养系数依然保持在较高水平，不过稍有下降。按照60岁及以上为老年人口，2011年至2021年广东老年抚养系数缓慢提高，2022年至2042年呈快速上升态势，2042年以后开始逐渐回落。户籍人口的老年抚养系数比常住老年抚养系数水平要稍高一些，变动趋势则与常住人口一致。

从未来四十年的变动趋势可以看出，随着老年人口和老年人口比重的不断上升，广东老年抚养系数也持续提高，100个劳动年龄人口要负担的老年人口将越来越多。到2047年左右达到峰值，预计100个劳动年龄人口需要负担的65岁及以上老年人口数约为40人左右，60岁及以上老年人口则约为52人。与目前的现状相比，足足增长了三倍，广东该如何应对如此沉重的老年负担，将是一个重大的研究课题。

（五）社会抚养系数持续上升，社会负担越来越沉重

社会抚养系数是老年人口与儿童人口之和与劳动年龄人口的比值，即100个劳动年龄人口需要负担的老年人口和儿童人口总数，反映的是整个社会的负担情况。广东近五年来社会抚养系数是呈下降趋势的，这主要是由于出生人口的减少和流动人口规模较大，可以说当前广东人口红利效应还较为明显。但是今后四十年随着人口转变的完成以及人口迁移流动的减少，广东社会抚养系数将持续上升，社会负担将越来越沉重。据预测，以常住人口为例，按65岁及以上为老年人口，2011年社会抚养系数为34.20%，2050年社会抚养系数增加为67.22%；按60岁及以上为老年人口，2011年社会抚养系数为40.44%，2050年该系数增加为83.07%。可见，四十年间社会抚养系数将翻一番。

三、广东人口老龄化发展规律及应对策略

通过对现有的相关指标数据分析，可以发现广东未来四十年人口老龄化趋势将更加明显，十余年后将迈入老年型社会，而当前存在的人口红利效应也会逐步被消减。同时，若把未来四十年广东省常住人口的老年人口比重、老少比、老年抚养系数和社会抚养系数以及劳动年龄人口规模变动曲线绘制在同一张图上，根据各条曲线变动的情况，若以65岁及以上作为老年人口的标准，广东人口老龄化发展规律未来四十年可划分为三个阶段：第一阶段是2011年至2025年，是人口老龄化的缓慢变动期；第二阶段是2026年至2045年，是人口老龄化的快速变动期；第三阶段是2046年至2050年，是人口老龄化的减速期。若以60岁及以上作为老年人口的标准，广东未来四十年也可划分同样三个阶段，只是相应年份有所提前。其中，人口老龄化的缓慢变动期为2011年至2021年，快速变动期为2022年至2042年，减速期为2043年至2050年。

（一）第一阶段特征及应对策略（2011－2025年或2011－2021年）

1. 阶段特征：人口老龄化进入缓慢上升期

第一阶段的10多年间，广东老年人口比重曲线、老年抚养系数曲线、社会抚养系数曲线以及劳动人口规模曲线均呈水平线态势，曲线斜率极小；老少比曲线虽然有明显的上升态势，但曲线斜率在15度以内。因此，这一阶段人口老龄化的变动特征可以用缓慢变动来概括，变动的方向是向上发展的，即各项指标系数或人口规模均呈上升或增长态势。

结合人口老龄化各项指标的年均增长率来看，这一阶段的特征具体表现为：一是劳动年龄人口规模缓慢增长。15－64岁年龄组人口规模在2025年逼近峰值，年均增长率为0.16%。15－59岁年龄组人口峰值提前至2021年，年均增长率为为0.13%。二是老年人口规模、老年人口比重、老少比持续上升。65岁及以上老年人口规模、比重和老少比的年均增长率分别为2.16%、1.82%和2.02%；60岁及以上老年人口规模、比重和老少比的年均增长率则分别为1.97%、1.59%和1.74%。三是老年抚养系数和社会抚养系数平稳变动，期间偶有微降。65岁及以上老年人口标准下的两系数年均增长率分别为1.99%和0.66%；60岁及以上老年人口标准下两系数的年

均增长率分别为1.83%和0.81%。

2. 应对策略：加大老龄事业财政投入，建立健全基本公共服务体系和老龄工作机构，不断满足老年人日益增长的物质和精神文化需求

处于缓慢上升期的人口老龄化意味着人口红利在这一阶段还将持续存在，劳动力资源所要承担的社会负担相对而言并不太大，在这一背景下，应对人口老龄化的重点应该是加大财政投入，尽快建立健全全省基本公共服务体系，在广东“人口机会窗口”尚未关闭的契机之下，以养老保障制度和养老服务体系为抓手，在2025年之前建立起覆盖城乡的基本养老保障制度和基本养老服务体系。

在基本养老保障制度方面，要加快建立完善以社会保险、社会救助、社会福利为基础，以基本养老、基本医疗、基本住房、最低生活保障为重点，以慈善事业、商业养老保险为补充的养老保障体系。要于2015年前，基本实现：一要建立城乡一体化的养老保障制度。二要完善多层次的医疗保障制度。三要建立完善老年人基本住房保障制度。四要完善老年人社会福利和救助制度。到2017年，进一步提高保障水平，并逐步缩小人群、城乡与地区差别，逐步提高均等化程度。到2020年，建立适合广东省情、覆盖城乡全体居民、在全国处于高水平的、具有相当高的均等化程度的支付能力保险程度高的社会保障体系。

在基本养老服务体系建设方面，要通过加快推进养老服务的社会化、专业化、标准化建设，形成以居家养老为基础、社区服务为依托、机构养老为支撑、覆盖城乡的养老服务网络，推动养老服务体系投资主体多元化、服务层次多样化、服务提供社会化、服务队伍专业化，实现人人都能享有基本养老服务的目标。这里要特别强调的是，必须重点发展居家养老服务。在独生子女家庭逐年增加，家庭养老功能大大弱化、机构养老难以成为主流、老人依赖家庭养老的愿望在现实中越来越难实现的情况下，加快发展居家养老服务体系显得越来越迫切。居家养老既不同于机构养老，也有别于家庭养老。居家养老的老年人是住在自己家里，养老资源的供给主体都主要来自社会和社区，如日间照料、生活护理、医疗保健、家政服务、精神慰藉等。

在发展老年文化事业方面，建立设施完备功能齐全的老年活动中心，发展老年文化事业，积极开展群众性的老年文体活动，丰富老年人的精神文化生活。必须看到我们对老年文体方面的投入还是远远不够的，老年人参与文体活动的积极性很高，但活动设施和经费保障受到很大制约。

在老龄工作组织机构建设方面，在“大部制”改革中，进一步健全和完善各级老龄工作机构，健全老龄工作机制，以适应日益繁重的老龄工作需要。我省的老龄机构设置与兄弟省市相比本来就存在很大差距，机构规格低、人员编制少，难以承担日益繁重的老龄工作任务。但一些地方在大部制改革试点中，把作为老龄委议事协调机构的老龄办与民政局的一些科室合并在一起，只挂一个牌子、指定一名专人负责，这样难以承担老龄委日常办事机构的职能。在下一步大部制改革当中，需要注意解决这一问题。

（二）第二阶段特征及应对策略（2026—2045年或2022—2042年）

1. 阶段特征：人口老龄化进入快速上升期

第二阶段的20年间，广东老年人口比重曲线、老年抚养系数曲线、社会抚养系数曲线均呈15度以上斜率随时间向上变动；老少比曲线则呈斜率为45度的对角线随时间向上变动；劳动年龄人口呈对角线向下变动，变动趋势十分明显。因此，这一阶段人口老龄化的变动特征可以用快速变动来概括，变动的方向除劳动年龄人口逐年下降之外，其他各项指标系数均呈快速上升态势。

这一阶段的特征具体表现为：一是劳动年龄人口规模急速减少。2026年15—64岁年龄组人口规模达到峰值，其后的20多年间劳动年龄人口规模不断减少，年均减少0.98%；而15—59岁年龄组人口规模在2021年达到峰值后急速下降，年均减少1.10%。二是老年人口规模、老年人口比重持续增加，老少比急速上升。65岁及以上老年人口规模、比重和老少比的年均增长率分别为3.83%、3.99%和4.16%，年均增长率均高于第一阶段；60岁及以上老年人口规模、比重和老少比的年均增长率分别为3.62%、3.66%和4.02%。三是老年抚养系数和社会抚养系数有较大幅度上升，社会负担和老年负担越来越沉重。65岁及以上老年人口标准下的社会抚养系数和老年抚养系数年均增长率分别比第一阶段提高了1.97和2.87个百分点；60岁及以上老年人口标准下的两系数年均增长率则分别提高了2.15和3.1个百分点。

2. 应对策略：着力提高老年人口全方位福利，适度延迟退休年龄；适度放宽计划生育政策

处于快速上升的人口老龄化不仅仅是广东特有的现象，也是中国老龄化的必然趋势。回良玉在国家应对人口老龄化战略研究部署会议上就指出，“新中国成立后，我国曾出现的三次生育高峰，随着这些人口陆续进入老年，随着我国人口平均寿命的延长，老年

人口将呈现惯性快速增长的局面。”

在这种人口快速老龄化与经济转轨和社会转型相叠加，与利益格局深刻调整和思想观念深刻变化相伴随的时期，广东应对人口老龄化的策略应该是着力提高老年人口的全方位福利，包括精神追求、文化追求、生活自主权等等。在提高老年人口福利的同时，还需要适度延迟退休年龄。退休年龄的延迟不仅仅能够减轻由于劳动年龄人口急速减少而带来的沉重社会负担，舒缓劳动力数量可能不足的压力，同时也是人口老龄化社会发展的必然途径。至于何时何度实施延迟退休年龄，需立项专门研究，这一问题目前争议也比较大。延长退休年龄与就业问题息息相关，这个问题非常复杂。退休政策调整的时间表的拟定是越早越主动。需要根据我国宏观经济形势和未来人口结构发展趋势寻找最佳改革切入点。预计真正延长退休年龄的实施时间还要等十年以后。

由于第三阶段劳动年龄人口规模急速减少，人口老龄化快速上升，为调整优化人口结构、减低社会成本、保持健康社会生态，应适时全面调整计划生育政策——建议“每对夫妻生育两个小孩”。考虑人口效应的滞后性，全面调整计划生育政策——“每对夫妻生育两个小孩”的时间宜在“十三五发展规划”期间（2016至2020年），之前可在“十二五发展规划”期间（2011至2015年）实行夫妻单方为独生子女可生两胎的“单独”生育政策。现在调整计划生育政策是时候了。如果现在不着手调整计划生育政策，将来对经济社会发展、对家庭代际和谐都将产生重要影响。

（三）第三阶段特征及应对策略（2043或2046—2050年及未来更长一段时期）

1. 阶段特征：人口老龄化进入减速增长期

第三阶段广东老年人口比重曲线、老年抚养系数曲线、社会抚养系数曲线、老少比曲线均恢复到水平线发展态势，曲线斜率均较小，期间各系数有轻微下降趋势；劳动年龄人口则继续呈下降态势。因此，这一阶段人口老龄化的变动特征可以用减速增长来概括，各项指标的变动方向由缓慢上升转变为缓慢下降。

这一阶段的特征具体为：一是劳动年龄人口规模持续减少，但下降速度有所缓和。15－64岁人口年均负增长为1.09%，15－59岁人口年均负增长0.65%。二是老年人口规模、老年人口比重、老少比呈持续上升趋势，但增长速度急速下降。65岁及以上老年人口规模、比重和老少比年均增长率分别下降至0.48%、1.02%和0.33%，年均增长率均低于第一阶段；60岁及以上老年人口对应的三个系数均为负增长。三是老年抚养系数和社会抚养系数增速下降。65岁及以上老年人口标准下的两系数年均增长率分别下降至1.59%和1.45%；60岁及以上老年人口标准下的两系数年均增长率分别下降至0.14%和0.4%。

2. 应对策略：构建“正常化”社会，推行以预防为主的老年福利政策

处于减速增长的人口老龄化阶段是人口老龄化快速上升的惯性效应逐渐消减后的人口发展阶段，经过20年老年人口全方位福利的提升，老年人口将去“弱势”标签而走向“正常化”。“正常化”理念由丹麦发明，目前已在全球普及。该理念的中心思想是改善各种条件，确保弱势群体像非弱势群体一样，享受同样的社会生活。在这一理念下的老年福利政策被称为以预防为主的老年福利政策或支持自主选择的福利政策。即老年人可以生活在自己已经习惯的生活环境中，拥有同样的生活方式；可以完全发挥自己的作用，独立的生活；有权就与自己生活和居住有关的问题做出决定。这一阶段政府需要建设更多老年人设施如老人护理中心、看护型住宅、老年人住宅等，同时设立家庭护理系统，随时为老年人提供护理和关怀，确保老年人能够保持很高的健康水平。

云南人口老龄化发展趋势对策研究（摘要）

云南省老龄工作委员会办公室　省统计局

云南省的人口老龄化进程反映了人口再生产规律，并带有由政府实施人口计划生育政策所引发的特定问题与性质，在云南的特定条件下，人口老龄化演进的态势、引致的原因及产生的后果具有自身的特殊性，提示我们应及时、积极地采取不同的策略和政策加以应对。

一、云南省人口老龄化发展趋势

（一）人口老龄化进程相对滞后于全国平均水平，但来势急骤。云南省第六次全国人口普查（简称“六普”）数据显示，2010年云南60岁及以上老龄人口为508.7万人，占总人口的比重达11.07%（该指标超10%即为老龄化）。与2000年“五普”数据比较，云南60岁及以上老年人数净增加120余万，老龄人口比重上升了1.9个百分点，云南省于2005年进入老龄化社会，在时点上横向观察，云南比全国的人口老龄化进程晚6年左右，程度相对较轻，但与本省总人口增长态势比较，“五普”至“六普”10年间，云南总人口年均增长率为0.7%，同期云南老龄人口年均增长率达3.1%，表明云南老龄化来势急骤，老龄人口的比重和绝对量都呈快速增长的趋势。数据表明，云南人口老龄化已先于工业化、城镇化来临，“未富先老”已成为不争的现实。

（二）人口老龄化进程存在显著的区域和城乡差异，城镇显著快于乡村。全省16个州市的人口老龄化程度参差不齐。“六普”时老龄化系数（以65岁及以上占总人口比重超7%为标准）超过全省平均值的有玉溪、保山、楚雄、大理、昆明和丽江6个州市，最高的玉溪市达到8.78%；比较而言，老龄化系数最低的怒江州为6.09%，未进入老龄化社会。城乡比较上，从“五普”到“六普”，城镇老龄人口总数翻了一番，占比从21.32%上升至32.64%，同期乡村老龄人口总数仅增加16%，占比从78.69%下降至67.36%，表明了云南城乡人口老龄化进程的差异性与不平衡，城镇老龄化显著快于乡村。

（三）人口老龄化演进由生育率下降主导，但寿命延长的效应开始凸显。据“六普”数据，云南人口老龄化的主导因素来自生育率的持续下降，2000—2010年10年间，人口出生率从18.51‰下降到13.10‰，下降了5.41个千分点，直接减少出生人口约250万人，由此导致少年人口占总人口的比重显著降低，相当于人口年龄“金字塔”底部收缩40%；其次，老龄人口死亡率的持续下降与预期寿命的不断提高，促使老龄人口绝对数在10年间净增加92.6万人，增幅超过35%。可以预见，随着生育率下降空间的不断压缩，未来人口老龄化的主导因素必将从生育减少的“底部老龄化”向寿命延长的“顶部老龄化”转换。

（四）在现行生育政策下，未来的人口老龄化将持续加深。基于云南人口年龄结构的老龄化形态变化，可以预计，伴随经济社会发展，公共医疗服务水平的不断提高，在“稳定现行计划生育政策”的预期条件下，未来云南人口老龄化进程必将持续加深。据预测，2010—2020年间将以2.74%的年均增速增长，老龄人口规模将接近700万人，比2010年增长31.6%；2020—2030年间，将以3.92%的年均增速增长，老龄人口规模将逼近1000万人，比2020年增长47.9%；2030—2050年的20年，将以1.47%的年均增速增长，老龄人口规模将达到1300余万，比2030年的老龄人口规模增长34.1%，2030年总人口达到峰值规模，人口老龄化系数将突破20%，大致相当于目前发达国家的平均水平。同时，老龄人口的高龄化现象也将随之凸显，百岁老人数量将会呈递增态势，2050年百岁老人的规模有可能突破3000人。

二、人口老龄化对云南经济社会发展的影响

云南人口老龄化是在欠发达的经济社会背景下演化的，具有突出的“未富先老”特征，经济社会发展水平与人口老龄化发展现状和趋势不协调，化解老龄化问题的资源短缺，由此会引发对经济社会发展的多方面消极影响。

（一）人口老龄化导致社会抚养负担大幅度上升。在人口老龄化进程中老年抚养负担将不断加重，预计到本世纪中叶，老年抚养系数将达31%以上，总人口抚养系数更将接近60%，意味着平均不到两个劳动力人口就要负担一个非劳动年龄人口。

（二）人口老龄化进程加速将缩短云南“人口红利”期，减少由此带来的经济利益。一方面，劳动年龄人口比重在2010—2030年期间都将处于70%的高位，意味着云南“人口红利”还将持续二十年左右，为经济社会发展提供充裕的劳动力资源；另一方面，人口老龄化加速将缩短云南“人口红利”期，劳动力人口供给减少，抚养负担加重，社会进入人口负债期，拖累经济发展与社会进步。

（三）人口老龄化影响储蓄意向的变化。经过历年人口和相关数据定量分析研究表明：

1. 老龄人口系数和储蓄率呈正相关，说明在社会保障不健全，养老公共支出严重不足的情况下，家庭养老储蓄动机强烈，而且既使在当下的老人收入极低，养老成本急剧上升的双重困境下，仍然促使人们增加家庭储蓄以保障养老经济需求，由此引导社会的低消费率，拉动内需乏力；

2. 劳动人口系数和储蓄率也呈正相关，这是“人口红利”的额外经济收益，由于劳动力人口增加，使社会总收入增加，从而产生高储蓄效应；

3. 储蓄率对数与老龄人口比重对数和劳动年龄人口比重对数具有相关性关系，反映了储蓄率对老龄人口和劳动年龄人口的变动弹性，即老龄人口比重每

增长1个百分点，储蓄率可提高0.65个百分点，劳动年龄人口比重每增长1个百分点，人均储蓄可提高1.37个百分点。比较而言，劳动年龄人口比重的变动对储蓄和投资影响非常大，而老龄人口比重的变动对储蓄和投资的影响相对较小，云南仍然处于“第一人口红利”期。但是，随着人口老龄化程度的加深，人口转变的额外经济效益将减少。

（四）人口老龄化催生较为迫切的社会养老服务需求。伴随着“四二一”家庭结构的显性化，高龄老人、孤寡老人，空巢家庭不断增多，将出现爆发性的社会养老服务需求。2010年普查数据显示，全省独居老人、偶居老人户比例为23.16%，由此可知，“六普”时云南空巢老人约为118万人。而截至2009年底，全省共建成各类养老机构776个，其中城市国办养老机构67个，民办养老机构46个，农村敬老院663个，共拥有38668个床位，每万名空巢老人仅拥有328张床位，供需矛盾异常突出，人口老龄化对社会养老服务的需求非常强烈且急迫。

（五）人口老龄化的不断演进将凸显出对老年健康保障的强烈需求。普查数据表明，随着年岁的增长，老年人群中健康老人的比重显著下降。在当下的老年人群中，有3.6%的老年人生活完全不能自理，按此推算，全省完全需要照顾的“失能老人”总数接近20万人。另有32%的老年人需要适当帮助与护理。可以预见，随着人口老龄化向高龄化发展，失能老人和不能自理、需要帮助的老龄人口规模将不断增加，老年人的健康保障、生活照料是“刚性”需求，政府、社会和家庭都无法回避。

三、对策建议

云南是一个集“山、边、民、贫”于一体的欠发达省区，又是一个产业转型慢、传统产业分量重，市场经济发展不充分，收入水平较低，城镇化水平不高，社会事业特别是养老事业滞后的省区，必须认真思考和进行战略性选择，积极谋求化挑战为机遇的应对之策，努力消减人口老龄化的负面影响，以最大的人口红利支持经济社会的发展。基于以上现状和影响，提出以下对策和建议：

（一）解放生产力，努力实现经济社会的跨越式发展。经济发展是应对人口老龄化的物质基础。充分和有保障的现代养老体系需要以雄厚的经济基础为支撑，但经济发展的路径是可以选择的，要坚持经济发展方式的转变，将资源型主导的传统经济增长方式转移到“以人为本”的内涵式经济发展方式上，创建能够最大限度地推动和发挥人的创造价值与生产效率的经济体制，利用云南较之于全国和发达省份更长周期的人口红利，使其充分转化为经济效率，在人的创造价值实现过程中提高国民收入、积累养老资源、改善社会养老条件，这一路径具有推动经济发展方式转变和积极应对和化解人口老龄化问题的“一石二鸟”效应。

（二）依据云南特点，积极应对人口老龄化，加快发展老龄事业和老龄产业。提高对发展老龄事业、产业的重要性和紧迫性的认识，根据《中华人民共和国老年人权益保障法》、《中华人民共和国国民经济和社会发展第十二个五年规划纲要》、《中共中央国务院关于加强老龄工作的决定》（中发〔2000〕13号）、《中国老龄事业发展“十二五”规划》等法律法规，充分利用云南得天独厚的气候优势和区位优势，及时完善、制定适合云南老龄事业、产业发展的各项法律、法规和政策，大力促进政府主导的老龄事业和市场主导的老龄产业超前、加快、跨越发展。

（三）综合运用财政、税收等手段，加大财政投入，优化老龄事业、产业发展环境。各级财政要依据经济发展、老龄化进程，形成合理的投入机制，按一定的比例、一定的增幅保证每年对老龄事业、产业的财政投入。云南是一个县级财政较为匮乏的省份，县区支持应对人口老龄化的财政能力较差，因此需要从省级财政统筹考虑各级政府养老的公共投入，最大限度形成各级养老公共投入的均衡化体制，以平衡区域之间养老财政体系发展的不平衡问题，也由此推及应建立县域产业发展与养老事业在政策上的关联，以优惠政策吸引养老产业的引进与可持续发展。

（四）充分利用各种形式，加大宣传、教育力度，形成政府、社会、企事业和家庭共同关心、关注老龄人口的良好氛围。利用和倡导我国和云南传统养老的优秀文化、社会风尚和社区条件，建立多元化解决人口老龄化条件下的养老难题，在传承和发扬光大民族文化的目标模式中建设有特色的云南养老文化。加大户籍改革的力度，尽快实现城乡统筹政策构架下解决养老问题，出台政策加快农民市民化、非农转移家庭化的进程，减少农村实际上的养老困境和代际断裂。并由此构建城市家庭养老文化传承的新路径。

（五）适时调整人口与计划生育政策，以积极的人口对策化解深度人口老龄化进程中的社会压力与经济负担。据第六次全国人口普查数据显示，云南省人口年龄结构老龄化的主要因素是生育水平的持续下降和平均预期寿命不断提高。一方面历经30多年计划生育政策的贯彻实施，总和生育率已经下降到“更替水平”以下，少儿人口持续减少导致少年人口占总人口的比重不断降低，促使人口年龄结构底部明显收缩；另一方面，得益于人民生活水平和医疗卫生保健事业的不断发展，城乡养老保障体系的逐步完善，老年人口死亡率大幅度下降，人口预期寿命不断延长，老年人口绝对数增加，人口年龄金字塔呈现中间突出的缩减型特征。依据云南人口发展的客观情况和现实，完善、创新人口政策。

1. 深刻、清醒认识生育率的持续下降和人口老龄化对社会经济的负面影响。一个421家庭，最大一代步入退休年龄时，家庭的劳动人口短时间内减少4/7，家庭收入受到影响；人口的老龄化，也意味着一个民族和国家创新能力和消费能力的降低，人口作为生产者是相对的，而作为消费者是绝对的，年轻人口减少的过程，也是经济社会养老压力日渐沉重的过程，而且低生育率、老龄化会形成不良循环。现代社会环境下，年轻人学习、就业、生活压力加大，生育率必然持续走低，将导致低生育率和老龄化进程的不断加快、加深。如果这个不良循环无法停止，将影响到人口和国家安全。

2. 适当、区别化放宽计划生育政策。特别是独生子女政策，阻止“二代独生子女”家庭的代际传递，从家庭代际关系上化解人口老龄化长期影响的人口学根源。夫妻双方是独生子女的可生2孩、政策允许可生2孩的夫妻缩短生育间隔期等。

3. 取消架构二元社会结构的户籍制度，从根本上解决非农转移中人口结构与家庭关系的非均衡性，以“城乡一体化”的统筹发展思路来积极应对人口老龄化问题。

（六）以健康老龄化为中心构建全民敬老爱老社会服务机制，广泛动员和吸纳社会中介组织、志愿者与社会资源参与。从健康养老的经济保障、安居与社区服务、心理咨询与调适、医疗卫生与护理、亲情照料与志愿者协助等等方面构建起由全社会各领域、各系统的健康老龄化创新机制，并建议由各级政府的老龄委予以统筹计划与协调。

贵州省养老服务机构发展现状及对策建议

贵州省老龄工作委员会办公室　唐映祥

贵州省2003年进入老龄化社会，据贵州省2010年第六次人口普查统计，全省65岁以上老年人口297.72万人，占常住口数的8.57%。随着人口老龄化的发展，人口“四二一”家庭增多，家庭空巢化加剧，家庭养老的实际能力逐年下降，老年人的生活照料、疾病护理、心理慰藉等事务向社会转移，养老服务业需求增加，对发展养老服务业提出新的要求。

一、贵州省人口老龄化的特征和养老服务业面临的挑战

按照国际通行标准，总人口中60岁以上人口比例超过10%或65岁以上人口超过7%，即标志已进入老龄化社会。贵州省已进入老龄化快速发展阶段，呈现以下特点。

一是老年人口规模大，增长快。2000年第五次人口普查贵州省65岁以上的老年人210.3万人。占常住口数的5.97%，2010年达到297.72万人，比2000年增加87.42万人，占常住人口数的8.57%，十年上升2.6个百分点。人口老龄化的快速发展，老年人看病难、照料难、抚养难等问题进一步突出。

二是高龄老人比例高。2000年贵州省80岁以上的高龄老年人27.30万，占老年人总数的8.25%；2010年，80岁以上的高龄老年人45万人，增加17.7万人，占60岁以上老年人口总数的8.4%，4年提高0.15个百分点。随着人口平均寿命的提高，预计2015年全省80岁以上的高龄老人占老龄人口的比例将超过10%。老龄人口的高龄化意味着失能、残疾、带病老年人口越来越多，给老年人社会管理和服务保障带来新挑战，进一步加剧贵州省老龄问题的严峻性。

三是老龄化超前于经济发展水平。发达国家老龄化一般都出现于经济发展较高水平的阶段，我国大多数省区进入老龄化，人均GDP都在1500美元左右，而贵州省2003年进入老龄化人均GDP不到600美元，2010年全国人均GDP达到4390美元，而贵州省只有1820美元，相当于全国平均数的41.45%。“未富先老”特征明显，应对人口老龄化的物质基础薄弱，面临的困难多，难度大。

四是流动人口规模扩大，城乡老龄化分布倒置。

据第六次人口普查，2010年贵州省常住人口为3474.64万人，比2000年第五次人口普查减少50.12万人，比户籍人口4188.99万人少714.35万人。流动人口进出相抵，有714.35万人外出务工，外出务工人员比2000年增加483万人，比2005年增加508万人。随着贵州省工业强省和城镇化带动战略的实施，农村青壮年到城镇务工人员增多，城乡老龄化分布倒置的状况越来越严重，农村老龄化问题将更加突出。据统计，1990年贵州省城乡老龄化水平基本一致，到2000年第五次人口普查时，该省农村60岁以上老龄人口比重为9.55%，比城镇高0.17个百分点；2005年农村60岁以上老龄人口比重达到12.45%，城镇为11.69%，农村比城镇高0.76个百分点。人口老龄化的城乡不平衡、区域不平衡和经济发展不平衡相互交织，拉大了老年群体同其他社会群体之间、不同老年群体之间收入差距，建立城乡一体化的养老保障体系，让老年人平等共享改革发展成果，已成为促进社会公平正义的迫切需要。

五是家庭小型化趋势明显，"空巢"老人增加。据贵州省2010年第六次人口普查，平均每个家庭户的人口为3.24人，比2000年第五次人口普查3.74人减少0.5人。随着"四二一"人口结构增多，"三代同堂"式的传统家庭越来越少，家庭养老功能进一步弱化。2008年贵州省农村留守老人约220万，占农村老年人口的61.94%，有的城市社区空巢老人高达70%。随着第一代独生子女的父辈陆续进入老年期，一对夫妇要赡养4位老人，抚养1个孩子，无论是经济收入还是时间精力都难于对应，养老服务社会化是大势所趋。

二、贵州省养老服务机构面临的突出问题

近几年来，在各级党委政府和全社会的重视和共同努力下，贵州省养老服务机构有所发展。一是老年服务建设体系列入当地社会发展规划，2000年以来，贵州省县以上人民政府都分别制定当地老龄事业发展"十五"和"十一五"规划，并将养老服务机构建设纳入年度工作计划和民生项目落实。2003年遵义市政府提出用两年的时间实现乡乡有敬老院的目标，市县乡共筹集3000多万元资金新建敬老院103所，新增床位2500多张，到2006年全市乡镇敬老院基本实现全覆盖，2009年全市乡镇敬老院床位达4500张，占全省敬老院床位数的28%，入住3200人，占全省入住人数的30%。黔南州政府将建立养老服务机构作为2007年州政府"十件实事"，4年来全州共集资6000多万资金，按照"十个一"标准新建改建40多所乡镇敬老院。毕节地区结合农村危房改造项目，倾力打建五保户幸福家园，将农村"五保户"集中建房工作列为全区"十大民生实事"项目。2009、2010年地县乡共投入资金2.59亿元，新建和改扩建了195多个农村五保户集中供养点，床位12389张。2008年贵州省人民政府出台《关于加快发展养老服务机构的意见》政策文件中，鼓励调动社会力量发展养老服务机构。2006年至2010年，全省新建和改扩建福利院和老年公寓40个，乡镇敬老院569个。截至2010年底，全省有国办养老服务机构和乡镇敬老院等养老服务机构931个，床位25453张，比2005年增加11589张，收养老人14335人，比2005年增加5745人。民办养老机构55家，床位2800张。每千名老年人拥有床位数由2005年3张增加5张。二是城市居家养老服务试点工作稳步推进。为建立以居家养老为基础，社区服务为依托，机构养老为补充的养老服务体系。从2008年起，全省9个市州地分别开展城市社区居家养老服务试点工作。2009年10月省人民政府办公厅转发省老龄办等11个部门《关于积极推进居家养老服务工作的意见》提出到2012年全省城市社区基本建立起各种形式广泛覆盖的居家养老服务网络。到2010年底，全省有1250个城市社区开展了居家养老服务，占社区总数的76%，为社区老年人提供生活照料、家政服务、紧急救助、康复护理和精神慰藉及其他无偿低偿为老服务，享受居家养老的老年人80万人，其中由政府购买服务8199人。

贵州省养老服务业虽然取得一定的成绩，但总体还处在起步和探索阶段，与人口老龄化发展形势和老年人社会需求不相适应，与保障和改善民生、实现"老有所养"的目标和要求不相适应。养老服务业与全国平均水平相比有较大的差距。

一是养老机构数量少，床位严重不足。贵州省城乡养老服务机构严重不足。据调查统计，在现有老年人中，95%的老年人选择居家养老，5%的老年人选择机构养老。按此推算，贵州省养老机构床位数需27.5万张，而现有床位只有2.5万张，占应有数的9%，远远低于全国每千名老年人拥有16张床位的平均数。在周边省份中，2009年四川省养老床位为19.33万张、重庆6.99万张、湖南10.88万张、广西3.75万张、云南2.77万张，每千名老年人拥有床位数都高于贵州省。老年人口与贵州省相当的江西省2004年以来，以福利彩票公益金投入为主，多渠道筹集17亿元建设资金新建城乡养老机构，2009年养老机构床位达到20万张，入住老人19.57万人。近几年来，一些经济发达省区通过制定优惠政策鼓励和扶持民办养老机构发展，取得了较好效果。浙江省民办养老机构发展到610家，床位7.2万张，占总床位数的41.6%。温州、绍兴、台州等民办养老机构床位数已经超过50%。上海市2008年底社会办养老服务机构床位数占全市床位总数的52%；江苏省437家民办养老机构床位3.4万张，占床位总数的20%。贵州省现有养老服务机构以乡镇敬老院和城市福利院为主，入住对象主要是农村“五保户”和城镇“三无”，面向社会老年人服务的机构很少。民办养老机构发展滞缓，仅有床位2800多张，占床位总数的11%。

二是养老机构服务水平不高，床位入住率低。贵州省养老机构多数修建于上世纪九十年代，因陋就简而成，管理落后，基本上只是管吃管住，功能单一，入住率低，致使养老服务床位不足与床位闲置现象并存。全省817家乡镇敬老院床位18010张，收养10317人，入住率只有57.28%。比全国敬老院平均入住率83%低27.72个百分点。五保户集中供养率只有6%，比全国平均供养率31%低25个百分点。大量床位闲置造成资源浪费。黔东南州有79所乡镇敬老院，823张床，入住354人，入住率只有43%，平均每个敬老院收养4.4人。民办养老机构规模小，多数是租用当地居民普通住房进行改造，无活动场所。服务管理基本上是“集体化”与乡镇敬老院大同小异，不能适应城镇老年人养老和到贵州旅游、避暑老年人居住要求。居家养老服务虽然在政府的积极参与和大力推动下，有较快发展，但也存在发展不平衡、服务内容不多、范围不广、市场化运行不高、社区养老服务机构及设施不完善、社会服务资源整合率不高、服务队伍专业化不强、公益性岗位开发不够、不能满足广大老年人现实需求等问题。2001年—2003年各级民政部门通过实施“社区老年福利服务‘星光计划’”，修建了394个社区“星光老年之家”，由于缺少管理人员和运营经费不足等原因，多数服务设施被挤占挪用，有的由政府作国有资产收回管理，丧失为老服务功能。基层社区人少事多，经费不足，工作开展难度大。

三是农村留守老人数量大，生活照料困难。贵州贫困面大，贫困程度深，贫困人口占全国贫困人口的15.55%，农业户口的老年人占老年人总数的83%，老龄工作重点、难点和着力点都在农村。贵州省是劳务输出大省，每年外出务工的农民工进出相抵后还有700多万人，平均每户农户有一人外出务工。大量的农村劳动年龄人口涌向城市，引发农村出现老龄化、少儿化、女性化“三化”并存的局面，加快了农村老龄化步伐，加深了农村老龄化程度。省老龄办2010年对1107名农村老年人抽样调查，夫妻同住的有627人，占被调查数的56.4%；独居老年人229人，占20.69%；与子女或孙辈同住的有237人，占21.41%；与亲戚同住的有14人，占1.26%；石阡县花岩村陈上陈下两个村民组有260人，外出打工200人，在家只有60人。一些以劳务输出为主的边远贫困山区已经形成流动多—老化快—发展慢—照料难的恶性循环。大量农村留守老人有的既无经济来源，又得不到子女赡养；有的既得不到子女经济资助，又因为子女打工收入计算在家庭收入之内，享受不到低保和扶贫救助；有的本身无自理能力，还要照顾子女留下来的孙儿孙女，担负隔代抚育责任。由于子女不在身边，大多数留守老人过着“出门一孤影，进门一盏灯”的寂寞生活，生活无人问，生病无人管，说话无人听，特别是农村中的贫困老人、病残老人和高龄老人生活自理相当困难。据调查，在农村60岁以上的老年人中，身体健康和基本健康的分别为56.19%和18.12%，有四分之一老年人生活不能自理。解决农村老年人生活照料问题是各级各部门必须应对和解决的重大民生问题。

贵州省养老服务业发展滞后，原因是多方面的：一是思想认识不到位，资金投入不足。一些地方党政领导对已经到来的老龄化形势及其深刻影响估计不足，应对老龄化的紧迫感和责任感不强。养老服务机构建设停留在规划上、文件上和领导讲话上，停留在“等、靠、要”上，责任不明确、措施不具体、投入不到位、落实难度大。按照《贵州省老龄事业发展十一五规划》2010年全省国办养老机构和乡镇敬老院床位数要达到3.98万张，到2010年底，只完成25453张，占规划数的64%，还差14347张。从项目申报情况看，各地修建养老机构的积极性是高的，但资金投入不足。按现有工程造价新建一所100张床位的城镇福利院约需投资500万元，省民政厅补助150万元，地县需筹集350万元。修建一所50张床位的乡镇敬老院约需资金150万元，省民政厅补助50万元，地县需投入100万元。省地县用于修建养老机构的资金主要是各级民政部门留存的福利彩票公益金，每年投入1亿左右，远远适应不了需要。要从根本上解决投入不足问题，需要省地县各级财政加大投入。二是养老机构扶持政策落实困难。2008年贵州省人民政府就加快发展养老服务机构下发了文件，制定包括土地征用、水、电、气和税费减免等优惠政策，但在执行过程中难度较大，相关部门总是强调自身利益，难以落实。贵州省气候宜人，风光秀丽，历史文化厚重，民族风情多彩，随着交通条件的改善，到贵州咨询和要求兴办养老服务机构的民办企业较多，但多数都因土地价格昂贵和缺乏优惠政策而止步。为推动民办养老业的发展，现全国许多省区对民间资本投入养老机构都制定了床位补贴和营运补助政策。青岛市对2010年前、2011年前、2012年前建成并投入使用的民办养老服务机构市财政分别按每张床位分别给予8000元、6000元和5000元一次性建设补贴，营运补贴按入住率每张床位每月100元的标准补助。西安市2008年出台政策对民办养老机构每张床位按2000—3000元进行一次性补贴，当年就引进了25家民办机构，投资2.5亿元，新增床位6866张。这方面的政策在贵州省没有，引进资金难度大。三是养老服务责任主体不明确。按现行体制，民政部门是负责养老服务机构管理的职能部门，但民政部门所管的主要是社会福利院和乡镇敬老院，收养对象是城市“三无老人”和农村五保户，对社会化养老机构建设因涉及部门较多，从项目规划、论证、审批、土地征用、资金投入民政部门的权力非常有限。各级老龄工作委员会是同级党委政府负责老龄工作的议事协调机构，不是政府职能部门，原则上每年只召开一次会议，老龄办作为老龄委办事机构，对各职能部门没有直接管理的权利，履行综合协调、督促检查职责也很困难。要推动养老服务机构，需要建立由政府分管领导任组长，发改、财政、民政、城建、国土、环保、旅游、税务等部门为成员的协调工作领导小组和办公室，才能形成有效的养老服务机构工作协调推进机制。

三、加快贵州省社会养老服务机构建设的对策建议

党的十七届五中全会在“十二五”规划建议中明确提出“积极应对人口老龄化，注重发挥家庭和社区功能，优先发展社会养老服务，培育壮大老龄服务事业和产业”的要求。国家“十二五”规划提出“以居家为基础，社区为依托，机构为支撑的养老服务体系。加快发展社会养老服务，培育壮大老龄事业和产业，加强公益性养老服务设施建设，鼓励社会资本兴办具有护理功能的养老服务机构，每千名老人拥有养老床位达到30张。”贵州省“十二五”规划将完善城镇社区养老服务中心和服务站、农村居家养老服务中心和服务站，新建9所爱心护理院和750所农村敬老院，建设“省级示范老年公寓”纳入重大民生项目。为加快发展，贵州省养老服务十二五规划提出“十二五”期间，全省新增养老床位10万张，达到每千名老年人拥有床位20张，五保户集中供养率由7%提高到40%。从2011年起到2015年，省财政每年安排1亿元资金用于乡镇敬老院项目建设补助。目标和任务非常明确，项目非常具体，关键是抓落实。

（一）进一步提高对加快养老服务机构发展的重要意义的认识，增强工作责任感和紧迫感。十二五时期是贵州人口老龄化快速发展期，根据贵州省老龄办和省统计局联合发布的《贵州省人口老龄化进程及前瞻性报告》，预计2015年贵州省老年人口达到635万人，占总人口的15.89%，其中80岁以上人口将超过60万人。人口老龄化的快速发展给推进养老服务体系建设提出了新的更高的要求。我们一定要把思想认识统一到中央和省关于“优先发展社会养老服务”重大决策上来，充分认识这项工作的重要性、紧迫性，加强领导，明确责任，坚定信心、克服困难、真抓实干，把发展养老服务业、实现老有所养作为贯彻落实科学发展观、坚持以人为本、保障和改善民生的重要内容；作为发展社会公益事业、构建和谐社会的重要举措；作为扩大内需、增加就业岗位的重要渠道，明确发展目标，理清发展思路，强化工作措施，推动养老服务业发展。要坚持改革创新、突破体制和政策障碍、推进养老服务社会化、多元化、市场化，满足老年人多层次、多样化的服务需求，逐步建立以居家养老为基础，社区服务为依托，机构养老为补充的养老服务体系。

（二）制定有利于养老服务机构发展的政策和措施，促进养老业发展。加快养老机构建设，必须坚持以市场为导向，进一步调动社会积极参加，走投资主体多元化的路子。养老服务业作为一项投资大、收效低、投资回收期长的服务行业，政府应在建设贷款、用地、机构营运和用水、用电、用气、电话安装服务等方面实施财政补贴和税收优惠政策。建议在黔府办发［2008］29号文件的基础上，借鉴兄弟省区的有益经验，就全省养老服务业发展的相关重要问题，尤其是鼓励和扶持社会力量兴办养老服务机构问题制定一个内容全面、政策明确、措施具体、操作性强的文件，明确责任主体，加强督促检查，确保各项政策措施落到实处，推动我省养老服务业发展。

（三）加强对养老服务机构建设资金投入。老龄事业是社会公益事业，财政投入是养老服务业发展的重要保证，也是体现养老服务公益性质的标志。为推动养老服务业发展，各级政府都应加大对养老服务业的投入，确保公办养老服务建设和运营经费，将养老机构工作人员管理经费纳入财政预算；提高城市福利院“三无”人员和乡镇敬老院五保户生活标准，提升养老机构入住率。对民办养老机构要通过以奖代补方式，对建成并投入使用的按床位数给予一次性建设补贴，并按入住老人数给予运营补贴。要通过政府补贴、购买服务等方式支持公建民营、民办公助养老服务机构发展，要科学制定“十二五”养老服务体系发展规划，将公办、民办养老服务机构和居家养老服务机构建设统一规划，将养老服务建设和各项补助资金纳入财政预算，加大投入，切实做到规划到位、政策到位、资金到位，措施到位，执行到位，推动养老服务业又好又快、更好更快发展。

（四）加强养老服务队伍建设，提升服务水平。加强养老服务队伍建设，是实现社会养老公众化、规范化、专业化的重要措施。目前我省养老服务机构专业化水平低，远远不能适应老年人的服务需求。随着城市社区居家养老服务工作广泛开展，专业服务队伍和服务人员不足，不适应的矛盾越来越突出。加强养老服务队伍建设，一是要统一思想，将养老服务也作为调整经济结构、发展第三产业、扩大就业渠道的重要措施，大力开发养老服务机构和居家养老服务公益性岗位，引导和鼓励大中专毕业生、“4050”人员和零就业家庭人员、城乡低保人员及其他生活困难人员到养老机构就业再就业。二是要按照国家标准，开展养老服务管理、康复护理和家政服务等专业知识和技能培训，加强职业道德培训，鼓励扶持省内大专院校开设老年护理和老年服务相关专业，努力提高养老服务专业化水平。三是要建立养老从业人员工作机制，规范工资、福利、保险等各种待遇，促进养老服务专业队伍稳定。四是要大力宣传爱老敬老助老传统美德和养老服务光荣的理念，形成尊敬老年人和关心支持养老服务工作者的社会氛围。

四川省农村老龄化对农村经济发展的影响（有删节）

四川省老龄工作委员会办公室　聂奎

人口老龄化是我国的基本国情已成社会共识，人口老龄化形势严峻，老龄化快速发展与家庭小型化、空巢化重叠，与工业化、城镇化伴随，与经济转型、社会转轨交织，急剧增长的社会养老需求与老龄基础设施建设滞后的矛盾日益突出。2000 年，四川 65 岁以上的老年人口为 620 万人，占 7.45%；2010 年，65 岁以上的老年人口为 880 万人，增加 260 万人，占总人口比重为 10.95%。十年间，上升了 3.5 个百分点，并且四川老龄化程度比全国 8.87 还高 2.08 个百分点。“十二五”时期我国将出现第一个老年人增长高峰，60 岁以上老人将由 1.78 亿增加到 2.21 亿，老年人口比例由 13.3%增加到 16%，这将使我国社会养老和养老服务面临极大挑战。人口老龄化问题涉及政治、经济、文化和社会各个方面，是关系国计民生和国家长治久安的一个重大问题，已经成为我国改革发展中不容忽视的全局性、战略性问题。农村老龄问题，实质是民生问题，它直接影响经济发展和社会公平，同时也影响和谐稳定。将老龄工作重点放到农村，是实现社会公平和社会共享的客观要求。

省人大内务司法委员会、省老龄办、西南财经大学人口所和省社科院经济研究所的专家学者组成了课题组，对四川省农村老龄化现状及趋势进行了专题调研。课题组在广泛了解全省老龄化现状的基础上，针对四川是农业大省，农村人口基数大，问题突出的特点，着重选取了农村老龄化对农村经济的影响这一方向进行了深入的调查和研究，并在认真梳理和深入调研相关问题的基础上，提出了对策和建议。

一、四川省农村老龄化基本情况

四川辖 21 个市（州）、181 个县（市、区），其中，涉农县（市、区）有 176 个。据第六次人口普查统计，截止 2010 年底，四川省常住总人口 8076 万人，农业人口达 6000 多万人，老年人口达 1311 万人，占总人口的 16.3%，其中全省居住在农村的老年人有 878.9 万，占老年人口的 68.4%；我省农村常住人口中，65 岁及以上老年人口的比重为 11.3%；同 2000 年第五次全国人口普查相比，农村常住人口中，65 岁及以上老年人口的比重上升 3.6 个百分点，农村人口老龄化凸现。四川作为农业大省，农业人口多，大部分老年人生活在农村，加之我省是劳务输出大省，剩余劳动力大多来自农村，致使农村人口老龄化程度远比城镇高，形成显著的城乡倒置。

四川省老龄化主要有五个特点：一是绝对数量大。全省 65 岁以上老人比例位居全国第二。二是增长速度快。根据表一所示，四川从 1997 年跨入人口老龄型省份后，老年人口快速增长，由于受两次生育高峰（1950年至1955年，1970年至1975年）的影响，在2025年前后四川老年人口将占总人口的24.99%，每4个人中将有1个老年人；到2034年前后四川老年人口将占总人口的33.95%，每3个人中就有1个老年人。三是高龄化程度加重。全省80周岁及以上高龄人口为151.31万人，占60周岁及以上老年人口的11.54%，近30年总体呈逐年上升趋势，到2037年达到峰值为18.96%，超过493.44万人。四是发展不平衡。四川是一个内陆省份，以丘陵、山区为主，经济社会发展和人口密度均不平衡，导致老龄基础服务设施建设不均衡。五是未富先老。四川在1997年就跨入人口老龄型省份，但四川的经济长期处于全国的下游，人均GDP长期排在全国的第20位以后（仅2009年因灾后恢复重建使名次有所靠前）。

（一）农村老龄化发展趋势

与发达国家人口老龄化水平城镇高于农村的发展历程不同，四川农村老龄化水平超过城镇，农村老龄问题的压力更为突出，老龄问题发展趋势为：

一是农村老龄化速度加快，高龄化程度加重。四川省是劳务输出大省，随着经济社会的快速发展和城市化进程的加快，吸引了更多的农村青壮年劳动力加速向城镇集中，向二、三产业转移，在很大程度上加快了农村人口老龄化的速度。由于生活质量明显改善和医疗保障水平不断提高，人均预期寿命逐年增加，使高龄化程度逐年加重。预测表明，农村的人口老龄化不会随着城镇化水平的提高而趋于平衡，反而会随着城镇化水平的提高而逐步加重。

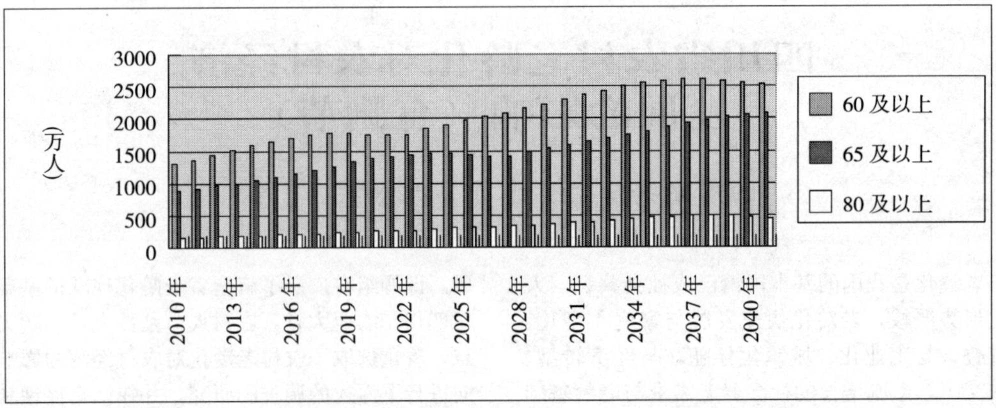

基于第六次人口普查的育龄妇女总和生育率老年人口预测趋势图

二是农村家庭养老负担加重。由于实行计划生育政策，“四二一”家庭不断增多，很多年轻夫妇将面临赡养双方父母及其祖父母、外祖父母的义务，导致年轻夫妇的经济负担过重，精神压力过大。因新农保刚起步，尚在试点阶段，绝大部分农村老年人主要靠自己务农和子女赡养。农村老年人除务农收入外，靠其他渠道增收十分有限。加之农村老年人整体生活条件较差，相当部分老年人年老体弱，生活不能自理，他们的生活依赖性强，许多老年人担心看病付不起医药费。由于农村大量青壮年的外出，致使农村60岁以上老年人不仅要务农、务工，还要担负照顾孙辈的责任，形成特殊的“空巢”老人。

三是农村养老服务设施压力增大。随着农村人口老龄化进程的不断加快，农村老年活动中心、养老机构、老年健身场馆、村级卫生站等基础设施面临严重短缺，难以满足庞大的农村老龄群体需求。近年来，我省虽然加大了农村养老服务设施建设的投入力度，但农村社会养老机构仍然没有起步，还处于空白阶段。而针对由政府供养的五保对象修建的农村敬老院，2011年底集中供养率才达到48.4%，压力仍然很大。

四是农村总抚养比和老年抚养比持续攀升。从表中可以看出，随着老年抚养比的上升，使得总抚养比同步上升。老年人口的不断增加，导致劳动年龄人口数量不断减少，最迟到2033年，人口红利就消失，比以往的预测均有所提前。而农村由于大量劳动力外出，农村空巢老人大量增加，农村劳动力资源的短缺与下降趋势严重，这更加说明应对人口老龄化的准备时间紧迫、任务繁重、压力增大，而且较大程度地延缓农村经济发展速度。

四川省 2010—2040 年总抚养比、老年抚养比（%）

年份	总抚养比	老年抚养比	年份	总抚养比	老年抚养比
2010 年	38.73	15.19	2026 年	41.51	25.22
2011 年	38.38	15.83	2027 年	41.77	25.57
2012 年	38.28	16.53	2028 年	43.73	27.43
2013 年	38.12	17.17	2029 年	45.27	28.95
2014 年	38.59	18.08	2030 年	46.79	30.46
2015 年	39.01	18.90	2031 年	48.37	32.04
2016 年	39.42	19.67	2032 年	49.49	33.17
2017 年	40.58	20.99	2033 年	51.70	35.20
2018 年	41.64	22.21	2034 年	53.59	36.88
2019 年	42.55	23.43	2035 年	56.16	39.05
2020 年	43.30	24.48	2036 年	58.82	41.16
2021 年	43.63	25.26	2037 年	61.63	43.26
2022 年	43.87	25.97	2038 年	64.50	45.27
2023 年	43.82	26.43	2039 年	67.52	47.29
2024 年	42.93	26.11	2040 年	70.33	48.97
2025 年	42.21	25.76			

（二）对农村经济发展的影响

人口老龄化、经济基础薄弱、社会负担加重、劳动力人口比例下降是未来 30 年乃至 21 世纪四川一个重要的省情。我省人口老龄化同全国一样，将伴随整个 21 世纪。人口老龄化使劳动力年龄结构、人口抚养比结构、代际利益关系发生重大变化。同时，将使有限的社会财富向老龄事业聚集，势必减少发展资金的投入，影响并可能减缓经济社会发展步伐。人口老龄化对经济社会的发展既有负面影响，也有正面影响。

1. 人口老龄化对农村经济社会发展产生的负面影响

一是人口老龄化将给养老保障带来沉重的压力。“未富先老”和养老需求猛增的矛盾越来越凸显，发展的压力与人口总量过多和人口老龄化的压力并存，传统的土地养老与家庭养老的困难同在。这些都对我们的社会保障制度带来严峻的挑战。新型农村社会养老保险，随着人口平均预期寿命的不断延长，领取养老金的年限也相应增加，加之每月 55 元的养老金水平偏低存在着调整的压力，促使养老金支付逐年加大。随着社会养老保障负担的不断加重，促使劳动力成本不断提高，降低了产品的竞争力，延缓了经济发展速度。同时，随着社会的进步和计划生育工作的推进，农村居民家庭规模普遍缩小，“四二一”家庭增多，家庭养老面临巨大压力，直接影响农民的生产性投资，从而影响农业产业发展的进程。由于农村养老保障水平较低，一方面导致农村储蓄一直处于较高水平，影响了农村消费市场的培育；另一方面减少了对下一代的教育投入，影响了人力资源的储备。

二是人口老龄化将给医疗保障体系带来巨大压力。老年人是医疗卫生资源的消费主体，60 岁以上老年人的余寿中约有三分之二时间为带病期，老年人慢性病患病率是全部人口患病率的 3.2 倍，老年人消费的卫生资源是全部人口平均消费卫生资源的 1.9 倍。老年人总量的迅速增长，对医疗资源的需求和占用越来越大，给我国医疗保障体系带来巨大压力。农村医疗设施严重匮乏，农村医疗保障长期以来处于低水平状态，加大农村医疗设施的投入，必然减少对农村生产性的投入，从而影响农村经济的发展。

三是老年人要求提供社会照料服务需求的压力日益加大。农村的人口分布与城市却有着显著的不同。目前城市人口主要以社区居住，总体人口非常聚中。农村主要以村为单位，每个村中人口居住比较分散，农村交通也不便利，所以农村老年人的生活与城市老年人生活不同。首先，在闲暇时间他们主要呆在家里照看孩子或是做些家务，很少同村里的老年人聚在一起活动、交流。年轻人大多在外打工，孙辈上学，他们更容易感到精神上的孤单。其次，由于人口分散居住，各种物品和老年服务的缺乏，使得农村老年人在物质上和精神上的需求都难以得到满足。再次，老年人身体日渐虚弱，容易发生意外，农村分散的居住和医疗设施的缺乏增加了农村老年人的生命危险系数。最后，农村养老服务体系匮乏。在农村除了由政府供养针对五保对象修建的敬老院外，没有其他的养老机构，而农村的居家养老、社区养老服务也没有得到开展，农村老年人还是实行传统的家庭养老。随着“土地养老”、家庭养老功能的逐渐弱化，农村的养老和老年人长期护理问题越来越严峻。由于农村养老机构的严重匮乏，致使家庭年轻成员要把更多的精力放在照料老人方面，影响了对农业生产的投入。

四是老龄化的不断加重导致劳动人口老化，降低农业产业的投入。农村人口的老龄化，导致劳动力内部结构人口老龄化，农村青壮年劳动力资源逐年减少，劳动力素质降低。老年人本身在体能、记忆力、接受新技术和进行生产技术革新等方面的能力减弱，创造性地进行新型农业生产的能力必然下降。据统计，目前农村大约有 75% 的土地都是老年人口在耕种，生产技术水平较低，粗放经营现象突出，土地撂荒现象日益严重，客观上阻碍了农业产业发展，减缓了新农村建设步伐。农村老年人口受教育程度比较低，小学及以下文化的占到九成以上，低素质决定了农村老年人口大部分都仅仅是体力劳动者，不能适应现代农业的需要，使他们无法增加农业产业的投入。

五是未来20年的我省农村人口老龄化的特殊问题。未来20年的农村老年人是一个极其特殊的群体，即目前50岁左右的这一群体，他们出生在20世纪50年代末60年代初新中国成立初期。中国在70年代开始实行计划生育，所以这一群体多是四、五胎以上。1964年普查的出生率为39.14%，自新中国成立至今，出生率最高的是1963年达到43.37%，总的出生人数相当多。由于五、六十年代我国经济发展水平还很低，人们生活很苦，每个家庭孩子多，根本无力让子女受到足够的教育。因此，这是一个总体文化素质较低的群体。其二，这一群体在70年代末80年代初结婚生子，受计划生育的制约，农村主要是两胎，少数只有一孩。这时国家、社会都更为重视教育，经济水平的发展促进了教育的不断发展，人们也意识到教育是改变贫困的有效途径，众多因素使这一代人在农村收入还不高的情况下要负担起子女的教育费用，他们有着美好的愿望——通过教育让子女跳出龙门。然而，80年代出生的人群在读完大学或研究生正赶上21世纪初我国就业形势严峻时期，很多从农村出来怀着无限憧憬的大学生难以找到一个收入高的工作，难以让父母过上幸福的生活。因此，这是一个为子女投入大又难以得到"回报"的群体。其三，这一群体在2020年左右进入老年阶段，到2020年，中国老年人口将达到2.48亿，老龄化水平将达到17.17%，其中，80岁及以上的将占到老年人口总数的12.37%。此时的农村人口老龄化压力更大，目前我省大部分农村地区尚未建立完善的养老保障体系。因此，我们必须在这十年里尽快建立完善农村的养老机制与服务体系。

2.人口老龄化对农村经济社会发展产生的正面影响

一是人口老龄化程度不断加重，给老龄产业的发展提供了机遇，为农村经济发展创造了新的增长点。老年人口特别是高龄老年人口的不断增加，需要接受不同形式的长期护理，为发展社会养老服务业提供了极为广阔的市场，也向社会提供了更多的就业机会。同时，老年用品特别是老年文化体育用品、保健品、老年辅助用具的需求量增大，为发展相应的产业提供了机遇。随着人民生活水平的不断提高，生活理念的改变，为发展老年旅游业提供了很大的市场。

二是由于农村劳动力匮乏，促使农村改变过去传统的生产方式，从而激励技术创新和技术进步。

三是由于农村土地撂荒现象日益严重，客观上为发展新型的、成规模的农业产业提供了条件，农村居民转变为新型的农业产业工人，从而促进农村经济的发展。

四是老年人的经验、技能等人力资本越来越受到重视。积极开发利用老年人才资源，已成为促进农业经济发展一个重要的方面。

三、政策建议

人口老龄化是经济、社会、科技发展的产物。目前世界上很多国家和地区的老龄化现象都很普遍，所以我们也不必对我省严峻的农村人口老龄化形势感到悲观。我们有很多经验可借鉴，同时也要根据我省农村人口老龄化的具体情况及时采取措施。

（一）全民参与，形成我省农村老龄事业发展的合力

我省农村老龄事业的发展，涉及政治、经济、文化和社会诸多领域，是一项复杂的社会系统工程，需要我们共同努力。在建设社会主义新农村新形势下，坚持"党政主导、社会参与、全民关怀"的老龄工作方针，大力开展由省政府命名表彰创建省级敬老模范县（市、区）活动，充分调动各地、各部门的积极性，各方形成合力，在指导思想、发展规划、制度设计、政策制定、经费投入、项目实施、机构设置、力量配备、监督评估等多个环节上实现重点倾斜，确保农村老年人养老、医疗等问题的妥善解决，在农村老年人共享经济社会发展成果的同时，促进农村经济有序发展。而建立完善农村老年人社会保障体系是农村老年事业发展的关键。在农村，要从农村老年人的需求出发，推行积极的农村老龄化战略，激发其正面效应，促进农村的和谐发展。同时，在政策上，国家给予一定的倾斜促使农民增加收入，减小未来农村老年人落入贫困的风险。

（二）加大投入，形成多元化投融资发展机制

各级政府要把老龄事业切实纳入经济和社会发展总体规划和年度计划，推动政府公共财政向基层老龄事业特别是向农村老龄事业的投入，重点解决农村高龄、空巢、留守、失能老人的养老问题，为促进农村经济发展创造良好的社会环境。一是建立稳定的老年人服务公共财政预算制度。各级财政要调整财政支出结构，在预算体制内增设老年人事业支出科目，并随

经济的增长逐年增加。二是设立为老服务项目专项资金，加大为老服务基础设施建设。三是积极机争取国家、省有关项目资金，并明确将新增财政收入的一定比例和彩票收益金的一部分收入用于各类老龄基础服务设施建设。四是政府在加大预算投入的同时，改变传统拨款方式，除政府直接办老年事业项目外，要尽可能地采取购买服务、资金补贴等杠杆方式，以引导社会资源向老龄事业的投入，争取资金效率的最大化。

（三）完善社会保障体系建设，为农村经济发展创造必要条件

首先，应尽快完善城乡养老保障体系，大力推进基本公共服务均等化，加快推进城乡居民社会养老保险，完善新型农村社会养老保险制度，探索新的养老模式，探索城乡居民养老保险与被征地农民基本生活保障等制度的有机衔接，探索城乡统一的养老保障制度。其次，要积极完善城乡医疗保障制度，逐步扩大医疗保障制度的覆盖面，将老年人健康管理纳入新型公共卫生服务体系，逐步减少农村老年人特别是困难老人重大疾病的支出比例，大力推进老年医疗康复机构建设。第三，进一步完善城乡居民最低生活保障制度、低保金标准动态调整和价格补贴机制，建立较为完善的覆盖城乡的社会救助体系，把困难老年人家庭全部纳入低保救助范围，实现应保尽保。第四，完善养老、医疗、教育、住房、灾害、司法等专项救助，资助农村低保对象、五保户、低收入家庭等特殊困难老年人参加医疗保险和新农合，全面提高医疗救助水平。第五，建立统一规范的社会救助管理体制，鼓励社会互助和帮扶。从上述几个方面，切实帮助农村居民解决长远生计，大力减轻农村老年人家庭年轻成员养老和医疗照护的负担，从而解放农村劳动力，有效促进农业生产，确保农村经济社会的发展和稳定。

（四）大力发展老龄产业，促进农村经济健康发展

按照党的十七大提出的“老有所养”的战略目标和十七届五中全会提出的“优先发展社会养老服务”的要求，坚持“政府主导、政策扶持、多方参与、统筹规划”的总体思路，进一步加大政府投入，强化政策引导，充分调动社会各方面力量，加快发展养老服务业，建立以居家为基础、社区为依托、机构为支撑，具有中国特色、符合四川实际的养老服务体系。各级政府要加大政策扶持力度，发挥政府的宏观指导作用，把老龄产业纳入经济社会发展总体规划，研究制定、落实引导和扶持老龄产业发展的土地、信贷、投资等优惠政策，积极鼓励社会资本参与老龄产业的发展；积极引导和扶持企业开发生产老年用品和服务产品，重点引导老年文化体育用品、老年康复辅具的研究开发，大力拓展适合老年人的金融、理财、保险、旅游等服务项目，为老年人提供多层次、多种类的服务产品；加快建立养老服务需求评估和补贴制度，探索建立无子女、独生子女父母和老年护理保险制度，建立健全失能老人长期照护机制；在纯家庭养老功能弱化的情况下，逐步完善城乡居家养老和社区养老服务网络，创建一批服务设施完善、信息网络健全、管理服务规范的养老服务示范社区，为农村老年人提供生活照料、文化娱乐等服务；培育和发展社会养老服务机构，建立健全促进慈善事业发展体制机制，进一步明确社会化养老机构作为城市基础设施和公益事业的一部分，其建设用地应按《中华人民共和国土地管理法》相关规定，以划拨方式供地，减免土地测量费，免征企业所得税，并在用水、电、气等方面都应落实相应的优惠政策，让投资者放心从事老年人社会公益事业；采取购买服务、资金补助、提供场所等扶持措施，引导和鼓励社会中介组织、家政服务业等社会力量参与居家养老服务，推进信息平台与居家养老服务实体的有效连接，为老年人居家养老提供及时、便捷的服务，满足不同层次老年人的养老需求；各级民政部门要创新社会组织管理，探索制定养老服务机构准入办法，对申请登记从事民营养老机构的企事业单位、社会团体和个人给予大力支持和提供方便，确保社会力量参与养老机构建设的合法性。

（五）整合资源，促进农业生产技术革新

一是针对农村老龄化日趋严重，土地撂荒现象突出的情况，各级政府应制定相应的优惠政策，鼓励机构或个人到农村创建新型的、成规模的农业产业，为农村经济发展提供一个新的增长点。二是因地制宜，调整农业生产结构，引进新的生产技术，改变过去单一的粮食生产方式，大力发展花卉、果蔬、经济林和畜牧业等产业。三是采取积极的老龄政策，建立老年人才信息网络，充分发挥利用农村老年人的经验和智慧，大力开展“银龄行动”，帮助和支持农村老年人才以多种形式展示和实现自身价值，促进农村经济的发展。

发挥著名避暑胜地优势　着力发展休闲养老产业

——关于发展我市休闲养老产业促进旅游服务业发展的调研报告

青岛市老龄工作委员会办公室

目前，我国人口老龄化进入快速发展期，全国60岁以上人口1.78亿，占13.26%，预计到本世纪中叶，我国老年人口将达4.5亿，约占总人口的1/3。不断增长的老年群体正催生养老产业快速发展，尤其针对中高端收入老年群体的消费能力和需求，以养老养生、休闲旅游、医疗保健为主的综合性养老服务市场潜力巨大。其中，异地休闲养老已在发达国家向规模化、品牌化发展。在国内，随着城镇居民富裕程度的提高和社会保障制度的完善，异地休闲养老也已成为一种时尚。海南、贵阳、昆明、成都等拥有良好气候等资源优势的城市纷纷抓住商机，发展休闲养老产业，以此带动旅游服务业等相关产业发展。

我市自然地理位置优越，四季气候宜人，旅游度假休闲资源丰富，经济社会快速发展，基础设施完备，人文环境优越，形成了独具特色的宜居优势，为发展休闲养老产业奠定了良好基础。为此，市委办公厅信息调研处会同市老龄办和市社科院，认真分析研究国内外发展休闲养老产业的经验做法，深入我市涉足该产业领域的企业进行调研，并结合实际提出初步建议。

一、我市目前休闲养老产业发展现状和制约因素

近年来，我市一些房地产企业等开始涉足休闲养老产业，目前主要有芭东集团、四季庄园、景盛源、新华锦等企业开发建设休闲养老项目，有的已开始接纳老年人入住。

（一）发展现状

一是结合房地产开发，建设休闲养老社区。青岛芭东集团2010年5月与德国IB国际联盟签约，在即墨温泉开发建设占地面积8万余平方米的“芭东和园”项目。包括：建设一座具有国际一流设施及服务水平的养老护理中心，一座养生度假酒店和一部分精品养生公寓，集养生、养老、休闲、旅游、度假等功能为一体，打造国际连锁养生养老社区。该项目今年4月开工建设，将于2012年5月正式开业。青岛鹤翔房地产开发有限公司2010年6月在即墨丰城镇开发建设青岛景盛源国际生态养老院，一期投资7000多万元建成近百套标准养老公寓，并建有大型会所、多功能厅、洗浴中心、中餐厅、西餐吧、娱乐厅、景观广场等配套设施，二期拟建设养老度假别墅、老年大学、康复中心等高端养老设施，并与日本著名养老专业机构——日本和通企划株式会社合作运营管理，引进国外先进老年人护理理念、技术和设备。新华锦集团在崂山区开发建设“爱丁堡”高档综合小区中，将一号楼建成170套老年公寓，每户建筑面积50—80平方米，楼底四层网点作为老年公寓配套设施和公共活动场所，配备银行、餐厅、诊所、游泳池、电影院、多功能厅等一系列设施，并借助经营养老产业经验丰富的日本长生集团运营管理，为老年人提供高端养老服务。

二是结合林业旅游开发，建设休闲养老庄园。青岛凯旋四季庄园位于崂山区北宅街道沟崖社区，占地3000多亩，着力打造候鸟式养老、分时度假、中医健康养生、休闲农业等高端养老旅游服务项目，让老年人在这里回归自然、拥抱自然。该公司将与日本、澳大利亚等国外优秀企业合作，规模化开发，公司化管理，产业化经营，滚动式发展。将建设道家养生四合院、“和”文化养生馆、“治未病”国医堂、农耕文化体验区等多个项目。目前正在争取林业行政部门批准以发展林业旅游项目的政策支持，并注册了“森林人家”商标品牌，计划在省内、国内发展连锁机构，将产业做大做强。

（二）制约因素

我市休闲养老产业刚刚起步，缺乏整体推进发展力度。目前现有发展休闲养老的几家企业，大多是民营房地产企业拓展产业领域，总体上存在起点低、规模小、探索性发展等特点，致使这一“朝阳”产业无法大规模快速发展起来。同时，相关部门对大力发展休闲养老产业重要意义的认识尚不足，对这一产业广阔发展前景看的不远、不深、不透，没有将它与发展旅游服务业有机结合起来深入研究谋划，在产业发展规划布局、政策扶持引导、龙头企业带动市场化运作等方面给力不足。如，工商登记注册目录中没有养老服务企业项目，民政部门只负责对福利性养老机构进行管理，这就使兴办休闲养老产业的企业处在夹缝中生存发展。

二、国内外部分城市发展休闲养老产业的主要做法

国外：德国巴登巴登市已成为德国境内养老产业项目密度最大的区域之一。该市位于德国黑森林西部，原住人口53000人，共有12座温泉。凭借得天独厚的温泉水资源和悠久的温泉泡浴历史，该市建设了不同档次的养老机构5000余家，吸引了每年来自世界30个国家和城市的12万老年人入住。德国国家对于养老产业的重视和帮扶态度，除建立健全社会保险机制外，在养老产业政策方面也给予许多优惠，如税收减免、土地优惠出让、贷款优惠、从业人员个人税优惠等。

国内：北京市2000年动工兴建的小汤山太阳城老年公寓，是北京较早的以买房为特征、长期居住型异地养老新模式。2007年，北京市民政局在昌平北七家镇兴建了“公办民营”的汇晨老年社区，以老年公寓出租为主，实行社区化、集中式异地养老模式。2008年9月，中资颐年养老产业集团在京启动“候鸟式”养老产业项目，形成以北京为中心、辐射全国16个休养胜地的候鸟式养老网络，老人可凭借“一卡通”，冬季到南方过冬，夏季到北方避暑。随着2009年“国内异地养老协作网”的组建，一些城市开始积极探索和尝试异地休闲养老的互动合作。天津市全面启动老人“候鸟式”旅游养老服务网络，将在国内外选择100家左右适合老年朋友中短期休闲旅游和居住的单位组成接待网络；海南推出专门的老年公寓，用来接待冬天来自北方的老年人；大连市推广包括机构养老、小型家庭养老院、异地互动式养老等10种养老模式；昆山、苏州、嘉兴、湖州等初步形成环上海异地养老聚集带；太仓市太星村建设了乡村“生态养老”基地；湖州市南浔镇建设了3万平方米的异地养老基地，被民政部誉为“中国第一老年城”。总体上，目前国内休闲养老产业大都采取与度假旅游、商业地产、养生休闲等融合发展的模式。

三、因地制宜统筹规划，发展特色休闲养老产业

今年7月，我市出台《关于进一步加快老龄事业发展的意见》，明确提出，我国人口老龄化加快趋势，对产业结构调整、社会养老服务、老龄产业发展等带来影响和挑战，为经济社会发展带来重大机遇。加快老龄事业发展具有迫切的客观需求，立足优越的自然气候条件、山海景观特色、休闲宜居环境和健康疗养机构等资源禀赋，我市应抓紧谋划布局，抢占发展先机，做大做强休闲养老产业，以此带动关联服务业快速发展。

（一）加强组织领导和统筹协调，促进休闲养老产业加快发展。市场化、产业化是世界各国养老机构发展的大趋势。在休闲养老产业发展中，应发挥政府在“规划引导、政策扶持、行业服务”方面的主导作用，坚持社会化、市场化、产业化、专业化原则，将养老服务业纳入现代服务业规划，在项目审批、土地使用、税收、信贷等方面适当予以政策优惠；应明确组织领导、管理服务、统筹协调的主抓部门，妥善处理社会福利性养老和市场化养老休闲产业之间的关系，充分发挥现有养老资源效益，尤其目前给予非盈利性养老机构的优惠政策向发展休闲养老产业的企业倾斜，鼓励社会各类资本（包括境外资本）投资养老服务业，形成政府引导、政策扶持、社会参与、市场推动的合力。

（二）因地制宜利用现有资源，科学规划建设休闲养老机构。胶州湾跨海大桥和隧道通车后，为发展休闲养老和旅游服务业创造了有利条件。但养老产业项目空间布局应规避工业功能区和重大基础设施建设的区域，突出与市域总体规划和土地利用总体规划相衔接、与发展现代服务业相衔接、与提升旅游景区服务相衔接、与发挥生态农业优势相衔接、与挖掘地方乡土文化相衔接。建议结合我市“十二五”服务业发展规划，沿我市滨海公路沿线，在胶南市小珠山南麓、崂山北宅一带和即墨鹤山、田横岛等地域，依据现有控规和详规因地制宜规划建设一批养老休闲机构。同时，充分发挥我市滨海一带疗养院、度假型酒店等机构资源丰富的优势，发展休闲养老产业，把养老养生与旅游度假和医疗保健有机融合，打造特色鲜明的养老养生、休闲度假、疗养医疗基地。

（三）构建完善配套的服务产业体系，延伸休闲养老产业链条。休闲养老产业不是只发展养老社区、养老公寓等房地产项目，而是一条包含吃、穿、住、用、行等的完整产业链。因此在做好科学规划的同时，还应加大配套服务产业体系的建设。如，老年养护、老年房产、老年保健、老年康体、老年文教、老年休闲、用品制售等等。可依托现有家纺、家寝具产业基础，鼓励开展面向老年人生活用品的研发和产业化生产；依托现有农产品加工基础，鼓励开展面向老年人食品（饮品）的研发和产业化生产；依托大专院校，建立集产学研于一体的养老养生人才培养基地，提高护理服务人员专业素质等等。同时，积极吸引外商和大企业投资该产业，推动休闲养老产业快速上规模、上档次。

关于加快厦门市社会养老服务体系建设的对策研究（摘要）

厦门市政协社法委课题组

目前，我市老年人口数的快速增长与家庭小型化、空巢化相重叠，急剧增长的社会养老需求与老龄事业发展滞后的矛盾日益突出，“养老难”问题作为社会广泛关注的重大民生问题，引起市委、政府的高度重视。加快建立与我市经济发展相适应的社会养老服务体系刻不容缓。为此，市政协常委会将此课题列为2011年的重点调研课题。课题组走访市老龄、民政、统计、财政、公安等相关部门，实地考察我市养老机构，深入街道、社区了解居家养老情况，召开全市六个区的老龄工作座谈会，召开专家、学者论证会，赴省外考察全国首批社会养老服务试点城市情况，广泛征求和听取各方面意见、建议，形成该调研报告，供市委、市政府决策参考。

一、厦门市社会养老服务体系建设现状

截止2010年底，我市户籍人口中60岁以上和65岁以上的老年人口为23.22万和16.17万1，分别占全市户籍人口的13%和8.8%，均超过老龄化社会的标准；其中80岁以上的高龄老人人数不断增加，“十一五”期间从2.52万增长到3.89万，占老年人口的15.8%，高于全国比例近五个百分点。另外，由于独生子女成家后大部分与老人分开居住，加上岛外的年轻人大量涌入岛内工作，造成我市空巢老人不断增加。我市城区60岁以上的空巢老人约占全部老人的46.55%，其中丧偶独居的老年人占空巢老人的33.4%；农村70岁以上空巢老人更高达73.8%2。

由于我市老年人口结构呈现基数大、高龄化和“空巢”比例大的特点，加上家庭规模变小，平均每个家庭户人口为2.42人3，家庭养老的功能弱化，因此，推广社会养老服务势在必行。社会养老服务体系是与经济社会发展水平相适应，以满足老年人养老服务需求、提升老年人生活质量为目标，为老年人提供生活照料、康复护理、精神慰藉、紧急救援和社会参与等设施、组织人才和技术要素形成的网络，以及配套的服务标准、运行机制和监管制度4。根据当前经济社会发展水平，我国的社会养老服务体系主要由居家养老、社区养老和机构养老三个有机部分组成。目前，我市养老服务体系建设现状如下：

（一）养老机构方面：2010年12月底，全市已投入使用的养老服务机构35所（不包括农村敬老院），其中公办养老机构5所，主要用于“三无”老人的供养。30所民办养老服务机构主要分布于岛内，面向社会自费老人。全市养老机构床位数5258张，其中扣除公办福利院儿童床位、残疾人康复中心床位，实际养老床位仅2021张。农村敬老院共9所195张床位，用于集中供养“五保”老人。

（二）居家养老方面：2009年根据省政府《关于推进居家养老服务工作的实施意见》，我市积极部署居家养老服务工作。自2009年9月以来，省财政和市财政分别下拨补助金各420万元，支持我市居家养老试点工作。目前，我市共有70个社区（村）开展了居家养老试点服务工作，主要对象是70周岁以上的低保老人、“三无”老人、“五保老人”、重点优抚老人和低收入家庭中不能自理或部分不能自理的老人，提供以家政和医疗服务为主的政府买单服务。2011年将新增60个社区居家养老站点建设。

2009年厦门市与其他计划单列市养老事业情况统计

养老业 \ 老年人数 \ 城市	厦门	南京	宁波	青岛
60岁以上老年户籍人口数（万）	22.9	90.26	98.8	126.7
占户籍人口数的比例	12.9%	14.33%	17.3%	14.9%
养老机构数（家）	44	172	220	131
居家养老社区（村）数（个）	70	372	574	328
居家养老市级财政投入（万）	420	561.6	1400	3600

数据来源：各地民政局网站资料

（三）社区养老服务方面：全市共建有社区老年人活动室111间、老年学校68所、社区卫生服务站

52个、老年人服务热线70部。农村社区主要采取“自我管理服务”模式。即在本社区确定服务人员，与无偿、低偿服务对象签订服务协议，由社区居委会或老年协会负责管理服务人员，跟踪监督服务质量。

二、厦门市社会养老服务体系建设存在的困难和问题

“十一五”期间，我市老龄工作和养老事业发展取得了一定的成效，居家养老试点工作的推进为我市社会养老服务体系建设奠定了一定的基础，但社会养老服务体系建设规模与我市人口老龄化的趋势和经济社会发展的速度还不相适应，存在的困难和问题具体如下：

（一）社会养老服务方面的政策法规不完善、不配套（略）

（二）组织领导机构力量薄弱，养老服务体系建设难以形成合力（略）

（三）居家养老服务体系建设缺乏整体规划布局（略）

（四）社区功能对接不畅，人财物均存在问题

1. 规划落实不到位，场所用地受限。（略）

2. 社区事务繁忙，功能对接不畅。（略）

（五）养老机构建设还不能满足多层次养老需求

1. 公办养老机构供需矛盾突出、专业人员欠缺、岛内外差距大。（略）

2. 民办养老机构缺少政府扶持，经营困难。（略）

三、加快厦门市社会养老服务体系建设的对策建议

按照国家的要求，加快构建以居家养老为基础、社区服务为依托、机构养老为补充的服务体系，我市应从经济发展水平和老龄工作实际出发，充分发挥政府主导作用，鼓励社会力量参与，采用市场化运作的方式，共同推进社会化养老服务体系的建设。

（一）落实优惠政策，完善我市养老服务法律法规体系

针对养老服务体系发展存在的政策法律不配套、不完善，市委、市政府应充分重视社会养老服务体系建设，加快制定配套的政策法规，为我市社会养老服务体系建设提供政策支持和法律保障。

1. 结合我市实际，尽快出台实施意见和配套政策。要进一步贯彻国务院《关于加快发展养老服务业意见》的规定，充分认识加快发展养老服务业的紧迫性和重要性，制定出台符合我市养老需求的实施意见或工作细则，明确我市养老服务体系发展的目标任务，制定可操作性强的优惠政策、扶持措施，加快推进社会养老服务体系建设。

2. 发挥立法优势，建立公开、平等、规范的养老服务业准入、退出、监管机制。建立健全我市养老服务法律保障体系，可以根据国家老年人权益保障法的规定，结合我市养老服务体系建设现状，加以科学整理并补充创新，制定规范我市社会化养老服务业行业准入、退出机制、监督管理机制、养老服务标准等方面的法规规章，填补现行法规上的空白，规范养老服务市场行为。

（二）加强党政主导力量，建立持续增长的财政投入机制

从各地经验看，党委、政府的强力推动和引导，始终是社会养老服务体系建设的主要动力，也是解决我市组织领导力量薄弱问题的关键。要把建立健全养老服务体系建设，作为保障和改善民生工作的重要内容，摆上市委的重要议事日程，加强领导力量，明确责任主体，充实人员配备，加大财政投入。

1. 整合资源，加大老龄工作组织领导力量。我市涉及老年人工作的部门很多，包括老干局、人力资源和社会保障、老龄办、退管办、老年协会等等，职能存在交叉，资源难以有效整合。因此，应进一步发挥党委协调统筹的作用，有效整合为老服务资源，配强配齐老龄办等有关部门的领导力量，充实市、区两级老龄工作机构的人员，形成部门联动、齐抓共管的工作新局面。

2. 明确分工，把各部门的完成量列入年终重点责任目标进行考核。社会养老服务体系建设，涉及民政、财政、规划、国土、人事等多个部门，要按照“十二五”规划确定的目标，五年内实现各区都建有一所公办养老福利中心，城乡居家养老服务网络全覆盖，各部门要在每年年初制定相关的工作计划，年底按各部门完成情况，如用地落实、资金划拨、人员配置等方面的进度情况进行考核，促进政府各部门间的密切配合，实现体系建设的整体效应和合力。

3. 加大投入，建立持续增长财政保障机制。应设立社会养老服务体系建设专项经费，纳入各级政府财政预算，形成市、区、镇（街）三位一体的财政保障机制，建立持续增长的公共财政投入机制和福利彩票公益金的投入机制，制度化、规范化运作，为我市社会养老体系建设提供资金保障。

（三）科学统筹规划，推进岛内外社会养老服务体系建设一体化

针对我市岛内外养老事业发展不平衡的问题，在“十二五”的开局之年，应加快部署规划，按照“城乡统筹，协调推进”的工作方针，推进多层次、广覆

盖的社会养老服务体系建设，满足岛内外不同年龄、不同层次、不同消费、不同服务的养老需求。

1. 立足当前，着眼长远，满足多层次养老需求

从前瞻性的角度出发，我市社会养老服务体系建设规划至少应满足以下四种层次的需求：一是救济型需求。主要对象是“五保户”、孤寡老人、低保户。这些老人要由政府买单，为他们提供集中供养。二是托老型需求。主要对象是一些有经济能力，但生活不能自理的病残老人，需要社会提供有偿或低偿的全托或半托服务。三是福利型需求。主要对象是面广量大的社会老人，他们需要享受有一定优惠的社会化服务，希望能在社区内享受到生活照料和医疗保健等服务。四市场型需求。主要面向经济条件好，需要享受高层次养老服务的老人。但就目前而言，政府应首先满足中低层次养老需求即救济型和福利型需求。同时要长远规划，预留一定空间，引导社会力量共同支持高层次的养老机构建设，例如建设旅游型的养老机构，养老休闲度假中心等。

2. 合理布局、依托基层，着重解决岛内外城乡差异问题

在城市社区，着力构建以居家养老服务为主的养老服务格局，可依托社区居委会整合社会资源，为居家养老提供必要的硬件设施和多形式的养老服务。在岛外农村，主要依托村委会和老年协会的力量，按照就近、方便的原则，发挥农村远亲近邻的力量组建服务队伍，为老年人提供养老服务。针对目前我市农村的养老服务设施相对薄弱的问题，在岛外新城建设的同时，要统筹规划，配套引进相关的机构养老项目，加大政策支持力度，逐步建成符合我市农村需求的养老模式、机制、制度和服务网络，提早部署解决农村社会养老问题，推进岛内外养老一体化建设。

3. 制定养老服务产业发展规划，培育老年消费市场。养老服务业不仅有利于改善老年人生活质量，解除在职人员后顾之忧，而且还蕴藏着巨大商机，具有产业链长、涉及面广、容纳就业人员多的特点，是第三产业中具有发展潜力的朝阳项目，符合我市经济发展方式转变和产业结构调整的方向。建议市政府加快研究养老服务业的发展战略，把该产业发展纳入社会养老服务体系的总体规划，加大政策支持力度，逐步培育老年服务产业市场。可优先发展养老护理、康复保健、社区服务、老年特殊用品和老年旅游等产业。积极开发符合老年人特点的金融、理财、保险等其他产品。鼓励和扶持企业积极研发生产满足老人各种需求、门类齐全、品种多样、经济适用的物质产品和精神产品。建议参照其他城市做法，发放一些养老服务券，促使老年人增加服务消费。

（四）健全组织机构网络，推广普惠型居家养老服务模式

针对我市居家养老工作存在的问题，建议从建立健全管理体制和运行机制入手，促进居家养老工作全面开展。

1. 建立健全组织机构网络。按照“两级政府、三级管理”的原则，明确“以块为主，实行目标管理”。将全市各级政府作为居家养老服务的责任主体，市一级制定政策和总体规划、指导监督，区一级负责本区域内养老服务组织工作，街镇负责具体实施。在市、区、街镇分别成立上下对应的“居家养老服务中心”，一级抓一级，层层抓落实。

2. 认真总结推广试点工作经验。要在前一阶段工作开展的情况上进行总结，分析研究试点工作中存在的困难和问题，特别是对工作成效较为显著的思明区居家养老“安康计划”（2007 年被评为“全国社区服务优秀项目奖”）的实施情况进行总结分析，推广其中比较成熟的，已形成规模的，适用于岛内外不同区域社区居家养老模式。

3. 加强专业化服务队伍建设。一方面通过提高服务人员待遇，积极吸纳专业人员，规范社会化用工制度。另一方面，加强服务人员的专业化培训和岗位培训，提高养老服务人员的专业素质、职业道德、服务意识和业务技术水平，造就一支专业化、规范化的养老服务人员队伍。另外，关于医疗服务脱节的问题，医疗服务是居家养老必不可少的项目，专业医护人员和医疗设施不可或缺，应考虑由市政府和市属卫生管理机构主动配合，引导社会医疗机构参与，双管齐下解决这一难题。

4. 充实社区，搭建养老服务功能对接平台。居家养老工作必须依托社区，要充实社区人、财、物配置，健全社区养老服务运行体系和工作机制。一要加强社区养老服务专职人员的配备；二要加大财政后续资金的投入力度，建议每年从地方财政收入中拨出1‰的配套资金投入各社区的居家养老服务建设。目前全市每个社区平均 6 万元的站点建设费用不尽合理，应按各社区规模和老年人的人数，按人均标准划拨财政投入资金，保证按需投入；三要把居家养老服务工作列入社区发展规划，明确安排一定数量的储备用地，尤其在旧城改造、新城建设和大型工程安置小区公建配套建设中，应将居家养老服务设施建设作为社会事业发展的重要内容，并按规划监督开发商进行配套建设。

5. 推行项目化、集约化运作机制。一是建立全

市统一的养老服务信息平台，让养老服务中介机构依托这一平台，提供包括家政、医疗、设施维修等方面的服务。例如：可以设立便民信息网、热线电话、社区服务手册等多种方式，为老人提供可选择的社会化服务，扩大社区老人服务对象和服务范围，分门别类进行收费，推行项目化、集约化运作机制，形成规模效应。二是鼓励居家养老服务机构发展连片辐射、连锁经营、统一管理的服务模式。例如可以像早餐工程一样，由竞标公司统一配送的餐饮服务，政府定价（不足部分由政府补贴）和个人买单相结合，通过政府引导，吸引专业的家政服务、餐饮服务、医疗服务等社会机构参与居家养老服务工作。既解决居家养老服务问题，又促进社会力量参与的积极性，实现低保老人和社会老人共同受益的普惠型的居家养老模式。

（五）提高服务管理水平，积极推进养老机构建设

针对我市养老机构存在的供需矛盾突出的问题，在“十二五”期间，建议政府加大养老机构建设力度，扶持民办养老机构发展，规范养老机构经营和管理。

1. 加大公办养老机构硬件投入、提高管理服务水平。加大公办养老机构建设投入，确保在“十二五”期间实现各区均建有一所公办养老机构的目标。新立项的养老院要按新型现代化的标准来提高建设管理水平：一要硬件投入要到位。要将生活区、工作区、活动区分开设计，例如规划中要有文化活动用房、医务保健用房、办公服务用房等功能划分区。二要转变经营理念，引入竞争机制，实行管理人员和工作人员的聘用制度，提高服务人员的执证上岗率和工资待遇，以促进公办养老机构有效提高管理水平和服务质量。三要丰富养老服务种类，使养老服务机构从局限于生活照料服务扩展到集生活照料、护理、精神慰藉、娱乐为一体的服务，从而满足老年人对物质生活和精神生活的需求。

2. 落实优惠政策扶持民办养老机构。政府应在财政资助、用房用地、税收和水电等方面落实优惠政策，鼓励社会力量兴办老年社会福利事业，采用民办公助、公建民营的思路建立多种层次的有偿服务的养老机构。例如采用两权分离的形式，由政府投资兴建养老机构，经营权通过招标形式或承包方式让渡给民营企业或个人承办，解决民办养老机构用地难题。

3. 规范管理，完善养老机构制度建设。一是加强社会化养老机构内部管理，明确监管职能部门，实行常态化监管。二是建立养老机构考评定级制度，对硬件设施、人员配备、服务质量等进行定期检查、评比。可以参照上海作法，对养老机构进行定星评级、分类管理，促进良性竞争，有利于不断改善养老院的环境。三是加强养老服务机构的管理保障体系。我市可以在已成立行业协会的基础上，探索制定一些行业管理的保障和规范机制。例如，通过设立养老机构和托养老人的商业保险机制，解决托管中产生的纠纷的赔偿问题。

（六）借鉴经验、宣传教育，倡导全社会尊老敬老风尚

1. 加大舆论宣传教育力度，营造社会尊老敬老氛围。一方面要宣传好党和政府给予老年人的各种优待政策，使老年人感受到党和政府的温暖；另一方面要大力宣传养老服务工作中涌现出来的先进经验和典型事迹，增强从事养老服务工作人员的社会责任感，弘扬尊老敬老、养老助残的传统美德，形成有利于养老服务工作开展的良好社会氛围。

2. 通过社会倡导，鼓励社会闲置资本发展养老事业和老年产业。一是鼓励慈善机构参与建设社区居家养老服务站或养老机构，例如新近开办的爱心护理院，就是由老年基金会投资创办的民办养老院，委托第一医院经营管理，满足了收入较高又有医护需求的老人的托养要求。二是鼓励支持下岗、失海、失地人员利用个人住房或租用小区空置房，创办小型家庭养老院、钟点托老所或日托所等。

3. 通过政府引导，创新福利分配、社工参与等相关制度建设。传承和发扬尊老、敬老的传统美德，单靠社会自发形成是不够的，要通过政府引导建立相应机制。在这方面可以借鉴引入国外先进制度。例如：新加坡大力倡导“三代同堂”，向愿意住在年迈父母附近的公房申请人优先供房，规定丧偶老人的子女必须有一个与老人同住，才能对老人留下的房屋享受遗产优待。日本和韩国也有类似的规定，我市可以参照试行，对与父母同住的子女在分配经济适用房或廉租房优先安排等。另外，还应发挥志愿者队伍参与社会养老服务的积极作用。香港在发挥义工参与社区养老服务方面经验丰富，共有200支家务助理队和隶属于各类社会服务机构的义工，加入社区安老服务队伍。我市可在这方面加以借鉴，完善机制，提高志愿者参加社会养老服务的积极性和持久性。

第七部分

国际交流报告

全国老龄办赴澳大利亚“社会为老服务工作”培训团学习考察报告

全国老龄工作委员会办公室赴澳大利亚代表团

2011年1月5日至25日，全国老龄办组织天津、内蒙、黑龙江、福建、贵州、云南、陕西、上海、广东等9省（区、市）老龄部门业务骨干共计16人，赴澳大利亚执行为期21天的“社会为老服务工作培训”任务。这是全国老龄办首次组团赴国外培训，培训团由全国老龄办人事部副主任张忆群同志带队。在合作方国际老龄联合会以及中介组织永良公司的积极协调配合下，经过全体团员的共同努力，圆满完成了培训任务，达到了预期目的。现将有关情况报告如下：

一、培训概况

（一）主要内容

出国前培训。按照有关要求，全国老龄办于2011年1月3日至5日举办出国前培训。全国老龄办副主任阎青春同志出席并做“社会为老服务工作”专题讲授。民政部国际合作司综合处处长从飞军、全国老龄办国际部主任王珣等同志到会，并就有关外事要求和纪律等进行了行前培训。

在澳期间培训。

1月6日至12日，在悉尼学习考察。听取了悉尼大学皮特教授关于澳大利亚三级政府的介绍，老年人福利体系的介绍，以及澳洲政府针对老年人提供的优惠政策和规定的介绍；考察了詹姆士·威尔森养老院，华裔相济会颐养院，新南威尔士洲和澳洲首都领地老人和社区服务行业协会，班克斯镇养老院。

1月13日至17日，在布里斯班学习考察。听取了昆士兰大学克姆·麦尔斯教授关于澳大利亚养老政策的变迁，以及几大政党对于为老服务政策的不同态度和澳洲的养老服务种类，老年人继续教育等问题的介绍。

1月18日至24日，在墨尔本学习考察。听取了国际老龄联合会凯·弗利克女士关于科学技术在为老服务中的作用的介绍；听取了维多利亚州卫生部关于老龄护理系统、社区为老服务存在的问题，以及未来面临的挑战和改革思路等方面的介绍；听取了澳大利亚年长者协会执行官和律师关于年长者协会在为老服务体系中的地位和作用，以及老年人权益保障和如何预防虐待老人等问题的介绍。考察了社区老年送餐服务和老年活动中心，考察了买斯敦地区乡镇为老服务工作和亚拉市社区老年健身中心。

总的看来，课程设置内容广泛，针对性强，时间紧凑，参观考察项目富有典型性和借鉴意义，对于提高团员的老龄业务理论水平和拓宽视野具有很大帮助。

（二）整体表现

在学习培训过程中，全体团员都非常珍惜这一宝贵机会。上课集中精力专心听讲，尊重授课老师，虚心请教，勤于思考，学人所长；讨论问题思想活跃，大胆提问，不带条条框框，勇于提出不同观点和看法，课堂气氛十分热烈；严格遵守培训班的学习制度，不迟到早退，有的团员还坚持带病上课，确保了培训计划的顺利完成。

1. 带着问题学习，态度积极认真。这次培训的对象都是各级老龄办的业务骨干，在日常工作中担负了繁重的任务，很难专门抽出时间来学习。所以，每个人都非常珍惜这次难得的机会，带着问题、带着思考参加培训，并认真做好学习笔记。虽然因条件所限，没有组织过专门的研讨，但大家能够充分利用沿途乘车的时间，自发地谈体会，谈感想，互相交流工作经验和学习心得，分享培训过程的快乐。

在遭遇布里斯班特大洪水的危机时刻，没有一个团员打退堂鼓。到达布里斯班时，已经全城戒严，昆士兰大学暂停所有教学活动，原定在昆士兰大学的培训课取消。1月17日，洪水逐渐消退，但布里斯班城里依然一片狼藉，培训团只好在城边玛亚超市里的图书馆租了一间房子，将昆士兰大学克姆·麦尔斯教授请来为大家讲课。大家听得都很认真，提问积极热烈。麦尔斯教授感动地说：“在这么困难的条件下，你们仍坚持来到这里学习，真不容易。”

2.严肃组织纪律，杜绝违纪违规。按照有关规定，在澳培训期间，全体人员的护照交由团长保管，没有出现任何问题。大家能够严格要求自己，自觉按照中纪委要求去做，没有发现独自离队现象。对法轮功的围追堵截，全体团员坚决不予理睬。在1月24日中午，结束最后一个公务活动后，永良公司安排全体团员在一个大型综合楼的二层用午餐，而一层就是一个赌场。在此用餐1小时，全体团员没有一人赌博。

在澳期间，培训团坚持定期小结。每换一个城市，都要小结一下大家的学习情况，强调纪律要求，提出希望。全体团员做到了一切行动听指挥，没有发生任何事故。

总之，通过这次培训，达到了增长见识，开阔视野，收获知识，提高能力，促进交流，加深感情的目的。可以说，全国老龄办赴国外培训第一团是成功的。

二、主要收获

澳大利亚是世界上实行社会福利制度最早的国家之一，早在1910年社会保障制度就已经开始，且种类齐全，是一个典型的福利社会。

（一）澳大利亚健全的养老体系

澳大利亚在保障老年人老有所养、老有所助方面做得比较成功，完全得益于其养老体系的健全。

1. 养老公积金制度。澳大利亚人退休后的生活费首先来自养老公积金。政府立法强制雇主为雇员拿出占工资一定比例（9%）的数额作为雇员养老公积金，雇员到退休时能得到这笔钱。公积金只随工资的变化而变化。如果换了工作，之前公积金的累计和之后公积金的存入都不受影响。另外澳大利亚公民还可以根据自己的经济状况，自愿缴纳更多的年金作为养老金的辅助部分，此为养老储蓄。

2. 退休金制度。因退休前工作不稳定或没有全职工作而无足够养老金的老年人还可以申请领取退休金。政府根据个人财产状况，决定申请人是否有资格领取退休金和领取的额度。申请退休金的人必须公开个人财产状况，符合条件的才可以领取。按规定男性需年满65岁，女性需年满60岁才能享受退休金，退休金每两周发一次。单身为每两周560澳元，夫妇为每两周950澳元。符合条件的老年人，还可以得到优惠的医疗药品和享受其他卫生保健待遇。同时，房租补贴为每两周215澳元。凡照料老年人的人，包括老年人的子女、亲属都可以获得政府津贴。退休金虽然没有养老公积金那样丰厚，但也能满足退休老人生活的基本费用。在澳大利亚，还有许多针对退休金领取者的便利和优惠。退休金领取者买药品，只需花原价的10%甚至更少。在购买普通商品和交纳各种税收方面，他们也享受或多或少的优惠。所以，澳大利亚老年人基本是由政府赡养，没有人到老年后会有生活的忧虑，子女也没有赡养老人的精神上和经济上的压力。其他的优惠还有减收交通费、地方税、电费等。澳大利亚还和美国、新西兰、加拿大等10多个国家签订了社会保障协议。

3. 医疗保险制度。医疗费用的保障对所有老人来说都是不可或缺的。澳大利亚全国实行统一的医疗保险制度，公立医院为退休金领取者提供免费医疗服务。澳大利亚建立了全民健康保险制度，并通过这一制度和各洲的卫生计划，使全体人民享有医疗服务保险，获得公立医院的免费服务。全民健康保险基金的来源，20%取自1.5%的个人所得税，其余80%来源于政府拨款。另外，私立健康保险是全民健康保险的重要补充，其保险基金来源由个人缴纳。政府制定政策鼓励并扶持私立健康保险。

4. 老年照料服务。除了给老人提供生活费和医疗费，澳大利亚的养老体系中，为需要照顾的老人提供服务也是一项重要内容。澳大利亚对老年人提供的服务有两类，一类是院所照料，另一类是社区照料。

（1）院所照料。院舍照料也即机构照顾，是为一些由于疾病失去自立能力、亲人丧亡、紧急情况等原因，在家庭中得不到帮助、生活料理困难的老年人设置的。它是由政府承认的个人或组织来提供照顾的运作模式。这些组织主要是民间组织，也有一些宗教团体。这些机构确保老人所需要的照顾，不论是日常照顾，个人救助还是医疗照顾。院所照料主要分为老年公寓和老年护理院。这些养老机构以私立非营利机构为主，另外还有州政府举办的一些老年公寓和护理院。

目前，澳大利亚全国共有约3000所养老院，提供15万张床位。养老院一般是非盈利性机构，资金来自政府。政府设有专门评估机构，申请入住的老人需要预先经过评估机构的评估，符合有关条件的才可以住进去。住进养老院的老人要交纳一定数额的押金，老人去世后这些钱将全额退还给遗属。老人所缴费用和押金的多少因人而异，以评估部门的评估作为依据。

联邦照顾联系中心CCC（Commonwealth Carelink Centre）是为有院舍照顾需求的人提供相关的信息，并由老年人照顾小组（ACAT）评估，以获知该老年人是否有资格得到院舍照顾及相应的护理等级的机构。

澳大利亚政府对养老机构的出资多少，是经老年人照顾小组（ACAT）的评估而定的。如需低级护理的老人每年政府拨付给机构14200澳元/年·人，需高级护理的老人则政府拨付给机构41500澳元/年·人。老年人个人出资部分，如无收入来源的养老金领取者，因为资产低于政府所设置的需要支付住宿费的门槛，因此他不需要支付除了日常基本护理以外的费用。但如果老年人个人的资产超过政府所设置的最低限制，他在支付日常护理费用时还要支付住宿费用。

澳大利亚政府还制定了一系列政策和措施来帮助那些住在养老院却没有支付能力的成员，条款中包括向有支付困难的人提供帮助的内容。如果没有支付能力，这些条款将允许减少甚至免除费用。同时，仍可享受和澳大利亚养老体系中其他人同样标准的照顾。这些照顾申请是向"健康和老龄化"部门提出的。

所有的养老机构必须有政府核准的执照，该执照必须每三年检查一次，符合标准的才可以继续执业。提供低级护理服务的机构和提供高级护理服务的机构分别有不同的标准。大部分机构内本身也具备了高、低两个护理级别的服务和设施。

为了保证护理工作的质量，养老院的护理人员每隔几年就要接受一次培训，进行专业知识的更新。政府对社区老年护理人员专业知识的要求分为5个等级。主要包括如何料理老年人的日常生活和针对老年人特点的医疗护理知识，以及在提供服务的同时，保护老年人的尊严、自信和隐私，尊重他们的愿望、个人的文化和宗教信仰，以保证所有受照顾的老年人能幸福地安度晚年。

(2) 社区照料。这就是澳大利亚的居家养老服务系统。它的目标是，确保所有的老年人得到他们所需要的支持与高质量的照顾。

对于一些尚有一定生活自理能力、但也需要照顾的老人，评估部门往往建议其接受社区照料服务。在家里接受社区照料服务的老人占申请照顾者的绝大部分。社区服务的资金来自各级政府、一些非政府组织、慈善机构以及其他募捐等。

在家中的老年人如果认为需要暂时护理，可以与医生或老年人护理评估小组接洽。他们可以致电给老年人护理评估小组，也可以通过地方联邦护理联系中心与他们联络。社区日常护理中心可以提供短期护理，比如半天护理。寄宿护理中心可以提供为期一到两周的暂时护理，还可以根据老人的需要提供初级的（如旅舍式服务）和高级的（护理中心服务）的护理。

社区服务的方式也是多种多样。有专人负责上门服务，每天到需要帮助的老人家里帮忙。老人临时需要帮助，只要拨打电话，就会有专门的社区工作者或志愿者上门提供帮助，其中包括医疗护理。在社区照料项目中，家庭和社区照料项目（HACC）是非常成功的。它的服务内容有：家庭护理、家庭照料、送餐、协助购买、暂休服务、交通、园艺、家庭维修、日间护理等等。HACC项目资金由联邦政府和州政府共同筹集。

在澳大利亚，共有54个联邦照顾联系中心。老年人及其家人或朋友可以就近寻求服务，也可以通过老年照顾信息热线提供的电话号码查寻，或者可以通过登录老年照顾网络联系。

澳大利亚政府还设立了可以提供援助的机构和部门，以帮助有困难的人们，为他们提供所需：

①联邦护理联系中心：为澳大利亚的老年残疾人及他们的亲属、朋友、健康顾问、医生其他需要这些信息的人提供资讯。

②联邦照顾资源中心：在每个州和地区都有一个联邦照顾资源中心，每个中心都会提供有用的信息。这些信息可能包括关于财政支持、名称及成员，包括赡养小组和当地服务提供者的详细情况。可以提供情感支持、教育和维权服务。

③联邦短期照顾服务中心：这类中心分布在整个澳大利亚，它不直接提供短期照顾服务，但是他帮助有需求的老年人了解各种不同类型的短期照顾服务，讨论哪种最适合该老年人的照顾形式。如果确实某位老人无法承担短期照顾服务费用时，则由该中心代为支付。

④维权服务：由每个州免费提供，它帮助老年人有效地争取应得的权益和提高自我决策的能力。主要是通过投诉及同机构照顾者协商来争取老年人的权利。

⑤社区访问计划：为那些孤独的居家老人提供一个定时友好的访问，友好访问者致力于为这些居家的老人创造一种更为开放的环境。如果老年人需要且愿意，老年照顾中心就会帮助联系一位社区友好访问者。

除以上机构外，还有旨在保持和提升澳大利亚居民的生活潜能的"COTA高级国防合作关系"，对老年人的投诉与服务机构负责人或员工的摩擦进行协调处理的"澳大利亚老年照顾投诉及改进计划"，安排在白天家庭照顾和老年人照顾中心的"短期照顾服务"等网络、机构。

5. 非政府组织及志愿者协会组织。非政府组织是澳大利亚老年服务和照料的主要提供者，分为盈利性组织和非盈利性组织。一般情况下，私立盈利组织主要举办高成本的护理院，而非盈利性组织，主要是宗教、慈善和社区组织举办老年公寓和部分社区服务机构。澳大利亚还有很多志愿者协会组织，这些组织负责老年人、残疾人、流浪者和穷人的各种照料服务，如提供住所、餐食、医疗保健、就业等服务。

总之，澳大利亚对老年人的赡养和照顾是多方面、多层次的。联邦政府和州政府、非政府组织机构、社区、志愿者以及家庭共同努力，使所有老年人都得到应有的照顾。

当然，澳大利亚的养老体系也存在不足之处。比如在公立医院看病、做手术等候时间过长；养老院有时没有足够的床位，入院需提前登记排队，以及养老公积金有时被挪用等等。

三、几点体会

（一）高度发达的经济是为老服务工作的坚实基础

澳大利亚所在的大洋洲是全世界最小的洲，同时也是全世界最大的岛屿，面积769.2万平方公里，人口却只有2300万，居住着英国及爱尔兰移民后裔、土著、亚洲人后裔等，是一个多民族、多肤色、多语言（官方语言为英语）的国家。国家虽小，只有6个州和2个地区，经济却非常发达，是世界上为数不多的发达国家之一。

从市政建设、城市规划和人们的生活水平等方面，都能感受到发达国家经济发展的成果和人们较高的文明素质。甚至在边远的小镇，也有那种花园一样的别墅。在国内算得上是豪宅的建筑，在澳大利亚只不过是寻常百姓的居所。人们的精神状态很放松，喜欢度假，享受阳光，到大自然中去体会快乐的生活。没有浮躁、没有嘈杂、听不到大声喧哗，让人感受到一种平和、淡定、宁静之美。尤其是人与自然和谐发展的理念，在现实生活中时时都有体现。同时，由于经济发达，也为做好为老服务工作创造了良好的条件，打下了坚实的物质基础。因此，要解决我国人口老龄化问题，必须要把经济搞上去，大力发展生产力，加快财政积累，提高人民生活水平，只有这样才能应对人口老龄化的严峻挑战。

（二）健全的养老保障体系建设非一日之功

澳大利亚政府从1910年就开始实行社会保障制度，是世界上实行社会福利制度最早的国家之一。良好的社会保障制度为包括老年人在内的丧失工作能力的人、失业者、单亲家庭、低收入家庭等提供了较好的经济支持，并为失业者提供了广泛的就业渠道（现失业率为4%），基本上没有失业者。可以说是人人有工作，个个有收入，家家有汽车。在老年人关心的退休生活费、医疗费及生活照护等方面，政府出台了许多政策规定，采取了有力措施，并取得了成功，形成了健全的养老保障体系。

在我国，机构养老仍是主流，老年公寓虽然也有，但全国仅有几家，且打着养老院的名义，并均为高档服务，中产阶级老年人一般消费不起。在偏远地区特别是贫困地区，大多数养老机构属于保障农村五保对象的敬老院和城市“三无”人员的福利院，硬件设施普遍不高，服务形式相对单一。由于资金困难，管理跟不上，服务不到位，另外缺乏统一的行业标准和行业监管机构，造成养老服务产业的产品和服务质量不高，影响到养老服务业的健康可持续发展。居家养老工作虽然也已开展，但处于试点推广阶段，还没有全面铺开，以后效果如何，也要靠实践来检验。因此，我国要建立健全有效的养老保障体系，还需要一定时间，还有很长的路要走。任重道远！

（三）刚性的法律制度是为老服务工作的有力抓手

澳大利亚老人的各种权利是受法律保护的，包括人身、财产、经济、教育、工作等等。歧视、虐待、侵犯老年人的合法权利，将受到法律的严厉惩罚。为保护老年人的合法权利，政府还专门成立了老年人权利服务中心，及时为老年人提供法律援助服务，让所有老年人都能得到法律的保护。而我国《老年法》虽然也明确了要尊重老年人、赡养老年人、维护老年人的合法权益，但在实际生活中往往没有得到很好落实，尤其是在农村不赡养老年人、虐待老年人、侵犯老年人的合法权益的情况相当普遍，需要进一步修改《老年法》的有关规定，加强执法力度和可操作性，以更好地保障老年人的合法权益。

（四）优质的养老护理员队伍是提升养老机构服务质量的保证

澳大利亚的养老机构为了保证护理工作的质量，鼓励护理人员每隔几年接受一次培训，进行专业知识的更新。他们有专门培养这方面人才的学校和专业，从业人员均已取得了相应的专业资格。而我国，据2009年统计，城市老年人失能和半失能的达14.6%，农村已经超过20%。这部分老人需要专业的护理和照顾。按照老年人与护理员比例3：1推算，全国最少需要1000万名养老护理员，但现在的情况是，全国老年福利机构的职工只有22万，其中取得养老护理职业资格的才2万多人。目前既没有这样的专业院校，也没有开展系统的专业培训，养老服务队伍整体素质不高，远远不能适应养老事业发展的客观需求。由于受传统思想的影响，人们总认为护理工作是伺候人的工作，脏、累、差，是低人一等的工作，再加上工资待遇低，无人愿意从事护理工作。因此，我国护工普遍存在年龄大、文化素质低、技能差、没有培训经验、无证上岗等问题。国家应该出台类似师范免费生一样的政策，培养专业护理人员，解决护理人员待遇低、质量差的问题。

（五）科学的养老保障制度是科学发展老年服务业的前提

澳大利亚20世纪80年代以来，经过一系列的重大改革，逐步形成了目前三大支柱式养老金体系框架。第一支柱是政府提供的基本养老金制度，资金来源于税收；第二支柱是强制性的雇主缴费的“职业养老金保障”制度，它是澳大利亚养老金体系的主体部分；第三支柱是自愿的养老储蓄。我国的养老保险、医疗保险、老年社会救助等社会保障制度已经有了长足的发展，但与澳大利亚比，其科学性、合理性还有较大差距，各省市应该加大对老龄事业科学发展的研究力度，保证社会养老保障体系和社会养老服务体系科学、协调发展。

四、建议

根据我们学习到的澳大利亚为老服务工作的经验和做法，同时结合我国实际，提出如下建议：

（一）强化各级政府的主导作用，树立社会福利向弱势群体倾斜的执政理念，履行好政策监管责任。澳大利亚联邦政府、州政府、地方政府三级政府均制定了有关老年人的福利政策。从福利机构的准入规定、养老金的领取、医疗保障等优惠政策及如何得到“老年卡”等方面都有详实的政策规定，真正感受到是政府在主导老年人的福利事业，而且困难程度越严重的老年人，越能享受到优惠的政策。

比如：廉租房建在市中心，为贫困的弱者提供最方便的服务。这种执政理念充满了人性的关怀，真正让人们体会到贫困的弱势群体住有所居、病有所医、老有所养的高福利制度带来的阳光。联想到我国的福利政策，向真正的弱者倾斜的力度还不够大，各地都有低保政策，但在享受低保人群中，老年人可以说是更为困难的群体，对于他们应有特殊的政策。而很多省份出台的高龄老年人的优待政策，只是从年龄上进行了政策的界定，并没有体现出对贫困老年人的特殊照顾，试想为一个生活富裕的老年人发放养老补贴有什么实际意义呢？而真正需要帮助的贫困老年人却没有得到足够的帮助。各级政府的责任就是要制定好为真正需要的人服务的政策，并监督好政策的落实。

（二）发挥老年人的主观能动性，让老年人自主解决问题。澳大利亚老年志愿者及老年协会组织发挥的作用很值得我们学习。他们强调的是让老年人动起来，解决自己的问题。社区中的老年志愿者为居家的老年人送餐，老年协会组织维护老年人的权益等做法很值得提倡。在我们的文化中更多地是强调了敬老而忽视了老年人的主观能动性的发挥。我们国家现有老年人1.7亿，这里蕴藏着很大的力量，组织好他们、调动好他们的积极性，相信老年人自身的力量，会加速中国老龄问题的解决。而各级老龄办在组织老年人、引导老年人发挥作用方面正可谓大有所为。

（三）集中财力，突出重点，规范老年护理业发展。澳大利亚老年护理业做得较为规范。政府有政策规定、行业有部门监管、中介组织有评估、护理机构得到实实在在的资金补贴，形成了一条龙式的服务链条。在高密度护理和低密度护理方面有严格的政策界定和标准化科学化的服务模式，有利于失能老年人问题的解决。

目前，随着我国老年人口高龄化的加剧，随之而来的是失能化的加剧。而当前我国解决失能老年人问题的护理行业尚未发展起来，更为缺乏的是集中财力，解决这个问题的理念和规范这项事业发展的国家标准还没有形成。建议将“爱心护理项目”抓出头绪，像建设“希望工程”项目一样，打造样板，带动老年护理业的发展。还可以调动各成员单位的力量，对老年人的问题进行梳理，结合实际，推动一些项目。比如，是否可以调动卫生部门的力量，对老年人的一些常见疾病的预防和治疗进行一些项目化的尝试推动等等。

（四）培养职业化专业化的干部队伍，加强老龄事业发展型人才培养。澳大利亚老龄事业的发展离不开专业化职业化的人才，其社会工作人才、老年医学方面的人才较为普及。受我国老龄工作体制的制约，老龄人才专业化职业化程度较低，这就使得我国老龄化的加剧与老龄工作人才的匮乏形成了较为突出的矛盾。老龄事业的发展需要建设一支具有热爱老龄事业高尚情怀和敬业精神，具备社会工作理论、老年学专业知识，具有调研能力、协调能力、善于抓落实能力的职业化的老龄干部队伍，同时也需要培养一批具有老年医学、心理学、护理学、社会学等方面专业知识的专业化队伍。建议学习中宣部培养“四个一批”人才的作法，加强老龄事业发展型人才的培养。要继续坚持搞好赴国外培训工作。也可以依托各级党校、行政学院，抓一些试点，探索老龄事业专业化职业化队伍培养的路子，“批量”培养专门人才，成为老龄工作的专家。

（五）推进科技助老，注重信息化建设，整合社会资源，发展老龄产业。在此次培训中，我们还了解到有关国外利用先进科技手段进行为老服务的情况。我们感到虽然科技不能替代人的作用，但是科技的确能在老年人照顾方面发展巨大作用，特别是未来中国将要进入老龄化高峰，需要照顾的老年人大量增加，劳动力又相对缺乏，单靠人来照顾老年人已经捉襟见肘。因此，必须整合社会资源，大力发展老龄产业，围绕老年人的实际需求，加强新科技在为老服务方面的应用。合理开发以老年家庭为服务对象，向老年家庭提供劳务、满足老年家庭生活需求的家庭服务业。鼓励企业研制开发老年用品、食品、服饰、金融、文化娱乐、医疗康复保健等老龄产品，提高老年人生活质量。同时，应当学习外国的经验，鼓励引导民营资本进入老龄信息化市场，为发展老龄产业搭建平台。

（六）出台扶持政策，鼓励社会兴办老年公寓，加快社会化养老服务步伐。要尽快完善我国养老制度，出台相应政策，保证老龄事业的经费投入。积极引导民营资本和国外资本投入老年事业，建立以公办公营、公办民营、民办公助等多种所有制和经营形式并存的社会化养老服务网络。以社区、村镇为依托，构筑多层次、多功能、多形式居家养老社会化服务的保障体系。特别要健全农村老龄工作网络，完善和实行农村孤寡老人进入低保救助范围。发展养老服务业以满足日益增长的养老需求为目标，按照政策引导、政府扶持、社会兴办、市场推动原则，统筹规划，突出重点，因地制宜，分类指导，逐步建立适应我国人口老龄化发展趋势，满足各类老年群体多层次、多样化需求的服务体系。

积极鼓励发展民办老年医疗、康复医院、养老中心、临终关怀中心等养老服务机构，并纳入政府管理和服务。在规划和布点上，要形成产业链、市场化运作模式。鼓励社会力量兴办普通老年人能消费得起的老年公寓或老年小区，专门为一些有需求的独居老人提供公寓式服务。

出台政策支持，确保民营养老机构持续发展。各级政府部门要对“公办”与“民办”做到一视同仁。成立行业协会，针对服务对象、服务项目、收费依据和管理原则、管理流程、管理效果等出台统一的行业标准。

（七）建立评估体制，保证养老资源公正合理运用

目前，我国的老年人入住养老机构没有任何限制，只要养老机构有床位，任何老年人付费后均可入住，这样会造成养老院内的部分老人身体健康，并不需要专门的照料，而许多需要照料的老年人却进不了养老院，从而造成养老院资源的浪费。为体现入住养老院的公正、公平、合理，建议建立入住养老院的资格评估机制，只有身体确实不能自理的老年人才有资格入住养老院。

（八）建立老年人维权中心，把老年人权益保障纳入法治化轨道。以健全和完善老年人社会保障体系为基础，不断强化全社会对人口老龄化的认识；加大关注解决失能、特困、留守、空巢、低收入等老年群体的特殊困难力度；加快建立新型农村养老保险制度，真正让农村老年群众从社会保障制度中得到实惠；各级老龄部门要加强与执法部门的协调配合，健全和完善老年维权政策制度，切实抓好老年人各项优惠政策的落实，坚决杜绝侵害老年人合法权益的行为。

培训团成员：张忆群、逄晓榕、王珑璇、哈斯、李淑梅、王晖、冯昌泉、杨洋、刘文生、古金卓等

关于出席联合国社会发展委员会第49届会议情况的报告

全国老龄工作委员会办公室国际部

2010年2月7日至20日，全国老龄办派国际部肖宏燕参加中国代表团，赴美国纽约联合国总部，出席联合国社会发展委员会第49届会议。中国代表团由外交部、国家发展改革委员会、全国老龄办、中国残疾人联合会、国务院扶贫办中国国际扶贫中心等单位派员组成，中国常驻联合国代表团副代表王民大使任代表团团长。

本届会议是社会发展问题世界首脑会议和联合国大会第24届特别会议的后续行动，会议的优先主题是消除贫穷。会议审查了《关于残疾人的世界行动纲领》、《世界青年行动纲领》、《马德里老龄问题国际行动计划，2002年》以及包括家庭问题、政策和方案等与社会各群体状况有关的联合国行动计划和行动纲领；讨论了新出现的社会保护问题。会上，中国代表

团团长王民大使、外交部代表尤佳和周宁宇分别就“消除贫穷”、“审查与社会各群体状况有关的联合国行动计划和行动纲领”、“社会保护”等议题做了发言。

一、会议情况

本次会议涉及老龄方面的主要议题有：

（一）秘书长报告

2011年2月14日，社会发展委员会重新开始就分议题“审查与社会群体状况有关的联合国行动计划和行动纲领”进行一般性辩论，会议听取了来自加纳、喀麦隆、俄罗斯联盟、阿根廷、中国、日本、瑞士、委内瑞拉玻利瓦尔共和国、韩国、意大利、美国、墨西哥、牙买加和伊朗等14个国家代表，匈牙利（代表欧盟）、吉尔吉斯坦、厄瓜多尔、泰国、多米尼加、丹麦和智利等7国的观察员，以及国际劳工组织、拉美及加勒比经济委员会、国际姐妹组织、希腊传统大主教委员会和巴哈国际共同体等多个国际组织的代表进行了发言。

秘书长提交了关于“《2002年马德里老龄问题国际行动计划》第二次审查和评估的方式”的报告。该报告全面概述了即将在第二次审查和评估中使用的《2002年马德里老龄问题国际行动计划》第一次审查和评估的方式，以及联合国系统和民间社会各项计划的初步内容，着重阐述了汲取的经验教训和第二次评估工作中需要更多关注的问题，并提交了第二次审查和评估拟议时间安排和建议。

会议各方对秘书长的报告表示赞同，发言普遍认为，人口老龄化是人类发展的进步，但随着人口结构的发展变化，各国老龄化不断加剧，对公共服务、福利体系和公共财政等构成了严峻挑战，需要制定和实施正确的政策措施应对人口老龄化带来的影响。欧盟国家、日本等提出延长退休年龄和促进老年人再就业，欧盟表示确定2012年为欧洲“积极老龄化”年。

（二）《老龄决议草案》磋商

《联合国老龄决议》是与会国关于特定的老龄问题所达成的共识，对各国开展相关老龄工作具有一定的引导和敦促作用。此次大会有关老龄问题决议的主题是“《2002年马德里老龄问题国际行动计划》第二次审查和评估的方式”。我国代表团参与了决议草案的小组和全体非正式磋商。经过多次磋商，各方达成一致意见，通过了老龄决议草案。《决议》通过秘书长报告中对《2002年马德里老龄问题国际行动计划》进行第二次审查评估的时间安排和评估方式。

（三）老龄问题工作组

根据2010年联大65/182号决议，“老龄问题工作组”组织会议于2月15日召开，会议一致通过了有关议程，选举产生了主席团成员，选举阿根廷常驻联合国代表为工作组主席，卡塔尔、卢森堡为副主席，并通过了工作组工作安排。

工作组主席阿根廷常驻联合国代表表示，保护老年人权利的任务十分艰巨，各国政府有义务保护老年人的权利。社会发展委员会成立老龄问题工作组，为各国推进老年人权利保护提供了新的动力。工作组将围绕老年人权利保护开展深入讨论，积累共识。

联合国助理秘书长表示，《马德里老龄问题国际行动计划，2002》已实施十年，但很多老年人仍无法充分参与社会和发展事务，权利和尊严难以保障。联合国经社部将积极支持工作组活动，帮助各国有效应对人口老龄化挑战。

联合国人权事务高级专员办公室代表表示，全球范围内针对老年人的歧视和虐待十分普遍，相关政策和立法严重滞后。国家、区域和国际层面均亟需更强有力的老年人权利保护机制。工作组应与非政府组织、国家人权机构、人权特别机制和条约机构等密切合作，查找现有老年人权利保护框架的不足，探讨制定新的可行的机制和措施。

会议未就老年人权利问题展开实质性讨论，各国均未发言。

会议前，我方代表参与了关于4月召开的工作组第一次工作会议关于议程和非政府组织参与工作组模式的非正式磋商。各方提出修改意见后，经磋商达成一致意见。

第一次工作会议议程包括：（1）当前世界范围内老年人权益保护的状况；（2）现存的老年人权益保护的国际框架/机制；（3）现存的老年人权益保护的地区框架/机制；（4）国际层次上的可能存在的（老年人权益保护）的空白领域。

（四）与会非政府组织的态度

会议期间，“美国退休人员协会”、“全球老龄行动”、“国际助老会”、“国际老年学和老人医学协会”、“国际老龄联合会”和“防止虐待老年人国际网”等一些具有经济及社会理事会咨商地位的非政府组织，向大会提交了“在消除贫穷战略中加强保护老年人的权利”的联合声明，分析了老年人的贫困与人权的关系，认为老年人贫穷与其社会保障权遭到剥夺、就业年龄歧视、知识被剥夺和缺乏信息、不参与自己社区和影响到自己的决策过程等多方面的原因密切相关。

他们强调，现有人权文书并没有提供对老年人权利的足够法律保护，在实践中，老年男女的权利也没有通过现有人权机制得到充分的落实和保护，呼吁建立老年人权利特别报告员和建立公约。

二、简要小结 2011年第49届联合国社会发展委员会历时8天，我方代表积极参加各次会议，并就老年贫困问题、中国老龄问题、老年人权利保护问题，在代表团的统一协调安排下，介绍了相关情况，提供了相关资料。

与会各国围绕老龄问题主要形成以下三点共识：

（一）将对《2002年马德里老龄问题国际行动计划》进行第二次审查和评估。

时间安排：（1）将于2011年各国开展国家审查和评估，并将评估报告提交区域委员会；（2）2012年开展区域审查和评估，各区域委员会将在2013年向联合国社会发展委员会提交会议结论和个别国家报告；（3）2013年联合国社会发展委员会将在2月召开的第51届会议上，进行《马德里行动计划》第二周期的全面审查和评估。

评估方式：鼓励各国成立加强国家协调机构或协调机制，推动马德里国际老龄行动计划的执行；鼓励各国在各自国情的基础上，更充分地运用自下而上参与式方式进行审查评估，并注意运用定量和参与式定量的数据收集和分析。

（二）成立老龄问题工作组。经过会议讨论，决定：老龄问题工作组拟于4月18日至21日召开第一次工作会议，8月1至5日召开第二次工作会议。

（三）老年人权利保护公约的制定工作进入实质阶段。随着老龄问题工作组的启动成立，老年人权利保护公约的起草进入实质阶段。我国常驻联合国代表团希望我方积极参与工作组的工作，密切跟踪，加紧研究、谋划对策。

亚太地区老年照料服务国际论坛综述

尹文辉

2011年1月21至22日，联合国亚洲及太平洋经济社会委员会主办、南京钟山学院承办的亚太地区老年照料服务国际论坛在江苏省南京市召开。出席论坛的有澳大利亚、中国、德国、菲律宾、日本、印度、印度尼西亚、韩国、蒙古、孟加拉、马来西亚、斯里兰卡、泰国、新加坡等十几个国家的政府、民间组织、院校和研究机构以及联合国人口基金、国际助老会等国际组织的代表共约200名。亚太经社会社会发展司司长Nanda Krairiksh女士致欢迎词，江苏省副省长李晓敏先生出席开幕式并致辞。全国老龄办国际部主任王珣应邀参加论坛。有关国家和国际组织介绍了老年照料服务方面的情况、问题和对策措施，会议讨论提出了亚太地区贯彻《马德里老龄问题国际行动计划》，加强老年人照料服务的政策建议，并安排与会代表参观了南京社区老年服务设施和老年护理机构。现将论坛有关内容综述如下：

一、论坛的背景和目的

2010年，全世界60岁以上老年人口达到7.6亿，而亚太地区已经取代欧美国家成为人口老龄化的前沿，老龄化发展速度之快，老年人口之多超过世界其它任何地区。预计亚太地区2050年老年人口将从现在的4.15亿增长到12.5亿。快速的人口老龄化导致了疾病形式从传染性疾病向慢性病转变，也扩大了对社会照料服务的需求。然而本地区无论是照料服务队伍的能力素质、机构设施还是相关的配套政策都无法满足人口老龄化发展的需要。

目前，许多国家已经意识到人口老龄化带来的压力，开始采取措施应对人口老龄化挑战，并积累了许多行之有效的政策、措施和经验。此次论坛为亚太地区各个国家发现问题，交流经验，分享成果提供了一个平台，共同探索如何使广大老年人能够承担和享受高质量的社会照料服务。另外，2011年亚太地区将第二次回顾和评估联合国《马德里老龄问题国际行动计划》的实施情况，并举办相关的准备会议和政府间高官会议。此次论坛形成的政策建议将为即将举办的会议提供重要的参考。

二、论坛的主要发言和内容

国际助老会东亚及太平洋地区发展中心区域代表爱德华多先生用翔实的数据反映了亚太地区人口老龄化的规模和速度。他指出，2005年到2050年这45年间，亚太地区37个发展中国家平均年龄将至少提高12岁，人口老龄化给社会、经济、政治带来全面的影响。目前，本地区尚有五分之四的人口没有享受养老保障，许多老年人特别是农业人口，即使到了退休年龄仍然从事着生产活动。老年人在生活安排方面存在着巨大的城乡差异，城市老年人主要生活来源是养老金，而农村老年人还是依靠农业生产维持生计。他还强调对老年人心理疾病的关注和干预。预计从2005年到2050年，亚太地区老年心理疾病患者将从1370万增加到6460万。要解决人口老龄化和老年人口高龄化对照料服务需求日益增加的问题，需要社会多方面的努力。老年人应该学习和发展自我照料能力；照料服务者需要专业的知识和技能；政府需要根据各国的传统和资源进行规范管理并制定有效的支持政策。

来自澳大利亚拉筹伯大学的伊万·维尔斯博士介绍了澳大利亚的老龄照料体系，包括居家照料、社区照料和混合照料模式。她通过对目前照料体系的研究和评估，提出了目前体制需要完善的方面和方法。她的研究显示，澳大利亚的老龄照料服务体系优势在于多样化的模式和广泛的覆盖率，但也面临着手续复杂，照料人员需求量过多，不能照顾到非英语语种老年人的问题。维尔斯女士指出，澳大利亚也正在考虑老龄照料服务体系的改革方案，如居家照料服务流程标准化；提供一站式照料服务；通过创新的方法实现在社区中照料老年痴呆症患者等。

印度的楚哈里博士做了题为《印度老龄问题、困难和政策选择》的报告。她指出，印度作为第二大人口大国，虽然目前的人口结构还十分年轻，但在未来几十年中也面临着快速的人口老龄化问题。高龄化、贫困、文盲以及农村年轻人口向城市转移带来的农村老年人生活无依等问题都是印度目前和将来应对人口老龄化挑战所面临的困难。老年妇女是印度最弱势的群体。作为农业大国，目前印度70%的老年妇女仍然在从事农业生产，85%的妇女需要他人接济才能维持生活。没有生活来源并且无依无靠，使得许多老年妇女认为她们“不可能从生产中退休，除非从人世间退休”。同时45%的印度老年人患有各种疾病或者身体残疾。面对诸多问题，楚哈里博士认为，印度目前面临的紧迫挑战是健全养老保障体系，保障老年人基本收入；结合地方资源和特点完善医疗照料体系，为老年人提供可持续、能承受的医疗照料服务；充分发挥社会团体力量，为老年人提供服务和精神慰藉；加强国际合作，借鉴国外经验做法等。

作为此次论坛的承办单位，南京市中山学院代表也从私营老年照料服务培训机构的角度，介绍了该学院老年照料服务中心的情况和构想。中国正处在快速人口老龄化阶段，预计中国65岁以上老年人口从7%增至14%只需27年时间，而西方国家这一过程则往往需要一个世纪。中国20世纪80年代以来的计划生育政策，使得4—2—1型的家庭结构越来越普遍，年轻人照料父母、祖父母的负担将越来越沉重。而目前中国老年照料服务机构普遍存在着床位少、条件差、不规范、不专业等问题。中山学院根据实际情况和市场需求，及时调整发展战略，化挑战为机遇，成立了专门的老年护理照料中心。该中心除了教学区外，还专门划拨土地和资金建设养老护理院，力争在实现赢利创收同时也为学生的实践和就业提供有效的平台。这一创新性的规划很好的兼顾了盈利、教学和实践三个目的，为中心长期发展创造了很好的条件。另外，该中心还从德国、日本引进了最新的医疗护理设备，并与澳大利亚的大学签订了长期培训交流协议。通过这些举措努力向国内老年照料服务的先进水平迈进。

此外，韩国、泰国、新加坡、斯里兰卡等国家的代表也分别交流了他们国家在老年照料服务方面的经验和做法。

三、政策建议

经过两天的汇报交流和小组讨论，论坛最后形成了一个关于亚太地区老年照料服务的政策建议。其内容主要包括：

1. 在政府部门引进责任制，保障政策的落实；对服务提供者进行规范和监督，保障服务质量；政治、社会和宗教领导人应积极参与老龄化和老年人权益宣传等。

2. 建立以家庭和社区为主体的长期照料体系，同时提高机构照料的范围和质量；政府应该制定照料服务的最低标准，并进行监督；制订和实施有效的法律法规，根除年龄歧视，及针对老年人的虐待和暴力；医疗体系改革的步伐应跟上老年人需求的变化等。

3. 加大对老年产品、服务和技术的投资和研发；在正规教育体系内引进对老年人和老龄化的相关知识，增强对老龄化的认识；政府、社团和媒体应该打造老年人的积极形象等。

4. 加强对老年妇女的保护，政府应与各种社会团体共同保护老年妇女的合法权益；鼓励老年男性照顾老年妇女等。

5. 加强地区间的合作，鼓励政府、民间组织、学术机构等加强老龄领域的交流与合作。

赴爱尔兰参加第一届全球老年友好型城市网络建设会议的情况报告

全国老龄工作委员会办公室国际部

老年友好型城市建设是世界卫生组织在全球推广的一项重要活动，也是全国老龄办确定的重点工作。为了做好我国老年友好型城市、老年宜居社区建设工作，与其他国家、地区以及国际组织加强交流合作，应世界卫生组织邀请，全国老龄办事业发展部赵建国、黑龙江省齐齐哈尔市老龄办主任邵洪哲参加了于2011年9月28日至9月30日，在爱尔兰都柏林召开的第一届全球老年友好型城市网络建设会议，与来自五大洲40多个国家、地区的专家、学者和政府官员交流分享了各地区在老年友好型城市或社区建设方面取得的成绩和经验，学习讨论了如何因地制宜地提高城市或社区对老年人的友好程度，见证了《都柏林宣言》的签署，并与世界各地老龄工作者交流了经验、建立了良好的互动联系。

一、会议基本情况

本次会议由世界卫生组织、爱尔兰老年友好型城市项目、国际老龄联合会主办，紧扣"推进城市对老年人更加友好的思路和方法"和"加强老年友好型城市全球网络的沟通联系"两大目标，采取全体会议和分组讨论的形式，围绕着"社会与文化联通"、"环境创建"和"积极创建WHO全球老年友好型城市"三大主题，进行了广泛的研讨。世界卫生组织、有关国家、地区的政府官员和老年学、社会学的专家学者，国际老龄联合会和有关老年组织、协会的民间人士等400多人参加了此次大会。

大会历时三天，各国专家学者就社区内加强社会文化的交融、培养社区归属感、建立老年人在城市中的领导地位、加强面对面的交流避免老年人社会孤独、老年人在城市建设中交通出行问题、农村地区老年人照护问题、让城市适宜所有代际生活问题、公共环境问题、创建老年友好型城市技巧和手段以及创建老年友好型城市全球网络等问题进行了探讨。

二、会议主要内容

（一）会议主旨发言。世界卫生组织老龄化和生命过程司司长John Beard博士、美国驻南非前大使James Joseph、AECOM科技集团副总裁Gary Lawrence参加开幕式并致辞中指出，各级政府意识到人口转变的紧迫性和重要性，老年友好型城市规划指明了如何具体应对这些趋势，使城市的发展更具有可持续性，并特地提及上海世博会"城市让生活更美好"的先进理念。他们指出人人参与、代际融合，充分利用老年人丰富的阅历、精神道德上的智慧对整个社区发展有着不可替代的重要性。

（二）"地球村"（Global Village）展示。本次会议的一大亮点是为各地的老年友好型城市建设提供了展示的场所，会场布置了一个"地球村"（Global Village），来自14个WHO全球老年友好型城市网络的城市（或社区），包括纽约、新德里、巴塞罗那、里昂、葡萄牙、曼彻斯特、乌迪内、巴什噶尔、塞尔维亚、香港、马尼托巴、爱尔兰威尔士计划、爱尔兰劳斯郡等，通过展板招贴画、宣传页、出版物展览等形式向参会者展示当地老龄工作的发展和实践经验；并提供了"地球村广场"让一些城市代表展示本地的老龄工作和在老年友好型城市或社区建设方面取得的成绩。我国上海的代表在该广场向参会者介绍了上海养老服务的发展现状、上海黄浦区和浦东新区在老年友好型社区建设中的经验和成绩，并与来自加拿大、日本、韩国、香港、台湾等国家和地区的参会代表交流了各自老龄工作的经验。

（三）签署《都柏林宣言》。本次大会期间，由30个城市/地区签署的《都柏林宣言》正式发布。(城市名单：日本秋田市，葡萄牙阿尔法德甲市，瑞士伯尔尼市，法国贝桑松市、利昂市、第戎市，南非开普敦市，爱尔兰都柏林市、卡文市、克莱尔市、芬噶尔市、戈尔韦市、基尔代尔市、基尔肯尼市、劳斯郡、米斯郡、西弥斯郡、莫纳亨郡，波兰的克拉科夫市，阿根廷的拉普拉塔市、罗萨里奥市，斯洛伐利亚卢布尔雅那市，英国曼彻斯特市，美国纽约市、奥克兰市，巴西里约市，墨西哥墨西哥市，意大利乌迪内市，韩国首尔市，中国台湾嘉义市)。

签字城市（或社区）的领导人或由领导授权的代表坚定明确地承诺参与老年友好型城市全球网络的建

设，使各自的城市（或社区）对老年人更加友好，并做出以下承诺：

1. 在合适的国内及国际论坛中宣传《都柏林宣言》，最大程度奉行该宣言的原则，积极推动制定各个层面的规章条例、落实规划、项目及资源方面的需要，以便在合理时间段内履行《宣言》；

2. 启动合作进程，开始为期 5 年的持续评估和改进循环以提高社区及城市的老年友好程度，并在整个过程中，在世界卫生组织老年友好型城市全球网络的平台上共同支持、讨论及相互借鉴，开辟与不同城市及社区相互沟通的渠道和网络，激励和支持在推动老年人平等权益及机会方面的进展，并互相借鉴在改善老年人生活方面的有效政策和做法。

在广泛征求了世界有关地区、相关领域专家学者建议的基础上，依照 WHO 全球老年友好型城市建设指南的八大要旨，该宣言在八个方面对参与城市做出了要求：

(1) 促进社会公众对老年人对社会积极作用的关注；

(2) 确保老年人积极参与城市的发展和创新；

(3) 采取措施和方法，确保公共建筑物能符合不同年龄阶层用户的尊严、健康和福祉，并符合老龄化社会不断变化发展的需求；

(4) 支持和促进不同年龄段人群所居住的社区和街道的安全、可持续的发展；

(5) 建设老年人可以使用且负担得起的公共交通体系，各种不同交通工具之间应做到“无缝衔接”；

(6) 促进老年人参与社区社会和文化生活，使他们融入到社区，加强代际交流；

(7) 促进和支持老年人就业和参加志愿服务；

(8) 提供高品质的社会支持和健康服务体系等。

三、启示与建议

这次会议的时间只有三天，但会议内容非常丰富，时间安排非常紧凑，我们感到很受启发，主要有以下几个方面：

（一）充分借助世界卫生组织平台推动我国老年友好型城市建设工作。世界卫生组织全球老年友好型城市网络建设在全球影响广泛，目前已有 40 多个国家和地区参入其中。我国齐齐哈尔市被世卫组织确定为全球老年友好型城市后，上海市、南京市等地也希望尽快加入其中，期待全国老龄办给予支持。香港社会服务联会代表也表示，想学习大陆的经验做法，尽可能加入到大陆的计划中来，按我们的理念、标准、规范等要求开展这项工作。为此，建议积极寻求与世界卫生组织合作，借助世卫组织全球老年友好型城市建设理念、运作模式来推动我国老年友好型城市、老年宜居社区建设，调动全国各地相关工作的积极性，全力打造我国老年宜居环境。

（二）因地制宜推进老年友好型城市建设规划。在这次会议上，COMEDIA 城市改造咨询公司创始人 Charles landry 先生认为：老年友好型城市环境的建设并不意味着单纯地花费越多的金钱越有效。用情感和智慧，用不同的视野和角度去观察、去感受城市，以老年人的需求和生活习惯为本，即使是在一些小的细节上的改变，一些对现有设施的改造，也会起到事半功倍的效果。这种理念与我国正在推行的老年友好型城市和老年宜居社区建设坚持从实际出发、高标准设计规划、低成本起步展开的原则是契合的。另外，由于我国地区发展不平衡，各地经济状况差异很大，在老年友好型城市和老年宜居社区建设上不宜于遵循同一标准，应根据各地实际，制定出不同的参考指南或标准，评估验收也相应区分不同地域，侧重纵向发展状况。

（三）加强老年友好型城市建设国际交流与互动。在老年友好型城市和老年宜居社区建设上，很多国家都有自己成功经验和做法，我们可以通过会议交流、组织培训或者项目合作等多种方式，加强与世界卫生组织、国际老龄联合会等国际组织，其他国家、地区间广泛的联系，建立信息网络互联，及时分享各自建设中的经验、文件和论坛会议信息等，及时掌握最新信息，引入最新理念，以便在我国更多的城市中更好地推广老年友好型城市的建设。

首届中国敬老养老助老社会责任高峰论坛
羊城开幕

全国老龄工作委员会办公室常务副主任、党组书记陈传书在主席台

全国老龄工作委员会办公室副主任朱勇致辞

全国人大内务司法委员会内务室主任于建伟致辞

中国老年学学会常务副会长赵宝华致辞

中国老年学学会副会长兼寿星基金主任周海宣主持开幕式

↑2012年首届中国敬老养老助老社会责任高峰论坛大合照

突出贡献奖获得者**邬沧萍、胡大一(代表)、刘忠厚、王赞新、李彬、连俊江、巩法根**及颁奖嘉宾全国老龄工作委员会办公室常务副主任、党组书记陈传书，全国老龄工作委员会办公室副主任朱勇，全国人大内务司法委员会内务室主任于建伟，中国老年学学会常务副会长赵宝华，中国老年学学会副会长兼寿星基金主任周海宣，广东省民政厅副厅长高党生，广东省老龄办主任陈瑞峰。↗

陈传书颁奖给邬沧萍

朱勇颁奖给胡大一代表

于建伟颁奖给刘忠厚

赵宝华颁奖给王赞新

周海宣颁奖给李彬

陈瑞峰颁奖给连俊江夫妇

高党生颁奖给巩法根

中国寿星基金迎春敬老联谊会

2011年·北京

← (左)我国发酵工业的开拓者、酒业泰斗秦含章教授，(右)我国人口学、老年学学科的开拓者邬沧萍教授

↓ 2011年中国寿星基金迎春敬老联谊会大合照

“敬老文明号”助推山西老龄工作全面发展

山西省委常委、常务副省长、省老龄委主任李小鹏（右一），民政部党组成员、全国老龄工作委员会办公室党组书记、常务副主任陈传书（前排中），山西省民政厅党组成员、省老龄委专职副主任王进龙（前排左）观看山西省“敬老文明号”创建活动图片展

2010年3月，山西省老龄工作委员会通过了《关于开展创建“敬老文明号”活动的意见》，成立了以分管省长为主任的创建活动组委会，在全省各级涉老职能部门、公共服务窗口行业、基层为老服务组织开展了“敬老文明号”创建活动。

两年多来，全省各地、各部门、各单位积极创建，不懈努力，完善创建机制，细化创建标准，营造创建氛围，健全创建档案，将创建活动和创建文明和谐单位相结合，和开展主题活动相结合，和管理指导相结合，使尊老敬老在认识上提升到新境界，在实践上提高到新层次，在社会上形成了新气象。优先、优惠、优待老年人的政策得到了进一步的落实，老年人的合法权益得到了有效保障，老年人的幸福指数得到了很大的提高，基层老龄工作更加活跃，应对人口老龄化社会意识不断增强，老龄工作有了长足发展。2012年2月授予太原市企业养老保险管理服务中心等40个单位为首批省级“敬老文明号”单位。

太原市桥东街办并四社区联合驻地的美容美发院和医疗诊所为社区200余名70岁以上的老年人发放敬老卡，老年人可持卡到指定美容院、医疗单位享受免费理发及医疗服务

太原市坝北社区开展“敬老文明号”创建活动，为社区空巢老人过生日

临猗县敬老志愿者在进行敬老签名活动

为引深创建“敬老文明号”活动，2012年5月，全国老龄办在山西太原召开了“全国‘敬老文明号’创建活动推进会”。乘这次会议的东风，山西省老龄办将奋发有为，再接再厉，全面开创创建工作的新局面。

全国“敬老文明号”创建活动推进会会场

晋城市敬老文明号创建全面启动

辽宁省老龄工作委员会办公室

2011年，全省老龄系统以“六个老有”为目标，坚持“党政主导、社会参与、全民关怀”的方针，真抓实干、全面推进，圆满地完成各项老龄工作，实现了全省老龄事业科学发展。其主要标志是：一是各级党委、政府重视老龄工作，社会力量参与养老服务的热情高涨，积极老龄化、健康老龄化的理念更加深入人心。二是养老保障和服务体系建设取得新进展。实现了连续七年增加企业退休人员养老金。新型农村社会养老保险提前实现了全覆盖。全省每千名老年人拥有养老床位达26张。三是老年权益维护实现新突破。省人大督促检查《辽宁省老年人权益保障条例》贯彻实施，老年人合法权益得到有效维护。四是老龄工作机构基本理顺，人员得到充实，经费得以保障。五是各地区、各有关部门组织开展了“夕阳风采”系列老年活动，积极兴办老年大学，老年人精神文化生活日益丰富。

2011年11月15日，辽宁省基层老龄经验交流会暨先进县（市、区）授匾仪式在丹东市举行。各市老龄办主任和获奖单位代表60多人参加了会议

2011年7月14日，辽宁省召开了省老龄委第八次全体会议。许卫国、陈超英两位副省长出席会议并作重要讲话。省老龄委顾问出席会议，24个省老龄委成员单位参加会议。会议由省政府副秘书长何庆良主持

2011年重阳节前，省老龄委副主任、省政府副秘书长何庆良，省老龄委副主任、省老龄办主任孙艳华赴本溪市走访慰问老年人。本溪市政府领导及市老龄办主任陪同

2011年重阳节前，原省人大副主任、省老龄委顾问王向民，省老龄委副主任、省老龄办主任孙艳华赴盘锦市走访慰问老年人。盘锦市政府领导及市老龄办主任陪同

山东省老龄工作委员会办公室

据第六次全国人口普查数据显示，山东省60岁以上老年人口1413万人，占总人口的14.75%，高于全国13.26%的平均水平，已成为全国老年人口第一大省。近年来，山东省委、省政府高度重视老龄工作和老龄事业发展，坚持把保障老年民生放在重要工作位置，不断提高经济社会发展水平的同时，优先保障和改善老年民生，从养老、医疗、生活、娱乐等多方面为老年人提供全方位、多层次服务保障，先后出台《山东省老龄事业发展“十二五”规划》、《山东省优待老年人规定》等老龄政策文件，不断推行实施高龄津贴、政府购买养老服务、为65岁以上老年人免费查体、大力开发老年产品等含金量高、操作性强的工作措施；在全省组织开展养老服务业突破年活动，积极推进建立以居家养老服务为重点的社会化养老服务体系；切实将银龄幸福和谐工程作为一项重要的民生工程扎实推进，“银龄安康”、“银屏惠老”、“银龄救助”、“银龄长寿”等工程实施顺利；充分依托《山东老年》、《老年生活报》、省老龄办网站等宣传阵地，构建老龄宣传平台，加强老龄宣传工作，宣传报道水平有了显著提升；着眼满足广大老年人日益增长的精神文化需求，以加强老龄文化组织建设为抓手，以特色老年文化活动为牵引，积极为老年人开展文化活动创造条件，搭建平台，广泛开展了丰富多彩的老年文体活动，丰富了广大老年人的精神文化生活；着力构建社会养老保障、老年医疗保障、社会养老服务、老龄产业、老年文体活动、老年维权、老有所为管理七大体系，全省大老龄工作格局已经基本形成，全省老龄事业实现了健康有序的科学发展。

2011年12月15日，山东信福年华卡首发式举行

2011年12月21日，省老龄办主任丁希滨到农村老年活动室赠送电脑、电视、DVD

2011年9月15日，“中国（山东）国际老龄产业博览会”开幕

2011年9月29日，“山东省庆祝老人节大会”召开

青海省老龄工作委员会办公室

青海省老龄委第九次全委会在西宁召开

2011年4月26日青海省老龄委第九次全委会在西宁召开。来自22个成员单位的有关领导和联络员参加，省老龄委主任、省委常委、组织部长齐玉；省老龄委副主任、副省长张光荣；省老龄委副主任、省民政厅厅长更阳、原省老龄委专职副主任陈庆华；省老龄委专职副主任李巷泰等领导参加大会并讲话。8月2日，省委书记强卫在省委秘书长王小青、副省长张光荣、省民政厅厅长更阳以及省委办公厅、省发展改革委有关负责同志的陪同下，视察了青海省老年福利服务中心。全省老龄事业取得了新的成绩，突出表现在四个方面：一是政策体系不断完善。相继出台了《关于开展新型农村牧区社会养老保险试点工作的实施意见》、《关于建立青海省高龄补贴制度的意见》和《青海省民办养老服务机构资助管理办法》等涉老扶老文件，各州市地也制定了一系列

中共青海省委书记强卫、省委常委、秘书长小青、副省长张光荣和青海第二军队干休所的老年人一起唱红歌

惠老扶老政策措施。二是社会养老保险基本实现了全覆盖。企业养老保险实现了省级统筹，新型农村养老保险试点加快推进，实现了全覆盖，城镇职工和居民基本医疗制度不断完善，新型农村合作医疗制度全面推开，城乡计划生育家庭养老保障支持政策逐步形成，“五保”老人供养标准和贫困老人社会救助水平不断提高。三是养老服务体系建设取得新进展。建立老年日间照料中心的试点稳步推进，社区养老服务逐步开展，养老服务机构和床位大幅增加，老龄服务基础条件得到明显改善。四是尊老敬老氛围日益浓厚。老年人法律援助服务工作有序开展，老年人生活、财产、婚姻等方面合法权益得到有效维护；涌现出一批孝亲敬老楷模；积极开展“银龄行动”等系列活动，搭建老年人发挥余热和奉献社会平台。老年福利、救助、教育、文化、体育等事业也有了长足进步。

青海省西宁市的老年人在公园打太极拳

广东省老龄工作办公室

省老龄委主任、省政府副省长刘昆在广东省老龄委十一次全会上部署老龄工作

老龄工作事关社会和谐稳定大局，广东省委、省政府历来高度重视老龄工作。近年来，全省各级、各涉老部门深入贯彻落实科学发展观，紧紧围绕中央和省委、省政府的决策部署，以保障和改善老龄民生为着力点，改革创新，真抓实干，办成了一系列大事，办妥了一系列难事，推动我省老龄事业呈现整体推进、协调发展、稳步提高的良好态势，不少工作走在全国前列：一是老年社会保障体系逐步健全。覆盖城乡的养老、医疗保险体系及社会福利、救助体系基本建立。二是养老服务体系建设步伐加快。以居家养老为基础、社区养老为依托、机构养老为补充的社会养老服务体系加速规划建设。三是老年人权益保障和优待工作进一步加强。全省各地根据社会经济发展水平的提升，不断提高优待标准和增加优待项目。全省普遍建立高龄老人政府津贴制度。四是老年教育、文化、体育事业快速发展。老年文艺汇演、老年文化艺术节、老年人运动会、老年人书画展等各种有益于老年人身心健康的文体活动广泛开展，大大丰富了老年人的精神文化生活。五是老年人参与经济社会发展取得良好成效。各级老龄部门和涉老机构积极组织城乡老年人参与社会建设、

省老龄委副主任、省民政厅厅长刘洪在广州市越秀区社区居家养老服务部总部与老年人亲切交谈

省老龄办主任陈瑞峰为老人发放领取高龄津贴的银行卡

精神文明建设和社会公益活动，充分发挥老年人在提供科技咨询、关心下一代、开展传统教育、维护社区治安、调解邻里纠纷、开展互助服务等方面的积极作用。

第二届广东省老年欢乐节开幕式表演

云南省老龄工作委员会办公室

省委书记秦光荣亲切看望百岁寿星

到2011年底，云南省60周岁以上老年人口已达521万人，占全省总人口的11.25%。

多年来，云南省委、省政府坚持把老龄工作纳入省经济社会发展全局统筹规划，将老龄工作纳入省政府年度督查的20项重点工作之一，纳入全省综合检查考评内容，对州市党委、政府进行考核，加大对保障民生的投入力度，推动老龄事业的快速发展。

在省委、省政府的领导和全国老龄办的指导下，云南省老龄办始终坚持“党政主导、社会参与、全民关怀”的老龄工作方针，不断完善老龄政策法规体系，着力加快构建老龄社会保障体系和为老服务体系，加强为老服务基础设施建设，强化老龄宣传工作，深入开展老龄工作创建表彰活动，严密组织敬老月系列活动，认真开展老龄工作目标责任制考核和老龄法规执法检查，依法维护老年人的合法权益，强化老龄干部队伍和基层老年群众组织建设，狠抓老龄业务培训，老龄干部队伍的综合素质进一步提高，全社会的老龄意识和敬老意识进一步增强，老龄工作的社会影响进一步扩大，老年人的生命、生活质量进一步提升。

副省长曹建方为“孝星”颁奖

博览会于2011年12月举行

王树芬厅长（中）出席、王建新副主任（左一）发布新闻

表彰大会于2011年9月举行

贵州省老龄工作委员会办公室

2011年，贵州省各级党委、政府对老龄工作加强重视，省政府出台了《贵州省老龄事业发展“十二五”规划》、《关于加快推进社会养老服务体系建设的意见》，并加大对老龄事业的经费投入，2011年全省地、县两级共投入3800万元资金用于城乡居家养老建设。

在各级党委、政府的重视下，2011年贵州省老龄事业蓬勃发展。养老保障制度进一步健全完善，城镇职工基本养老保险继续扩大覆盖面，参保人数达281.62万人，企业退休人员基本养老金人均达到1470元。全省77个县（市、区）纳入新型农村社会养老保险试点范围，参保人数达827.98万人。全省46个县（市、区）建立90岁以上老年人高龄补贴制度。城乡三项基本医疗保险覆盖面进一步扩大，新型农村合作医疗参合率达97.13%，超过全国平均水平。农村计划生育家庭奖励政策继续实施，奖励标准不断提高。养老服务体系建设进一步加快，全省82%的城镇社区开展居家养老服务工作，建立居家养老服务中心（站）呼叫中心178个，632个村开展居家养老服务工作。2011年全省争取国家养老服务建设项目专项资金5100万元，省级投入1.2资金，地县投入2.6亿元，新建和扩建180所农村敬老院。老年人精神文化生活丰富多彩，2011年全省举办了贵州省第六届老年人运动会、庆祝建党九十周年老年人红歌赛、贵州省首届“福彩杯”老年人合唱大赛等老年文体活动。老年教育事业发展迅速，各类老年大学（学校）和学员不断增加。基层老龄工作得到加强，城市社区和农村老年协会活动条件得到改善。老龄宣传工作力度加强，第二届温暖贵州•福利彩票敬老爱老助老楷模评选表彰活动在全省评选出“十佳敬老院”、“十佳敬老好媳妇”、“十佳敬老好儿女”、“十佳助老服务志愿者”，通过宣传敬老、爱老传统美德在全社会蔚然成风。

省委书记栗战书慰问老年人

第十一次全体委员会和主任会议

领导与获奖代表合影留念

绿色崛起中的海南老龄工作

——海南省老龄工作委员会

2011年，海南省老龄工作在省委、省政府的正确领导和各级党政的帮助支持下，坚持以民为本，把实现好、维护好、发展好老年群众根本利益作为老龄工作的出发点和落脚点，扎实办好老年人民生实事，不断改善老年群众生活。

2011年4月28日，海南省老龄工作委员会组织召开第四次全委会，审议并通过《海南省老龄事业发展“十二五”规划》，图为时任省委常委、常务副省长、省老龄委主任蒋定之（中）在会上讲话

2011年12月28日，海南省政府召开第三次全省老龄工作会议，总结“十一五”期间老龄工作，部署“十二五”时期老龄工作任务和2012年的工作计划。省政府副省长、省老龄委常务副主任符跃兰出席会议并讲话

（一）领导重视，加强政策创制。2011年，省委、省政府高度重视社会养老服务体系建设，对加强社会养老服务体系建设做出了重要部署。省里出台了《海南省人民政府办公厅关于加快推进养老服务体系建设的意见》等一批政策性文件,对社会养老服务予以政策支持。

（二）编制规划，明确发展目标。2011年5月，海南省开展了全省老年事业资源需求和发展专题调研工作,拓展了我省社会养老服务体系建设的战略视野。在充分调研基础上，起草了《海南省老龄事业发展“十二五”规划》（征求意见稿），通过广泛征求意见，反复修改完善，专家评审、省老龄委全委会审议，报请省政府同意，12月20日，省政府印发了《海南省老龄事业发展“十二五”规划》,明确提出了“十二五”我省老龄事业发展的总体目标、主要任务和发展措施，对今后五年全省老龄事业发展具有重要的指导作用。

2011年8月19日，根据时任省委副书记、省长罗保铭的指示精神，省老龄办、省民政厅和中国（海南）改革发展研究院联合对全省老龄资源和需求进行调研。图为有关专家、学者和有关部门负责人对调研成果进行评审

2011年7月25日，海南省托老院开工奠基仪式。省人大常委会副主任毕志强（左二），省老龄委常务副主任、副省长符跃兰（中），省政协副主席张海国（右一），省老干部、省慈善总会会长蔡长松（右二），省老龄委副主任、省民政厅厅长苗建中（左一）参加奠基仪式

（三）构建多元化、多层次社会保障体系。继续调整各类社会保障财政补贴标准，企业退休人员月人均养老金增加198元，增幅为历年之最。新农保、城镇居民养老保险分别比国家要求提前2年和1年实现全覆盖。进一步提高60周岁以上城乡居民基础养老金和医疗保险水平，城乡居民生活保障水平高于全国平均水平。“老工伤”全面纳入工伤保险统筹管理。商业健康保险和养老保险稳步发展，构建多元化、多层次社会保障体系。医保异地就医结算范围不断扩大，实行医保定点医疗机构分级分类管理。社会力量参与兴办养老机构热情高涨。医疗、司法、临时生活等救助制度日益健全，老年人共享改革开放发展成果正在实现。

（四）居家养老服务试点稳步推进。海口市社区居家养老服务在全市城区136个社区实现全覆盖。全省各地大力推广海口市居家养老服务试点经验，居家养老服务试点工作稳步推进。

2011年5月，海南省人大常委会对实施《中华人民共和国老年人权益保障法》执行情况进行执法检查。图为省人大常委会副主任陈海波（中）在海口市了解执法情况

2011年5月中旬至6月初，海南省政协副主席邱德群率省政协社会法制委员会、省老龄办、省民政厅、省人社厅、省公安厅等有关部门负责人和部分省政协委员深入海口、三亚、琼海、五指山市和保亭黎族苗族自治县及省直有关部门，进行“候鸟人群”管理调研。图为邱德群副主席（中）在小区与业主亲切交谈

（五）推动建立高龄老人长寿补贴制度。2011年，海南省享受百岁老人长寿补金对象达1610人，每人每月为300元标准，由省级财政拨付。先后有三亚、文昌、琼海、五指山、东方、澄迈、白沙、保亭、陵水、昌江等10个市县政府分别建立了80岁以上和90岁以上高龄老人长寿补贴制度，占市县总数的66%，有力缓解了高龄长寿老人的生活困难。

（六）着力抓好养老基础设施建设。新建和改扩建了海南省托老院和一批乡镇中心敬老院等养老基础设施。2011年，全省各级共投入资金8800万元，新增农村敬老院床位1600张。陵水黎族自治县投入1亿多元，建全省规模最大、功能齐全的县级社会养老服务中心。同时，争取中央资金400万元，在海口、文昌、澄迈、万宁建设4个老年人日间照料中心。社会兴办养老服务机构异军突起，目前有29家，比上年增加20家，养老床位达6577张，养老基础设施建设稳步推进。全省养老床位达12814张，比上年的4637张增加了8177张，增长176.34%。

2011年“敬老月”期间，海南省老龄办、省民政厅、海南广播电视总台和澄迈县人民政府联合主办“九九重阳天-2011重阳长寿之旅”大型系列主题活动。图为省老龄委副主任、省民政厅厅长苗建中在活动仪式上致辞

2011年“敬老月”期间，以“情满敬老月、夕阳无限好”为主题，举行全省老龄才艺展示比赛。图为黎族舞蹈展示

苏州市老龄工作委员会办公室

省委常委、市委书记蒋宏坤看望敬老院老人

目前，我国60周岁以上老年人口数达到1.8亿，占13.26%。苏州老年人口137.3万人，占户籍人口数的21.4%（占常住人口数的13.6%），其中80周岁以上老年人数首次突破20万人，人口老龄化、老年人口高龄化、高龄人口空巢化形势进一步加剧。

“十一五”以来，苏州市委、市政府高度重视老龄工作，一是坚持政策引领。先后出台了《苏州市加快发展养老服务事业的意见》、《关于进一步加快发展养老服务事业的补充意见》、《关于加快推进我市社会养老服务事业的若干补充意见》、《苏州市老龄事业发展“十二五”规划》。二是不断加大经费投入。建立养老服务事业经费制度。2006年起，各级财政按上一年底老年人数以80元/人安排养老服务事业经费，并纳入政府财政预算，今年起，养老服务事业经费调整为200元/人。市本级投资4.2亿元新建了1300张床位的市社会福利总院，各市、区也都投入大量经费，对福利院、老年公寓、敬老院进行了改扩建。三是积极鼓励民办养老机构建设。对民办养老机构给予建设补贴和运营补贴。按照自理、半护理、全护理床位性质，分别给予每张床位2500元、4000元、5000元的一次性建设补贴。对破土动工新建具有护理性质的民办养老机构，建设补贴提高到1万元/床。运营补贴按入住老人自理、半护理、全护理分别为每人每月50元、120元、200元。四是规范养老机构管理。2011年5月1日起实施的《苏州市民办养老机构管理办法》，对全市民办养老机构的设立、服务、管理等进行了规范，这是全国地级市中第一个规范民办养老机构建设行为的地方性法规。五是大力发展居家养老服务。沧浪区“虚拟养老院”获民政部2009年科技创新三等奖，248家居家养老服务中心获省2A级认定，9家居家养老服务中心获省3A级认定。六是全力推进养老床位建设。从2006年起，我市把新增养老床位建设纳入政府实事项目加以推进。六年来，养老床位从2005年底的10396张增加到36051张，千名老人拥有床位数从10张增加到26.3张。

盛蕾副市长与阳山敬老院老人一同观看四世同堂的照片

千名金婚老人庆典

下一步打算：一是认真抓好市区养老服务设施布局专项规划的制定，为科学谋划养老服务工作提供依据。二是积极推广“虚拟养老院”建设的成功做法，扩大居家养老服务的覆盖面。三是继续抓好新增养老床位建设。到2015年养老床位数达到60000张以上，千名老年人拥有养老床位数40张。

市民政局李永根局长看望社区老人

西安市老龄工作概况

西安市老年人口占全市总人口的14.9%，高于全国平均水平，是全国最早步入人口老龄化的城市之一。近年来，西安市积极应对人口快速老龄化的挑战，认真贯彻《中共中央国务院关于加强老龄工作的决定》，老龄事业得到快速发展。

老年社会保障。2011年实现了城乡居民社会养老保险制度全覆盖，普及了新型农村合作医疗制度，在全国率先实现了为70周岁以上老年人按月发放生活保健补贴制度。

社会养老服务。2008年以来，西安市新建了60家养老机构，4个县级五保供养中心，19个乡镇五保集中供养中心，3个区县级居家养老服务信息中心，165个居家养老服务示范站，新增养老床位12039张；建成爱心护理工程基地12个，其中国家级爱心护理工程基地8个。

老年优待工作。全市建立老年信访接待中心（站）和老年维权咨询服务中心（站）14个。在农村广泛开展了签订家庭赡养协议书工作。免费为70周岁以上老年人办理乘车IC卡，持卡可不限次数免费乘坐市内刷卡公交车辆和地铁。

老年法规政策。相继以市政府名义颁布和出台了《西安市保障老年人权益办法》、《关于加快实现社会福利社会化的实施意见》、《关于加快发展养老事业的意见》、《西安市发放高龄老人生活保健补贴的意见》和《西安市老龄事业发展“十二五”规划》等系列老年政策法规。

老年文化教育和卫生事业。全市有各类老年大学300余所，在校学员15万余人。“十一五”期间，全市建成150所社区卫生服务中心（站）、108所乡镇卫生院和2026个甲级村卫生室，建成5个区县级社区服务中心、34个街道社区服务中心和240个社区服务站，建成1018个村级文化广场。

老龄工作体系。市、区县和街道（镇）三级均设立了老龄工作委员会，市区两级设立老龄委办公室，落实了人员编制，其中市老龄办为正局级建制。2788个行政村和641个社区成立了老年人协会。成立了1个市老年学学会和8个区县老年学学会。

2012年西安市老龄工作会议

2009年庆祝老人节暨关爱百万老人大行动

2010年十大孝星颁奖典礼

2011年十大金牌孝子颁奖典礼暨孝道演讲大会

2010年高龄保健补贴发放仪式

2010年敬老月期间组织老年人代表观看西安新变化活动

2012年“敬老文明号”创建活动推进会

世纪爱心国际投资集团有限公司

世纪爱心集团董事长周超龙

盛世和谐添锦绣世纪长远；伟业腾飞更辉煌爱心广布。世纪爱心集团自创建以来，在社会贤达、精英人士、专家顾问的精心策划、指导、帮助下，在集团公司领导团队团结奋斗、顽强拼搏的带领下，边整合边发展，各领域产业得到了又好又快的发展。

一、集团公司之基本情况

世纪爱心国际投资集团有限公司（简称：世纪爱心集团）是以军队安置房、文化产业、教育产业、科技产业、中医药产业为核心的多元化投资管理集团公司。

自创建以来，集团公司以创建社会企业为己任，确定了“慈善产业化、产业慈善化和均衡分配”的企业宗旨。充分利用各级政府的支持和各界企业的信任，通过努力实现的创利，大力支持和帮助西部贫困地区的学生就读和就业。

公司目前拥有资产21.7亿元，现阶段军安产业拥有175万平米的部队安置房正在投资建设；武汉商贸职业学院，是一所拥有13000名学生的全日制大学；西安慧谷科技研发的云计算技术获得专利11项，目前正被部分地方政府、军工企业和大型国有企业的信息化管理所应用。以云计算技术为核心研发的远程教育系统，被教育部用于解决西部贫困学校的师资难题；在控股鹤年堂后，以鹤年堂600年中医药资源和拥有世界非物质文化遗产的保护政策下，大力推动中医药健康产业的全面发展，目前投资了两所中医院、拥有2700多个中药药号、10多家中医药加工厂、近50万亩辣木树及16.5万亩中医药种植基地。

集团公司总部设在北京。集团公司目前拥有控股企业16家，员工1000余人，在上海、武汉、广州、西安、香港设立有分支机构。

二、集团公司之企业文化

作为群体外部行为模式和内部思维模式的真实综合反映，世纪爱心集团的企业文化，是以本企业发展中形成的企业宗旨、企业理念、企业目标、企业精神作为其企业文化的核心，并在把握企业未来发展的需求下凝炼而成的。

集团董事长周超龙在2012年1月18日集团新春联谊会的

世纪爱心集团副董事长曾祥胤主持2012年《中华魂》杂志发行工作会议

致辞中，归纳总结，正式提出了世纪爱心集团企业文化核心内容：集团创立之初就确立的企业宗旨是“慈善产业化、产业慈善化”和“均衡分配”；创业历程中形成的管理理念是“文化立企、贤能管企、资源助企、风控保企”；发展实现的企业目标为“五个确保+慈善”——即在员工确保家庭富裕、确保父母赡养、确保本人养老、确保子女教育、确保家

在武汉商贸职业学院视察时合影留念

庭风险的前提下，积极投身社会慈善事业；凝神聚气干事业的企业精神是“团结务实高效，诚信孝道守义”；招贤纳才的用人机制是“专业的人干专业的事，合适的人干合适的事”和“靠产业吸引人、靠爱心留住人、靠愿景激励人、靠机制鼓舞人”；展望未来的企业愿景是“奉献爱心，回报社会”。

作为企业文化的核心内容，“感恩社会”、“孝行天下”，大力发展慈善事业，为构建和谐社会奉献爱心做贡献，成为世纪爱心集团社会企业性质、地位及未来发展方向的定性、定位和定方向。作为集团公司核心价值观的体现，这样的企业文化对集团公司的全体员工起到了统一思想、统一意志，进而在行动上引领大家向着统一目标前进的凝心聚气作用。

集团将把产业化创收的利润，30%用于发展社会慈善事业，重点支持贫困地区和革命老区贫困学生的就业职业培训的学费资助；30%用于员工待遇的不断提高；40%用于集团的发展和科研保障。未来集团公司的员工将有70%是来自贫困地区和革命老区贫困家庭的毕业生。

中医资深专家王鹤滨出席集团民族安康（北京）中医医学研究院成立揭牌仪式

三、集团公司之产业状况

集团公司各领域产业发展迅猛，逐步形成了以北京总部为支撑，“科技在西安、教育在武汉、健康在广东”的三大产业园区和以科技、教育、健康产业为支柱,军安、文化为专项的五大产业板块。

科技在西安——

2012年1月5日，世纪爱心集团并购陕西慧谷科技有限公司的成功，使集团公司的产业发展在网络科技及远程教育领域有了新拓展。以提供网络应用和互联网内容服务为主营专业，密切联系国家科技部、教育部等政府机构，与中国科学院，清华大学、北京大学、西安交通大学等学术科研单位建有稳固的合作机制。同时和美国、加拿大等国家的研究机构和企业保持着良好的合作伙伴关系。研发的云计算技术获得国家专利11项，目前正被部分地方政府、军工企业和大型国有企业信息管理所应用；以云计算技术为核心研发的远程教育系统，被教育部用于解决西部贫困学校的师资难题；与中科院心理研究所合作共同开发，在西安以网络直播形式进行的学生中考心理减压课程辅导取得了很好的效果，将教育资源开发与网络科技应用进行了很好的结合。

教育在武汉——

坐落于武汉光谷腹地的武汉商贸职业学院是2002年4月经湖北省人民政府批准成立、经教育部备案的民办高等职业学校。经过十年的发展，目前学校围绕现代服务业与文化产业，开设有41个专业及专业方向，现有全日制普通专科生10023人，成教生268人，中专生102人，在校生总人数为10393人。学校被湖北省教育厅确定为“社会力量（民办）举办职教的实现途径与形式”、“职业教育质量与评价体系”两项国家教育体制改革试点项目承担单位。

世纪爱心集团总部办公环境

2011年3月12日，世纪爱心集团全面收购学院，在集团整体战略部署下，积极做好做强教育事业，为集团做好人才战略服务，为社会培养更多的高素质职业人才。

2012年学院以集团资源优势和产业发展为依托，加快重大项目建设步伐，不断推进学院跨越式发展。加快了中华魂文化园项目开发进程；快速落实了物联网科技园项目；服务于集团的战略规划，拓展专业发展方向，积极配合集团在房地产物业管理、鹤年堂大药房建设、世纪爱心酒业商业营销等业务的拓展以及慈善事业的需要，为集团培养、输送专业人才提供智力支持。计划以企业订单班、短期培训班和学生顶岗实习等形式培养和输送集团急需的人才，特别是在帮助贫困地区的学生就读和就业培训上给予招生政策的倾斜及财力支助。

健康在广东——

集团大力发展健康养老产业，已拥有民族安康中医医学研究院和国民安康医药科技有限公司两大公司，集中医药研究、健康保健服务、健康服务产品研发以及健康服务培训、辣木和中草药种植、加工、销售为一体，汇集了以连汝安、王鹤滨、胡士良为领衔的200多位享誉盛名的国内顶级中医专家。集团公司于2010年引进国际三宝之一的“辣木”树种，

全国老龄工作委员会办公室副主任、中国老龄协会副会长阎青春与世纪爱心集团董事长周超龙交谈工作

通过几年的不断演化和培育，现在已经在广东新丰、广西、云南、四川开展大面积辣木种植工作。今年种植面积将达到50万亩。同时世纪爱心企业还与贵州、山西、云南、四川的中医药种植基地采取合作开发方式大面积种植传统中医药，将达到16.5万亩。

2012年全面经营北京鹤年堂医药科技有限公司，集团公司成功控股并接受股东委托。创立于明永乐三年（1405年），至今已有600余年历史，明嘉靖初年就以五家分店名闻京城，史上有“五鹤朝天”之誉的北京鹤年堂是我国医药行业现存的历史最悠久的老字号，比故宫和天坛要早15年，更比地坛早125年，现在的北京陶然亭公园就是原鹤年堂的鹿苑和鲜药圃。

基于这样的中医药资源实力，集团公司的中医药文化城2012年计划在广东选址，将打造具生态环境极佳，适合以中医药养生为主体的养生度假、养生旅游、休闲生活为一体的项目开发。主体规划建筑有中医药文化城、中医养生城和佛教传统禅修养生、中医药旅游度假村、中医药研发中心、中医药加工园区。

四、集团公司之社会责任

商业企业以经济而言意味着什么，社会企业对社会的变革就意味着什么。为理想而驱动，秉持集团的宗旨理念、目标愿景，积极承担起社会责任，为构建和谐社会奉献爱心，集团公司创建以来在支援部队后勤建设、弘扬延安精神、宣传革命英雄人物、关心老龄事业和下一代教育等方面做了大量工作。

集团董事长周超龙与华岭出版社常振国社长进行项目合作意向洽谈

集团与中国房地产集团战略合作，投资近5亿元人民币，为总装备部系统老干部、科技人员建设的80万平方米经济适用房已经北京市昌平区发改委正式立项，不久将开工建设。公司还将拆巨资在上海、江苏、山东、河北等地自主开发或合作投资，继续稳步推进现役军人及退役军人经济适用住房建设并积极协助部队做好干休所改造工程及闲置土地的开发利用。倾心国防建设，奉献慈善爱心，世纪爱心人收获的是自力更生、艰苦奋斗的创业精神和军人本色。

集团董事长周超龙常向全体员工讲：“发展不能忘记对革命传统的继承和发扬”。集团与中国延安精神研究会主办的（全国百家期刊阅览室刊物）《中华魂》杂志社合作签约成功，《中华魂》（下半月刊）发行量逐年提升；下属武汉商贸职业学院成立了延安精神研究会，志在为弘扬延安精神、凝聚民族精神财富做贡献；集团与中国延安精神研究会合作拍摄的百集电视系列片《忠诚》，大力宣扬老一辈革命家的英雄光辉形象；与中国画报协会合作成功开办了《战地黄花今朝分外香——革命纪念地新貌大型专题摄影展》；2012年7月3日，在中国关心下一代工作委员会领导的支持协助下，集团公司与中国下一代教育基金会进行合作，共同发展关心下一代教育基金工作，第一批援助200名贫困大学生项目已正式启动。

慈善不是出于勉强，它是像甘露一样从天上降下尘世，它不但给幸福与受施的人，也同样给幸福与施与的人。

世纪爱心人，爱心传世纪！世纪爱心集团将以打造社会慈善企业为目标向前迈进！

集团启动大型电视纪录片《忠诚》拍摄仪式

中国老龄事业发展基金会老龄文化产业专业委员会

中国老龄文化产业示范园由中国老龄事业发展基金会老龄文化产业基金管理委员会牵头、广西俊杰投资开发有限公司投资建设。

中国老龄文化产业示范园位于享有“中国绿城”的美称、获得“联合国人居奖”和“全国文明城市”称号的广西南宁市东部，占地面积约6100亩。这里地处北回归线以南，属亚热带季风气候，阳光充足，雨量充沛，气候温和，一年四季花常开树常绿，环境优美，山林幽静，空气清新，是开办老龄文化产业示范园的上佳处所。

中国老龄文化产业示范园集老年养生、老年娱乐、老年医疗、老年保健、老年关怀等综合性、人文性服务为一体，内设老年文化艺术学院、老年文化图书馆、老年营养保健中心、老年疗养保健医院、老年文化艺术歌剧院、老年公寓等。

“老吾老以及人之老”，发展老龄事业功在当代，利在千秋。中国老龄文化产业示范园旨在弘扬中华民族传统美德，为构建和谐社会服务，让广大老年朋友老有所养、老有所乐、老有所为，安享美满幸福、和谐快乐的晚年。

负责人：黄荣龙　13657716688

华英援助基金管理委员会

中国老龄事业发展基金会华英援助基金管理委员会，自2010年3月成立以来，始终以“爱华厚德、尊老敬贤、传承文明”为己任，坚持为“老战士、老党员、老英模”服务。

华英基金会领导与华东办事处的陈副主任在一起。

特别是2012年，通过组织一系列活动，网聚社会各界积极力量和有识之士，筹集八方资源，为基金会发展打下了坚实的物质基础。

首先与北京新商论文化有限公司联合编撰了《退役军人创业成才系列丛书》，搭建退役军人进入社会投资创业的平台。其次，在上海设立“中国老龄事业发展基金会华英援助基金华东办事处”。三是成立了华英援助基金养生保健中心。

由于各项工作做得好，得到了社会各界爱心人士的积极支持与认可。

著名书法家魏著广同志为华英援助基金写下了《清弘人诗一首》及“神龙腾飞”四个大字，以表达对华英援助基金管委会领导不计个人得失做公益事业的钦佩、支持和祝福。著名军嫂画家赵龙云女士了解到基金会的宗旨及工作进展之后，主动申请到基金会做爱心大使，并赠送画作《万里江山》。军旅企业家郭连芳，得知基金会是一个专门为“老战士、老党员、老英模”服务的基金之后，捐赠了两台“北星脊柱梳理床”给华英养生保健中心，让它能更好地服务“三老”。

蔡善才秘书长给华英养生保健中心授牌。

著名画家赵龙云捐赠国画《万里江山》。

更有爱心源企业家李瑞生（妈祖阁集团董事长）、陈虹宇（海南洋浦久荣工程有限公司董事长）在得知华英援助基金管理委员会正在筹划协同解放军电视宣传中心拍摄制作大型电视专题片《走进全国双拥模范城》，管理委员会主任李宝库、执行主任陶方桂亲自任总策划，参与出谋划策，进行具体指导，并委派秘书长蔡善才前往革命根据地遵义参加了开机仪式，高度赞扬华英援助基金在爱华厚德传承文明上做了一件功德无量的大事，当即慷慨解囊，给予资金赞助。

蔡善才秘书长为北星脊柱梳理有限公司颁发锦旗和证书。

蔡善才秘书长等在《走进全国双拥模范城》开机仪式上。

中国老教授协会

中国老教授协会是由年龄一般在55岁以上并具有副高级以上专业技术职称的专家学者自愿结成的全国性社会团体。现任会长是教育部原副部长周远清教授。目前会员总数超过8万人，其中有200余位两院院士和众多知名专家学者，1000余位现任或曾任高等院校校级领导和科研院所正副院、所长，以及500余位曾任政府部门司、局级以上干部。他们有较高的学术造诣和丰富的教学、科研和管理经验。

协会下设有按学科设立的36个专业委员会（含筹备）和分支机构，40多个省、市、自治区及大学单位会员，由协会主办的国杰老教授科学技术咨询开发研究院是一个民办的多学科、高水平、具有高智力人才优势，涵盖工程技术、自然科学、人文社会科学等领域的咨询开发研究机构。协会成立27年来，充分发挥党和政府联系老教授的桥梁、纽带作用，充分发挥老教授、老专家的才能和智慧，积极开展教育培训、科技开发与咨询、学术交流、科普宣传、建言献策等活动，为促进高等教育发展、促进我国科技、文化与社会进步，促进国际交流合作，建设创新型国家与和谐社会做出了积极贡献，2004、2010年两次被民政部表彰为“全国先进社会组织”。

中国老教授协会第七次代表大会于2011年12月3日在北京举行。会议选举了新一届协会理事会及领导机构成员

由中国老教授协会和新疆老教授协会主办的《实施人才强国战略，为西部大开发作贡献》2011中国西部人才强国战略专家论坛于2011年8月14日在乌鲁木齐市举行。来自新疆地区和全国其他省市的200余位专家学者出席了会议

自2004年起，中国老教授协会每年在北京部分高校开设“当代中国国情与青年的历史责任”课程，多位院士及著名专家学者亲自授课，受到大学生的热烈欢迎与好评

著名舞蹈家宋琛琛和曹志光与中国老教授协会舞蹈团演员在协会2011年新春联谊会上作精彩演出

中国社会福利协会

2012年5月，协会在上海主办首届中国国际养老服务业博览会暨第七届中国国际康复护理展览会，图为开幕式现场

协会发起成立“福怡助老专项基金”，该基金资助的“社会养老服务体系建设应用型科研项目”2012年5月正式启动

一、协会宗旨

坚持以科学发展观为指导，遵守国家法律法规和政策，以改善民生、推进社会福利事业发展为宗旨；配合相关部门做好政策推进、宣传教育、国际合作交流和行业建设，积极引导社会力量，提供社会福利服务，促进社会福利社会化；维护社会公平，促进社会和谐进步。

二、业务范围

（一）贯彻落实国家有关社会福利的方针、政策和法律、法规，推动社会福利事业科学发展。

（二）配合开展社会福利理论政策研究和宣传，组织理论与实践交流，推进政策实施，配合推进社会福利理论体系建设。

（三）开展同世界各国及港、澳、台地区社会福利组织的交流合作，借鉴成功经验，促进社会福利事业发展。

（四）引导社会资源进入社会福利领域，以扶老、助残、救孤、济困为重点，联合工商企业、社会组织及社会人士，倡办社会福利事业，促进社会福利社会化。

（五）贯彻社会福利法治化、标准化建设的工作部署，配合开展各类福利服务机构行业标准的宣传和组织实施工作。根据主管部门的授权或委托，承接行业等级评估和服务机构高层管理人员资格认证培训，促进人才队伍建设和服务水平不断提高。

受民政部委托，协会组织举办养老服务领域培训班35期

2012年，协会承担全国社会福利服务标准化技术委员会秘书处工作，在京召开“国家养老服务业标准体系研究”、“国家养老服务业标准化建设规划（2012-2020年）”专家研讨会

2012年，受民政部委托，中国社会福利协会承担全国儿童福利事业标准化建设工作，在北京召开《儿童福利机构基本规范》编写研讨会

中国社会福利协会主办的会刊《福利中国》杂志，成为宣传我国社会福利事业发展的窗口

（六）推进社会福利服务行业的规范化建设，规范行业行为，强化内部管理，实行行业自律。

（七）发挥协会提供服务、反映诉求的作用，开展相关法律政策咨询服务，维护行业合法权益。

（八）承办政府部门及有关组织委托的事项。

三、组织结构及联系方式

内部常设机构：办公室、外联部、会员管理部、财务部

联系电话：010-63584981

传　　真：010-63584976

办公室邮箱：flxh_bgs@mca.gov.cn

专业工作机构：

（一）社会福利政策研究专家工作委员会

联系电话：010-63584978　010-83539988-6011

（二）行业标准化建设工作委员会

联系电话：010-63581730　010-83539988-8015

（三）老年福利服务工作委员会

联系电话：010-63582572　010-83539988-8031

（四）妇女儿童福利服务工作委员会

联系电话：010-83539988-8019

传　　真：010-63583218

（五）社会福利企业工作委员会

联系电话：010-63583908　010-83539988-8009

（六）宣传推广和项目合作工作委员会

联系电话：010-63528510　010-83539988-8037

（七）福怡助老专项基金管理委员会

联系电话：010-63521194　010-83539988-8028

（八）精神康复福利服务工作委员会

联系电话：010-83539988-8010

（九）《福利中国》杂志社

联系电话：010-63587289　010-83539988-8006

电子邮箱：fulizhongguo@126.com

2012年8月，中国社会福利协会与日本养老服务龙头企业株式会社日医学馆在北京举行养老服务领域合作项目签字仪式

2012年5月，香港圣公会福利协会代表团访问中国社会福利协会

中益老龄事业发展中心

中益老龄事业发展中心是民政部2011年10月批准成立并由民政部主管的非营利性社会公益组织。中心的宗旨是以构建和谐社会为目标，以发展老龄事业为重点，开展多种形式的“敬老养老助老”社会公益活动，促进我国老龄公益事业的健康发展。

中心机关组织构架由理事会、监事会、主任和四个部室组成。理事会是中心的决策机构，于永波和刘正威任名誉理事长，程宝山任理事长，焦国翔任常务副理事长兼中心主任，主持中心全面工作。监事会是监督机构。四个部室分别是办公室、事业部、宣传教育部、财务部，在中心领导的统一领导下，根据职能任务开展工作。此外，中心还聘请了22位地方和军队的老领导、老同志担任顾问，为中心老龄事业发展提供有力指导。

中益老龄事业发展中心认真贯彻落实国务院颁布的《中国老龄事业发展“十二五”规划》提出的目标任务，努力探索社会化养老助老新模式，积极推进“中益老龄关爱工程”项目建设，在全国范围内搭建“为老健康服务管理平台”，推广“康保”健康随身管家产品；建设“中益怡老之家”、“新型老龄公寓”等养老助老项目，为发展老龄事业做出更大的贡献。

程宝山理事长

“康保”健康随身管家产品项目建设。为解决老年人心血管检测问题，中心筹集社会资金，利用国际国内先进科研技术，组织科技队伍开展研发，成功研制出了“康保”健康随身管家手机并开始批量生产。“康保”健康随身管家产品项目采取“云+端”技术和完备的后台服务，为心血管疾病患者提供“7天×24小时”的心脏健康检测服务、专业的健康检测项目和健康管理系统。另外还可提供健康资讯、送药上门、远程问诊、预约挂号、购物导购、老年娱乐、出游旅行、法律维权、金融理财、移动支付等服务项目。

焦国翔主任

经过友好协商，中心与中国联通集团公司签署了战略合作协议，建立了战略合作伙伴关系。通过联通网络在全国建立起了健康服务管理项目平台。为了保证后台服务质量，中心组织相关医院和医务人员建立了较完备的后台诊断管理服务及卫生、健康终身电子档案系统。目前，已在北京市和中央国家机关相关单位进行了试验性发放使用，效果良好，得到使用者的一致好评。中心计划今明两年先在全国地级以上城市60岁以上老人中推广使用。近期拟先在部分省、市、自治区推广使用。

“中益怡老之家”项目建设。中心在组织调查研究和开展可行性试验的基础上，计划利用社会资金，依据国家政策，在全国范围内组建“中益怡老之家”养老助老服务机构，为全国老年人提供免费健康检测服务。按照《国家基本公共卫生服务规范》确定的“老年人健康管理服务规范”和目前的实际情况，“中益怡老之家”主要为老人提供常规物理检测、体检和女性“双癌”（乳腺癌和子宫癌）检测等服务，并建立个人电子健康档案。同时，还可根据实际情况变化和老年人实际需求添加检测项目。另外，中心还将在全国范围内组织建立完备的“怡老之家”服务管理系统，用于“中益怡老之家”的运作和管理。

“新型老龄公寓”项目建设。根据目前我国养老机构远不能满足老年人需求的状况，借鉴国外养老服务的成熟做法和经验，创新我国的养老公寓建设模式，中心计划组织社会资金和力量，依据国内地理分布情况和老年人实际需求，在全国范围内建设一批集观光农业、休闲旅游于一体的“新型老龄公寓”。“新型老龄公寓”以社会力量为开发主体，由企业投资建设运营，在此基础上由中心指导形成规模化连锁经营。“新型老龄公寓”建成后可有效缓解当前老龄公寓床位紧张状况，提升养老助老服务品质。

中益老龄事业发展中心的上述三个养老助老项目已经得到了国家有关部门的认可和社会各界的大力支持。中心将全力组织社会资金和力量，加快三个项目的开发建设，为老龄事业发展贡献力量。此外，中心还根据职能任务，开展了大量“敬老养老助老”公益宣传和社会公益活动，以及老龄理论研究和学术交流活动。

解放思想锐意创新 乘势而上赶超跨越

——广西福彩上半年继续保持跨越发展

2012年全区福利彩票年中业务分析会肯定了上半年广西福彩的各项工作取得的成绩，为进一步深化改革、锐意创新，推动广西福彩科学、和谐、跨越发展鼓劲加油。

广西福利彩票发行中心是自治区民政厅直属事业单位，负责全区福利彩票的发行管理工作。实施“扶老、助残、救孤、济困”的发行宗旨，坚持“公开、公平、公正、公信”的销售原则，遵循“安全运行，健康发展”的工作方针，发行目的是筹集彩票公益金，发展社会福利和社会公益事业。广西福彩中心成立20余年来，始终牢记宗旨，坚持原则，致力于在管理上深化改革，在营销上深入市场，在技术上以国际最先进的信息技术与网络技术为支撑，取得了连年跨越式增长。

牢记宗旨，关注民生。广西福彩中心党员、团员赶赴隆林受旱灾区慰问困难群众。

2012上半年，全区福彩工作在自治区民政厅党组的正确领导和各级民政、财政部门的关心支持下，以科学发展观为统领，以第十三次全国、全区民政会议精神为指导，以自治区民政厅“五个民政建设年”活动为契机，紧紧围绕创新这一主题，进一步解放思想，按照上级“学用政策抓落实、强化执行促跨越”活动的要求，在熟悉掌握相关政策的同时，用活、用足政策，健全完善配套措施，用政策规范日常言行，指导销售工作，促进事业发展。以贯彻执行《彩票管理条例实施细则》为重点，把廉政和行风建设贯穿于中心各项工作的全过程，深化改革，严格管理，提升效率，为全面完成和超额完成民政厅党组下达的工作任务奠定了坚实的基础，为促进广西民政事业的持续发展作出了新的贡献。

自治区民政厅厅长陈利丹在2012年全区福利彩票年中业务分析会上充分肯定了广西福彩上半年各项工作，他认为全区各级民政系统和福利彩票销售机构上半年深化改革、锐意创新，大力实施市场开发，切实加强营销管理，取得了再次刷新同期历史纪录的成绩。陈厅长强调，自治区各级民政系统和福利彩票销售机构要充分发挥民政在社会建设中的骨干作用，这是新时期中央和自治区对民政工作更新更高的要求，他要求自治区各级民政系统和福利彩票销售机构要牢记宗旨和使命，进一步解放思想，克服困难，抓住机遇，大力推进福利彩票销售管理工作，努力实现广西福彩连续三年跨越发展，以优异成绩迎接党的十八大胜利召开。

广西福彩“2012走近双色球”业务知识竞赛总决赛现场

为更好地贯彻《彩票管理条例实施细则》，广西福彩中心邀请专家给业务部门人员解读《细则》内容

海南省福利彩票发行中心

2011年，海南福彩实现历史性跨越，年销售福利彩票突破10亿元大关，达到11.88亿元，为社会筹集公益金2.8亿元。

福彩公益金的使用遵循“扶老、助残、救孤、济困”发行宗旨，按照“当年筹集、隔年使用”原则，2011年海南安排省级福彩公益金8244万元资助19个公益项目，其中用于老年福利事业4080万元，包括省托老院配套资金900万元，农村敬老院建设资金3080万元，社会组织服务社区老年人经费100万元。

尊老敬老是中华民族的传统美德，福彩自从发行之日起就将“扶老”列为其发行的首要宗旨。如今，福彩公益金资助的敬老院、光荣院、福利院遍布海南各地，促进了老年福利事业社会化发展，同时也唤起了社会各界人士对老年福利事业的支持和参与。

琼海市中原镇社会福利中心始建于2004年，占地面积4000平方米，建筑面积1000平方米，设置床位50张，总投资83万元，其中投入福彩公益金30万元，收养五保户、优抚对象和孤儿等28人

从福利彩票在海南发行起，海口市社会福利院就一直得到福彩公益金资助。该院计划投资500万元建设新儿童大楼，其中福彩公益金投入150万元

2009年，龙门镇敬老院新院得到福彩公益金300万元资助建设，2010年投入使用。该院供养对象为五保户老人，目前有50位老人居住

新疆维吾尔自治区福利彩票发行中心

福利彩票公益金资助项目——塔城地区裕民县敬老院

新疆福利彩票送温暖、献爱心慰问活动仪式

新疆福利彩票投注站销售现场

新疆福利彩票“心系百姓 特困职工慰问活动”现场

新疆维吾尔自治区福利彩票发行中心成立于1991年2月，为县处级、自收自支事业单位。行政隶属于自治区民政厅，同时受中国福利彩票发行管理中心的业务领导，对新疆生产建设兵团福利彩票发行机构和16个地（州、市）福利彩票发行机构负有业务领导职能。其工作职责是在新疆境内组织发行福利彩票，建设和管理福利彩票销售网络，落实销售计划，筹集并上缴公益金。

在自治区党委、自治区人民政府的关心支持和各级民政部门的正确领导下，新疆维吾尔自治区福利彩票发行中心团结和带领各地、州、市福利彩票销售机构，以科学发展观为统领，始终坚持创新领先的工作思路，认真开展业务研究，持续开展技术革新，大力开展彩票游戏及福利彩票管理模式、培训方式、营销方式和开奖模式的创新和改革，并不断建立和完善工作制度，强化福利彩票业务工作的系统化管理，加强从业人员的业务培训和教育管理，使全疆福利彩票事业实现了健康、稳步、持续发展。据统计，1991年至2012年上半年，全疆共计销售福利彩票152.82亿元，为国家筹集福利彩票公益金49.01亿元，代扣代缴中奖人所得税3.09亿元，给全疆的社会福利和社会保障事业提供了强大的财力支持。按照福利彩票“扶老、助残、救孤、济困”的发行宗旨，20年来，福利彩票公益资金极大地改变自治区社会福利事业的落后面貌，改善了民政福利对象的生活、医疗条件，仅2006至2008年，中央资助新疆的福利彩票公益金及自治区和各地、州、市累计投入的福利彩票公益金就达9.09亿元。在做好民政各项基础设施建设的同时，福利彩票公益金还广泛地用于农村医疗救助、城市医疗救助、城市特困救济、资助社会关注对象等社会保障和社会公益事业，使广大社会弱势群体从中受益。

新疆福利彩票工作多次得到国家民政部和中福彩中心的表彰奖励，2002年至2006年，连续五年获得全国“人均销量一等奖”。同时，2002年获得全国“销售进步一等奖”；2005年获得全国“销售总量一等奖”、“组织工作一等奖”、“科学管理进步奖”；2007年，获得“中国福利彩票试点贡献奖”。2010年，获得“人均销量一等奖”、“发展贡献一等奖”。2011年，获得“人均贡献一等奖”、“销售总量二等奖”、“销售进步二等奖”、“发展贡献二等奖”、“千亿贡献奖二等奖”。

全省联动 筑爱夕阳

江苏省福利彩票发行中心

江苏福彩进社区“爱心敬老”

数九寒天，雪中送炭；年关将至，情暖如春。扶老敬老，是福利彩票发行宗旨中的重要一环，也是中华民族的传统美德。洗衣机、烘干机、空调、挡风帘、医药费……老人们最需要什么，最缺什么，福彩人就按需捐赠，送去什么。春节前夕，江苏省各级福利彩票发行中心一如既往，联合行动，为各地敬老院的老人们准备了丰厚的过节大礼，将党和政府的温暖传递到老人们的身边。

自2008年“江苏福彩进社区爱心敬老”活动开展以来，全省敬老院的基础设施得到了改善，老人们的生活质量有了提升，公益金为老人们营造出了一个更加舒适的生活环境。此次活动，也是江苏福彩全省联动的福彩进社区“爱心敬老”的现场之一。春节前夕，全省各地暖流涌动，福彩“爱心敬老”活动把各级党委和政府的关怀送到了老人们的身边。

“江苏福彩进社区爱心敬老”活动是在全省范围内，针对我省敬老院开展的福彩爱心资助专项活动，自2008年启动实施以来，已连续实施了4年，投入福彩公益金达1960万元，资助了近200所敬老院，为敬老院添置生活设施，为老人们送去生活用品。2012年，江苏福彩再次投入470万元公益金（其中省级公益金300万元，各市配套市级公益金170万元），继续用于改善敬老院老人们的生活，为老人们送去温暖，充分展示江苏福彩“扶老、助残、救孤、济困”和“取之于民，用之于民”的社会公益品牌形象。

资助敬老院

山东省老龄事业发展基金会换届

第三届理事会启动“沂蒙老功臣爱心护理工程”

山东省老龄事业发展基金会是经省政府主管部门注册，由山东省老龄办主管的独立社会法人单位。

2012年7月13日，山东省老龄事业发展基金会换届会议在济南召开。大会推举产生了第三届理事会成员，聘请山东省政府副省长夏耕为名誉理事长，郭兆信、王乃静、林廷生、崔惟琳、谢玉堂、曹炳良为顾问，姜昆为爱心大使，山东省人大常委会原副主任陈延明当选为山东省老龄事业发展基金会第三届理事会理事长，丁希滨任常务副理事长，马金忠、褚庆观、阮凤英、高慧、沈维君任副理事长，高慧兼秘书长，于敏、马传才、包文辉、闫作溪、张铁军、李建生、李雪华、杨文、邹圣灿、陈毅力、侯训义、赵桂东、徐明光、高洪波、管世隆、蔡永余任理事，邵明贵、王照奎任监事。

山东省老龄事业发展基金会换届大会现场

山东省老龄事业发展基金会第三届理事会理事长陈延明讲话

第三届理事会的工作主旨是：以科学发展老龄事业为主题，发挥上为政府分忧，下为老年人造福的社会职能；弘扬“聚善载德，大爱惠老”的办会理念，营造敬老、爱老、助老的良好氛围；重点关注关心关爱失能老人、失独老人、特困老人等群体；找准与市场的结合点、与社会的联结点、与老年人需求的凝聚点，不断增强基金会的影响力、公信力和活力，推动山东老龄工作上新台阶。

8月4日，第三届理事会第二次会议在日照召开，与会理事集思广益，共谋基金会发展大计。会议专题研究了“沂蒙老功臣爱心护理工程”项目。该项目得到全国老龄基金会的首肯和赞誉，为沂蒙老功臣所热切期盼，迟浩田上将为“老功臣爱心护理院”题词“弘扬沂蒙精神，关爱沂蒙功臣”。目前正积极募集资金，并筹备举办“沂蒙老功臣爱心护理工程”募捐晚会，争取让功臣老人尽快享受到优质的安养服务，提高他们的生活和生命质量。

中国文学艺术基金会副理事长兼秘书长、山东省老龄事业发展基金会爱心大使姜昆

中国老龄产业协会副会长曹炳良（右）、中国老龄事业发展基金会副理事长傅双喜（左）出席换届大会

山东省老龄办主任、省老龄事业发展基金会常务副理事长丁希滨主持会议

青岛市老龄事业发展基金会

基金会理事长、副理事长们在理事会上

青岛市老龄事业发展基金会是于2007年12月经山东省民政厅批准注册成立的公募性基金会。

按照“为困难老人雪中送炭，为健康老人锦上添花，为事业发展推波助澜，为社会和谐增光添彩”的公益原则，基金会努力弘扬中华民族敬老爱老助老的传统美德，主动加强同国内外慈善组织、社会团体的交流与合作，动员海内外爱心企业及爱心人士的参与支持，广泛募集社会资金和物资，积极协助政府应对人口老龄化挑战，拾遗补缺解决老龄问题，努力推进各项老龄事业的发展，大力维护老年人的合法权益，推动老年人生活质量的不断提高。

基金会成立以来，先后参与主办了一系列有社会影响的大型公益活

青建集团一次捐赠人民币100万元用于扶持社会力量兴办养老事业。市领导出席签约仪式

动：为推动精神关爱、文化养老，参与承办了由青岛市人民政府与中国老年学学会联合主办的“首届全国老年文化高峰论坛”，会上通过了以精神赡养为主题的《青岛宣言》；为推动养老服务业

标有基金会和企业名称的七彩华龄公益车辆成为行驶在城市街头的一道靓丽风景，同时还是一批流动的公益广告

用音乐感恩行善者，用艺术唤起社会大爱。2012年基金会首创“七彩华龄公益新年音乐会”，邀请意大利、匈牙利、俄罗斯及青岛艺术家在青岛大剧院音乐厅联袂演出，获得圆满成功，基金会领导与中外艺术家、爱心企业家合影留念

发展，联合中国老龄科研中心主办了全国首次“养老服务人才培养与就业协作研讨会”；为关爱城乡贫困老年人精神文化生活，开展了为农村贫困老人捐赠彩电活动；启动了“七彩华龄旅游专列”，部分贫困老人和老年志愿者免费省内旅游；开展了“情注孤老，爱在

有青建集团等企业为青岛市社会力量兴办的十佳护理型养老机构捐面包车11辆

岛城——七彩华龄孝心之旅”，200名孤老免费岛城观光；为扶持高龄老人创作，支持八旬老姐妹举办了十人画展；为倡导七彩华龄“人生百岁不是梦，六十华龄正当年”的积极健康老龄化的理念，联合有关方面举办了“全国老年足球比赛”、“全国健身舞交谊舞锦标赛”等活动；为推动老年金融服务业发展，协助市老龄办和中信银行推出了国内首张老年专属理财卡“七彩华龄卡”，发卡2年增加管理资产50多亿，

公益捐赠现场

开创了全国金融企业进军老龄产业的成功先例；为关爱失能老人，协助美国慈善机构和爱心人士捐赠轮椅、护具等物品；为推动社会力量兴办养老服务业发展，发动企业捐赠爱心车11辆，扶持以照护失能老人为主的护理型民办养老机构；为扩大基金会社会宣传，创办了每年一届的“七彩华龄公益新年音乐会”，邀请意大利慈善组织和国外爱心艺术家参加演出，用音乐感恩行善者，用艺术唤起社会大爱，充分体现了“上善若水，大爱无疆”，“爱无国界，孝行天下”等基金会理念。

国际慈善机构捐赠的轮椅

青岛市老龄事业发展基金会以发展为目标，以创新为动力，在资金募集上，坚持输血与造血功能双轮驱动，努力寻求公募基金健康成长的有效途径，增强可持续发展的造血功能；在资金使用上，坚持救急助困与推动事业发展双向助力的原则，立足眼前，面向未来，着力社会公益意识的培养，在推动老龄公益事业发展的同时，带动老龄产业加快发展，培植公益基金快速成长的沃土。

逸和源·嘉兴湘家荡颐养中心

颐养中心效果图

逸和源•嘉兴湘家荡颐养中心（简称“颐养中心”），位于上海、杭州两大城市之间的江南水乡城市———浙江省嘉兴市，毗邻景色秀丽的湘家荡旅游风景区。颐养中心是浙江省目前规模最大的民营非营利性养老机构之一，占地面积380亩，总投资3亿元，设养老床位3000余张。其中一期已于2010年11月开业，共1035张床位，三星级酒店式装修，分单人、双人、小套、中套等四种房型，另正在扩建300张床位的护理院。“颐养中心”已辟有食堂、医务室、超市、园林式公园、门球场、健身房、图书阅览室、书画棋牌室、老年大学分校、多功能报告厅、老年网吧和老年歌舞厅等，设施齐全，服务到位，收费合理。自2010年11月“颐养中心”运营以来，陆续开展了休闲养老、分时渡假养老、全国异地养老等多种服务项目，并有一支护士、护工和专业服务管理人员组成的服务团队，为老有所养、老有所医、老有所学、老有所乐营造温馨氛围，提供优质服务，受到嘉兴市和周边地区老人的欢迎。目前“颐养中心”已与全国十余家养老机构组成异地养老联盟，为更多老人提供候鸟式养老服务。

“颐养中心”投资人——浙江天声集团董事长汝才良先生热心养老事业，积累以往创业的丰富经验，真诚回报社会，敢为人先、不懈努力，规划再用5-8年时间，把“颐养中心”打造成拥有万张床位，集养老休闲、治疗康复和临终关怀为一体的养老示范基地。竭诚欢迎全国各地的老人前来参观考察，入住“中心”颐养天年！

地　　址：浙江省嘉兴市区湘滨大道星桥路口

电　　话：0573-83716666　0573-83995500

颐养中心园区内音乐喷泉一角

颐养中心健身房实景

颐养中心康乐楼标准房实景

颐养中心入住老人在中心内老年大学分校学习

诸暨市康吉服务有限公司

诸暨市康吉服务有限公司始创于2002年，前身为康吉物业清洗服务有限公司，历经近十年的探索、改革、延伸、发展，现已是一家集居家养老服务连锁、便民网络信息平台、职业技能培训学校 、老年用品超市连锁、家政钟点便民服务为一体的产业化、专业化、规模化、品牌化的商贸服务业龙头骨干企业。公司总部新装修办公场地面积近五千平方米，现有在编员工1316人，均具有国家职业资格证（上岗证），其中有高级职称管理人才115名。

公司本着“为社会做点事、为他人做点事”为准则，“为民、便民、利民、安民”为服务宗旨，以“品质服务、诚信兴企、和谐发展”为职业规范，“立足本市、面向全省、走向全国”的经营理念，专注于新兴现代服务业的发展，并逐步转型为养老服务产业化延伸扩展。目前，公司家政服务部门的服务网点遍及诸暨市区及各镇、乡，与100余家政府机关、企事业单位建立了长期的合作关系。为解决大学生就业、下岗失业人员、农村妇女的再就业问题提供更多岗位，公司依托雄厚的师资力量和先进教学软硬件设施，致力于新兴现代服务业职业技能培训工作，并免费介绍和安置工作，与全国各大城市服务企业达成用工输送联盟协议，资源共享，服务互动。

为适应社会老龄化的需求，公司又抓住机遇，发展朝阳产业，在市民政部门登记注册了非营利性质民办非企业单位，成立“诸暨市居家养老服务中心”，服务社会，服务老人，并发展了与之相适应的连锁产业老年用品服务中心。服务全市近20万老年人，为社区老人和各类养老机构、医疗机构提供老年日常生活用品的配送服务。公司还拥有便民89008800家庭服务网络信息平台，同时开设“一键通”电子保姆以更便捷更贴心地为老人提供服务，并联合各行各业的加盟企业、志愿者队伍、义工队伍，通过信息服务热线提供各类保洁、清洗、钟点、护理、月嫂、保姆、健康、咨询、维修、疏通等便民利民服务，解决了市民的燃眉之急。几年来，公司在不断的发展和探索中，应用并创建了一整套完整的、科学的、先进的、适用的新兴现代家政服务业经营管理体系，成为绍兴乃至全省家庭服务企业成长的典范。

公司经营五大产业介绍

一、家政保洁钟点月嫂服务

二、职业技能培训学校

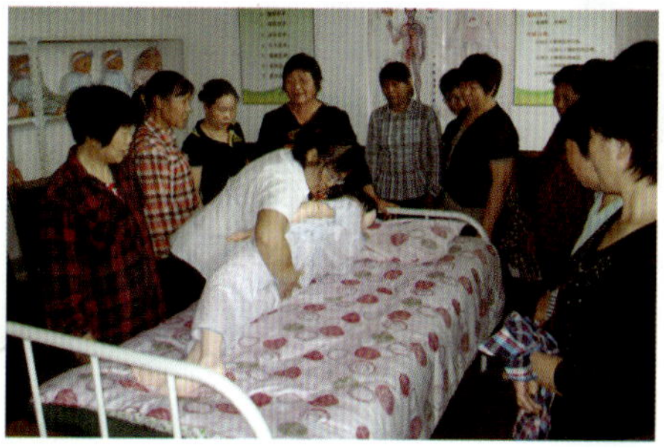

三、市居家养老服务中心

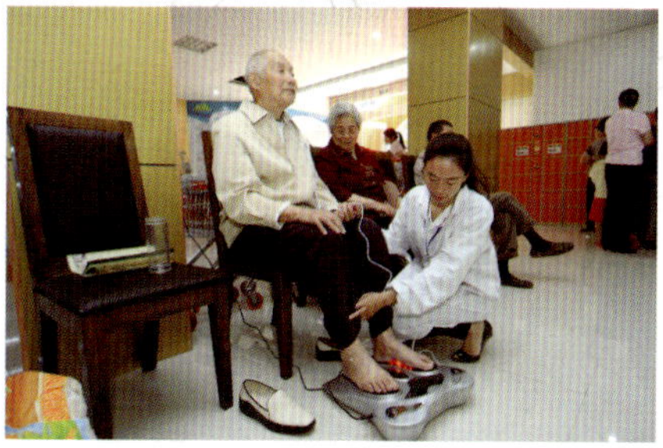

公司先后取得中国家庭服务业协会常务理事单位、中国老龄产业协会团体会员单位、全国百强家庭服务企业、全国百家“诚信兴业”先进单位、全国民办养老机构“五心服务”品牌示范基地、浙江省家政服务定点培训机构、浙江省工商企业信用A级“守合同重信用”单位、绍兴市服务业重点企业、绍兴市商贸服务业骨干企业二十强、诸暨市三产苗子企业、诸暨市农民就业创业优秀基地、诸暨市农民素质工程培训基地、诸暨市妇女就业创业指导中心等荣誉。

公司地址：浙江省诸暨市暨阳街道江北社区孙陈78号
联系电话：0575—89008800
0575-89008801
电子邮箱：yjkangji@163.com

四、市89008800便民网络信息平台

五、市老年用品服务中心

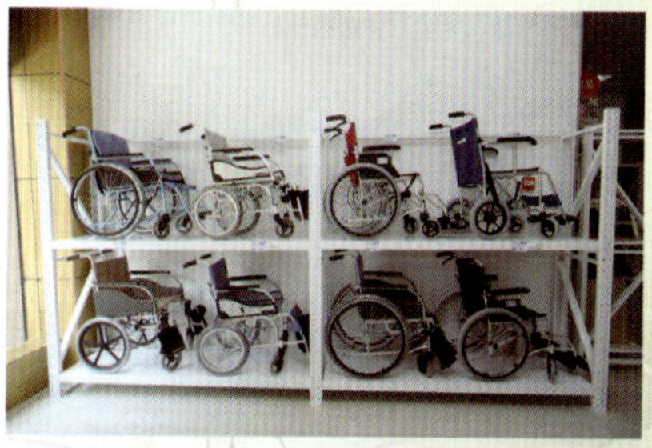

安徽静安养亲苑

AN'HUI JING'AN YANG QIN YUAN

全国爱心护理工程研究和培训基地

高端养老院

安徽静安养亲苑大楼全景（静安养亲苑实景拍摄）

养亲苑护理人员正在协助长辈吃饭（静安养亲苑实景拍摄）

长辈正在认真地学习和表演器乐（静安养亲苑实景拍摄）

护理人员正陪伴在长辈的房间（静安养亲苑实景拍摄）

静安健康产业集团下辖安徽静安养亲苑、安徽膏方世家科技有限公司、安徽静安中西医结合医院，三者独立运营、互为依托、相互支撑。

安徽静安养亲苑是一所现代化高端养老及护理机构，建筑面积一万零四百平米，休养区、康复区、公寓区、房间等参照四星级宾馆设计。室内采用无障碍设计，确保长辈行动的方便和安全；每个楼层均设有配餐室和宽敞的活动大厅，长辈不必走出楼层就可以用餐、活动和接待来访的客人；每个单元配有电视、电话、网络宽带、紧急呼叫系统以及根据长辈的实际需求而特别设计的卫生设施；楼内还配有医生办公室、护士站以及康复治疗室，以保证长辈日常医疗保健之需。五楼的房间以医院标准配置，却比医院更加宽敞、舒适；四楼、五楼长辈入住的房间，床头均安装了集中供氧设备（以供紧急用氧之需）。全楼提供中央空调；超市、健身房、棋牌室、书画室、阅览室（包括电子阅览）、多功能活动室、美容美发室等设施也一应俱全，可以为长辈提供全方位的服务。

——与长辈携手共创幸福生活。

安徽静安养亲苑以“亲情养老，科学养老，环境养老，文化养老”办苑理念。在这个理念指导下，以创建“新时代孝道服务体系”为核心的企业文化为上层建筑，以“高级护理”+“星级宾馆”+“老年大学”服务模式为支柱，以员工素质为基石的企业战略发展模型。还制定了“职业化标准和素养”等一系列员工品格规范，以及服务目标——使躺着的长辈能坐起来，使坐着的长辈能站起来，使站着的长辈能走起来，使所有的长辈都乐起来。

安徽省老年基金会和安徽老年医务工作者协会为安徽静安养亲苑的直接顾问和长期技术支持单位；同时，安徽静安养亲苑已被中国老龄事业发展基金会选择确立为“全国爱心护理工程研究和培训基地”。

新华锦·国际颐养中心

新华锦·国际颐养中心是由新华锦集团和日本长乐控股株式会社共同打造的国际标准化的会员制高端老年颐养项目，是目前国内首家充分引进日式颐养服务模式和服务理念的高端老年颐养中心，也是山东省乃至华东地区最高端的老年颐养中心。中心于2011年11月5日开业，2012年3月27日正式运营。

中心全面引进日式温馨服务和科学管理体系，根据长者的生理和心理特点，把满足长者“医、食、住、行、氧、游、学、乐”作为构成中心服务和配套的八大功能板块。餐厅、健身房、茶室、监控中心、室内游泳池、泡澡间、大型医院特设门诊、KTV、多功能厅、活动室、影视厅、棋牌室、阅览室、美发室等功能配套一应俱全。

中心内实行全方位智能化安全管理，所有服务人员全部大专以上学历，管理人员均赴日经过专业培训，并取得日本政府承认的颐养资格证书。房间内全部为豪华精装修，配置全套家具、中央空调、24小时热水、液晶宽屏电视、洗衣机、冰箱、全套家居用品、独立卫生间及淋浴设施、基本餐厨设备、红外线智能感应报警系统等，拎包即可入住。

居室内环境1

居室内环境2

为丰富长者文化娱乐活动，中心不定期组织开展各项文体活动。太极拳、音乐、书画、歌咏、舞蹈、保健操、插花、影视欣赏、京剧、手工艺、健康讲座、采风旅游等，为长者提供一个优雅的学习和娱乐环境，提倡“活到老，学到老，乐到老”这一优良修养理念。

新华锦·国际颐养中心以关注老年人多种需求、打造和谐颐养中心为目标，致力于建设成一所设施现代化、服务规范化、管理科学化的“让客户感受温馨，让长者享受快乐，让儿女体验放心，让社会增加和谐”的中国最具幸福感的老年颐养服务机构。

地址：山东省青岛市崂山区松岭路127号1号楼

电话：0532-68726686,68726687

网址：www.hikingllcs.com.cn

外出游玩

浙江南浔：颐养天年老年城

■新华社记者谭进文/

中国正步人老龄化社会，庞大的老年群体给社会和家庭带来越来越大的压力，如何养老逐渐成为一个社会难题。伴随经济的发展和传统道德观念的变化，选择家庭养老还是社会养老?旧有的养老形式开始面临严峻的挑战。

被全国老龄委誉为“开创我国社会化养老先河”的南浔·中国第一老年城，以其低投入、高档次、吃饱喝足且精神丰富的新型养老方式引来众多关注。而面对各地经营相对不景气的民营养老机构，这里融休养、医疗、健身等多功能为一体的养老模式又真能减少人们的后顾之忧吗?

“养儿防老”式的养老方式出现危机

上海老人许建贞、邵菊英夫妇在上海本来有两套房，因为都在四层且相邻，所以他们把两套房打通，成了一个大套房，这在上海算是很不错的住所。但他们在1998年却卖掉了上海的居所，选择了南浔的老年城养老。到2004年，他们被曾是国家女排队长的女儿许新接到别墅，生活了一年左右，但他们还是想念南浔，毅然搬了回来。

“比起别墅，老年城更自由，生活更方便，环境也特别好。”对于女儿的不解，许建贞老人说。

老人说的这个老年城，就是坐落于长三角腹地古镇南浔的中国第一老年城，也是浙江省社会化养老事业深化改革的试点。老年城成立于1997年，由浙江久安公益事业有限公司投资5000万元兴建，占地面积近百亩，建筑面积3万平方米，由老年公寓、老年俱乐部、老年医疗康复中心、江南水乡一条街和文园等老龄服务设施及产业组成。

13年来，先后已有255位来自长三角各地的老人曾安居老年城，现有长期居住者121人。他们的平均年龄为76岁，其中年龄最大者95岁，年龄最小的65岁。

钮菊艳老人是南浔当地的一名退休教师，因为老伴去世，女儿把她接到了美国。老人虽已拿到绿卡和救济金，但难以适应语言不通的环境，实在无法忍受“憋”在38层高楼里“不接地气”的生活。最终她说服了子女，回国搬进老年城安度晚年。2004年，她还与老年公寓隔壁邻居沈德坤老人组成了新家庭。她说，现在子女们来探望后都非常放心。

在人们的传统概念里，“养儿防老”是中国家庭的主要养老方式，似乎只有那些无人赡养的孤寡老人才会选择养老院。但随着社会的发展，传统的居家养老也出现了新问题。

根据《浙江省2009年老年人口和老年事业统计公报》，按户籍人口统计，截至2009年末，全省60岁及以上老年人口762.39万人，占总人口的16.18%。

显然，他们中的许多人生活在缺少子女照顾的空巢家庭中，由于晚辈忙于工作而致老人抑郁、精神空虚甚至患病已成为普遍的社会问题。于是，越来越多的老人因忍受不了年复一年的“空巢”状态而选择了养老院。

“老有所养”式的养老方式出现危机

据了解，每户老人只要在支付6万元的住房使用押金和每月300元的管理费后，即可在老年城拥有一套36平方米的一室一厅一厨一卫公寓颐养天年，而押金将在老人搬离或仙逝后如数归还给他的家人。

目前，属于微利行业的养老服务业由于投资回收周期长，又缺少扶持，导致大多数民办养老机构因陋就简，服务单一，老年人的日常生活十分单调乏味。

但在南浔老年城，迎接人住老人们的却是具备“老年公寓养老、生活休闲养老、医疗康复养老、宾馆疗休养老、社区健身养老、旅游观光养老”六大功能的老年生活服务体系，这使曾独处空巢家庭的老人们备感现在的精神生活之丰富。

“这里关起门来是自己的小天地，开了门就是一个大家庭!”让退休教师张蕴昭老人感慨的是她最爱去的老年俱乐部。

俱乐部向住在老年公寓的老人和全镇的居家老人同时开放。在这2000平方米的室内活动场所设有阅览室、健身房和戏迷阁等，还有室外门球场。俱乐部目前拥有1200名会员，而会费是每人1元/月。老年城还经常组织大型活动，让入住的外地老人与当地老人一起交流联欢、其乐融融，前来参加各种活动的老人每年已达15万人次。

“我以前的哮喘病非常严重，现在可以脱离氧气瓶了。"沈德坤老人说，这里配备了专门的医院和保健员，每天都有医务人员来老年公寓巡诊，会员们每年还可以免费体检一次，而收费低廉的医疗服务又能及时保证大家老有所医。

资源共享是老年城服务业的经营特色，在为老年公寓服务的同时为社区服务也是南浔老年城的两项职能。目前，这里已经是上海交通大学和上海市高校退管会的定点离退休教职工疗休养基地。

老年事业的发展　还需多功能产业作后盾

就在老年城的老人有尊严地享受“老有所养”、“老有所医”和“老有所乐”的时候，老年城的实际经营却曾长期处于亏损状态。

据浙江久安公益事业有限公司董事长朱倍得介绍，在民营养老机构的发展方面，浙江起步最早。1996年，浙江省老龄委和浙江省体改委开始将社会化养老事业的深化改革列入规划，并选择历史文化名镇南浔作为试点，要求办出以社会力量推进老年福利事业、以经济实体带动老年福利事业的特色。

朱倍得说，根据我国国情，大部分老人退休后工资收入都不高，很难进入高收费的老年公寓和老年活动场所。而降低收费标准，许多养老机构又承担不起经济上的巨大压力，尤其是“民办非企业单位”的这一特殊“身份"让民办养老机构陷入两难——虽然国家政策规定可以享受免税等优惠政策，但作为民营企业不能以房产做抵押贷款，也享受不到低息贷款的优惠政策。因此，与一些豪华的示范性公办养老机构相比，老年城一路走来实在举步维艰。

此外，在全国很多地方，保洁员、交通协管员等公益性岗位都享受政府补贴，而同样是社会公益岗位的民办养老院护理人员，却无法享受政府公益性岗位政策，一些工作人员完全是在以自己的公德心做善事。

为支付每年250万元的利息和250万元的老年城运作成本，朱倍得先后办起了宾馆、酒店、医院、特色商业街和旅游景点等经济实体，既为老人服务又面向社会开放。每年，他还从这些服务产业的经营收入中再拿出60多万元贴补入老年事业，主要用于老年俱乐部的活动和老人的保健服务。

朱倍得表示，目前，老年城兴办多功能产业扶持养老机构的运行已初步达到收支平衡。他强调，老年事业需要全社会的人来关心，尤其需要效益好、有条件的大企业来投资或自办老年产业。

多功能型社会养老事业仍探索

在浙江省《关于促进养老服务业发展的通知》中指出，到2020年浙江省的老年人口将达到1029万人，占总人口的25%，将呈现一种8421的家庭结构，即一户家庭中有8个老人，下面是4个小老人，然后是2个年轻人加一个孩子，这种倒金字塔形的四代家庭结构意味有更多的老人需要社会提供赡养服务，这也对养老机构提出了更高的要求。

中国老龄协会会长李本公指出，迅速发展的人口老龄化必然带来老年群体对相关产品和服务的巨大市场需求，从而为老年产业提供广阔的发展空间。

我国是“老年产业”发展滞后的国家，由于许多政策措施尚未完善，使“老年产业"始终处于一种尴尬的境地：一方面，老年人的市场需求极大；另一方面面向老年人的产品和服务供给严重不足，无法满足广大老人迫切需要的“低投入、高档次”的养老生活。

朱倍得认为，要改变这种局面，需要悉心把握老年人的心理变化、准确定位他们的各项需求，通过创办多功能实业形成一个能扶持养老主业的老年产业链，以自身经济实力走出一条可持续发展的养老新路子，而这正是社会化养老服务业能否成功的关键。

“花好月圆人长寿是人生最大幸福。”已故南浔籍著名作家徐迟在遗作《家乡传来消息》中写道：“一定要办得让老人们在物质生活和精神生活上丰富而愉快，堪为21世纪的最新鲜的有活力的卓越创造。”相信徐迟先生的这个夙愿一定能在南浔实现。

原文刊登在《文化交流》2010年11期

云南省昆明知青老年公寓

云南省昆明知青老年公寓创办于2002年，是在昆明市西山区民政局注册的民办非企业单位，业务范围是养老、托老。公寓获得西山区民政局《社会福利机构设备批准证书》，组织机构代码证和食品卫生许可证等相关证照齐全。公寓为中国社会福利协会团体会员常务、理事单位。

公寓与大观公园一墙之隔，内有花园、池塘，环境优美。占地面积37．28亩，建筑面积11880平方米，按养老机构规范建设，内设单人、双人、三人等多种房间，配有电话、呼叫、卫生间等设施。公寓还配有医务室、佛堂、餐厅、阅览室等设施。公寓以中低收入的老人为主要服务对象，现有入住高龄病残老人400多人，其中自理和半护理老人、全护理卧床老人约各占一半，是云南省最大的民营老年公寓。

建院十年来，公寓以“老人居住舒心、子女委托放心、照顾管理细心、沟通问候暖心、膳食安排精心”为目标，努力做到公寓家园化、服务亲情化、管理规范化，为老人提供从一日四餐、洗衣被、打扫卫生的基本服务，到帮助喂饭、洗澡、解便、翻身等特殊服务，一直到临终关怀、帮助老人走完人生的各项服务。公寓建有开展麻将、棋牌、乒乓球、羽毛球、卡拉oK等活动的场所，经常开展活动。公寓还内设昆明老年大学办学点、老年文艺培训学校、开办了声乐、健身、太极、电脑等课程，由老年大学教师任教。公寓还经常组织老人外出参观、进行文艺演出等活动。

公寓有工作服务人员76人，工种齐全，80%的员工经过专业培训持证上岗。员工们能做到对每一位老人关心、尊重，特别是对意识不清楚的老人重点关注、耐心服务。对老人的各种要求，随叫随到、随脏随洗。对老人闹情绪、与室友、与家人发生矛盾，甚至是谈恋爱等情况，及时调解、处理。

公寓全体员工对老人周到细致的服务，赢得了入住老人、家属子女、政府和社会各界的肯定。公寓每年都接到家属送来的大量锦旗。中央、省、市报刊、电视台等媒体多次对公寓进行专题报导。公寓和入住老人积极参与抗旱、抗震、植树等社会公益活动，2010年被市委宣传部、云南电视台评为“抗旱好人代表”。同年，在中国老年学老龄年业专业委员会等单位组织的全国养老机构评选活动中，公寓荣获“全国百家杰出养老服务机构”等称号。

接待办公室电话：0871-8259566、8259561
法人代表　段玲英　13354937716
2012年8月2日
网址：www.kmzqlngy.com

贵阳市云岩区曦阳老年公寓

曦阳老年公寓位于贵阳市新添大道南段黄山冲路18号曦阳山庄内，楼高八层，建筑面积8800平方米，现居住老人165人。公寓环境幽雅，鸟语花香，空气清新，四周苍松环抱，层林叠翠，景致怡人。公寓由家庭式住养中心、日托中心、老年文化娱乐中心、生活护理中心、医疗保健中心组成，硬件、管理、服务等均按三星级酒店标准打造。公寓设计细心，以老人所需为依归。房间均有特大门及方便开关的手柄，令出入更加方便。房内家具、床上用品齐全，拥有独立卫生间、沐浴室、呼叫系统、电视、电话等，室内设有冬季取暖调节设施。公寓备有呼救求助系统、安全报警系统、烟火感应器、安全电闸。浴室、卫生间均铺设防滑瓷砖。使曦阳老年公寓舒适安全，让老人乐享家居生活。

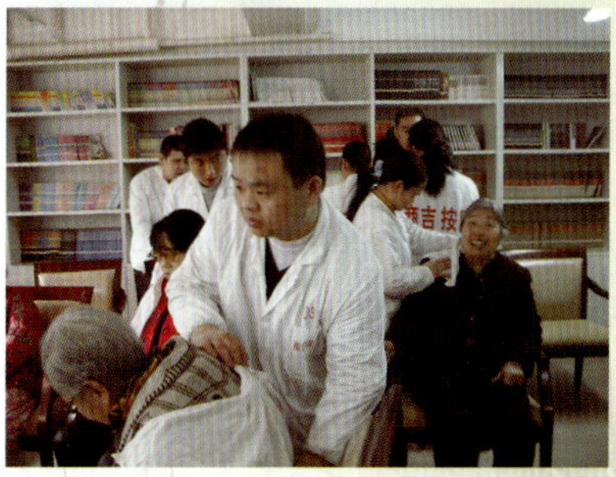

曦阳老年公寓自2008年7月31日开始试营业至今，得到许多在住老人与社会的关心和表扬。2008年度荣获“贵州高级管理人才发展促进会专项活动基地”。2009年在全国老龄委主办的“中国老龄国情与养老服务业发展论坛”上荣获“养老服务放心机构十佳单位”荣誉称号。2010年度荣获“全国养老机构‘五心服务’品牌示范基地”称号。2011年度荣获贵阳市“十佳敬老院”荣誉称号。

邢台市医专老年养护中心

全国老龄办常务副主任陈传书、国家民政部副部长窦玉沛一行在省政府副秘书长曹汝涛、省民政厅厅长古怀璞、市政府副市长刘劲松的陪同下，到老年养护中心视察指导

河北省副省长龙庄伟、教育厅厅长刘教民到老年养护中心视察指导

邢台市市委副书记、市长刘大群，副市长张明杰一行到老年养护中心视察指导

邢台市医专老年养护中心（以下简称“中心”）位于河北省南部具有3500余年历史的省级历史文化名城——邢台市。历史五朝曾经在此建都，文化底蕴丰厚。交通便利，107国道、京港澳高速、邢衡高速、青银高速、京广铁路和石武高铁在邢台市区纵横交错，构成冀南重要的交通枢纽。

中心是集养老、教学、康复护理、休闲娱乐为一体的公益性社会养老机构。中心总占地面积820亩，建筑面积21.7万平方米，床位1800张，分为“市中心养老区”和“皇寺养老区”。中心建设项目为“河北省重点社会公益项目”、“邢台市城镇建设百项重点工程”之一。

老年养护中心设施和条件

市中心养老区占地面积20亩，建筑面积2.1万平方米，设有养老床位600张。皇寺养老区占地面积800亩，建筑面积19.6万平方米，设有养老床位1200张。中心建有疗养区、颐养区、康复护理区、餐饮中心楼和康复医院。建有大套间、套间、标准间和会客厅，配有医用电梯、呼叫系统、中央空调、安全监控和消防喷淋等先进设施。房间内设有老年人专用卫生间，配有高档家具、基本电器和生活用品等。可为老年人提供专业化、高品位、全方位综合性服务。

老年养护中心理念和宗旨

中心以“仁爱和人、安康颐苑”为理念，以“服务老年人和培养护理人才”为宗旨。根据正常老年人、半失能和失能老年人的不同需求，提供各种各样的服务；养老方式有全托、日托、钟点托管等服务，还可向居家养老的老年人提供上门服务。严谨科学的管理和热情周到的服务，使老年人“生活得安全、生活得愉快、生活得富有尊严”。

老年养护中心大厅

中心是民政部批准的“养老护理员培训基地”，培训教师9人，其中，副高级及以上职称4人，中级职称5人，教学和康复护理技术指导经验丰富。在全国养老护理员职业技能大赛中，我校教师荣获一等奖和二等奖、团体三等奖。同时，培训设施齐全，有护理实训楼1栋，实训室4个、图书馆藏书5000册、学员宿舍、餐厅等。依托学校中医系和护理系的专业实训设备，集老年康复治疗及护理实践实训为一体，为开展老年护理员培训提供了良好的学习、实训、实践平台。中心培训具有康复治疗和老年护理技术培训特色，先后为社会培养了400余名养老护理员。

老年养护中心发展优势

“中心”依托学校第一附属医院、第二附属医院和第三附属医院（康复医院）的医疗优势，依托学校中医系和护理系的人才优势和养老护理员培训基地，既能为入住老年人（休养员）提供专业的康复、护理和颐养服务，又能为养老机构培养管理技术人才。

欢迎广大老人家来邢台市医专老年养护中心颐养天年！

欢迎养老机构工作人员到我中心参加养老护理员资格培训！

地址：河北省邢台市桥西区钢铁北路80号

网址：http://lnyhzx.xtmc.net

电话：0319-2156666；2628009

传真：0319-2628009

资阳市雁江区江城阁老年休养所

本所始建于2005年5月，建所6年来，在市、区党委政府及市、区老龄办的关怀和指导下得到了大力的发展。

本所面积7000余平方米，设有办公室、阅览室、播音室、门卫室、报导组、文化娱乐保健中心、餐饮中心、护理部、医疗卫生所等机构。有寝室122间，设261个床位，每间寝室都配有电视机、电风扇（或空调）。

目前，本所住有老人226名，平均年龄82岁，最高龄者98岁，最小年龄为60岁，入住率达85%，其中自理者占30%，监护状态占25%，监助及亚健康占45%。

该所共有工作人员及护理员38名，相对稳定的特级、一级烹任师3名。入住老人的饮食以

包餐为主，根据季节特点，主食与各类菜、汤以清淡、软活、新鲜、爽口、冷热适度为原则。对行动不便的老人，由服务员穿衣、脱衣，帮助大小便，熬药、送药，送饭、喂饭等。

积极参加区老龄办开展的“敬老、爱老、助老”主题教育活动和民政部门组织的“民办非企业单位自律与诚信建

设”活动，并努力提高服务质量，改善入住环境，增加了本所信誉，树立了本所的良好形象，扩大了本所的影响，促进了本所的全面发展，提高了本所的社会效益和经济效益，工作业绩得到相关领导的肯定，并受到群众的赞扬和肯定。《四川日报》、《四川经济日报》、《晚霞报》、《资阳日报》、《资阳生活周刊》、《资阳电视台》等多家媒体先后宣传报道。2007年11月，本所荣获“四川省民办非企业单位自律与诚建先进单位”荣誉称号。

休养所每月还为当月过生日的老人集体过生日，并邀请老人的子女陪同就餐，使在所的老人感到休养所和子女亲属并没有忘掉他们，使他们的晚年生活过得无比的幸福愉快。

宣传联络组负责宣传接

待，是内强素质、外树形象的代表，坚持读敬老书、做敬老事、写敬老文章，对老人使用文明语言、微笑服务、有问必答；后勤保障组负责采购、财会，老人服务设计、维护等项工作，当好管家，倾心老龄事业；休养护理组是前线人员，直接零距离地为老人服务，他们具有不怕苦、不怕累、不怕脏的“三不怕”精神，把老人当亲人，把自己当孝子，让老人住得满意、生活开心。营养卫生组任务繁重、责任重大，除对全所卫生进行督查外，还要对买回的主副食品、日常生

活用品进行严格的检查验收，确信合格才允许使用，并坚持每餐实行留样制度，还要保持与医院的联系，定期为老人体检。休养所医务室实行24小时候诊制度，做到小病不出所，大病即时送，确保老人生命安全、身体健康。安全保卫组负责全所的安全保卫工作，协助休养护理组，保护行动不方便老人的安全工作。有了健全的组织机构，工作相互协调，休养所面貌焕然一新。

河南省新野县老年公寓管理处

新野县老年公寓管理处是县民政局下属福利公益事业单位，开办于2007年2月9日，位于城区铁塔路中段，总投资1700万元，占地面积17000平方米，建筑面积1.1万余平方米，是一座集疗养、休闲、健身、医护、救助、洗浴为一体的综合性服务场所。中央空调、有线电视、背景音乐、24小时紧急呼叫系统、宽带互联网、地热温泉水、灯光喷泉、园林式庭院等设施齐全，是一所现代化的宾馆式老年服务机构。内部设有棋牌室、阅览室、健身室、娱乐室、医务室等各种设施，室外有篮球场、乒乓球台等运动场所。内设餐厅2个，可同时接纳400余人就餐；客房150余套，可同时接待300余人入住。服务设施完善，均根据老年人的特点而设计。

新野县老年公寓管理处是目前全省市、县级规模最大、档次最高、设施最全的一流养老服务机构，倡导健康老龄化，推行服务亲情化，管理规范化，“老人至上，服务至上”是全体员工的信念，热忱欢迎您的光临！

我们的服务宗旨是：“老人至上，服务第一”，争创一流的服务，建养生幸福的乐园。

我们的服务理念是：人性化、专业化、规范化的服务，一切为了顾客。

我们的服务范围是：集餐饮、客房、娱乐、保健、医护、洗浴等为一体。

我们的服务准则是：“八字四化”，“八字”即主动、及时、灵活、高效，“四化”即感情化、细微化、规范化、个性化。

新野县老年公寓管理处

桂林市心之乐老年爱心护理中心

老有所乐（春游）

老有所乐（区、市老龄委领导来看望老人）

老有所养（为百岁老人祝寿）

老有所乐（老人们的日常生活）

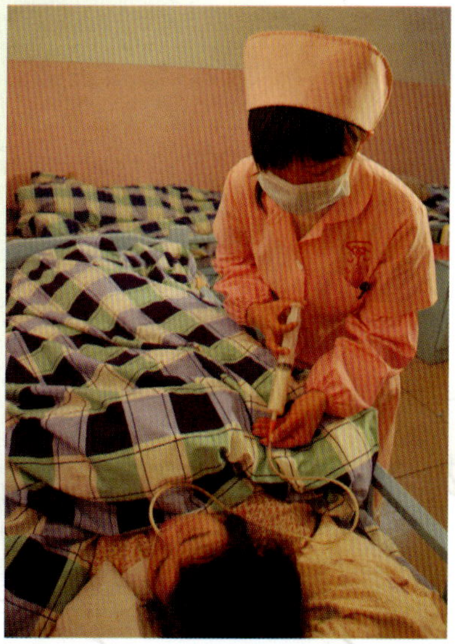
老有所医（为病卧在床的老人喂流食）

桂林市心之乐老年爱心护理中心成立于1998年，是一家民营社会福利养老投资机构。开办至今，在中国民政部、全国老龄办、中国老龄事业发展基金会、广西民政厅、广西老年基金会、桂林市民政局、桂林市妇联、桂林市老龄委、河池市民政局、七星区民政局、七星区老龄委、阳朔县民政局等各级领导的支持和社会各界的帮助下，心之乐不断成长，先后在桂林、阳朔、河池开办了8家分院，后又根据业务特点和市场需要开办了“心之乐•爱心护理”——集中养老品牌，“心之乐•老街坊”——居家养老品牌，“心之乐•雁南飞”——异地养老品牌。截止到目前为止，本中心拥有使用面积1.5万平方米，床位700多张，拥有各类从业人员200多人。作为社会福利养老机构，一直保持有20—30张左右的床位，专用于社会孤寡老人和特困家庭老人的照料护理工作，并根据申报情况经核实之后予以一定的费用减免。同时还积极地接纳社会适龄的残障人士来院工作。

现今的心之乐是一家集护理、医疗、保健、休闲娱乐、心理疏导、临终关怀为一体的社会福利机构。我们将继续践行我们的办院宗旨——以老人为中心，“帮天下儿女尽孝、替世上父母解难、为党和政府分忧”。让每位入住的老人都能享受到“老有所养、老有所医、老有所乐、老有所盼”，幸福安心地度过生命的晚年时光。

老有所乐（市老龄委领导和老人在一起）

青年志愿者在行动

老有所乐（社会各界来养老院探访老人）

温欣源托老服务中心

温欣源托老服务中心是市政府批准兴建的河北省唯一一所有温泉资源的特色托老服务机构。

服务中心位于河北省怀来县桑园镇境内，拥有得天独厚的温泉水资源，远离闹市区，无噪音及空气污染，依山傍水，环境优雅，空气清新，居住舒适。紧邻丰沙铁路及沙东公路，离京张高速也只有十多公里路程，交通十分便利。

服务中心内一切设施均体现了敬老爱老的服务宗旨，有适合老人的天然温泉暖炕，也有高、中、低档的单、双人及多人住房间，配备了卫生洁具，可随意沐浴温泉，高档房间配备了电视、沙发等。有附合卫生标准的餐厅，可为老人制作可口的饭菜；中心服务人员经过培训，为老人提供周到、细致、耐心的亲情服务，给老人以家的温暖。

服务中心下设六个分院，各院有其独具特色的面向老人的服务项目，使老人在这里既可以休养身心，安度晚年，还能游山玩水，与大自然亲密接触，中心内有湖泊可以垂钓，有葡萄园、苹果园可以采摘，有山、有水、有田，有游泳池、狩猎场，有台球室、棋牌室及多功能厅等。可满足老人们的一切爱好及需求，使老人在这里生活得自在、快乐、幸福。

服务中心注重服务质量，服务项目价格合理。可满足不同消费阶层。

智慧养老，引领养老服务科技时代

单位名称：南大苏富特（江苏）健康科技有限公司

单位地址：江苏省南京市鼓楼区清江南路19号

电话： 025-68519626

传真：025-68519635

邮箱：support@bamabest.com

项目：智慧养老

技术：云计算、物联网、互联网技术

产品：居家养老、社区养老和机构养老信息化网络服务平台系统。内含信息化网络服务平台、多类养老服务产品（手机、血压计、血糖仪、血脂仪、健康咨询等）、400呼叫中心、政府管理系统、服务商管理系统、数据库、商业支付与评价等

项目优势：高科技、智能化、产品丰富、服务便捷、操作简单

推荐单位：智慧养老项目是国家老龄委、江苏省老龄委、南京市老龄委为老服务推荐项目

使用客户：各省、市、区、县、社区、居家养老服务中心及各类养老机构

南大苏富特智慧养老，旨在依托先进的云计算、物联网、互联网技术，为省、市、区的居家、社区和机构养老提供信息化服务平台，以线上网络和线下实体服务虚实相结合的模式，解决养老市场供需、资金、监管等多方面的问题。智慧养老项目的建设内容包含：建立智慧养老生态圈、老人信息库和服务商数据库、智能终端设备、服务商的业务支撑系统、政府的监管系统、统一的门户网站、专业的服务体系等。

智慧养老生态圈及智慧养老服务平台示意图如下所示：

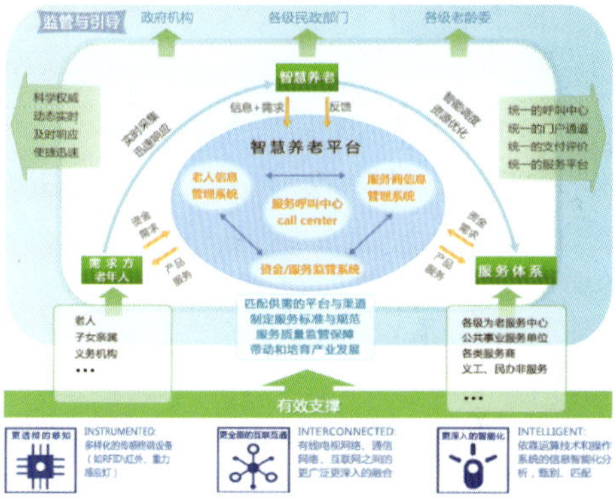

智慧养老“生态圈”示意图

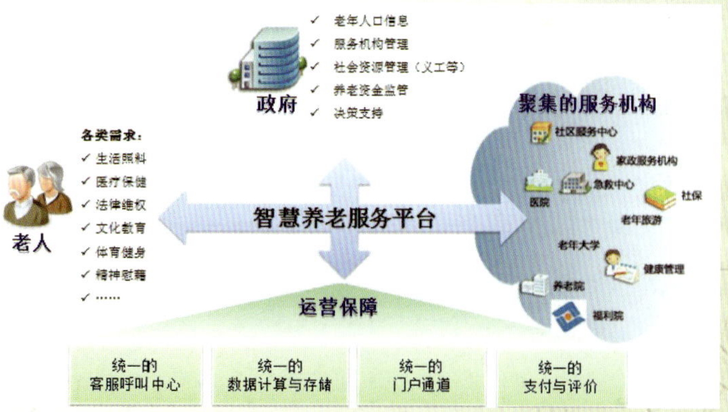

智慧养老服务平台示意图

浩研资产管理投资集团股份有限公司

牟坤林先生与李岚清合影

浩研资产管理投资集团股份有限公司是在20多年实业发展基础上应时而生，公司将“投资理财•实现梦想”作为企业的经营理念，致力于探索具有中国特色的创业、产业股权投资的道路。

集团公司目前主营业务分二大板块：一是私募股权投资基金，二是房地产投资。

徽商创业投资基金已在发改委备案登记，与建设银行总行建银国际合资成立了皖江产业基金，经过多年的实践和探索，目前已累计完成募投资21.8亿元人民币。与多家银行、信托等金融机构建立了长期的战略合作关系，与国内多家创投企业签订了战略合作协议，皖江基金与建银国际旗下六大基金（医疗、文化、环保、资源、航空航天、创投等基金）成立了投资联盟，实到资金300多亿元，可采取联投、跟投。经国家发改委和财政部批准设立了国家级节能环保资源创投基金，国家财政部、省财政厅、地方政府引导基金共计人民币1.5亿元，一期完成配套资金人民币5亿元到10亿元。

近三年来，集团重点致力于老年产业的探索与研究，积极推动老年产业的健康发展，积极参加各种老年产业社会活动，2010年赴美国考察养老事业的发展，同年8月，由中国老龄产业协会、全国工商联房地产商会、美国老年住宅协会联合主办了《“后50”绿色低碳国际住区的投资与开发论坛》，活动特别邀请了政府相关人员等进行现场交流与探讨；2011年5月，浩研投资集团与中创投专委会在钓鱼台联合主办了“全球创投、老龄、文化产业高峰论坛”，邀请了政府相关部门、全国创投企业代表及世界著名的洛克菲勒家族全球公益、政商关系与事业的核心代表佩姬•洛克菲勒和巴菲特三儿子彼得巴菲特参加，会议取得圆满成功。

牟坤林先生与洛克菲勒家族继承人佩姬•洛克菲勒女士（左3）合影

牟坤林先生与王兆国合影

2012年浩研资产管理投资集团加入中国老龄产业协会，参与和积极推进成立“中国老年宜居产业联盟和中国老龄产业投资基金”，担任联盟主席和老龄产业投资基金的具体负责人，与中国老龄产业协会、老龄宜居委员会一起全面致力于老龄产业金融和老年宜居养生基地的推进和探所。

牟坤林先生与全国政协副主席、全国工商联主席黄孟复（左3），安徽省政协副主席、省工商联主席李卫华（右3）合影

北京沣沅弘投资有限公司

第一届养老论坛期间各界领导见证“元勋居养基金”发起

第二届养老论坛期间各界领导见证“银发无限资产管理计划”发起

北京沣沅弘投资有限公司是一家聚集了国内顶尖经营团队的投资银行与金融顾问公司，拥有从事多年金融业务经验的经营团队，有不同行业的专家顾问提供专业的理论支持，与多家信托、银行、券商、保险等金融机构有密切的业务合作。

北京沣沅弘投资有限公司多年来致力于从金融领域介入老龄产业，为解决国内老龄化问题提供理论支持及实践案例，进而服务社会。

沣沅资本于2011年、2012年与全国老龄委相关部门在北京京西宾馆连续举办两届“老龄产业与金融合作高峰论坛”。论坛邀请老龄产业政府主管部门领导、相关金融机构、致力于老龄产业企业家代表、国内老龄产业研究机构及相关高校学者、开国元勋及其后代代表等各界人士共同讨论国内老龄产业发展、及养老产业与金融合作模式，主流媒体对历届论坛进行了深入报道，均取得了良好的社会反响。

在首届论坛上沣沅资本发起成立了“沣沅资本-居养基金”，这是金融机构与老龄产业的第一次牵手，其基本概念为购买该产品的老人同时享受对应养老公寓的终身居住权及基本养老补贴的双重收益权，在保障居住的同时保障基本的生活。这是一次在国家政策支持下的全新偿试，是老龄产业发展的一个重要补充，更是解决中国老龄化问题的一张重要答卷。

在第二届论坛上，沣沅资本推出了“银发无限资产管理计划”，本基金取义“夕如朝至，银发无限”之意，为老年和即将步入老年的人群提供资产管理服务，在保障客户资金保值增值的前提下，更可为其提供金融服务、私人医生服务、私人护理、私人健身等高品质服务提高生活质量。

沣沅资本将在老龄产业继续耕耘，为解决养老问题和全国老龄事业的发展做出更大的贡献。

空军原副司令员王定烈、全国老龄办副主任朱勇及开国元勋后代、老龄办领导等在第二届老龄产业与金融合作高峰论坛期间合影留念

中国老年学学会科学养生专业委员会

我会在中国老年学学会的领导下，以“科学养生新理念、解放思想、拓宽思路、惠及民众、服务社会”为办会宗旨，发动群众，组织专家、学者发现、挖掘、整理、研究中华民族科学养生的理论和方法；并及时把科研成果转化为科学养生文化产业，开创了我国科学养生文化的崭新局面。

本会是由从事科学养生文化研究的专家学者，热心科学养生实践活动的积极分子，以及涉老部门和养生文化产品的研究、开发、生产经营机构自愿结合组成的全国性、综合性、权威性的多学科社会学术团体。多年来，在全国范围内成功举办了以“健康长寿、科学养生”为主题的“全国科学养生大会”，五届“科学养生健身暨养生文化高峰论坛”。学术会议学术专业度高、形式活泼、种类繁多、内容丰富多彩，在江苏如皋、浙江奉化、广西巴马举办了三个卫星会议，参与指导了首届亚大科学养生高峰会。

在传承、发展的基础上，我会挖掘、收集并推广的安全有效的健身方法有：床上十缎锦、八段锦、312经络锻炼法、369经络按摩法、拍打经穴健身法、五段金健身法、导引养生功、易经洗髓功、音乐健身法、罐诊罐疗法、郭氏环流工程法等，并通过数十位专家的共同研习创制了我国第一套“科学养生操”。为普及科学养生知识，我会秉承“走出去、请进来、多渠道、全方位”的工作形式开展系列养生知识讲座。著名健康教育家郭沧萍、王敏清、李之楠、万承奎、熊必俊、齐伯力、金日光、徐涛、龙致贤、周士渊等多次代表我会在全国大型会议上作健康教育报告，活动足迹遍及全国各地，受益群众达数十万之多。我会先后编辑出版《健康与长寿论文集》、《科学养生论文集》，收录了来自全国各地的论文800余篇，六卷共发行近万册，发行范围遍布20多个省、市。出版《老年健康园地》20期、《康寿时代》会刊25期，共发行10万余册。科学养生官方网站的建立，起到了宣传指导、交流平台的作用。此外，科学养生艺术团有力地提升和扩大了传播科学养生事业的知名度和影响力。

本会实行科学管理。建立了常务办公会议制度和办公室工作例会制度。设立办公室、学术部、宣传部、策划部、培训部、社会活动部、信息网络部、《康寿时代》编辑部、《科学养生时报》编辑部。2012年2月，我会通过全国会员代表大会共同确定了在以那国宏同志为首的新班子领导下，在全国各地有序地建立会员工作站，筹建中国科学养生文化产业园区，建立全国养生机构联合体，以拍制《科学养生在中国》大型写实纪录片为里程碑，促进科学养生事业兴旺发达的工作方针。

日讲系列

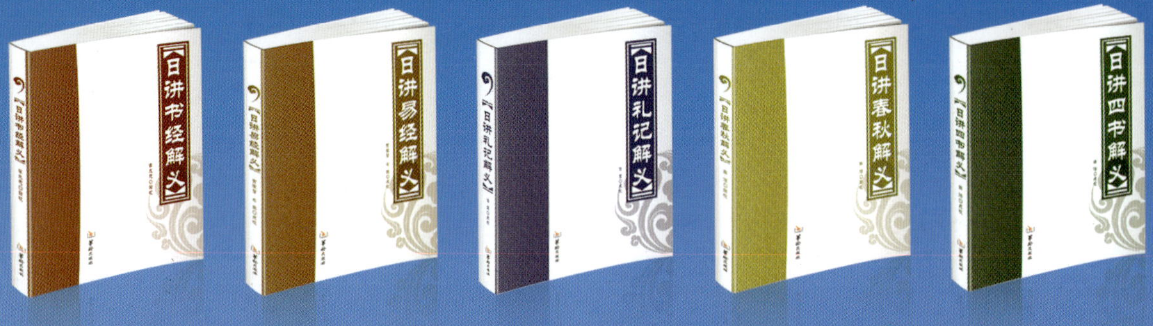

廿五史解读（精编本）

华龄阁书系

老龄工作研究

中国老龄工作年鉴
（1982—2002）
中国老龄工作年鉴
（2003—2005）
中国老龄工作年鉴
（2006）
中国老龄工作年鉴
（2007）
中国老龄工作年鉴
（2008—2009）
中国老龄工作年鉴
（2010）
中国老龄工作年鉴
（2011）
探索应对老龄社会之道
全国老龄政策研究优秀成果选编
（2012）
全国老龄系统优秀调研成果选集
中国老龄事业发展概览
ZHONGGUO LAOLING SHIYE
FAZHAN GAILAN
中国老龄统计汇编
（1953—2009）
全国老龄工作委员会办公室 编
国外涉老政策概览
全国老龄工作委员会办公室 编
中国人口老龄化研究论文集
全国老龄工作委员会办公室 编
中国老龄法律法规文件汇编